Segelsport Segeltechnik Segelyachten

Foto 1: Ein Spinnaker im Sternschnitt zieht auch bei halbem Winde noch gut. Die Yacht ALYSINA *wurde in die Halbtonnerklasse der I.O.R.-Regel hinein entworfen, besitzt aber auch eine bequeme Einrichtung zum Fahrtensegeln. Sie wird mit 8,80 m Länge und 2,97 m Breite unter der Bezeichnung „Nicholson 30" serienmäßig in GFK von der Werft Camper & Nicholson, Gosport, erbaut.*

Juan Baader

Segelsport
Segeltechnik
Segelyachten

4. Auflage

Verlag Delius, Klasing & Co
Bielefeld

Titel der spanischen Ausgabe:
EL DEPORTE DE LA VELA

Englische und amerikanische Ausgabe:
THE SAILING YACHT

Holländische Ausgabe:
ZEILSPORT—ZEILTECHNIEK—ZEILJACHTEN

Italienische Ausgabe:
LO SPORT DELLA VELA

Weitere Bücher des Verfassers:
MOTORKREUZER UND SCHNELLE SPORTBOOTE

Italienische Ausgabe:
IL LIBRO COMPLETO DELLA MOTONAUTICA

Spanische Ausgabe:
CRUCEROS Y LANCHAS VELOCES

außerdem:
MANUAL PARA LA MOTONAUTICA

ISBN 3-7688-0186-1

Titelphoto: Yacht-Photo-Service
Gestaltung: H. J. Dohse
Sämtliche Rechte der deutschen Ausgabe liegen beim
Verlag Delius, Klasing & Co., Bielefeld

© Copyright by Juan Baader, Buenos Aires
Printed in Germany 1974
Druck: Westermann, Braunschweig

Inhalt

Vom ersten Segel zum schnellen Klipper	8
Die Anfänge des Yachtsegelns	14
Kielyachten und Schwertboote, Rundspant und Knickspant	23
Ein- und zweimastige Takelungen moderner Yachten	33
Wind und Fahrt, Problematik der gegenseitigen Abhängigkeit	41
Die Wirkung des Windes auf Segel und Boot	44
Untersuchung des Segelns hoch am Winde	51
Ursache und Ausgleich von Luv- und Leegierigkeit	57
Einführung in die Aerodynamik des Segels	64
Die Aerodynamik des Segels	71
Windkräfte aus raumen Kursen	77
Segelyacht-Modellversuche	83
Stabilität als Vortriebsfaktor	91
Stabilität als Sicherheitsfaktor	100
Die Wahl der günstigsten Segelfläche	105
Der Mast, das größte Problem der Segelyacht	110
Yardstickzahlen und Geschwindigkeit	116
Wahre Geschwindigkeiten der Kielboote	120
Hohe und höchste Geschwindigkeiten unter Segel	125
Hohe und höchste Geschwindigkeiten unter Segel	125
Der Widerstand des segelnden Bootes	132
Der Reibungswiderstand	137
Der Luftwiderstand	142
Windbilanz	146
Widerstand auf allen Kursen	148
Wirkliche Geschwindigkeit auf ozeanischer Langfahrt	152
Die Formgebung moderner Yachten	158
Die einmastigen Takelungen und ihre Beisegel	161
Die heutigen Zweimast-Takelungen	170
Untersuchung der Querschnitte einer Am-Wind-Besegelung	176
Wirkung und Wölbung des Spinnakers	178
Das Trimmen von Boot und Segeln	187
Regattatechnik — Regattataktik	193
Vermessungsformeln für Yachten	199
Die I.O.R.-Vermessung für Seekreuzeryachten	204
Was bedeutet der Rennwert „R"?	209
Was sind Tonneryachten?	216
Segelyachtklassen	220
Rennjollen-Klassen	223
Kielboot-Rennklassen	241
Yachten der Internationalen R-Klassen	248
Rennkreuzeryachten nach I.O.R.	250
Einige bewährte Kreuzeryachten	260
Große Segelyachten	268
Yachten der Einhand-Transatlantik-Rennen	278
Kleine Weltumsegler	283

Trailer-Segler und Jollenkreuzer 292	Schlechtwetter-Erfahrungen 385
Jugend-Klassen 303	Sicherheitsvorrichtungen für Langfahrt 389
Motorsegler 307	Das Meer und die Winde 396
Der offene Renn-Katamaran 317	Die Größe der Meereswellen 399
Kreuzer-Katamarane 326	Gefahren auf hoher See 401
Der Trimaran 331	Schiffskompaß und Sextant 405
Schneller als der Wind 338	Instrumente für besseres Segeln 411
Bootsformen und Segel der Zukunft 342	Segeltuche aus synthetischen Fasern 416
Anfänge der Hochseerennen 346	Klassische und moderne Baustoffe 419
Moderne Hochseerennen 350	Hilfsmotoren auf Segelyachten 426
Der America-Pokal 357	Propeller für Segelyachten 430
Die Eroberung der Meere 361	Normales Grundgeschirr für Renn- und Kreuzeryachten 433
Sportliche Weltumsegelungen 366	
Passatsegel für Langfahrt auf See 371	Umrechnungswerte für das englische Maßsystem 434
Selbststeueranlagen für Segelyachten 375	Stichwörterverzeichnis 435
Vier Arten, einen Sturm abzuwettern 380	

Vorwort

Seitdem die ersten Zeilen des ursprünglichen Manuskripts niedergeschrieben wurden, vergingen rund 14 Jahre. Diese Zeitspanne brachte eine stürmische, ja geradezu revolutionäre Entwicklung in dem gesamten Segelsport, von der Super-Einheitsjolle *Laser* über die Kielboote *Tempest* und *Soling* zum olympischen Katamaran *Tornado* einerseits und zu den höchst aktuellen modernen *Ocean Racern* andererseits.

Das Rennsegeln auf See erlebte einen gewaltigen Aufschwung, begonnen mit den RORC- und CCA-Rennkreuzeryachten, und seit vier Jahren vereint unter der weltumfassenden *Internationalen Offshore Rule*, kurz I.O.R.-Formel genannt. Die bereits vorher schrittweise begonnene Einteilung in sogenannte Tonnerklassen erreichte eine überragende Bedeutung, zugleich einen faszinierenden Sport bietend.

Die ganz großen Anzugspunkte im internationalen Hochseesport heißen Admirals-Pokal mit Fastnet-Rennen, Onion Patch-Trophäe mit Bermuda-Rennen und Southern Cross-Cup mit Sydney-Hobart-Rennen. Besonders die Team-Regatten um den Admirals-Pokal erlangten Weltbedeutung, ebenso die Meisterschaften in verschiedenen Tonnerklassen.

Darüber hinaus wurden die Hochseerennen immer länger, wie z. B. das Kapstadt-Rio-Rennen, und reichen inzwischen bereits um die ganze Welt. Zur Zeit der Niederschrift dieser Zeilen ging das erste Yachtrennen „um die Welt" gerade zu Ende.

Die Einhand-Transatlantik-Rennen wurden zu einer regelmäßigen, heiß umkämpften Einrichtung mit großartiger internationaler Beteiligung. Hatte man bisher geglaubt, daß mit einer 15 bis 18 m langen Segelyacht die endgültige Höchstgrenze fürs Einhandsegeln erreicht wäre, so wurde man eines besseren belehrt: Zum letzten Transatlantik-Rennen erschien ein Einhandsegler mit einer Yacht von fast 40 m, ja, vierzig Meter Länge, um sie allein in flotter Fahrt von England nach Amerika zu segeln. Die zu solchen Fahrten gehörenden Selbststeueranlagen entwickelten sich im Eiltempo, so daß auch sie ein eigenes Kapitel erhielten.

Die Gestalt der modernen Ocean Racer hat sich erheblich geändert; sie wurden „funktioneller" und erhielten kürzere Überhänge, größere Breiten, wirksamere Besegelungen und ein radikal verändertes Unterwasserprofil mit kurzem Kiel und weit achtern, getrennt angeordnetem Ruder.

Die Mehrrumpfboote *Katamaran* und *Trimaran* setzten sich durch, und obwohl kenterbar, haben sie doch bereits die Welt umsegelt und Kap Hoorn umrundet. Zu diesen gesellt sich eine nicht endende Schar kleiner Kreuzeryachten, die in breitem Strom auf bewährter Route um die Welt segelt, sportlich vagabundierend und die polynesische Inselwelt erkundend.

Auch schnell und immer schneller versuchte man auf dem Wasser zu segeln (nicht an Land oder auf dem Eis) und erreichte bereits den erstaunlichen Rekord von sage und schreibe 54 km/h über eine 500 m lange Meßstrecke.

Baumwollsegel sind so radikal von der Bildfläche verschwunden, daß die jüngere Generation sie kaum noch kennt. Polyester- und Nylontuche beherrschen uneingeschränkt die Herstellung von höchst wirksamen Am-Wind-Segeln und Spinnakern. Auch die Bootskörper werden in großer Mehrzahl aus dem gleichen Polyesterharz, glasfaserverstärkt, hergestellt wie die Segeltuchfaser.

Ein sechsjähriger Aufenthalt in Neuseeland ließ mich das am meisten auf Amateur-Selbstbau eingestellte Segelsportland der Welt erleben. Leimtechniken, Sperrholzbau und Überziehen mit Glasfaser- und Nylontuchen wurde dort für jedermann zugänglich entwickelt. Auch der nicht neue, aber fast vergessene Yachtbau aus armiertem Beton wurde gerade dort erneut aus der Taufe gehoben und zu relativem Ansehen gebracht.

Wir gaben uns größte Mühe, alle diese Dinge mit aufzunehmen, ohne den Gesamtumfang des Buches fühlbar zu vergrößern. Auf daß es nicht zu schwer werde, so daß die erhoffte günstige Brise auch diese Auflage wieder zu flottem Gleiten bringen möge...

Im Yacht Club Argentino Dársena Norte
Buenos Aires, September 1964   Juan Baader

Vom ersten Segel zum schnellen Klipper

Vor vielen Jahrtausenden kam einmal ein findiger Mensch auf die Idee, ein Boot vom Wind antreiben zu lassen. Ob es wirklich ein Boot war oder vielleicht ein Floß oder ein Einbaum, das bleibt der historischen Spekulation offen. Über die Uranfänge der Schiffbautechnik, oder nenne man sie bescheidener die Anfertigung von schwimm- und tragfähigen Untersätzen, gibt es keine Aufzeichnungen. Die Herstellung primitiver Wasserfahrzeuge reicht erheblich weiter zurück als die Kunst, menschliches Wissen und Erfahrungen aufzuschreiben und zu überliefern.

Es ist durchaus möglich, daß das erste von Wind und Segeln angetriebene Schiff in China gebaut wurde; nachweisbar ist es aber nicht. Genaueres dagegen kennt man über die älteste Schiffahrt auf dem Nil. Dort waren die Ägypter bereits um etwa 3000 v. Chr. imstande, Nilschiffahrt mit praktischen und gebrauchstüchtigen Seglern auszuüben.

Wesentlich früher, vielleicht um 4000 v. Chr., wurde bereits von einem ägyptischen Künstler ein Wasserfahrzeug aufgezeichnet, welches deutlich erkennbar ein viereckig geschnittenes Segel an einem Mast führte. Auch läßt sich aus der Überhöhung des Vorschiffes entnehmen, daß es sich keineswegs um einen ausgehöhlten Baumstamm handeln konnte, sondern daß es ein wirkliches, *gebautes* Schiff zeigen sollte. Schließlich soll ein im Jahre 1929 gefundenes Tonmodell erwähnt werden, welches offensichtlich ein mit Mast und Segel ausgerüstetes Wasserfahrzeug darstellt. Das Alter dieses Tonmodells würde die Anfänge des Segelns noch um mehrere tausend Jahre zurückverlegen.

Auch heute noch kann man an manchen Stellen der Welt Fahrzeuge in Gebrauch finden, die prähistorischen Booten so ähneln, als hätte dort der Ablauf der Zeit stillgestanden. Im Norden Brasiliens benutzen die Fischer sogenannte „Jangadas", Flöße, die sie nach alter Überlieferung aus Baumstämmen zusammenfügen und mit welchen sie weit auf den Atlantischen Ozean hinaussegeln. Die Fischer müssen dabei fast ständig im Wasser stehen, da diese für heutige Begriffe unglaublich primitiven Fahrzeuge keinerlei Schutz oder Einrichtung aufweisen. Eine dieser brasilianischen Jangadas segelte vor einigen Jahren sogar bis nach Buenos Aires, obwohl die südlichen Gewässer bedeutend stürmischer und auch kälter sind als die äquatornahen.

Im heutigen Indochina werden noch Segelschiffe benutzt, deren eigentümliche Bauweise an mesopotamisch-babylonische Vorzeiten erinnert. Aus Mangel an einheimischen Hölzern wird der eigentliche Bootskörper aus leichtem Bambusgeflecht hergestellt und beiderseits mit einer schmierigen Masse aus pulverisiertem Harz, Kalk und Viehmist ausgefüllt und gedichtet. Nur das Deck wird aus *richtigem* Holz gebaut. Dieses allein überlebt mehrere Bootskörper, welche ohne große Kosten ab und zu erneuert werden.

Auf dem höchstgelegenen Segelgewässer der Welt, dem Titicacasee der südamerikanischen Hochanden zwischen Bolivien und Peru gelegen, benutzen die bolivianischen Indianer auch heute noch Schilfboote zum Fischfang in 4000 m Höhe. Diese Boote, aus Schilfbündeln hergestellt, ähneln den vor zehntausend Jahren auf dem

Abb. 1: Auch heute noch werden in der Kleinschiffahrt auf dem Nil die malerischen Lateinersegel verwandt.

Nil benutzten Flößen in solchem Maße, daß Thor Heyerdahl seinen Nachbau an afrikanischen Gestaden von Indianern aus Bolivien anfertigen ließ.
Die Winde waren dem primitiven Wasserfahrer nur nützlich, solange sie mit mäßiger Stärke auftraten und in diejenige Richtung wehten, wohin er sein Boot zu bringen gedachte. Mit Gegenwinden oder auch nur mit Seitenwind konnte er nichts anfangen; dann blieb sein Boot in Erwartung eines Windwechsels am Ufer vertäut. Das Segel wurde geborgen, und wenn das Wetter zum Sturm umschlug, wurde auch der Mast gelegt. Das war eine leichte Arbeit, denn die Masten waren häufig zweibeinig, damit sie einen festeren Stand hatten. *Wie sollte wohl der primitive Mensch auf die Idee kommen, daß es möglich wäre, sich in eine andere Richtung treiben zu lassen als dorthin, wohin der Wind bläst? ...* So sah das Segeln aus bis nicht lange vor Beginn der christlichen Ära.
Nun gibt es aber Meeresküsten, an welchen die Winde monatelang in derselben Richtung wehen, Monsune und Passate genannt. Dort konnte man kaum auf einen Windwechsel warten, denn das hätte selbst für damalige Begriffe viel zu lange gedauert. Also mußte man versuchen, den Wind auch von der Seite einfallend auszunutzen, und so entstand vor etwa 2000 Jahren im arabischen Gebiet des Nahen Ostens das Lateinersegel. Es handelte sich um eine Neuerung von erstaunlicher Kühnheit, die einen bedeutenden Fortschritt in der Handelsschiffahrt mit sich brachte. Man konnte nun innerhalb gewisser Grenzen sein zu ersegelndes Ziel aussuchen, war also nicht mehr so stark von der herrschenden Windrichtung abhängig. Man benutzte zuerst schüchtern, dann mit wachsender Entschlossenheit immer länger werdende Spieren, auch Schrägrahen genannt, so daß diese schließlich bedeutend länger wurden als der sie tragende Mast. Das fast dreieckig geschnittene Segel konnte in beliebigem Winkel zum Winde eingestellt werden. So stellte das Lateinersegel einen frühzeitigen intuitiven Sproß der *Aerodynamik* dar. Hätten die Schiffskörper ebenfalls auf der Höhe dieser Umwälzung gestanden, würde man bereits damals die Kunst des Am-Wind-Segelns oder gar des Kreuzens entdeckt haben.

Das Lateinersegel ist typisch für die Schiffahrt der arabischen Kulturgemeinschaft, und dementsprechend tauchte es im 7. Jahrhundert im Mittelmeer auf. Kein Wunder, daß man bald versuchte, das Lateinersegel den älteren Rahbesegelungen hinzuzufügen, wodurch gemischte Takelungen entstanden. Als Christoph Kolumbus im Jahre 1492 mit drei Schiffen zur Entdeckung des Seeweges nach Indien startete, führten die beiden größeren, SANTA MARIA und PINTA, Rahsegel an Fock- und Großmast und Lateinersegel am Besan. Das kleinste, genannt NIÑA, fuhr zunächst sogar Lateinersegel an allen drei Masten, wurde später aber umgetakelt.
Catay, das sagenhafte Land, das man heute unter dem Namen China kennt, lebte sein fruchtbares und arbeitsames Leben in völliger Isolierung, geschützt durch eine gewaltige Mauer gegen die Einmischung Fremder. Jahrtausendelang hatte es den Kontakt mit der übrigen Welt gemieden, und als schließlich westliche Seeleute Zugang fanden, war die geschichtliche Entwicklung der chinesischen Dschunke bereits in Vergessenheit geraten. Der Schiffskörper der Dschunke war verhältnismäßig schwer gebaut und nicht allzu verschieden von den damaligen europäischen Schiffen. Das erstaunliche, ja geradezu wertvolle Dschunkensegel dagegen wurde von den europäischen Seeleuten nicht verstanden. Demzufolge wurde es auch nicht nachgeahmt und fand keine Verbreitung außerhalb des chinesischen Einflußgebietes. Dieses Segel übertraf bei weitem alles, was man in Europa und im Nahen Orient kannte, war es doch allein dem Dschunkensegel möglich, die Winde aus nahezu allen Richtungen fahrtgünstig auszunutzen. Das Segel der chinesischen Dschunke ist ein echtes Am-Wind-Segel, vergleichbar dem Luggersegel moderner Auffassung. Darüber hinaus jedoch besaß es bereits *durchgehende Segellatten*, die es den modernen Schnellsegel-Takelungen noch näher brachte. Jede Segellatte bekam ihre eigene Schot, die entweder direkt oder mittels Hahnepot an Deck geführt wurde. Dadurch konnte die Segelstellung über die ganze Höhe kontrolliert und dem günstigsten Anstellwinkel angepaßt werden. Das Segel als solches hatte damit einen ungeahnten Grad der Vollkommenheit erreicht. Hätten die fleißigen Chinesen es fertiggebracht, die Abdrift der leider zu plum-

Abb. 2: Zusammentreffen zweier Welten: eine hanseatische Brigg und eine chinesische Dschunke. Als die erstaunten Europäer zum ersten Mal die Takelung der Dschunken sahen, erkannten sie keineswegs ihre Vorzüge. Die Chinesen erfanden eine echte Am-Wind-Takelung, lange bevor man mit nordischem Rah- oder arabischem Lateinersegel mühsam an den Wind zu gehen lernte.

pen Schiffskörper zu vermindern, hätten sie zweifellos hoch am Winde segeln und sogar das Kreuzen erfinden können, womit sie sich dann als erste *entgegengesetzt der Windrichtung* hätten fortbewegen können.
Nicht weniger wichtig für die Entwicklung des Segelns ist die Erfindung des festen Ruders am Heck. Die Chinesen erfanden es unabhängig von den Europäern und scheinbar bereits viel früher. Es ist für heutige Vorstellungen unfaßbar, daß ein ständig am Heck schwenkbar gelagertes Ruderblatt erst im 12. Jahrhundert auftauchte und daß es erst im 14. Jahrhundert allgemeine Anwendung fand. Ein so spätes Erscheinen des fest aufgehängten Ruders ist um so unbegreiflicher, als man doch seit mehreren Jahrtausenden zu segeln verstand. Wie mühselig muß das Steuern gewesen sein, solange man ein fast lose und seitlich gefahrenes Ruderblatt mit den Händen halten mußte!
Inzwischen tauchte im hohen Norden Europas das verfeinertste Schiff auf, das menschlicher Geist erfinden konnte: das Wikingerschiff. Alles, was man bisher an schwerem und grobem Schiffbau kannte, wurde von ihm weit in den Schatten gestellt. Seine Schöpfer, bewährte Krieger, Handwerker und Künstler, unternahmen damit den erstmaligen, zugleich überzeugenden Versuch, dem Winde nahe zu kommen, indem sie Form und Gewicht des Bootskörpers zu höchster Vollendung entwickelten. Die Feinheit der Wasserlinien eines Wikingerschiffes liegt auf der Höhe des modernen Bootsbaues; seine Am-Wind-Eigenschaften übertrafen alles, was es seinerzeit auf der Welt an Schiffen gab.
Nur im Pazifischen Ozean war es einem anderen Volk gelungen, höchst originelle, schnelle Segelfahrzeuge zu entwickeln: die Polynesier. Über deren Doppelrumpfboote, die sogenannten *Fliegenden Proas*, schrieb der Chronist Magellans, Pigafetta: „Die Insulaner vergnügten sich, mit ihren kleinen schmalen Fahrzeugen das Meer zu befahren. Es sah aus, als wenn Delphine dahinschossen, von Welle zu Welle tanzend, und ganz nach Wunsch Vorschiff und Achterschiff vertauschend."
Sowohl die Polynesier mit ihren Doppelbooten als auch die Wikinger mit ihren scharfen, leichten Klinkerbooten hatten erreicht, etwas *Höhe herauszusegeln*. Beide wandten auch das System an, Vor- und Achterschiff nach Belieben zu vertauschen, obwohl das nur bei den polynesischen Auslegerbooten wirklich notwendig war. Der kleine Ausleger des polynesischen Bootes zwingt dazu, bei jedem Wenden Vor- und Achterschiff zu vertauschen, damit der Ausleger stets auf der Luvseite bleibt.
Jahrtausendelang besaß die Takelung der Segelschiffe

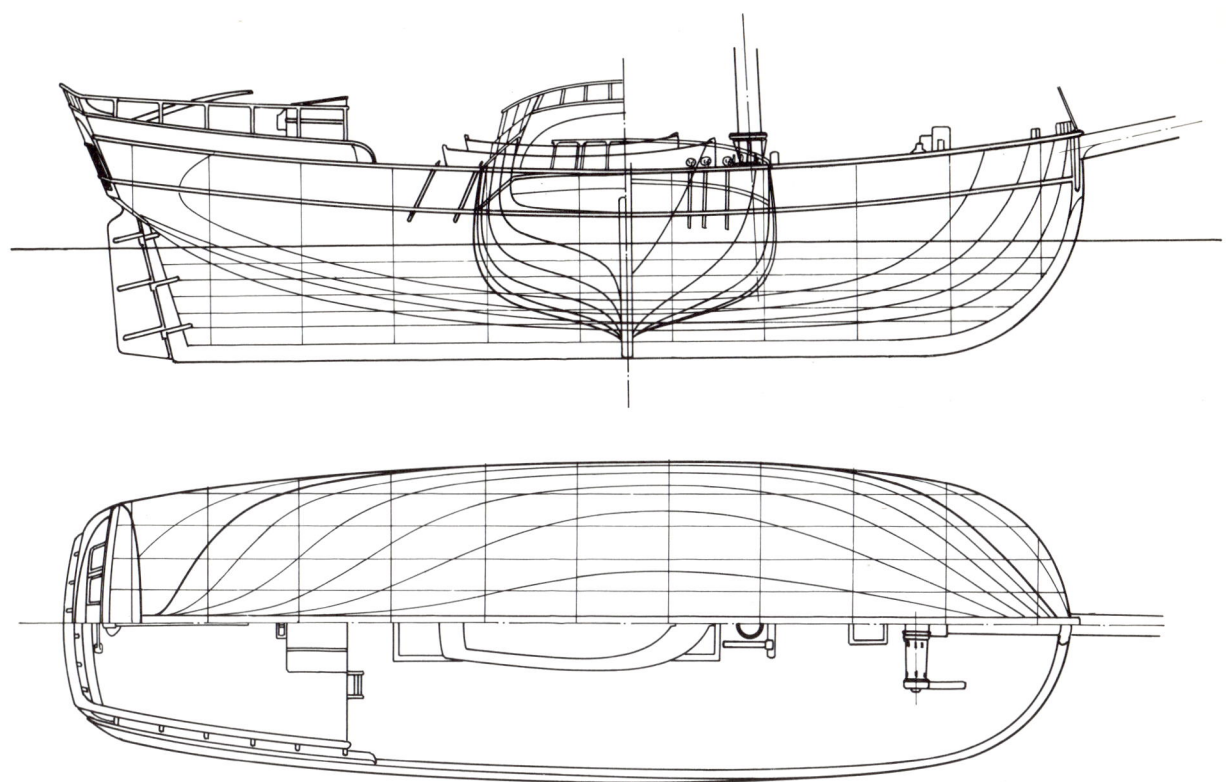

Abb. 3: Handels-Sloop Experiment, *im Jahre 1780 in den Vereinigten Staaten erbaut. Damals war der holländische Schiffbau vorherrschend, dessen Einfluß auch bei diesem amerikanischen Schiff stark hervortritt.*

nur einen einzigen Mast. Kurz vor Christi Geburt tauchte bei den Phöniziern der schüchterne Versuch eines zweiten Mastes auf, nicht um Segel zum Vortrieb zu tragen, sondern allein um das Steuern zu erleichtern und die Tendenz des Aufschießens, des In-den-Wind-Drehens, zu vermindern. Erst im 14. Jahrhundert verbreitete sich die zweimastige Takelung, aber schon sehr bald wurde die Verwendung dreier Masten zur Regel, da inzwischen auch die Abmessungen der Schiffe gewachsen waren. Die Größe damaliger Seeschiffe darf keineswegs überschätzt werden. Die Schiffe des 15. Jahrhunderts, fast alle dreimastig getakelt, waren von verhältnismäßig geringer Länge. Das größte Schiff des Kolumbus, die Santa Maria, war 26 m lang, 8 m breit und entsprach einem Raumgehalt von 200 Registertonnen. Sie führte 45 Mann Besatzung. Auch ihre beiden Begleiterinnen während der Entdeckungsfahrt, Pinta und Niña, waren trotz noch geringerer Abmessungen dreimastig getakelt.

Mit wachsender Seefahrt gewann auch der Seehandel an Bedeutung, so daß nunmehr das Geldverdienen einen weiteren Ansporn hinzubrachte: Die Schiffe wurden größer und schneller, und die Anfänge einer echten Schiffbautechnik werden erkennbar. Von den Karavellen ging man zu den Galeonen über, danach zu den Fregatten und schließlich zu den eigentlichen „Schiffen", von den Spaniern *Naos* oder *Navios* genannt.

Mit dem Anwachsen der Schiffsmasse entstand ein neues Problem, nämlich ein solches Gefüge, gebaut aus verhältnismäßig kurzen Hölzern, im Seegang und vollbeladen überhaupt zusammenzuhalten. Ein segelndes Handelsschiff des 17. Jahrhunderts muß als wahres Wunderwerk aufgefaßt werden. Die turmartig aufgebaute Höhe des Achterschiffes mit seinen künstlerischen Verzierungen erregte allgemeine Bewunderung und bewies zugleich, daß die Kosten des damaligen Tagelohnes nur von geringer Bedeutung waren. Später schufen wiederum rein kaufmännische Überlegungen die Grundlage zur letzten, endgültigen Verfeinerung des Segelschiffes. Der Opiumschmuggel einerseits und der Handel mit Tee und orientalischen Seidenstoffen andererseits schafften die nötigen Voraussetzungen, welche kurz danach durch das Wettrennen nach dem kalifornischen Golde verstärkt wurden. So entstand etwa um 1830 der bewunderungswürdigste, schnellste und wirtschaftlichste Typ aller segelnden Handelsschiffe, der *Klipper*. Zum ersten Male übertraf das Verlangen nach Geschwindigkeit alle anderen Erwägungen. Nur die höchstmögliche Geschwin-

Abb. 4: Vielfach wird die RAINBOW *als der erste Klipper bezeichnet. Erbaut im Jahre 1845, zeichnete sie sich durch einen niedrigen, langgestreckten Rumpf und besonders schlanke Linien aus, verglichen mit den Schiffen der damaligen Zeit.*

digkeit, nicht aber die Tragfähigkeit wurde bewertet, und es muß besonders hoch geschätzt werden, daß auch die Seetüchtigkeit mit der zunehmenden Geschwindigkeit Schritt hielt.

Eines der berühmtesten Klipperschiffe, die ARIEL, hatte eine Länge von 60 m, eine Breite von 10,30 m und eine vermessene Größe von 852 Tonnen. In der Bilge waren 100 Gewichtstonnen Ballast fest verstaut, dazu kamen weitere 20 Tonnen, die zu Trimmzwecken umgestaut werden konnten. Die Segelfläche war etwas über 3000 m² groß, verteilt auf insgesamt 37 Hauptsegel, ohne die Leichtwetter-Beisegel mitzuzählen.

Nun, da man ziemlich hoch an den Wind gehen konnte, mußten die turmhohen Achterschiffe verschwinden. Statt dessen wurde der äußere Eindruck von den *in die Wolken reichenden* Takelagen beherrscht. Es war ein

Foto 2: Die kleine Brigg ROYALIST *von 23,20 m Länge wurde vom britischen Konstrukteur Colin Mudie für das englische Seekadetten-Corps entworfen. Der gelungene Entwurf eines heute nur noch selten gebauten Schiffstyps erhielt die Lloyd's Yacht-Trophäe für den besten Entwurf und Bau des Jahres 1971. Wenn auch diese Takelungsart bei weitem nicht die Wirksamkeit moderner Yacht-Takelungen erreicht, so ist sie doch für seemännische Ausbildungszwecke geradezu unübertrefflich.*

glücklicher Umstand, daß kurz nach dem Auftauchen der ersten Klipper der Stahldraht erfunden wurde, durch welchen diese turmhohen Gebilde erst eine durchaus nicht zu große Sicherheit erhielten. Wer als Segler heute noch Gelegenheit findet, die Takelage der noch vorhandenen Rahschiffe zu studieren, wird seine Bewunderung für so viel Kunst, Technik und Erfahrung nicht verbergen können; sie wirkt geradezu atemberaubend.

ENTWICKLUNG DER HANDELSSCHIFFAHRT UNTER SEGEL

Jahr	*Schiff*	*Dauerfahrt*	*Verdrängung*	*An den Wind*
1000 v. Chr.	Griechisch	1 Knoten	50 Tonnen	14 Strich
Jahr 1000	Wiking	3 Knoten	60 Tonnen	8 Strich
Jahr 1492	Sta. Maria	3½ Knoten	80 Tonnen	12 Strich
Jahr 1850	Klipper	7 Knoten	2500 Tonnen	7 Strich

Die Anfänge des Yachtsegelns

Bereits die Pharaonen erfanden die Lustschiffahrt, das Befahren der friedlichen Gewässer des Nils mit Segelfahrzeugen, allerdings ohne daraus eine sportliche Disziplin zu machen. Ähnlich mögen auch die Wikingerkönige ihre Privatschiffe zum Vergnügen gehalten haben. Die Geschichte überliefert, daß bereits im Jahre 1326 König Robert the Bruce von Schottland sich damit vergnügte, mit einer eigenen Yacht zu segeln. Ein wirklicher Sport des Segelns entstand jedoch erst sehr viel später.

Im 14. Jahrhundert begannen die Holländer, kleine, schnelle Segelschiffe einzusetzen, um Schmuggler und Seeräuber zu verfolgen oder zu jagen. Sie nannten diese Boote deswegen „jaght", das heißt *Jäger* oder *Verfolger*. Bald entdeckten die wohlhabenden Amsterdamer Reeder, daß sich diese sogenannten „jaghtschippen" gut dazu eigneten, ihren großen Handelsseglern entgegenzulaufen, wenn deren Rückkehr von der Ostindienfahrt angekündigt war. Schließlich gehörte es sogar zum guten Ton, seinen Freunden eine Spazierfahrt in solchen kleinen Segelschiffen zu bieten. So ist auch nicht erstaunlich, daß im Jahre 1660, also vor wenig mehr als 300 Jahren, eine „jaght" ausgewählt wurde, als holländische Bürger dem jungen König von England aus Anlaß seiner Rückkehr zum Thron ein Geschenk machen wollten. Es besteht kein Zweifel daran, daß das Yachtsegeln von den Holländern erfunden wurde. Kein Wunder, denn dieses Land besaß schon zur damaligen Zeit eine besonders blühende Schiffahrt und verfügte daher auch über eine hochentwickelte Schiffsbaukunst.

Das holländische Geschenk an Charles II. bedeutete die Einführung des sportlichen Segelns in England. Die MARY, diese erste englische Yacht holländischen Ursprungs, hatte eine Länge von 16 m, eine Breite von 5,80 m und einen Raumgehalt von 100 Vermessungstonnen. Sie war nach holländischer Benennung als Slup getakelt, doch würde man ihre Besegelung heute eher als Kutter bezeichnen. Außer einem Gaffel-Großsegel besaß sie eine Fock, einen Klüver und ein Rah-Toppsegel. Zwei breite Seitenschwerter unterstrichen das holländische Aussehen der ersten englischen Königsyacht, erlaubten aber zugleich, recht hoch am Winde zu segeln. Den damaligen Zeiten entsprechend gehörte zu diesem kleinen Schiffchen eine feste Besatzung von 20 Mann, außerdem führte es eine Anzahl kleiner Kanonen an Deck. Der junge König griff diesen neuen Sport mit so großer Begeisterung auf, daß er binnen kurzer Zeit bedeutende Kenntnisse über Seefahrt und Schiffsführung erwarb, sich aber zugleich auch in die Technik vertiefte. So wird gesagt, daß er die zwei Jahre später gebaute Yacht JAMAIE eigenhändig entworfen habe. Noch wichtiger jedoch ist die Tatsache, daß er 1675 das Observatorium von Greenwich erbauen ließ, dessen Bedeutung für die gesamte Schiffahrt auch heute noch fortbesteht. Der Null-Meridian der Erde geht

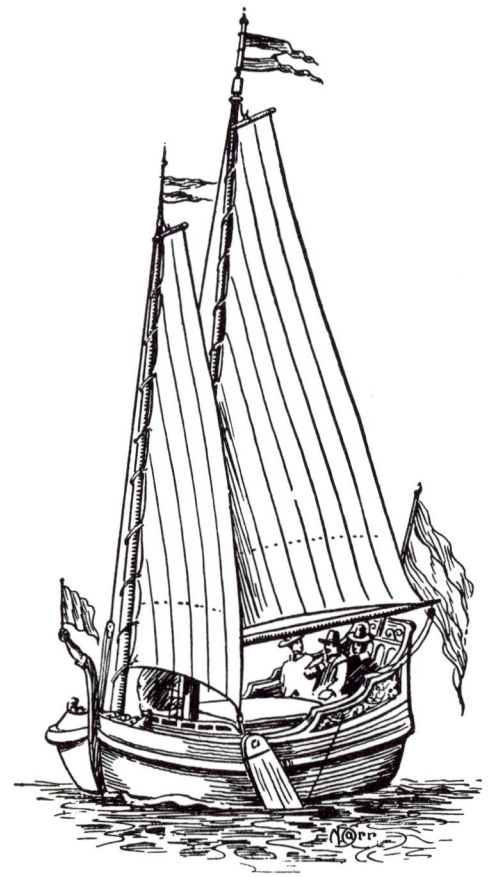

Abb. 5: Holländische „Jaght" in einer aufschlußreichen Darstellung aus dem Jahre 1642. Man beachte die Seitenschwerter sowie die auffallend hohe Schunertakelung, beides zum besseren Am-Wind-Segeln gedacht.

mitten durch das Transit-Instrument von Greenwich. Die Holländer übten sich zwar im sportlichen Segeln, sie verstanden darunter aber nichts, was dem heutigen Regattasegeln vergleichbar wäre. Ihr Sport bestand in einem Paradesegeln, auch Admiralssegeln genannt, einer Auffahrt in geordneten Reihen und unter Flaggenschmuck, zu der auch kleine Kanonen an Bord gehörten. Die Tradition des Admiralsegelns wird auch heute noch in Holland gepflegt; sein Ursprung reicht bis ins 15. Jahrhundert zurück. Im Jahre 1958 beteiligten sich daran 100 traditionelle holländische Yachten, auffallend durch ihre runden und besonders völligen Vor- und Achterschiffe, durch ihre Seitenschwerter und die gekrümmten Gaffeln. Dieses Paradesegeln galt dem 600jährigen Bestehen der Stadt Hoorn, aus der übrigens die holländischen Seeleute Schouten und Le Maire stammten, welche Kap Hoorn und damit die Umfahrbarkeit Südamerikas entdeckten.

Die holländische Schreibweise des Wortes „jaght" wandelte sich nach Ankunft der MARY in England in „yacht". Eigenartigerweise benutzt man die Schreibweise „Jacht" in Deutschland und Dänemark bereits seit Jahrhunderten, um damit einen Typ kleiner Frachtsegler der Gewässer der Nord- und Ostseeküsten zu bezeichnen. Im Jahre 1797 befanden sich im Register der schleswig-holsteinischen Schiffe allein 412 Jachten mit Tragfähigkeiten zwischen 25 und 100 Tonnen, meist zum Frachttransport in der nahen Ostsee bestimmt.

Das Erscheinen der königlichen Yacht MARY erweckte in England ein lebhaftes Interesse am Segeln. In den folgenden zwölf Jahren baute man dort nicht weniger als 12 Yachten, deren Kiel-Längen zwischen 8,50 m und 22,50 m betrugen. Die beiden ersten Erzeugnisse des entstehenden englischen Yachtbaues, CATHERINE, für den König erbaut, und ANNE, dem Herzog von York gehörend, segelten im Jahre 1662 die *erste Segelregatta*, von welcher die Überlieferung berichtet.

Seitenschwerter waren in Holland Allgemeingut geworden, mindestens 200 Jahre, bevor das Mittelschwert erfunden wurde. Trotzdem sei darauf hingewiesen, daß eine eigenartige Abwandlung des Mittelschwertes in Südamerika lange vor der Entdeckung des Kontinents bei den Eingeborenen in Gebrauch war. Als die spanischen Eroberer an der Pazifikküste im Gebiet des heutigen Ecuador auftauchten, beobachteten sie mit Verwunderung das merkwürdige Segeln und Manövrieren von Flößen. Dank der Studien von Thor Heyerdahl und Emilio Estrada weiß man heute, daß die aus Balsaholz zusammengesetzten Flöße mehrere Mittelschwerter benutzten, welche zwischen die Baumstämme gesteckt wurden. Durch geeignete Anordnung dieser Schwerter konnten die südamerikanischen Indianer die Fahrtrichtung der Flöße relativ zum Winde einstellen. Diese an sich formlosen und zum Segeln ungeeigneten Holzflöße sollen sogar einwandfrei mit Seitenwind gesegelt haben, auch konnte man mit ihnen über Erwarten manövrieren, indem die Stellung der Schwerter verändert wurde.

Der erste Segel- oder Yachtklub entstand nicht etwa in England, sondern in Irland. Es war der Cork Water Club, gegründet im Jahre 1720. Ihm folgte über 50 Jahre später der erste Yachtklub Englands, genannt Cumberland Fleet, 1775. Die Vereinigten Staaten gründeten ihren ersten Yachtklub erst im Jahre 1844, und zwar diente ihm als Vereinslokal der Schuner GIMCRACK, verankert im Hafen von New York. Dieser New York Yacht Club schuf bereits 7 Jahre später die Grundlagen für das bedeutendste und immer wiederkehrende Ereignis im Yachtsport der Welt: Die Rennen um den *Amerika-Pokal*. Als der Schuner AMERICA im Jahre 1851 unter dem Stander des N.Y.Y.C. nach England segelte, eröffnete er gleichzeitig die Einrichtung der *Internationalen* Wettkämpfe im Segelsport. Um die Mitte des vorigen Jahrhunderts wurden wohl zum ersten Male Segelboote regelrecht als Yachten entworfen. Damit entstand ein neuer Beruf, nämlich die Spezialisierung als Zeichner oder Konstrukteur von Yachten. Die AMERICA wurde vom jungen George Steers konstruiert, welcher sich mit Begeisterung voll und ganz dem Entwurf von Kiel- und Schwertyachten widmete.

Große Yachten verschiedener Typen und Abmessungen segelten untereinander Regatten, meist von bezahlten Kapitänen geführt und von einer vielköpfigen Berufsmannschaft bedient. Doch bald gewann auch die kleine

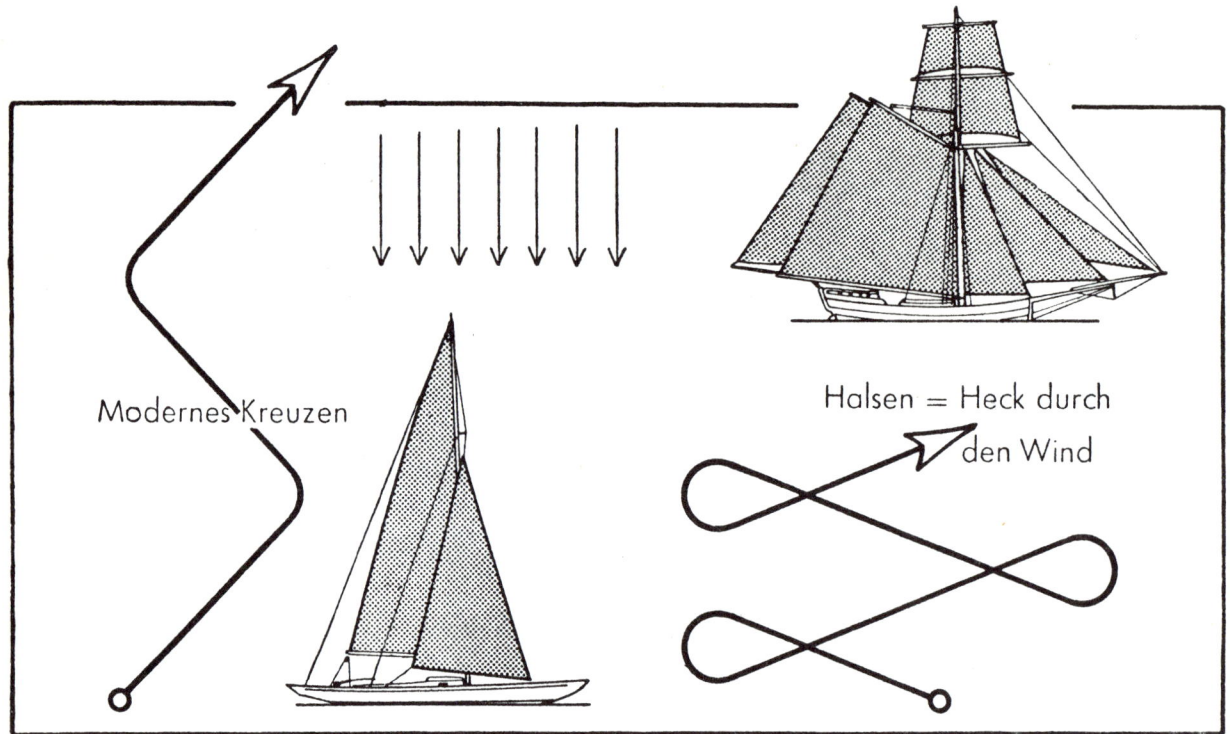

Abb. 6: Die moderne Yacht besitzt die Fähigkeit, hoch am Wind zu segeln und auch durch den Wind über Stag zu gehen. Niemals vorher in der Geschichte der Segelschifffahrt wurde eine auch nur annähernd vergleichbare Geschwindigkeit „gegen den Wind" erreicht. Frühere Segler liefen nicht nur weniger Höhe, sondern mußten auch halsen, also mit dem Heck durch den Wind drehen, um auf den neuen Bug zu kommen. Der damit verbundene starke Verlust an Fahrt gegen den Wind ist auf der rechten Seite erkennbar.

Yacht Verbreitung, geführt vom Amateur-Steuermann oder Skipper unter Mitwirkung einer teils aus Amateuren, teils aus Berufsseeleuten bestehenden Besatzung. Dann wurden Vermessungs- und Vergütungsverfahren eingeführt, um die Verschiedenartigkeit in Abmessungen, Segelflächen und Typen durch Zeit-Zugabe oder -Abzug zu kompensieren. So dauerte es natürlich nicht lange, bis irgendein extremer Bau auftauchte, bei dessen Entwurf die in den Formeln vorhandenen Lücken zur Erzielung von Vorteilen ausgenutzt wurden.

So entstand zum Beispiel um 1855 ein Bootstyp, der bei niedrigem Vermessungswert, aber durch Anwendung von transportablem Innenballast eine hohe Geschwindigkeit erzielen sollte, der sogenannte „Sandbagger". Seine Bezeichnung wurde aus dem Wort „sand bag" gebildet, was einfach Sandsack heißt. Es handelte sich um jollenartige Boote zwischen 5,50 und 8,50 m Länge, mit sehr flachem Boden, ohne jeden Kiel oder Außenballast. Dank eines großen Mittelschwertes erreichten sie große Höhe am Winde. Auf solchen kleinen und leichten Rümpfen standen dann gewaltige Takelungen mit übertrieben großer Segelfläche, wobei die nötige Stabilität auf folgende Art erzielt wurde: normale „Sandbagger" fuhren an Bord 25 bis 28 Sandsäcke von jeweils 24 kg Gewicht. Hinzu kam eine vielköpfige Mannschaft, je nach Windstärke zwischen 8 und 17 Mann, welche nicht nur selbst in Luv saßen, sondern die zusätzliche Aufgabe hatten, sämtliche Sandsäcke nach der jeweiligen Luvseite mitzuschleppen. Dreißig Jahre später wurde allerdings „beweglicher Ballast" verboten, womit um 1885 diese durchaus interessanten Sandbagger wieder verschwanden.

War etwa um 1815 in den Vereinigten Staaten das Mittelschwert erschienen, so kamen sehr bald weitere entscheidende Elemente hinzu: wirksame Am-Wind-

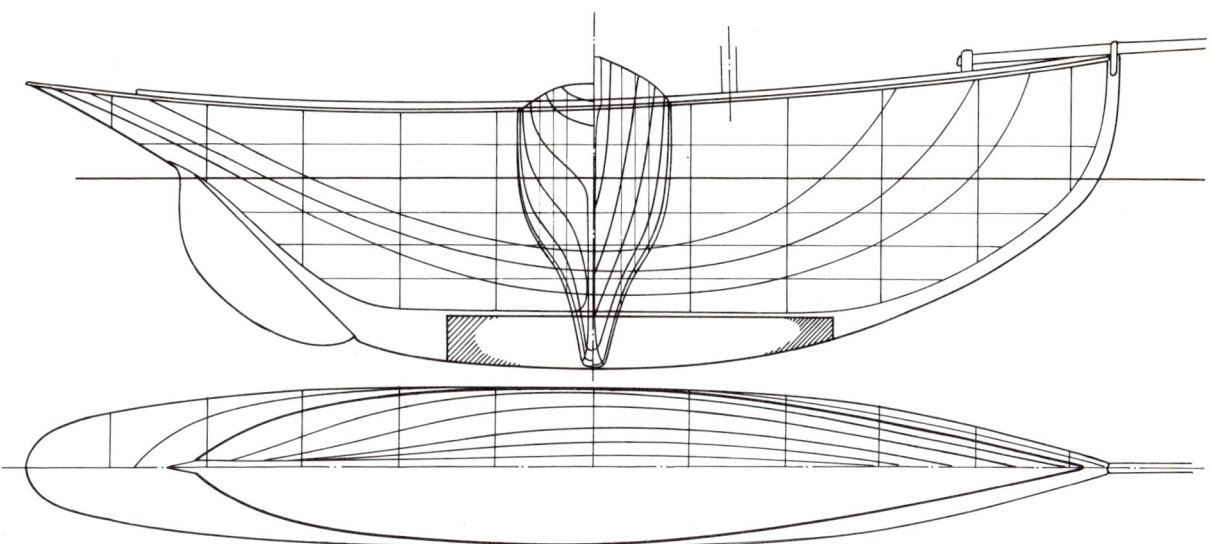

Abb. 7: Englische Kutteryacht vom Ende des vergangenen Jahrhunderts. Wegen der sehr geringen Breite nannte man diese Yachten auch „Lineale" oder „Sechs-Breiter", nämlich sechsmal so lang wie breit.

Takelung in verschiedenen Typen, ein fest am Heck gelagertes Ruder, das aufholbare Mittelschwert. Nur noch ein wichtiges Glied fehlte: der tiefgelagerte Ballastkiel.

Noch herrschte keinerlei Klarheit über die Vor- und Nachteile des Ballastes. Die merkwürdigsten Theorien über Art, Wirksamkeit und Befestigung wurden verbreitet. So behauptete man z. B., daß die Ballastbarren in der Bilge auf Stahlfedern gelagert werden müßten, um die mitunter heftigen Bewegungen einer Yacht elastisch mitzumachen. Sogar bis in die neueste Zeit wurde die Auffassung vertreten, daß bei Hochseekreuzeryachten nur ein Teil des Ballastgewichtes unter dem Kiel angebracht werden dürfe. Ein wesentlicher Teil müsse in der Bilge verstaut werden, um übergroße Stabilität zu vermeiden; denn diese würde zu heftigen Bewegungen im Seegang führen und dadurch sogar die Schiffsverbände lockern.

Ein bedauerlicher Umstand wirkte schließlich mit, den Außenballast endgültig einzuführen, nämlich das Kentern zweier großer Yachten. Der Schuner MOHAWK, mit einer Gesamtlänge von über 40 m und 10 m Breite, kenterte im Jahre 1873 vor Anker an seinem Liegeplatz im New Yorker Hafen. Einige Jahre später, nämlich 1883, kenterte die Yacht GRAYLING unter Segel auf flotter Raumschotsfahrt. Auch sie besaß die respektable Größe von 25 m Länge und 7 m Breite. In beiden Fällen lag die Ursache im wesentlichen beim Innenballast.

Sobald die Yachten hart überlegten, kam dieser ins Rutschen, wodurch die Krängung nach Lee erhöht und die Stabilität verringert wurden, letzteres bis über die Gefahrengrenze hinaus.

Gegen Ende des vorigen Jahrhunderts liebte man in Amerika den breiten Schiffskörper mit geringem Tiefgang, häufig mit Mittelschwert versehen und fast stets mit Innenballast ausgerüstet. Englands Yachtbau dagegen stand im Zeichen des soeben eingeführten Außenballasts sowie einer uralten Tonnen-Meßformel, die besonders schmale Schiffskörper mit großem Tiefgang, fast geradem Vorsteven und lang überhängendem Heck begünstigte. Die Breite betrug oft gerade eben $1/6$ der Länge, so daß man diese Yachten auch *Sechs-Breiter* oder *Lineale* nannte.

Das Überwiegen der Gewichtsstabilität der klassischen englischen Yacht bedeutet zunächst eine geringe Anfangsstabilität. Nahm aber die Krängung weiter zu, so wurde die Stabilität immer größer und machte die Yacht tatsächlich unkenterbar. Die typisch amerikanische Yacht dagegen besaß dank ihrer großen Breite eine überwiegende Formstabilität. Sie verfügte daher über eine wesentlich größere Anfangsstabilität, zugleich aber auch über einen ungenügenden Stabilitätsumfang. Sie täuschte gute Stabilität vor, schloß aber die ständige Gefahr des Kenterns mit ein.

Die meisten Yachtbauer arbeiteten damals noch ohne richtige Pläne, nur unter Verwendung eines schicht-

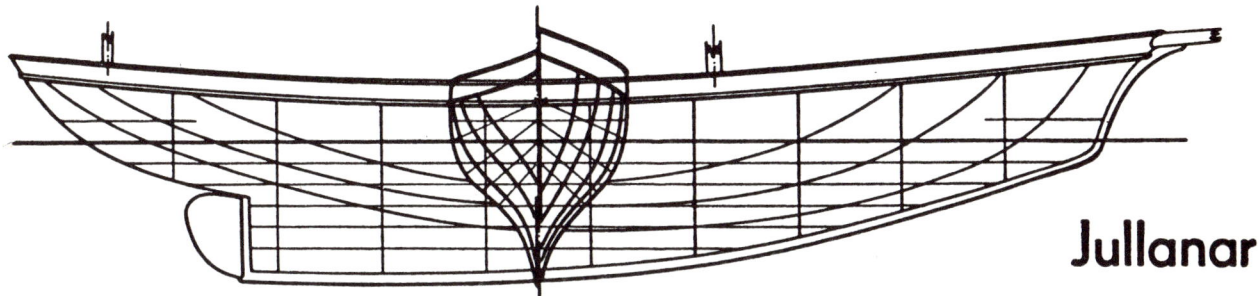

Abb. 8: Linienriß der Yacht JULLANAR, welche infolge ihres neuartigen Lateralplans und des weit vorausgesetzten Hinterstevens Berühmtheit erlangte. Ihr geistiger Urheber und Eigner Bentall besaß den Mut, den „Vorfuß" stark zu beschneiden, ohne daß die Yacht, zum Erstaunen der Zeitgenossen, dadurch die Fähigkeit des Am-Wind-Segelns verlor; doch gewann sie erheblich an Fahrt und Wendigkeit.

förmig zusammengesetzten Halbmodells. Es war zweifellos ein reizvoller Vorgang, die Form einer zu bauenden Yacht am geduldigen Holzmodell abzuarbeiten, da das Auge dreidimensional zu sehen gewöhnt ist und die Hand die Form nachfühlen kann. Man arbeitete so lange am Holz des Halbmodells, bis die geschaffene Form dem Auge zusagte und den Kunden überzeugte. Erst dann wurden die Schichten auseinandergenommen und durch einfaches Umfahren mit dem Bleistift ein primitiver Linienriß aufs Papier gebracht. Eine Gewichtsberechnung wurde nicht durchgeführt, das Volumen des Unterwasserschiffes wurde nur geschätzt bzw. die Schwimmlinie erraten. Häufig wurden die Yachten nach kurzer Segelzeit und empirischer Schätzung umgebaut.

Angesichts der vorherrschenden primitiven Anschauungen muß es einem britischen Amateur hoch angerechnet werden, den Yachtbau durch moderne Ideen befruchtet zu haben. E. H. Bentall, Fabrikant landwirtschaftlicher Geräte, wagte es als erster, den tief ins Wasser reichenden Vorfuß der Yachten zu beschneiden. Er baute die berühmt gewordene Yacht JULLANAR des Jahres 1875. Als diese trotz des Fehlens eines Vorfußes zu segeln begann und keineswegs nach Lee abtrieb, verursachte sie eine Sensation im britischen Yachtbau. Sie segelte nicht nur ausgezeichnet am Wind, sondern erreichte auch eine auffallende Geschwindigkeit auf allen Kursen. Schließlich war die JULLANAR der damals berühmteste Formel-Ausnutzer, denn durch einen Trick Bentalls erhielt sie einen niedrigen Rennwert, obwohl ihre Wasserlinienlänge einen weit höheren verlangt hätte. Die alte Themseformel mißt die Länge nämlich nicht in der wahren Schwimmwasserlinie, sondern ab Rudersteven. Diesen nun hatte Bentall weit nach vorn verlegt, um eine kleine Meßlänge zu erzielen.

Bentall, der selbst nicht zeichnen konnte, nahm die Mitarbeit eines begabten Yachtkonstrukteurs namens John Harvey in Anspruch. Dieser besaß dank zehnjähriger Tätigkeit in Amerika bereits internationale Erfahrungen. Unter anderem wirkte er als Sachbearbeiter des britischen Lloyd für Yachten und schuf die vom Lloyd herausgegebenen Tabellen der Verbandsstärken für Yachten, welche auch heute noch maßgebend sind. Eigenartigerweise wurde Harvey zum einzigen Yachtkonstrukteur, der im Wettkampf um den Amerika-Pokal sowohl eine herausfordernde Yacht als auch einen Verteidiger-Kandidaten entwarf, und zwar auf Grund seiner Tätigkeit in England und in den Vereinigten Staaten.

Nachdem der Bann der Überlieferung einmal gebrochen war, begann eine Zeit fieberhafter Entwicklung im Yachtbau. Der genialste aller Yachtkonstrukteure, Nathaniel Herreshoff, baute 1891 den Kutter GLO-

---

Foto 3: Eine überzeugend echte klassische Kutteryacht, die auch heute noch segelt! Die PASTIME wurde 1886 in Neuseeland erbaut und Anfang 1887 vom Stapel gelassen. Der in bestem Kauriholz erbaute 13,75 m lange Bootskörper hat sich bis heute prächtig in Originalhölzern gehalten, nur das Deck wurde 1938 erneuert. Die Besegelung zeigt den reinsten klassischen Kutter. Trotz ihres erstaunlichen Alters von heute 88 Jahren hat die Yacht eine noch immer große Lebenserwartung, denn es sind gegenwärtig keine größeren Reparaturen geplant oder erforderlich. So dürfte die PASTIME eine der ältesten, regelmäßig segelnden Yachten der Welt sein. Das Geheimnis: gute Hölzer, gute Handwerkskunst, gute Pflege.

Foto: N. Z. Sea Spray, Don Buick

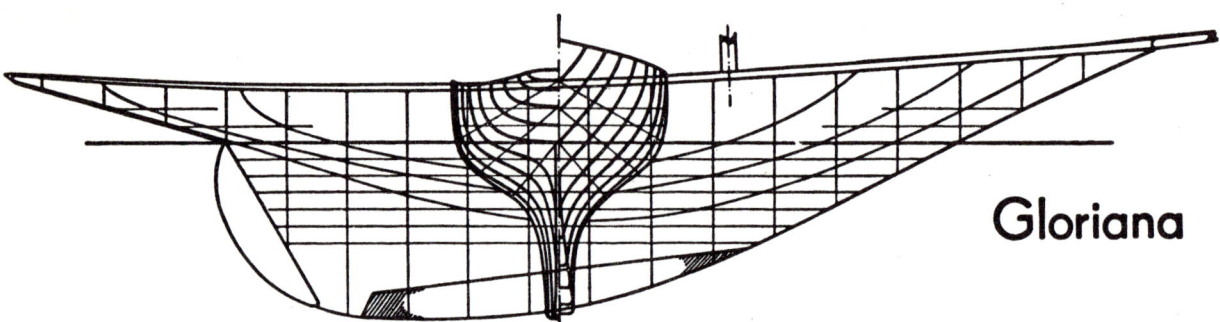

Abb. 9: Die Yacht GLORIANA *wurde im Jahre 1891 von Herreshoff entworfen und gebaut. Mit ihr wurde das Konzept der modernen Segelyacht geboren, erkennbar an dem gänzlich weggeschnittenen Vorfuß sowie am Verlegen des gesamten Ballasts in den außenliegenden Bleikiel. Der Segelriß der berühmten „Gloriana" ist in Abb. 110 wiedergegeben.*

RIANA nach gänzlich neuen Prinzipien. Wer die Yacht im Bau sah, sowohl Besucher wie Werftpersonal, sagte den sichersten Mißerfolg voraus. Das lange Vorschriff zeigte auch nicht mehr die Spur eines Vorfußes. Man machte sich lustig über ein so komisches Schiff, doch als die Yacht zu Wasser kam, verstummten die Kritiker sehr rasch.

Die GLORIANA wurde zu einem glänzenden Erfolg Herreshoffs. Sie war über Erwarten schnell, ging hoch an den Wind, war stabil und segelte mit überzeugender Sicherheit. So wurde aus einem *komischen Schiff* das Vorbild der modernen Yacht. Der gesamte Ballast befand sich unter dem Kiel. Sein eleganter Segelriß ist auch dem heutigen Auge noch gefällig.

Der Ruf Herreshoffs, dessen Vorfahren aus dem Rheinland ausgewandert waren, stieg von Jahr zu Jahr. Sein klares Denkvermögen war stets bereit, vom Hergebrachten abzuweichen, verstieg sich aber nie zu unwirklichen Phantasiegebilden. Jeder Neubau wurde unter seiner Meisterhand zum Erfolg, dank weitreichender technischer Kenntnisse und einem ungewöhnlichen Talent. Von 1893 bis 1920 wurden alle Verteidiger des Amerika-Pokals von Herreshoff entworfen und auf seiner Werft gebaut. Sein überragendes Können trug ihm den Namen „Zauberer von Bristol" ein. Edward Burgess und William Gardner dürfen auch nicht vergessen werden. Edward Burgess' Sohn W. Starling Burgess entwarf die siegreichen Pokal-Verteidiger der Jahre 1930 und 1935. England brachte, außer den bereits genannten, Namen wie George Watson, William Fife und Charles E. Nicholson hervor.

In anderen Ländern fanden sich ebenfalls Männer von Begabung, die dem Yachtbau ihre Energien widmeten. In Deutschland waren es zuerst Max Oertz und später Henry Rasmussen sowie Henry Gruber bei den Kielyachten. Reinhard Drewitz dagegen wurde der Meister des Rennjollen-Entwurfs, dessen Einfluß internationale Bedeutung errang. Auch der Schwede Gustav A. Estlander darf nicht unerwähnt bleiben, da er in hervorragendem Maße die Entwicklung der Schärenkreuzer bis zu den größten Abmessungen beeinflußte.

Als der Schuner AMERICA im Jahre 1851 die Regatta um die Insel Wight gewann, geriet die Welt in Erstaunen. Nicht nur seine scharfen Wasserlinien waren aufgefallen, sondern auch die aus Baumwolle angefertigten und besonders flach geschnittenen Segel. Alle britischen Yachten besaßen damals Segel aus dem viel schwereren Flachs, außerdem waren sie bauchiger geschnitten. Ferner fuhr die AMERICA das Unterliek am Baum angeschlagen, während die Verteidiger mit losem Unterliek segelten.

Ob wohl nach so viel Entwicklung und Fortschritt noch weitere Aufgaben für die Gegenwart und nächste Zukunft verbleiben? Nun, die Entwicklung stand niemals still. Zunächst begann um 1920 der Siegeszug der

---

Foto 4: Die 30 m² Schärenkreuzerklasse zeichnete sich durch ihre elegante schlanke Form und hervorragenden Segeleigenschaften aus. Man erkennt die in den Mast eingebaute Krümmung im oberen Bereich, die zwar beim Am-Wind-Segeln zum guten Stand des Segels beitrug, aber nur bis um 1930 angewandt wurde. Ein solcher hohl und gekrümmt verleimter Mast stellt ein wahres Kunstwerk des handwerklichen Bootsbaues dar.   Foto: Hohmann

Hochtakelung, auch Marconi- oder Bermudatakelung genannt. Die Anfertigung der Segel hat sich zu einer wahren Wissenschaft entwickelt, besonders seitdem man über Spezialtuche aus synthetischer Faser verfügt. Auch die Bootskörper wurden erheblich verbessert; sie sind heute leichter, lebendiger, schneller, gehen höher an den Wind, manövrieren besser, und seit einigen Jahren kennt man sogar die erstaunliche Möglichkeit des Gleitens von Kielbooten.

Der große Gewinn der Gegenwart liegt einerseits in der Verfeinerung der Eigenschaften der Yachten, andererseits in der gewaltigen Ausdehnung ihrer Anzahl sowie in der Tatsache, daß diese Yachten geradezu ausschließlich von Amateuren gesegelt und bedient werden.

ENTWICKLUNGSSTUFEN DES SEGELSCHIFFES

4000 v. Chr.	Es gibt bereits Segelschiffe auf dem Nil.
100 v. Chr.	Ein zweiter Mast erscheint im Vorschiff.
100 n. Chr.	In arabischen Ländern taucht das Lateinersegel auf.
1300 n. Chr.	Einführung des fest im Heck gelagerten Ruders.
1400 n. Chr.	Dreimastige Segler mit gemischter Takelung.
1600 n. Chr.	Gaffeltakelung und Seitenschwerter verbessern das Am-Wind-Segeln.
1820 n. Chr.	Das aufholbare Mittelschwert wird bekannt.
1830 n. Chr.	Der Siegeszug des schnellen Klippers beginnt.
1875 n. Chr.	Erstes Auftreten der Hoch- oder Bermudatakelung.
1880 n. Chr.	Der Außenballast beginnt seinen Siegeszug.
1946 n. Chr.	Nylon kommt als Segeltuch in Gebrauch, auch Am-Wind-Segel.
1954 n. Chr.	Beginn des Siegeszugs der Polyesterfaser für Am-Wind-Segel.
1956 n. Chr.	Erste größere Yachten in Glasharz erbaut.

Kielyachten und Schwertboote, Rundspant und Knickspant

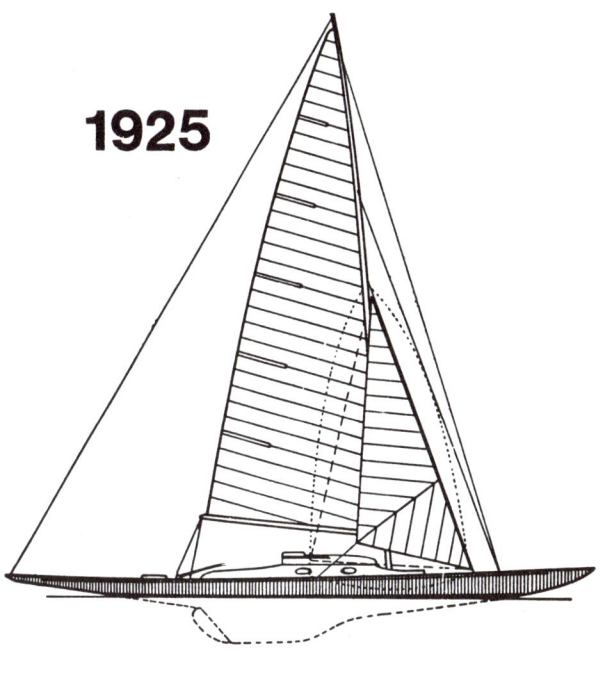

Abb. 10 und 11: Nur vierzig Jahre vergingen, bis die kurze und übertakelte alte Segelyacht sich in den extrem langen und nahezu untertakelten Typ des Schärenkreuzers verwandelte. Trotz der bedeutend geringeren Segelfläche ist die moderne Yacht auf allen Kursen schneller, außer bei ganz leichten Winden. Darüber hinaus ist sie sicherer, seetüchtiger, wendiger und einfacher zu bedienen.

Die Segelyacht der Anfangszeiten besaß einen schwer gebauten Schiffskörper, welcher keinen oder nur geringen zusätzlichen Ballast benötigte. Man sagt, sie hätte einen sehr geringen Ballastanteil. Die Entwicklung führte dann zu ständig zunehmenden Ballastanteilen, welcher in extremen Fällen bis zu 72 Prozent des Gesamtgewichtes ausmachte.

Geschwindigkeit und Sicherheit befinden sich hierbei in beständigem Widerspruch. Die Geschwindigkeit der segelnden Yacht ist begrenzt durch ihr Gewicht, aber auch durch ihre Stabilität, d. h. durch das Segeltragvermögen. Hinzu kommen die eigenartigen Verhältnisse des Antriebes, abhängig von Windstärke und Fahrtrichtung relativ zum Winde. Bei achterlichem Winde ergibt sich beispielsweise der Umstand, daß der erzielbare Windantrieb um so *geringer* wird, je größer die potentielle Geschwindigkeit der Yacht ist, denn nur der *Unterschied* zwischen wahrer Windgeschwindigkeit und Bootsgeschwindigkeit bleibt noch als Vortrieb wirksam.

Auch beim Segeln am Wind entsteht eine eigenartige Zwiespältigkeit durch die Besonderheiten des Windantriebs. Je größer die gesegelte Geschwindigkeit wird, desto weniger hoch kann die Yacht an den „wahren" Wind segeln, denn um so mehr verringert die Eigengeschwindigkeit den Einfallswinkel des *scheinbaren Windes*.

In einer Regatta zwischen gleichartigen Booten ist die absolut erzielbare Geschwindigkeit keineswegs von großer Wichtigkeit. Die Bahn wird gewöhnlich derart ausgelegt, daß sie durchschnittlich in zwei Stunden abgesegelt werden kann. Man benötigt also nicht unbedingt eine höhere Geschwindigkeit, um 10 Minuten herauszusparen, denn dasselbe könnte man auch durch Verlegen einer kürzeren Bahn erzielen. Nur im Warentransport der Segelschiffe war die Geschwindigkeit von echter Bedeutung, denn sie beeinflußte die merkantile Seite der Windausnutzung. Die Sportler hingegen, welche sich dem langsamen Segelsport verschrieben haben, erkennen in der Ausübung aller Segelkünste eine tiefe Genugtuung, aber auch einen gesunden Ausgleich gegenüber den Anstrengungen des Berufslebens.

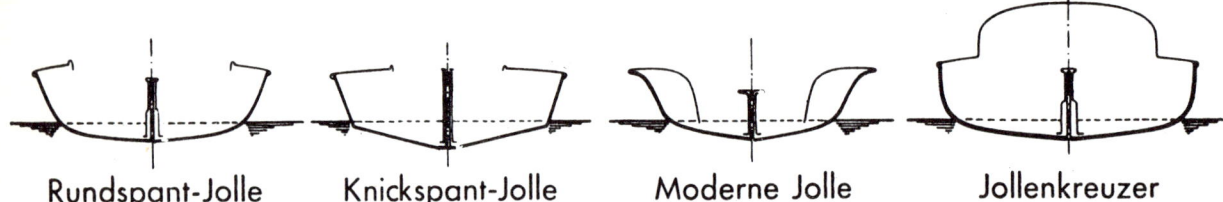

Rundspant-Jolle   Knickspant-Jolle   Moderne Jolle   Jollenkreuzer

Abb. 12: Vier verschiedene Hauptspanten von Segeljollen. Zur normalen Jolle gehört ein aufholbares Mittelschwert, ferner segelt sie ohne eingebauten Ballast. Die Stabilität hängt zum Teil von ihrer Form ab, wird aber bei zunehmender Windstärke mehr und mehr vom lebenden Ballast der Mannschaft vergrößert.

Allein das Vorhandensein einer riesigen Weltflotte von Yachten und Jollen beweist in überzeugender Form, daß der immer breiter werdende Wohlstand der fortschrittlichen Welt eine der bezauberndsten Sportarten gewählt hat, welche dem Menschen heutiger Zeit zugänglich ist.

Jedes Segelboot besitzt eine ihm eigene Normalgeschwindigkeit oder Geschwindigkeitsgrenze, die im wesentlichen von der Länge des Bootskörpers abhängt. Ebenso besitzt es eine ihm eigene oder spezifische Sicherheit und Wohnlichkeit. Die absolute Größe des Bootes beeinflußt alle drei Faktoren, aber Kostenaufwand und Bedienung stehen häufig im Widerspruch zu individuellen Wünschen.

Im Prinzip lassen sich alle Segelboote in drei Grundtypen unterteilen. Es sind dies die *Kielyacht*, deren Stabilität und Sicherheit durch einen tiefliegenden Ballastkiel erzielt wird; dann die *ballastlose Jolle*, deren Stabilität und Sicherheit von ihrer Breite und dem stabilisierenden Einfluß der Mannschaft abhängt, und schließlich das *Mehrrumpfboot, Katamaran und Trimaran*, dessen Stabilität und Sicherheit durch den Querabstand von zwei oder drei Bootsrümpfen gegeben wird.

Die Stabilität kann leider nicht durch eine so einfache Zahl wie etwa Bootsgröße oder Gewicht definiert werden. Zur Vereinfachung nennt man bei Kielbooten den Ballastanteil, also das Verhältnis zwischen Ballastgewicht und segelfertigem Gesamtgewicht (Verdrängung), als ungefähren Stabilitätswert. Dabei wird die gesamte Ausrüstung mit eingeschlossen, nicht aber das Gewicht der Mannschaft. Als Beispiel für die Übergangszeit seien zwei vom Konstrukteur John Alden entworfene Schuneryachten genannt, deren Ballastanteil heute allerdings nicht mehr aktuell ist:

1921: MALABAR I   24 % Innenballast
                      9 % Außenballast } total 33 %

1930: MALABAR X   14 % Innenballast
                     30 % Außenballast } total 44 %

Um das Jahr 1930 setzte sich die Verlegung des gesamten Ballastanteils in den Außenkiel durch, und zwar bei den hochseetüchtigen Kreuzeryachten, denn Rennyachten hatten längst die Vorzüge des tiefstliegenden Ballastes ausgenutzt. Für moderne Kielyachten werden etwa nachstehende Verhältniswerte als normal betrachtet:

Kreuzeryachten reichlicher Breite ... 26 bis 45 %
Hochsee-Rennkreuzeryachten ...... 42 bis 55 %
Klassenyachten für Regatten .... 50 bis 70 %

Je geringer das Eigengewicht des Schiffskörpers einer Yacht ausfällt, um so größer kann der Ballastanteil gewählt werden, und um so größer wird die Stabilität. Es ist durchaus möglich, eine Yacht zu bauen, deren Ballastanteil 75 bis 80 Prozent des Gesamtgewichtes ausmacht.

Die Zahl der segelnden Kielboote wird bedeutend von derjenigen der ballastlosen Boote übertroffen, nämlich der *Jollen*. Trotz ihrer einfachen Form und häufig auch simplen Bauweise besitzen sie hervorragende Segeleigenschaften. Diese gemeinsam mit ihren niedrigen Kosten verschafften den Jollen eine unerhörte Ausbreitung in der Welt. Es dürfte heute rund 25 000 Einheiten der *Snipe*-Jolle geben, 4,73 m lang, ebenso rund 25 000 Einheiten der 420er Jolle, und sogar 40 000 Einheiten der englischen *Mirror*-Jolle von 3,35 m Länge. Zahlreiche weitere Typen und Klassen

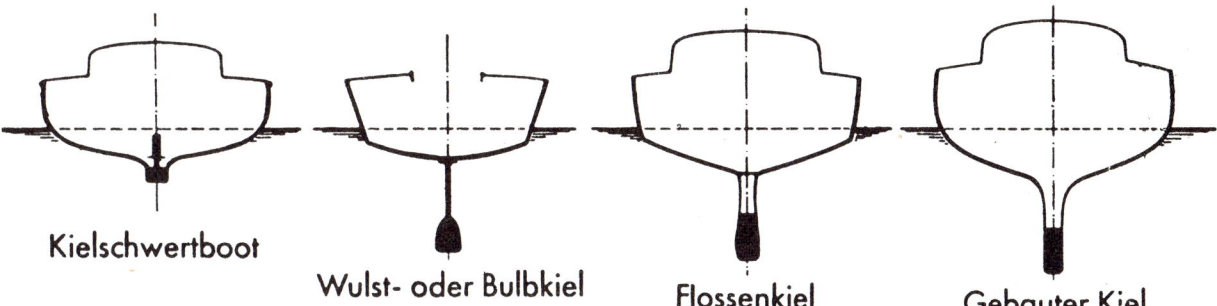

Abb. 13: Vier verschiedene Hauptspanten von Kielyachten. Man erkennt mehrere Arten der Kielflossen-Ausführung. Ganz links findet man das Kielschwertboot, das sich durch einen geringeren Tiefgang auszeichnet; dafür besitzt es ein Mittelschwert und eine etwas geringere Stabilität.

können ebenfalls mit hohen Verbreitungsziffern aufwarten. Obwohl alle Jollen kenterbar sind, oder vielleicht gerade deswegen, entwickeln Steuermann und Mannschaft eine hohe Geschicklichkeit im Segeln, so daß es nur selten zum wirklichen Kentern kommt. Doch dann gilt es als besonders sportlich, das Boot ohne fremde Hilfe und möglichst rasch wieder aufzurichten und weiterzusegeln.

Ohne ein Schwert könnte die Jolle nicht am Wind segeln, denn der leichte, flache Rumpf an sich bietet keinerlei Lateralwiderstand. Nur das Schwert widersetzt sich der Abdrift und erlaubt dadurch, eine ebenso große Höhe oder noch etwas mehr herauszusegeln, wie sie von schlanken Kielbooten erreicht wird. Die Anwendung des Schwertes ist aber durchaus nicht auf die ballastlose Jolle beschränkt. Jede Kielyacht könnte noch ein zusätzliches Schwert anwenden, das um so wirksamer wäre, je geringer der ursprüngliche Tiefgang des betreffenden Bootes ist. Ein Kielboot geringen Tiefgangs, ausgerüstet mit einem verhältnismäßig großen Schwert, nennt man *Kielschwertboot*. Manche großen Rennkielyachten, aber auch manche Ocean Racer wandten ebenfalls zusätzlich Schwerter an, ohne daß man sie deshalb als Kielschwertboote bezeichnen würde. So gibt es alle Zwischenstufen von der reinen ballastlosen Schwertjolle bis zum reinen Kielboot.

In den vergangenen fünfzehn Jahren gewannen die *Mehrrumpfboote* bedeutend an Popularität, und zwar in all ihren Varianten. Man unterscheidet einerseits den *Katamaran*, der zwei völlig gleiche Rümpfe besitzt, und den *Trimaran*, der einen größeren Mittelrumpf und zwei kleinere Seitenrümpfe oder Ausleger fährt. In beiden Arten unterscheidet man weiterhin Boote für reines Rennsegeln, d. h. sehr leicht gebaute Rümpfe ohne jede Einrichtung, ferner Boote für Kreuzfahrten, die also größer und schwerer sind, um eine mehr oder weniger umfangreiche Einrichtung mit sich zu führen. Es sei erwähnt, daß der kleine leichte *Tornado*, ein Rennkatamaran, nicht nur von der I.Y.R.U. (International Yacht Racing Union) als Klasse anerkannt wurde, sondern auch zur Teilnahme an der Olympiade von 1976 erwählt wurde.

Leichte Rennkatamarane fahren gewöhnlich zwei Schwerter, d. h. eines in jedem Rumpf. Schwerere Kreuzerkatamarane kommen mitunter auch ohne Schwert aus, und bei Trimaranen werden meist kleine schwertartige Flossen unter die beiden seitlichen Ausleger gesetzt. Eine eigenartige Abwandlung des kleinen Katamarans entwickelte sich in Spanien unter dem Namen „Patín a Vela" (Segelschlitten). Dieses robust gebaute Doppelboot besitzt keinerlei Ruder oder Steuereinrichtung. Kurs und Kurswechsel werden nur durch Segelstellung und Gewichtsverlegung der Mannschaft bestimmt.

Als letzte Variante verdient der *Kimmkieler* Erwähnung, bei dem statt eines mittleren Ballastkieles zwei seitliche Kiele, d. h. Kimmkiele, je die Hälfte des Ballasts tragen. Fällt ein solches Boot trocken, was gerade auf Wattenfahrt oder in seichten Tidengewässern leicht vorkommt, bleibt es von selbst aufrecht auf seinen beiden Kimmkielen stehen. Meist wird auch noch die Ruderhacke ebenso tief hinuntergeführt wie die Seitenkiele, wodurch ein besonders sicherer Stand auf drei Stützpunkten erreicht wird. Irrtümlicherweise wird den Kimmkielen mitunter ein besonderer Stabilisierungseffekt beigelegt, da ja bei beginnender Krängung

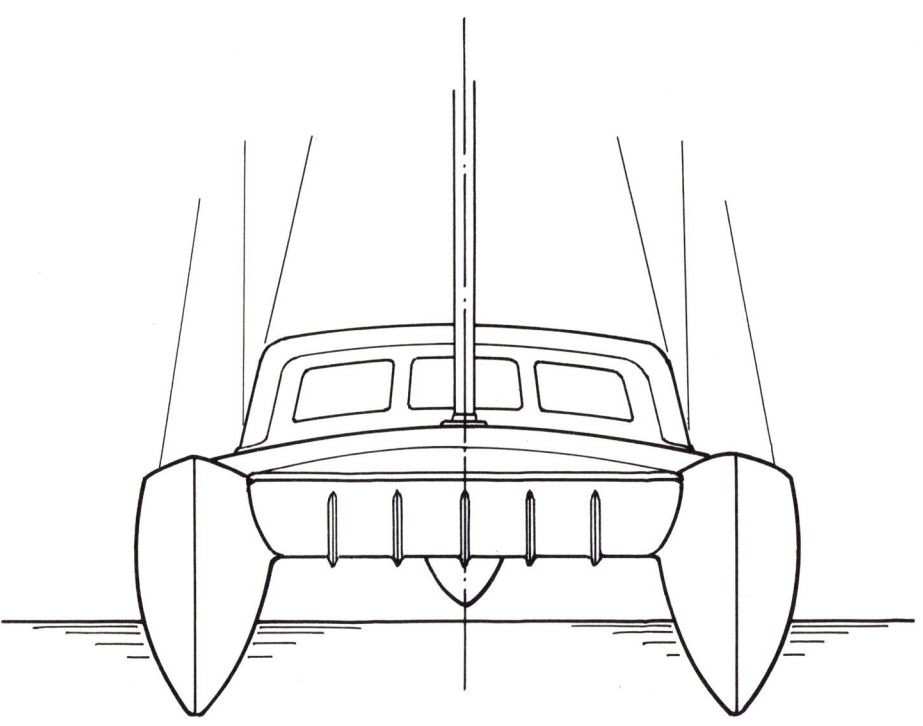

Abb. 14: Hauptspant eines modernen Katamarans. Bei diesem Mehrrumpfboot liegt die Einrichtung im Mittelteil über dem Wasser, sofern es sich um ein Tourenboot handelt. Rennkatamarane ohne jede Einrichtung erreichen hohe Geschwindigkeiten.

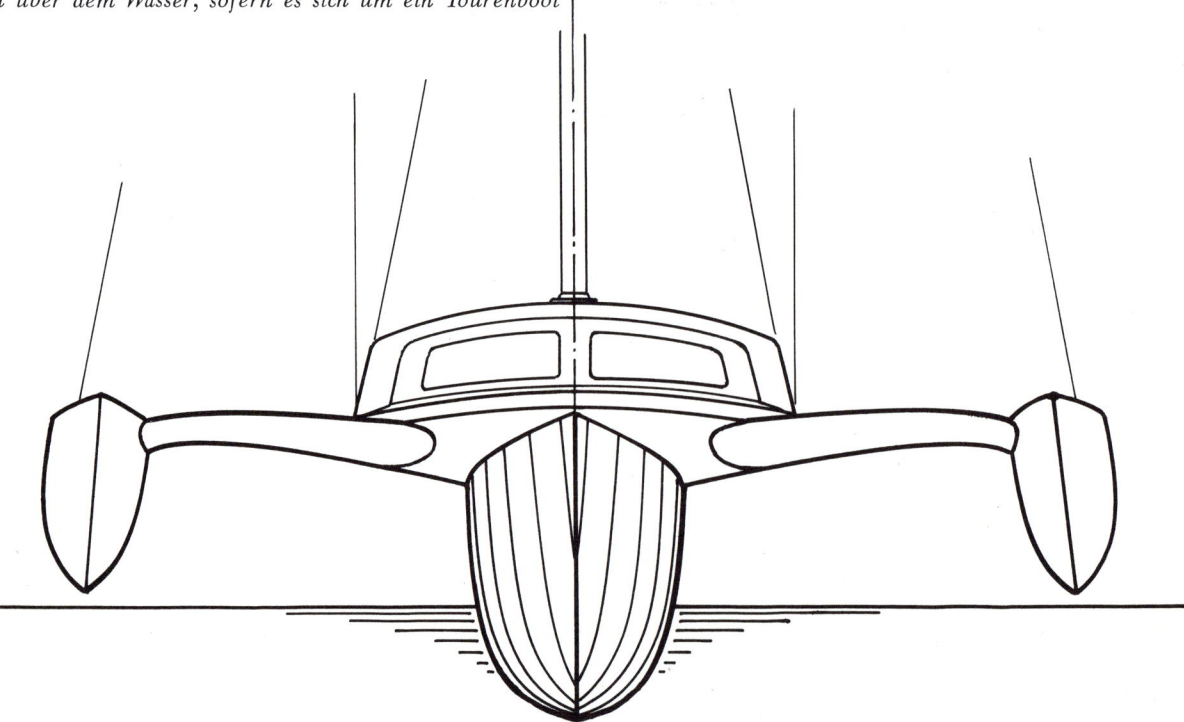

Abb. 15: Hauptspant eines modernen Kreuzer-Trimarans. Bei diesem liegt ein wesentlicher Teil der Einrichtung im Mittelkörper, also erheblich tiefer als beim Katamaran. Je nach Entwurf liegen die Seitenschwimmer etwas im Wasser oder kurz darüber.

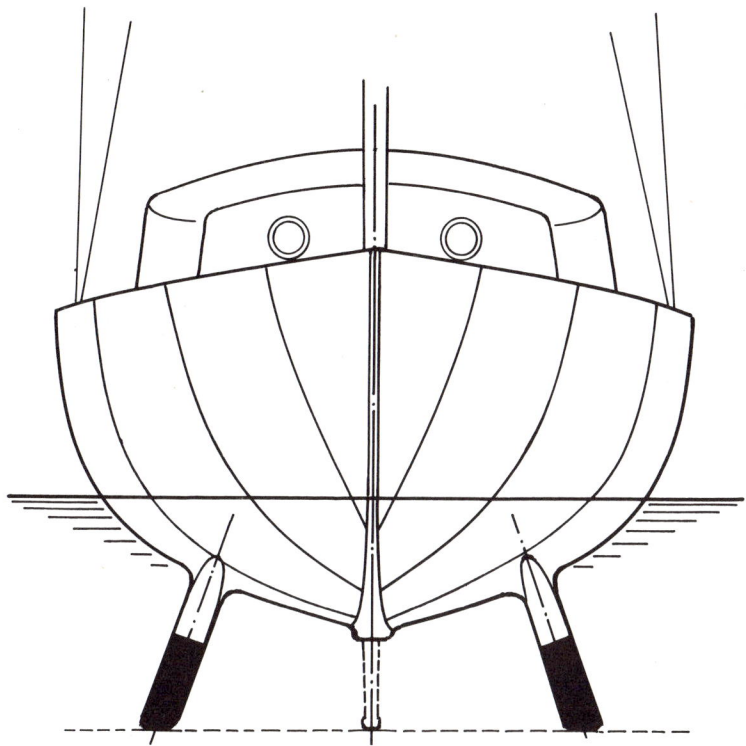

Abb. 16: Hauptspant eines Kimmkielers. Diese Anordnung bewährt sich vor allem beim Segeln auf flachen Tidengewässern, da die Yacht beim Trockenfallen aufrecht stehen bleibt.

der Lee-Kiel zunächst etwas tiefer zu liegen kommt. Wenn ein solcher Effekt auch nicht vorliegt, so hat der Kimmkieler auf seichten Tidengewässern doch seine volle Berechtigung. Seine Segeleigenschaften sind durchaus zufriedenstellend, bleiben allerdings ein wenig hinter denjenigen des echten Kielbootes zurück.

Auf den nachfolgenden Seiten werden drei Serien von Segelyachtprofilen gezeigt, welche die meistüblichen Varianten von Kiel und Schwertboot zeigen. An erster Stelle wurden die für Hochseefahrt geeigneten Kielboote zusammengestellt, danach Kielboote für Binnenfahrt, und abschließend die mit einem Schwert ausgerüsteten Boote. Letztere Folge zeigt stufenweise den Weg vom ballastlosen Schwertboot bis zur eigentlichen Kiel-Rennyacht mit kleinem Hilfsschwert.

Alle diese verschiedenen Bootstypen können eine Querschnittsform mit runder Kimm besitzen, welche man als *Rundspantform* bezeichnet. Oder die Kimm weist einen scharfen Knick auf, der zur Bezeichnung als *Knickspantform* führt. Die Bauweise wird dadurch vor allem für den Amateurbootsbauer vereinfacht, da sie in Sperrholz ausführbar ist. Ein Knickspantboot erreicht im allgemeinen nicht ganz die Geschwindigkeit des Rundspantbootes, doch ist der Unterschied wahrhaftig minimal. Mitunter kann man sogar „auf der Kimm segelnd" eine verlängerte Wasserlinienlänge und verringerte Breite erzielen, so daß ein Knickspantboot unter solchen Umständen sogar das schnellere werden kann.

Die große Mehrzahl hochseetüchtiger Yachten besitzt rundspantige Formen, doch soll man keineswegs daraus schließen, daß eine Knickspantform nicht seegeeignet wäre. Im Gegenteil, die erste Yacht, welche *zweimal einhand die Welt umsegelte*, war in Knickspantform gebaut und besaß eine überzeugende Seetüchtigkeit.

FORMEN UND PROFILE MODERNER OCEAN RACER

Bei einem Konstruktions-Wettbewerb des Jahres 1965 für moderne aussichtsreiche Eintonner-Yachten trugen alle drei als beste ausgewählten Entwürfe das Ruder noch direkt am Kiel. Die damaligen für die Rennen um den Eintonner-Pokal gebauten Yachten wurden noch

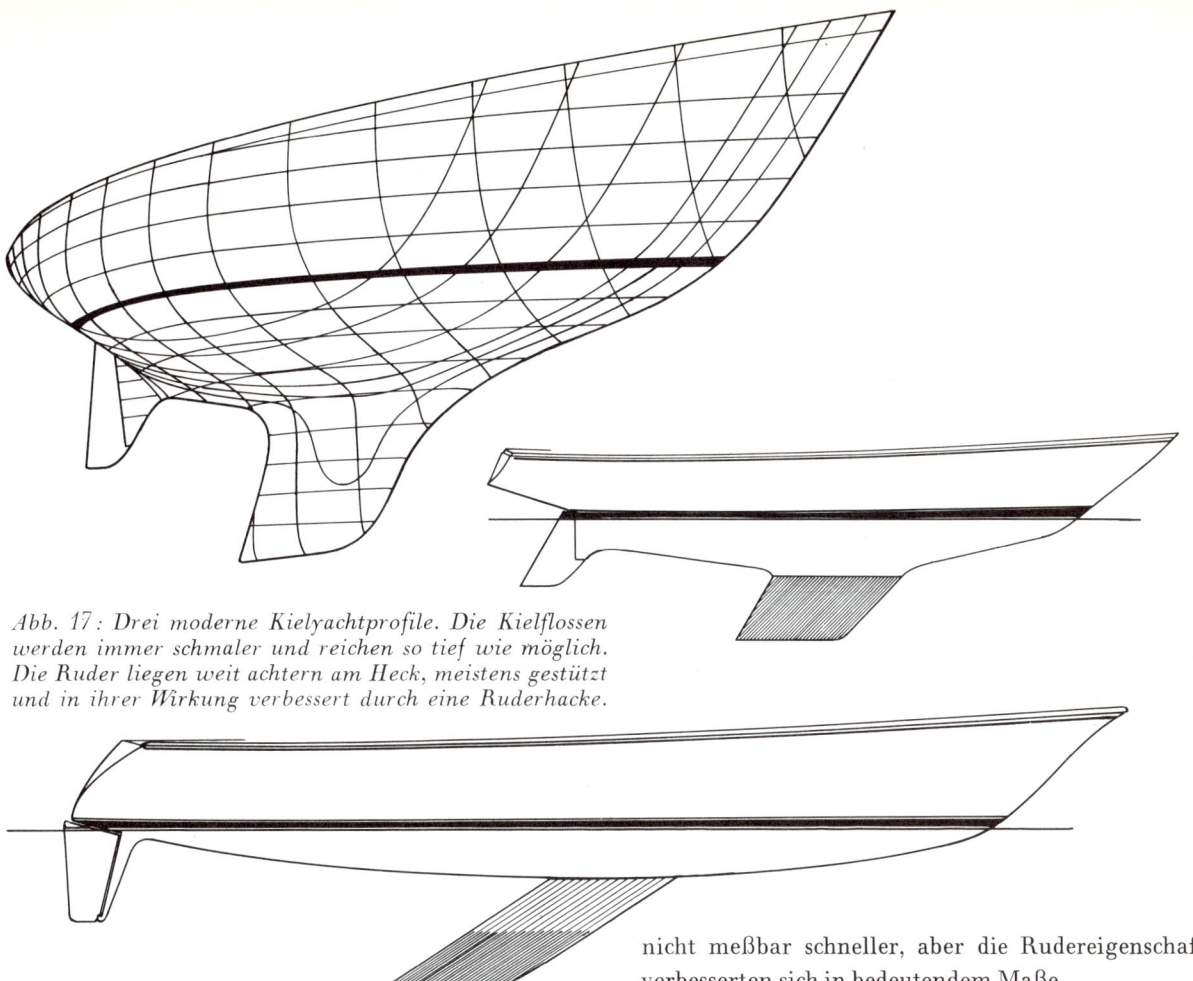

Abb. 17: Drei moderne Kielyachtprofile. Die Kielflossen werden immer schmaler und reichen so tief wie möglich. Die Ruder liegen weit achtern am Heck, meistens gestützt und in ihrer Wirkung verbessert durch eine Ruderhacke.

nach der britischen Formel des *Royal Ocean Racing Clubs* vermessen, kurz R.O.R.C.-Formel genannt. Als dann aber im darauffolgenden Jahr erneut um den Eintonner-Pokal gesegelt wurde, trug bereits ein Teil der teilnehmenden Yachten das Ruder unabhängig am Heck aufgehängt.

Das Ruder weit weg vom Kiel am Heck aufzuhängen, war schon lange vor der Jahrhundertwende ausgeführt worden. Wenn es keinen großen Anklang fand, so wahrscheinlich deshalb, weil das Ruder oft zu klein war und deshalb ein unerwünschtes Aufschießen nicht verhindern konnte. Der Siegeszug des modernen, weit achtern liegenden Ruders mit davor sitzender Ruderhacke begann ernstlich erst im Jahre 1966, ist also jüngsten Datums. Zwar wurden die Yachten dadurch nicht meßbar schneller, aber die Rudereigenschaften verbesserten sich in bedeutendem Maße.

In zugehöriger Abbildung wird links oben der perspektivische Linienriß einer „Swan 34" gezeigt, entworfen von Sparkman & Stephens. Diese Yacht zeigt die geradezu klassisch gewordene Form des modernen *Ocean Racers* mit stark unterteiltem Lateralplan. Dieser zeigt einen kurzen tiefgehenden Ballastkiel und weit achtern das recht große Ruderblatt mit Ruderhacke und einem bescheidenen Steg zwischen Ruderhacke und Kiel.

Im Mittelteil rechts erkennt man die reine Profildarstellung einer nicht unähnlichen Yacht, nämlich der von Jan Linge entworfenen GAMBLING. Und unten wird eine Hochsee-Rennyacht mit besonders extremer Kielform gezeigt, der amerikanische Admirals-Pokal-Anwärter des Jahres 1973 SALTY GOOSE, entworfen von Robert Derecktor. Jedes Detail an diesem Profil ist ungewöhnlich, wie z. B. die sehr schmale Ruderhacke, die ein besonders großes Ruderblatt trägt. Keinerlei Steg führt von dort zum Kiel, und dieser selbst sieht geradezu wie ein schmales Schwert aus. In gewissem Sinne ist er es sogar, denn dieser fast 6000 kg schwere Ballastkiel wurde aufholbar eingerichtet.

In den nachfolgenden Seiten wird die Entwicklung von der älteren Yachtform aus der Zeit um 1880 bis auf die Neuzeit skizzenhaft aufgezeigt.

Foto 5: Ein moderner Ocean Racer aus der Mövenschau. Man erkennt hier besonders gut, wie das äußerst scharfe Vorschiff in die große ausgeprägte Mittelbreite übergeht und in einem kurzen aber doch schlanken Heck endet. Das Modell COLUMBIA 52 wurde von William Tripp entworfen und wird serienmäßig von ‚Columbia Yachts', Costa Mesa, California, erbaut; L. ü. A. = 15,85 m, LWL = 12,00 m, Breite = 3,96 m, Segelfläche = 112 m².

SCHIFFSPROFILE UND HAUPTSPANTEN HOCHSEETÜCHTIGER KIELYACHTEN: Die nachfolgend gezeigten sechs *klassischen Profile* gehören zu folgenden Yachttypen, von oben nach unten geordnet (Abb. 18):

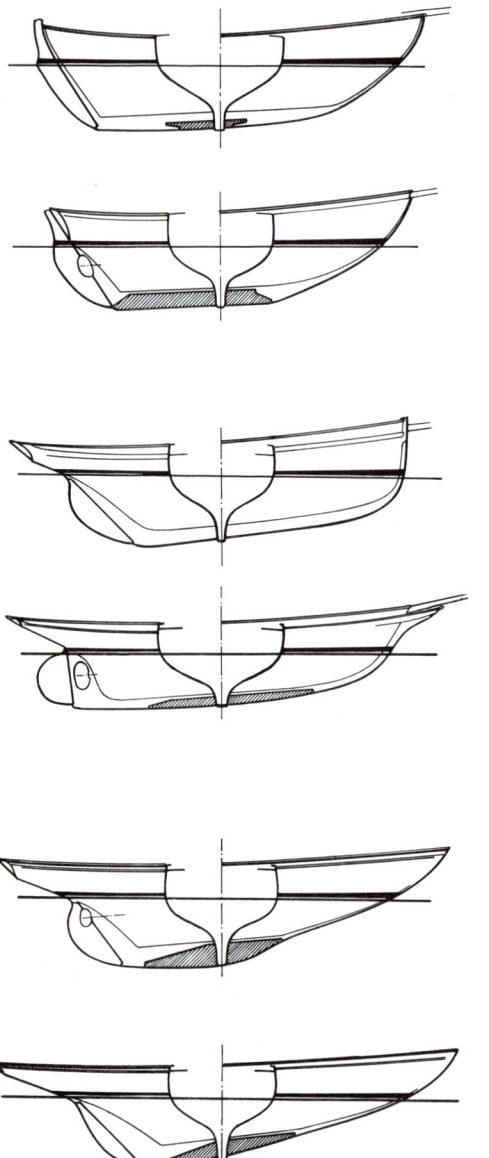

SPITZGAT-KIELBOOT: Hochseetüchtiges Rettungs- und Lotsenboot, von Colin Archer für norwegische Küsten entworfen. Das Heck wird nahezu ebenso scharf ausgeführt wie der Bug. Der auffallend kleine Ballastkiel erklärt sich durch die schwere Bauweise und die Anwendung von Innenballast.

PLATTGAT-YACHT: Wird statt des Spitzgats ein Spiegelheck gewählt, so gewinnt man erheblich an Fläche auf dem Achterdeck, ohne daß die See-Eigenschaften vermindert werden. Echte Plattgatboote fahren das Ruder stets über Heck und zeigen häufig auch ein langgestrecktes Kielprofil, welches die Kursstetigkeit begünstigt. Zahllose kleine Yachten dieses Typs haben bemerkenswerte Langfahrten über See ausgeführt, auch Weltumsegelungen.

LOTSENKUTTER: Der senkrechte Vorsteven und der langgestreckte gerade Kiel lassen den Ursprung der JOLIE BRISE deutlich erkennen. Sie wurde ursprünglich für den Lotsendienst vor der französischen Küste gebaut, hatte aber ein durchaus yachtmäßiges Aussehen. Kein Ballastkiel, nur Innenballast war bei diesen Seglern üblich.

YACHT MIT KLIPPERBUG: Dieses Profil zeichnet sich durch den langgestreckten Kiel aus, der vorn zu einem Klipperbug führt und achtern in ein Yachtheck ausläuft. Große Breite und geringer Tiefgang verbinden sich mit ausgezeichneten See-Eigenschaften und wecken die Sehnsucht nach der romantischen Seite des Hochsee-Segelns. Diese würde durch eine Takelung ergänzt werden, welche auch Rahsegel umfaßt, sofern man dem Stil treu bleiben will.

KLASSISCHE HOCHSEE-KREUZERYACHT: Das vorletzte Profil zeigt die Formen des schnellen klassischen Langfahrtseglers. Man beachte den etwas kürzeren Lateralplan, den reichlichen Außenballast, angemessene Breite und guten Freibord. Eine solche Yacht geht sehr hoch an den Wind, und zwar mit guter Fahrt, bei immer noch ausreichender Kursstabilität.

SCHNELLE HOCHSEEYACHT: Dieses noch stärker beschnittene Längsprofil zeigt die vorletzte Stufe zum modernen Ocean Racer. Das lang ausgezogene Yachtheck dient vor allem der sicheren Verstagung des Besans, des im Heck stehenden Mastes. Größere Yachten dieses Typs werden nämlich meist als Yawl oder Ketsch getakelt, zum Teil auch deswegen, weil sie dann bei früheren Vermessungsregeln recht günstig abschnitten.

Ein langgestreckter Lateralplan sorgt für gute Kursstabilität und verbessert das sichere Beidrehen oder Beiliegen im Sturm. Wegen der größeren benetzten Oberfläche entsteht ein größerer Reibungswiderstand, der die Geschwindigkeit ein wenig vermindert.

KIELBOOTE FÜR REGATTEN UND „NACHMITTAGSSEGELN":
Die nachstehend beschriebenen Kielprofile zeichnen sich durch einen erheblich kürzeren Lateralplan aus, entsprechend den andersartigen Aufgaben eines Regatta- und Nachmittagsbootes (Abb. 19).

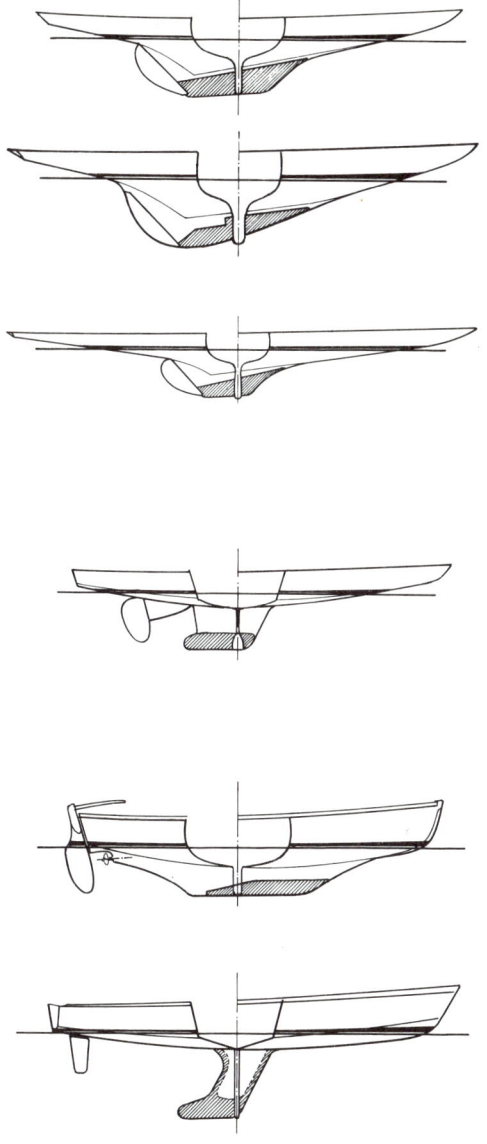

DRACHENKLASSE: Diese weit verbreitete internationale Kielyacht zeichnet sich durch ungewöhnlich normale Formen aus. Keinerlei Extreme sind erkennbar, und so genießt sie bis in die neueste Zeit eine verdiente Beliebtheit, obwohl sie bereits im Jahre 1925 entworfen wurde.

YACHTEN DER INTERNATIONALEN KIELKLASSEN: Diese nach den Vorschriften der International Yacht Racing Union gebauten Rennyachten besitzen eine verhältnismäßig große Verdrängung. Früher in vielen Größen gepflegt, sind heute nur noch die 5,5-m- und die 6-m-R-Klasse aktiv, und in der 12-m-R-Klasse wird in mehrjährigen Abständen um den America-Pokal gekämpft.

SCHÄRENKREUZER-YACHTEN: Wie der Name sagt, entstand dieser Typ im Bereich der Inselwelt der schwedischen Schären. Er stellt wohl den reinsten Typ der schnellen Renn-Kielyacht dar, erkennbar an den langen Überhängen, der sehr geringen Breite und dem schmalen Lateralplan. Eine sehr schmale und hohe Takelung unterstrich noch den reizvollen Anblick dieses echten Renners, der, um 1920 entstanden, erst in jüngster Zeit an Beliebtheit verliert.

DAS STARBOOT: Dieses unterscheidet sich durch drei Eigenheiten von den vorhergehenden Kielbooten: Es trägt einen Bulbkiel oder Wulstkiel, es hat eine ausgesprochene Knickspantform, und es fährt das Ruder getrennt achtern an einer Hacke. Obwohl bereits im Jahre 1911 entworfen und keineswegs besonders schnell, wurde es viele Jahre lang und bis auf den heutigen Tag von den hervorragendsten Seglern gewählt, um darin Landes- und Weltmeisterschaften auszutragen.

KLEINER LEICHTER KIELKREUZER: Das an vorletzter Stelle gezeigte Kielboot besitzt eine ausgesprochene Jollenform, trägt jedoch anstelle eines Schwertes einen festen Kiel mit mäßigem Ballastanteil. Vor Jahren vom Verfasser für den eigenen Gebrauch entworfen, eignet es sich besonders für Gebiete wie den Rio de la Plata und die ausgedehnten Flüsse des Parana-Deltas.

EXTREM BESCHNITTENER LATERALPLAN: Dieser Van de Stadt-Entwurf gilt als gelungener Vorläufer der modernen Rennyacht-Anordnung. Der stark konzentrierte Lateralplan hat sich durchaus bewährt, nur hat sich herausgestellt, daß ein Ruder mit Hacke wirksamer ist als das hier angewandte freitragende Ruder. Der Hauptspant zeigt die echte Knickspantform, welche sich besonders für eine leichte Bauweise in Sperrholz eignet.

Je kürzer ein Lateralplan ausgeführt wird, desto lebendiger reagiert die Yacht auf jedes geringste Ruderlegen. Doch muß in Kauf genommen werden, daß ein sicheres Beidrehen im Sturm nicht mehr erreicht wird. Andererseits wird mit geringerer Segelfläche eine höhere Geschwindigkeit erzielt, weil der Reibungswiderstand auf ein Mindestmaß herabgesetzt wurde.

BOOTE UND YACHTEN MIT SCHWERTERN:

Das typische Schwertboot, die Jolle, zeichnet sich durch hervorragende Am-Wind-Eigenschaften aus, ist aber wegen der geringen Eigenstabilität kenterbar. An Kielyachten dagegen kann man durch zusätzliche Schwerter die Kreuzeigenschaften verbessern, deren Einfluß um so bemerkenswerter ausfällt, je geringer der feste Tiefgang der Kielyacht ist (Abb. 20).

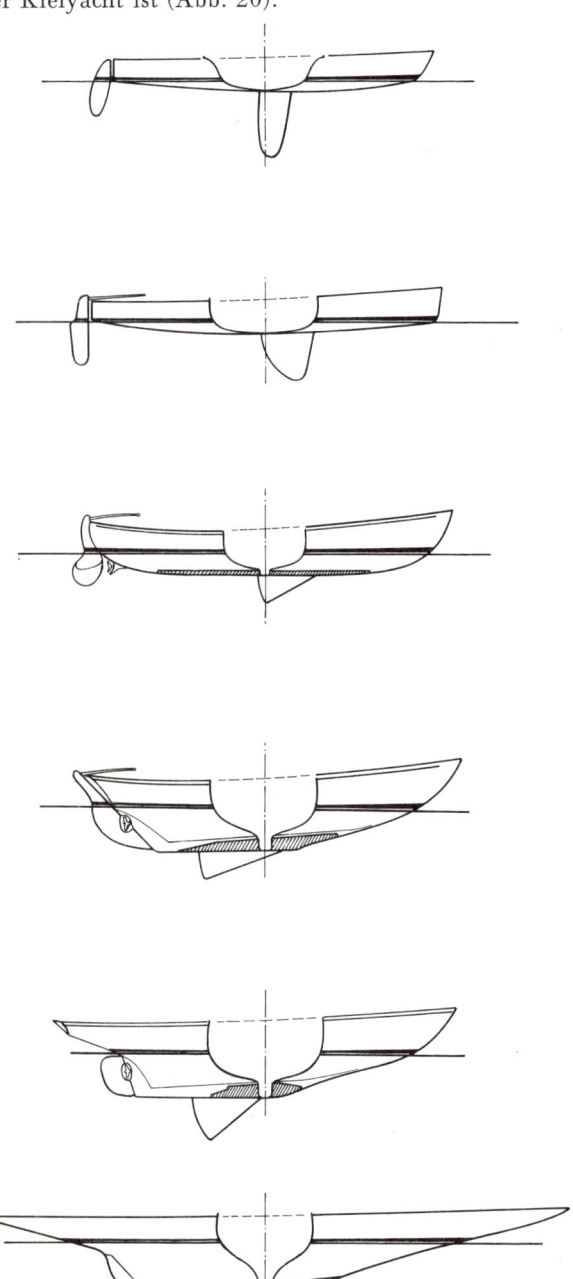

DIE MODERNE RENNJOLLE: Irgendwelche Überhänge sind praktisch nicht mehr vorhanden. Einzig und allein das tiefgehende schmale Schwert verhindert die Abdrift. Schmale tiefe Schwerter sind hydrodynamisch wirksamer als breite und weniger tiefgehende. Geringes Gewicht, niedriger Reibungswiderstand und flach ausgezogene Achterschiffslinien bringen solche Rennjollen rasch zum Gleiten. Im Hauptspant erkennt man die moderne, ausfallende Form, die heute vorgezogen wird.

DER JOLLENKREUZER: Im Vergleich zur offenen Jolle besitzen diese Boote bedeutend größere Bootskörper mit erstaunlich geräumiger Einrichtung, jedoch ohne irgendwelchen Ballast. Deshalb sind diese Kajütboote ebenso kenterbar wie jede andere Jolle auch. Trotzdem erfreuen sie sich großer Beliebtheit, nicht nur in ihrem Ursprungslande Deutschland, sondern auch in vielen anderen Ländern Europas sowie in Brasilien.

DAS WALBOOT ALS YACHT: Die Merkmale des Walbootes sind das scharfe Heck und der geringe Tiefgang. Dazu kommt ein sehr niedriger Ballastanteil, der in manchen Fällen nur 15 Prozent des Gesamtgewichtes ausmacht. Eine niedrig geschnittene Segelfläche trägt der an sich geringen Stabilität Rechnung, doch dank des geringen Widerstandes ist das Walboot recht schnell. In flachen Strom- und Küstengewässern finden diese Boote Anklang. Nicht unbedingt unkenterbar!

KIELSCHWERTBOOTE: Wenn auch das Walboot zu den Kielschwertbooten gehört, so zeigt doch das nachfolgende Profil einen weiter verbreiteten Typ. Man erkennt den größeren Außenballast, das größere Raumvolumen, den breiten Spiegel mit dem dort aufgehängten Ruder (was keineswegs Bedingung, aber gebräuchlich ist). Auch mit aufgeholtem Schwert und entsprechend geringem Tiefgang kann man noch kreuzen. Diese Boote sind bereits unkenterbar.

HOCHSEE-KREUZERYACHT MIT SCHWERT: Solche breiten Yachten mäßigen Tiefgangs fanden im Hochseesegeln recht gute Verbreitung. Auch hier verbessert das große Schwert die Kreuzeigenschaften. Das hier gezeigte Profil gehört zur bekannten „Finisterre", deren Erfolge in Hochseerennen viel zur Wertschätzung dieser Bootsgattung beitrugen.

RENNYACHTEN MIT KLEINEM HILFSSCHWERT: Die großen Yachten der „J"-Klasse, die im Jahre 1937 zum letztenmal um den America-Pokal segelten, besaßen ebenfalls kleine Schwerter. Damit wurde das Hoch-Am-Winde-Segeln aufs letzte verfeinert, auch diente es zum Ausgleich eines eventuellen Ruderdrucks. Die Yacht ENTERPRISE fuhr sogar zwei kleine Schwerter in Tandem-Anordnung.

Alle Schwerter wurden in weggefiertem Zustand gezeichnet, wie sie auf der Kreuzstrecke gefahren werden. Je nach höherer oder tieferer Stellung läßt sich in gewissen Grenzen der Ruderdruck beeinflussen, so daß ein Schwert einen erheblichen Einfluß auf die Balance ausüben kann.

Ein- und zweimastige Takelungen moderner Yachten

Bevor im ersten Drittel des vorigen Jahrhunderts die schnellen Klipper aufkamen, war es bei Segelschiffen üblich, günstige Winde abzuwarten. Von der heutigen Yacht und von ihrer modernen Besegelung dagegen wird erwartet, daß man bei *jeder Windstärke und Richtung auf jedem gewünschten Kurse segeln kann*.

Von allen Kursen relativ zum Winde ist das Hoch-Am-Wind-Segeln von überragender Bedeutung. Je höher eine Yacht mit guter Geschwindigkeit an den Wind gehen kann, desto größer wird die Strecke, die sie beim Kreuzen effektiv gegen den Wind gutmacht. So wurde die moderne Besegelung fast ausschließlich auf beste Am-Wind-Eigenschaften entwickelt. Die Wikinger waren zwar imstande, ausgezeichnete Boote zu bauen, welche durchaus in der Lage gewesen wären, am Wind zu segeln. Da sie aber kein anderes Segel kannten als das formlose Breitsegel, konnten sie des Segels wegen nicht näher an den Wind herangehen.

Das mittelalterliche Lateinersegel hätte zweifellos ein Am-Wind-Segeln möglich gemacht, wären nicht die Formen der damaligen Schiffe des Mittelmeeres viel zu plump gewesen, um überhaupt eine derartig revolutionäre Idee aufkommen zu lassen. Dem Winde einen Weg voraus abzutrotzen, lag außerhalb des Denkbereiches damaliger Seeleute. Erst die moderne Yacht der letzten hundert Jahre bietet einen flotten, schlanken Schiffsrumpf mit großem Lateralwiderstand, und dazu auch noch eine wirksame Besegelung, womit man hoch an den Wind zu gehen lernte. Ja, der Segler *beißt* sich geradezu in den Wind hinein. Niemals konnte ein Seemann früherer Zeiten auch nur ahnen, was heute jedem jüngsten Jollensegler geläufig ist, nämlich sich mit wenigen Schlägen genau gegen den Wind voraus zu bewegen.

Freilich, eine Rahtakelung war zu einer solchen Verfeinerung ungeeignet. Deswegen wird hier auch auf eine Beschreibung der verschiedenen rahbesegelten Takelagen von der Brigg bis zum Vollschiff verzichtet. Die moderne Yachttakelung ist grundsätzlich auf die Wirksamkeit flachgeschnittener Schrat- oder Am-Wind-Segel eingestellt, das sogenannte *Fore and Aft Rig*. Nur ausnahmsweise wird noch auf langer Seestrecke unter gleichmäßigen Passatwinden ein Rahsegel oder eine Breitfock auf einer Yacht gesetzt. Selbst der inzwischen zu mächtiger Entwicklung ausgereifte Spinnaker kann nicht als Nachkömmling der Rahsegel angesehen werden, da er keine rahähnliche Spiere besitzt; außerdem ist er im Grunde genommen dreieckig geschnitten, nicht viereckig. Die erstaunliche Entwicklung des Spinnakers in den letzten Jahren ist eine Folge der einzigen Schwäche der neuzeitlichen Am-Wind-Besegelung, nämlich ihres geringen Effektes auf Kursen vor dem Wind.

In der Praxis besitzt jedes segelnde Boot ein großes Hauptsegel, manchmal sogar als einziges Segel, stets *Großsegel* genannt. Meist aber gehören dazu mehrere kleinere Beisegel, welche vor dem Mast gefahren werden. Nachstehend finden sich die verschiedenen Arten von Hauptsegeln abgebildet, beginnend mit dem Rahsegel und abschließend mit dem Bermuda-Großsegel.

DAS LATEINERSEGEL:

Es wurde kaum je auf Yachten gefahren, ist aber auch heute noch im Mittelmeer und im arabischen Kulturraum bis weit hinein in den Indischen Ozean verbreitet, sei es auf Frachtseglern, Fischerbooten oder sonstigen Berufsfahrzeugen. Ein kurzer, kräftiger Mast ohne Vorstag trägt im Topp eine sehr lange Rah, welche in ihrem Gewichtsschwerpunkt aufgehängt ist und ein annähernd dreieckig geschnittenes Segel fährt. Bei leichtem Wind segeln kleine Boote mit ihren übergroßen Lateinersegeln ausgezeichnet. Ihr Anblick begeistert immer wieder den Yachtsegler, der ihnen begegnet. Allerdings erfordert das Über-Stag-Gehen einen recht komplizierten Vorgang. Die Rah samt Segel muß nämlich jedesmal vorn um den Mast herum auf die andere Seite gebracht werden (deshalb kein Vorstag), weil man sonst auf *schlechtem Bug* segeln müßte, da ein Teil des Segels gegen den Mast gedrückt wird und unwirksam ist. Häufig sieht man den Mast der Lateinertakelung nach vorn geneigt, eben um den Wendevorgang zu erleichtern.

DAS LUGGERSEGEL:

Es eignet sich besonders für kleinere Boote, wie Beiboote und Rettungsboote. Es besticht durch seine un-

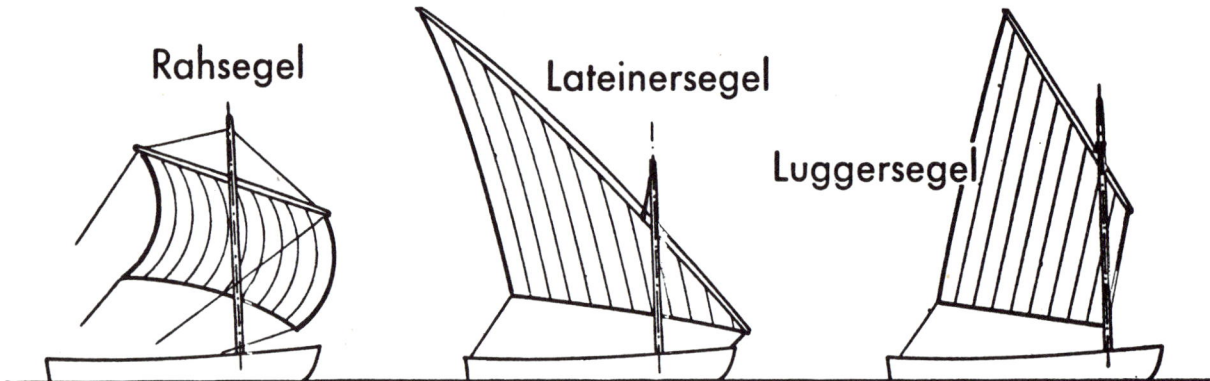

Abb. 21: Die Entwicklung vom Rahsegel zum Luggersegel kennzeichnet sich durch die Stellung der segeltragenden Spiere sowohl durch den Anteil des Segels vor und hinter dem Mast.

übertroffene Einfachheit, braucht kaum Beschläge, keinen Großbaum und nur ein einziges Fall. Häufig werden die Längen von Mast und Spiere so gewählt, daß sie gerade noch im Innern des Bootes Platz finden. Auch kann man gewöhnlich auf jede Abstagung verzichten, sofern der Mast genügend stark und in einer kräftigen Ducht gelagert ist. Kinder lernen frühzeitig mit solchen Segeln umzugehen. Deshalb werden Boote für die Jüngsten, die mitunter kaum 8 Jahre alt sind, gern als Lugger getakelt.

Wie man sieht, hängt der Charakter des Segels von der Art ab, wie es an die Spiere geschlagen ist. Das normale Rahsegel fährt auf jeder Seite des Mastes die Hälfte seiner Segelfläche. Das Lateinersegel fährt nur noch einen Bruchteil der Segelfläche vor dem Mast, und dieser Bruchteil wird beim Luggersegel noch kleiner. Gleichzeitig wird die ursprünglich horizontal angeordnete Spiere immer steiler gestellt, um schließlich ganz

Foto 6: Der amerikanische Konstrukteur John Atkin entwirft mit Vorliebe sehr solide seegehende Segelyachten. Er hat aber auch eine glückliche Hand mit sogenannten Charakter-Schiffen, wie z. B. diese prächtige kleine Schuner-Brigg Anna Maria. *Sie ist nur 9,75 m lang mit der guten Breite von 3,75 m und fährt dazu eine Besegelung von 43 m² Fläche, aufgeteilt in 7 Segel. Sie dient vor allem dem Spaß an der Freude, d. h. zum Nachmittagssegeln. Doch sagte der Eigner, sie sei einfacher zu handhaben als man annehmen mag. Alle Segel werden gesetzt und geborgen, ohne daß jemand den Fockmast erklimmen müßte.*   Foto: John Atkin, Darien

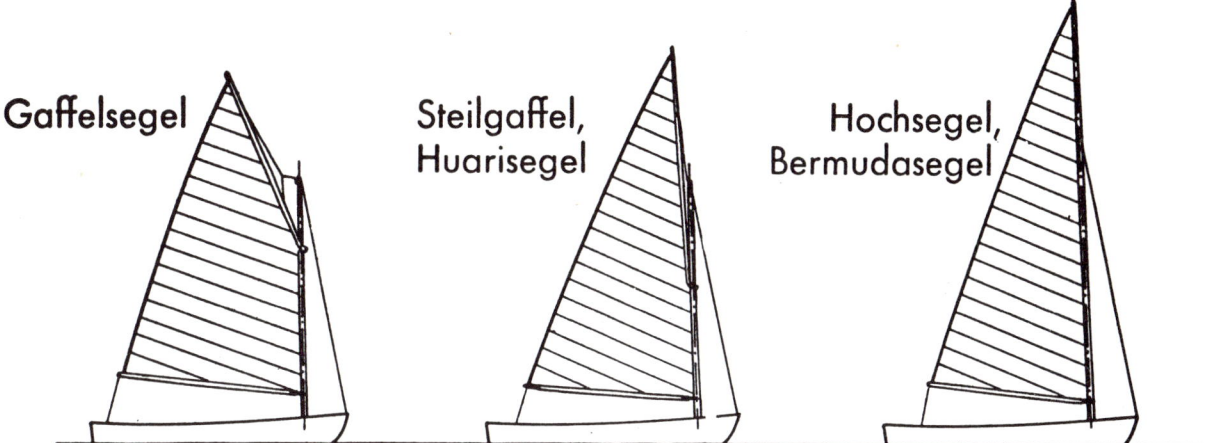

Abb. 22: Beim modernen Am-Wind-Großsegel liegt die gesamte Tuchfläche hinter dem Mast. Es kann dadurch weit höher an den Wind gehen als jede frühere Art von Segeln. Alle Am-Wind-Segel werden auch „Schratsegel" genannt.

in die Senkrechte der Bermudatakelung aufzugehen. Die nunmehr folgenden drei Arten von Großsegeln fahren ihre gesamte Fläche hinter dem Mast, ohne daß noch irgendein Teil auf der entgegengesetzten Seite hervorsteht. Von jetzt ab dient der Mast nicht mehr allein zum *Tragen* der Segel, sondern er stellt auch die *Anschnittkante* für den Wind, hat also über die strukturelle Bedeutung hinaus auch noch eine aerodynamische Mitwirkung gewonnen.

DAS GAFFELSEGEL:
Es übertrifft bei weitem jedes andere Segel früherer Zeiten. Seine hervorragenden Am-Wind-Eigenschaften kamen in dem Moment zur Geltung, da es gelang, geeignete Schiffsformen zu bauen. Der obere Teil des Segels wird an eine Spiere geschlagen, Gaffel genannt, die mittels zweier Fallen gesetzt und in die geeignetste Stellung gebracht wird. Hierdurch kann man einen bedeutenden Einfluß auf den Stand des Segels ausüben. Die Gaffel braucht durchaus nicht die Form des in der Abbildung wiedergegebenen Gaffelsegels zu haben. Es gibt kürzere und längere Gaffeln, gerade und gebogene, flacher und steiler gestellte. Man nimmt an, daß das Gaffelsegel von den Holländern erfunden wurde. Bei ihnen hat sich bis heute eine Vorliebe für die kurze und stark gekrümmte Gaffel erhalten. Viele Rennjollen der zwanziger Jahre verwandten lange Gaffeln, die in kunstvoller Handwerksarbeit hohl und gebogen angefertigt wurden und sehr steil, fast senkrecht gesetzt wurden.

DAS HUARI-GROSSSEGEL:
Eine an sich unbedeutende Abwandlung der Gaffeltakelung, nämlich die völlig steilgestellte Gaffel, meist zweimal am Mast geführt, bekam einen eigenen Namen: Huari-Takelung. Mit ihr erzielt man die größtmögliche Höhe der Besegelung bei Verwendung des kürzesten Mastes.

DAS BERMUDA-GROSSSEGEL:
Bei den Olympischen Spielen von Amsterdam 1920 wurde zum erstenmal die Überlegenheit dieses hoch geschnittenen, einfach aussehenden Segels wirklich unter Beweis gestellt. Damals befanden sich unter den teilnehmenden Yachten der Internationalen R-Klassen sowohl gaffelgetakelte wie hochgetakelte Boote. Die gerade, hohe Anschnittkante des Bermudasegels zeigte sich besonders auf den Am-Wind-Kursen von einer so großen Überlegenheit, wie man es bisher nicht für möglich gehalten hatte.

Um die Vorzüge der Hochtakelung voll zur Geltung zu bringen, mußte erst eine besondere Technik der Anfertigung von Masten entwickelt werden. Kein aus dem massiven Stamm gearbeiteter Mast konnte geraden Stand und leichtes Gewicht in sich vereinigen. Erst in dem Augenblick, da die Werften imstande waren, solche Masten zuverlässig zu verleimen, bei welcher Bauweise man sie auch hohl machen konnte, kamen die Vorzüge der Hochtakelung voll zur Geltung. Aus diesem Grunde konnte sich die Bermudatakelung erst nach Schaffung wetterbeständiger Leime durchsetzen.

Eingeführt wurde sie wohl auf den Bermuda-Inseln, wo diese Hochtakelung schon lange vor Ende des vorigen Jahrhunderts auf *Dinghy* genannten Gebrauchsbooten gefahren wurde. Man fuhr das Großsegel allerdings ohne Schiene und Rutscher, es wurde einfach mittels Reihleine zum Mast hin gehalten.

Während Gaffelsegel ständig an Gaffel und Großbaum angeschlagen bleiben und nur von einer Persenning geschützt im Freien gelassen werden, kann ein Bermudasegel mit größter Einfachheit völlig abgenommen und geborgen werden. Man bewahrt es unter Deck auf, geschützt vor Feuchtigkeit und Schmutz, so daß es auch noch an Lebensdauer gewinnt. Nicht genug damit, ergab sich bei der Hochtakelung die Möglichkeit, ein festes, ständig stehendes Achterstag zu fahren, womit die Sicherheit des Mastes beim Halsen und auf Vor-Wind-Strecken erheblich gewann.

WISHBONE-TAKELUNG:
Mitunter findet man eine Abart der Bermuda-Takelung, bei welcher das Großsegel von einer Doppelspiere oder Spreizgaffel, *Wishbone* genannt, geführt wird. Bei dieser Takelungsart liegt der breiteste Teil des Großsegels auf etwa zwei Drittel Segelhöhe über Deck, nämlich dort, wo die Spreizgaffel angreift, vergl. Abb. 115. Ein solches Wishbone-Großsegel kann im Grunde genommen nur bei einer Ketsch-Takelung gefahren werden, da nur diese den erforderlichen Holepunkt für die Spreizgaffel bietet. Man kann eine Spreizgaffel aber auch unten, gewissermaßen als Spreiz-Großbaum, fahren. In beiden Fällen läßt sich das Großsegel sehr vorteilhaft anstellen, und man erzielt eine vorzüglich regulierbare Wölbung über die ganze Höhe des Segels.

Nur muß man dafür die etwas komplizierte Spiere mit in Kauf nehmen.

Bei zweimastigen Takelungen erzielt man durch Verwendung der Spreizgaffel die vollständige Ausnutzung des Raumes zwischen beiden Masten mittels aerodynamisch wirksamer Segel. Aus diesem Grunde wird das Risiko der hochliegenden, oft nicht wegfierbaren Spreizgaffel mit in Kauf genommen.

*Foto 7: Auf der am Bodensee beheimateten Ketsch R*O*LAND wird am Großmast eine echte Spreizgaffel (Wishbone) gefahren, deren Schotholepunkt am Topp des Besanmastes liegt und dem dreieckig geschnittenen Großsegel einen vorzüglichen Stand gibt. Aber auch am Besan wird eine ähnliche „Wishbone"-Spiere gefahren, die den Großbaum ersetzt und auch dort einen wahrscheinlich besseren Stand des Segels erzielt, als es der normale Großbaum ermöglicht.*   *Foto: Risch-Lau, Bregenz*

VORSEGEL:

Auf älteren Yachten war es üblich, drei Vorsegel zu fahren, wobei sich folgende Benennung, vom Mast beginnend, ergab: Fock, Innenklüver, Außenklüver. Letzterer, wenn höher gesetzt, wurde auch Flieger genannt. Bei der normalen Slup-Takelung mit nur einem Vorsegel nennt man dieses Fock.

Bei vielen Klassen werden nicht die Vorsegel selbst, sondern nur das sogenannte Vorsegel-Dreieck vermessen, innerhalb dessen Form und Größe der Vorsegel entweder ganz freigestellt bleiben oder neuerdings auch gewissen, nicht sehr einschneidenden Begrenzungen unterliegen. Solche Grenzmaße wurden nur deshalb eingeführt, weil bei der Großzügigkeit der bisherigen Vermessung riesige, weit überlappende Vorsegel verwendet wurden. Bei diesen reichte das Achterliek des Vorsegels bis sehr weit hinter den Mast, so daß die Bedienung, besonders beim Kreuzen, reichlich erschwert wurde.

Das weit überlappende Vorsegel, Genuafock genannt, wurde zum ersten Male im Jahre 1927 auf der 6-m-R-Yacht LILIAN des bekannten schwedischen Seglers Sven Salén gesehen. Da es bei internationalen Regatten in Genua auftauchte, nannten die Amerikaner es *Genoa*.

Vorher kannte man bereits ein ähnliches, nicht so flach geschnittenes Vorsegel unter dem Namen *Ballon* oder gar *Raumballon*. Auf Kreuzstrecken konnte ein solcher Ballon allerdings nicht gefahren werden, weil er wegen seines bauchigen Schnittes zu früh zu killen begann.

Die Verwendung sehr großer Vorsegel und die Beobachtung des Spalts zwischen Vor- und Großsegel führte den Begriff der *Düsenwirkung* im Segelsport ein. Durch sie sollen die Luftfäden des Vorsegels sorgfältig und parallel strömend zur Rückseite des Großsegels geleitet werden, um dort die Geschwindigkeit der Leeströmung zu vergrößern.

Ob diese Theorie stichhaltig ist, wurde noch nie grundsätzlich bewiesen. Doch die Erfahrung mit der englischen Kielbootklasse „Bembridge Redwing" gibt zu denken. Dieses Nachmittagsboot von 8,50 m Länge durfte eine Segelfläche von 18,6 m² tragen, wobei aber nur die reine Fläche der Segel selbst vermessen wurde. Im übrigen waren Form, Höhe und Anordnung der Segel absolut freigestellt. Zahllose Varianten wurden ausgeführt, um durch Versuche eine günstigere Segelanordnung herauszufinden, einige sogar aus extrem orientierter Phantasie geboren. Doch *alle ohne Ausnahme unterlagen den normal getakelten Booten!* Die

Abb. 23: Eine vereinfachte Erklärung für das Zusammenwirken von Großsegel und Vorsegel am Wind. Die Ablenkung der Windfäden durch das Segel bewirkt Überdruck auf der Luvseite und Unterdruck auf der Leeseite, welche beide zusammen eine Kraft in Pfeilrichtung erzeugen. Der Luv-Wind des Vorsegels wird zur Leeseite des Großsegels geleitet, wo er durch seine Beschleunigung (in engen Grenzen) zur Erhöhung des Unterdruckes beiträgt.

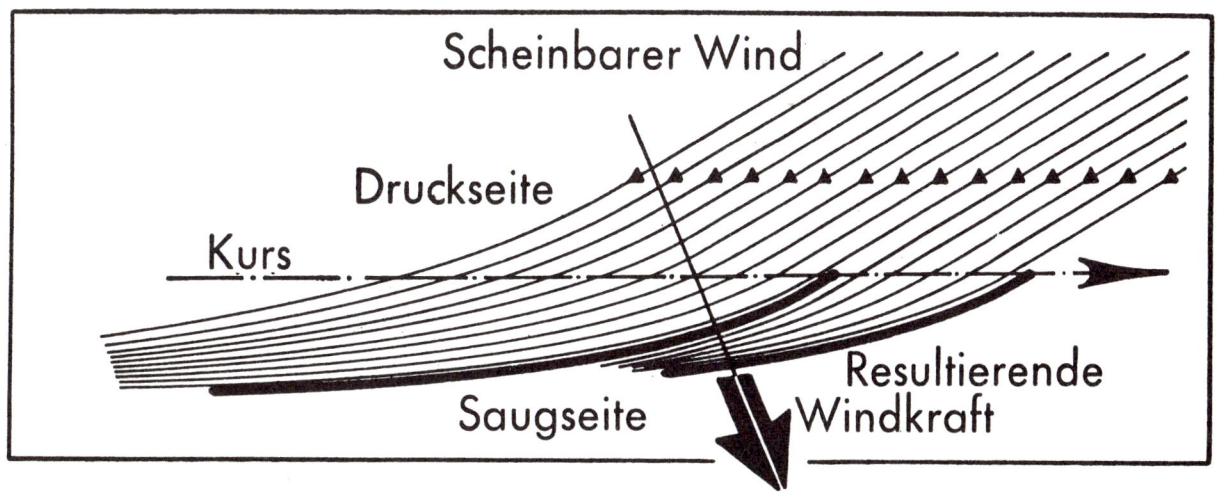

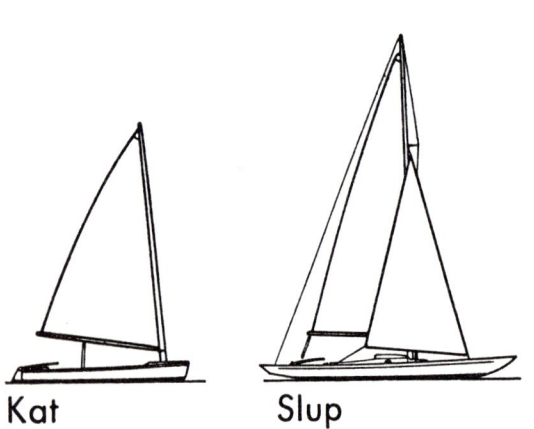
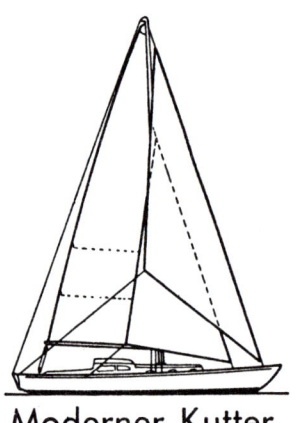

Abb. 24: *Vier Takelungen moderner einmastiger Yachten. Obwohl der klassische Kutter drei Vorsegel und ein Toppsegel fuhr, bezeichnet man heute als Kutter oft auch eine hochgetakelte Yacht ohne Toppsegel und mit nur zwei Vorsegeln.*

ganz normale Bermuda-Sluptakelung, keineswegs besonders hoch geschnitten, erwies sich als endgültig überlegen.

Nur ein Punkt brachte eine überraschende Neuigkeit: *Es gibt keinerlei Überlappung!* Keine genuaähnliche große Fock wird gefahren, im Gegenteil, die verhältnismäßig kleine Fock wird völlig frei und sogar etwas vorausliegend vor dem Mast gefahren. Ihr Hals reicht keineswegs bis an den Mast heran. Daraus ergibt sich:

a) Überlappung und *Düsenwirkung* sind nur dann vorteilhaft, wenn die überlappende Segelfläche nicht vermessen wird.
b) der überlappende Teil bzw. die Düse erzeugt pro m² Fläche einen *geringeren* Vorschub als der nicht überlappende Teil.

Die Takelung der Yachten könnte sich in kaum voraussehbarer Weise umwandeln, falls einmal das Meßverfahren der Besegelung geändert würde.

DER SPINNAKER:

Um den am wenigsten vorteilhaften aller Kurse doch einigermaßen günstig zu gestalten, verwendet die moderne Rennyacht vor dem Winde einen *Windsack* gewaltigen Ausmaßes, genannt *Spinnaker*. Dieses eigenartige Segel bringt seinerseits so viele Probleme mit sich, daß ihm ein besonderes Kapitel gewidmet wird. Es sei hier vorausgeschickt, daß der moderne, weit öffnende Spinnaker die Hochtakelung befähigte, die ältere Gaffeltakelung auf dem einzigen ihr verbliebenen Felde zu schlagen, nämlich platt vor dem Wind.

TAKELUNGEN:

Die verschiedenen Arten von Groß- und Vorsegeln können in reichhaltiger Verschiedenheit zu sogenannten Takelungen zusammengesetzt werden. Drei dieser Takelungen benutzen nur einen Mast, drei weitere entstehen aus der Verwendung zweier Masten. Die einfachste der einmastigen Takelungen nennt sich „Kat", und besteht nur aus einem Großsegel allein. Ein typischer Vertreter ist die bekannte Olympiajolle von 1936, doch gibt es auch kleine katgetakelte Kreuzeryachten. Wird ein Vorsegel hinzugefügt, so kommt man zur „Sluptakelung"; werden dagegen zwei oder drei Vorsegel gefahren, so bekommt die Takelung den Namen „Kutter". Der klassische Kutter fährt außer dem Großsegel eine Fock, einen Klüver und einen Flieger, dazu auch noch ein Toppsegel. Es ist keineswegs besonders einfach, ein solches Toppsegel zu setzen oder zu bergen, aber es war bei leichten Winden durchaus wirksam, vor allem aber begeisterte es das Auge von Seglern und Laien. Große Yachten mit vielköpfiger Berufsmannschaft fuhren auf jeden Fall das Toppsegel, sobald die Windverhältnisse es erlaubten. Nach und nach wichen die großen, kostspieligen Yachten den kleineren, nur noch von Amateuren bemannten, womit das Toppsegel immer seltener wurde. Schließlich verschwand es für immer, als zunächst die Gaffeln sehr steil gesetzt wurden, und bald darauf sich die Hochtakelung durchsetzte. Auf größeren Yachten verwendet man am besten zweimastige Takelungen, weil dadurch die Flächen der einzelnen Segel kleiner ausfallen und leichter zu bedienen sind. Die Bezeichnung für zweimastige Takelungen hängt von der Stellung und Größe des achteren, Besan genannten Mastes ab. Ist er verhältnismäßig klein und steht er hinter dem Ruder bzw. achterlich vom Ende der Schwimmwasserlinie, so handelt es sich um eine „Yawltakelung".

Gewinnt der Besan an Bedeutung, wobei er nicht nur größer wird, sondern auch vor dem Ruder bzw. vor dem achteren Ende der Schwimmlinie steht, so liegt eine „Ketschtakelung" vor.

Sobald aber der achtere Mast größer ist als der vordere, so hat man einen „Schuner" vor sich. In diesem Fall bekommt der achtere Mast den Namen Großmast, der vordere wird dann Fockmast genannt. Auch dreimastige Takelungen führen den Namen Schuner, ohne daß bei diesen der größte Mast achtern stehen müßte. Darüber hinaus gibt es verschiedene Abarten, von welchen die Wishbone- oder Spreizgaffelketsch bereits genannt wurde. Bei Schunern wird häufig am Fockmast kein echtes Großsegel gefahren, sondern ein fockartig geschnittenes Stagsegel und darüber ein viereckig geschnittenes, großes Vortoppsegel oder Fischermann-Segel. Man nennt dieses einen „Stagsegelschuner", eine Art, die besonders in den Vereinigten Staaten gepflegt wurde.

Keine der zweimastigen Takelungen besitzt in sich irgendeine ausgesprochene Überlegenheit. Betrachtet man den Vortriebs-Wirkungsgrad pro Flächeneinheit, so zeigt sich die einmastige Takelung jeder mehrmastigen überlegen. Doch sind es die praktischen Vorteile, welche gerade bei größeren Yachten die Verwendung zweier Masten ratsam erscheinen lassen. Einerseits

Abb. 25: Eine auf Yachten gänzlich ungewöhnliche Takelung, entworfen von William Garden und erbaut im Jahre 1959. Diese wohl als „Schunerbrigg" oder auch „Brigantine" zu bezeichnende Takelung paßt ausgezeichnet auf den für Yachten ebenfalls ungewöhnlichen Schiffsrumpf.

wird die Bedienung der Segel durch die mehrfache Unterteilung vereinfacht, aber auch die Stabilität wird auf Grund des niedriger liegenden Schwerpunktes begünstigt. Bei zunehmender Windstärke kann die Segelfläche in einfachster Weise reduziert werden, indem nacheinander einzelne Segel geborgen werden. Die mühsame Arbeit des Einschlagens oder Eindrehens eines Reffs ist bei Zweimastern kaum noch erforderlich. Der geringere Wirkungsgrad zweimastiger Takelungen wird bei Kreuzer-Regatten durch ein Vergütungssystem ausgeglichen, welches bisher allerdings häufigen Änderungen unterworfen war. Am einfachsten erkennt man den generellen Unterschied zwischen den einzelnen zweimastigen Takelungen an der aus dem Jahre 1955 stammenden Vergütungstabelle des englischen Royal Ocean Racing Club:

	$\sqrt{Segelfläche}$	Belastung	Größere Fläche
Bermuda-Slup und -Kutter	100 %	100 %	0 %
Bermuda-Yawl	98 %	96 %	4 %
Bermuda-Schuner oder Gaffel-Kutter	96 %	92 %	8,5 %
Bermuda-Ketsch oder Gaffel-Yawl	94 %	88 %	13,5 %
Wishbone-Ketsch oder -Schuner	94 %	88 %	13,5 %
Gaffel-Schuner	92 %	85 %	17,5 %
Gaffel-Ketsch	90 %	81 %	23,3 %

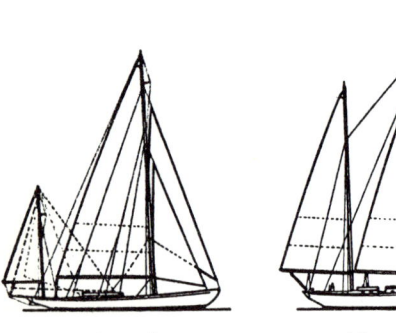 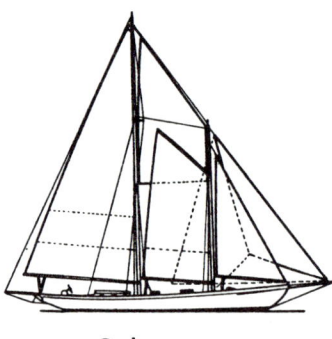 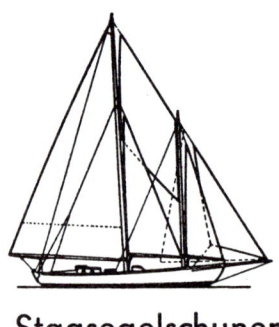

Yawl   **Ketsch**   **Schuner**   **Stagsegelschuner**

Abb. 26: Vier moderne Takelungen zweimastiger Yachten. Sie umfassen keineswegs alle Möglichkeiten, doch werden heute die meisten Zweimaster als Yawl oder Ketsch getakelt.

Die erste Spalte soll zeigen, daß nicht die Segelfläche selbst zu 98 oder 94 Prozent eingesetzt wird, sondern die Quadratwurzel aus der Segelfläche. Erst die zweite Spalte ergibt daraus die Formelbelastung, bezogen auf die wahre Segelfläche; die dritte zeigt an, wieviel größer die Segelfläche sein darf, um der einmastigen bermudagetakelten Yacht gleich bewertet zu werden. So wird bei einer gaffelgetakelten Ketsch die Quadratwurzel aus der Segelfläche nur mit 90 Prozent bewertet, d. h. die Segelfläche selbst mit 81 Prozent. Sie darf demzufolge 23,3 Prozent mehr Fläche fahren, bis sie der Bermuda-Slup oder -Ketsch gleichbewertet wird.

Diese vereinfachte Form der Takelungsbewertung ist heute nicht mehr gültig, seitdem die Vermessung nach I.O.R. (International Offshore Rule) vorgenommen wird. Die Vorzüge und Nachteile der einzelnen Takelungsarten werden jetzt wahrscheinlich mit größerer Gerechtigkeit bewertet, wobei leider der einfache Überblick verlorenging.

Für den reinen Fahrtensegler ist die erzielbare Geschwindigkeit in Regatten nicht interessant. Kleine Besatzung auf großer Fahrt erfordert Einfachheit in der Bedienung und Sicherheit. Hierfür eignet sich eine Ketschtakelung besonders gut, da ein Reffen durch Wegfieren einzelner Segel ersetzt wird, ohne daß die Yacht luv- oder leegierig wird. Auch eine Yawl hat etwa die gleichen Vorzüge, sofern der weit achtern stehende Besan genügend sicher abgestagt werden kann. Die Schunertakelung dagegen hat Anhänger verloren, weil die ungünstigen Kreuzeigenschaften nicht durch die guten Raumschoteigenschaften ausgeglichen werden. Auch ist es anstrengend und mühsam, ein so gewaltiges Großsegel zu handhaben oder gar zu reffen.

WIND UND FAHRT
Problematik ihrer gegenseitigen Abhängigkeit

Die Fortbewegung eines segelnden Fahrzeuges vollzieht sich als Spiel zahlreicher Kräfte, denen als Einleitung zu den folgenden Kapiteln eine Erläuterung gewidmet werden soll. Die Schwierigkeit einer genauen Erfassung liegt in der Vielzahl der Einflüsse: die ständig wechselnden Winde, die Verschiedenartigkeit von Bootskörpern und Segeln, die *Flüssigkeit* des Wassers, auf dem sich der Bootskörper fortbewegt, der Einfluß des persönlichen Elements von Steuermann und Mannschaft und schließlich die *Rückkopplung* von Fahrt und Kurs auf Wind und Seegang.

DER WIND:

Seine Wirkung wechselt in jeder denkbaren Weise, zwischen völliger Flaute und Orkan, von Richtung zu Richtung, und von Minute zu Minute. Seine Stärke nimmt in der Höhe zu, so daß die oberen Segelpartien unter einem größeren Winddruck stehen als die unteren. Auch wird der Wind bereits abgelenkt, bevor er die Segel trifft. Schließlich haben noch der Feuchtigkeitsgrad und die Schwere der Luft einen gewissen Einfluß, und eventueller Regen kann jede Berechnung über den Haufen werfen.

DIE SEGEL:

Die Form der Segel in Umriß und Wölbung kann zwar zeichnerisch einwandfrei bestimmt werden, aber die genaue Befolgung solcher Angaben ist in der Herstellung kaum möglich, abgesehen von den zusätzlichen Formänderungen, die der Wind erzeugt. Auch verwindet sich ein Segel der Höhe nach, so daß gewissermaßen jeder Flächenanteil einen anderen Anstellwinkel zum Winde annimmt. In den unteren Partien ist der Anstellwinkel am größten; er wird nach oben zu immer geringer und erreicht oft nahe dem Masttopp einen Wert von Null, bei dem also keinerlei Vortrieb mehr erzeugt wird. Durchgehende Segellatten könnten zwar den Stand des Segels verbessern, sind aber aus praktischen Gründen in vielen Klassen verboten. Der vorherrschende dreieckige Umriß fast aller Segel ist aerodynamisch betrachtet keineswegs sehr günstig. So hat jedes Segel Flächenanteile unterschiedlicher Wirksamkeit, einschließlich solcher, welche absolut unwirksam sind, aber nicht vermieden werden können (Kopf- und Schothornzone eines Großsegels). Der angestrebte größte Vortriebs-Wirkungsgrad eines Segels hängt zu einem unverhältnismäßig großen Teil von Talent und Intuition der Mannschaft ab. Man beachte, wie häufig gerade Berufs-Segelmacher bedeutende Regatten gewinnen.

Die Holepunkte der Schoten sind kaum jemals genügend weitgehend und rasch versetzbar, um ohne Zeitverlust den wechselnden Wind- und Kursverhältnissen angepaßt werden zu können. Selten besitzt eine Yacht eine genügend große Zahl von Segeln verschiedener Schnitte, Größen und Tuchstärken, um jeweils den besten Vortrieb zu erzeugen. Auch bewirkt die allgemein eingeführte Begrenzung der Segelfläche, daß sämtliche Boote bei flauen Winden *unterbesegelt* sind, wogegen die gleichen Segel bei größeren Windstärken durch unvollkommene Hilfsmittel verkleinert werden müssen.

DER BOOTSKÖRPER:

Nur in den seltensten Fällen kann eine Yacht allein auf beste Segeleigenschaften hin entworfen werden. Fast stets muß ein Kompromiß eingegangen werden, um verschiedene Anforderungen betreffend Seetüchtigkeit,

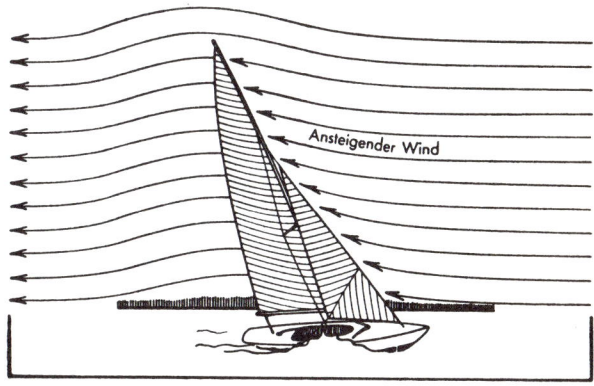

Abb. 27: Wenn eine Windströmung sich dem Segel nähert, wird sie bereits abgelenkt, bevor sie das Segel trifft. Diese Ablenkung erfolgt schräg nach oben, ungefähr parallel zu den Bahnen des Großsegels. Man kann in der Tat die leicht nach oben gerichtete Strömung beobachten und messen.

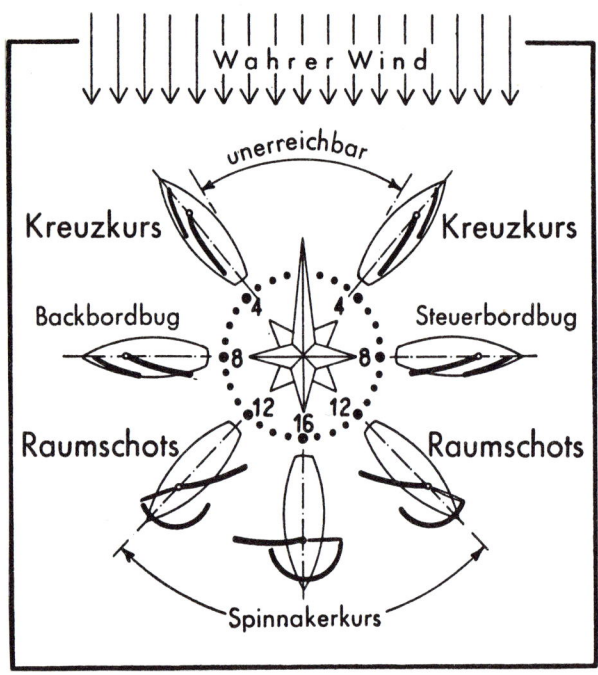

Abb. 28: Erklärung der Kursrichtungen relativ zum Wind, unter Angabe der Stricheinteilung am Mittelkreis. Kompaßkurse mit Gradeinteilung sind unpraktisch, um eine Richtung relativ zu Boot und Wind zu bestimmen.

Stabilität, Wohnlichkeit, Geschwindigkeit und Kreuzeigenschaften soweit wie möglich einander zu nähern. Selbst Boote gleicher Klassen pflegen Verschiedenheiten in Steuer, Schwert, Kiel, Gewicht, Freibord und schließlich auch zusätzlichem Mannschaftsgewicht aufzuweisen. Moderne Vermessungsformeln erlauben gleiche Bewertung recht verschiedener Bootskörper, so daß einige Yachten als sogenannte *Flautenläufer* gebaut werden, andere dagegen ihr Bestes bei Mittelwinden oder schwerem Wetter zeigen.

PERSÖNLICHER EINFLUSS DER MANNSCHAFT:

Bei keinem anderen, nicht vom Menschen selbst angetriebenen Sportfahrzeug ist der persönliche Einfluß so außerordentlich maßgebend wie bei der Segelyacht. Er ist nahezu unabhängig von etwa vorhandener körperlicher Kraft, sondern setzt sich zusammen aus Erfahrung, Übung, Entschlußkraft und Einfühlungsvermögen. Alle diese Eigenschaften gelten sowohl für die momentane Tätigkeit als auch für die Voraussicht kommender Manöver, Kurs- oder Windwechsel.

DAS WASSER:

Obwohl das liebste Element des Seglers, besitzt es doch eine Reihe von Eigenschaften, die man nur als lästig bezeichnen kann. Seine Oberfläche ist im höchsten Grade unregelmäßig, sein flüssiger Zustand verursacht sowohl die Abdrift wie auch heftige und unerwünschte Bewegungen im Seegang. Ständige oder veränderliche Strömungen stören die Kurse, die Gezeiten erhöhen

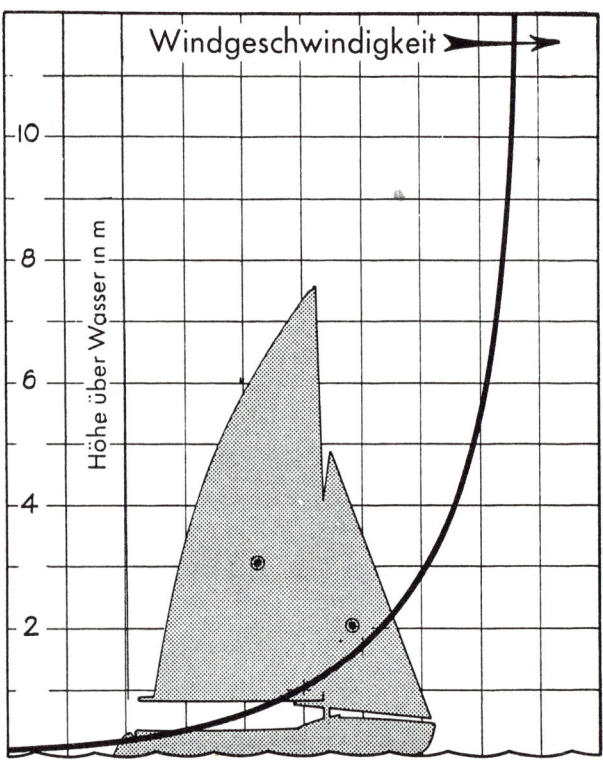

Abb. 29: Die Stärke des Windes ist in der Nähe des Wasserspiegels am geringsten. In der Höhe nimmt sie rasch zu, und etwa 10 m über Wasser kann sie als normal und gleichbleibend angesehen werden. Die Verschiedenheit der Windstärke soll sowohl beim Schnitt der Segel als auch bei der Führung der Schoten berücksichtigt werden, denn sie übt einen beträchtlichen Einfluß auf den Anstellwinkel aus.

oder verringern die Tiefe des Fahrwassers. Das Wasser greift die Oberfläche des Unterwasserschiffes an und erzeugt Rauhigkeit, Bewuchs und darüber hinaus auch Fäulnis, Rost und elektrolytische Zersetzung.

KURSE:
Die Fahrtrichtung des segelnden Bootes ist durch das zu erreichende Ziel gegeben, sei es auf der Regattabahn oder auf Kreuzfahrt. Alle Kursrichtungen sind mit größter Einfachheit definierbar, sofern sie sich auf die Erdoberfläche beziehen, nämlich die sogenannten Kompaßkurse. Will man dagegen die Kurse in bezug auf die Windrichtung bestimmen, was für eine segelnde Yacht besonders wichtig ist, so wird die vom Kompaß ablesbare Einteilung unbrauchbar.

Viel zu wenig übt der heutige Segler die Richtungsbezeichnung nach Strichen, obwohl es die einzige ist, welche eine Orientierung in Abhängigkeit vom Winde erlaubt. Es ist noch gar nicht so lange her, daß auch die Kompaßkurse nach Strichen bezeichnet wurden. Sie entstanden durch die Einteilung des Kreises in Viertel, Achtel, Sechzehntel und schließlich Zweiunddreißigstel. Ein „Strich" bedeutet also $1/32$ des Kreises, $1/32$ von 360 Grad, nämlich $11\frac{1}{4}$ Grad.

Zieht man Abb. 28 zu Rate, erkennt man, daß ein Kurs von weniger als 3 Strich zum wahren Winde „unerreichbar" ist. Hart am Wind segelnd erzielt man $3\frac{1}{2}$ bis 4 Strich, und weniger günstige Bootsformen gehen nur 5 Strich an den Wind. Ein Beispiel erkläre die Kursbestimmung durch Strichangabe: Ein Steuermann wünscht, während der Regatta die nächste Wendemarke auszumachen und bittet seinen Vorschotmann um Suche. Dieser könnte dann antworten: Boje liegt 2 Strich backbord voraus, nächstes Konkurrenzboot 12 Strich steuerbord achteraus.

Die Wirkung des Windes auf Segel und Boot

Foto 8: Massenbetrieb im Rennen der Soling-Klasse. Dieses flinke moderne Dreimann-Kielboot mit Olympia-Status erfreut sich überall in der Welt großen Ansehens. Dieses prächtige Lichtbild wurde bei einer bedeutenden internationalen Regattaserie kurz vor dem Runden einer Wendemarke gewonnen. Foto: P. A. Rostad, Oslo

Während des ganzen Mittelalters wurden Fahrtrichtungen bis ungefähr quer zum Winde erzielt; höher an den Wind als dwars konnte kein Schiff segeln. Meistens begnügte man sich mit schrägachterlichem Winde, den man heute Backstagsbrise nennt. Um den Kurs zu wechseln, mußten die Schiffe halsen, also das Heck durch den Wind drehen. Ein Kreuzen gegen den Wind war mit den damaligen Schiffen und Segeln unausführbar, wurde auch weder verlangt noch versucht. Erst zu Beginn des vorigen Jahrhunderts lernte man, dank des kühnen Entwurfs der Klipper, genügend hoch an den Wind zu gehen, um durch Kreuzen einen „Weg gegen den Wind" zu erzielen. Damit wurde der geradezu fieberhafte Wettlauf, den *Wind zu übervorteilen*, eingeleitet. Er fand seinen kühnsten Abschluß in der modernen Rennyacht der jüngsten Zeit.

Die Fahrtgeschwindigkeit mittelalterlicher Schiffe war so gering, der zum Winde gesegelte Winkel so unbe-

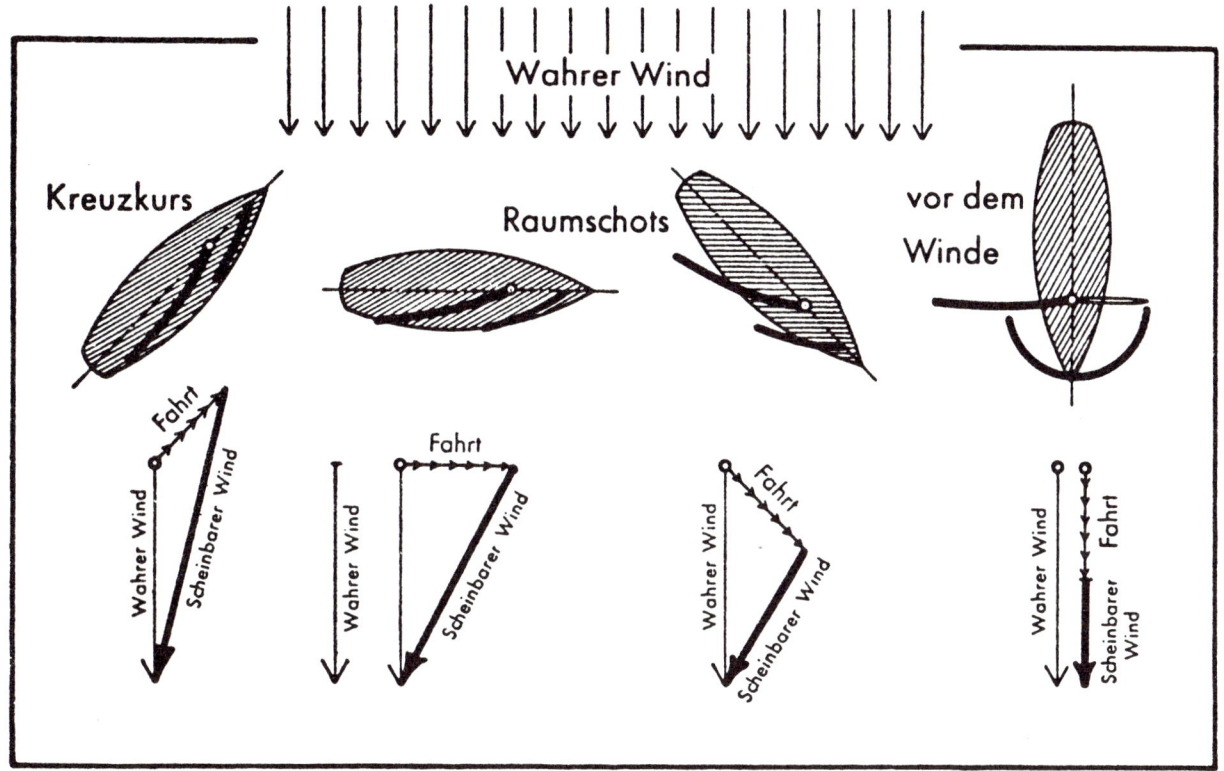

Abb. 30: Darstellung des „scheinbaren" Windes. Seine Richtung und Geschwindigkeit erkennt man an der Länge und Lage der starken Pfeile. Der scheinbare Wind verändert sich von Kurs zu Kurs, obwohl der wahre Wind unveränderlich bleibt. Am Wind ist der scheinbare Wind stärker, mit achterlichen Winden schwächer als der wahre Wind.

deutend, daß sich die Kapitäne nie des Unterschiedes zwischen *wahrem und scheinbarem* Wind bewußt wurden.

Ein Beobachter an Land oder an Bord eines vor Anker liegenden Schiffes kann keinen anderen als den sogenannten *wahren Wind* spüren. Sobald dieser Beobachter sich aber fortbewegt, so erzeugt seine Eigenbewegung eine *scheinbare* Änderung der Windrichtung; aus beiden Bewegungen ergibt sich eine *Resultante*, die den *scheinbaren Wind* darstellt und erklärt. Dieser scheinbare Wind ist für jede Bewegungsrichtung des Beobachters ein anderer, hängt dazu auch noch von der Geschwindigkeit ab, mit der sich der Beobachter fortbewegt. Ein sich bewegender Beobachter spürt nur noch den scheinbaren Wind! Der wahre Wind *kann* von ihm gar nicht mehr festgestellt werden, es sei denn, daß er Berechnungen anstellt. Stehen ihm allerdings unabhängige Zeichen zur Verfügung, wie z. B. der Rauch eines Fabrikschornsteins oder eine an Land gehißte Flagge, so kann er die Richtung des wahren Windes annähernd erkennen. Auch ist dieser oft an den sich auf dem Wasser bildenden Brisenstreifen erkennbar.

Niemand kann eine moderne Yacht segeln, ohne die Tatsache des scheinbaren Windes ständig zu berücksichtigen. Nur der scheinbare Wind treibt und wirkt auf ein segelndes Boot. Er ist für Boot und Mannschaft der einzige Wind, der existiert.

Der Vortrieb des segelnden Bootes hängt letzten Endes sowohl vom wahren wie vom scheinbaren Winde ab. Abb. 30 erklärt die Zusammenhänge, wobei der wahre Wind als von oben einfallend dargestellt wurde. In jeder der vier gezeigten Fahrtrichtungen bedeutet der dicke Pfeil Richtung und Geschwindigkeit des scheinbaren Windes als Ergebnis oder Resultierende des wahren Windes (dünner Pfeil) und der Fahrtrichtung und -Geschwindigkeit des Bootes (vielpfeiliger Strich). Segelt man hoch am Wind, linkes Bild, fällt der scheinbare Wind *vorlicher* ein als der wahre, außerdem ist seine Geschwindigkeit *größer* geworden. In der Zeichnung ist es daran erkennbar, daß der dicke Pfeil des scheinbaren Windes mehr von rechts her einfällt als der von oben kommende wahre Wind und daß dieser Pfeil auch länger ist als der dünne Pfeil des wahren Windes. Mit halbem Winde segelnd, zweites Bild, wechselt die Richtung des scheinbaren Windes noch stärker! Dagegen ist seine Geschwindigkeit nur wenig größer als die des wahren Windes. Raumschots segelnd, drittes Bild, ist der Unterschied in der Richtung noch immer bedeutend, nur ist jetzt der scheinbare Wind *langsamer* geworden als der wahre. Beim Segeln genau vor dem Winde stimmen die Richtungen überein, doch ist der scheinbare Wind jetzt erheblich langsamer als der wahre. Seine Geschwindigkeit ist genau gleich der Differenz zwischen der Fahrt des Bootes und dem wahren Winde.

EINFLUSS DES SCHEINBAREN WINDES

Am Winde segelnd schadet er, da er mit spitzerem Winkel von vorn einfällt. Je größer die gesegelte Geschwindigkeit des Bootes ist, um so nachteiliger wird die Richtung des scheinbaren Windes.

Bei halbem Winde ist sein Einfluß vorteilhaft, da der scheinbare Wind dann unter einem besonders günstigen Winkel einfällt. Auch ist seine größere Geschwindigkeit fast immer gut nutzbar.

Vor dem Winde segelnd ist er schädlich, da der scheinbare Wind um so geringer wird, je schneller das Boot segeln kann, d. h. je schneller es dem Winde davonzulaufen strebt.

Die Form des Bootes und der Schnitt der Segel können derart ausgebildet werden, daß sie bestimmte Fahrtrichtungen begünstigen. Boote mit hervorragenden Kreuzeigenschaften werden sich auf raumen Kursen weniger auszeichnen, wie auch gute Raumschotsläufer nicht besonders gut am Winde segeln. Deshalb soll im folgenden die Häufigkeit bzw. Wertigkeit aller Kurse untersucht werden. Zu diesem Zweck sei angenommen, daß eine Yacht im Durchschnitt eines größeren Zeitabschnittes, gleich ob auf der Regattabahn oder beim Tourensegeln, in sämtlichen denkbaren Richtungen gleichlange Strecken zu segeln hat.

In Abb. 31 wurde der Versuch gemacht, die zeitliche Dauer des Segelns auf den drei wichtigsten Kursen zum Wind festzustellen. Wiederum wurde der wahre Wind als von oben einfallend dargestellt. Segelt eine Yacht quer zum wahren Winde, so erzeugt sie einen vorlich einfallenden scheinbaren Wind, das heißt, sie segelt in Wirklichkeit noch *am Winde*. Es gelten also alle Kurse der linken Figur als Am-Wind-Kurse. Da diese Figur die Hälfte aller möglichen Kurse erfaßt, so liegen auch die Hälfte aller gesegelten Kurse am Winde. Das bedeutet aber keineswegs, daß auch die Hälfte aller Zeiten am Winde gesegelt wird. Erstens wird beim Kreuzen *auf Umwegen gesegelt*, zweitens ist aber auch die Fahrt am Wind geringer als auf Raumschotskurs. Daraus ergibt sich als wahrscheinlich, daß nicht weniger als 55 Prozent der Gesamtzeit am Wind gesegelt wird. Für die übrigen Kurse verbleiben folglich 45 Prozent der gesamten gesegelten Zeit. Da auf raumen Kursen die größte Geschwindigkeit erzielt wird, dürften sie zeitmäßig 20 Prozent ausmachen. Die etwas langsamere Fahrt vor dem Winde sollte folglich 25 Prozent der gesegelten Zeit erhalten. Da dieses Ergebnis für die weiteren Untersuchungen von recht erheblicher Bedeutung ist, sei es nachstehend zusammengefaßt:

Durchschnittlich gesegelte Zeiten
am Wind segelnd . . . . . . 55 % der gesegelten Zeit
raumschots . . . . 20 % der gesegelten Zeit
vor dem Wind . . . . 25 % der gesegelten Zeit

Es ist noch gar nicht so lange her, daß man allgemein empfahl, am Winde segelnd ein Boot *laufen zu lassen*, also nicht zu hartem Anliegen zu zwingen, denn ältere Yachten waren weder in der Rumpfform noch in der Besegelung für höchstes Am-Wind-Segeln geeignet. Auf Langfahrt, speziell auf hoher See, wird man nie ein Schiff zu größter Höhe zwingen. Im Gegenteil, man wird es zum Laufen bringen, indem man einen

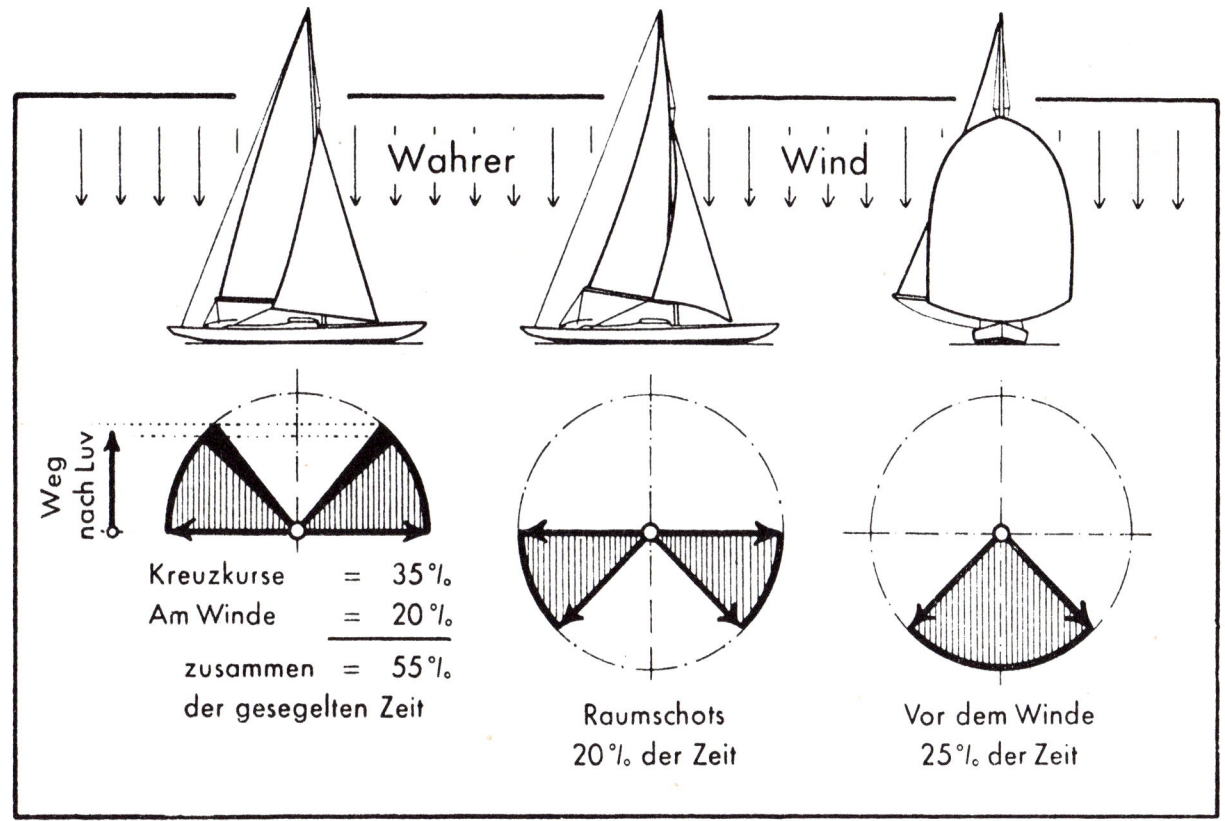

Abb. 31: Welcher Zeitanteil des Segelns auf die einzelnen Kurse entfällt, wird in dieser graphischen Darstellung gezeigt. Man erkennt den überragenden Anteil des Segelns am Wind, denn 55 Prozent aller gesegelten Zeiten entfallen auf die Am-Wind-Strecken, 20 Prozent auf raume Kurse, und 25 Prozent auf das Segeln vor dem Winde. Diese Verhältnisse zu kennen ist von größter Bedeutung ebenso für Entwurf und Bau der Boote wie für den Schnitt der Segel.

Schrick in die Schoten gibt und ein wenig abfällt. Die Wahrscheinlichkeit eines Windwechsels ist auf Langfahrt besonders groß, womit ein „Kneifen" sich am Ende fast immer als nachteilig herausstellt.

In Regatten dagegen lohnt es besonders bei modernen Yachten, die größtmögliche Höhe am Wind herauszusegeln, auch wenn ein Geschwindigkeitsverlust mit in Kauf genommen werden muß. Abb. 32 erklärt die Verhältnisse unter der Annahme, daß man sowohl 42° als auch 55° zum wahren Winde segeln könnte, wobei in letzterem Falle eine um 15 Prozent höhere Fahrt erzielt werde. Worauf es ankommt, ist der *Weg gegen den Wind* bzw. die *Geschwindigkeit nach Luv*, denn diese allein wirkt entscheidend in einer Regatta. Wie man sieht, reicht die um 15 Prozent höhere Geschwindigkeit nicht aus, um eine Yacht unter 55° zum wahren Winde *laufen zu lassen*. Geht sie statt dessen mit 42° zum wahren Winde hart an den Wind, so gewinnt sie erheblich an Weg nach Luv oder Geschwindigkeit gegen den Wind. Die hart am Winde segelnde Yacht, linke Hälfte der Abbildung, erreicht ihr Ziel erheblich eher, obwohl sie nur eine geringere Geschwindigkeit erzielt und der scheinbare Wind unter bedeutend spitzerem Winkel einfällt.

Das Segeln hoch am Wind ist zweifellos die erstaunlichste Eigenschaft der modernen Yacht. Viel ist darüber geredet und geschrieben worden, denn zunächst erscheint es unfaßbar, daß man dem Wind Kräfte entlocken kann, die ein Boot fast genau *gegen den Wind* vorwärts treiben.

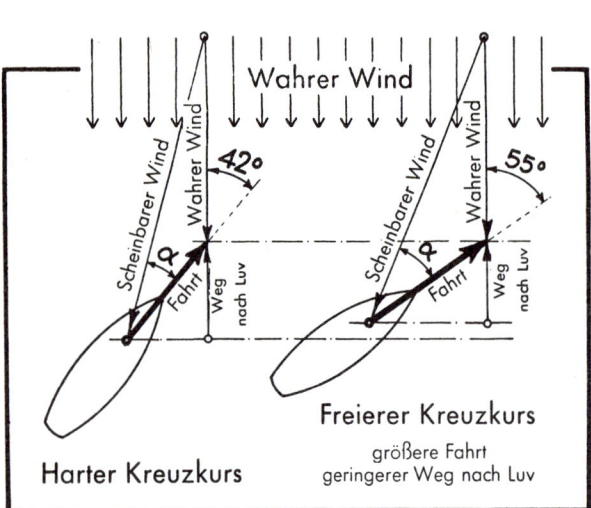

Luv-Weg beim Kreuzen

Abb. 32: Auf Kreuzstrecken ist es wichtig, die beste „Fahrt nach Luv" herauszuholen, wobei man zwischen „kneifen" und „laufen lassen" zu wählen hat. Unter den hier gezeigten Voraussetzungen erreicht die höher an den Wind gehende Yacht ihr Ziel eher, obwohl die etwas freier haltende Yacht eine um 15 Prozent höhere Fahrt erzielt. Nur Yachten mit erstklassigen Am-Wind-Eigenschaften erzielen hart am Wind „kneifend" den besten Gewinn nach Luv.

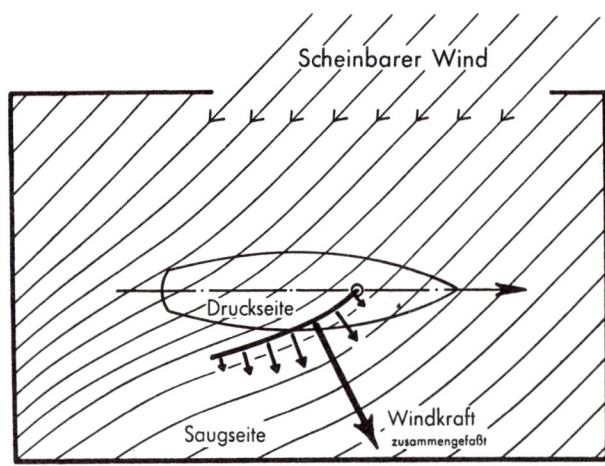

Abb. 33: Der scheinbare Wind erleidet eine Ablenkung als Folge des Anstellwinkels des Segels. Die entstehenden Windkräfte wirken auf die ganze Fläche des Segels, nämlich durch Druck auf der Luvseite und Unterdruck auf der Leeseite, deren Richtung und Größe durch die vielen kleinen Pfeile dargestellt sei. Diese werden zur Vereinfachung durch einen großen Pfeil ersetzt, der die gesamte Windkraft in Richtung und Stärke angibt.

Wird ein Segel unter einem Winkel zum Wind gestellt, so wird die strömende Luftmasse durch das Segel abgelenkt. Diese Ablenkung erzeugt zahlreiche kleine Kräfte, welche weder gleichstark noch gleichgerichtet sind und sich über die ganze Oberfläche des Segels verteilen. In Abb. 33 wird gezeigt, wie man die zahlreichen Einzelkräfte, kleine Pfeile, durch eine einzige Gesamtkraft ersetzen kann, großer Pfeil als ‚Windkraft' bezeichnet. Diese Gesamtkraft hat genau die gleiche Kraftwirkung sowie Richtung wie die Summe aller Einzelkräfte. Somit müßte der Wind das Boot in Pfeilrichtung abtreiben, wenn nicht ..... Und hier kommt jetzt der Kern des hohen Am-Wind-Segelns: wenn nicht das verfeinerte Unterwasserschiff moderner Yachten einen gewaltigen Widerstand gegen die Abdrift bieten würde und dadurch einen Teil der Windkraft in echten Vortrieb verwandelte.

In aerodynamischen Versuchen wird nicht etwa der Winddruck gemessen und erst danach in Widerstand und Auftrieb zerlegt, sondern man wendet den umgekehrten Vorgang an, nämlich man mißt Widerstand und Auftrieb, um daraus die „resultierende" Windkraft zu konstruieren oder zu errechnen, falls man sie benötigt. *Widerstand* nennt man diejenige Kraft, die genau in Richtung des Windes wirkt, *Auftrieb* dagegen die im rechten Winkel hierzu gerichtete Kraft. Das Wort „Auftrieb" stammt aus Versuchen, die vornehmlich für den Flugzeugbau bestimmt waren; es soll aber auch hier beibehalten werden, da Auftrieb auf keinen Fall mit Vortrieb oder Antrieb verwechselt werden darf. Aus den Werten von Widerstand und Auftrieb läßt sich mit größter Einfachheit die resultierende Gesamtkraft des Windes bestimmen, so wie es Abb. 34 links im sogenannten Parallelogramm der Kräfte zeigt. Diese gleiche Abb. 34 erklärt den gesamten Vorgang des Windantriebs auf Am-Wind-Kursen und ist deshalb von grundsätzlicher Wichtigkeit. So erkennt man zunächst am oberen Rande die Richtung des wahren Windes und gleich darunter diejenige des scheinbaren, wie sich aus der Fahrt des Bootes von selbst ergibt. Die Länge der Windpfeile zeigt außerdem die Stärke des Windes an. Der vom Segel abgelenkte Wind erzeugt zahlreiche kleine Kräfte, die in Gestalt der *Gesamtkraft* zusammengefaßt wurden, allerdings mittels Entwicklung aus Widerstand und Auftrieb.

Wie sich die „Aktion" des Windes in „Reaktion" des Bootes verwandelt, zeigt der rechte Teil der gleichen Figur. Dort wurde die vorher ermittelte Gesamtkraft des Windes unverändert wiedergegeben, doch wirkt sie nunmehr auf den Wasserwiderstand des Bootskörpers und könnte als *Gesamt-Wasserdruck* bezeichnet werden. Man erkennt, daß die Gesamtkraft hauptsächlich quer zum Bootskörper einfällt, d. h. nur ganz wenig vorausgerichtet. So nimmt es nicht wunder, daß das Parallelogramm der Kräfte eine sehr *große Querkraft* und einen recht *kleinen Vortrieb* ergibt.

Das Ergebnis dieser recht einfachen Untersuchung ist überraschend. Der wirklich erstrebte Vortrieb am Wind segelnd erweist sich als die *kleinste aller Kräfte!* Die Querkraft hingegen, welche das Boot krängt und zur

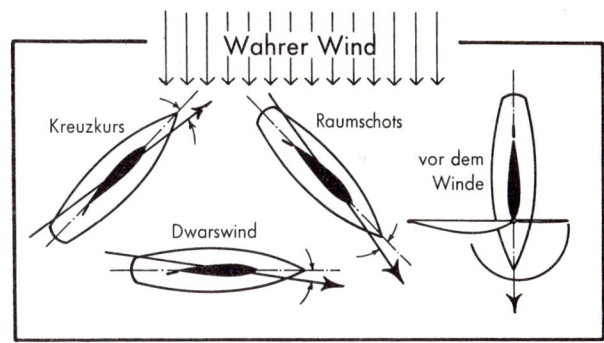

Abb. 35: Auf nahezu allen Kursen entsteht eine Abdrift, d. h., die Yacht segelt nicht geradewegs auf das Ziel zu, auf welches ihr Vorschiff zeigt, sondern weiter leewärts. Die Größe der Abdrift wird durch den Abdriftwinkel gekennzeichnet. Das Ruderblatt wurde stets auf ein leichtes Abfallen eingestellt, da offenbar in dieser Position der geringste Am-Wind-Widerstand entsteht. Eine leichte Luvgierigkeit ist hierzu erforderlich.

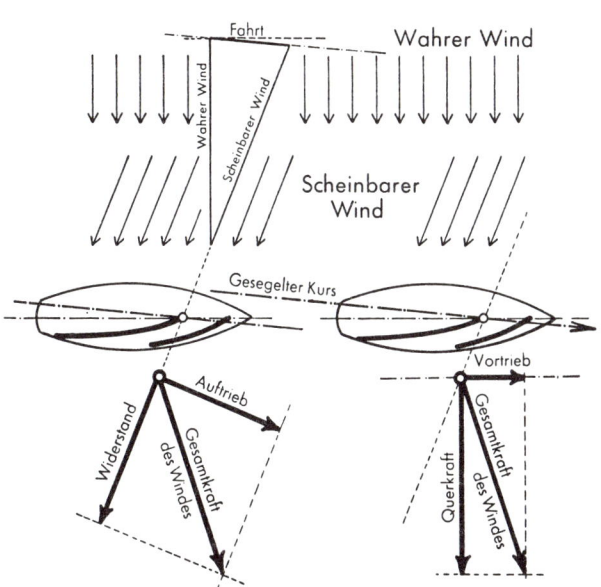

Abb. 34: Auch hier tritt die Gesamtkraft des Windes als Summe aller Teilkräfte auf. In der Aerodynamik zerlegt man die Gesamtkraft in die zwei Anteile: „Auftrieb" und „Widerstand", siehe linkes Bild. Die im rechten Bild gezeigte Gegenwirkung des Bootes verwandelt beide wiederum in den nützlichen und angestrebten „Vortrieb" und die schädliche, aber unvermeidliche „Querkraft".

Abdrift zwingt, ist um ein Mehrfaches größer! Da beide gleichzeitig auf das Boot wirken, stellt man mit Bewunderung fest, daß die modernen Yachtformen aus geringem Vortrieb unerhörte Geschwindigkeiten *herausholen* und sich andererseits von gewaltiger Querkraft nur zu geringster Abdrift zwingen lassen. Vermeidbar ist Abdrift nie, und so ergibt sich, daß eine Yacht nicht genau in Richtung ihrer Kiellinie segelt, ihres *scheinbaren Kurses*, sondern einen durch die Abdrift bedingten gesegelten oder *wahren Kurs* läuft, vergleiche etwa Mitte derselben Abbildung.

Ohne Abdrift ist ein Am-Wind-Segeln nicht möglich. Die Größe der Abdrift wird durch den Abdrift-Winkel gekennzeichnet, welcher angibt, um wieviel Winkelgrade nach Lee sich ein Boot vorwärtsbewegt im Vergleich zu dem Punkt, auf die Schiffsachse zeigt. Moderne Rennyachten erleiden eine Abdrift von nur 3 bis 5 Grad, auch Kreuzeryachten erreichen Werte von nur wenig über 5 Grad.

Die Querkraft des Windes erzeugt aber noch eine weitere Wirkung auf das Boot: die Krängung. Ein segelndes Boot reagiert also in dreierlei Art auf die Einwirkung des Windes: Fahrt voraus, Abdrift und Krängung.

Auf allen Kursen von hart am Wind bis raumschots

gilt das bisher Gesagte, nicht dagegen auf der Vor-Wind-Strecke. Einzig und allein auf dieser gibt ein Segel seine Eigenschaften als *aerodynamisches Profil* auf und verwandelt sich in einen *Widerstandskörper*. Daraus ergeben sich nun die beiden Hauptarten des Segelns:

Am Wind: Das Segel wirkt wie ein aerodynamisches Profil, indem es Auftrieb und Widerstand erzeugt, und zwar als Folge seiner Form und des vom Segler gewählten Anstellwinkels.

Vor dem Winde: Das Segel wirkt als einfacher Widerstandskörper, jeder Vergleich mit einem aerodynamischen Profil wird hinfällig.

Zieht man Abb. 31 zum Vergleich heran, so ergibt sich, daß ein Segel während 25 Prozent aller gesegelten Zeiten als einfacher Widerstandskörper wirkt. Doch während 75 Prozent der gesegelten Zeit wirkt es als aerodynamisches Profil, indem es zunächst Auftrieb erzeugt, welcher seinerseits vom Boot in Querkraft und Vortrieb umgesetzt wird.

Um besonders günstig als Widerstandskörper zu wirken, soll ein Segel sehr bauchig geschnitten sein. Als aerodynamisches Profil dagegen verlangt es einen ziemlich flachen Schnitt. Gelingt es dem Segelmacher, dem Segel ein ausgezeichnetes aerodynamisches Profil für beste Am-Wind-Eigenschaften zu geben, so erreicht die Yacht eine Überlegenheit im Gesamtdurchschnitt, welche durch keinerlei Vorteile auf anderen Kursen wettgemacht werden kann. Kein Großsegel kann gleichzeitig für das Am-Wind-Segeln und für den Vor-Wind-Kurs günstig sein, aber ein Auswechseln des Großsegels ist im Rennen nicht erlaubt und auf Tourenyachten nicht erwünscht.

Soll eine Yacht ein genau gegen den Wind liegendes Ziel erreichen, so muß sie dorthin *kreuzen*. Die Klipper waren wohl die ersten Segelschiffe, welche mit einiger Sicherheit durch Kreuzen Weg gegen den Wind gewinnen konnten. Allerdings konnten sie nicht leicht über Stag gehen. Meistens verlor das Schiff die Fahrt, wenn es genau im Wind lag, und erst durch Backsetzen der Vorsegel konnte die Wendung *durch den Wind* vollendet werden, meist sogar erst, nachdem das Schiff bereits Rückwärtsfahrt aufnahm. So wurde schließlich auch noch das Steuer zur Unterstützung des Wendens, umgekehrt bedient, zu Hilfe gezogen.

Jedes Wenden bedeutet einen Zeitverlust. Deshalb soll man lange Schläge vorziehen. Eine heutige Yacht wird kaum jemals bei einer Wende versagen. Sollte der Fall doch einmal eintreten, so kann man die Wendung meist vollenden, indem man ein Vorsegel back setzt. Dieses Nachhelfen beim Wenden war auf Yachten noch bis in die ersten Jahrzehnte dieses Jahrhunderts ein durchaus normaler und häufiger Vorgang. Ältere Segler werden sich noch des Höllenlärms besinnen können, welcher in der Takelage entstand, wenn eine größere Yacht ohne Vortrieb im Winde stehenblieb, wobei alle Blöcke, Schoten und lose Enden den Tanz der flatternden Segel mitmachten.

Untersuchung des Segelns hoch am Wind

Eine hoch am Wind segelnde Yacht *beißt* sich förmlich ihren Weg in den Wind. Es ist nahezu ein Wunder, daß in dieser Fahrtrichtung dem Wind überhaupt noch ein Vortrieb abgetrotzt wird, der allerdings nur ein sehr kleiner Anteil aller Windkräfte ausmacht. Der größte Teil, im Durchschnitt dreimal soviel wie der Vortrieb, setzt sich in Querkraft um, welche Abdrift und Krängung bewirkt. Die Krängung wiederum verringert die dem Winde dargebotene Segelfläche, da die Projektion geringer ausfällt.

Man kann keine Segel setzen, ohne dazu eine ganze Takelage aufzubauen, welche Mast und Großbaum, Fallen und Schoten umfaßt. Der Mast wiederum braucht Wanten, Stage, Salinge und Jumpstage, um die Windkräfte tragen zu können. Alle Einzelteile der Takelage werden vom Wind fast von vorn getroffen und erzeugen dadurch einen erheblichen Anteil des Windwiderstandes. Darüber hinaus übt aber speziell der Mast noch eine ungünstige Wirkung auf die Segel aus, indem er die Strömung der Luftfäden gerade an derjenigen Stelle stört, wo sie das Segel eigentlich ungestört treffen sollten. Alle Teile der Takelage verringern einerseits den erzielbaren Vortrieb, vergrößern aber andererseits die krängende Wirkung des Windes. Jedes Segel erleidet beim Am-Wind-Segeln eine Einbuße an Wirksamkeit, auch wenn es im Zuschnitt die gewünschte Wölbung in höchster Vollendung erzielt haben sollte. Die unvermeidliche *Verwindung* nach oben zu zwingt den Segler, die Schoten dichter als erwünscht zu holen, damit *im Durchschnitt* der wirksamste Anstellwinkel zwischen Wind und Segel erreicht wird. Dieser hängt vor allem von der Intuition der Mannschaft ab, ist aber von großem Einfluß auf die letzten Endes erreichte Geschwindigkeit.

Aus der Krängung folgert, daß der Schwerpunkt aller Vortriebskräfte nicht senkrecht über der Schiffsachse liegt, sondern erheblich nach der *Leeseite* versetzt angreift. Daher wirkt der Vortrieb an einem außer Schiffsmitte liegendem Hebelarm, der ein bedeutendes anluvendes Moment erzeugt.

Unter so zahlreichen, fast nur störenden Einflüssen segelt die Yacht voraus mit geradezu unglaublicher Sicherheit und Präzision. Sie kann nicht einmal die

Abb. 36: Eine als Ketsch getakelte arabische Dhow mit Lateinersegeln. Derartige Frachtsegler trifft man auch heute noch in großer Zahl in der Küstenschiffahrt des Nahen und Mittleren Ostens.

symmetrische Form des Bootskörpers ausnutzen, denn die Krängung zerstört die vom Erbauer geschaffene Symmetrie; die Wasserfäden müssen in Luv und Lee völlig verschiedene Wege zurücklegen. Eine Krängung bedeutet stets eine Widerstandszunahme, doch in manchen Fällen erhält man zugleich ein Anwachsen der Wasserlinienlänge, welches diesen Nachteil ausgleichen oder sogar überbieten kann.

Die vom Wind erzeugte Querkraft verursacht eine *echte* Abdrift. Darüber hinaus ergibt sich bei stark luv- oder leegierigen Booten eine unechte oder *falsche* Abdrift als Folge eines ständigen, zu starken Ruderlegens, durch welches eine schlecht ausbalancierte Yacht auf Kurs gehalten werden muß. Moderne Yachten können die Querkraft durch einen Abdriftwinkel von 3 bis 5 Grad aufnehmen, doch kommen auch erheblich größere Abdriftwinkel vor. Yachten mit geringem Tiefgang, ungünstigem Lateralplan und schlecht stehenden Segeln kommen am Wind auf Abdriftwinkel von 10 Grad und darüber. Bewirkt bereits die Krängung eine Widerstandszunahme wegen Zerstörung der Symmetrie, so produziert die Abdrift eine weitere bedeutende Widerstandszunahme, den sogenannten „indu-

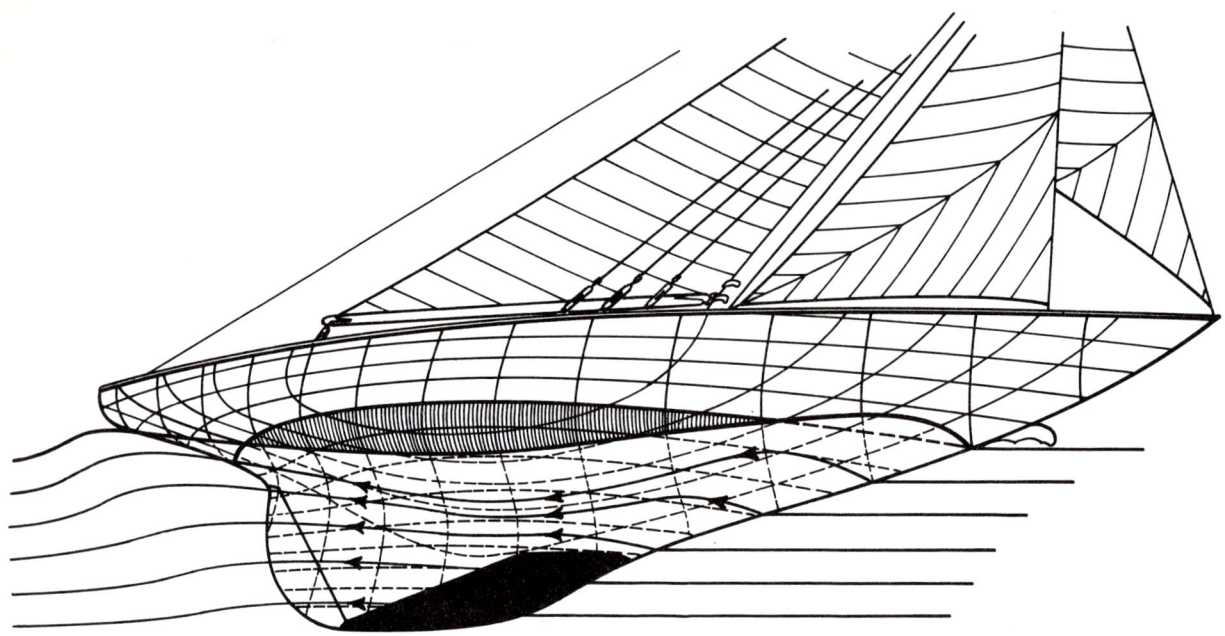

Abb. 37: Die Wirkung des Windes beim Am-Wind-Segeln erzeugt drei Reaktionen des Bootes: Fahrt voraus, Krängung und Abdrift. Die hochentwickelten Formen moderner Segelyachten erzielen eine erstaunliche Fahrt trotz recht geringen Vortriebs durch den Wind. Gleichzeitig verhindern sie eine zu starke Abdrift, obwohl die Querkraft des Windes um ein Mehrfaches größer ist als der Vortrieb.

zierten Widerstand", der später erklärt werden wird. Den Lateralwiderstand, der sich also der Abdrift widersetzt, kann man sich als im geometrischen Schwerpunkt konzentriert vorstellen. Deshalb wird im Linienriß eines Segelbootes auch stets der Lateral-Schwerpunkt eingetragen. In Wirklichkeit liegt aber der *Druckmittelpunkt* erheblich *vor* dem geometrischen Schwerpunkt. Das Vorschiff schneidet nämlich in unberührtes, ungestörtes Wasser, welches sich der Abdrift stärker widersetzt als das bereits aufgewühlte Wasser im Gebiet des Achterschiffes.

Auf die Segel wirken durchaus ähnliche komplizierte Vorgänge. Auch hier liegt der Druckmittelpunkt nicht im geometrischen Schwerpunkt der Segelfläche. Auch hier erzielen die vorderen Zonen höhere Flächendrücke als die achterlichen. Beide Druckmittelpunkte also, der des Lateralwiderstandes und der des Winddruckes, liegen weit vor den geometrischen Schwerpunkten ihrer Flächen, und zwar aus denselben Gründen, welche von den Strömungsvorgängen bestimmt werden. Um ein ausgeglichenes Boot zu erzielen, müßten scheinbar beide Druckmittelpunkte senkrecht übereinander liegen. Leider ist bei senkrechter Übereinstimmung beider Druckmittelpunkte (deren genaue Lage sowieso bis jetzt nicht errechnet werden kann), kein Ausgleich der Kräfte zu erreichen, weil der Vortrieb auf Grund der Krängung *weit außenbords* angreift und ein erhebliches Anluv-Moment erzeugt. Man kann sich diesen Vorgang so vorstellen, als würde die Yacht nicht vom Vorschiff aus geschleppt werden, sondern als wäre die Schleppleine an einem seitlich ausgebrachten Baum festgemacht. Ein solcher seitlich außerhalb des Schiffes angreifender Schlepp ist nur durch Ruderlegen ausgleichbar. Dieser *Hebelarm des Vortriebs* wirkt um so störender im Sinne des Anluvens, je stärker die Yacht krängt. Legt man den Druckmittelpunkt der Segel mittels Schätzung bedeutend weiter *voraus*, so erzielt man ein abfallendes Moment, welches imstande ist, das Anluv-Moment bei durchschnittlicher Krängung auszugleichen. Ein Vorverlegen des Segelschwerpunktes kann aber niemals automatisch alle vorkommenden Krängungswinkel ausgleichen, sondern nur einen mittleren.

Abschließend muß hinzugefügt werden, daß auch der Bootskörper über Wasser dem Wind ausgesetzt ist und Luftwiderstand erzeugt. Dieser wirkt gerade auf Fahrt hoch am Wind am nachteiligsten.

In Abb. 38 wird ein Teil der Vorgänge beim Am-Wind-Segeln zeichnerisch dargestellt. Es sei angenommen, daß die Yacht unter einem Winkel von 45 Grad zum wahren Wind segelt, was von jeder modernen Yacht bzw. Jolle erreichbar ist. Unter idealen Regattaverhältnissen kann man beobachten, daß einzelne Yachten einen Kurs bis zu etwa 39 Grad zum wahren Wind erreichen. Für die mittleren Verhältnisse der Abb. 38 wurde eine Windgeschwindigkeit von 5 m/sek angenommen, bei der nichtgleitende Yachten bereits etwa 90 Prozent ihrer Höchstgeschwindigkeit erreichen. Der scheinbare Wind, linker Pfeil, wird hierbei bedeutend stärker als der herrschende wahre Wind, rechter Pfeil. Segelt man unter 45 Grad zum wahren Wind (was der Segler an Bord nicht direkt feststellen kann), so entsteht ein Kurs von 27 Grad zum scheinbaren Wind. Liegt das Ziel genau voraus im Wind, befindet sich die Yacht also auf der Kreuzstrecke, so sind 70 Prozent

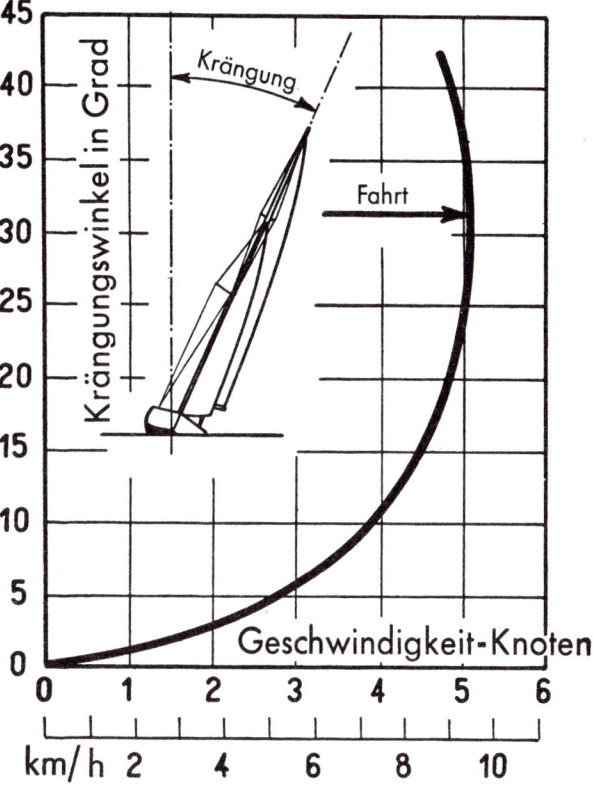

Abb. 39: Krängung und Geschwindigkeit eines Drachenbootes, dargestellt unter Anlehnung an die Meßfahrten der Yacht GIMCRACK. *Man erkennt, daß die höchste Geschwindigkeit bei 32 Grad Krängung erreicht wird. Bei weiter zunehmender Windstärke und Krängung nimmt die Geschwindigkeit wieder ab.*

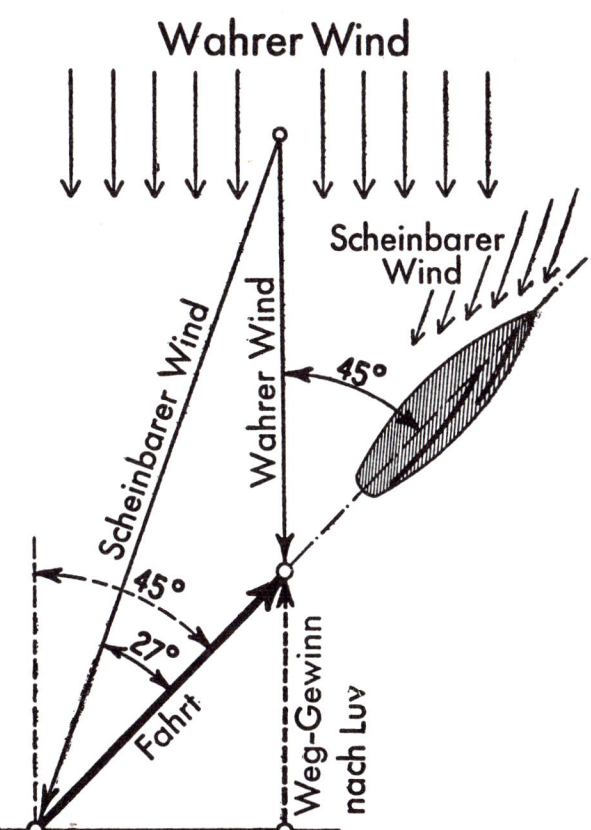

Abb. 38: Moderne Yachten erreichen auf der Kreuzstrecke einen Winkel von etwa 45 Grad zum wahren Wind. In diesem Falle beträgt die „Geschwindigkeit gegen den Wind", also die Fahrt nach Luv genau gegen den Wind, 70 Prozent der tatsächlich gesegelten Am-Wind-Geschwindigkeit.

ihrer gesegelten Geschwindigkeit gleichzusetzen der sogenannten „Geschwindigkeit gegen den Wind" (speed made good). Man könnte sie auch *Geschwindigkeit* bzw. *Weg nach Luv* nennen.

Im Jahre 1936 wurden sorgfältige Meßfahrten mit einer Segelyacht ausgeführt, und zwar auf Anregung des damaligen Leiters des Modellversuchstanks im Stevens Institute of Technology, K.S.M. Davidson. Es wurde die GIMCRACK gewählt, ein neu entworfener Typ von Rennyacht nicht unähnlich einer 6-m-R-Yacht. Ein erfahrener und besonders begabter Regattasteuermann führte die Yacht bei allen vorkommenden Windstärken hoch am Wind, wobei alle meßbaren Werte

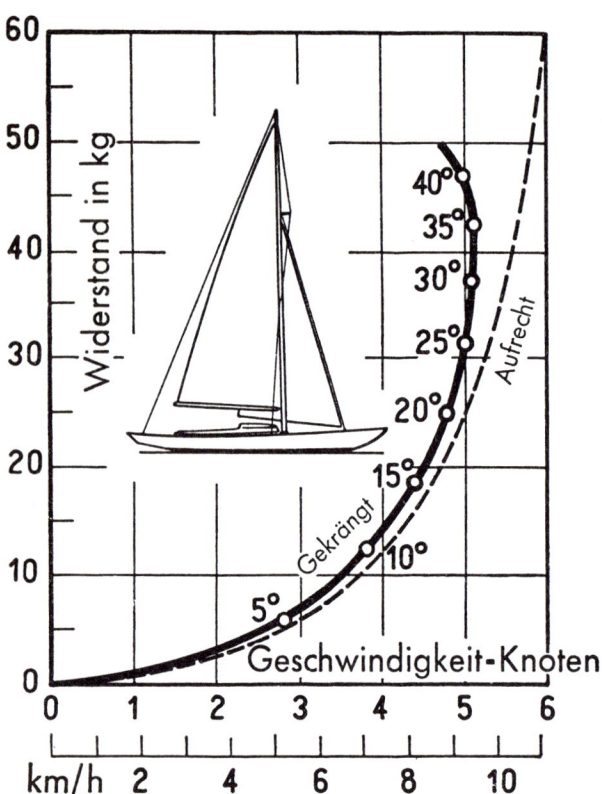 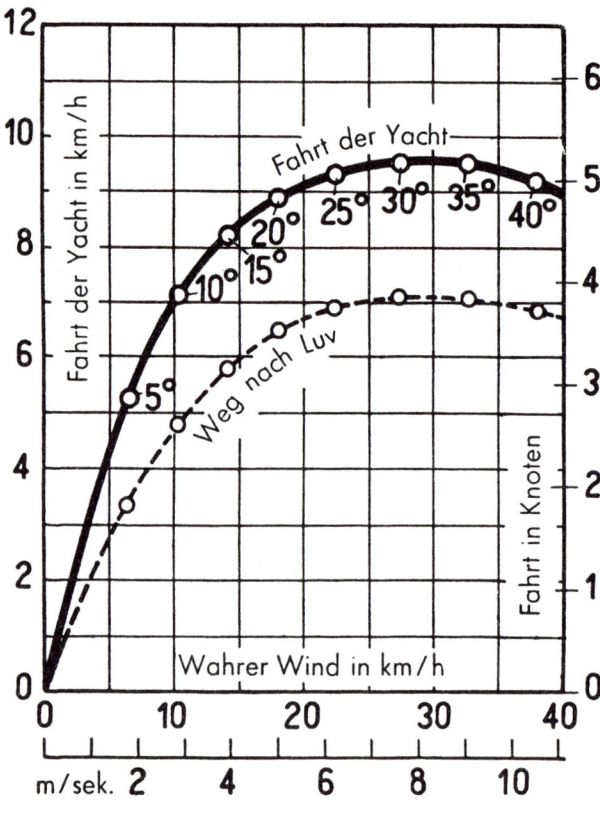

Abb. 40: Widerstandskurve eines Drachenbootes, abhängig von der gesegelten Geschwindigkeit. Die Widerstandskurve in aufrechter Lage, also ohne Krängung, wurde gestrichelt angegeben. Der Unterschied zwischen beiden Kurven zeigt den nachteiligen Einfluß von Krängung und Abdrift.

Abb. 41: Geschwindigkeit und „Weg nach Luv" eines Drachenbootes, dargestellt in Abhängigkeit vom wahren Wind. Steigt der wahre Wind auf über 8 m/sek, nimmt die Geschwindigkeit wieder ab. Als Parameter wurden die Krängungswinkel eingetragen.

aufgeschrieben wurden. Die Ergebnisse sollten zum Vergleich der Messungen an Modellen dienen, deren Bedeutung man damals zu erkennen begann. Die Ergebnisse dieser Meßfahrten wurden unter dem Namen „Gimcrack"-Werte bekannt. Da der Typ der GIMCRACK kaum bekannt ist, wurden die Meßergebnisse vom Verfasser auf die international weit verbreitete Drachenklasse umgerechnet und in Kurvenform in den beistehenden Abb. 39 bis 43 wiedergegeben.

Das erste dieser Diagramme, Abb. 39, erklärt den Zusammenhang zwischen Geschwindigkeit und Krängung, stets am Wind segelnd. Geringe Windstärken, die also nur wenig Krängung erzeugen, erteilen der Yacht bereits eine recht erhebliche Geschwindigkeit. So wird bei nur 5 Grad Krängung bereits mehr als die Hälfte der Höchstgeschwindigkeit erreicht. Bei 11 Grad Krängung werden 4 Knoten = 7,4 km/h erzielt. Bei stärkeren Winden wird auch die Krängung immer größer, die Geschwindigkeit aber nimmt kaum noch zu und erreicht bei 30 Grad Krängung ihren Höchstwert mit 5,1 Knoten = 9,44 km/h. Weiter zunehmende Windstärken krängen die Yacht zwar noch weiter, die gesegelte Geschwindigkeit dagegen nimmt nicht mehr zu, im Gegenteil, sie wird *geringer!*

Das nächste Diagramm, Abb. 40, erklärt die Fahrtwiderstände, wobei die Krängungswinkel als Parameter ebenfalls eingetragen wurden. Eine gestrichelte Kurve gibt den Widerstand für das aufrechte Boot wieder, so

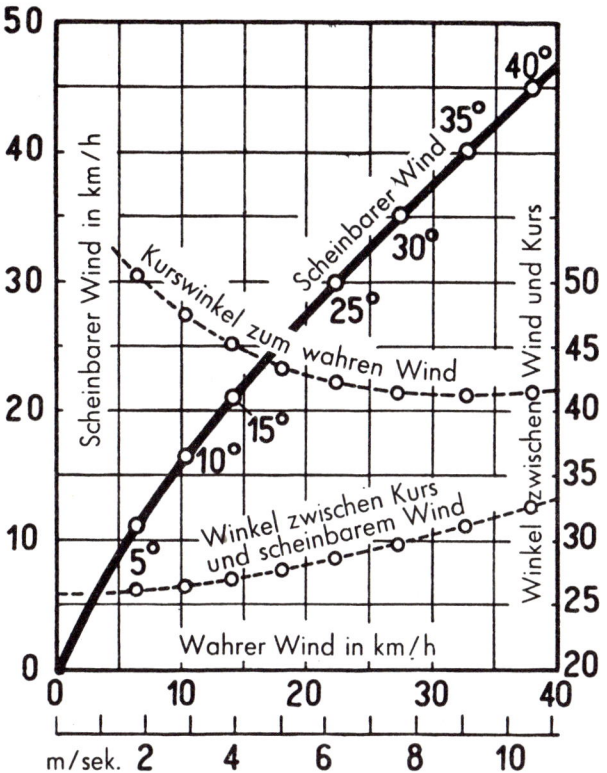

Abb. 42: Zusammenstellung verschiedener Werte eines Drachenbootes beim Segeln am Wind. Abhängig vom wahren Wind, untere Skala, kann man die Geschwindigkeit des scheinbaren Windes ablesen, ebenso die Kurswinkel relativ zu wahrem und scheinbarem Wind.

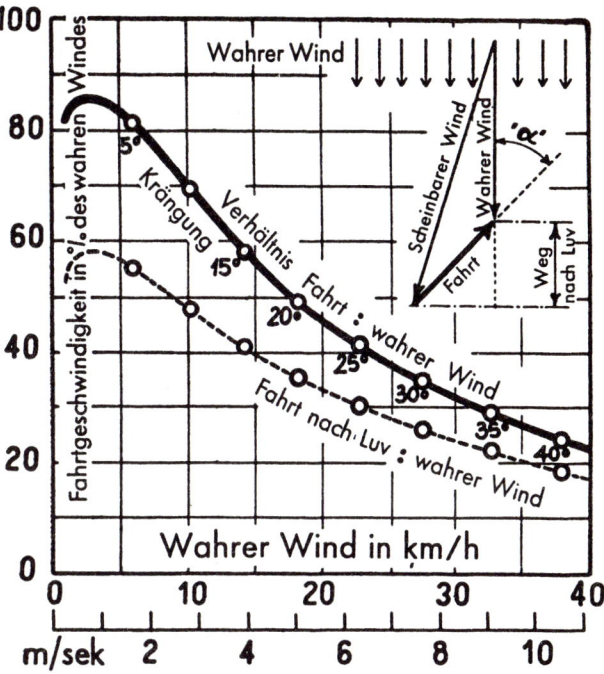

Abb. 43: Die stark ausgezogene Kurve gibt die Fahrt eines Drachenbootes im Verhältnis zur Windgeschwindigkeit an, gültig für das Segeln am Wind. Bei leichter Brise läuft das Boot bis über 80 Prozent der wahren Windgeschwindigkeit. Große Windstärken dagegen erzeugen nur eine Fahrt, die bis auf etwa 20 Prozent der Windgeschwindigkeit abfällt. Die gestrichelte Kurve zeigt die „Geschwindigkeit nach Luv", stets auf den wahren Wind bezogen.

als würde es ohne Abdrift geschleppt. Man sieht, daß wiederum bei 11 Grad Krängung eine Geschwindigkeit von 4 Knoten = 7,4 km/h erzielt wird, jedoch kann man jetzt den Gesamtwiderstand ebenfalls ablesen, nämlich 14 kg.
Bei 30 Grad Krängung und einer Geschwindigkeit von 5,1 Knoten = 9,44 km/h steigt der Gesamtwiderstand rasch auf 37 kg. Nimmt die Krängung weiter zu, so wächst der Widerstand auch weiterhin, z. B. auf 50 kg bei 40 Grad Krängung, aber der Vortrieb durch die Segel hinkt hinterher, die Geschwindigkeit wird *geringer*. Aus dem Unterschied zwischen der gestrichelten Kurve des aufrecht gemessenen Bootes und der fetten Kurve des gekrängt gesegelten erkennt man den Einfluß der beiden sehr wichtigen Faktoren: Krängung (welche die Symmetrie zerstört), und Abdrift (welche induzierten Widerstand erzeugt).
Die beiden ersten Kurvenblätter enthalten keine Windgeschwindigkeit. Dafür kann man nun in Abb. 41 die wichtigsten Werte in Abhängigkeit von der Windgeschwindigkeit ablesen. Herrscht z. B. ein wahrer Wind von 5 m/sek = 18 km/h, so wird das Drachenboot mit 20 Grad Krängung segeln und eine Geschwindigkeit von 9 km/h = 4,87 Knoten erreichen. Auch hier wieder sieht man, daß die höchste Geschwindigkeit bei einer Krängung von etwa 30 Grad erreicht wird, zu welcher ein wahrer Wind von 7,2 m/sek = 27 km/h gehört. Wird der Wind noch stärker, so nimmt trotzdem die

gesegelte Geschwindigkeit am Wind nicht mehr zu, weiterhin sogar wieder ab. Die tieferliegende gestrichelte Kurve zeigt die „Geschwindigkeit nach Luv" (Fahrtgewinn genau gegen den Wind). Es ist wirklich ein *technisches Wunder*, wie bedeutend dieser echte Fahrtgewinn gegen den Wind ausfällt, dank der hervorragenden Am-Wind-Eigenschaften von Schiffskörper und Besegelung.

Das vierte Kurvenblatt dieser Serie, Abb. 42, dient dem Studium der Windwirkung in klarster Form. Die fettgezeichnete Hauptkurve läßt entnehmen, daß der scheinbare Wind stets erheblich schneller ist als der wahre. Herrscht z. B. ein wahrer Wind von 5 m/sek, untere Skala, so verwandelt die Fahrt der Yacht denselben in einen scheinbaren Wind von 7 m/sek, Skala am linken Rand.

Ungewöhnlich aufschlußreich ist die obere gestrichelte Kurve, welche den Winkel zwischen Kurs und wahrem Winde angibt. Man sieht, daß der vorher erwähnte außergewöhnlich enge Winkel von 39 Grad zum wahren Winde in keinem Moment erreicht wurde, Skala am rechten Rande. Dagegen segelte die Yacht ohne weiteres mit 42 Grad, und zwar bei Windgeschwindigkeiten über 7 m/sek. Es wirkt zunächst paradox, daß die Yacht bei leichten Winden nicht so hoch an den wahren Wind herangehen kann. Dieses ist jedoch eine logische Konsequenz der Tatsache, daß sie bei leichten Winden bereits eine relativ hohe Geschwindigkeit *herausgesegelt*, im Vergleich zum wahren Winde, wodurch sie den scheinbaren Wind erheblich *nach vorn verschiebt*.

Ein letztes Diagramm, Abb. 43, zeigt sowohl die gesegelte Geschwindigkeit als auch den Fahrtgewinn nach Luv in Abhängigkeit vom wahren Winde. Die obere kräftige Kurve zeigt, daß die Yacht auch bei leichtesten Winden nie die Schnelligkeit des Windes selbst erreicht, was man auch kaum annehmen konnte. Nur Sand- und Eisyachten übertreffen auf Am-Wind-Kursen die Windgeschwindigkeit sogar beträchtlich. Allerdings sieht man auch hier, daß die gesegelte Geschwindigkeit bei sehr leichten Winden beinahe die Windgeschwindigkeit erreicht, nämlich rund 85 Prozent derselben. Bei angenehmer Segelbrise von 5 m/sek segelt die Yacht am Wind gerade mit der Hälfte (50 Prozent) der Geschwindigkeit des wahren Windes. Die gestrichelte Kurve zeigt an, welcher Prozentsatz an *Geschwindigkeit gegen den Wind* erzielt werden kann. So erzielt das Drachenboot bei der gleichen Windstärke von 5 m/sek wie vor, 36 Prozent der Geschwindigkeit des wahren Windes auf seinem Wege *genau gegen den wahren Wind*.

Diese sogenannten *Gimcrack*-Werte zeigen aufs Eindringlichste die bewundernswürdige Eigenschaft der modernen Yacht, hoch am Wind segelnd dem Winde selbst noch einen erstaunlichen Vortrieb abzutrotzen.

Ursache und Ausgleich von Luv- und Leegierigkeit

Eine vom Wind angetriebene und auf geradem Kurs segelnde Yacht befindet sich stets in einem Gleichgewichtszustand. Man kann von einem „natürlichen Gleichgewicht" sprechen, wenn alle Kräfte, also Antrieb und Widerstand, auf einer gemeinsamen Achse liegen. Dagegen herrscht ein „erzwungenes Gleichgewicht", wenn die Kräfte das Schiff aus dem Kurs zu bringen versuchen, dieses aber durch ausgleichende Wirkung des Ruders verhindert wird.

Es gibt noch eine dritte Art des Gleichgewichts: das sogenannte „zusammengesetzte Gleichgewicht". In diesem Falle segelt die Yacht dergestalt, daß zweierlei Mängel an Gleichgewicht einander entgegengesetzt wirken und aufheben. Obwohl die Kräfte hier auf verschiedenen Achsen angreifen, ist ein Ausgleich mittels Ruderdrucks nicht erforderlich. Das Segeln im Stadium des „zusammengesetzten Gleichgewichts" ist dem idealen Zustand des „natürlichen Gleichgewichts" nahe verwandt, hat jedoch den Vorteil, daß es auf Yachten wirklich anzutreffen ist und erstrebt werden sollte.

Um ein *natürliches Gleichgewicht* zu erreichen, dürfte eine Yacht nur aufrecht segeln, außerdem müßte der Vortrieb ebenfalls auf der Mittelebene liegen. Ein solcher Zustand kann nur auf Vor-Wind-Kurs erreicht werden, vorausgesetzt, daß Großsegel und Spinnaker gleichgroße Kräfte in gleichen Abständen von der Schiffsachse erzeugen, zumindest aber gleiche Momente.

Erzwungenes Gleichgewicht stellt den häufigsten Fall der segelnden Yacht dar, und zwar auf sämtlichen erreichbaren Kursen. Das *zusammengesetzte Gleichgewicht* hingegen stellt das Ziel aller Berechnungen und Entwürfe dar. Jeder Yachtkonstrukteur versucht, durch entsprechende Lage von Segel- und Lateralschwerpunkt den Idealfall des zusammengesetzten Gleichgewichts zu schaffen, und dasselbe strebt der Regattasegler mit dem sogenannten Trimmen an. Dieser Idealzustand kann für das Am-Wind-Segeln erreicht werden und wird auch ziemlich häufig erzielt, wenn auch für einen begrenzten Bereich von Windstärken.

Es wäre verhältnismäßig leicht, ein natürliches Gleichgewicht beim Segeln vor dem Wind zu erzielen, wenn nicht gewisse Klassenvorschriften Beschränkungen eingeführt hätten, welche merkwürdigerweise auch auf reinen Tourenyachten eingehalten werden. Ein moderner Spinnaker hat eine Größe, die dem Großsegel durchaus entspricht oder es sogar übertrifft. Trotzdem kommt ein Gleichgewicht vor dem Wind kaum zustande, weil der Spinnakerbaum außerordentlich kurz sein muß, um den Klassenvorschriften zu entsprechen. Er ist stets viel kürzer als der Großbaum. Daher liegt auch der Vortriebsmittelpunkt des Großsegels weiter von der Schiffsachse entfernt als der des Spinnakers. Der Gesamt-Vortrieb liegt nur dann auf der Schiffsachse, wenn der kleinere Hebelarm des Spinnaker-Vortriebs durch eine größere Vortriebskraft des Spinnakers ausgeglichen wird, d. h. die Momente beider Seiten gleich werden.

Auf hoher See vor gleichmäßigen Passatwinden segelnd, werden gewöhnlich zwei gleichgroße, dreieckige Segel vor dem Mast gefahren, sogenannte Doppelfocks oder Zwillings-Spinnaker. Segelt man ohne Großsegel, was die Regel darstellt, so entsteht von selbst ein natürlicher Ausgleich aller Kräfte, die Yacht kann lange Strecken ohne Ruderdruck unter *natürlichem Gleichgewicht* segeln. Leider wird dieser Zustand häufig vom Seegang gestört, weswegen eine Korrektur durch Ruderdruck doch wieder erforderlich wird.

Für das Segeln am Wind ergeben sich die größten Schwierigkeiten, die Kräfte für das gesuchte Gleichgewicht in ihrer Größenordnung zu bestimmen. Der Vortrieb erfolgt weit in Lee außerhalb der Schiffsachse, der Widerstand konzentriert sich etwas nach Luv verschoben. Außerdem wird der Widerstand selbst als Folge von Abdrift und mangelnder Symmetrie fast unbestimmbar. Schließlich wirkt auf das Ganze noch die recht bedeutende Querkraft, welche Krängung und Abdrift erzeugt und einen starken Einfluß auf Luv- oder Leegierigkeit ausübt.

Um diese Kräfte zahlenmäßig zu erfassen, sei ein Drachenboot gewählt, welches bei 6,6 m/sek Windgeschwindigkeit einen Vortrieb von 33 kg und eine Querkraft von 100 kg von seiner Besegelung erhält. Durch die auftretende Krängung wird der Vortrieb weit nach Lee verlagert, wodurch natürlich ein Moment erzeugt wird, welches die Yacht in den Wind zu drehen ver-

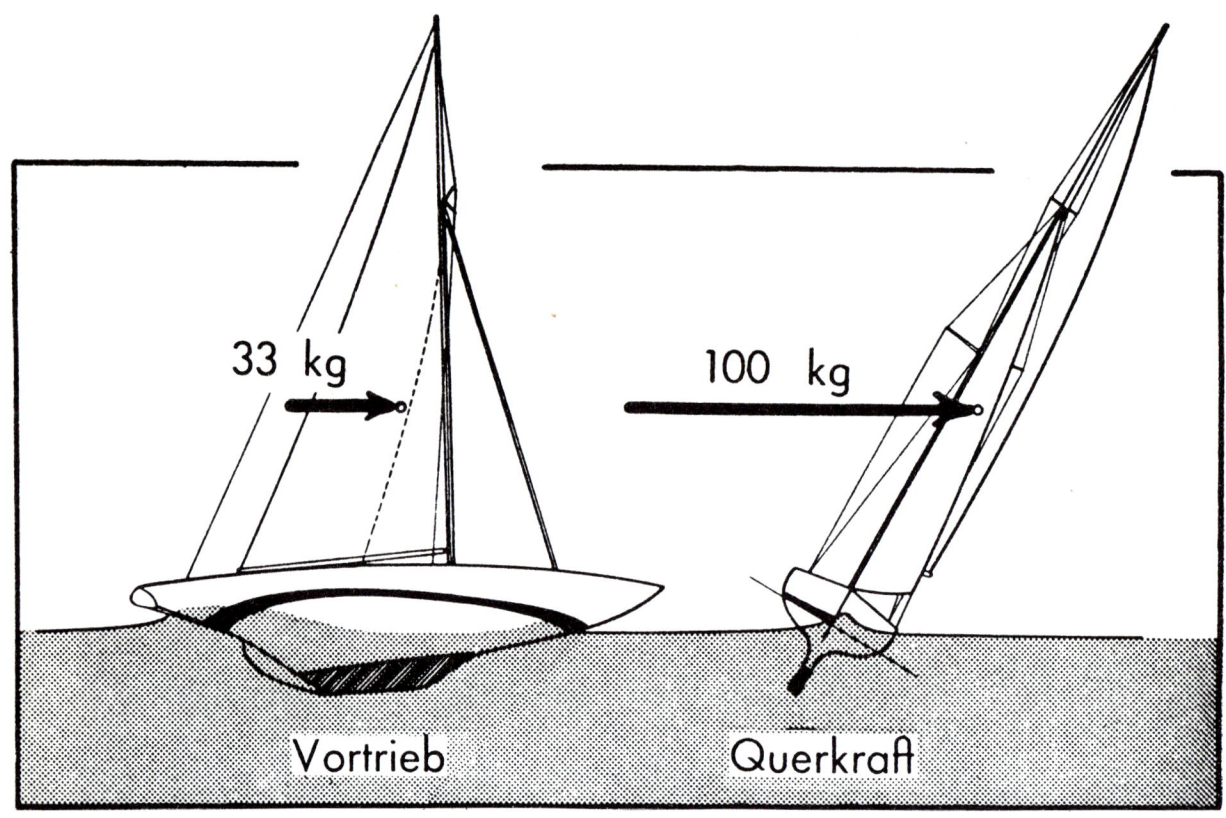

Abb. 44: *Am Wind segelnd wird etwa dreimal soviel Querkraft erzeugt wie Vortrieb. Die angegebenen Kräfteverhältnisse gelten für ein Drachenboot und eine Windgeschwindigkeit von rund 7 m/sek = 24 km/h.*

sucht. Mit anderen Worten: *Der Vortrieb macht die Yacht luvgierig.* Die Querkraft, obwohl rund dreimal so stark, braucht grundsätzlich durchaus keinerlei drehendes Moment zu erzeugen, denn sie könnte mit dem Lateral-Druckmittelpunkt zusammenfallen. Ein Kunstgriff, der von allen Yachtkonstrukteuren angewandt wird, erlaubt nun, die Querkraft an nutzbringender Stelle anzusetzen. Man legt ihren Schwerpunkt etwas *voraus* und erzielt dadurch ein wünschenswertes *leegieriges Moment.* Wünschenswert ist es einzig und allein deshalb, weil es die vom Vortrieb geschaffene Luvgierigkeit teilweise, mitunter sogar vollständig ausgleicht. Man erhält also aus dem Vortrieb ein *anluvendes Moment* und durch entsprechendes Verlegen der Querkraft ein *abfallendes Moment.*

Abb. 45 zeigt den Fall *gleichgroßer Momente*, welche das erstrebte zusammengesetzte Gleichgewicht schaffen. Auf der linken Seite sieht man, daß der Vortrieb von 33 kg an einem Hebelarm „a" außerhalb des *Widerstands-Mittelpunktes* angreift (nicht der Schiffsachse).

Auf der rechten Seite greift die Querkraft mit 100 kg an dem kleinen Hebelarm „b" *vor dem Lateralwiderstands-Druckpunkt* an. Der Pfeil am Vorschiff links zeigt, daß der Vortrieb die Yacht zum Anluven zu bringen versucht, während die entsprechend gelegte Querkraft, rechts, auf Abfallen wirkt. Ergeben sich aus Kraft mal Hebelarm auf beiden Seiten gleiche Momente, ist das zusammengesetzte Gleichgewicht hergestellt.

Mathematisch wäre es überaus einfach, ein solches Gleichgewicht zu schaffen. Die Hebelarme „a" und „b" brauchten sich nur umgekehrt von Vortrieb und Querkraft zu verhalten, um die gewünschte Gleichheit der Momente zu erzielen. Mit einem angenommenen Hebelarm „a" von 2,20 m für den Vortrieb von 33 kg ergibt sich ein anluvendes Moment, das durch die Querkraft von 100 kg ausgeglichen wird, wenn der Hebelarm „b" folgende Länge erhält:

$$\frac{100}{33 \cdot 2{,}20} = 0{,}72 \text{ m}.$$

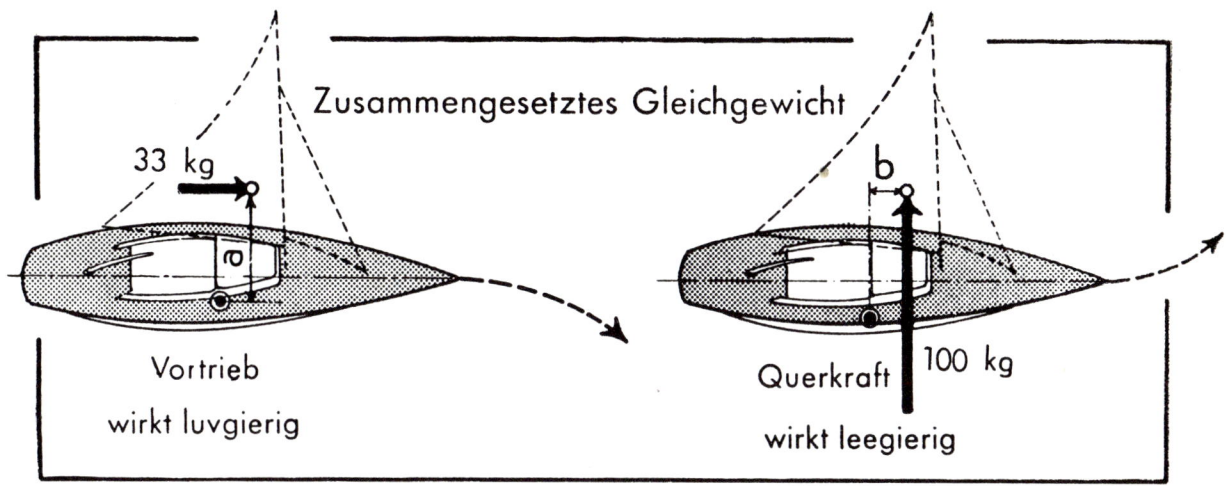

Abb. 45: Ein gut ausbalanciertes Boot erhält man, wenn man das Prinzip des „zusammengesetzten Gleichgewichts" anwendet. Um diesen Zustand praktisch zu erreichen, muß das vom Vortrieb erzeugte aufschießende Moment, links, dem von der Querkraft erzeugten abfallenden Moment gleichen, rechts dargestellt.

Greift die Querkraft also 72 cm vor dem Lateralwiderstand an, so ist ihr abfallendes Moment gleich dem anluvenden Moment des Vortriebs, die Yacht segelt ausgeglichen.

Leider geht es in der Wirklichkeit nicht so einfach zu wie bei der mathematischen Untersuchung. Die genaue Lage des Druckmittelpunktes der Segel ist rechnerisch nicht feststellbar und durch Versuche allgemeiner Gültigkeit noch nicht ermittelt worden. So hält man sich in der Praxis an den geometrischen Segelschwerpunkt, obwohl man weiß, daß der Druckmittelpunkt ganz bestimmt nicht dort liegt.

Daß der Druckmittelpunkt des Vortriebs nicht mit dem geometrischen Schwerpunkt der gezeichneten Segelfläche zusammenfallen kann, zeigt Abb. 46. Links sieht man den üblichen zeichnerischen Vorgang, bei welchem der geometrische Schwerpunkt der gesamten Segelfläche um das Maß „d" vor dem Lateral-Schwerpunkt liegt. Da die Segel in Wirklichkeit aber ausweben, sieht die Seitenansicht beim Segeln anders aus als der Segelriß auf dem Reißbrett, siehe mittleres Bild. Hier liegt der Segelschwerpunkt bereits etwas weiter voraus, erkenntlich am Abstand „e". Das aerodynamische Verhalten der Segel bringt nun aber den wahren Mittelpunkt aller Kräfte noch weiter voraus, gezeigt durch den Abstand „f", und zwar aus verschiedenen Gründen, die durchaus bekannt sind. Der Wind wird, am Vorliek beginnend, vom Segel abgelenkt, wodurch er im vorderen Teil des Segels wirksamer ist als in den achteren Flächenteilen mit dem dort bereits abgelenkten Wind und stärker entwickelter Turbulenz. Hinzu kommt die Verwindung des Segels — zuviel Auswehen oben, zu starkes Dichtholen unten —, die jeden ernsthaften Berechnungsversuch erschweren.

Ähnlich geht es mit dem Druckmittelpunkt des Lateralplanes zu. Auch dessen dynamisches Zentrum liegt erheblich vor dem geometrischen, und nur durch Versuche mit Modellen oder wirklichen Booten wäre es möglich, die wahre Lage der Schwerpunkte festzustellen. Beim praktischen Entwurf einer Yacht bleibt jedoch keine Zeit für weitschweifende Spekulationen, sodaß man statt dessen greifbare und in der Praxis erprobte Werte anwendet. Die letzte Verfeinerung liegt dann in Händen des erfahrenen Seglers, der Zeit, Mühe und Beobachtung auf das Eintrimmen verwendet. Damit wird er zwar dem Idealzustand nahekommen, kann aber keinerlei Zahlen oder Meßwerte feststellen.

In nachfolgender Tabelle wurden eine Anzahl von Schwerpunkts-Abständen zusammengestellt, welche sich in der Praxis bewährten. Der Segelschwerpunkt

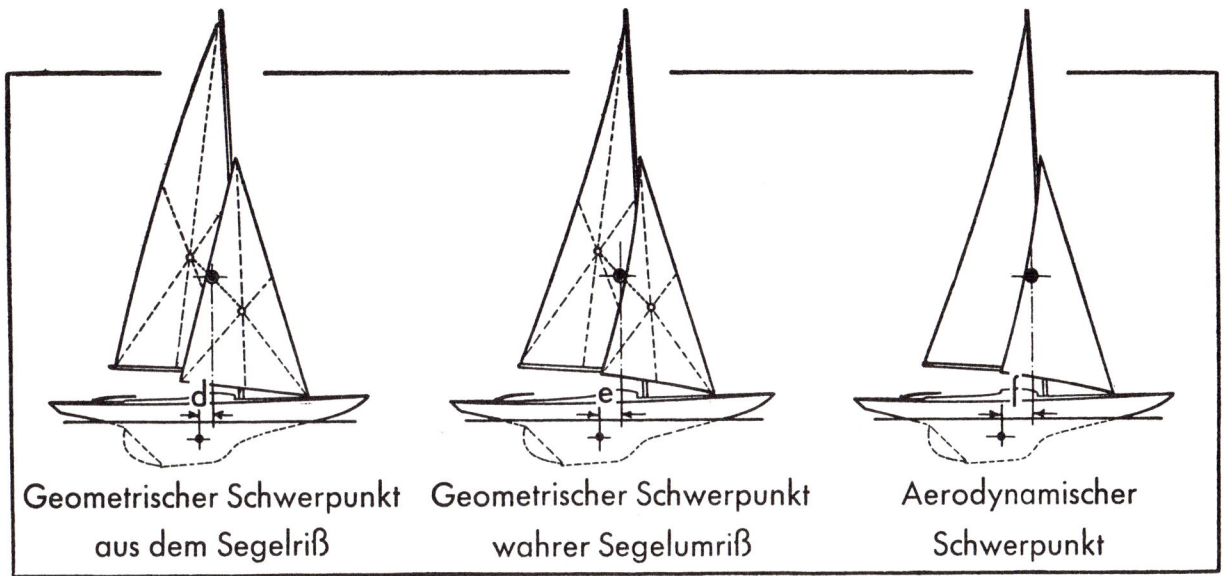

| Geometrischer Schwerpunkt aus dem Segelriß | Geometrischer Schwerpunkt wahrer Segelumriß | Aerodynamischer Schwerpunkt |

Abb. 46: Drei verschiedene Methoden, den Segelschwerpunkt eines Drachenbootes relativ zum Lateralschwerpunkt zu betrachten. Links der rein zeichnerische Vorgang laut Segelriß. In der Mitte der veränderte Segelumriß, wie er beim Am-Wind-Segeln entsteht; rechts der geschätzte aerodynamische Druckmittelpunkt.

wird auf die Umrißform des Großsegels bezogen, zu welcher das Vorsegeldreieck hinzugerechnet wird (vor dem Mast), ohne die Form und Größe der einzelnen Vorsegel besonders zu berücksichtigen.

Der Lateralschwerpunkt umfaßt nur die festen Teile des Unterwasserschiffes, das Ruderblatt wird also ausgeschlossen. Man soll nämlich von der Voraussetzung ausgehen, daß das Ruderblatt nur zum Steuern da ist, nicht aber, um die Querkraft des Segels mit zu übernehmen. Nachstehende Tabelle nennt die Werte des horizontalen Abstandes zwischen geometrischem Lateralschwerpunkt ohne Ruder und geometrischem Segelschwerpunkt, ausgedrückt in Prozenten der Wasserlinienlänge, und zwar Segelschwerpunkt *vor* dem Lateral-Schwerpunkt.

Abstände von Segel- zu Lateral-Schwerpunkt
Slup mit Bermuda-Takelung
Scharfgebaute Renn-Kielyachten,
    Schärenkreuzer .... 3 bis 4 %
Drachenboote und Internationale
    R-Yachten .... 4 bis 6 %
Rennjollen .... 4 bis 6 %
Hochsee-Rennkreuzeryachten
    nach I.O.R. .... 5 bis 8 %
Seekreuzer mit großer Breite und langem
    Lateralplan .... 7 bis 10 %
Yawl- und Ketsch-getakelte Yachten
Hochsee-Rennkreuzeryachten
    nach I.O.R .... 3 bis 5 %
Seekreuzer, breit mit langem
    Lateralplan .... 4 bis 6 %
Schuneryachten
Seekreuzer, breit mit langem
    Lateralplan .... 3 bis 4 %

Foto 9: Ein moderner Hochsee-Rennkreuzer zeigt sein Unterwasserschiff. Die sehr schmale tiefreichende Flosse trägt den Bleiballast und sorgt für den nötigen Lateralwiderstand bei geringstmöglicher Reibungsfläche. Das Ruder, weit achtern gesondert aufgehängt, fährt hier freitragend, besitzt aber in vielen anderen Fällen eine auch dynamisch günstige Ruderhacke, die gleichzeitig zur Verstärkung dient. Die Yacht BONAVENTURA V ist 16,50 m lang und wurde von den kanadischen Konstrukteuren Cuthbertson & Cassian entworfen.
Foto: C & C Yachts, Ontario

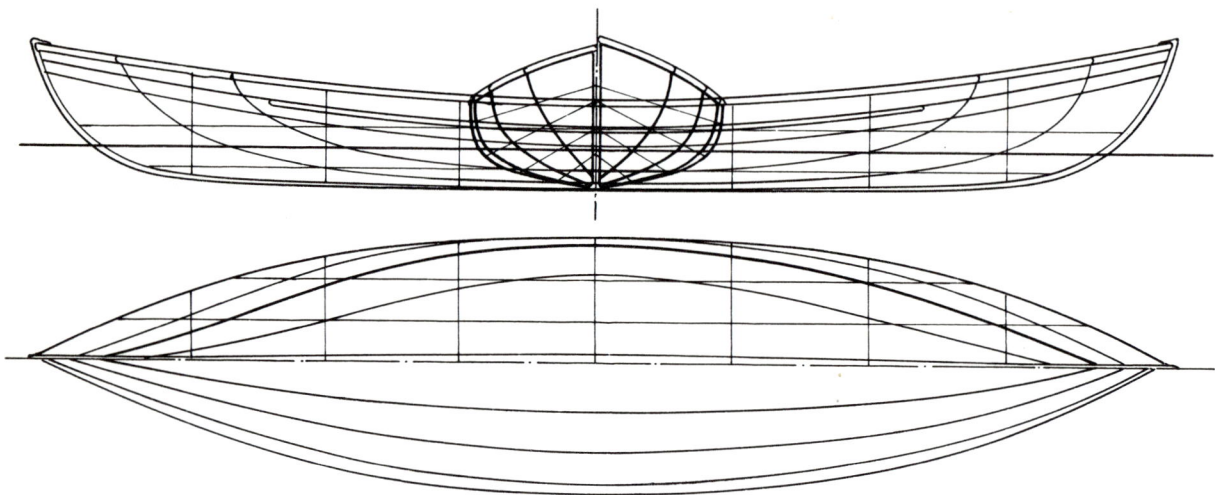

Abb. 47: In England wurde versucht, wohlbalancierte Bootsformen mittels „Turner's metazentrischer Ebene" zu erzielen. Die symmetrische und ausgeglichene Form dieses Walbootes würde nach jenem System einen wundervoll ausbalancierten Bootskörper anzeigen.

In folgenden Fällen wählt man den kleineren Abstand:
    Yachten mit tiefem kurzem Kiel
    Segelflächen geringer Höhe, Zweimaster
    Scharfe Wasserlinien, geringe Breite
    Yachten mit sehr großer Stabilität

Größere Abstände wählt man in folgenden Fällen:
    Yachten mit sehr völligen Wasserlinien
    Kurze Yachten mit großer Breite
    Segelflächen von großer Höhe
    Geringer Tiefgang, langer Kiel
    Yachten mit geringer Stabilität

Am Wind segelnd soll das Ruderblatt durchaus nicht genau mittschiffs stehen. Der unter dem Druck der Querkraft stehende Lateralplan kann nicht nach dem Prinzip des Flugzeugflügels gekrümmt ausgeführt werden, also Leeseite konkav, Luvseite konvex, weil Luv und Lee austauschbar sein müssen. Liegt aber die Ruderpinne ein wenig nach Luv, so wird das Profil *verbessert*, was durch Modellversuche in Wageningen, Holland und an der Technischen Universität Stambul, Türkei, bestätigt wurde. Ein Winkel von 3 bis 4 Grad wird als günstigster empfohlen, das heißt also, daß die Yacht leicht luvgierig sein sollte, um durch Legen des Ruderblattes um 3 bis 4 Grad nach Lee auf geradem Kurs zu segeln. Als Folge dieses geringen Ruderausschlags wird offenbar die Abdrift vermindert, womit sich gleichzeitig auch der Gesamtwiderstand etwas verringert. Es muß also ein gewisser Druck auf das Ruder vorhanden sein, um diesen angestrebten Zustand zu erzielen. Ein solcher Druck erleichtert zugleich dem Steuermann das *Heranfühlen an den Wind*, und gestaltet das Steuern wesentlich angenehmer. Der geringe Ruderausschlag wiederum erzeugt ein leicht unsymmetrisches Unterwasser-Profil, wodurch die Leeseite (Druckseite) leicht konkav wird. Dadurch nähert es sich der Orientierung eines Flügelprofils.

Eine ähnliche Profilverbesserung wurde in den letzten Jahren durch *Trimmklappen* versucht, die an Achterkante Kiel nach Art eines großen Ruderblattes angebracht wurden, wenn das Ruder selbst weiter achtern, meist an einer gesonderten Ruderhacke gefahren wurde. Die Wirksamkeit dieser Trimmklappe wurde trotz vieler Versuche in der Praxis nie einwandfrei bestätigt, auch konnte man nie den günstigsten, also widerstandsmindernden Anstellwinkel der Trimmklappe herausfinden. Wahrscheinlich lag er bei etwa 3 Grad nach Lee, doch ein Fahrtgewinn im Rennen war nicht zu beobachten. Es genügte, daß nach der I.O.R.-Regel eine Belastung von weniger als einem Prozent (0,75 Prozent) auf den Meßrennwert gelegt wurde, um die Trimmklappen völlig auszuschalten.

Je stärker eine Yacht beim Am-Wind-Segeln überliegt, desto weiter verlagert sich der Angriffspunkt des Vortriebs nach Lee, also außerhalb der Schiffsachse. Daraus ergibt sich, daß man nur dann bei mittleren bis stärkeren Winden ein Gleichgewicht erzielen kann, wenn man bei leichten Winden etwas Leegierigkeit mit in Kauf nimmt. Ferner ergibt sich, daß bei besonders starkem Überliegen, also bei sehr großen Windstärken, wieder Luvgierigkeit entstehen muß. Im Idealfall segelt eine Yacht bei mittlerer Windstärke mit sehr gut ausgeglichenem *zusammengesetztem Gleichgewicht.* Bei leichteren Winden nimmt man eine gewisse Leegierigkeit mit in Kauf, ebenso wie man bei großen Windstärken wieder mit einer unvermeidbaren Luvgierigkeit rechnen muß..., sofern man nicht die Yacht je nach Windstärke jedesmal umtrimmt. Das ist zwar mühevoll, könnte aber beim Regattasegeln durchaus lohnen.

Bei einem Kielschwertboot hat man darüber hinaus die Möglichkeit, durch verschiedene Stellung des Schwertes den Lateralplan zu verändern. Diese Möglichkeit war sicher ein gewichtiger Grund dafür, die größten Rennyachten, nämlich der J-Klasse, trotz großen Tiefganges mit einem zusätzlichen Schwert auszurüsten. In neuester Zeit werden immer häufiger Yachten mit sogar zwei Schwertern in Tandem-Anordnung ausgerüstet. Diese gewinnen damit eine besonders einfache Möglichkeit, Luv- und Leegierigkeit je nach Windstärke zu beeinflussen bzw. zu vermindern. Es ist sogar möglich, durch überlegtes Einstellen beider Schwerter das Selbststeuern der Segelyachten in geradezu idealer Weise zu erleichtern.

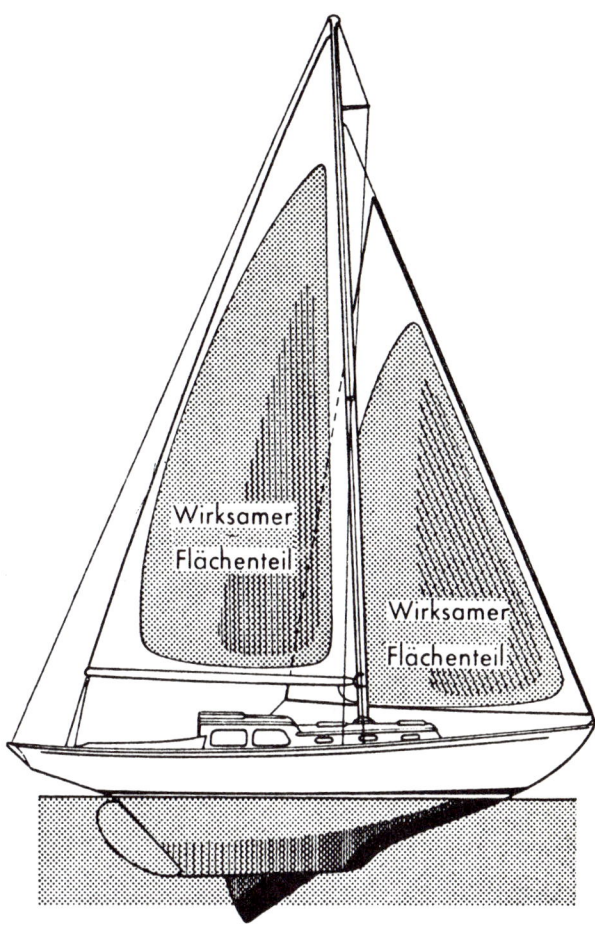

Abb. 48: Unwirksame Zonen im Segel, die aber herstellungsmäßig notwendig sind, wurden weiß gelassen. Die graue Tönung gibt die wirksamen Flächenanteile zu erkennen, die zusätzliche Strichelung kennzeichnet die besonders „zugkräftigen" Teilgebiete im Segel.
Beim Unterwasserschiff zeigt der schwarze Streifen die wirksamste abdriftvermeidende Zone an, aber auch die senkrechte Strichelung kennzeichnet noch eine nützliche Zone.

Einführung in die Aerodynamik des Segels

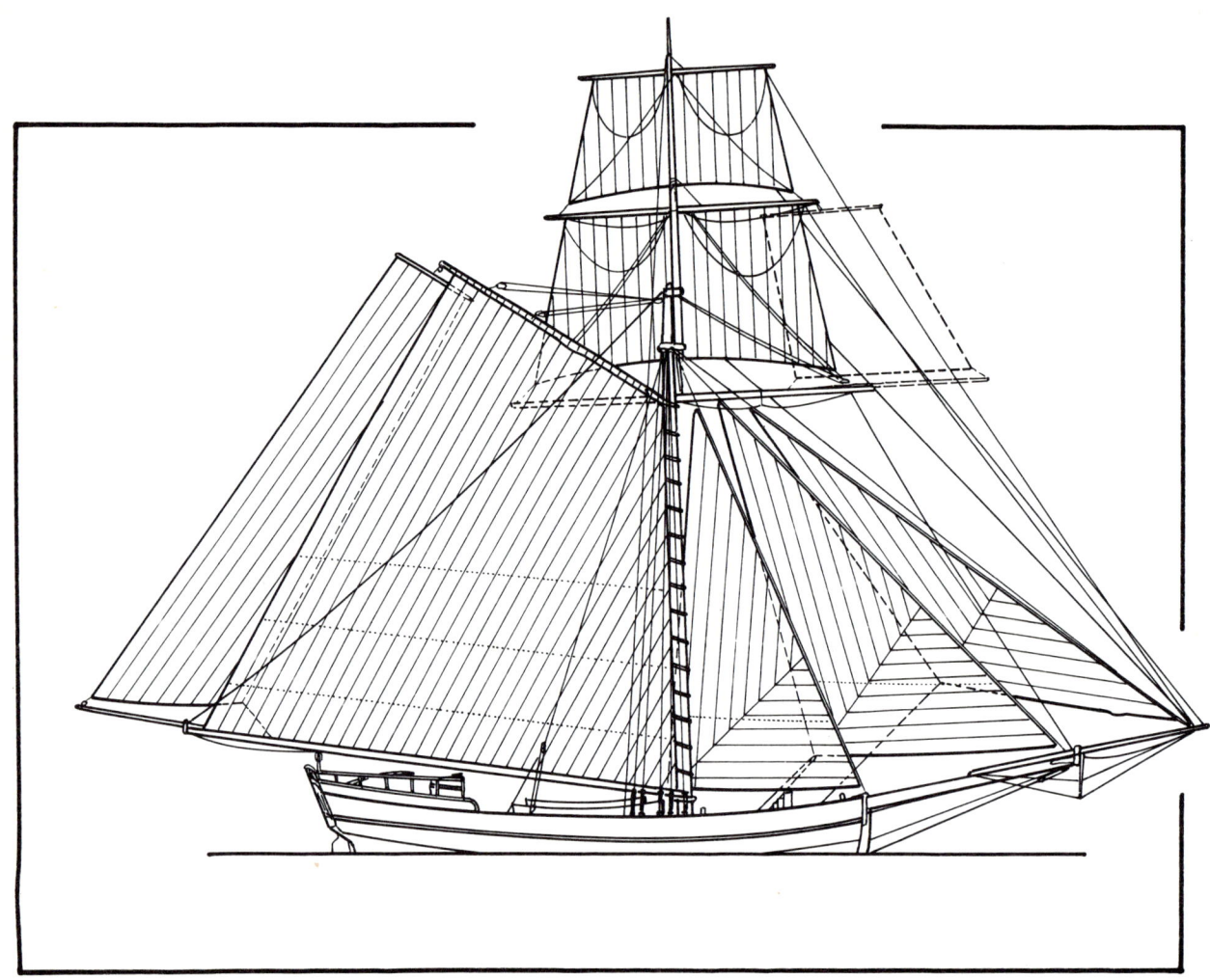

Abb. 49: Dieser interessante historische Segelriß gehört zu dem in Abb. 3 wiedergegebenen früheren Frachtsegler. Als man vor etwa 200 Jahren derartige Besegelungen verwandte, erzielte man einen für damalige Zeiten bedeutenden Grad von Wirksamkeit, obwohl nicht einmal primitivste Kenntnisse von Aerodynamik vorhanden waren.

Das Wort *Aerodynamik* bedeutet „Lehre von den Luftkräften". Da eine Segelyacht von den Luftkräften sowohl ihren Vortrieb erhält als auch einen Widerstand erleidet, ist es für jeden Segler von Nutzen, eine möglichst gute Vorstellung der auftretenden Luftkräfte zu bekommen.

Die Mehrzahl aerodynamischer Versuche erforscht die an Profilen auftretenden Kräfte in Form von *Widerstand* und *Auftrieb*, meist bei kleinen Anstellwinkeln. Will man die Versuchsergebnisse auf den Vortrieb einer Segelyacht anwenden, so muß man berücksichtigen, daß kleine Anstellwinkel nur beim Segeln hoch am Wind vorkommen. Für Raumschotsfahrt als auch für das Segeln vor dem Wind gelten andere Umstände, die nur in einigen wenigen Versuchsserien erforscht wurden.

Die experimentelle Aerodynamik untersucht Flügelprofile, studiert die Wirkung des Flugzeugpropellers, mißt auch die Widerstände des Flugzeugkörpers und seiner Anhänge zu dem Zweck, möglichst hohe Geschwindigkeiten mit möglichst geringen Antriebsleistungen zu erzielen. Viele der hierbei gefundenen Erkenntnisse sind auf die Segelyacht anwendbar, obwohl erhebliche Unterschiede in Antrieb und Fortbewegung im Vergleich zum Flugzeug bestehen. Es sei nur erwähnt, daß sich das Flugzeug *immer* genau gegen den Wind bewegt (auch bei scheinbar einwirkendem Seitenwind), die Segelyacht dagegen *niemals!* Segelt man mit achterlichem Wind, ist der erzielte Vortrieb genau gleich dem gesamten vom Wind erzeugten Widerstand von Segeln, Mast, Takelage und Schiffskörper. Für das Am-Wind-Segeln dagegen erfährt man durch die Aerodynamik, daß einzelne Profile sowie gewisse Seitenverhältnisse und Umrißformen größeren Auftrieb und geringeren Widerstand erzeugen als andere.

Der vom Profil erzeugte Auftrieb dient beim Flugzeug nur dazu, sein Gesamtgewicht in der Luft im Gleichgewicht zu halten. Zuviel Auftrieb zwingt das Flugzeug zum Steigen, zuwenig dagegen zum Sinken. Bei einer Segelyacht wird vom Winde *Vortrieb* gewünscht, und zwar soviel wie möglich, doch geht der Vortrieb nicht direkt aus aerodynamischen Profilmessungen hervor. Das Flugzeug empfängt den Wind stets aus einer einzigen Richtung, die Segelyacht dagegen aus allen denkbaren Richtungen, wobei die eigene Fahrtgeschwindigkeit noch eine *Fälschung* des herrschenden Windes mit sich bringt. Trotz dieser zahlreichen Variationen ist es keineswegs schwierig, ihre Umstände zu erfassen und recht genau zahlenmäßig festzulegen. Die kurzgefaßte Untersuchung eines Flügelprofils soll den Weg zum Gesamtverständnis einleiten.

In Abb. 50 wurde das Göttinger Profil No. 389 unter einem Anstellwinkel von 15 Grad eingetragen, untersucht in der Aerodynamischen Versuchsanstalt zu Göttingen. Dieses unter zahlreichen Profilen ausgesuchte ist für die vorliegende Abhandlung besonders wertvoll, weil es als normales Flügelprofil im Bereich *aller* Anstellwinkel gemessen wurde. Im oberen Teil der Abbildung findet man zwei Kurven, von denen die untere die auf der sogenannten *Druckseite* entstehenden Winddrücke angibt, siehe Pluszeichen, und die obere die auf der *Saugseite* entstehenden Unterdrücke, siehe Minuszeichen. Beide wirken in der gleichen Richtung und erzeugen gemeinsam den Auftrieb. Ein unter 15 Grad zur Windströmung angestelltes Segel würde in ganz ähnlicher Form den auf der Luvseite erzeugten Über-

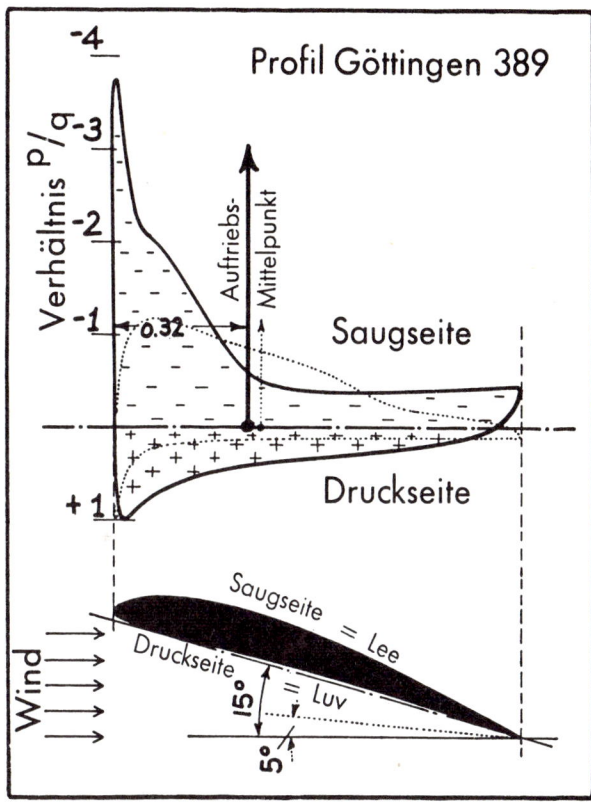

Abb. 50: Jedes aerodynamische Profil erzeugt auf der Saugseite einen erheblichen Unterdruck. Ähnlich verhält sich auch das normale Segel am Wind, bei welchem ebenfalls die Unterdruck- oder Saugkräfte auf der Leeseite die reine Druckwirkung auf der Luvseite übertreffen. Beide Kräfte wirken in gleicher Richtung und summieren sich.

druck sowie den auf der Leeseite herrschenden Unterdruck anzeigen und ebenfalls den gemeinsamen Schub erzeugen, siehe großer Pfeil. Dieser Pfeil bzw. der Auftrieb stellt den nützlichen Anteil der Luftkräfte dar, wogegen der Widerstand, also der schädliche Teil der Luftkräfte, in vorliegender Abbildung weggelassen wurde.

Am linken Rande zeigt eine Skala das Verhältnis p/q an, und zwar mit Ziffern zwischen +1 und —4. Sie geben nicht direkt die Winddrücke an, sondern das Verhältnis des Druckes bzw. des Unterdruckes zum sogenannten *Staudruck*. Dieser typische Staudruck bildet sich beim Aufprallen des Windes gegen einen feststehenden Körper wie auch gegen die Vorderkante eines Flugzeugflügels und wird wie folgt geschrieben:

$$\text{Staudruck } q = \frac{\varrho}{2} V^2 \text{ in kg/m}^2$$

Hierin bedeutet ϱ die Dichte der Luft und V die Geschwindigkeit in m/sek. Als Mittelwert für die Dichte der Luft kann

$$0{,}126 \ \frac{\text{kg} \cdot \text{sek}^2}{\text{m}^4}$$

angenommen werden. Es wird daher in Zukunft einfach die Ziffer 0,063 anstelle von $\frac{\varrho}{2}$ eingesetzt. Als Vergleich sei gesagt, daß Wasser im Mittel eine Dichte von 102 hat. Das Verhältnis von 0,126 : 102 erklärt, warum die im Wasser sich abspielenden dynamischen Kräfte 810mal so groß sein müssen wie in der Luft, sofern man gleiche Körper und gleiche Geschwindigkeiten zugrunde legt. Eine Brise, eine Luftströmung von 5 m/sek erzeugt also einen Staudruck von $q = 0{,}063 \cdot 5^2 = 1{,}575$ kg/m², d. h. wenig über $1^1/_2$ kg Winddruck pro Quadratmeter Fläche. Eine Wasserströmung von ebenfalls 5 m/sek dagegen erzeugt einen Staudruck von $q = 51 \cdot 5^2 = 1275$ kg/m², also einen Wasserdruck von über $1^1/_4$ Tonnen pro Quadratmeter Fläche.

Beide Kurven des Diagramms zeigen die höchsten Werte von Unter- und Überdruck nahe der Vorderkante. Daraus ergibt sich von selbst, daß der Druckmittelpunkt nicht in der Mitte des Flügelprofils liegen kann, sondern erheblich weiter vorn auftreten muß, wie es bereits zum aerodynamischen Segelschwerpunkt erklärt wurde. Bei dem gewählten Anstellwinkel von 15 Grad liegt er auf 0,32 der Flügelbreite von vorn, rund ein Drittel, wie der Pfeil in der Abbildung erkennen läßt.

In der gleichen Abb. 50 wurde ferner ein Anstellwinkel von 5 Grad eingetragen, siehe feingepunktete Kurven. Auch in diesem Fall entsteht bedeutend mehr Unterdruck als Überdruck, doch liegt jetzt der Druckmittelpunkt ein klein wenig mehr nach achtern, siehe punktierter Pfeil.

Vergleicht man dieses Flügelprofil mit einem Segel, so ergibt sich zunächst, daß das Segel keine Dicke hat.

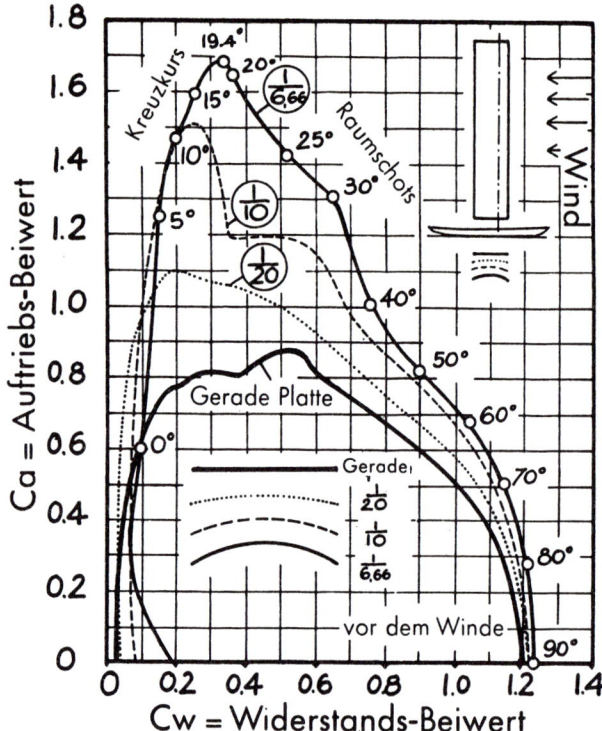

Abb. 51: *Auftrieb und Widerstand für Platten verschieden starker Wölbung wurden hier in Form eines Polardiagramms zusammengestellt. Die Höhe jeder Platte war stets das Fünffache ihrer Breite. Fast stets erzielte die am stärksten gewölbte Platte auch den größten Auftrieb, welcher allerdings noch nicht mit dem Vortrieb des Bootes gleichzusetzen ist.*

Unter den zahlreichen Göttinger Versuchen befinden sich auch solche, die an ebenen und gewölbten Platten ausgeführt wurden und daher einem Segel bereits sehr ähneln. Diese sehr aufschlußreichen Versuche finden sich in Abb. 51 zusammengestellt, und zwar in der für Flügelprofile üblichen Darstellung eines Polardiagrammes. Außer der ebenen Platte wurden Wölbungen zwischen $\frac{1}{20}$ und $\frac{1}{6{,}66}$ ihrer Breite untersucht. Als Höhe wurde in allen Fällen die fünffache Plattenbreite gewählt, so daß ein solches „Platten-Segel" so aussehen würde, wie im rechten oberen Winkel der Abbildung erkennbar ist.

Der linke Bereich des Polardiagrammes entspricht den

Bedingungen des Segelns am Wind. Die erzielbaren Auftriebs-Beiwerte sind am linken Rande ablesbar. Während eine ebene Platte nicht einmal den Wert 1 erreicht, kommen gewölbte Platten bis auf 1,7. Am unteren Rande findet sich die Skala der Widerstandsbeiwerte. Man erkennt, daß bei 90 Grad Anstellung, also *vor dem Wind*, sämtliche Platten einen Beiwert von nahezu 1,2 erzielen. Beobachtet man die Kurven genauer, so sind auch hier die gewölbten Platten durch leicht höhere Beiwerte ausgezeichnet. Beim Segeln vor dem Wind bedeutet ja, wie bereits erklärt, größerer *Widerstand* einen Gewinn, da auf diesem Kurs Widerstand gleich Vortrieb geworden ist.

Werden alle Platten unter einem Winkel von 15 Grad angeströmt, vergleichbar dem Segeln am Wind, so erzielen sie folgende Beiwerte: →

	Auftriebs-Beiwert
Ebene Platte	0,78
Schwach gewölbte Platte = 1/20	1,08
Mäßig gewölbte Platte = 1/10	1,50
Stark gewölbte Platte = 1/6,66	1,60

Multipliziert man diesen Beiwert mit 0,063 und dem Quadrat der Strömungsgeschwindigkeit, so erhält man den Auftrieb in kg pro m². Dieser Auftrieb wurde nun für alle Platten und für die beiden Windgeschwindigkeiten von 5 m/sek und 10 m/sek in nachstehender Tabelle zusammengestellt. Erstere stellt eine angenehme Segelbrise dar, letztere einen starken Wind, bei dem leichtere Boote bereits reffen müssen.

	Auftrieb pro m²	
	Wind = 5 m/sek	10 m/sek
Ebene Platte	1,23 kg	4,92 kg
Schwach gewölbte Platte = 1/20	1,70 kg	6,80 kg
Mäßig gewölbte Platte = 1/10	2,37 kg	9,45 kg
Stark gewölbte Platte = 1/6,66	2,52 kg	10,10 kg

Aus den Zahlen erkennt man den gewaltigen Vorteil der gewölbten Platten gegenüber der ebenen. Diejenige mit der stärksten Wölbung erzielt mehr als das *Doppelte* an Auftrieb als die ebene Platte. Sie erzielt sogar noch 50 Prozent mehr Auftrieb als die leicht gewölbte Platte. Das Polardiagramm zeigt, daß die Überlegenheit der stark gewölbten Platte sämtliche Bereiche umfaßt, natürlich auch vor dem Wind, d. h. bei 90 Grad Anstellung. Nur bei sehr kleinen Anstellwinkeln erzielt die weniger stark gewölbte Platte günstigere Werte.

Es wird daran erinnert, daß etwa 55 Prozent der gesamten gesegelten Zeit rein am Wind gesegelt wird. Hinzu kommen noch 20 Prozent auf raumen Kursen, für welche das Segel ebenfalls Auftrieb in aerodynamischem Sinne erzeugen muß. Nur während 25 Prozent der gesegelten Zeit wirkt ein Segel als reiner Widerstandskörper, ohne Auftrieb zu erzeugen.

Alle bisherigen Werte beziehen sich auf Profile, deren Höhe gleich fünffacher Breite war, ein Höhenverhältnis, das bei wirklichen Segeln kaum erreicht wird. Werden aber andere Höhenverhältnisse gewählt (in der Aerodynamik nennt man sie Seitenverhältnis), so verändern sich auch die erreichbaren Auftriebskräfte, wie Abb. 52 zu erkennen gibt. Dort wurde ein Flügelprofil mit Seitenverhältnissen zwischen 1 : 1 und 1 : 7 untersucht, und zwar handelt es sich um das gleiche Profil Nr. 389 der Abb. 50.

Man erkennt sofort, daß das schmalste Profil die größten Auftriebsbeiwerte und die niedrigsten Widerstandsbeiwerte aufweist. Umgekehrt zeigt das Profil 1 : 1, nämlich mit quadratischem Umriß, den geringsten Auftrieb und den größten Widerstand *am Wind*. Letzteres kann man mit einer niedrig geschnittenen alten Gaffeltakelung vergleichen, die also am Wind einer hoch und schmal geschnittenen Bermudatakelung stark unterlegen ist. Je höher, d. h. je schmaler der Profilumriß gewählt wird, desto größer wird der Gewinn, allerdings nur bei kleinen Anstellwinkeln, d. h. beim Am-Wind-Segeln. Folgende Tabelle zeigt sowohl die Auftriebsbeiwerte als auch den wirklich erzielten Auftrieb pro Flächeneinheit für wiederum zwei Windstärken von 5 und 10 m/sek.

	Auftriebs-Beiwert	Auftrieb pro m² 5 m/sek	10 m/sek
Quadratische Platte	0,48	0,76 kg	3,04 kg
Höhe = 2fache Breite	0,72	1,14 kg	4,54 kg
Höhe = 3fache Breite	0,86	1,36 kg	5,44 kg
Höhe = 4fache Breite	0,96	1,51 kg	6,04 kg
Höhe = 5fache Breite	1,01	1,59 kg	6,36 kg
Höhe = 6fache Breite	1,07	1,69 kg	6,76 kg
Höhe = 7fache Breite	1,09	1,72 kg	6,88 kg

Die Überlegenheit der hohen Takelung wurde also auch experimentell überzeugend nachgewiesen, ebenso wie vorher die Überlegenheit der gewölbten Platte über die ebene bestätigt worden war. Aus diesen aerodynamischen Versuchen kann man folgende Nutzanwendung auf die Segelyacht ziehen:

Um den größten Vortrieb am Wind zu erzielen, sollte eine Takelung eine Höhe von nicht weniger als 5-facher Breite aufweisen. Das Segel sollte eine Wölbung von nicht weniger als $1/10$ seiner Breite an jeder beliebigen Stelle über die ganze Höhe besitzen.

Alle bisher untersuchten Profile waren in einer einzigen Beziehung dem tatsächlichen Segel recht unähnlich. Es fehlte ihnen nämlich der Mast, welcher gerade an der Eintrittskante eine bedeutende Störung der Strömung erzeugt. Um den störenden Einfluß des Mastes zahlenmäßig zu erfassen, ließ Croseck eine Anzahl gewölbter Platten mit Rundstäben an ihrer Vorderkante versehen, siehe Abb. 53. Um diese Platten dem Segel noch ähnlicher zu gestalten, wurden die Hinterkanten zugeschärft, womit das Profil fast völlig jeder Dicke entbehrte. Dieses Polardiagramm mit Crosecks Meßergebnissen ist ganz besonders wertvoll, weil es bis heute als einziges brauchbare Werte zum Vergleich mit wirklichen Segeln liefert. Auch Croseck hielt sich an das bei aerodynamischen Versuchen übliche Seitenverhältnis von 5 : 1, so daß seine Messungen

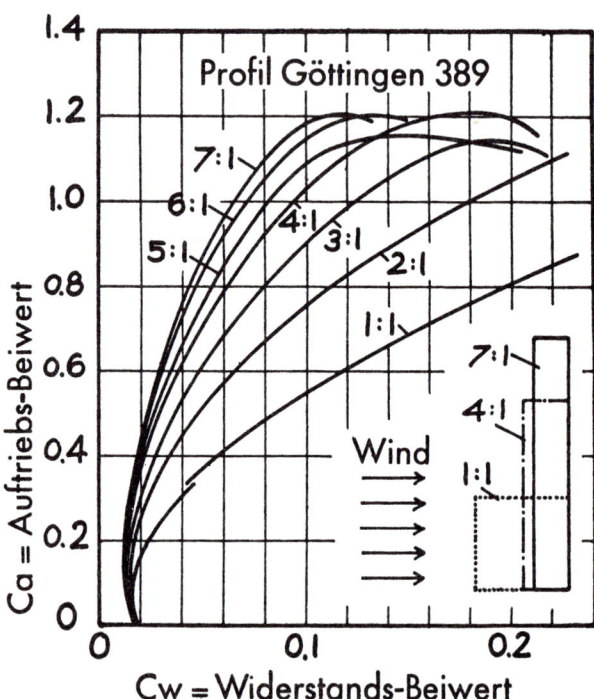

Abb. 52: Wird das aerodynamische Profil der Abb. 50 nicht im normalen Höhenverhältnis von 5 : 1 untersucht, zeigen sich bedeutende Unterschiede in Auftrieb und Widerstand. Diese wurden für Höhenverhältnisse zwischen 1 : 1 und 7 : 1 eingetragen.

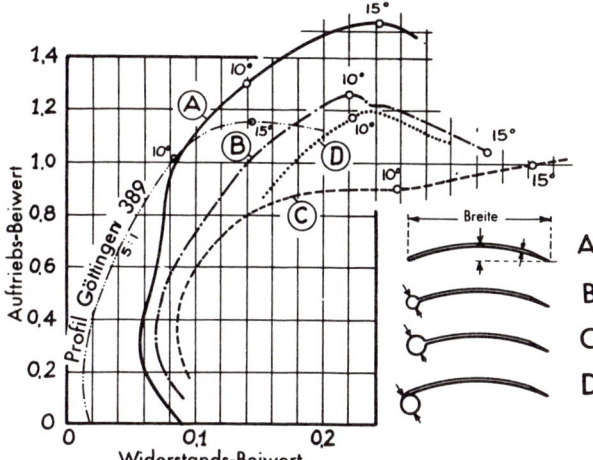

Abb. 53: Versuche an Platten mit Rundstab machten diese einem wirklichen Segel besonders ähnlich. Croseck ermittelte experimentell den schädlichen Einfluß von Masten, Kurven B, C und D, deren Auftrieb geringer und Widerstand größer wurden als beim Profil A ohne Rundstab an der Eintrittskante.

erzielt. Daraus läßt sich ersehen, wie wichtig die ungestörte Strömung auf der Leeseite ist.

Warum erzielt ein hochgeschnittenes Segel bei gleicher Fläche einen besseren Vortrieb am Wind als ein niedrig geschnittenes? Gefühlsmäßig wird der Segler es darauf zurückführen, daß es eine größere Menge ungestörten Windes erfaßt. Obwohl diese Erklärung den Tatsachen nahekommt, ist man doch in der Aerodynamik direkt mit den Ergebnissen der übrigen Göttinger Profile vergleichbar sind.

Alle Platten waren mit einer Pfeilhöhe von 1/10 ihrer Breite gewölbt. Platte A besaß keinen Rundstab, Platte B besaß einen solchen mit D = 7 1/2 Prozent Profilbreite und damit den üblichen Mastdurchmessern nahekommend. Platten C und D besaßen dickere Rundstäbe von 10 Prozent B, wobei an Platte D der Rundstab einseitig befestigt war. Als Vergleich wurde das Göttinger Profil Nr. 389 mit hinzugefügt.

Wie zu erwarten, erzielte das Profil A ohne Rundstab die besten Auftriebswerte, wobei es zwischen 10 und 15 Grad Anstellwinkel sogar noch das Göttinger Flügelprofil übertraf. Profil B ähnelt einem normalen Segel am meisten. Bei einem Anstellwinkel von 10 Grad erreicht es einen Auftriebsbeiwert von 1,25, der demjenigen von Profil A mit 1,30 bei 10 Grad Anstellwinkel sehr nahe kommt. Doch sein Widerstand steigt auf 0,22 statt 0,14 des Profils A. *Das alleinige Vorhandensein eines Mastes vergrößert demnach den Widerstand um 57 Prozent!*

Profil C zeigt die ungünstigsten Werte, wogegen Profil D eine Verbesserung durch Versetzen des Rundstabes

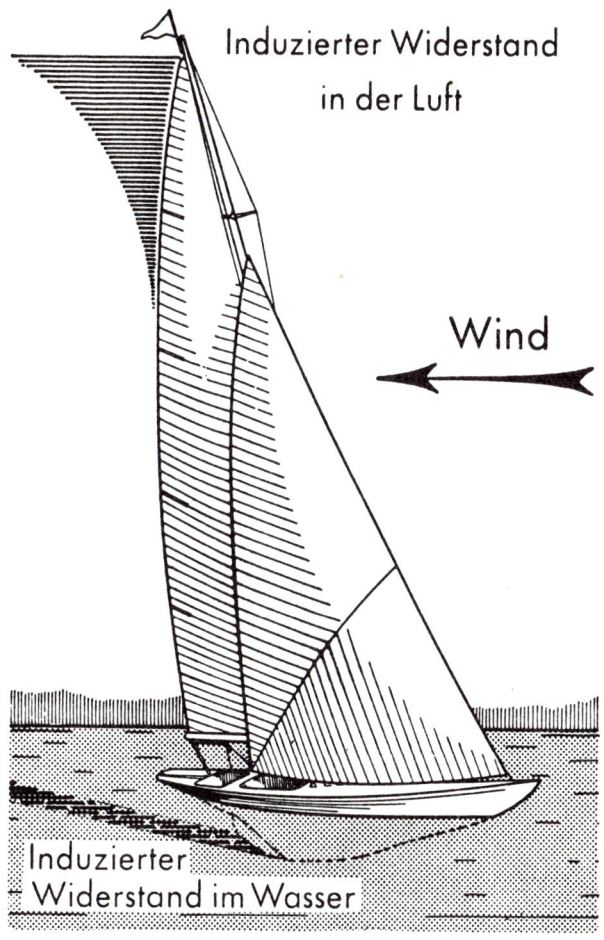

Abb. 54: Ein sogenannter „induzierter Widerstand" entsteht an der Störungskante zwischen dem vom Segel abgelenkten Wind und der oberhalb des Segels ungestörten Luftströmung. Ein ähnlicher induzierter Widerstand entsteht auch an der Abrißkante der Strömungen im Wasser unterhalb des Kiels.

mik zu einer strengeren und genaueren Erfassung dieses Umstandes gelangt.

Jedes dem Wind unter kleinen Anstellwinkeln dargebotene Profil erzeugt Auftrieb dadurch, daß es die Strömung von ihrer ursprünglichen Richtung ablenkt. Oberhalb des Segels wird eine solche Ablenkung natürlich nicht erzeugt, so daß sich zwischen der ungestörten und der abgelenkten Strömung eine Abrißkante, oder besser gesagt, ein Wirbelstreifen bildet. Man kann leicht einsehen, daß diese Wirbelbahn um so machtvoller sein muß, je breiter das Segel selbst ist. Es ist diese, die Wirbelbahn, die einen bisher noch nicht geklärten Widerstand erzeugt, nämlich den *induzierten Widerstand*.

Dieser induzierte Widerstand, der sich auch unter dem Großbaum ausbildet, existiert nur, solange ein Segel seinen Vortrieb auf Grund des aerodynamischen Auftriebs erzielt. Da es bei Wind von achtern also keinen induzierten Widerstand gibt, hat ein hochgeschnittenes Segel vor dem Winde keine Vorteile mehr.

Foto 10: Ein moderner „Ocean Racer" von 13,30 m Länge ü. A. zeigt seine flotte Fahrt, angetrieben vor allem von der großen Genuafock. Bei gleichmäßiger Fahrt befinden sich Antriebskräfte des Windes und Widerstand des Wassers stets im Gleichgewicht. Die hier gezeigte „Nicholson 45" in ihrer neuesten Version hat eine WL-Länge von 9,80 m, eine Breite von 3,75 m und eine Verdrängung von 11,2 t. Sie wird serienmäßig von Camper & Nicholson, Gosport, in GFK erbaut.
Foto: John Etches, Bournemouth

Die Aerodynamik des Segels

Das Flugzeug bewegt sich innerhalb derselben Luft, von der es auch getragen wird. Es bewegt sich stets genau gegen den Wind, da es ja seinen Antrieb von einem mechanischen Element her bekommt, nämlich dem Propeller oder dem Strahltriebwerk. Die Segelyacht bewegt sich in einem Medium, das nichts mit dem Antrieb zu tun hat, dem Wasser. Ihr Gewicht wird vom Wasser getragen, der Vortrieb hingegen wird vom Wind geliefert. Niemals kann sie sich genau gegen den Wind fortbewegen. Der von den Segeln gelieferte Auftrieb ist nicht Endzweck, sondern eine andere Komponente, genannt Vortrieb. Am Wind ist nicht die beste Geschwindigkeit an sich maßgebend, sondern die größte *Geschwindigkeit nach Luv* ist entscheidend.

Aber auch die Form des Bootskörpers trug viel zu diesem, man möchte beinahe sagen, *physikalischen Wunder* bei, denn nur dank des großen Lateralwiderstandes läuft die Yacht auch wirklich die Höhe, welche als Folge des kleinen Anstellwinkels der Segel möglich geworden ist. Ein Grad weniger Abdriftwinkel und ein Grad kleinerer Anstellwinkel des Segels können einen Kurs um 3 Grad dichter an den wahren Wind einbringen. Segelt eine Yacht mit 42 Grad statt 45 Grad zum wahren Wind, so erzielt sie einen Fahrtgewinn nach Luv von über 5 Prozent.

Je größer das Höhenverhältnis des Segels, desto kleiner der induzierte Widerstand, und einen um so besseren Vortrieb leistet es beim Segeln an Wind. Würde eine Segelyacht eine unbegrenzte Stabilität besitzen, würde man zweifellos viel höhere Takelungen ausführen, als heute üblich sind.

Um die Vorteile einer großen Takelungshöhe definieren zu können, muß zunächst einmal der Begriff des Höhen-Breiten-Verhältnisses einwandfrei bestimmt

Foto 11: Massenstart zur Leistungspaßregatta 1973 der Korsarenklasse auf dem Sorpesee. Der Vorschotmann im Trapez nimmt nur eine Mittelstellung ein, da der mäßige Wind kein volles Hinauslehnen verlangt:
Foto: Karl Schwinn

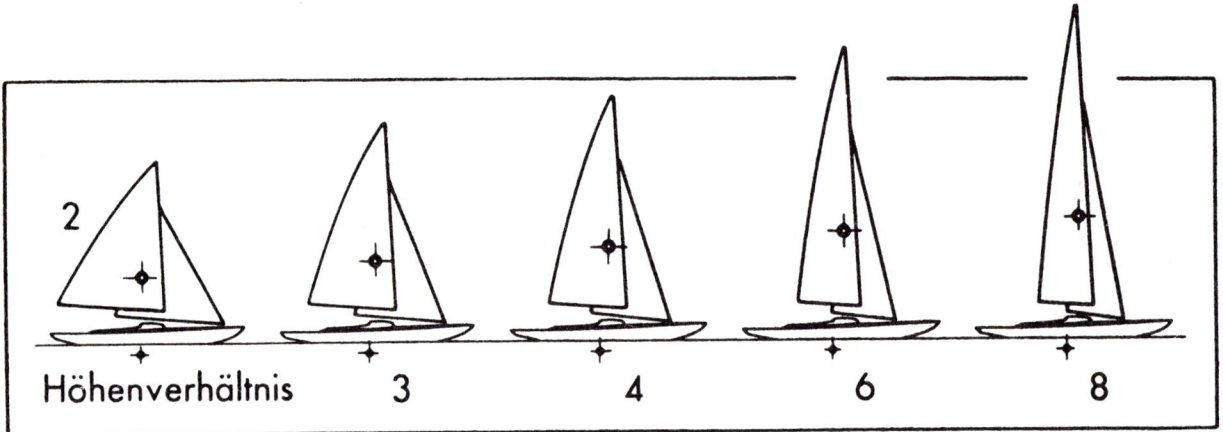

Abb. 55: Das Höhenverhältnis „4" entspricht der tatsächlichen Besegelung des Drachenbootes. Die übrigen Höhenverhältnisse zwischen „2" und „8" enthalten zwar eine genau gleichgroße Segelfläche, erzeugen jedoch erhebliche Unterschiede im Vortrieb auf Kursen am Wind. Gäbe es nicht Schwierigkeiten anderer Art, so würde das Höhenverhältnis „8" am Wind den größten Vortrieb leisten.

werden. Dies wird jedoch durch die unendliche Verschiedenheit aller denkbaren Takelungsarten erschwert. Wollte man sich nur auf das normale Bermuda-Großsegel festlegen, so genügte die Beobachtung, daß niedrig geschnittene Großsegel ein Vorliek von zweifacher Unterlieklänge besitzen, mäßig hoch geschnittene von $2^1/_2$- bis 3-facher Unterlieklänge, und wirklich hochgeschnittene von 4-facher Unterlieklänge oder darüber. In der Aerodynamik ist die Angabe Vorlieklänge : Unterlieklänge nicht ausreichend, um ein Höhenverhältnis mit Präzision zu definieren. Man wendet dort eine genauere Formulierung an, nämlich *Höhe : mittlere Breite*. Für den Sonderfall der Segelyacht ist aber auch diese nicht anwendbar, da eine mittlere Breite nicht ohne weiteres meßbar ist. Deshalb wird hier nachstehender Ausdruck angewandt:

$$\text{Höhenverhältnis} = \frac{\text{Höhe}^2}{\text{Segelfläche}}$$

Abb. 55 zeigt eine Anzahl solcher Höhenverhältnisse zwischen 2 und 8, wobei unter 4 das Profil einer normalen Drachenbootsbesegelung zu finden ist. Wollte man nur bei leichten Winden segeln, so würde das ungewöhnliche Höhenverhältnis von 8 wahrscheinlich den besten Vortrieb erzielen. Sicher ist das aber keineswegs, denn eine Reihe praktischer Erwägungen stehen dem entgegen. So wird mehr Drahtlänge der Verstagung dem Windwiderstand ausgesetzt; außerdem würde wahrscheinlich der Mastdurchmesser größer gewählt werden, so daß er im Verhältnis zur schmalen Segelbreite erheblich störender wirkt. Schließlich dürfte es schwierig sein, das sehr lange Vorliek des Vorsegels zum geraden Stehen zu bringen. Da ferner auch der Segelschwerpunkt um 30 Prozent nach oben steigt, wird die Stabilität in Mitleidenschaft gezogen. Man erkennt, in welchem Maße praktische Erfordernisse die Anwendung aerodynamischer Erkenntnisse behindern. Nunmehr soll versucht werden, den wirklichen Vortrieb eines Segels zahlenmäßig und leichtverständlich zu bestimmen. Zu diesem Zweck werden die bereits zu Abb. 53 genannten Beiwerte für den Auftrieb, 1,26, und den Widerstand, 0,22, herangezogen. Der moderne Ausdruck der Newton'schen Widerstandsformulierung lautet: *die von Strömungen erzeugten Kräfte sind abhängig vom Beiwert, von der halben Dichte des Mediums, vom Quadrat der Geschwindigkeit und von der dargebotenen Fläche*, nämlich im Falle der Luft:

Windkraft $P = \text{Beiwert} \cdot 0{,}063 \cdot V^2 \cdot S$

worin S die Segelfläche bedeutet. Die Windkraft P kann sowohl Auftrieb bedeuten, wenn man den Auftriebsbeiwert einsetzt, oder auch andere Windkräfte, deren Beiwerte eingesetzt werden könnten.
Jeder Quadratmeter Segelfläche erzeugt an Hand der Zahlen des Profils „B" folgende Kräfte, gerechnet für Windstärken von 5 und 10 m/sek.

$$\text{Wind} = 5 \text{ m/sek}, \quad 10 \text{ m/sek}.$$
$$\text{Auftrieb} = 1{,}26 \cdot 0{,}063 \cdot V^2 = 1{,}99 \text{ kg} \quad 7{,}96 \text{ kg}$$
$$\text{Widerstand} = 0{,}22 \cdot 0{,}063 \cdot V^2 = 0{,}35 \text{ kg} \quad 1{,}38 \text{ kg}$$

Ein Drachenboot mit 26,6 m² wahrer Segelfläche erzielt demnach folgende Kräfte:

$$\text{Wind} = 5 \text{ m/sek}, \quad 10 \text{ m/sek}.$$
Auftrieb .... 53,0 kg   212,0 kg
Widerstand .... 9,3 kg   36,7 kg

Es sei erneut darauf hingewiesen, daß diese beiden Werte noch nicht ausreichen, um den Vortrieb einer Segelyacht zu bestimmen, denn Auftrieb und Widerstand sind reine aerodynamische Bezeichnungen, speziell für die Untersuchung im Windkanal erdacht. Beide Kräfte wirken zwar auf den Bootskörper, aber als Folge seines großen Widerstandes gegen die Abdrift bewegt er sich in einer völlig anderen Richtung, als die sich aus beiden Kräften bildende Resultierende oder Gesamtkraft erstrebt. Die Gesamtkraft aber läßt sich in Vorschub und Querkraft umwandeln, sobald man die gesegelte Geschwindigkeit und den Kurswinkel zum Wind berücksichtigt.

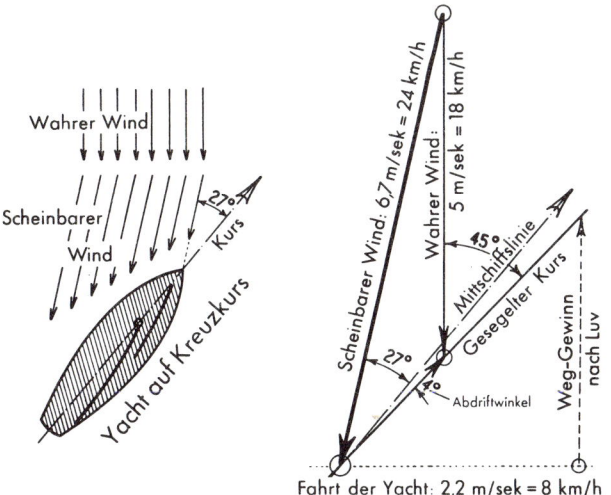

Abb. 56: Untersuchung der Winkel eines am Wind segelnden Drachenbootes. Bei 45 Grad zwischen Kurs und wahrem Wind entsteht hier ein Winkel von 27 Grad zwischen Schiffsachse und scheinbarem Wind. Zum gesegelten Kurs muß man aber noch etwa 4 Grad Abdriftwinkel hinzurechnen.

An einem Beispiel sei gezeigt, daß praktische Ergebnisse ohne Schwierigkeiten erzielt werden können. Vorausgesetzt sei ein Drachenboot, welches bei einer Windstärke von 5 m/sek unter 45 Grad zum wahren Winde segelt und dabei eine Geschwindigkeit von 2,2 m/sek (8 km/h = 4,3 Knoten) entwickelt. In Abb. 56 links ist zu erkennen, wie der wahre Wind von 45 Grad zum Kurs sich in einen scheinbaren Wind von 27 Grad zum Kurs verwandelt. Im rechten Teil erkennt man, daß der scheinbare Wind *stärker* wird als der wahre, und zwar wächst seine Geschwindigkeit auf 6,7 m/sek an.

Es war vorausgesetzt worden, daß die Yacht sich unter einem Winkel von 45 Grad zum wahren Wind fortbewegt, was absolut normal ist und ständig vorkommt. Da aber ein Abdriftwinkel von 4 Grad angenommen wurde, ebenfalls normal, zeigt die Schiffsachse nicht unter 45, sondern nur unter 41 Grad zum wahren Winde. In Wirklichkeit bewegt sich die Yacht natürlich unter 45 Grad zum wahren Winde, wobei sich ein Gewinn direkt gegen den Wind, oder *Geschwindigkeit nach Luv* von 70 Prozent der gesegelten Geschwindigkeit ergibt.

Sind Auftrieb und Widerstand direkte *Wirkungen des Windes*, so entstehen Vortrieb und Querkraft als *Gegenwirkung des Schiffskörpers*, wie deutlich in Abb. 57 Mitte und rechts gezeigt wird. Die Beiwerte des Croseck'schen Profils „B" wurden etwas vereinfacht, und so sieht man im Mitteldiagramm: Auftriebs-Beiwert = 1,30, Widerstands-Beiwert = 0,26. Aus maßstäblicher Auftragung ergibt sich klar die Größe und Richtung der Gesamtkraft oder Resultierenden. Sie erreicht einen Beiwert von 1,32. Das Wort Resultierende soll nicht irreführen. Die resultierende Gesamtkraft ist in der Tat die einzige wirklich vom Wind erzeugte Kraft. Sie ist nicht Konsequenz von Auftrieb und Widerstand, sondern jene beiden entstehen nur durch Zerlegen der Gesamtkraft in zwei fast willkürlich gewählte Richtungen.

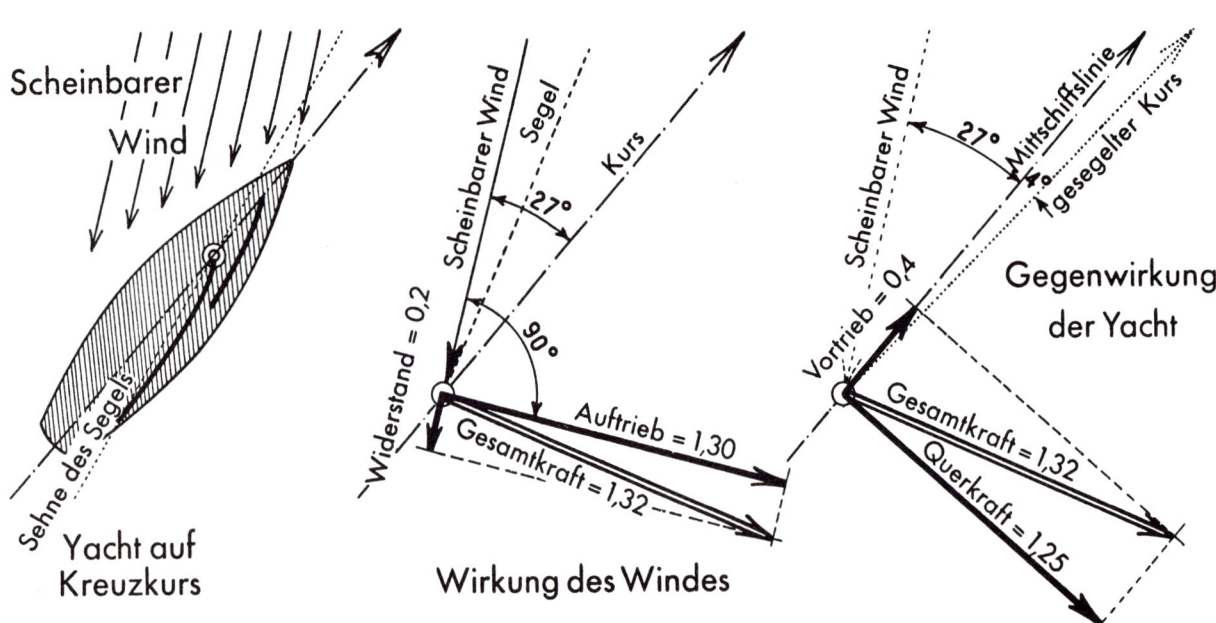

Abb. 57: Im mittleren Teil des Diagramms wird die Wirkung des Windes auf die Segel graphisch gezeigt, mit großer Gesamtkraft, großem Auftrieb und sehr geringem Widerstand. Rechts erkennt man die Gegenwirkung des Bootskörpers, der aus der gleichen Gesamtkraft einen Vortrieb von rund einem Drittel herausholt; ein Wert fast gleichgroß der Gesamtkraft wirkt als Querkraft nur auf Krängung und Abdrift.

Im rechten Teil findet man genau die gleiche Gesamtkraft erneut eingetragen, doch wird nunmehr die *Reaktion des Schiffskörpers*, d. h. sein Weg voraus und sein Widerstand gegen die Abdrift benutzt, um endgültige Werte über Vortrieb und Querkraft zu erhalten. Aus dem geschilderten graphischen Verfahren ergibt sich jetzt ein echter Vortriebs-Beiwert von 0,4, und ein Querkraft-Beiwert von 1,25. Die auf Krängung und Abdrift wirkende Querkraft ist also über dreimal so groß wie die angestrebte Vortriebskraft.

Es sei nochmals darauf hingewiesen, daß der Wind nur eine einzige Kraft, nämlich die Gesamtkraft erzeugt. Erst die wundervollen Eigenschaften des Schiffskörpers entnehmen dieser keineswegs günstig gerichteten Gesamtkraft genügend Vortrieb, um eine erstaunlich hohe Geschwindigkeit sehr hoch am Wind zu erzielen. Andererseits widersetzt sich die Form der Yacht sehr wirkungsvoll der Abdrift, trotz der gewaltigen Größe der Querkraft. Mit diesen nun gewonnenen Ziffern lassen sich Vortrieb und Querkraft in ihren tatsächlichen Größen leicht errechnen:

Vortriebsbeiwert .... = 0,4
Querkraftbeiwert .... = 1,25
Wahrer Wind .... = 5 m/sek
Scheinbarer Wind .... = 6,7 m/sek
Segelfläche .... = 26,6 m²
Halbe Luft-Dichte .... = 0,063

Hieraus ergeben sich folgende tatsächlich erzeugten Kräfte:

Vortrieb = 0,4 · 0,063 · 6,7² · 26,6 = 30,1 kg
Querkraft = 1,25 · 0,063 · 6,7² · 26,6 = 94,1 kg

Liegen erst einmal alle wichtigen Anstellwinkel fest, so kann das Studium eines Segel-Querschnittes begonnen werden. Die Wahl der geeignetsten Wölbung ist von grundlegender Wichtigkeit, um tatsächlich aus der Luftströmung den besten Vortrieb mit der niedrigsten Querkraft zu gewinnen.

Die Wölbung eines Segels muß derart gewählt werden, daß die Stromfäden über die ganze Segelbreite in gleichmäßiger Beschleunigung abgelenkt werden. Diese Ablenkung soll am Vorliek unmerklich, d. h. tangential beginnen, um am Achterliek ihren größten Wert

Foto 12: Die in großer Zahl bewährte Kielschwertyacht „Neptun 22" eignet sich sowohl für Binnengewässer wie für sommerliche Seefahrt. Auch wurde sie als D.S.V.-Werftklasse anerkannt, wodurch die Regattabeteiligung eine erfrischende Abwechslung zum Fahrtensegeln bringt. Länge ü. A. 6,80 m, Breite 2,40 m, Tiefgang Rumpf 0,55 m, mit Schwert 1,05 m, Segelfläche etwa 18 m². Erbauer: Neptun Boote GmbH, Lage/Lippe.

zu erreichen, wobei das Segelprofil dort aber niemals bis parallel zur Schiffsachse angestellt werden darf.

Ein solcher Segelquerschnitt mit allen zugehörenden Winkeln findet sich in Abb. 58 dargestellt. Der scheinbare Wind fällt unter 27 Grad zur Schiffsachse ein, doch der Anstellwinkel des Segels ist damit noch nicht gegeben. Er soll etwa die Hälfte zwischen Wind und Kurs ausmachen und wird auf die Sehne des Segels bezogen, die ebenfalls punktiert eingetragen wurde. Da eine Verwindung im oberen Teil unvermeidlich ist, wurde der Anstellwinkel zu nur 12 Grad zum scheinbaren Wind bestimmt.

Würden die Bahnen des Segels am Achterliek parallel

Abb. 58: Schematische Darstellung der an einem Großsegel auftretenden Winkel beim Segeln am Wind. Die Sehne des Segels bildet einen Einfallswinkel von 12 Grad zur Windströmung, wohingegen 15 Grad zwischen Großsegel und Schiffsachse angenommen wurden. Alle diese Winkel erleiden je nach Bootstyp, Besegelung und Windstärke wechselnde Unterschiede.

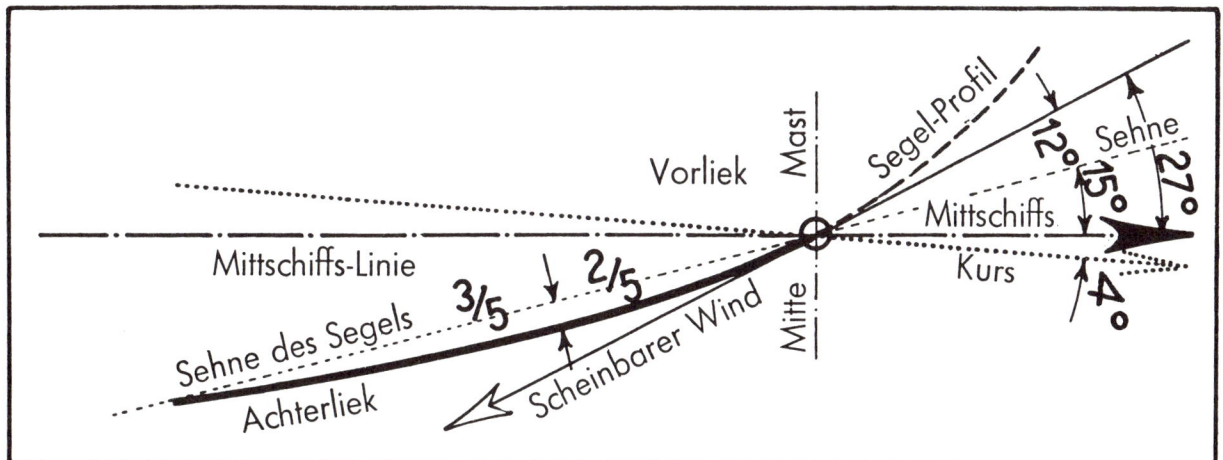

zur Schiffsachse auslaufen, so könnten sie keinen Beitrag zum Vortrieb mehr leisten. Beim Vorliek dagegen müssen die Bahnen so verlaufen, daß sie vom Wind tangential getroffen werden. Innerhalb dieser engen Grenzen ist die Wölbung bereits nahezu unveränderlich vorbestimmt. Fast ganz von selbst liegt die größte Wölbungstiefe auf $2/5$ der Segelbreite von vorn.

Die Zeichnung gibt den vielleicht ideal zu nennenden Segelquerschnitt wieder. Doch die unvermeidliche Verwindung nach oben verdient einige Überlegungen. Da der Großbaum gewöhnlich etwas zu dicht geholt wird, um in den *mittleren* Segelpartien den günstigsten Anstellwinkel zu erhalten, kann man getrost in der Nähe des Großbaumes eine stärkere als die ideale Wölbung anwenden. Ganz oben dagegen sollte nur eine sehr geringe Wölbung vorhanden sein, oder auch gar keine, um trotz des Auswehens überhaupt noch einen Anstellwinkel zum Winde zu erzielen.

Foto 13: Eine klassische 13-m-Hochsee-Kreuzeryacht für ozeanische Langfahrt, wie sie auch heute noch, und sogar in GFK erbaut wird. Der Langfahrtsegler wird die wohlunterteilte Ketsch-Besegelung sehr zu schätzen wissen, die selbst mit kleiner Besatzung leicht an die jeweils herrschende Windstärke anzupassen ist. Dazu kommt ein wohlgeformter Bootskörper von reichlicher Breite, viel begehbarer Decksfläche sowie ein vom Klipperbug ausladender Klüverbaum, dessen breite Gehfläche ebenfalls durch die umlaufende Seereling geschützt wurde.
Bauwerft: Cheoy Lee, Hongkong.

Windkräfte auf raumen Kursen

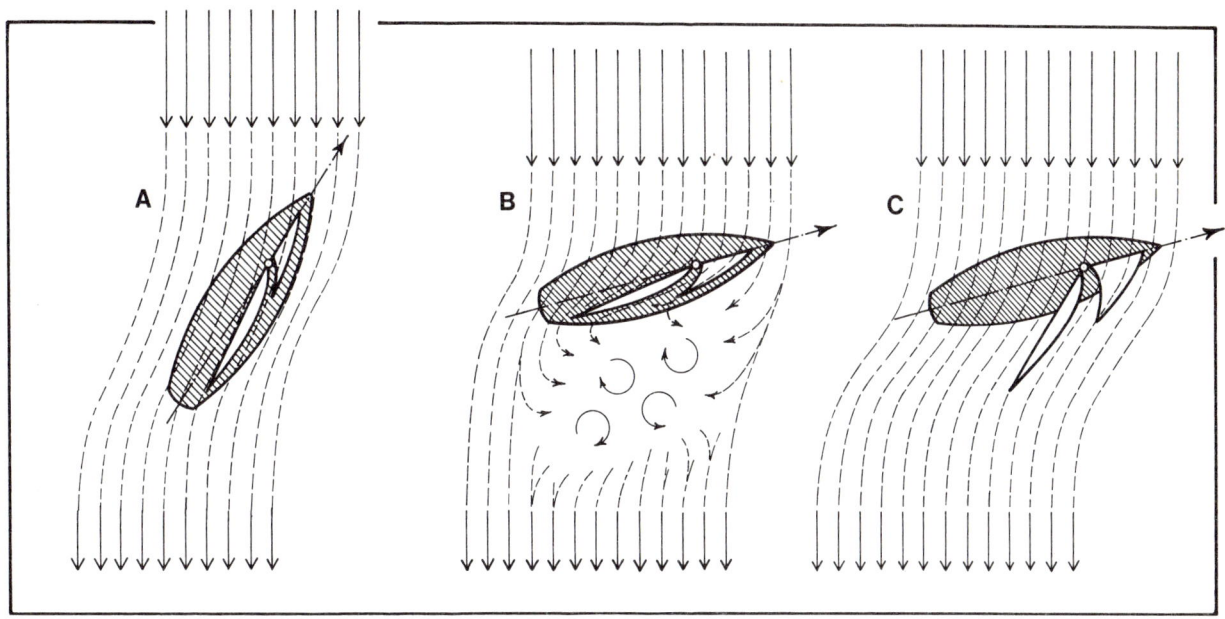

Abb. 59: Segelt man auf raumem Kurs mit zu dicht geholten Schoten, wird die Luftströmung auf der Leeseite des Segels unterbrochen und durch störende Wirbel ersetzt, Fall B. Das so wertvolle Unterdruckgebiet wird dadurch „aufgefüllt", der Unterdruck wesentlich gestört und der gesamte Vortrieb bedeutend reduziert.

Segelt man mit dichtgeholten Schoten am Wind und wechselt den Kurs auf eine raum gelegene Richtung, so wird man selbstverständlich die Schoten fieren. Es kommt aber vor, daß ein Steuermann auf raumeren Kurs geht, ohne die Schoten zu fieren, vielleicht um kurz vor dem Start etwas Zeit zu verschenken. Segelt man nämlich mit zu dichten Schoten auf raumen Kursen, so fällt sofort die verlangsamte Fahrt auf. Die Luftströmung entlang des Segels wird unterbrochen, die Ablenkung in Luv ist zu heftig; in Lee dagegen wird die Strömung völlig unterbrochen und ein toter Wirbelraum gebildet.

In Abb. 59 erkennt man unter „A" die Stromfäden beim normalen Am-Wind-Segeln. Fällt man auf raumeren Kurs ab, ohne die Schoten zu fieren, so entsteht ein Strömungsverlauf nach „B". Das Segel arbeitet nicht mehr als aerodynamisches Profil, sondern wirkt als Hindernis und unterbricht die Luftströmung mit Gewalt. *Jede gewaltsame Störung des Strömungsverlaufs erzeugt schädliche Luftwirbel.* Wie man bei „B" sieht, wurde der Unterdruck in Lee fast völlig zerstört, da sich an dessen Stelle unregelmäßig durcheinanderlaufende Wirbel bildeten. Es wurde bereits erklärt, daß der Beitrag des Unterdrucks zum Vortrieb bedeutender ist als der des Überdrucks, womit der auffallende Fahrtverlust seine Erklärung findet. Erst mit weit gefierten Schoten unter „C" stellt sich die harmonisch fließende Luftströmung wieder her, Druck und Unterdruck nehmen ihre normale Größe an, und die Zunahme des Vortriebs bringt das Boot auf seine normale Geschwindigkeit.

Nur selten wurden vollständige Segelmodelle im Windkanal bei allen vorkommenden Anstellwinkeln untersucht. Die experimentelle Aerodynamik befaßt sich nämlich mit Vorliebe mit den kleinen Anstellwinkeln. Croseck dagegen untersuchte ein vollständiges Gaffelsegel mit Spieren im Windkanal, wobei auch die Kräfte auf allen denkbaren Kursen gemessen wurden. Diese wurden verwandt, um eines der wertvollsten Kurvenblätter anzufertigen, Abb. 60, welches der Untersuchung der segelnden Yacht dient. Man findet in diesem *alle denkbaren und möglichen Vortriebs-Beiwerte zu*

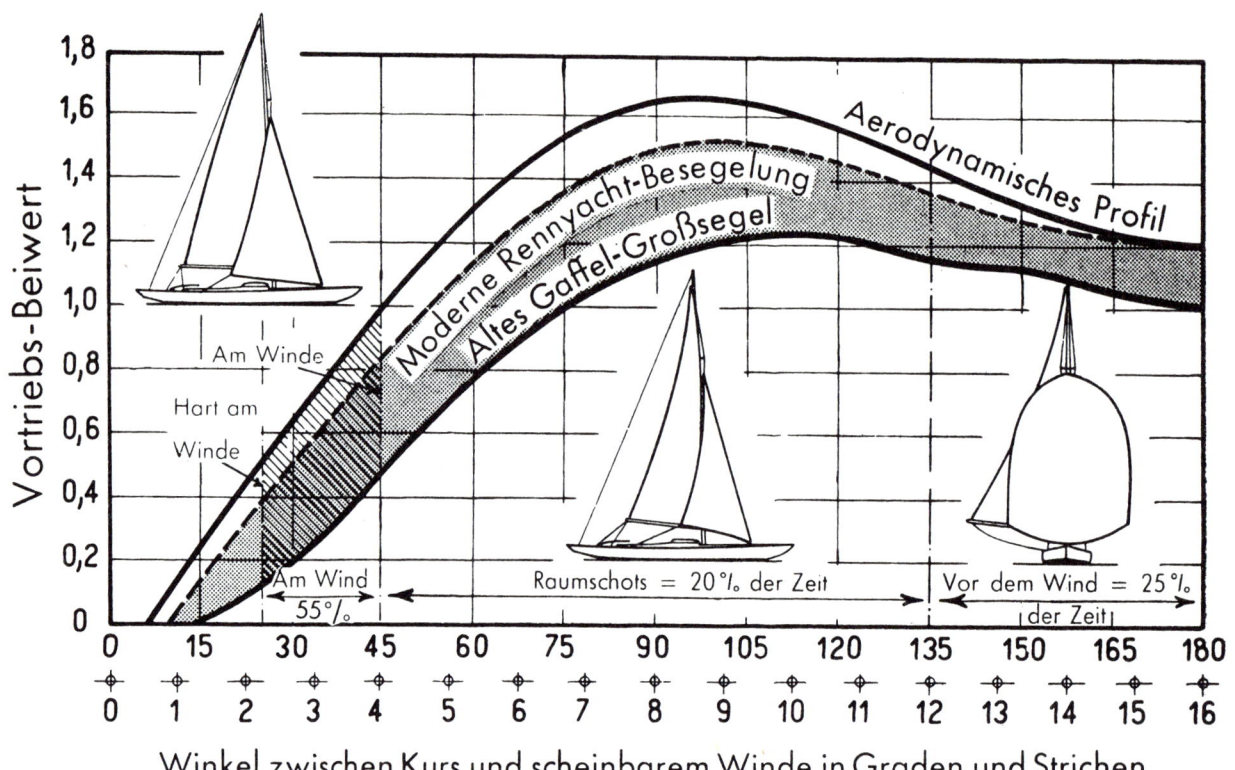

Abb. 60: Ein besonders aufschlußreiches Kurvenblatt: Vortriebsbeiwerte für alle Kurse und Segelarten. Der grau angelegte Streifen umfaßt alle üblichen Besegelungen, darüber liegen die Werte reiner aerodynamischer Profile.

Links erkennt man die sehr schmale Zone des Am-Wind-Segelns, in welcher sich 55 Prozent aller gesegelten Zeit abwickelt. Alle Beiwerte und Kurse gelten für den scheinbaren Wind.

allen denkbaren und möglichen Kursen und Takelungen.
Das von Croseck gewählte Gaffel-Großsegel stellt so ziemlich das Ungünstigste dar, was auf einer Segelyacht verflossener Zeiten vorkam. Die untere Kurve zeigt also die Beiwerte in ihren niedrigsten Ziffern. Man sieht, daß ein Gaffelsegel dieser Art den besten Vortriebsbeiwert von etwas über 1,2 auf einem Kurs erzielt, bei dem der *scheinbare Wind* etwas achterlicher als dwars einfällt, also unter 10 Strich. Im Gegensatz hierzu zeigt die oberste Kurve Höchstwerte, wie sie von einem Tuchsegel wohl nie erreicht werden können; sie wurden nämlich für ein Tragflügelprofil errechnet. Für dieses steigt der höchste Vortriebs-Beiwert bis weit über 1,6 und wird bei fast genau dwars einfallendem scheinbaren Wind erzielt. Dazwischen liegt die wohl wichtigste Kurve, nämlich diejenige einer modernen bermudagetakelten Rennyacht, deren Segel erstklassig bedient werden. In dem grau angelegten Band liegen somit sämtliche Vortriebsbeiwerte aller Tuchsegel, gültig für sämtliche Kurse.
Da sich das Kurvenblatt auf den scheinbaren Wind bezieht, verteilen sich die Kurse in verzerrter Form über die Breite der Darstellung. Deshalb wurde am unteren Rand die Unterteilung in die drei Hauptarten des Segelns eingetragen, nämlich 55 Prozent der Zeit am Wind, 20 Prozent raumschots und 25 Prozent vor dem Wind. Für den praktischen Gebrauch empfiehlt sich, die Werte der nachstehenden Tabelle zu entnehmen:

VORTRIEBS-BEIWERTE			
Kurs	wirksamste Regattasegel	moderner Seekreuzer	ungünstige Besegelung
Erzwungene Höhe am Winde	0,4	0,3	0,2
Normal am Wind	0,6	0,5	0,35
Liberal am Wind	0,8	0,7	0,5
Auf raumem Kurs	1,5	1,4	1,2
Vor dem Wind	1,2	1,2	1,1

An einem Beispiel sei gezeigt, wie die Vortriebsbeiwerte zur Berechnung des Vortriebs der wirklichen Yacht anzuwenden sind. Segelt ein Drachenboot auf raumem Kurs, so kann man mit erstklassigen Segeln und vorzüglicher Führung einen Beiwert von 1,5 erhoffen. Mit der Segelfläche von 26,6 m² und einem scheinbaren Wind von 5 m/sek ergibt sich dann:

Vortrieb = $1,5 \cdot 0,063 \cdot 5^2 \cdot 26,6 = 62,8$ kg

Nimmt man auch für alle übrigen Kurse einen scheinbaren Wind von 5 m/sek als Grundlage, so erzielt man folgende Vortriebe:

Gesegelter Kurs	Beiwert	Vortrieb
Erzwungene Höhe am Wind	0,4	16,7 kg
Normal am Wind	0,6	25,1 kg
Liberal am Wind	0,8	33,5 kg
Auf raumem Kurs	1,5	62,8 kg
Vor dem Wind	1,2	50,2 kg

Die nunmehr gewonnene Erkenntnis über die Größe der Vortriebskräfte kann selbstverständlich auf alle Arten und Größen von Yachten und Segelflächen ausgedehnt werden. Man braucht dazu nur den Vortrieb pro Quadratmeter einzusetzen. Diese Vereinfachung führt zu einer sehr unkomplizierten Tabelle, die statt einer einzigen sogar drei verschiedene scheinbare Windgeschwindigkeiten enthält. Außer den Vortriebskräften wurde noch eine Zeile über den *Wind-Widerstand* eingefügt. Dieser wirkt auf alle Teile der Takelage mit Ausnahme der Segel, ferner auf den Bootskörper sowie die dem Wind ausgesetzte Mannschaft, und gilt daher nicht pro Segelflächeneinheit, sondern je Quadratmeter Widerstandsfläche.

VORTRIEBSKRAFT PRO m² SEGELFLÄCHE		Windstärken		
	Beiwert	5 m/sek	10 m/sek	20 m/sek
Erzwungene Höhe am Wind	0,4	0,63 kg	2,54 kg	10 kg
Normal am Wind	0,6	0,95 kg	3,80 kg	15 kg
Liberal am Wind	0,8	1,26 kg	5,07 kg	20 kg
Auf raumem Kurs	1,5	2,36 kg	9,50 kg	38 kg
Vor dem Wind	1,2	1,90 kg	7,60 kg	30 kg
WINDWIDERSTAND PRO m² WIDERSTANDSFLÄCHE				
Widerstand	1,2	1,90 kg	7,60 kg	30 kg

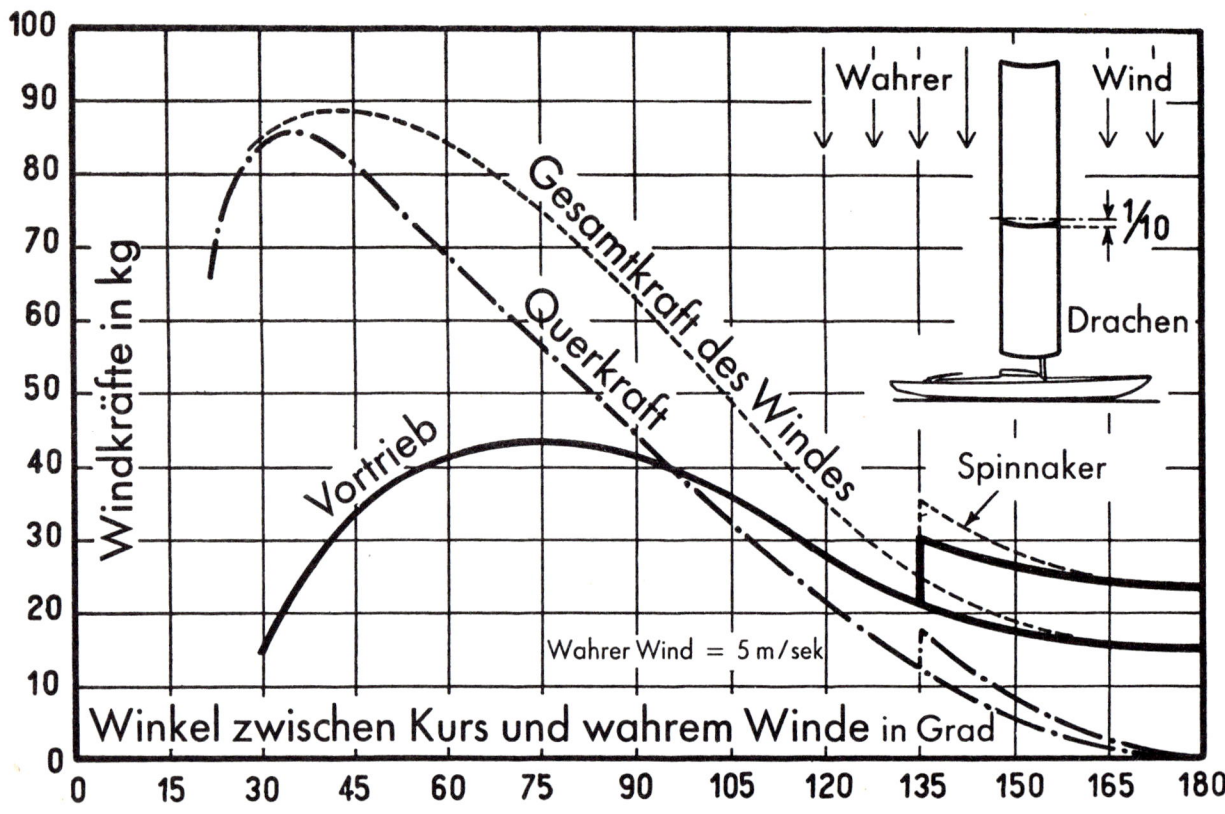

Abb. 61: Im vorliegenden Kurvenblatt findet man die Windkräfte in bezug zum wahren Wind. Sie wurden für ein gewölbtes Plattensegel von der Fläche einer Drachenbesegelung errechnet. Von den drei Kurven zeigt die oberste als Gesamtkraft die sogenannte „Resultierende", die zweite als Querkraft die Wirkung auf Krängung und Abdrift. Erst die dritte gibt den wirklich gewonnenen Vortrieb wieder, alles für eine angenommene Windstärke von 5 m/sek.

Muß man mit weniger günstigen Segeln rechnen, so vermindert man einfach die Vortriebswerte im gleichen Verhältnis, wie sie für drei verschiedene Segelqualitäten in der Tabelle auf vorhergehender Seite genannt wurden.

Sind die wahren gesegelten Geschwindigkeiten bekannt, so kann man ein Kurvenblatt auch abhängig vom wahren Wind entwerfen, siehe Abb. 61. In diesem Falle wurde ein starres Segel von der Größe der Drachenboot-Segelfläche angenommen, um Modellversuche mit gewölbten Platten anwenden zu können. Das Höhenverhältnis war nun 5 : 1, die Wölbung $1/10$ der Plattenbreite. Die wahre Windgeschwindigkeit wurde zu 5 m/sek zugrunde gelegt.

Mit viel Sorgfalt wurde die wahre gesegelte Geschwindigkeit festgestellt, denn ohne eine solche Vorberechnung wäre es nicht möglich, die entstehenden Windkräfte zu bestimmen.

Als Ergebnis erhält man drei Kurven, und zwar zuoberst die Gesamtkraft des Windes, dicht darunter die Querkraft, und schließlich weiter unten den Vortrieb. Es berührt eigenartig, daß gerade auf normalem Am-Wind-Kurs mit 45 Grad zum wahren Winde die größte Gesamtkraft erzielt wird, fast 90 kg bei einem wahren Winde von 5 m/sek. Ein sehr großer Teil wird in Querkraft verwandelt, nämlich 80 kg, außerdem wird ein Vortrieb von 33 kg gewonnen. Man darf sich von diesen Zahlen nicht täuschen lassen, denn Vortrieb und

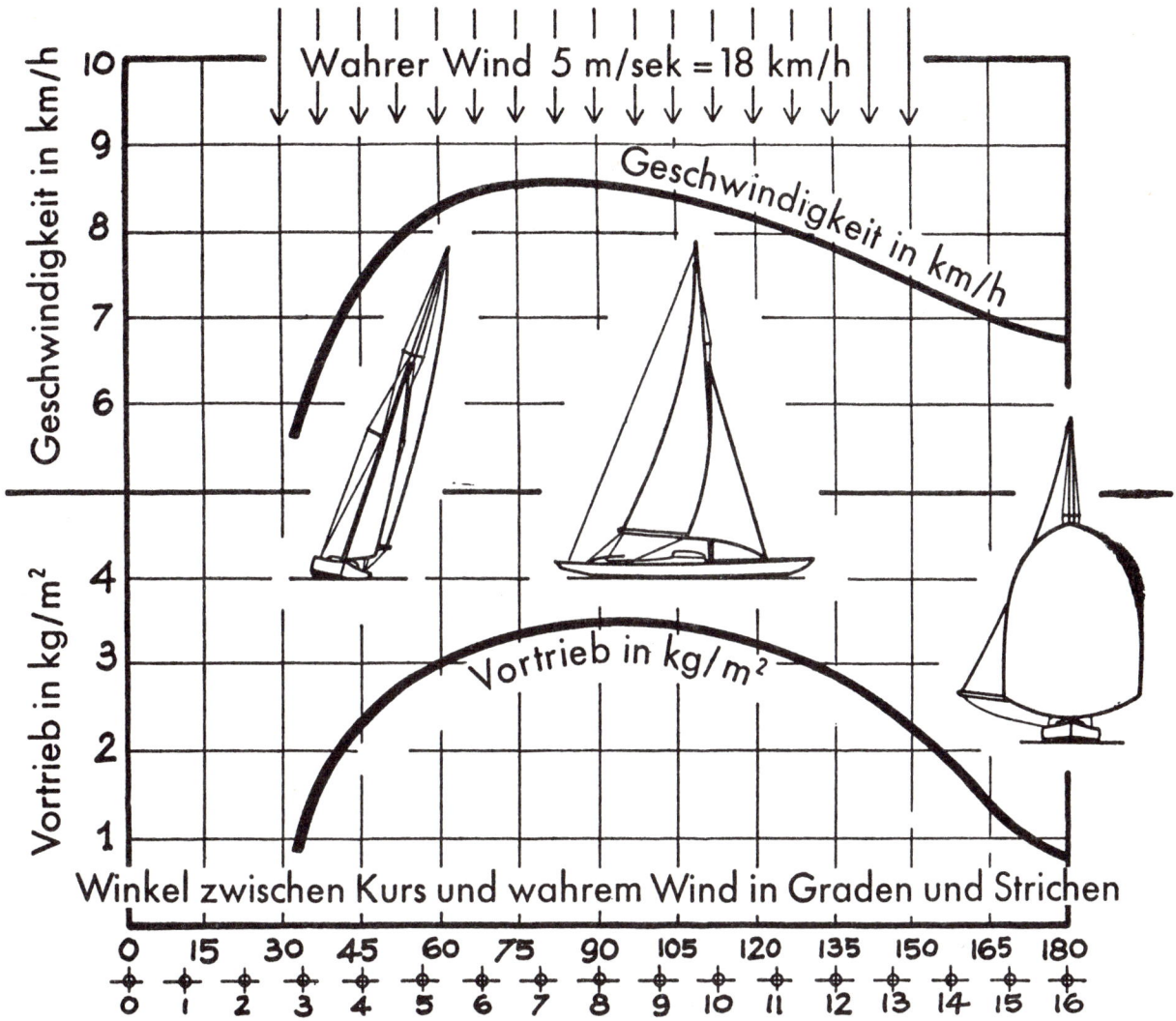

Abb. 62: Dieses Kurvenblatt zeigt zwar ebenfalls ein Drachenboot, doch enthält es nur sogenannte spezifische Werte. Daher können diese mit guter Annäherung auf jedes andere segelnde Boot angewandt werden. Die Werte gelten je m² Segelfläche unter Annahme eines wahren Windes von 5 m/sek. Jede Übertragung auf andere Yachten wird um so genauer, je besser die gesegelte Geschwindigkeit der oberen Kurve entspricht.

Querkraft sind Komponenten eines Kräfteparallelogramms und als solche nicht summierbar.
Gerade auf diesem Gebiet herrschen vielfach ganz falsche Vorstellungen. So konnte man z. B. noch vor gar nicht langer Zeit lesen, daß am Wind 50 Prozent der Gesamtkraft in Vortrieb verwandelt würden, 20 Prozent in Widerstand, 15 Prozent in Querkraft und weitere 15 Prozent durch Killen des Segels hinter dem Mast verloren gingen. Einesteils ist die Größenordnung genannter Ziffern ein reines Produkt der Phantasie und völlig fern der Wirklichkeit, andererseits aber sind die erzielten Kräfte nicht summierbar, da die Komponenten unter verschiedenen Winkeln wirken.
Man beobachte nochmals das Diagramm Abb. 61, das am rechten Rand zum reinen Vorwindkurs übergeht. Dort verschwindet die Querkraft vollständig; dagegen

fallen Gesamtkraft und Vortrieb zusammen und erzeugen einen Winddruck von etwa 15 kg.

Schließlich wurde auch noch ab 135 Grad zum wahren Wind ein Spinnaker gefahren. Dieser erzeugt zunächst noch eine erhebliche Querkraft, wie auch die Erfahrung bestätigt. Während diese Querkraft platt vor dem Wind auf Null abfällt, wird der Vortrieb von 15 kg auf 23 kg erhöht.

Zum Abschluß dieses Kapitels zeigt das Kurvenblatt Abb. 62 Vortrieb und Geschwindigkeit mit der Absicht, daraus Schlüsse auf sämtliche anderen Yachten ziehen zu können. Der Vortrieb wurde deshalb im spezifischen Wert von kg je Quadratmeter Segelfläche angegeben, gültig für einen wahren Wind von 5 m/sek. Man sieht, daß auf raumen Kursen ein größter Vortrieb von 3,5 kg/m² erzeugt wird. Am Wind segelnd erhält man einen Durchschnitt von 2 kg/m², aber vor dem Wind wird nur etwa 1 kg/m² erzeugt, da der scheinbare Wind, der einzige der zur Kräfteberechnung gilt, als Folge der Fahrtgeschwindigkeit der Yacht sehr gering geworden ist.

Es drängt sich nun die Frage auf, ob sich die erzielbare Vortriebsleistung des Windes nicht auch in PS angeben läßt. Wenn man von einer mittleren Windstärke von 5 m/sek ausgeht, so kann ein Drachenboot auf raumer Strecke eine Geschwindigkeit von 8 km/h erzielen. Der Vortrieb beträgt etwa 3 kg/m², so daß die gesamte Segelfläche von 26,6 m² einen Vortrieb von 80 kg erzeugt. Dieser Vortrieb von 80 kg, welcher dem Boot die Geschwindigkeit von 8 km/h = 2,22 m/sek erteilt, läßt sich direkt in eine PS-Leistung umrechnen. Die Gleichung sagt:

$$PS = \frac{Vortrieb \cdot Geschwindigkeit}{75}$$

wobei die Geschwindigkeit allerdings in m/sek einzusetzen ist. Das Ergebnis: PS = 80 · 2,22 / 75 = 2,35. Der Wind samt dem großen Drachensegel erzeugt also nur eine treibende Kraft von 2,35 PS, womit die Yacht die bewunderswürdige Geschwindigkeit von 8 km/h = 4,3 Knoten erzielt. *Das ist weniger als ein Zehntel PS pro m² Segelfläche!*

Es sei darauf hingewiesen, daß die Motorleistung eines zu wählenden Hilfsmotors nicht direkt mit der vom Wind erzielten Leistung vergleichbar ist. Die gesamten Windkräfte wurden nämlich bereits zerlegt und nur der übrigbleibende reine Vortrieb der Berechnung zugrunde gelegt. Ähnlich verhält es sich mit dem Hilfsmotor; auch dieser muß eine größere Gesamtkraft leisten, um einen *Vortrieb* von 2,35 PS zu erzeugen. Vor allem entsteht bereits im Propeller ein Verlust von durchschnittlich 50 Prozent, oft noch mehr. Ferner kommen Verluste des Einbaues hinzu, auch Widerstand von Propellerwelle und Auspuff, so daß man 5 bis 6 PS Normalleistung schätzen soll, um 2,35 PS reinen Vortrieb zu erzielen.

Auf jeden Fall ist es bemerkenswert, daß bei einer Brise von 5 m/sek ein Segel im Durchschnitt etwa ein Zehntel PS an Vortrieb je Quadratmeter Segelfläche erzeugt.

Segelyacht-Modellversuche

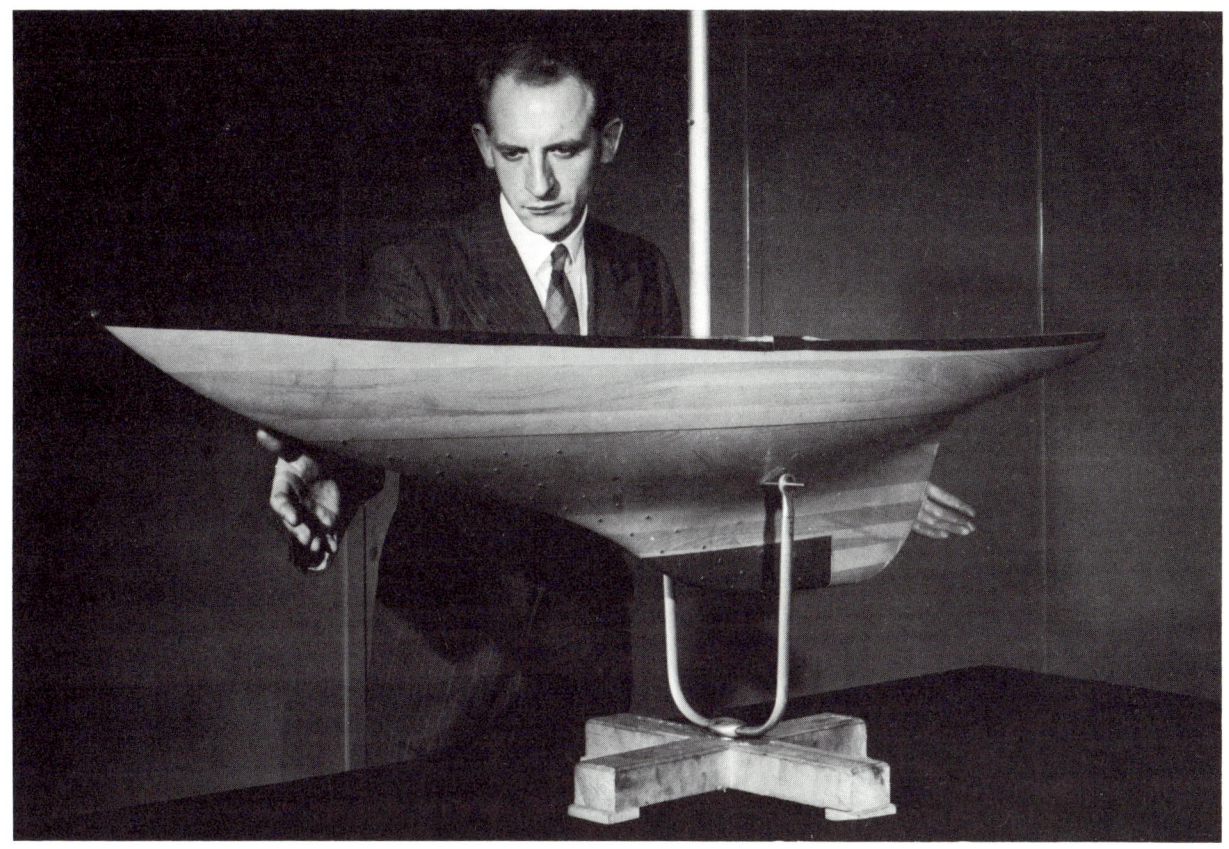

Foto 14: Bei Modellschleppversuchen muß um jeden Preis für eine turbulente Strömung gesorgt werden. Man erkennt die an diesem Segelyachtmodell an der Eintrittskante befestigten kleinen Turbulenzknöpfe, die jede eventuelle laminare Strömung sofort zerstören, damit die physikalische Ähnlichkeit zwischen Modell und Großausführung gewährleistet wird. Man beachte die klassische Form des Lateralplanes im Gegensatz zum Lichtbild Seite 60.
Foto: Saunders-Roe

Die Rennen um den Amerika-Pokal haben seit über 120 Jahren einen besonderen Einfluß auf die gesamte Entwicklung des Yachtbaues ausgeübt, da sie einzigartige Voraussetzungen für den internationalen Wettstreit schufen. Der Kampf wird hier nicht nur von Schiff zu Schiff und von Mannschaft zu Mannschaft geführt, sondern es kommt wohl das gesamte yachtbautechnische Können einer Nation zum Einsatz. Große Ziele zaubern große Mittel herbei, und so ergibt sich als natürliche Folge, daß jede Art von Untersuchung angewandt wird, um diese großen Rennyachten bis in die feinsten Details zu verbessern. So wurde schon frühzeitig der Modellversuch herangezogen, denn jeder Konstrukteur, jedes Eignerkonsortium, ja jede Nation waren rastlos bemüht, absolut jede denkbare Chance zur Verbesserung auch anzuwenden.

Untersuchungen an Modellen in kleinem Maßstabe erfordern einen bedeutend geringeren Kostenaufwand als Versuche oder gar Umbauten an der wirklichen Yacht. Kann aber ein Modell die Eigenschaften der ihm nachzubauenden naturgroßen Yacht einwandfrei zu erkennen geben? Kann man den Widerstand, die Balance unter Segel, kurz, die Regattaqualitäten am Modell maßstabsgetreu feststellen? Gibt es Zweifel über den

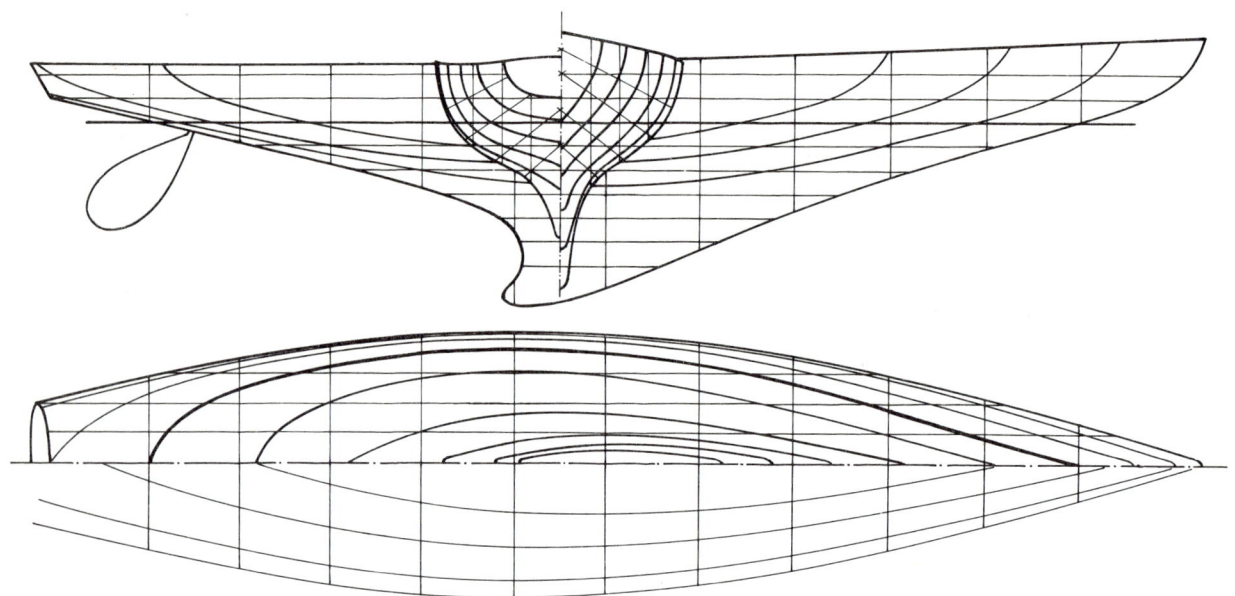

Abb. 63: Kleine Kielyacht KITTEN *aus dem Jahre 1892. Schon damals wurden einzelne Yachten mit allen Kennzeichen modernster Bootskörper gebaut, wie Uffa Fox in seinem Buch „Thoughts on Yachts and Yachting" überlieferte. Man beachte den stark beschnittenen Lateralplan und das achtern getrennt aufgehängte Ruder. Entwurf und Bau stammen von Charles Sibbick, und die Benennung war One Rater, was Vermessungsgröße 1 Tonne bedeutet.*

Länge ü. alles	7,93 m	Tiefgang	1,30 m
Länge in der WL	6,40 m	Verdrängung	1,650 t
Breite	1,60 m	Segelfläche	26,4 m²

Vergleich zwischen Modell und Großausführung? Sehr naheliegend ist die Idee, kleine segelfähige Yachtmodelle auf einem Teich gegeneinander segeln zu lassen. Solche Versuche, so bedauerlich es auch sein mag, erzielen aber die am wenigsten brauchbaren Ergebnisse, nicht nur wegen der Schwierigkeit, überhaupt irgend etwas zu *messen*, sondern auch wegen einer merkwürdigen Eigenschaft des Wassers, genannt *Zähigkeit*. Sie bewirkt, daß die Oberflächenreibung am Modellschiffsboden nicht mehr maßstabsgerecht zum großen Schiff auftritt. Das Modell segelt in einer sogenannten labilen Zone des Reibungswiderstandes, weshalb dieser abwechselnd größer oder kleiner sein kann, als der maßstabsgerechten Verkleinerung entsprechen würde.

Die hauptsächlichsten Störpunkte ergeben sich aus folgenden Überlegungen:

1: Die bereits genannte Unmöglichkeit, tatsächliche Werte zu messen, da man ja nur Eindrücke, aber keine Zahlen erhält.

2: Die Windgeschwindigkeit müßte um soviel geringer sein, wie sich aus der Quadratwurzel des gewählten Modellmaßstabes ergibt. Wird z. B. eine 16 m lange Yacht durch ein Modell von 1 m Länge ersetzt, so verhalten sich die Quadratwurzeln wie 4 : 1. Die auf das Modellboot wirkende Windstärke müßte also $1/4$ der wirklich zu erwartenden Windstärke sein.

3: Es ist äußerst schwierig, kleine Segel maßstabsgetreu anzufertigen, wobei nicht nur die genaue Form einzuhalten ist, sondern auch die maßstäblich reduzierte Tuchstärke; ferner müßte sogar die Art der Nähstiche maßstäblich verkleinert werden.

4: Das vom Segler selbst vorzunehmende *Ausbalancieren* der kleinen Modellboote ist von unbestimmbarem, aber großem individuellen Einfluß und verstärkt noch die Verfälschung der nur durch vergleichende Schätzung, aber nicht durch Messung gewonnenen Eindrücke.

Bereits im Jahre 1901 wurden in Schottland von G. L. Watson Yachtmodellversuche durchgeführt, ehe dieser damals berühmte Konstrukteur die Pokalyacht SHAMROCK II baute. Watson ließ sein Modell im Denny-Tank, Dunbarton, schleppen, wobei der Widerstand sogar mit verschiedenen Abdriftwinkeln gemessen

wurde. Er verließ sich für den endgültigen Entwurf auf die Ergebnisse der Modellversuche, doch wurde die neue Yacht von der COLUMBIA des genialen Herreshoff glatt geschlagen. Herreshoff hatte keinerlei Modellversuche unternommen, so daß Watson in seiner Enttäuschung ausgerufen haben soll: „Ich wünschte, Herreshoff hätte auch Modellversuche zu Rate gezogen."
Trotz anfänglicher Enttäuschungen hat man nach einiger Zeit die Problematik des Modellversuchs zu verstehen und beherrschen gelernt, womit es gelang, die maßgetreue Übertragung auf die naturgroße Yacht mit Erfolg vorzunehmen.
Zahlreiche Länder besitzen heute schiffbautechnische Institute, in denen Schiffsmodelle in sogenannten Schleppversuchstanks untersucht werden können. Mit Vorliebe werden verhältnismäßig große Schiffsmodelle gewählt, um den Effekt einer unstabilen Reibung ausschalten zu können. Demzufolge besitzen solche Versuchstanks auch bedeutende Abmessungen und kostspielige Einrichtungen. Solange Modelle aus dem Großschiffsbau untersucht werden, bleiben die Kosten innerhalb tragbarer Grenzen. Würde man aber Segelyachtmodelle untersuchen, würden die Kosten im Vergleich zum Objekt viel zu hoch. Deshalb wurde im Stevens Institute of Technology, U.S.A., im Jahre 1931 ein Versuchstank gebaut, um auch mit kleinen Modellabmessungen einwandfreie Ergebnisse zu erzielen.
So wurde der Stevens-Tank am Hudson, gegenüber New York, besonders für Modellversuche an Yachten geeignet, obwohl dieser Zweck ursprünglich durchaus nicht vorgesehen war. Unter Leitung von K. S. M. Davidson wurde zunächst die künstliche Turbulenzerzeugung am Modell studiert und verbessert, um die Übertragbarkeit der Messungen dieser kleinen Modelle sicherzustellen. Als kurze Zeit später eine neue Herausforderung um den Amerika-Pokal angenommen wurde, ergab sich eine glänzende Gelegenheit, die neuen, nicht zu kostspieligen Versuchsanlagen ihrer Feuerprobe zu unterwerfen. Der endgültige Erfolg stellte sich jedoch nicht mühelos ein. Er fand seine Krönung erst mehrere Jahre später, nämlich mit dem überragenden Siege der Yacht RANGER des Jahres 1938. RANGER's Überlegenheit war so gewaltig, daß seit jener Zeit die Bedeutung

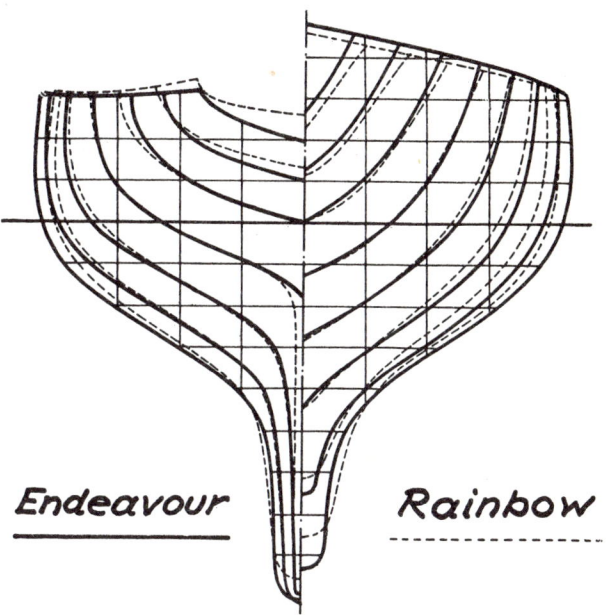

Abb. 64: Im Jahre 1934 kämpften die Yachten ENDEAVOUR I *und* RAINBOW *um den begehrten Amerika-Pokal. Zahlreiche Modellversuche gingen dem endgültigen Entwurf der* RAINBOW *voraus, und doch war sie der Yacht* ENDEAVOUR I *unterlegen, entworfen von Charles Nicholson nur nach Erfahrungen und technischem Gefühl. Vollständiger Linienriß siehe Abb. 239.*

von Modellversuchen für Segelyachten im allgemeinen und von Kleinmodellen im speziellen endgültig anerkannt wurde.
Einige Jahre zuvor, 1934, erreichte der dramatische Kampf zwischen schöpferischem Geist und nüchterner Versuchstechnik seinen Höhepunkt. Damals kämpften die Yachten ENDEAVOUR I, entworfen von Charles E. Nicholson, England, und RAINBOW, entworfen von W. Starling Burgess, USA, um den Amerika-Pokal. In Abb. 64 findet man die Spantenrisse der beiden Yachten übereinandergelegt, und man erkennt mit Erstaunen, wie geringfügig die Unterschiede beider Yachten in der Form waren. Die Linien der RAINBOW waren nach umfangreichen Modellversuchen entstanden, Nicholson dagegen verließ sich beim Entwurf der ENDEAVOUR I nur auf seine Erfahrungen, seine Intuition und sein Formgefühl. Diesmal noch zeigte der Geist eine Überlegenheit über die kühle Technik, denn die ENDEAVOUR I erwies sich als schneller, konnte aber außerdem auch noch höher anliegen als ihr amerikanischer Gegner. Nur ein so außergewöhnlicher Steuermann wie Harold S. Vanderbilt konnte die schwierige Lage des amerikanischen Pokalverteidigers in letzter Minute retten, so daß die englische Yacht, trotz überlegener Geschwin-

Foto 15: Eine große Zahl von Yachten der internationalen Soling-Klasse im Rennen auf der Vor-Wind-Strecke vor San Francisco. Die Pläne dieses modernen olympischen Dreimann-Kielbootes finden sich unter Abb. 167.
Foto: Diane Beeston

digkeit, doch ohne den ersehnten Pokal in ihre Heimat zurückkehren mußte.

Damals wurde natürlich die Richtigkeit der Schlußfolgerungen aus Modellversuchen erneut in Frage gestellt. Als aber vier Jahre später eine neue Herausforderung erging und der berühmte Pokal wiederum verteidigt werden mußte, bildete sich in den Vereinigten Staaten ein ungewöhnliches Triumvirat hervorragender Männer, um auf Technik und zugleich geistige Eingebung aufbauend, die schnellste Yacht zu schaffen, welche innerhalb der Pokalbedingungen denkbar war. Zwei große Talente des Entwurfs, W. Starling Burgess und Olin Stephens, verbanden sich mit dem hervorragenden Modellversuchsexperten K. S. M. Davidson. Sie brachten gemeinsam die großartigsten Modellversuche zur Ausführung, die jemals auf dem Sondergebiet des Yachtbaues durchgeführt worden waren. Ihr Ergebnis war so überzeugend, daß der amerikanische Rennyachtbau damals eine unbestrittene Vormachtstellung errang.

Allerdings konnten diese Versuche bereits mit einer ungewöhnlichen Grundlage begonnen werden. Nicholson hatte nämlich in einer seltenen Geste, *gentlemanlike*, den Linienriß seiner erfolgreichen schnellen EN-

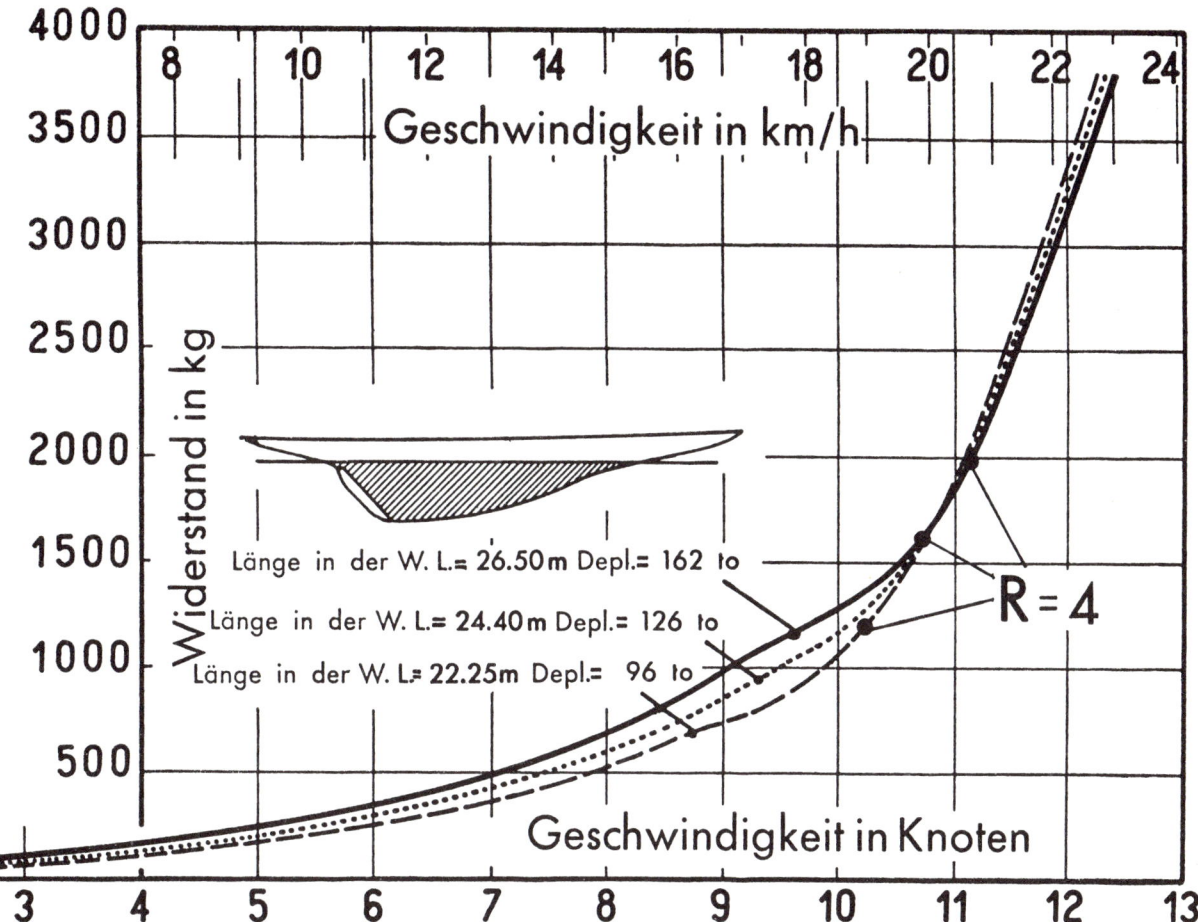

Abb. 65: Die drei hier gezeigten Widerstandskurven gehören zu drei verschieden großen Entwürfen ein und derselben Klasse, nämlich der Klasse „J" der amerikanischen Universal-Formel. Es handelt sich um eine „Modellfamilie", bei der die WL-Längen zwischen 22,25 m und 26,50 m der wirklichen Yacht lagen, die Linien aber unverändert beibehalten wurden, nur mit mathematischer Vergrößerung. Bei langsamer Fahrt zeigt das kleinste Modell den geringsten Widerstand, bei hoher Segelgeschwindigkeit dagegen erzeugt es den höchsten Widerstand.

DEAVOUR I Burgess zur Verfügung gestellt (siehe Abb. 239). So konnten im Stevens Institute die Modelle der damaligen drei erfolgreichsten Yachten nachgebaut und untersucht werden, nämlich ENDEAVOUR I, RAINBOW und WEETAMOE. Man untersuchte diese Modelle mit unerhörter Gründlichkeit und maß ihre Widerstände unter allen zu erwartenden Verhältnissen und für zahlreiche Geschwindigkeiten, Krängungen und Abdriftwinkel. An Hand der Vergleichswerte wurden mehrere neue Modelle entworfen und gemessen, und vom besten dieser Modelle wurde wiederum eine „Familie", also mathematisch abgeänderte Modelle gleicher Linien und Proportionen, untersucht. Eine solche Modellfamilie stammt von einem *väterlichen* Linienriß ab, dessen Form zwar nicht verändert wird, dessen Abmessungen, vor allem Länge, Breite und Verdrängung, aber mathematisch abgeändert werden. Vier solcher *Modellkinder* führten zum endgültigen Entwurf der neuen Yacht, die unter dem Namen RANGER berühmt wurde.

Die Linien der Yacht RANGER wurden weder von einem Manne noch vom Versuchstank geschaffen, sondern müssen als Ergebnis gemeinsamer Arbeit von Geist und Technik betrachtet werden. Die Überlegenheit der RANGER über Nicholsons ENDEAVOUR II war so groß, daß fortan die Gültigkeit der Modellversuche für Segelyachten allgemein anerkannt wurde.

Ein Versuchstank kann keine Yacht entwerfen. Ja, ein Tank kann nicht einmal mit Sicherheit auf Vorzüge oder Fehler im Entwurf hinweisen. Modellversuche ergeben vor allem Zahlenwerte und Widerstandskurven, nichts weiter. Wird ein Linienriß oder ein fertiges Modell einer Versuchsanstalt eingeschickt, so erhält man zwar genaue Meßwerte als Antwort, doch drücken diese zunächst keinerlei Werturteil über die Güte des Modells aus. Die Ergebnisse bei allen untersuchten Geschwindigkeiten werden in einer Widerstandskurve zusammengefaßt, mit der man nicht viel anfangen kann. Es ist nicht einmal besonders schwierig, eine solche Kurve mit guter Annäherung auch zu berechnen, ohne überhaupt Versuche auszuführen.

Der Wert des Modellversuchs liegt vor allem im Vergleich. Werden mehrere verschiedene Schiffsformen geprüft, so erhält man auch mehrere Widerstandskurven, aus denen nützliche Schlüsse gezogen werden können. Solche Kurven erfassen nicht nur den Widerstand in aufrechter Fahrt, sondern auch für die Fahrt mit verschiedenen Krängungen und unter verschiedenen Abdriftwinkeln. Als Erweiterung können verschiedene Trimmlagen untersucht werden, auch verschiedene Verdrängungen, und schließlich kann man im Tank künstlichen Seegang erzeugen und in diesem alle Messungen wiederholen.

Daß es keineswegs einfach ist, das Modell mit dem geringsten Widerstand auszuwählen, erkennt man an den drei Kurven der Abb. 65. Obwohl die drei Kurven zur Modellfamilie der RANGER-Versuche gehören, steckt die Auswahl voller Probleme. Bei einer Geschwindigkeit von 10³/₄ Knoten zeigten alle drei Modelle genau gleichen Widerstand, d. h. das leichte und kürzere Schiff hatte denselben Widerstand wie das bedeutend schwerere, längere Schiff. Bei geringeren Geschwindigkeiten zeigt sich die leichtere, kürzere Yacht

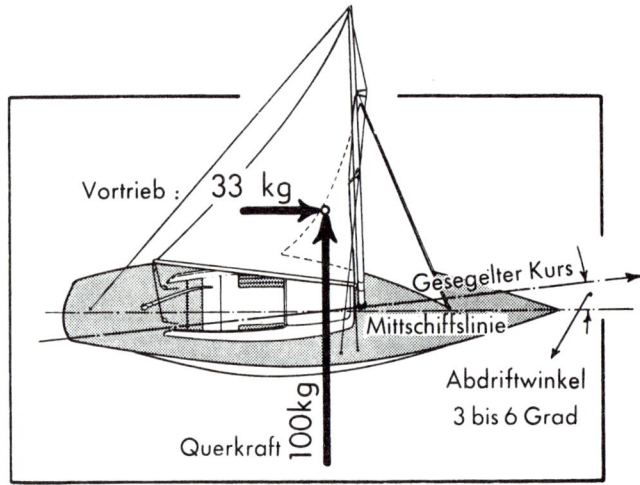

Abb. 66: Bei jedem vollständigen Modellversuch wird nicht nur das Verhalten in aufrechter Lage gemessen, sondern auch die Auswirkungen der Querkraft untersucht, welche Krängung und Abdrift erzeugt. Dadurch wird das Bild des reinen Widerstandes erheblich verändert. In Form eines Beispiels erkennt man hier die auftretenden Kräfte.

als vorteilhaft, bei höheren dagegen wird das gleiche Boot das ungünstigste von allen.

Viel komplizierter aber wird die Untersuchung, wenn eine Meßformel dem schwereren Schiff auch eine größere Segelfläche zugesteht. Erst sorgfältige Rechnungen als Folge ausgedehnter Modellversuche ermöglichen eine verhältnismäßig sichere Auswertung der Meßergebnisse.

Wird ein Modell im Versuchstank geschleppt, entsteht nur ein sehr geringer Widerstand. Um diesen in den tatsächlichen Schiffswiderstand umzurechnen, genügt die mathematische maßstäbliche Vergrößerung nicht (die im Verhältnis der Verdrängungen zu erfolgen hätte). Die beiden Hauptgruppen des Widerstandes, dynamischer oder Formwiderstand, und Oberflächen- oder Reibungswiderstand, können im Versuch nicht getrennt gemessen werden, folgen aber sehr verschiedenen physikalischen Gesetzen. Ein komplizierter Rechenvorgang ist notwendig, um zunächst beide Gruppen im Modellversuch zu trennen, sie auf verschiedenen Wegen in die wahre Größe umzurechnen und dann wieder zu summieren, wobei eine gewisse mathematisch-physikalische Spekulation unvermeidbar ist. Das Umrechnungssystem ist zwar sehr vervoll-

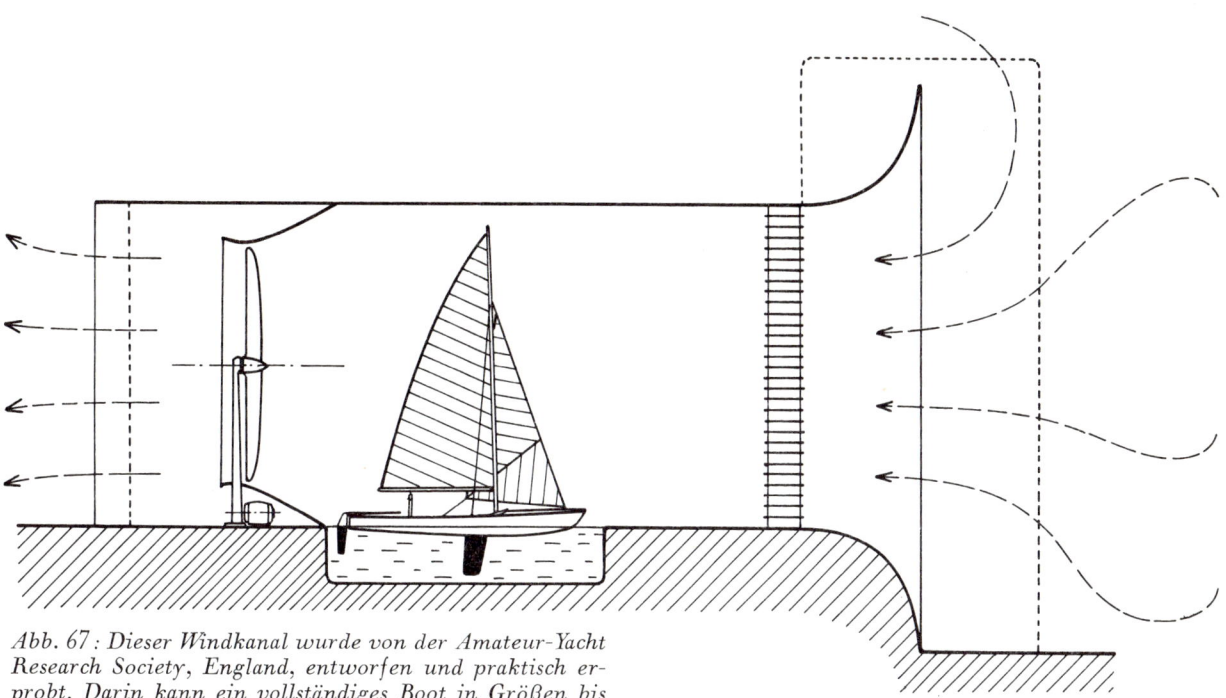

Abb. 67: Dieser Windkanal wurde von der Amateur-Yacht Research Society, England, entworfen und praktisch erprobt. Darin kann ein vollständiges Boot in Größen bis etwa 20 m² Segelfläche untersucht werden. Trotzdem traten viele unvorhergesehene Schwierigkeiten auf, welche innerhalb einer Amateur-Anlage nicht leicht übersehen werden konnten. Doch ist es verlockend, Segel, Takelung und Bootskörper naturgetreu untersuchen zu können.

kommnet worden, doch ist es in Fällen extremer Formen oder Abmessungen leider noch nicht absolut zuverlässig. Um eine Ähnlichkeit der Oberflächenreibung am Modell überhaupt erst zu erzielen, muß die sogenannte *laminare Strömung* unbedingt vermieden werden, denn am wirklichen Schiff gibt es praktisch nur *turbulente Strömung*. Zu diesem Zweck wird das Vorschiff des Modells entweder *aufgerauht*, mit einem von Seite zu Seite herumreichenden *Stolperdraht* versehen, oder aber es werden Rauhigkeitsknöpfe an der Vorderkante unter Wasser angebracht.

Außer individuellen Modellversuchen für bestimmte Fälle gibt es auch unabhängige, meist systematische Modellversuche zu Zwecken allgemeiner Anwendung. Auf diesem Gebiet stellt leider kaum jemand die erforderlichen Mittel zur Verfügung, doch finden die meisten Versuchsanstalten Gelegenheit, eigene Entwicklungsarbeit an grundsätzlichen Problemen auszuführen. Bei der Abfassung der vorliegenden Arbeit wurden solche Untersuchungen aus mehreren Ländern zu Rate gezogen, und zwar liegen sie aus den Vereinigten Staaten vor, aus Deutschland, England, Holland und sogar der Türkei, deren Versuchsanstalt in Stambul viele Untersuchungen an Yachtmodellen veröffentlichte.

In der Praxis des Segelns ist es viel einfacher, mit einer Besegelung zu experimentieren als mit den Schiffskörpern, und so hat dieser empirische Umstand dazu geführt, daß die Besegelung einer modernen Yacht einen bewunderungswürdigen Grad der Vollkommenheit erreicht hat, ohne daß Modellversuche in größerem Maße zu Hilfe gezogen wurden.

Natürlich sind im sogenannten *Windtunnel* auch Modellsegel geprüft worden. Die Versuche Crosecks an gewölbten Platten und an einem Modellsegel wurden bereits genannt. Auch Manfred Curry ließ um 1925 aus Blech gefertigte Segel im Windtunnel untersuchen. Im gleichen Jahr veröffentlichten Warner und Ober eine ausführliche Arbeit vor der amerikanischen *Society of Naval Architects*, welche sich auf ihre Modellversuche zwischen 1915 und 1921 stützte. Wohl die sorgfältigsten Segelversuche führte Davidson 1933 im Stevens Institute aus, und zwar untersuchte er die Besegelung der Yacht GIMCRACK, die bereits mehrfach genannt wurde. Da diese Yacht als Grundpfeiler der Anwendung von Modellversuchen gewählt worden war, ließ Davidson sie von einem erfahrenen Regattasegler auf Am-Wind-Kursen steuern, wobei alle meßbaren Werte registriert wurden. Danach wurde das Bootskörpermodell im Schlepptank gemessen und die Besegelung im Windkanal untersucht. Aus diesen Vergleichen entstanden die sogenannten GIMCRACK-Beiwerte, die bis auf den heutigen Tag zum Studium der am Wind segelnden Yacht herangezogen werden. Auch die Kurvenblätter des hier als Beispiel vorgeführten Drachenbootes entstanden in Anlehnung an die GIMCRACK-Meßwerte.

Merkwürdigerweise haben sich Windtunnel-Versuche an Segeln nicht als ständige Einrichtung eingeführt. Offenbar ist das Experimentieren mit naturgroßen, d. h. wirklichen Besegelungen wirtschaftlich leichter tragbar, im Gegensatz zum Experimentieren mit Bootskörpern. Die in England bestehende *Amateur Yacht Research Society* erbaute einen wohldurchdachten Windtunnel, der genügend große Abmessungen besaß, um vollständige Rennjollen bis zu etwa 20 m² Segelfläche darin zu untersuchen. Die Segelmacherfirma Ratsey & Lapthorn installierte einen Modell-Windtunnel zum Zwecke des Experimentierens. Doch in beiden Fällen fanden die Anlagen bei weitem nicht die Nutzanwendung, die man von ihnen erwartet hatte.

Man hat sich daran gewöhnt, unter Modell die Verkleinerung natürlicher Abmessungen zu verstehen. Im Grunde genommen ist dies keineswegs erforderlich, denn auch jede beliebige Yacht kann als Modell für jede mechanisch ähnliche Yacht dienen, sei letztere größer oder kleiner. Auch an wirklich segelnden Yachten können wertvolle Messungen vorgenommen werden, wie die GIMCRACK-Versuche bereits erläuterten. Ähnliche Meßfahrten wurden in England mit der 5,5-m-R-Yacht YEOMAN und danach auch noch mit der 12-m-R-Yacht NORSAGA unternommen. In beiden Fällen waren die Yachten mit vielerlei Instrumenten ausgerüstet worden, um alle zugänglichen Werte zu messen, wie z. B. Stärke und Richtung des scheinbaren Windes, Geschwindigkeit durchs Wasser, Abdrift und Krängung. Nur der Vortrieb durch den Wind bzw. der Widerstand der Yacht können auf direktem Wege nicht gemessen werden. Jede Verbesserung, sei es durch Veränderung der Segel oder Segelstellung oder durch veränderte Trimmlage des Bootes, ist nur an der Zu- oder Abnahme der gesegelten Geschwindigkeit zu beobachten.

Zur Zeit der Niederschrift dieser Zeilen laufen viele Modellversuchstanks *auf Hochtouren*, denn mehrere Länder bereiten sich auf eine erneute Herausforderung um den Amerika-Pokal vor, natürlich auch die USA für die Verteidigung. Es sollte nicht wunder nehmen, wenn wieder einmal ein *Sprung nach vorne* erzielt werden sollte, besonders da die bedeutendsten Männer im Yachtentwurf und in der Versuchstechnik nur ein einziges Ziel im Auge haben: eine noch schnellere 12-m-R-Yacht herauszuexperimentieren.

Stabilität als Vortriebsfaktor

Abb. 68: Ein sogenanntes „Log Canoe" oder Einbaum aus der Bucht von Chesapeake, USA. Man beachte die originelle Anordnung sowohl der Hauptsegel als auch der ungewohnten Beisegel.

Ein vom Wind angetriebenes segelndes Boot stellt ein absolut einzigartiges Fahrzeug dar. Im Gegensatz zum Vogel oder zum Fisch, zum Automobil oder zum Flugzeug wird das Gewicht des Bootes von *einem* Medium getragen, sein Antrieb aber von einem *anderen* Medium geliefert. Ein Automobil steht mit seinen Rädern auf dem Boden und wird auch mittels seiner Räder angetrieben. Das Flugzeug wird von der strömenden Luft getragen, aber auch der Vortrieb erzeugende Propeller wirkt auf dieselbe strömende Luft. Das Motorschiff wird vom Wasser getragen, aber auch sein Propeller wirkt auf dasselbe Wasser. Nur die Segelyacht befindet sich in einer seltsamen Zwiespältigkeit: Ihr Gewicht wird vom Wasser getragen, ihr Antrieb dagegen von der Luft erzeugt.

Das segelnde Boot muß einen vom Wasser erzeugten Widerstand überwinden und gleicht darin dem Motorschiff. Doch nur die Segelyacht empfängt ihren Antrieb an einem Punkte, welcher in *bedeutender Höhe* über dem tragenden Wasser liegt. Der Vortrieb setzt mittels eines langen Hebelarmes an, um den *tief unten* liegenden Widerstand zu überwinden.

Ein Automobil kann durch einen Unfall auf den Kopf gestellt werden, nicht aber auf Grund des Antriebs durch seine Räder. Ein Flugzeug kann abstürzen als Folge eines Defektes, aber ebenfalls nicht als Auswirkung der Arbeit seines Propellers. Das Segelboot dagegen kann kentern, vollaufen, sinken, als direkte Konsequenz seines Antriebes. Deswegen hat auch die Stabilität des Segelbootes eine doppelte Aufgabe:

a) sie hat das krängende Moment des Antriebs zu übernehmen,
b) sie soll Sicherheit gegen Kentern oder Vollaufen gewähren.

Die erreichbare *Geschwindigkeit* der segelnden Yacht hängt zum großen Teil von der Querstabilität ab. Gäbe es ein Boot mit unendlich großer Stabilität, so könnte es auch eine unbeschränkt große Segelfläche tragen und mit dieser ungeahnte Geschwindigkeiten erreichen.

In Wirklichkeit besitzt die Segelyacht nur eine mäßige, häufig sogar eine kaum ausreichende Stabilität. Deswegen kann eine Yacht nur eine Segelfläche tragen, die innerhalb ihrer Stabilitätsgrenzen liegt.

Querstabilität wird einerseits von der Breite des Bootes erzeugt, doch trägt andererseits auch sein Gewicht erheblich dazu bei. Beide gemeinsam, nämlich Breite und Gewicht, ergeben die Eigenstabilität des Bootes. Darüber hinaus kann eine günstige Anordnung der Mannschaft einen erheblichen Beitrag zur Stabilität besonders derjenigen Bootsarten liefern, die von Natur aus eine geringe Eigenstabilität besitzen. Der stabilisierende Einfluß der Mannschaft kann durch Kunstgriffe, wie z. B. die Anwendung des sogenannten Trapezes oder eines Auslegers, bedeutend vergrößert werden. Da aber eine Segelyacht nicht einzig und allein auf höchste Geschwindigkeit konstruiert wird, kompliziert sich das Problem der Stabilitätsuntersuchung.

Oft hat man versucht, das geringe Segeltragvermögen leichter Bootskörper durch merkwürdige Extreme zu verbessern. Auf den bereits genannten „Sandbaggern" verwandte man übertrieben große Segelflächen, da man die Stabilität der Boote mittels zu transportierender Sandsäcke entsprechend vergrößert hatte. Die Stabilität hing hier also von der Arbeitsfreudigkeit der Mannschaft ab, die bei jedem Wenden die Sandsäcke auf die neue Luvseite transportieren mußte.

Die in der Chesapeake Bucht, USA, segelnden Ein-

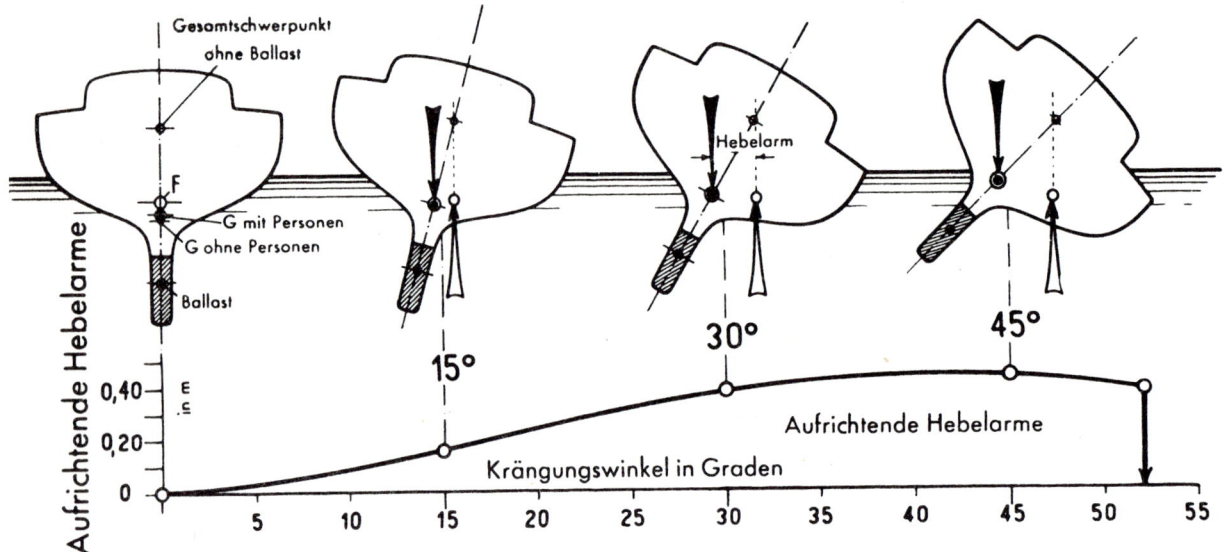

Abb. 69: Untersuchung der statischen Stabilität eines Kielbootes. Die unten gezeigte Kurve der „aufrichtenden Hebelarme" bricht bei 52 Grad Neigung plötzlich ab. Bei diesem Krängungswinkel stürzt bei dem hier gewählten Drachenboot das Wasser über die Reling ins Innere und bringt das Schiff zum Sinken.

bäume, dort *Log Canoes* genannt, tragen trotz der typisch geringen Breite erstaunlich große Segelflächen, vergl. Abb. 68, weil eine zahlreiche Mannschaft als lebender Ballast die Stabilität künstlich vergrößert. Vier bis acht Mann begeben sich auf Luvbrettern weit nach außenbords und erzeugen ein beträchtliches aufrichtendes Moment.

Unter Stabilität versteht man zunächst die *Fähigkeit eines Bootes, die Querkraft des Windes* aufzunehmen, bzw. sich ihr so gut wie möglich zu widersetzen. Gibt es wohl ein Maß für die Größe, also die segeltragende Wirkung der Stabilität? Diese Frage sei an Hand der Abb. 69 erklärt. Man erkennt dort vier verschieden gekrängte Querschnitte eines Kielbootes, bei denen jeweils ein heller Pfeil den nach oben gerichteten Auftrieb des Wassers darstellt. Der dunkle, nach unten gerichtete Pfeil deutet auf den Gewichtsschwerpunkt des fertig ausgerüsteten Bootes. Zwischen diesen beiden Pfeilen entsteht bei der Krängung ein horizontal gemessener Abstand, den man *Hebelarm der statischen Stabilität* nennt. Wird das Gesamtgewicht der Yacht mit der Größe des Hebelarms multipliziert, so ergibt sich das *aufrichtende Moment*.

Um die Angaben der Abb. 69 besser verstehen zu können, seien zunächst die verschiedenen „Zentren" untersucht, linker Querschnitt. Der am höchsten gelegene Punkt zeigt die Lage des Gewichtsschwerpunktes des gesamten Bootes, aber *ohne* Ballast. Er erfaßt sowohl den Bootskörper wie auch den Mast, die gesamte Takelage und alles Zubehör. Der tiefste aller Punkte zeigt die Lage des Ballast-Schwerpunktes. Beide gemeinsam erzeugen einen Gesamtschwerpunkt „G" für die vollständig segelklare Yacht, jedoch ohne Besatzung. Diese wiederum bringt den Gesamtschwerpunkt ein klein wenig höher, und es sei hinzugefügt, daß dieser letztgenannte Schwerpunkt für die Stabilität endgültig maßgebend ist und sich in allen nachfolgenden Querschnitten wiederholt. Der Gesamtschwerpunkt liegt also gewissermaßen im oberen Teil der Bilge, in Höhe der Bodenbretter oder kurz darunter.

Das Unterwasserschiff verdrängt eine Wassermenge, deren Gewicht gleich dem vollständig segelklaren Schiffsgewicht ist. Auch dieses Volumen besitzt einen sogenannten *Formschwerpunkt*, welcher in der Zeich-

---

Foto 16: Diese kleine Kimmkielyacht vom Typ „Westerly Warwick" ist ein vorzügliches Fahrtenboot für Binnen und Küste. Fällt es in seichten Tidengewässern trocken, so bleibt es dank der Doppelkiele aufrecht stehen. In 6,55 m Länge und 2,35 m Breite besitzt es eine bequeme Vierkojen-Einrichtung; Segelfläche etwa 16 m². Die Werft Westerly Marine, Portsmouth, baut verschiedene Größen von Kimmkiel-Yachten, alle nach Plänen von Laurent Giles.
Foto: Eileen Ramsay

Foto 17: Auf diesem Trailer-Foto der „Westerly Warwick" erkennt man sehr gut die Anordnung der Kimmkiele, die der Yacht einen sicheren Stand verleihen. Besonders auf britischen Tidengewässern erfreut sich der Typ des Doppelkielbootes großer Beliebtheit.
Foto: J. A. Hewes

nung am Buchstaben „F" erkennbar ist. Bei Yachten mit tiefliegendem Ballastkiel liegt der Schwerpunkt aller Gewichte gewöhnlich ein wenig unter dem Formschwerpunkt. Bei breiten Kielbooten mit geringem Tiefgang und oft geringem Ballastanteil liegt der Gewichtsschwerpunkt zwar *höher* als der Formschwerpunkt, doch bedeutet dies zunächst weder eine Gefahr noch eine zu geringe Stabilität.

Ein aufrecht in Ruhe liegendes Schiff besitzt eine meßbare *Anfangsstabilität*. Ihre Größe wird durch die sogenannte *Metazentrische Höhe* ausgedrückt, ein Wert, der besonders für die nichtkrängenden Motorboote ein brauchbares Stabilitätsmaß darstellt. Das sogenannte *Metazentrum* in Ruhe wurde zwar nicht eingetragen, befindet sich aber ungefähr dort oben, wo der Gesamtschwerpunkt ohne Ballast liegt. Der Abstand vom Metazentrum zum Gewichtsschwerpunkt des kompletten Bootes kennzeichnet die Anfangsstabilität, ausgedrückt durch die ebengenannte *metazentrische Höhe*. Bei der neu eingeführten Vermessung der Seekreuzeryachten nach I.O.R. (International Offshore Rule) wurde ein *Krängungsversuch* vorgeschrieben, mittels dessen die Anfangsstabilität der Yachten festgestellt und in die Formel einbezogen wird. Dies geschieht nicht eigentlich zum Zweck der Stabilitätskontrolle, sondern speziell dafür, zu leichte Bootskörper mit zu hohem Ballastanteil zu vermeiden oder mit Strafpunkten zu belasten. (Der Krängungsversuch wird im Schiffbau allgemein angewandt, um die Höhenlage des Gewichtsschwerpunktes *genau* festzustellen.)

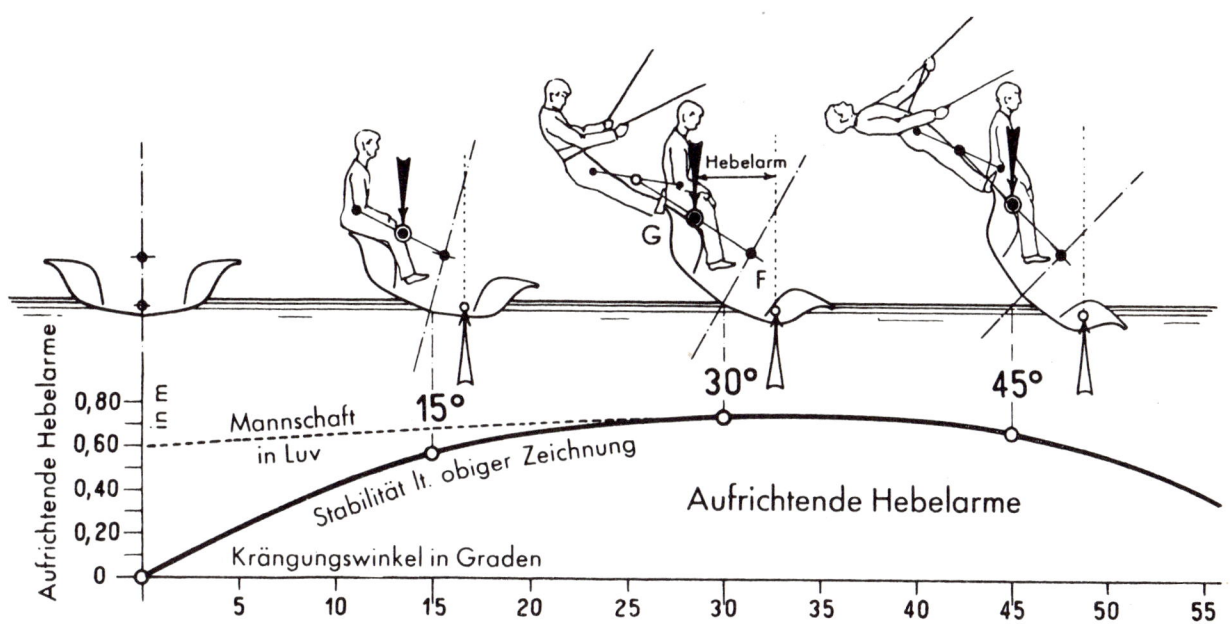

Abb. 70: Bei der statischen Stabilität einer leichten Jolle ist der sogenannte „lebende Ballast" von maßgebendem Einfluß. Als Beispiel wurde die Internationale 505er-Jolle gewählt. Wie man sieht, wird im Gegensatz zum Kielboot auch in aufrechter Lage bereits ein bedeutendes „aufrichtendes Moment" erzeugt, sobald der Vorschotmann ins Trapez steigt. Dadurch kann eine solche Jolle auch bei recht starkem Winddruck ihre völlig aufrechte Lage beibehalten. Das Trapez wurde im Jahre 1938 von Peter Scott zum ersten Male gezeigt.

Sobald eine Yacht durch den Winddruck eine Krängung erleidet, wandert der Form- oder Auftriebsschwerpunkt nach Lee aus, siehe zweiten Querschnitt in Abb. 69. Es entsteht dadurch ein horizontaler Abstand zwischen dem Auftrieb, heller Pfeil, und dem Gewicht, dunkler Pfeil. Beide wirken im Sinne eines Wiederaufrichtens, erzeugen also ein *aufrichtendes Moment*. Wie der nächste für 30 Grad Krängung geltende Querschnitt anzeigt, wird der aufrichtende Hebelarm (horizontaler Abstand) bei zunehmender Krängung größer, d. h., das aufrichtende Moment nimmt zu. Dieser zunehmende horizontale Abstand läßt sich durch eine Kurve ausdrücken, wie sie hier unterhalb der vier Querschnitte erkennbar ist. Sie zeigt in vergrößertem Maßstab die *Kurve der aufrichtenden Hebelarme*, aus der sich für jeden Krängungswinkel die *Statische Stabilität* ergibt. Man erkennt, daß die statische Stabilität links beim aufrechten Schiff mit Null beginnt und bei etwa 40 Grad Krängung ihren höchsten Wert erreicht. Dann fällt sie bis zu 52 Grad Krängung zunächst ganz wenig ab, um dort plötzlich vollkommen auf Null zurückzugehen. Im vorliegenden Falle bedeutet es, daß das gewählte Drachenboot bei einer Krängung von 52 Grad einen Wassereinbruch über den Waschbord hinweg erleidet. Es läuft voll und sinkt!

Eine Jolle dagegen weist ein ganz anderes Verhalten auf. In Abb. 70 wird die Stabilität einer modernen Jolle, nämlich der Internationalen 5-0-5 Jolle, untersucht. Ganz links im Querschnitt erkennt man nur zwei Zentren, nämlich oben den Schwerpunkt des Gesamtgewichtes, und unten den Form- oder Auftriebsschwerpunkt. Trotz dieser wenig überzeugenden Lage besitzt die Jolle noch eine wenn auch geringe Anfangsstabilität dank der von der Breite bestimmten metazentrischen Höhe, welche hier nicht angegeben wurde. Vergleicht man den nächsten Querschnitt für 15 Grad Krängung, erkennt man, daß die in Luv sitzende Mannschaft erheblich zur Stabilität beiträgt. Der Gesamtschwerpunkt aller Gewichte liegt jetzt nämlich dort, wo der dunkle Pfeil angreift. Da andererseits der Formschwerpunkt, heller Pfeil, erheblich nach Lee auswanderte, wird ein mächtiger Hebelarm der statischen Stabilität geschaffen und ein bedeutendes aufrichtendes Moment erzielt.

Nimmt die Krängung weiter zu, greift man schließlich zum Gebrauch des Trapezes, um den aufrichtenden Hebelarm noch mehr zu vergrößern. An der Kurve der Hebelarme der statischen Stabilität erkennt man, daß der größte aufrichtende Hebelarm etwa bei 32 Grad Krängung erzielt wird. Hingegen wird es der Mannschaft bei mehr als 50 Grad Krängung schwierig, sich an ihrer Stelle zu halten, und bei etwa 60 Grad Überliegen verschwindet die Stabilität vollständig, so daß das Boot zum Kentern kommen muß.

Im Gegensatz zum Kielboot besitzt die Jolle eine durchaus ungewöhnliche Eigenschaft als Konsequenz ihres *lebenden Ballastes:* Man kann in völlig aufrechter Lage ein erstaunlich großes *aufrichtendes Moment* erzeugen, besonders bei Verwendung eines Trapezes. Eine Jolle kann also auch bei recht bedeutenden Windstärken vollkommen aufrecht gesegelt werden, was bei einem Kielboot mit seinem *toten Ballast* nicht möglich ist. Die gestrichelte Verlängerung, links in der Kurve der aufrichtenden Hebelarme, zeigt, daß ohne jede Krängung ein aufrichtender Hebelarm von 0,60 m erzielt werden kann, fast soviel wie bei 30 Grad Krängung und größtem Hebelarm.

Man bezeichnet die durch lebenden Ballast erzeugte Stabilität auch als *Stabilität außerhalb des Wassers*, im Gegensatz zu der durch tiefliegenden toten Ballast erzeugten *Stabilität im Wasser*.

Welche Querkraft kann eine Jolle vom Typ „Flying Dutchman" oder „5-0-5" ohne jede Krängung übernehmen? Beide haben ein Durchschnittsgewicht von 150 kg ohne Besatzung. Rechnet man noch 130 kg Gewicht für zwei Mann hinzu, so hat man in der Regatta ein Gesamtgewicht von 280 kg. Mit einem aufrichtenden Hebelarm von 0,60 m entsteht folgendes aufrichtendes Moment: $0{,}60 \cdot 280$ kg = 168 mkg. Für die mittlere Segelfläche von 14 m^2 kann man den Druckmittelpunkt auf etwa 2,70 m über dem Formschwerpunkt annehmen. Da nun aufrichtendes und krängendes Moment bei stetigem Segeln gleich sind, muß der Winddruck am 2,70 m langen Hebelarm ebenfalls ein Moment von 168 mkg erzeugen. Dieses Moment erfordert folgende Querkraft: 168 : 2,70 = 62 kg, oder auf jeden Quadratmeter Segelfläche 62 : 14 = 4,4 kg.

Ein moderner Katamaran verhält sich in gewissem Grade wie eine Jolle, da ja auch er ballastlos gesegelt

Foto 18: Prächtige Gleitfahrt mit stetigem Winde und mäßig bewegtem Wasser, das ist der Traum des Jollenseglers. Diese GFK-Jolle vom Modell „Trainer" ist 4,40 m lang, 1,70 m breit und fährt 13 m^2 Segelfläche. Sie entstammt dem Serienprogramm der Klepper-Werke und wurde vom D.S.V. als Eintypklasse anerkannt.
Foto: Klepper-Werke

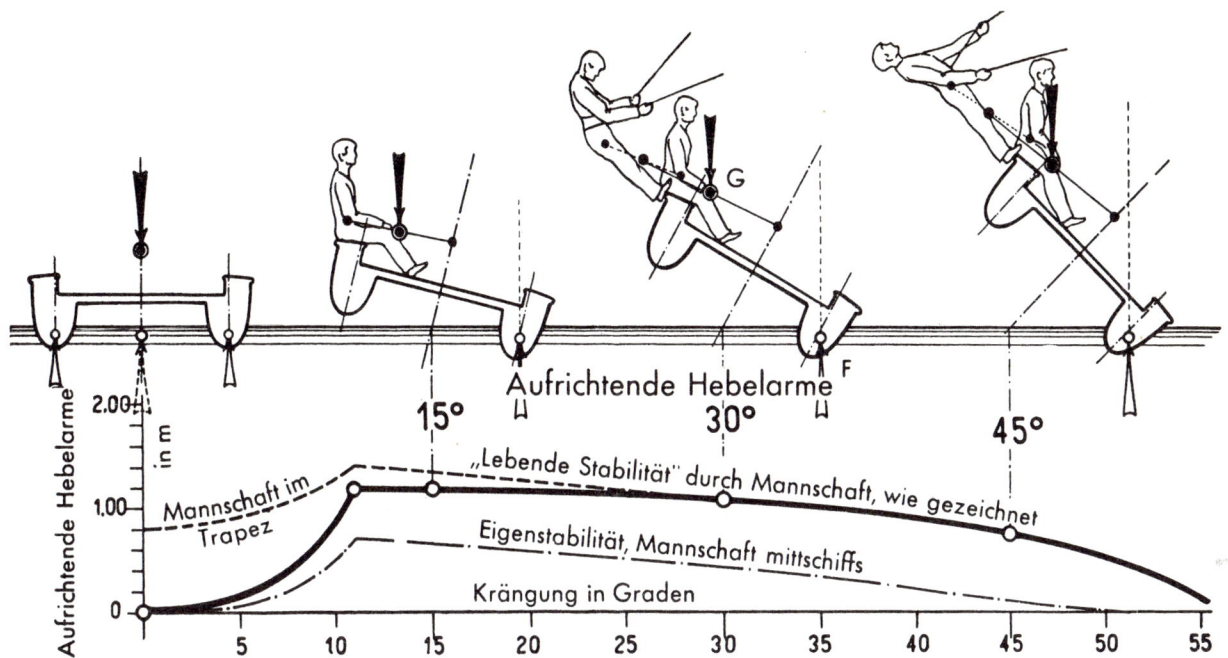

Abb. 71: Die Hebelarmkurve eines Katamarans zeigt einen gänzlich andersartigen Verlauf. Die größte Stabilität des Katamarans wird in dem Moment erreicht, wenn der Luvschwimmer gerade eben das Wasser verläßt. Man erkennt den bedeutenden stabilisierenden Einfluß des Gewichtes der Mannschaft, wie in den Kurven erklärt wird.

wird. Daß auch bedeutende Unterschiede bestehen, ist ja wegen der Doppelrumpf-Anordnung zu erwarten. In Ruhelage besitzt er statt *eines* Formschwerpunktes deren *zwei*, in Abb. 71 links an den beiden hellen Pfeilen erkennbar. Die Anfangsstabilität ist wegen der großen Breite sehr hoch, ein Krängungsversuch würde eine sehr große metazentrische Höhe ergeben. Beginnt nun eine mäßige Krängung, so erreicht der Katamaran sehr rasch sein Stabilitätsmaximum, nämlich genau in dem Moment, da der Luvschwimmer vom Wasser freikommt, hier also bei nur 11 Grad Krängung.

Befindet sich die Mannschaft in Luv, so erzeugt sie bereits ohne Trapez den ungewöhnlichen aufrichtenden Hebelarm von 1,20 m. Mit dem Vorschotmann im Trapez steigt dieser Wert auf 1,40 m, wohlverstanden Boot plus Mannschaft zusammengerechnet. Rechnet man 140 kg für das komplette Boot und 130 kg für die Mannschaft, so kommt das Gesamtgewicht auf 270 kg. Dieses erzeugt bei 11 Grad Krängung und einem Hebelarm von 1,40 m ein aufrichtendes Moment von 270 · 140 = 378 mkg.

Vergleichen wir hierzu die Jolle, so erzielte diese ein größtes aufrichtendes Moment von 280 · 0,80 = = 224 mkg. Das Drachenboot, als Kielboot zum Vergleich herangezogen, unterscheidet sich zunächst durch ein bedeutend höheres Gesamtgewicht, d. h. mit 3 Mann Besatzung = 1940 kg. Bei den gleichen 11 Grad Krängung, wie beim Katamaran genannt, erzielt es trotzdem nur ein halb so großes aufrichtendes Moment wie der Katamaran, nämlich rund 200 mkg. Erst bei 17 bis 18 Grad Krängung erreicht es das gleiche aufrichtende Moment, das gleiche Segeltragvermögen wie der Katamaran bei 11 Grad Krängung. Trotzdem trägt das Drachenboot die bedeutende Segelfläche von 26,6 m² gegen nur 14,9 m² des Katamarans.

Der Katamaran besitzt demnach für seine auffallend große Stabilität eine nur sehr kleine Segelfläche, er ist also untertakelt. Dafür ist ein sehr charakteristischer Grund maßgebend: Von demselben Moment an, da sein Luvschwimmer sich vom Wasser abhebt, 11 Grad, wird seine Stabilität ständig *geringer*, um bei 57 Grad zum kritischen Punkt des Kenterns zu gelangen.

Ein solches Doppelboot wie auch eine Jolle geraten häufig in die Nähe des Kenterpunktes, ohne daß es wirklich zur Kenterung kommt. Es darf nämlich nicht übersehen werden, daß sich auch die dem Wind dargebotene Segelfläche zunehmend verkleinert. Diese Tatsache gilt für sämtliche Segelbootstypen, gleich ob Kiel- oder Schwertboot.

Der moderne Katamaran stellt ein wundervolles Beispiel dar, wie hohe Geschwindigkeit in Potenz in ein Boot hineingebaut werden kann. Diese hohe Geschwindigkeit ist nur in geringstem Maße eine Folge der geringen Breite der beiden Schwimmer, sondern ist vor allem der großen Stabilität zuzuschreiben, verbunden mit besonders geringem Gewicht.

Es sei hinzugefügt, daß Katamarane im allgemeinen nicht querschiffs kentern, sondern schräg nach vorn

Foto 20: Nicht nur ballastlose Jollen, auch moderne leichte Kielboote nutzen das Mannschaftsgewicht zur Erhöhung der Stabilität aus, wie es dieses Foto eines Bootes vom Typ „Dyas" zu erkennen gibt. Während sich früher die Mannschaft nur auf die hohe Kante legte, wie z. B. beim Starboot, wird heute auch noch das Trapez als Ausreithilfe verwandt. *Werkfoto Fritzmeier K.G.*

über den Lee-Vorsteven. Diese eigentümliche Eigenschaft ist bei keinem anderen Bootstyp zu beobachten, denn nur der Katamaran vereinigt besonders große Querstabilität mit verhältnismäßig geringer Längsstabilität. Letztere ist eine direkte Folge der Schärfe der beiden schmalen Vorschiffe. Diese erlauben in hoher Fahrt ein Unterschneiden, welches in Blitzesschnelle zum völligen Wegkentern schräg über den Bug führen kann.

Allerdings können Jolle und Katamaran einem unvermeidbar scheinenden Kentern in letzter Sekunde ausweichen, trotz einer heftig einfallenden plötzlichen Bö. Beide können entweder Schoten fieren oder schnell in den Wind schießen, wodurch in beiden Fällen der Winddruck aus den Segeln genommen wird.

Gewiß, es gibt sogar Fälle, in welchen Katamarane an ihren Liegeplätzen vor Anker kenterten, ohne Segel stehen zu haben und ohne Mannschaft an Bord. Wegen ihres ungewöhnlich geringen Gewichtes war einfach die Eigenstabilität zu gering, sie kenterten vor nacktem Mast. Bei Jollen gibt es sogar Sonderfälle mit *negativer Anfangsstabilität*, d. h., das Boot ist auch ohne Wind nicht einmal in der Lage, aufrecht zu liegen. Ein bestimmter französischer Typ der Moth-Klasse hat eine dermaßen geringe Anfangsstabilität (ohne Mannschaft), daß das Boot fast von selbst umfallen würde. Um diesen Kenterwillen zu verringern, hat man sich daran gewöhnt, einen Ballastbrocken ins Boot zu legen, sobald die Mannschaft von Bord geht.

Foto 19: Ein internationaler Zweimann-Katamaran „Tornado" in flotter Gleitfahrt, wie am glatten Verlauf der Wellenbildung zu erkennen ist. Der Vorschotmann im Trapez vergrößert noch die durch zwei Rümpfe bereits gegebene Stabilität. Man beachte das voll durch Latten gestützte Großsegel. Pläne siehe Abb. 219.
Foto: Evecom Multihulls, Amsterdam

Stabilität als Sicherheitsfaktor

Im Jahre 1876 lag der Schuner MOHAWK im Hafen von New York an seiner Boje mit stehenden Segeln, als eine unvorhergesehene Bö diese große Yacht zum Kentern brachte. Man bedenke: 40 m Länge und 10 m Breite! An Bord befanden sich der Eigner und seine Gäste, die mit Schrecken den sofort folgenden Untergang miterlebten, welcher insgesamt 6 Opfer forderte. Niemand hatte geahnt, daß eine so große Yacht ungenügende Stabilität besitzen könnte. Eine große Breite schafft zwar eine große Anfangsstabilität, täuscht dadurch aber einen Eindruck von Sicherheit vor, die in Wirklichkeit nicht besteht.

Anders liegt der Fall beim Drachenboot, welches bei etwa 52 Grad Krängung durch Vollaufen zum Sinken kommt. Dies ist nicht ein Mangel an Stabilitätsumfang, sondern eine Folge freier Öffnungen an Deck, die den plötzlichen Wassereinbruch ermöglichen. Jedes offene oder nur teilweise gedeckte Kielboot, wie z. B. das Starboot, der Drachen, der Binnen-Dreißiger, aber auch das 5,5-m-R-Boot und gegebenenfalls das Nordische Volksboot, *können* bei hartem Überliegen vollaufen und sinken. Der ähnlich gebaute moderne Soling kann zwar vollaufen, aber nicht sinken, da in Vor- und Achterschiff wasserdichte Räume abgeschottet wurden. Kentert dagegen eine Jolle, bedeutet das meist nichts mehr als ein kleines Mißgeschick für die Mannschaft. Das Boot selbst erleidet keinen Schaden und sinkt auch nicht ab. Bei den neueren Jollen werden die inneren Seitenräume wasserdicht abgeschottet, so daß selbst beim Kentern kaum Wasser ins Innere des Bootes gelangt. Eine geschickte Mannschaft kann eine solche Jolle unmittelbar nach dem Kentern wieder aufrichten und weitersegeln.

Betrachtet man eine Jolle oder ein Kielboot vom Standpunkt der Sicherheit, so kommt man zu dem Schluß, daß jedes Boot, das kentern oder gar vollaufen kann, *unbedingt unsinkbar* sein muß. Mit den heute verfügbaren extrem leichten Schaumstoffen ist es ein leichtes, nahezu jedes Boot unsinkbar zu machen. Auf englischen Jollen werden auch aufgeblasene Gummi- oder Plastik-Luftschläuche unter den Seitendecks bzw. unter dem Vor- und Achterdeck untergebracht.

Segelt man jedoch in sinkbaren Kielbooten, so muß größte Vorsicht angewandt werden, falls zunehmende Windstärken zu starken Krängungen führen sollten.

Auf Binnengewässern stellen Kentern und Sinken meistens keine so große Gefahr dar wie auf hoher See. Deshalb müssen Hochseeyachten weit höheren Ansprüchen in bezug auf Stabilität und Sicherheit gegen Vollaufen und Sinken genügen. Nachstehende Tabelle zeigt die verschiedenen Stufen zwischen dem sicheren Seekreuzer und dem gefährlichen Boot:

Hochseeyachten mit großer Sicherheit

    Unkenterbar infolge ausreichendem, tiefliegenden Ballast.

    Unsinkbar dank völlig geschlossener Decks und Aufbauten.

    Beispiel: die moderne Hochseeyacht, *Ocean Racer*.

Kielboote für Regatten

    Unkenterbar dank ausreichendem, tiefen Ballast.

    Sinkbar durch Vollaufen, da Decks nicht völlig geschlossen.

    Beispiel: Drachenboot, Starboot, 5,5-m-Yacht u.a.m.

Boote ohne Ballast, Jollen

    Kenterbar, aber unsinkbar dank ihrer Leichtigkeit.

    Beispiel: die moderne Rennjolle nahezu aller Typen, die meisten Katamarane und viele Jollenkreuzer (nicht alle!).

Das gefährliche Schiff

    Kenterbar infolge ungenügendem Stabilitätsumfang.

    Sinkbar infolge Decksöffnungen und zu großem Eigengewicht.

Zahllose Segelschiffe der Handelsflotten vieler Länder durchsegelten alle Sieben Meere der Welt unter der Voraussetzung des *gefährlichen Schiffes*. Durch Jahrhunderte, fast Jahrtausende, begnügte sich der Mensch damit, ein genügend festes Schiff gebaut zu haben, das im Seegang einigermaßen dicht hielt und nicht von selbst auseinanderfiel. Den Schiffbaumeistern früherer Zeiten kam es gar nicht in den Sinn, an die Möglichkeit eines unsinkbaren oder unkenterbaren Schiffes zu denken. Die Karavellen, die Kriegsfregatten, die

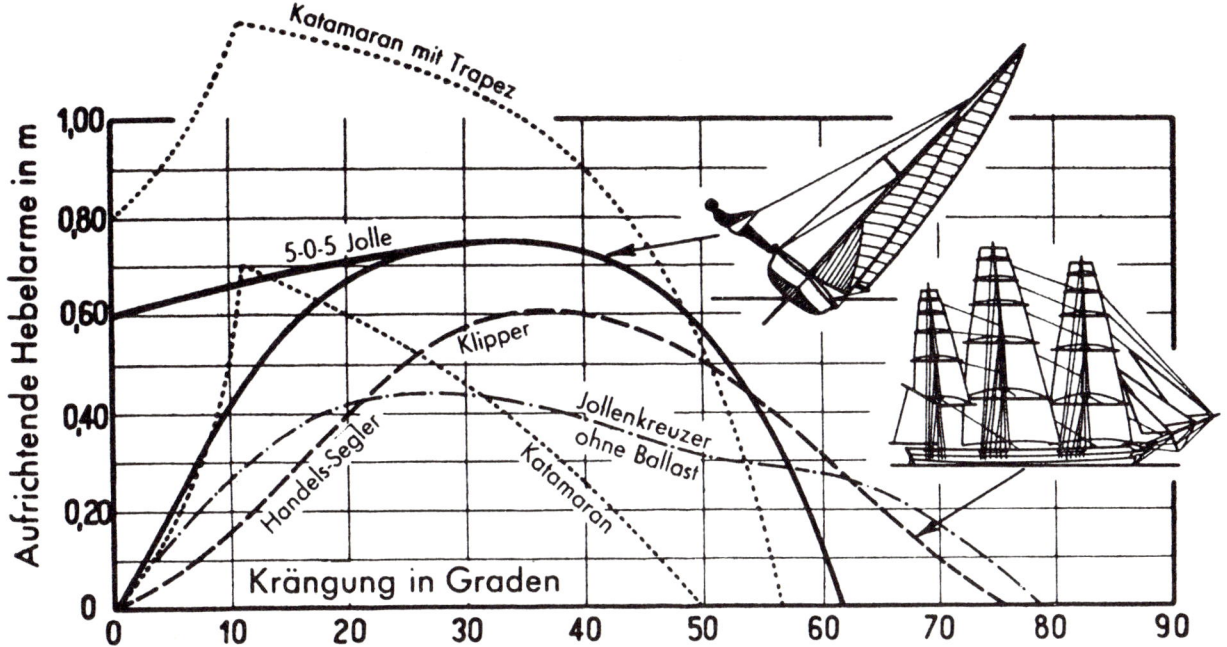

Abb. 72: Verschiedene Hebelarmkurven von kenterbaren Seglern. Alle hier wiedergegebenen Boote, vom Katamaran über den Jollenkreuzer bis zum großen Klipper, kommen bei ihrer kritischen Krängung, die je nach Schiffstyp zwischen 50 und 80 Grad liegt, zum Kentern.

schnellen Klipper und auch die wenigen heute noch existierenden Handelssegler, alle befuhren die hohe See im Zustand des *gefährlichen Schiffes*. Der Mensch vertraute ihnen sein Leben und seine Ware an, nicht etwa aus Unkenntnis der Gefahr, die seine unsicheren Eigenschaften einschlossen. Man ließ sich höchstens zu einer Unterschätzung der Gefahr verleiten, verführt durch den Eindruck gewaltiger Größe und unerhört schwerer Bauweise. Man vertraute notgedrungen der Kunst und Erfahrung von Schiffsführung und Mannschaft. Große Frachtsegler waren bis in die Neuzeit hinein nicht nur kenterbar, sondern sie umschlossen noch das weitere Risiko des Vollaufens auf Grund ihrer Ladeluken, welche nur mittels hölzerner Lukendeckel und darüber gespannter Segeltuchbezüge gesichert waren.

Vor einigen Jahren wurde ein Nachbau der MAYFLOWER, eines englischen Auswanderer-Seglers aus der Zeit um 1600, fertiggestellt, doch wäre dieses Schiff beim Stapellauf im Jahre 1956 (!) beinahe gekentert. Solche Gefahrenmomente traten früher häufig auf, siehe die schwedische VASA des Jahres 1628. Damals verfügte der Schiffsentwurf noch nicht über die nötigen Berechnungsunterlagen, weil der überlieferten Praxis noch keine angemessene Theorie zur Seite stand.

Für den Sportsegler ist es ein beglückendes Gefühl, daß noch eine recht große Anzahl von Schulschiffen die Meere befährt und die Tradition der Rahbesegelung aufrecht hält. Diese Schulschiffe besitzen in den meisten Fällen eine bedeutend größere Sicherheit, als sie die früheren Frachtsegler aufwiesen. Bei den modernen Bauten, welche zum großen Teil von deutschen Werften stammen, können Decks und Aufbauten praktisch als wasserdicht bezeichnet werden. Die Schiffe können also nicht durch Vollaufen sinken. Neuere, moderne Schulschiffe besitzen festen Innenballast in Höhe von etwa 20 Prozent ihrer Verdrängung, durch den sie sogar unkenterbar werden. Zu diesen in Deutschland gebauten Schiffen gehört die EAGLE der amerikanischen *Coast Guard*, die GUANABARA der brasilianischen Marine, die TOWARISCHTSCH der sowjetischen Marine sowie natürlich auch das deutsche Schulschiff GORCH FOCK.

Um die Kenterbarkeit oder den Stabilitätsumfang beurteilen zu können, werden sogenannte *Kurvenblätter der Hebelarme der statischen Stabilität* ausgearbeitet.

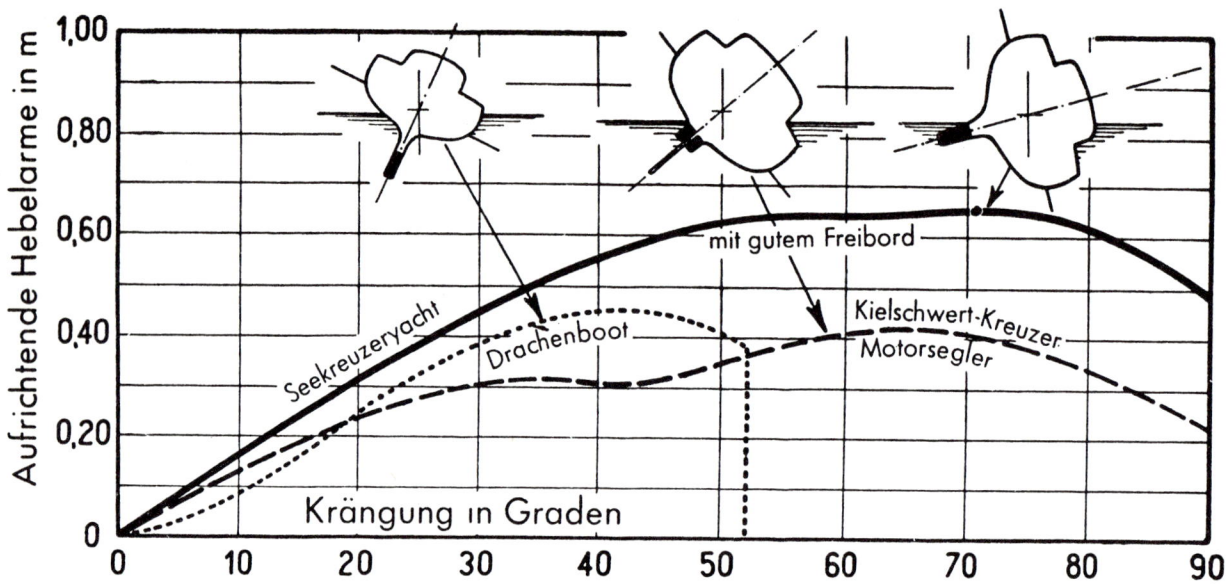

Abb. 73: Einige Hebelarmkurven unkenterbarer Yachten. Zwar zeigen sie alle eine geringere Anfangsstabilität, doch erzielen sie an deren Stelle eine große statische Stabilität noch bei mehr als 90 Grad Krängung. Nur das Drachenboot erlebt bereits bei 52 Grad die Annullierung seiner Stabilität, da es dann wegen offenen Decks vollläuft. Die übrigen Yachten zeigen ihre größte Stabilität zwischen 65 und 72 Grad Krängung.

In Abb. 72 und 73 erkennt man solche Hebelarm-Kurven, erstere für kenterbare Boote, letztere für unkenterbare Boote berechnet. Jedes Blatt zeigt eine Abszisseneinteilung der Krängungswinkel von 0 bis 90 Grad und eine Ordinateneinteilung für Hebelarme bis zu 1,00 m Länge. Kennt man die Länge des aufrichtenden Hebelarms, errechnet sich das aufrichtende Moment des Schiffes dadurch, daß man den Hebelarm mit dem Gesamtgewicht multipliziert.

In Abb. 72 zeigt die stark ausgezogene Kurve die Werte einer modernen leichten Rennjolle, welche mit Trapez gesegelt wird. Sie besitzt ihre größte Stabilität bei etwa 35 Grad Krängung und erreicht ihren Kenterpunkt bei einem Überliegen von 62 Grad. Der Einfluß des Vorschotmannes im Trapez wurde mit einbegriffen.

Die größten Hebelarme werden vom Katamaran erzielt, besonders wenn bei diesem ebenfalls ein Trapez benutzt wird. Solange die Mannschaft mittschiffs sitzt, fällt die Stabilität nach ihrem Maximum bei 11 Grad mächtig ab. Bei Trapezbenutzung dagegen nimmt der größte Hebelarm von 0,70 m auf 1,20 m zu; auch der Kenterpunkt steigt von rund 50 Grad auf 57 Grad.

Erstaunlich wirkt auf den Leser, daß der mittlere Frachtsegler kleinere Hebelarmlängen aufweist als der kleine und leichte Katamaran oder die Rennjolle. Seine größte Stabilität liegt bei rund 37 Grad. Allerdings bildet der geringe aufrichtende Hebelarm dank der großen Verdrängung ein mächtiges aufrichtendes Moment.

Die flachste aller Hebelarmkurven gehört zu einem durchaus ungewöhnlichen Boot, dem ballastlosen Jollenkreuzer. Dieser in Deutschland geschaffene Bootstyp ist auch in Frankreich verbreitet, aber in außereuropäischen Ländern kaum vertreten, außer in Brasilien. Sein großer Rumpf und seine reichliche Breite erlauben den Einbau einer überaus wohnlichen Einrichtung. Sein großes Schwert schafft dazu gute Am-Wind-Eigenschaften, wobei das ganze Boot bedeutend billiger wird als ein Kielboot mit ähnlicher Inneneinrichtung. Der normale Jollenkreuzer besitzt jedoch keinerlei Ballast, auch sein Schwert trägt praktisch nicht zur Erhöhung der Stabilität bei. Diese ist für das normale Segeln mehr als ausreichend, insbesondere da Jollenkreuzer stets recht kleine Segelflächen erhalten, also im Vergleich zur Rennjolle untertakelt werden. Dank seiner großen Breite liegt der Kenterpunkt des als Beispiel untersuchten Jollenkreuzers erst bei 78 Grad. In Abb. 73 sind die Hebelarmkurven nicht kenterbarer Segler wiedergegeben. Im Gegensatz zu den kenterbaren zeigen alle diese Kurven eine bedeutend geringere Anfangsstabilität sowie verhältnismäßig kleine Werte für die aufrichtenden Hebelarme. Eine Hebelarmlänge von 0,70 m wird von keinem der herangezogenen Boote erreicht. Es sei jedoch betont, daß hier nur einige typische Kurven gezeigt wurden. Größere und breitere Yachten mit großem Tiefgang können erheblich größere Hebelarme aufweisen. Sämtliche Yachten dieses Kurvenblattes besitzen einen tiefliegenden Außenballast und eine recht große Verdrängung. *Unkenterbar* nennt man ein Boot, welches auch bei 90 Grad Krängung noch ein angemessenes aufrichtendes Moment besitzt. Aber nur zwei der drei Kurven zeigen wirklich ein solches Verhalten. Die dritte Kurve, zum Drachenboot gehörend, bricht bei 52 Grad Neigung plötzlich nach Null hin ab, da bei dieser Krängung das Boot volläuft und sinkt.

Die moderne Seekreuzeryacht besitzt die größten Werte der aufrichtenden Hebelarme. Bereits von den kleinsten Neigungen an zeigt sie größere Stabilitätswerte, und zwar als Folge der größeren Breite. Doch bleibt ihre Überlegenheit über den ganzen Bereich der Krängungen erhalten, dank günstiger Verhältnisse zwischen Breite, Tiefgang, Freibord und Ballast. Natürlich besitzt die Yacht auch geschlossene Aufbauten und eine wasserdichte Plicht. Man beachte den leichten Rückgang der Kurve bei etwa 55 Grad Krängung. Dieser tritt ein, wenn das Deck unter Wasser kommt. Das Kielschwertboot, in der niedrigsten dieser drei Kurven wiedergegeben, zeigt diese Einbuchtung bereits bei etwa 40 Grad Krängung, da sein Deck infolge geringeren Freibords bereits dann unter Wasser liegt.

Ein moderner Motorsegler kann dieselbe Kurve aufweisen wie das Kielschwertboot, weshalb hier beide zu einer einzigen Kurve vereinigt wurden. In Wirklichkeit kann es natürlich bei diesem wie bei allen anderen Typen erhebliche Abweichungen geben. Leider muß hinzugefügt werden, daß die Ausarbeitung einer so einfach aussehenden Hebelarmkurve ein zeitraubendes und mühevolles Unterfangen ist, weshalb man gelegentlich auch *gemogelte* Kurven sieht.

Bis jetzt wurde die Stabilität nur in dem Sinne erwähnt, als könne es nur Schiffe mit ungenügender Stabilität geben. Es gibt aber auch den entgegengesetzten Fall, nämlich übermäßige Stabilität. Sie tritt zwar bei Segelyachten kaum auf, wohl aber gelegentlich bei Fischkuttern. Sie verursacht dann dermaßen harte Bewegungen im Seegang, daß sich der Aufenthalt an Bord bis zur Unerträglichkeit gestalten kann. Eine zu große und schädliche Stabilität wird nicht etwa an Hand der Hebelarmkurve ermittelt, denn diese ist bei kleinen Neigungen ja bedeutungslos. Statt dessen verwendet man den Ausdruck der *metazentrischen Höhe*. Wenn ein Fischereifahrzeug eine metazentrische Höhe von mehr als 1,40 m aufweist, so gilt es als übermäßig stabil und nachteilig für den Fischfang. Beträgt sie aber weniger als 0,60 m, so gilt sie als ungenügend und erzeugt ein zu rankes Schiff.

Jede seegehende Yacht sollte so weit wie möglich alle beiden idealen Sicherheitsbedingungen erfüllen, nämlich *unkenterbar* und *unsinkbar* zu sein. Das erstere stellt kein Problem dar, doch die absolute, echte Unsinkbarkeit ist nur selten zu erzielen, weshalb sich dreierlei Stufen für die Unsinkbarkeit herausgebildet haben:

1. *Im allgemeinen unsinkbar:* Dieser Bootstyp erfordert eine sorgfältige Vorbereitung für Fahrten auf See: Abdichten der Luken, Anbringen von Segelkleidern über den Decksaufbauten und Segeltuchschutz über dem vorderen Teil der Plicht.

2. *Fast unsinkbar:* Bereits während des Baues wurden wasserdichte Plicht und widerstandsfähige Aufbauten vorgesehen, so daß ein Sinken nur noch im Falle von Lecksprüngen möglich ist.

3. *Absolut unsinkbar:* Das gesamte Schiff bleibt auch dann noch leichter als das verdrängte Wasser, wenn alle Innenräume vollgelaufen sind. Leichtbau einerseits und Verwendung von Lufttanks und Abschottung (weniger zu empfehlen) oder von leichten synthetischen Schaumstoffen (empfehlenswert) andererseits führen zu diesem Idealfall.

Es ist durchaus denkbar, unkenterbare Boote zu entwerfen, welche keinerlei Ballast besitzen. Normale seegehende Yachten dagegen sollten nicht weniger als 20 Prozent ihres Gesamtgewichtes in Form von festem Außenballast fahren, um mit einiger Sicherheit als unkenterbar gelten zu können. Loser Innenballast ist auf jeden Fall als gefährlich zu verwerfen. Sollte einmal eine heftige Krängung auftreten, wird er nach Lee verrutschen und die Krängung noch verstärken. So geschah es bei der vorgenannten Yacht MOHAWK. Es sind aber auch mehrere Fälle bekannt, bei denen Yachten auf hoher See um 360 Grad durchkenterten, wobei der lose herumfliegende Innenballast Markierungen am inneren Kajütsdeck hinterließ, um schließlich irgendwo an den inneren Bordseiten liegen zu bleiben.

Foto 21: Eine kleine charaktervolle Schuneryacht bei halbem Winde. Hier ist deutlich zu erkennen, wie die klassische Gaffeltakelung eine bedeutend stärkere Verwindung erleidet als die moderne Hochtakelung, weshalb eine solche Yacht auch nicht ganz so hoch an den Wind geht. Die FLORENCE OAKLAND *fährt vorn einen langen Klüverbaum, auch erkennt man die Reihen der Reffbändsel in allen drei Segeln. Diese nur 6,80 m lange Schuneryacht wurde von John Atkin, Darien, auf besonderen Wunsch fürs Nachmittagssegeln entworfen, wie u. a. die sehr große Plicht zu erkennen gibt.   Foto: John Atkin, Darien*

Die Wahl der günstigsten Segelfläche

Foto 22: In den ungeschützten und oft stürmischen australischen Gewässern lernten junge Sportler das harte Segeln bei viel Wind und Seegang. Dieses nur 4,90 m lange „Skiff" erreicht durch seine vielköpfige Mannschaft die nötige Stabilität, um die für den herrschenden Wind viel zu große Segelfläche zu tragen, doch dieses ‚wilde' Segeln begeistert die Australier. Die wundervolle Aufnahme aus der Bucht von Port Philips vor Melbourne stammt von Neville E. Bowler.

Das Segeltragvermögen einer Yacht hängt im Grunde genommen nur von ihrer Stabilität ab. Besitzt man jedoch ausnahmsweise einmal eine genaue zahlenmäßige Kenntnis der Stabilität, so stellt man fest, daß diese kaum ausreicht, um die passendste Größe der Segelfläche zu bestimmen. An erster Stelle müßte sie für alle denkbaren Windstärken geeignet sein, angefangen von völliger Windstille bis zum stärksten Orkan. Hinzu kommt die Art des Segelns, denn eine Binnenregatta ist in keiner Form mit einer Einhand-Hochseefahrt vergleichbar. Zieht man dann noch die unendliche Vielfalt an Bootstypen, Größen, Takelagen und Beisegeln in Betracht, so ergibt sich von selbst, daß die *beste* oder *nützlichste* Größe einer Besegelung nicht rechnerisch bestimmbar ist, sondern zahlreichen individuellen Einflüssen unterliegt.

Auch die verschiedenen Kurse relativ zum Wind üben einen erheblichen Einfluß aus. So verlangt allein schon

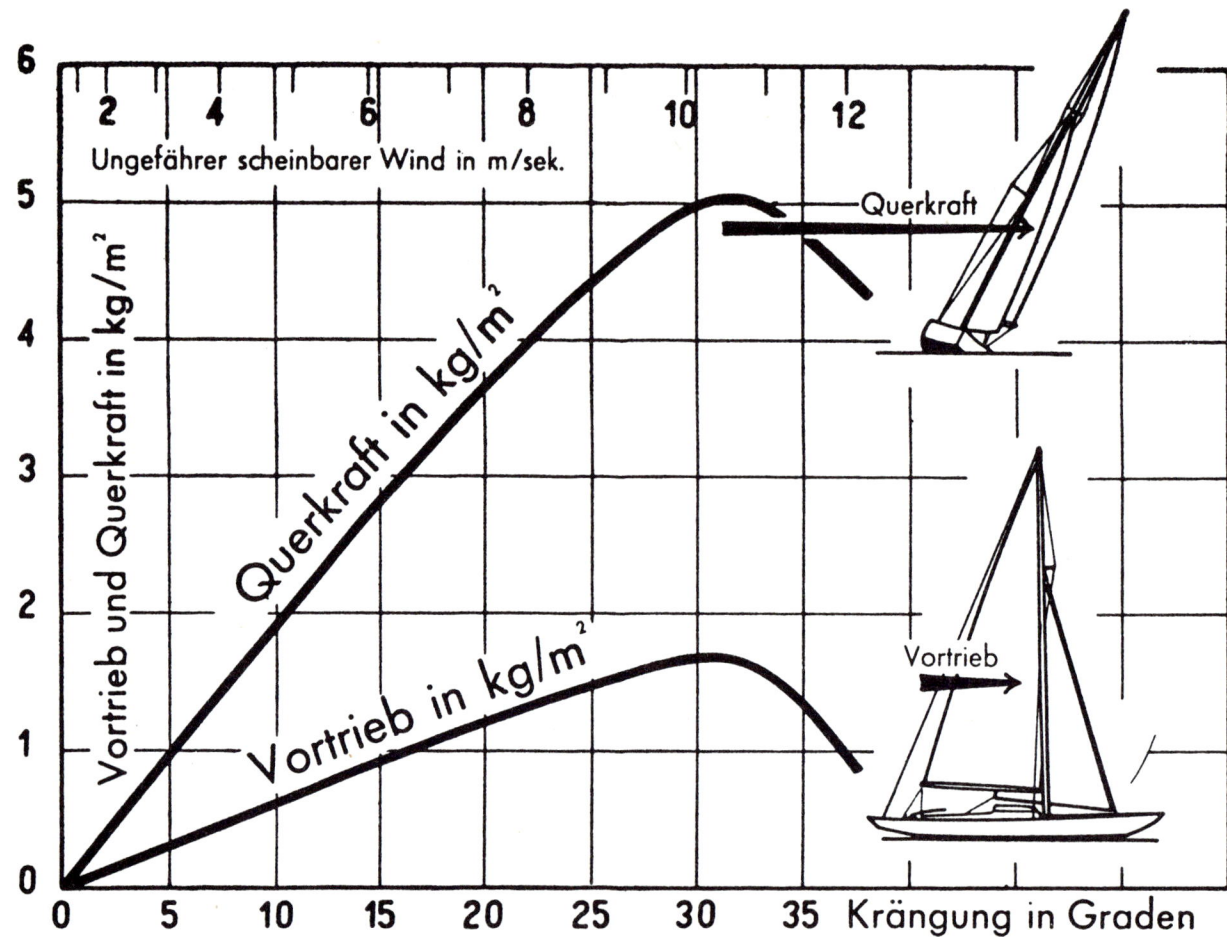

Abb. 74: Vorliegendes Kurvenblatt gibt aufschlußreiche Werte zur eventuellen Untersuchung des Segeltragvermögens. Die Kurven für Vortrieb und Querkraft gehören zwar zu einem Drachenboot, doch durch die Auftragung der Kräfte je Flächeneinheit lassen sie sich fast problemlos auf viele andere Fälle übertragen. Am unteren Rand erkennt man die Krängungswinkel, oben den zugehörigen scheinbaren Wind.

der Unterschied zwischen dem Segeln hoch am Wind und vor dem Wind beim gleichen Boot und unveränderten Windstärken verschieden große Segelflächen.

Im nachfolgenden wird versucht, Anhaltspunkte zu bieten, nach denen eine sogenannte Normal- oder Grund-Segelfläche ohne mathematische Vertiefung festgelegt werden kann. Unter Normalsegelfläche sei diejenige Größe verstanden, die bei mittleren Windstärken einen guten Vortrieb erzielt, ohne die Takelage zu sehr zu belasten, also schätzungsweise eine Windgeschwindigkeit von 7 m/sek (= 25 km/h = $13^{1}/_{2}$ Knoten).

Nicht selten findet man Bemerkungen, welche der physikalischen Wirklichkeit widersprechen, z. B., daß eine Yacht „so und soviel Quadratmeter Segelfläche pro Tonne Verdrängung" setzen könne. Jede Fläche bedeutet das Quadrat einer Längenausdehnung, jedes Volumen dagegen den Kubus. Mathematisch ist also die Beziehung Segelfläche : Verdrängung unhaltbar und wird selbst als Vergleichswert um so fehlerhafter, je weiter die Abmessungen der zu vergleichenden Boote voneinander abweichen.

Segelt ein Boot im statischen Gleichgewicht, so ergeben die auf Krängung wirkenden Kräfte dasselbe Moment wie die aufrichtenden. Dies führt zu nachstehendem Ausdruck:

Segelfläche · Flächendruck ·
krängender Hebelarm · cos ε
= Verdrängung · aufrichtender Hebelarm

Der Ausdruck cos ε entspricht folgender Überlegung: Wenn eine Yacht überliegt, wird die dem Wind dargebotene Fläche nicht mehr in voller Größe getroffen, sondern ihre Projektion fällt kleiner aus. Wird der Krängungswinkel mit ε bezeichnet, fällt die durch diesen Winkel verkleinerte Fläche um den Wert cos ε reduziert aus. Bei 20 Grad Krängung ergibt sich eine Verringerung der Segelfläche um 6 Prozent, bei 25 Grad um 10 Prozent und bei 30 Grad bereits um 14 Prozent.

Legt man einmal den Krängungswinkel fest, zum andern die Windstärke und den gesegelten Kurs, so läßt sich hiernach die erforderliche Flächengröße der Segel berechnen. Nur ist dieses Verfahren sehr mühsam und von praktischen Gesichtspunkten her auch keineswegs befriedigend. Leichter kommt man unter Anwendung von Erfahrungs-Beiwerten zum Ziel. Jeder Yachtkonstrukteur benutzt hierzu seine eigenen Beiwerte, jedoch hängt deren mehr oder weniger glückliche Wahl von der guten Schätzung der Umstände ab, unter denen eine zu bauende Yacht später gesegelt wird.

Jede Erfahrungsformel muß natürlich den mechanischen Ähnlichkeitsgesetzen folgen, denn nur dann ist die Anwendung auf verschiedene absolute Größen möglich. Am häufigsten wird deshalb der Quotient folgender Schreibweise gewählt:

$$\text{Erfahrungs-Beiwert} = \frac{\sqrt{\text{Segelfläche in m}^2}}{\sqrt[3]{\text{Verdrängung in m}^3}}$$

Leider muß zugegeben werden, daß die Verdrängung allein die Stabilität keineswegs genügend kennzeichnet, insbesondere wenn man an die sehr großen Unterschiede zwischen Kielboot und Jolle denkt. Deshalb wird in nachstehend erklärtem Verfahren die Segelfläche auf eine sogenannte „tragende Fläche" bezogen, welche sich aus dem einfachen Produkt von Länge in

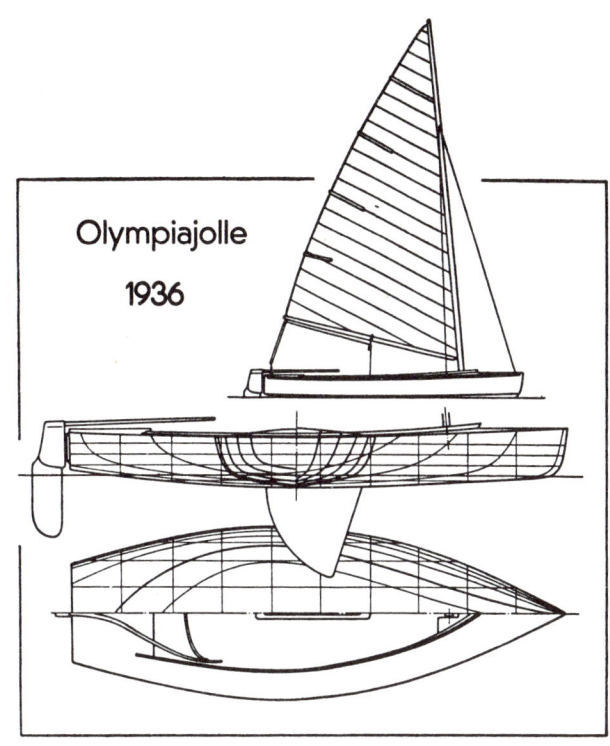

Abb.75: Wie man aus der Tabelle ersieht, fährt die Olympiajolle eine relativ knapp bemessene Segelfläche im Verhältnis zum Segeltragvermögen. Ihre Abmessungen:
Länge ü. alles .... 5,00 m   Tiefgang des
Länge in der WL 4,50 m   Rumpfes .... 0,12 m
Breite .... 1,66 m   Tiefgang
                           mit Schwert .. 1,08 m
                           Segelfläche .... 11,00 m²

der WL und Breite ergibt. Die Formel wird in folgender einfacher Form geschrieben:

Segelfläche = Erfahrungsbeiwert · Länge WL · Breite WL

An Hand dieses Ausdrucks kann man erklären, daß eine Yacht soundsoviel Quadratmeter Am-Wind-Segelfläche je Quadratmeter tragender Fläche besitzt.

Eine derartige Vereinfachung erzielt gewiß nur Hinweise, nicht aber präzise Angaben über die Flächengröße der zu wählenden Besegelung. Die beiden wichtigsten Faktoren, Am-Wind-Segelfläche und Breite in der WL, erlauben eine durchaus unterschiedliche Auslegung: Soll die Fläche des größten Vorsegels oder diejenige des Vorsegeldreiecks einbezogen werden? Soll der Effekt einer nach Deck zu erheblichen Breitenzunahme berücksichtigt werden? Trotz derartiger Zweifel zeigt die nachfolgende Tabelle eine erfrischende Logik in ihrer Zahlenfolge:

SPEZIFISCHE SEGELFLÄCHE PRO M² TRAGENDER FLÄCHE

	Kielboote	Spezif. Segelfläche
Rennboote	Starboot	4,18 m²
	Tempest	2,80 m²
	Soling	2,32 m²
	Drachenboot	2,47 m²
	Internationale 12-m-R-Yacht	3,67 m²
	Klasse „J" Universal-Formel	4,50 m²
Seekreuzer	Nordisches Volksboot	2,16 m²
	Yacht FINISTERRE	2,53 m²
	Moderne Hochseekreuzer	2,50—2,80 m²
	Eintonner I.O.R.-Yachten	1,90—2,30 m²
Segelschulschiff GORCH FOCK		2,34 m²
	Jollen	
Rennboote	Olympiajolle 1936	1,88 m²
	Flying Dutchman	2,09 m²
	Internationale „5-0-5"	2,45 m²
	„Snipe" und „Lightning"	1,94 m²
	Internat. Contender	2,24 m²
Katamarane	Klasse „Shearwater III"	1,43 m²
	Internat. Tornado	1,25 m²

Vergleicht man die Beiwerte aller obigen Boote, so ergibt sich ein unerwartet geringer Einfluß des Gewichtes. Auffallend ist nur die sehr kleine spezifische Segelfläche der Katamarane. Dies rührt einmal von der großen *tragenden Breite* her, zum andern aber von der Tatsache der Kenterbarkeit. Schließlich erlaubt das äußerst geringe Rumpfgewicht, daß selbst mit geringer Segelfläche hohe Geschwindigkeiten erzielt werden. Die größte spezifische Segelfläche aller ballastlosen Boote hat die 5-0-5-Jolle, rund doppelt soviel wie die Katamarane. Vielleicht trägt dazu bei, daß gerade diese Jolle nach dem Kentern besonders rasch und leicht wieder aufgerichtet werden kann, ganz im Gegensatz zum Katamaran, bei dem das Aufrichten besonders schwierig ist und nur selten ohne fremde Hilfe gelingt. Handelt es sich um extreme Konstruktionen, so dürfen obige Zahlen nicht herangezogen werden; eine Untersuchung von Stabilität und Antrieb ist dann unumgänglich, um die Segelfläche passend zu bemessen. Eine umfassende Stabilitätskontrolle sollte viel häufiger unternommen werden, denn sowohl die Sicherheit auf See als auch das Segeltragvermögen, lies Schnelligkeit, können aus einer solchen Untersuchung Nutzen ziehen. Als vor über 40 Jahren die ersten wirklichen *Ocean Racer* auftauchten, besaßen sie im allgemeinen eine sehr geringe Breite. Die berühmte DORADE z. B. erreichte einen Wert von 3,56 m² als spezifische Segelfläche. Die nicht weniger berühmte NIÑA fuhr ebenfalls eine Segelfläche von über 3 m² pro tragende Flächeneinheit. Heute verwendet man bei solchen Booten Beiwerte von nur 2,5 bis 2,8.

Der kleine Weltumsegler WANDERER III konnte bei

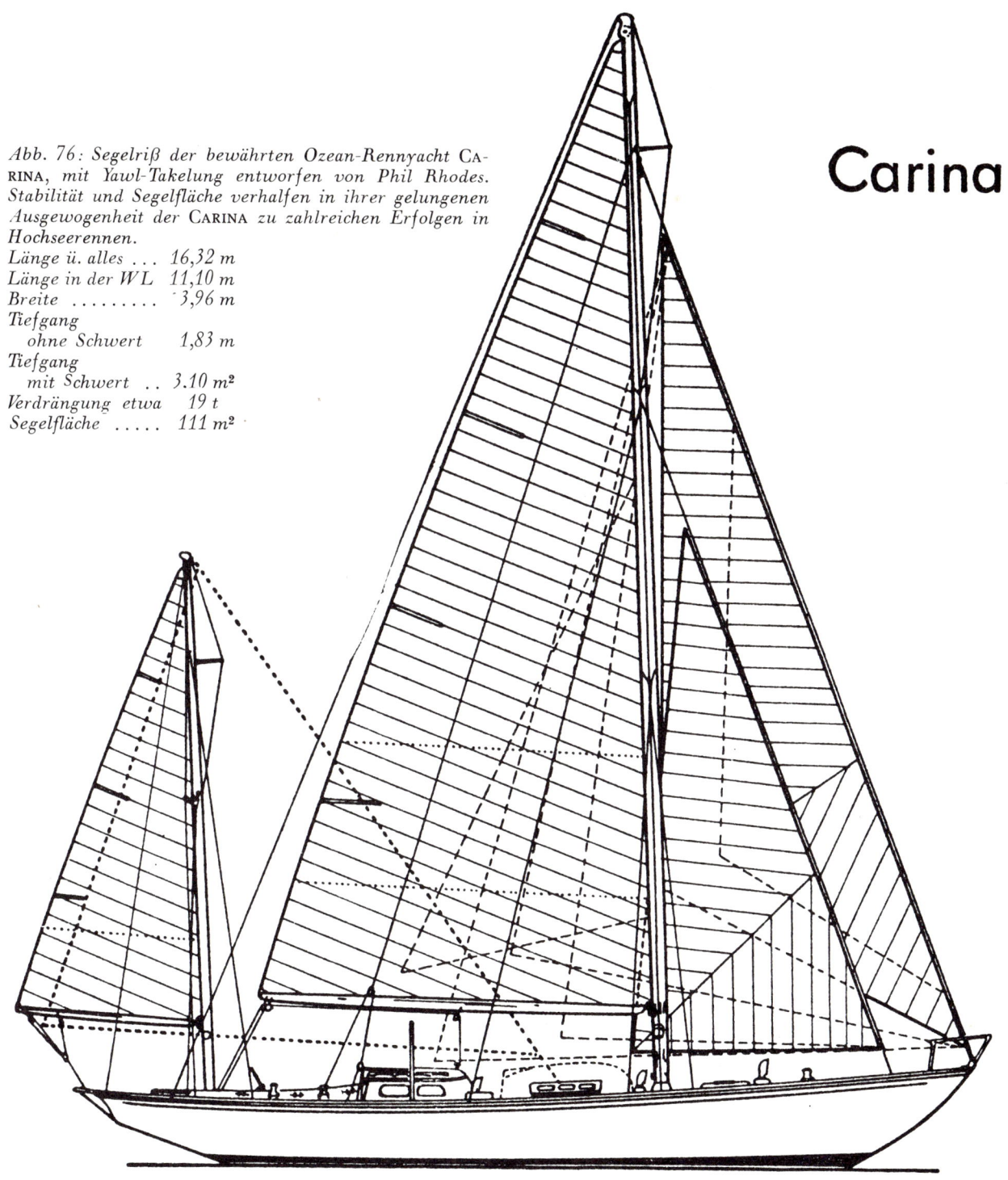

Carina

*Abb. 76: Segelriß der bewährten Ozean-Rennyacht Ca-
rina, mit Yawl-Takelung entworfen von Phil Rhodes.
Stabilität und Segelfläche verhalfen in ihrer gelungenen
Ausgewogenheit der Carina zu zahlreichen Erfolgen in
Hochseerennen.*

Länge ü. alles ... 16,32 m
Länge in der WL 11,10 m
Breite .... 3,96 m
Tiefgang
* ohne Schwert   1,83 m*
Tiefgang
* mit Schwert .. 3.10 m²*
Verdrängung etwa 19 t
Segelfläche ..... 111 m²

leichten Winden eine spezifische Segelfläche von 3,5 m² setzen, dank großer leichter Beisegel. Die Ketch Lehg II des Weltumseglers Vito Dumas, welche die kürzeste und stürmischste aller Routen, nämlich die der „Brüllenden Vierziger", absegelte, trug eine Grundbesege-lung von nur 1,6 m² pro tragende Flächeneinheit. Wurde aber die große Genuafock gesetzt sowie das Be-san-Stagsegel, erreichte auch diese schwere Hochseeyacht einen Beiwert von 2,73.

Der Mast, das größte Problem der Segelyacht

Steifer oder biegsamer Mast, leichte oder schwere Bauweise und manche anderen zugehörenden Themen führen häufig zu erhitzten Diskussionen, wenn die Feinheiten des Trimmens besprochen werden. Eines steht fest: Mast und Segel gehören unabänderlich zusammen. Wurde ein Segel für einen steifen, geraden Mast angefertigt, muß es auch an einem solchen Mast gefahren werden, d. h., nur sehr geringe Durchbiegungen können angewandt werden, um das Segel an hohe oder niedrige Windstärken anzupassen. Wurde ein Segel aber für einen biegsamen und gewöhnlich auch gebogenen Mast zugeschnitten, erreicht es an einem geraden Mast keinen guten, eher einen sehr schlechten Stand.

Bevor sich etwa um 1920 der hohle, verleimte Mast einführte, abhängig vom einigermaßen wasserbeständigen Kaltleim, begnügte man sich damit, die Masten so auszuführen, daß sie einfach imstande waren, die Segel zu tragen. In der Zeit der großen Handelssegler hatte man gelernt, mit primitiven Mitteln gewaltige Takelagen aufzubauen. Bereits im 16. Jahrhundert wurden Masten aus drei Teillängen angefertigt: Untermast, Toppmast und Stenge. Bei den Klippern kam es sogar vor, daß man Masten aus 5 Längen zusammenbaute.

Die ganze Verstagung diente nur dazu, dieses gebrechlich wirkende Gebilde möglichst sicher abzustützen, wobei allerdings den Rahen beiderseitig ein genügendes Ausschwingen möglich sein mußte. Erst als um 1850 der verzinkte Stahldraht aufkam, konnte man zuverlässigere Verstagungen sowie größere Höhen ausführen. Bis dahin wurden zahlreiche Takelagen von erstaunlicher Komplikation nur von Hanftau oder Manila gestützt.

Ohne Stahldrahttauwerk, ohne wasserfeste Leime gäbe es auch heute noch keine moderne Takelung mit hohem Wirkungsgrad. Denn auch der Aluminium-Mastbau entstand erst, als hölzerne Masten einen hohen Grad der Verfeinerung erreicht hatten.

Das Vorhandensein eines Mastes stellt stets einen Nachteil, einen Verlust dar. Im günstigsten Fall, nämlich bei kleinem Mastdurchmesser, beträgt der Vortriebsverlust etwa 20 Prozent, wie sich aus dem Kurvenblatt Abb. 53 ersehen läßt. Dieser Verlust an Auftrieb wird außerdem von einer Zunahme des Widerstandes begleitet. Beide Faktoren zusammen, nämlich verringerter Auftrieb und vergrößerter Widerstand, bewirken einen erheblichen Verlust an gesegelter Höhe, aber auch an Geschwindigkeit am Wind. Wer einmal versuchte, einen Mast an einem windigen Tage aufzurichten, wird seinen erstaunlich großen Widerstand bemerkt haben.

Die großen, etwa 40 m langen Yachten der Klasse „J", Universal-Formel, welche um den Amerika-Pokal kämpften, trugen in erheblichem Maße zur Untersuchung des ganzen Mastproblems bei. Als W. Starling Burgess im Jahre 1930 die ENTERPRISE entwarf, faßte er den kühnen Entschluß, die Anfertigung eines Aluminiummastes zu wagen. Dieser war fast genau 50 m lang und besaß einen größten Durchmesser von 0,46 m. Er wurde zweischichtig in Duraluminium angefertigt, d. h., er bestand aus zwei recht dünnen übereinandergenieteten Blechen, welche mittels insgesamt 80 000 Nieten aus Duraluminium miteinander verbunden waren.

Der Erfolg blieb nicht aus, die ENTERPRISE gewann überlegen die Rennen gegen den britischen Herausforderer SHAMROCK V. Ihr unerhört dünner, dazu auch noch sehr leichter Mast bestand seine Feuerprobe. Allerdings war er besonders in der Längsschiffsrichtung übermäßig elastisch, ja, er wurde deswegen geradezu ständig für gefährdet angesehen. Burgess sollte ursprünglich während der Rennen die Kurse überwachen, also als Navigationsoffizier wirken, doch mußte er dieses Amt niederlegen, um als *Kindermädchen des Mastes* tätig zu sein. Es galt als ein Wunder, daß die ENTERPRISE ihre Rennen ohne Mastbruch zu Ende bringen konnte.

Erst kürzlich wieder wurde das Mastproblem deutlich, als der heiße Favorit des Rennens um die Welt, PEN DUICK IV, sogar zweimal Mastbruch erlitt.

Kann der festigkeitsmäßig erforderliche Durchmesser eines Mastes berechnet werden? Das ist zweifellos möglich. Allerdings darf man zur Bestimmung der auftretenden Kräfte nicht vom Winddruck ausgehen, denn dieser kann niemals ein größeres krängendes Moment

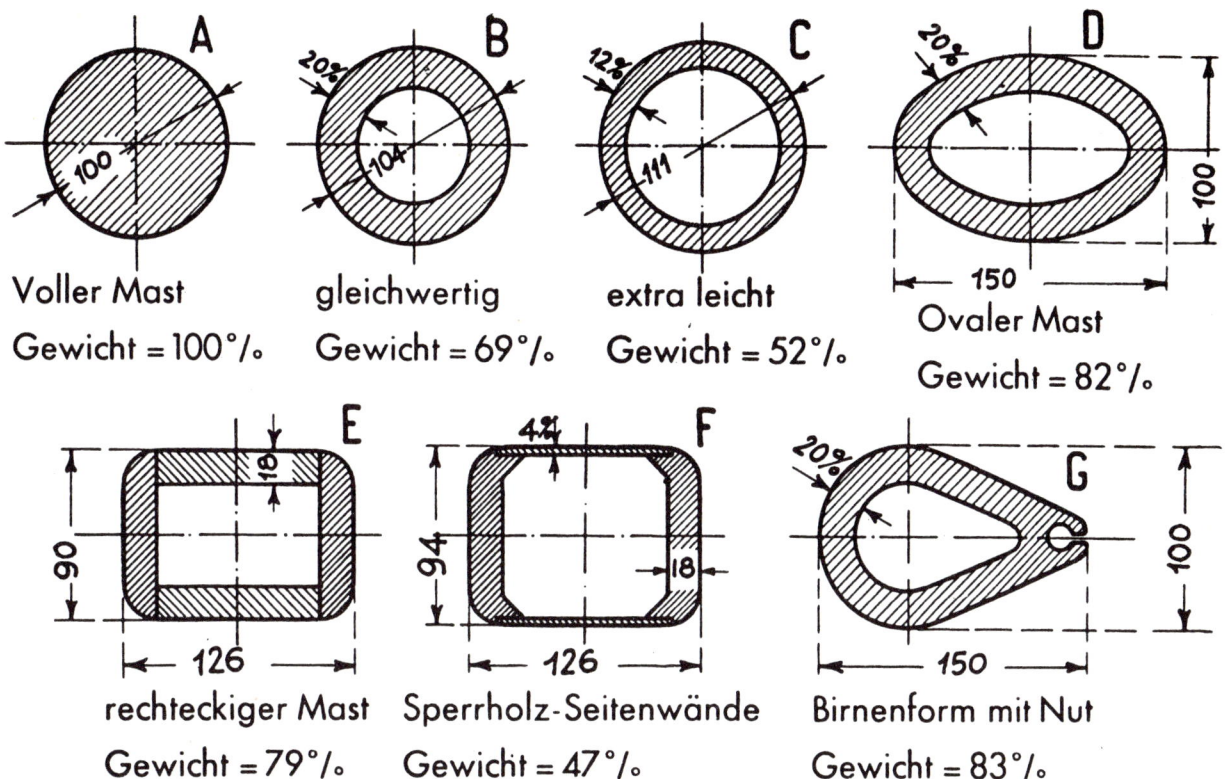

Abb. 77: Sieben verschiedene Querschnitte hölzerner Masten. Alle hohlen Masten enthalten Maßangaben, bei denen sie etwa gleiche Festigkeit bzw. gleiches Widerstandsmoment besitzen wie der kreisrunde massive Mast. Auch die Gewichtsersparnis ist ablesbar. Das Grundmaß von „100" für den vollen Mast gehört zur Berechnung des Durchmessers nach der im Text genannten Formel.

ausüben, als dem aufrichtenden Moment der Stabilität entspricht. Deswegen muß jede Berechnung von Mast und Takelage von der Stabilität des Bootes ausgehen, nicht aber von einer Schätzung der Winddrücke.
Eine ausführliche Berechnung der auf Mast und Verstagung wirkenden Kräfte ist so zeitraubend, daß sie nur in den seltensten Fällen angewandt werden kann. Deswegen wird nachstehend eine Formel zur vereinfachten Bestimmung der Mastdurchmesser angegeben, einschließlich der Durchmesser-Korrekturen für alle Arten von Booten und Yachten. Ausgehend vom hölzernen Mast, werden abschließend auch Angaben zur Umrechnung auf Aluminiummasten aufgeführt.

Durchmesser massiver Masten aus Holz

Bermudatakelung: D in mm $= 5L + 10\sqrt{S}$
Gaffeltakelung: D in mm $= 7L + 10\sqrt{S}$

hierin: $L =$ Länge des Mastes in m von Deck bis zum Angriffspunkt der obersten Wanten.
$S =$ wahre Segelfläche am Wind in m², Groß- und Vorsegel.

Als Beispiel sei der Mastdurchmesser für ein Drachenboot errechnet, und zwar für eine Länge von Deck bis Oberwanten von $L = 10$ m, und eine wahre Am-Wind-Segelfläche von $S = 26{,}6$ m².

Mastdurchmesser $D = 5 \cdot 10 + 10 \cdot \sqrt{26{,}6} = 101$ mm

Dieses ist ein empirisch bestimmter, sogenannter Normal-Mastdurchmesser. Unterschiede, abhängig vom Typ der Yacht, und zwar vom leichten Rennboot bis zum schweren Hochseekreuzer, werden durch nachfolgende Korrektur-Beiwerte berücksichtigt:

Yachttyp	Durchmesser-Korrektur
Leichte Rennyachten geringer Stabilität	minus 10 %
Normale Rennyachten	minus 5 %
Leichte Binnenkreuzeryachten	laut Formel
Mittlere Kreuzeryachten	plus 10 %
Schwerere Kreuzeryachten	plus 15 %
Moderne Hochsee-Kreuzeryachten	plus 20 %
Besonders schwere Hochseeyachten	plus 30 %

Der tatsächlich für das Drachenboot vorgeschriebene Mast ist um etwa 5 Prozent kleiner im Durchmesser als vorher errechnet wurde, fügt sich also gut in die Korrekturtabelle ein.

Mastverjüngung: Am Mastfuß wird ein Mast mit etwa 85 Prozent des größten Durchmessers ausgeführt, am Masttopp endet er mit 50 bis 60 Prozent des größten Durchmessers. Fährt man allerdings die Vorsegel zum Masttopp, geht die Verjüngung nur auf 70 bis 75 Prozent. Der rechnerische oder stärkste Mastdurchmesser soll etwa in der Mitte zwischen Deck und Angriffspunkt der Unterwanten liegen oder auf rund ein Drittel der Masthöhe über Deck.

Hohle Masten: Werden statt massiver Masten hohle verwandt, so erreicht man eine beträchtliche Gewichtsersparnis. Allerdings muß zum Ausgleich der Durchmesser etwas vergrößert werden. Schließlich sei erwähnt, daß an den Angriffspunkten der Wanten innere Verdickungen eingeleimt werden. Bei hölzernen Masten wird die Wandstärke meistens zu 20 Prozent des Mastdurchmessers gewählt, doch werden entweder zwecks größerer Sicherheit oder zur Gewichtsersparnis auch andere Wandstärken gewählt. Da aber immer die gleiche Festigkeit erzielt werden muß, werden die Durchmesser hohler Masten laut nachstehender Tabelle vergrößert:

Wandstärke		Mastdurchmesser	Gewicht
kräftige Wandstärke	= 25 % D	2 % größer	76 %
normale Wandstärke	= 20 % D	4 % größer	69 %
dünne Wandstärke	= 12 % D	11 % größer	52 %

Die besonders dünne Wandstärke von nur 12 Prozent des Mastdurchmessers darf nur nach besonderer Überlegung angewandt werden. Einmal entsteht ein zusätzliches Risiko an den Angriffspunkten der Verstagung, auch wenn der Mast dort innen Verstärkungen erhält, andererseits wird aber auch die Leimfuge sehr schmal. Häufig werden andere als kreisrunde Querschnitte gewählt. Deshalb wurde in Abb. 77 eine Anzahl verschiedener Querschnittsformen wiedergegeben, wobei zu jeder einzelnen die Gewichtsersparnis bei gleichem Widerstandsmoment angegeben wurde. Sämtliche eingetragenen Maße beziehen sich auf das Verhältnis zum kreisrunden Mast. Der rechts unten gezeigte birnenförmige Querschnitt wiegt also nur 83 Prozent des massiven runden Mastes, die Wandstärke beträgt 20 Prozent der Breite. Das Breitenmaß 100 wäre gleich dem Durchmesser des massiven Rundmastes, das Längenmaß von 150 dagegen wäre um 50 Prozent größer. Zwar wird ein solcher Mast sehr stabil in der Längsrichtung, doch ist der Querschnitt am Wind segelnd sehr ungünstig, wie Abb. 79 verdeutlicht.

Masten werden in immer größerer Zahl heute aus Aluminiumlegierungen hergestellt. Die Auswahl an passenden Profilen wurde bereits so groß, daß es für

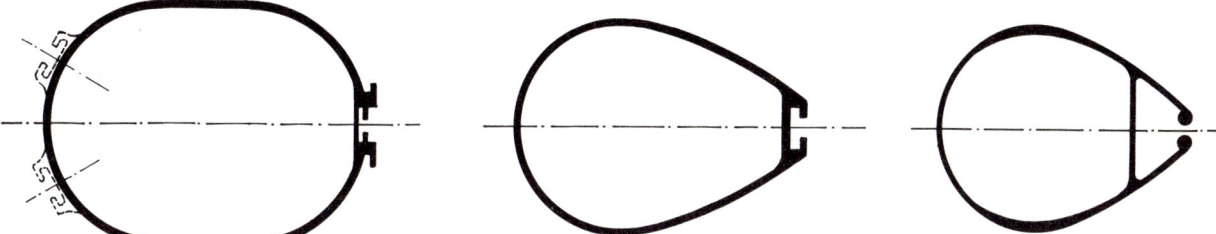

Abb. 78: Drei verschiedene Aluminiumprofile für Masten. Man beachte die verschiedenartige Ausführung der Segelnut sowie die Schienen zum Ansetzen des Spinnakers am größten Profil links. Besonderes Interesse verdient das rechts wiedergegebene Profil mit wechselnder Wandstärke, das vornehmlich bei Rennjollenmasten verwandt wird.

Eine Abart mit innenliegenden Verstärkungsrippen erlaubt, den Außendurchmesser erheblich kleiner auszuführen, wodurch selbst dann wichtige aerodynamische Vorteile gewonnen werden, wenn das Gewicht ein wenig größer ausfallen sollte.

nahezu jede Größe und Art von Segelyacht geeignete Aluminiummasten gibt. Einige übliche Querschnitte finden sich in Abb. 78 wiedergegeben.

Alu-Mastdurchmesser: Diese werden normalerweise von den Herstellern selbst auf Grund ihrer Erfahrungen bestimmt. Auf jeden Fall kann man für Rennjollen einen kleineren Mastdurchmesser wählen als sich für Holzmasten ergibt, wobei es sich um rund 15 Prozent handeln kann. Leichte Rennkielboote wählen ebenfalls dünnere Alu-Masten, mit einer Reduktion von 5 bis 10 Prozent. Auf Seekreuzeryachten dagegen werden kräftige Masten vorgezogen, so daß die Aluminiumausführung mit etwa gleichen Mastdurchmessern üblich ist. Manches hängt natürlich von den Wandstärken und auch von inneren Verdickungen ab.

Ein Mast aus Aluminiumprofil sieht nicht so vollendet proportioniert aus wie ein gelungener hölzerner Mast. Die Verringerung des Durchmessers in Richtung beider Enden ist nämlich nicht leicht ausführbar. Gewöhnlich wird das Profil über die größte Mastlänge unverändert beibehalten und nur zum Masttopp hin durch Herausschneiden eines Keilstückes und wieder Verschweißen eine Verjüngung erzielt.

Es gibt darüber hinaus aber noch weitere Materialien zur Herstellung von Masten: Dünnwandiges Stahlrohr wurde gelegentlich verwandt, die Herstellung aus glasfaserverstärktem Kunstharz wurde oft versucht, auch Kohlenstoff-Faser wurde versucht. Schließlich kommt sogar das sehr teure Titanium in Frage.

Masten werden nicht allein vom Winddruck ausgehend über die Verstagung belastet, sondern auch von den Fallen der Segel. Bei den Starbooten mit ihren besonders dünnen Masten, aber auch bei großen Rennyachten wird das stehende Großsegel in eine im Masttopp vorgesehene Klinke eingehakt, wodurch der Zug der holenden Part ausgeschaltet wird.

Biegsame oder gerade Masten: Gerade Masten galten früher als die erstrebenswerte Regel, wogegen man nur kleinen Rennbooten zwischen dem Finn-Dinghy und dem Star gebogene oder biegsame Masten zugestand. Diese Einstellung erlebte besonders seit der Einführung der Polyester-Segeltuche eine Wandlung. Man erkannte, daß eine nach Wunsch einstellbare Mastbiegung in hohem Maße geeignet war, den Stand des Großsegels zu beeinflussen. Man kann je nach Windstärke das Großsegel abflachen oder bauchiger fahren. Manche Segler vertraten die Idee des elastisch schwingenden Mastes, der im Seegang geringere Beanspruchungen erzeugen sollte, um gleichzeitig auch einem zu häufigen Abreißen der Luftströmung entgegenzuwirken. Man ist längst von diesem Gesichtspunkt abgekommen, läßt jedoch einen federnd ausweichenden Masttopp für Boote mit geringer Stabilität zu, um bei Sturm und hohem Winddruck das krängende Moment zu verringern.

Vom aerodynamischen Gesichtspunkt soll ein möglichst wenig störender Mast folgende Eigenschaften aufweisen:

a) kleinstmöglicher Durchmesser, um die Strömung an der Anschnittkante möglichst wenig zu stören;
b) geringes Gewicht, um die Stabilität nicht zu beeinträchtigen;
c) geringstmögliche Zahl von Wanten, Stagen und Salingen;

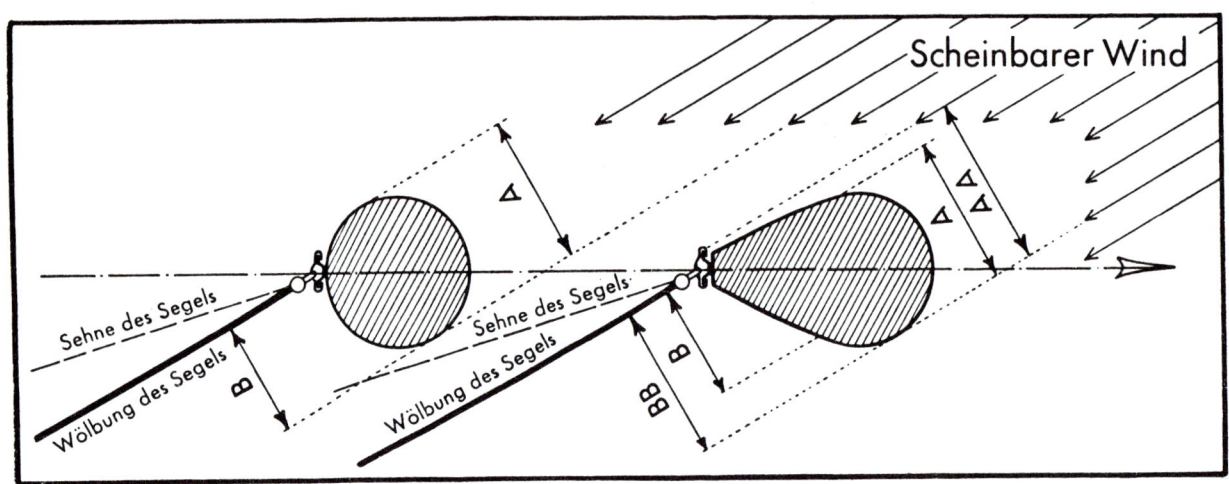

Abb. 79: Entgegen weitverbreiteter Meinung ist ein birnenförmiger Mastquerschnitt aerodynamisch nachteilig. Man vergleiche die Breite A des runden Mastes mit AA des birnenförmigen. Besonders nachteilig wirkt der vergrößerte Abstand nach Lee, ausgedrückt durch B beim runden Mast und BB beim birnenförmigen. Die wertvolle Leeströmung wird dadurch im vorderen Bereich des Segels stark gestört. Ein drehbarer Mast würde die Situation nur dann verbessern, wenn sein Drehwinkel denjenigen des Großbaumes übertreffen würde.

d) Salinge so schmal wie möglich, um große Vorsegel nur wenig zu behindern.

Fall des Mastes: Ein Mast kann senkrecht stehen, hat häufig etwas Fall achteraus, seltener aber auch etwas Fall voraus. Aerodynamische Überlegungen verlangen zweifellos den senkrecht stehenden Mast, oder falls etwas Fall, so nur die leichte Neigung voraus, aber nie Fall nach achtern! Letzterer kann darüber hinaus noch den Nachteil mit sich bringen, daß der Baum bei leichten Winden nicht auswelt, sondern ständig zur Mitte zurückstrebt, denn allein das Gewicht von Großbaum und Segel widersetzt sich dem Auswelen. Man wende also getrost eine leichte Neigung nach vorn an, auch wenn sie zunächst dem Auge unnatürlich erscheint.

Masten für Einheitsklassen: In vielen Einheitsklassen sind die Abmessungen der Masten genau festgelegt. Da solche Boote nur untereinander Regatten segeln, sollte die wirklich erzielte Geschwindigkeit bzw. der Vergleich mit Booten anderer Klassen bedeutungslos sein. Trotzdem kann man beobachten, daß einige Einheitsklassen übertrieben dünne Masten fahren. Hierdurch ergibt sich der Umstand, daß manche Boote sich bei stärkerem Wind gar nicht auf die Regattabahn wagen, um die Masten nicht einem zu großen, auch kostspieligen Risiko auszusetzen. Deswegen sollten gerade Einheitsklassenboote einen soliden Mast bekommen, wie es z. B. beim Drachenboot der Fall ist.

Aerodynamisch umkleidete Masten: Wie aus Abb. 79 zu ersehen ist, darf ein birnenförmiger Mastquerschnitt in keiner Weise als aerodynamisch vorteilhaft betrachtet werden. Seine Störbreite von „BB" ist erheblich größer als die von „B" des runden Mastes. Erst wenn ein solcher Mast drehbar gelagert wird, wenn ferner die Verdrehung erheblich *über die Stellung des Großbaumes hinaus* nach Wunsch einstellbar ist, dürfte er einen geringen aerodynamischen Vorteil über den kreisrunden Mastquerschnitt einbringen.

So liegt der Gedanke nahe, einen Mast aerodynamisch zu umkleiden, und dieses wird tatsächlich ausgeführt. Allerdings werden solche Verfeinerungen nur bei verhältnismäßig kleinen leichten Booten versucht, weil sie einesteils bei Klassenyachten im allgemeinen nicht zulässig sind, andernteils auch bei Kreuzeryachten mehr Probleme als Vorteile mit sich bringen. Der umkleidete oder Flügel-Mast hat sich vor allem bei denjenigen Renn-Katamaranen bewährt, die in der C-Klasse den sogenannten „Kleinen Amerika-Pokal" umkämpfen. Um zu vermeiden, daß ein breiter Flügel-Querschnitt eine unberechnete zusätzliche Segelfläche einbringt, wird der gesamte Mastquerschnitt zur Segelfläche mit hinzugerechnet. Da solche Flügel-Masten sich durchaus bewährten, wurde ihr Querschnitt immer breiter ausgeführt, und zwar bis zu einem Extrem, bei dem nahezu die Hälfte der Segelfläche aus dem Mastprofil bestand.

Für praktische Zwecke sind solche aerodynamischen Verkleidungen nicht anwendbar, selbst dort, wo sie nicht ausdrücklich verboten sind. Allein die Tatsache, daß ein solcher Flügel sich mitdrehen muß, kompliziert die Verstagung ganz bedeutend. Setzen oder Bergen eines solchen Mastes ist ein schwieriges Unterfangen. Falls er auf einem leichten Katamaran stehenbleiben sollte, würde nur zu leicht ein Kentern vor Anker eintreten; denn reffbar ist ein solcher Flügelmast nicht.

Foto 23: Auf schnellen Renn-Katamaranen werden häufig sogenannte Flügel-Masten mit aerodynamischem Querschnitt gefahren. Hier erkennt man einen vom australischen Konstrukteur Lock Crowther entworfenen Katamaran der A-Klasse Typ „Typhoon" mit einem in Sandwich-Bauweise hergestellten Flügelmast, Bootskörper und Mast erbaut von Canadian Multihull Services. Der Anstellwinkel des Mastes zum Wind muß größer sein als derjenige des Großbaumes, wie am Mastfuß erkennbar ist.
Foto: Lock Crowther

Yardstickzahlen und Geschwindigkeit

In England entstand um 1951 ein Ausgleichsverfahren, welches nicht etwa klassenlose Boote untereinander vergleicht, sondern im Gegenteil zahllose Rennklassen mit Beiwerten versieht, damit solche Boote verschiedener Klassen gemeinsam Regatten segeln können. Dieses von S. Zillwood Milledge erdachte und überaus sorgfältig ausgearbeitete und fundierte Verfahren wurde ursprünglich *Portsmouth Handicapping System* genannt, heißt heute aber „Langstone-System".

Die in einer umfangreichen Tabelle zusammengefaßten Portsmouth-Nummern oder *Yardstick-Zahlen* der verschiedensten Klassen sind als eine mittlere Zeit anzusehen, welche von in gutem Regattatrimm befindlichen Klassenbooten über eine gemeinsame Distanz unbekannter Länge im Durchschnitt gebraucht werden. Der Autor hatte bereits viele Jahre lang an einem der um Portsmouth gelegenen Yachtklubs als Handicapper Erfahrungen gesammelt. Meist beruhen die Vergütun-

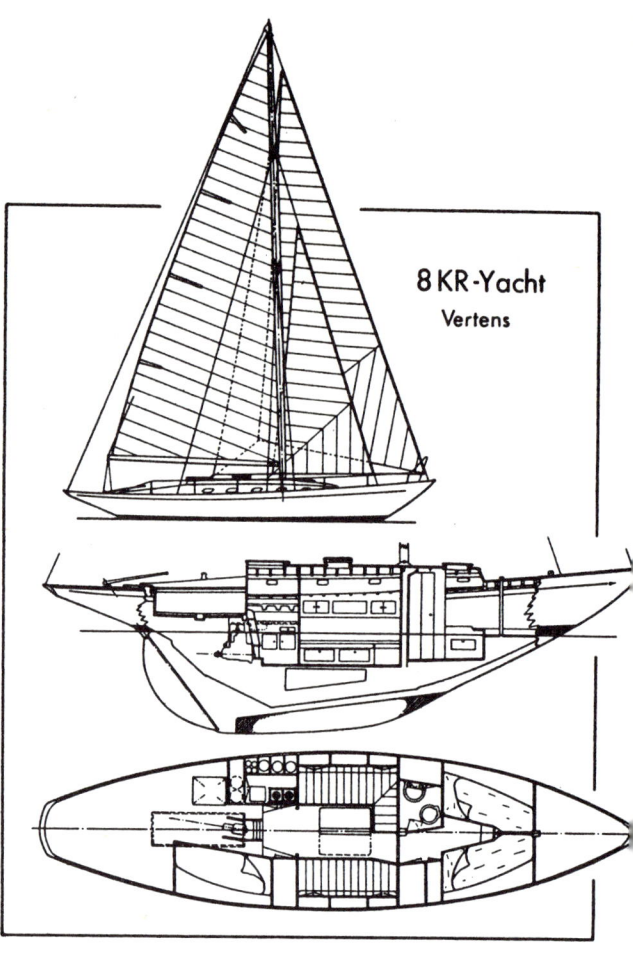

Abb. 80: Diese nach der KR-Formel von Karl Vertens entworfene Kreuzeryacht gilt auch heute noch als schneller, seetüchtiger Typ, auch wenn neuerdings die Überhänge kürzer wurden und die Kielflosse erheblich kleiner. Diese kuttergetakelte Yacht vermaß zu 8 KR.
Länge ü. alles ... 12,12 m   Tiefgang ...... 1,83 m
Länge in der WL 8,25 m   Verdrängung ... 8,300 t
Breite .... 3,04 m   Segelfläche .... 66,00 m²

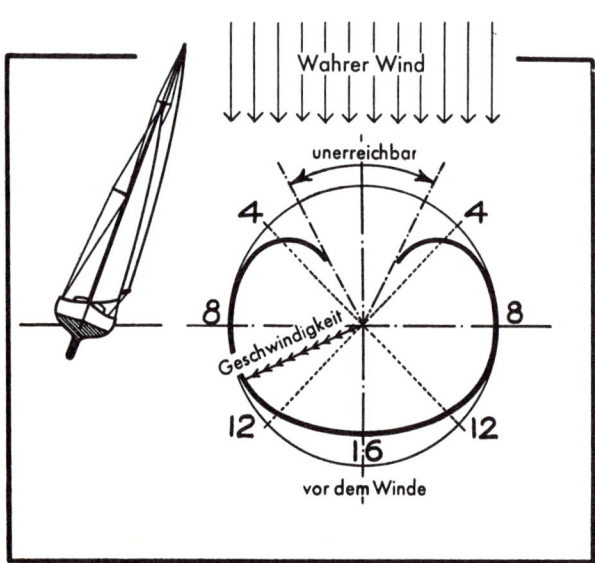

Abb. 81: Die kräftig ausgezogene Kurve zeigt die erreichbare Geschwindigkeit einer Segelyacht auf allen Kursen, gemessen ab Kreismittelpunkt. Zwischen 5 und 12 Strich zum wahren Wind wird eine fast gleichbleibende hohe Fahrt erzielt, wogegen sie platt vor dem Wind erheblich abnimmt. Oben erkennt man den „unerreichbaren" Abschnitt, da der Wind dort in einem zu spitzen Winkel einfällt.

gen der einzelnen teilnehmenden Yachten auf reiner Schätzung, waren also willkürlich. So bemühte sich Milledge, die Ergebnisse in ein System zu fassen und diesem eine mathematisch einwandfreie Grundlage zu geben. Der Erfolg gab ihm recht, und von Jahr zu Jahr fand das Langstone-System zunehmende Verbreitung, die heute bereits über 50 Länder umfaßt.

Wie die Erläuterung klar angibt, gilt die zu jeder Klasse gehörende Zeit über eine *Distanz unbekannter Länge*, womit ausdrücklich betont wird, daß die Yardstickzahlen keine Angaben von Geschwindigkeit sein sollen. Trotzdem läßt sich aus ihnen aber eine geradezu einwandfreie Geschwindigkeitsangabe entnehmen, wenn erst einmal eine Basis-Geschwindigkeit ermittelt wurde. Für das Organisieren von Rennen zwischen Booten verschiedener Klassen ist die Kenntnis der wahren Geschwindigkeit jedoch überflüssig, denn es kommt ja nur auf Vergleiche an. Besonders bei den internen Regatten der Klubs mit viel zu vielen Klassen wird vermieden, zahlreiche Starts mit nur jeweils ganz wenigen Teilnehmern zu bestimmen. Statt dessen kann man mehrere Klassen zu einem einzigen Start zusammenfassen und die Ergebnisse an Hand der Langstone-Tafel umrechnen. So könnte ohne weiteres ein 30-m²-Jollenkreuzer mit den älteren H-Jollen und den „Dyas" zusammensegeln. Es spricht aber auch nichts dagegen, sämtliche Klassenboote gleichzeitig zu starten und alle gegen alle nach diesem System gegeneinander auszuwerten.

Die deutsche Tabelle der Yardstickzahlen 1974 enthält über 100 verschiedene Klassen. Nur drei von diesen besitzen endgültige Yardstickzahlen, weitere 32 haben vorläufige Werte, und schließlich gibt es Yardstick-Probezahlen für 69 Klassen, deren Bewertung sich zum Teil gegenüber 1973 erheblich veränderte. In nachstehender Tabelle findet man eine Auswahl der Yardstickwerte, gültig für 1974, wobei vom Verfasser zu jeder Klasse auch ihre sogenannte mittlere Geschwindigkeit angegeben wurde. Die Begründung für deren Errechnung folgt anschließend.

AUSWAHL AUS DEN DEUTSCHEN YARDSTICKZAHLEN 1974

Vorläufige Yardstickzahlen		Geschw. km/h	Endgültige Yardstickzahlen		Geschw. km/h
Tornado-Katamaran	63	10,33	Flying Dutchman	78	8,34
Star	81	8,03	505er Jolle	81	8,03
Tempest	82	7,93	OK-Jolle	98	6,63
Trias	82	7,93			
Soling	83	7,83	Yardstick-Probezahlen		
Korsar	86	7,58	Unicorn-Katamaran	67	9,70
20-m²-Jollenkreuzer	86	7,58	Wing-A-Katamaran	68	9,55
470er Jolle	87	7,48	40-m²-Schärenkreuzer	80	8,12
30-m²-Jollenkreuzer	87	7,48	30-m²-Schärenkreuzer	87	7,48
Schwert-Zugvogel	87	7,48	Dyas	87	7,48
Drachen	88	7,40	Trainer	91	7,13
Kiel-Zugvogel	89	7,31	Traveller	93	6,99
Finn-Dinghy	90	7,22	Folkeboot	95	6,85
Olympiajolle	92	7,07	Vaurien	101	6,43
Varianta	95	6,85	Niedersachsenjolle	104	6,25
420er Jolle	95	6,85	Hansa-Jolle	105	6,20
Pirat	95	6,85	8,5-m²-Koralle	107	6,07
Moth Europe	98	6,63	Carina	113	5,75
Shark 24	98	6,63	Kolibri	117	5,56
Moth (Konstr.-Klasse)	100	6,51	Optimist	135	4,82

Zur Erklärung der *normalen Geschwindigkeiten* einer Kielyacht wurde das Diagramm der Abb. 81 angefertigt, und zwar gültig für sämtliche Kurse zum Wind. Die Geschwindigkeitskurve wurde für ein Drachenboot ermittelt, doch gilt ihr allgemeiner Aufbau auch für jede andere nicht gleitende Segelyacht.

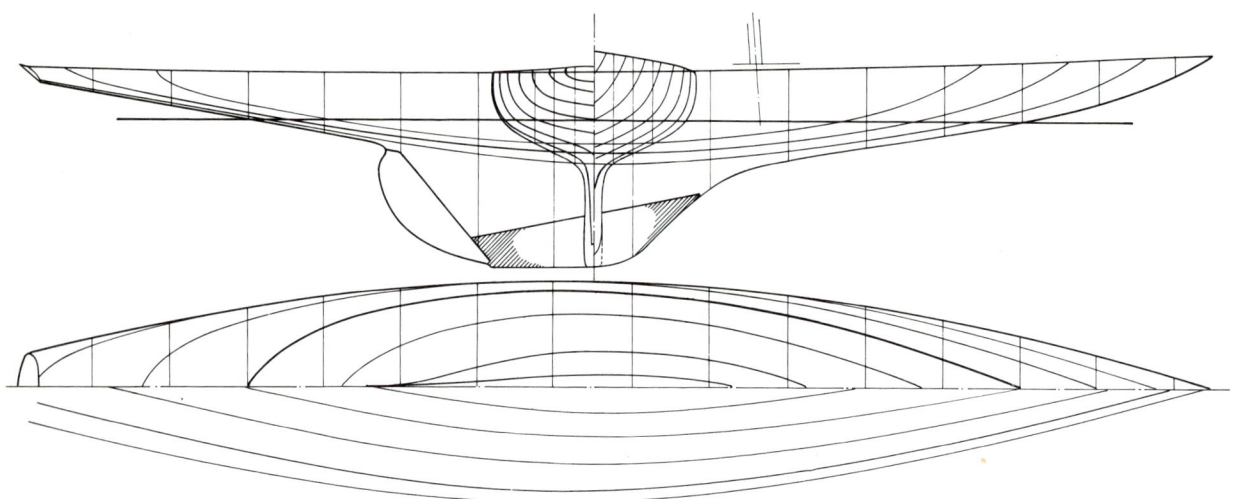

Abb. 82: Die bestechend vollkommenen Linien eines 30-m²-Schärenkreuzers könnten auch durch ausführliche Modellversuche kaum noch verbessert werden. Obwohl die Klassenvorschriften große Freiheit in den Rumpfabmessungen zuließen, waren diese wundervollen Boote kaum schneller als andere durch Vorschriften beengte Klassen, wie man beim Betrachten der Yardstickzahlen erkennt. Das große Geheimnis heißt: Reibungswiderstand!

Der äußere Kreis begrenzt die erreichte Höchstgeschwindigkeit, die bei einem Kurs von etwa 8 Strich, also quer zum wahren Winde erreicht wird. Innerhalb des recht großen Bereiches von 4 bis 12 Strich, 45 bis 135 Grad zum wahren Wind, entstehen keine wesentlichen Änderungen. Die Verringerung der Fahrt bleibt innerhalb einer Grenze von 10 Prozent der Höchstgeschwindigkeit. Nur hoch am Wind, d. h. weniger als 4 Strich zum wahren Wind sowie platt vor dem Wind, entsteht eine Fahrtminderung von rund 20 Prozent.

Wie gesagt ist diese Geschwindigkeitskurve fast ohne Abweichungen für alle Verdrängungsboote gültig, und zwar für mittlere Windstärken. Um die Kurvenwerte in Zahlen zu verwandeln, wird wiederum das Drachenboot gewählt, das mit einem wahren Wind von 6 m/sek = 22 km/h segelt.

Kurs		Verlust	Fahrt
Hoch am Wind	3½ Strich	= — 20 %	= 6,8 km/h
Normal am Wind	4 Strich	= — 14 %	= 7,3 km/h
Mit halbem Wind	8 Strich	= — 0 %	= 8,5 km/h
Mit raumem Wind	12 Strich	= — 8 %	= 7,8 km/h
Vor dem Wind	16 Strich	= — 20 %	= 6,8 km/h
		Durchschnittsgeschwindigkeit	= 7,4 km/h

Der Wert von 7,4 km/h = 4,0 Knoten stellt die Normalgeschwindigkeit des Drachenbootes als Durchschnitt aller Kurse dar. Niemals kann dieses Kielboot das Doppelte der Normalgeschwindigkeit erreichen, selbst wenn der Wind ihm einen zehnfachen Vortrieb erteilen würde. Ja, diese Normalgeschwindigkeit kann nicht einmal um 50 Prozent überschritten werden, es sei denn unter ganz besonderen Umständen und für kurze Augenblicke. Dagegen kann die gleiche Yacht bereits bei ganz leichter Brise die Hälfte ihrer Normalgeschwindigkeit erreichen, wahrscheinlich sogar nahezu dreiviertel derselben.

Wirft man einen Blick zurück auf die Tabelle der Yardstickzahlen, so findet man für das Drachenboot genau die Geschwindigkeit von 7,40 km/h sowie die Yardstickzahl von 88. Alle übrigen Geschwindigkeiten wurden an Hand der jeweiligen Yardstickzahlen im Verhältnis zu vorgenannter Geschwindigkeit des Drachens errechnet.

Weiterhin verführt die Tabelle der Yardstickzahlen dazu, höchst interessante Aufschlüsse daraus zu ziehen. So zeigt sich als weitaus schnellstes Boot der Katamaran Tornado. Das unsterbliche Starboot liegt ganz dicht bei dem 40-m²-Schärenkreuzer, dem Tempest-Leichtkielboot, der Trias und genau gleich mit der 505er Rennjolle. Nicht minder interessant erscheint, daß der Kiel-Zugvogel mit dem Finn-Dinghy gleichschnell ist und daß die alte Olympiajolle von 1936 nur ganz wenig langsamer ist als dieses. Schließlich sieht man auch, daß der Soling fast ebenso schnell ist wie die erheblich leichtere Tempest, aber sowohl das Drachenboot wie auch den eleganten 30-m²-Schärenkreuzer erheblich übertrifft. Man muß allerdings damit rechnen, daß sich sowohl in den vorläufigen Yardstickzahlen wie in den Probezahlen noch Änderungen ergeben werden.

Es mag eigenartig klingen, doch ist die Kenntnis der wahren gesegelten Geschwindigkeit für den Regattasegler unwichtig. Ihn interessiert nur jeder auch kleinste *Vorteil an Fahrt*, den er gegenüber den anderen Booten seiner eigenen Konkurrenz durch Verfeinerungen erzielen kann. Anders der Fahrtensegler: Seine Ziele, sein Zeitplan hängen nur von der wahren Geschwindigkeit ab, und darum ist für ihn die Kenntnis der wahren mittleren Fahrtgeschwindigkeit von großer Wichtigkeit. Allerdings pflegt er diese nicht in km/h auszudrücken, sondern in Etmalen, das sind die gesegelten Distanzen in Seemeilen im Zeitraum von 24 Stunden, heute stets von Mittag bis Mittag gerechnet. Vergleicht man die Geschwindigkeiten der Segelyachten mit denjenigen moderner Verkehrsmittel, wie des Automobils oder gar des Flugzeuges, so kann nicht geleugnet werden, daß Segelyachten sehr langsam sind. Zieht man aber ihre natürliche und unberechenbare Kraftquelle in Betracht, so stellt die Segelyacht zweifellos eines der interessantesten und zugleich wirksamsten Fahrzeuge der Welt dar. Es ist bekannt, daß nicht wenige Flugpiloten in ihrer Freizeit Segler sind, weil sie einerseits die Ruhe auf dem Wasser begeistert, andererseits aber auch das stets wechselnde, interessante Spiel, dem Wind wirksamen Vortrieb „ohne Öl" zu entlocken.

Jeder Segler muß für sich selbst entscheiden, ob ihm die erreichbare Geschwindigkeit als solche wichtig ist. Bejaht er dieses Verlangen, und ist er bereit, die notwendigen Opfer zu bringen, kann er Erstaunliches auf ungeahnten Wegen erreichen. Eine kostspielige Yacht der Internationalen 12-m-R-Klasse kann mitunter an Geschwindigkeit von einem Boot übertroffen werden, dessen Bauwert nicht einmal ein Hundertstel der großen Yacht beträgt. Und doch ist das Erlebnis eines Rennens an Bord einer Großyacht völlig anderer Natur als die Sensation des gelegentlichen schnellen Gleitens auf einem Katamaran, einem Prahm oder einer leichten Rennjolle.

Wahre Geschwindigkeiten der Kielboote

Warum ist ein kleines, billiges Boot gelegentlich imstande, die Geschwindigkeit einer großen Rennyacht zu erreichen oder gar zu übertreffen? Das Kielboot, genauer gesagt das *schwere Verdrängungsboot* wird unweigerlich von dem von ihm selbst erzeugten Wellensystem *festgehalten*, es kann ihm nicht davonlaufen. Die kleine, ballastlose Jolle dagegen kann *ihrem Wellensystem entlaufen* und gelangt damit in das Stadium des *Gleitens*. So wundervoll das Segeln in gleitender Jolle auch sein mag, die Sieben Meere werden doch fast ausschließlich von Verdrängungsbooten befahren. Nur das Kielboot kann auch bei stärkerem Seegang noch Fahrt voraus erzielen. Die kleinen, schnellen *Segelgleiter* dagegen können ihre Tugenden nicht mehr entfalten, sobald auch nur ein mittlerer Seegang herrscht. *Jedes Boot besitzt eine ihm eigene naturgegebene mittlere Segelgeschwindigkeit. Diese ist durchaus feststellbar und soll in Zukunft als seine Geschwindigkeit bezeichnet werden.*

Die vom Wind gelieferten Antriebskräfte der Segelyacht befinden sich in einem ständigen Wechsel zwischen absoluter Windstille und allen Zwischenstufen hinauf bis zum nicht mehr nutzbaren Orkan. Auch die Einfallswinkel des Windes wechseln von einem Minimum beim Segeln hoch am Wind bis zum rechten Winkel auf Kursen platt vor dem Wind. Der bedeutende Unterschied zwischen wahrem und scheinbarem Wind erschwert weiterhin die Untersuchung der normalen Segelgeschwindigkeit. Trotz alledem besitzt jedes Boot eine bestimmte nur ihm eigene mittlere Geschwindigkeit. Es erreicht sie bereits bei nur mäßiger Brise, und auch bei starkem Sturm wird sie nur um ein geringes übertroffen.

Es fragt sich nun, warum diese sogenannten mittleren Geschwindigkeiten nicht erheblich überschritten werden können. Einer der Gründe liegt in der Natur der Windeinwirkung, doch der zweite und Hauptgrund, welcher eine wirkliche Begrenzung zieht, wird vom Wasser selbst erzeugt, nämlich die Wellenbildung.

Jede Wasserwelle besitzt eine Eigengeschwindigkeit, welche streng von ihrer Länge abhängt, d. h. dem Abstand von Wellenkopf zu Wellenkopf. Es ist dabei gleichgültig, ob die Welle vom Wind hervorgerufen wird, oder ob sie von einem fahrenden Boot herrührt. Die Fortbewegungsgeschwindigkeit jeder Wasserwelle ist gleich $1{,}25 \cdot \sqrt{}$ Wellenlänge in m, wobei die Geschwindigkeit in m/sek erscheint. Eine 4 m lange Welle wird sich unweigerlich mit folgender Geschwindigkeit fortbewegen:

$$V = 1{,}25 \cdot \sqrt{4} = 2{,}5 \text{ m/sek} = 9 \text{ km/h}$$

Eine andere Welle von 16 m Länge, wie sie häufig auf allen Meeren auftritt, entwickelt demnach folgende Geschwindigkeit:

$$V = 1{,}25 \cdot \sqrt{16} = 5 \text{ m/sek} = 18 \text{ km/h}$$

Jede Yacht vom Typ des Verdrängungsbootes erzeugt am Vorschiff eine Bugwelle, sowie meistens (außer bei sehr langsamer Fahrt) eine zweite Welle in der Nähe des Hecks. Ein Verdrängungsboot kann normalerweise keine längere Welle entwickeln, als seine eigene effektive oder wirksame Wasserlinien-Länge. Es kann demzufolge nicht schneller segeln, als sich aus dem Wert von $1{,}25 \cdot \sqrt{}$ Länge WL mit Geschwindigkeit in m/sek, oder $4{,}5 \cdot \sqrt{}$ Länge WL mit Geschwindigkeit in km/h ergibt. Ein Drachenboot mit 6 m Wasserlinienlänge würde demnach eine Höchstgeschwindigkeit von $4{,}5 \cdot \sqrt{6} = 11$ km/h erzielen können. Da der Wellenwiderstand aber bereits vor dem Erreichen dieses Maximums ganz gewaltig zunimmt, ist die Höchstgeschwindigkeit von 11 km/h nur unter außergewöhnlich günstigen Umständen überhaupt erreichbar.

Das soeben für das Drachenboot Gesagte gilt für sämtliche normalen Verdrängungsboote. Die Zahl „4,5" stellt eine *relative* Geschwindigkeit dar, und zwar hier die höchste überhaupt erreichbare. Der mathematische Ausdruck für eine relative Geschwindigkeit schreibt sich wie folgt: $R = V / \sqrt{L}$ worin „R" den sogenannten *Geschwindigkeitsgrad* bedeutet. Unter Verwendung dieser relativen Geschwindigkeit läßt sich die höchste erreichbare Fahrt wie folgt definieren:

Jedes Verdrängungsboot kann im günstigsten Falle eine relative Höchstgeschwindigkeit von $R = 4{,}5$ erzielen, wobei die Wasserlinienlänge in m einzusetzen ist und

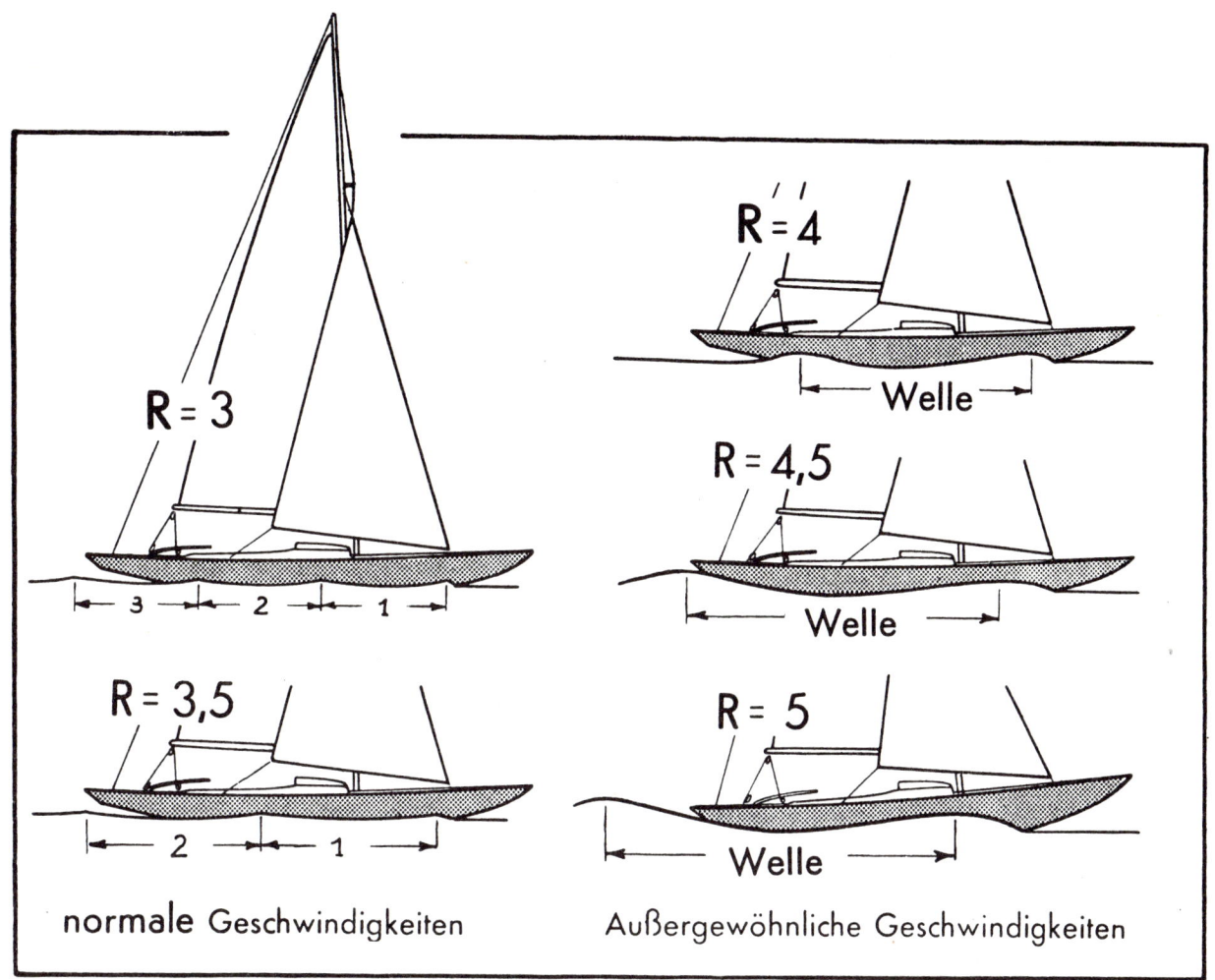

Abb. 83: Alle Verdrängungsboote müssen bei gleichen relativen Geschwindigkeiten auch eine annähernd gleiche Wellenbildung aufweisen. Am häufigsten wird mit relativen Geschwindigkeiten von R = 3 bis 3,5 gesegelt. Um 4,5 liegt die höchste unter Windantrieb ausnahmsweise erreichbare relative Geschwindigkeit der Verdrängungsboote.

die Geschwindigkeit in km/h. Diese relative Höchstgeschwindigkeit wird nur in seltenen Fällen wirklich ereicht.

Wählt man statt der Zahl 4,5 den Wert 2,43, so erhält man die Höchstgeschwindigkeit in Knoten. Zwecks Einhaltung des metrischen Systems wird jedoch auch weiterhin die Geschwindigkeit in km/h ausgedrückt werden.

Eine häufig gesegelte Normalgeschwindigkeit liegt bei $2/3$ der Höchstgeschwindigkeit, also bei R = 3. Beim Drachenboot mit einer WL-Länge von 6,00 m ergibt sich die Normalgeschwindigkeit zu:

V normal = $3 \cdot \sqrt{6{,}00}$ = 7,35 km/h

Das ist fast genau die vorher auf ganz anderen Wegen bestimmte mittlere Geschwindigkeit des Drachenbootes, die den Wert von 7,40 km/h ergab.

In der englisch-amerikanischen Literatur werden relative Geschwindigkeiten mit Werten in Fuß und Knoten angegeben. Um Vergleiche anstellen zu können, müssen diese Zahlen mit 3,355 multipliziert, bzw. die metrischen R-Werte durch 3,355 dividiert werden. Die relativen Geschwindigkeiten von R = 4,5 (höchste) und R = 3 (normale) verwandeln sich dann in Ziffern von 1,34 und 0,9.

Um zu erklären, in welcher Weise sich die von der Fahrt erzeugte Wellenlänge der Bootsform überlagert, wurde Abb. 83 angefertigt. Auf der linken Seite erkennt man die Wellenbildung bei sogenannten *normalen Geschwindigkeiten* mit R = 3 und 3,5. Rechts wurde die Wellenbildung bei *ungewöhnlich hohen Geschwindigkeiten* zeichnerisch dargestellt. So sieht man links, wie sich die Yacht bei der Normalgeschwindigkeit „3" auf zwei Wellenlängen stützt, bei „3,5" aber nur noch auf 1½ Wellenlängen.

Erreicht die Yacht den Geschwindigkeitsgrad „4", läuft sie nur noch auf einer Wellenlänge. Diese ist zwar noch immer etwas kürzer als die bootseigene WL-Länge, doch herrscht nunmehr bereits ein starker und störender Wellenwiderstand. Unter „4,5" erkennt man das Verhalten bei der höchsten mit Windantrieb erreichbaren Fahrt. Sie wird nur unter *außergewöhnlichen Umständen* erzielt, da der Wellenwiderstand gewaltig zunimmt. Ein Geschwindigkeitsgrad von „5" ist durch Windantrieb unerreichbar. Nur die brutale Kraft eines starken Schleppers kann diesen nunmehr unerhört großen Wellenwiderstand überwinden. Die Yacht schleppt einen gewaltigen Wellenberg hinter sich her, das Vorschiff ragt hoch heraus, das Heck versinkt im Wellental.

Es kommt nicht selten vor, daß eine Yacht auf hoher See entmastet wird. Es muß sehr davor gewarnt werden, dann den Schlepp eines passierenden Handelsschiffes anzunehmen, auch wenn dieser mit größter Hilfsbereitschaft angeboten wird. Selbst der langsamste Frachter fährt heute mit 12 Knoten Fahrt, eine Geschwindigkeit, die für eine kleine Yacht viel zu hoch ist. Sollte die havarierte Yacht eine WL-Länge von 10 m haben und mit 12 Knoten = 22,2 km/h geschleppt werden, so wird ihr ein Geschwindigkeitsgrad von $R = 22{,}2 / \sqrt{10} = 7{,}0$ aufgezwungen! Der entstehende ungeheure Widerstand der Yacht wird zwar vom Frachter nicht gespürt, doch entstehen so kollossale Kräfte auf die Verbände der Yacht, daß sie nach kurzer Zeit leck springen muß und sinkt.

Eine große Yacht ist absolut fast immer schneller als eine kleine. Doch bewirken die eigenartigen Antriebsverhältnisse des Windes, daß die große Yacht *relativ langsamer* segelt als die kleine. Die große Yacht erreicht sehr viel seltener den höchsten Geschwindigkeitsgrad von R = 4, wie nachstehende Tabelle erklärt. Sie wurde für eine Windgeschwindigkeit von 30 km/h, also etwas über 8 m/sek aufgestellt und verwendet wahre gesegelte Geschwindigkeiten:

	Drachen	*12 m-R-Yacht*	*Klasse „J"*
Länge in der Wasserlinie	6,00 m	13,75 m	24,70 m
Geschwindigkeit raumschots	9,8 km/h	14,1 km/h	17,9 km/h
Geschwindigkeitsgrad	4,0	3,8	3,6

Selbstverständlich erzielt die größte Yacht auch die höchste absolute Geschwindigkeit, doch die relative erreicht mit 3,6 nur einen um 10 Prozent niedrigeren Wert als die des kleinen Drachenbootes. Aber noch ein weiterer Faktor benachteiligt die große Yacht: Ihre hohe absolute Fahrt beeinflußte den wahren Wind in stärkerem Maße, d. h. der scheinbare Wind wird vorlicher. Deshalb *kann die große Yacht nicht die gleiche Höhe zum wahren Winde halten wie die kleine*. Um gleichwertige Windbedingungen für die drei Yachten der Tabelle zu schaffen, dürften die größeren nicht mit der gleichen Windstärke von 30 km/h (8,3 m/sek) des Drachens segeln. Diese müßte für die 12-m-R-Yacht auf 45 km/h (12,5 m/sek) ansteigen, und für die große amerikanische „J"-Klasse sogar auf 60,8 km/h (17 m/sek). Dafür sind dann wiederum die praktisch eingebauten Stabilitäten der großen zu gering, das Ganze erscheint wie ein Teufelskreis.

Der Tourensegler auf Ferienfahrt muß seine Ziele ebenfalls an Hand durchschnittlicher Geschwindigkeiten bestimmen, was er ebenfalls unter Anwendung der Ziffern für die relativen Geschwindigkeiten tun kann.

Wenn auch R = 3 als normale Geschwindigkeit bezeichnet wurde, so darf man sie nicht als Durchschnitt für eine Ferienfahrt zugrunde legen. Eine gute Reisegeschwindigkeit liegt bei R = 2,5, doch auch diese kann bei einer kürzeren Flautenperiode nicht mehr eingehalten werden. Eine kleine Kreuzeryacht mit 7 m-WL-Länge kommt mit R = 2,5 auf folgende Reisegeschwindigkeit:

$2{,}5 \cdot \sqrt{7} = 6{,}6$ km/h = 3,55 Knoten.

Langstreckenfahrt auf See: Die kleine Yacht WANDERER III, die unter der erfahrenen Führung von Eric Hiscock die Welt umsegelte, erreichte über die längste der verschiedenen Teilstrecken nur einen Durchschnitt von R = 1,82. Als sie einmal während zehn Tagen günstige Winde antraf, erzielte sie den hervorragenden Durchschnitt von R = 3,26. Die Höchstgeschwindigkeit eines Etmals (24 Stunden von mittags bis mittags) kam sogar auf R = 4,27, ein wirklicher ungewöhnlicher Wert, zu welchem allerdings mitlaufende Strömung beitrug. Eine bekannte Hochsee-Rennyacht STORMY WEATHER erzielte auf dem Nordatlantik während zweier Etmale einen Wert von R = 4,0, wobei allerdings Wind und Wellen von achtern einfielen.

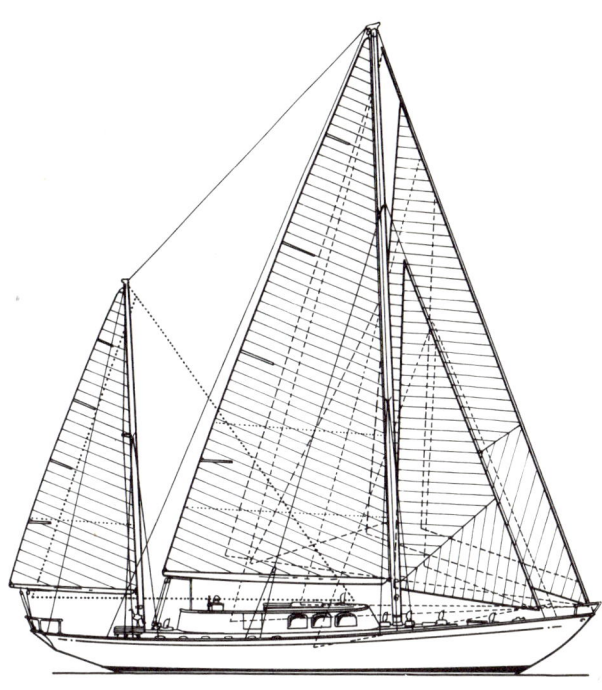

Abb. 84: Eine solche große Segelyacht eignet sich hervorragend zu Langfahrten auf See. Der Riß zeigt die Yawl BARLOVENTO II, bei der die zentral gelegene Plicht auffällt. Im Kiel fuhr sie zwei Schwerter in Tandem-Anordnung.

Länge ü. alles ... 21,85 m
Länge in der WL 15,25 m
Breite .... 5,48 m
Tiefgang Rumpf 1,68 m
Tiefgang mit Schwert 3,81 m
Segelfläche ... 190,60 m²

ZUSAMMENSTELLUNG		
Relative Geschwindigkeiten auf Kreuzfahrt	in km/h	in Knoten
starker Wind und besonders günstige Umstände	$4{,}0 \cdot \sqrt{L}$	$2{,}16 \cdot \sqrt{L}$
starker Wind, im Durchschnitt	$3{,}6 \cdot \sqrt{L}$	$1{,}94 \cdot \sqrt{L}$
normale Windstärken	$3{,}0 \cdot \sqrt{L}$	$1{,}62 \cdot \sqrt{L}$
Wechselnde Winde, leicht bis mittel	$2{,}4 \cdot \sqrt{L}$	$1{,}30 \cdot \sqrt{L}$
Langfahrt-Durchschnitt auf hoher See, höchstens	$2{,}5 \cdot \sqrt{L}$	$1{,}35 \cdot \sqrt{L}$

Einfluß des Seegangs: Der hemmende Einfluß der Meereswellen ist zweifellos einer der Gründe mit, weshalb auf See geringere Durchschnittsgeschwindigkeiten erzielt werden. Die fahrthemmende Wirkung wechselt je nach Stärke und Richtung des Seeganges. Hoch am Wind segelnd, also bei fast von vorn einfallendem Seegang, kann die Geschwindigkeit nicht nur auf die Hälfte der normalen absinken, sondern bei starkem Seegang wird ein Vorwärtskommen auf diesem Kurs geradezu unmöglich, die Yacht kommt nicht mehr gegen Sturm und Seegang an. Von achtern anrollende See vermindert die gesegelte Geschwindigkeit kaum, ja zeitweilig wird diese sogar erhöht, wie nunmehr erklärt werden soll.

Segelt man bei starkem achterlichen Wind auf See, trifft man Wellen großer Länge an, die also eine bedeutende Fortpflanzungsgeschwindigkeit haben. Eine Wellenlänge von 25 m ist auf allen Meeren der Welt häufig anzutreffen. Diese muß sich mit einer Geschwindigkeit von $1{,}25 \cdot \sqrt{25} = 6{,}25$ m/sek =

22,5 km/h fortbewegen. Befindet sich eine vor dem Wind segelnde Yacht mit dem Heck gerade vor einem Wellenberg, erhält sie von diesem einen doppelten Impuls. Einmal wird sie allein durch die abschüssige Oberfläche nach vorn getrieben, zum andern aber befinden sich auch die Wasserteilchen auf ihrer Kreisbewegung innerhalb der Welle an dieser Stelle gerade auf dem Wege voraus. So kommt es vor, daß eine Yacht während mehrerer Sekunden den Geschwindigkeitsgrad von R = 4,5 erheblich überschreitet, ohne ihre Verbände in Gefahr zu bringen. Da dieses Spiel sich ständig wiederholt, wird eine sehr hohe Durchschnittsgeschwindigkeit erreicht.

Die stolzen Klipper, die schönsten aller Segler, die je die Sieben Meere befuhren, erreichten wohl ab und zu Spitzengeschwindigkeiten von 20 Knoten. Der als besonders schneller Segler berühmt gewordene Klipper LIGHTNING erzielte einmal ein Etmal von 436 Seemeilen, der CHAMPION OF THE SEAS angeblich sogar 465 Seemeilen. Es fehlt nur noch wenig an einem Etmal von 480 Seemeilen, welches einer Fahrt von 20 Knoten über 24 Stunden entsprechen würde. Daraus ist zu schließen, daß eine Geschwindigkeit von 20 Knoten = 37,5 km/h über kürzere Strecken sicher mehrfach erzielt wurde.

Die relative Geschwindigkeit der Klipper blieb trotzdem sehr gering. Die Höchstgeschwindigkeit von 20 Knoten erbrachte nur einen Wert von R kaum über 4, wurde aber äußerst selten nur erreicht. *Die Klipper erzielten über ihre Gesamtroute niemals auch nur eine relative Geschwindigkeit von R = 2.*

Der Begriff der relativen Geschwindigkeit führt zu einer wichtigen Folgerung, nämlich die günstige Bewertung einer großen nutzbaren Bootslänge. Allerdings stimmt die *wirksame Länge* nie genau mit der sogenannten Wasserlinienlänge überein. Im Gegenteil, die verschiedenen Seekreuzer-Vermessungen wenden alle denkbaren Verfahren an, um eine wirksame Länge zu ermitteln und in die Formel einzusetzen. Die Konstrukteure hingegen bemühen sich, mit möglichst kleiner vermessener Länge eine möglichst große wirksame Länge zu schaffen. Durch die moderne Meßformelbelastung kamen die langen Yachthecks zum Verschwinden, und zwar wurden sie achtern durch kurze Überhänge, verbunden mit einem verhältnismäßig großen Spiegel, abgelöst.

Relative Geschwindigkeiten für Verdrängungsboote
$R = V / \sqrt{L}$ mit V in km/h und L in m.
(in Klammern V und L in Knoten und Fuß)

R unter 3: Bequemes Segeln, geringes Krängen, geringer Wellenwiderstand. Wird bei mäßiger Brise leicht erreicht.

R = 3   Mittlere Segelgeschwindigkeit mit mäßiger Krängung und mäßiger Wellenbildung. Die angenehmste Fahrt, für welche die meisten Yachten entworfen werden. (0,9)

R = 3,5 Größere Geschwindigkeit, zunehmende Krängung, stärkere Wellenbildung. Wird noch häufig erreicht und gilt als köstliche, erstrebenswerte Fahrt, sowohl für Regatten wie für Kreuzfahrten (1,05).

R = 4   Unter günstigen Umständen bei starken Winden erreichbar. Die Krängung ist erheblich, ebenso die Wellenbildung. Das Segeln auf See wird zum Erlebnis (1,2).

R = 4,5 Höchste erreichbare Geschwindigkeit bei starkem Wind auf raumen Kursen. Die starke Wellenbildung verhindert eine weitere Erhöhung der Fahrt, die Yacht wird gewissermaßen zwischen ihrer Wellenlänge eingefangen. Die Fahrt begeistert (1,35).

R = 5   Diese Geschwindigkeit ist durch Windkraft nicht mehr erreichbar, Gleitboote ausgenommen. Im Schlepp erzeugt der große Wellenwiderstand bereits erhebliche Kräfte auf die Verbände der Yacht (1,5).

R über 5 Nur noch mittels besonders starkem Schlepp erreichbar. Bedeutet eine unmittelbare Gefahr für die Verbände der Yacht und führt gewöhnlich zum Leckspringen und Sinken.

Hohe und höchste Geschwindigkeiten unter Segel

Ein Verdrängungsboot bleibt stets zwischen der von ihm selbst erzeugten Bug- und Heckwelle gefangen. Eine leichte Jolle oder ein Katamaran dagegen können sehr wohl ihrer natürlichen Eigenwelle *davonlaufen*. Nur das leichte Boot, das seine Stabilität ohne Gewichtsballast erzielt, kann die Welle weit *hinter seinem Heck* lassen.

Diejenige Segelyacht wird die höchsten Geschwindigkeiten auf dem Wasser erzielen, welche die größtmögliche Stabilität *außerhalb des Wassers erzeugt!* Die Jolle bewirkt den Hauptanteil der Stabilität außerhalb des Wassers, indem sich ihre Mannschaft nach Luv hinauslegt. Am Katamaran erkennt man besonders deutlich, wie Stabilität außerhalb des Wassers geschaffen wird, nämlich wenn der Luvschwimmer sich über den Wasserspiegel erhebt. Benutzt der Vorschotmann dann noch ein Trapez, so hat man geradezu den Idealfall einer außerhalb des Wassers erzeugten Stabilität vor Augen. Unter dem Prinzip „große Stabilität ohne Ballast" ist es ohne weiteres möglich, die klassische Geschwindigkeitsgrenze zu überschreiten und dem sonst immer weiter anwachsenden Wellenwiderstand davonzulaufen. Der Zustand des *Fahrens* wird übertroffen und durch das *Gleiten* ersetzt. Allerdings ist es nicht möglich, das eigenartige Betragen des scheinbaren Windes zu überlisten, welcher als Folge zunehmender Geschwindigkeiten immer stärker nach vorn verschoben wird. So werden wirkliche Höchstgeschwindigkeiten unter Segel nur auf Kursen erzielt, die man sonst *raume Kurse* nennen würde. Sogar achterliche Kurse fallen aus, da die Fahrt des Bootes unter der scheinbaren Verringerung des Windes leidet.

Welchen bedeutenden Fahrtgewinn man beim Gleiten auf raumen Kursen erzielen kann, wird in Abb. 85 gezeigt. Reine Am-Wind-Kurse ebenso wie die Fahrt vor dem Wind bleiben bei mäßiger Windstärke unverändert. Sobald man aber zwischen 8 und 12 Strich zum Wind segelt, *beginnt die leichte Jolle zu gleiten* und kommt dabei auf eine Geschwindigkeit, die annähernd doppelt so hoch sein kann.

Drei Bedingungen müssen hierfür zusammentreffen:
a) Ein leichter Bootskörper mit flachem, zum Gleiten geeigneten Boden.
b) Stabilität außerhalb des Wassers, also ohne Gewichtsballast.
c) Geeigneter Kurs zum Wind, um guten Vortrieb zu erzielen, ohne den schädlichen Einfluß eines zu vorlichen scheinbaren Windes.

Foto 24: Eine Korsaren-Jolle mit hervorragend eingeübter Stabilitätshilfe: der Vorschotmann legt auch noch seinen Arm nach außen, der Steuermann befindet sich ebenfalls großenteils außenbords. Der Korsar erreichte damit eine rasante Gleitfahrt, wie der saubere Ablauf achtern anzeigt. Das Boot ist 5,00 m lang, 1,70 m breit und fährt am Wind eine Besegelung von 14,7 m².
Foto: Brigitte Reich

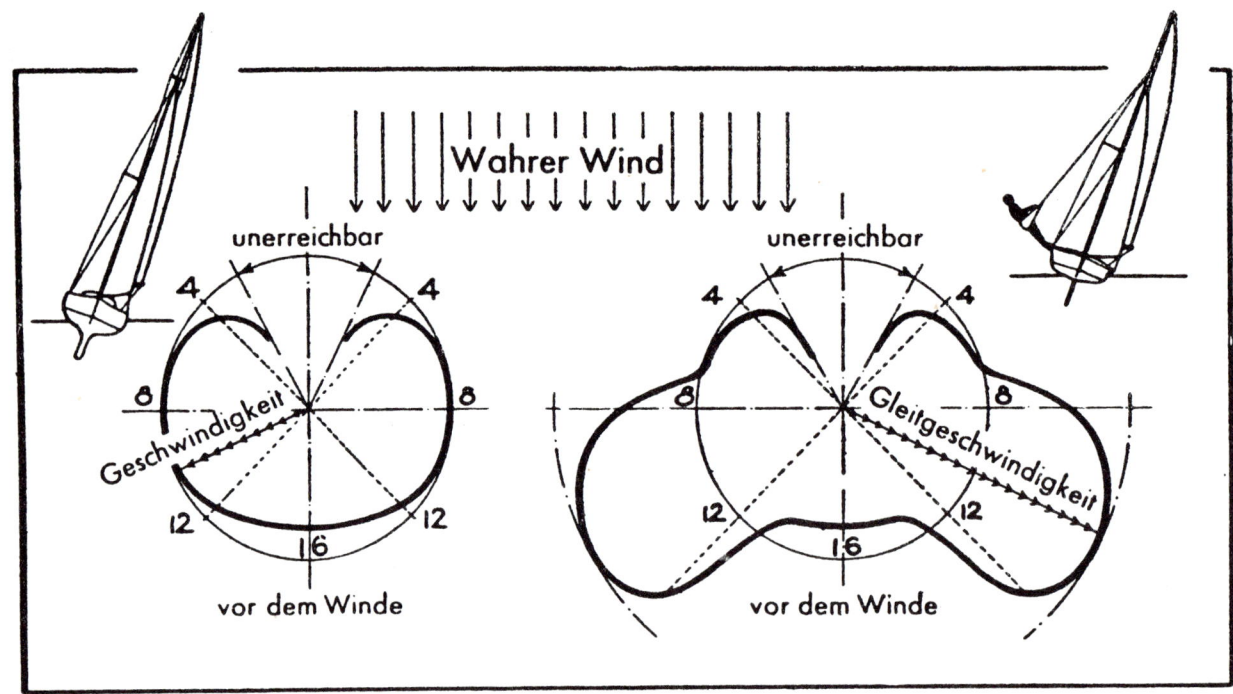

Abb. 85: Segelnde Gleitboote erreichen ihre höchsten Geschwindigkeiten auf Kursen zwischen 8 und 12 Strich zum wahren Wind, wie im rechten Teil der Abbildung zu erkennen ist. Bei größeren Windstärken kommt ein solches Boot auch vor dem Wind zum Gleiten.

Besitzt ein leichter Bootskörper eine zum Gleiten geeignete flache Bodenform, so genügt eine mäßige Zunahme des Vortriebs, um ihn aus der kritischen, ungünstigen Lage mit R = 4,5 zu befreien, siehe Abb. 86. Er beginnt dann seiner *Welle davonzulaufen*. Das Boot schickt sich an, sein Vorschiff anzuheben und gewissermaßen *auf der Bugwelle reiten* zu wollen, siehe Abb. 87. Nimmt der Vortrieb weiter zu, läßt es die Heckwelle weit hinter sich zurück und erreicht den bewunderungswürdigen Zustand des reinen Gleitens in hoher Fahrt. Es ist eine Selbstverständlichkeit, daß geringes Gewicht die erste Voraussetzung des Gleitens bedeutet. Aber auch die Formgebung des Bootsbodens ist von großer Wichtigkeit. Hält diese Form die Yacht in ihrem Wellensystem fest, so kann sie den kritischen Fahrtzustand nicht überschreiten. Der für normales Segeln so günstige feine Wasserablauf am Heck muß beim gleitenden Boot um jeden Preis vermieden werden, da ja am Heck keine Welle mehr liegt, deren Ablauf zu fördern wäre. Dadurch ergibt sich die zweite Forderung nach einer flachen Bodenform im Heck, mit aufliegendem Spiegel und scharfer Abrißkante, um das Ablösen der Wasserfäden zu begünstigen, anstatt eine Wassermasse nachzuschleppen.

Im rechten Teil der Abb. 87 wurde mit R = 12 ein extrem schneller Gleitzustand dargestellt, der bei einer 5-0-5-Jolle einer Geschwindigkeit von 14 Knoten = 26 km/h entsprechen würde. Das Boot *reitet förmlich auf seiner Bugwelle*. Diese wurde nunmehr die einzige Welle, die mit dem Boot noch zu tun hat, denn die Heckwelle liegt bereits um *sieben Bootslängen* hinter der Bugwelle. Um derartig hohe Gleitgeschwindigkeiten zu erreichen, sind nicht mehr Bootswiderstand und Windantrieb maßgebend, sondern die verfügbare Stabilität sowie die Fähigkeit und Bereitschaft der Besatzung zur Akrobatik wie auch zum Kentern.

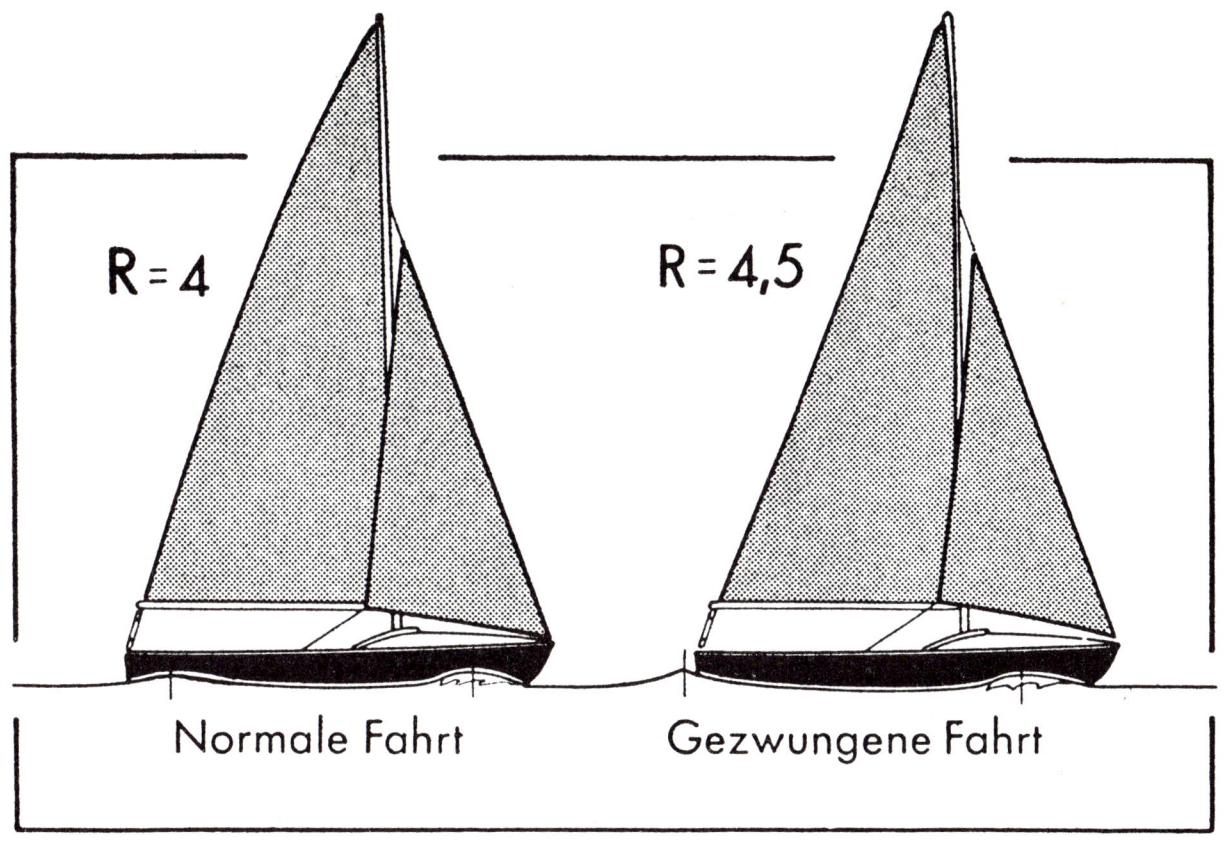

Abb. 86: Jede Jolle verhält sich bei normalen, nicht gleitenden Geschwindigkeiten durchaus wie ein Verdrängungsboot. Auch hier entsteht ein Bereich erhöhten Widerstandes, beginnend bei der gleichen relativen Geschwindigkeit von R = 4,5. Dabei gelangt die Jolle in ihren kritischen Fahrtbereich, gleichbedeutend mit vergrößertem Widerstand, bei welchem ein Gleiten nicht möglich ist.

Aber auch leichte Kielboote mit flachen Bodenformen kommen zum Gleiten und erreichen unter günstigen Umständen einen Geschwindigkeitsgrad bis zu „8". Dazu zählen heute sogar einige Kreuzeryachten in Regattatrimm. Sie wurden in ihrer Form den Jollen immer ähnlicher, mit schmalem, schwertähnlichen Flossenkiel und flachem Rumpf, so daß man sogar von der *Ozean-Jolle* spricht.

Wird ein Boot speziell auf gute Gleiteigenschaften entworfen, so erhält es die bereits erwähnte flache Form des Bodens. Diese Erkenntnis ist zugleich neu wie auch altbekannt. Neu, weil man erst seit etwa 1950 überhaupt daran denkt, Bootsformen fürs Gleiten zu entwerfen. Altbekannt, weil schon viel eher an manchen Einheitsklassen entdeckt wurde, daß man höhere Geschwindigkeiten erreichen kann, wenn man den Originalentwurf abändert und die Form im achteren Bereich flacher verlaufen läßt. Es ging so weit, daß z. B. beim Starboot regelrecht neue Linienrisse innerhalb der Toleranzgrenzen ausgearbeitet wurden. Man stellt sich unwillkürlich die Frage: Warum wurden solche Boote wohl mit zu stark gerundeten Bodenformen entworfen? Ein echtes Gleitboot soll „auf seiner Welle laufend" geplant werden, vergl. Abb. 88. Der am häufigsten erreichte Gleitzustand erzeugt eine Wellenlänge von etwa zweifacher WL-Länge des Bootes. Strebt man dagegen nach einem Rekordversuchsboot für starke Winde, kann man mit Wellenlängen von 8- bis 10facher WL-Länge und noch darüber hinaus rechnen. Im Anfangszustand einer solchen zeichnerischen Darstellung ist es schwierig, die auftretende Welle passend einzutragen. Man richtet sich deshalb nach Beobachtungen an ähnlichen Booten, oder man zieht die Darstellung nach Abb. 88 hinzu. Der Bootskörper wird in das angenommene Wellenbild hineinentworfen. Dabei ist zu beachten, daß beim Gleiten ein *teilweiser dyna-*

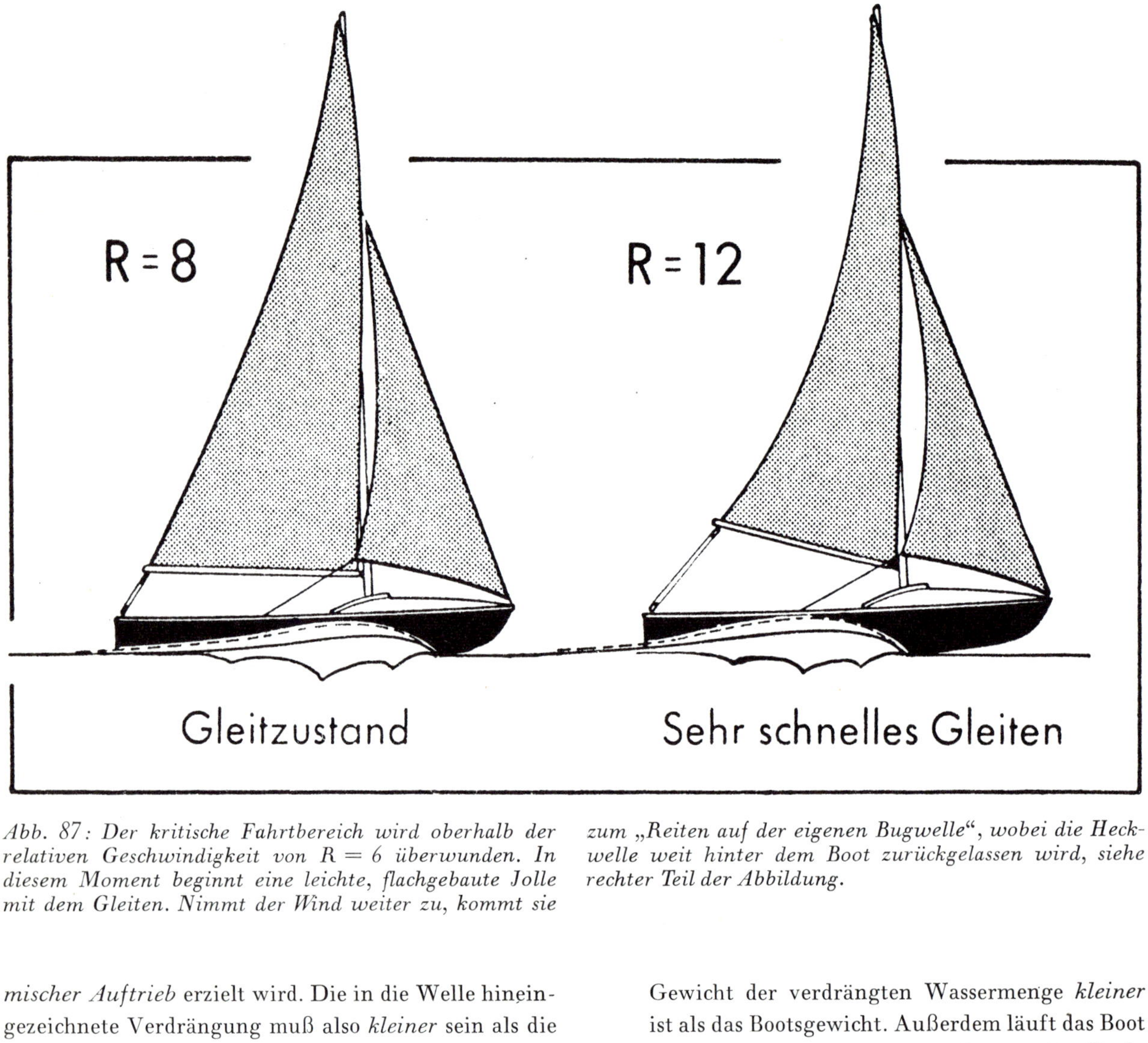

R = 8 — Gleitzustand
R = 12 — Sehr schnelles Gleiten

Abb. 87: Der kritische Fahrtbereich wird oberhalb der relativen Geschwindigkeit von R = 6 überwunden. In diesem Moment beginnt eine leichte, flachgebaute Jolle mit dem Gleiten. Nimmt der Wind weiter zu, kommt sie zum „Reiten auf der eigenen Bugwelle", wobei die Heckwelle weit hinter dem Boot zurückgelassen wird, siehe rechter Teil der Abbildung.

mischer Auftrieb erzielt wird. Die in die Welle hineingezeichnete Verdrängung muß also *kleiner* sein als die Summe von Boots- und Mannschaftsgewicht. Das gleitende Boot verdrängt eine geringere als die seinem Gewicht entsprechende Wassermenge.

Definition des Gleitens

Gleiten bedeutet einen Fahrtzustand mit teilweisem dynamischen Auftrieb, bei welchem das Gewicht der verdrängten Wassermenge kleiner ist als das Bootsgewicht. Außerdem läuft das Boot seinem Wellensystem fort, indem es die *Heckwelle weit hinter sich zurückläßt* und auf der Bugwelle zu reiten beginnt.

Durch die Verringerung der Verdrängung dank dynamischen Auftriebs erzielt man bereits auf direktem

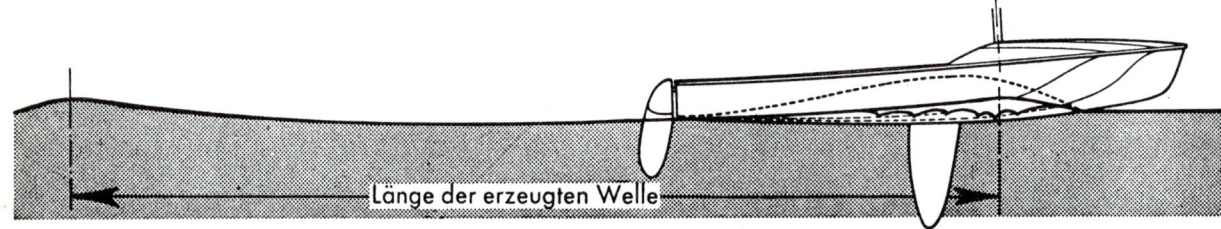

Abb. 88: Die Bodenform eines Gleitbootes ist von ausschlaggebender Wichtigkeit. Sie muß sich der beim Gleiten entstehenden Welle anpassen, oder mit anderen Worten: Die Bodenform soll „auf der Welle laufend" entworfen werden.

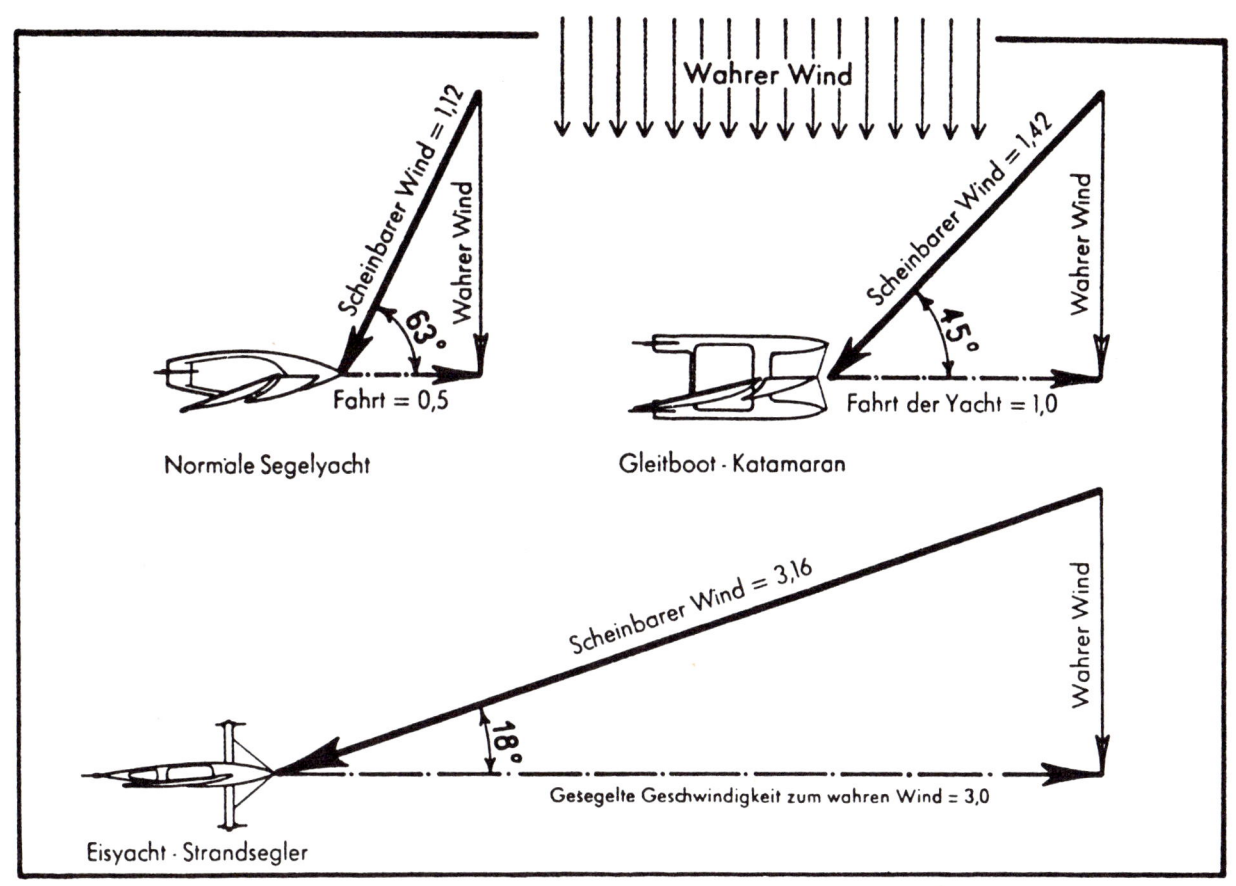

Abb. 89: Bei genau gleichem wahren Wind ändert sich der scheinbare Wind gewaltig, je nach der erzielten Geschwindigkeit, wie die stark ausgezogenen Pfeile anzeigen. Links oben die normale Yacht, die mit halber Windgeschwindigkeit segelt, rechts oben Gleitjolle und Katamaran, und unten die Eisyacht, deren Fahrt das Dreifache der Windgeschwindigkeit erreicht.

Wege einen geringeren Fahrtwiderstand. Dieser Gewinn ist am gleitenden Boot sogar augenfällig, denn es hinterläßt nur eine unbedeutende, kaum entwickelte Wellenbildung. Ein weiterer Gewinn entsteht durch Verkleinerung der benetzten Oberfläche des Bodens, der ja teilweise aus dem Wasser herausragt. Dadurch nimmt auch der Reibungswiderstand ab.

Es ist sogar gelungen, Boote mit totalem dynamischen Auftrieb zum Segeln zu bringen, indem leichte Bootskörper mit kleinen Tragflächen versehen wurden, welche unterhalb des Bootsbodens angebracht wurden. Gelang es, erst einmal die kritische Geschwindigkeit zu überwinden, welche infolge des zusätzlichen Widerstands der Tragflächen einen größeren Vortrieb erforderte, so begann das Boot sich aus dem Wasser zu heben, um kurz danach mit überraschend hoher Geschwindigkeit davonzubrausen. Nur von seinen kleinen profilierten Unterwasserflügeln getragen, segelte es also mit totalem dynamischen Auftrieb.

Die Krönung in der Entwicklung der modernen Rennjolle liegt in einer zunächst unerwarteten Eigenschaft: Es gelang, mit solchen Booten auch am Wind segelnd zum Gleiten zu kommen! Um diese Leistung zu vollbringen, mußten Bootskörper und Takelage in leichtester Bauweise ausgeführt werden. Aber auch die Besegelung wurde verfeinert, denn nur dank aerodynamischer Verbesserungen konnte man am Wind den erforderlichen großen Vortrieb schaffen.

Jedes Profil, jedes Segel erfordern einen Mindestanstellwinkel, um Auftrieb zu schaffen, welcher vom Boot in Vortrieb umgewandelt wird. Je größer die gesegelte Geschwindigkeit ist, desto stärker wird die Richtung des scheinbaren Windes auf vorlichen Einfall verschoben. Eine sehr schnelle Yacht kann demnach im *Vergleich zum wahren Winde* nicht so hoch anliegen wie eine normale. Mit anderen Worten: Die klassische langsame Segelyacht geht höher an den wahren Wind als der schnellsegelnde moderne Gleiter.

Zur Verdeutlichung der drei charakteristischen Segelmöglichkeiten wurde die Darstellung der Abb. 89 entwickelt. Der wahre Wind gilt stets als von oben einfallend. Dann verhält sich die normale klassisch-langsame Segelyacht nach dem linken oberen Bild, sofern sie quer zum wahren Winde segelt, also unter 8 Strich. Sie erreicht an Fahrt etwa die halbe Geschwindigkeit des wahren Windes, der scheinbare dagegen wurde um 12 Prozent größer, außerdem bekam er einen Einfallswinkel von 63 Grad statt 90 Grad.

Segelt ein gleitendes Boot oder ein schneller Katamaran auf eben demselben Kurs relativ zum wahren Wind, rechtes Bild, und zwar mit einer Fahrt gleich der wahren Windgeschwindigkeit, so wird der scheinbare Wind um 42 Prozent schneller, der Einfallswinkel beträgt jetzt 45 Grad von vorn. Eine Eisyacht kann sogar auf die dreifache Geschwindigkeit des wahren Windes kommen, untere Darstellung. Obwohl der wahre Wind auch hier unter 90 Grad zum Kurs steht, fällt der scheinbare schon sehr spitz von vorn ein, nämlich unter nur 18 Grad, außerdem ist er über dreimal so schnell. Alle diese hohen Geschwindigkeiten werden in der Praxis nur selten erzielt und noch seltener einwandfrei gemessen. Der momentanen Anzeige der verschiedenen Geschwindigkeitsmesser darf man nicht vertrauen, und die echte Messung durch Radar oder gar über die vermessene Meilenstrecke ist nur selten möglich. Trotzdem dürfte die nachstehende Zusammenstellung die erzielten Spitzengeschwindigkeiten recht getreu wiedergeben, auch wenn diese nur selten, genauer gesagt äußerst selten erreicht wurden.

Höchste erzielbare Geschwindigkeiten

Verdrängungsboote

Drachenboot	11,0 km/h = 5,8 Knoten
Internat. 12-m-R-Yacht	16,6 km/h = 9,0 Knoten
Amerikapokalyachten Klasse „J"	22,3 km/h = 12,1 Knoten
Dreimastschuner ATLANTIC	27,8 km/h = 15,0 Knoten
Klipperschiff mit Fracht	33,3 km/h = 18,0 Knoten

Gleitboote

Internat. „5-0-5"-Jolle	29,6 km/h = 16,0 Knoten
Internat. Flying Dutchman	31,5 km/h = 17,0 Knoten
Katamaran Shearwater	33,3 km/h = 18,0 Knoten
Katamaran Tornado	37,1 km/h = 20,0 Knoten
Kat. AIKANE — MANU KAI	37,1 km/h = 20,0 Knoten
Rekord-Proa CROSSBOW	54,0 km/h = 29,2 Knoten

Die weitaus höchste gesegelte Geschwindigkeit, und zwar eine wirklich echt gemessene, erzielte ein Fahrzeug namens Proa CROSSBOW. Unter einer Proa versteht man ein echtes Auslegerboot, d. h. einen Hauptrumpf, der gewöhnlich sehr schmal ist, und einen zum Stabilisieren benötigten Ausleger. CROSSBOW wurde

Foto 25: Moderne große Ocean Racer sind wahre Schnellsegler! Bei dem herrschenden Wind und der großen Segelfläche erreicht diese 16,20 m lange moderne I.O.R.-Yacht nahezu ihre Grenzgeschwindigkeit. Die brasilianische Wa Wa Too *wurde vom jungen argentinischen Konstrukteur German Frers eigens für die Rennen um den Admiralspokal in England in Aluminium entworfen und an die letzte Fassung der I.O.R.-Regel angepaßt.*
Foto: Beken, Cowes

von Rod Macalpine-Downie, dem erfahrenen Katamaran-Konstrukteur, eigens für einen in England abgehaltenen Geschwindigkeits-Wettbewerb entworfen. Der Hauptkörper war etwas über 18 m lang, jedoch nur 0,56 m breit und hatte die unerhörte Segelfläche von nahezu 90 m² zu tragen. Das Geheimnis, diese Fläche auch wirklich tragen zu können, lag in dem zu Luv gefahrenen Ausleger sowie der Akrobatik der Mannschaft, die aus 5 Köpfen bestand. Alle, auch der Steuermann, konnten in dem kleinen Ausleger Platz finden, der über 6 m vom Hauptkörper entfernt gefahren wurde. Die Verbindungsstreben waren leiterartig ausgebildet, und auf diesen turnte die Mannschaft flink hinaus und wieder zur Mitte zurück, so wie der Wind es gerade erforderte. Bei späteren Versuchen verblieb die Mannschaft ständig im Ausleger.

Dieses merkwürdige Fahrzeug war eine reine Speed-Maschine, zu keinem anderen Zweck brauchbar. Es konnte weder wenden noch halsen und erforderte die ständige Bereitschaft ihres Hilfsmotorbootes, ohne dessen Mitwirkung weder Segel gesetzt noch geborgen werden konnten. Als ein starker Windstoß das Boot einmal um 30 Grad wegkrängte, befand sich die gesamte Mannschaft im Ausleger rund 5 m über der Wasseroberfläche. Nicht ein Schiff zum Segeln, kaum ein Fortschritt für den sportlichen Segler, aber ein aufs kühnste durchdachter Versuch, dem Wind höchste Fahrt auf dem Wasser zu entlocken.

Der Widerstand des segelnden Bootes

Viele Segler ahnen nicht, eine wie geringe Vortriebskraft benötigt wird, um einem Boot seine *normale Geschwindigkeit* zu erteilen. Ein *Flying Dutchman* erreicht seine Normalgeschwindigkeit von 9 km/h mit einem Vorschub von nur 12,5 kg auf Fahrt vor dem Wind oder 20 kg am Wind. Das bedeutend schwerere Drachenboot kommt mit 20 kg Schub vor dem Wind und 30 kg am Wind auf seine Normalgeschwindigkeit von 7,2 km/h.

Der gesamte Widerstand einer segelnden Yacht setzt sich aus drei Anteilen zusammen, welche nahezu unabhägig voneinander auftreten. Zwei davon werden vom Wasser hervorgerufen, der dritte vom Wind:

a) *Formwiderstand*, auch dynamischer Widerstand genannt. Seine sichtbare Wirkung ist die Erzeugung von Wellen sowie Turbulenz oder Wirbelbildung im Kielwasser.

b) *Reibungswiderstand*. Dieser bildet sich durch Reibung des Wassers an der benetzten Oberfläche des Bootsbodens.

c) *Luftwiderstand*. Dieser wird vom Winde erzeugt und wirkt sowohl auf die Takelage wie auf den Bootskörper. Auf Vor-Wind-Strecken existiert jedoch kein Windwiderstand, da alle Windkräfte, auch die auf Bootskörper, Mast und Takelage wirkenden, in Fahrtrichtung auftreten und Vortrieb erzeugen.

Dynamischer oder Form-Widerstand

Jeder bootsähnliche Körper, der sich an der Wasseroberfläche vorwärts bewegt, erzeugt einen Formwiderstand, dessen größter Anteil aus Wellenbildung besteht. Wird ein tropfenförmiger Körper unter Wasser und genügend tief unter der Oberfläche fortbewegt, so bilden sich an ihm keine Wellen aus, es entsteht kein Wellenwiderstand. Beispiel: der zigarrenförmige Bleiballast an modernen Flossenkielern. Der Gesamtbegriff des dynamischen Widerstandes umfaßt außer dem wellenbildenden auch noch den Wirbelwiderstand, wie er sich sowohl am Heck wie an Bug, Kiel, Ruder oder an der Kimmkante bildet.

In langsamer Fahrt entsteht nur ein sehr kleiner Formwiderstand. Bei zunehmender Geschwindigkeit aber steigt der Formwiderstand gewaltig an, und zwar in einem über-quadratischen Verhältnis. Man erkennt dies an der Steilheit der Kurve im linken Bereich des Diagramms, Abb. 90. Dieses Diagramm wurde derart aufgebaut, daß seine Werte leicht auf jeden Bootstyp und für jede Geschwindigkeit passend anwendbar sind. Es gilt sowohl für langsam segelnde Kielboote als auch für gleitende Leichtbaujollen in höchster Fahrt. Jeder Widerstands-Beiwert ist von der relativen Geschwindigkeit $R = V/\sqrt{L}$ abhängig. Die Abszisseneinteilung enthält die R-Ziffern sowohl im metrischen System wie im englischen, da in der englischen Literatur häufig relative Geschwindigkeitsangaben zu finden sind. Die Ordinatenachse zeigt Beiwerte eines sogenannten *spezifischen Formwiderstandes* in Gramm Widerstand pro kg mittleren Gewichts, gültig für die Geschwindigkeitseinheit von 1 m/sek.

Der spezifische Formwiderstand liegt gewöhnlich zwischen 5 und 10 Gramm pro kg mittleren Gewichts, kommt aber am ungünstigsten Punkt auf 15 Gramm. Bis zu diesem Scheitelpunkt der Kurve, der bei einem Geschwindigkeitsgrad von etwas über „5" liegt, nimmt der Formwiderstand heftig zu. Verdrängungsboote mit normalen Formen können diese relative Geschwindigkeit unter Segel nie erreichen, wie bereits erklärt wurde. Zwingt man sie durch übermäßig starken Schlepp, so steigt die Widerstandskurve steil nach oben weiter, wie der zum oberen Rande mächtig ansteigende Ast zu erkennen gibt.

Man erkennt hier wiederum, daß die bedeutende Zunahme des Formwiderstandes jedes normale Verdrängungsboot innerhalb der Grenzen einer relativen Geschwindigkeit von etwa R = 4,5 *festhält*. Der Wert von „4,5" gilt als höchste relative Geschwindigkeit, welche von einem Verdrängungsboot unter Segel überhaupt erreicht werden kann.

Die Verringerung jenseits des Scheitelpunktes von „5,3" kommt nur leichten gleitenden Booten zugute. Die Zunahme an Widerstand ist jetzt geringer, als dem quadratischen Verhältnis zur Geschwindigkeit entspricht. Aus dieser Beobachtung heraus wird manchmal irrtümlich behauptet, daß ein gleitendes Boot keine Zunahme des Widerstandes mehr erleidet. In Wirklich-

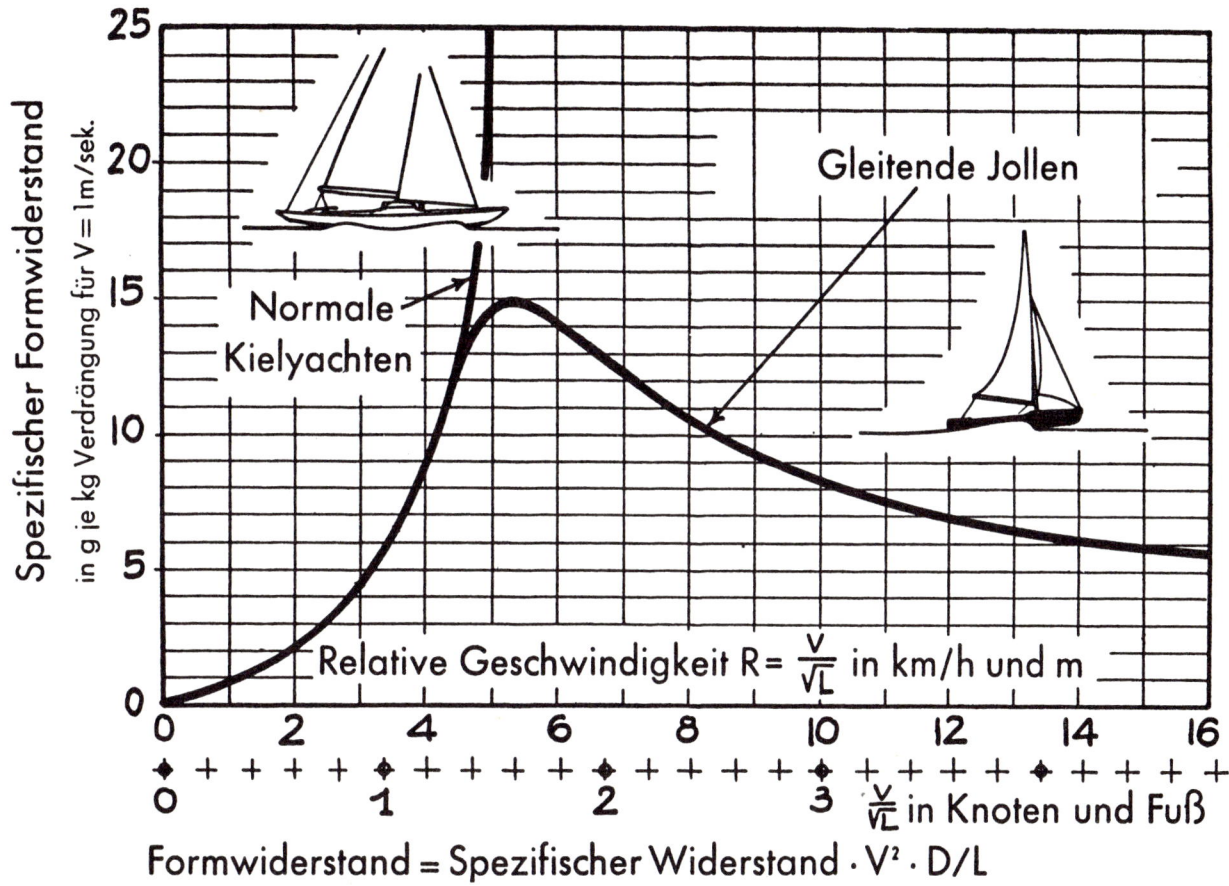

Abb. 90: Einheitswerte für den Formwiderstand, näherungsweise gültig für jeden Typ und jede Geschwindigkeit unter Segel. Der spezifische Formwiderstand wurde über den relativen Geschwindigkeiten aufgetragen, und seine Kurve umfaßt sämtliche Möglichkeiten, vom langsamsten Dahintreiben bei flauem Wind bis zum schnellsten Gleiten.

keit ist die Zunahme jedoch noch beträchtlich, weil nämlich die Umrechnungsformel die Geschwindigkeit *im Quadrat* enthält.

Bereits Newton hatte festgestellt, daß der Widerstand eines Körpers, der innerhalb eines Mediums bewegt wird, proportional ist der Dichte dieses Mediums, der dargebotenen Querschnittsfläche des Körpers und schließlich dem Quadrat der Geschwindigkeit. Die modernen Widerstandsuntersuchungen erkennen diese grundsätzliche Formulierung auch heute noch an, wobei die mitunter recht bedeutenden Abweichungen durch Anwendung von Beiwerten berücksichtigt werden. Um den spezifischen Widerstand des Kurvenblattes in den wahren Widerstand umrechnen zu können, geht man wie folgt vor:

$$\text{Formwiderstand} = \text{spezif. Widerstand} \cdot V^2 \cdot \frac{\text{Depl.}}{\text{Länge}}$$

Der Quotient Deplacement/Länge WL stellt das *mittlere Gewicht* dar. Ein voll ausgerüstetes Drachenboot hat bei 6 m WL-Länge eine Verdrängung von 1,96 t = 1960 kg, woraus sich das mittlere Gewicht wie folgt ergibt:

$$1960 : 6 = 326{,}7 \text{ kg}.$$

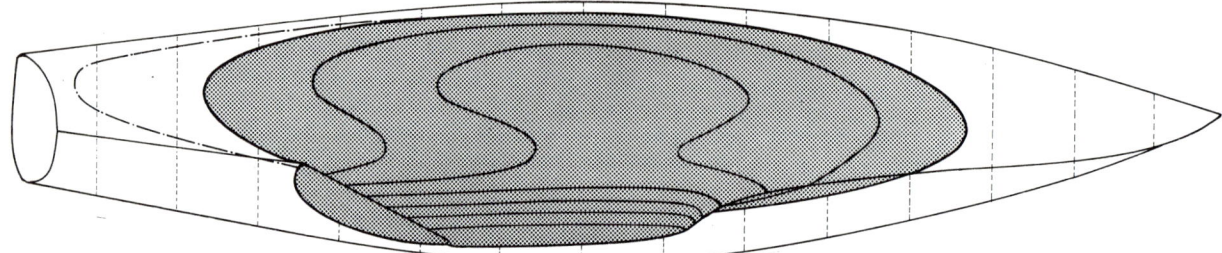

Abb. 91: Jede normale Yachtform verliert ihre Symmetrie, sobald sie eine Krängung annimmt. Als Beispiel erkennt man oben die unsymmetrische Bodenform eines gekrängten Drachenbootes. Am Heck wurde strichpunktiert die mögliche Verlängerung der Wasserlinie angedeutet, welche bei höherer Fahrt entsteht.

Segelt dieses Boot mit einer Fahrt von 7,2 km/h, so errechnet sich seine relative Geschwindigkeit zu

$$R = \frac{7,2}{\sqrt{6}} = 2,94.$$

Aus dem Kurvenblatt entnimmt man hierzu einen spezifischen Formwiderstand von 4,3 Gramm. Um den gesamten Formwiderstand zu errechnen, muß jetzt allerdings die Geschwindigkeit in m/sek eingesetzt werden, d. h. 7,2 km/h = 2 m/sek. Dadurch erhält man den Formwiderstand des Drachenbootes zu:

$$4,3 \cdot 326,7 \cdot 2^2 = 5620 \text{ g} = 5,62 \text{ kg}.$$

In gleicher Weise wird der Formwiderstand einer schnell gleitenden Jolle errechnet, z. B. ein *Flying Dutchman* in einer hohen Gleitfahrt von R = 12, wozu lt. Kurvenblatt ein spezifischer Widerstand von 7 Gramm gehört. Beträgt das Gesamtgewicht einschließlich Mannschaft 300 kg, die WL-Länge = 5,50 m, so ergibt sich das mittlere Gewicht zu 54,5 kg. Die absolute Geschwindigkeit beträgt: $12 \cdot \sqrt{5,5} = 28,1$ km/h = 7,8 m/sek. Daraus erhält man nunmehr einen gesamten Formwiderstand von:

$$7 \cdot 54,5 \cdot 7,8^2 = 23\,200 \text{ g} = 23,2 \text{ kg}.$$

Sofort fällt der überragende Einfluß der Geschwindigkeit auf, denn dieses leichte Boot erzeugt einen über viermal so großen Formwiderstand wie das bedeutend schwerere Drachenboot, welches allerdings bedeutend langsamer segelt.

Alle bisherigen Angaben beziehen sich auf das aufrecht und ohne Abdrift segelnde Boot, was nur auf reinen Vorwindkursen möglich ist. Bei der Krängung verliert ein Boot seine Symmetrie, wie das Unterwasserschiff des Drachenbootes, Abb. 91, erkennen läßt. Nachstehende Tabelle zeigt Mittelwerte der krängungsbedingten Widerstandszunahme, gültig für die große Mehrzahl der heutigen Yachttypen:

Mittelwerte der krängungsbedingten Widerstandszunahme	
5 Grad Krängung, Zunahme weniger als	1 %
10 Grad Krängung, Zunahme	2 %
15 Grad Krängung, Zunahme	4 %
20 Grad Krängung, Zunahme	7 %
25 Grad Krängung, Zunahme	13 %
30 Grad Krängung, Zunahme	25 %

Entsteht der bei Krängung auftretende zusätzliche Widerstand rein als Folge mangelnder Symmetrie, so gilt für den Abdrifts-Widerstand eine ganz andere Begründung. Ein Boot kann sich dem seitlichen Winddruck nur dadurch widersetzen, daß es unter einem gewissen Anstellwinkel segelt, eben Abdrift genannt. Die ganze vom Kiel oder vom Schwert erfaßte Wassermenge wird durch den Abdriftwinkel abgelenkt, denn gerade diese Ablenkung schafft ja den Widerstand gegen die Querkomponente des Winddruckes. Unterhalb des Kiels oder des Schwertes dagegen wird die Wassermenge nicht abgelenkt, die Strömung reißt ab, und dieser Abriß erzeugt den sogenannten *induzierten Widerstand*. Eine ähnliche Abrißkante entsteht an den Spitzen eines Flugzeugflügels, wo ebenfalls die von den Flügeln nach unten gedrückte Luftmasse gegenüber der unberührten Luft außerhalb der Flügel *abreißt*.

Hier entsteht eine sogenannte *Wirbelstraße* als Ausdruck des induzierten Widerstands. In Abb. 92 wurde versucht, diese Vorgänge sichtbar zu machen.

Der induzierte Widerstand wird selbstverständlich um so größer, je bedeutender der Abdriftwinkel ist, welchen die segelnde einnimmt, um sich der Querkraft des Windes zu widersetzen. Bei normalen Yachten und mittlerer Geschwindigkeit darf man ungefähr mit nachstehenden Widerstandszunahmen als Folge der Abdrift rechnen

Induzierter Widerstand	
als Zuschlag zum reinen Formwiderstand	
2 Grad Abdriftwinkel, Zunahme	14 %
4 Grad Abdriftwinkel, Zunahme	34 %
6 Grad Abdriftwinkel, Zunahme	56 %
8 Grad Abdriftwinkel, Zunahme	80 %
10 Grad Abdriftwinkel, Zunahme	106 %

Man übersieht sofort, daß der Einfluß des induzierten Widerstandes ganz bedeutend größer ist als derjenige der Krängung. Nur wenige Segler wissen überhaupt von der Existenz des induzierten Widerstandes, und kaum jemand kennt auch nur annähernd seine Größe. Der sehr geringe Abdriftwinkel von 4 Grad, welchen eine gewöhnliche Kreuzeryacht kaum jemals einhalten kann, bedeutet bereits eine Zunahme von 34 Prozent gegenüber dem gesamten Formwiderstand in aufrechter Lage. Eine mittlere Krängung von 20 Grad dagegen erzeugt nur einen zusätzlichen Widerstand von 6 Prozent. Auf das vorher geschilderte Drachenboot bezogen, ergibt sich folgender gesamte dynamische Widerstand:

Formwiderstand aufrecht	5,62 kg
6 % Zuschlag für 20 Grad Krängung .	0,34 kg
34 % Zuschlag für 4 Grad Abdrift ...	1,92 kg
gesamter dynamischer Widerstand ..	7,88 kg

Der Abdriftwinkel von 4 Grad wurde zunächst einfach angenommen. In Wirklichkeit ist aber den meisten

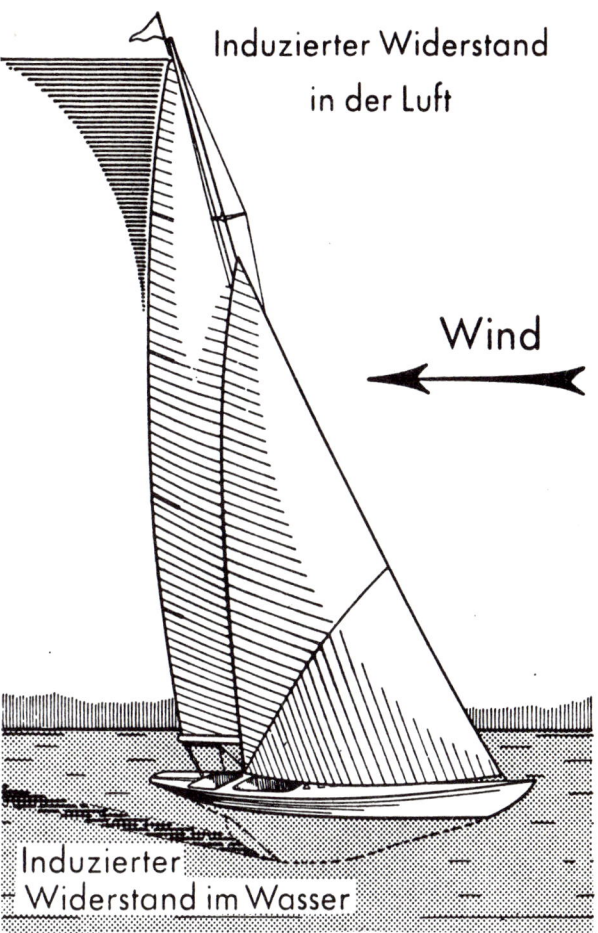

Abb. 92: Hier wird erneut der wichtige und doch kaum bekannte „induzierte Widerstand" erklärt. Die Segel verändern die Richtung der Windströmung, doch oberhalb der Segel bleibt sie unverändert, so daß zwischen beiden Windströmungen eine Abrißkante entsteht. Praktisch Gleiches geschieht an der Unterkante des Kiels im Wasser, wo ebenfalls eine Wirbelstraße entsteht.

Seglern der von ihrer Yacht normalerweise eingenommene Abdriftwinkel kaum bekannt. Ein so kleiner Abdriftwinkel wie die vorgenannten 4 Grad ist nur bei wohlproportionierten modernen Yachten möglich, welche zugleich sehr aufmerksam gesegelt werden. In nachstehender Tabelle findet man deshalb Näherungswerte der Abdriftwinkel vieler Yachttypen, um dem Segler einen Überblick zu geben. Eine absolute Genauigkeit darf aber von keinem der zahlreichen Werte dieses Kapitels über den Formwiderstand erwartet werden. Die kritische Untersuchung der modernen Segelyacht befaßte sich bisher nur mit Sonderfällen, so daß die Allgemeinheit sich erst im Anfangsstadium dessen befindet, was die vorhandenen schiffbautechnischen Versuchsmethoden feststellen könnten.

NORMALE ABDRIFTWINKEL	bei Krängungswinkeln	
Art der Segelyacht	unter 20 Grad	über 20 Grad
Außergewöhnliche Höhe am Wind	3°	3½°
Moderne Rennyacht	4°	4½°
Moderner Ocean Racer	4°	5°
Moderne Hochseekreuzeryacht	5°	6½°
Ungünstige Kreuzeryacht	8°	12°
Rahgetakeltes Schulschiff etwa	12°	16°
Caravelle des 16. Jahrhunderts	45°	—

Die moderne hoch an den Wind gehende Yacht befindet sich jedem anderen Segelschiff früherer Zeiten gegenüber gewaltig im Vorteil. Der Fortschritt ist sowohl der Schiffsform als auch der Vervollkommnung der Segel zuzuschreiben. Aber selbst das vollkommenste Kielboot kann noch um ein geringes von der verfeinerten modernen Jolle übertroffen werden, denn ein Schwert ist stets besonders wirksam, speziell, wenn es schmal und tiefgehend ausgeführt wird. Dann nämlich kommt es dem modernen Flugzeugflügel am nächsten.

Der Reibungswiderstand

Foto 26: Ein kleiner Trailer-Segler „Midnight 21", serienmäßig von Ian Franklin, Neuseeland, erbaut mit der Absicht, stets auf dem Anhänger transportiert zu werden. Dieses flott segelnde leichte Boot wird in drei Arten erstellt: Schwertboot, Kielschwerter und Kielboot. Es hat Vierkojeneinrichtung, recht geräumige Plicht und Steckruder über Heck. Länge 6,40 m, Breite 2,30 m, Tiefgang Rumpf 0,25 m, mit Schwert 1,35 m, Segelfläche 19,5 m².
Foto: Franklin, Christchurch

Wenn sich ein Schiff im Wasser fortbewegt, strömen die Wasserfäden an der Oberfläche des Unterwasserschiffes entlang, welche auch die *benetzte Fläche* genannt wird. Die Bewegung dieser Wasserfäden kann glatt und geordnet vor sich gehen, was man *laminare Strömung* nennt. Sie kann aber auch durcheinander geraten und sich unter ständiger Wirbelbildung vollziehen, was man als *turbulente Strömung* bezeichnet. Es existiert in der Welt keinerlei Art von Oberfläche, die so glatt oder wasserabstoßend wäre, daß das Wasser an ihr reibungslos entlang strömen könnte. Zunehmende Reibung bzw. zunehmende Geschwindigkeit erzeugen zugleich Wirbel, d. h., man kann mit laminarer Strömung nur bei kleinen Geschwindigkeiten rechnen. Praktisch entwickelt sich an der benetzten Fläche jeder segelnden Yacht ein turbulenter Strömungsvorgang. Nur an kleinen Segelbootsmodellen kann sich in der Reibungsschicht eine geordnete laminare Strömung ausbilden.

Diese eben erklärte Reibungsschicht begleitet jedes fahrende Schiff auf seinem Wege. Im vorderen Teil hat diese Schicht mitgeschleppten Wassers noch eine sehr geringe Stärke, doch nimmt die Dicke der Schicht nach achtern hin zu. Da in ihr sich alle Grenzvorgänge zwischen festem Bootskörper und beweglichem Wasser abspielen, wird sie *Grenzschicht* genannt. Sie weist folgende charakteristischen Eigenschaften auf:

a) *laminare Strömung* ist nur bei langsamer Fahrt und sehr glatter Oberfläche möglich.

b) *turbulente Strömung* herrscht bei jeder normalen oder größeren Geschwindigkeit über die ganze Schiffslänge.

c) *Grenzschicht:* diese ist im vorderen Bereich von geringer Stärke.

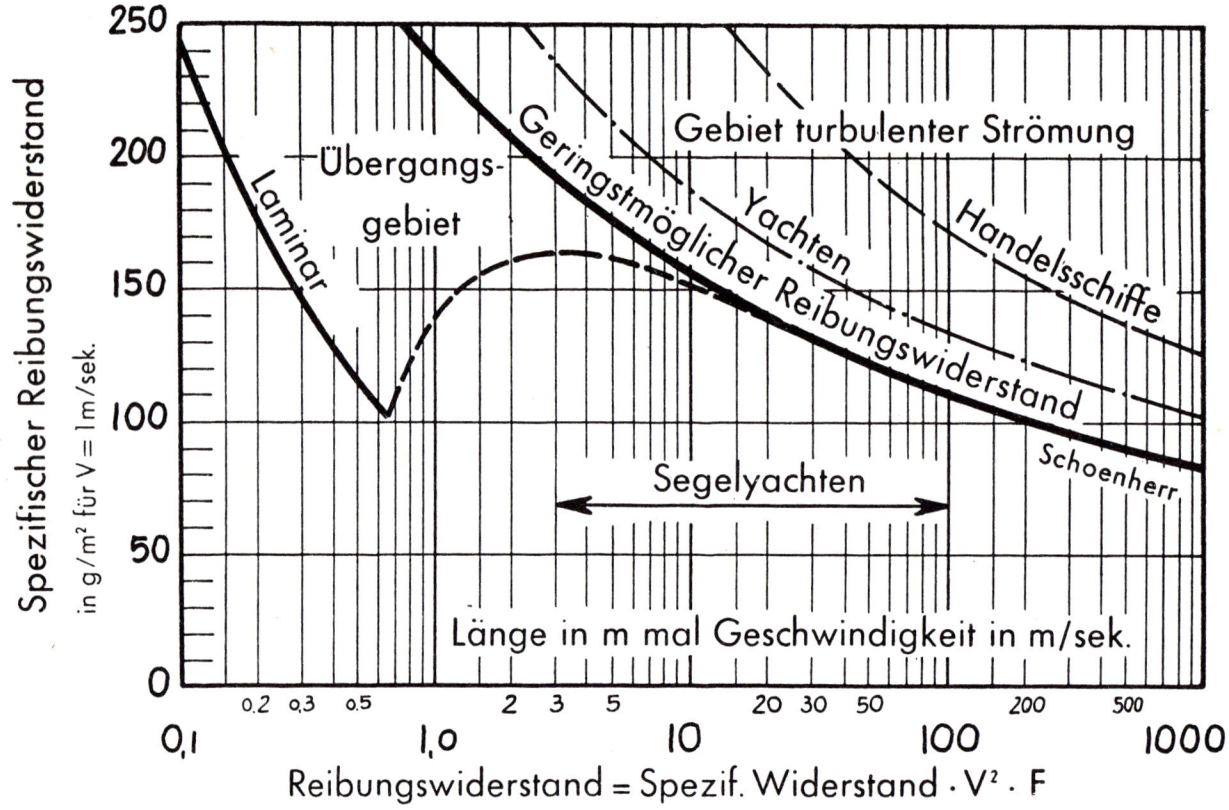

Abb. 93: Einheitswerte für den Reibungswiderstand, anwendbar auf jede vorkommende Bodenbeschaffenheit und Geschwindigkeit. Die Widerstandswerte beziehen sich auf einen vereinfachten Ausdruck der sogenannten „Reynolds-Zahl", nämlich das Produkt aus Länge und Geschwindigkeit. An Yachtmodellen muß verhindert werden, daß sich laminare Strömung mit sehr geringem Widerstand ausbildet, Kurve ganz links, da sonst die Bedingungen der modellmäßigen Ähnlichkeit unerfüllt bleiben.

d) im achteren Bereich des Bootes wird die Grenzschicht bedeutend dicker.

Gegen Ende des vergangenen Jahrhunderts widmete sich William Froude dem Studium aller mit der Reibung des Wassers zusammenhängenden Erscheinungen. Bei der wissenschaftlichen Untersuchung ergab sich die zunächst unerklärliche Beobachtung, daß lange Platten einen erheblich geringeren Reibungswiderstand je Flächeneinheit erzeugten als kurze. Eine bestimmte künstliche Rauhigkeit ergab auf einer kurzen Platte bedeutend mehr Widerstand je m² Oberfläche als die gleiche Rauhigkeit auf einer langen Platte. Erst viel später erkannte man den Grund für dieses Phänomen, nämlich das Vorhandensein einer Grenzschicht. Da diese im vorderen Teil sehr dünn ist, ragt die Rauhigkeit dort oft über die Dicke der Grenzschicht hinaus ins nicht mitgeschleppte Wasser hinein, wobei ein größerer Widerstand entsteht. Bei zunehmender Plattenlänge wird die Grenzschicht nach achtern hin dicker, so daß die Rauhigkeit gewissermaßen innerhalb ihrer Stärke zugedeckt wird. Dadurch entsteht im hinteren Teil einer langen im Wasser bewegten Platte ein bedeutend geringerer Reibungswiderstand je Flächeneinheit als im vorderen.

Viel später gelang es, das von der Natur gegebene Verhalten des Reibungswiderstandes gesetzmäßig auszudrücken, und zwar wurden die Zusammenhänge vom britischen Physiker Reynolds entdeckt. Dieser stellte

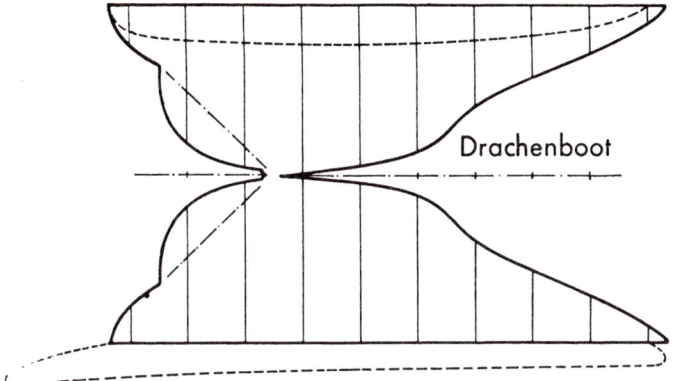
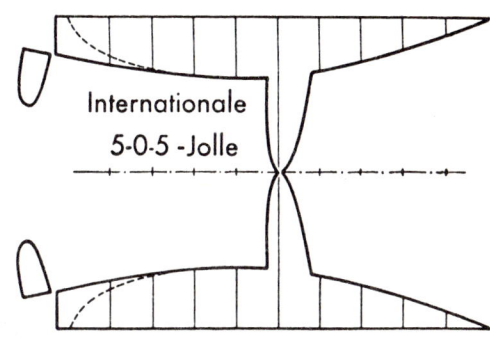

Abb. 94: Darstellung der benetzten Oberflächen eines Drachenbootes und einer internationalen 50ser-Jolle, wiedergegeben mittels der sogenannten Abwicklung. Beim Drachenboot wurde zusätzlich die durch Krängung entstehende Veränderung gestrichelt angegeben.

fest, daß dann eine Ähnlichkeit der Reibungsverhältnisse besteht, wenn das Produkt aus Länge und Geschwindigkeit gleich bleibt. Um seine Entdeckung auf jede beliebige Flüssigkeit anwenden zu können, fügte Reynolds den Begriff der sogenannten *kinematischen Zähigkeit* hinzu. Dieser ist für Wasser nur wenig veränderlich und wird deshalb bei nachfolgenden Rechnungen stets mit dem Normalwert von 0,0000013 m²/sek angewandt. Die sogenannte *Reynoldssche Zahl*, welche die Ähnlichkeit der Reibungsvorgänge kennzeichnet, wird durch den Wert V · L · 0,0000013 (für Wasser) ausgedrückt, worin V = Strömungsgeschwindigkeit in m/sek und L = Strömungslänge in m sind.

Auf Grund der Reynoldsschen Entdeckung wurde das Kurvenblatt des Reibungswiderstandes, Abb. 93, entworfen. Dort wurde die Zahl der kinematischen Zähigkeit fortgelassen, da sie ja für Wasser als konstant angenommen werden kann. Sind alle Voraussetzungen bekannt, so kann der Reibungswiderstand einer Yacht in Fahrt an Hand des ebengenannten Kurvenblattes mit recht großer Genauigkeit errechnet werden, und zwar für jede beliebige Schiffsgröße, jede denkbare Geschwindigkeit und sogar für jeden normalerweise vorkommenden Rauhigkeitsgrad. Ein Beispiel erkläre den Gebrauch des Kurvenblattes:

Um das bereits vorher erwähnte Drachenboot in das Kurvenblatt einsetzen zu können, muß zunächst das Produkt aus Länge und Geschwindigkeit ermittelt werden. Da die WL-Länge = 6 m betrug und die gesegelte Geschwindigkeit 7,2 km/h = 2 m/sek, ergibt sich dieses Produkt zu 6 · 2 = 12. Der Wert „12" liegt ungefähr in der Mitte der Abszissenskala am unteren Rande, d. h. ein wenig rechts von der Ziffer „10" (man beachte die logarithmische Einteilung der Skala).

Die am linken Rande steil abfallende Kurve gilt nur für die laminare Strömung, welche wie gesagt am Modell auftreten kann, nicht aber am naturgroßen Schiff, außer bei fast völliger Flaute. Am kräftigsten wurde die sogenannte Schoenherr-Kurve eingezeichnet, deren Werte für eine Oberfläche von idealer Glätte gelten. Darüber befindet sich eine Kurve für Yachten, die aber nur für wirklich einwandfrei glatte Rennyacht-Oberflächen gilt. Weniger gepflegte Unterwasserschiffe dürften sich mehr der Kurve für Handelsschiffe nähern. Auf das Drachenboot des Beispiels mit L · V = 12 zurückkommend, findet man auf der Kurve „Yachten" einen spezifischen Reibungswiderstand von 180 Gramm je m² benetzter Fläche. Mit einer wahren Unterwasserschiffs-Fläche von 14 m² errechnet sich der Reibungswiderstand für 2 m/sek = 7,2 km/h Fahrt wie folgt:

$$\text{Reibungswiderstand} = 180 \cdot 2^2 \cdot 14 = 10\,100\,g = 10{,}1\,kg$$

Das aufrecht segelnde Drachenboot hatte einen Formwiderstand von nur 5,62 kg ergeben, welche mit Zuschlägen für Krängung und Abdrift auf 7,88 kg anwuchsen. Entgegen weit verbreiteter Meinung ist also der Reibungswiderstand hier erheblich *größer* als der Formwiderstand, und zwar bei der wirklich sehr häufig gesegelten Fahrt von 7,2 km/h = 3,9 Knoten.

Der errechnete Reibungswiderstand ist natürlich von der wahren Beschaffenheit der benetzten Oberfläche

Foto 27: Eine ganze Flotte der neuen internationalen „Laser"-Einmannjolle rundet eine Wendemarke. Beim Entwurf dieser Jolle, aber auch in den Klassenvorschriften wurde strengstens darauf geachtet, absolute Gleichheit der Boote auf lange Zeit hinaus zu sichern. Als Folge dieser Idee und des geglückten Entwurfs fand sie eine rapide Verbreitung in vielen Ländern der Welt. Zeichnung siehe Abb. 156.

Foto: Performance Sailcraft, Banbury

abhängig. Gelingt es, dem Boden einen spiegelartigen Glanz zu verleihen, nicht durch Auftragen von Graphit, sondern mittels der Polierscheibe oder sorgfältigen Naß-Schleifens, kann man eine Verbesserung bis zu 10 Prozent erwarten. Normale Unterwasserfarbe ohne Nachschleifen erzeugt einen Beiwert von wahrscheinlich 5 Prozent oberhalb der Yachten-Kurve. Eine ungleichmäßige Außenhaut, deren Plankengänge sichtbar sind und deren Nähte herausquellenden Kitt anzeigen, erzeugt Widerstandsbeiwerte im Bereich der Kurve für Handelsschiffe.

Worauf es beim Glätten des Bodens ankommt, ist die bestmögliche *technische* Glätte, nicht aber das angewandte Material bzw. die Art der Farbe. Ein einwandfrei gemalter Boden ist weder besser noch schlechter als ein Boden aus Kunstharz oder Metall. Wird ein Boden mit Fett eingerieben, so wird er sogar schlechter, einfach weil eine Fettschicht nicht so perfekt geglättet werden kann wie ein sorgfältig geschliffener Farbanstrich. Aus dem gleichen Grunde ist auch das früher so häufig geübte Einreiben mit Graphit zwecklos.

In Abb. 94 wurden zwei abgewickelte benetzte Flächen dargestellt, von welchen eine zum Drachenboot gehört, die andere zu der als schnellem Gleiter bekannten Internationalen 5-0-5-Jolle. Die Umrisse zeigen beide Schiffsseiten sowie das Schwert und das Ruderblatt.

Foto 28: Ein kleines seefähiges Kielboot, unter dem Namen „Octon" von den Klepperwerken hergestellt. Wie der Name andeutet, soll dieses Boot etwa die Größe eines Achteltonners darstellen, doch wurde bisher eine solche Klassengröße nicht aufgestellt. Als echtes Kielboot mit tiefliegendem Ballast gebaut, hat die „Octon" sich auch in Binnen- und Küstenrennen als flotter Segler bewährt. Länge ü. A. = 6,45 m, Breite = 2,42 m, Tiefgang = 1,20 m, Verdrängung etwa 1200 kg.
Foto: Klepper-Werke

Beim Drachenboot wurde außerdem eingetragen, welche Änderung sich bei Krängung ergeben könnte, wobei zugleich die Zunahme der wirksamen Länge am Heck erkennbar ist.

Diese beiden Umrisse lassen erkennen, daß nur wenige Wasserfäden die gesamte WL-Länge ablaufen. Das Drachenboot hat zwar eine WL-Länge von 6 m, aber die Stromfäden der Kielpartie durchlaufen im Mittel nur eine Länge von 3 m. Das Schwert der Jolle hat sogar nur eine Längenausdehnung von 0,40 m. Folglich sollte der Reibungswiderstand nicht als Ganzes untersucht werden, sondern in Streifen, die den jeweils wirksamen Längen entsprechen. Dabei wird in jedem Falle der Reibungsbeiwert *größer* und damit auch die wahre Reibung am Schiffskörper.

Nachstehende Zusammenstellung zeigt das Ergebnis der bisherigen Überlegungen über den Wasserwiderstand eines Drachenbootes, welches mit 15 Grad Krängung und 4 Grad Abdriftwinkel eine Geschwindigkeit von 2 m/sek = 7,2 km/h entwickelt:

Formwiderstand, Ausgangswert		5,620 kg
Zuschlag für 15° Krängung = 4 %	0,225 kg	
Zuschlag für 4° Abdrift = 34 %	1,910 kg	
Gesamter Formwiderstand		7,755 kg
Reibungswiderstand, normal	10,100 kg	
Abzug für besondere Glätte, 10 %		9,100 kg
Gesamter Wasserwiderstand		16,855 kg

Der Luftwiderstand

Seit Jahrtausenden wurden Flüsse und Meere von Segelschiffen befahren, ohne daß der Seemann jemals anders als empirisch den möglichen Windwiderstand empfand. Ja, wahrscheinlich machte er sich überhaupt keine Gedanken über den Schiffswiderstand. Man kann segelnde Schiffe über große Strecken bringen, ohne daß eine Kenntnis der auftretenden Widerstandskräfte erforderlich wäre. Das Flugzeug dagegen befindet sich erst seit kurzer Zeit in der Luft. Der erste primitive und kurze Flug der Gebrüder Wright wäre nicht möglich gewesen, wenn nicht bereits ziemlich genaue wissenschaftliche Kenntnisse über die Luftkräfte vorhanden gewesen wären.

Eine Segelyacht bekommt vom Wind sowohl ihren Vortrieb als auch einen Teil ihres Widerstandes. Nur der Segler ist imstande, eine so eigenartige Erscheinung auszunutzen, nämlich den gesamten Windwiderstand als Vortrieb zur Wirkung zu bringen. Dies geschieht platt vor dem Wind. In diesem einzigen Falle gibt es keinen echten Windwiderstand, denn alles, Bootskörper wie Mast, Baum und Takelage, ja sogar die aus dem Cockpit herausragende Mannschaft trägt zum Vortrieb bei. Fällt der scheinbare Wind genau von der Seite ein, so erzeugen die Segel zwar einen ausgezeichneten Vortrieb; der auf die übrigen Teile des Bootes wirkende Wind dagegen erzeugt nur eine auf Krängung und Abdrift zielende Querkraft, aber keinen Windwiderstand.

Mit guter Näherung kann man behaupten, daß der Wind während $2/3$ der gesegelten Zeit vorlicher als dwars einfällt; nur während $1/3$ der gesegelten Zeit ist der Einfallswinkel größer als 90 Grad zum Bug. Nur in letzterem Falle erzeugt der Wind keinen die Fahrt hemmenden Widerstand.

Alle dynamischen Kräfte, die durch Strömungen von Wind oder Wasser erzeugt werden, können allgemein mittels einer Formel berechnet werden, die der Newtonschen Darstellung vom Widerstand entspricht. Ihre moderne Schreibweise, gültig sowohl für den Widerstand als auch für Auftrieb, Vortrieb und Querkraft, sieht wie folgt aus:

$$P = C \cdot \frac{\varrho}{2} \cdot V^2 \cdot 0$$

worin C der zur jeweils untersuchten Kraft gehörende Beiwert ist, ϱ die Dichte der Luft (im Mittel 0,126), V die Geschwindigkeit in m/sek und 0 die in Betracht kommende Oberfläche darstellen. Es genügt die Kenntnis der Beiwerte, um jederlei Kraft, also Widerstand, Auftrieb, Vortrieb oder Querkraft, errechnen zu können, gleichgültig welche Windgeschwindigkeit herrscht oder wie groß die betrachtete Oberfläche ist.

Ersetzt man die für die Luft geltende Dichte durch den entsprechenden Wert für Wasser oder andere Flüssigkeiten, so kann man diejenigen Kräfte errechnen, welche sich bei völliger Tauchung in den genannten Flüssigkeiten ergeben würden.

Wirkt eine Luftströmung auf einen beliebigen, nicht aerodynamisch ausgebildeten Körper, ergibt sich für die meisten Fälle der Normalbeiwert von $C_a = 1,2$. Dieser kann in Sonderfällen bis auf 1,3 und im Falle der auf der Innenseite angeströmten offenen Halbkugel sogar bis auf 1,42 kommen. Eine solche halbe Hohlkugel dient z. B. zum Antrieb der klassischen Windmesser, außerdem ist auch der Kugelspinnaker mit dieser Form vergleichbar. Untersucht man dagegen aerodynamisch geformte Körper, so kann der Widerstandsbeiwert so stark sinken, daß man geradezu von völliger Abwesenheit eines Formwiderstandes sprechen kann. Nur die von der strömenden Luft ausgeübte Reibung erzeugt noch einen Widerstand.

Nimmt man den Beiwert von 1,2 als normal für die meisten Körper an, z. B. einen Mast, ein Gebäude oder auch nur ein quer zum Winde gestelltes Segel, so erzeugt 1 m² Oberfläche bei einer leichten Brise von 2 m/sek folgenden Widerstand:

$$P = 1{,}2 \cdot 0{,}063 \cdot 4 \cdot 1 = 0{,}3 \text{ kg/m}^2$$

Steigt die Windgeschwindigkeit auf das Zehnfache, steht also ein sehr steifer Wind, beinahe Sturm, von 20 m/sek, so wird folgender Widerstand erzeugt:

$$P = 1{,}2 \cdot 0{,}063 \cdot 400 \cdot 1 = 30 \text{ kg/m}^2$$

Man ersieht, daß eine zehnfache Windgeschwindigkeit hundertfache Kräfte erzeugt, getreu Newton's Aus-

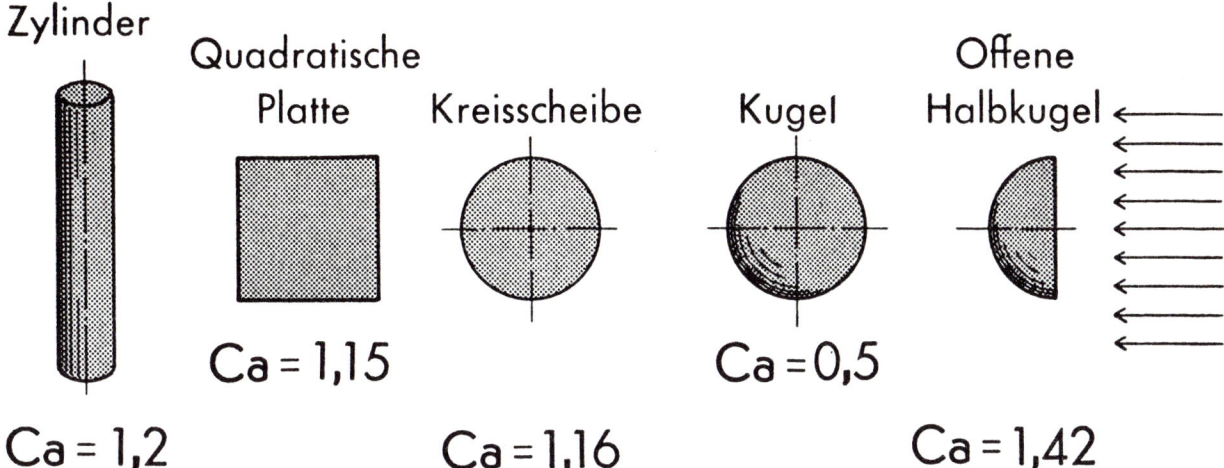

Abb. 95: Beiwerte des Luftwiderstandes für ebene Platten und verschiedene, häufig vorkommende Körper. Der sogenannte Zylinder tritt an Masten und Verstagung der Segelyachten vielfach auf. Der größte überhaupt vorkommende Widerstand wird von der offenen Halbkugel erzeugt, die mit einem modernen Spinnaker zu vergleichen ist.

spruch, daß die Strömungskräfte proportional dem *Quadrat der Geschwindigkeit* zunehmen.

Um die Beiwerte einiger wichtiger Körper verfügbar zu haben, wurde die Zusammenstellung der Abb. 95 angefertigt. An erster Stelle steht der Zylinder mit einem Beiwert von 1,2. Eine Yacht besitzt viele solche Zylinder, nämlich Mast, Stagen, Wanten, Fallen, Schoten und auch den Spinnakerbaum. Zwar ist streng genommen der Widerstandsbeiwert nicht immer gleich 1,2, doch ist diese Ziffer genau genug für die einfachen Untersuchungen der segelnden Yacht. Ebene Platten ergeben Werte, welche auch nicht weit vom Normalwert 1,2 entfernt sind, nämlich 1,15 für die quadratische Platte und 1,16 für die Kreisscheibe. Der Widerstandsbeiwert einer Kugel ist nur 0,5, die von der Innenseite angeströmte hohle Halbkugel dagegen erreicht den Höchstwert von $C_a = 1,42$.

Foto 29: Das Trapez als Stabilitätshilfe: der Körper des Vorschotmannes befindet sich vollkommen außerhalb des Bootskörpers und erzeugt dadurch ein großes aufrichtendes Moment. Ein Trapez wurde zum ersten Mal 1938 von Peter Scott vorgeführt, doch hier kommt es auf einer „Jeton"-Jolle zur Anwendung. Diese wird in GFK serienmäßig von den Klepper-Werken hergestellt, und zwar mit einer Länge von 4,95 m, Breite = 1,82 m.
Foto: Klepper-Werke

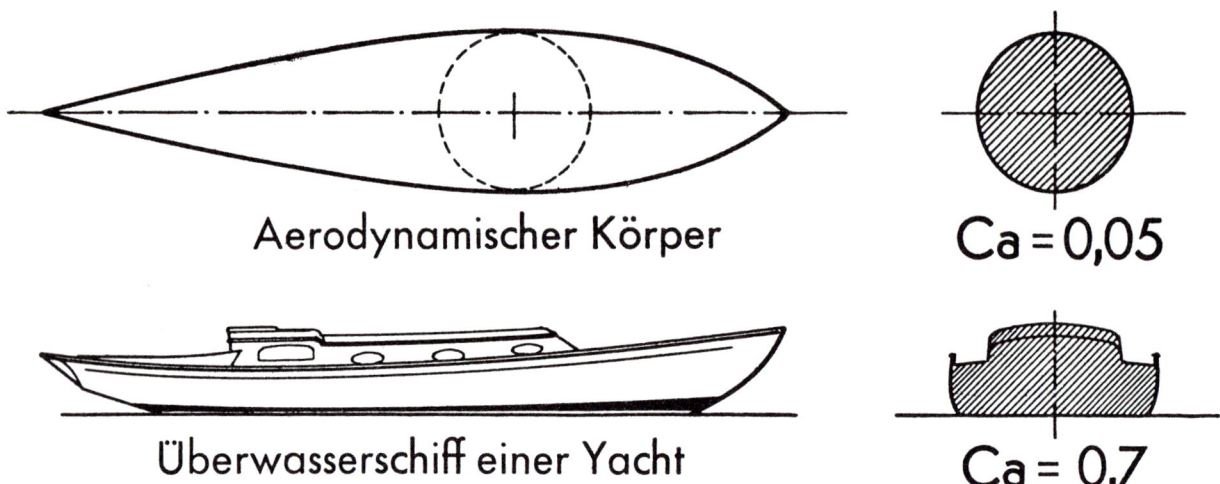

Abb. 96: Ein stromlinienförmiger Körper von gleicher Länge und gleichgroßem Hauptspant wie die Segelyacht ist aerodynamisch gesehen, unendlich viel günstiger. Der Luftwiderstand der Segelyacht ist 14mal größer, wie sich beim Vergleich der Beiwerte $C_a = 0{,}7$ und $0{,}05$ ergibt.

Bis heute kann der Windwiderstand eines Bootskörpers nur schätzungsweise ermittelt werden, da keine aufschlußgebenden Versuchsserien veröffentlicht wurden. Abb. 96 zeigt das Überwasserschiff einer Yacht, zu deren Querschnitt ein Beiwert von 0,7 geschätzt wurde. Darüber erkennt man einen aerodynamischen Körper von gleicher Länge und gleichgroßem Querschnitt, dessen Beiwert bekannt ist und nur 0,05 beträgt. Somit ist der Windwiderstand eines aerodynamischen Körpers *weniger als ein Zehntel* desjenigen eines normalen Bootskörpers. An Motorrennbooten hat man sich diese Beobachtung teilweise zunutze gemacht, indem das Überwasserschiff aerodynamische Formen bekam. Eine praktische Anwendung auf die ganze Segelyacht wurde nicht bekannt, aber die modernen Kajütaufbauten zeigen durch Abrunden einen Weg, der bestimmt einen kleinen Gewinn mit sich bringt.

Eine Segelyacht kann sich nur unter Motor genau gegen den Wind fortbewegen. Unter Segel trifft der Wind stets unter einem Winkel auf das Boot ein, der den Luftwiderstand etwas verringert, und zwar proportional dem Cosinuswert dieses Winkels.

Der Bootskörper eines Drachenbootes mag dem Wind eine Fläche von 2 m² bieten. Segelt diese Yacht mit einem wahren Winde von 5 m/sek und einem scheinbaren von 7 m/sek, so errechnet sich der Windwiderstand des Bootskörpers wie folgt:

$$W = 0{,}7 \cdot 0{,}063 \cdot 7^2 \cdot 2 = 4{,}3 \text{ kg}$$

Mast und Takelage bestehen aus einer großen Anzahl von „Zylindern", für welche allgemein der Beiwert von 1,2 angenommen werden kann. Nachstehende Zusammenstellung zeigt, daß der Takelagewiderstand hier noch größer ausfällt als der Windwiderstand des Bootskörpers:

Mast: seine dem Wind dargebotene Fläche	0,90 m²
Großbaum: seine projizierte Fläche	0,09 m²
Wanten, Fallen, Blöcke, Salinge, Jumpstag	0,26 m²
Schoten, Fallen, Blöcke, Spanner etc.	0,22 m²
Flächensumme aller Zylinder	1,47 m²

Gesamtwiderstand der Takelage: $1{,}2 \cdot 0{,}063 \cdot 7^2 \cdot 1{,}47 = 5{,}5$ kg

Aus der Summe von Bootskörper- und Takelagewiderstand ergäbe sich ein gesamter Windwiderstand von 4,3 + 5,5 = 9,8 kg. Dieser Wert ist jedoch nicht endgültig, da der Wind ja nicht genau von vorn einfällt, sondern um einen geschätzten Winkel von 27 Grad zum Kurs. Der zugehörende Cosinuswert ist gleich 0,89. Folglich entsteht ein echter Windwiderstand *in Fahrtrichtung* von 0,89 · 9,8 = 8,7 kg.

Man sieht, daß der *Windwiderstand tatsächlich von sehr großer Bedeutung ist*. Er wird vom Segler oft unterschätzt, ebenso wie der Reibungswiderstand am Unterwasserschiff. Paradoxerweise sind beide in diesem Falle *größer* als der so eingehend untersuchte Formwiderstand, wie sich klar aus nachstehender Zusammenstellung ergibt:

Formwiderstand einschl. Krängung und Abdrift	7,755 kg
Reibungswiderstand bei sehr glattem Boden	9,100 kg
Windwiderstand, Bootskörper und Takelage	8,700 kg
Gesamtwiderstand am Wind segelnd	25,555 kg

Im vorliegenden Beispiel beträgt der Luftwiderstand fast genau ein Drittel des Gesamtwiderstandes, und zwar beim Segeln am Wind. Würde ein Mitglied der Besatzung herausragen und eine Fläche von 0,3 m² darbieten, so entstände ein zusätzlicher Widerstand von 1 kg, der mit dem Beiwert von $c_a = 1,2$ errechnet wurde. Der Steuermann muß also zwischen dem Gewinn an Stabilität und dem Verlust durch höheren Windwiderstand entscheiden, ob und wann es lohnt, die Mannschaft über den Bootskörper herausragen zu lassen.

Der Windwiderstand wird um so geringer, je mehr die Yacht vom Kurse am Wind abfällt. Kommt der scheinbare Wind genau quer zur Fahrtrichtung, so fällt der Cosinus für 90 Grad auf Null, es gibt keinen Windwiderstand. Der trotzdem auf Boot und Takelage ausgeübte Winddruck ist dann nicht mehr Widerstand, sondern nur noch auf Krängung wirkende Querkraft. Fällt der Wind achterlicher als dwars ein, entsteht daraus nach und nach sogar ein kleiner Vortrieb, welcher ebenfalls durch den Cosinuswert des Einfallswinkels ausgedrückt werden kann (der jetzt allerdings von achtern her zu messen ist). Bei Backstagsbrise, Einfallswinkel 45 Grad von achtern = 12 Strich, ist der Cosinus, wie auch zuvor, gleich 0,707. Doch in diesem Falle wirken 0,707 der auf Takelage und Bootskörper drückenden Windkraft als *Vortrieb!* Platt von achtern, wenn also der Einfallswinkel null geworden ist, ergibt sich ein Cosinuswert von 1,0, d. h., die gesamte Windkraft auf Bootskörper und Takelage bedeutet wirklichen Vortrieb.

Dieser Platt-von-achtern-Kurs wäre also durch dreierlei Faktoren begünstigt, nämlich: keinerlei Windwiderstand, keinerlei Krängung und keinerlei Abdrift. Leider erzeugt jedoch die Fahrt des Bootes einen störenden Nachteil, da diese die Windgeschwindigkeit verringert. Je schneller ein Boot an und für sich segeln könnte, um so mehr nimmt es sich selbst den Wind aus den Segeln.

Mit der Kenntnis vom Windwiderstand kann man aber auch errechnen, welche Leistung ein Hilfsmotor haben muß, um eine Yacht noch gegen starken Wind oder Sturm vorwärts zu bewegen. Schließlich ist der Windwiderstand auch maßgebend für die Bestimmung der Haltekraft eines Ankers oder des Grundgeschirrs, sofern nicht noch ein Extra-Widerstand als Folge von Wasserströmung hinzukommt (der ebenfalls errechnet werden kann).

Windbilanz

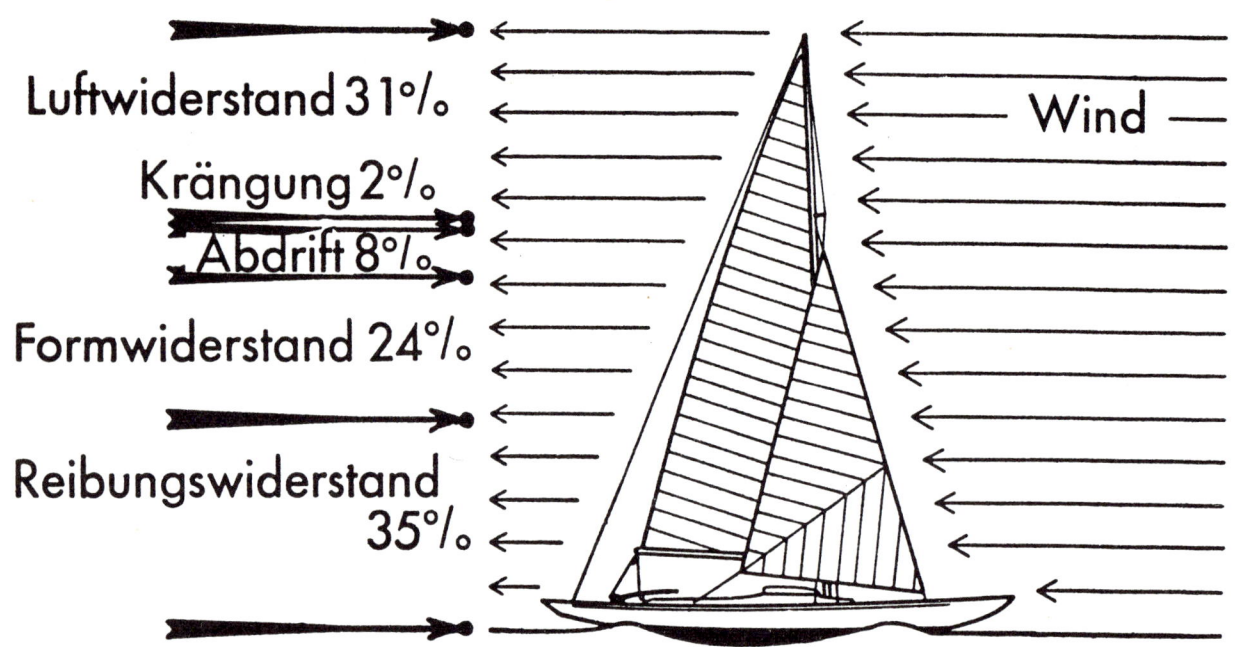

Abb. 97: Die auf die Segel ausgeübten Windkräfte werden zur Überwindung von 5 Teilwiderständen verwandt: Reibung, Formwiderstand, Abdrift, Krängung und Luftwiderstand, deren Größen an den Abständen zwischen den Pfeilen erkennbar ist. Die Werte gelten für ein Drachenboot am Wind segelnd und mittlere Windstärke.

Jede Maschine kann einer wirtschaftlichen Untersuchung unterworfen werden, um ihren sogenannten Wirkungsgrad festzustellen. Eine Dampfmaschine verwandelt einen geringen Teil der im Heizmaterial enthaltenen Wärmemenge in Leistung, der größte Teil aber geht als Verlust durch den Schornstein. Ein Dieselmotor erzielt einen erheblich besseren Wirkungsgrad. Aber auch ein Automobil, eine Lokomotive, ein Schiff oder ein Flugzeug können auf ihren Wirkungsgrad hin untersucht werden, zu welchem Zweck man eine sogenannte *Wärmebilanz* anfertigt. Es ist verlockend, auch ein Segelboot einer derartigen Studie zu unterwerfen, in welchem Falle man eine *Windbilanz* erhält. Da der Wind keinen Handelswert besitzt, verfolgt die Anfertigung einer Windbilanz auch nicht den Zweck, kaufmännisch verwertbare Zahlen zu erhalten. Trotzdem sollte jeder Segler eine gewisse Kenntnis davon haben, was mit den vom Wind gelieferten Kräften geschieht, welcher Anteil davon nutzbringenden Vortrieb erzeugt und damit vom Boot vorteilhaft ausgenutzt wird und wieviel andererseits nicht nutzbar verlorengeht. Unter Verwendung zweier Abbildungen sollen die Windkräfte der beiden Hauptkurse, nämlich am Wind und vor dem Wind segelnd, auf ihren Nutzeffekt untersucht werden.

Eine hoch am Wind segelnde Yacht wird in Abb. 97 gezeigt, wobei die Luftströmung als von rechts einfallend mittels dünner Pfeile wiedergegeben wurde. In entgegengesetzter Richtung wirken alle Widerstände, dargestellt durch die kräftigen Pfeile. Der Abstand von Pfeil zu Pfeil zeigt die Größe der sogenannten Teilwiderstände an.

Der Gesamtwiderstand kann in die bekannten drei Hauptgruppen unterteilt werden. Man sieht, daß der Luftwiderstand 31 Prozent beträgt, der Reibungswiderstand 35 Prozent; die restlichen 34 Prozent, bestehend aus Formwiderstand, Krängungs- und Abdriftswiderstand, bezeichnet man als dynamischen Widerstand. Zieht man in Betracht, daß die Querkraft des Windes im Durchschnitt dreimal so groß ist wie der

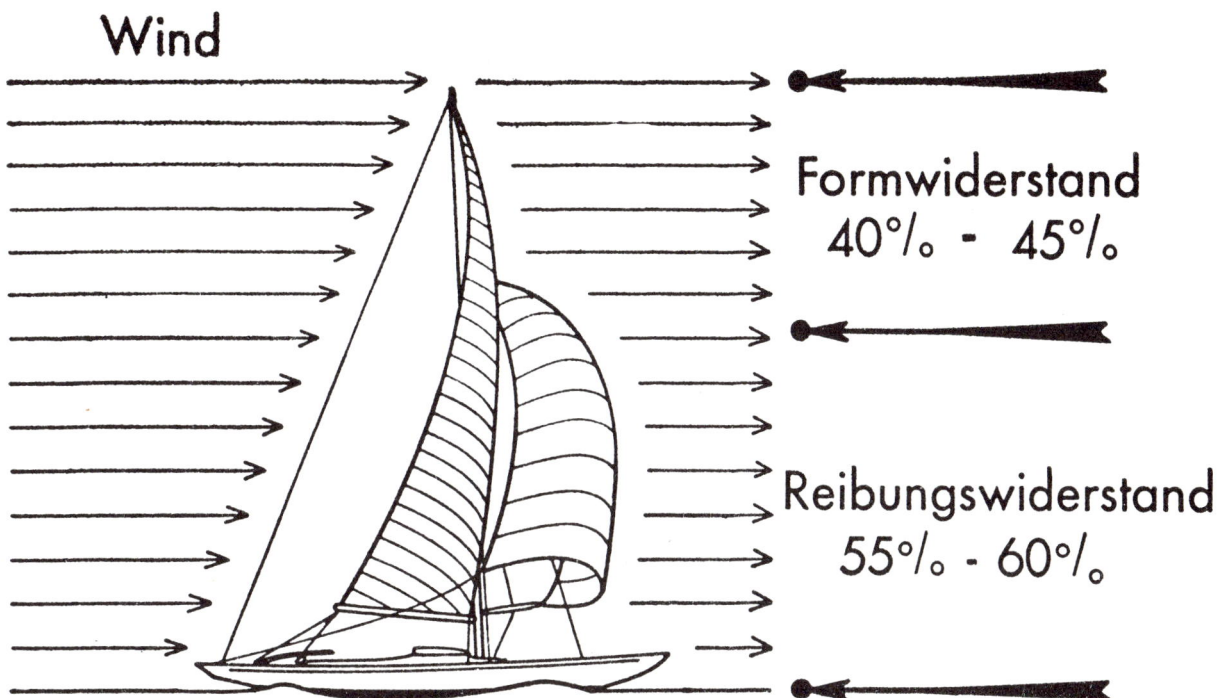

Abb. 98: Segelt das gleiche Drachenboot vor dem Wind und gelingt es, durch Setzen des Spinnakers die unsymmetrischen Winddrücke auszuschalten, bleiben nur noch zwei Widerstände übrig: Form- und Reibungswiderstand im Wasser. Der Wind selbst erzeugt nirgends am Boot Widerstand, da sogar seine Wirkung auf Takelage und Bootskörper Vortrieb erzeugt.

Vortrieb, so kann man nur das hervorragende Verhalten des Bootskörpers bewundern. Diese übergroße Querkraft wird nämlich vom Bootskörper mit nur 8 Prozent Abdriftswiderstand plus 2 Prozent Krängungswiderstand quittiert.

Der bedeutende Anteil des Luftwiderstandes könnte fühlbar verringert werden, wenn man eine Besegelung ohne tragende Hilfsmittel aufbauen könnte, gewissermaßen den freitragenden Flügel. Segel als solche erzeugen keinen Widerstand, sondern nur Vortrieb und Querkraft. Doch letztere wird vom Bootskörper in schädlichen Widerstand umgesetzt. Mit anderen Worten: der gesamte Anteil des Luftwiderstandes mit 31 Prozent wird nur von Mast, Takelage und Bootskörper erzeugt, nicht aber von den Segeln.

Wie zu erwarten war, ergibt sich ein gänzlich anderes Bild der Windbilanz, wenn eine vor dem Wind segelnde Yacht untersucht wird. Zusätzlich wurde angenommen, daß durch den Spinnaker ein völliger Ausgleich des einseitig stehenden Großsegels erzielt werde. In diesem Falle entsteht nämlich keinerlei Abdrift. Wie Abb. 98 erkennen läßt, sind nur noch zwei der fünf Widerstandsteile übrig geblieben, nämlich Formwiderstand und Reibungswiderstand. Sämtliche sonst als Widerstand zählenden Anteile von Takelage und Bootskörper erzeugen auf diesem Kurs nützlichen Vortrieb, wodurch auch der gesamte Luftwiderstand wegfällt. Die übriggebliebenen Widerstände verteilen sich wie folgt: 55 bis 60 Prozent der Windkräfte dienen der Überwindung des Reibungswiderstandes im Wasser, die restlichen 40 bis 45 Prozent werden vom Formwiderstand, also von der Wellenbildung und den Wirbeln im Wasser aufgezehrt.

Bei unsymmetrischer Segelanordnung allerdings würde der Vortrieb außerhalb der Schiffsachse angreifen, das Boot hätte die Tendenz, aus dem Kurs zu laufen, wenn es nicht durch Ruderlegen daran verhindert würde. In diesem Falle müßte sich wieder eine Abdrift einstellen, welche den bekannten induzierten Widerstand erzeugen würde.

Widerstand auf allen Kursen

Foto 30: Das internationale Dreimann-Kielboot „Soling" hat sich in der ganzen Welt eingeführt, weil es vorzüglichen Sport bietet und nicht zu kostspielig in Anschaffung und Unterhaltung ist. Hier sieht man den vollstehenden Spinnaker auf raumem Kurse, zugleich die etwas zu dicht geholte Fock, die zwar voll steht, aber statt zu ziehen auf diesem Kurs teilweise bremst. Vielleicht wurde dieser Schlag nur für den Fotografen eingelegt?
Foto: Diane Beeston

In diesem Kapitel soll der gesamte Verlauf des Widerstandes für alle vorkommenden Geschwindigkeiten auf allen Kursen untersucht werden, ein etwas gewagtes Unterfangen, doch lassen sich heute bereits brauchbare Ergebnisse ermitteln.

Der Verlauf des Widerstandes eines Drachenbootes findet sich in Abb. 99 dargestellt, und zwar mit Angabe aller Teilwiderstände für alle praktisch vorkommenden Geschwindigkeiten. Der grau getönte, untere Streifen zeigt den auftretenden Reibungswiderstand, ablesbar am linken Rande. Die zweite stark ausgezogene Kurve begrenzt den Formwiderstand. Sie kennzeichnet zugleich den Gesamtwiderstand beim Segeln vor dem Wind, solange weder Abdrift noch Krängung auftreten. Bei wachsender Geschwindigkeit nimmt der Formwiderstand dieses nicht gleitenden Kielbootes so gewaltig zu, daß er der ganzen Kurvenschar sein Gepräge aufdrückt. Nachstehende Ziffern zeigen nur zu deutlich, in welchem ungeahnten Maße die Summe beider Widerstände mit wachsender Geschwindigkeit ansteigt:

Drachenboot vor dem Wind								
Geschwindigkeit	6	7	8	9	10	11	12	13 km/h
Widerstand	6	12	19	27	40	60	98	200 kg

Eine so unerwartet große Widerstandszunahme liegt im natürlichen Verhalten des Verdrängungsbootes begründet, darf also nicht als Fehler in der Formgebung der Yacht betrachtet werden. Würde man eine zum Gleiten geeignete Form wählen, ergäbe sich bei den normalen Segelgeschwindigkeiten ein größerer Widerstand, also langsamere Fahrt gegenüber dem normalen Verdrängungsboot.

Das Widerstandsdiagramm des Drachenbootes enthält noch drei weitere Kurven, welche beim Segeln am Wind anzuwenden sind, nämlich Abdrift, Krängung und Luftwiderstand. Die obere Kurve begrenzt somit den Gesamtwiderstand eines hoch am Wind segelnden Drachenbootes. Da es nicht möglich ist, am Wind einen Vortrieb von mehr als 100 kg zu erzielen, braucht der steile Verlauf des Kurvenbündels über den Rand hinaus auch nicht mehr untersucht zu werden.

Daß sich eine gleitende Leichtbau-Jolle ganz anders verhält, ersieht man aus dem Kurvenblatt der Abb. 100.

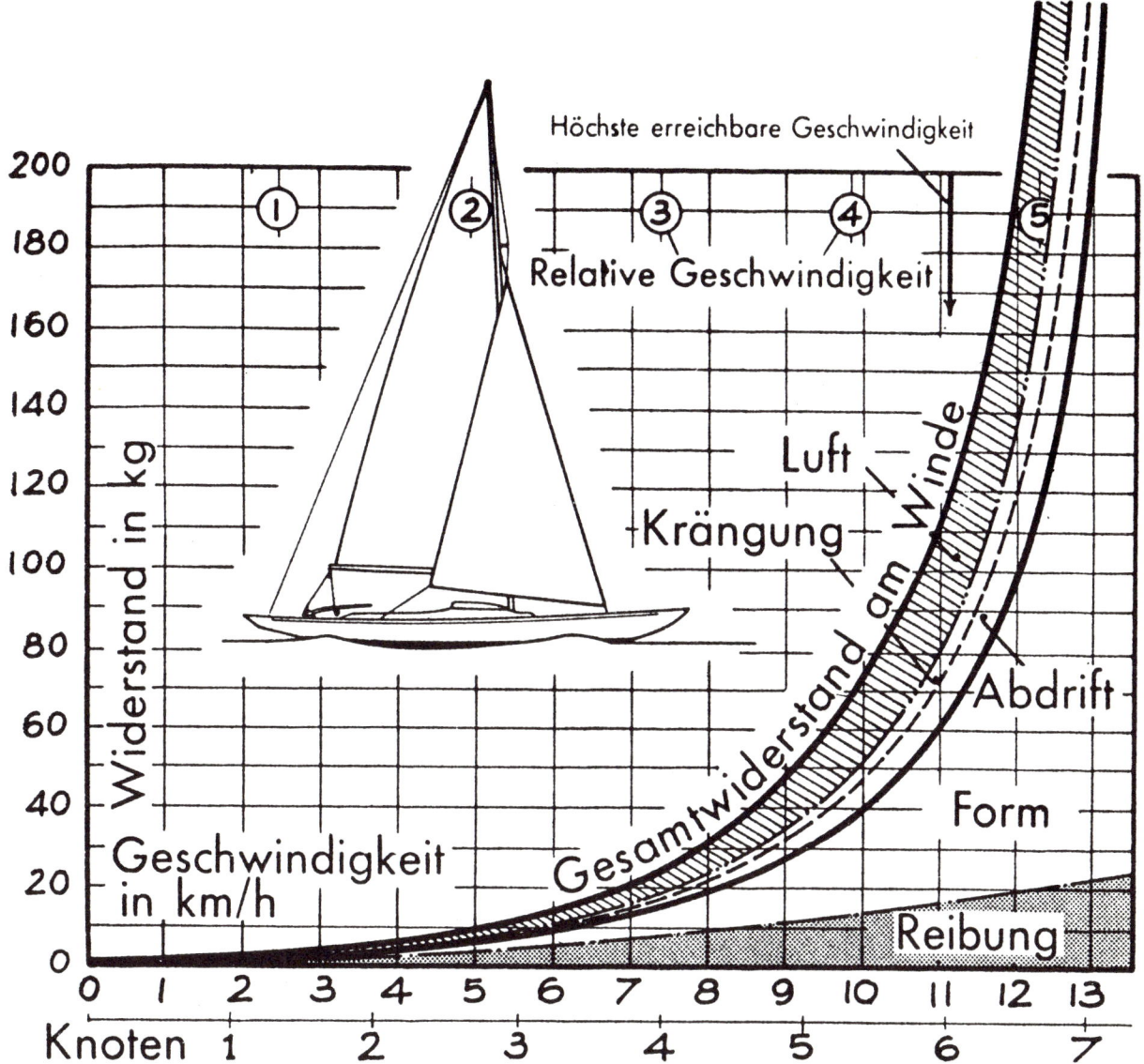

Abb. 99: In vorliegendem Kurvenblatt wurden die Teilwiderstände eines Drachenbootes bei allen erreichbaren Geschwindigkeiten zusammengestellt. Man beachte, daß der Reibungswiderstand bei höheren Geschwindigkeiten längst nicht so stark anwächst wie der Formwiderstand, welcher der ganzen Kurvenschar seinen Charakter aufprägt. Die Summe von Reibungs- und Formwiderstand gilt für das Segeln vor dem Wind, die oberste aller Kurven zeigt den Gesamtwiderstand am Wind segelnd an.

Der dort herangezogene Flying Dutchman wurde bis zu einem sehr hohen Geschwindigkeitsgrad von R = über 16 untersucht, wogegen das Drachenboot eine relative Geschwindigkeit von R = 5 niemals erreichen kann, vgl. eingekreiste Ziffern am oberen Rande. Wird der Gleitzustand erst einmal erreicht, so erzeugt eine Jolle nur noch einen geringen Formwiderstand, der Reibungswiderstand dagegen gewinnt an Bedeutung und fällt erheblich größer aus, als jeder andere Widerstandsteil. Von unten beginnend kommen zuerst Reibungs- und Formwiderstand, dann folgen der induzierte Widerstand, der durch Krängung verursachte (hier besonders klein), und schließlich der Luftwiderstand.

Dasselbe Diagramm erlaubt eine weitere Beobachtung, die auch gut mit der Praxis übereinstimmt. Es handelt sich um das Übergangsstadium zwischen *Fahren* und *Gleiten*, welches bei einem Geschwindigkeitsgrad um

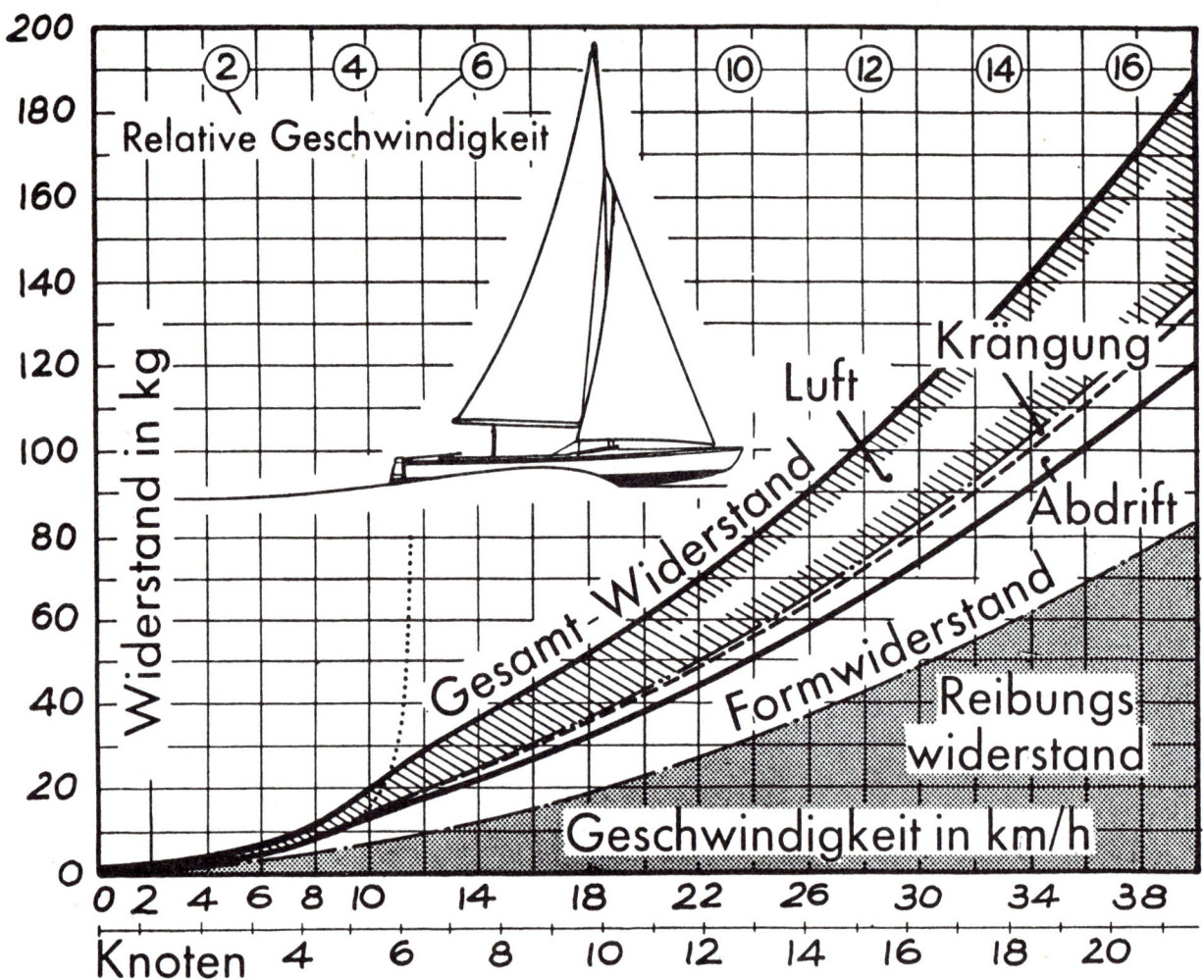

Abb. 100: Hier findet man die Teilwiderstände einer Jolle wiedergegeben, nämlich eines „Flying Dutchman", wobei der Bereich bis ins schnellste Gleiten verlängert wurde. Bei allen Geschwindigkeiten überwiegt hier der Reibungswiderstand, da beim Gleiten kein übertrieben großer Formwiderstand auftritt.

5½ stattfindet. Bei einer Geschwindigkeit von etwas über 10 km/h scheint sich das Boot dem Gleiten zu widersetzen, so als wolle es nicht „auf die Bugwelle steigen und schnell davongleiten". Sein eigenartiges Verhalten wird durch die Heckwelle bewirkt, welche noch am Boot „klebt" und nicht abreißen will, bis nicht ein vergrößerter Vorschub den Abriß erzwingt. Deutlich erkennt man den Widerstandsbuckel, der bei etwa 12 km/h am ausgeprägtesten erscheint. Man muß allerdings schon sehr genau beobachten, wenn man diesen Moment erhöhten Widerstandes am Boot selbst beobachten möchte. Kielyachten, d. h. Verdrängungsboote, können diesen Buckel größten relativen Widerstandes unter Segel nie erreichen, da die Heckwelle bei der echten Kielyachtform nicht abreißen kann. Wird dieser kritische Übergang aber überwunden, so nimmt der *spezifische* Formwiderstand wieder ab. Wie groß trotz alledem die wirkliche Widerstandszunahme ist, wird sowohl im Kurvenblatt deutlich wie besonders auch in nachstehender Tabelle:

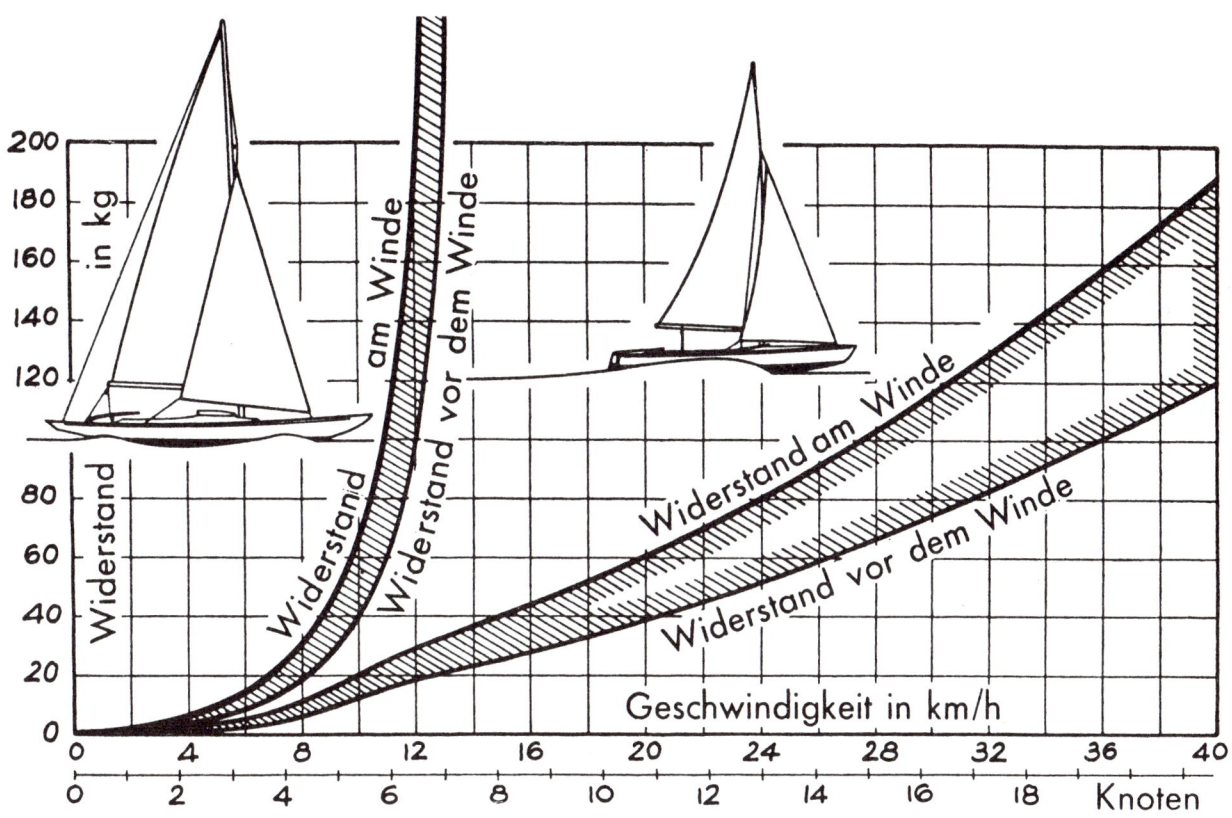

Abb. 101: Hier wurden die Ergebnisse des Kielbootes und der gleitenden Jolle aus beiden vorhergehenden Kurvenblättern gemeinsam dargestellt. Wie man sieht, kann das Drachenboot bei weitem nicht die Geschwindigkeiten der schnellgleitenden Jolle erreichen, da sein Widerstand in kaum geahnter Weise ansteigt. Bei der gleitenden Jolle nimmt der Widerstand auch bei höchster Fahrt nur mäßig zu.

Geschwindigkeit	10	15	20	25	30	35	40 km/h
Gesamtwiderstand	20	40	61	84	114	148	188 kg
dto. ohne Luftwiderstand	14	28	43	62	83	109	139 kg

Aus einem ganz bestimmten Grunde wurde der Gesamtwiderstand auch unter Fortlassen des Luftwiderstandes gegeben. Da hohe Gleitgeschwindigkeiten nicht hoch am Wind, sondern nur auf raumen Kursen erzielt werden, erzeugt der Wind dort keinen Luftwiderstand mehr.

Ein letztes Kurvenblatt vergleicht die Unterschiede des Verdrängungsbootes gegenüber einem Gleitboot. Da beide Boote verschiedene WL-Längen haben, mußte der Vergleich mit wirklichen, nicht relativen Geschwindigkeiten dargestellt werden. Man erkennt deutlich, wie das Drachenboot als Folge der sehr starken Zunahme des Widerstandes bereits bei einer Fahrt unterhalb von 12 km/h regelrecht *gebremst* wird. Die gleitende Jolle spürt zwar auch den Widerstandsbuckel, wie im Kurvenblatt bei 10 km/h erkennbar ist; doch erreicht es darüber hinaus höchste Geschwindigkeiten, ohne einen ungewöhnlich großen Widerstand zu erzeugen. Man darf ein Verdrängungsboot nicht für *schlecht*, ein Gleitboot nicht für *gut* halten. Eine gleitende Jolle muß extrem leicht gebaut sein, enthält keine Bequemlichkeiten und ist kenterbar. Trotzdem erreicht man wirkliche hohe Gleitgeschwindigkeiten nur dann, wenn starker Wind, günstiger Kurs und eine gymnastisch trainierte Mannschaft zusammentreffen.

Wirkliche Geschwindigkeit auf ozeanischer Langfahrt

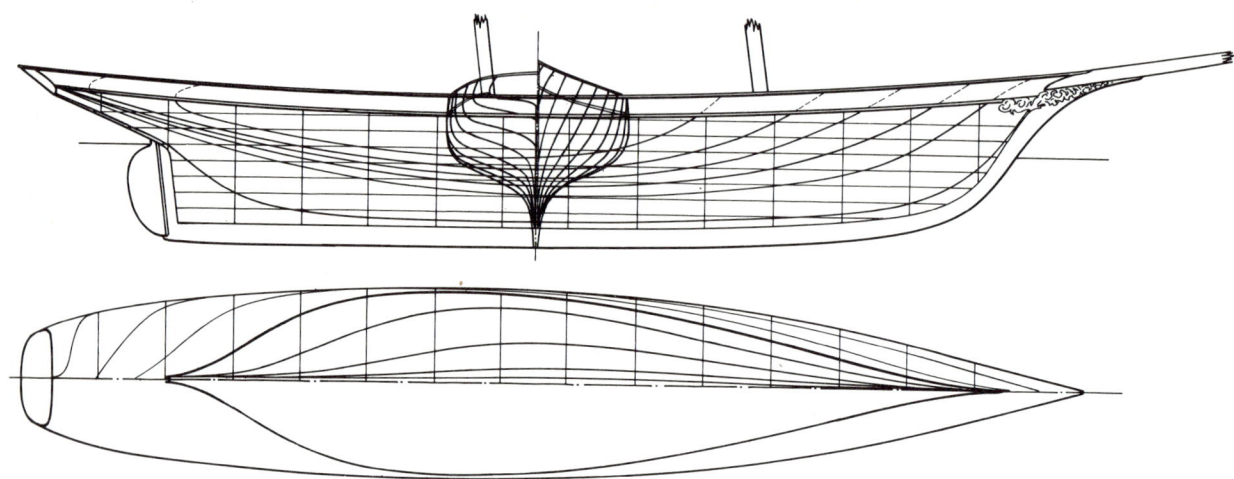

Abb. 102: Große Segelyacht mit Klipperbug Enchantress, *entworfen im Jahre 1870 von Robert Fisch, USA. Die besonders fein zugeschärften Wasserlinien müssen für eine ausgezeichnete Fahrt im Seegang gesorgt haben. Man beachte den langen, geraden Kiel sowie das Fehlen jeglichen Außenballastes, wie es bei den Yachten damaliger Zeiten üblich war. Der bestechende Linienriß verdient auch heute noch Beachtung.*

Alles, was bisher über den Schiffswiderstand erklärt wurde, bezieht sich auf die Fortbewegung in stillem Wasser, also ohne den störenden Einfluß des Seegangs. Auf den meisten Kursen bedeutet dieser, wie wohlbekannt ist, eine erhebliche Zunahme des Widerstandes, eine bedeutende Verlangsamung der Fahrt.

Segelt eine Kreuzeryacht auf See vor achterlichem Wind, so erhält sie ab und zu einen kräftigen Impuls nach vorn, d. h. sie erfährt eine Beschleunigung, die nicht von der Windkraft herrührt. Dieser Fall tritt stets dann ein, wenn eine Meereswelle von achtern her aufläuft, denn diese hat normalerweise eine höhere Fortbewegungsgeschwindigkeit als die Segelyacht. So befindet die Yacht sich dann zeitweilig auf abschüssiger Bahn; außerdem laufen die Wasserteilchen im Wellenberg an dieser Stelle ebenfalls in Fahrtrichtung, und beide gemeinsam rufen eine beträchtliche Beschleunigung hervor. Diese dauert allerdings nur einige Sekunden! Denn sobald der Wellenberg das Schiff überholt hat, gelangt die Yacht in eine abschüssige Bahn nach rückwärts. Außerdem bewegen sich dort auch die Wasserteilchen entgegengesetzt der Fahrtrichtung, wodurch sich im allgemeinen eine solche Verzögerung ausbildet, daß sie die Effekte der Beschleunigung wieder aufhebt.

Wirkt der von achtern auflaufende Seegang nur selten als Fahrtgewinn, so erzeugt er auf allen anderen Kursen stets eine umso größere Verzögerung, je heftiger der Seegang auf das Boot einwirkt. Diese Art von Seegangseinflüssen läßt sich nicht zahlenmäßig belegen, ihre Erforschung ist außerdem schwierig, da Fahrtrichtung, Größe der Wellen und Abmessungen des Schiffes in stetem Wechselspiel variieren. Jedenfalls kann festgestellt werden daß der Einfluß starken Seeganges am Winde segelnd so bedeutend ist, daß die entstehende Fahrthemmung eine kleine Yacht bis zum völligen Stillstand bringen kann.

Aus mehreren Gründen ist das Segeln hoch am Wind am stärksten der Fahrtverhinderung ausgesetzt. Erstens wirkt hier der reine Seegangseinfluß am machtvollsten, zweitens aber wird der Vortriebseffekt des Windes wegen des geringen Anstellwinkels der Segel am meisten gestört.

Segelt eine Seekreuzeryacht mit dwars einfallender See, so erleidet sie eine weniger starke Fahrtverminderung. Bei achterlichen Winden kann diese sogar, je nach Umständen, gänzlich fortfallen. Eine moderne Hochseeyacht vom Typ des *Ocean Racers* zeichnet sich durch ungewöhnlich scharfe Vorschiffslinien aus, wie man sie früher kaum auszuführen gewagt hätte. Dank dieser feinen Linien wird sie vom Seegang weniger gehemmt, als eine klassische Hochseeyacht mit ihrem typisch völligen Vorschiff. Wohl mag letztere trockener segeln, auch wird sie nicht so tief wegstampfen; doch wird der Seegang sie umso häufiger bis zum Stillstand abbremsen, je völliger das Vorschiff ausgebildet wurde. Ein moderner *Ocean Racer* übertrifft im Seegang bei weitem alle anderen Arten von Hochseeyachten. Selbst am Wind segelnd erzielt er noch eine bewunderungswürdige Fahrt, die den kritischen Beobachter in hohem Maße begeistert, ohne daß das starke Spritzwasser als besonderer Nachteil empfunden wird, welches ständig Deck und Mannschaft in Nässe einhüllt.

Die Langfahrtgeschwindigkeit auf See hängt nicht nur vom herrschenden Seegang ab, sondern auch von Stärke und Richtung des Windes. In nachstehender Tabelle kann man wirklich erreichte Langfahrt-Geschwindigkeiten übersehen, abhängig von der Größe der Yacht. Auch erkennt man, daß kleine Yachten eine höhere *relative Geschwindigkeit* erreichen als größere; allerdings sind die absoluten Geschwindigkeiten der größeren Yacht stets höher, wenn auch nicht genau im Verhältnis der Quadratwurzeln ihrer WL-Längen.

RELATIVE GESCHWINDIGKEITEN UND ETMALE AUF OZEANISCHER LANGFAHRT

	kleine Yacht	*mittlere*	*große*
Wasserlinienlänge in m	6,00	10,00	16,00
Höchstmögliche anhaltende Geschwindigkeit	4,2	4,0	3,8
Dauergeschwindigkeit bei günstigem Winde	3,2	3,1	3,0
Mittlere Kreuzgeschwindigkeit auf See	2,0	1,9	1,8
Normales Etmal in Seemeilen, mittlere Fahrt	62	78	94
Günstiges Etmal in Seemeilen	80	100	120
Außergewöhnlich günstiges Etmal in Seemeilen	120	150	180

Will der Eigner einer Kreuzeryacht die wahrscheinlichen Geschwindigkeiten selbst errechnen, so braucht nur der obige Geschwindigkeitsgrad R mit der Quadratwurzel aus der WL-Länge multipliziert zu werden. Eine Kreuzeryacht von 8-m-WL-Länge kommt auf einen Wurzelwert = 2,83. Ihre Dauergeschwindigkeit läßt einen R-Wert von 3,15 erwarten, woraus sich eine Fahrt von 2,83 · 3,15 = 8,9 km/h ergibt. Um sie in Knoten zu erhalten, muß das Ergebnis durch 1,852 dividiert werden, was hier 4,8 Knoten ergibt. Man mag sich wundern, daß relative und absolute Geschwindigkeiten von Hochseeyachten in km/h statt direkt in Knoten gerechnet werden. Doch das Meter-Kilogramm-Sekunden-System ist für technische Berechnungen vorteilhaft und unersetzbar. Der Hochseesegler muß allein deswegen bei den nicht ins System passenden Seemeilen bleiben, weil die auf Seekarten eingetragene Breiteneinteilung ihm sofort die Skala in Seemeilen angibt. Bekanntlich ist eine Breitengradsminute gleich einer Seemeilenlänge.

Die in obiger Tabelle genannten Etmale, d. h. gesegelte Distanzen in 24 Stunden, sind natürlich keine Festwerte. Bestreitet man ein Hochseerennen mit einer erfahrenen, einsatzbereiten Mannschaft, kann man gelegentlich die Werte für *höchstmögliche anhaltende Geschwindigkeit* noch überschreiten und Rekord-Etmale erzielen. Segelt man stattdessen mit kleiner Mannschaft auf geruhsamer Seefahrt, wird man Kräfte sparen und Schlaf ansammeln, um für unvorhergesehene Ereignisse vorbereitet zu sein. Für sorglose Kreuzfahrt, bei der gewöhnlich über Nacht mit verkleinerter Segelfläche gesegelt wird, kann man im Durchschnitt mit den normalen Etmalen rechnen.

Allerdings herrschen auf den einzelnen Meeren zu verschiedenen Jahreszeiten wechselnde Bedingungen. Es ist nicht dasselbe, ob man auf dem sturmreichen Nordatlantik segelt, oder im äquatorialen Kalmengürtel. Man studiere die Windverhältnisse für eine geplante ozeanische Langfahrt an Hand der „Pilot Charts" auf Stärken und Richtungen. Findet man dabei lange Strecken mit günstigen Passatwinden, darf man mit vorteilhaften Etmalen rechnen. Vor allem aber soll die

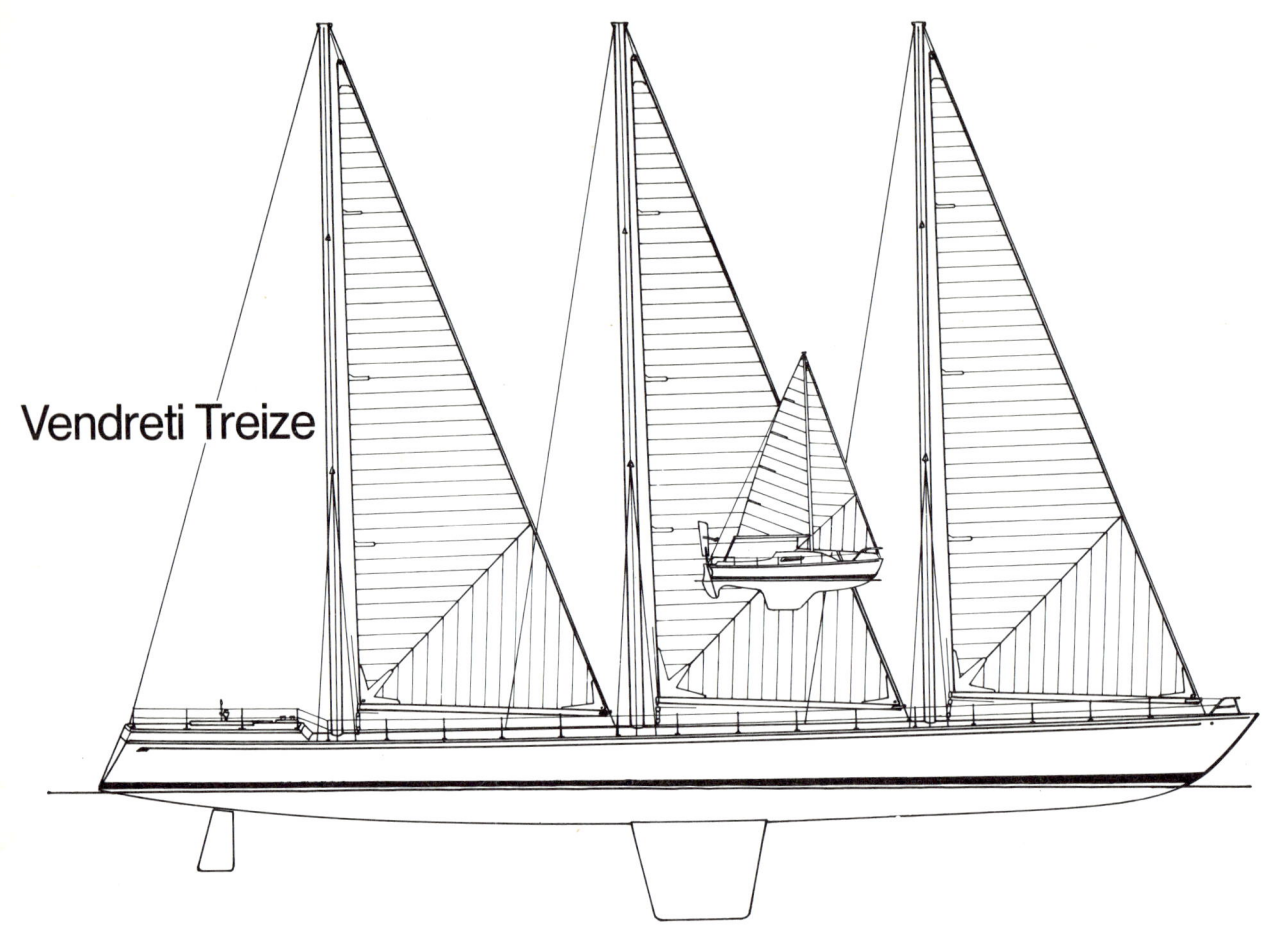

Abb. 103: Die Größte und die Kleinste im Einhand-Transatlantikrennen 1972. VENDREDI TREIZE bewies trotz ihrer gewaltigen Abmessungen, daß sie von einem einzigen Mann gesegelt und bedient werden konnte. Entworfen von Dick Carter und gesegelt von Jean-Yves Terlain, wurde sie in diesem Rennen zweite. Noch vor wenigen Jahren glaubte man, eine Länge von etwa 12 bis 15 m wäre das größte, was ein Alleinsegler beherrschen könnte.

Länge ü. alles ... 39,10 m
Länge in der WL 35,50 m
Breite .... 5,90 m
Tiefgang .... 3,50 m
Verdrängung ..... 35 t
Ballast .... 14 t
3 gleiche Masten 25 m hoch
3 Baumfocks mit je 89 m²
Segelfläche ...... 267 m²

Im Segelriß erkennbar und maßstäblich eingezeichnet die Kleinste: WILLING GRIFFIN, erreichte das Ziel an 37. Stelle

Länge ü. alles .... 5,80 m
Länge in der WL 5,25 m
Breite .... 1,90 m
Tiefgang .... 1,00 m
Verdrängung ..... 1,5 t
Segelfläche etwa .. 16 m²

Tabelle vermeiden helfen, daß diejenigen Segler, die sich zum erstenmal auf atlantische Langfahrt wagen, mit zu optimistischen Etmalen rechnen, und schließlich infolge Lebensmittel- oder gar Wassermangel in Not geraten.

Daß immer wieder große Unterschiede je nach Flautenzonen, Seegang, Schiffstyp und vor allem auch je nach persönlichen Einsatz vorkommen, sah man besonders deutlich am ozeanischen Einhandrennen des Jahres 1972, das von Plymouth, England, nach Newport in den USA führte. Die gewinnende PEN DUICK IV, ein langer leichter Trimaran, benötigte 20 Tage und 13¼ Stunden. Die Mehrzahl der normalen Yachten wandte 30 bis 40 Tage auf, um das Ziel zu erreichen. Doch nach 88 Tagen traf als langsamste Yacht die gute alte GOLDEN VANITY ein. Sie war keineswegs sehr kurz, denn ihre Länge ü. a. betrug 11,60 m und ihre WL-Länge erreichte das stattliche Maß von 10,95 m. Daß man mit bedeutend kleineren Booten in erstaunlich viel kürzerer Zeit durchs Einhandrennen kommen konnte, bewies unter vielen anderen die kleine BINKIE. Mit einer WL-Länge von nur 7,80 m beendete sie das Rennen in 31 Tagen und 18 Stunden.

Nach Abschluß dieses Rennens veröffentlichte die britische *Amateur Yacht Research Society* eine Studie über die Ergebnisse. Hierbei ist stets zu bedenken, daß sich auf jeder Yacht nur ein einziger Segler befand. Unter dieser Voraussetzung ergaben sich einige recht eigenartige Schlußfolgerungen:

1) Katamarane und Trimarane sind, auf ihre Länge bezogen, nicht schneller als normale Yachten.
2) Die längste aller teilnehmenden Yachten namens VENDREDI 13 mit einer WL-Länge von sage und schreibe 35,50 m erreichte das Ziel zwar an zweiter Stelle, war jedoch bezogen auf die WL-Länge ungewöhnlich langsam.
3) Alle kleinen einmastigen Yachten erwiesen sich relativ als besonders schnell, ebenso war die Slup-Takelung den Zweimastern überlegen, zumindest bei kleinen Booten.
4) Bei größeren Yachten hat sich die Ketsch-Takelung gut bewährt.

Die größte jemals zum Einhandsegeln gebaute Yacht VENDREDI 13 galt vor dem Start als Wunderschiff, doch fürchtete man allgemein, daß ihre Handhabung für einen einzigen Mann zu anstrengend und zu schwierig sein würde. In der Praxis stellte sich jedoch heraus, daß sie trotz der Riesenlänge und der turmhohen Masten viel einfacher und sicherer zu bedienen war, als manche normale Yacht von halber Länge und darunter. Nun war in der Tat beim Entwurf alles darauf angelegt worden, jeden Handgriff zu vereinfachen, jede übermäßige Kraftanstrengung zu vermeiden.

An ihren drei Masten fuhr sie nicht etwa Großsegel, sondern nur drei Baumfocks, die natürlich bis zum Masttopp reichten. Die Segelfläche jeder Fock betrug 89 m², insgesamt also 267 m², wozu aber für leichtes Wetter noch 3 große Genuafocks gesetzt werden konnten. Die Normalbesegelung konnte bis zu etwa Windstärke 7 ungerefft gefahren werden. Nahm der Wind weiter zu und entwickelte er sich zum Sturm, wurde einfach das mittlere der drei Hauptsegel geborgen, oder aber man fuhr nur die mittlere Baumfock allein und barg die vordere und die achtere.

Dieses Riesenschiff mit seinem einzigen Mann an Bord erreichte das Ziel 16 Stunden nach dem siegenden Trimaran. Das Erstaunen war groß, denn jeder Fachmann hielt die VENDREDI 13 für die schnellste aller teilnehmenden Yachten. Der Unterschied war viel zu groß, als daß er durch eine kleine eingebaute *Bremse* verursacht sein könnte. Die Yacht wurde nämlich mittels elektrisch-automatischer Steuerung auf Kurs gehalten, wozu der erhebliche Stromverbrauch durch häufiges Laden der Batterien ersetzt werden mußte. Zu diesem Zweck hatte man an den mitlaufenden Propeller eine Lichtmaschine gekoppelt und wahrscheinlich übersehen, daß der Propeller dadurch einen erhöhten Wasserwiderstand erzeugen würde.

Ehe man weiteres im späteren Kapitel über dieses Rennen nachliest, beachte man, daß die erzielte Fahrt mehr von der Einsatzbereitschaft der Mannschaft als von der WL-Länge des Bootes abhängt.

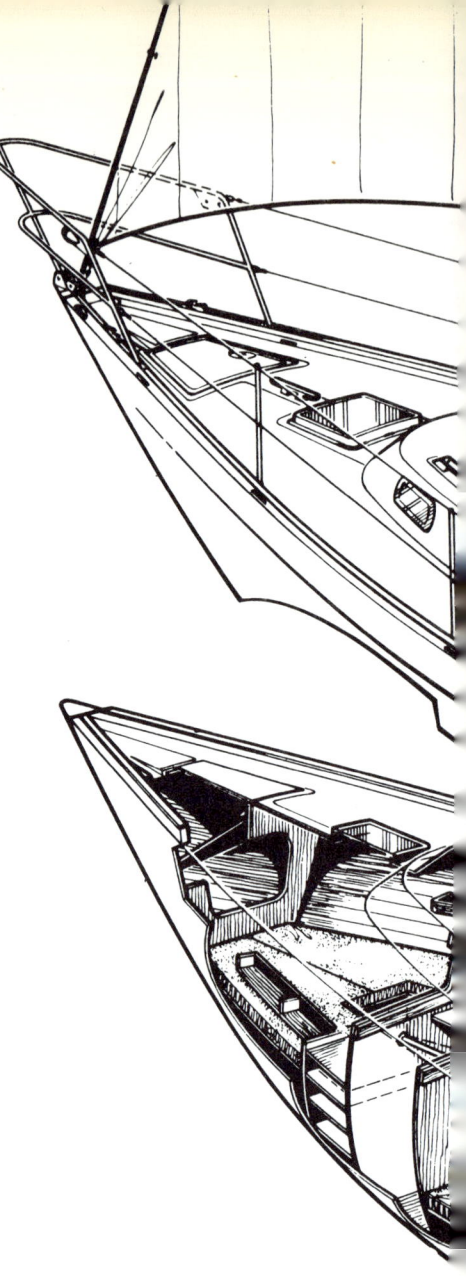

Chance 37 Ta

Tafel I
Moderne Seekreuzeryacht „Chance 37" von Eintonnergröße, mit allen Details des heutigen Ocean Racers. Die Yacht wird nach Plänen des jungen amerikanischen Konstrukteurs Britton Chance serienmäßig von der Werft Chantier Henri Wauquiez, Mouvaux, Frankreich, gebaut. Sowohl die Inneneinrichtung als auch die vollständige Decksanordnung sind in dieser vorzüglichen Perspektive gut erkennbar.

Oben über dem Niedergang erkennt man 5 Instrumente zum besseren Segeln. Man beachte auch die durch Rad verstellbare Spannung in Vor- und Achterstag, mit welcher sich eine gewisse Biegung im Mast beherrschen läßt. Die eigentlichen Navigations-Instrumente wurden unter Deck über dem Arbeits- und Kartentisch des Navigators angeordnet. Gegenüber liegt die sehr geräumige Küche. Besonders ausgeprägt erkennt man das schmale, aber tief hinabreichende Ruder nebst Ruderhacke.

Bootskörper		Besegelung	
Länge ü. alles	11,25 m	Großsegel	23,50 m²
Länge in der WL	9,15 m	Genuafock Nr. 1	51,00 m²
Breite	3,20 m	Genuafock Nr. 2	42,50 m²
Tiefgang	1,77 m	Normale Fock	26,50 m²
Verdrängung	6600 kg	Sturmfock	7,20 m²
Ballastgewicht	3500 kg	Spinnaker	109,00 m²
Ballastanteil	53 %	Segelfläche	56,30 m²

Zeichnung: L. Mathieu

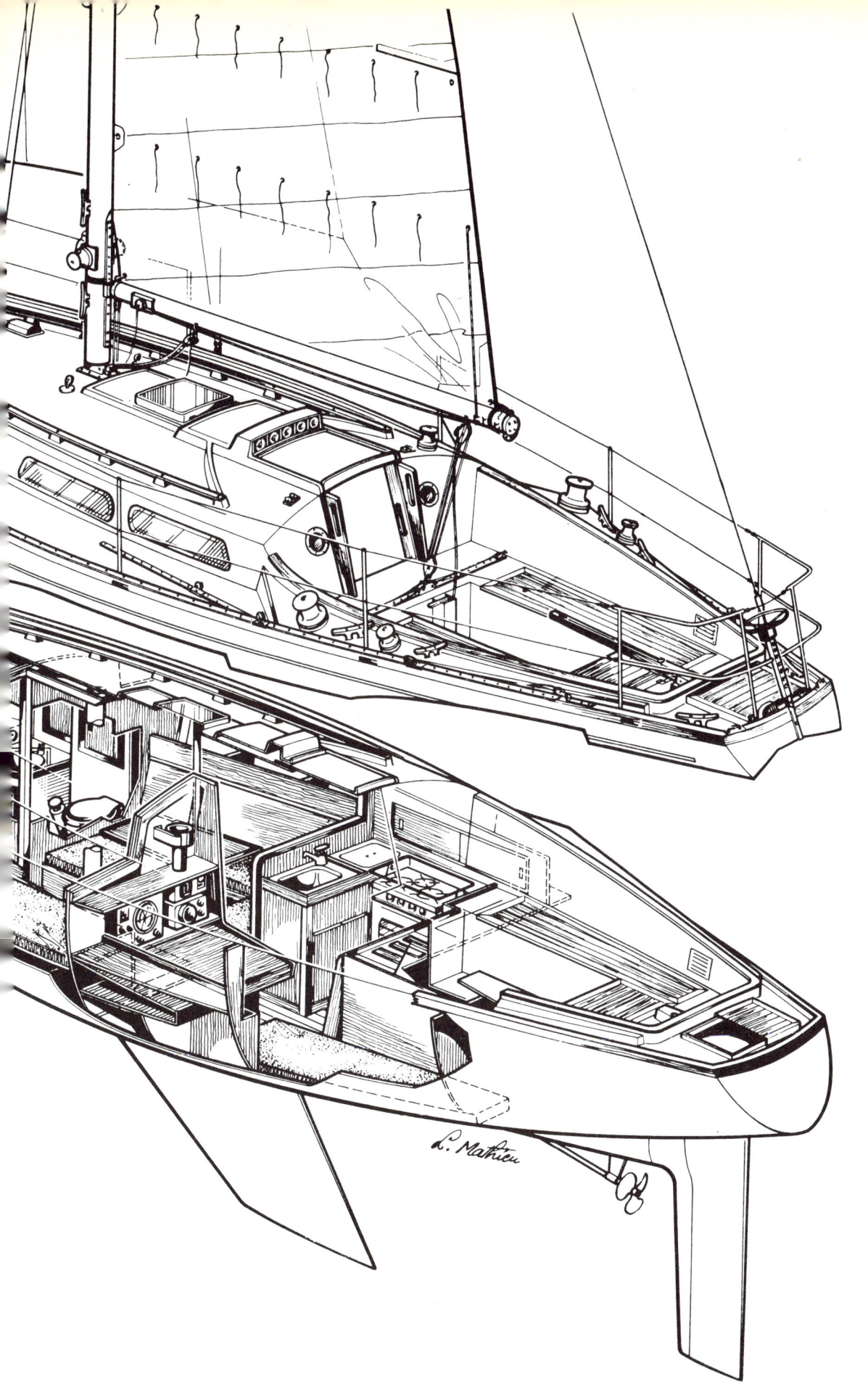

Die Formgebung moderner Yachten

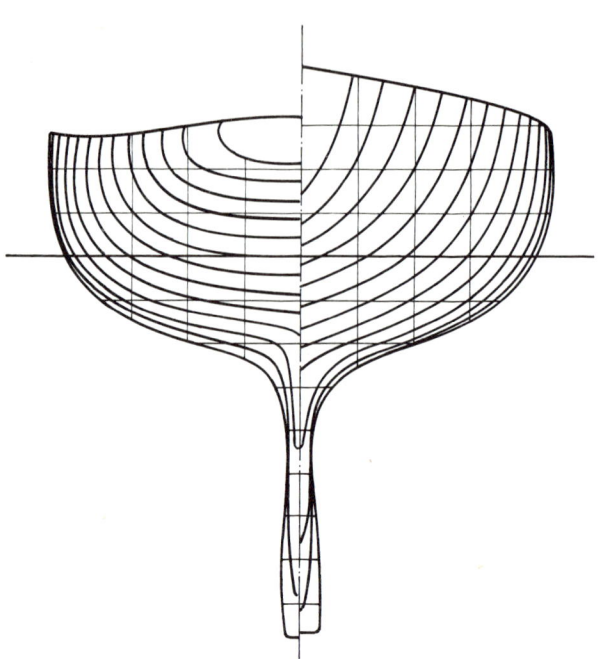

Abb. 104: Spantenriß eines 30 m²-Schärenkreuzers. Diese Yachten zeichneten sich durch ihre wundervollen Linien aus, die auch in vorliegendem Spantenriß zu hoher Vollkommenheit gestaltet wurden. Die Schärenkreuzer mit ihrer großen Eleganz trugen wesentlich zur Verfeinerung des modernen Yachtenentwurfs bei.

Nahezu sämtliche Segelyachten, gleich ob es sich um schwere Verdrängungsboote oder leichte, gleitende Jollen handelt, besitzen kurvenartige Formen, welche nicht durch einfache geometrische Figuren, also Kreise, Ellipsen, Parabeln oder dergleichen ausgedrückt werden können. Um dennoch ihre Formen bestimmen und berechnen zu können, benutzt man ein System der zeichnerischen Darstellung, welches zahlreiche Schnitte verwendet. Diese lassen die Wasserlinien erkennen, ebenso die Spantformen, häufig auch die sogenannten Diagonalen oder Senten und schließlich auch noch senkrechte Längsschnitte. Die Gesamtheit dieser Schnitte erlaubt nicht nur die praktische Bauausführung einer sonst nicht definierbaren Form, sondern gestattet auch die Berechnung sowie die Voraussage der meisten Eigenschaften einer neuen Yacht.

Der Entwurf eines Linienrisses stellt zweifellos eines der feinsten Werke der Ingenieurwissenschaft dar. Seine Grundlage ist die strenge und sorgfältige Berechnung, damit Bootsgewicht und Verdrängung des Unterwasserschiffes sowohl in Volumen als auch in der Lage der Schwerpunkte übereinstimmen. Oft müssen Vermessungsvorschriften berücksichtigt werden, ebenso häufig auch die zur Verfügung stehenden Mittel. Andererseits wird im Linienriß danach gestrebt, gute Geschwindigkeit und ausgezeichnete Am-Wind-Eigenschaften zu erzielen; ferner soll eine angemessene Stabilität das Tragen der Segel erlauben, und schließlich erwartet man von der Schiffsform ein angenehmes Betragen im Seegang.

Man darf daraus aber nicht schließen, daß ein durch Harmonie auffallender Linienriß eine Garantie für eine erfolgreiche Yacht darstellt. Einem Linienriß kann man nicht ansehen, ob Schiffsform und Gewichtsverteilung übereinstimmen, ob der Lateralplan zur Besegelung paßt oder ob anderweitige Einflüsse, wie z. B. Lage und Größe des Ballastes, im Endergebnis zu einer Enttäuschung führen könnten.

Im Gegenteil, es kommt nicht selten vor, daß der Linienriß einer erfolgreichen Yacht durchaus keine überzeugend schöne Form aufweist. Gesunde Längen-, Breiten- und Gewichtsverhältnisse sind für das Endergebnis mindestens ebenso wichtig wie das sorgfältige Herausschälen gutverlaufender Wasserlinien. Der Entwurf einer Segelyacht im allgemeinen, und der des dazugehörenden Linienrisses im besonderen, bedeutet eine der interessantesten und schwierigsten Aufgaben, welche dem Schiffbauingenieur gestellt werden können. Es wurde bereits erklärt, daß sich der Gesamtwiderstand einer Yacht aus drei Hauptgruppen zusammensetzt, nämlich Formwiderstand, Reibungswiderstand und Luftwiderstand. Auch wurde nachgewiesen, daß alle drei von annähernd gleichgroßer Bedeutung sind. Ein Linienriß wird dagegen zum größten Teil mit Rücksicht auf den Formwiderstand entworfen, und nur langsam setzt sich die Erkenntnis durch, daß sowohl der Reibungswiderstand als auch der von der Abdrift bestimmte induzierte Widerstand beim Entwurf der Schiffsform größte Beachtung verdienen.

In Abb. 105 erkennt man den perspektivischen Linienriß einer gekrängt am Wind segelnden Yacht von klassischer Form. In dieser Darstellung wurde versucht, einzelne Zonen abzugrenzen, welche wesentlich das Betragen der Yacht bestimmen. Als Endergebnis wird eine stabile, schnelle und seetüchtige Yacht angestrebt, doch ist keine der verschiedenen Zonen unmittelbar und allein für diese Ziele verantwortlich.

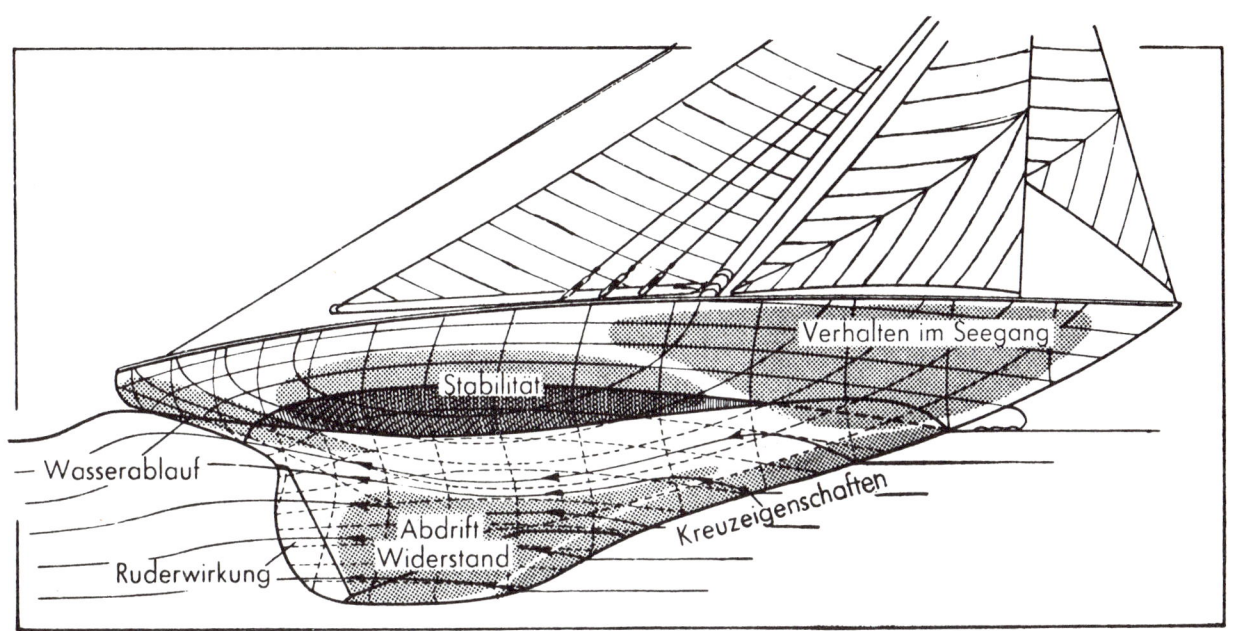

Abb. 105: Perspektivische Darstellung eines Verdrängungsbootes, bei dem die Funktionen einiger wichtiger Zonen besonders hervorgehoben wurden: Verhalten im Seegang, Kreuzeigenschaften, Widerstand gegen Abdrift, Stabilität, Wasserablauf am Heck und Steuereigenschaften. Die einzelnen Zonen wurden nur zwecks Verdeutlichung der Vorgänge umgrenzt, ohne Anspruch auf Genauigkeit zu erheben.

Wurde z. B. die breiteste Zone in der Schwimmwasserlinie als für die Stabilität maßgeblich bezeichnet, so muß erwähnt werden, daß erst das Zusammenwirken von Breite, Tiefgang, Ballast und Gesamtgewicht die Stabilität bestimmt. Es wäre ein zu einfaches Verfahren, die Stabilität nur durch Vergrößerung der Breite beliebig zu erhöhen, denn als Endergebnis erhält man nur einen zu großen Widerstand bzw. eine zu geringe Geschwindigkeit. Wird dieser Fahrtverlust durch eine Vergrößerung der Segelfläche wettzumachen versucht, so erreicht man wiederum eine Stabilitätsverminderung. Es kann sogar zu einem mit Segeln überladenen Schiff führen, welches kaum ausbalanciert werden kann. Nur die Verbindung von Erfahrung und Rechnung kann für jeden Fall die ideale Stabilität bestimmen.

Weitere wichtige Punkte für angenehmes Segeln hängen von der Formgebung des Vor- und des Achterschiffes ab. Ein völliges Vorschiff ergibt reichliches *Reservedeplacement*, wodurch das Schiff zwar trockener segelt, aber langsamer wird. Von der Ausbildung des Hecks hängt der *Wasserablauf* ab, der einen erheblichen Einfluß auf die höheren Geschwindigkeiten einer Yacht hat.

Die nachteilige Wirkung der Abdrift könnte herabgesetzt werden, wenn es gelänge, dem Unterwasserschiff einen großen *Lateralwiderstand* zu geben. Trotzdem muß der Lateralplan so klein wie möglich gehalten werden, um nicht den Reibungswiderstand unnötig anwachsen zu lassen.

Die überragende Bedeutung des Am-Wind-Kurses kann gar nicht überschätzt werden. Wenn von zwei im Rennen liegenden Yachten die eine mit einem Abdriftwinkel von 3 Grad segeln sollte, ihr Gegner jedoch mit einem Abdriftwinkel von 6 Grad läuft, so hat die erstere eine Widerstandszunahme von nur 23 Prozent zu überwinden, letztere dagegen eine solche von 56 Prozent. Außerdem bedeutet der größere Abdriftwinkel der zweiten Yacht, daß sie einen erheblich geringeren *Weg nach Luv* erzielt. Die größere Abdrift wirkt also in zweifachem Sinne störend auf die Geschwindigkeit.

Größe und Form des Ruderblattes allein bestimmen

noch nicht die Steuereigenschaften einer Segelyacht. Die günstigste Größe des Ruderblattes hängt nicht so sehr von der Größe des Lateralplanes ab, wie vom perfekten Ausbalancieren der Am-Wind-Eigenschaften. Auch hat die heute übliche, weit nach achtern versetzte Lage des Ruders dazu beigetragen, das Steuern wirksamer zu gestalten.

Von einem wohlgelungenen Linienriß werden zwei Ziele erstrebt, die leider heute der Rechnung noch nicht zugänglich sind:

a) Die Yacht soll eine möglichst unerhört große Höhe laufen können, verbunden mit sehr kleinem Abdriftwinkel, um geringen Widerstand mit großem Weggewinn nach Luv zu verbinden.

b) Sie soll am Heck einen günstigen Wasserablauf zeigen, welcher auch bei Krängung seine Güte nicht verlieren darf.

Foto 31: Die neueste Ausführung 1974 des erfolgreichen Halbtonners „Scampi", jetzt mit Mark IV bezeichnet. Bei leichter Segelbrise fährt die Yacht SLACKER *die große Genuafock mit dem LP-Wert von 1,50. Wie bereits erwähnt, wurde die „Scampi" von Peter Norlin entworfen und errang sowohl in Europa wie auch in den USA zahlreiche Preise in der Halbtonnerklasse; siehe auch die Zeichnung Abb. 172. Foto: Solna Marin A. B., Schweden*

Die einmastigen Takelungen und ihre Beisegel

Die erstaunliche Antriebsvorrichtung des Segelbootes, genannt Takelung, besteht im Grunde genommen nur aus einer gewissen Menge von Segeltuch, welches die Strömung der Luft auffängt und in eine andere Richtung umlenkt. Jeder Segler hat die nötigen Kenntnisse, sei es als Folge von Beobachtung oder durch Gefühl, die Segel derart zum Winde anzustellen, daß ein möglichst großer Vortrieb in der gewünschten Fahrtrichtung erzeugt wird.

Die erzielte Vortriebskraft steht in direktem Verhältnis zur dargebotenen Segelfläche und im quadratischen Verhältnis zur Geschwindigkeit der Luftströmung. Verdoppelte Segelfläche bedeutet verdoppelten Vortrieb, eine doppelt so hohe Windgeschwindigkeit dagegen erzeugt vierfachen Vortrieb. Eine normale Segelyacht kann keine beliebig große Segelfläche tragen, da das sogenannte *Segeltragvermögen* von einer spezifischen Eigenschaft der Yacht abhängt: ihrer Stabilität. Eine weitere Begrenzung ist durch die physische Leistungsfähigkeit der Mannschaft gegeben. Stehen viele Hände zur Verfügung, so kann auch eine etwas zu große Segelfläche noch einigermaßen gut bedient werden. Der Einhandsegler dagegen, oder eine zu große Yacht mit zu kleiner Mannschaft, wird nur diejenigen Segel fahren, welche mit beschränkten Kräften noch sicher genug und ohne Überanstrengung bedient werden können. Doch auch hier haben die letzten Jahre gezeigt, daß mutige Einhandsegler unter Einsatz einfacher mechanischer Hilfsmittel imstande sind, ungeahnt große Segelflächen zu beherrschen.

Aerodynamische Messungen haben die Vorzüge schmaler hochgeschnittener Segelumrisse nachgewiesen. Ein Höhenverhältnis von 5:1 erzielt bei den besonders wichtigen kleinen Anstellwinkeln einen erheblich größeren Vortrieb als eine niedrige, breite Besegelung vom Verhältnis 1:1. Eine hochgeschnittene, schmale Besegelung hat, technisch ausgedrückt, geringere Verluste als Folge des *geringeren induzierten Widerstandes*, da die Strömungsdifferenzen im Bereich der oberen Abrißkante eine schmalere Wirbelstraße erzeugen. Warum werden wohl in der Praxis so häufig andere Takelungsformen verwendet, welche dieser Erkenntnis widersprechen?

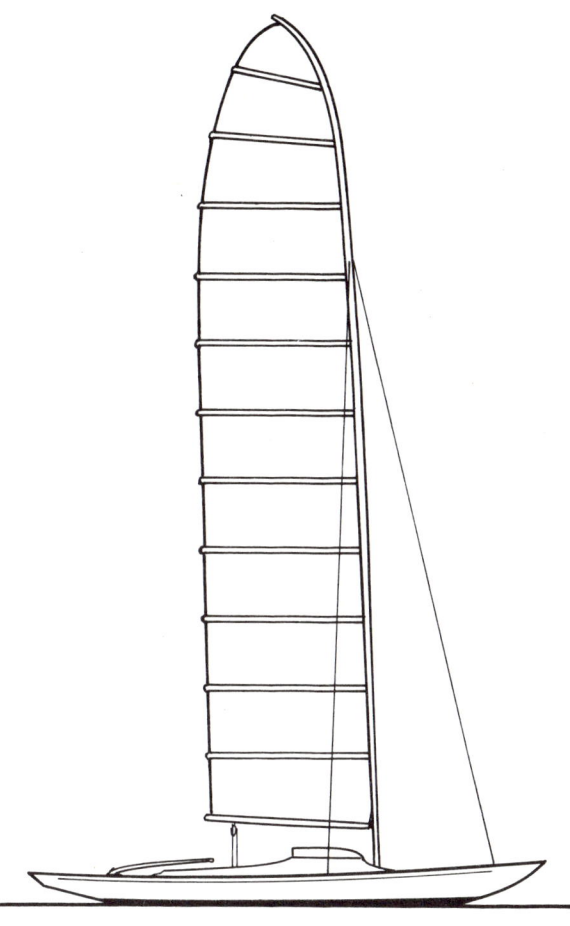

Abb. 106: Experimentelle Kat-Takelung auf dem Bootskörper eines Drachens. Die Größe der Segelfläche entspricht derjenigen des normalen slupgetakelten Drachenbootes. Der Mast soll drehbar gelagert werden, das Segel besitzt durchgehende Latten.

Ein modernes Schulschiff, wie z. B. die GORCH FOCK, verwendet wegen der Mannschaftsfrage, nicht wegen günstiger Vortriebsverhältnisse, eine Takelung, welche relativ sehr niedrig ist und sich auf drei Masten und 23 normale Segel verteilt. Vollschiffe vergangener Zeiten trugen sogar 5 Masten, an welchen sie, ebenfalls aus Gründen einer vereinfachten Bediengung, 50 Segel setzten, ohne die Leichtwetter-Beisegel mitzuzählen.

Eine vielfach unterteilte Besegelung ist leichter zu setzen; auch kann die Fläche durch Bergen einzelner Segel leichter verkleinert werden. Nach einer weit verbreiteten Ansicht gilt die Sluptakelung als die günstigste oder wirksamste Besegelung. Aerodynamische Untersuchungen bestätigen diesen Glauben durchaus

Foto 32: Einen gänzlich anderen Weg zum Erlangen größerer Stabilität mit schmaler Schwimmwasserlinie beschritt man mit der prahmartigen Rumpfform. Denn bereits bei nur mäßiger Krängung entsteht eine sehr schmale Wasserlinie. Dieser typische amerikanische Prahm, eine Kat-getakelte „Scow", Klasse C, besitzt statt eines Mittelschwertes zwei seitliche Kimm-Schwerter.
Foto: Rosenfeld

kann. Dabei ist die Größe und der Schnitt der einzelnen Vorsegel freigestellt und wird weder berechnet noch als belastender Faktor in einer Ausgleichsformel eingesetzt.

Jede zweimastige Takelung ergibt einen geringeren Wirkungsgrad als eine einmastige, doch besitzt sie auch einige Vorzüge. Vor allem bewährt sich die Einfachheit des Setzens oder Bergens der nicht mehr so großen Segel. Die geringere Höhe zweimastiger Takelungen bewirkt ein geringeres Krängen der Yacht, erfordert also etwas weniger Stabilität als einmastige Takelungen. Im nachstehenden werden die Eigenschaften der gebräuchlichsten Takelungen einer kurzen kritischen Betrachtung unterzogen.

DIE KAT-TAKELUNG

Das alleinstehende Großsegel besitzt in aerodynamischer Beziehung eine ausgezeichnete Vortriebswirkung je Flächeneinheit. Außerdem ist seine Bedienung von unübertrefflicher Einfachheit. Zahlreiche Rennjollenklassen, auch olympische, und vor allem solche für die Jugend tragen eine Kathochtakelung. Auch die Mehrzahl der Renn-Katamarane fährt diese einfache Besegelung gerade wegen des sehr guten aerodynamischen Wirkungsgrades hoch am Wind.

Da auf einem katgetakelten Boot keine zusätzlichen Vorsegel gefahren werden, wird bei diesen auf die Möglichkeit verzichtet, mittels verschiedener Vorsegel eine Anpassung an Wind und Kurs zu erzielen. Der hohe Schnitt jeder modernen Takelung besitzt auf dem Vorwindkurs keinerlei Vorteil, und der einseitige Vortrieb des ausgebauten Großsegels erzeugt hier einen zusätzlichen Fahrtwiderstand, dem der Ausgleich durch Setzen eines Spinnakers versagt ist.

DIE SLUPTAKELUNG

Sobald einer Kattakelung ein Vorsegel hinzugegeben wird, entsteht die Sluptakelung. Diese ist die am weitesten verbreitete aller Schrat-Besegelungen. Dieses Wort bedeutet soviel wie Am-Wind-Besegelung, im Gegensatz zur Rah-Takelung, die sich speziell für Fahrten mit raumen Winden eignet. Bereits die kleinste aller internationalen Klassen, nämlich der *Cadet*,

nicht, im Gegenteil, sie lassen sogar eine Überlegenheit der einfachen Kattakelung erwarten, sofern man den größten Wirkungsgrad je Flächeneinheit anstrebt. Jedoch bringt das heute allgemein angewandte Vermessungsverfahren des Vorsegel-Dreiecks allein deswegen eine Überlegenheit der Sluptakelung, weil eine Vielzahl von Beisegeln leicht und oft gewechselt werden

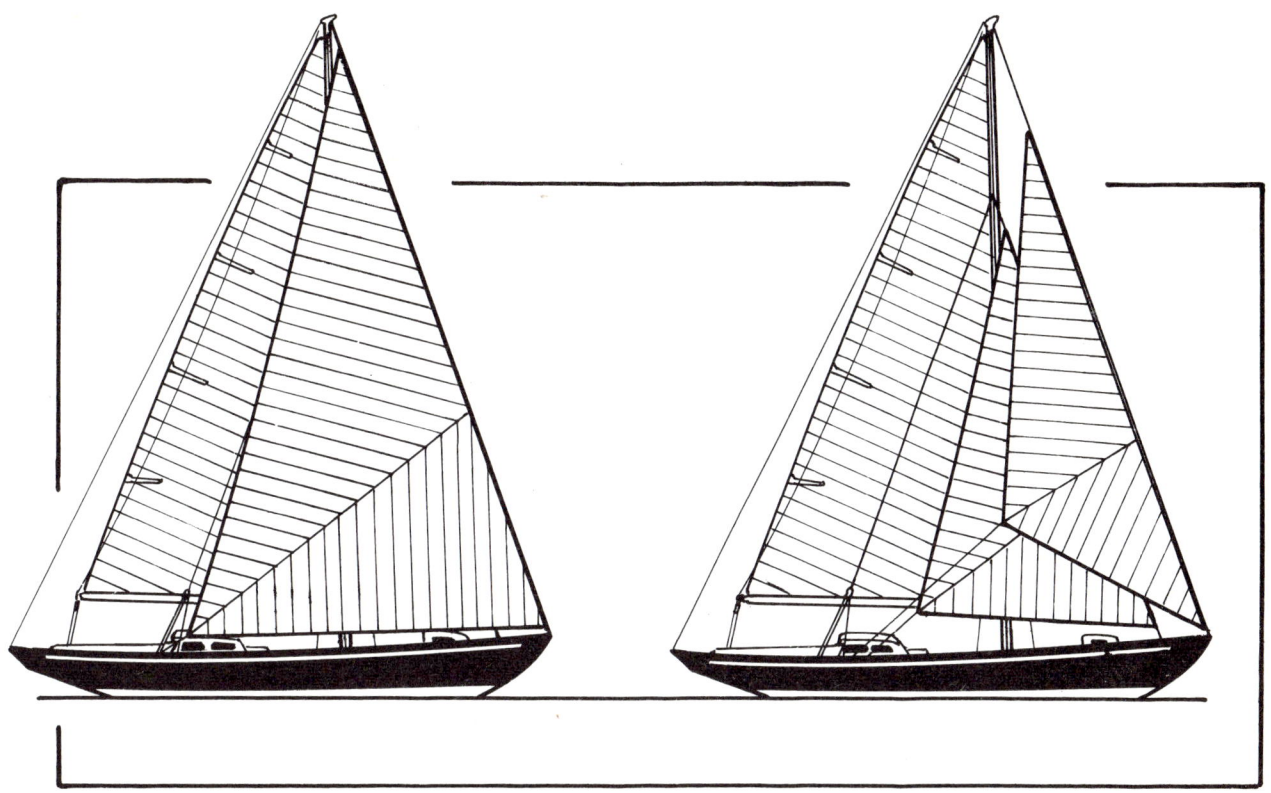

Abb. 107: Variationsmöglichkeiten der Vorsegel eines slupgetakelten Ocean Racers. Links erkennt man die große Genuafock für leichte Winde, rechts zwei getrennte Vorsegel für mittlere Windstärken. Auf Grund letzterer Anordnung kann man diese Takelung auch als Kutter bezeichnen.

ist slupgetakelt, und dieselbe Besegelung wurde auch auf den über 40 m langen Rennyachten der „J"-Klasse gefahren, welche bis zum Jahre 1937 um den Amerikapokal kämpften. Nahezu alle Renn- und Wanderjollen sowie praktisch alle Klassen-Kielboote fahren die Sluptakelung. Sämtliche Einheitsklassen größter Beliebtheit, ausgenommen die Renn-Katamarane, sind slupgetakelt, seien es Jollen der Typen „5-0-5", „Flying Dutchman", „Snipe" oder „Lightning" oder Kielboote wie „Star", „Soling", „Tempest" und „Drachen", oder alle Schärenkreuzerklassen.

Die Sluptakelung wird in sehr vielen Klassenvorschriften allein schon dadurch begünstigt, daß nicht etwa die Flächengröße der Vorsegel vermessen wird, sondern nur das sogenannte *Vorsegeldreieck*. Innerhalb des Dreiecks, gebildet aus Mast, Vorstag und Deck, darf fast jedes beliebige Segel gefahren werden. Allerdings wurden gewisse Begrenzungen eingeführt, da die Überlappung der großen Genuafocks ins Grenzenlose zu wachsen drohte. Es kam vor, daß das Schothorn einer solchen Fock sogar über die Nock des Großbaums hinausragte, wie in Abb. 11 erkennbar ist.

Es wurde bereits erklärt, daß der Wirkungsgrad des überlappenden Teils eines Vorsegels *geringer* ist als direkt vom Wind getroffene Teile. Da aber der überlappende Teil nicht mit in die Flächenberechnung einbezogen wird, stellt er trotzdem einen absoluten Gewinn dar. Es ist gewissermaßen eine „Gratis-Fläche". Eine einfache, aber vollständig ausgerüstete Sluptakelung kann folgende Segel umfassen:

Normales Großsegel   Sturmfock
Sturm-Großsegel   Genuafock
Normale Fock   Spinnaker

Mit diesen Haupt- und Beisegeln kann eine slupgetakelte Kreuzeryacht fast allen Windverhältnissen gerecht werden. Allerdings ist sie höheren Regattaanforderungen nicht gewachsen. Dort werden immer zahlreichere Variationen von Beisegeln angeschafft, wobei Tuchstärke und Wölbung, aber auch Schnitt und Überlappung so gewählt werden, daß für jede Wind-

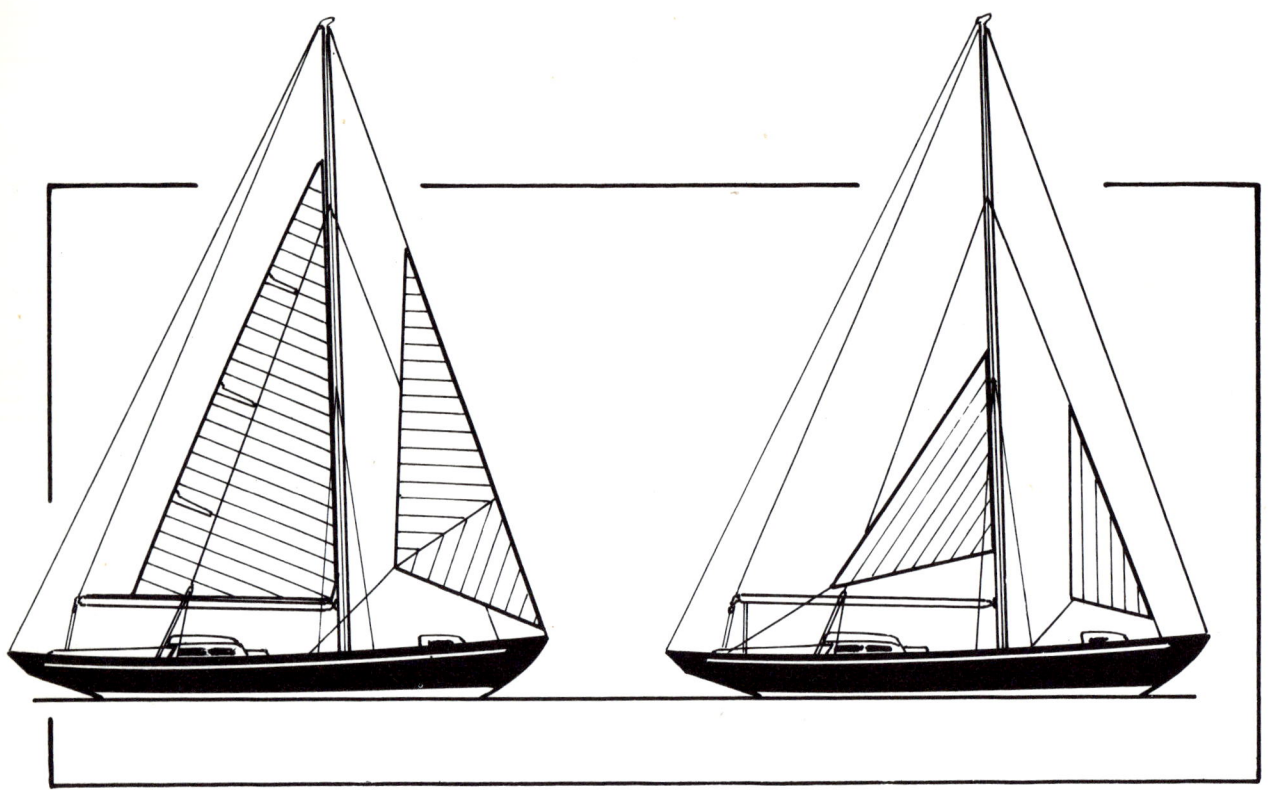

Abb. 108: Dieselbe Hochsee-Kreuzeryacht stark gerefft, links, und unter Sturmbesegelung, rechts. In beiden Fällen segelt die Yacht ausbalanciert am Wind.

stärke und jeden Kurs der jeweils beste Vortrieb gewonnen wird.

Das Auswechseln der Vorsegel während des Ablaufs einer Regatta ist nicht nur gestattet, sondern stellt sogar ein besonderes sportliches Motiv dar. Dagegen ist es im allgemeinen nicht erlaubt, das Großsegel während eines Rennens auszuwechseln. Trotzdem ist es üblich, bei bedeutenden Rennen mehrere verschieden geschnittene Großsegel in verschiedenen Tuchgewichten zur Verfügung zu halten, um vor dem Start das geeignetste auswählen zu können, je nach Wind und Wetterlage. Ein wirklich vollständiger Segelsatz fürs Wettfahrtsegeln kann fast bis ins Endlose anwachsen. Nachstehend werden diejenigen Segel genannt, die für Kielbootsrennen in vielen Fällen ein Minimum darstellen, aber als allgemeiner Satz für eine Sluptakelung bereits als vollständig gelten:

    Großsegel für leichte Winde
    Normales Großsegel
    Schwerwetter-Großsegel
    Sturm-Großsegel (Trysegel)
    Große leichte Genuafock
    Große normale Genuafock
    Normale Fock
    Sturmfock
    Besonders großer Spinnaker leichtesten Tuches
    Großer Spinnaker für mittlere Winde, bauchig
    Großer, flacher geschnittener Spinnaker
    Kleinerer Spinnaker für starke Winde
    Ein oder zwei Spinnaker-Beisegel

In beistehenden Abbildungen 107 bis 109 sind die überraschend zahlreichen Variationsmöglichkeiten erkennbar, welche die nur einmastige Sluptakelung zu setzen gestattet. Dadurch kann man sie in vielseitiger Form an wechselnde Windstärken und Kurse anpassen, was z. B. bei einer Kattakelung nicht möglich ist. Die hier gezeigte Sluptakelung kann wahlweise mit einem oder auch zwei Vorsegeln gefahren werden. Bei sehr leichten Winden wird eine extrem große Genuafock aus leichtem Tuch gefahren. Nimmt die Windstärke zu,

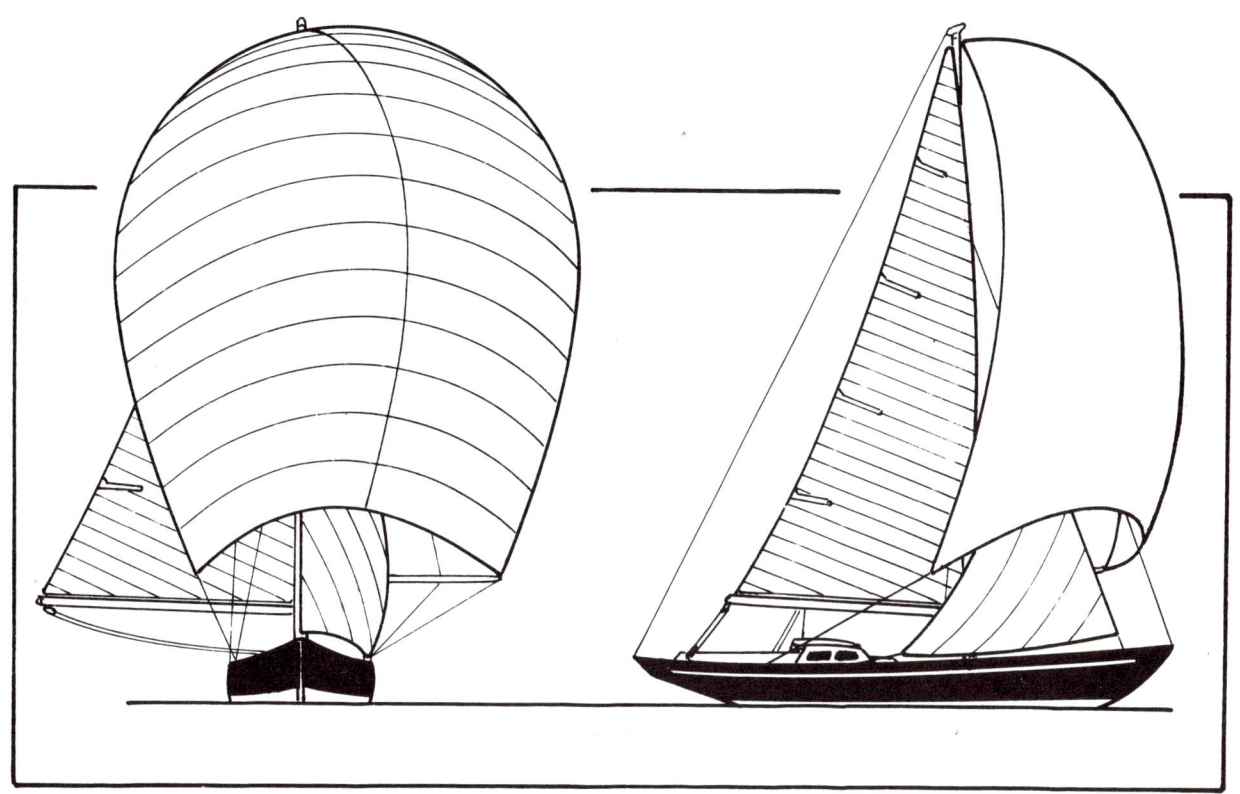

Abb. 109: Auf Kurs genau vor dem Wind entwickelt der moderne breitschultrige Spinnaker seine großen Vorzüge. Darunter erkennt man das breit geschnittene Spinnaker-Beisegel, das neuerdings auch schmaler und höher ausgebildet wird.

setzt man an deren Stelle zwei weniger große Vorsegel, Fock und Klüver zu benennen, deren geringe Überlappung des Überstaggehen beim Kreuzen vereinfacht. Wächst die Windstärke weiter an, werden im Großsegel ein oder zwei Reffs eingeschlagen, außerdem wird die Fock geborgen, und der weiter vorn stehende Klüver sorgt für ausbalanciertes Segeln. Entwickelt sich aber der Wind zum Sturm, werden Großsegel und Klüver durch Sturm-Großsegel, auch Trysegel genannt, und Sturmfock ersetzt. Unter kleiner Besegelung erzielt die Yacht immer noch angemessene Fahrt und bleibt auch weiterhin ausbalanciert; außerdem wird das sonst so lästige Rollen vor Topp und Takel bedeutend gedämpft. Im Verhältnis zur reduzierten Segelfläche wirkt der Windwiderstand auf Mast und Takelage sehr gravierend, so daß der Vortriebs-Wirkungsgrad erheblich abfällt. Hinzu kommt eine geringere Wirksamkeit der Sturmsegel sowie das fahrthemmende Moment des stark angewachsenen Seegangs. Anstelle von Sturm-Großsegel und Sturmfock kann auch eine alleinstehende normale Fock aus kräftigem Tuch gefahren werden.

Um ein ausbalanciertes Schiff auch unter Sturmbesegelung zu erreichen, muß der Segelschwerpunkt um so weiter nach vorn verlegt werden, je stärker die Yacht im Sturm überliegt. So soll man bei zunehmender Windstärke zuerst das Großsegel reffen, ehe man die Vorsegel gegen kleinere auswechselt.

An Bord einer Slup können auch erheblich größere Segelflächen gesetzt werden, wenn raume Kurse einen geringeren scheinbaren Wind schaffen. Ein großer, symmetrisch geschnittener Spinnaker vergrößert ganz erheblich die infolge des geringeren scheinbaren Windes fehlende Segelfläche, außerdem trägt er dazu bei, den einseitig wirkenden Vortrieb des Großsegels auszugleichen.

DIE KUTTERTAKELUNG

Wünscht man, die größtmögliche Zahl von Segeln an einem einzigen Mast zu setzen, so wird man die klas-

Abb. 110: Klassische Kuttertakelung einer berühmten Yacht. Die Gloriana *wurde im Jahre 1891 von Herreshoff entworfen. Zur Bedienung der verschiedenen Segel sehr großer Flächen verfügten die damaligen Yachten über eine vielköpfige, bezahlte Mannschaft. Der Linienriß des geradezu revolutionären Bootskörpers wurde bereits in Abb. 9 vorgestellt.*

sische Kuttertakelung wählen. In den Anfangszeiten des Segelsports, als es noch keine verleimten Masten gab, wurden viele Yachten kuttergetakelt, um durch eine Vielzahl von Segeln die mangelnde Höhe des Mastes zu ersetzen. Schließlich hatte man ja den Vorteil des hohen Segelprofils noch nicht erkannt. Zu einem klassischen Gaffel-Kutter gehörte stets eine verhältnismäßig flachstehende Gaffel sowie ein langer Klüverbaum, welcher das Setzen mehrerer Vorsegel begünstigte. Eine damalige vollständige Kutterbesegelung umfaßte mindestens die nachgenannten Segel:

Gaffel-Großsegel
Toppsegel
Fock
Klüver
Flieger

Als erstes fiel das malerisch aussehende, aber schwer zu setzende und wenig wirksame Toppsegel der Modernisierung zum Opfer. Bei steiler stehenden Gaffeln war kein Raum mehr für ein Drei- oder Vierkant-Toppsegel vorhanden, und mit dem Aufkommen der Hochtakelung mußte es auf jeden Fall von der Bildfläche verschwinden. Da die klassische Kuttertakelung breit und niedrig geschnitten war, erzielte sie keinen beson-

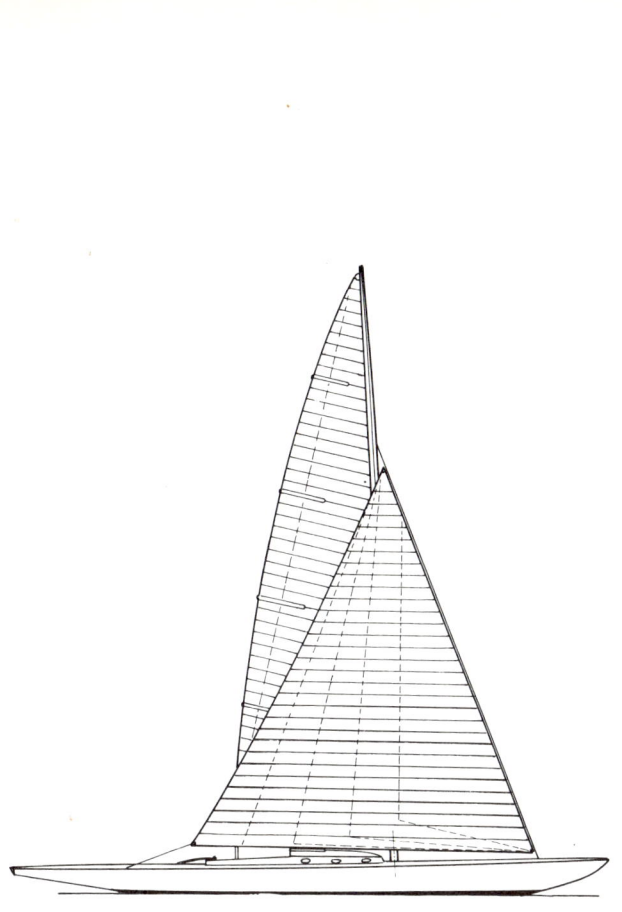

Abb. 111: Auf den Yachten der freien 30 m²-Schärenkreuzerklasse wuchsen die überlappenden Genuafocks, damals Ballon genannt, zu so gewaltigen Abmessungen, daß ihre Schothörner oft noch die Nock des Großbaumes überragten. Man erkennt 5 verschieden große Vorsegel in nebenstehendem Segelriß.

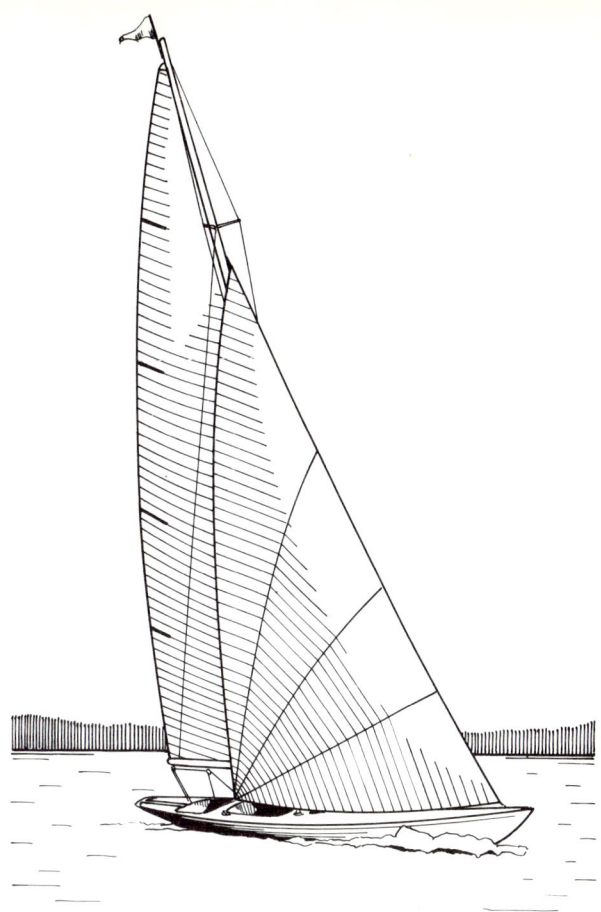

Abb. 112: Die 12-m-R-Yacht SCEPTRE des Jahres 1958 verwandte wohl zum erstenmal eine Genuafock im sogenannten Spinnwebenschnitt. Dieser verteilt die auftretenden Kräfte sehr vorteilhaft über das ganze Vorsegel.

ders günstigen Vortrieb. Als man erkannte, daß ein gleichgroßer Vortrieb mit einer bedeutend kleineren, aber höher geschnittenen Besegelung erzielt werden konnte, war das Schicksal des klassischen Kutters besiegelt.

Es besteht eine Art stiller Übereinkunft, alle diejenigen einmastigen Takelungen als Slup zu bezeichnen, welche keinen Klüverbaum verwenden, auch wenn zwei Vorsegel gefahren werden. Eine Einstimmigkeit existiert jedoch nicht. So wird eine Takelung mit zwei Vorsegeln in britischen Gewässern als Kutter definiert, in Amerika dagegen als Slup. Der echte Kutter mit seinen drei Vorsegeln und dem malerischen Toppsegel ist nur noch in den Museen zu finden. Abb. 110 zeigt noch eine solche Takelung, bei welcher jedoch der Flieger nicht mit eingetragen wurde.

BEISEGEL FÜR REGATTEN

Die Anzahl der an Bord einer Rennyacht mitgeführten Beisegel erscheint einem Rennsegler niemals groß genug. Er träumt davon, für jeden Wind eine genau passende Tuchstärke und eine jedesmal andere Wölbung verwenden zu können, und für jeden Kurs erhofft er sich einen anderen Segelschnitt. Häufig legen die Klassenvorschriften bereits Beschränkungen auf, aber auch die anwachsenden Kosten zwingen zur Mäßigung. Sind aber keinerlei Grenzen gesetzt, kann die Zahl der Beisegel selbst für eine einfache Sluptakelung ins Grenzenlose anwachsen. An Bord einer 12-m-R-Yacht zur Verteidigung des Amerikapokals wurde nachstehend genannte Segelzahl während der Rennen an Bord mitgeführt:

 4 Großsegel verschiedener Wölbung und Tucharten
14 Vorsegel verschiedener Größen und Schnitte
 7 verschiedene Spinnaker
 2 Leesegel zu den Spinnakern
27 verschiedene Segel insgesamt.

Ein solcher Satz gilt keineswegs als übertrieben für Rennen von großer Bedeutung. Im Gegenteil, das mindeste, was man heute hinzufügen würde, sind weitere zwei Leesegel zu den Spinnakern, die man heute „tall boy" und „big boy" nennt.

Allein schon die Notwendigkeit, derartig viele Segel an Bord in übersichtlicher Form aufbewahren zu müssen, stellt ein regelrechtes Problem dar. Nur mit Hilfe eines Segelkatalogs kann man Schnitt und Verstauung der zahlreichen Segel übersehen. Außerdem muß zu jedem Segel die passende Schot verzeichnet sein sowie die bewährtesten Holepunkte an Deck, die erst nach sorgfältigen Trimmfahrten herausgefunden werden können. Eine ständige Numerierung entlang des Schandecks ermöglicht, die Holepunkte zu kennzeichnen und auch wiederzufinden.

Es ist vorteilhaft, verschiedene Farben zwecks schnellerer Orientierung zu verwenden. Man kennzeichnet damit nicht nur die einzelnen Schoten, sondern auch die Säcke der zugehörenden Segel, wodurch man auf den ersten Blick den gewünschten Teil greifen kann, ohne erst die Inschrift suchen und lesen zu müssen.

Ist man aber in der Anzahl der Segel beschränkt, sei es als Folge von Klassenvorschriften oder Kosten, wird man jedes einzelne Segel mit Sorgfalt auswählen. Das am häufigsten verwendete Großsegel sollte nur eine mäßige Wölbung besitzen. Verfügt man jedoch über mehr als ein Großsegel, so sollte das zweite aus leichterem Tuche und mit stärkerer Wölbung angefertigt werden, ein sogenanntes Leichtwetter-Großsegel. Ein drittes, aus stärkerem Tuche und mit der geringsten Wölbung dient dann zur Verwendung bei schwerem Wetter.

Ähnliche Gesichtspunkte empfehlen sich für die Auswahl der Beisegel. Von besonderer Wichtigkeit ist der Segelschnitt bei den großen Genuafocks, die einen beträchtlichen Teil des Großsegels in Lee überlappen. Die Wölbung muß zum Achterliek hin abnehmen und nach und nach absolut flach auslaufen. Sollte das Achterliek die Tendenz haben, sich aufzurollen oder gar einen Winkel zum übrigen Tuch zu bilden, wird dort die Luftströmung gestört und statt eines Vortriebs eine Bremswirkung erzielt. Auf jeden Fall muß die Windströmung *parallel* zur Leeseite des Großsegels abfließen, nicht aber auf das Großsegel gerichtet werden.

BEISEGEL FÜR KREUZFAHRTEN

Nichts kann den Eigner einer Kreuzeryacht hindern, so viele Beisegel an Bord mitzuführen, wie er sich wünscht und wie er auch an Bord griffbereit verstauen kann. Im Gegensatz zum Regattasteuermann wird er für Langfahrt auf See vor allem an Sicherheit denken sowie an die Notwendigkeit, seine Mannschaft nicht zu überanstrengen. Bei der Segelliste der 12-m-R-Yacht fällt auf, daß sie keinerlei Sturmsegel mitführt. Bei einem für Langfahrt bestimmten Seekreuzer sind diese aber unerläßlich und stellen eine der wichtigsten Sicherheitsmaßnahmen dar. So sollte der Mindestsatz, ja der absolute Mindestsatz einer slupgetakelten Kreuzeryacht für Langfahrt folgender Liste entsprechen:

1 Großsegel aus kräftigem Tuch
1 normale Fock aus kräftigem Tuch
1 Genuafock aus mittelstarkem Tuch
1 Trysegel (Sturm-Großsegel)
1 Sturmfock

Die Größe der Sturmsegel liegt bei $1/3$ bis $1/4$ der Fläche der normalen Segel, die sie zu ersetzen haben. Es wäre bedauerlich, im Sturm ein stark weggerefftes normales Großsegel zu fahren, da dieses sehr ungünstig belastet wird und bei länger anhaltender Sturmfahrt ernstlichen Schaden erleiden muß. Auch synthetische Segeltuche sind nicht unzerstörbar. Man bedenke, daß auf ein gerefftes Großsegel nicht nur das Gewicht des gesamten Großbaums wirkt, sondern auch der im Sturm sehr starke Schotenzug. Zumindest sollte das Segel mittels ausgleichenden Durchsetzens der Dirk entlastet werden.

Aber auch auf hoher See trifft man viele Tage mit leichten Winden oder gar völliger Flaute. Dann zeigt sich die normale Besegelung als viel zu klein, und man wird zu allen möglichen Beisegeln greifen, um Fahrt ins Schiff zu bekommen. Damit läßt sich wenigstens das wenig erfreuliche Dümpeln in Flaute und vom früheren Wind noch nachbleibender See einigermaßen überwinden.

Eine bei Flaute untertakelte Tourenyacht sollte den Eigner anregen, seiner Phantasie freien Lauf zu lassen, wobei er sogar zu den längst vergessenen Beisegeln der großen rahgetakelten Segelschiffe greifen kann. Man kann nämlich an die vorhandenen Segel noch Leesegel ansetzen oder auch die sogenannten Wassersegel setzen, mehr um sich selbst und die Mannschaft zu beschäftigen, als wirklich erheblich an Fahrt zu gewinnen. Man beachte als Vorbild die eigenartigen Dreikant- und Vierkant-Toppsegel des Chesapeake-Einbaumes der Abb. 68. Ein zusätzliches Leesegel ist auch am Großsegel der vor 200 Jahren gebauten Slup der Abb. 49 zu erkennen, ja, sogar im Toppsegel wurde ein Leesegel für leichte Winde angedeutet.

Ähnliches erreichte man auf den klassischen Kuttertakelungen mit dem großen Toppsegel. Der beistehende Segelriß der Yacht GLORIANA zeigt ein besonders groß geschnittenes Dreikant-Toppsegel. Wenn es auch nicht leicht war, ein solches Segel zu setzen oder zu bergen, so rechtfertigte seine Wirkung bei leichten Winden doch diese Mühe. Darüber hinaus trug es wesentlich zur bezaubernden Schönheit damaliger Yachten bei. Ein gut stehendes Toppsegel, fast immer von einer Berufsmannschaft gesetzt und bedient, erhöhte schließlich auch den Stolz des Eigners.

Um das Selbststeuern vor achterlichen Winden auf Langfahrt zu erleichtern, wurden sogenannte Doppelfocks und Doppel-Spinnaker entwickelt, mit welchen man tagelang ruhig und sicher vor dem Wind segeln kann. Deren genaue Ausführung wird in einem späteren Kapitel geschildert.

Foto 33: Diese ziemlich hart am Winde segelnde Yacht läßt gut erkennen, was unter ‚Spaltwirkung' gemeint ist. Der durch den Spalt zwischen großer Genuafock und Großsegel hindurchstreichende Wind soll dank seiner Geschwindigkeit den Unterdruck in Lee des Großsegels verstärken. Das Lichtbild zeigt eine moderne I.O.R.-Yacht „Columbia 30" auf der Bucht von San Francisco vor dem Hintergrund der Golden-Gate-Brücke.
Foto: Columbia Yachts, Costa Mesa, California

Die heutigen Zweimast-Takelungen

Es gibt keine Zweimast-Takelung, deren Gütegrad an denjenigen einer normalen Sluptakelung heranreicht. Trotzdem werden auf größeren Kreuzeryachten sehr oft zweimastige Takelungen gefahren, weil eine Reihe anderer Gesichtspunkte dafür ausschlaggebend ist. Vor allem ist die Unterteilung der Segelfläche zu Fahrten auf See von großem Nutzen, denn sie vereinfacht die Bedienung einschließlich Setzen, Bergen und Reffen. Um den etwas geringeren aerodynamischen Wirkungsgrad auszugleichen, sprechen die einzelnen Vermessungssysteme den zweimastigen Takelungen bestimmte Vergütungen zu, d. h., sie dürfen eine vergrößerte Segelfläche fahren, ohne daß der Unterschied eine größere Belastung des Rennwertes einbringt. Der Einfachheit halber wird hier kurz angegeben, um wieviel die Segelfläche zweimastiger Takelungen größer sein durfte als diejenige der normalen Bermuda-Slup, und zwar nach der R.O.R.C.-Regel des Jahres 1955:

Takelungsart	Größere Fläche
Bermuda-Yawl	4 %
Bermuda-Schuner oder Gaffel-Kutter ..	8,5 %
Bermuda-Ketsch oder Gaffel-Yawl	13,5 %
Wishbone-Ketsch oder Schuner	13,5 %
Gaffel-Schuner	17,5 %
Gaffel-Ketsch	23,5 %

In einem der ersten Kapitel wurde diese Vergütung bereits genauer erklärt. Obwohl sie heute nicht mehr angewandt wird, gibt sie doch einen vorzüglichen Überblick über die verschiedenen ein- und zweimastigen Takelungsarten sowie über deren aerodynamische Wirksamkeit.

DIE YAWLTAKELUNG

Die einzelnen Typen zweimastiger Takelungen unterscheiden sich durch das Größenverhältnis, welches zwischen beiden Masten bzw. beiden Großsegeln besteht. Zunächst sei die Besegelung einer Yawl beschrieben, eine Takelungsart, bei welcher der achtere Mast am kleinsten ausgeführt wird. Hochseeyachten wurden häufig als Yawl getakelt, da die bis vor wenigen Jahren gültigen Vermessungsregeln nach C.C.A., R.O.R.C. und K.R. eine Vergütung von meist 4 Prozent in der Segelfläche gestatteten, so daß der niedrigere Wirkungsgrad gerade wieder ausgeglichen wurde. Jedoch hat die Yawltakelung eine verlockende Möglichkeit, die der Slup versagt bleibt, nämlich das Setzen eines großen Stagsegels zwischen den Masten, welches in der Vermessung nicht mitgerechnet wurde, d. h., es galt als freies Beisegel. Nach der jetzt gültigen I.O.R.-Formel wird das Besan-Stagsegel nach seinen tatsächlichen Abmessungen vermessen. Danach wird es dann wiederum in bezug zur Fläche des Besans selbst gebracht, und schließlich kommt noch eine Gesamt-Segelflächenkorrektur hinzu. Dadurch werden Vor- oder Nachteile einer Yawltakelung erst nach umfangreichen Berechnungen erkennbar, sofern man Regatten nach I.O.R. zu segeln beabsichtigt.

Eine zweimastige Takelung bietet vielerlei Möglichkeiten, die Segelfläche je nach Windverhältnissen zu unterteilen oder durch zusätzliche Segel zu vergrößern. In Abb. 113 finden sich zwei Extreme dargestellt, nämlich links eine stark reduzierte Sturmbesegelung und rechts eine vielseitig vergrößerte Segelfläche für raume Kurse. Diese Raumschots-Besegelung fährt außer Großsegel und Besan ein großes Stagsegel, einen Spinnaker sowie ein dreieckiges Seesegel unter diesem.

Für ausgedehnte Raumschotsfahrt bei steifer Brise bietet die Yawltakelung ihre schönsten Möglichkeiten. Die tatsächlich stehende Segelfläche kann auf diesem Kurs *mehr als doppelt* so groß werden wie die vermessene Fläche. Man beobachte die Yawltakelung aus der Vogelperspektive, Abb. 114, in welcher diese Idealfahrt der Yawl erkennbar ist. Dank des Besanmastes fährt sie hier ein Stagsegel, welches für sich allein viel größer ist als der Besan selbst. Der Hals des Stagsegels wird nicht mittschiffs angeschlagen, sondern am Luvbord, wodurch das Segel günstigeren freien Wind erhält. Segelt man nach I.O.R., ergibt sich für dieses große Stagsegel allerdings eine zusätzliche Belastung im Rennwert. Auch der Spinnaker, dessen Festpunkte von den Massen des Vorsegeldreieckes abhängen, bietet dem Wind eine Segelfläche, welche *weit mehr als dop-*

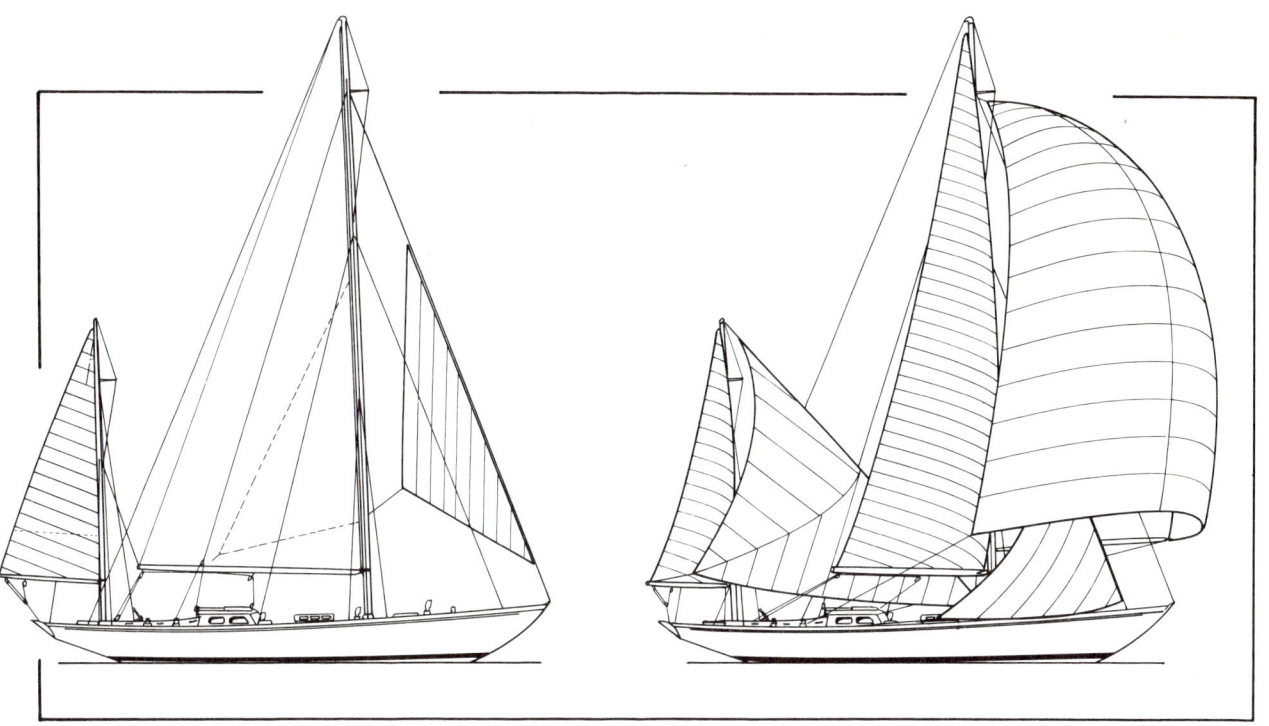

Abb. 113: Eine Yawl kann gut ausbalanciert im Sturm noch segeln, wenn sie die links gezeigte Sturmbesegelung fährt. Bei leichten Winden zeigen sich die Vorzüge dieser zweimastigen Takelung, da besonders auf raumen Kursen eine ganze Anzahl sehr großer Beisegel gesetzt werden kann, wie im rechten Teil erkennbar ist. Die Fläche der tatsächlich stehenden Segel kann raumschots weit über das Doppelte der Am-Wind-Fläche betragen.

pelt so groß ist wie die vermessene Fläche dieses Dreiecks.

Hoch am Wind segelnd könnte das Stagsegel gesetzt bleiben, doch wird sein Vortrieb dann verschwindend gering, da die Neigung der Anschnittkante eine nicht so sehr nach vorn wie nach oben gerichtete Kraft erzeugt. Am Wind wirkt der Schub nämlich rechtwinklig zum Vorstag, so daß nur noch eine verkleinerte Komponente als Vortrieb übrig bleibt. Außerdem macht ein gesetztes Stagsegel das Kreuzen unmöglich, da es dem Großbaum den Weg versperrt. Deswegen muß auch um jeden Preis ein ungewolltes Halsen auf raumen Kursen vermieden werden, da andernfalls das Risiko eines Bruches des Großbaums oder gar des Besanmastes in gefährliche Nähe rückt.

Der Nachteil einer Yawltakelung liegt vor allem in der Schwierigkeit der Verstagung des Besanmastes. Ein normales Vorstag ist des Großbaumes wegen nicht möglich; der Besanbaum dagegen verhindert die Anwendung eines festen Achterstags. Nur losnehmbare Backstagen wirken dem Zug des Stagsegels und dem Druck des Windes von achtern entgegen.

DIE KETSCHTAKELUNG

Diese unterscheidet sich von der Yawltakelung nur durch die relativ größere Fläche des Besans. Als Merkmal für die Bezeichnung „Ketsch" benutzte man ursprünglich die Stellung des Besanmastes, nämlich ob dieser vor oder achterlich vom Ruderschaft stand. Danach müßte bei einer Ketsch die Ruderpinne oder das Steuerrad hinter dem Besanmast liegen, bei einer Yawl aber davor. Auch die relative Maststellung zum Achterende der Schwimmwasserlinie wurde zur Unterscheidung herangezogen. Bei einer Ketsch müßte danach der Mast vor dem WL-Ende stehen. Da aber die verschiedenen Schiffsformen, Heckanordnungen und Takelungsmöglichkeiten oft keine logische Definition erlaubten, wurden dann die Vergütungen nach den Pro-

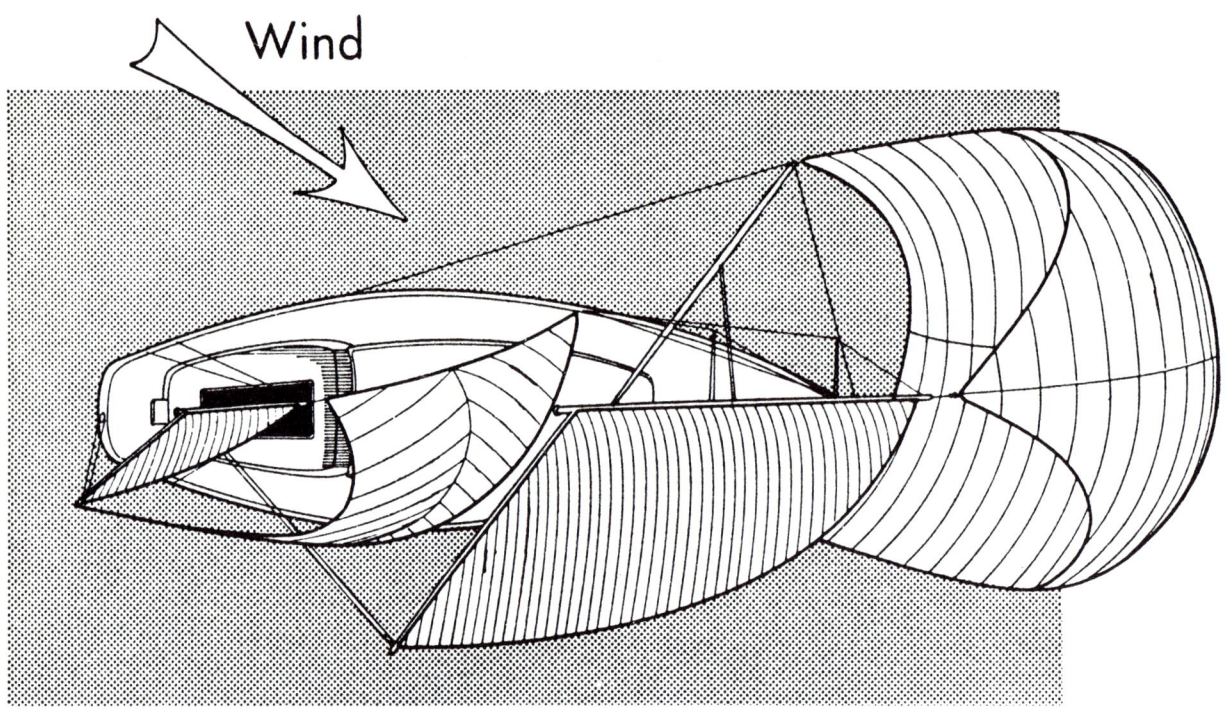

Abb. 114: Hier wird nochmals die vorgeschilderte Yawl-Besegelung gezeigt, und zwar aus der Möven-Perspektive. Wiederum erkennt man die auffallende Größe der Beisegel im Vergleich zu den normalen Am-Wind-Segeln.

portionen der Segelflächen bestimmt. Jedenfalls fährt eine echte Ketsch einen verhältnismäßig großen Besan, welcher allerdings der Fläche des Großsegels nicht gleichkommen soll. Eine Yawl hingegen verwendet einen bedeutend kleineren Besan.

Vieles des für eine Yawl Gesagten gilt auch für die Ketsch. Der Antriebs-Wirkungsgrad einer Ketschbesegelung fällt jedoch noch geringer aus als der einer Yawl, weshalb eine Ketsch auch eine größere Vergütung erhält. Wurde nach der klaren, doch heute nicht mehr gültigen Vermessung eine Yawl mit 4 Prozent der Segelfläche vergütet, so wurden einer Ketsch 12 Prozent Vergütung zugestanden. Je größer der An-

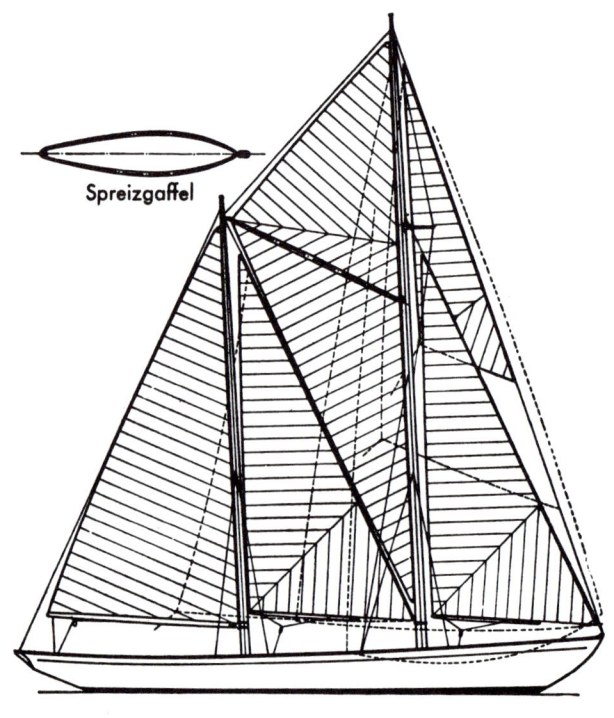

Abb. 115: Als die Yacht VAMARIE im Jahre 1933 als erste mit einer Spreizgaffel-Takelung auftauchte, erregte sie allgemeines Aufsehen. Bei dieser Sonderart von Ketschtakelung wird der Raum zwischen beiden Masten in vollkommenster Weise ausgenutzt. Im oberen Teil der Zeichnung erkennt man im Detail eine solche „Wishbone" genannte Doppelspiere.

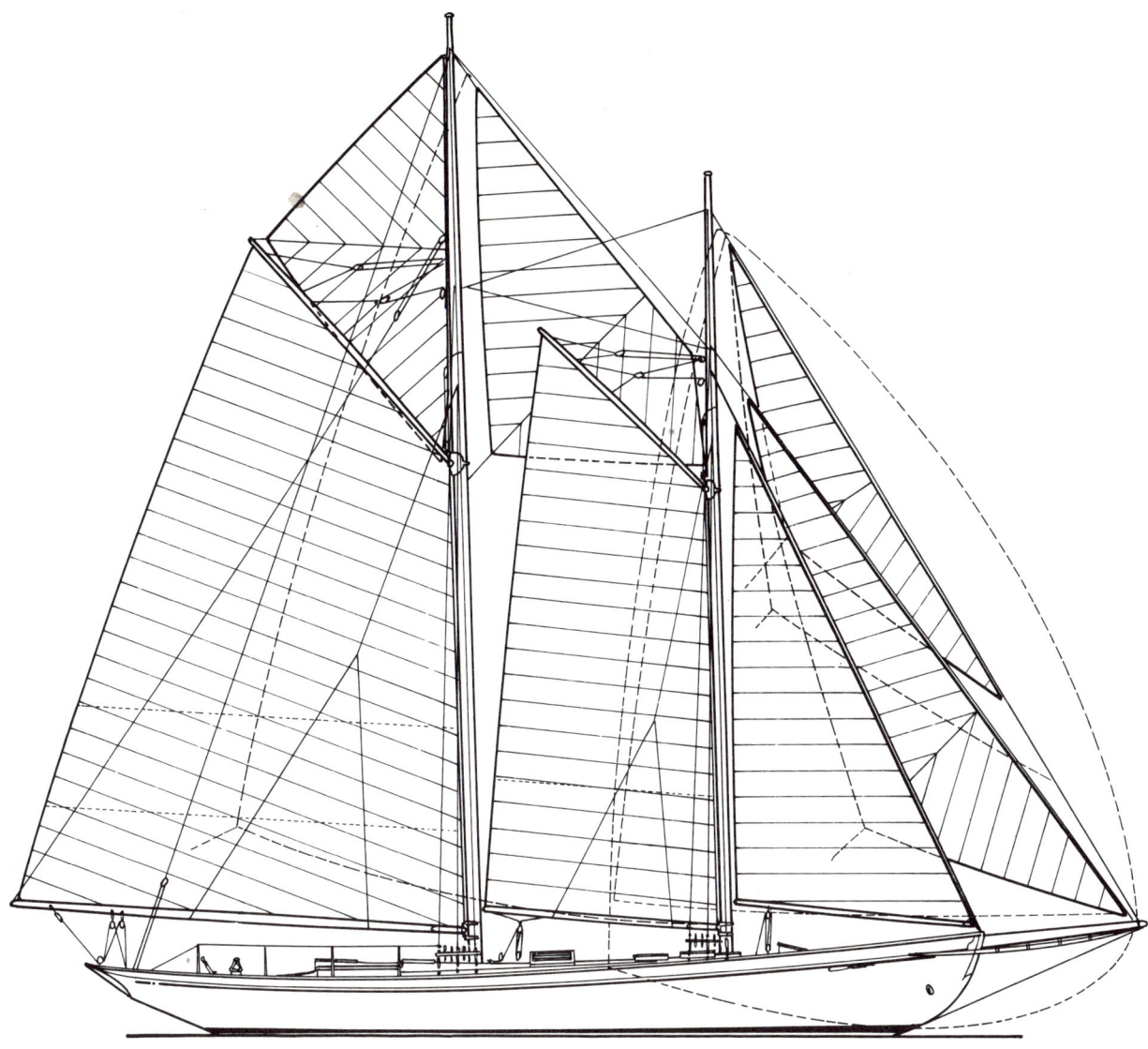

Abb. 116: Segelriß der Schuneryacht Malabar X, *vom Konstrukteur John Alden für seinen eigenen Gebrauch entworfen. Sie zeigt eine der vollkommensten Ausführungen der Schunertakelung, die sich auf großen Yachten bis etwa zum Jahre 1930 allgemeiner Beliebtheit erfreute.*

teil der Besanfläche, desto kleiner wird das Höhenverhältnis der gesamten Besegelung und desto geringer wird auch der Vortriebswirkungsgrad.

Sprach früher viel für die bei der Vermessung recht günstig abschneidende Yawltakelung, so wurde das Vermessungssystem nach I.O.R. so sehr verfeinert, daß wahrscheinlich jede Art der Takelung ihrem wirklichen Vortriebswert entsprechend belastet wird.

DIE WISHBONE- ODER SPREIZGAFFELKETSCH

Die Spreizgaffelketsch zeichnet sich innerhalb der Kategorie der Zweimaster durch einen guten aerodynamischen Wirkungsgrad aus. Doch birgt die kompliziert gebaute Spreizgaffel selbst auch eine Gefahr in sich, so

daß diese Art der Takelung nur in den seltensten Fällen angewandt wird. So geschah es an Bord einer großen Yacht namens Wishbone, daß im Sturm die Spreizgaffelschot brach, obwohl das Segel selbst bereits geborgen war. Nunmehr begann die Spiere für sich allein dort oben einen wilden Tanz auszuführen, als Spielball des heftig schlingernden Schiffes. Unter diesen Umständen war es unmöglich, jemanden auf den Mast zu schicken, um eine neue Schot einzuscheren. Nach einiger Zeit führte die wildgewordene Spreizgaffel den Bruch des Besanmastes herbei, dem einige Stunden später, bei unvermindertem Unwetter, der Bruch des Großmastes folgte. Einzig und allein eine schadhafte Schot in großer Höhe hatte den Bruch beider Masten zur Folge.

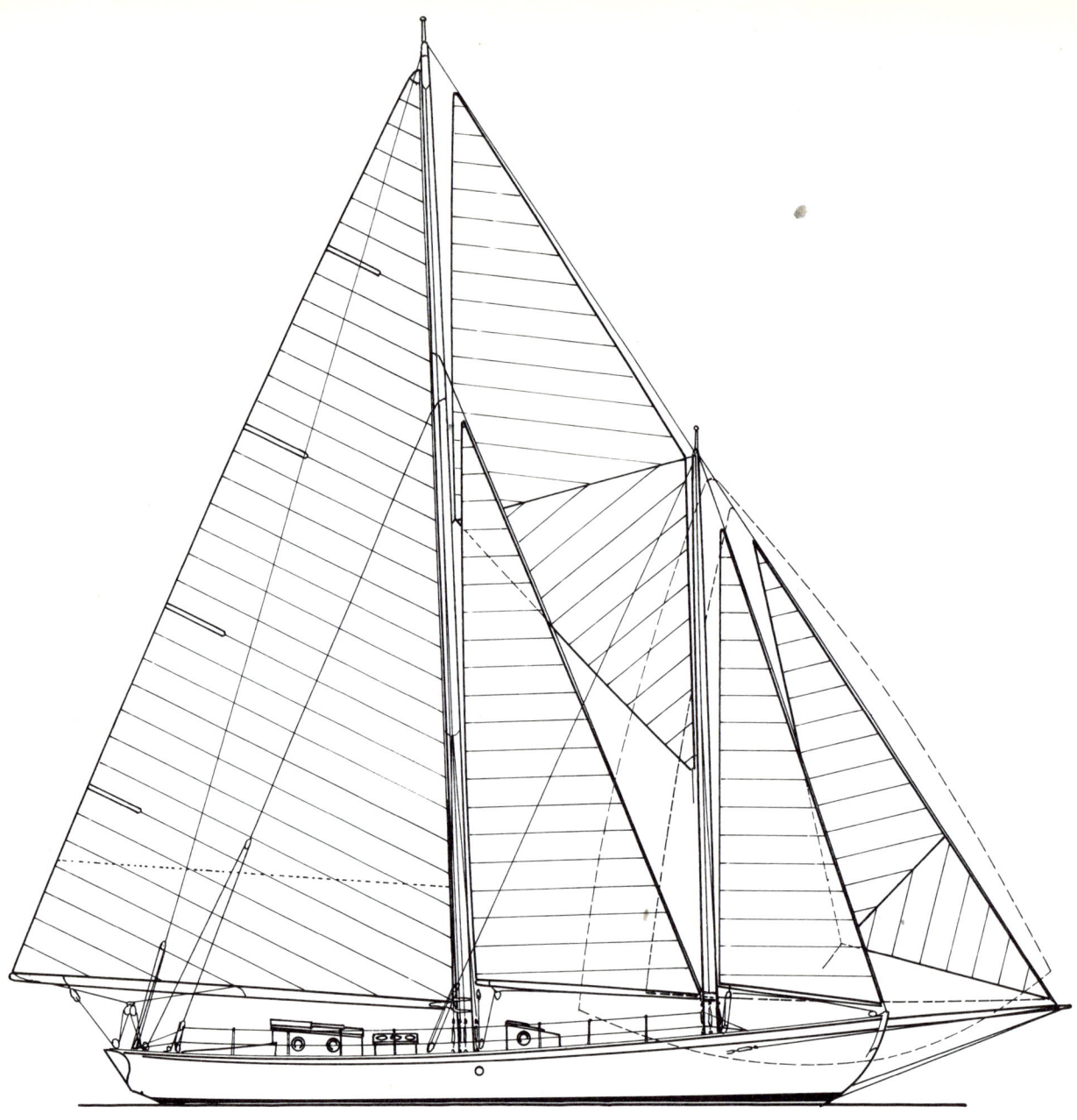

Abb. 117: Segelriß des Stagsegelschuners NIÑA, *dessen hervorragende Ausgeglichenheit nicht wenig zum überragenden Sieg im Transatlantik-Rennen des Jahres 1928 beitrug.*

Die Spreizgaffel wird im Englischen mit „Wishbone" bezeichnet, einem ähnlich aussehenden Brustknochen des Geflügels nachgetauft. Sie erlaubt nicht nur eine vorteilhafte Anstellung zum Wind, sondern mittels eines Ausholers kann auch die Wölbung des Segels nach Wunsch vergrößert oder verkleinert werden. Da es keinen Großbaum gibt, kann der Besanmast mehr nach vorn versetzt werden, wo er sehr gut abgestagt werden kann. Eine Wishboneketsch, deren Segel vom Vorsteven über beide Masttoppen bis zum Heck die gesamte Fläche vollständig ausnutzen, macht ohne Zweifel einen bestechenden und zugleich überzeugenderen Eindruck. Von ihrem Tabu erlöst, blieb sie nach wie vor eine seltene Ausnahmebesegelung.

DIE SCHUNERTAKELUNG

Je mehr die Am-Wind-Eigenschaften der modernen Yachten verfeinert wurden, um so deutlicher zeigte sich die Dekadenz der Schunertakelung. Die neugewonnenen Erkenntnisse der Aerodynamik zeigten nicht nur die Vorzüge der Wishbonetakelung auf, sondern gleichzeitig auch die Nachteile der Schunertakelung. Gerade am Wind segelnd war sie den schmaler und höher geschnittenen Takelungen erheblich unterlegen.

Eine der schönsten klassischen Schuneryachten findet sich in Abb. 116 wiedergegeben, nämlich die MALABAR X, deren Eigner der damals berühmte Konstrukteur John G. Alden war. Ihr bestechender äußerer Anblick zeigt den Gaffelschuner in seiner vollendetsten Form. Am Wind segelnd werden bis zu sieben Segel gesetzt, deren Wirkungsgrad allerdings erheblich hinter den moderneren Takelungen zurückbleibt. Der Großmast steht etwa an der Stelle der größten Schiffsbreite, so daß er querschiffs ausgezeichnet abgestützt werden kann. Der Mangel eines festen Achterstages darf dieser Takelung nicht vorgeworfen werden, da dasselbe bei einer Gaffeltakelung sowieso nicht anwendbar ist. Das zwischen den Toppen hoch oben gesetzte Stagsegel kann nicht gerade sehr günstig geschotet werden. Es wird auch Fischermannsegel genannt, wodurch es seinen Ursprung von den Fischerei-Schunern der Neufundlandbänke zu erkennen gibt.

DER STAGSEGELSCHUNER

Auf der Suche nach einer wirksameren Schunertakelung gelangte man damals zu einer interessanten Lösung, nämlich dem sogenannten Stagsegelschuner. Sein berühmtester, vielleicht sogar erster Vertreter war die Yacht NIÑA, die sowohl das Transatlantik- wie auch das Fastnetrennen des Jahres 1928 gewann. Ihr Entwurf entstammt der gemeinsamen Arbeit von W. Starling Burgess und Henry Gruber. Mit ihr wurde eine neuartige Takelung von guter Wirksamkeit eingeführt, die zugleich auch leicht zu bedienen war.

Wie aus Abb. 117 zu erkennen ist, stellt das sehr hohe Großsegel den Hauptanteil des Vortriebs. Der Fockmast dagegen führt kein eigentliches Großsegel, sondern eine ganze Anzahl von Stagsegeln, darunter allerdings auch das wenig günstige Fischermann-Segel zwischen den Toppen. Zwar nutzt es den oberen leeren Raum zwischen den Masten aus, doch leidet sein Stand unter dem Umstand, daß die Holepunkte nur auf der Mittschiffsebene liegen können.

Das Yachtsegeln ist im Laufe der Jahrzehnte immer volkstümlicher geworden. Wirklich große Yachten werden immer seltener gebaut, weshalb auch die Schunertakelung nur noch ausnahmsweise gewählt wird.

Die größte der nach dem Krieg gebauten Segelyachten, namens CARITA, wird in Abb. 186 gezeigt. Bei deren ungewöhnlicher Größe mit 52 m Länge tritt die aerodynamische Wirksamkeit in den Hintergrund. Denn bereits mit einer kleinen, aerodynamischen nicht besonders wirksamen Besegelung wird sie eine bedeutende Geschwindigkeit entwickeln. Deshalb wird vor allem die Einfachheit der Bedienung angestrebt. Ferner wird man zu große Einzelflächen vermeiden, damit auch das Transportieren, Setzen und Fieren der Segel noch ohne maschinelle Einrichtung vorgenommen werden kann. Die Takelung der CARITA nennt man Dreimast-Schuner, auch wenn der achtere Mast nicht das größte Großsegel fährt.

Interessanterweise scheint sich in jüngster Zeit ein Comeback für große Schuneryachten anzuzeigen. Beim Segelyachtrennen um die Welt 1973—74 erreichte die einzige teilnehmende Schuneryacht GRAND LOUIS die überraschend gute Plazierung eines Dritten im Gesamtergebnis. Sie war in Frankreich entworfen und erbaut worden, und segelte unter französischer Führung.

Eric Tabarly, einer der erfahrensten Hochsee-Rennsegler der Gegenwart, hatte bereits früher einmal erklärt: „Als Zusammenfassung weitreichender Erfahrungen auf hoher See ist meiner Ansicht nach die Schunertakelung das beste aller Riggs für Hochseerennen, ebenso auch für Einhand-Hochseerennen."

Untersuchung der Querschnitte einer Am-Wind-Besegelung

Als Herreshoff im Jahre 1903 den Pokalverteidiger RELIANCE erbaute, eine Yacht von 44 m Länge ü. a. mit einem aus Bronze hergestellten Schiffskörper, sah er sich einem unerwarteten Problem gegenübergestellt. Sie sollte die größte jemals an einem einzigen Mast gefahrene Segelfläche tragen, doch war das kräftigste damals für Handelssegler angefertigte Baumwolltuch mit der Stärkenbezeichnung Nr. 0 völlig unzureichend. Um die großen Kräfte aufnehmen zu können, mußte eigens ein verstärktes Segeltuch angefertigt werden, welches es bisher noch gar nicht gab. Dieses bekam eine Stärke von 3 mm und wurde mit der Nr. 000 gekennzeichnet. Heute treten derartig gewaltige Segelflächen nicht mehr auf, dagegen hat die Zahl der Segelyachten in ungeahntem Maße zugenommen. Auch die viel bewunderten, aus ägyptischem Makko angefertigten Segel, welche ein halbes Jahrhundert lang als unübertrefflich galten, mußten das Feld den aus synthetischen Fasern hergestellten Segeltuchen überlassen. Damit verloren auch die geheimen Erfahrungswerte der Segelmacher ihre Gültigkeit. Da das synthetische Segeltuch fast überhaupt nicht reckt, mußte das gesamte Verfahren des Zuschneidens neu entwickelt werden. Zwar ist es nicht ganz so stabil wie Metallblech, doch behält es die vom Segelmacher hineingearbeitete Form fast für immer, ist also durch Kunstgriffe aus der Baumwolltuchperiode nicht beeinflußbar. Die sogenannte *flüssige Form* des Baumwollsegels ist verschwunden, ersetzt durch die starre unabänderliche Form synthetischer Segel.

Um die Form der Querschnitte genau festzulegen, dürfte die Anfertigung eines „Linienrisses des Segels" die Lösung der Zukunft darstellen. An Hand einer vorhergehenden Abbildung 58 wurde bereits ein einzelner Segelquerschnitt untersucht, und zwar für das Segeln am Wind. Es wurde ein Anstellwinkel von 12 Grad zwischen scheinbarem Wind und Sehne des Segels zugrunde gelegt. Hierzu müssen nun zwei Bedingungen erfüllt werden: Der vordere Teil des Segels soll tangential zur Luftströmung liegen; der achtere Teil dagegen darf höchstens im allerletzten Bereich parallel zur Fahrtrichtung gelangen, wobei allerdings kein Vortrieb mehr erzielt wird. Innerhalb dieser Begrenzung

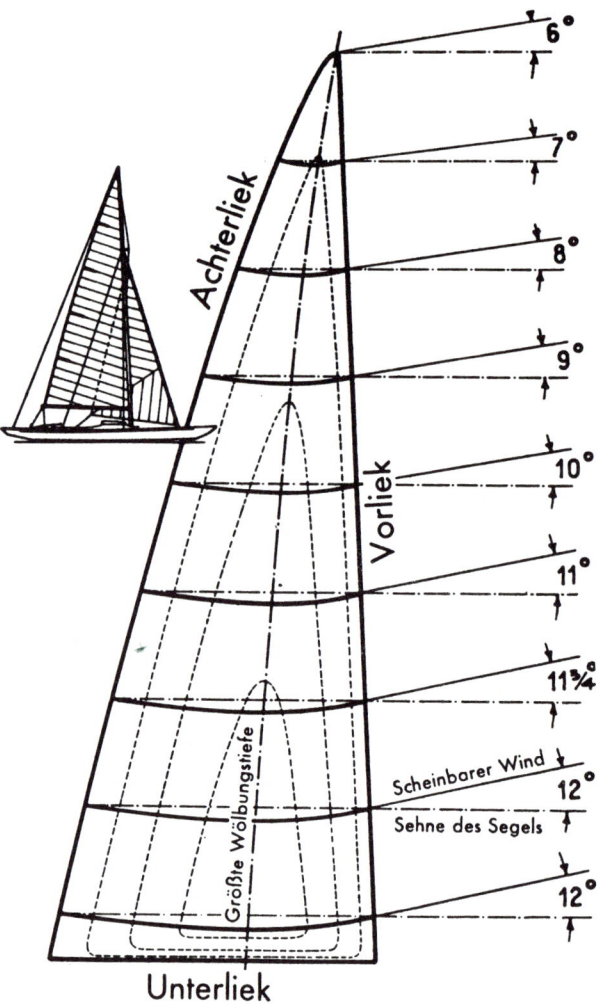

Abb. 118: „Linienriß" eines Drachenboot-Großsegels. Am rechten Rand kann man die Anstellwinkel ablesen, die auch für die Eintrittskante des Segels selbst gültig sind. Sie wurden für das Segeln hoch am Wind errechnet. Man beachte die Kurve der größten Wölbungstiefe sowie die nach oben hin geringer werdende Wölbung der Querschnitte.

muß eine Wölbung entwickelt werden, die eine *konstante Beschleunigung* der Windfäden erzielt. Schließlich ergab sich als günstig, die größte Wölbungstiefe auf etwa $2/5$ der Sehnenlänge vom Vorliek aus zu legen. Für diese Voraussetzungen wurde der Segel-Linienriß eines Drachenboot-Großsegels entworfen, siehe Abb. 118. Der Einfallswinkel wurde für die unteren Partien mit 12 Grad zur Sehne festgelegt. In zunehmender Höhe wurde der Anstellwinkel nach Schätzung derart verringert, daß sowohl die Verwindung des Segels als auch die zunehmende Windstärke berücksichtigt wurden. Nahe dem Masttopp entstand dadurch ein gezeichneter Anstellwinkel von 6 Grad.

Der Segelmacher ist darauf angewiesen, die Technik seines Handwerks der relativen Starrheit des Tuches anzupassen. Er muß den Vorgang des Zuschneidens so weit vervollkommen, daß jede gewünschte Wölbung mit Sicherheit und dem Plan entsprechend hergestellt werden kann. Solange Segel aus Baumwolltuchen angefertigt wurden, vernähte man die Bahnen gradlinig; die gewünschte Wölbung erzielte man durch Zugabe, also durch Rundung von Vorliek und Unterliek. Wird dieses Mehr an Tuch an Mast und Großbaum angeschlagen, so verschiebt es sich beim Baumwollsegel auf ganz natürlichem Wege zur Zone der geplanten Wölbung, indem sich die Stoffäden etwas gegeneinander bewegen bzw. nachgeben.

Bei der Verwendung synthetischer Stoffe darf mit einem solchen Nachgeben nicht gerechnet werden. Deshalb sollte jede Bahn individuell so zugeschnitten werden daß sich die Wölbung mit mathematischer Sicherheit an derjenigen Stelle und in dem gewünschten Maß einstellt, wie der Linienriß oder eine sonstige Überlegung es verlangen. Jede Bahn bekommt ihre größte Breite an der Stelle der größten Wölbungstiefe. Nach achtern zu wird sie nach und nach etwas schmaler geschnitten, um mit Sicherheit einen flachen Verlauf zu erzeugen. Zum Vorliek hin wird die Verringerung der Breite kurvenartig ausgeführt, um die dortige Zone der Windtangente anzupassen. Kurz oberhalb des Großbaumes wird eine zusätzliche Tiefe hineingearbeitet, um die gerade Linie des Großbaumes möglichst rasch in die geplante Wölbung des Segelprofils hinüberzuführen.

Die für ein Großsegel geltenden Ausführungen brauchen nur wenig abgewandelt zu werden, um für jedes andere Am-Wind-Segel ebenfalls zu gelten. In Abb. 119 ist der Linienriß einer Genuafock erkenntlich, angepaßt an das soeben untersuchte Großsegel. Es gelten wiederum die gleichen Bedingungen betreffs des Einfallswinkels, welcher auch in diesem Falle mit 12 Grad festgelegt wurde. Allerdings geht die Abnahme nach oben nicht bis auf 6 Grad herunter, da die Genuafock in diesem Falle nicht bis zum Masttopp geführt wurde.

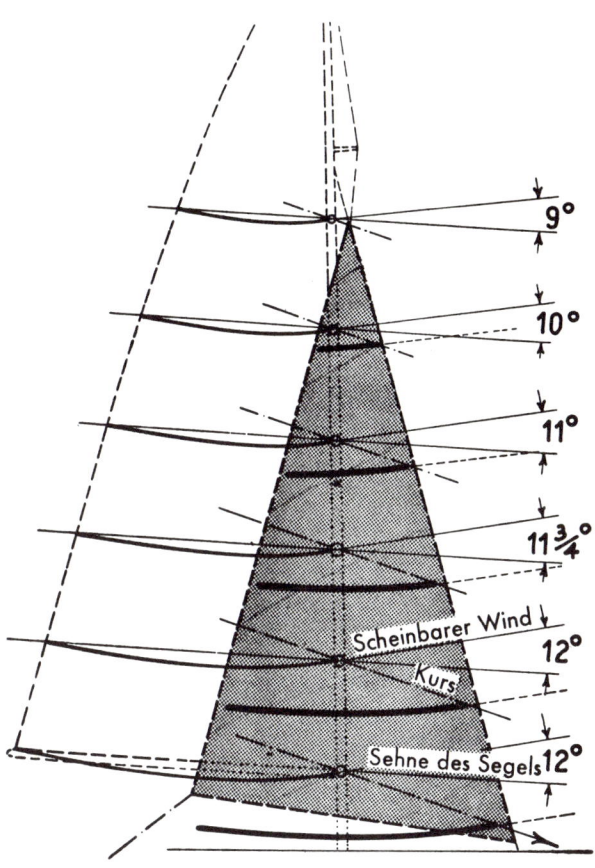

Abb. 119: In dieser Abbildung wird das Zusammenwirken von Genuafock und Großsegel untersucht. Man erkennt die gleichen Anstellwinkel wie in Abb. 118, welche zwischen Windrichtung und Sehne des Segels zu messen sind. Auch der gesegelte Kurs wurde eingetragen. Man beachte, daß die Wölbung der Genuafock auffallend flach ausfällt, um ein günstiges Zusammenwirken mit dem Großsegel zu gewährleisten.

Um das Zusammenarbeiten beider Segel beurteilen zu können, wurde auch das Großsegel mit eingezeichnet. Dieser erste Versuch, die Form eines Segels mittels eines regelrechten Linienrisses an die herrschenden Strömungen anzupassen, bedarf noch mancher Verfeinerung. Er soll jedoch dazu beitragen, den üblichen empirischen Weg durch größere technische Genauigkeit zu ersetzen. Wird jede gewonnene Erfahrung durch eine sorgfältig ausgearbeitete Zeichnung vertieft, wird man bald über vorzügliche Unterlagen verfügen, um die Herstellung der Segel weiter verbessern zu können.

Wirkung und Wölbung des Spinnakers

Im Jahre 1865 wurde an Bord einer englischen Yacht namens NIOBE ein dreieckiges Vorsegel gesetzt, welches gestatten sollte, achterliche Winde besser auszunutzen, als es mit den normalen Vorsegeln möglich war. Zum erstenmal wurde ein bauchig geschnittenes Vorsegel gesetzt, das bis zum Masttopp reichte. Es erregte Aufsehen und wurde mit dem Namen NIOBE getauft. Ein Jahr später erschien die Yacht SPHINX mit einem ähnlichen Segel, welches jedoch verschiedene Verbesserungen aufwies. Statt es einfach frei auswehen zu lassen, wurde es an einem Baum angeschlagen, um den Hals weiter nach außenbords bringen zu können, wodurch das Segel vor dem Wind günstiger zu stehen kam. Die Berufsmatrosen gaben diesem Segel die Bezeichnung „Spinxer", indem sie den Namen der Yacht ihrem Sprachgebrauch anpaßten. Dieses Wort verwandelte sich bald danach in den heutigen Ausdruck *Spinnaker*. Untersucht man die im Laufe der Entwicklung der Segelyacht entstandenen Vermessungsformen, kann man beobachten, daß die Yachten immer schneller wurden, obwohl die Größe ihrer Segel immer mehr beschränkt wurde. Verschwunden sind die langen Klüverbäume im Vorschiff, ebenso die weit über das Heck hinausragenden Großbäume. Nur ein Segel hat die Tendenz des Kleinerwerdens nicht mitgemacht: der Spinnaker. Dieser ist im Laufe seiner hundertjährigen Existenz immer größer geworden! Inzwischen hat er Ausmaße und Formen erreicht, die noch vor drei Jahrzehnten gar nicht vorstellbar gewesen wären. Der Vorläufer seiner heutigen extremen Form wurde vor zwei Jahrzehnten von Herbulot geschaffen, dessen Namen er auch trug. Es sei erwähnt, daß bereits im Jahre 1937 ein relativ durchaus nicht großer Spinnaker, nämlich der an Bord der Yacht RANGER gefahrene, die unglaubliche Oberfläche von 1675 m² besaß. Er trug mit dazu bei, daß die Yacht mit großer Überlegenheit die damaligen Rennen um den Amerikapokal gewann. Damals entstand auch das geflügelte Wort, daß der Spinnaker vom Teufel erfunden worden sei, und nur der Teufel wäre imstande, ihn zu beherrschen.

In den meisten Klassenvorschriften ist die Größe des Spinnakers durch zwei Maße beschränkt, sofern nicht bei Einheitsyachten seine genaue Form vorgeschrieben ist. Als Grenzmaß wird einerseits die Höhe festgelegt, also der Angriffspunkt des Spinnakerfalls, welcher den höchsten Punkt des Vorsegeldreiecks nicht überschreiten darf. Ferner wird die Länge des Spinnakerbaums begrenzt, indem dieser das Maß der Fußlänge des Vorsegeldreiecks nicht überschreiten darf. In der für Hochsee-Rennyachten geltenden I.O.R.-Formel gehen die Vermessungsvorschriften für Spinnaker jedoch etwas mehr ins einzelne, ohne daß diese Segel selbst ein wesentlich anderes Aussehen erhielten.

Die wahre Oberfläche des Spinnakers innerhalb der genannten Begrenzungen ist besonders deswegen fast ins Unermeßliche gewachsen, weil man gelernt hat, eine sogenannte *Kugelform mit großer Schulterbreite* anzuwenden, vergl. Abb. 120.

Würde man den Spinnaker ausschließlich bei achterlichem Wind verwenden, wäre es ein leichtes, seinen günstigsten Schnitt zu bestimmen. Da bei achterlichem Wind der Vortrieb gleich dem erzeugten Widerstand ist, wird man einen um so größeren Vortrieb erzielen, je größer die dem Wind gebotene Fläche ist, also je breiter man die Schulter in den Wind zu stellen lernt. Außerdem sollte die Wölbung an allen Stellen möglichst genau halbkugelförmig ausfallen. Die Wirkung des Spinnakers als Widerstandskörper auf rein achterlichem Kurs besteht nämlich darin, einen möglichst großen *gestörten Querschnitt* zu erzeugen. Es wurde durch Versuche festgestellt, daß eine offene Halbkugel den stärksten Störeffekt erzielt, welcher den Windwiderstand einer gleichgroßen flachen Scheibe weit übertrifft. Ein ganz flacher Spinnaker dürfte einen Widerstandsbeiwert von 1,16 erreichen. Die offene Hohlkugel, in diesem Falle also der Kugelspinnaker,

---

Foto 34: Moderner Sternschnitt-Spinnaker auf einem großen Ocean Racer. Es handelt sich hier um eine spezielle Spinnakerform der Segelmacherei Hard Sails, USA, die darauf hinzielt, nicht nur vor dem Winde, sondern auch bei halbem Winde einen guten Vortrieb zu erzielen. Man beachte nicht die weißen Bahnen, sondern mehr noch die dunklen Nähte im Mittelbereich. Da jede einzelne Bahn verjüngt wird, entsteht ein großer Tuchverbrauch, doch der Erfolg rechtfertigt offensichtlich die höheren Kosten.
Foto: Stanley Rosenfeld

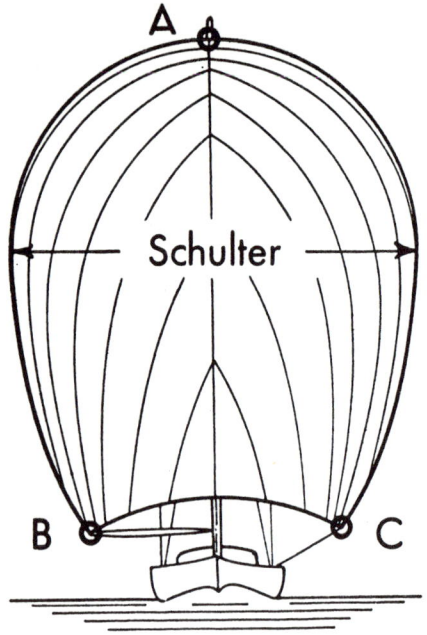 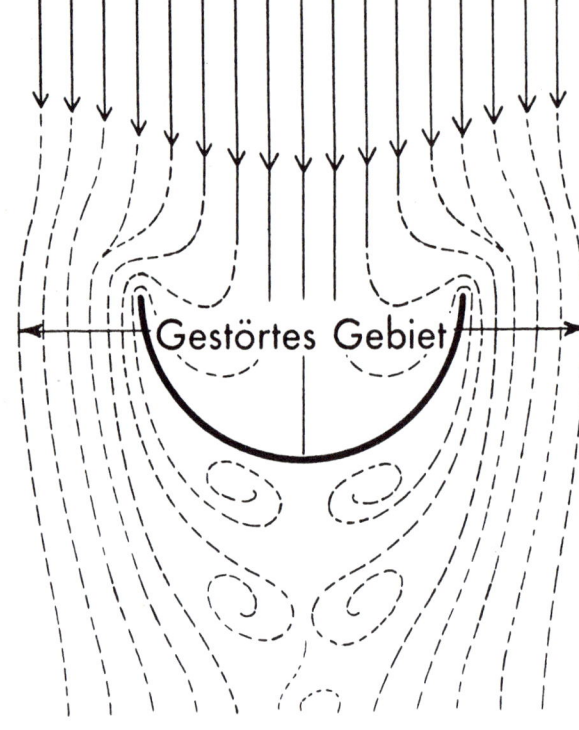

Abb. 120: Die besonders günstige Wirkung des modernen Spinnakers mit großer Schulterbreite vor dem Wind beruht darauf, daß der Störungsbereich der Luftströmung weit über die Abmessungen des Segels selbst hinausgeht.

Solange nur die Festpunkte A, B und C vorgeschrieben sind, sollte das Schultermaß so breit wie möglich ausgeführt werden.

erzeugt dagegen einen Effekt gleich einem Beiwert von 1,42, wodurch ein um 22 Prozent größerer Vorschub erzielt wird.

Vorgesagtes gilt ausschließlich für reine Vorwind-Kurse. Ein Spinnaker wird in der Regel aber auch auf raumen Strecken gefahren, je nach Schnitt sogar bis zu halbem Wind und zu gemäßigtem Am-Wind-Segeln. Eine oberflächliche Überlegung genügt bereits, um festzustellen, daß es den perfekten Spinnaker nicht geben kann. Der für rein achterlichen Wind besonders vorteilhafte Kugelspinnaker, welcher ja ausschließlich Widerstand zu erzeugen hat, würde bei halbem Wind unwirksam oder sogar wild werden, das heißt gar nicht richtig zum Vollstehen gebracht werden können. Bereits bei Backstagsbrise ist der echte Halbkugelschnitt nicht mehr der günstigste, weil die Luftströmung nicht mehr symmetrisch nach beiden Seiten abfließt, sondern deutlich vom Luvliek zum Leeliek verläuft. Hier müßte der Spinnaker einen unsymmetrischen oder zumindest einen flacheren Schnitt bekommen.

Manche erfahrenen Steuerleute lassen sich täuschen, indem sie einen vollstehenden Spinnaker für unbedingt wirksam halten. Sobald aber der rein achterliche Kurs verlassen wird, ist das Vollstehen kein Beweis mehr für einen günstigen Vorschub. Die Austrittskante, also das Achterliek eines Kugelspinnakers, ist jetzt nämlich viel zu stark gewölbt und erlaubt keinen glatten Abfluß der Strömung, wirkt also bremsend. Seine Wirkung entspricht dann ungefähr folgenden Verhältnissen:

$1/2$ des Spinnakers erzeugt Vortrieb

$1/4$ im mittleren Teil ist indifferent

$1/4$ im achteren Teil wirkt als Bremse.

Hieraus ist zu schließen, daß der Kugelspinnaker nur auf reinen Vorwindkursen tatsächlich wirkungsvoll ist, d. h. wenn die *aufgestaute Luft symmetrisch an beiden Lieken überströmt*. Wendet man sich vom reinen Vorwindkurs ab, entsteht eine Luftströmung im Spinnaker, ähnlich der eines Vorsegels, d. h., die Luft strömt vom Luvliek oder Vorliek zum Leeliek oder Achterliek. Aerodynamische Betrachtungen fordern dann, daß der Spinnaker in Umriß und Wölbung immer weitergehend unsymmetrisch werden müßte, je weiter vom reinen Vorwindkurs entfernt er benutzt werden soll. Damit wird zwar erheblich an Vortrieb gewonnen, doch

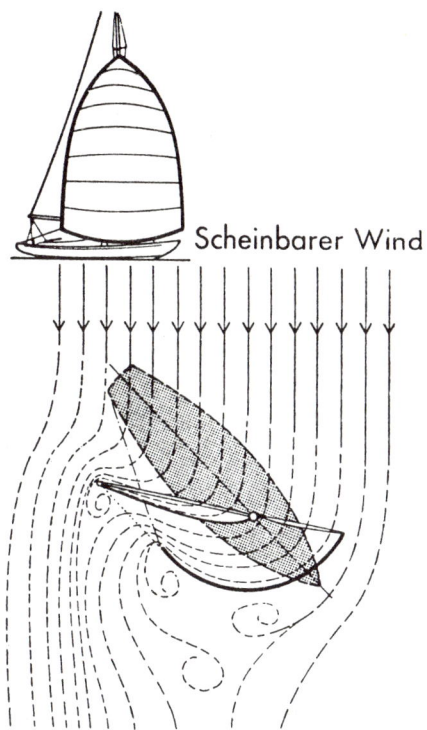

Abb. 121: Fällt der scheinbare Wind über die Backstagen ein, erzielt ein mäßig gewölbter, also ein etwas flacherer Spinnaker einen größeren Vortrieb als ein echter Kugelspinnaker.

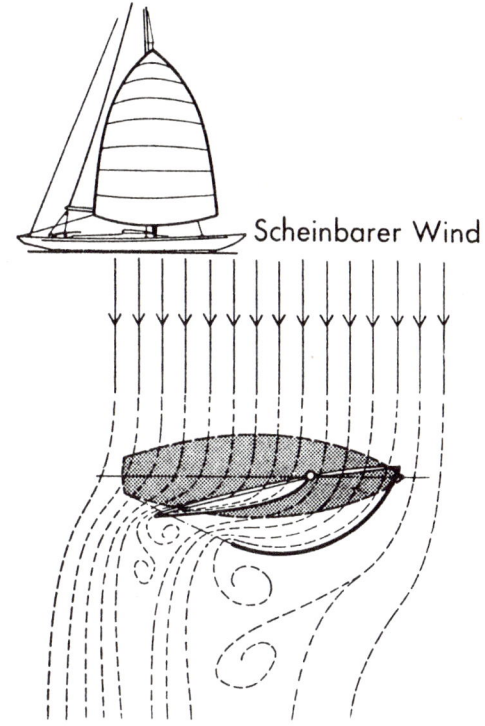

Abb. 122: Fällt der scheinbare Wind aber dwars ein, sollte ein noch flacher geschnittener Spinnaker gesetzt werden, denn nur ein solcher leistet noch über seine ganze Fläche nützlichen Vortrieb.

geht leider die Bequemlichkeit des Schiftens eines symmetrischen Spinnakers verloren. Aus diesem Grunde sind unsymmetrische Spinnaker in fast allen Klassenvorschriften verboten. Man behilft sich damit, den Halbwind-Spinnaker, oder wie man ihn nennen mag, mit bedeutend weniger Wölbung zu schneiden als den reinen Vorwind-Spinnaker.

In den Abb. 121 und 122 ist deutlich der eben geschilderte Strömungsverlauf zu erkennen. Bei halbem Wind wird durch Luftwiderstand nur noch Krängung erzeugt, aber kein Vortrieb mehr.

Einen Universalschnitt für Spinnaker kann es einfach deshalb nicht geben, weil er auf verschiedenen Kursen zum Wind Vortrieb erzeugen soll. Um allen denkbaren Spinnakerkursen einigermaßen gerecht werden zu können, sollten wenigstens drei verschiedene Spinnakerschnitte zur Verfügung stehen: ein wirklicher Kugelspinnaker für die Vorwindstrecke, ein weniger gewölbter Spinnaker, unsymmetrisch falls erlaubt, für die Backstagsbrise, und ein noch flacher geschnittener für halben Wind und sogar vorlichen Wind. Zwar erreicht in letzterem Fall, wenn der Wind vorlicher als dwars einfällt, die große Genuafock einen besseren Stand,

doch verlockt die bedeutend größere Segelfläche des Spinnakers, ihn solange wie möglich stehen zu lassen. Als praktisches Ergebnis vorstehender Überlegungen gelangt man zu folgender Spinnakerliste:

Kurs	Form
Rein vor dem Wind	Kugelform mit breiter Schulter
Backstagsbrise	weniger gewölbt (unsymmetrisch?)
Mit halbem Wind	ziemlich flache Wölbung

Der Verlauf der Stoffbahnen ist von erheblichem Einfluß auf den guten Stand des Spinnakers, besonders da ja die Tuche sehr leicht und dehnbar gewählt werden. Immer neue Arten der Bahnverlegung werden versucht, deren modernste Ausführung zur Zeit der sogenannte *Sternschnitt* ist, bei dem die drei Strahlen etwa von Spinnakermitte ausgehen und zu den drei Eckpunkten zielen.

Warum kann man Spinnaker für Am-Wind-Kurse nicht mit sehr flacher Wölbung ausführen? Ja, für

Abb. 123: Der typische australische Spinnaker wird ganz flach und auch unsymmetrisch zugeschnitten. Außerdem verwendet er einen Spinnakerbaum von geradezu erschreckender Länge. Dieses Segel erfüllt alle Funktionen von Spinnaker und großer Genuafock gleichzeitig.

Tourenyachten ist jede Zwischenform vom reinen Spinnaker bis zur reinen Genuafock möglich. Für Klassenyachten ist erstens die symmetrische Umrißform vorgeschrieben, zweitens gewöhnlich auch die Rundung der Lieken. Mit einem stark gerundeten Vorliek läßt sich aber kein der Genuafock vergleichbarer Stand eines flachgeschnittenen Spinnakers erreichen. Allein aus diesem Grunde kann man mit dem Abflachen der Wölbung nicht zu weit gehen.

Eine Ausnahme von dieser allgemeinen Regel wird in Australien und Neuseeland gepflegt. Bei dortigen Rennjollenklassen ist erstens der unsymetrische Schnitt des Spinnakers erlaubt, zweitens ist auch die Länge des Spinnakerbaumes nicht begrenzt, d. h., er darf erheblich das Fußmaß des Vorsegeldreiecks überschreiten. Wie ein solcher sehr langer Spinnakerbaum mit dem großen fockartig geschnittenen Segel gefahren wird, erkennt man am Beispiel der *Cherub*-Jolle, Abb. 124. Dieses große australische Vorsegel wird auch weiterhin Spinnaker genannt, obwohl es am Wind gesetzt eher einer übergroßen Genuafock ähnelt. Da der flache Schnitt auf der reinen Vorwindstrecke keinen dem Ku-

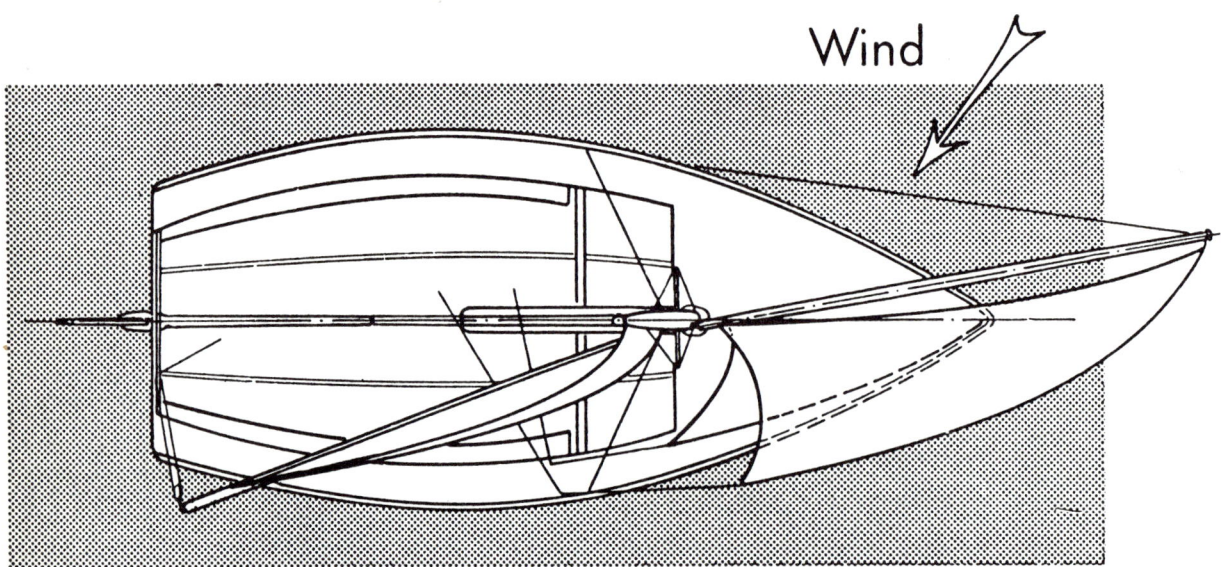

Abb. 124: Auf dieser Abbildung erkennt man die Wirkung dieses Segels auf Am-Wind-Kursen, wo es den bauchig geschnittenen Spinnaker bei weitem übertrifft. Aller-
dings erfordert es einen sehr langen Spinnakerbaum, der sich nicht in die übliche Vermessung einfügt.

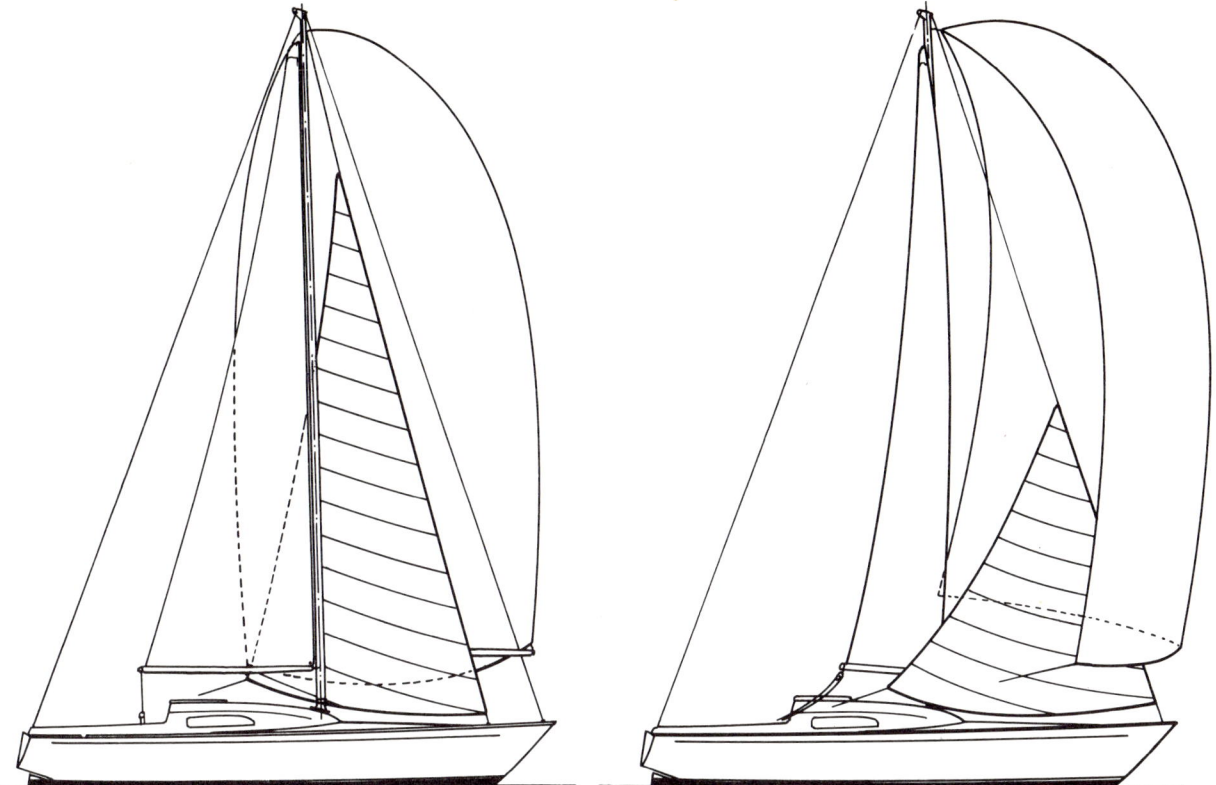

Abb. 125: Fährt man einen Spinnaker auf raumer Strecke läßt sich gut ein Spinnaker-Stagsegel setzen, wie auf der linken Seite erkennbar ist. Ein ähnliches Segel, doch breiter und nicht so hoch geschnitten, wird häufig auf reinen Vorwind-Kursen angewandt.

gelspinnaker vergleichbaren Widerstand erzeugt, wird ein Ausgleich durch die übergroße Länge des Spinnakerbaumes geschaffen. Weit nach Luv ausgebaumt, bietet der flache Spinnaker dem Wind eine Fläche, die derjenigen des Großsegels nahekommt. Mit Dwarswind sowie mit ziemlich vorlichem Wind ist dieser flache unsymmetrische Spinnaker jedem bauchig geschnittenen weit überlegen.

Der Spinnaker ist wohl das typischste Beisegel des *Langsamseglers*. Denn *Schnellsegler*, wie Strandyachten auf Rädern oder gar Eisyachten, können einen Spinnaker nicht verwenden, da sie mit diesem in der Mehrzahl der Fälle nur *langsamer* segeln würden. Diese sich kühn anhörende Behauptung ist aber leicht zu verstehen, wenn man erfährt, daß solche Schnellsegler auf achterlichem Kurs niemals vom Widerstand der Segel angetrieben werden, sondern statt dessen *vor dem Wind kreuzen*. Bei diesem Vorgang ist es möglich, bedeutend höhere Geschwindigkeiten als die des herrschenden Windes zu ersegeln. Auch Rennkatamarane, die zwar noch keine echten Schnellsegler sind, verzichten im allgemeinen auf die Verwendung des Spinnakers.

Es ist kaum möglich, alle heute angewandten Spinnakerarten zu beschreiben. Wahrscheinlich wird die nächste Überarbeitung der I.O.R.-Regeln etwas Ordnung in dieses immer komplizierter und kostspieliger werdende Wettrennen um das am besten ziehende Vorsegel bringen. Zunächst einmal sei ein kurzer Überblick gegeben, was heute zwischen reinem Vor-Wind-Kurs und mittlerem Am-Wind-Kurs gefahren wird:

Floater: extrem leichter Spinnaker aus leichtestem Tuch
Spinnaker: aus leichtem Tuch für leichte Brise
Spinnaker: aus noch immer leichtem Tuch für mittlere Winde
Flanker: etwas flacher geschnittener Spinnaker
Spanker: noch flacher geschnitten für halben Wind
Reacher: beinahe so flach wie eine Genuafock
Genuafock: normales Segel fürs Am-Wind-Segeln

Wie man sieht, wurden alle denkbaren Kreuzungen zwischen Spinnaker und Genuafock in die Praxis umgesetzt, zumindest versuchsweise. Die einfachste Lösung, nämlich der unsymmetrische Spinnaker, wird allerdings durch die Vermessungsregeln verhindert, kann aber fast ohne Nachteil durch eine leichte Genuafock ersetzt werden. Mancherlei Phantasienamen tauchten auf, bei denen man mitunter den beabsichtig-

ten Zweck erraten konnte, mitunter auch nicht. Darunter solche wie „Spinoa", „Genniker" u. a. m.

SPINNAKER-BEISEGEL

Schon seit einer Reihe von Jahren wird der freie Raum unterhalb des normalen Spinnakers durch ein niedriges, breites Segel ausgefüllt, das sogenannte Spinnaker-Stagsegel. Doch vor allem die Wettkämpfe um die verschiedenen Tonner-Pokale führten zu einem wahren Wettstreit um Spinnaker-Beisegel, weil man ja dadurch noch ein weiteres Plus an unvermessener Segelfläche setzen konnte. Entweder wurde versucht, einfach den freien Raum noch igendwie auszunutzen, oder aber man strebte danach, die Luftströmung in verbesserter und geglätteter Form dem vorhandenen Spinnaker zuzuführen. Gerade an dieser Stelle befindet sich die Entwicklung völlig im Fluß, doch sollen zwei Abbildungen erklären, was unter Spinnaker-Beisegeln zu verstehen ist.

Das geradezu *klassische Spinnaker-Stagsegel* ist im rechten Teil der Abb. 125 erkennbar. Seine große Breite am Unterliek und seine geringe Höhe zeigen deutlich an, daß es dazu bestimmt ist, den freien Raum unterhalb des sich anhebenden Spinnakers auszufüllen. Es wird im allgemeinen zu Luv gefahren, d. h. auf der entgegengesetzten Seite des Großbaumes; doch je nach Umständen wird es auch auf der Leeseite gesetzt, sobald der Wind nicht mehr achterlich, sondern raum einfällt.

Inzwischen wurde jedoch das *hohe Stagsegel* gebräuchlicher, wie es der linke Teil derselben Abb. darstellt. Es eignet sich speziell für Raumschotskurse bis nahezu hal-

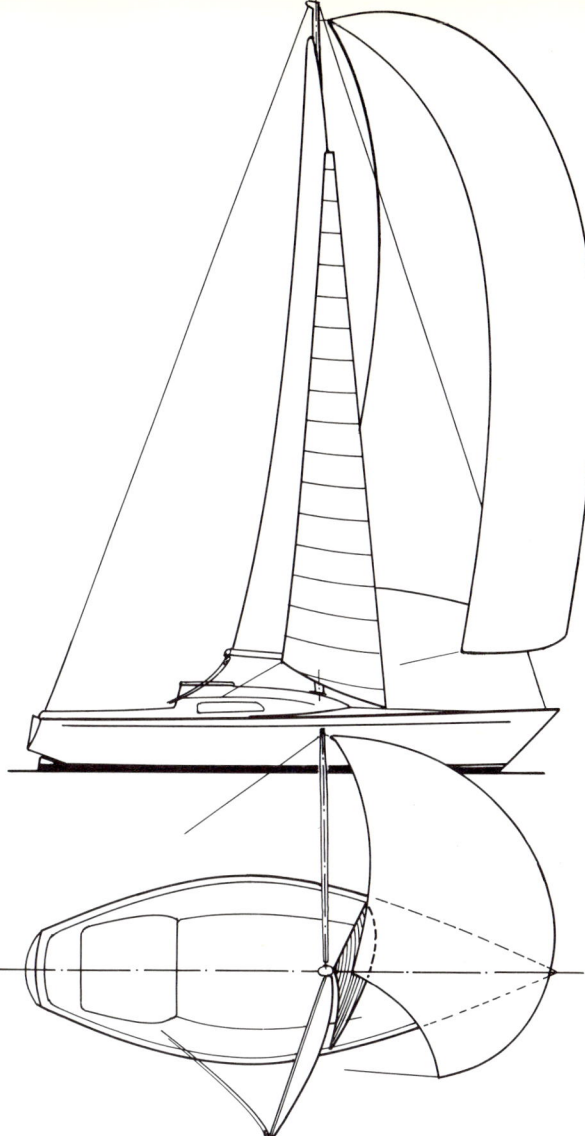

Abb. 126: Hier wird genau gezeigt, wie ein anderes Spinnaker-Beisegel, der sogenannte Tallboy, gesetzt wird. Sein Vorstag geht vom Mast zum Schanzkleid in Luv, also an Außenkante Deck etwas vorlich des Spinnakerbaumes, wie man im Grundriß gut erkennen kann.

ben Wind. Es dient nicht so sehr als Lückenfüller, sondern geradezu als Am-Wind-Segel für raume Kurse und kann dort eine beachtliche Wirksamkeit entfalten. Um die Wirkungsweise des *Tallboys* zu verstehen, beachte man nicht nur seinen schmalen hohen Schnitt in Abb. 126, sondern vor allem auch die Art des Anschlagens im Grundriß. Dort wurde ein fast reiner Vorwindkurs dargestellt. Der Tallboy soll nun den Wind auf der Leeseite des Großsegels *glätten*. Um aber überhaupt Wind zu bekommen, wird sein Hals nicht auf der Mittschiffsebene angeschlagen, sondern an Außenkante Deck auf der Luvseite. Der Anschlagspunkt liegt unterhalb des Spinnakerbaumes und etwas voraus. Sobald der Kurs einen etwas seitlicheren Windeinfall mit sich bringt, wird auch der Anschlagpunkt des Tallboy-

---

Foto 35: Auf dieser schwedischen Hochsee-Kreuzeryacht Typ „Norlin 34" erkennt man in ausgezeichneter Form das Zusammenarbeiten des normalen I.O.R.-Spinnakers mit einem Beisegel namens „Big Boy", dessen Zulassung oder Ablehnung heftig diskutiert wurde. Die „Norlin 34" wird nach Peter Norlins Plänen serienmäßig hergestellt und von Solna Marin, Schweden, vertrieben. Mit einer I.O.R.-Vermessung von 26 Fuß steht sie zwischen dem Dreiviertel- und dem Eintonner. Diese handige schnelle Yacht ist 10,25 m lang, 3,38 m breit und fährt etwa 50 m² Am-Wind-Segelfläche. Foto: Solna Marin A. B.

Halses versetzt, denn nun muß ja der Spinnakerbaum etwas voraus gefiert werden. Liegt bei ungefähr halbem Wind der Spinnakerbaum gegen das Vorstag, so ist auch der Anschlagpunkt des Tallboys auf die Mittschiffslinie gewandert. Wie man sieht, folgt der Anschlagpunkt ungefähr dem Wegfieren des Spinnakerbaumes.

Auf dem Gebiet der Spinnaker-Beisegel bleibt noch viel Spielraum zum Experimentieren, nicht so sehr für den Tourensegler, sondern überall dort, wo im Rennen der letzte Bruchteil an Fahrtgewinn ausschlaggebend ist. Gerade hierher gehört der heftig umstrittene sogenannte „Big Boy", ein dem Tallboy ähnliches, aber erheblich größeres Spinnaker-Beisegel. Segelmacher und Rennsegler werden ständig aufmerksam die neuesten Tendenzen verfolgen müssen, ebenso die zu erwartenden Änderungen der Vorschriften. Der Tourensegler dagegen kann nach Belieben diejenigen Beisegel aus den Experimenten auswählen, die ihm im Vergleich zwischen Nutzeffekt, Kosten und Platzmangel am nützlichsten erscheinen.

Foto 36: Auf raumen Kursen läßt sich mit dem Sternschnitt-Spinnaker noch immer Vortrieb erzielen, sogar bis zu halbem Winde, wenn ein Kugelschnitt-Spinnaker längst nicht mehr anwendbar wäre. Die von Dick Carter entworfene I.O.R.-Yacht „Carter 33" läßt manche Eigenheiten der heutigen Ocean Racer erkennen, wie z. B. der sehr kurze achtere Überhang sowie das schmal zugeschnittene Großsegel. Mit ihrer Vermessung von I.O.R. = 22,5 Fuß ist die Yacht nur wenig größer als die Halbtonnerklasse.
Foto: Carter Offshore, Inc.

Das Trimmen von Boot und Segeln

Wenn eine Werft eine neue Yacht in vorzüglich gelungener Form erbaut hat und der Segelmacher hierzu einen Satz wundervoll geschnittener Segel liefert, kann man mit ziemlicher Wahrscheinlichkiet annehmen, daß eine wohlgelungene Yacht geschaffen wurde. Dennoch bedeutet die Summe beider Teilwerte noch keinerlei Garantie für hervorragende Regattaergebnisse, denn der Zusammensetzung von Bootskörper und Besegelung fehlt noch ein gewisses sehr wichtiges Etwas, nämlich das sogenannte *Eintrimmen*. Dieses bedeutet das Abstimmen aller Teile von Boot und Takelung aufeinander, so daß sie gemeinsam und ohne Ausnahme in Richtung höchster Geschwindigkeit und ausgeglichener Rudereigenschaften wirken.

Dieses Eintrimmen ist nicht Sache einer Werft. In vollendeter Form wird es nur einem begabten Regattasegler gelingen. Es erfordert Erfahrung, Einfühlungsvermögen, Beobachtungstalent und möglichst weitreichende segeltechnische Kenntnisse.

Am Bootskörper selbst bestehen nur geringe Trimmöglichkeiten. Eine genaue Untersuchung an Land wird nachweisen, ob vielleicht Baufehler bestehen, mangelnde Symmetrie in Rumpfform, Ballastkiel und Ruderblatt, unzureichende Ausarbeitung der Abrundungen, besonders am Achtersteven im Übergang zum Ruderblatt und dergleichen mehr. Ferner wird man prüfen, ob die oft unbeachtete Unterseite des Kiels die erforderliche Glätte besitzt. Wieder zu Wasser gebracht, wird die Trimmlage mit der Mannschaft an Bord untersucht und entschieden, ob Gewichte nach vorn, häufiger, oder nach achtern, seltener, verschoben werden müssen.

Die Hauptarbeit des Eintrimmens richtet sich jedoch auf die Takelage einerseits und das richtige Setzen der Segel andererseits. Alle verstellbaren Spanner, alle Fallen, Schoten und Ausholer müssen so versetzt und aufeinander abgestimmt werden, daß der größtmögliche Vorschub erzielt wird. Ferner soll jeder vermeidbare Windwiderstand ausgeschaltet werden, und schließlich wird erstrebt, ein bestmögliches Gleichgewicht zwischen luv- und leegierigen Kräften herzustellen. Diese Arbeit soll nicht nur den reinen Am-Wind-Kurs erfassen, sondern sich über den gesamten Kursbereich und alle vorkommenden Windstärken erstrecken. Wahrhaftig eine umfangreiche und fast unlösbare Aufgabe.

In seinem Buch „Successful Yacht Racing" veröffentlicht Stanley Ogilvy eine Tabelle mit der Bewertung derjenigen Faktoren, welche nach seiner Meinung den Regattaerfolg eines Bootes ausmachen. Vergleicht man dazu die Rennen um den Amerikapokal, gelangt man zu einer wesentlich anderen Bewertung, welche gestattet, nachstehende Gegenüberstellung zu bieten:

	Bewertung für Regatta-Erfolge	
	St. Ogilvy	Amerikapokal
Entwurf der Yacht	10 %	50 %
Glätte des Bodens	10 %	3 %
Mast und Takelage	5—10 %	5 %
Eintrimmen	15 %	7 %
Segel	25 %	15 %
Regattatechnik und Taktik	30—35 %	20 %

Es ist kaum möglich, mathematisch oder experimentell nachzuweisen, welche von beiden Bewertungen die richtigere ist. Im allgemeinen wird der Regattasegler den Beitrag von Segeln, Eintrimmen und Regattatechnik und -taktik hoch einschätzen, wohingegen der Konstrukteur und die Versuchsanstalt die Güte des Entwurfs für besonders maßgebend erklären werden. Dauererfolge in bedeutenden Regatten können jedenfalls nur dann erzielt werden, wenn *alle* aufgeführten Faktoren zu höchster Wirksamkeit gebracht werden. Hierzu gehört auch das Eintrimmen, dem nachstehend eine kurze Betrachtung gewidmet wird.

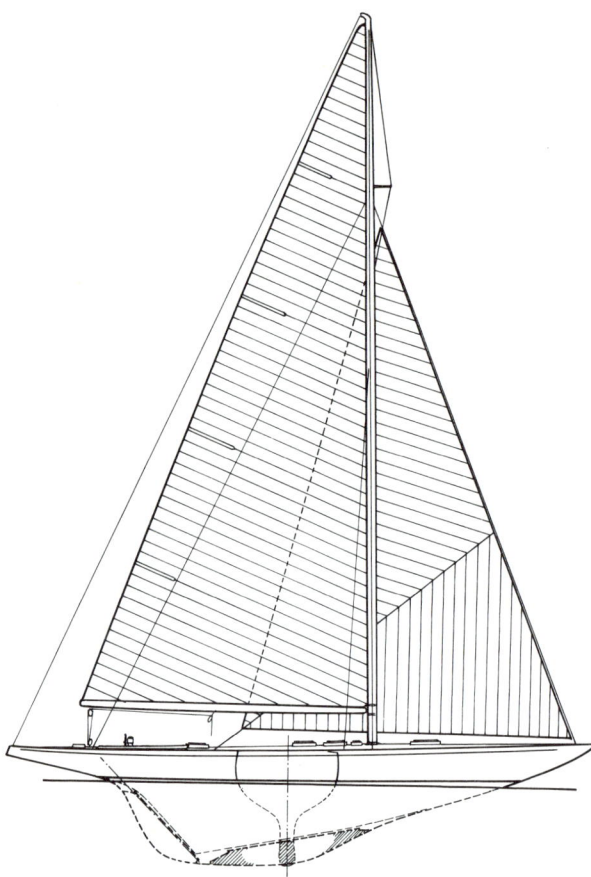

Abb. 127: Segelriß einer klassischen 12 m R-Yacht. Bei diesen großen Rennyachten stellen Abmessungen und genaue Position des Mastes stets ein schwieriges Problem dar. Man begann heute, auch bei diesen Größen zu versuchen, den Mast durch geplantes Biegen zur Kontrolle des Sitzes des Großsegels zu verwenden.

DER MAST

Betrachtet man allein den möglichst günstigen Vortrieb, so sollte ein Mast genau senkrecht stehen. Jede Neigung verkleinert die auf Vorschub gerichtete Komponente, wenn auch zunächst innerhalb sehr enger Grenzen. Es gibt jedoch gewisse Gründe, die eine Neigung des Mastes wohl empfehlen können. Leidet eine Yacht unter störender Leegierigkeit, so muß der Druckmittelpunkt der Besegelung nach achtern verlegt werden. Dies kann zunächst durch einen achterlich orientierten Fall des Mastes versucht werden. Gegen Luvgierigkeit gibt man dem Mast entsprechend einen gewissen Fall voraus. Luv- und Leegierigkeit sind jedoch keineswegs ständige Eigenschaften einer Yacht. Eine bei mittleren Windstärken ausgeglichene Yacht wird bei leichten Winden stets leegierig werden, bei starken dagegen wieder eine fühlbare Luvgierigkeit annehmen. Deshalb sollte streng genommen die Stellung oder Neigung des Mastes jeweils der herrschenden Windstärke angepaßt werden. Bei leichten Winden wäre also ein Fall achteraus erwünscht, bei starken dagegen eine Neigung nach vorn.

Bei sehr flauer Brise und einem nach achtern geneigten Mast zeigen Großbaum und Segel die Tendenz, auf die Mittschiffsebene zurückfallen zu wollen. Am Wind segelnd kann eine derartige Tendenz durch absichtliches Krängen kompensiert werden, doch auf der Vor-Wind-Strecke bleibt sie als störende Erscheinung bestehen. Aus diesem Grunde kann man zumindest für die Vor-Wind-Strecke durchaus einen Fall des Mastes nach vorn empfehlen.

Es ist jedoch richtiger, zum Ausbalancieren nicht die Neigung zu verändern, sondern den Mast im Ganzen zu versetzen. Dann kann man nämlich den Fall nach rein segeltechnischen Grundsätzen wählen, also nicht zum besseren Ausbalancieren, sondern allein zwecks größtmöglichen Vortriebs. Die Drachenboote fuhren ursprünglich ihren Mast an der vom Konstrukteur angegebenen Stelle. Viele Jahre später wurde entdeckt, daß man ein weit besser ausbalanciertes Boot erreichen konnte, wenn der Mast etwa 25 cm weiter nach vorn versetzt wurde. Die begrenzende Vorschrift der Maststellung wurde geändert, wodurch die Boote besser auf dem Ruder lagen und natürlich auch an Geschwindigkeit gewannen. Dieser Vorfall beweist, daß beim Trimmen jede Möglichkeit untersucht werden muß, um die günstigste Stellung des Mastes so herauszuexperimentieren, daß sowohl Balance als auch Vortrieb ihr Optimum erreichen.

Ein tadellos getrimmtes Boot soll keineswegs ohne jeden Ruderdruck segeln. Eine Yacht kann, wie früher erklärt wurde, nur dadurch hoch am Wind segeln, daß ihr Unterwasserprofil einen starken Widerstand der Abdrift entgegensetzt. Es hat sich herausgestellt, daß eine leicht luvgierige Yacht den höchsten Kurs am Winde anliegen kann, und zwar soll ihr Ruderblatt etwa 4 Grad nach Lee zeigen, die Ruderpinne also 4 Grad nach Luv.

Daß ein Mast in der Querschiffsrichtung gerade stehen soll, ist wohl eine Selbstverständlichkeit. In der Längsschiffsrichtung gibt es vier Varianten: der völlig gerade Mast, der mit ständiger Biegung gebaute Mast,

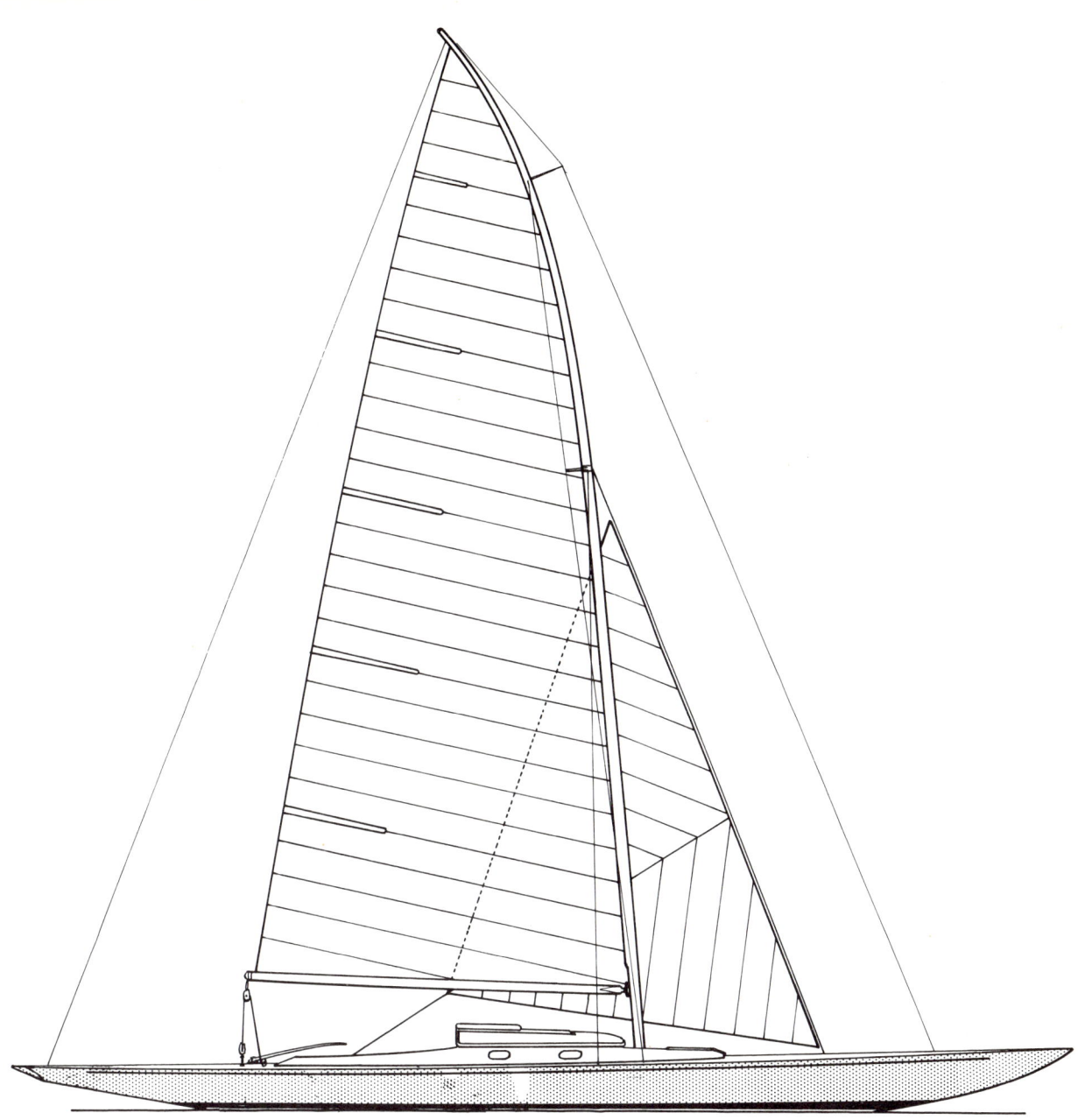

Abb. 128: Ursprünglich fuhren die verschiedenen Schärenkreuzerklassen gebogene Masten, deren Krümmung bereits während der Verleimung sorgfältig hergestellt wurde. Das Segel erhielt dadurch im oberen Bereich einen besseren Sitz beim Segeln am Wind. Doch vor dem Wind sowie beim Reffen mußten mancherlei Nachteile mit in Kauf genommen werden. Die Blütezeit dieser gebogenen Masten lag zwischen 1925 und 1930.

derjenige mit einstellbarer Durchbiegung und der elastisch schwingende Mast. Die ständige Biegung, wie sie besonders bei Schärenkreuzern gepflegt wurde, ist heute nicht mehr aktuell. Der vollkommen gerade Mast verliert nach und nach an Bedeutung und wird vor allem noch bei größeren Kreuzeryachten angestrebt. Der mitschwingende elastische Mast, der die Wirkung des Seeganges ausgleichen sollte, wird kaum noch verteidigt. Doch das Augenmerk aller Regattasegler richtet sich auf den biegsamen Mast, dessen Biegung durch die Verstagung einstellbar ist.

Das Hauptargument zugunsten des biegsamen Mastes liegt in seiner einzigartigen Möglichkeit, den Stand des Großsegels zu beeinflussen und je nach Windstärke zu verändern. Wird das Großsegel für einen leicht gekrümmten Mast zugeschnitten, der Mast selbst aber schnurgerade gefahren, so wird die eingebaute Wölbung im Segel vergrößert; es gewinnt an Eignung für sehr leichte Winde. Wird der Mast dagegen stärker durchgebogen als dem Schnitt des Großsegels entspricht, wird das Segel abgeflacht. Es paßt sich dadurch besonders gut an große Windstärken an. Bei leichten

Rennjollen wird außer der einstellbaren Biegung auch noch ein federnder Masttopp zugelassen, damit dort bei großen Windstärken ein Teil des Winddruckes entweichen kann.

Bei allen diesen Betrachtungen ist nicht zu vergessen, daß der Mast auch die Vorsegel zu tragen hat. Bei Rennjollen gelingt es oft, dem Mast eine erstaunliche Durchbiegung zu erteilen und trotzdem noch das Vorliek des Vorsegels unter guter Spannung zu halten. Je größer Mast und Takelage ausfallen, desto sorgfältiger müssen diese Gesichtspunkte untersucht werden, denn desto größer werden die auftretenden Kräfte.

DAS GROSSEGEL

Als im Jahre 1958 um den „Prince of Wales-Pokal" gesegelt wurde, konnte man beobachten, mit welcher Sorgfalt sich der Gewinner um sein Großsegel bemühte. Geoffrey Smale aus Neuseeland hatte sich eigens eine kleine Handnähmaschine mitgebracht. Während jeden Rennens studierte er aufmerksam jedes Fältchen, jeden Mangel in der Segelwölbung, um nachher hier und dort Nähte aufzutrennen, wo er glaubte, Verbesserungen vornehmen zu können. Er nähte dann die abgeänderten Nähte wieder zusammen, bis er den ihm am besten erscheinenden Stand des Segels erreicht hatte. Ein solches Unterfangen wird nur wenigen Regattaseglern liegen, ist aber in der Zeit der Baumwollsegel und bei kleineren Flächen von besten Erfolgen begleitet worden. Kein Segelmacher kann ein Segel so gut beobachten, wie es der Steuermann während eines Rennens sieht. Natürlich sind auch synthetische Segel ebenso verbesserungsfähig, doch ist die Ausführung dieser Arbeit schwieriger und riskanter. Sie sollte deswegen den geübten Händen eines Segelmachers übergeben werden.

Die eigentliche Trimmarbeit am synthetischen Großsegel wurde gerade eben unter der Anpassung der Mastbiegung an den Segelschnitt geschildert. Darüber hinaus ist aber auch die Schotführung geeignet, den Stand des Segels zu beeinflussen. Segelt man bei starken Winden auf Am-Wind-Kurs, so verlegt man die festen Punkte der Großschot so weit wie angemessen nach außenbords, da man in dieser Form das Großsegel abflacht. Herrscht aber eine sehr leichte Brise, die eine stärkere Wölbung im Segel empfiehlt, so werden die Holepunkte auf die Mittschiffslinie versetzt, bzw. der Läufer auf der Schiene mittschiffs blockiert. Ja, nicht selten wird er sogar darüber hinaus etwas luvseitig festgehalten.

Man beachte den Sitz der Segellatten. Sind sie zu schwer oder zu lang, entsteht an ihren Enden eine lange Falte, die von unten nach oben fast über das ganze Segel reicht. Beim Setzen des Großsegels gebe man dem Vorliek eine angemessene aber nicht übertriebene Spannung, um nicht unnötigerweise Wölbung aus dem Segel zu ziehen. Auch das Schothorn darf nicht mit Gewalt zur Baumnock ausgeholt werden, bei leichten Winden wird es sogar ausgesprochen lose gefahren.

Will man die Wölbung eines Segels vom Segelmacher ändern lassen, mache man möglichst genaue Angaben. Am besten läßt sich die vorhandene Wölbung untersuchen und sogar messen, wenn man eine gerade Latte zwischen Mast und Achterliek anlegt. Der Abstand von der Latte = Sehne bis zum Tuch kann dann gemessen werden, und zwar sollte eine solche Messung möglichst hoch hinaufreichen. Der Segelmacher ist dann in der Lage, das Segel an der richtigen Stelle im rechten Maße abzuändern.

DIE VORSEGEL

Der Wirkungsgrad der Vorsegel hängt einerseits von ihrem korrekten Anstellwinkel zum Wind ab, andererseits von der aerodynamisch wichtigen Zusammenwirkung mit dem Großsegel. Das Vorstag eines Vorsegels muß um jeden Preis absolut gerade gehalten werden, was auch eine zuverlässige Verstagung des Mastes voraussetzt. In vielen Fällen wird zunächst die Abstagung des Mastes verbessert werden müssen, ehe es gelingt, das Vorsegelfall so stramm durchzusetzen, daß ein wirklich gerades Vorliek erzielt wird. Die strömungsgerechte Wirkung des Vorsegels hängt in so bedeutendem Maße gerade vom Stand des Vorlieks ab, daß alle Schritte hierzu unternommen werden müssen, ohne den Stand des Mastes zu schädigen.

Die Holepunkte der Vorschoten sollen derartig verlegt werden, daß das Segel zu jedem Kurs und jeder

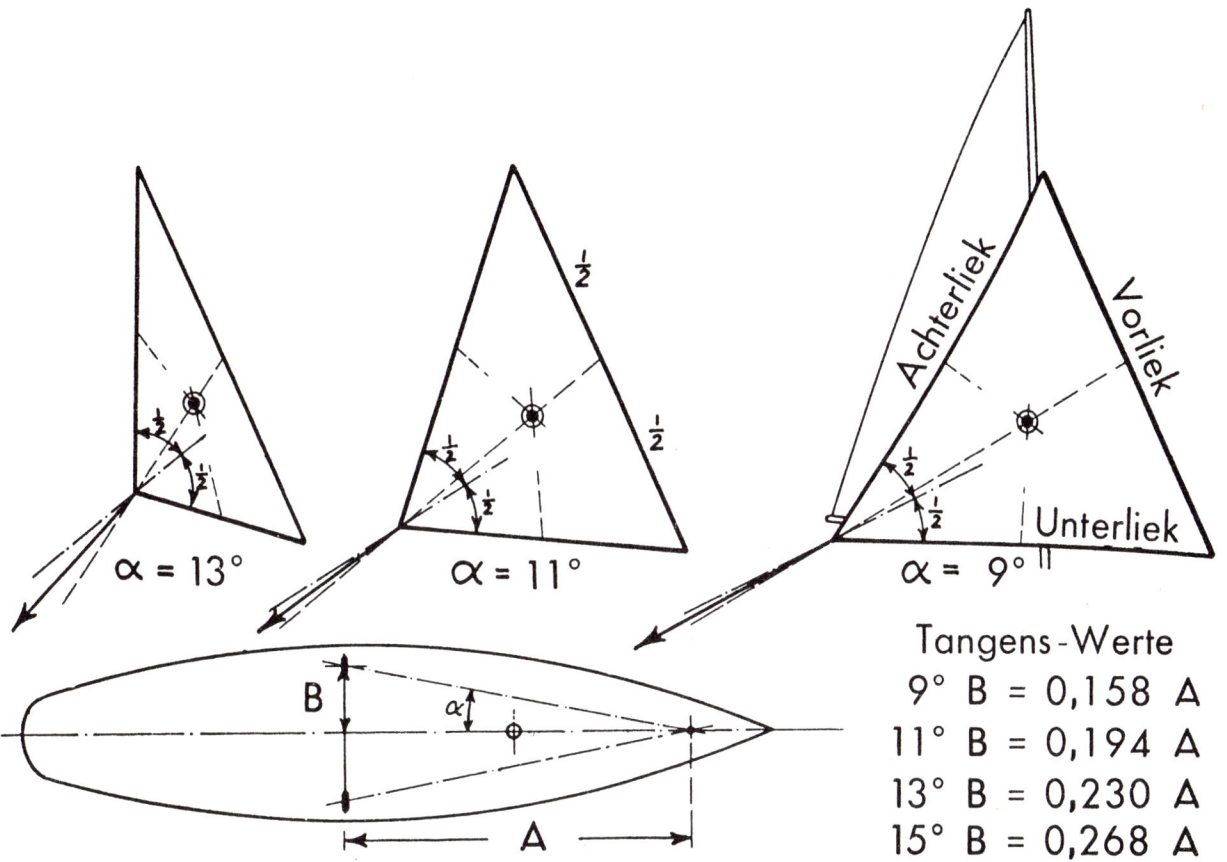

Abb. 129: Der Schotenzug eines dreieckigen Vorsegels soll die Mittelstellung zwischen Winkelhalbierender und Schwerpunktslinie einnehmen. Er wird dadurch am besten den auftretenden Kräften gerecht und erlaubt eine gute Verteilung der angestrebten Wölbung. Ferner findet man hier die Winkel zu den Holepunkten, welche um so kleiner werden, je weiter das Vorsegel hinter den Mast reicht.

Windstärke günstig angestellt werden kann. Geringe Windstärken verlangen größere Anstellwinkel, und umgekehrt erfordern starke Winde einen geringeren Anstellwinkel. Im allgemeinen liegen diese in einem Winkel zwischen 9 und 15 Grad zur Schiffsachse, vgl. Grundriß in Abb. 129. Nachstehende Tabelle möge zu einer ersten Orientierung dienen, wobei der Winkel vom Angriffspunkt des Segelhalses an Deck aus zu messen ist:

Lage der Vorschot-Holepunkte	starke Winde	leichte Brise
Normale Fock	13 Grad	15 Grad
Große Fock	11 Grad	13 Grad
Große Genuafock	9 Grad	11 Grad
Extreme Fälle	7 Grad	9 Grad

Auf modernen Kreuzeryachten sollten die angegebenen Winkel um ein oder zwei Grad vergrößert werden, auf schweren, breiten Schiffen um 3 bis 4 Grad. In der zugehörigen Abbildung wird erklärt, in welcher Weise die Winkel zur Schiffsachse ausgelegt werden.
Die Richtung des Schotenzugs hängt in weitestem Maße von der Umrißform des Vorsegels ab. Auf keinen Fall gilt hierfür die Winkelhalbierende, denn diese würde dem kurzen Unterliek und dem langen Achterliek gleichgroße Zugkräfte erteilen. Als einfache Regel hat sich bewährt, die Mittellinie zwischen Winkelhalbierender und Schwerpunktslinie zu wählen, was im oberen Teil der Abb. 129 erklärt wurde.
Auf Trimmfahrten beobachtete man nun nicht nur den Stand des Vorsegels in sich, sondern vor allem sein Zusammenwirken mit dem Großsegel. Auf keinen Fall

Foto 37: Die in Österreich serienmäßig erbaute schnelle Fahrtenyacht „Shark 24" gibt es sowohl als reines Kielboot wie auch als Kielschwertboot, und zu beiden gibt es eine leichter gehaltene Rennausführung und eine etwas reichlicher ausgestattete Tourenversion. Als flotter Segler mit guten Steuereigenschaften im Rennen bewährt, gibt die Fahrtenausstattung dem Tourensegler eine wohldurchdachte Einrichtung. Länge 7,30 m, Breite 2,10 m, Segelfläche etwa 20 m². Erbauer: Schiffswerft Korneuburg A. G.

darf das Vorsegel achtern Abwind auf das Großsegel werfen. Im Gegenteil, die Achterliekspartie des Vorsegels soll parallel zum Großsegel auslaufen, um dadurch einen gleichmäßigen Spalt zu erzielen.

Leider gilt aber die nun gefundene Lage der Holepunkte nur für Kurse hoch am Wind. Auf raumen Kursen ergeben sich andere Holepunkte, da die Vorsegel dann eine größere Wölbung und ein weiteres Wegfieren nach außen verlangen. Meist wird auf ständiges Ver-

setzen der Holepunkte aus Gründen der Einfachheit verzichtet. Allerdings hat sich für Rennjollen ein flink wirkendes, sehr einfaches Verfahren eingeführt, das unter dem Namen *Barber-Holepunkt* bekannt wurde. Bei diesem fährt ein loses Ende mittels Ringkausch am vordersten Teil der Fockschot, welches an dem für Raumschotsfahrt passendsten Punkt durch ein Auge oder einfach ein Loch im Deck geführt wird. Fällt das Boot vom Am-Wind-Kurs ab, so wird die Schot gefiert, das Barber-Ende aber dichtgeholt, so daß nunmehr die Schot vom neuen Holepunkt aus zum Schothorn des Vorsegels geht. Man erzielt die gewünschte größere Wölbung im Segel, kann aber durch Fieren des Barber-Endes sofort den vorherigen Am-Wind-Holepunkt wieder in Gebrauch nehmen.

VERSCHIEDENES

Das Trimmen der Takelage kommt während der Lebensdauer einer Segelyacht niemals zu einem endgültigen Abschluß. Mancher Steuermann wird ein völlig ausbalanciertes Schiff gut zu beherrschen lernen, wogegen die Mehrzahl der Segler eine leichte Tendenz zur Luvgierigkeit vorzieht. Damit gewinnt man nicht nur die erforderliche günstige Ruderlage (Ruderblatt leicht nach Lee), sondern als Gratiszugabe gewinnt man auch einen mäßigen Ruderdruck, welcher das Gefühl für die Höhe am Wind besonders deutlich werden läßt.

Auf allen Am-Wind-Kursen ist es wichtig, jeden vermeidbaren Windwiderstand auszumerzen. Alle Teile des stehenden und laufenden Gutes sollen nur denjenigen Durchmesser erhalten, der genau den Beanspruchungen gewachsen ist. Das Gleiche gilt für Spanner, Schäkel, Blöcke, Spleiße, aber auch Salinge und Jumpstage.

Beim Längstrimm des Bootskörpers achte man vor allem auf guten Wasserablauf achtern. In den meisten Fällen ist es vorteilhaft, das Gewicht der Mannschaft von den Schiffsenden, besonders vom Heck, entfernt zu halten. Nur beim Gleiten mit hoher Fahrt sowie bei starken achterlichen Winden hat die Mannschaft ihr Gewicht nach achtern zu verlegen, um den nach vorn gerichteten Winddruck auszugleichen.

Regattatechnik - Regattataktik

Die Technik des Regattasegelns besteht darin, eine Bahn mit größter Geschwindigkeit abzusegeln. Die Taktik des Regattasegelns dagegen bemüht sich, mit allen erlaubten Mitteln zu verhindern, daß der Gegner das gleiche tut.

Das Rezept, das zur höchstmöglichen Geschwindigkeit unter Segel führt, setzt sich aus einer großen Zahl unterschiedlichster Faktoren zusammen. Der Kampf um die Geschwindigkeit beginnt nicht erst mit dem Startschuß, auch nicht einmal am Morgen des Regattatages, sondern viele Tage und Wochen früher. Jedes nicht vollendet ausgeführte Segelmanöver, jedes Gramm überflüssigen Gewichts, jede versäumte Verbesserung in der Takelung bedeuten den Verlust von Sekunden, die sich während des Verlaufs eines Rennens unaufhörlich summieren.

DIE VORBEREITUNG DES BOOTSKÖRPERS: Es besteht ein deutlicher Unterschied zwischen einem *nassen Boot* und einem *trockenen Boot*. Ein ständig im Wasser befindliches Boot, also ein nasses Boot, erleidet fühlbare Nachteile im Vergleich zum trockenen Boot, welches normalerweise an Land aufbewahrt wird und erst kurz vor dem Start zu Wasser geht. Oft wird in den Klassenvorschriften oder zumindest in den Regatta-Anweisungen eine ausgleichende Beschränkung mit eingeschlossen. Ein nasses Holzboot wird im Gewicht schwerer als ein trockenes. Doch auch bei jedem anderen Material erleidet die Oberfläche des Bodens langsam aber ständig wirkende Einflüsse des Wassers. Es entstehen dadurch Rauhigkeit des Farbanstrichs oder gar Blasenbildung und schließlich sogar ein Bewuchs aus Algen und Muscheltieren. Gerechterweise sollten deshalb nur nasse Boote gegen nasse starten, oder trockene gegen trockene.

Die Bedeutung eines sorgfältig geglätteten Unterwasserschiffes kann gar nicht genug hervorgehoben werden. Weder darf es dort irgendeinen Bewuchs geben, noch Blasen, Rostnarben oder auch nur rauhe Stellen. Eine häufig übersehene Rauhigkeit pflegt man unter dem Ballastkiel zu finden, da eine Yacht an Land meist so dicht über dem Erdboden aufgestellt wird, daß diese Stelle nicht ausreichend zugänglich ist. Schwert und Ruderblatt müssen gewissenhaft geprüft und geglättet

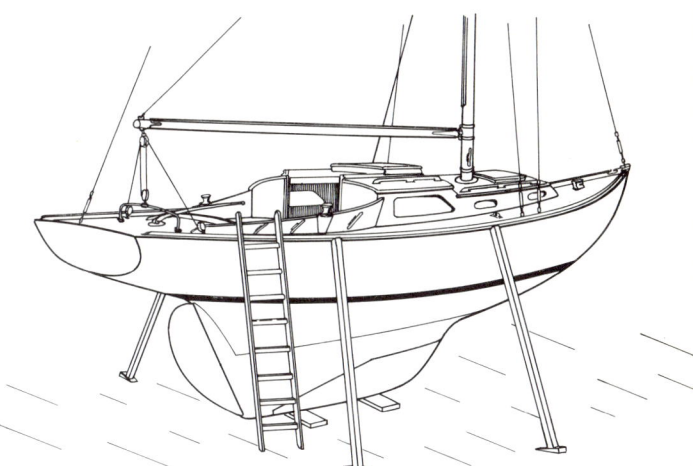

Abb. 130: Wenn eine Segelyacht an Land steht, sollte ihr Unterwasserschiff aufs genaueste untersucht werden. Dies gilt nicht nur für den Bootskörper selbst, sondern auch für die Beschläge, das Ruderblatt und nicht zuletzt auch für die Unterseite des Ballastkiels. Jede kleinste Unregelmäßigkeit muß in Ordnung gebracht werden, bevor die Yacht zu Wasser gelassen und für eventuelle Rennen getrimmt wird.

werden, außerdem ist für glatten und störungsfreien Übergang zu Schwert und Ruder zu sorgen.

Früher versuchte man, durch wasserabstoßende Mittel dem Boden eine sogenannte Ausrutsch-Glätte zu geben, wozu man meist einen Graphitauftrag verwandte. Ein derartiger Gedankengang steht jedoch nicht im Einklang mit der physikalischen Wirklichkeit. Nur diejenige Oberfläche erzeugt den geringsten Reibungswiderstand, welche *technisch* die beste Glätte aufweist. Es ist gleichgültig, ob man dieses durch Farbanstrich erzielt oder aus welchem sonstigen Material die Oberfläche besteht. Der beste Glättungsprozeß besteht in anhaltendem sorgfältigen Schleifen, vor allem im Naßschleifen. Abschließend erzielt man vielleicht noch eine minimale Verbesserung durch mechanisches Hochglanzpolieren, doch ist immer das Naßschleifen wichtiger als letzteres Polieren. Da in Fahrt stets die sogenannte Grenzschicht entsteht, innerhalb welcher das eng am Boot liegende Wasser von diesem mitgerissen wird, ist zwar die Glätte sehr wichtg, nicht aber der Glanz. Mit besonderem Fleiß müssen die Eintrittskanten bearbeitet werden, also Vorsteven- und Kielkontur, Vorderkante von Ruder und Schwert sowie auch der Übergang zum Ruderblatt. Die Kante zwischen Schiffs-

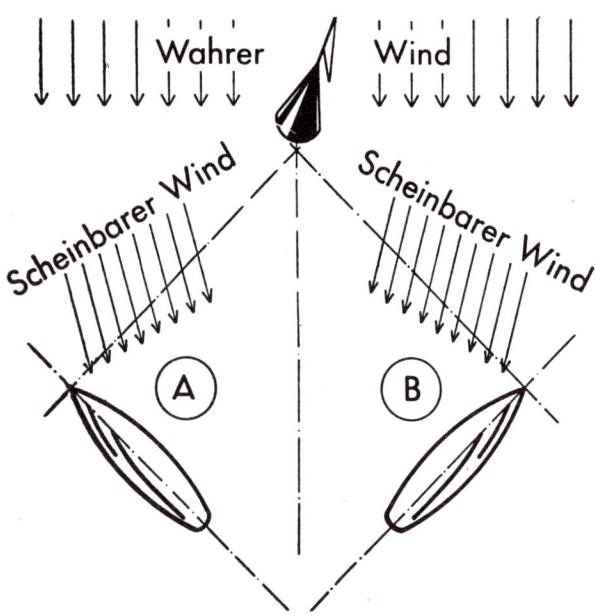

Abb. 131: Segeln zwei Yachten gleichzeitig auf dieselbe Wendemarke zu, erzeugen sie verschiedene scheinbare Windrichtungen, sofern sie auf verschiedenem Bug segeln. Diese Beobachtung muß man genau erfassen, um sich nicht vom scheinbaren Wind des Gegners täuschen zu lassen und ein verfrühtes Wenden zu versuchen.

boden und Spiegel dagegen darf *nicht* abgerundet werden.

Vor einiger Zeit endeckte man eine Möglichkeit, die reibungserzeugende Eigenschaft des Wassers durch einen Zusatz von Chemikalien zu beeinflussen und zu verringern. Durch Abgabe eines Polymers (Fadenmoleküle) zum Wasser, sei es aus dem Bodenanstrich oder durch düsenartige Öffnungen aus dem Bootsinneren im Vorschiff, wurde das laminare Dahinströmen entlang der Außenhaut so stark gefördert, daß durchschnittlich 30 Prozent des Reibungswiderstandes ausgeschaltet wurden. Das Abstoßen solcher chemischen Mittel zur Herabsetzung des Reibungswiderstandes wurde sofort nach den ersten recht erfolgreichen Versuchen als *unsportlich* von den Segelsportorganisationen verboten.

Der physische Zustand der Mannschaft ist im Laufe der Jahre von ständig zunehmender Bedeutung geworden, gleich, ob kleine leichte Rennjolle oder großer Ocean Racer. Weit zurück liegen die Zeiten, in welchen Talent und Gefühl allein ausreichten, um Regattaerfolge zu erzielen. Athletische Kraft und flinke Gewandtheit gehören ebenso zum konkurrenzbewußten Regattasegler wie die Beherrschung von Technik und Taktik.

DER START: Eine gute Starttechnik beginnt mit dem Schätzen oder besser noch Abmessen der genauen Zeit, welche man vom letzten Wenden bis zum Kreuzen der Startlinie benötigt, um diese genau mit dem Startzeichen und in voller Fahrt zu durchlaufen. Man wird dieses Manöver immer wieder üben müssen, um es den ständig wechselnden Verhältnissen von Wind, Strömung, Startlinie und Bezugspunkten anzupassen. Unter Bezugpunkte sind diejenigen Merkmale zu verstehen, welche es dem Steuermann gestatten, den Lauf zur Startline an einer ihm genau bekannten Stelle zu beginnen. Nur dadurch ist es ihm möglich, einen dem Idealfall nahekommenden Start auszuführen.

Die beste Technik des Startens stellt ein sehr schwieriges Problem dar. Sehr oft wird der sorgfältig eingeübte, technisch richtige Start durch die Taktik der Gegner gestört, denn sowohl Wegerecht als auch Abdecken sind Faktoren, welche die feinste Virtuosität im Start zunichte machen können. Eine durchdachte Starttechnik beginnt damit, einen eventuellen Fehler in der Anordnung der Startlinie zu entdecken, um den günstigsten Startpunkt herauszufinden. Er liegt an denjenigem Ende der Startbahn, von wo aus man in kürzester Zeit die erste Wendemarke zu erreichen glaubt, begünstigt entweder direkt von Wind und Strom, oder von einem zu erwartenden Schralen des Windes oder Kentern des Stromes.

Für diese Überlegungen besitzt jedoch niemand ein Privileg, und so werden fast alle Regattateilnehmer an der gleichen auserwählten Stelle zu starten versuchen. Dann entsteht ein Kampf um Wegerecht, sichere Leestellung, Zeitknappheit usw., dessen Endeffekt niemand voraussagen kann. Kommt noch ein Abflauen oder Schralen des Windes hinzu, wird der beste Start mehr eine Sache des Glücks als eine Kunst.

Um trotzdem bei großer Teilnehmerzahl auf die Sekunde und mit guter Fahrt die Linie zu kreuzen, bleiben erfahrene Regattasteuerleute gern in Lee des Rudels. Sie versuchen dort, unter Ausnutzung der sogenannten sicheren Leestellung und mit Wegerecht, also auf vornehmem Bug, an diejenige Stelle der Startlinie zu gelangen, wo der begünstigte Weg zur ersten Wendemarke zu erwarten ist.

DIE REGATTATECHNIK: Die richtige Entscheidung über jedes Segelmanöver ist ebenso wichtig wie eine schnelle und präzise Ausführung. Die Mannschaft muß auf flotte und einwandfreie Zusammenarbeit eintrainiert sein. Ein gutes *Übungssystem* besteht darin, zwei Bojen in etwa 100 m Abstand zu verlegen, genau in Windrichtung, und nun diese kurze Bahn ohne Unterbrechung so oft abzusegeln, bis jedes Segelmanöver bzw. Wenden und Halsen auf das sicherste ausgeführt wird. Das ständig wiederholte Spinnakersetzen, Bergen, Vorbereiten und wieder Setzen schafft schließlich eine große Sicherheit im Gebrauch dieses schwierigsten aller Segel.

Sehr nützliche Trimmarbeit läßt sich ausführen, wenn man ein Vergleichssegeln zwischen zwei Booten der gleichen Klasse organisieren kann. Beide werden nach und nach auf allen Kursen nebeneinander hersegeln, jedoch wird eine von ihnen stets mit unveränderter Segelstellung Kurs halten, während man an der einzutrimmenden Yacht alle möglichen Veränderungen vornimmt. Durch Vergleich mit der anderen Yacht wird man schließlich die vorteilhafteste Schotführung herausfinden, ebenso den günstigsten Längstrimm sowie den Einfluß geringeren oder größeren Krängens. Der erfahrene Steuermann wird während des Rennens mit größter Energie jeden möglichen Gewinn an Höhe bis in die letzte Konsequenz ausnutzen; er wird sich mit seinem Schiff gewissermaßen *in den Wind hineinbeißen*, sobald eine kleine Bö ihm einen zusätzlichen Vorschub schenkt. Leichte, lebhaft reagierende Boote können oft für ein paar Sekunden stark anluven, so daß sie schließlich einen kurvenreichen Weg wie ein Slalomläufer zurücklegen. Man wird sich nicht davor scheuen, zeitweise etwas zuviel anzuluven, selbst wenn die vordere Partie des Großsegels zum Killen kommt. Ein Gewinn nach Luv hat stets größere Bedeutung als der momentane Verlust an Fahrt. Dieses Spiel wird

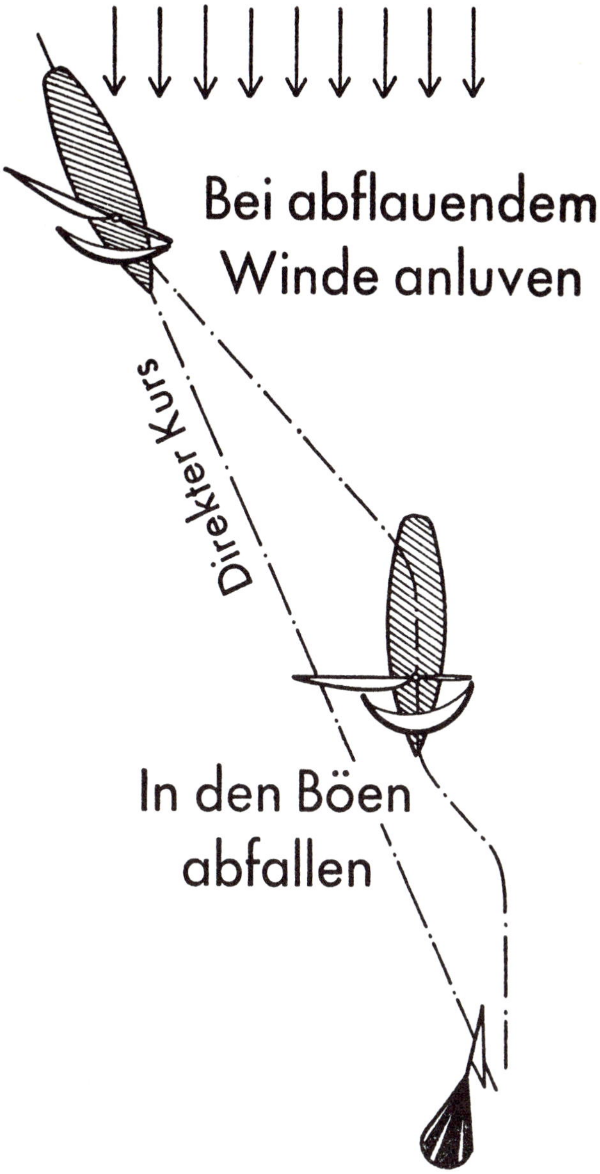

Abb. 132: Kommt der scheinbare Wind über die Backstagen, empfiehlt es sich, bei Abflauen des Windes etwas anzuluven. Doch bei jeder noch so unbedeutenden Bö soll man energisch abfallen, denn nicht Höhe, sondern Tiefe soll man herausholen.

so oft wie möglich wiederholt, vor allem bei jeder kleinen Zunahme an Fahrt. Es ist vorgekommen, daß Steuerleute nach diesem Slalom-System einen mächtigen Vorteil gegenüber dem klassischen Am-Wind-Segeln erzielten. Jedoch ist Voraussetzung, daß es sich um ein lebendiges, schnell reagierendes Boot handelt, etwa vom Soling bis zur gleitenden Leichtbaujolle. Segelt man mit achterlichen Winden, soll jede Bö in

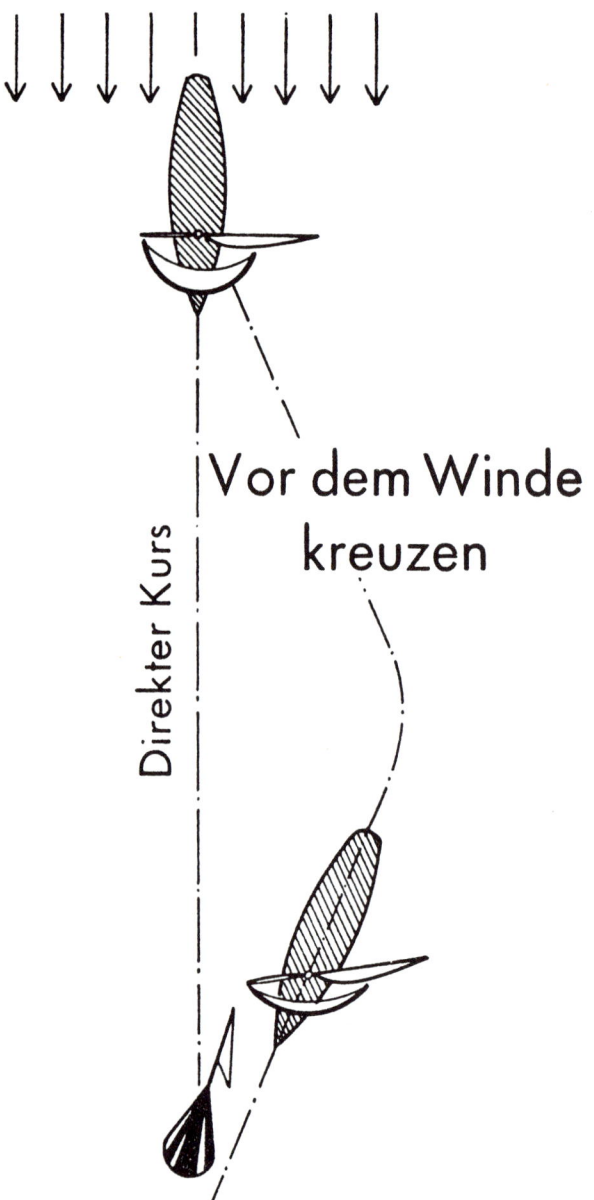

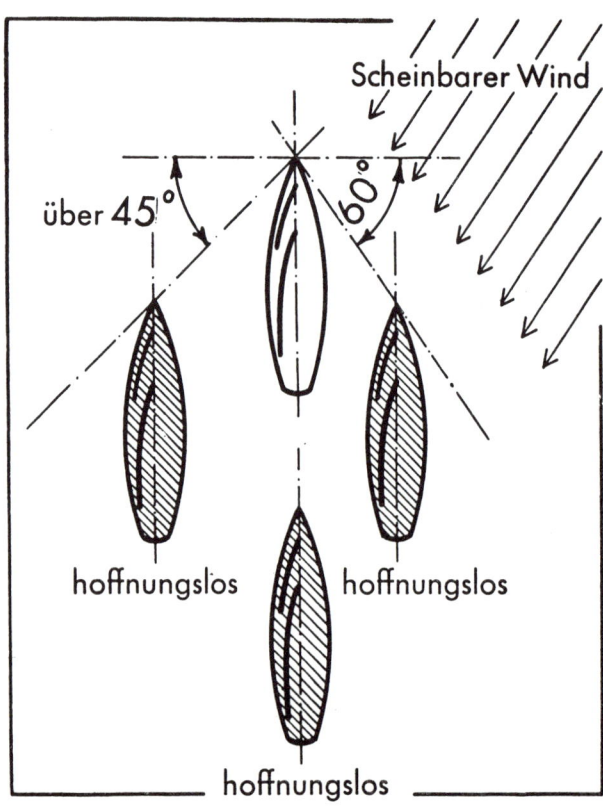

blicklichen Kurse abweicht, gewinnt man einen wesentlichen Vorteil dadurch, daß man beim Nachlassen der Bö etwas anluven kann. Dadurch läuft die Yacht dann wieder erheblich besser und gewinnt ein Plus an Fahrt. Häufig wird das sogenannte Kreuzen vor dem Wind diskutiert, wie in zugehörender Abbildung gezeigt wird. Unter normalen Regattaverhältnissen pflegt der Gewinn an Fahrt ebensoviel auszumachen, wie dem längeren Weg entspricht, ohne Vor- oder Nachteile. Kommt aber eine leichte Jolle beim Anluven gerade zum Gleiten, so erreicht sie durch dieses Kreuzen vor dem Wind erstaunliche Vorteile.

Abb. 133: Platt vor dem Wind segelnd fühlt sich mancher Steuermann verleitet, ein Kreuzen vor dem Wind zu versuchen. Im allgemeinen wird hiermit kein Gewinn erzielt, doch sollte es gelingen, eine leichte Jolle gerade eben zum Gleiten zu führen, so bringt das Kreuzen vor dem Wind einen reichlichen Gewinn.

Abb. 134: Die „hoffnungslose Stellung": Die drei dunkel schraffierten Yachten befinden sich ohne Ausnahme in der „hoffnungslosen Stellung". Sie sollten auf jeden Fall den Kurs wechseln, denn sonst haben sie keine Chancen, aus ihrer nachteiligen Lage freizukommen. Die weiße Yacht allein genießt alle Vorteile.

umgekehrter Weise ausgenutzt werden. Auf keinen Fall soll *Höhe*, sondern, im Gegenteil, Tiefe gewonnen werden. Selbst wenn man durch Abfallen vom augen-

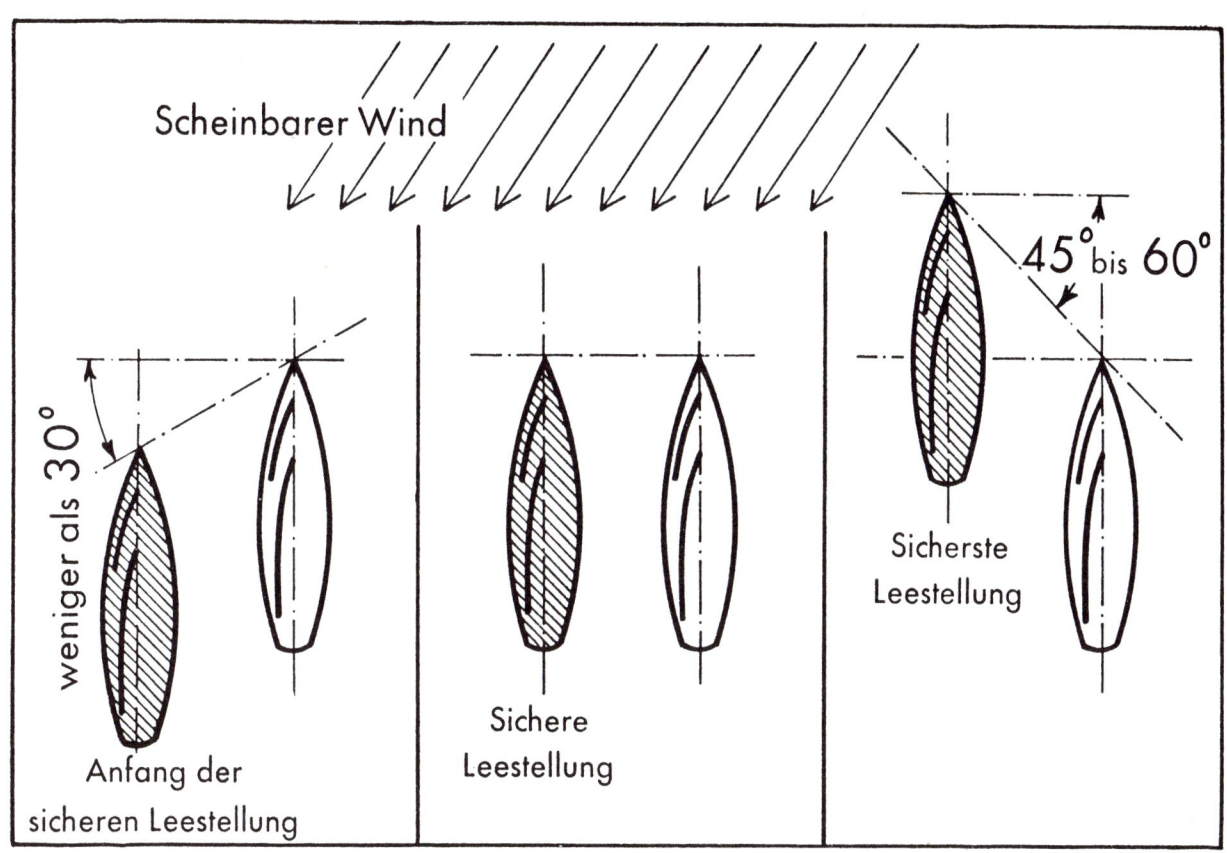

Abb. 135: Die „sichere Leestellung": In allen drei Teilabbildungen befinden sich die dunkel schraffierten Yachten in „sicherer Leestellung". Die weiße Yacht muß nach und nach zurücksacken. Die Untersuchung und Benennung dieser gegenseitigen Beeinflussungen stammen vom ersten Theoretiker des Rennsegelns und zugleich hervorragenden Rennsteuermann Manfred Curry.

DIE REGATTATAKTIK: Während sich die Technik des Regattasegelns auf ein einzelnes Boot bezieht, umfaßt die Taktik das Verhältnis aller Teilnehmer zueinander. Jetzt besteht das Segeln nicht mehr darin, die Bahn mit größtmöglicher Geschwindigkeit abzusegeln, sondern einzig und allein darin, *vor dem Gegner zum Ziel zu kommen.*

Manfred Curry war der erste Regattasegler, der das Studium der Regattataktik zu einer Wissenschaft vertiefte. Er schälte dabei zwei Situationen heraus, welche für das Zusammensegeln mehrerer Yachten klassische Bedeutung erlangten: die *hoffnungslose Stellung*, und die *sichere Leestellung*.

In nebenstehender Abbildung finden sich drei Fälle der *hoffnungslosen Stellung* wiedergegeben. Die weiße Yacht segelt in vorteilhafter Lage, die drei gestrichelten Yachten dagegen in hoffnungsloser. Die vorn liegende weiße Yacht wird vom frischen Wind ungestört getroffen, erzeugt jedoch ein allgemeines Störungsfeld, welches sich sowohl nach Luv als auch nach Lee erstreckt. Alle drei dunklen Yachten liegen innerhalb dieses Störungsfeldes und werden nach und nach zurücksacken, sofern sie nicht radikal den Kurs ändern. Allerdings besteht die echte Regattataktik der vorderen Yacht darin, ebenfalls sofort auf den anderen Bug zu gehen, um den Gegner auch weiterhin in der hoffnungslosen Stellung zu halten und für sich selbst die günstige Position zu bewahren.

In der nächsten Abbildung wird die *sichere Leestellung* erklärt. Wiederum wurde die zu untersuchende Yacht gestrichelt dargestellt, doch nimmt sie nunmehr die vorteilhafte Stellung ein. Im linken Teil der Abbildung erkennt man, wie die in Lee befindliche Yacht bereits in die sichere Leestellung gelangt, sobald sie weniger als etwa 30 Grad hinter der in Luv liegenden Yacht segelt. Zweifellos stören beide Yachten einander etwas, doch ist der Effekt der Leeyacht schädlicher als umgekehrt, denn der Abwind der Leeyacht richtet gerade in der wichtigen Unterdruckzone der Luvyacht erheblichen Schaden an. Sicherer allerdings wird der Vorteil, wenn beide Yachten parallel liegen, wie im mittleren Bild erkennbar ist. Gelangt schließlich die Leeyacht noch etwas weiter voraus, siehe rechtes Bild, so hat sie die vorteilhafteste aller Stellungen erreicht. Sie empfängt nunmehr selbst ungestörten Wind, den Gegner aber schädigt sie erheblich, da dieser den gesamten Abwind auf seine Leeseite bekommt. Die angegebenen Winkel darf man natürlich nicht als streng genau annehmen, da sie ja auch von den Querschiffsabständen der Yachten abhängen.

Auf der Vorwindstrecke kann jede Yacht leicht den Vordermann abdecken, wodurch dieser zurückfällt, um seinerseits das Geplänkel in umgekehrter Form anzuwenden. Solange die Yachten sich noch weit von der Wendemarke befinden, gilt dieses eher als Spiel denn als Wettkampf, da keinerlei positiver Vorteil erzielt wird. Auch das Abdrängen nach Luv, welches die Yacht mit Wegerecht beliebig weitgehend ausüben darf, bringt Vorteile meist nur dem unbeteiligten Dritten. Gelangt die Yacht in die Nähe der Wendemarke, soll man versuchen, mit einem solchen Kurs auf dieses zuzulaufen, daß man Wegerecht besitzt. Dadurch wird jede mit entgegengesetzter Segelstellung herannahende Yacht zum Halsen, also zum Ausweichen gezwungen. Außerdem strebt man danach, die Boje an der Innenseite der sie rundenden Yachten zu erreichen.

TEAM-SEGELN: Immer häufiger werden Regatten unter Gruppen, Verbänden und vor allem verschiedenen Ländern ausgesegelt, und zwar jeweils mehrere Yachten zu einem Team vereinigt, die dann gegen die entsprechenden Gruppen, nicht Einzelboote, bewertet werden. In jedem solchen Falle ist es von höchster Wichtigkeit, niemals einen Kampf zwischen zwei zur selben Gruppe gehörenden Yachten auszufechten. Sie sind ja nicht Gegner, sondern Freunde. Stattdessen sollen alle Kenntnisse der Regattataktik darauf verwendet werden, *jedes* Mitglied einer Gegengruppe innerhalb des erlaubten so oft wie möglich zu behindern, selbst auf das Risiko hin, eine momentane gute Eigenposition zu verlieren. Im Gruppenwettstreit zählt nicht der persönliche Erfolg, sondern nur das Gesamtergebnis des eigenen Teams.

Vermessungsformeln für Yachten

Der Segelsport unterscheidet sich von vielen anderen Sportarten darin, daß Art und Kosten des Sportgerätes, also der Segelyachten, eine geradezu grenzenlose Vielzahl von Variationsmöglichkeiten bietet. Zweifellos wird dem Sport von der rein menschlichen Seite am besten gedient, wenn Wettkämpfe nur unter absolut gleichen Booten ausgetragen werden. Wer sich diesem Ideal hingibt, findet in vielen Jollenklassen und einigen sehr bewährten Kielklassen genügend Auswahl, um sich, je nach Temperament, Segelgebiet und Alter, eine passende Bootsart auszuwählen. Danach allerdings dürfte nichts, absolut nichts am Boot verbessert werden, um die echte Gleichheit der Boote nicht zu untergraben. Da schon viele Einheitsboote in dieser Hinsicht kleineren oder größeren Sünden verfielen, hat man mit der neuen Laser-Jolle angestrebt, den Idealfall erneut herzustellen und genauestens zu überwachen. Woraus nur zu ersehen ist, daß die menschliche Natur stets nach Verbesserungen strebt.

Diesem Streben kommen die halbfreien Klassen entgegen, die es in jeder Art von abgestuften Einschränkungen gibt. Man denke nur an die jahrelange Bewährung der deutschen Grenzmaß-Kreuzerklassen, oder an die Rennjollen wie z. B. der Flying Dutchman, bei dem vielerlei Änderungen in der Decksauslegung erlaubt sind.

Schließlich gibt es die Gruppe der frei nach Wunsch des Eigners erbauten Kreuzerklassen, auch einzelne Rennboote und Nachmittagssegler, die keinerlei Regel oder Vorschrift unterworfen werden. Früher wurden sie dann nachträglich in ein Handikap-System eingegliedert, indem sie nach der Bermuda-Formel oder derjenigen des Landes wie z. B. C.C.A, R.O.R.C. oder K.R. vermessen wurden. Damit wurden sie nun zu reinen Formelyachten, wobei ursprünglich die Absicht bestand, keine Formel-Neubauten zuzulassen, sondern nur vorhandene Yachten nach der Formel gegeneinander auszugleichen.

Andere reine Formelyachten wurden aber eigens zu Rennzwecken entworfen und erbaut, unter welchen die internationalen R-Yachten die bekanntesten sind. Man unterschied also Kreuzeryacht-Meßformel, um für vorhandene Boote ein Handikap aufstellen zu können, und Rennyacht-Meßformeln, um Neubauten in das Formelnetz hinein zu entwerfen. Zu letzteren gehören die großen Yachten der „J"-Klasse nach der amerikanischen Universal-Formel, sowie die 12-m-R-Yachten nach der Formel der International Yacht Racing Union. In den Uranfängen der Vermessung wurden einfache Meßformeln zu dem alleinigen Zweck aufgestellt, die Tragfähigkeit kleiner Frachtsegler zu erfassen und danach deren Steuern oder Schiffahrtsgebühren zu erheben. Bereits im 14. Jahrhundert wurde von der Britischen Admiralität eine solche Vermessung eingeführt:

$$\text{Tonnage} = \text{Länge} \cdot \text{Breite} \cdot \text{Seitenhöhe} / 100$$

wobei alle linearen Abmessungen in Fuß einzusetzen sind und das Ergebnis die Tragfähigkeit in Weintonnen oder Weinfässern darstellt. Daher der Ursprung des Wortes Tonne und Tonnage in der Größenbezeichnung auch der größten heutigen Handelsschiffe.

Eine sehr ähnliche Formel wird sogar heute noch in Großbritannien auf Yachten angewandt, nämlich die sogenannte Themse-Formel oder „Thames Measurement", welche in ihrer jetzigen Form aus dem Jahre 1854 stammt. Sie stellt nichts anderes dar als eine Vereinfachung der uralten Vermessungsformel aus dem 14. Jahrhundert, bei welcher die nur schwierig meßbare innere Seitenhöhe durch den Wert der halben Breite ersetzt wurde:

$$\text{T.M.-Tonnen} = \frac{(L-B) \cdot B \cdot 1/2\,B}{94}$$

Eine derartige Vermessung ergibt nur eine Raumgröße, also eine Art von Registertonne, welche auf keinen Fall mit der Verdrängung verwechselt werden darf. Wer als Segler mit dem englischen System der T.M.-Tonnen nicht vertraut ist, kann sich unter einer derartigen Größenbezeichnung nichts vorstellen. Multipliziert man die Quadratwurzel des T.M.-Wertes mit 2,5, so erhält man eine Vorstellung der WL-Länge in Metern. Eine Yacht, deren Größe mit 16 T.M.-Tonnen bezeichnet wird, könnte demnach folgende WL-Länge aufweisen:

$$\text{WL-Länge} = 2{,}5 \cdot \sqrt{16} = 10 \text{ m}$$

Bei sehr kleinen Yachten verwende man die Zahl 3 statt 2,5, wogegen es sich empfiehlt, bei großen Yachten die Zahl 2 einzusetzen. Jetzt, da Großbritannien zum metrischen System übergeht, wird die Themse-Tonnage als Größenangabe für Yachten auch nicht mehr lange überleben.

Jede Vermessung einer Länge, einer Fläche oder eines Raumgehaltes des Bootskörpers verwandelt sich in potentielle Geschwindigkeit, sobald die antreibende Kraft, also die Segelfläche, mit berücksichtigt wird. So entstand bereits im Jahre 1883 eine der ältesten echten Rennwertformeln, nämlich die berühmte und auch heute noch angewandte Formel des Seawanhaka Yacht Club. Ihre sehr einfache und doch wohlüberlegte Fassung sieht wie folgt aus:

$$\text{Rennwert R.L.} = \frac{\text{Länge} + \sqrt{\text{Segelfläche}}}{2}$$

Diese Formel wird z. B. vor allem dann noch angewandt, wenn zahlreiche sehr verschiedene Bootsarten gegeneinander ausgewertet werden sollen, wie dies bei den Regatten „one-of-a-kind" (eine von jeder Art) vorgenommen werden muß. Allerdings wird nicht mehr einfach die WL-Länge unter „L" eingesetzt, sondern meist ein Mittelwert aus LWL und L.ü.a.

Durchaus ähnlich war die gute alte Bermuda-Formel aufgebaut, nämlich

$$\text{Rennwert R} = \frac{L \cdot \sqrt{\text{Segelfläche}}}{\sqrt{B \cdot D}} \cdot 0{,}02$$

In ihrer Fassung von 1928 war L nicht die WL-Länge, sondern wurde 4 Prozent LWL oberhalb der Wasserlinie gemessen. B und D bezeichnen Breite und innere Raumtiefe, und die Ziffer 0,02 wurde gewählt, damit das Ergebnis die ungefähre Länge der Yacht anzeige. Die Yawl-Besegelung wurde vergütet, indem der Rennwert nur zu 93 Prozent der Rechnung festgelegt wurde, Ketschen und Schuner zu 90 Prozent.

Wirft man nun einen Blick auf die ausgeklügelste und modernste aller Formeln, nämlich die I.O.R.-Formel, sieht man, daß deren Hauptglieder vor allem aus einer Zusammenfassung dieser beiden sehr alten Formeln bestehen. So lautet, abgekürzt, der erste Teil der I.O.R.-Formel

$$R = \frac{L \cdot \sqrt{\text{Segelfläche}}}{\sqrt{B \cdot D}}$$

also genau gleich der Bermuda-Formel, an den der Seawanhaka-Teil hinzugefügt wurde, nämlich ...

$$+ \; 0{,}25 \, L \; + \; 0{,}20 \, \sqrt{\text{Segelfläche}}$$

In der gleichen Weise war auch die inzwischen ungültig gewordene britische R.O.R.C.-Formel aufgebaut, nur mit leichter Änderung einiger Beiwerte. Die deutsche KR-Formel dagegen hält sich rein an die Summenform der Original-Seawanhaka-Formel mit einigen auch zu summierenden Zusätzen.

Im Prinzip sollten in jeder Rennformel die geschwindigkeitsfördernden Meßgrößen, also Länge und Segelfläche summiert und alle verzögernden oder bremsenden Werte, nämlich Breite und Verdrängung, abgezogen werden. Entschließt man sich dagegen zum Verfahren der Multiplikation und Division nach dem Vorbilde der oben genannten Bermuda-Formel oder der noch älteren amerikanischen Herreshoff-Universal-Formel (1902: $R = L \cdot \sqrt{S / \sqrt[3]{D}}$), so können die möglichen Abmessungen gewaltig auseinanderfallen. Es bleibt dann nichts anderes übrig, als Extreme durch feste Grenzwerte einzuschränken.

Da die Einflüsse der einzelnen Entwurfsgrößen — grob gesprochen also wirksame Länge, Breite, Tiefgang, Ballastgewicht, Segelfläche, Stabilität, Propellereinfluß und vorgeschriebene innere Raumgröße — nur durch zahlreiche Meßwerte und eine sehr ins Detail gehende Verkettung formelmäßig ungefähr erfaßbar sind, wurde das I.O.R.-Verfahren sowohl reichlich kompliziert als auch über Erwarten gerecht. Die Vermessung einer Yacht nach I.O.R. ist zeitraubend und dadurch auch kostspielig und deshalb vor allem für internationales Segeln zu rechtfertigen.

So entschlosen sich die Skandinavier, eine viel einfachere aber doch brauchbare Kreuzer-Bewertung zu schaffen, die unter dem Namen *Skandinavische Ausgleichsformel „Scandicap"* bekannt wurde. Ihre verbesserte Fassung für 1973 lautet wie folgt:

$$R = \frac{(L-B + {}^2\!/_3\, G + 0{,}75\, AR \cdot \sqrt{S} \cdot SAF) \cdot PF}{2}$$

Die „wirksame Länge L" wird direkt am Schiff selbst gemessen, und zwar 3 Pozent (B + G) über der Wasserlinie. B ist ein Mittelwert aus größter und WL-Breite, G ein größtes Umfangsmaß von Schandeck zu Schandeck. Der Ausdruck AR ist ein Takelungs- oder Rigg-Faktor, mit folgenden Bewertungen: Yawl = 0,95, Ketch = 0,90, Gaffeltakelung = 0,80 und Spritsegel = 0,75. Die weiteren Ausdrücke bedeuten: S = Segelfläche, SAF = eine Spinnakerkorrektur und PF = Propellerfaktor (zwischen 0,99 und 0,94 laut ausführlicher Korrekturtabelle). Diese Scandicap-Formel hat eine ausgeprägte Ähnlichkeit mit der ursprünglichen I.Y.R.U.-Formel des Jahres 1906.

Die bestimmende Absicht bei der Schaffung dieser Formel, nämlich die ganze Vermessung so weit wie möglich zu vereinfachen, ist ohne Zweifel gelungen. Man darf jedoch annehmen, daß die Bewertung vor allem von nicht ganz normalen durchschnittlichen Formen und Proportionen entsprechend weniger gerecht ausfällt.

Keine Formel kann absolut „gerecht" sein, sofern größere und kleinere Längenwerte durch umgekehrt kleinere oder größere Segelflächen ausgleichbar sind. Denn Rennen werden bei *jeder* Windstärke gesegelt, und deren Einfluß ist zunächst nicht ausgleichbar. Man vergleiche eine Yacht mit kürzerer WL-Länge und größerer Segelfläche mit einer anderen, deren WL-Länge größer, Segelfläche aber kleiner ist. Wenn beide Yachten den gleichen Rennwert erreichen, können sie bei mittleren Windstärken tatsächlich gleich schnell sein. Bei sehr leichter Brise wird die kürzere Yacht mit der großen Segelfläche mit großem Vorsprung gewinnen, bei sehr starken Winden aber wird sie mit großem Abstand verlieren. Das liegt in der Natur von Schiffswiderstand und Antrieb. Vielleicht würde man gerechtere Ergebnisse erhalten, wenn ein Vermessungsverfahren, von einer einheitlichen *wirksamen Länge* ausgehend, nur Unterschiede in Breite, Tiefgang, Verdrängung und Segelfläche zuließe. Doch bei den Ergebnissen in Rennen nach der I.O.R-Bewertung kann man immer wieder beobachten, daß dieses Ausgleichsverfahren über alle Erwartungen hinaus gerecht zu bewerten scheint.

Ein weiterer wichtiger Punkt ist die sogenannte Klasseneinteilung. Im Prinzip besteht die Absicht, alle nach einer Meßformel bewerteten Yachten beliebig in allen Größen gleichzeitig gegeneinander segeln zu lassen. Diese verschiedenen Größen, ausgedrückt durch ihre Rennwerte, erhalten dann *verschiedene* Zeitvergütungen, wodurch tatsächlich die kleinste Yacht auch die größte in *korrigierter Zeit* besiegen kann, wenn auch nicht in gesegelter.

Das ganze System der sogenannten Zeitvergütung wird gerade jetzt besonders kritisch untersucht und teilweise geändert, da man international nach der gleichen I.O.R.-Bewertung vermißt. Nach klassischen Begriffen kann man die Zeitvergütung auf zweierlei Grundlagen aufbauen:

Zeitvergütung nach Distanz, wie sie in den Vereinigten Staaten üblich ist. Hierbei entsteht je nach dem R-Wert der Yacht ein Zeitunterschied in Sekunden pro Seemeile nach folgender Formel:

$$\text{Zeit in Sekunden } t = \frac{2160}{\sqrt{R}} + 183{,}64$$

Zeitvergütung nach gesegelter Zeit, die im britischen Segelsport mit Vorliebe angewandt wird. Hier wird ein T.C.F. = Time Correction Factor angewandt.

$$T.C.F. = \frac{\sqrt{R} + 3}{10}$$

Hierbei wird die wirklich gesegelte Zeit mit dem errechneten T.C.F.-Wert multipliziert, um die korrigierte Zeit zu erhalten, die stets geringer ist als die gesegelte.

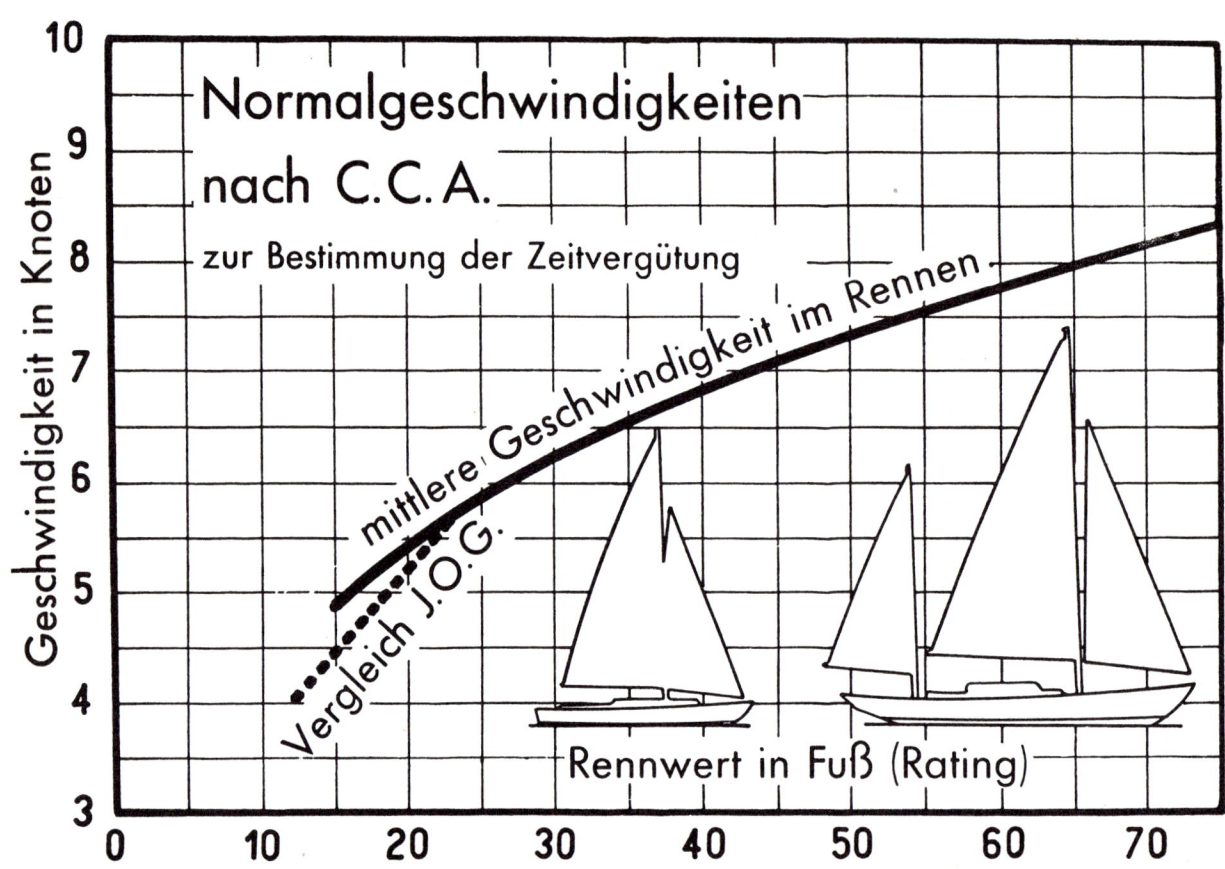

Abb. 136: Jede Zeitvergütung hat als Grundlage die mittlere Geschwindigkeit der Yachten vom kleinsten bis zum größten R-Wert. Dieses Diagramm zeigt die Normalgeschwindigkeiten für Kreuzeryachten nach C.C.A. Eine Yacht von 20 Fuß Rennwert soll im Durchschnitt 5,4 Knoten erreichen, eine solche von 40 Fuß 6,8 Knoten, während man von der 60 Fuß-Yacht 7,75 Knoten erwartet. Die Tendenz der Kurve stimmt ausgezeichnet mit der Wirklichkeit überein, wogegen die gradlinige Zeitvergütung des Junior Offshore Group verbesserungsbedürftig ist. Sie begünstigte die kleinsten, kürzesten Yachten.

Beide Vergütungssysteme haben ihre Vor- und Nachteile. Die Zeitvergütung nach Distanz wird deshalb mit Vorliebe angewandt, weil sich die Unterschiede von Yacht zu Yacht *vor* dem Rennen errechnen lassen, man also genau weiß, wieviel Stunden, Minuten und Sekunden man selbst gegenüber einem gefährlichen Gegner gut hat. Bei Zeitvergütung nach Zeit dagegen kann das Ergebnis erst nach Eintreffen der letzten Yacht errechnet werden.

Da beiden Verfahren manche Mängel anhaften, hat man nach einem neueren Weg der Vergütung gesucht. Das beliebte Zeit-nach-Distanz-System berücksichtigt in keiner Weise die Unterschiede zwischen einer langsamen Leichtwetter-Regatta und einer solchen, die bei viel Wind in kurzer Zeit abgelaufen wird. Die Vergütung bleibt stets dieselbe. Vom britischen R.O.R.C. wurde deshalb provisorisch ein sogenanntes P.F.-System eingeführt, *Performance Factor = Leistungs-Faktor*, der Zeit per Distanz und Zeit auf Zeit kombiniert. Der Rechenvorgang wird dadurch natürlich komplizierter. Da dieser Leistungsfaktor noch nicht endgültig eingeführt wurde und Veränderungen erleiden kann, soll an dieser Stelle nicht näher darauf eingegangen werden.

Sämtliche sogenannten Tonnerklassen segeln untereinander ohne jede Zeitvergütung, da zu jeder Klasse nur ein einziger Rennwert gehört. Dasselbe gilt für die Internationalen R-Klassen von 5,5 m, 6 m und 12 m. Segeln dagegen Yachten verschiedener Größen im gleichen Rennen gegeneinander, vom Admiralspokal bis zum Rennen um die Welt, so *muß* ein möglichst gerechtes Zeitvergütungsverfahren gefunden werden. Bei dem Rennen um die Welt, das beim Schreiben dieser Zeilen noch läuft, wurde wieder auf das so übersichtliche System der Zeitvergütung per Distanz zurückgegriffen. Man sagte sich einfach, daß bei einem so lang dauernden Rennen leichte Winde in genügender Weise mit mittleren und harten Winden abwechseln. Und so wird auch für alle Zukunft an jeder Formel, sei es zur Rennwertermittlung oder zur Zeitvergütung, etwas zu verbessern sein.

Foto 38: Die berühmte Eintonneryacht YDRA, *Gewinner der Meisterschaft 1973, zeigt auf diesem Bild eine für ihre Fahrt ganz typische Wellenbildung. Man erkennt den vorderen Wellenberg kurz hinter dem Vorsteven, den hinteren noch innerhalb der WL-Länge der Yacht. Der Geschwindigkeitsgrad liegt offenbar bei $R = 3,8$. Die* YDRA *wurde vom amerikanischen Konstrukteur Dick Carter entworfen.*
Foto: Beken, Cowes

Die I.O.R.-Vermessung für Seekreuzeryachten

Schon seit vielen Jahren erfreuen sich einige Hochseerennen internationaler Beliebtheit, vor allem das alle zwei Jahre stattfindende Fastnetrennen, sowie das ebenfalls zweijährig, aber dazwischenliegend organisierte Bermudarennen. Besonders die am Bermudarennen teilnehmenden Yachten galten in den ersten Zeiten als echte Tourenyachten, frei nach den Wünschen ihrer Eigner entworfen und gebaut. Um den verschiedenartigen Teilnehmern möglichst gleiche Siegeschancen zuzubilligen, wurde ein Handicap-Verfahren, eine Rennwertermittlung nach der eigens zu diesem Zweck geschaffenen Bermuda-Formel eingeführt.

Natürlich dauerte es nicht lange, bis es tüchtigen Konstrukteuren gelang, immer schnellere Kreuzeryachten zu entwerfen, die innerhalb der Bermudaformel günstig vermaßen. Daher nahm sich der *Cruising Club of America* dieses Problems an und schuf eine umfassendere und dementsprechend kompliziertere Vermessungsregel unter der Bezeichnung C.C.A.-Formel. Ähnliches geschah auch in England, wo der *Royal Ocean Racing Club* die Kreuzeryachten ebenfalls nach einer eigens geschaffenen Formel bewertete, der sogenannten R.O.R.C.-Formel. Diese war sowohl mathematisch wie auch in ihren Zusatzbestimmungen gänzlich anders aufgebaut als die amerikanische. Trotzdem entstanden keine grundlegenden Unterschiede im Typ der Seekreuzeryachten, die nach der einen oder anderen Formel gebaut wurden.

Dazu muß gesagt werden, daß die Kreuzeryacht-Vermessung ursprünglich nur dazu diente, vorhandene Yachten möglichst gerecht gegeneinander auszugleichen, also nicht zum Entwurf von Neubauten bestimmt war. Erst mit den beiden obengenannten Meßverfahren kam man auch bei Seekreuzeryachten zur Neubauformel, so wie sie bei Rennyachten schon lange vorherrschte.

Nicht viel anders lagen die Verhältnisse im deutschen Seesegelsport, wo die Yachten nach der KR-Regel vermessen wurden. Darüber hinaus gab es in der Welt zahlreiche andere Vermessungs- oder Vergütungsregeln, gewöhnlich nur auf lokalen Gebrauch begrenzt. Wollte eine deutsche Hochseeyacht am Fastnetrennen teilnehmen oder eine englische am Bermuda-Rennen, so mußte die betreffende Yacht eigens nach der im anderen Lande geltenden Regel neu vermessen werden. Solange es sich um Einzelfälle handelte, fand sich jeder Eigner mit den zusätzlichen Mühen und Kosten ab. Doch die gewaltige Zunahme des Hochseesegelns sowie der Anreiz der Länderkämpfe um den Admiralspokal in England oder die Onion Patch Trophäe in Amerika ließen den Ruf nach Vereinheitlichung der internationalen Yachtvermessung immer dringlicher werden. Schließlich wurde ein technisches Komitee geschaffen, welches unter dem Vorsitz des erfahrenen Konstrukteurs Olin Stephens und der Mitarbeit zahlreicher Fachleute den gesamten Vermessungskomplex von Grund auf untersuchte. Das Ergebnis dieser mühevollen Beratungen wurde im November 1968 der Öffentlichkeit übergeben. Mit diesem ersten Entwurf für eine international gültige Bewertungsformel der *Ocean Racer* handelte es sich keineswegs um ein Diktat, sondern um einen noch diskutierbaren Vorschlag, und so dauerte es noch einige Zeit, bis schließlich für das Jahr 1970 die erste möglichst endgültige Formulierung herauskam. Ihre vollständige Benennung war: *International Offshore Rule Mark II*, und in dieser ursprünglichen Form diente sie nun etwa zwei Jahre lang zur Vermessung und Bewertung von Seekreuzeryachten.

Man lasse sich nicht durch den Zusatz Mark II irreführen. Es handelt sich hierbei nicht etwa um die zweite *gültige* Formulierung nach entsprechenden Änderungen, sondern um die erste.

Bereits in der Einleitung zum umfangreichen Formelwerk war vorgesehen, daß Änderungen auf Grund von Erfahrungen und Beobachtungen auftreten können. Zum Glück erreichten diese bisher keinen bedeutenden Umfang, jedoch wurde die Formel leicht abgeändert und einzelne Faktoren ausgebaut, so daß ab 1973 in Europa (ab April 1972 in den USA) die neuere Fassung als I.O.R.-Mark III gilt. Damit wurde ein sehr wichtiges, sehr lobenswertes Ziel erreicht. Alle bedeutenden Hochseerennen auf der ganzen Welt werden heute nach der überall gültigen I.O.R.-Formel gesegelt, nicht nur in Europa und den Vereinigten Staaten, sondern auch in Südamerika, Südafrika, Australien und Neuseeland. Sie lautet in ihrer Mark III-Fassung:

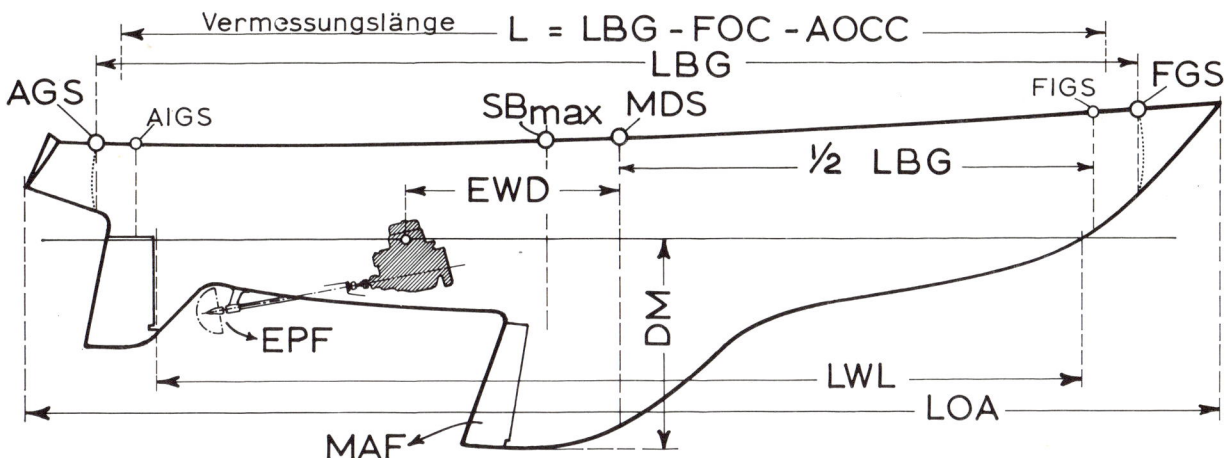

Abb. 137: Die wichtige Vermessungslänge „L" wird an keiner Stelle der I.O.R.-Yacht direkt gemessen. Sie geht von der Länge zwischen zwei Umfangs-Meßstellen aus. Die eigentliche Wasserlinienlänge kommt beim I.O.R.-Verfahren gar nicht vor; sie wäre am Heck bei den heutigen Ruderanordnungen auch schwierig zu bestimmen.

$$R = \left(0{,}13 \frac{L \cdot \sqrt{S}}{\sqrt{B} \cdot D} + 0{,}25\, L + 0{,}20\, \sqrt{S} + DC + FC\right) \cdot EPF \cdot CGF \cdot MAF$$

Dem Technischen Komitee war bewußt, daß jeder Konstrukteur, jeder Eigner, jeder Segelmacher nach Lücken forschen würde, um einer neuen Yacht jeden erlaubten, genauer gesagt, jeden nicht direkt verbotenen Vorteil zugunsten höherer Geschwindigkeit zu verschaffen. Um allen solchen Versuchen, allen extremen Formen oder Abmessungen den Boden möglichst von Anfang an zu entziehen, wurde die gesamte I.O.R.-Vermessung aufs sorgfältigste durchdacht und bis ins kleinste Detail reglementiert. Der deutsche Text umfaßt allein 60 Druckseiten plus 20 Seiten erläuternder Skizzen (mit insgesamt 60 Skizzen), dazu weitere 4 Seiten voll der angewandten Symbole. So wurde das ganze I.O.R.-System zur umfassendsten und kompliziertesten Vermessung, die es je für Segelyachten gab. Betrachtet man die Formel etwas näher, erweist sich ihr mathematischer Aufbau als recht einfach. Die wenigen dort angewandten Zeichen haben folgende Bedeutung:

L = Vermessungslänge
S = vermessene Segelfläche
B = Vermessungsbreite
D = bewertete Tiefe der Verdrängungsform
DC = Tiefgangskorrektur
FC = Freibordkorrektur
EPF = Maschinen u. Propellerfaktor
CGF = Schwerpunktsfaktor
MAF = bewegliche Unterwasserteile

An dieser Stelle soll nicht versucht werden, die vollständige Vermessung nach I.O.R. zu erklären. Damit sich jedoch der Leser ein Bild von der komplizierten Verkettung der einzelnen Meßwerte machen kann, sei der Ausdruck L = Vermessungslänge erklärt.

Zunächst muß darauf hingewiesen werden, daß der Wert L = Vermessungslänge an keiner einzigen Stelle des Schiffskörpers gemessen werden kann. Er hat direkt weder mit der Länge über alles noch mit der Wasserlinienlänge noch irgendeinem Zwischenwert zu tun. Innerhalb der I.O.R.-Vermessung gilt eine zusätzliche Formel allein dem Zweck, die *beim Segeln wirksame Länge*, hier Vermessungslänge L genannt, zu ermitteln, nämlich:

$$L = LBG - FOC - AOCC$$

Man muß also die drei Werte LBG, FOC und AOCC kennen, um die vermessene Länge L zu ermitteln. Wie bekannt, haben die Überhänge vorn und achtern einen

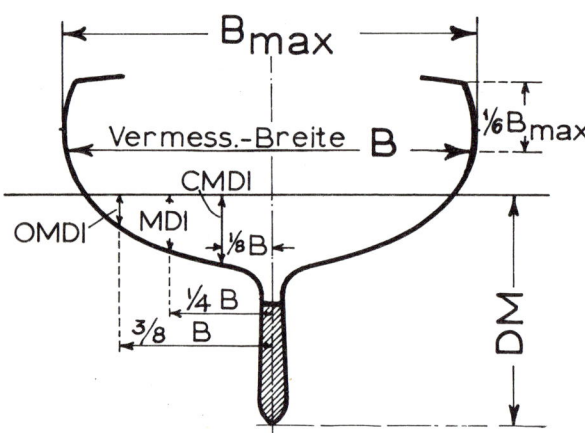

Abb. 138: Die Vermessungsbreite „B" stellt wohl den am leichtesten zu bestimmenden Anteil der Formel dar. Man beachte auch die drei Rumpftiefenmasse bei $^1/_8$, $^1/_4$ und $^3/_8$ B außerhalb der Mittschiffsebene.

durchaus nicht unbedeutenden Einfluß. Dieser wurde zur Bestimmung der wirksamen Länge mittels der Werte FOC = vordere Überhangskomponente, und AOCC = korrigierte achtere Überhangskomponente mit aufgenommen. Zwei volle Seiten Text und mehrere Skizzen erläutern die Festsetzung dieser beiden Komponenten.

Aber auch die Ausgangslänge LBG kann nicht ohne zusätzliche Meßregeln gefunden werden. Sie ist bestimmt durch den Abstand zwischen einer sogenannten vorderen und achteren Umfangs-Meßstelle FGS und AGS. Zu diesem Zweck wird zunächst vorn um den Bug ein Meßband gelegt, bis man diejenige Stelle auf einem senkrechten Schnitt findet, an welcher der sogenannte Kettenumfang gleich der halben Vermessungsbreite ist. Doch halt, schon wieder eine Komplikation! Denn die Vermessungsbreite liegt zwar an der Stelle der größten Breite der Yacht, wird aber um $^1/_6$ dieser größten Breite unterhalb der Freibordlinie gemessen (die in manchen Fällen erst noch korrigiert werden muß!). Mit $^1/_2$ B findet man nun die vordere Umfangs-Meßstelle, und zwar mittels einer sogenannten Großkreis-Messung. Das heißt, daß das Meßband nicht der genauen Senkrechten folgt, sondern der *kürzesten Verbindung* zwischen Deckspunkt und senkrecht darunter liegendem Kielpunkt, in der Zeichnung punktiert angedeutet. Die achtere Umfangs-Meßstelle wird ähnlich, jedoch mit $^3/_4$ B gesucht und liegt damit in einigen Fällen sogar außerhalb der Schiffslänge, d. h. jenseits des Spiegels. Zwischen diesen beiden Umfangsmeßstellen findet sich das Längenmaß LBG.

Der LBG-Wert wurde absichtlich größer gewählt als der nützlichen Segellänge entspricht, damit der Einfluß von Bug- und Heckform durch Abzug berücksichtigt werden kann. Ohne auf deren Details näher einzugehen, sei gesagt, daß achtern mitunter eine negative Überhangskomponente entsteht, die dann zu LBG summiert werden muß; somit kann die Vermessungslänge L in Einzelfällen noch jenseits des Spiegels hinausragen.

Da die Feststellung der einzelnen Rumpfabmessungen zur Bestimmung des Rennwertes eine reichlich komplizierte Angelegenheit ist, befaßt sich der Segler in der Praxis nur selten mit diesen Problemen. Sollte aber eine Änderung einiger Rumpfmaße am fertigen Schiff geplant werden, wie z. B. durch Auftragen von Material, um die Breite zu vergrößern, oder durch Änderungen in der Form von Bug, Heck oder Kielkontur, so gehört dazu eine überaus gründliche, nur vom Fachmann ausführbare Untersuchung. Die ungeahnte Verkettung zahlreicher Messungen geht so weit, daß häufig ein Computer zur Durchrechnung der Einflüsse eingesetzt wird.

Anders und günstiger steht es dagegen mit der Besegelung, wo vor allem die Bewertung des Vorsegeldreiecks und das Maß LP = Abstand des Schothorns vom Vorliek zu geläufigen Begriffen wurden. Aber auch hier bestehen zahlreiche kleinere Korrekturen und Vorsichtsmaßnahmen, die das Bild der Segelflächenbestimmung ebenfalls beträchtlich verwirren, zumindest für den darin ungeübten Eigner einer Segelyacht.

Im Prinzip ergibt sich die Fläche eines modernen Bermuda-Großsegels leicht aus den beiden wichtigsten an Bord zu nehmenden Maßen: Vorliekslänge P und Unterlieklänge E. Diese Maße werden allerdings nicht an den Lieken der Segel gemessen, sondern am Mast und Großbaum. Die vermessene Segelfläche (also nicht die wahre) sieht aber etwas komplizierter aus und richtet sich nach folgender Formel:

RSAM = 0,35 (EC · PC) + 0,2 EC (PC − 2E)

Zunächst bemerkt man, daß die Lieklängenmaße nicht mit E und P bezeichnet werden, sondern mit EC und PC, d. h., mit korrigierter Unter- und Vorliekslänge. Diese Korrekturen enthalten geringfügige Strafzuschläge, die z. B. aus Länge und Lage der Latten entstehen können. Vor allem aber ist interessant, daß der Hauptbestandteil der Formel nicht etwa 0,5 mal Vorliek x Fußliek ist, sondern nur 0,35. Der Zuschlag von 0,2 EC (PC−2E) berücksichtigt das sogenannte Höhenverhältnis des Großsegels, auch Streckung genannt. Bei allen modernen Großsegeln ist das Vorliek P länger als 2 Unterlieklängen E; Werte über 3 sind durchaus geläufig. Wäre das Vorliek P genau dreimal so lang wie das Unterliek E, so würde sich die mit dem Faktor 0,35 vermessene Großsegelfläche um fast 20 Prozent vergrößern. Sie bleibt damit jedoch noch immer *unter* der wahren Flächengröße.
Sollte jedoch jemand auf die Idee kommen, eine Yacht ohne Großsegel oder mit nur sehr kleinem Großsegel und um so größeren Vorsegeln auszurüsten, so würde auch diesem unerwünschten Rigg ein Riegel vorgeschoben, indem eine Mindestgroßsegelfläche stets eingesetzt wird, auch wenn sie nicht vorhanden ist. Ihre Größe hängt von der Höhe I des Vorsegeldreiecks ab.
Zur Größe und Vermessung der Vorsegel läßt sich folgendes sagen: Liegt erst einmal das Vorsegeldreieck fest, bestehend aus Höhe I und Basislänge J, so findet man parallel zum Vorstag eine Begrenzungslinie LP für die Ausdehnung der Vorsegel nach achtern, also zu deren Schothorn. Dieses sogenannte *längste Perpendikel* LP wird am Segel selbst gemessen, und zwar als rechtwinkliger Abstand vom Vorliek zum Schothorn; er reicht frei von Belastung bis zum 1,5-fachen der korrigierten Basis oder des J-Maßes. Will man eine besonders große Genuafock fahren, deren Schothorn weiter achteraus liegt, so entsteht eine zusätzliche Belastung in der Vermessung des Vorsegeldreiecks. Trotzdem wird nicht selten ein LP von 1,6 oder sogar 1,8 J angewandt und die hierdurch entstehende höhere Besteuerung des Vorsegeldreiecks in Kauf genommen. Hat man aber die LP-Grenzlinie einmal entschieden,

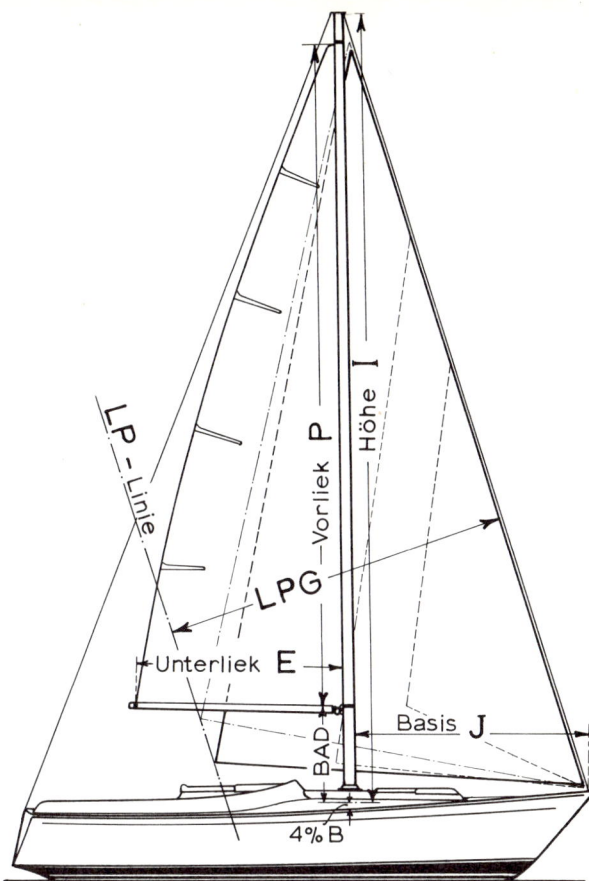

Abb. 139: Jeder Rennsegler sollte sich mit den Details der Segelvermessung vertraut machen. Die Großsegelfläche wird nicht etwa allein aus Vorliekhöhe „P" und Unterlieklänge „E" bestimmt, sondern erleidet eine vom Höhenverhältnis abhängige Korrektur, wodurch die meisten Großsegel geringer vermessen als ihrer wahren Fläche entspricht. Am meisten interessiert den Rennsegler das „LPG"-Maß, dazu Höhe „I" und Basis „J" des Vorsegeldreiecks.

so darf jedes beliebige dreieckig geschnittene Vorsegel innerhalb des Vorsegeldreiecks gefahren werden, dessen Schothorn die LP-Begrenzung nicht überscheitet. Es sei nicht versäumt, auch hier wieder auf die komplizierte Ausdrucksweise der Formel für die Vermessungsgröße des Vorsegeldreiecks hinzuweisen. Sie setzt sich aus drei Zahlengruppen innerhalb der Formel zusammen, nämlich der reinen Größe des Dreiecks, dem Zuschlag bei größerem Überlappungsverhältnis und einem weiteren Strafzuschlag, falls das Vorsegeldreieck sehr hoch im Verhältnis zum Basismaß J ausgeführt wird.
Von der Größe des Vorsegeldreiecks hängt auch die Dimensionierung des Spinnakers ab. Prinzipiell wird der I.O.R.-Spinnaker symmetrisch geschnitten. Die Länge der Seitenlieken darf dann den Wert von $0{,}95\sqrt{I^2 + JC^2}$ erreichen; für das Überschreiten dieser Lieklängen wurde eine hohe Bestrafung vorgesehen, so daß dieses nicht mehr lohnt. Die Länge des Spin-

nakerbaums darf gleich der Basislänge J sein, ein Überschreiten wird stark besteuert. Weiterhin gilt die Beschränkung, daß die größte Weite des Spinnakers nicht das 1,8-fache der Basislänge J bzw. der Spinnakerbaumlänge überscheiten darf. Wählt man irgendeine Dimension zu groß, so wird dadurch sofort die Bewertung des Vorsegeldreiecks selbst erhöht, da dann das Basismaß J verändert wird und zur Benennung JC gelangt (korrigiertes J-Maß).

In den Vorschriften zur Vermessung der Segelflächen, die sich auch auf den Sitz der Segel und die Schotführung beziehen, wird ausdrücklich hinzugefügt: *Es ist besonders wichtig, daß Eigner und Besatzung diese Vorschriften kennen.*

Nicht selten findet man die Meinung vertreten, daß die Vermessung nach I.O.R. einen Segelriß mit großen Vorsegeln und sehr kleinen Großsegeln begünstigt. Diese Auffassung ist irrtümlich, eher noch läßt sich das Gegenteil nachweisen; denn wie oben erklärt, fällt die vermessene Großsegelfläche oft kleiner aus als die tatsächliche. Wenn dieser Umstand trotzdem die Konstrukteure nicht veranlaßt, den Großsegeln relativ größere Dimensionen zu geben, so liegt das am vielfältigen aerodynamischen Nutzen des Vorsegeldreiecks auf den verschiedensten Kursrichtungen zum Wind. Dort kann man für jede Windstärke und jeden Kurs immer wieder anders geschnittene optimale Segel setzen, während ein Großsegel nur minimal anpaßbar ist.

Nach dieser langen und doch noch kurzgefaßten Erklärung zum I.O.R.-Meßverfahren stellt sich von selbst die Frage: Hat sich dieses umfangreiche und mühevolle Werk gelohnt? Ist die Rennwertermittlung nach I.O.R. gerecht?

Alle bisherigen Erfahrungen geben nur eines zu erkennen: Diese International Offshore Rule dürfte eines Tages als Meisterwerk und Krönung im Wald der Formelmacherei gelten. Sie ist ein unerhörtes Gefüge, enthält ein nie dagewesenes Maß an Überlegungen und Untersuchungen, zusammengetragen von sehr erfahrenen und technisch wie mathematisch sehr gewandten Fachleuten, unter denen besonders Olin Stephens und Dick Carter, zwei erfolgreiche Konstrukteure moderner Hochseerennyachten, hervorragen. Sie stellten unendlich viel Zeit selbstlos zur Verfügung, um gemeinsam mit den übrigen Mitarbeitern des Komitees eine *gerechte* Bewertung aller jener Einflüsse zu finden, die entweder die Geschwindigkeit fördern oder sie abbremsen. Dazu brachten sie einen Stab von Mitarbeitern ihrer technischen Büros mit, die an Hand der großen Zeichnungsarchive jeden Punkt mathematisch wie konstruktiv bis ins kleinste Detail analysierten, ehe er seine endgültige Formulierung fand.

Viele bisher gesegelte Rennen haben gezeigt, daß Yachten gleichen Rennwertes, aber sehr verschiedener Hauptabmessungen, Segelflächen und Typen sowohl auf kurzen Dreiecksbahnen wie in langen Seerennen echt gegeneinander konkurrieren. Die Gewinnenden waren fast stets die besseren Segler bzw. diejenigen, die ihre Yacht besser im Trimm hatten, natürlich auch diejenigen, die von einer Windänderung begünstigt wurden. Aber dieses soll ja nicht durch eine Rennwertformel verhindert werden ...

Was bedeutet der Rennwert „R"

Wirft man nun noch einmal einen Blick auf die mathematische Formulierung der I.O.R.-Regel, so besteht diese erstens aus dem zwischen Klammern gesetzten Hauptteil und zweitens aus den angehängten, an sich sehr kleinen Korrekturen. Der Hauptteil beginnt mit der Ziffer 0,13, die gewissermaßen willkürlich gewählt wurde allein zu dem Zweck, damit das Endergebnis eine *angenehme Zahl* ergibt. Durch diesen kleinen Kunstgriff erreichte man, wie dies auch früher bei anderen Formeln geschah, daß der endgültige Rennwert R soviel wie ein Längenmaß darstellt, dessen Wert der Wasserlinienlänge ähnelt. Es ist bedeutend angenehmer, von einem 8-m-Rennwert oder einem 26-Fuß-Rennwert zu sprechen, Zahlen, die die ungefähre Größe der Yacht zu erkennen geben, als wollte man statt dessen Rennwerte von „60" oder „200" nennen, die zunächst niemandem etwas sagen. Die Zahlen 8 oder 26 mit Meter oder Fuß zu bezeichnen, ist ebenfalls nichts weiter als eine Bequemlichkeit, die aber von jedem Segler gern angenommen wird. Die Ziffern an sich müßten keineswegs eine Benennung haben.

Wird die vermessene Länge einer Yacht mit der Quadratwurzel aus der Segelfläche verbunden, so darf die Segelfläche um so größer werden, je kürzer die Länge gewählt wird. Hat z. B. das Drachenboot bei 6 m Wasserlinienlänge eine Segelfläche von 26,6 m², so ergibt $L \cdot \sqrt{S}$ einen Wert von „31". Würde man aber die WL-Länge auf 5 m reduzieren, so dürfte eine Segelfläche von 38,5 m² ausgeführt werden, um wieder auf den gleichen Wert von $L \cdot \sqrt{S} = 31$ zu gelangen. Wie man sieht, erlaubt eine so einfache Formulierung den Entwurf eines absoluten Flautenläufers, der aber bei nur mäßig anwachsender Windstärke nicht mehr Schritt halten kann, weil die kurze 5-m-WL-Länge als Bremse wirkt.

Eine Hochseeyacht als absoluten Flautenläufer zu bauen wäre eine kaum zu rechtfertigende Fehlspekulation. Im Gegenteil, nahezu jeder Entwurf strebt danach, eine möglichst große WL-Länge, im Falle der I.O.R.-Vermessung eine möglichst große wirksame Länge L zu erreichen, ohne übermäßig viel an Segelfläche einzubüßen. Allerdings muß man dabei sehr die kaum übersehbaren Verflechtungen berücksichtigen, die zwischen zahlreichen Meßwerten bestehen, wie bereits im vorigen Kapitel erklärt wurde. So genügt es keineswegs, nur die Länge gegen die Segelfläche auszuspielen, denn Breite und Raumtiefe, auch wahrer Tiefgang und Freibord wirken ebenfalls auf den Rennwert ein. Gegenwärtig besteht sogar die erstaunliche Tendenz, eine besonders große Breite auszuführen, um dafür ein gewisses Plus an Segelfläche zu erhalten.

Es war gesagt worden, daß der Hauptteil der Formel durch den zwischen Klammern gesetzten Ausdruck dargestellt ist. Doch was bedeuten nun die drei Schlußkorrekturen EPF, CGF und MAF?

EPF bedeutet Motoren- und Propeller-Faktor. Hier wird erstens das Gewicht und die Schwerpunktlage des Hilfsmotors berücksichtigt, und zwar in Form des Moments bezogen auf den Mittschiffspunkt der Länge LBG. Setzt man einen recht schweren Motor weit nach vorn oder achtern, womit man dem Rennverhalten der Yacht eventuell schadet, so erreicht man eine kleine Formelbegünstigung. Allerdings wird vorausgesetzt, daß Motorleistung und Propellerabmessungen derart gewählt werden, daß die Yacht eine bestimmte Mindestgeschwindigkeit in ruhigem Wasser erreicht. Sie wird durch eine zusätzliche Formel je nach Vermessungslänge bestimmt und liegt z. B. bei einem Halbtonner um 3½ Knoten.

Im Propellerfaktor wird vor allem der beim Segeln entstehende Propellerwiderstand berücksichtigt. Allein dieser Teil der I.O.R.-Vermessungsvorschriften stellt als Folge seiner vielseitigen Komplikationen ein Meisterwerk dar, denn es werden nicht nur Durchmesser und Blattbreite des Propellers berücksichtigt, sondern auch ob fest, verstellbar oder faltbar. Auch Art und Stärke des Wellenbocks und der herausragenden Propellerwelle wirken sich aus. Durch Festsetzen eines Maximalfaktors von 0,96 wurde verhindert, daß jemand durch einen scheinbar zu großen Propeller oder ähnliche Tricks eine ungerechtfertigte Vergütung erzielt. Wie der Faktor zeigt, kann die Vergütung nicht mehr als 4 Prozent zum Rennwert betragen.

Der Ausdruck CGF übersetzt sich zunächst als Schwerpunktfaktor des Bootskörpers. Mittels eines bei der Yachtvermessung bisher nicht üblichen Krängungsver-

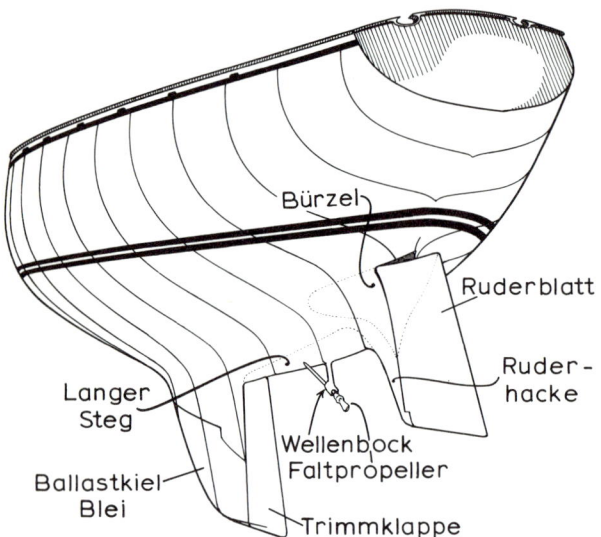

Abb. 140: Perspektivische Darstellung der Form eines Ocean Racers mit Trimmklappe am Kiel. Man erkennt ein Verdrängungsruder, das also nicht flach ist, sondern etwas Volumen enthält und an einer oben ebenfalls verdickten Ruderhacke fährt, deren Verdickung man Bürzel nennt. Von dort verbindet ein Steg mit dem Ballastkiel. Die ebenfalls erkennbare Trimmklappe brachte keinen meßbaren Gewinn, weder an Fahrt noch an Höhe und wurde inzwischen allgemein wieder aufgegeben.

suches an der fertig ausgerüsteten, schwimmenden Yacht wird ermittelt, ob ihre Anfangsstabilität bei geringer Krängung normal, sehr gering oder sehr hoch ist. Ein solcher Krängungsversuch dient im Schiffbau zur Ermittlung der Höhenlage des Gewichtsschwerpunktes (auch hier), doch seine sorgfältige Durchführung an Bord von Yachten bereitete den Vermessern nicht geringe Kopfschmerzen. Im Falle sehr stabiler Yachten kann der Wert etwas über „1" liegen, so daß der Rennwert leicht vergrößert wird. Bei geringer Stabilität darf er jedoch nicht unter den Wert 0,968 absinken, damit eine sehr ranke Yacht nicht mehr als 3,2 Prozent Vergütung herausholt. Für den Vermesser bedeutet dieser Versuch eine zeitraubende mühevolle Arbeit. Für den Konstrukteur schafft der CGF-Faktor ein nahezu unbekanntes Risiko, solange er sich nicht eine größere Zahl von Erfahrungswerten aus eigenen Konstruktionen beschaffen kann. Man muß den Mut der Fachleute bewundern, die nicht zögerten, der I.O.R.-Bewertung diese gerechte, aber nicht leicht verdauliche Stabilitätskontrolle mit auf den Weg zu geben. Als letztes kommt der MAF-Faktor zur Geltung, der soviel bedeutet wie Bewertung beweglicher Unterwasserteile. Noch vor kurzer Zeit, d. h. zwischen 1968 und 1970, wurden fast alle Ocean Racer mit Trimmklappen an der Achterkante des Kiels ausgerüstet. Es wurde wohl nie streng bewiesen, daß eine Yacht dadurch wirklich mehr Höhe heraussegeln konnte oder wenigstens einen kleinen Gewinn an Fahrt bei gleicher Höhe wie ohne diese Trimmklappe. Einst hatte der Verfasser Gelegenheit, einer Seglerdiskussion beizuwohnen, nachdem Olin Stephens einen Vortrag über modernen Yachtbau gehalten hatte. Schließlich fragte ein Segler: Wir besitzen eine Rennkreuzeryacht nach Ihrem Plan, und zwar mit Trimmklappe. Mit dieser machten wir zahlreiche Versuche, um die günstigste Anstellung herauszufinden, kamen jedoch zu keinem Ergebnis. Können Sie uns darüber aufklären? Olin Stephens Antwort war ausweichend: Bis heute konnten wir keinen meßbaren Vorteil der Trimmklappe feststellen, aber es scheint, daß die Rennsegler darauf bestehen, ihren Neubau mit Trimmklappe auszurüsten, weil der Entwurf sonst nicht „modern" wäre. Deren günstigste Position kann ich Ihnen aber leider auch nicht angeben.

Als dann Dick Carter bei dem Eintonner WAI ANIWA den ganzen Kiel an einem einzigen Bolzen von 140 mm Durchmesser drehbar aufhängte, also statt Trimmklappe einen voll beweglichen Ballast-Trimmkiel ansetzte, wurde der MAF-Faktor eingeführt. Dieser ist offensichtlich der einfachste, unkomplizierteste Anteil an der gesamten Regel, denn er legt einfach die Besteuerung von 1,0075 auf, sobald ein „beweglicher Anhang" angewandt wird. Das sind nur 0,75 Prozent Zuschlag zum Rennwert für Trimmklappen oder bewegliche Kiele. In der Tat war der wahre Gewinn beweglicher Anhänge so zweifelhaft, daß diese minimale Besteuerung genügte, um ihnen das Lebenslicht auszublasen. Das Ruder ist selbstverständlich davon ausgenommen, ebenso wie herablaßbare Schwerter oder ein herablaßbarer Ballastkiel, die Sondervorschriften unterliegen.

Ein in jeder Vermessungsregel wichtiger Punkt ist die Verdrängung bzw. das Gesamtgewicht einer Yacht. Es mag den Schöpfern der neuen I.O.R.-Vermessung nicht geringe Diskussionen gekostet haben, bis man sich entschloß, diesen an sich bedeutenden Faktor im Aufbau der Formel gänzlich fallenzulassen und nur durch Meßpunkte am Verdrängungskörper zu ersetzen. Offenbar sollte dadurch das kostspielige und oft nicht einmal mögliche Wiegen der zu vermessenden Yacht ausgeschaltet werden. Die Vorschriften enthalten sogar eine Formel zur Bestimmung der Verdrängung, nämlich

$$DSPL = \frac{L \cdot MDIA \cdot B}{2} \cdot 1025{,}8$$

Doch handelt es sich hiermit um eine sicherlich recht genaue Annäherungsformel, die lediglich zur Beurteilung des Schwertgewichtes herangezogen wird.

Schließlich noch ein Kuriosum: Es wurde versäumt, die Vermessung in Seewasser vorzuschreiben oder den leicht begünstigenden Einfluß einer Vermessung in Süßwasser zu korrigieren. Hochseeyachten befinden sich eben fast immer in Salzwasser.

Eine gewisse Anzahl extremer Entwürfe wurde bereits gebaut, um zu versuchen, kleine Lücken im Formelnetz herauszufinden. Bis zur Niederschrift dieser Zeilen hatte damit nur eine einzige Yacht Erfolg, nämlich die inzwischen berühmt gewordene CASCADE. Dr. Jerome Milgram, Professor für Aerodynamik am Massachusetts Institute of Technology, entdeckte, daß er eine katgetakelte Ketsch mit hohem Freibord, jedoch ohne jedes Vorsegel günstig in die Formel hinein entwerfen könnte. Als Ketsch durfte die Yacht ein großes Besanstagsegel fahren, welches als Riesen-Vorsegel zum Besan wirkte, ohne eine dementsprechend hohe Besteuerung in den Rennwert einzubringen. Die Rumpfform mit ihrem hohen Freibord brachte ebenfalls kleine Pluspunkte, und so erreichte der Konstrukteur, daß die CASCADE von fast Eintonnergröße nur wenig mehr als ein Halbtonner vermaß. Nachdem sie bei den ersten Rennen des New York Yacht Clubs mit den Plätzen 1-2-2-1-2 hervorragend abschnitt, belegte sie das Kontrollorgan der I.O.R.-Formel, nämlich der Offshore Rating Council, mit einer Bestrafung von zunächst 10 Prozent. Eine solche Aktion war innerhalb der I.O.R.-Regeln vorgesehen, um zu verhindern, daß

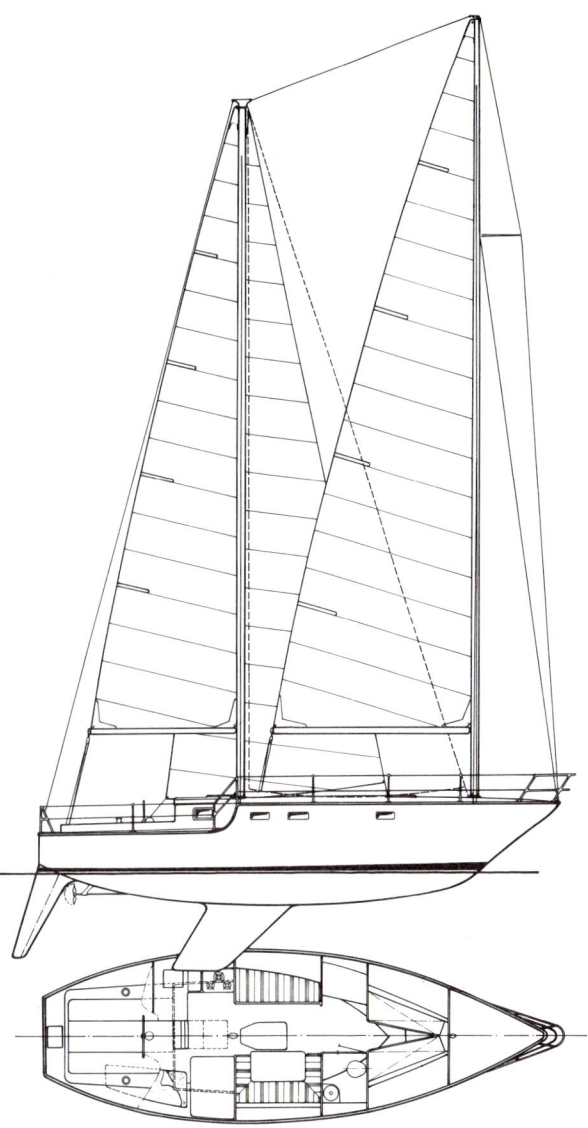

Abb. 141: Prof. Jerome Milgram's CASCADE wurde die bis heute am heißesten umstrittene I.O.R.-Yacht, das „enfant terrible" der Formelmacher. Die ungewohnte Kat-Ketsch-Takelung schlüpfte durch das Vermessungsnetz der I.O.R.-Bewertung und brachte der Yacht samt dem großen Besan-Stagsegel fast 80 Prozent mehr Segelfläche als vermessen wurde. Man beachte auch die Kiel- und Ruderanordnung dieses sonst wahrhaftigen häßlichen Entleins.

Länge ü. alles	11,45 m	Verm. Segel-	
Länge in der WL	9,15 m	fläche	30,2 m²
Breite	3,74 m	Verdrängung	7,720 t
Tiefgang	2,06 m	Ballast	4,000 t
		Original	
		IOR-Wert	22,8 ft

Yachten durch ungewöhnlichen Entwurf (*peculiar design*) Vorteile erzielen. Trotz der später erhöhten Belastung, die den R-Wert von 22,8 Fuß auf 27,2 Fuß erhöhte, erzielte die CASCADE noch manche weitere Erfolge.

Es wird von allen Seiten gern akzeptiert, daß die

R-Werte durch einfache Korrekturziffern im Endergebnis ungefähr den WL-Längen der Yachten entsprechen. Daß die WL-Länge in den meisten Fällen ein wenig größer ausfällt, wird stets mit Genugtuung zur Kenntnis genommen, so als verspräche es einen Vorteil an Geschwindigkeit. In der Tat deutet die „nützliche Segellänge L" das Geschwindigkeitspotential an, und es wäre durchaus möglich, statt der auf Längeneinheit basierenden R-Werte solche aufzustellen, welche direkt die mittlere Geschwindigkeit angeben. Auf Regatten erzielen Yachten häufig mittlere Geschwindigkeiten zwischen R = 3 und R = 3,5 (hier ist R = Geschwindigkeitsgrad). Im englischen Maßsystem mit Rating R in Fuß brauchte man nur die Quadratwurzel aus R zu ziehen und erhielte damit eine mittlere Geschwindigkeit in Knoten. Leider führt eine solche Schreibweise zu wenig angenehmen Zahlen, und so genügt es, wenn der Segler sich im klaren ist, daß der Wert $\sqrt{\text{Rating R}}$ das Geschwindigkeitspotential ausdrückt.

Abschließend sei die heute gültige Klasseneinteilung nach den R-Größen in Fuß und Meter aufgeführt, wie sie zur I.O.R.-Regel gehört:

I.O.R.-KLASSEN		
Klasse		
VIII	16,0 — 17,4 Fuß =	4,80 — 5,28 m
VII	17,5 — 18,9 Fuß =	5,31 — 5,91 m
VI	19,0 — 20,9 Fuß =	5,94 — 6,37 m
V	21,0 — 22,9 Fuß =	6,40 — 6,98 m
IV	23,0 — 25,4 Fuß =	7,01 — 7,74 m
III	25,5 — 28,9 Fuß =	7,77 — 8,81 m
II	29,0 — 32,9 Fuß =	8,84 — 10,02 m
I	33,0 — 70,0 Fuß =	10,05 — 21,34 m

Foto 39: Der erfolgreiche kalifornische Eintonner Muñequita *vom Typ ‚Ranger One Ton' gewann 1973 die S. O. R. C.-Meisterschaft aller Ocean Racer Klassen. Entworfen von Gary Mull, erwies sich diese Yacht als vorzügliches Rennboot, besitzt zugleich aber auch eine regelrechte Komfort-Einrichtung. Durch den Serienbau in GFK, in Ausführung bei Ranger Yachts, Costa Mesa, California, wird eine solche Yacht nicht so aufwendig wie ein Spezial-Entwurf und -Bau. An Deck fällt der sehr flache Kajütaufbau auf, der trotzdem angenehm große Fenster aufweist; ferner die Spritzhaube über dem Einstieg und die Navigationsinstrumente zu beiden Seiten des Niedergangs. Mehr Details in der Zeichnung, Abb. 170.*
Foto: Ranger Yachts

Tafel II

*Kielyacht-Linienrisse
dreier wesensverschiedener Typen*

Norwegischer Seenot-Rettungssegler, entworfen 1909 von Colin Archer. Diese Spitzgatform hat sich auch bei zahlreichen Yachten als sehr seetüchtig bewährt.

Länge ü. alles	14,25 m	Tiefgang	2,30 m
Länge in der WL	12,40 m	Verdrängung	32,2 m³
Breite	4,84 m	Segelfläche	118,3 m²

Moderne I.O.R.-Eintonneryacht, Linienriß vom Verfasser der heutigen Tendenz folgend entworfen.

Länge ü. alles	11,40 m	Tiefgang	1,90 m
Länge in der WL	8,75 m	Verdrängung	6,8 m³
Breite	3,40 m	Segelfläche	58,2 m²

Internationales Dreimann-Kielboot „Soling", entworfen von Jan Herman Linge um 1964, seit 1972 Olympische Klasse

Länge ü. alles	8,15 m	Tiefgang	1,30 m
Länge in der WL	6,10 m	Verdrängung	1,00 m³
Breite	1,90 m	Segelfläche	21,7 m²

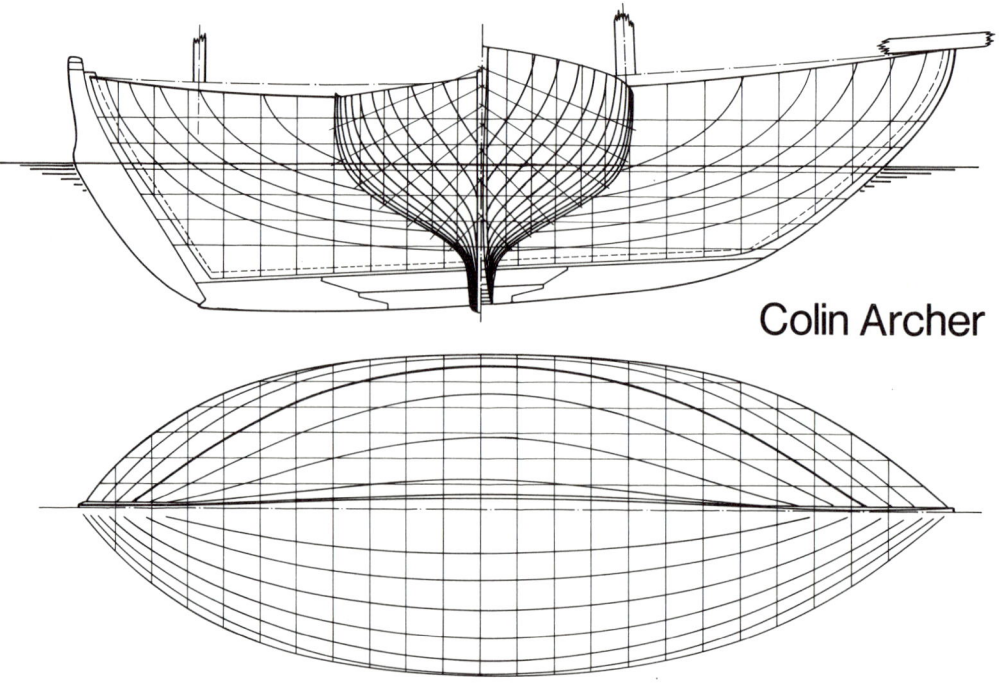

Colin Archer

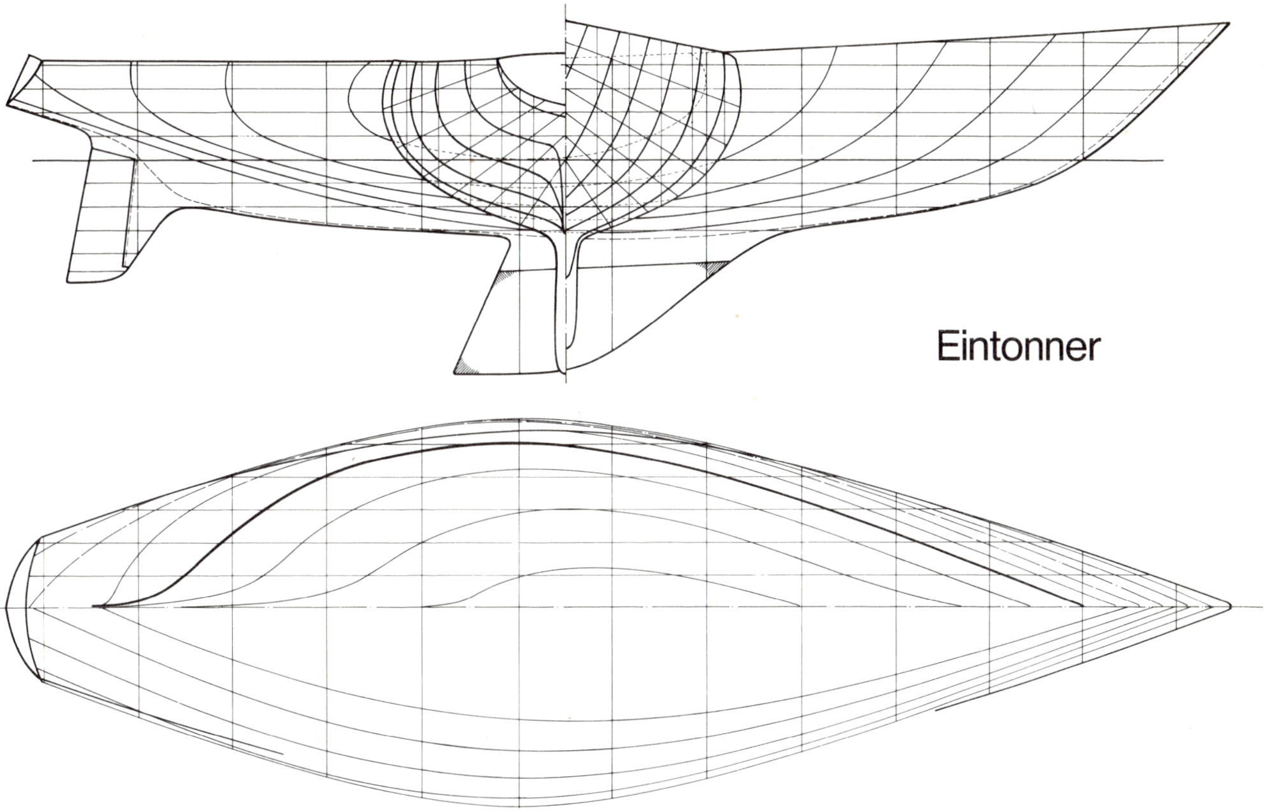

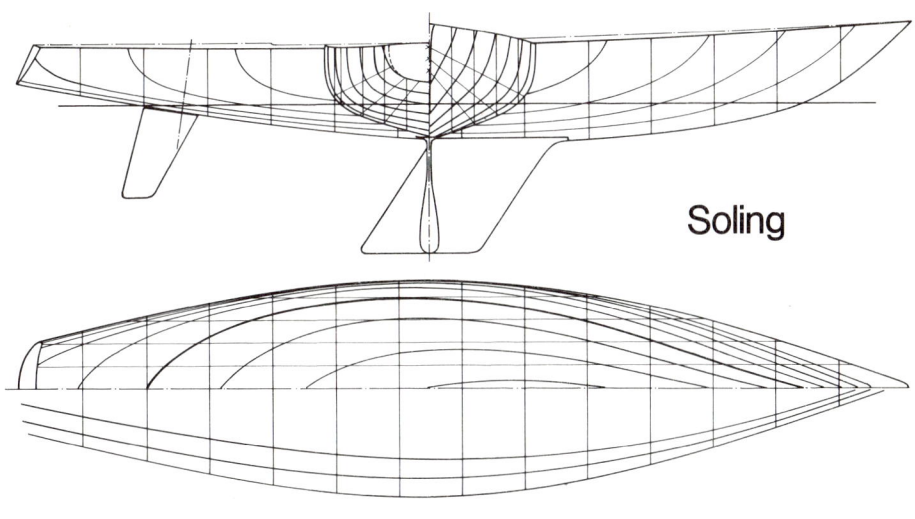

Eintonner

Soling

Was sind Tonneryachten?

Im Jahre 1898 stifteten einige Mitglieder des französischen *Cercle de la Voile de Paris* einen 10 kg schweren Silberpokal, um den in internationalen Regatten mit reiner Amateurbesatzung gesegelt werden sollte. Es war die erste bedeutende internationale Trophäe, um die mit *kleinen* Yachten gekämpft wurde; daher die begeisterte Aufnahme, die dieser Pokal von Anfang an fand. Wie es damals üblich war, wurde die Größe der Yachten nicht durch Grenzmaße oder gar einen Einheitsplan festgelegt, sondern durfte innerhalb einer Formelbegrenzung beliebig variieren. Auf einem französischen Seglerkongreß war gerade eine neue Ausgleichsformel festgelegt worden, nämlich:

$$T = \frac{\left(L - \frac{P}{4}\right) \cdot P \cdot S}{1000 \cdot \sqrt{M}}$$

T = Rennwert der Yacht, benannt in Tonnen
L = Länge in der Wasserlinie
P = Umfang des Hauptspants
S = Segelfläche
M = Fläche des Querschnitts im Hauptspant

Die drei kleinsten Klassen, nämlich bis zu 1 Tonne, bis zu 2 Tonnen und bis zu 5 Tonnen, segelten unter sich ohne jede Zeitvergütung, so wie es auch bei den heutigen Tonneryachten gehandhabt wird. Nur in den größeren Klassen, die bis zu 40 Tonnen reichten, wurde eine Zeitvergütung je nach Rennwert angewandt. Daß die kleinste ursprüngliche Klasse keine allzu kleinen Abmessungen besaß, läßt sich daran erkennen, daß eine Besatzung reiner Amateursegler in der Zahl von drei oder mehr vorgeschrieben war.

Vom Jahre 1899 an wurde mit wechselndem Glück vor Meulan auf der Seine bei Paris und auf dem Solent vor Cowes um den Pokal gesegelt, der folgenden langen Namen trug: *Coupe International du Cercle de la Voile de Paris*. Bis 1906 wurde er viermal von Frankreich und zweimal von England gewonnen. Der komplizierte Name dieses Pokals, noch dazu in einer für sie fremden Sprache, veranlaßte die Engländer sehr bald, ihn auf praktische Weise abzukürzen. Da die Yachten nach der französischen Formel der Eintonnerklasse angehörten,

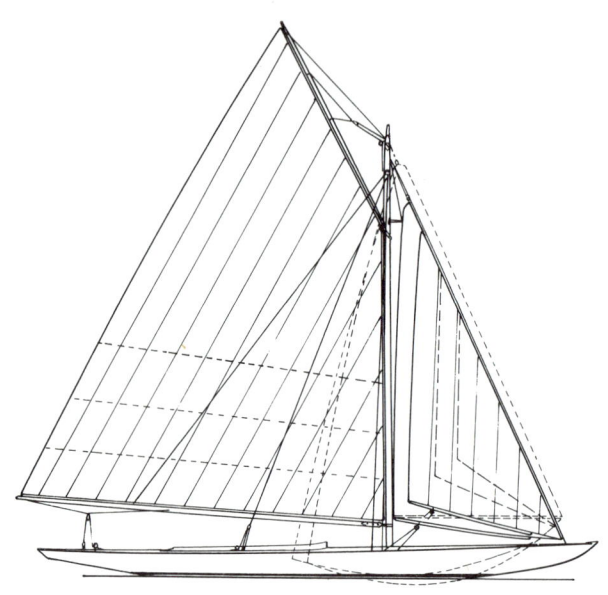

Abb. 142: So etwa mögen die ältesten sogenannten Eintonner-Yachten ausgesehen haben: ein offenes Kielboot mit geringem Freibord und großer Plicht, dazu eine niedrige, in die Breite gezogene Gaffeltakelung. Diese Yachten hatten nicht etwa 1 Tonne Verdrängung, sondern ihre Vermessung ergab einen Rennwert = 1, auch One Rater genannt. Dieses bedeutete ursprünglich 1 Tonne Raumgröße und entsprach dem Tragvermögen von einer Weintonne, einem großen Weinfaß. Man vergleiche hierzu den Linienriß der KITTEN in Abb. 63.

nannten sie den Pokal einfach *One Ton Cup*, und dieser Name blieb ihm bis auf den heutigen Tag.

Der Pokal selbst war zu wertvoll, um beim Einschlafen der alten Eintonnerklasse einfach vergessen zu werden, und so verlegte man ihn auf die neu eingeführte *Internationale 6-m-R-Klasse*. Gleich das erste Rennen auf der Seine wurde 1907 von der deutschen Yacht ONKEL ADOLPH gewonnen. Später erschienen siegreich England, Holland, Frankreich, Deutschland, Schweden, Norwegen und die Schweiz und zweimal sogar die Vereinigten Staaten mit der berühmten LLANORIA vor Stockholm und Oslo. Das letzte Rennen gewann Frankreich vor Palma de Mallorca, und zwar im Jahre 1962. Längst hatte sich der Name „Eintonner-Pokal" eingebürgert, ohne daß man die 6-m-R-Yachten etwa als Eintonneryachten bezeichnet hätte. Allmählich jedoch flaute die internationale Wertschätzung der 6-m-R-Yachten ab, und der Pokal kam für einige Jahre zur Ruhe. Es war der Vorsitzende des Cercle de la Voile de Paris, Jean Peytel, der sich voller Energie für ein Wiederaufleben der Wettkämpfe einsetzte. In gemeinsamen Besprechungen mit namhaften britischen Seglern wurde vorgeschlagen, diesen traditionsreichen Eintonnerpokal nicht mehr für klassische Rennyachten auszuschreiben, sondern den Hochseerennsport damit zu fördern. Als geeignetste Klasse wählte man eine nach R.O.R.C. vermessene Größe von Ocean Racer mit 22 Fuß Rennwert. Der Vorschlag wurde nicht nur angenommen und sofort in die Tat umgesetzt, er wirkte sich auch kolossal belebend auf den gesamten internationalen Hochseesegelsport aus.

Die ersten internationalen Rennen um den Eintonnerpokal mit Hochsee-Rennyachten fanden im Jahre 1965 vor Le Havre statt, wo sich 14 Yachten aus 8 Nationen in der 22-Fuß-R.O.R.C.-Klasse um den Sieg bewarben. Es war deshalb naheliegend und beinahe selbstverständlich, daß man die Yachten kurz „Eintonner" nannte. Diese erste Regattaserie wurde vom Sparkman & Stephens-Entwurf DIANA III für Dänemark gewonnen. Im nächsten Jahr vor Kopenhagen waren es bereits 24 Yachten aus 9 Ländern, mit Carters TINA als Sieger. Eintonneryachten haben eine durchschnittliche WL-Länge von 9 m oder 29½ Fuß. Nach der R.O.R.C.-Formel vermaßen sie nur 22 Fuß. Als dann im Jahre 1970 die neugebackene I.O.R.-Vermessung alle älteren Systeme außer Kraft setzte, wurde entdeckt, daß die gleichen Yachten nunmehr auf einen ihrer wahren Größe besser entsprechenden Rennwert von 27½ Fuß kamen. Da die nächsten Eintonnerrennen unmittelbar bevorstanden, einigte man sich wohl etwas voreilig auf ein I.O.R.-Rating von 27,5 Fuß, damit vorhandene Yachten unverändert teilnehmen könnten. In dieser Weise änderte sich zwar die willkürliche Rating-Ziffer, nicht aber die wahre Größe der Eintonneryachten. Aus dieser Entwicklung ersieht der Leser, warum gewisse Yachten zwar Eintonner, Halbtonner oder ähnlich benannt werden, obwohl weder deren Raumgröße noch deren Gewicht irgend etwas mit dieser Bezeichnung zu tun haben.

Die Idee der Ocean-Racer-Regatten hatte derart eingeschlagen, daß rasch mehrere kleinere und bald auch eine größere Klasse gegründet wurden, denen allen man der Einfachheit halber Tonnernamen gab. Nach der damals vorherrschenden R.O.R.C.-Vermessung hatte der Halbtonner ein Rating von 18 Fuß, der Vierteltonner ein solches von 15 Fuß, und für den sogenannten Zweitonner setzte man eine Vermessung von 26 Fuß fest. Damals waren die Yachten alle erheblich länger in der Wasserlinie als der Zahl ihres Ratings entsprach, so daß die Korrektur in der neueren I.O.R.-Regel ihre logische Berechtigung hat. Das heutige Klassensystem der Tonneryachten sieht wie folgt aus:

TONNERKLASSEN	I.O.R.-Rating	Besatzung
Achteltonner	noch nicht festgelegt	—
Vierteltonner	18,0 Fuß = 5,50 m	3—4 Mann
Halbtonner	21,7 Fuß = 6,60 m	4—5 Mann
Dreivierteltonner	24,5 Fuß = 7,47 m	6—7 Mann
Eintonner	27,5 Fuß = 8,38 m	5—6 Mann
Zweitonner	32,0 Fuß = 9,75 m	unbestimmt

Zwei Eigenheiten der typischen Tonnerregatten übten einen mächtigen Anreiz zum raschen Wachstum dieser Klassen aus: Erstens segeln seefähige Kreuzeryachten ohne jede Vergütung gegeneinander, also Boot gegen Boot, und zweitens werden viele Regatten in Serien organisiert, die sowohl kürzere Dreiecksbahnen wie auch mittlere Küsten- und längere Seestrecken einschließen. Bei den Rennen um den Admiralspokal, dessen Bahnen ähnlich organisiert sind, werden dagegen Yachten zahlreicher I.O.R.-Größen zugelassen. Das gleiche gilt für die verwandten Rennen um die Onion Patch Trophäe der Vereinigten Staaten und den Southern Cross Cup Australiens.

Vergleicht man klassische Rennyachtformen mit den modernen Ocean Racern, so haben sich wahrhaftig bedeutende Unterschiede herausgeschält. Vor allem ist

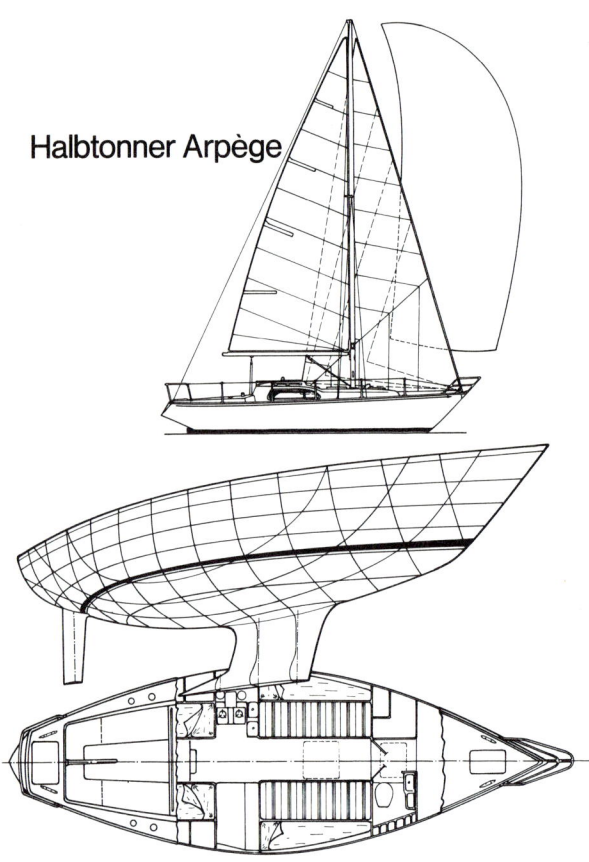
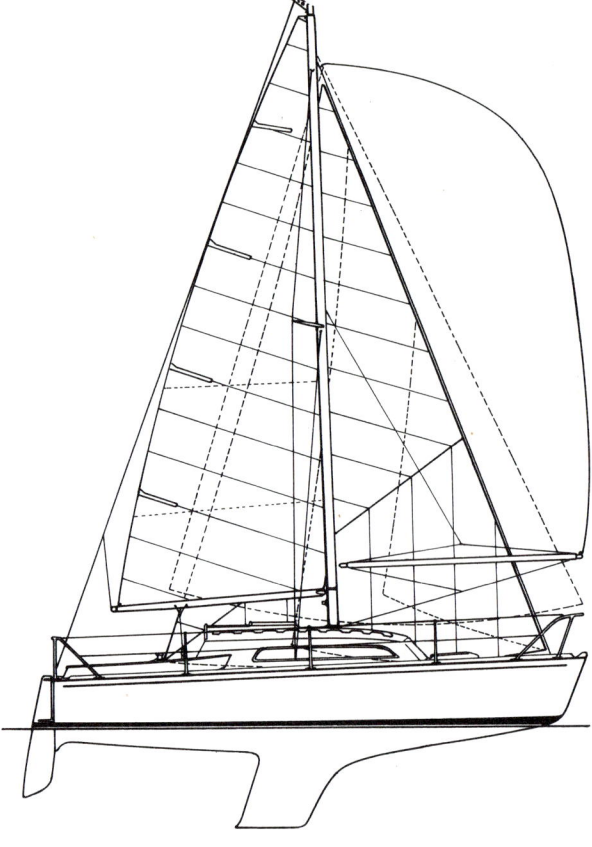

Halbtonner Arpège

Abb. 143: Der Typ „Arpège" gilt als einer der erfolgreichsten und beliebtesten Rennkreuzer in Halbtonner-Größe. Er wurde von Michel Dufour entworfen und auf dessen Werft in großen Serien gebaut. Die sehr bewährte Form ist im perspektivischen Linienriß gut erkennbar, in dem man den Ballastwulst und das tiefgehende Ruder nebst Ruderhacke beachten möge.

Länge ü. alles	9,25 m	Verdrängung	3,60 t
Länge in der WL	6,70 m	Ballast	1,50 t
Breite	3,00 m	Ballastanteil	42 %
Tiefgang normal	1,35 m	Segelfläche	34,1 m²

Abb. 144: Halbtonneryachten können auch in fast reiner Jollenform entworfen werden, wie die TITUS CANBY von Bruce Farr erkennen läßt. Man vergleiche die Hauptabmessungen mit der vorhergehenden „Arpège" sowie der „Scampi" in Abb. 172.

Länge ü. alles	8,12 m	Verdrängung	2,10 t
Länge in der WL	7,22 m	Ballast	0,79 t
Breite	2,75 m	Ballastanteil	38 %
Tiefgang	1,48 m	Segelfläche	27,7 m²

die moderne Hochseeyacht, selbst unter schärfster Konkurrenz für wichtige Rennen entworfen, in ihrer Formgebung streng funktionell. Weggefallen sind die langen Überhänge vorn und die noch längeren achtern; der Freibord hat sich auf ein vernünftiges Maß eingespielt, die Breite wurde gut bis reichlich. Man kann moderne I.O.R.-Yachten nur als Typen einer gesunden Entwicklung bezeichnen. Am Segelriß fallen die kurzen Großbäume auf, ebenso das optimal ausgenutzte, reichlich große Vorsegeldreieck, wodurch eine im ganzen sehr wirksame Besegelung erzielt wird.

Nicht minder auffallend sind die Unterschiede in der Form des Unterwasserschiffes. Bei einem Konstruktionswettbewerb des Jahres 1965, ausgeschrieben von der Zeitschrift „Yachting World" für Eintonneryachten, zeigten alle drei preisgekrönten Entwürfe noch ein ziemlich ausgeprägtes Yachtheck und einen mittellangen Kiel mit direkt anschließendem, schmalen hohen Ruderblatt in der klassischen Art. Doch bereits im selben Jahr begann die Verlegung des Ruders nach achtern mit unabhängiger Aufhängung, wie sie heute geradezu selbstverständlich geworden ist. Die Kiele selbst wurden immer kürzer, doch die Rudereigenschaften wurden um so besser, je mehr man die günstigste Kombination von Ruderhacke (Skeg) und Blattgröße herausfand.

Der großartige Erfolg der I.O.R.-Vermessung und ihre internationale Verbreitung haben bewirkt, daß die niemals recht beliebten internationalen Cruiser/Racer-Klassen inzwischen sanft und ruhmlos entschliefen. Sie waren im Jahre 1950 von der *International Yacht Racing Union* eingeführt worden, um Rennen zwischen Kreuzeryachten ohne Zeitvergütung, also im Kampf von Boot zu Boot, organisieren zu können. Ihre fünf Klassen wurden durch die Rennwerte 7 m, 8 m, 9 m, 10,5 m und 12 m gekennzeichnet.

Abschließend eine kurze Erklärung zum Wort *Offshore*: Seine strenge Bedeutung ist: weg von der Küste, aber nicht weit entfernt von der Küste. Dieser Ausdruck zeugt von Bescheidenheit, denn die großen Seerennen, wie Fastnet, Bermuda, Buenos Aires—Rio etc., sind echte Hochseerennen, ebenso wie ein Transatlantikrennen oder gar ein um die Welt führendes.

Der Tourensegler lasse sich aber nicht von der großen Verbreitung der I.O.R.-Klassenyachten irreführen. Noch immer darf eine Tourenyacht völlig nach den Wünschen und Erfahrungen ihres Eigners gebaut werden, braucht nicht vermessen zu werden und ist in ihren Reisezielen nur vom Unternehmungsgeist und der seemännischen Erfahrung der Mannschaft abhängig. Gern darf er sich die mit den modernen Ocean Racern gemachten Erfahrungen zunutze machen, darf das Ruder getrennt am Heck aufhängen, darf kurze Überhänge, kurze Großbäume, große Vorsegeldreiecke anwenden, doch bleibt dieses alles seinem freien Urteil und Willen überlassen. Aber auch eine Hochseeyacht mit langgestrecktem Kiel bleibt nach wie vor eine gute Tourenyacht.

UNGEFÄHRE ABMESSUNGEN VON I.O.R.-YACHTEN

	I.O.R.-Rating Fuß	I.O.R.-Rating Meter	Länge ü. a.	Länge WL	Breite	Verdräng.	Segelfläche
	16,0	4,80 m	6,50 m	5,00 m	2,30 m	1,20 t	18,0 m²
Vierteltonner	18,0	5,50 m	7,60 m	5,80 m	2,60 m	1,80 t	24,0 m²
Halbtonner	21,7	6,60 m	9,20 m	6,90 m	2,90 m	3,30 t	35,0 m²
Dreivierteltonner	24,5	7,47 m	10,40 m	7,80 m	3,20 m	4,80 t	45,0 m²
Eintonnner	27,5	8,38 m	11,40 m	8,70 m	3,50 m	6,80 t	58,0 m²
Zweitonner	32,0	9,75 m	12,80 m	10,20 m	3,80 m	9,50 t	73,0 m²
	40,0	12,20 m	15,80 m	12,80 m	4,20 m	16,00 t	105,0 m²
	50,0	15,24 m	18,60 m	15,50 m	4,80 m	24,00 t	150,0 m²
	70,0	21,34 m	24,00 m	21,00 m	6,00 m	36,00 t	230,0 m²

Diese Tabelle wurde in Anlehnung an die Zahlen aus dem Buch: Johnson „I.O.R.-Formel verständlich gemacht" (Verlag Delis, Klasing & Co) zusammengestellt, jedoch die Werte völlig neu überarbeitet.

Segelyachtklassen

Der Sinn des Regattasegelns liegt darin, diesen wundervollen und faszinierenden Sport in seiner Technik und in der Vielseitigkeit seiner Taktiken restlos beherrschen zu lernen und mit erfrischendem Erleben auszuüben. In seiner reinsten Form gehört dazu, daß alle Beteiligten über *absolut gleiche Boote* verfügen, und zwar nicht nur in Größe und Gewicht, sondern auch in Form, Ausrüstung, Beschlägen, Takelung und Segeln. Dabei spielt es nicht einmal eine Rolle, ob die Yachten schnell und modern sind und ob sie mit kostspieligen Finessen versehen sind.

Es liegt in der Natur des menschlichen Wesens, stets auf Verbesserungen zu sinnen, und dieser Drang wirkt unablässig auch in Richtung der Vervollkommnung der Yachten. Fast jeder Regattasegler *erfindet* etwas, sei es eine Schotführung oder einen Beschlag, sei es eine bessere Glätte des Bodens oder eine Verjüngung der Segellatten. Kurz, es ergibt sich als natürliche Konsequenz dieser Bestrebungen, daß die Yachten einer Klasse untereinander nicht mehr gleich bleiben. Aus diesen Anlässen heraus entstand ein kompliziertes und umfangreiches System von Klassenvorschriften, in denen teils starke Beschränkungen enthalten sind, teils aber auch große Freiheiten. Einige Klassen sind allein darauf ausgerichtet, das *seglerische Können* zu fördern, indem jedes einzelne Element am Boot aufs genaueste vorbestimmt wird. Andere Klassen dagegen erlauben recht große Freiheit in Abmessungen, Form und Besegelung der Boote, so daß der Wettkampf nicht allein zwischen den Seglern ausgetragen wird, sondern bereits auf den Reißbrettern der Konstrukteure beginnt. Im allgemeinen kann jede Segelyacht in eine der nachstehenden Gruppen eingereiht werden:

EINHEITSKLASSEN: Hier sind die Boote in Größe, Form, Gewicht, Ausrüstung und Besegelung an genaue Vorschriften gebunden, ja sogar die Bootskörper müssen bis ins kleinste Detail den genauen Bauplänen entsprechen. Am konsequentesten wird das Prinzip absoluter Gleichheit zur Zeit bei der „Laser"-Jolle verfolgt.

BESCHRÄNKTE KLASSEN: Eine große Zahl moderner Klassen gehört zu dieser Gattung. Im allgemeinen werden Abmessungen, Form, Mindestgewicht und Segelmasse festgelegt, andere Einzelheiten dagegen

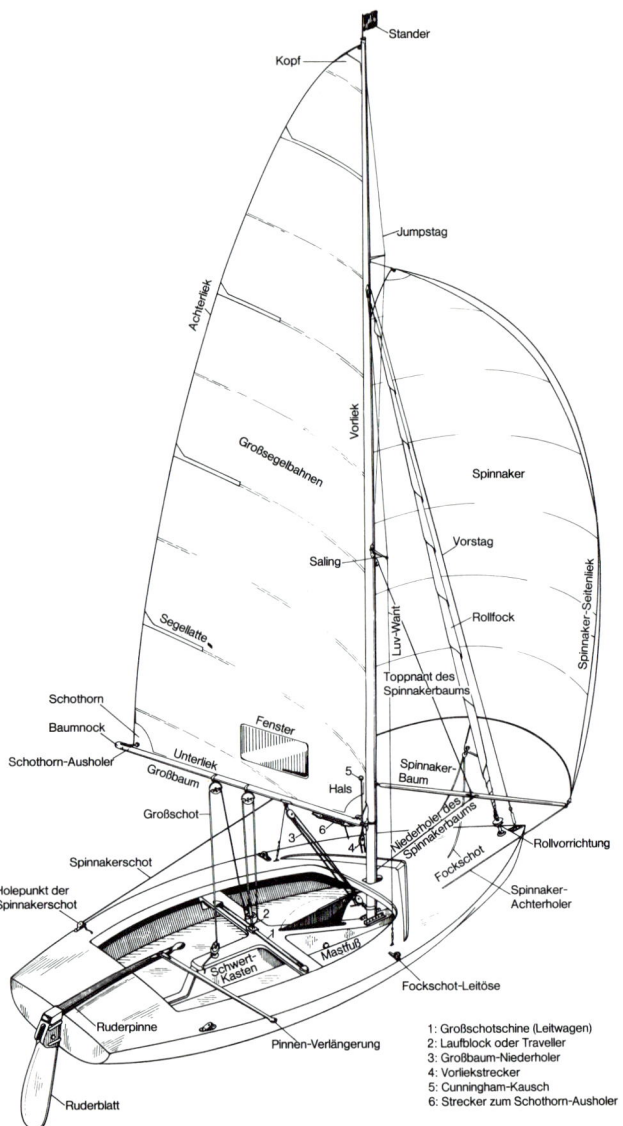

Abb. 145: Alle wichtigen Details einer modernen Rennjolle wurden in dieser perspektivischen Darstellung zusammengefaßt. Man erkennt das Fenster im Segel, den Großbaum-Niederhalter, den Leitwagen für die Großschot, die Verlängerung der Ruderpinne und die Rollvorrichtung für die Fock. Praktisch zeigt jede einzelne Klasse ihre eigenen Unterschiede zu diesem Normalboot.

freigestellt wie: Größe und Anordnung der Plicht, der Beschläge, des Schwertes, des Ruders, der Verstagung usw. Zahlreiche Klassen mit geringeren oder größeren Beschränkungen gehören dieser Gruppe an, wobei als einer ihrer bekanntesten Vertreter die „Flying Dutchman" genannt sei.

KONSTRUKTIONS-RENNKLASSEN: In diesem System von Klassenbestimmungen werden die Abmessungen nicht durch Festmaße begrenzt. Die Boote ein

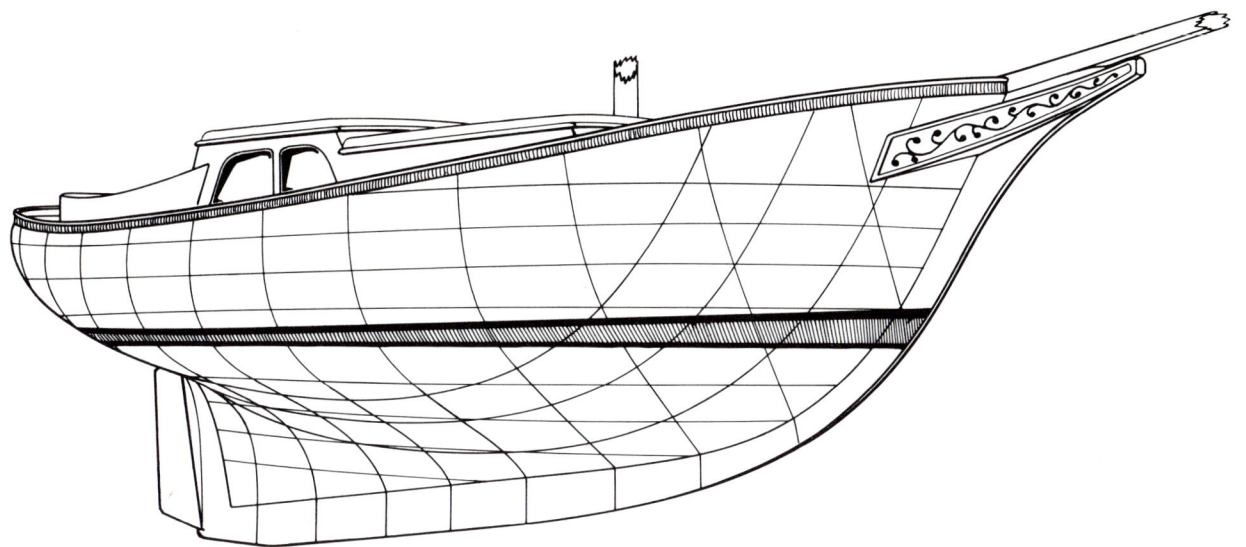

Abb. 146: Zur weitverbreiteten Gruppe der klassenlosen Yachten gehören auch die sogenannten Charakter-Schiffe, wie diese von A. Mason neu gezeichnete, aber mit alter Tradition überlieferte Friendship-Slup. Diese anheimelnde, aber nicht sehr schnelle Tourenyacht hat folgende Abmessungen:

Länge ü. alles	9,00 m	Verdrängung	4,70 t
Länge in der WL	7,10 m	Ballast	1,63 t
Breite	2,80 m	Segelfläche	63 m²
Tiefgang	1,38 m	Hilfsmotor	30 PS

und derselben Klasse haben durchaus abweichende Dimensionen in Länge, Breite, Verdrängung und Segelfläche, obwohl sie Boot gegen Boot, d. h. ohne Vergütung gegeneinander segeln. Die Unterschiede in den Abmessungen werden durch eine Vermessungsformel bewertet, so daß z. B. eine größere Länge eine kleinere Segelfläche oder größere Verdrängung bedingt. Zu dieser Gruppe gehören die Internationalen R-Klassen, von welchen in der 5,5-m- und der 6-m-Klasse heute noch einige Aktivität besteht, in der 12-m-R-Klasse dagegen um die bedeutendste aller Segler-Trophäen gekämpft wird, den *America-Pokal*.

KONSTRUKTIONS-KREUZERKLASSEN: Da reine Rennyachten sich nicht zum Fahrtensegeln eignen, werden schon seit langem sogenannte Ausgleichs-Formeln für Kreuzerklassen angewandt, um frei von allen Vorschriften erbaute Fahrtenyachten auch zu Wettfahrten organisieren zu können. Bald wurden besser ausgebaute Formeln auch zum Entwurf von Neubauten zugelassen, doch war allen gemeinsam, daß die einzelnen Yachten weder bestimmte Klassengrößen noch gleiche Geschwindigkeiten anzielten. Der errechnete Rennwert diente zur Bestimmung eines Zeitausgleichs, auch Handicap genannt. Dadurch konnte ohne weiteres eine kleinere und langsamere Yacht eine größere und schnellere besiegen, auch wenn sie erheblich später durchs Ziel ging als die größere und schnellere Yacht. In den verschiedenen Segelzentren der Welt befanden sich zahlreiche untereinander abweichende Kreuzeryacht-Meßverfahren in Gebrauch, von welchen nachstehende nochmals erwähnt seien: Formel des Cruising Club of America, kurz C.C.A.-Formel genannt, die des britischen Royal Ocean Racing Club, kurz R.O.R.C.-Formel, und die des deutschen Segler-Verbandes, kurz als KR-Formel bezeichnet. Sie alle wurden inzwischen durch die international gültige I.O.R.-Formel abgelöst, die bereits genau erklärt wurde.

KLASSENLOSE YACHTEN: Selbstverständlich werden zahlreiche Segelyachten ohne Rücksicht auf irgendein Meßverfahren entworfen und gebaut. Sie dienen allein dem Segeln *aus Spaß an der Freude*, zum Wandersegeln im Binnengebiet oder zum Fahrtensegeln auf See. Wer als Fahrtensegler die Sieben Meere der Welt erkunden will, wird viele Faktoren berücksichtigen, aber bestimmt nicht in ein Meßverfahren hinein bauen. Zu den klassenlosen Yachten gehören auch diejenigen, welche eine verhältnismäßig kleine Segelfläche, dafür aber einen starken Motor fahren und deshalb als *Motorsegler* bezeichnet werden.

In den letzten beiden Jahrzehnten hat der Segelsport in der ganzen Welt eine nie geahnte Ausbreitung gewonnen. In den vorhergehenden Auflagen dieses Buches

Foto 40: Die hier abgebildete Gesamtanordnung zeigt einen „Kiel-Zugvogel" in seiner klassischen Bauweise. Zwischen Mast und Baumstütze erkennt man den Schlitz zur Führung des beweglichen Kiels. Die Jollenausführung ist nur an dem etwas höheren Schwertkasten zu unterscheiden.   Foto: Joachim Laabs, Essen

wurden noch die Klassen „Snipe", „Lightning" und das „Starboot" als Beispiele weitverbreiteter Klassen mit zahlreichen gut organisierten Flotten aufgeführt. Inzwischen kamen derartig viele neue Klassen hinzu, vor allem Jollen, daß man sie kaum noch überblicken kann. Auf den folgenden Seiten findet man die Zeichnungen einer größeren Zahl von Klassenbooten, wobei jedes einzelne Boot als Beispiel einer charakteristischen Idee ausgewählt wurde. Darüber hinaus hat sich die Auswahl von keiner anderen Absicht leiten lassen. Bestimmte Eigenschaften, wie Geschwindigkeit, Preis, Verbreitung oder Nationalität, wurden weder speziell eingeschlossen noch ausgeschlossen. Dagegen wurde Wert auf weitgehende Verschiedenheit gelegt, und zwar mit Berücksichtigung wohl fast sämtlicher Tendenzen, welche auf dem großen Gebiet des modernen Yachtsegelns der Welt existieren.

Um den Umfang nicht über Gebühr zu vergrößern, mußten einige Pläne der früheren Auflagen weggelassen werden, oft zum schmerzlichen Bedauern des Verfassers. Die Mehrzahl dieser weggelassenen Pläne steht nämlich im Begriff, geschichtlich wertvolle Dokumente der Entwicklung des Yachtsegelns darzustellen. Doch das viele neuaufgenommene Material wird den Leser reichlich entschädigen.

In jedem einzelnen Falle wurde versucht, die Abmessungen mit möglichster Genauigkeit anzugeben. Alle Gewichtsangaben umfassen das segelklare Boot ohne Besatzung, aber mit allem Zubehör einschließlich der Segel. Sie weichen deshalb mitunter von den Klassenvorschriften ab, welche sich oft auf den Bootskörper ohne Zubehör beziehen.

Die Wasserlinienlänge wurde im allgemeinen den Plänen entnommen, jedoch darf man ihrem Maß keine absolute Bedeutung beilegen, da Trimm und Fahrt oft die Länge in Ruhelage beeinflussen. Auch die wahre Fläche der Besegelung ist unterschiedlichen Berechnungen unterworfen, da die Vorsegel bzw. das Vorsegeldreieck nicht in allen Klassen gleich bewertet werden.

Rennjollen-Klassen

Je weiter sich das sportliche Segeln über die ganze Welt ausbreitete, desto zahlreicher wurden auch die Klassen kleiner Segelyachten zum Renn- und Wandersegeln. So wurde die moderne Jolle zu großer Vollkommenheit entwickelt, die an sportlichem Wert in nichts einer großen Yacht nachsteht. Die weltumspannende Verbreitung der modernen ballastlosen Jolle begann etwa um das Jahr 1920. Die zunächst noch recht schweren Boote wurden bald darauf in leichterer Bauweise hergestellt. Ihre Formen wurden verbessert und verfeinert, ihre Besegelungen immer wirksamer gestaltet, ohne die Fläche zu verändern. Schließlich tauchte um 1950 die echte *gleitende Jolle* auf. Das seit etwa 1920 durchaus bekannte, aber nur selten erreichte Gleiten wurde nunmehr bereits beim Entwurf angestrebt. Schließlich wurde die Herstellung der Bootskörper aus glasfaserverstärktem Kunstharz eingeführt, wodurch absolute Wasserdichtigkeit und unübertreffliche Gleichheit der Boote möglich wurden.

Bei den Olympischen Spielen von 1924, die in Paris abgehalten wurden, waren zum erstenmal Wettkämpfe auch für eine Jollenklasse ausgeschrieben worden, welche einhand gesegelt werden sollte. Aus Mangel an Erfahrung wählte man ein viel zu großes, zu schweres und übertakeltes Boot. Das Gewicht der damaligen „Einhand"-Jolle betrug, man höre, 450 kg bei etwa 6 m Länge und entsprach damit ungefähr einem „Lightning", welcher mit drei Mann gesegelt wird. Die Am-Wind-Segelfläche war 20 m² groß und führte sogar einen Spinnaker für raume Strecken. Der zu bedauernde Segler war kaum imstande, irgendwelcher Regattataktik etwas Aufmerksamkeit zu schenken, denn er mußte sein ganzes Können aufwenden, um seine große Jolle überhaupt zu beherrschen. Er war gezwungen, während des Rennens und mit erstaunlicher Akrobatik Ruder und Schoten zu bedienen, Spinnaker zu setzen und zu bergen und dazu auch noch die Schwertstellung zu verändern . . .

Damals begann der allmähliche Übergang zur modernen Jolle. Die zu schweren und zu massigen Boote verschwanden, ebenso die zu großen Segelflächen mit zu schwerer Takelage. Die Boote wurden zwar nicht kürzer, im Gegenteil, sie wurden sogar länger, gleichzeitig

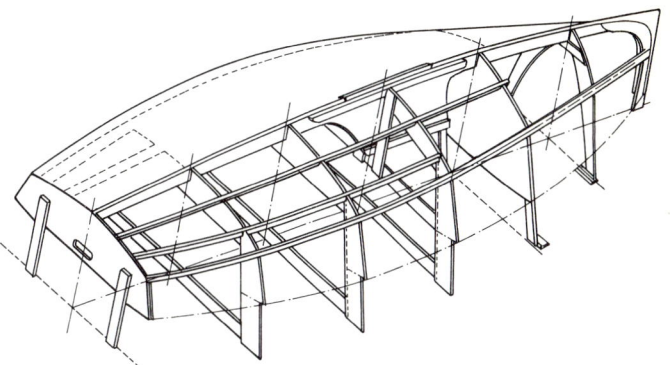

Abb. 147: Nicht Serienbau, sondern Selbstbau! Zahlreiche Jollenklassen wurden ausdrücklich für den Selbstbau entworfen, wie z. B. die kieloben liegende „Cherub"-Jolle, von John Spencer entworfen. Sie ist 3,66 m lang, 1,52 m breit und fährt eine Sluptakelung mit 8,20 m² Segelfläche.

aber auch bedeutend leichter und schmaler. Damit reichten viel kleinere Segelflächen aus, um mit handigeren Booten erheblich höhere Geschwindigkeiten zu erreichen.

Nicht viel später wurden die ersten Einheitsklassen eingeführt. Diese zeigten ursprünglich Bootskörper von größter Einfachheit mit dem Ziel, mühelos von Amateuren gebaut werden zu können. Eine dieser Klassen, „Snipe" genannt, erlangte schon früh eine wahrhaft erstaunliche Ausbreitung über die ganze Welt. Sie war von William Crosby entworfen worden, dem damaligen Herausgeber der Zeitschrift „The Rudder". Das erste Boot wurde tatsächlich auch sofort von einem nur 14 Jahre alten Amateur gebaut.

In Deutschland wurde die Einheitsjolle erst später eingeführt, ohne daß man an irgendwelche Vereinfachung dachte, um den Selbstbau durch Amateure zu fördern. Im Gegenteil, als Endpunkt einer langen Reihe völlig freier Jollenklassen, bei denen nur die Größe der Segelfläche vorgeschrieben war, war man zu einer sehr komplizierten, aber auch sehr leichten Bauweise gelangt, so daß die damaligen Rennjollen der 10-, 15- und 20-Quadratmeter-Klassen den Gipfel handwerklicher Fertigkeit im Bootsbau darstellten. Die Bootskörper waren immer länger geworden, ebenso schmaler und leichter, so daß man sich schließlich in der 10-qm-Klasse entschloß, den Entwurf der besten und schnellsten Jolle als Einheitsklasse festzulegen. Er soll hier wegen seiner historischen Bedeutung für die Entwicklung des deutschen Jollensegelns noch mit eingeschlos-

Foto 41: Die älteste Jollenklasse von weltweiter Verbreitung: „Snipe", entworfen bereits im Jahre 1931 von William Crosby und heute mit etwa 20 000 Einheiten weltverbreitet. Die „Snipe"-Jolle ist 4,73 m lang, 1,52 m breit und trägt 10,4 m² Segelfläche. Sie wird von zwei Mann gesegelt; ihre modernen Vertreter wandelten sich fühlbar vom Originalentwurf ab, seit der Bau in GFK authorisiert wurde, doch ansonsten wurde die Einheitlichkeit gewahrt. Foto: Snipe Class Internat. Racing Ass'n.

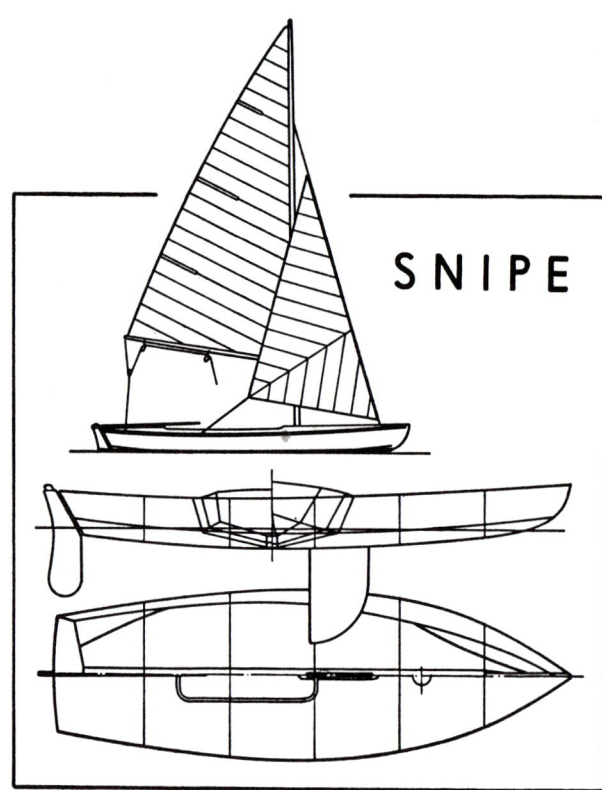

Abb. 148: Eine der am weitesten verbreiteten Jollenklassen der Welt.

Länge ü. alles .... 4,73 m	Tiefgang
Länge in der WL 4,12 m	mit Schwert .. 1,04 m
Breite .... 1,52 m	Gewicht ohne
Tiefgang Rumpf .. 0,16 m	Mannschaft ... 210 kg
	Segelfläche ..... 10,4 m²

sen werden, stammt er doch vom Reißbrett des unvergessenen Meisterkonstrukteurs deutscher Jollenklassen, Reinhard Drewitz.

Beim Betrachten des Risses fällt heute eigentlich jedes Detail auf: die Gaffeltakelung, das stark gerundete Achterliek, getragen von durchgehenden Latten, das hölzerne Vorstag, auch Vorstagspiere genannt, der extrem lange und sehr schmale, niedrige Bootskörper, die kurze und breit gezogene Gabelruderpinne mit ihrer Seilübertragung vom weit achtern liegenden Ruder nach vorn. Die Außenhaut wurde häufig aus einem Mahagoni-ähnlichen, aber viel leichteren Holz ausgeführt, genannt Okumé oder Gaboon. Man muß bewundern, daß dieser 6,60 m lange Bootskörper in nur 8 mm Außenhautstärke ohne jede Verleimung hochgeplankt werden konnte. Die Planken wurden mittels eingebogener Eschenholzspanten von nur 10 × 15 mm miteinander verbunden und in Kupfer vernietet. Sie wurden in nur 80 mm Abstand eingesetzt, um die reichlich dünne Außenhaut auch beim Arbeiten unter Winddruck dichtzuhalten. Auch das Deck wurde aus dünnem Massiv-Okumé gebaut mit untergelegten Nahtleisten, denn damals gab es noch kein für den Bootsbau brauchbares Sperrholz. Die Blütezeit der lan-

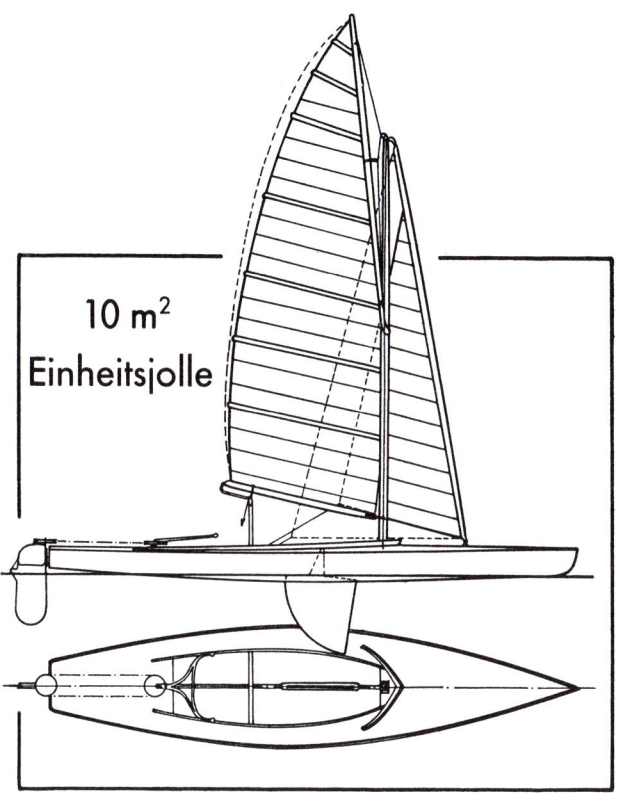

Abb. 149: Die deutsche 10 m²-Einheitsjolle hat heute nur noch historische Bedeutung. Sie ist das Endprodukt einer langen Entwicklung von Jollenklassen, bei denen nur die Größe der Segelfläche begrenzt war.

Länge ü. alles . . . . 6,60 m *Tiefgang*
Länge in der WL 5,85 m   *mit Schwert . . 0,88 m*
Breite . . . . 1,40 m   *Gewicht ohne*
Tiefgang Rumpf . . 0,08 m   *Mannschaft . . . . . 205 kg*

gen leichten deutschen Rennjolle, die auch in Österreich und der Schweiz gepflegt wurde, lag etwa zwischen den Jahren 1920—1938.

Die Jahre 1952—1953 brachten neuen Schwung in die Entwicklung der Rennjolle. Waren bisher die Klassen und Typen in den einzelnen Ländern völlig unabhängig voneinander entstanden, so wurde nunmehr der Gedanke internationaler Zusammenarbeit mit großem Erfolg aufgegriffen. Auf einem in Holland organisierten internationalen Wettbewerb des Jahres 1952 wurden nicht mehr Pläne von einem Sachverständigen-Ausschuß geprüft, sondern Konstrukteure und Segler waren aufgefordert worden, ihre neuesten Produkte „in natura" vorzuführen. Deren Eigenschaften wurden in einer Serie von Rennen geprüft und verglichen, und schließlich wurde der „Flying Dutchman" auserwählt und zur Internationalen Zweimann-Jolle für Binnengewässer erklärt. Man wird diesen Entwurf des Holländers U. van Essen sofort als wohldurchdachte Weiterentwicklung der klassischen deutschen Rennjolle erkennen, nicht mehr so extrem lang, dafür aber leichter zum Gleiten kommend. So fand die neue Klasse auch sofort begeisterten Anklang in denjenigen europäischen Ländern, wo stets die klassische Jolle gepflegt wurde. Im Jahre 1960 erhielt sie schließlich Olympia-Status.

*

Galt der „Flying Dutchman" als vorzügliche Rennjolle für Binnengewässer, so hielt der Kleinboot-Ausschuß der *International Yacht Racing Union*, I.Y.R.U., es für geraten, eine weitere Regattaserie vor der rauheren Biscaya-Küste zu organisieren, um eine Rennjolle für Küstengewässer ausfindig zu machen. Diese Auswahlrennen fanden im Jahre 1953 vor La Baule, Frankreich, statt, aus welchen als Sieger eine 5,50 m lange Jolle namens CORONET hervorging. Der französische Caneton-Verband förderte seit langem eine Jollenklasse von 5,05 m Länge. Angeregt durch die Erfolge des CORONET, fragte dieser Verband den Konstrukteur John Westell, ob er sich bereitfinden würde, den CORONET auf die gewünschte Länge von 5,05 m umzuzeichnen. So entstand die zweite internationale Jollenklasse für rauhere Gewässer, welche einfach den Namen „5-0-5" bekam. Sie wurde im Jahre 1954 von Frankreich eingeführt und erhielt im November 1955 ihre Anerkennung als Internationale Klasse.

Dieses Boot zeigte wohl zum erstenmal breiten Seglerkreisen, wie ein ausgesprochen für das Gleiten entworfenes Boot aussehen sollte. Seine durchaus ungewöhnliche Form verband eine sehr schmale Breite in der WL mit großer Breite an Deck, verstärkt durch eine ausladende wasserabweisende Spantform. Aber noch eine weitere Eigentümlichkeit fiel an diesem Boot auf: Nach einem immer möglichen Kentern konnte es unerhört schnell wieder aufgerichtet werden und weitersegeln. Das angewandte System des automatischen Lenzens wirkte damals geradezu verblüffend und wurde durch hermetischen Abschluß der Boots-Innen-

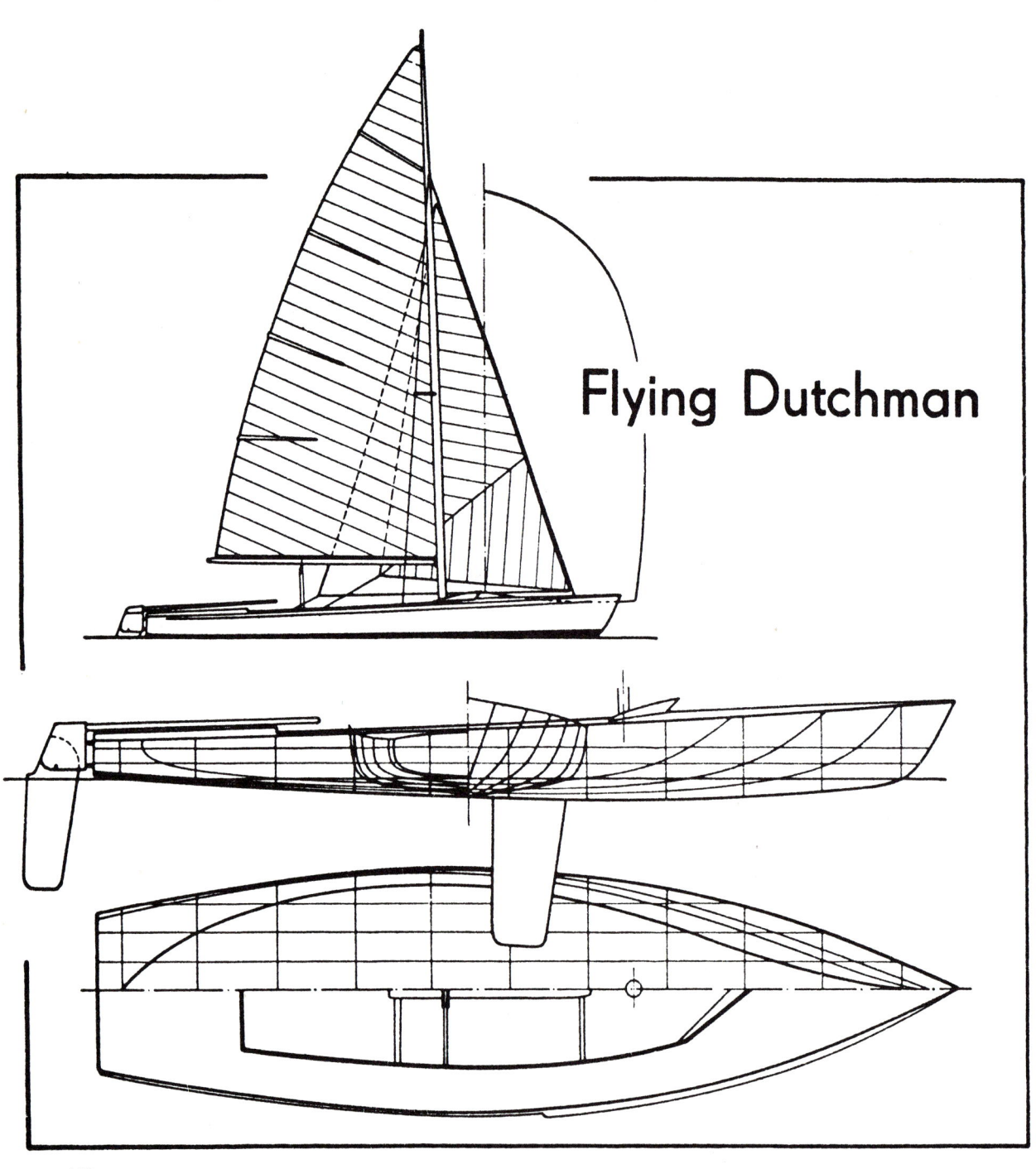

Abb. 150: Eine Weiterentwicklung der deutschen Rennjolle: „Flying Dutchman":
Länge in der WL 5,50 m *Breite .... 1,70 m*
Länge ü. alles .... 6,05 m *Tiefgang Rumpf .. 0,15 m*
Tiefgang mit Schwert .. 1,10 m
Gewicht ohne Mannschaft ... 160 kg
Segelfläche ..... 15,0 m²

seiten erzielt. Das Boot blieb damit nach dem Kentern so hoch über dem Wasser, daß nur wenig Wasser ins Innere gelangte. Beim Aufrichten läuft es von selbst fast vollständig wieder ab, der geringe Rest wird durch Lenzklappen im Spiegel abgeführt, so daß die Regatta ohne Zeitverlust sofort weitergesegelt werden kann.

CONTENDER: Da man nunmehr zwei internationale Jollenklassen mit Erfolg ausgewählt hatte, beide für zwei Mann Besatzung, lag der Gedanke nahe, auch eine sehr moderne, sehr schnelle Einmannjolle durch Vergleichswettfahrten herauszuschälen. Auch hierzu wurde von der I.Y.R.U. aufgerufen, und so fanden sich im Mai 1968 zahlreiche bewerbende Neukonstruktionen vor Medemblik auf dem Ijsselmeer in Holland ein. Es war dieses der dritte und endgültige Wettbewerb, und so wußten alle 14 teilnehmenden Rennjollen die Schärfe der Konkurrenz genauestens einzuschätzen. Es war wohl der härteste aller jemals organisierten Wettbewerbe dieser Art, denn jedes Boot auf seine Art stellte wohl höchste Klasse dar. Die endgültige Wahl fiel auf den australischen Entwurf „Contender", der natürlich auch internationalen Status erhielt.

Der Konstrukteur des „Contender", Bob Miller aus Sydney, war erfahrener Rennjollensegler, außerdem auch Segelmacher. Inzwischen hat er mit seinen Konstruktionen eine so erstaunliche Karriere durchlaufen, daß ihm die Konstruktionsleitung des soeben fertiggestellten australischen Herausforderers des America-Pokals übertragen wurde. Millers ursprünglicher „Contender" von 1967 war ein Knickspantboot mit sehr niedrigem Freibord. Für die endgültige Ausscheidung 1968 baute er einen neuen mit leicht erhöhtem Freibord, vor allem aber mit stark gerundeter Kimm, und diese neue Version führte zum Sieg. Im Linienriß ist dieses ungewöhnliche Konstruktionsprinzip noch erkennbar.

Gegenüber allen früheren Einmannklassen zeichnet der „Contender" sich aus durch die Anwendung des Trapezes. Trotzdem besitzt der Bootskörper bereits in sich eine gute Stabilität und kommt am Wind rasch ins Gleiten. Auffallend ist seine rasche Beschleunigung bei einsetzender Bö. Das Boot ist katgetakelt, und am Großsegel erkennt man eine ungewöhnlich starke Rundung des Achterlieks. Trapezsegeln ist für den einzigen Mann an Bord eine schwierige Aufgabe, muß er doch gleichzeitig Großschot, Ruderpinne (die zu diesem Zweck eine Verlängerung hat) und seine eigene Körperhaltung ununterbrochen an Wind und Kurs anpassen. So fand man bei anderen Konkurrenzbooten der

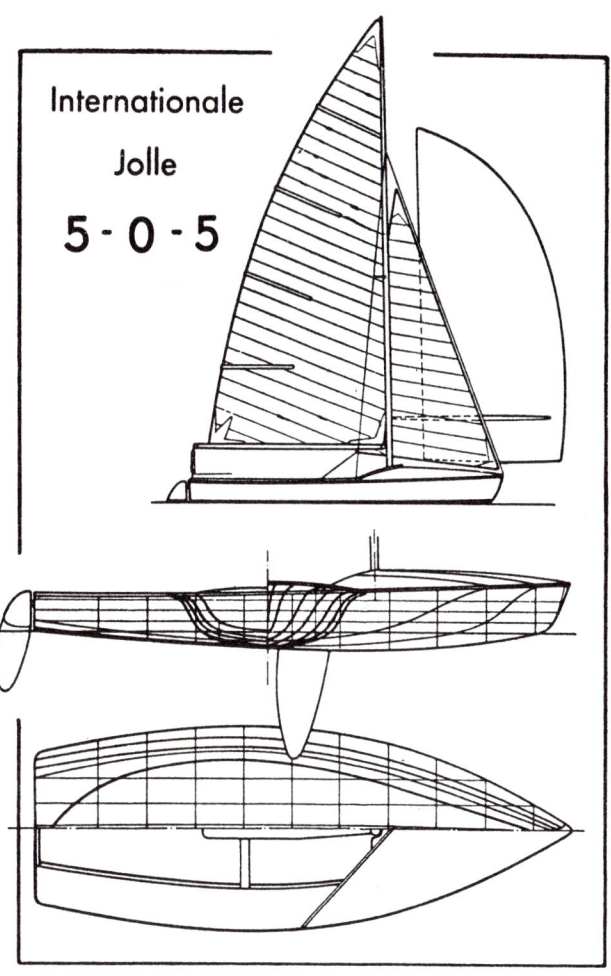

Abb. 151: Mit der Internationalen 5-0-5-Jolle fand die modernste Richtung der gleitenden Jollenform ihre Anerkennung.

Länge ü. alles .... 5,05 m
Länge in der WL 4,65 m
Breite .... 1,88 m
Tiefgang Rumpf .. 0,16 m
Tiefgang
  mit Schwert ... 1,15 m
Gewicht ohne
  Mannschaft ... 140 kg
Segelfläche ..... 14,0 m²

Ausscheidung auch Gleitsitze und herausklappbare Sitze aus Holz. Inzwischen wird der „Contender" selbstverständlich auch in GFK hergestellt.

O.K.-JOLLE: Daß man internationale Einhand-Regatten auch in sehr viel einfacheren Booten bestreiten kann, soll am Beispiel der O.K.-Jolle gezeigt werden.

Foto: 42: Mit der „O.K.-Jolle" gelang es, ein bedeutend einfacheres und weniger kostspieliges Boot zu schaffen als das Finn Dinghy, jedoch ohne die seglerischen Qualitäten zu mindern, Zeichnung siehe Abb. 153. Die Jolle wurde in den Abmessungen von 4,00 m × 1,42 m vom dänischen Konstrukteur Knud Olsen entworfen und erlangte rasch eine weltweite Bedeutung. Der Mast wird durch den Schotenzug gerade eben so stark durchgebogen, wie zum Abflachen des Großsegels je nach Windstärke gewünscht wird. Foto: O.K. Dinghy Internat. Ass'n.

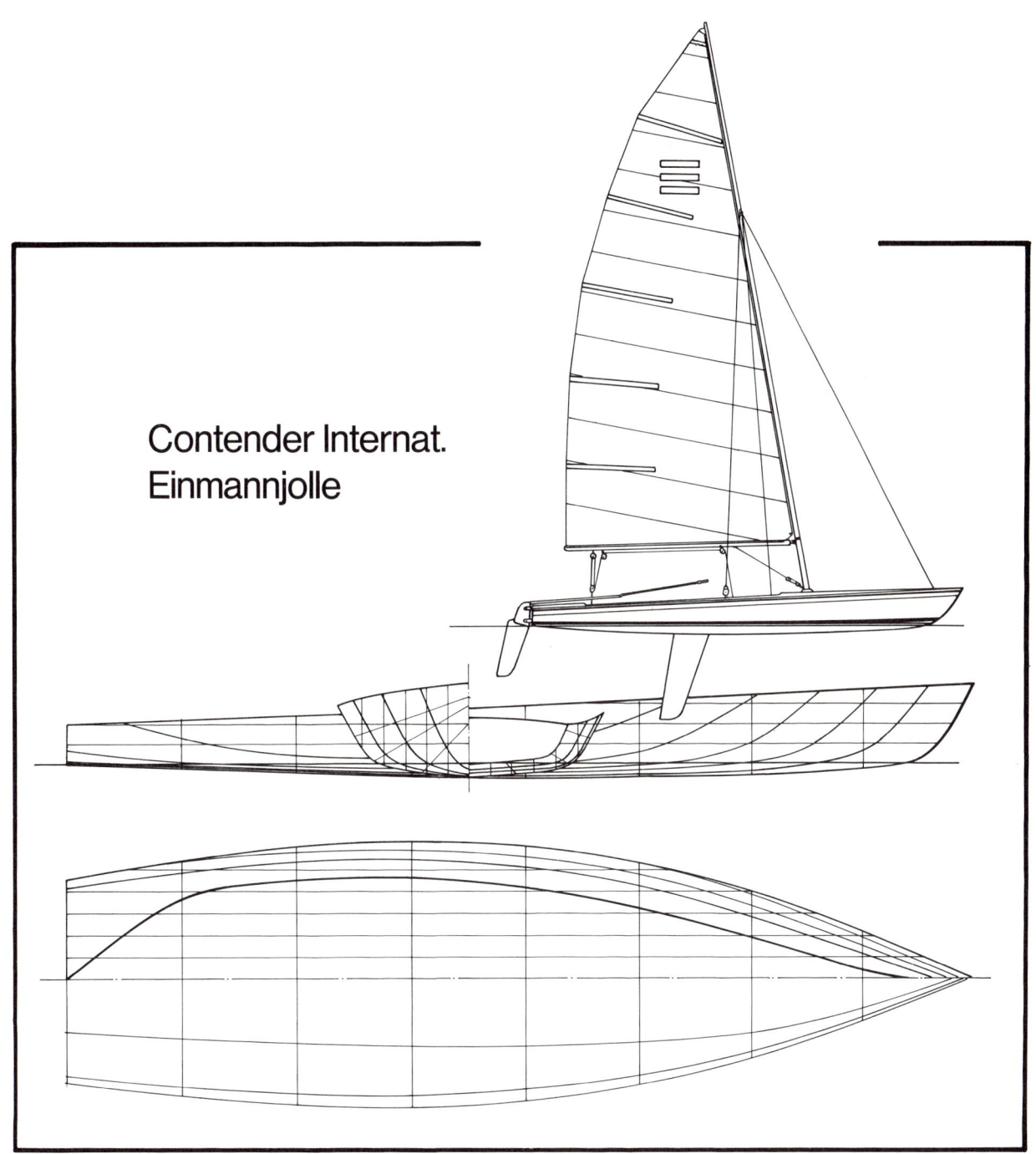

Abb. 152: Ganz neue Prinzipien brachte der internationale „Contender" in die Welt des Jollen-Rennsegelns: das Einmann-Boot mit Trapez.

Länge ü. alles	4,88 m	Tiefgang	
Länge in der WL	4,50 m	mit Schwert	1,02 m
Breite	1,42 m	Gewicht ohne	
Tiefgang Rumpf	0,08 m	Mannschaft	68 kg
		Segelfläche	11,0 m²

Sie entstand mit der Absicht, jungen Seglern ein billiges, aber trotzdem wertvolles Einmannboot in die Hand zu geben, auf dem sie sich in die damals blühende Klasse der Finn-Dinghies hineinentwickeln konnten. Doch gelang der Entwurf so vorzüglich, daß die O.K.-Jolle ihre eigene internationale Verbreitung erreichte. Im Jahre 1957 vom dänischen Konstrukteur Knud Olsen entworfen, gewann sie in rasanter Form an Popularität, nicht zuletzt dank der sehr einfachen Bauweise, die geradezu zum Selbstbau herausforderte. In

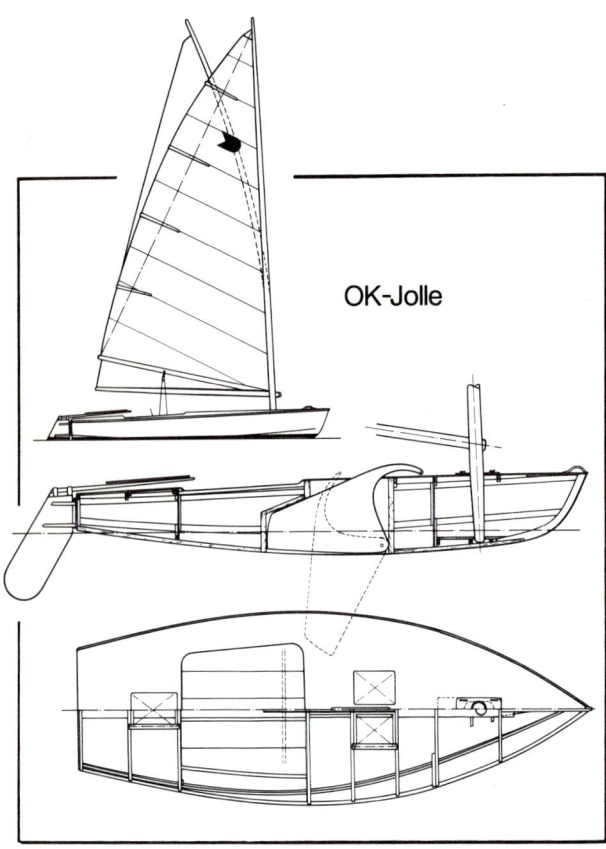

Abb. 153: Mit der OK-Jolle wurde eine einfache Jolle geschaffen, die auch im Selbstbau hergestellt werden kann und trotzdem alle Qualitäten des Finn-Dinghys umfaßt, das als Vorbild diente.

Länge ü. alles .... 4,00 m
Länge in der WL 3,75 m
Breite .... 1,42 m
Tiefgang Rumpf .. 0,17 m
Tiefgang mit Schwert .. 0,95 m
Segelfläche ..... 8,25 m²

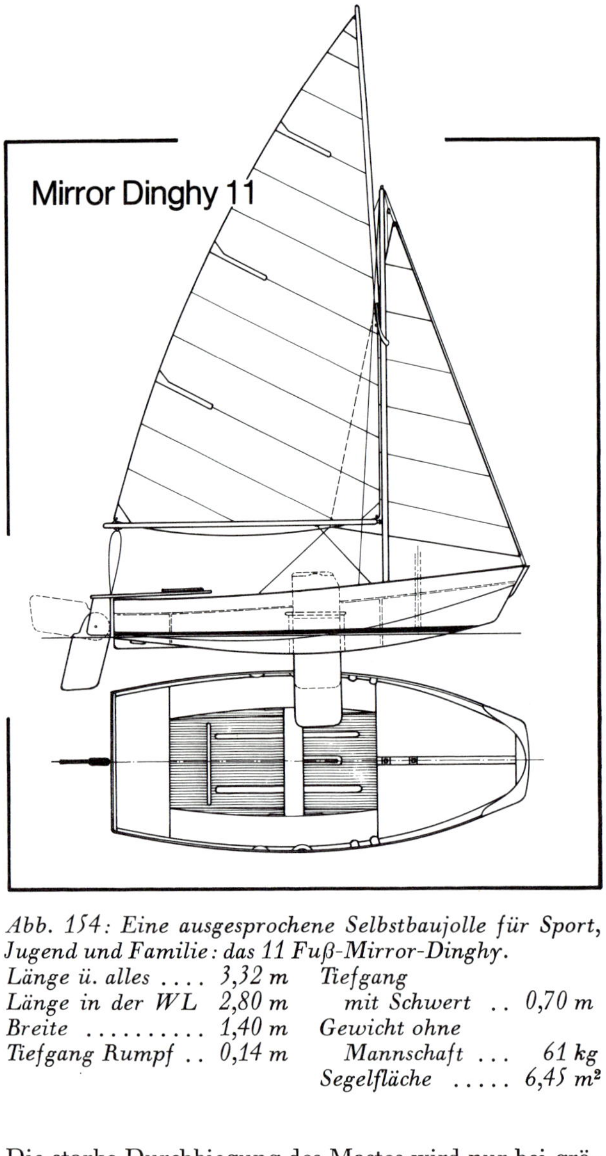

Abb. 154: Eine ausgesprochene Selbstbaujolle für Sport, Jugend und Familie: das 11 Fuß-Mirror-Dinghy.

Länge ü. alles .... 3,32 m
Länge in der WL 2,80 m
Breite .... 1,40 m
Tiefgang Rumpf .. 0,14 m
Tiefgang mit Schwert .. 0,70 m
Gewicht ohne Mannschaft ... 61 kg
Segelfläche ..... 6,45 m²

vielen Ländern der Welt kann man zu günstigem Preis den Baukastensatz erwerben, so daß ein Eigenbau mit geringer Mühe verwirklicht werden kann.

Ein Blick auf den Segelriß läßt sofort die Verwandtschaft zum Finn-Dinghy erkennen, nämlich der unverstagte Mast, der allein durch den Schotenzug stark durchgebogen werden kann sowie der ohne Beschlag einfach in den Mast gesteckte Großbaum. Durch die beidseitige Abschottung der an sich sehr klein ausgeführten Plicht dringt beim Kentern nur wenig Wasser ins Bootsinnere. Bei den großen Feldern, die sich in dieser Klasse bilden, kann man an windreichen Tagen beobachten, wie Dutzende von Booten von starken Böen umgeworfen werden, wonach die meisten sich aber sofort wieder aufrichten und weitersegeln.

Die starke Durchbiegung des Mastes wird nur bei größeren Windstärken und bei Am-Wind-Kursen erzwungen. Sie dient dazu, das Segel sehr stark abzuflachen. Bei leichtem Wetter, aber auch bei achterlichem Wind streckt der Mast sich wieder, und das Segel erlangt die nunmehr vorteilhafte größere Wölbung.

*

MIRROR-DINGHY: Mit diesem durchaus ungewöhnlichen Entwurf wird an die Vorteile des einfachen Selbstbaues angeknüpft. Allein diesem Umstand ist es zu verdanken, daß das „Mirror Dinghy" heute zur zahlreichsten Klasse der Welt wurde, mit einem Be-

Foto 43: Hier braucht man keinen Segelklub am Wasser! Sämtliche Jollen wurden aus der weiteren Umgebung im Anhänger hierher gefahren; die gleichen Segler treffen sich vielleicht am darauffolgenden Wochenende wieder an einem ganz anderen Strande, um mit ihrer Jolle vom Typ „Cherub" Rennen zu bestreiten. Das flinke Boot ist nur 3,66 m lang, 1,52 m breit und fährt 8,20 m² Segelfläche. Die Rumpfform ist nur in Hauptmassen beschränkt, viele Boote wurden von ihren Steuerleuten nebst Mannschaft eigenhändig erbaut. Das Ganze findet man sowohl in Neuseeland (Foto) wie in Australien und anderen weitläufigen Ländern. Foto: Joe Felton

stand, der um die 40 000 Einheiten geschätzt wird. Auf Anregung der Londoner Tageszeitung „Daily Mirror" wurde die Klasse von einer Gruppe von Fachleuten ins Leben gerufen. Barry Bucknell, ein Experte in allen Fragen des Selbstbaues, erdachte ein neuartiges System zur Verbindung der Plankennähte, Jack Holt, erfahrener Konstrukteur vieler britischer Jollenklassen, zeichnete den Entwurf, und die Zeitschrift „Yachting World" übernahm die Aufgabe, das Boot in Wassersportkreisen einzuführen und die Klassenorganisation aufzubauen. Bootskörper und sehr reichlich vorgesehene Sitzbänke werden in 5-mm-Bootsbau-Sperrholz hergestellt, worüber fertig zugeschnittene Bausätze erhältlich sind.

Die Nahtverbindung der Außenhautplanken wird wie folgt hergestellt: Zwei provisorisch zusammengehaltene Planken, z. B. Seite und Boden, bekommen je paarweise 2 kleine Löcher, durch die ein kurzes Stück Kupferdraht gesteckt wird, dessen beide Enden außen mit einer Zange fest verdreht werden. Dadurch hat das Boot zwar Form und Zusammenhalt, aber weder Festigkeit noch Wasserdichte. Nun wird auf der Innenseite ein Streifen festes Glasband mit Kunstharz aufgeklebt. Nach dem Abhärten werden die verdrehten Enden des Kupferdrahtes außen abgeschnitten, und auch dort wird ein Streifen Glasband übergeklebt. Die Kupferdrähte selbst bleiben zwar im Boot, von Glasband und Kunstharz gut überdeckt, doch sind sie jetzt in jeder Weise überflüssig. Die Kunstharz-Glasband-Verbindung hat sich vorzüglich bewährt. Zum Zusammenbau eines Baukastensatzes werden kaum mehr als 100 Arbeitsstunden gebraucht, bis das Boot segelklar fertiggestellt ist.

Als Rennjolle darf das „Mirror-Dinghy" natürlich

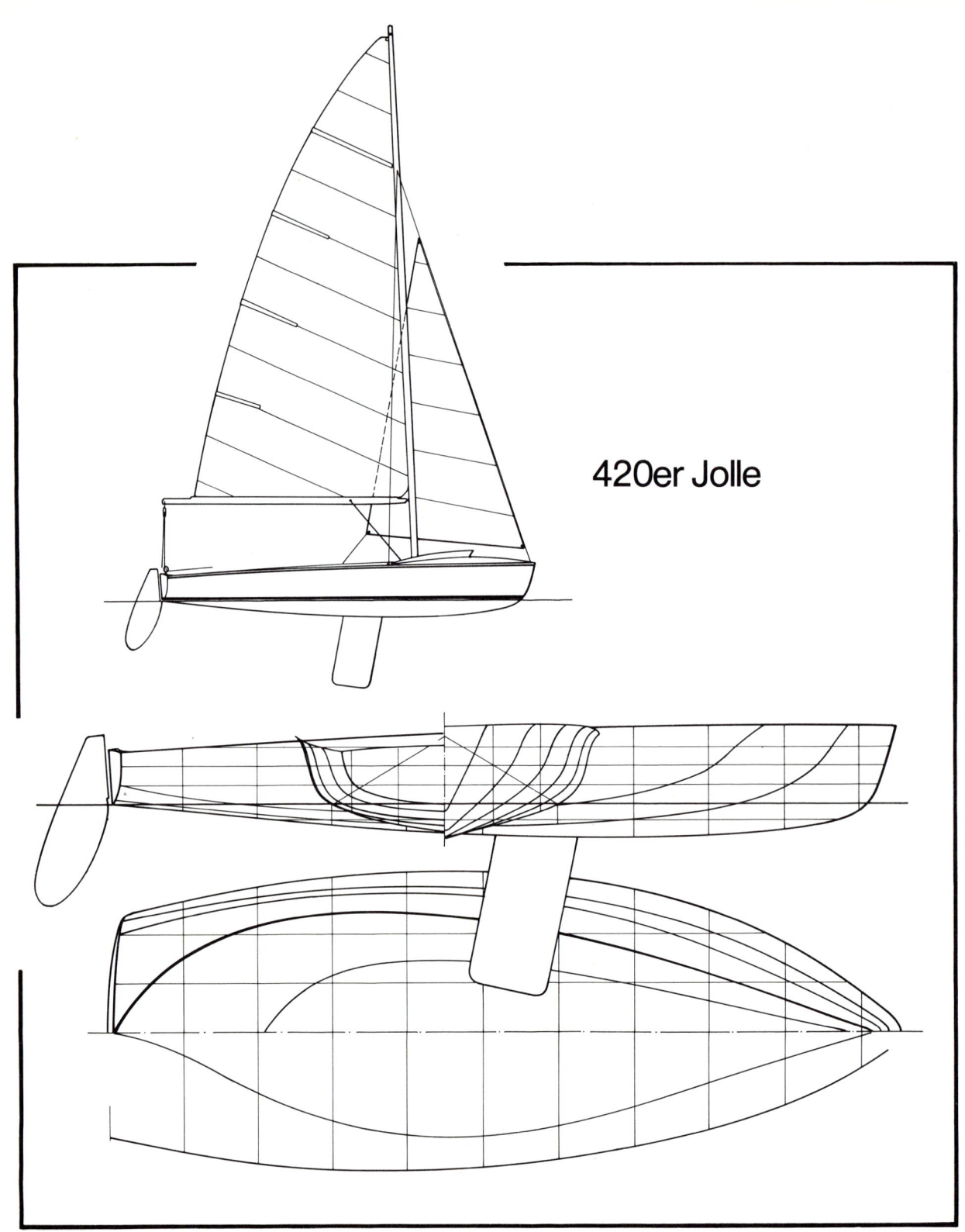

Abb. 155: Die in Frankreich entstandenen Jollen der 420er- und 470er-Klasse sind sich in Typ und Formgebung sehr ähnlich. So soll die Zeichnung des 420ers für beide Boote gelten.

	420er	470er
Länge ü. alles	4,20 m	4,70 m
Länge in der WL	4,00 m	4,45 m
Breite	1,63 m	1,69 m
Tiefgang Rumpf	0,17 m	0,17 m
Gewicht Bootskörper	80 kg	92 kg
Tiefgang mit Schwert	0,98 m	1,05 m
Gewicht ausgerüstet	98 kg	115 kg
Segelfläche	10,25 m²	12,70 m²

nicht betrachtet werden, doch ist es ein durchaus flottsegelndes Boot, das alle Kinder lieben und in dem auch zwei Erwachsene gelegentlich Regatta segeln können. Die Gaffeltakelung wurde aus praktischen Gründen gewählt, da viele dieser Boote auf dem Autodach transportiert werden und die verhältnismäßig kurzen Spieren nicht über die Bootslänge hinausragen.

420ER UND 470ER JOLLE: Die in Frankreich entstandene 420er Jolle dürfte wohl als klassisches Beispiel dafür gelten, wie der damals neu aufgekommene GFK-Bootsbau sich zur Herstellung preiswerter Einheitsboote eignete. Betrachtet man die Spantform im nebenstehenden Riß, so läßt sie klar erkennen, daß von Anfang an die Herstellung in GFK geplant war, daß aber auch die Vorteile der plastischen Einformung gut ausgenutzt wurden.

Bereits 1958 von Christian Maury entworfen und von der Werft Lanaverre, Bordeaux, in großen Serien hergestellt, bewährte sich der 420er so gut, daß er längst internationalen Status erhielt und eine große Verbreitung über die ganze Welt erlangte. Eine Zahl von 24 000 Booten dürfte sicher zu knapp gegriffen sein. Strenge Klassenvorschriften sorgen dafür, daß die Einheitlichkeit gewahrt bleibt. Ausgerüstet mit Spinnaker und Trapez, erfüllt sie die meisten Wünsche des Rennseglers, wurde aber besonders bei der Jugend beliebt und gilt heute als eine der verbreitetsten Jugendklassen. Einige Jahre später entwarf der französische Konstrukteur André Cornu eine etwas größere Jolle nach denselben Prinpizien, die etwas schneller war und daher den Rennsegler noch mehr ansprach. So erhielt der 470er sehr bald ebenfalls internationale Anerkennung, und seit Ende 1972 wurde er sogar in die Gruppe der sechs olympischen Segelklassen aufgenommen. Seine Verbreitung ist in raschem Fortschreiten und liegt z. Z. um die 15 000 Einheiten. Noch immer gibt es die weitaus größte Zahl in Frankreich, aber in weiteren 25 Ländern wird sie ebenfalls gepflegt, worunter Deutschland und Italien besonders zahlenmäßig hervorragen, Holland dagegen durch seine Erfolge in der letzten Weltmeisterschaft.

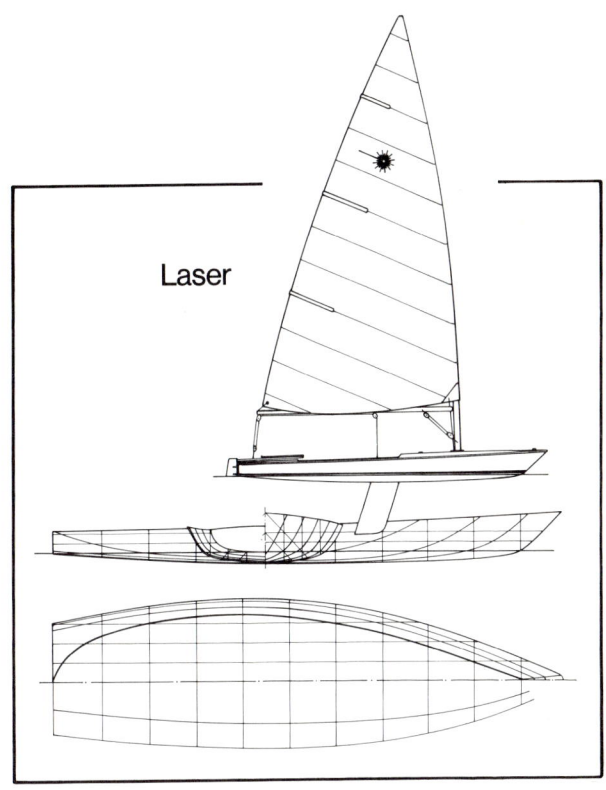

Abb. 156: Die Laser-Jolle gewann rasch an Verbreitung, weil viele Segler sich nach einem echten Einheitsboot sehnten; sie hat dazu alle Eigenschaften eines echten Rennbootes.
Länge ü. alles .... 4,23 m   Tiefgang
Länge in der WL   3,80 m   mit Schwert .. 0,76 m
Breite .... 1,37 m   Gewicht ausgerüstet 57 kg
Tiefgang Rumpf .. 0,09 m   Segelfläche ..... 7,07 m²

Daß Rennbootstüftler immer wieder kleine Verbesserungen anbringen möchten, liegt schon in der Natur der Sache. Die Internationale 470er-Vereinigung hat jedoch jede Veränderung oder kleine Finesse untersagt und sogar vorgeschrieben, daß auf wichtigen Meisterschaften nur ein einziger Satz Segel benutzt werden darf. Das Ganze ist in bestem Sinne auf seglerisches Können ausgerichtet. Der nebenstehende Riß zeigt den 420er, dem der 470er jedoch im großen und ganzen sehr ähnlich ist und deswegen nicht extra hinzugefügt wurde.

LASER-JOLLE: Einhandsegeln im einfachsten Einheitsboot, dazu Geschwindigkeit und feinfühlende Renneigenschaften, das war die zündende Grundidee bei der Schöpfung der Laser-Jolle. Um dieses wirklich

Foto 44: Nahaufnahme der modernsten Super-Einheitsjolle „Laser". Sie fährt ein Kat-Großsegel und wird nur von einem einzigen Mann gesegelt. In ihrer ganzen Konzeption wurde sie auf Einheitlichkeit, Einfachheit und hohe seglerische Qualitäten ausgerichtet. In sehr kurzer Zeitspanne erreichte sie weltweite Verbreitung; Zeichnung siehe Abb. 156. Man erkennt gut, wie das Großsegel nur über den Mast gestülpt wird, ohne Großfall, und nur durch die Cunningham-Leine nach unten abgesichert.   *Foto: Performance Sailcraft, Canada*

einfache, aber leistungsfähige Boot in die Praxis umzusetzen, taten sich gleich drei Konstrukteure zusammen: Bruce Kirby konstruierte die Rumpfform und den Segelriß, Ian Bruce die Plichtanordnung, Deck, Takelage und Beschläge und Hans Fogh die Herstellung und den Schnitt des über den Mast zu stülpenden Segels.

Betrachtet man die Form des Rumpfes im zugehörenden Linienriß, so ist eine Ähnlichkeit zum „Contender" unverkennbar. Das kleine Boot wirkt ausgesprochen lang, schmal und rassig. Doch was die Laser-Jolle vor allen anderen Rennbooten auszeichnet, ist die strenge Innehaltung von Einfachheit und Gleichheit aller Boote. Das erste Musterboot erschien Ende 1971 auf einer freien Wettfahrtserie für Gleitjollen niedriger Preisklassen. Es fand daraufhin so viel Anklang, daß ein ungeahnter Serienbau organisiert werden mußte, mit Werften zuerst in Kanada, doch sofort folgend in den USA und England. Zwei Jahre später segelten in

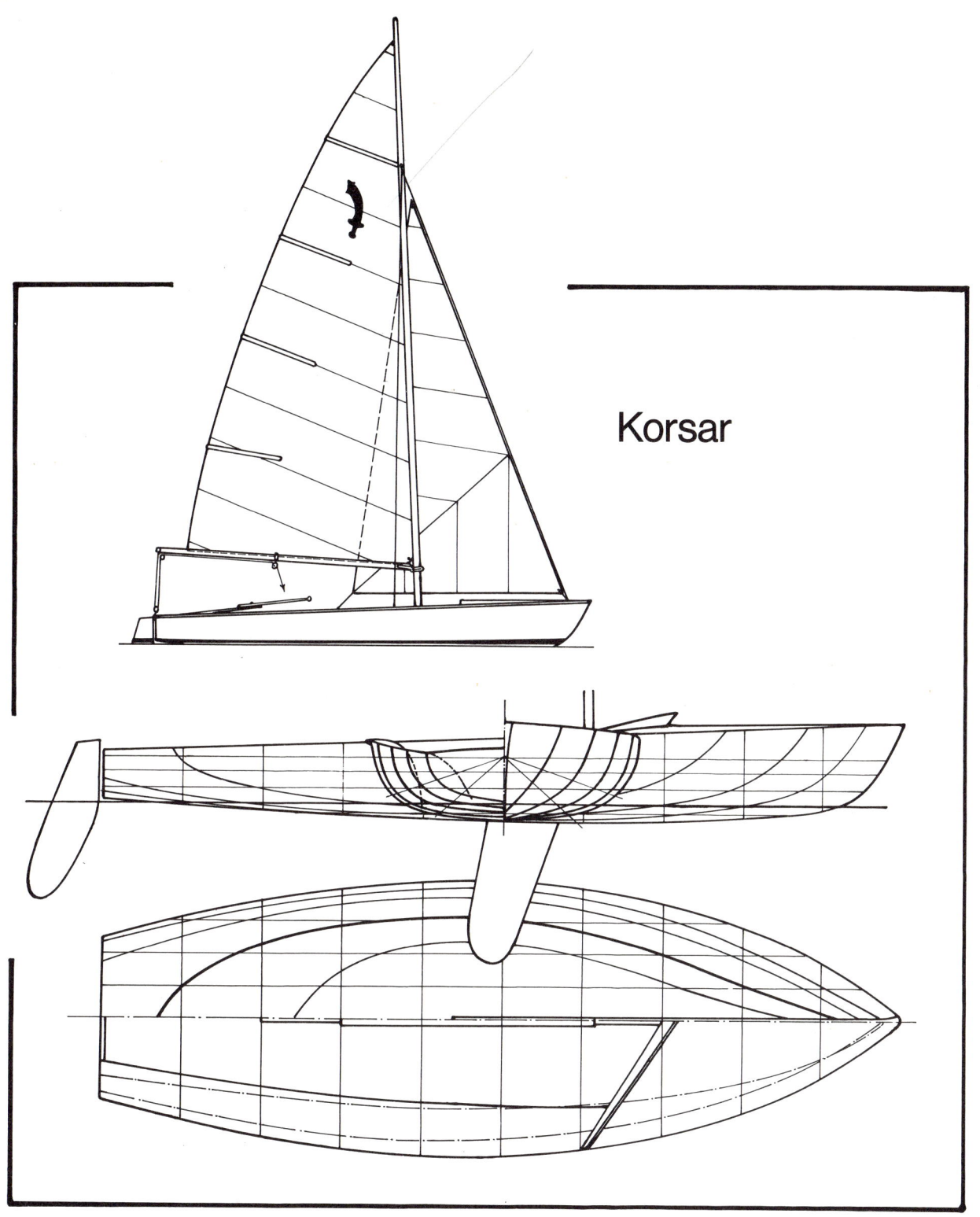

Abb. 157: Der „Korsar", eine beliebte deutsche Zweimann-Rennjolle, Einheitsklasse mit zunehmender internationaler Verbreitung.

Länge ü. alles	5,00 m	Länge in der WL	4,60 m
Breite	1,70 m	Rumpfgewicht	100 kg
Tiefgang Rumpf	0,10 m	Gewicht ausgerüstet	125 kg
Tiefgang mit Schwert	1,05 m	Segelfläche	14,7 m²

vielen Ländern der Welt bereits runde 10 000 Boote. So dauerte es auch nicht lange, bis die gut organisierte Klasse den internationalen Status erhielt.

Der Erfolg kam nicht auf Anhieb, denn es besteht immer ein Unterschied zwischen Zeichnen und Rechnen einerseits und praktischem Segeln andererseits. So wurden z. B. drei verschiedene Segelumrisse in der Praxis ausprobiert, jeder mit genau der gleichen Fläche von 76 Quadratfuß = 7,07 m². Der ursprünglich gewählte Alu-Mast stellte sich als etwas zu weich heraus und wurde durch ein stärkeres Profil ersetzt, ebenso wurde die günstigste Maststellung durch praktisches Segeln bei wechselnden Windstärken festgelegt. Der Mast selbst kann in zwei Teile zerlegt werden, weil das ganze Boot so ausgerichtet wurde, auf dem Dach eines mittleren Wagens transportiert werden zu können. Ein Großsegelfall ist überflüssig, weil das Segel ja über den Mast gestülpt wird. Allein ein Cunningham-Niederholer gibt die notwendige Vorliekspannung, und derselbe an Deck belegt sorgt gleichzeitig dafür, daß der Mast nicht herausfallen kann. Das Unterliek fährt lose am Baum, ein Tampen dient als Großschotläufer, man sieht, überall der Gipfel der Einfachheit. Mehr als die Werft liefert, darf nicht am Boot befestigt werden.

*

KORSAR: Mit dem „Korsar" kommen wir zu einer geradezu klassischen gesunden deutschen Rennjolle, sehr beliebt und oft als kleinerer Vetter des „Flying Dutchman" bezeichnet. Sie hat alles, was man sich von einer zuverlässigen und allen Extremen abholden Konstruktion wünschen kann: gute Stabilität, sehr gute Geschwindigkeit, sie kommt leicht ins Gleiten, fährt Spinnaker und Trapez, dazu Spinnakertüte und Traveller. Ursprünglich aus verformtem Sperrholz gebaut, wird der „Korsar" heute ebenso in GFK hergestellt. Der Plan stammt vom Hamburger Konstrukteur Ernst Lehfeld, und das erste Boot wurde 1959 gebaut, probegesegelt und fand sofort begeisterte Zustimmung erfahrener Jollensegler. Seine Beliebtheit hat bis heute nicht nachgelassen, so daß es rund 4000 Boote dieser Klasse im mitteleuropäischen Raum gibt, außer in Deutschland vor allem in Österreich und in der Schweiz. Seit 1960 nationale Einheitsklasse, wurde das Boot 1965 zum deutschen Jugendmeisterschaftsboot erklärt. Die Bootsform erwies sich als so vorzüglich gelungen, daß das Boot nicht nur die Feinfühligkeit eines schnellen Rennbootes nach Art eines FD aufweist,

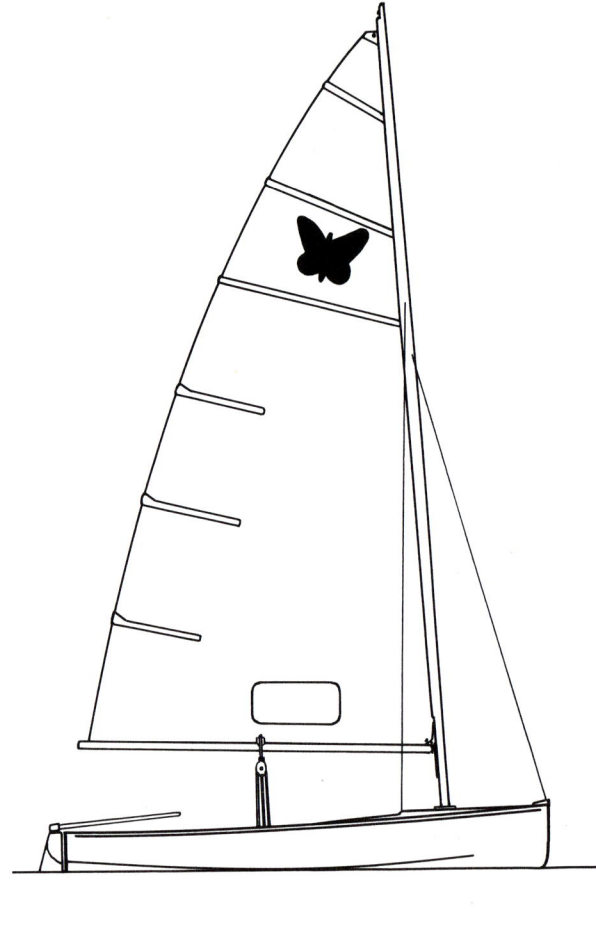

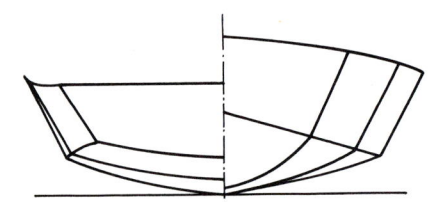

Abb. 158: Moth-Klassenboot in Jollenform
Länge ü. alles .... 3,35 m   Gewicht
Breite .... 1,45 m   ausgerüstet ... 48 kg
Segelfläche ...... 8,00 m²

sondern sich auch gelegentlich als Familienboot bewährt und dann bequem und sicher zu segeln ist.
Als verbreitetste Bootsklasse im deutschen Bundesgebiet hat sie den altbewährten „Pirat" abgelöst. Um extrem leichte Bauten zu vermeiden, wurde das Rumpfgewicht mit allen fest angeschraubten Beschlägen, aber ohne Ausrüstung, auf mindestens 100 kg festgelegt, wodurch einige sogenannte 90-kg-Boote gezwungen wurden, etwas festen Ballast einzubauen, damit sie durch ihr geringes Gewicht keine Sondervorteile

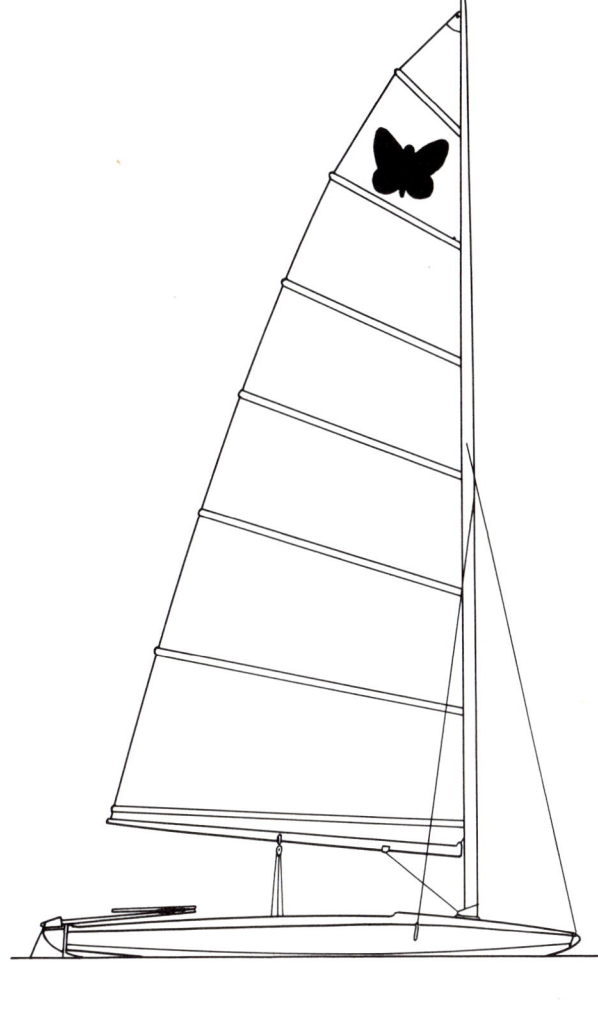

Abb. 159: Moth-Klassenboot in Prahm-Form
Länge ü. alles .... 3,35 m   Gewicht
Breite .... 1,20 m   ausgerüstet ... 42 kg
Segelfläche ..... 8,00 m²

erreichen. Der „Korsar" kann noch immer auf dem Dach eines mittleren Pkw, besser aber im Anhänger transportiert werden.

*

INTERNATIONALE MOTH-KLASSE: Schon seit 40 Jahren besteht eine höchst originelle Klasse flinker kleiner Boote, deren Essenz das genaue Gegenteil der Einheitsklassenbestrebung darstellt. Das Prinzip hier lautet, größte Freiheit in der Bootsform mit allergeringsten Beschränkungen. So wurde die Moth-Klasse zum idealen Experimentierboot für ideenreiche Bastler und Selbstbauer, und es gibt nicht wenige unter diesen, die sich für jede neue Saison ein neues Boot bauen. Ebenso gibt es eine große Zahl von verschiedenen Standardplänen, von denen zwei hier gezeigt werden, und schließlich gibt es auch in dieser mit so großzügiger Freiheit bedachten Klasse Einheitstypen, wie z. B. die Europe-Moth, die auch in Deutschland viel Anklang fand.

Die wenigen Klassenbeschränkungen lassen sich wie folgt zusammenfassen: größte Länge 11 Fuß = 3,355 m, größte Breite = 2,25 m, Segelfläche = 8,00 m². Doppelrumpfboote sind nicht erlaubt, und hohle tunnelartige Bodenformen unterliegen gewissen Beschränkungen. Gewicht und Baumaterial sind völlig freigestellt.

In rund 20 Ländern bestehen heute etwa 8000 dieser höchst sportlichen Einmann-Segeljollen, oft in zwei Lager unterteilt, um sowohl die internationale freie Konstruktionsklasse wie auch eine beschränkte Klasse zu segeln. Die beiden Spantrisse in den zugehörenden Plänen zeigen einerseits den Prahm-Typ einer solchen australischen Einheitsklasse, entworfen von Peter Milne, England. Bei diesem Boot gibt es keinen Vorsteven, sondern eine sehr breite, fast spiegelartige Nase vorn. Ein solcher Prahmtyp, auch Scow genannt, bewährt sich besonders bei viel Wind, was ja für die Australier geradezu ein Privileg ist. Der zweite Spantenriß zeigt einen normalen Jollentyp mit scharfem geraden Vorsteven, entworfen vom Neuseeländer Bruce Farr. Beide Bootsformen haben sich je nach Windstärke als sehr schnell bewährt.

In leichter Sperrholzbauweise gelingt es heute, einen Bootskörper mit nur wenig über 20 kg Gewicht herzustellen, wenn auch 30 kg wohl einen guten Durchschnitt darstellen. Das segelklare Boot kommt durchschnittlich auf 45 kg Gesamtgewicht. Die Moth-Klasse wurde vom I.Y.R.U. anerkannt, und zwar als beschränkte Hochleistungsklasse in Gruppe A, und könnte damit sogar als olympiafähig eingestuft werden. Es sei erwähnt, daß beide hier gezeigten Boote in großer Zahl gebaut wurden und sich überaus bewährten.

INTERNAT. 10-m²-SEGELKANU: Lange bevor das Trapez als Stabilitätshilfe eingeführt wurde, gab es den Gleitsitz der Segelkanus. Allein schon des technischen Interesses wegen soll ein Beispiel dafür hier nicht fehlen, und so wird ein Plan des Internationalen-10-m²-Segelkanus gezeigt. Seine Entstehungsgeschichte liegt etwas abseits der normalen Seglerkreise, doch seine seglerischen Eigenschaften, vor allem seine Geschwindigkeit unter Segel, bilden einen Grund mehr, sich mit ihm kurz zu befassen.

Die Mehrzahl dieser kanuartigen Boote wird rundspantig und mit spitzem Heck gebaut, aber auch die V-Spantform ist erlaubt. Bei der Länge von 5,20 m wirkt der Bootskörper besonders schmal, doch beträgt seine Breite immerhin 1,00 m. Die Segelfläche ist stets in Großsegel und Fock unterteilt, doch das auffallendste am ganzen Konzept des Segelkanus ist die Ausreithilfe in Form eines Gleitsitzes. Dieses Reitbrett kann auf jeder Seite bis zu 1,52 m nach außen gezogen werden, gemessen von Außenkante Bootskörper, ergibt also von einer extremen Lage bis zur anderen ein Gesamtmaß vor über 4 m. Mit dieser Breite den Winddruck von 10 m² Segelfläche zu beherrschen wäre nicht schwierig, wenn man mit konstanter Windgeschwindigkeit rechnen könnte. Statt dessen muß der Segler im Alleingang ständig und flink seine Position verändern, dazu gleichzeitig Ruderpinne und Segel bedienen, wahrhaftig ein unerhörtes Maß an Technik, ja beinahe Akrobatik. Der Gleitsitz ist so konstruiert, daß er sich bei Belastung von selbst festklemmt, daß er aber auch rasch verschoben und zur entgegengesetzten Seite ausgebracht werden kann. Man beachte die zugehörende extrem lange Ruderpinne.

Die Segeltechnik ist ja auf nur zwei Hände angewiesen, und so wird gewöhnlich die Vorsegelschot in der Klemmklappe belegt, um nur mit Großsegelschot und Gleitsitz zu arbeiten. Die Amerikaner finden es sogar günstiger, auch die Großschot festzuklemmen. Dann wird die wechselnde Windstärke durch Gleitsitzarbeit und Ruderlage aufgefangen. Sie sind überzeugt, dadurch höhere Fahrt herauszusegeln. Lange Zeit hindurch galt daher das Internationale 10-m²-Segelkanu als schnellstes Einmannboot der Welt, und diesen

---

Foto 45: Wieder eine andere Art der Stabilitätsvergrößerung bei schmalem Rumpf zeigt das Internationale 10 m² Rennsegelkanu, dessen Details in der Zeichnung Abb. 160 wiedergegeben wurden. Der einzige Mann an Bord dieses 5,20 m langen und 1,00 m breiten Bootes muß zugleich Großschot, Vorschot, Ruderpinne und Schwertfall bedienen, dazu aber noch fortwährend sein eigenes Gewicht auf dem Gleitsitz hin- und zurückbewegen. Deshalb galt dieses Boot als das am schwierigsten zu segelnde, zugleich aber auch als eines der schnellsten der Welt.
Foto: Redhead Studio

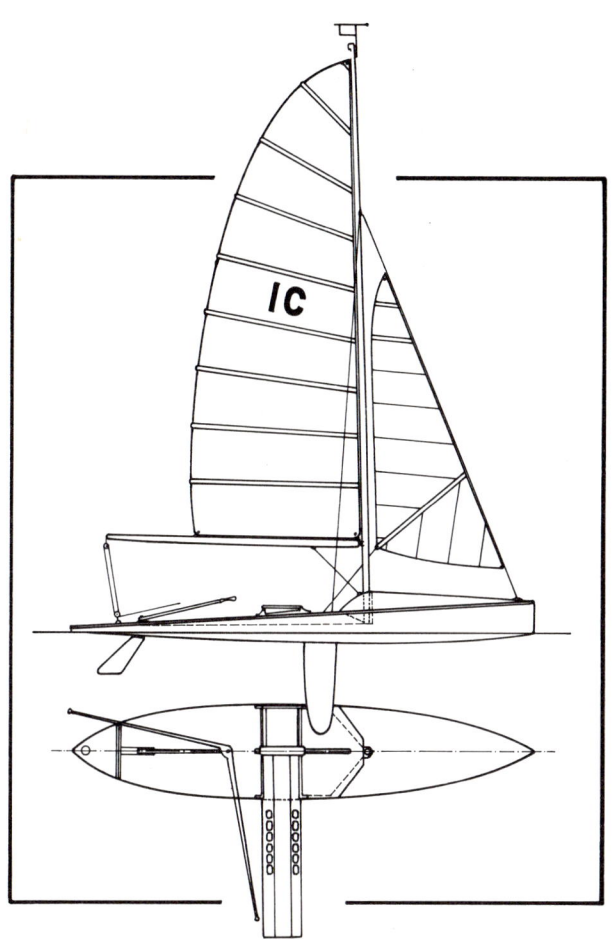

Abb. 160: *Der Gleitsitz als Ausreithilfe ist besonders vom Internationalen 10 m²-Segelkanu her bekannt. Es war viele Jahre lang das schnellste Einmannboot der Welt.*
Länge ü. alles .... 5,20 m
Länge in der WL . 5,15 m
Breite .... 1,00 m
Tiefgang Rumpf .. 0,10 m
Tiefgang
   mit Schwert .. 1,12 m
Gewicht
   ausgerüstet ... 95 kg
Segelfläche ..... 10,0 m²

Abb. 161: *In dem 5,70 m langen „Zugvogel" findet man sowohl die reine Jolle als auch das Kielboot. In beiden Versionen eignet er sich gleichgut zum Renn- wie zum Wandersegeln.*
Länge ü. alles .... 5,80 m
Länge in der WL 5,30 m
Breite .... 1,88 m
Tiefgang Rumpf .. 0,17 m
Tiefgang
   Schwertboot .. 1,10 m
Tiefgang
   Kielboot ..... 0,88 m
Gewicht
   Schwertboot .. 280 kg
Gewicht
   Kielboot ..... 380 kg
Segelfläche
   Schwertboot .. 15,0 m²
Segelfläche
   Kielboot ..... 17,0 m²

Ehrenplatz dürfte es wohl erst neuerdings durch den „Contender" eingebüßt haben.

*

ZUGVOGEL: Die Serie der Jollenbeschreibungen soll mit dem bewährten und immer beliebten deutschen Renn- und Wanderboot „Zugvogel" abgeschlossen werden. Es wird in zwei Gattungen hergestellt und gesegelt, nämlich als Schwertboot und als Kielboot. So leitet es gewissermaßen spontan zur Beschreibung der nachfolgenden Kielbootsklassen hinüber.

Das Boot wurde vom bewährten Konstrukteur für Sperrholzboote, Ernst Lehfeld, im Jahre 1960 entworfen und sofort auch in Bootsbausperrholz erbaut und eingeführt. Dank seiner wohlausgewogenen Eigenschaften fand es sehr guten Anklang, und so konnte es nicht ausbleiben, daß sehr bald auch die Glasharzausführung zugelassen wurde. Ursprünglich als Wanderboot geplant, wurden die Boote doch bald auch in Regatten gesegelt, und dieses trug erheblich zur Entwicklung der Klasse bei. Die etwas zu dicken und sehr stei-

Foto 46: Die sehr kurzgefaßten ungewöhnlichen Bauregeln der internationalen Moth-Klasse geben der Phantasie einen weiten Spielraum. Das hier gezeigte Boot vom Typ „Chelsea Morning" wird vom Moth-Spezialisten J. G. Claridge, Lymington, England, serienmäßig erbaut und hat sich in vielen Rennen bewährt. Es wurde in tiefer V-Spantform als Gleitboot von Mervin Cook entworfen. Man beachte die ungewöhnliche fest in den Rumpf eingebaute Decksausladung zur Vergrößerung der Stabilität des an sich sehr schmalen Bootskörpers. Foto: Claridge

fen Holzmasten wurden aufgegeben und das Alu-Rigg mit seinen vielfältigen Trimmöglichkeiten eingeführt. Damit läßt sich die Wölbung im Großsegel so gut an die jeweiligen Windverhältnisse anpassen, daß z. B. Kiel-Zugvögel selbst bei Sturm meist ungerefft segeln. Es dürfte die einzige Klasse der Welt sein, die entweder als Schwertboot oder als Kielboot gefahren werden kann. Der bauliche Unterschied ist sehr gering, denn der Ballastkiel samt seiner Kielplatte wird in einen Kasten eingehängt, der zwar nur niedrig ist, im übrigen aber dem Schwertkasten ähnelt. Der Blei-Wulst von etwa 80 kg Gewicht befindet sich am unteren Ende einer Stahlplatte, so daß ein Gesamtgewicht von rund 100 kg erreicht wird. Zum Transport des Bootes kann diese Kiel-Einheit jederzeit ohne besondere Mühen herausgenommen werden. Statt Stahl wird die Platte auch aus Sondermessing hergestellt, und in diesem Falle wird der Bleiwulst mit Kunststoff ummantelt.

Um die Stellung des Kiels in der Längsrichtung zu verändern, gibt es einen unkomplizierten dreibeinigen Bock, der auch als Hilfsmittel dient, wenn der Ballastkiel gänzlich abgenommen werden soll. Die schon beim Schwertboot auffallend große Plicht wirkt beim Kielboot noch geräumiger, da kein eigentlicher Schwertkasten mehr vorhanden ist. Der Bootskörper allein wiegt mit 200 kg recht viel, doch erlaubt dieses Gewicht eine solide Bauausführung und vor allem eine langlebige Dauerhaftigkeit. Wie das größere Gewicht des Kielbootes durch mehr Segelfläche aufgewogen wurde, zeigt folgender Vergleich:

Schwert-Zugvogel: Segelfläche = 15 m², segelklar = 280 kg

Kiel-Zugvogel: Segelfläche = 17 m², segelklar = 380 kg

Der Ausgleich gelang so erstaunlich gut, daß praktisch beide Arten gleich schnell sind und beide sich gleich gut zu Renn- und Wanderzwecken eignen. Es segeln gegenwärtig etwa 3000 Zugvögel, von denen jeweils die Hälfte Schwert- und Kielboote sind. Die Mehrzahl ist in Deutschland beheimatet. Auch in Österreich, der Schweiz, Holland, Italien und Chile wird diese Klasse gepflegt.

Kielboot-Rennklassen

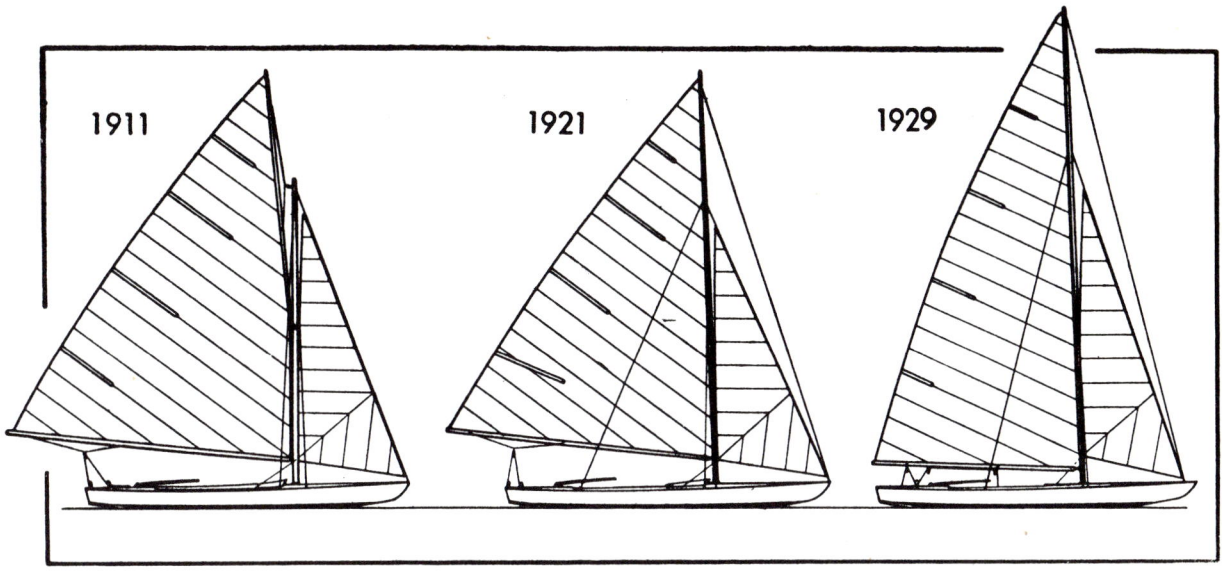

Abb. 162: Die Entwicklung der Starklassen-Besegelung seit ihren Anfängen aus dem Jahre 1911. In der Gegenwart wird der Plan des Jahres 1929 anerkannt, der eine ungewöhnlich große Segelfläche im Verhältnis zu Rumpfgröße und Stabilität des Starbootes aufweist.

Wie sehr sich seit 1960 die Tendenz in der Entwicklung der schnellen Kielboote geändert hat, ersieht man aus folgendem, aus der ersten Auflage dieses Buches stammenden Satz: „Kein Kielboot einer internationalen Klasse wurde daraufhin konstruiert, jemals zum Gleiten zu kommen." Auch hier haben in erster Linie die Leichtbauweise, aber auch Verfeinerungen in der Form und in der aerodynamischen Verbesserung der Besegelung zu einer weitaus großzügigeren Auffassung geführt, nämlich zum Leichtkielboot mit echten Gleitmöglichkeiten bereits ab mäßiger Windstärke.

Da die Anschaffungskosten eines Kielbootes höher sind als diejenigen einer Jolle, wird der Hang zum Experimentieren innerhalb gemäßigter Grenzen gehalten. Die Ausübung des Sports ist jedoch nicht weniger packend, auch sind die Kämpfe in Regatten keinesfalls weniger aufregend, obwohl die Kentergefahr wegfällt und die Kielboote nicht ganz so quecksilbrig reagieren wie die Jollen. Die berühmtesten Regatten der internationalen Seglerwelt werden noch immer in Kielbooten ausgefochten, vom ewig jungen alten „America-Pokal" bis zum frisch erblühten, aber auch schon lange umkämpften „Eintonner-Pokal".

Der Ausdruck *Rennklassen* steht im Gegensatz zu *Kreuzerklassen*, womit vor allem gemeint ist, daß die Rennklassen reinsten Wassers keine Wohneinrichtung haben. Daß man aber auch in Kreuzerklassen hartumkämpfte Rennen segeln kann, haben gerade die letzten Jahre mit eindringlichster Deutlichkeit gezeigt und wird auch hier weiter hinten beleuchtet werden. Zunächst aber kommen die beiden Klassiker der Kielboot-Rennyachten an die Reihe, nämlich „Starboot" und „Drachen".

DAS STARBOOT: Der Entwurf des Starbootes stammt aus dem Jahre 1911, ist aber bereits die Weiterentwicklung eines im Jahre 1907 gezeichneten kleineren Vorgängers namens „Bug". Sein Konstrukteur, William Gardner, hatte sich vorwiegend dem Entwurf großer Segelyachten gewidmet, unter welchen die 57 m lange ATLANTIC auch heute noch den Transatlantik-Rekord innehält. Als der kleine „Bug"-Entwurf um 1,50 m verlängert wurde, fand das nunmehr „Star" genannte Boot sofort großes Interesse, und noch im ersten Jahr entstand die erste Flotte mit 22 Booten. Der geglückte Entwurf, die günstigen Abmessungen, der latente Wunsch nach einem Einheitskielboot, vor

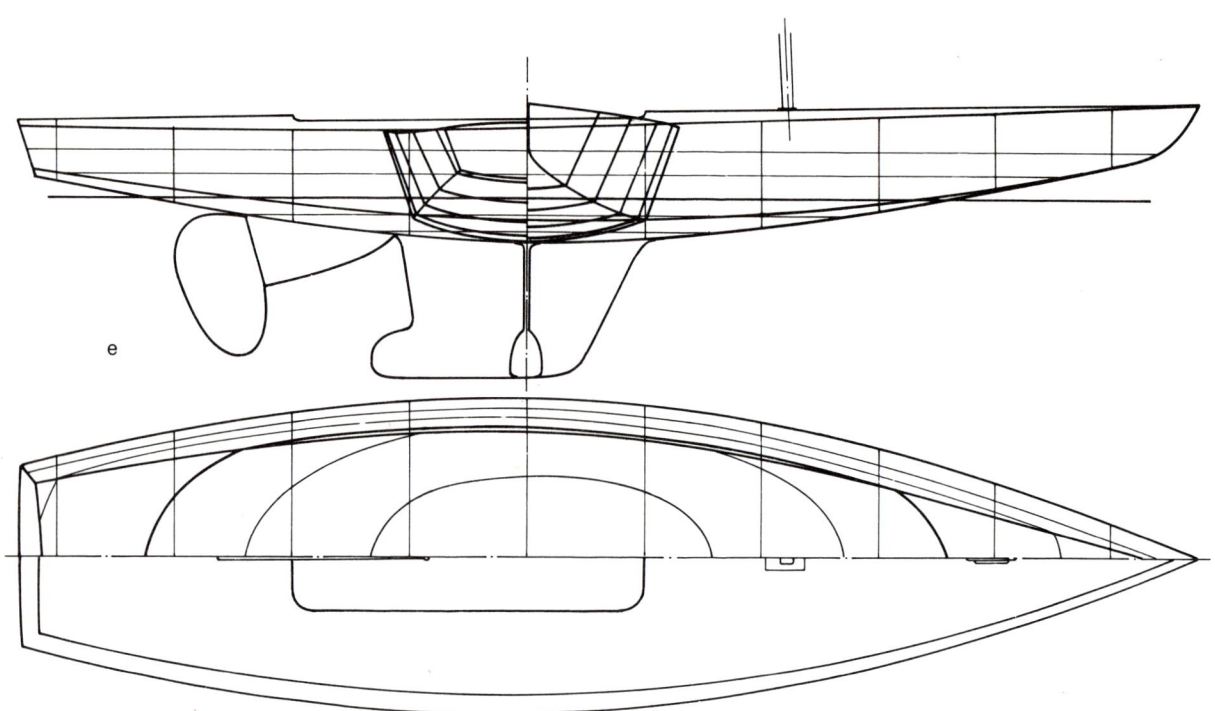

Abb. 163: Der Linienriß des Starbootes zeigt die Einfachheit der Formgebung. Ferner erkennt man den Wulst-Kiel sowie das unabhängig an einer kleinen Flosse aufgehängte Ruder.

Länge ü. alles	6,89 m	Gewicht ohne Mannschaft	750 kg
Länge in der WL	4,72 m	Ballastgewicht	400 kg
Breite	1,73 m	Segelfläche	26,0 m²
Tiefgang	1,05 m		

allem aber der Zugang zahlreicher erfahrener Rennsteuerleute brachten dieser Klasse einen ununterbrochenen Aufstieg. Er gipfelte schließlich in einer Sonderstellung, indem nämlich in der Starklasse wohl die am leidenschaftlichsten umkämpften Segel-Weltmeisterschaften ausgetragen wurden.

Betrachtet man die einfache Form des Bootskörpers, so kann man kaum verstehen, warum gerade in dieser Klasse so aufregend um die höchsten Titel gekämpft wurde. Ein Starsegler nannte sie kürzlich „eine aufregende, erschreckende und wundervolle Kiste". Gerade beim Starboot entspann sich ein Wettkampf um die ausgeklügeltste und geringfügigste Verfeinerung innerhalb der Toleranzmaße, so daß es zu regelrechten „Entwürfen" trotz sogenannter Einheitsklasse kam, allerdings ohne die Klassenvorschriften zu verletzen. Es wurde zur langlebigsten Olympiaklasse, nämlich von 1932 bis 1972.

Der erfolgreichste in der Weltklasse der Starsegler, der italienische Marineoffizier Augusto Straulino, verwandte z. B. ein von Lippincot in den Staaten gebautes Boot, um an der Europameisterschaft von 1956 teilzunehmen, die er auch gegen 46 Teilnehmer vieler Länder gewann. Sofort nach dem Rennen verpflanzte er seine erprobte Takelung auf einen von Etchell, ebenfalls in den Staaten erbauten Rumpf, um eine Woche danach die Weltmeisterschaft gegen 60 Teilnehmer zu gewinnen. Als der russische Starsegler 1960 die Goldmedaille der Olympischen Spiele in Neapel gewann, brachte er nicht, wie man annehmen sollte, ein einfaches Boot aus seiner Heimat mit, sondern benutzte ein amerikanisches Boot mit amerikanischen Segeln. Auch bei diesem Boot handelte es sich natürlich wieder um eine Konstruktion innerhalb der Toleranzen.

Das Starboot besitzt weder einen Spinnaker noch eine Genuafock. Trotzdem ist seine Segelfläche so groß, daß die zweiköpfige Mannschaft zu dauernder Anstrengung gezwungen ist, um die 26 m² Besegelung zu beherrschen. Hinzu kommt, daß Stabilität und Geschwindigkeit von der Mannschaft verlangen, sich möglichst auf der Luvkante langzulegen, wodurch Segel- und Ruderbedienung noch weiter erschwert werden.

*

Die Yachten der schwedischen Schärenkreuzerklassen nehmen eine Sonderstellung unter den Renn-Kielbooten ein. Diese langgestreckten schmalen Bootskörper waren unerhört wirksam, indem sie aus kleiner Segelfläche bei guten Winden eine erstaunliche Fahrt herausholten. Darüber hinaus waren sie imstande, besonders hoch an den Wind zu gehen. Diese rassigen Boote mit ihren hohen Besegelungen und kurzen Großbäumen, Vorläufer der modernen Seekreuzerklassen, bestechen auch heute noch durch ihre zweckgebundene, geradezu unübertreffliche Schönheit reinster Formen. Sie fanden ihre größte Verbreitung zwischen den Jahren 1920 und 1930, erfreuen sich aber auch heute noch als Altersklasse großer Beliebtheit. Ja, die 30-m²-Schärenkreuzerklasse kam in Einheitsform und Kunstharzbau sogar wieder zu neuem Leben.

DAS DRACHENBOOT: Da der Bau von Schärenkreuzern, jedesmal nach eigens weiterentwickelten Plänen, sehr kostspielig war, entschloß man sich im Jahre 1927, mittels eines Konstruktionswettbewerbs eine vereinfachte Einheitsklasse zu schaffen. Der Wettbewerb wurde vom norwegischen Konstrukteur Johann Anker gewonnen, womit die Drachenklasse ins Leben gerufen wurde. Ihre internationale Verbreitung wuchs stetig, so daß sie zum ersten Mal 1948 als olympische Klasse segelte, deren Siegeslorbeeren von 12 Nationen umstritten wurden.

Ursprünglich sollte das Drachenboot ebenso zum Rennsegeln wie für Tourenfahrten verwendet werden. Dafür besaß es eine geschlossene Kabine mit zwei Kojen, Kleiderschrank und kleiner Kochstelle. Doch bald wurde diese Einrichtung aufgegeben, um die Renneigenschaften zu begünstigen. Nur noch ein kurzes Kajütdeck blieb als Unterschlupf übrig. Kein Schott trennt mehr einen Innenraum von der offenen Plicht, und dieser Innenraum ist vollkommen leer, er wird nur noch zum Aufbewahren der Segel benutzt.

Die Stellung des Mastes war im ursprünglichen Plan von Anker festgelegt worden und wurde auch während vieler Jahre beibehalten. Dann aber entdeckte man durch Zufall, daß sich die Eigenschaften des Drachenbootes merklich verbesserten, wenn der Mast um rund 25 cm nach vorn versetzt wurde, und heute fährt man

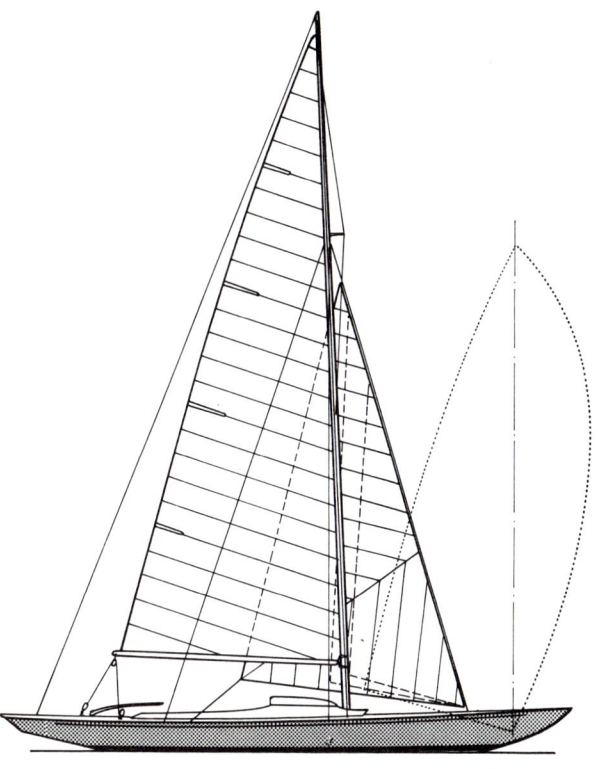

Abb. 164: Segelriß des Drachenbootes. Auch der im Jahre 1959 neu festgelegte Spinnaker wurde mit eingezeichnet, und zwar zu halber Breite zusammengefaltet.
Länge ü. alles .... 8,90 m *Gewicht ohne*
Länge in der WL 6,00 m *Mannschaft .. 1720 kg*
Breite .... 1,96 m *Ballastgewicht .. 1000 kg*
Tiefgang .... 1,20 m *Segelfläche ..... 26,6 m²*

die Masten 20 bis 30 cm vor der ursprünglich festgelegten Stellung, eine Eigentümlichkeit, die sich bei vielen Klassen und bei vielen Yachten recht oft wiederholt hat.

Die Drachenboote besitzen eine so große Stabilität, daß das Großsegel in Regatten nie gerefft wird. Auch kann die große Genuafock selbst bei starken Winden noch gefahren werden, wogegen die normale Fock eigentlich nur beim Fahrtensegeln benutzt wird. Mehrfach haben Drachenboote ausgedehnte Kreuzfahrten auch über offene Seestrecken ausgeführt, doch darf man nicht vergessen, daß es, ebenso wie das Starboot, durch starkes Überliegen rasch vollaufen kann und dann schnell zum Sinken kommt. Als olympische Klassen wurden beide, Drachen wie Star, inzwischen durch kleinere, aber wesentlich modernere Boote abgelöst, nämlich „Tempest" und „Soling".

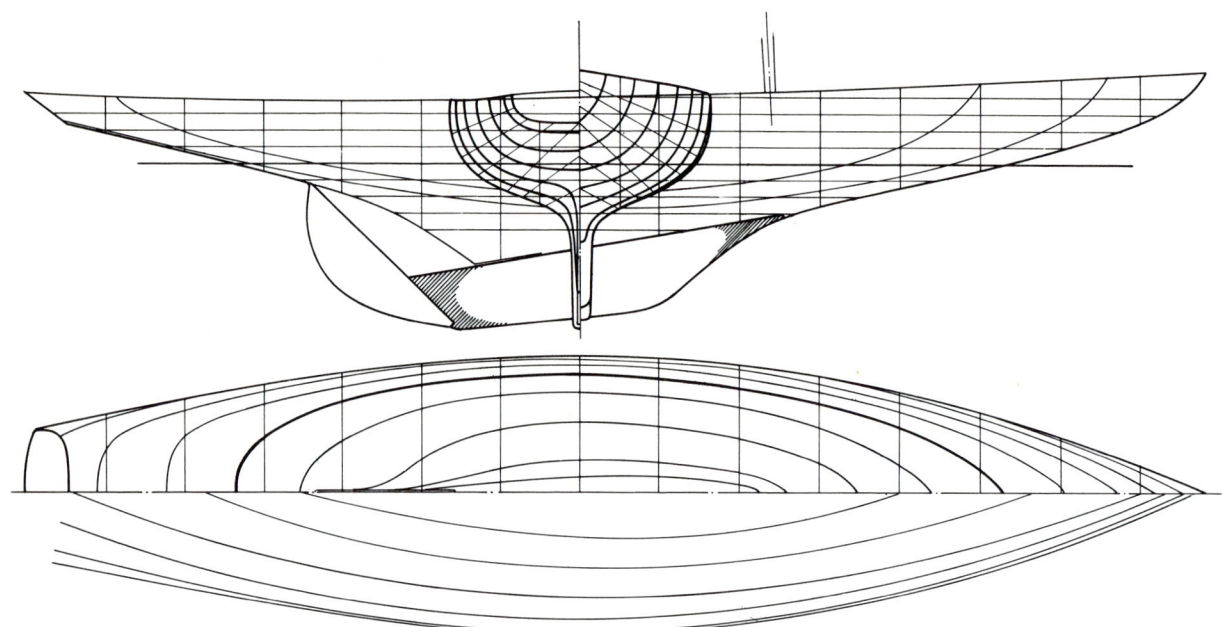

Abb. 165: Linienriß des Drachenbootes. Die Linien entstanden in Anlehnung an die schwedischen Schärenkreuzer und zeichnen sich wie jene durch eine reizvolle Harmonie aus.

ZWEIMANN-KIELBOOT TEMPEST: Wie man aus dem zugehörenden Linienriß ersehen kann, zeigt die Tempest ein ganz neuartiges Konzept des Kielbootes. Schnittige Form des Bootskörpers, an eine Rennjolle erinnernd, dazu geringes Kielgewicht an einer schmalen Platte gefahren, vereint mit leichtester Bauweise, führten zu einem Boot modernster Konstruktion.

Seit 1963 waren Bestrebungen in Gang gekommen, in das Klassensystem der I.Y.R.U. ein modernes, schnelles Zweimann-Kielboot aufzunehmen, bis schließlich die Ausscheidungsregatten vor Medemblik, Holland, im Mai 1965 die Tempest als überragenden Sieger herausschälten. Von neun Rennen der Serie gewann dieser Entwurf von Ian Proctor acht und verlor das neunte nur wegen eines Ruderschadens. Die Überlegenheit der Tempest veranlaßte die Beobachter der I.Y.R.U. zu einem Test, in dem allein die Tempest 40 kg zusätzlichen Ballast in Form von 2 Sandsäcken fahren solle; doch auch mit diesem Handicap gewann sie das einmalige Testrennen überlegen.

Hier sieht man wohl das erste echte Gleit-Kielboot. Es ist so schnell, daß es je nach Wind und Wetter einen FD schlagen kann, und es wird auch fast wie eine Jolle gesegelt, mit dem Vorschotmann im Trapez. Zu einer bedeutenden Meisterschaft wurde eine Tempest sogar per Luftfracht über die Polarroute gesandt, man höre: ein Kielboot! So wurde es auch als Nachfolger des Starbootes zur Zweimann-Olympiaklasse erklärt.

Eine Tempest ist nicht leicht zu segeln, gerade weil sie für ein Kielboot ungewöhnlich lebhaft ist. Andererseits wurde sie zur absoluten Einheitsklasse erklärt, d. h., alle in der Welt vorhandenen GFK-Formen haben ihren Ursprung von einem einzigen Modell. Die Gewähr für Gleichheit der Bootskörper ist dadurch sehr groß. Das Originalboot allerdings, das die Ausscheidungsrennen gewann, war noch mehrschichtig kaltverleimt aus Holz hergestellt worden. Die Kielplatte mit Ballastwulst sitzt in einer Art von Schwertkasten und soll während des Rennens nicht versetzt werden. Zum Auf-Land-Ziehen sowie zum Anhängertransport kann sie jedoch leicht abgenommen werden. Die Takelage ist einfach und unkompliziert, und der Leichtmetallmast ist ausreichend biegsam, so daß die Wölbung im Großsegel der jeweiligen Windstärke angepaßt werden kann.

DREIMANN-KIELBOOT SOLING: Die Suche nach einem modernen Dreimann-Kielboot wurde auch hier von der I.Y.R.U. auf pragmatischem Wege eingeleitet:

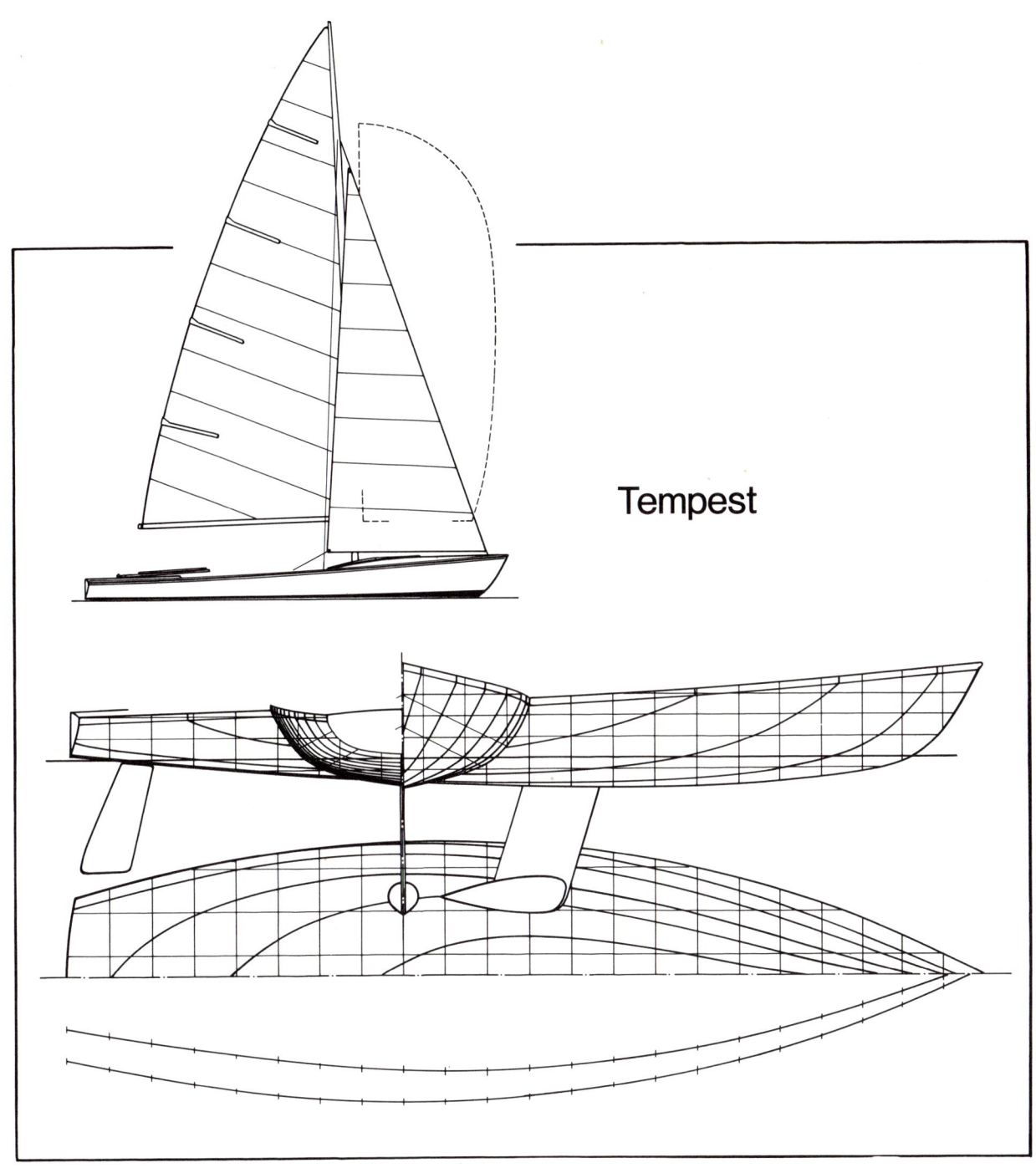

Abb. 166: Internationales Zweimann-Kielboot „Tempest", entworfen in geradezu reiner Jollenform. Es ist dazu bestimmt, das Starboot zu ersetzen, mit dem es ungefähr gleichschnell ist.

Länge ü. alles	6,70 m	Tiefgang mit Kiel	1,10 m
Länge in der WL	6,20 m	Gewicht	
Breite	1,98 m	ausgerüstet	470 kg
Tiefgang Rumpf	0,20 m	Ballastgewicht	225 kg
		Segelfläche	23,0 m²

zuerst ein Konstruktions-Wettbewerb mit internationaler Beteiligung 1964, aus welchem drei verhältnismäßig große Kielboote von über 9 m Länge ausgewählt wurden. Danach kam der gewagte Sprung zur Wirklichkeit: nicht Pläne, sondern wirkliche Konkurrenzboote sollten im September 1966 vor Kiel um die endgültige Entscheidung zum Internationalen Dreimann-Kielboot segeln. Nach Abschluß von 11 Auswahlrennen wurde nicht allein das schnellste Boot SHILLALAH zur endgültigen Wahl empfohlen, sondern auch ein etwas

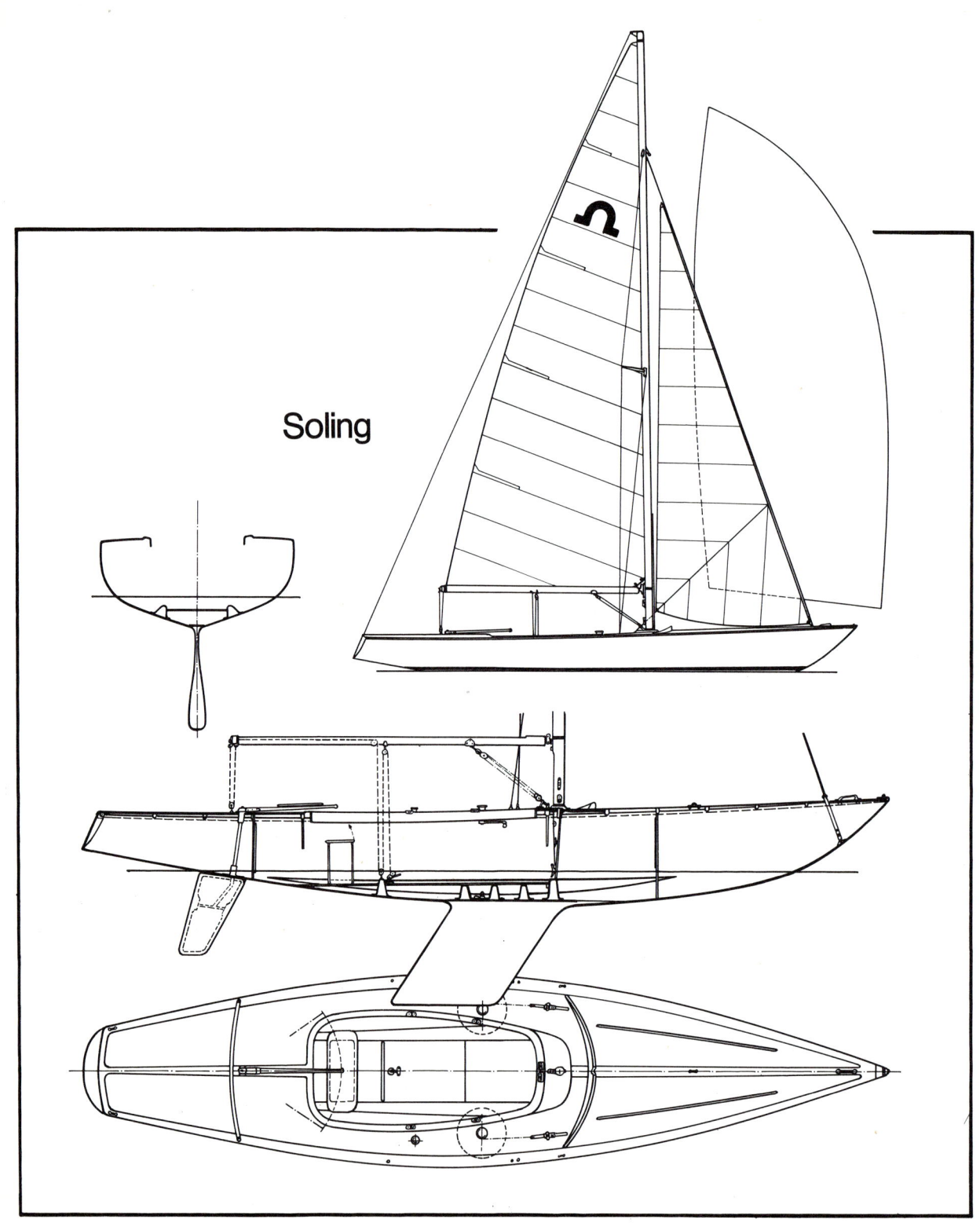

Abb. 167: Das Dreimann-Kielboot „Soling" stellt eine besonders glückliche Wahl dar und fand deswegen auch rasch eine weitreichende Verbreitung.

Länge ü. alles	8,15 m	Kielgewicht	580 kg
Länge in der WL	6,10 m	Ballastanteil	56 %
Breite	1,90 m	Rumpf-Mindest-	
Tiefgang Rumpf	0,32 m	gewicht	375 kg
Tiefgang Kiel	1,30 m	Segelfläche	21,7 m²
Verdrängung	1035 kg		

kleineres mit auffallend guten Eigenschaften und gleichzeitig geringeren Baukosten, nämlich der „Soling". Im November 1967 wurde der Soling dann endgültig zum internationalen Dreimann-Kielboot auserwählt.

Im Gegensatz zu den meisten übrigen Bewerbern bei den Auswahlrennen war der Soling nicht extra entworfen und gebaut worden, sondern hatte sich bereits in der Praxis bewährt. Sein Entwurf stammt vom norwegischen Konstrukteur Jan H. Linge, der ein überaus gesundes, unkompliziertes, aber hervorragend segelndes Boot geschaffen hatte. Im Vergleich zur Mehrzahl der Teilnehmer war der Soling rund 0,50 m kürzer in der WL, 1 m kürzer über alles und besaß 7 Prozent weniger Segelfläche. Trotzdem war er nur um Bruchteile langsamer als die schnellsten der größeren Boote. Daß die Wahl schließlich doch auf dieses Boot fiel, war ein kluger Entschluß, und der inzwischen erzielte Erfolg an Verbreitung und Popularität untermauert ihn gebührend. Bereits seit 1968 wird um die Europameisterschaft gekämpft, und im November des gleichen Jahres wurde der Soling zum Dreimann-Kielboot für die Olympischen Spiele 1972 bestimmt. Ab 1969 wird auch um die Nordamerikanische Meisterschaft gesegelt, ebenso um die Weltmeisterschaft.

Genaue Bau- und Vermessungsvorschriften sorgen dafür, daß die Boote einheitlich bleiben. Die Werften müssen offiziell genehmigte Negativformen verwenden und die Bootskörper nachher einer Kontrolle unterwerfen, wobei die Form durch Schablonen auf Genauigkeit überprüft wird. Auch die Gewichtsschwerpunkte des Bootskörpers sowie des Ballastkieles, jeder für sich, werden genauestens festgestellt. In ähnlicher Form wird die Gleichheit der Segel gewährleistet, auch ist deren Anzahl beschränkt auf 2 Großsegel, 2 Vorsegel, 2 große Spinnaker und 2 kleine.

Unter Segel hat sich der Soling stets als ein schnelles, handiges, lebhaftes Boot bewährt, dazu über Erwarten seetüchtig. Mit raumen Winden kommt das Boot nicht nur leicht zum Surfen, sondern bei frischer Brise auch bald zum Gleiten.

Yachten der internationalen R-Klassen

Die im vorigen Kapitel besprochenen internationalen Renn-Kielboote der Klassen Star, Drachen, Soling und Tempest stellen ausgesprochene *Einheitsboote* dar. Der Erfolg im Rennen soll bei diesen, zumindest theoretisch, allein vom Können der Mannschaft abhängen. Innerhalb der Vielseitigkeit des Regattasegelns, und insbesondere bei manchen internationalen Wettbewerben besteht jedoch der verständliche Wunsch, auch die Kunst des Entwurfs und des Baues mit auf die Probe zu stellen. Zu diesem Zweck werden seit vielen Jahren die sogenannten *Entwurfs- oder Formelklassen* gepflegt. Yachten dieser Klassen unterliegen weder in ihren Abmessungen noch in ihren Formen genauen Vorschriften, nur muß das Endergebnis ihrer Vermessung innerhalb der Grenzen der Klassengröße bzw. des Rennwertes laut Vermessungsformel bleiben.

Die *International Yacht Racing Union*, I.Y.R.U., führte bereits im Jahre 1906 ein Klassensystem ein, dessen Größenabstufungen nach einer sogenannten internationalen Meßformel bestimmt wurden. Aber erst nachdem im Jahre 1920 einzelne Faktoren geändert wurden, zu denen sich auch einige feste Grenzwerte gesellten, begann die großartige Entwicklung der Internationalen R-Klassen.

Besonders drei Klassengrößen gewannen einen bedeutenden Einfluß auf das internationale Rennsegeln: die 6-m-R-Klasse, die 8-m-R-Klasse und die 12-m-R-Klasse. Allerdings waren diese ohne jede Wohneinrichtung erbauten Yachten verhältnismäßig kostspielig. Außerdem wurde die Verdrängung als zu hoch empfunden, besonders im Lichte der heranbrechenden Zeit der Leichtbauweise. Hinzu kam, daß jeder Neubau das spekulative Risiko seines individuellen Entwurfs einschloß. Aus allen diesen Gründen wurde im Jahre 1949 eine neue und kleinere Klasse eingeführt, und zwar die 5,5-m-R-Klasse, für die eine vollkommen neue Formel geschaffen wurde. So überlebte diese Klasse am längsten innerhalb der internationalen R-Yachten, doch auch in 6-m-R-Yachten werden neuerdings wieder bedeutende Rennen gesegelt. Die 8-m-Klasse existiert schon seit langem nicht mehr; doch in der 12-m-Klasse werden seit 1958 die Rennen um den America-Pokal gesegelt.

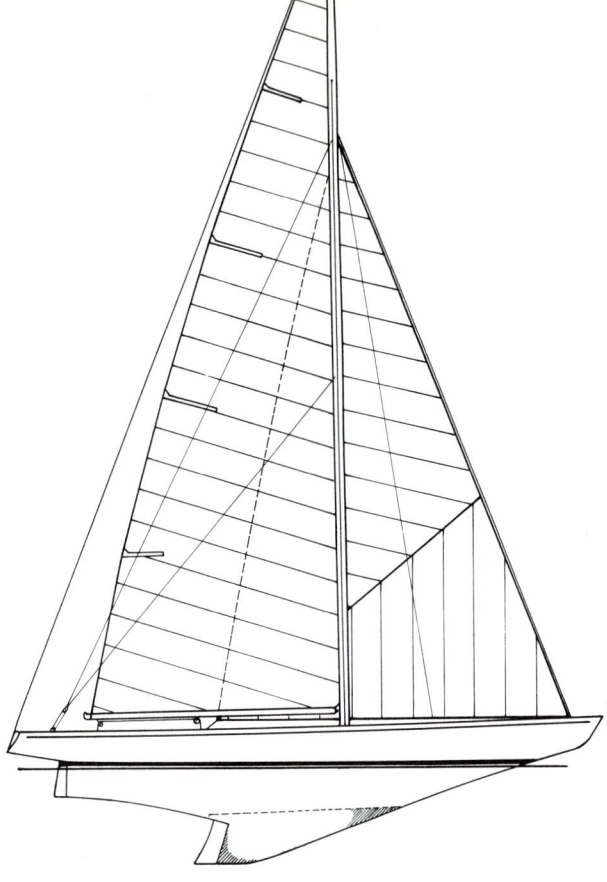

Abb. 168: Zweimaliger Americapokal-Verteidiger Intrepid. *Der Originalentwurf von Olin Stephens gewann die Rennen 1967, die hier gezeigte, von Britton Chance veränderte Version gewann die Rennen des Jahres 1970.*
Länge ü. alles ... 19,52 m   Verdrängung .. 27 200 kg
Länge in der WL 14,85 m   Ballastgewicht 19 800 kg
Breite .... 3,66 m   Ballastanteil .. 72 %
Tiefgang .... 2,75 m   Segelfläche ... 172 m²

In den Vereinigten Staaten hatte man in gänzlicher Unabhängigkeit ein anderes Meßverfahren eingeführt, die „Universal-Formel". Dieses System umfaßte zahlreiche Klassen, von denen einige wenige zu recht großer Bedeutung gelangten. *Internationale* Bedeutung aber erreichte nur die sogenannte „J"-Klasse sehr großer Yachten, deren Boote eine Gesamtlänge von über 40 m aufwiesen. In diesen unerhörten *Rennmaschinen* wurde in den Jahren 1930, 1934 und 1937 um den *America-Pokal* gekämpft. Sie besaßen einen Rennwert von 76 Fuß und würden nach Internationaler Formel etwa die Vermessungsgröße einer 23-m-R-Yacht erhalten haben. Die berühmtesten Namen dieser nur für die America-Pokal-Rennen gebauten Riesenyachten waren, als englische Herausforderer: Shamrock V, Endeavour I und Endeavour II. Die stets siegreichen amerikanischen Verteidiger hießen: Enterprise, Rainbow und Ranger.

Seitdem man die Größe oder den Rennwert von Yachten nach irgendeiner Art von Meßformel zu bestimmen versucht, blieben Experimente zur Umgehung oder besser Übervorteilung der jeweiligen Formel nicht aus. Sehr selten, vielleicht sogar niemals, hat eine unerwünschte extreme Konstruktion unter Ausnutzung von Lücken im Formelsystem ungewöhnliche Erfolge erzielen können. Im Gegenteil, meist stellten sich Kosten und Illusionen als vergeblich heraus. Als im Jahre 1958 vier neue 12-m-R-Yachten zur Verteidigung des America-Pokals gebaut wurden, konnte keine von diesen eine fünfte und sogar um 20 Jahre ältere Yacht wesentlich übertreffen. Zwischen der schließlich ausgewählten neuen 12-m-R-Yacht COLUMBIA und der sehr viel älteren VIM bestand praktisch kein Unterschied. Eine einzige der vier neuen Yachten hatte innerhalb mäßiger Grenzen ungewöhnliche Formen erhalten, doch gerade diese zeigte sich als deutlich den anderen unterlegen. Sowohl die ältere VIM als auch die neue COLUMBIA besaßen wohl die von der Formel erstrebte Idealform, die man geradezu als wünschenswerte Normalform bezeichnen kann und die jeder Extreme entbehrt. Beide vereinten überlegene Geschwindigkeit mit ausgezeichneten Am-Wind-Eigenschaften und tadellosem Verhalten im Seegang.

Alle nach der Internationalen R-Formel erbauten Yachten sind spezifisch für das Wettsegeln bestimmt. Ihre Vorschriften enthalten keine wesentlichen Angaben über irgendwelche für Kreuzfahrten wünschenswerte Einrichtungen. Hat jedoch eine solche Yacht einmal ihre Rennlaufbahn erfüllt, so kann diese Yacht

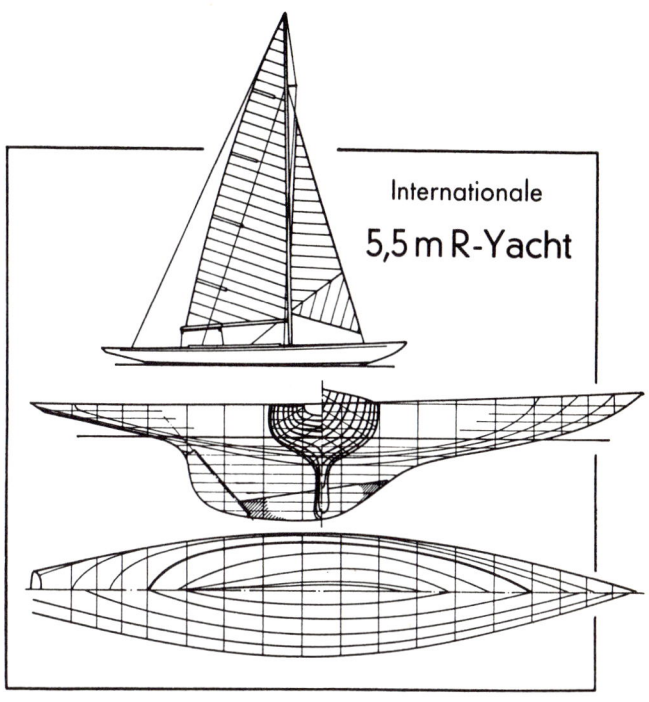

Abb. 169: Die kleinste der heute noch gepflegten I.Y.R.U.-Klassen zeichnet sich durch ihre ungewöhnliche Einfachheit aus. Selbst ein Spinnaker war ursprünglich untersagt, wurde später aber zugelassen.

sehr gut eine wohnliche Inneneinrichtung erhalten. In nachstehender Tabelle wurden die Hauptabmessungen erfolgreicher Yachten der verschiedenen Rennklassen zusammengestellt. Es sei hervorgehoben, daß diese Abmessungen nicht vorgeschrieben sind und daß sie von Yacht zu Yacht verschieden ausfallen. Nach heutiger Tendenz fallen die Längen über alles etwas kleiner aus, vor allem zur Gewichtsersparnis, doch als Zusammenstellung der klassischen R-Yachten ergibt die Tabelle einen guten Überblick.

UNGEFÄHRE ABMESSUNGEN INTERNATIONALER RENNYACHT-KLASSEN					
	5,5 m	6 m	8 m	12 m	„J"-Klasse
Länge ü. alles	9,80 m	11,25 m	14,75 m	21,00 m	41,30 m
Länge in der WL	6,60 m	6,85 m	9,15 m	13,75 m	26,50 m
Breite	1,90 m	1,98 m	2,65 m	3,65 m	6,55 m
Tiefgang	1,34 m	1,60 m	1,95 m	2,72 m	4,58 m
Verdrängung	1,85 t	3,50 t	8,10 t	26,00 t	160,00 t
Ballastgewicht	1,15 t	2,45 t	4,80 t	16,20 t	98,00 t
Segelfläche	28,00 m²	43,00 m²	74,00 m²	180,00 m²	702,00 m²
Besatzung	3	5	6	11	24

Rennkreuzeryachten nach I.O.R.

Seit der Einführung der I.O.R.-Regel ist noch nicht genügend Zeit verflossen, um eine echte Einheitlichkeit der Typen in den verschiedenen Größen erkennen zu können. Mag sein, daß auch die Formel selbst so gut ausgewogen wurde, daß ebenso leichte wie schwere, schmale wie breite Yachten gerecht bewertet werden. Besonders in den beiden kleinsten Klassen, den Viertel- und den Halb-Tonnern wurden einige Experimente versucht, ohne aber die Formel als solche oder die Klasseneinteilung sprengen zu können. Zeigt sich ein Leichtbau bei leichten Winden und glattem Wasser von seiner besten Seite, so wendet sich das Blatt zum Nachteil, sobald Wind und Seegang stehen. Nur ausgesprochen schwere Yachten sind den Regattafeldern ferngeblieben, weil es sich hier ja um Rennyachten handelt, nicht um Tourenschiffe.

Trotzdem läßt sich eine gewisse einheitliche Tendenz im Entwurf der I.O.R.-Yachten erkennen. Vergleicht man die hier gezeigten Pläne mit dem Internationalen 8-m-Rennkreuzer der I.Y.R.U.-Formel von 1950, so erkennt man den überall wiederkehrenden Trend zum Funktionellen. Lange Überhänge erlaubten, eine breitgezogene Takelage gut abzustützen, doch die modernen Kreuzeryachten fahren bedeutend höhere Takelagen mit schmalerer Basis. So passen die heute üblichen kurzen Überhänge vorzüglich zur kurzen Basis der Besegelung, außerdem ersparen sie Gewicht, ohne daß eigentlicher Nutzraum verloren ginge.

Im Grundriß aller hierher gehörenden Yachten erkennt man sofort die reichlich große Breite, die aber streng auf die Mittschiffspartie zusammengezogen wird. Das ganze Vorschiff wird geradezu lineal-artig zugespitzt, einzig und allein um der Schnelligkeit zu dienen, besonders auf Am-Wind-Kursen. Daß die Yachten dadurch nasser segeln, ist der Preis, den man für höhere Fahrt bezahlen muß. Aber auch nach achtern zu wird die Breite in ähnlicher Weise stark reduziert, so, als segelten die Schiffe auf der *Blase ihres Mittschiffskörpers*. Daß die Spiegelhecks oft oben nach vorn gekippt werden, dient ebenfalls nur der Ersparnis an Gewicht. Am auffallendsten findet sich jedoch der Unterschied zur klassischen Kreuzeryacht im Kielprofil. Lang durchgezogene Kiele mit direkt angehängtem Ruder gibt es bei den Rennkreuzern überhaupt nicht mehr. Die Kielflossen werden so schmal wie möglich gehalten, auch so tief wie möglich geführt, wobei die günstige stromlinienförmige Gestaltung des Ballastkieles mitbestimmend auftritt. Die Ruder werden ohne Ausnahme nahe dem Heck oder sogar über Heck nach Jollenart aufgehängt, in den meisten Fällen mit einer Ruderhacke, die den größten Teil der Anschnittkante bildet. Jeder Rudergänger wurde rasch vom Vorteil dieser Anordnung überzeugt, und so besteht heute sogar bei reinen Tourenyachten eine merkliche Tendenz zur getrennten Aufhängung des Ruders nahe dem Heck.

Wenn die I.O.R.-Yachten zu insgesamt acht Klassen unterteilt wurden, so soll damit keinerlei enge Begrenzung aufgestellt werden. Das Prinzip der Ausgleichsformel, gleich ob für ältere vorhandene Yachten oder für Neubauten bestimmt, soll allen Yachten gleiche Erfolgschancen bieten. Dazu gehört natürlich auch ein Zeitvergütungssystem, über welches später einige Erklärungen folgen. Grundsätzlich wird erstrebt, daß Kreuzerrennyachten sehr verschiedener Größe gemeinsame Rennen bestreiten können, wobei jede der verschiedenen Größen nicht nach gesegelter, sondern nach *berechneter Zeit* den Sieg erringen kann. Wählt man als Beispiel die Tonneryachten, so sollten ein Vierteltonner, ein Halbtonner, ein Eintonner und ein Zweitonner gemeinsame Regatten segeln können, so daß nach berechneter Zeit jede dieser vier Größen die gleichen Aussichten hat. Ganz besonders gilt dieses Prinzip für Klasse 1, in welcher Yachten von 33 bis 70 Fuß Vermessungsgröße zusammengefaßt wurden. Wenn trotzdem in den kleineren Klassen die Tonneryachten bevorzugt gepflegt werden, so liegt der Grund einzig und allein darin, daß bei *gleichen Rennwertgrößen* keine Zeitvergütung mehr auftritt, daß also Yacht gegen Yacht segelt und das Ergebnis beim Durchlaufen der Ziellinie feststeht. Nach dieser Einleitung werden nun einige Größen der I.O.R.-Yachten als Beispiele gezeigt.

Der Vierteltonner mit einer Vermessungsgröße von 18,0 Fuß ist zur Zeit noch die kleinste der Tonneryachten. Für das Jahr 1973 wurde eigens Klasse VIII zum I.O.R.-System hinzugefügt, womit Rennkreuzer

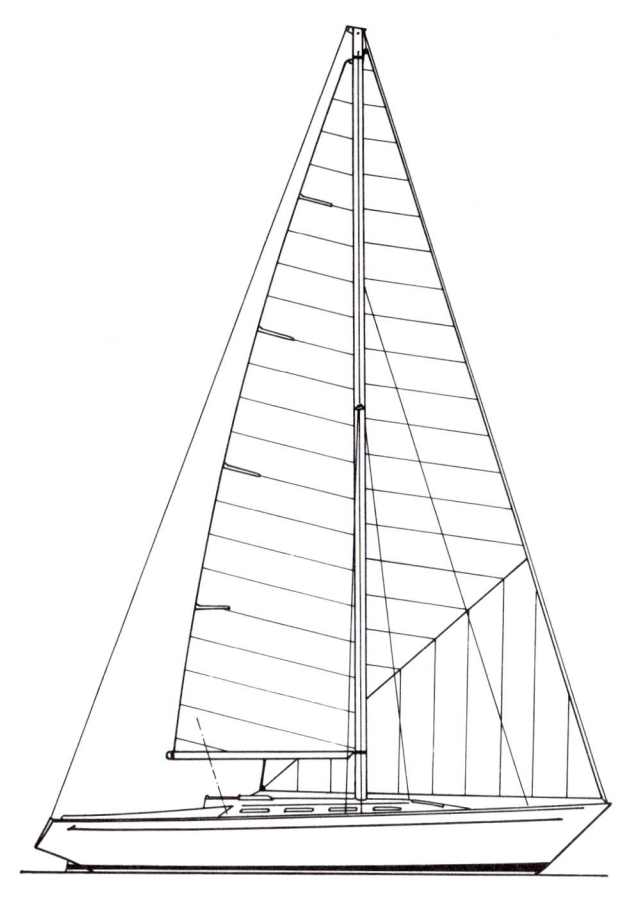

Eintonner Ranger

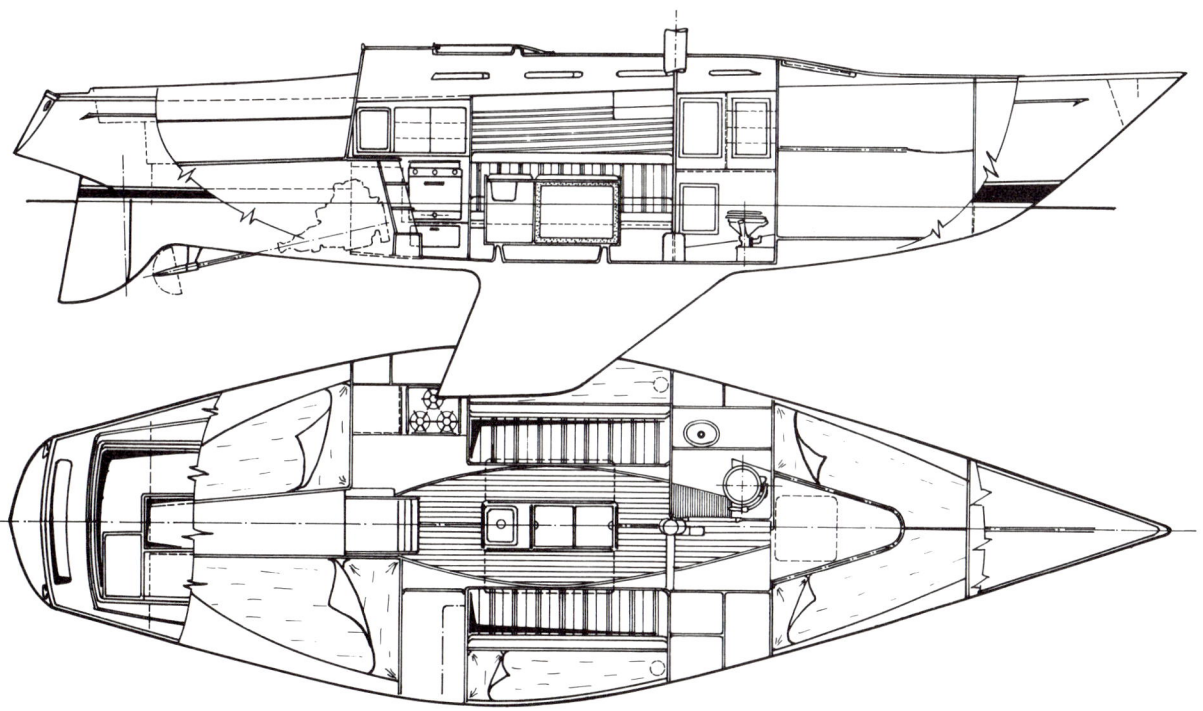

Abb. 170: Kalifornischer Eintonner „Ranger", entworfen von Gary Mull und sehr erfolgreich in seiner Klasse, siehe Foto 19 der MUÑEQUITA. Klare unkomplizierte Linien und eine praktische Einrichtung fallen auf. Man beachte, daß Eisbox und Spülbecken in den Mitteltisch eingebaut sind. Die Kajütfenster liegen sehr schräg und sind deshalb in Wirklichkeit viel breiter.

Länge ü. alles	11,30 m	Verdrängung	6880 kg
Länge in der WL	8,65 m	Ballastgewicht	3320 kg
Breite	3,45 m	Ballastanteil	48 %
Tiefgang	1,83 m	Segelfläche	58,50 m²

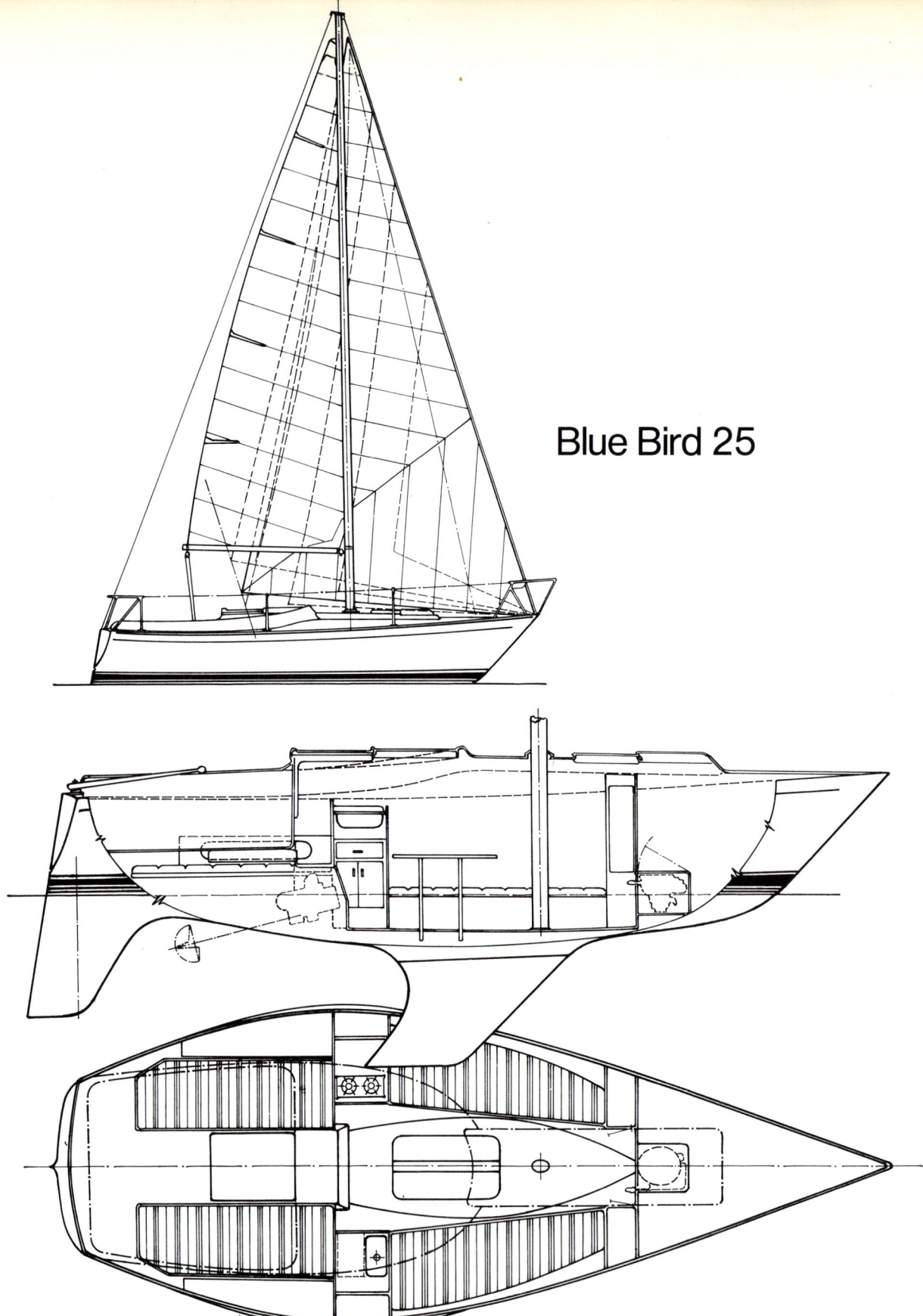

Abb. 171: Die Pläne des Vierteltonners „North Star 500" oder „Blue Bird 25" zeigen deutlich die häufig beobachtete Begünstigung großer Breiten nach der I.O.R.-Vermessung, die aber der Geschwindigkeit nicht im Wege steht.

Länge ü. alles	7,62 m	Verdrängung	1950 kg
Länge in der WL	6,18 m	Ballastgewicht	780 kg
Breite	2,75 m	Ballastanteil	40 %
Tiefgang	1,52 m	Segelfläche	26,9 m²

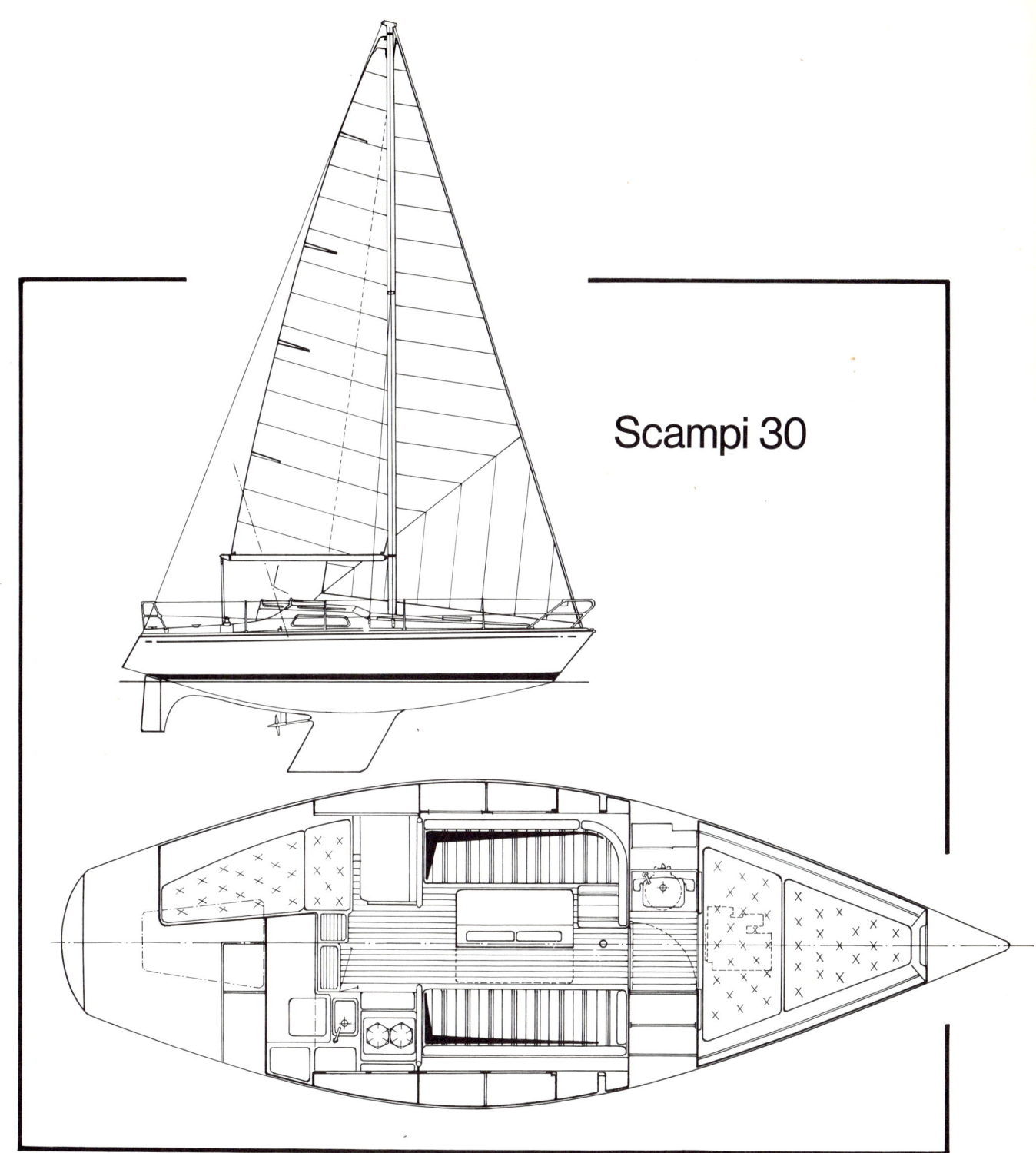

Abb. 172: Hier wird ein sehr bewährter und erfolgreicher Halbtonner gezeigt, der Typ „Scampi 30", ein schnelles Boot mit praktischer Inneneinrichtung.

Länge ü. alles	9,07 m	Verdrängung	3000 kg
Länge in der WL	7,00 m	Ballastgewicht	1150 kg
Breite	3,00 m	Ballastanteil	38 %
Tiefgang	1,58 m	Segelfläche	36,0 m²

noch erheblich kleiner als Vierteltonner ins Klassensystem aufgenomemn wurden; doch ein häufig genannter Achteltonner wurde bisher weder definiert noch ernstlich geplant.

Die Größe der Vierteltonner eignet sich besonders gut, um die großzügigen Variationsmöglichkeiten der I.O.R.-Bewertung zu illustrieren. Der beistehend gezeigte Vierteltonner *North Star 500*, in Europa *Blue*

Bird 25 genannt, besitzt ungefähr die größten Abmessungen, die in dieser Klasse möglich sind. Die Längen über alles schwanken zwischen 6,60 m und 7,60 m, die Breiten zwischen 2,10 m und 2,75 m. Nicht wenige dieser Boote besitzen Schwerter, wodurch es Tiefgänge bis zu weniger als 0,50 m gibt, wogegen echte Kielversionen im Tiefgang zwischen 1,10 m und 1,50 m schwanken. Die Verdrängungen liegen zwischen 0,8 und 2 to, der Ballastanteil zwischen 30 und 50 Prozent, und die Größe der Segelfläche zwischen 20 und 27 m², obwohl sich in der Literatur noch keine einheitliche Bestimmung der Am-Wind-Fläche eingeführt hat. Diese sollte am besten wie folgt definiert werden: wahre Großsegelfläche plus 100 Prozent des Vorsegeldreiecks.

Im Segelriß der *North Star 500* kann man beobachten, welche Vielfalt von Beisegeln innerhalb des Vorsegeldreiecks gefahren werden kann. Die Zeichnung ist darin keineswegs erschöpfend, denn ein Spinnaker wurde nicht mit eingetragen. Dagegen ist ein Spinnaker-Beisegel angedeutet, das an einem gesonderten zurückversetzten Vorstag gefahren wird. Gut erkennbar sind die Glattdeck-Konstruktion, der bis zum Kiel durchgeführte Mast und die Inneneinrichtung mit 4 Kojen, Kochstelle, WC und Hilfsmotor. Am Unterwasserprofil fällt der sehr schmale und kleine, aber tiefgehende Kiel auf, ferner die unverhältnismäßig große Ruderhacke achtern, zusammen mit ebenfalls sehr großem Ruderblatt. Diese sind vor allem dazu bestimmt, auf flotter Vor-Wind-Fahrt eine gute Kursstabilität zu gewährleisten und einem Aus-dem-Kurs-Laufen vorzubeugen.

HALBTONNER: Diese Größe stellt gegenwärtig wohl die am weitesten verbreitete Klasse mittelgroßer seefähiger Rennkreuzer dar. Ein Vermessungswert von 21,7 Fuß bzw. 6,60 m erlaubt den Bau eines bereits recht geräumigen Schiffes, so daß auch Fahrtensegler gern diese Größe wählen. Als klassischer, erfolgreicher Halbtonner wurde bereits in Abb. 143 die von Michel Dufour entworfene *Arpege* gezeigt. Sie wurde noch zu Zeiten der R.O.R.C.-Formel entworfen und in großer Zahl erbaut, gewann viele Rennen und behauptet sich auch unter der I.O.R.-Vermessung unverändert in der Spitzenklasse.

Im perspektivischen Linienriß erkennt man gut die Form des Flossenkiels mit tiefgelegtem Ballastwulst. Das sehr schmal gehaltene Ruderblatt mit schmaler Hacke reicht ebenfalls sehr tief hinunter. Die Linien präsentieren sich als weich und harmonisch, die gute Fahrt erklärend. Die Stabilität wird von der großen Breite zusammen mit dem sehr tief liegenden Ballastgewicht gesichert. Die Liste der Erfolge der *Arpege* ist vor allem in europäischen Gewässern von imponierender Länge.

Nicht minder erfolgreich in Europa, besonders aber jenseits des Großen Teiches bewies sich die *Scampi*, entworfen vom schwedischen Konstrukteur Peter Norlin. Der hier gezeigte Plan verbildlicht die z. Z. neueste Version. Verglichen mit der *Arpege* ist die *Scampi* ein wenig leichter, wenn auch nur unbedeutend kleiner. An jeder Stelle findet man Differenzen, sei es im Unterwasserprofil, in der Überwasserform, in der Besegelung oder in der Inneneinrichtung. Doch im wesentlichen sind sich beide Boote sehr ähnlich und dürften etwa die Quintessenz des heutigen Halbtonners darstellen.

Ein eigenartiges Detail der *Scampi* soll erwähnt werden: Der Hilfsmotor liegt nicht achtern, sondern weit vorn, kurz vor dem WC in der Vorpiek. Dort fand sogar ein kleiner Diesel von 12 PS Leistung Platz, offenbar ohne sich ungünstig in der Gewichtsverteilung bemerkbar zu machen. Kabine und vor allem Küche erreichen dadurch einen angenehmen Gewinn an Geräumigkeit.

Die Einrichtung ist mit viel Überlegung und Erfahrung entworfen worden. Die Küche direkt beim Niedergang wurde großzügig angelegt und muß dem Koch

---

Foto 47: Dieses prächtige Lichtbild zeigt aufs deutlichste die Form einer modernen Eintonner-Yacht in Aluminium in Bau nach Plänen von Sparkman & Stephens. Man erlebt geradezu diese vorzügliche und auf geringsten Wasserwiderstand entwickelte Form des modernen Ocean Racers. Der Rumpf hat keinerlei Ähnlichkeit mehr mit der früheren schweren und dicken Seekreuzeryacht, die er nicht nur an Geschwindigkeit weit übertrifft, sondern auch an Steuereigenschaften sowie an gesegelter Höhe am Winde.   *Foto: Sea Spray, Auckland*

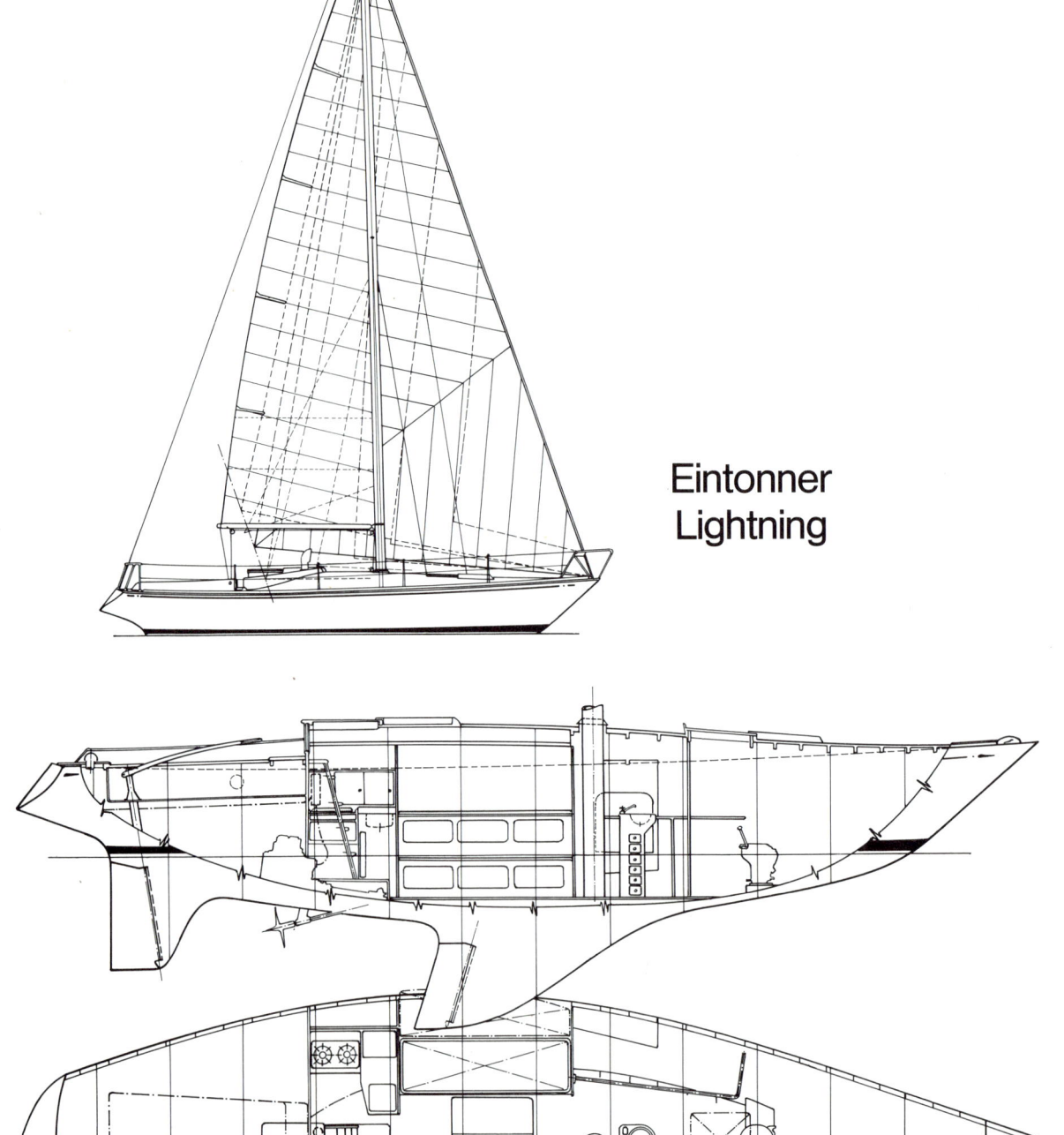

Abb. 173: Mit dem Eintonner LIGHTNING wird eine der erfolgreichsten amerikanischen Eintonneryachten gezeigt. Man beachte die Trimmklappe am Kiel, die aber nicht mehr benutzt wird, um die geringfügige Bestrafung zu vermeiden.

Länge ü. alles	11,60 m	Verdrängung	6985 kg
Länge in der WL	8,76 m	Ballastgewicht	3320 kg
Breite	3,58 m	Ballastanteil	48 %
Tiefgang	1,90 m	Segelfläche	57,80 m²

geradezu eine Freude im Gebrauch bedeuten. Gegenüber liegt, ähnlich wie bei der *Arpege*, der recht große Kartentisch mit Platz für alle erforderlichen Instrumente.

Die Erfolgsliste der *Scampi* ist höchst bemerkenswert; sie gewann die Weltmeisterschaft in Form des Halb-Tonner-Pokals dreimal hintereinander, 1969, 1970 und 1971, und 1972 die Nordamerikanische Halbtonner-Meisterschaft, dazu natürlich viele andere Rennen in Europa und Amerika. Da sie außerdem auch ein gutes Familienboot für Kreuzfahrten darstellt, vertritt sie in bestem Sinne die Grundidee zum I.O.R.-Verfahren der gesunden schnellen Seekreuzeryacht.

Wenn man mit diesen beiden Halbtonnern auch noch die Hauptabmessungen des dritten TITUS CANBY, Abb. 144, vergleicht, so hat letzterer die kürzeste Länge ü. alles, aber die größte WL-Länge, die geringste Breite, das geringste Gewicht und die kleinste Segelfläche. Womit auch hier wieder gezeigt ist, welche Vielfalt von Typen und Dimensionen innerhalb der I.O.R.-Regel möglich sind.

Die Eintonnerklasse, der jetzt eine kurze Besprechung gewidmet sei, hat das ganze System der Tonnerklassen überhaupt erst ins Leben gerufen. So nimmt es nicht wunder, daß in ihr seit Jahren die bedeutendsten Segelwettkämpfe ausgefochten werden, und daß der berühmte Eintonnerpokal als Zeichen der Weltmeisterschaft der Seesegler betrachtet wird. Ebenso treffen sich in dieser Klasse die Entwurfsideen der bedeutendsten Konstrukteure der Welt, unter denen die Konkurrenz zwischen Olin Stephens und Dick Carter seit Jahren mit größtem Interesse verfolgt wird. Ein besonders erfolgreicher Eintonner möge diese Klassengröße illustrieren, die amerikanische Yacht LIGHTNING. Bei Betrachten des Planes fällt sofort die an der Achterkante des Kieles erkennbare Trimmklappe auf. Man ersieht daran, daß die LIGHTNIN vor der Einführung des MAF-Faktors gebaut wurde. Es genügte aber, die Position der Trimmklappe unbeweglich festzulegen, um die MAF-Belastung zu ersparen und trotzdem noch als der beste Eintonner der USA 1972 und 1973 zu bestehen. Wäre die Yacht nicht als so erfolgreich bekannt, könnte man zweifeln, ob die sehr kleine Lateralfläche des Kiels überhaupt noch ausreicht, um der von den Segeln entwickelten Querkraft mit geringster Abdrift zu widerstehen. Da sich diese minimale Lateralfläche aber bewährte, kann man nur die Eleganz der Unterwasserform bewundern, die vom Konstrukteur Olin Stephens methodisch entwickelt wurde. Andererseits fällt auch hier wieder die sehr große Ruderhacke auf und das ebenfalls großzügig dimensionierte Ruderblatt. Man fragt sich unwillkürlich, ob dort nicht ein gewisser Anteil an Reibungsfläche erspart werden könnte, nachdem sich die kleine Kielfläche so gut bewährte.

Der Segelriß zeigt in ausgeprägter Form die Tendenz der modernen Rennyacht-Sluptakelung, bei der das Vorsegeldreieck größer ist als die Fläche des Großsegels, in diesem Falle sogar um 45 Prozent. Der Grund für die Bevorzugung des Vorsegeldreiecks liegt, wie bereits erwähnt, in der großzügigen Vielfalt der Segel, die dort gesetzt werden können, während das Großsegel seine Variationen nur innerhalb engster Grenzen erlaubt. In der Nähe der Großbaumnock erkennt man die Begrenzungslinie der Vorsegelschothörner, die an einen Wert von 150 Prozent der Vorsegelbasis belastungsfrei heranreicht. Innerhalb dieser Grenzlinie darf jedes beliebige dreieckig geschnittene Vorsegel gefahren werden. Von dieser Freiheit der Vorsegelwahl wird, wie der Riß erkennen läßt, recht ausgiebig Gebrauch gemacht, doch sind dazu noch mindestens zwei Spinnaker hinzuzurechnen. Auch erkennt man ein freistehendes Stag auf halbem Abstand zum Vorstag, an dem die modernen sehr wirksamen Spinnaker-Beisegel gefahren werden.

Der Schiffskörper zeigt keinen eigentlichen Kajütaufbau, sondern besitzt ein glattes, gewölbtes Deck, wie es heute häufig angewandt wird, vor allem um den Luftwiderstand zu vermindern. Allerdings fällt dadurch der Fußpunkt der Vorsegel-Dreieckshöhe noch unter Deck, d. h., ins Kajütinnere. Man erreicht damit einen fast winddichten Abschluß zwischen Bootskörper und Vorsegel, zugleich eine angenehme Geräumigkeit in der Kabine.

Die Inneneinrichtung wird bei diesen Yachten, die in schärfster Konkurrenz segeln, rein auf Rennzwecke zu-

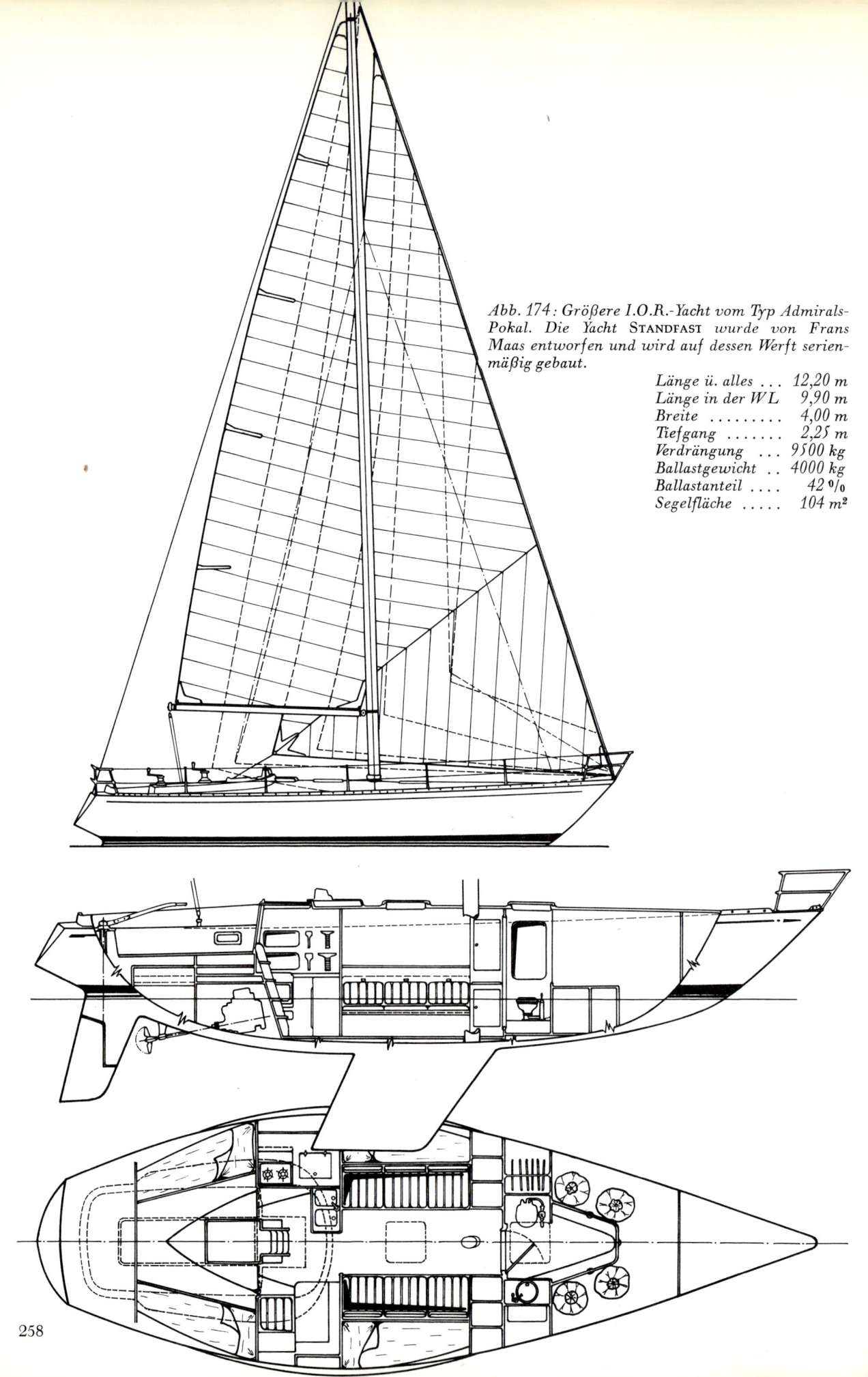

Abb. 174: Größere I.O.R.-Yacht vom Typ Admirals-Pokal. Die Yacht STANDFAST wurde von Frans Maas entworfen und wird auf dessen Werft serienmäßig gebaut.

Länge ü. alles ... 12,20 m
Länge in der WL   9,90 m
Breite ....   4,00 m
Tiefgang .... 2,25 m
Verdrängung ... 9500 kg
Ballastgewicht .. 4000 kg
Ballastanteil .... 42 %
Segelfläche ..... 104 m²

geschnitten. Es sind zwar fünf Kojen vorhanden, ebenso eine recht brauchbare Küche und ein großer Kartentisch, doch stehen Waschbecken und WC frei im vorderen Raum. Was dort aussieht, als seien es zwei weitere Kojen, sind in Wirklichkeit nichts anderes als Segelschaps.

Die nun folgende Yacht STANDFAST, entworfen vom holländischen Konstrukteur und Werftbesitzer Frans Maas, überschreitet die Größe der normalen Tonneryachten und wird mit der etwas merkwürdigen Bezeichnung *Admiralscupper* belegt, besser Admiralspokal-Yacht. Sie kann zwar an allen für die größeren I.O.R.-Klassen organisierten Seerennen teilnehmen, doch diejenige mit Weltbedeutung Nummer Eins ist die Serie, die um den Admirals-Pokal gesegelt wird. Für diese Rennen gilt heute noch eine untere Grenze von 29 Fuß I.O.R.-Rating und ein Maximum von 45 Fuß I.O.R.

Die STANDFAST läßt mancherlei Einzelheiten erkennen, die für moderne Ocean Racer charakteristisch geworden sind, darunter die Glattdeck-Bauweise des Rumpfes, das sehr große Vorsegeldreieck, der verhältnismäßig kleine, rein funktionell geformte Kiel und die kurzen vorderen und achteren Überhänge. Auch die Kursstabilisierung durch große Ruderhacke und ziemlich großes Ruderblatt entspricht der modernen Tendenz. Weiterhin zeigt sich in der Inneneinrichtung die Beschränkung für Rennzwecke: jede nicht unbedingt notwendige Bequemlichkeit oder Kojenzahl wurde gespart. Sechs feste Schlafplätze, eine gut eingerichtete kleine Küche, passender Kartentisch, gut zugänglicher Hilfsmotor und im Vorschiff wiederum die Schaps für Segelsäcke oder lose verstaute Segel.

Die STANDFAST hat sich bereits in Regatten gut bewährt, wurde sie doch Gesamtsieger in Klasse I und II der Genuawoche.

Als letztes Beispiel der Serie der modernen I.O.R.-Yachten wird die vom jungen argentinischen Konstrukteur German Frers entworfene RECLUTA III erwähnt. Mit einer Länge über alles von 14,75 m und einer I.O.R.-Vermessung von 37,0 Fuß ist sie noch weit von der Größengrenze der Klasse I entfernt, die erst mit einem I.O.R.-Wert von 70 Fuß endet. Da Klasse I aber bereits mit 33 Fuß beginnt, darf sie immerhin als Vertreter der größten Klasse gelten. Darüber hinaus ist sie ein ganz vorzüglicher Vertreter dieser Klasse, wurde die RECLUTA III doch zweite im Fastnet-Rennen 1973 unter mehr als 200 Teilnehmern; ferner wurde sie zweite nach individueller Bewertung in der Admirals-Pokal-Serie 1973 und Sieger im Rennen um den Pokal des New York Yacht Club, ausgetragen auf dem Solent mit über 100 teilnehmenden Yachten. Zeichnung der RECLUTA III siehe Abb. 236.

Diese Erfolge sind um so bemerkenswerter, als Entwurf und Bau innerhalb von nur 3 Monaten in Argentinien ausgeführt werden mußten, und diese große Yacht dann ohne jede Probefahrt sofort nach Europa verladen wurde. Auch dort stand der Besatzung nur eine einzige Woche zum Probesegeln und Trimmen zur Verfügung, bevor die Serie der Rennen um den Admiralspokal begann. Der Bootskörper wurde in mehrschichtig verleimtem Holz gebaut, und zwar in Epoxy-Verleimung.

Als Besonderheit in ihrer Anordnung muß erwähnt werden, daß außer der achteren Plicht für Steuermann und Navigator eine davor liegende lange schmale Plicht für die Mannschaft eingerichtet wurde, die sich sehr bewährte. Bei dieser Größe ist es bereits selbstverständlich, daß die Yacht als Glattdecker gebaut wird.

Schließlich sei als Kuriosum erwähnt, daß der I.O.R.-Wert der RECLUTA III mit seinen 37 Fuß genau in der Mitte der Admirals-Größen liegt, die z. Z. zwischen 29 und 45 Fuß Rating begrenzt sind. Demnach bewährte sich das angewandte System der Zeitvergütung sowohl nach oben wie auch nach unten.

Einige bewährte Kreuzeryachten

Auf den folgenden Seiten sind eine Anzahl von Kreuzeryachten wiedergegeben, die sich in der Praxis bewährt haben. Die Auswahlmöglichkeiten umfaßten unendlich viele Typen, doch nur einige wenige wurden zur Veröffentlichung ausgewählt, wobei zur Leitschnur eine besondere Idee oder eine ungewöhnliche Leistung diente. Einige Eigenschaften sind allen diesen Kreuzeryachten gemeinsam: Sie alle sind unkenterbar, besitzen eine bewohnbare Einrichtung, und alle fanden ein mehr als gewöhnliches Interesse in ihrem Fahrtengebiet.

Nicht wenige Kreuzeryachten vollbrachten unter Führung erfahrener Segler ungewöhnliche Leistungen. Verschiedene Nordische Volksboote überqueren den Nordatlantik. Ein kühner Segler führte darin sogar eine Reise von England über Tahiti nach Neuseeland durch, einen Teil der Strecke Einhand segelnd. Die kleine SOPRANINO gab mit ihrer Atlantiküberquerung des Jahres 1952 den Anstoß zur Gründung der Junior-Hochseesegler-Gruppen. Schließlich sei zur FINISTERRE erwähnt, daß sie unter Führung ihres erfahrenen Eigners Carleton Mitchell den außerordentlichen Rekord erzielte, das Bermuda-Rennen dreimal hintereinander zu gewinnen.

Im Jahre 1942 wurde in Schweden eine Klasse geschaffen, die inzwischen in der ganzen Welt bekannt wurde: das „Nordische Volksboot". Aus einem Konstruktionswettbewerb entstanden, konnten sich die schwedischen Segler anfänglich nicht für dieses *abgeschnittene* Boot begeistern, da im Lande der Schärenkreuzer die langen Überhänge nach wie vor dem Auge zusagten. Auch wurde die Klinker-Bauweise beanstandet, weil sie das yachtmäßige Aussehen nicht fördere. Da entschloß sich der schwedische Reeder und Rennsegler Sven Salén, 60 solcher Kreuzeryachten auf eigene Rechnung bauen zu lassen. Dank dieses kühnen Vorgehens erkannten die Segler, daß die neue Klasse die gewünschten Eigenschaften in ausgezeichneter Weise erfüllte: Sie war sehr mäßig im Anschaffungspreis, hervorragend seetüchtig, und sie eignete sich gleich gut fürs Regatta- wie fürs Tourensegeln. Heute findet sich das Nordische Volksboot in vielen Ländern der Welt vertreten, sowohl in Holz wie in Kunstharz gebaut.

Abb. 175: Das in jeder Weise hervorragend bewährte Nordische Volksboot wird heute in einer Anzahl verschiedener Versionen gebaut, die aber stets die gleichen Abmessungen aufweisen.

Länge ü. alles	7,66 m	Verdrängung	2150 kg
Länge in der WL	6,00 m	Ballastgewicht	1050 kg
Breite	2,20 m	Ballastanteil	49 %
Tiefgang	1,20 m	Segelfläche	24,30 m²

Zwei unerschrockene britische Segler setzten im Jahre 1952 die Seglerwelt in Erstaunen, als sie mit einer sehr kleinen und sehr leicht gebauten Yacht den Nordatlantik überqueren. Die kleine, von Laurent Giles entworfene SOPRANINO vertrat eine damals als erstaunlich, ja geradezu als gefährlich betrachtete Theorie, nämlich die des Leichtbaues für Seekreuzeryachten. Als sie mit einer 10 000 Meilen Atlantiküberquerung den Beweis für die Richtigkeit der Theorie erbrachte und in tadellosem Zustand in New York eintraf, wurde sie mit einem Schlage berühmt. Niemals befanden sich ihre Verbände in Gefahr, niemals verwandelte sich ihre Seefahrt in ein gefährliches Abenteuer.

Auf Grund dieser Atlantikerfahrung im kleinen leichten Boot, ausgeführt von Patrick Ellam und Colin Mudie, begannen weite Kreise sich für das Hochseesegeln in kleinen Yachten zu interessieren. Bald darauf wurde die britische Vereinigung *Junior Offshore Group* gegründet, mit dem Ziel, das Hochseesegeln in kleinen Yachten zu fördern. Ihr folgte eine ähnliche amerikanische Organisation unter dem Namen *Midget Ocean Racing Club*, was etwa „Klub sehr kleiner Hochsee-Rennyachten" bedeutet.

Der klinker-geplankte Bootskörper der SOPRANINO war so sorgfältig durchdacht, daß er trotz guter Festigkeit nur ein Gewicht von etwa 200 kg aufwies. Darunter wurde eine Kielplatte aus Stahlblech befestigt, an deren unterem Teil ein zigarrenförmiger Bleiballast-Wulst angebracht war. Dessen Gewicht von nur 272 kg gab dem kleinen Boot die nötige Stabilität und machte es unkenterbar. Der Entwurf wurde derart durchgerechnet, daß das Boot sich in jedem Falle wieder aufrichten mußte, selbst wenn eine brechende Welle es einmal völlig auf den Kopf stellen würde, mit dem Mast nach unten und dem Kiel nach oben zeigend. Die absolute Schwimmfähigkeit auch im Havariefalle wurde durch Blöcke von leichtem Schaumstoff garantiert.

*

Die britische Yacht MYTH OF MALHAM wurde in diese Serie aufgenommen, weil sie als Begründerin der kurzen Lateralpläne für Hochseeyachten gilt, ebenso für die fast überhanglosen Enden. Sie wurde bereits im Jahre 1946 von Laurent Giles für einen der erfahrensten Hochseesegler entworfen, den Kapitän John Illingworth. Durch ihre ungewohnte Bauweise ebenso wie durch ihre Formgebung erregte sie allgemeines Aufsehen. Sie vereinte sehr leichte Bauweise mit fast völligem Verzicht auf vordere und achtere Überhänge. Der kurz zusammengefaßte Lateralplan schien damals für Seefahrten ungeeignet zu sein, doch konnte er sich bei Rennen auf See durchaus bewähren, ja, er gilt heute sogar noch als reichlich lang.

Kapitän Illingworth gilt als der geistige Urheber des hohen, bis zum Masttop reichenden Vorsegeldreiecks, das er bereits im Jahre 1936 an seiner MAID OF MALHAM

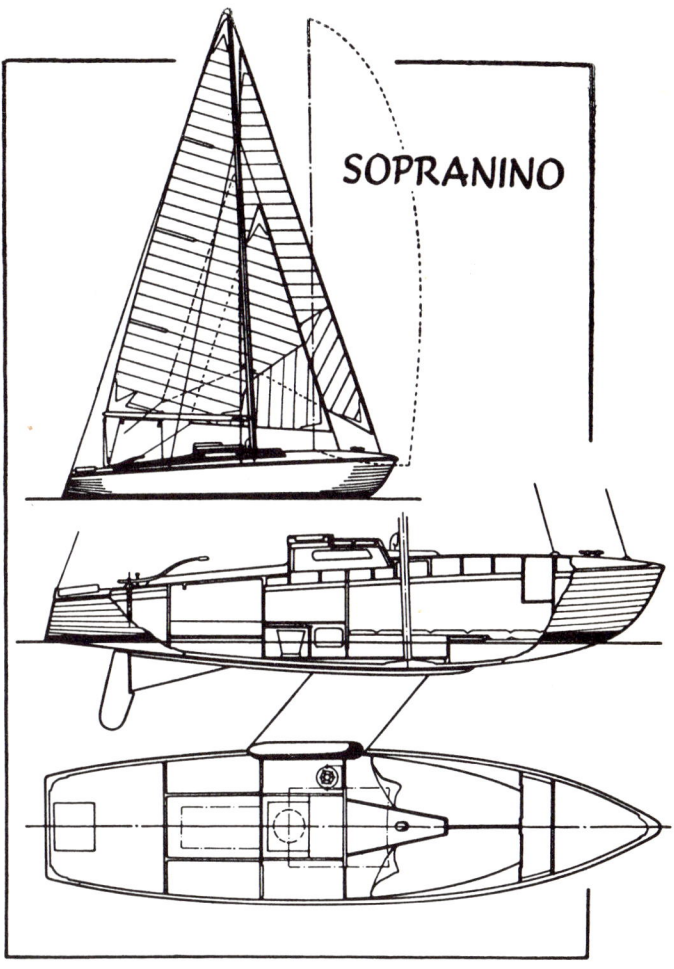

Abb. 176: Die kleine Yacht SOPRANINO *leitete mit ihrer Transatlantik-Fahrt eine neue Ära des Hochseesegelns in kleinen, relativ leichten Yachten ein.*

Länge ü. alles	*6,00 m*	*Verdrängung*	*650 kg*
Länge in der WL	*5,34 m*	*Ballastgewicht* ..	*272 kg*
Breite	*1,63 m*	*Segelfläche*	*20,0 m²*
Tiefgang	*1,13 m*		

hatte. Da bei dem hier gezeigten Segelriß zwei Vorsegel, nämlich Fock und Klüver, gleichzeitig gesetzt werden, bezeichnet man diese spezielle Ausführung auch als Kutter. Das hohe Vorsegeldreieck erlaubt, den Mast und das Großsegel weniger hoch auszuführen, aber auch den Mast etwas weiter achtern aufzustellen.

Das Zusammenwirken der Besegelung mit dem kurzen Lateralplan bewies sich als durchaus gelungen und ergab ein ausbalanciertes Boot. Sein Eigner erklärte, daß man am Wind segelnd die Yacht sich selbst überlassen könne: Sie würde dann mit leicht spielender Pinne während langer Zeit am Wind weitersegeln. Allerdings fügte er hinzu, daß für ausgedehnte Seestrecken ein etwas längerer Lateralplan wünschenswert wäre, um auch bei stärkerem Seegang gute Kursstabilität zu erreichen. Hätte man schon damals das Ruder separat am Heck aufgehängt, am besten mit eigener Ruderhacke, so hätte das Urteil wohl anders gelautet.

Obwohl die KR-Formel nicht mehr zu Neubauzwecken angewandt wird, soll doch wenigstens ein bewährter Vertreter dieser deutschen Ausgleichsformel mit aufgenommen werden, insbesondere, da zahlreiche KR-Yachten sich noch während vieler Jahre auf See bewähren werden.

Die hier gezeigte 6,5-KR-Yacht wurde nach Plänen von Obering. W. Ohlendorf bei Abeking & Rasmussen erbaut. Diese Klasse wie auch die 6-KR-Größe erfreuten sich einer besonderen Beliebtheit, weil sie preislich einer größeren Gruppe von Seglern zugänglich war, gute Seefähigkeit mit passender Einrichtung verbanden, aber auch noch gut und sicher von 2 Mann gesegelt werden konnten.

Die KR-Formel erlaubte recht viel Freiheit in bezug auf den Typ der Yachten, ihr Längen-Breitenverhältnis, den Tiefgang und die Besegelung. Die Exponenten der Formel waren jedoch so gewählt, daß ein extremer Typ keinerlei Vermessungsvorteile erzielen konnte. So sieht man auch diesem Entwurf das Traditionsgefühl der Werft an, welche mit Vorliebe zum Bau rassiger und verhältnismäßig schlanker Yachten mit harmonisch ausgezogenen, langen Überhängen führte.

Die hier gezeigte Inneneinrichtung wurde zwar für die Marine entworfen, dürfte aber auch manchem privaten Eigner zusagen. Die gleich neben dem Niedergang angeordnete Küche ist hell und gut gelüftet, die vorn liegende Toilette praktisch und ausreichend groß. Vier feste Schlafplätze sind als Normaleinrichtung sehr geschätzt. Es sei erwähnt, daß diese Yachten in Mahagoni-Außenhaut erbaut wurden, daß aber zahlreiche KR-Kreuzer auch Stahl-Schiffskörper erhielten, die sich ebenfalls sehr gut bewährten.

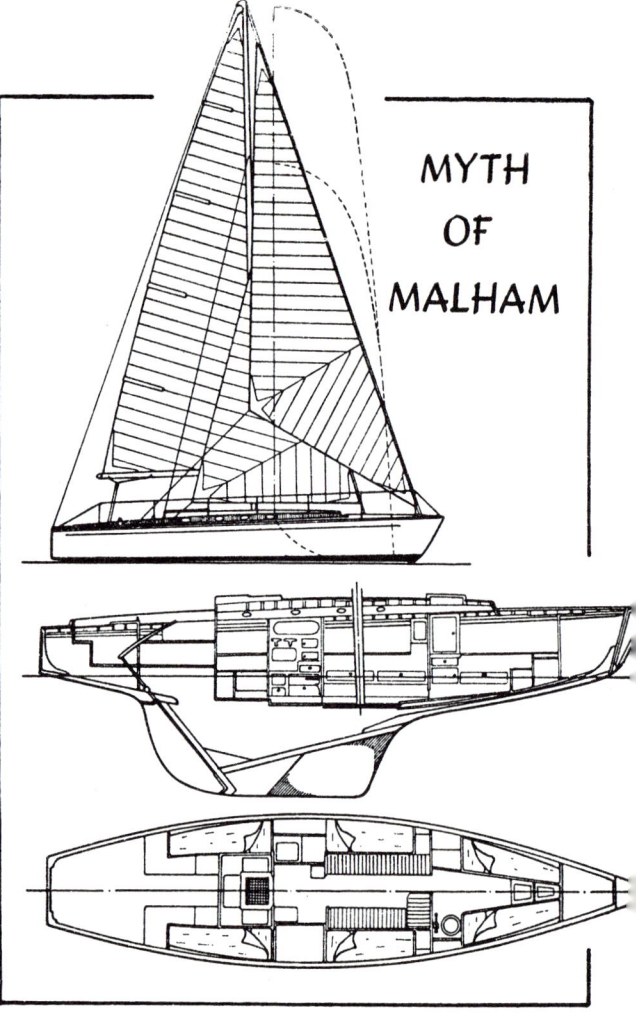

Abb. 177: Die Yacht MYTH OF MALHAM wurde als erste Hochseeyacht mit sehr kurzen Überhängen und sehr kurzgehaltener Kielflosse ausgeführt.
Länge ü. alles ... 11,50 m   Verdrängung ... 8000 kg
Länge in der WL 10,20 m   Ballastgewicht . 4000 kg
Breite .... 2,84 m   Segelfläche .... 76,00 m²
Tiefgang ...... 2,14 m

Geradezu zum Vergleich herausfordernd werden nunmehr die Pläne einer sehr modernen kleinen Kreuzeryacht gezeigt, nämlich der in Österreich auf der Schiffswerft Korneuburg gebauten Rennkreuzeryacht C&C 27. Der Kontrast zur 6,5-KR-Yacht könnte nicht größer sein: Ein kurzer Kiel, dazu das getrennt achtern aufgehängte Ruder, der Innenraum ungefähr von gleicher Größe und gleicher Breite, die Länge über alles aber bedeutend kürzer, so hat man einen gänzlich anderen Typ von seefähiger Kreuzeryacht vor Augen. Die Verdrängung der C & C 27 beträgt weniger als die Hälfte der 6,5-KR-Yacht. Die Masthöhe ist geringer, aber das Vorsegeldreieck bedeutend größer, so daß dieser leichtere Bootskörper praktisch von gleicher Segelfläche angetrieben wird wie die bedeutend schwerere 6,5-KR-Yacht.

An diesem Beispiel läßt sich schlagartig der Unterschied zwischen der klassischen, langkieligen Kreuzeryacht und ihrer kurzkieligen modernen Schwester ermessen.

Die C & C 27 wurde von den kanadischen Konstrukteuren Cuthbertson & Cassian entworfen, die sie außer in Österreich auch auf anderen und auch nicht europäischen Werften bauen lassen. Die Inneneinrichtung geht klar aus den Plänen hervor und bietet einer vier- bis fünfköpfigen Besatzung alles, was sie fürs Fahrtensegeln brauchen. Das Boot hat Stehhöhe bis ins Vorschiff. Der Segelriß zeigt zwar nur die große Genuafock, doch sind selbstverständlich auch alle übrigen Vorsegel nebst großem Spinnaker eingeplant. Als Hilfsmotor wird serienmäßig der 10 PS Faryman Diesel eingebaut, doch sind auch Alternativen vorgesehen. Als im Frühjahr 1973 eine Gruppe europäischer Yachtzeitschriften zehn kleine Kreuzer testete, die alle von ähnlicher Größe waren wie die C & C 27, schrieb „Die Yacht" in ihrem Bericht: „Diese Yacht lief die höchste Geschwindigkeit und zeigte kaum einen Fahrtverlust in der Welle; alle Testcrews waren von ihren Segeleigenschaften begeistert."

*

Der nie wiederholte Rekord der Yacht FINISTERRE, nämlich dreimal hintereinander das Bermudarennen gewonnen zu haben, wird ihr noch lange einen Ehrenplatz im Hochseerennsport bewahren. Ihr Eigner Carleton Mitchell, bereits vorher schon ein erfahrener Hochseesegler, wünschte ein Schiff mit guter Stabilität, aber auch mit geringem Tiefgang, da die Mündungsgebiete aller großen Flüsse den tiefgehenden Yachten Schwierigkeiten bereiten; dazu eine geräumige Einrichtung und das ganze in eine Schiffsform ge-

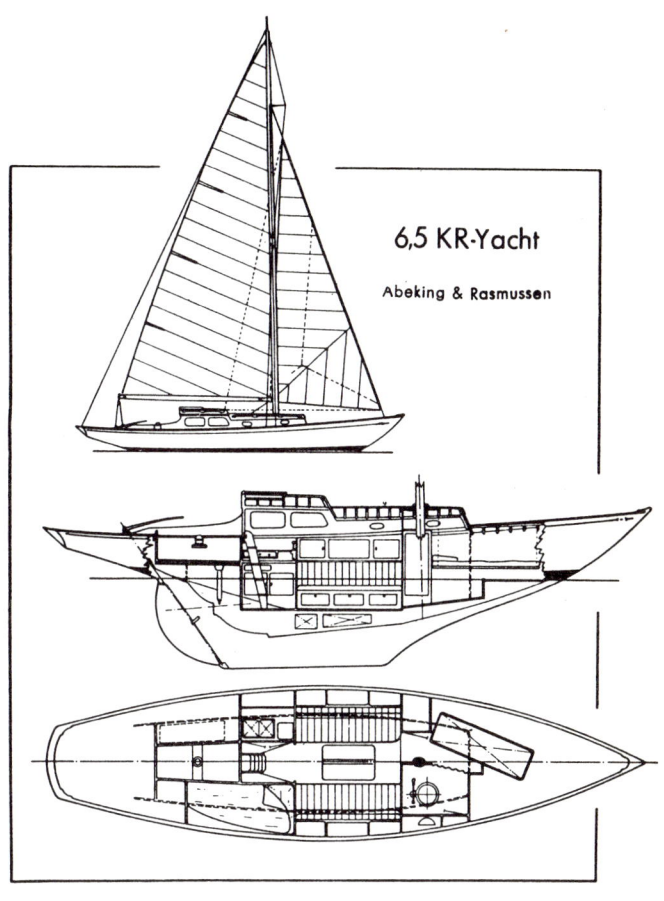

Abb. 178: Eine Erinnerung an die deutsche KR-Formel: Seekreuzeryacht von 6,5 KR, entworfen und erbaut von Abeking & Rasmussen.
Länge ü. alles ... 10,64 m   Tiefgang ...... 1,50 m
Länge in der WL 7,20 m   Verdrängung ... 5270 kg
Breite .... 2,65 m   Segelfläche .... 41,73 m²

bracht, die große Geschwindigkeit und damit gute Aussichten auf Erfolge in Hochseerennen versprach.

Die von Olin Stephens gezeichnete Yacht bekam eine für damalige Ansichten so ungewöhnliche Breite, daß sie geradezu als übertrieben galt. Der feste Tiefgang wurde wirklich sehr mäßig gewählt und scheint für eine Hochseeyacht beinahe zu knapp zu sein. Gute Kreuzeigenschaften wurden aber durch den Einbau eines großen, tiefgehenden Schwertes gewonnen. Die Takelung als Yawl hat mancherlei Gutes für sich, wurde aber auch durch die damalige Meßregel begünstigt. An der erfolgreichen FINISTERRE zeigte sich, daß ein bedeutendes Übergewicht nicht immer nachteilig für Geschwindigkeit und See-Eigenschaften sein muß. Ge-

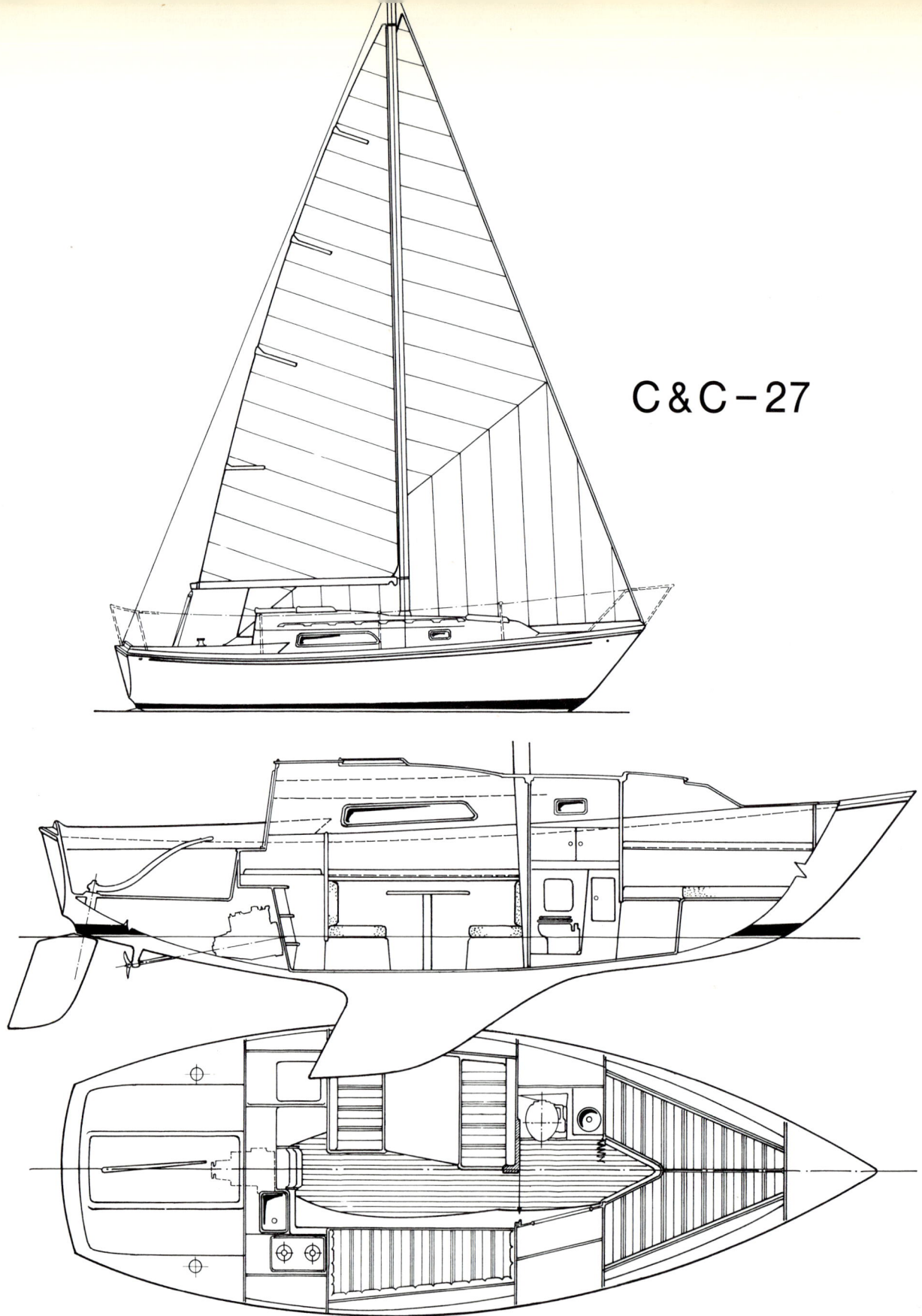

Abb. 179: Diese unter der Bezeichnung „C & C — 27" serienmäßig in Österreich gebaute Tourenyacht zeichnet sich durch vorzügliche Segeleigenschaften aus sowie durch eine für eine Familie sehr reichhaltige Inneneinrichtung.

Länge ü. alles .... 8,33 m
Länge in der WL 6,75 m
Breite .... 2,79 m
Tiefgang .... 1,30 m
Verdrängung .. 2360 kg
Ballastgewicht   1134 kg
Ballastanteil ..   49 %
Segelfläche ... 44,50 m²
I.O.R.-Vermessung ... 21,6 Fuß

Foto 48: Die bewährte kleine und doch recht große Kielyacht „C & C -27", nach Plänen der kanadischen Konstrukteure Cuthbertson & Cassian im Serienbau erstellt auf der Schiffswerft Korneuburg A. G., Nieder-Österreich. In gelungener Art wurden hier die I.O.R.-Vorschriften zur Schaffung eines schnellen Sport- und Familienkreuzers ausgelegt. Das Schiff vermißt mit IOR = 21,6 fast genau in die Halbtonnerklasse. Segelriß und Inneneinrichtung finden sich detailliert in der Zeichnung, Abb. 179. Das in Fahrt eben aufliegende Spiegelheck sorgt für eine lange Wasserlinie, aber auch für eine geräumige Plicht. Foto: Schiffswerft Korneuburg

plant für eine Verdrängung von 8,3 t und eine WL-Länge von 8,40 m, baute der Eigner eine so umfangreiche Einrichtung und Ausrüstung hinein, daß die Verdrängung praktisch auf 10 t stieg und auch die WL-Länge nahezu 9 m erreichte. Doch der Erfolg wurde nicht gemindert, im Gegenteil, die Yacht zeigte stets ein wundervolles Betragen im Seegang und erwarb sich einen großen Namen als erfolgreicher Ocean Racer. Wenn sie auch kaum mit einer modernen I.O.R.-Yacht vergleichbar ist, so liegen ihre Abmessungen doch erstaunlich nahe bei den modernen größeren Eintonner-Yachten, die sogar noch ein wenig mehr an Breite aufweisen, allerdings auch einen bedeutend größeren festen Tiefgang.

Es sei erwähnt, daß der Eigner selbst sich in ungewöhnlicher Weise um die Gestaltung der Inneneinrichtung bemühte. Noch bevor der Bau begonnen wurde, richtete er in einem Schuppen ein Skelett aus Latten her, das den Kabinenraum verkörperte. Dort hinein wurden Küche, Hauptkabine, Toilette und Vorderkabine aus Holzlatten, Sperrholz und Karton montiert, um Geräumigkeit, Sitzhöhe, Kojenbreiten etc. genau untersuchen zu können und maßgerecht festzulegen.

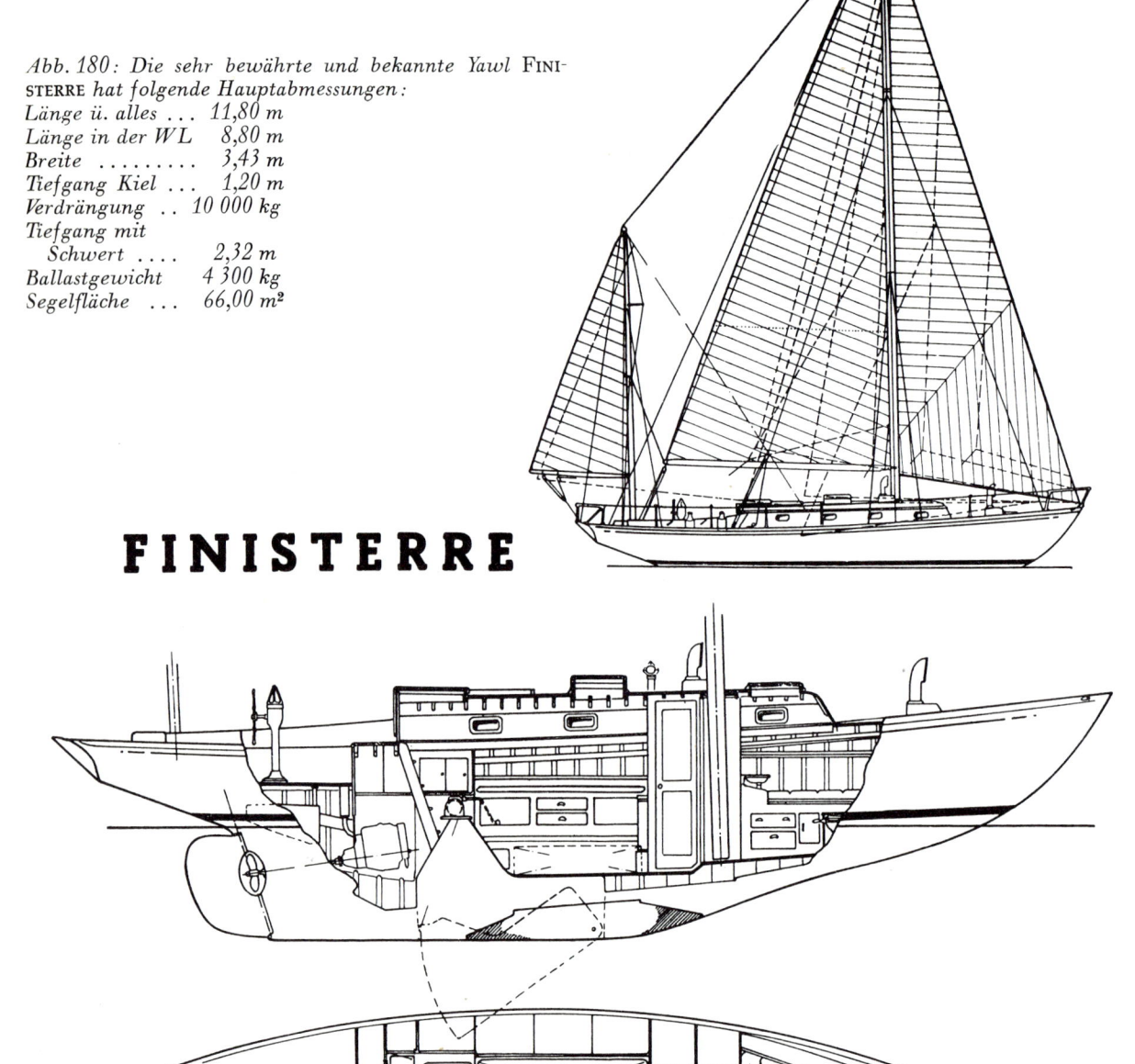

Abb. 180: Die sehr bewährte und bekannte Yawl FINI-STERRE hat folgende Hauptabmessungen:
Länge ü. alles ... 11,80 m
Länge in der WL   8,80 m
Breite ....   3,43 m
Tiefgang Kiel ... 1,20 m
Verdrängung ..   10 000 kg
Tiefgang mit
  Schwert ....   2,32 m
Ballastgewicht   4 300 kg
Segelfläche ...   66,00 m²

FINISTERRE

Abb. 181: Hier erkennt man die wohldurchdachte und auf großer Fahrt bewährte Inneneinrichtung der FINISTERRE. Damals hielt man eine solche Breite noch für übertrieben.

Foto 49: Ein Blick in die Inneneinrichtung des gleichen „C & C -27"-Fahrtenkreuzers, der insgesamt 8,33 m lang und 2,79 m breit ist. Ganz vorn befinden sich zwei Kojen, dann folgt eine Toilette, ehe man hier in die Hauptkabine gelangt. Die Dinette an Backbord wird durch Herablassen der Tischplatte in eine Doppelkoje umgebaut. Achtern beim Niedergang liegt eine auffallend geräumige Küche.
Foto: Y.P.S. — Hamburg

Die einzigartige Entwicklung des modernen Yachtbaus brachte es mit sich, daß zahlreiche Werften eine Vielfalt neuer Typen und Größen herausbrachten, stets auf der Suche nach einer *Marktlücke*. So ist es heute nahezu überflüssig geworden, den Einzelbau einer Kreuzeryacht eigens von einem Konstrukteur planen zu lassen, denn in fast jeder Größe existieren erprobte Standardmodelle, die fast jedem Geschmack gerecht werden. Außerdem fallen Serienbauten stets preisgünstiger aus als Einzelbauten.

Aber auch der Selbstbau-Amateur muß nicht unbedingt einen Plan entwerfen lassen, denn nicht wenige Konstrukteure verlegten sich auf die Spezialität der Selbstbauerpläne, deren Bausatz ebenfalls preisgünstig hergegeben wird. Besonders im angelsächsischen Sportbereich wird der Selbstbau seefähiger Kreuzeryachten, selbst in größeren Abmessungen, häufig unternommen und auch fast immer erfolgreich zu Ende geführt.

Große Segelyachten

Swan – 65

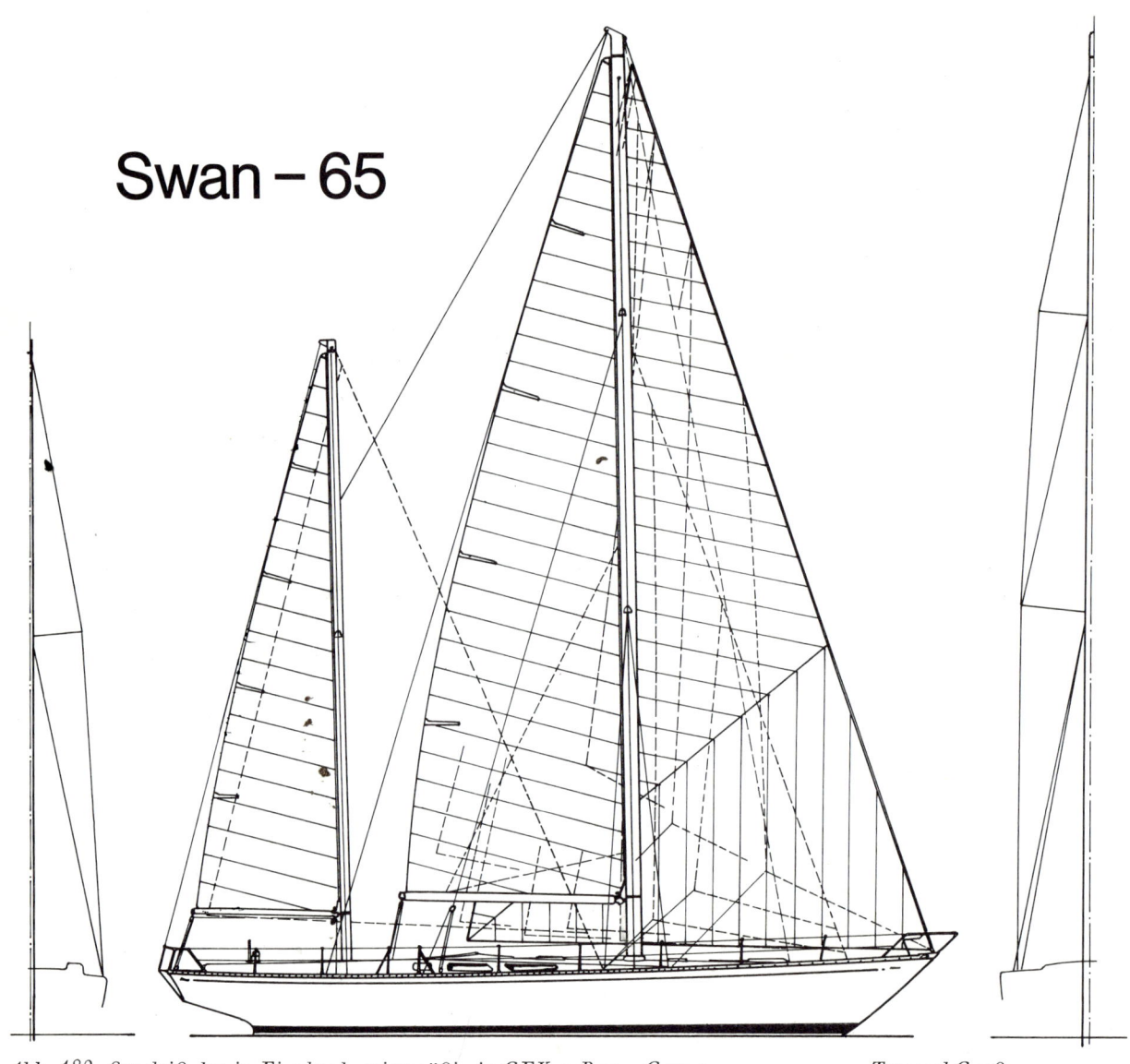

Abb. 182: Segelriß der in Finnland serienmäßig in GFK gebauten Hochsee-Rennyacht „Swan-65". Ein hoher Grad an Wirksamkeit, sorgfältige Verstagung und ein umfangreicher Satz von Beisegeln zeichnen diesen Entwurf aus. Der normale Segelsatz umfaßt folgende Segel:

Großsegel ..... 57,5 m²	Mittlere Genuafock .... 128 m²	Raum-Genuafock .... 128 m²	Trysegel Großmast .... 17,6 m²
Besan .... 25,3 m²		Kleine Genuafock .... 79 m²	Sturmfock ..... 13,0 m²
Schwere Genuafock .... 127 m²	Leichter Drifter 128 m²	Großer Klüver . 72,3 m²	Besan-Stagsegel . 66,5 m²
		Mittlerer Klüver 48,3 m²	Tallboy zum Spinnaker ... 42,7 m²
		Kleiner Klüver . 24,5 m²	3 große Spinnaker, leicht, mittel und stark
		Zwischenstag-Vorsegel ..... 30,6 m²	1 Sturmspinnaker

Von etwa 20 m Länge aufwärts kann man eine Yacht in die Gruppe der wirklich *großen Yachten* einreihen. Solche Abmessungen geben ihr einen erhöhten Grad an Seefähigkeit, zugleich gewinnen aber auch die Wohnlichkeiten an Bord und die Geschwindigkeit.

Es ist der Trend der letzten Jahre mit ihrer stürmischen Entwicklung, daß so große Yachten heute bereits serienmäßig in glasfaserverstärktem Kunstharz hergestellt werden. Eine solche Bauausführung bedeutet keinerlei technisches Problem, wohl aber eins der Kosten.

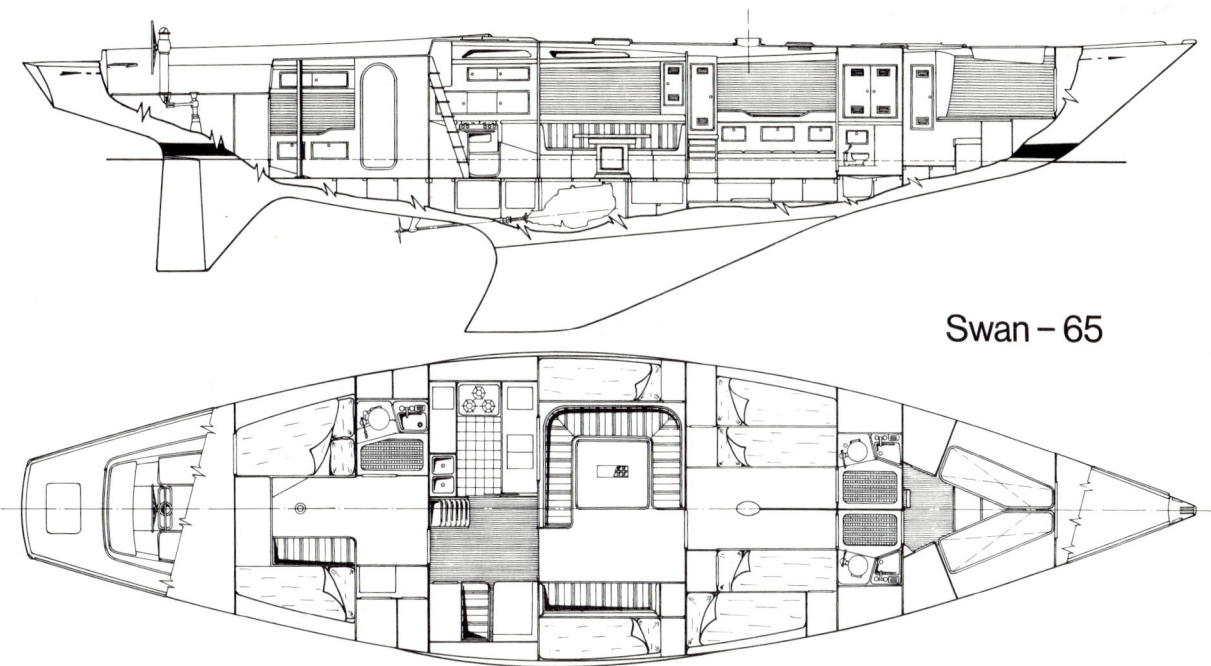

Abb. 183: Einrichtungsplan der Ketsch „Swan-65", nach Plänen von Sparkman & Stephens bei Nautor, Finnland, serienmäßig gebaut. Ein Glattdeck ist in dieser Größe geradezu selbstverständlich, denn man gewinnt zugleich Innenraum und gute Arbeitsfläche an Deck.

Länge ü. alles	19,75 m	Ballastgewicht	11 600 kg
Länge in der WL	14,35 m	Ballastanteil	45 %
Breite	4,98 m	Segelfläche	
Breite in der WL	4,42 m	Ketsch	84 m²
Tiefgang	2,82 m	Segelfläche	
Verdrängung	26 000 kg	Slup	86 m²

Die Kosten der Modellanfertigung für Bootskörper und Deck sind viel zu hoch, als daß sich Einzelbauten nach diesem Verfahren lohnten. So sei dieses Kapitel mit den Plänen der bereits bewährten „Swan 65" eingeleitet, die nur um wenige Zentimeter hinter der Länge von 20 m zurückbleibt.

Bei der „Swan 65" handelt es sich auch in dieser Größe noch um einen echten Ocean Racer, entwickelt als Fortsetzung der kleineren Typen der Swan-Serie. Sie wurde in die I.O.R.-Formel hinein entworfen und hat sich bereits als sehr schnelles Schiff bewährt. Wie alle Yachten der Swan-Serie entstammen die Pläne dem Konstruktionsbüro von Sparkman & Stephens.

Ein Blick auf den Segelriß zeigt, wie harmonisch sich die Yawl-Takelung auch nach der I.O.R.-Vermessung ausbilden läßt. Die Basislänge der Besegelung ist genügend kürzer als die größte Länge des Bootskörpers, so daß auch der Besanmast ein festes Achterstag bekommen konnte. Die Querverstagung der beiden Masten wird natürlich durch die gute Breite des Schiffes begünstigt.

Die Inneneinrichtung läßt erkennen, daß kaum irgendwelche Zugeständnisse an reine Rennqualitäten gemacht wurden. Es gibt eine geräumige, unabhängige Eignerkabine mit eigenem Badezimmer. Ebenso ist die Geräumigkeit der Küche und der gegenüber angeordneten Navigationsecke anzuerkennen. Nach vorn schließt sich eine wohnlich eingerichtete Hauptkabine an, weiter folgen zwei Gästekabinen mit je zwei Kojen und zugehörenden zwei Toiletten mit Duschen. Schließlich liegen im Vorschiff noch zwei Kojen, die normalerweise von zwei Bootsleuten belegt werden. — Als Hilfsmotor wurde ein Sechszylinder Penta Diesel von 106 PS max. und 75 PS Dauerleistung vorgesehen, der einen recht wirksamen Propeller über ein Untersetzungsgetriebe 2,1 : 1 antreibt.

*

„WINDWARD PASSAGE": Es gibt eine Kategorie von Ocean Racern, die von geschwindigkeitsbesessenen Eignern über die Meere gejagt werden, nur um sich als schnellste Yacht vor den staunenden Augen der Segler

Windward Passage

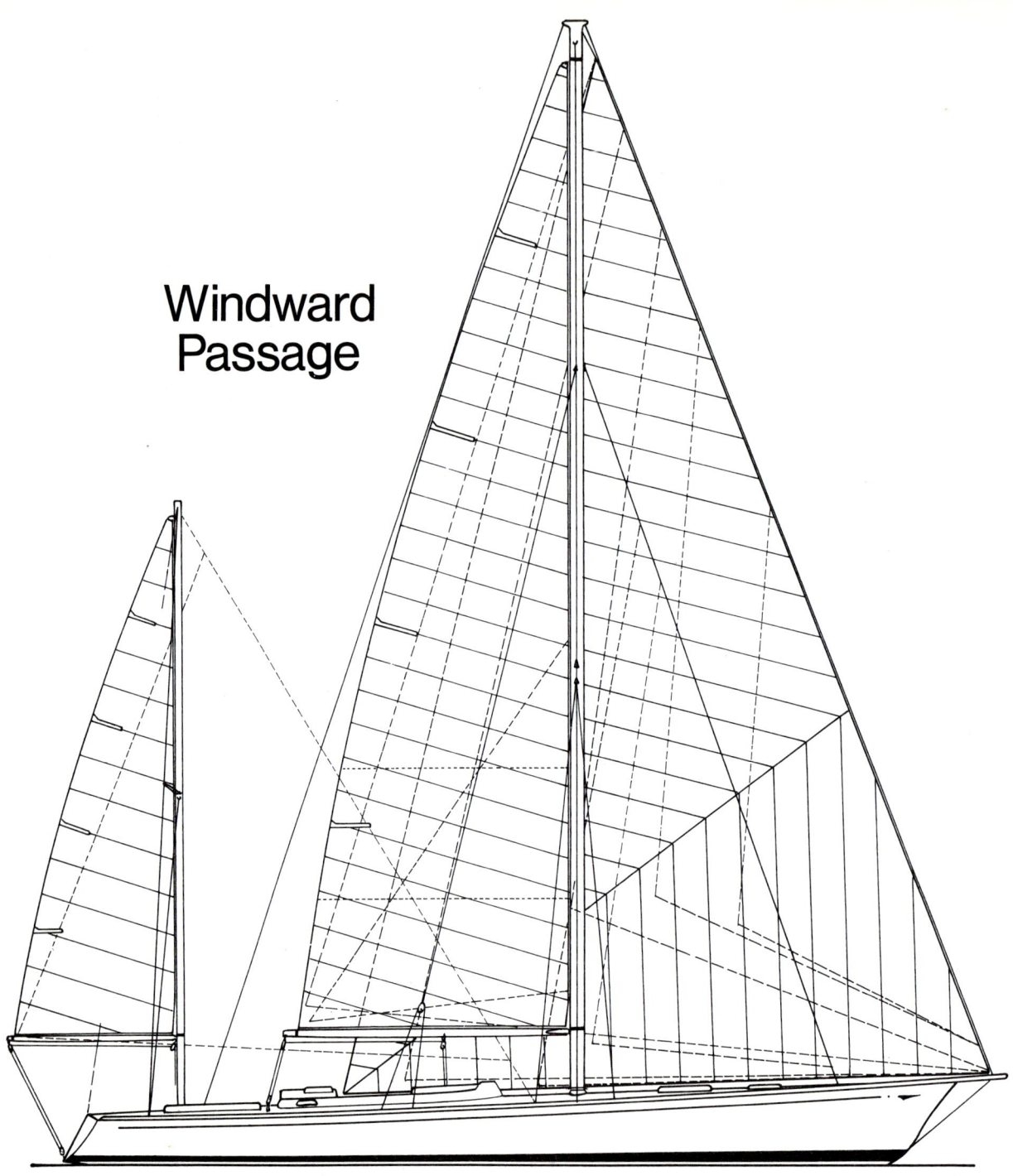

Abb. 184: Segelriß der ungewöhnlich schnellen Windward Passage. *Dieser gefürchtete „Windhund der Meere" erhielt die größte Länge, die noch zur Teilnahme am Bermuda-Rennen berechtigt. Man erkennt auch hier wieder das glatte Deck und wundert sich zugleich über den kleinen Klüverbaum vorn, der aber den vielen großen Vorsegeln zugute kommt. Der kleine Besan dient nur dazu, das vorteilhafte Besan-Stagsegel setzen zu können, das fast dreimal so groß ist wie der Besan selbst. Sehr hohe Masten und sehr kurze Bäume an Großsegel und Besan sind weitere Kennzeichen für eine schnelle, wirksame Besegelung.*

zu bewähren. Lange Zeit galt die amerikanische Ticonderoga als schnellster Hochseesegler, doch dann kam die südafrikanisch-holländische Stormvogel und machte ihr den Ruhm streitig. Als nachfolgender Herausforderer für den Titel des schnellsten Ocean Racers trat die große Ondine auf, deren Segelriß in Abb. 256 gezeigt wird und die nicht minder bedeutende Rennen gewann, wie es zuvor die Stormvogel getan hatte.

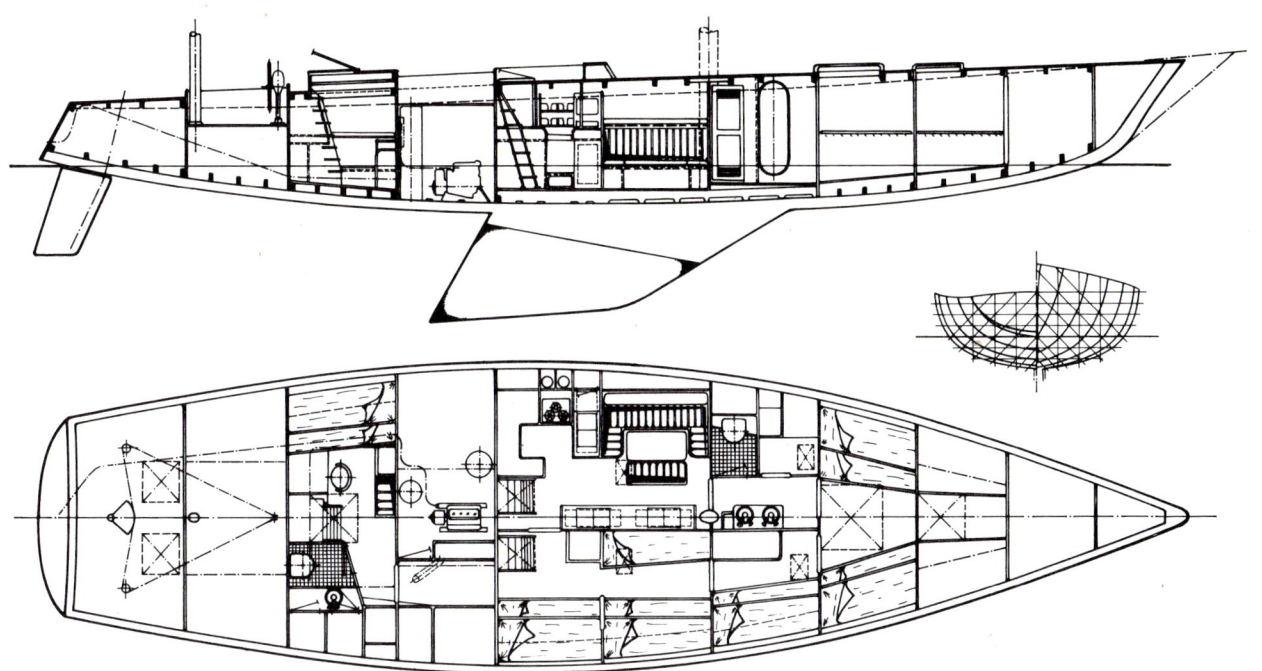

Abb. 185: Bootskörper und Inneneinrichtung der großen Yawl WINDWARD PASSAGE. *Es handelt sich geradezu hervorstechend um eine fast reine Jollenform (siehe eingetragenen Spantenriß). Auch die Kielflosse lehnt sich an die Form eines Schwertes an. Daß Rennsegeln der Hauptzweck beim Entwurf war, erkennt man auch an der Einrichtung: viele Kojen in sehr einfach gehaltenen Kabinen, ein angenehmer, zentraler Aufenthaltsraum mit ausreichend großer Küche, aber nur eine sehr bescheidene Eignerkabine. Ein 40-PS-Dieselmotor treibt einen einziehbaren Propeller über einen hydrostatischen Fairy Marine Antrieb.*

Länge ü. alles	22,20 m	Verdrängung	36,30 t
Länge in der WL	19,80 m	Ballastgewicht	15,45 t
Breite	5,90 m	Ballastanteil	42,5 %
Tiefgang	2,95 m	Segelfläche	226 m²

Seit einigen Jahren gingen Ruf und Ruhm auf die einmalige WINDWARD PASSAGE über, die sich besonders bei den Rennen im Gebiet der Caribe bewährte, organisiert von der *Southern Ocean Racing Conference*, S.O.R.C., amerikanischer Hochsee-Rennsegler. Sie begann ihre Existenz bereits mit einem ungewöhnlichen Auftrag an einen ungewöhnlich jungen britischen Konstrukteur, den in New York tätigen Alan Gurney. Der Eigner, Bob Johnson und früherer Besitzer der TICONDEROGA, soll seinen Wunsch etwa wie folgt formuliert haben: „Zeichnen Sie mir die schnellstmögliche Yacht, doch zum Teufel mit jeder Rücksicht auf Meßformeln!" So ungewöhnlich wie der Auftrag lautete, so ungewöhnlich verlief auch der Bau der Yacht auf einer kleinen Werft, die der Eigner in Freeport auf der Grand Bahama Insel besaß, und zwar Bootskörper kieloben unter einer großen Segeltuchplane. Sie wurde dreifach-diagonal im leichtem Spruce-Holz beplankt, und zwar über zahlreichen kleinen Längsstringern,

danach mit Dyneltuch überzogen, das mit Epoxyleim eine feste Verbindung mit dem Holzkörper einging. Wohl nie zuvor war ein so großer Bootskörper so leicht gebaut worden, noch dazu in reinster Jollenform, wie der eingefügte Spantenriß erkennen läßt. Der fertig ausgebaute Bootskörper erreichte ein Gewicht von nur 13 700 kg einschließlich kompletter Einrichtung und Motorenanlage. Dazu kommen 15 400 kg Bleiballast und 7300 kg Takelage, Segel und rennmäßige Ausrüstung, also eine Verdrängung von 36 400 kg, wahrhaftig unglaublich gering für eine Hochseeyacht von 22,20 m Länge über alles.

Als Hilfsmotor wurde ein 40 PS Westerbeke (Mercedes-Benz) Dieselmotor eingebaut, der einen einziehbaren Propeller über einen hydraulischen Mechanismus antreibt. Nach Einziehen des Propellers wird der Bootkörpereinschnitt durch eine Platte glatt abgedeckt. Also keine Propellervergütung, aber glatter Boden für höchste Geschwindigkeit.

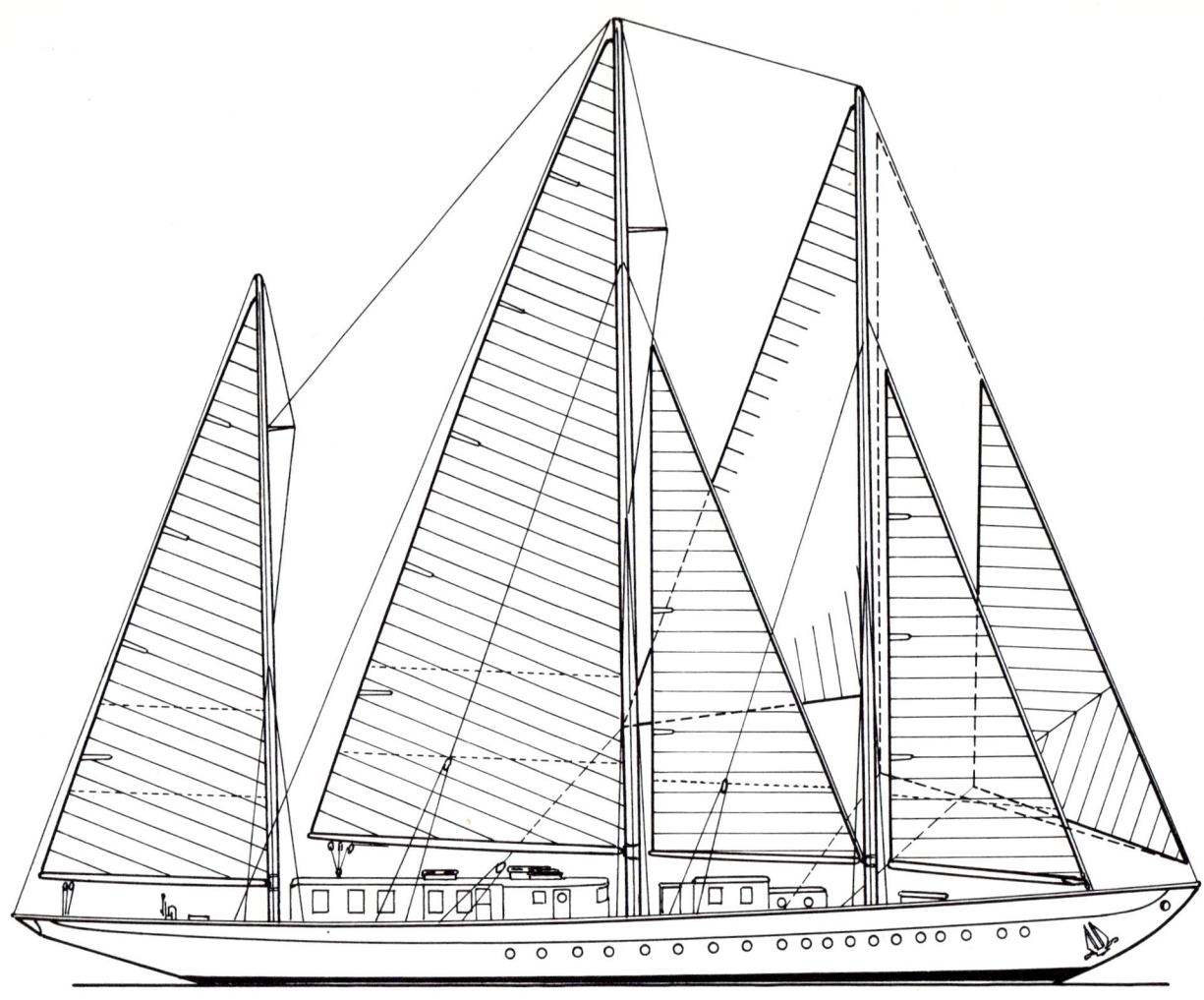

Abb. 186: Wahrscheinlich noch heute die größte aller nach dem Kriege gebauten Segelyachten: Ozean-Kreuzeryacht CARITA, als Dreimast-Schuner getakelt. Diese Yacht besitzt zwei Diesel-Hilfsmotoren von je 595 PS Leistung, hat also beinahe 2 PS je m² Segelfläche, was sie geradezu zum Motorsegler stempeln würde, wären nicht ihre Rumpfform und Besegelung diejenigen einer echten Segelyacht.

„CARITA": Die konstruktive Bearbeitung sehr großer Yachten, und damit sind Segelyachten von 50 m Länge und darüber gemeint, bringt eigentlich nur ein einziges technisches Problem mit sich: die Unterteilung der Besegelung für einfache und sichere Bedienung. Aus diesen Gründen bekam die größte der nach dem Kriege gebauten Yachten die eigenartig anmutende Takelung eines Dreimast-Schuners. In der Tat besitzt die hier gezeigte CARITA erstaunliche Größenverhältnisse. Ihr aus Stahl in Holland hergestellter Bootskörper hat folgende Hauptabmessungen:

Länge ü. alles . 52,10 m   Tiefgang . . . . . 4,58 m
Länge in der WL 37,05 m   Grund-
Breite . . . . 8,55 m   besegelung . . . 625 m²
                          mit Stagsegeln . . 850 m²

Die Pläne dieser ungewöhnlichen Yacht stammen vom Reißbrett Robert Clarks. Warum diese dreimastige Takelung gewählt wurde, wird besonders deutlich, wenn man die Proportionen einer einmastigen Hochsee-Kuttertakelung nachrechnet. Dann müßte nämlich der Großmast eine Länge von 95 m erreichen, während man hier mit weniger als der Hälfte auskam, nämlich mit 42,70 m Mastlänge.

Die Größe der Segelfläche braucht bei Yachten dieser Abmessungen nicht mehr proportionell gewählt zu

---

Foto 50: Bis heute noch die Schnellste im Überqueren des Atlantiks: die Dreimast-Schuneryacht ATLANTIK wurde bereits im Jahre 1903 nach Plänen von William Garden erbaut. Sie gewann im Transatlantik-Rennen des Jahres 1905 den Kaiser-Pokal in einer Rekordzeit, die bis heute noch von keinem Segler wieder erzielt oder unterboten wurde. Sie war 57 m lang, 8,85 m breit und fuhr eine Am-Wind-Besegelung von 1720 m² Fläche. Siehe Segelriß unter Abb. 187.   Foto: Rosenfeld

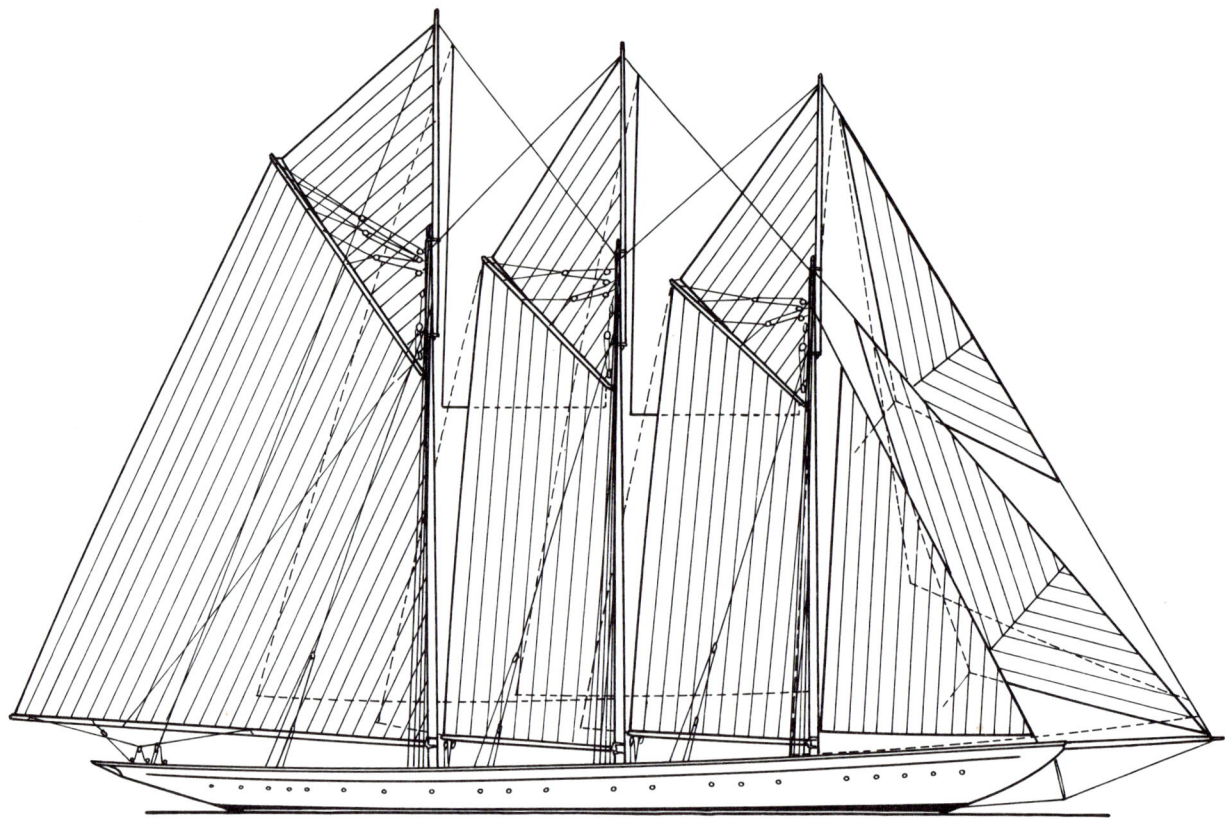

Abb. 187: Segelriß der berühmten Dreimast-Schuneryacht ATLANTIK, *von William Gardner, dem Vater auch des Starbootes, ausschließlich mit Innenballast entworfen, der jedoch kurz darauf nach außen verlegt wurde. Sofort nach der Umänderung nahm sie am Transatlantik-Rennen des Jahres 1905 um den Kaiser-Pokal teil, bei welchem sie in Rekordzeit den Sieg errang.*

werden, weil sie dank ihrer WL-Länge bedeutend höhere Geschwindigkeiten als Yachten normaler Größe erreichen. Daß trotzdem die Bedienungsverhältnisse sorgfältig durchdacht und geplant werden mußten, ergibt sich aus nachstehender *Segel-Liste*:

Klüver	88 m²	Baumfock	
Baumfock	83 m²	am Großmast	98 m²
Große Fock	179 m²	Großsegel	233 m²
Großsegel		Besan	123 m²
am Fockmast	128 m²	Grundbesegelung	625 m²

Die Verdrängung der CARITA dürfte zwischen 500 und 600 Tonnen liegen, doch der lange Rumpf erlaubt eine *flüssige* Linienführung und erzeugt relativ wenig Widerstand. Deshalb sollte bereits bei mäßiger Brise eine Fahrt von 9½ bis 10 Knoten erreicht werden.

∗

„ATLANTIC": Noch etwas größer waren die Abmessungen der berühmten, im Jahre 1903 gebauten Dreimast-Schuneryacht ATLANTIC. Sie wurde von William Gardner speziell für hohe Geschwindigkeiten auf See entworfen. Trotzdem dürfte der Konstrukteur kaum geträumt haben, daß ihr Transatlantik-Rekord auch noch 70 Jahre später ungebrochen bestehen würde. Sie erzielte auf der Rekord-Überfahrt des Jahres 1905 zwischen New York und Cap Lizard, Englands Südspitze, eine nie unterbotene Zeit von 12 Tagen, 4 Stunden, 1 Minute und 16 Sekunden. Ihr Fahrtdurchschnitt, Tag und Nacht und Flaute wie Sturm, betrug 10,4 Knoten. Ihre Abmessungen waren:

Länge ü. alles	57,00 m	Breite	8,85 m
Länge in der WL	41,80 m	Tiefgang	4,57 m
		Segelfläche	1720 m²

Betrachtet man den Segelriß der ATLANTIC, kann man sich mit Leichtigkeit eine bedeutend wirksamere, modernere Besegelung vorstellen. Einige moderne Ocean Racer kamen auch dem damaligen Rekord schon recht nahe. Doch beim Rennen um den Kaiser-Pokal 1905 wurde wirklich hart gesegelt. Ein Detail verdient dem Vergessen entrissen zu werden. Als die ATLANTIC 1903

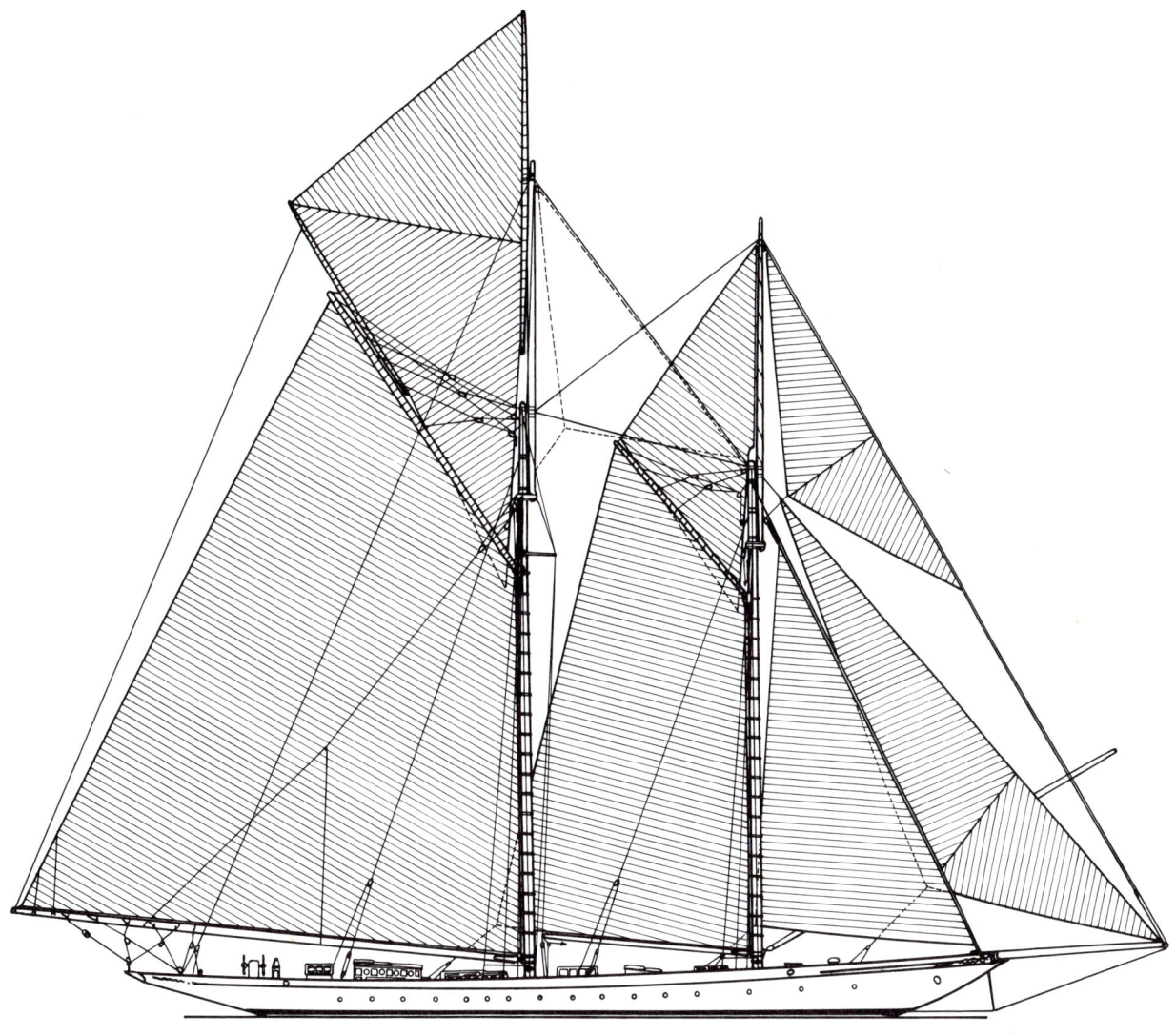

Abb. 188: Segelriß der Schuneryacht METEOR, für Kaiser Wilhelm II. von Max Oertz entworfen und 1908—09 auf der Germaniawerft, Kiel, in Stahl gebaut. Zum ersten Male ließ der Kaiser eine Großyacht in Deutschland entwerfen und bauen, nachdem er vorhergehende Yachten stets im Ausland erworben hatte.

Länge ü. alles	47,14 m	Bleiballast	105 t
Länge in der WL	33,05 m	Segelfläche	1371 m²
Breite	8,29 m	Höchster Punkt	
Tiefgang	5,49 m	ü. WL	50,60 m
Verdrängung	266 t		

Eine große Zahl typischer Details damaliger großer Yachten ist erkennbar. Die Segel werden an den Masten mittels Mastbändern (Mastringen) aus Holz geführt; an den oberen Spieren werden sie mittels Marlleinen angereiht. Das Piekfall der Schunergaffel geht über drei Hahnepots, das der Großgaffel sogar über vier. Die Rah des Großtoppsegels reicht bis zu 50,60 m über die Wasserlinie und ist selbst 17,30 m lang, also erheblich länger als ein moderner Eintonner-Mast.

Beide Masten tragen ihre jeweilige Stenge (obere Verlängerung), im Eselshaupt gelagert und bei Sturm wegfierbar, um an Deck gestaut zu werden. Die langen Überhänge sind hier funktionell, denn von der Klüverbaumnock bis zur Großbaumnock reicht die Besegelungsbreite über fast 62 m Länge. Man beachte den Riesen-Spinnakerbaum, über 22 m lang, doch der umsymmetrisch geschnittene Spinnaker selbst wurde nur auf einer Seite gesetzt, reichte also nicht um das Vorstag herum.

Das Schunermast-Toppsegel fährt ohne Rahen, da es bei jeder Wende gefiert und auf der anderen Seite neu gesetzt werden muß. Die im Hahnepot endende Großsegel-Dirk diente nicht nur zum Stützen des schweren, 27,30 m langen Großbaumes, sondern sorgte auch dafür, daß das Großsegeltuch beim Bergen sicher über dem Großbaum aufgetucht und samt Gaffel festgezurrt werden konnte. Die beiden Großsegel wurden nur durch Persenninge geschützt, aber nicht von den Bäumen abgeschlagen. Das Unterliek des Schuner-Großsegels war hier länger als der zugehörige Großbaum, so daß jedesmal eine Großschot und eine extra Schothornschot bedient werden mußten. Damalige Großyachten besaßen natürlich keine Seereling, doch war das Schanzkleid immerhin fast 40 cm hoch und verlieh den Gästen ein relatives Gefühl der Sicherheit. Solche Yachten wurden damals nur von Berufsmannschaften gesegelt.

Abb. 189: Im Hintergrund dieser aufschlußreichen Abbildung wurden die Umrisse des Fünfmast-Vollschiffes PREUSSEN wiedergegeben, des größten Handelsseglers aller Zeiten. Davor erkennt man unter dem Namen SEA CLOUD die größte jemals erbaute Segelyacht, welche nach amerikanischen Plänen auf der Germaniawerft in Kiel unter dem Namen HUSAR entstand. Die schwarzen Umrisse kleinerer Yachten im Vordergrund zeigen links zuerst die fünf olympischen Klassen des Jahres 1960, und rechts abschließend die beiden letzten Yachtklassen, in welchen der Amerika-Pokal umstritten wurde. Alle Boote wurden maßstabsgenau gezeichnet, um die wahren Größenverhältnisse augenfällig zu machen.

gebaut wurde, wurde sie, der Tendenz damaliger Zeiten folgend, nur mit lose verstautem Innenballast ausgerüstet. Bevor sie jedoch ins Transatlantikrennen ging, faßte Gardner den damals kühnen Entschluß, die Yacht umzubauen und das gesamte Ballastgewicht in einen Außenkiel zu verlegen. Der Umbau war derartig erfolgreich, daß sich eine erstaunliche Wandlung in allen Eigenschaften der Yacht zeigte und seine Krönung im Gewinn des Kaiser-Pokals fand.

Unter den Teilnehmern am gleichen Transatlantik-Rennen konnte man auch eine eigenartig getakelte, sehr große Yacht beobachten, genannt VALHALLA. Sie fiel nicht nur durch ihre gewaltige Größe auf, sondern mehr noch durch ihre Takelung als echtes Dreimast-Vollschiff. Ihre Abmessungen erscheinen dem heutigen Segler als geradezu unheimlich, besaß sie doch eine größte Länge von 74,70 m, eine WL-Länge von 63,50 m, eine Breite von 11,20 m und einen Tiefgang von 6,40 m. In ihrer Geschwindigkeit enttäuschte sie, denn sie konnte bei weitem nicht mit der ATLANTIC mithalten. Es fiel ihr jedoch die Ehre zu, während vieler Jahre als die größte aller Segelyachten zu gelten. Bis heute bewahrte sie sich sogar den Titel der einzigen jemals regelrecht als Vollschiff getakelten Yacht. Ihr interessanter Segelriß findet sich in Abb. 231 wiedergegeben. Dort kann man auch die klassische Schönheit ihrer Formen erkennen, ausgezeichnet durch einen gelungenen Klipperbug und ein harmonisches Yachtheck. Die absolut größte aller Segelyachten entstand im Jahre 1931 auf der Germaniawerft in Kiel. Sie hieß ursprünglich HUSSAR, bekam später den Namen SEA CLOUD, den sie viele Jahre lang führte, und wurde schließlich unter dem Namen ANGELITA Staatsyacht der Dominikanischen Republik. Eine dortige Revolution führte zur Namensänderung in PATRIA. Als letzte Stufe ihres bewegten Lebens wird sie jetzt unter dem Namen ANTARNA zu Charter-Fahrten angeboten. In obiger Abbildung ist die einmalige Größe der SEA CLOUD gut erkennbar. Ihre Hauptabmessungen sind:

Länge über alles	96,30 m	Segelfläche	3300 m²
Länge in der WL	77,40 m	Hilfsmotor	2700 PS
Breite	14,96 m	Segelfläche	3300 m²
Tiefgang	5,13 m	Fahrt unter	
Verdrängung	3077 t	Motor	14 Knoten

Die auf 30 einzelne Segel unterteilte Besegelung von 3300 m² enthielt 16 Rahsegel, deren längste Spiere 27,40 m lang war und einen Durchmesser von 0,48 m besaß. Das Gewicht allein von Masten und Spieren kam auf 110 Tonnen. Der Segelschwerpunkt lag rund 25 m über der Schwimmwasserlinie.

Noch einige weitere Zahlen dürften dazu dienen, das Bild des damaligen Yachtsegelns zu vervollständigen. Die bezahlte Mannschaft setzte sich wie folgt zusammen: 1 Kapitän, 4 Offiziere, 4 Ingenieure, 6 Maschinisten, 1 Elektriker, 1 Zahlmeister, 1 Küchenchef, 1 Obersteward mit 12 Stewards, 4 Kammerdiener und dazu 31 Mann Besatzung, insgesamt also 66 Leute. Als dominikanische Staatsyacht wurde noch eine 12 Mann umfassende Musikkapelle hinzugefügt. Die monatlichen Unterhaltungskosten wurden auf 15 000 damalige Dollar geschätzt, mit anderen Worten, sie fraßen jeden Monat eine vollständige durchschnittliche Seekreuzeryacht auf.

Es dürfte manchen Leser interessieren, die eben geschilderten sehr großen Yachten mit den flotten Handelsseglern des letzten Jahrhunderts zu vergleichen. Eine bedeutende Zahl der schnellsegelnden Klipper wurde mit etwa 55 m Gesamtlänge und 9 m Breite gebaut. Einer der größten Klipper, berühmt geworden unter dem Namen FLYING CLOUD, besaß eine größte Länge von 68,60 m und eine Breite von 12,50 m. Aber sämtliche für merkantile Zwecke gebauten Segelschiffe wurden an Größe vom Fünfmast-Vollschiff PREUSSEN übertroffen. Dieses herrliche Schiff war im Jahre 1902 für die Reederei Laeisz, Hamburg, mit 124,30 m größter Länge und 16,30 m Breite gebaut worden. Doch leider wurde es viel zu früh ein Opfer unglücklicher Umstände, welche im Jahre 1909 trotz ausgezeichneter Schiffsführung den Verlust der PREUSSEN herbeiführten. Ein kleiner Frachtdampfer hatte den Kurs des Seglers bei Nacht im Ärmelkanal gekreuzt, ohne sich um das Wegerecht des anderen zu kümmern. Die Kollision führte zunächst zu zwar erheblichen, aber nicht gefährlichen Beschädigungen. Der Totalverlust wurde erst durch weitere unberechenbare Umstände herbeigeführt, indem bei umspringenden plötzlichen Böen und schließlich durch Bruch der Ankerkette das im Manövrieren behinderte Schiff auf Legerwall getrieben wurde. Die PREUSSEN war für eine Nutzlast von 8000 Tonnen gebaut worden und erhielt ihren Antrieb von einer Segelfläche von 5560 m². Als Besatzung führte sie: 1 Kapitän, 3 Offiziere und 42 Mann, insgesamt 46 Personen. Das sind 20 weniger, als auf der bedeutend kleineren Segelyacht SEA CLOUD fuhren.

Man hat die unter Segel erreichbare Geschwindigkeit der PREUSSEN sorgfältig gemessen und auch durch Modellversuche verglichen, um die Konkurrenzfähigkeit solcher Handelssegler mit den an Zahl ständig zunehmenden Frachtschiffen berechnen zu können. Die PREUSSEN dürfte unter sehr günstigen Bedingungen eine Höchstgeschwindigkeit von 17$^1/_2$ Knoten erreicht haben. Ihre *mittlere* Langfahrtgeschwindigkeit zwischen Hamburg und den chilenischen Häfen an der Westküste Südamerikas betrug aber nur 7$^1/_2$ Knoten. Obwohl die Ziffer an sich sehr bescheiden klingt, ist sie doch für einen Handelssegler und als Durchschnitt bewundernswert hoch. Daß eine so hohe Durchschnittsfahrt regelmäßig erreicht wurde, zeugt für Können und Einsatz der tüchtigen Laeiszschen Segelschiffkapitäne.

Yachten der Einhand-Transatlantik-Rennen

Manche Einhandsegler hatten bereits in der ersten Hälfte dieses Jahrhunderts gezeigt, daß man mit einer kleinen Yacht große Seestrecken zurücklegen kann, im Grunde genommen ohne sehr großes Risiko. So war die Zeit gereift, daß jemand den Anstoß gab, ein solches Einhandrennen von England aus zu organisieren. Die treibende Kraft war anfänglich Oberst Blondie Hasler, der sehr rasch Francis Chichesters Zustimmung fand. Der Herausgeber der Londoner Tageszeitung „The Observer" versprach deren Mitwirkung, und schließlich übernahm der Royal Western Yacht Club die Organisation. Im Juni 1960 war es nun soweit, das erste Einhand-Transatlantik-Rennen zu starten. Der Kurs wurde von Plymouth aus zum *Ambrose-Feuerschiff* vor New York bestimmt, was auf dem Großkreis eine Distanz von wenig unter 3000 Seemeilen war. Die sogenannte Azoren-Route, wärmer und sicherer, würde auf 3600 Seemeilen kommen. Da aber der Kurs nach Westen vielfach gegen die vorherrschenden Winde geht, mußte man des Kreuzens wegen mit wirklich gesegelten Distanzen bis zu 5000 Seemeilen rechnen.

Unter den fünf teilnehmenden Einhandseglern ragte Francis Chichester hervor, denn er wagte es, mit einer 12 m langen Yacht ins Rennen zu gehen. Alle übrigen Teilnehmer segelten in Yachten von rund 7½ m Länge, darunter zwei etwas umgebaute Nordische Volksboote. Heute nimmt es nicht wunder, daß Gipsy Moth III mit Chichester siegte, und die Zeit von 40 Tagen galt als erstaunlich kurz. Ihm folgte das kleine, umgebaute Volksboot Jester, dessen Steuermann Hasler lächelnd erzählte, er habe im ganzen nur eine Stunde lang gesteuert. Den Rest steuerte seine Windsteueranlage. Gesegelte Zeit: 48 Tage.

Ein Zeitintervall von vier Jahren hat sich inzwischen bewährt, und so fand im Jahre 1964 das zweite dieser Rennen statt, diesmal mit bedeutend größerer Beteiligung. Zum erstenmal war eine Segelyacht eigens für dieses Rennen entworfen und gebaut worden, nämlich Pen Duick II des französischen Marineleutnants Eric Tabarly. Sie war ein auffallender Leichtbau in Sperrholz, außerdem die größte aller teilnehmenden Yachten. Zum ersten Mal befand sich auch ein Kunstharzboot unter den Teilnehmern, und zum ersten Mal be-

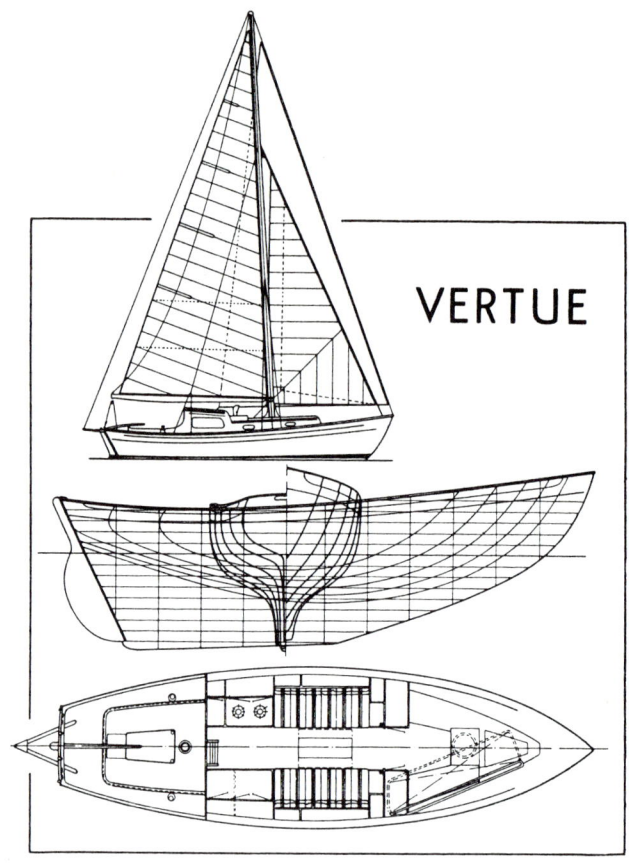

Abb. 190: Der Typ „Vertue" wurde seit 1936 in großer Zahl als kleine, hochseetüchtige Yacht gebaut und hat sich bis auf den heutigen Tag durch Seefestigkeit und Sicherheit bewährt.
Länge ü. alles .... 7,70 m   Tiefgang ...... 1,37 m
Länge in der WL 6,56 m   Verdrängung ... 4280 kg
Breite .... 2,19 m   Segelfläche .... 25,80 m²

teiligten sich auch Mehrrumpfboote, nämlich zwei Katamarane und ein Trimaran. Drei der Yachten waren über 12 m lang, davon Pen Duick mit 13,50 m die längste. Dieser schnelle Leichtbau, geführt von einem hervorragenden Ozeansegler, verbesserte die Zeit des ersten Rennens ganz erheblich, nämlich auf nur 27 Tage 4 Stunden. Ihm folgte die Gipsy Moth III mit 30 Tagen. Doch die Mehrrumpfboote enttäuschten, brauchte doch das erste von ihnen 38½ Tage.

Weitere 4 Jahre später, nämlich 1968, sah das Bild der teilnehmenden Yachten wieder ganz anders aus: von 35 startenden Yachten hatten 13 zwei oder drei Rümpfe. Unter den Mehrrumpfbooten fiel vor allem Tarbarlys Aluminium-Trimaran Pen Duick IV auf, nicht weniger aber auch die kleine *Fliegende Prau*, ein höchst eigenwillig erdachter Schnellsegler, bestehend aus einem langen schmalen Hauptrumpf mit einem Ausleger auf der Leeseite. Diese CHEERS wurde von Tom Follett vorzüglich gesegelt und war die Überraschung des Rennens. Doch muß hinzugefügt werden, daß von den 13 gestarteten Mehrrumpfbooten nur 5 das Ziel erreichten, darunter die Plätze 3, 5 und 7. Tarbarlys über 20 m langer Trimaran, der sehr gute Aussichten hatte, erlitt gleich zu Beginn des Rennens eine Kollision und mußte der Havarie wegen aufgeben.

Sieger wurde mit 25 Tagen, $20^{1}/_{2}$ Stunden die große, aber normale Yacht SIR THOMAS LIPTON, eine GFK-Ketsch von 17,10 m Länge über alles, geführt vom 25jährigen Geoffrey Williams. Sie führte rund 110 m² Grundbesegelung und zahlreiche Beisegel. Siebzehn Stunden später traf die südafrikanische VOORTREKKER ein, 15 m lang und 82 m² Grundbesegelung, vorzüglich geführt von Bruce Dalling, einem der bekanntesten und besten Rennsegler Südafrikas. Mit nur 11 Stunden Abstand lief die Prau CHEERS ein, deren Hauptbootskörper nur etwa 75 cm breit war, allerdings etwas über 12 m lang. Sie wurde sehr tapfer geführt von Tom Follet, der sie in diesem Rennen als erstes Mehrrumpf- und ballastloses Boot zum Ziel brachte. Die Baukosten lagen unendlich viel niedriger als diejenigen der beiden kurz vorher eingelaufenen Yachten, doch waren Einrichtung und Leben an Bord in höchstem Grade spartanisch.

Die bereits von Anfang an erkennbaren Tendenzen schneller Hochseeyachten hatten sich mit diesem Rennen intensiver denn je bestätigt. Nur die sehr große und zugleich möglichst leicht gebaute Yacht hatte Aussichten auf den Sieg. Überwunden war das Vorurteil, daß nur schwer gebaute und stark beballastete Schiffe zuverlässig den Atlantik überqueren könnten, eine Überzeugung, die sich noch bis zehn Jahre vorher fest verankert hatte. Im Gegenteil, auch die ballastlosen Mehrrumpfboote waren angekommen und ließen Überraschungen für die Zukunft erwarten. Enttäuscht hatten sie nur insofern, als sie *nicht schneller* waren als bewährte Einrumpfboote. Doch in bezug auf die Größe, die von einem Mann allein bedient und beherrscht werden könne, wurde mit Verwunderung beobachtet, daß die Grenze auch mit 17,10 m Länge noch nicht erreicht war. Im ersten Rennen wurde eine Länge von 12 m bewundert, im zweiten waren es bereits 13,50 m, die sich bewährten. Und nun, mit wahrhaftig über 17 m Länge, so fragte man sich, war immer noch nicht die Grenze erreicht . . . . ?

So kam das 1972er Einhand-Transatlantik-Rennen mit vielen Überraschungen: die größte Zahl teilnehmender Boote, insgesamt 54 Starter aus 7 verschiedenen Ländern. Mehr Boote waren aus GFK gebaut als aus Holz, dazu zwei Stahlyachten und zwei Leichtmetallboote. Doch die Spekulation mit der günstigsten Länge hatte ungeahnte Blüten getrieben: der französische Segler Terlain erschien mit der gigantischen GFK-Yacht VENDREDI TREIZE von sage und schreibe 39 m Länge über alles, entworfen von Dick Carter und als sehr simpler dreimastiger Stagsegelschuner getakelt, siehe Abb. 103. Würde ein Mann allein an Bord dieses riesigen Bootskörpers jeder Lage gewachsen sein? Würde er die drei Baumfocks von je 89 m² Segelfläche auch bei aufkommendem Sturm beherrschen?

Als schärfster Konkurrent erschien der bewährte französische Mitsegler Eric Tabarlys, Alain Colas, mit dem Alu-Trimaran PEN DUICK IV, den er inzwischen als Eigentum erworben hatte und der wegen Havarie im vorhergehenden Transatlantikrennen aufgeben mußte. Dieser Trimaran war als reine Rennmaschine gebaut worden, hatte ursprünglich sogar drehbare Profilmasten, die aber inzwischen durch normale Masten ersetzt waren. Als Konstrukteure werden André Allegre und J. Ruillard genannt. Der zentrale Bootskörper hat bei 21,30 m Länge ü. alles eine Breite von nur 1,88 m, doch die Gesamtbreite dieser *Maschine* beträgt 10,70 m. Wieder wurde die gesegelte Gesamtzeit unterboten, der Sieger brauchte nur 20 Tage und 13 Stunden. Doch der heiße Favorit, die Monsteryacht VENDREDI TREIZE, erreichte erst als zweite das Ziel, um 16 Stunden geschlagen vom Trimaransegler Alain Colas in PEN DUICK IV. Beide Boote mit ihren Abmessungen werden in den zugehörenden Zeichnungen vorgeführt, so daß sich der Leser ein Urteil über ihre gewaltige Verschiedenheit bilden kann. Doch darf das Ergebnis nicht als Beweis dafür angesehen werden, daß dieser Renntrimaran wirklich schneller ist als der Einrumpf-Riese. Wer die zähe, ja geradezu verbitterte Entschlossenheit von

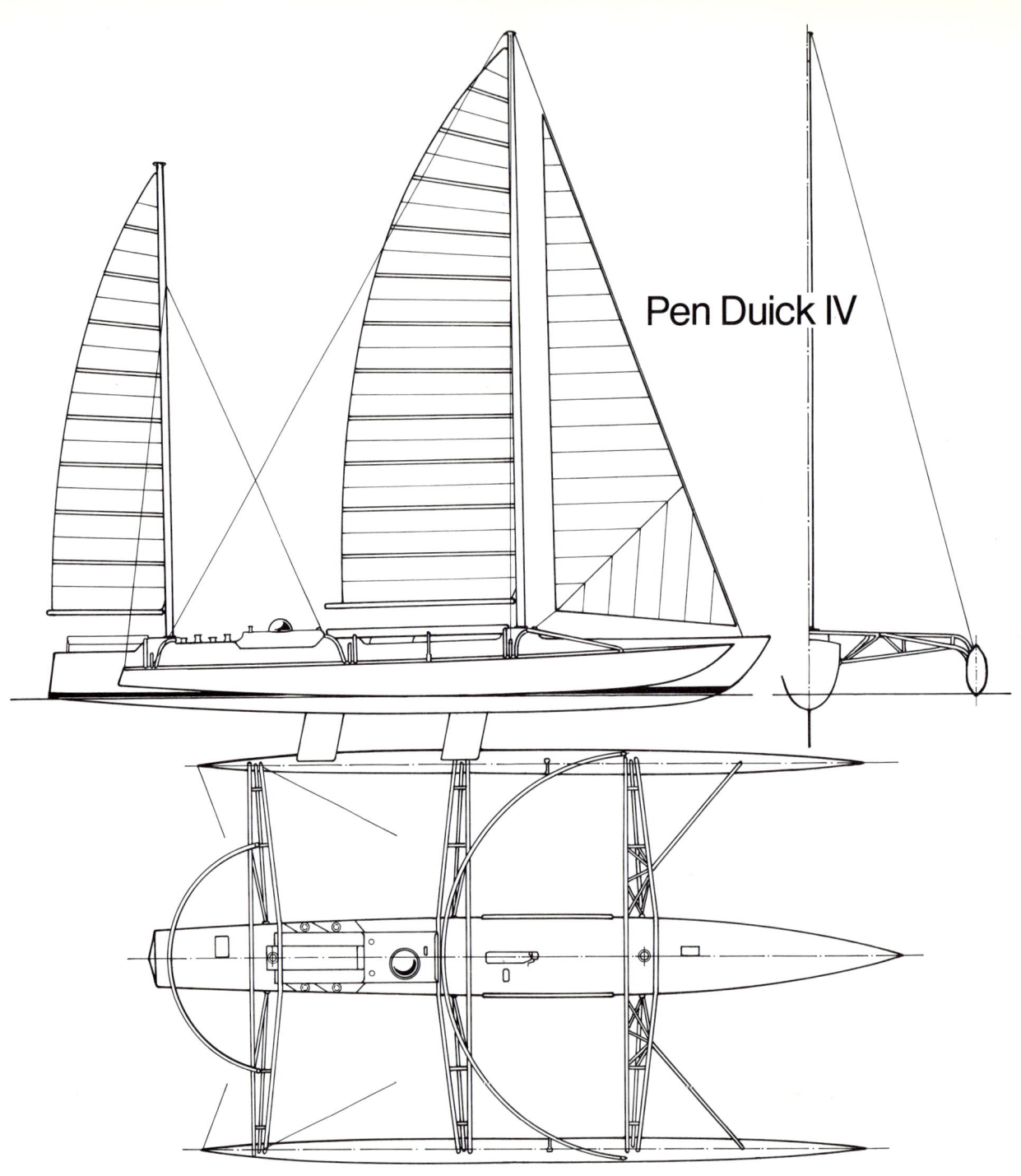

Abb. 191: Trimaran PEN DUICK IV, *Sieger im Transatlantikrennen 1972, einhand geführt von Alain Colas. Dieser energische, sportgestählte junge Segler konnte mit sicherem Vorsprung die Riesenyacht* VENDREDI TREIZE *schlagen. Bereits 1968 in Aluminium gebaut, hatte die Yacht damals schon eine erfolgreiche Laufbahn hinter sich.*

Länge ü. alles	21,30 m	Mittelkörperbreite	1,88 m
Länge in der WL	20,00 m	Seitenkörperbreite	0,56 m
Breite ü. alles	10,70 m	Verdrängung	7000 kg
Tiefgang	2,00 m	Segelfläche	112 m²

Alain Colas beobachtete, konnte sich nicht des Gedankens erwehren, daß derselbe Colas wahrscheinlich auch mit der VENDREDI TREIZE gesiegt hätte; beweisbar ist es aber nicht.

Als dritte Yacht lief mit 24 Tagen und 5½ Stunden noch ein weiterer französischer Trimaran ein, die CAP 33 von Jean-Marie Vidal. Bei weitem nicht so extrem, war auch dieser Entwurf nach ähnlichen Prinzipien wie PEN DUICK IV gebaut worden. In GFK erbaut, besaß die CAP 33 eine größte Länge von 16 m,

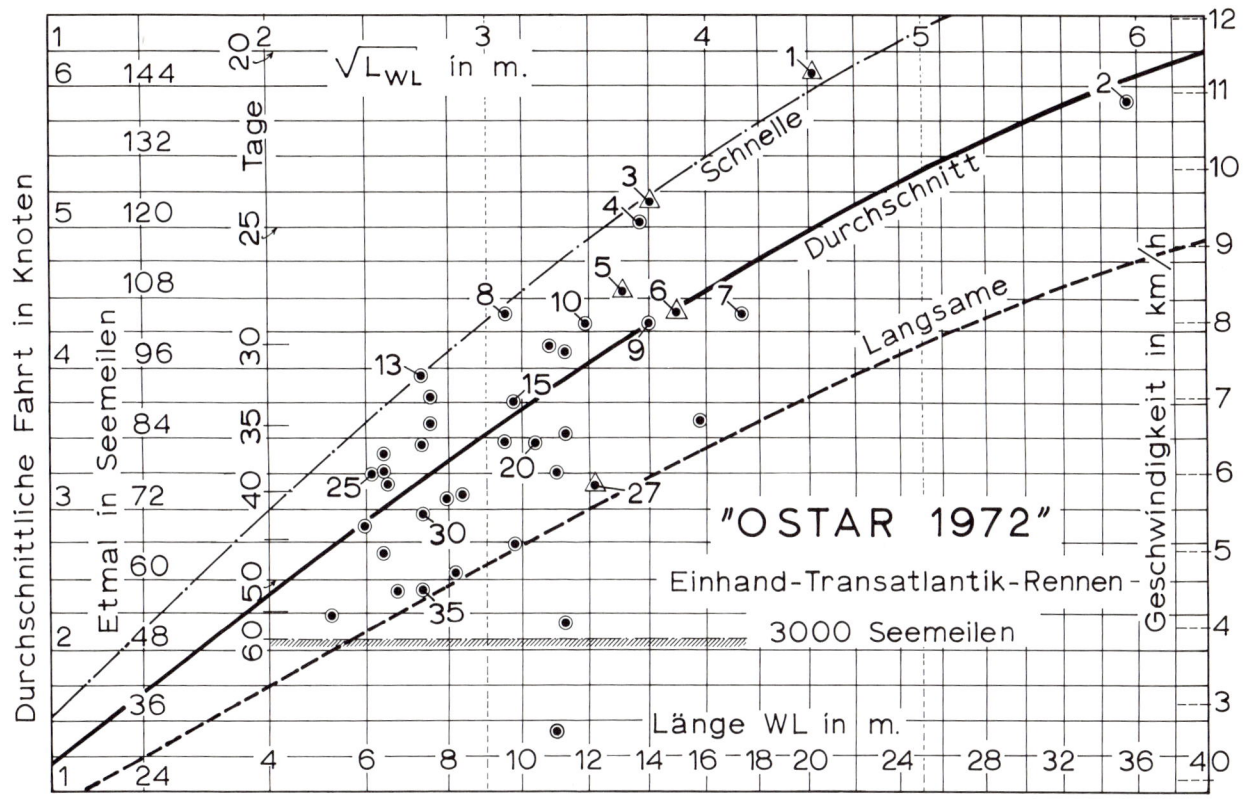

Abb. 192: Untersuchung der Ergebnisse des 1972er Einhand-Transatlantik-Rennens, mit der WL-Länge der teilnehmenden Yachten als Grundlage. Die Ziffern bedeuten die Reihenfolge der Ankunft beim Ambrose-Feuerschiff vor New York, die Kurven die relative Geschwindigkeit, bezogen auf die Quadratwurzel aus der WL-Länge. Die relativ schnellsten Yachten waren Nr. 1, 3, 4, 8 und 13. Links wurden die durchschnittliche Fahrt, die Etmale und die gesegelten Tage angegeben. Die Riesenyacht VENDREDI TREIZE erreichte nicht einmal die Durchschnitts-Kurve.

eine Breite von 9,50 m und eine gut ausbalancierte Ketsch-Takelung. So waren die drei schnellsten Yachten in Frankreich gebaut und von französischen Seglern zum Triumph geführt worden.

Erst als vierte traf eine moderne, solide Hochseeyacht ein, nämlich die in Stahl gebaute und bereits Einhand um die Welt gesegelte BRITISH STEEL von 19 m Länge über alles und 3,70 m Breite. Als fünfter wäre der Katamaran TAHATI BILL eingelaufen, der bereits als GOLDEN COCKEREL am vorhergehenden Rennen teilgenommen hatte. Doch eine unverschuldete Kollision kurz vor dem Ziel zwang ihn zum Aufgeben. So wurde wiederum ein Trimaran fünfter, nämlich der Nachfolger der PRAU CHEERS mit dem netten Namen THREE CHEERS, wiederum von Tom Follett sehr gut gesegelt. Ihre Zeit: 27 Tage und 11 Stunden. Und die Trimaranfreunde frohlockten, als auch die sechste Yacht namens ARCHITEUTHIS zu ihrer Gruppe gehörte, ein Trimaran von 16,75 m Länge und 8,50 m Breite.

Dem siebenten Boot hatte man größere Chancen zugedacht, handelte es sich bei der STRONGBOW doch um einen Leichtbau mit sehr schlanken Linien. Bei einer Länge von 20 m über alles und einer Breite von nur 3,05 m wirkte sie wie ein Rennwunder, wog sie doch nur erstaunliche 8 t. Aber schließlich sprechen auch Zufall und Windglück mit, denn nur 8 Minuten später traf eine von Alain Glicksman gesegelte sehr kleine Einrumpfyacht ein, die TOUCAN von nur 10,50 m Län-

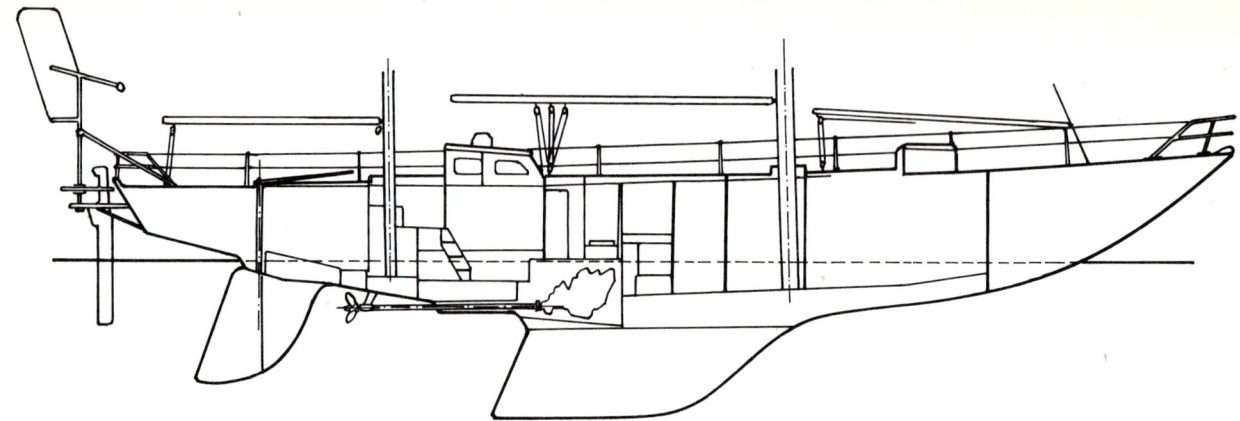

Abb. 193: Längsschnitt der Einhand-Yacht BRITISH STEEL, mit der Chay Blyth die Welt von Ost nach West umsegelte, wie Magellan als erster, später Drake mit der GOLDEN HIND und andere mehr. Man erkennt die Form des schnellen Am-Wind-Seglers, um „Gegen Strom und Wind" zu segeln, dazu das große Ruder mit breiter kursstabilisierender Ruderhacke, am Heck die Hasler-Gibb Windfahnensteuerung. Die Allein-Umsegelung wurde in 292 Tagen vollbracht.

Länge ü. alles ... 18,00 m
Länge in der WL 14,00 m
Breite .... 3,90 m
Tiefgang .... 2,45 m
Verdrängung .... 17,0 t
Bleiballast ..... 5,0 t
Segelfläche ..... 140 m²
Entwurf: .. Robert Clark

ge über alles und ganzen 2 m Breite. Beide waren 28 Tage und etwas unter 13 Stunden im Rennen.

Das Gesamtergebnis dieses 1972er Rennens wurde in einem Kurvenblatt zusammengefaßt, aus dem sich sehr viele und sehr unterschiedlich orientierte Schlüsse ziehen lassen. Zunächst findet man am unteren Rande die Skala der WL-Längen aller teilnehmenden Yachten. Am linken Rand von außen beginnend die durchschnittliche Fahrt in Knoten, dann das durchschnittliche Etmal in Seemeilen und gleich daneben auch noch die Anzahl der gesegelten Tage. Eine schraffierte Linie zeigt an, daß mit 60 Tagen Dauer die Zeitbegrenzung angesetzt war, daß also später eintreffende Yachten nicht mehr gezeitet oder bewertet wurden.

Die potentielle Geschwindigkeit einer Yacht ist durch ihre WL-Länge gegeben, sofern sie nicht zum Gleiten kommt. So wurden drei Kurven relativer Geschwindigkeiten eingetragen, nämlich die obere für Yachten, die sich relativ zu ihrer WL-Länge als sehr schnell bewiesen. Die mittlere Kurve zeigt einen guten Durchschnitt, und die untere gilt für ausgesprochen langsame Yachten. Es soll dieses aber kein Werturteil sein, denn auch Havariefälle in der Takelage, unverdiente Flautenzonen etc. wirken sich hier aus.

Es wird oft übersehen, daß das Geschwindigkeitspotential nicht mit wachsender Länge ins Unendliche ansteigt, denn dann würde man statt Kurven gerade Linien erhalten. Alle Boote sind im Prinzip *gleichen* Windstärken ausgesetzt, wodurch diese also nicht proportional zur Wurzel aus der WL-Länge ansteigen können. Man kann schätzen, daß sich mit 50 m WL-Länge 90 Prozent der technisch möglichen Geschwindigkeit erreichen lassen, und mit 75 m WL-Länge vielleicht 99 Prozent. Diese Überlegung diente als Grundlage zur Bestimmung des Kurvenverlaufs.

Unter dieser Voraussetzung zeigte sich der siegende Trimaran als relativ und absolut schnellstes Boot. Weiterhin waren sehr schnell die Boote 3, 4, 8 und 13, nämlich unter 3 der französische Trimaran CAP 33, 4 die erstaunlich erfolgreiche schwere Yacht BRITISH STEEL, 8 die eben erwähnte kleine TOUCAN und 13 die noch etwas kleinere BINKIE. Sie alle, und sehr viele mehr waren relativ bedeutend schneller als die Riesenyacht VENDREDI TREIZE, unter 2 erkennbar.

Vergleicht man nun aber die durchschnittliche Fahrt, so muß man enttäuscht feststellen, daß einzig und allein der Trimaran PEN DUICK IV ein wenig mehr als 6 Knoten Durchschnitt erzielte. Das Groß der Yachten lief nur einen Durchschnitt von 3 bis 4 Knoten. Diese Leistungen beziehen sich jedoch auf die angenommene Distanz von 3000 Seemeilen, die ja tatsächlich zu überwinden waren, um zum Ziel zu gelangen. Doch keine einzige der Yachten konnte direkt Richtung Ziel segeln, und so sind die wahren gesegelten Strecken im Durchschnitt wohl um 50 Prozent länger, die wahren gesegelten Geschwindigkeiten um 50 Prozent höher. Was aber nur ein schwacher Trost ist, wenn man ein gegebenes Ziel zu erreichen strebt.

Sämtliche mit Kreisen dargestellten Yachten waren normale Einrumpfboote; die kleinen Dreiecke bedeuten Trimarane. Dieses wertvolle Kurvenblatt zeigt auch dem Fahrtensegler, welche Durchschnittsgeschwindigkeiten zu den jeweiligen WL-Längen in Richtung Ziel erwartet werden können.

Kleine Weltumsegler

Zahlreiche Fahrtenberichte und Bücher haben weiten Kreisen gezeigt, daß eine kleine Segelyacht durchaus in der Lage sein kann, die Sieben Meere der Welt zu kreuzen. Leider sind jedoch häufig die Angaben über das jeweils verwandte Boot unzureichend oder fehlen gar vollständig, so daß an dieser Stelle weniger die sportliche Leistung als vielmehr die technische Seite der Boote betrachtet werden soll.

Das wirkliche sportliche Hochseesegeln stellt eine Errungenschaft des gegenwärtigen Jahrhunderts dar, und es sei hinzugefügt, daß vor dem Jahre 1920 nur ganz ausnahmsweise die eine oder andere kleine Yacht große offene Seestrecken kreuzte.

Die Serie der veröffentlichten Risse muß von der berühmten SPRAY angeführt werden, weil sie die erste kleine Yacht überhaupt war, welche die Welt umsegelte, noch dazu unter der alleinigen Führung ihres Eigners, des Kapitäns Joshua Slocum. An zweiter Stelle findet man die Pläne der ISLANDER, welche sogar zweimal die Welt umsegelte, und das in der Frühzeit, die 1939 zu Ende ging. Denn nachdem Krieg und Not vorüber waren, begann die Ozeansegelei populär zu werden und erreichte bis heute eine ungeahnte Ausbreitung. Die Spitzgattyacht LEGH II wurde gewählt, weil ihr einziger Mann und Einhandsegler die seinerzeit schnellste Weltumsegelung vollbrachte, noch dazu auf *unmöglichem Kurs*. Für jede der nachfolgenden Yachten galt irgendein ungewöhnlicher Gesichtspunkt als Motiv für die Auswahl.

*

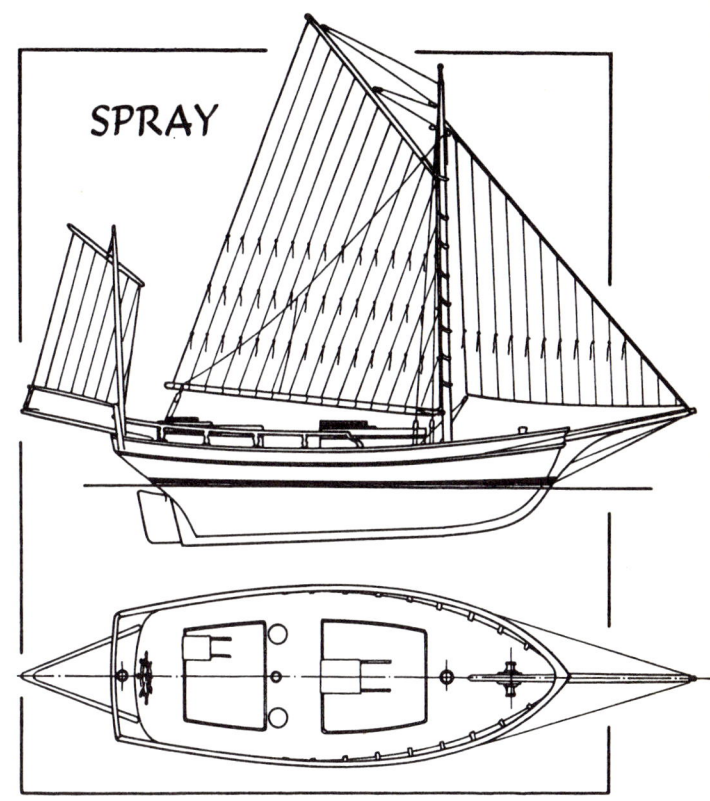

Abb. 194: Das ausgezeichnete Betragen der SPRAY auf See führte zu zahlreichen Nachbauten. Unter diesen verdient die PANDORA hervorgehoben zu werden, die als erste kleine Yacht Kap Horn umrundete. Sie war im Jahre 1910 in Australien gebaut worden.

Länge ü. alles	12,50 m	Tiefgang	1,25 m
Länge ü. Deck	11,15 m	Verdrängung	16,20 t
Länge in der WL	9,80 m	Ballast	nur Innenballast
Breite	4,28 m	Segelfläche	108 m²

Die erste Weltumsegelung wurde von einem Boot vollbracht, welches nicht einmal als Yacht gebaut worden war. Auch war sein Eigner kein Yachtsegler im engeren Sinne des Wortes. Als der Segelschiffskapitän Joshua Slocum sich eines Tages ohne Heuer, ohne Schiff, an Land befand, schenkte ihm ein Bekannter ein ursprünglich zur Austernfischerei gebautes Boot, welches bereits nahezu 100 Jahre alt war und auch dementsprechend mehr einem Wrack als einem zukünftigen Weltumsegler ähnelte. Slocum ging ans Werk und begann, es mit eigenen Händen fast vollkommen zu erneuern, wobei nur wenige Originalhölzer am Platze belassen wurden. Doch Originalform und Größe wurden eingehalten. Nachdem Slocum etwas über ein Jahr fleißig gearbeitet und 553 Dollar ausgegeben hatte, besaß er ein gebrauchstüchtiges kleines Schiffchen. Aus dem unscheinbaren Fischerboot war eine solide Yacht geworden, kräftig im Bau und so unerhört seefähig, wie es eben ein so kleines Schiff nur sein konnte. Slocum segelte mit ihm zweimal über den Atlantischen Ozean mit Slup-Takelung, doch stellte er später, kaum in Südamerika angekommen, noch einen Besan auf, wodurch sich die Takelung in die abgebildete Yawl verwandelte.

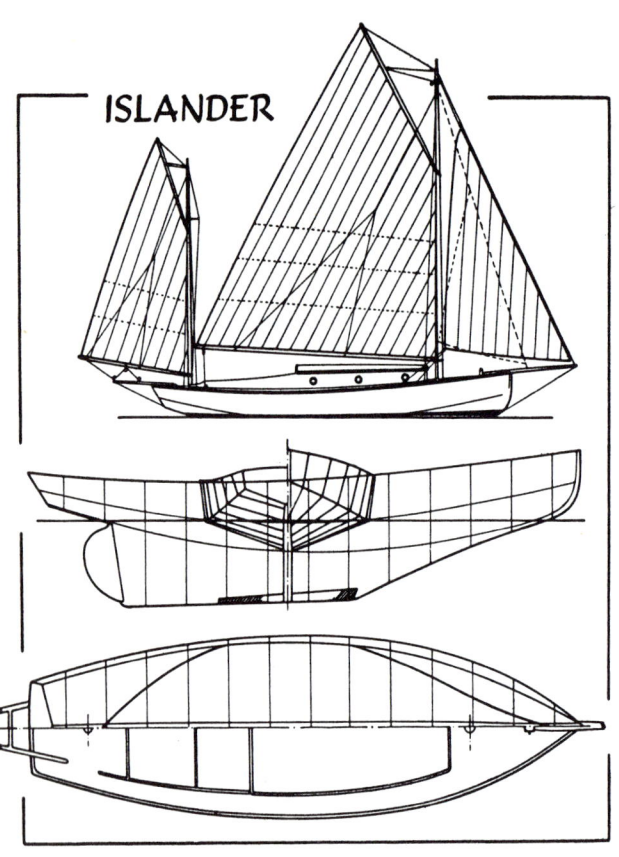

Abb. 195: Der Weltumsegler ISLANDER *wurde von seinem Eigner eigenhändig erbaut. Harry Pidgeon umsegelte die Welt zweimal mit beneidenswerter Sicherheit und ohne Aufhebens davon zu machen.*

Länge ü. alles ... 10,36 m	Verdrängung ... 10,00 t
Länge in der WL 8,38 m	Ballastgewicht . 565 kg
Breite .... 3,28 m	Segelfläche .... 59,00 m²
Tiefgang ...... 1,52 m	

Im Jahre 1909 veröffentlichte die Zeitschrift „The Rudder" die rekonstruierten Pläne der SPRAY, und zwar im selben Jahre, in welchem dieses auf hoher See erprobte Boot samt seinem Eigner auf See spurlos verloren ging.

Slocum hatte seine Weltumsegelung in Boston, USA, im April des Jahres 1895 gestartet und kehrte im Juni 1898 zurück. Während seiner 46 000 Meilen Hochseefahrt nutzte er die besonders glückliche Eigenschaft der SPRAY aus, sich selbst überlassen gut Kurs zu halten, sobald Slocum die geeignete Ruder- und Segelstellung herausgefunden hatte. Diese wundervolle Kursstabilität der SRAY erlaubte es dem Eigner, einmal während 23 Tagen rund 2700 Seemeilen zurückzulegen, ohne länger als insgesamt eine Stunde lang das Ruder zu bedienen. Slocum war aber nicht nur ein erfahrener Segelschiffskapitän, der sein Boot zu segeln verstand, er hatte auch seine Route derart geplant, daß er über möglichst weite Strecken die stetigen Passatwinde auf achterlichen Quadranten ausnutzen konnte. Die Abmessungen und die ganze Bauart der SRAY zeigen ein solides, zuverlässiges Boot mit guter Anfangsstabilität. Da jedoch kein fester Außenballast gefahren wurde, kann man die von Anhängern dieses Bootes aufgestellte Behauptung der Unkenterbarkeit sehr bezweifeln. Jedenfalls führte sie erfolgreich die Weltumsegelung durch und gab damit Anlaß zu einer größeren Zahl von Nachbauten, von welchen einer unter dem Namen IGDRASIL ebenfalls die Welt umsegelte.

Nach seiner Rückkehr blieb Slocum der SPRAY treu und besuchte alleinsegelnd zahlreiche Küstenplätze seiner weiteren Umgebung. Bis er eines Tages im Jahre 1909 New York verließ und ohne Spuren zu hinterlassen auf See verlorenging. Da damals keine Stürme aufgetreten waren, wurde angenommen, daß die SRAY zur Nacht unbemerkt von einem Handelsschiff gerammt wurde......

Thomas Fleming Day, vorbildlicher Hochseesegler und Herausgeber der Zeitschrift „The Rudder", segelte im Jahre 1911 mit der nur 7,80 m langen Yacht SEA BIRD über den Nordatlantik zum Mittelmeer, wo er schließlich in Rom anlangte. Es dürfte dies die erste Atlantiküberquerung einer kleinen, sehr seetüchtigen echten Yacht sein. Die SEA BIRD war von Fred W. Goeller, der zum Redaktionsstab des „The Rudder" gehörte, entworfen worden und besaß folgende Abmessungen: Länge über alles 7,80 m, in der WL 5,80 m, Breite 2,55 m. Der Bootskörper besaß eine sehr einfache Knickspantform, damit auch Bootsbau-Amateure sich eine solche kleine Hochseeyacht im Eigenbau anfertigen könnten. Diese erfolgreiche frühe Atlantiküberquerung erregte eine solche Begeisterung für das Hochseesegeln und für den Selbstbau, daß innerhalb weniger Jahre *Hunderte*

von SEA BIRDS gebaut wurden. Einer dieser vielen Nachbauten wurde unter dem Namen SEA QUEEN bekannt, weil diese Yacht unter der Führung des berühmten Einhandseglers Kapitän Voss bei einem Sturm völlig über Kiel ging, d. h. um 360 Grad durchkenterte und sich wieder aufrichtete. Dieses im Japanischen Meer nahe Yokohama erlebte Mißgeschick wurde von der Yacht gut überstanden und bewies aufs neue die Seefähigkeit einer gut gebauten kleinen Yacht.

Die Beliebtheit des Typs „Sea Bird" übertraf damals alles, was man je von einem Yachtentwurf erlebt hatte. So ergab sich ganz von selbst, daß der Konstrukteur nach einiger Zeit und nach gleichen Prinzipien eine etwas größere Yacht entwarf, die als Typ den Namen SEAGOER erhielt. Pläne und Ursprungsgeschichte kamen auch einem gewissen Harry Pidgeon zur Kenntnis, welcher sich die meiste Zeit seines Lebens der Landwirtschaft gewidmet hatte und nicht einmal segeln konnte. Doch seit Jahren hatte ihn alles interessiert, was mit der Seefahrt zu tun hatte, und später zeigte sich, daß er ein angeborenes Talent zum Seemann besaß. Ohne die geringsten Kenntnisse vom Bootsbau oder vom Yachtsegeln zu haben, erwarb er einen Satz Pläne und beschloß, einen SEAGOER im Selbstbau herzustellen.

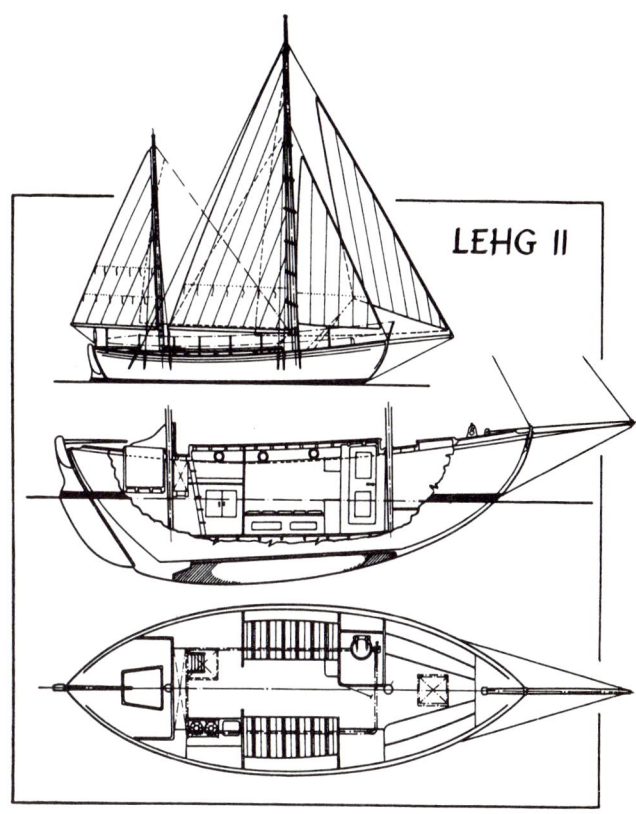

Abb. 196: Diese Ketsch erhielt eine echte norwegische Spitzgatform nach Colin Archer. Sie bewährte sich hervorragend auf einsamer Weltumsegelung 1942—43.
Länge ü. alles .... 9,55 m   Verdrängung ... 8,50 t
Länge in der WL   8,36 m   Ballastgewicht .. 3,00 t
Breite .... 3,30 m   Segelfläche .... 42,00 m²
Tiefgang .... 1,70 m

Mit bewunderswürdiger Energie ging er ans Werk und begann den Bau allein und ohne Hilfe am offenen Strand in der Nähe von Los Angeles, unter dem freundlichen kalifornischen Himmel. Seine Ausdauer belohnte diesen klar denkenden und eifrig arbeitenden Mann, denn nach nur anderthalb Jahren Bauzeit konnte er seine Yacht im Jahre 1918 zu Wasser bringen. Zum Erwerb des Baumaterials hatte ihm sein Kapital von 2000 Dollar gerade ausgereicht.

Die ersten vier Jahre verwandte dieser zähe, angehende Sportsegler darauf, Segeln zu lernen und Erfahrungen auf größeren Seestrecken zu gewinnen. Dann erst startete er zu seiner ersten Weltumsegelung von 1922 bis 1925, doch später entschloß er sich, diese Fahrt zu wiederholen. So vollbrachte er eine zweite Weltumsegelung zwischen 1932 und 1937, obwohl er beim Start bereits 64 Jahre alt war. Aber auch sein zunehmendes Alter war ihm kein Hindernis, später noch ein drittes Mal zur Fahrt um die Welt zu starten, doch jetzt nicht mehr allein, da er inzwischen geheiratet hatte. Zu zweit hatte er jedoch kein Glück, sein sturmerprobter ISLANDER wurde bei den Neuen Hebriden vom Sturm auf die steinige Küste getrieben und zerstört. Er selbst und seine Frau wurden gerettet und trauerten um den Totalverlust ihres so wundervoll bewährten Bootes. Dieses ereignete sich 27 Jahre, nachdem Pidgeon es zu Wasser gebracht hatte, und als der Erbauer, Eigner und Kapitän des ISLANDER bereits ein Alter von 77 Jahren erreicht hatte.

Die auffallend einfachen Linien des Schiffes, besonders die simple Knickspantform mit geraden Querschnitten waren zu dem einzigen Zweck gewählt worden, den Bau einem Amateur mit mäßigem handwerklichen Können zu ermöglichen. Als ferneres Ziel galt, das Hochseesegeln weiteren Kreisen zugänglich zu machen. Daß die gewählte Form sich für Fahrten auf hoher See vorzüglich eignete, entnimmt man am besten Harry Pidgeons eigenen Worten. Nach seiner zweiten Weltumsegelung meinte er, daß er seine Hochseefahrten mit jedem anderen solide erbauten Boot ähnlicher Größe hätte ausführen können, aber in keiner anderen Yacht wäre es ihm so mühelos gelungen wie im ISLANDER. Niemals sei er hungrig oder knapp an Wasser in einen Hafen eingelaufen, niemals hätten ihm Stürme auf hoher See oder in Küstennähe Sorge bereitet.

Die abenteuerlichste der anfänglichen Weltumsegelungen wurde von dem Argentinier Vito Dumas mit der Yacht LEGH II ausgeführt. Er startete in Buenos Aires am 27. Juni 1942 und erreichte seinen Heimathafen wieder am 7. September 1943, umsegelte also die Erde in nur wenig über einem Jahr. Dazu wählte er die einsamste, unwirtlichste und stürmischste aller Routen, ungefähr dem 40. südlichen Breitengrade folgend, auf welchem sich die Ozeane fast ohne Landunterbrechung berühren. Die Häufigkeit der Stürme trug dieser Zone den Namen der *Roaring Forties* ein, also der „Brüllenden Vierziger". Dumas überbot mit seiner Fahrt mehrere Rekorde: Er passierte als erster Einhandsegler glücklich Kap Horn, die gefährliche Südspitze vor dem südamerikanischen Kontinent. Er vollbrachte die erste Weltumsegelung in der ungewöhnlichen Richtung, nämlich von West nach Ost. Er war der erste Einhandsegler, der alle drei Kaps umrundete, und schließlich legte er die ausgedehntesten Seestrecken zurück, indem er insgesamt nur drei Häfen anlief: Kapstadt, Wellington und Valparaiso. Niemals lag er vor Treibanker oder vor Topp und Takel, niemals schleppte er fahrtmindernde Trossen nach.

Die Reise der LEGH II galt für damalige Zeiten als ungewöhnlich schnell, doch war sie kein Rennen um irgendeinen Preis. Im Jahre 1968, also 26 Jahre später, wurde ein Einhandrennen „um die Welt" organisiert, welches der englische Handelsschiffsoffizier Robin Knox-Johnston gewann. Das Interessante daran ist, daß die SUHAILI das fast genaue Ebenbild der LEGH II darstellt, mit nur wenigen Zentimetern Unterschied in den Abmessungen des Bootskörpers, sonst aber offenbar gleicher Schiffsform und gleicher Ketschtakelung mit ein wenig mehr Segelfläche. Doch *Einhand im Rennen* um die Welt zu segeln, noch dazu ohne irgendeinen Hafen anzulaufen, bedeutet eine erheblich kürzere Segelzeit.

Auch die SUHAILI umsegelte alle drei Kaps, doch Start und Ziel lagen in der Stadt Falmouth, an der Südspitze Englands. Dadurch wurde seine gesegelte Distanz um rund 10 000 Seemeilen größer, und trotzdem benötigte Knox-Johnston nur zehn Monate und 9 Tage. Dabei war das seinige vielleicht das langsamste der neun gestarteten Boote . . . . . ., doch alle anderen mußten aus verschiedenen Gründen aufgeben. Francis Chichester hatte mit seiner 16,20 m langen schnellsegelnden GIPSY MOTH sogar nur 9 Monate gebraucht, obwohl er längere Zeit in Sydney für einige Umänderungen verbrachte.

In dem folgenden der Pläne kleiner Weltumsegler findet sich die Yacht WANDERER III wiedergegeben, welche mit ihrer erfahrenen Besatzung Eric C. Hiscock nebst Frau Susan zwei wohlgelungene Fahrten um die Welt vollbrachte. Beide hatten viele Jahre hindurch praktischen Segelsport betrieben und betrachteten ihr großes Abenteuer als Krönung langjährigen Wandersegelns auf See. Während diese Zeilen in Druck gehen, befinden sie sich mit der bedeutend größeren WANDERER IV auf ihrer dritten Weltumsegelung. Waren die vorhergenannten Weltumsegler im engeren Sinne des Wortes keine eigentlichen Yachtsegler, d. h., könnte man sie eher als Weltumsegel-Besessene bezeichnen, so sind die Hiscocks ausgesprochene See-erfahrene Yachtsegler. So dürfen deren Weltumsegelungen wohl als mustergültig bezeichnet werden, so wie sie ein erfahrener Yachtsegler nach planvollem Studium und mit wohldurchdachter Ausrüstung nicht besser vollbringen könnte.

Als sie dem Konstrukteur Laurent Giles den Auftrag zur Anfertigung der Pläne erteilten, verfügten sie bereits über reiche Erfahrungen auf hoher See. So wurde

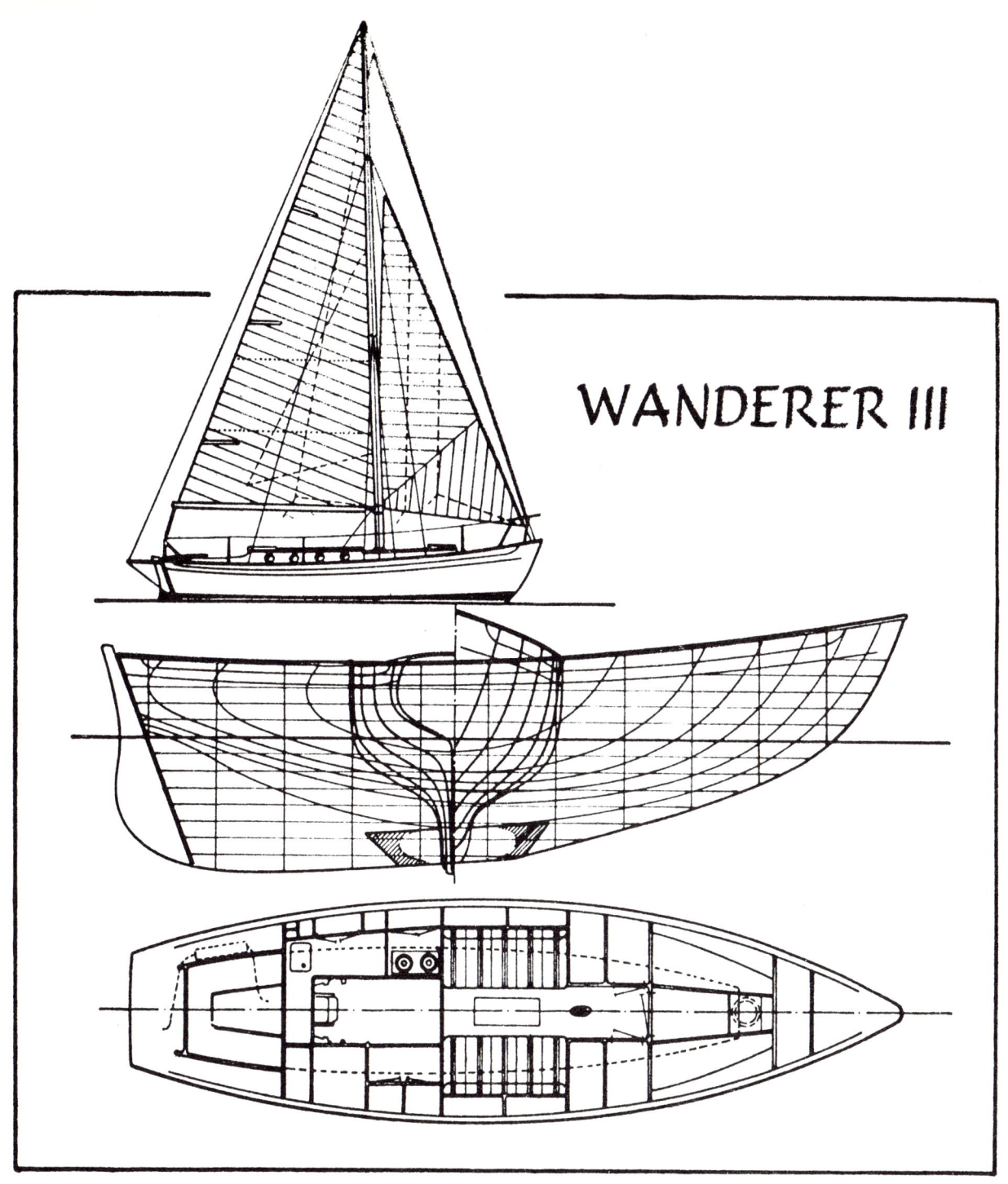

Abb. 197: Ein ebenfalls vorzüglich bewährter Weltumsegler mit Plattgatheck. Die WANDERER III umsegelte die Welt zweimal, geführt von Eric und Susan Hiscock.

Länge ü. alles	9,30 m	Tiefgang	1,53 m
Länge in der WL	8,05 m	Verdrängung	9,00 t
Breite	2,57 m	Ballastgewicht	3,10 t
		Segelfläche	39,00 m²

die WANDERER III in jeder Beziehung zu einem *glücklichen Schiff*. Anfang 1952 vom Stapel gelaufen, startete sie im Juli des gleichen Jahres zu ihrer ersten Weltumsegelung, die sie nach drei Jahren im Juli 1955 im gleichen Heimathafen glücklich beendeten.

Am Segelriß fällt auf, daß die Segelfläche im Verhältnis zum Bootskörper recht groß gewählt wurde, natürlich um an Tagen schwacher Winde noch einen guten Vortrieb zu erzielen. Das Vorsegeldreieck reicht zwar bis zum Masttopp, doch der Heißpunkt der Fock wurde auf ³/₄ der Masthöhe gelegt. Nur die große Genuafock reicht bis hinauf zum Topp. Die wohldurchdach-

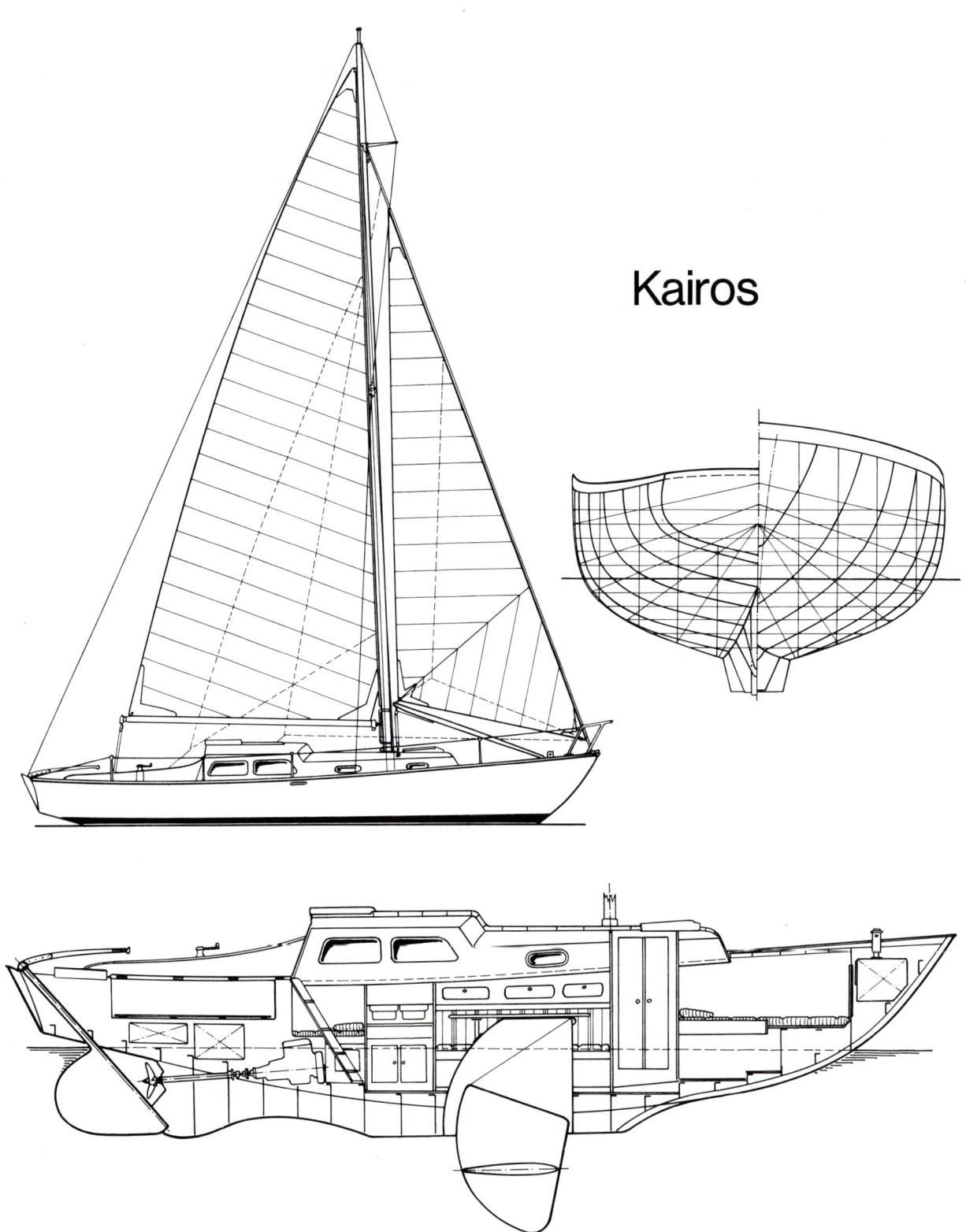

Abb. 198: Eine Kielschwertyacht als Weltumsegler. In Stahl gebaut, bewährte sich die KAIROS ausgezeichnet als zuverlässiges Schiff in Händen von Ernst-Jürgen und Elga Koch.

Länge ü. alles	9,60 m
Länge in der WL	7,50 m
Breite	2,85 m
Tiefgang Kiel	0,90 m
Tiefgang mit Schwert	1,80 m
Verdrängung	4,90 t
Ballast	1,50 t
Segelfläche	36,00 m²

ten Abmessungen der Haupt- und Beisegel gestatten, die Besegelungsgröße je nach herrschender Windstärke abzustufen, und zwar von einem Höchstwert am Wind von 56 m² bis zu einem Mindestwert von 10,9 m². Selbst in letzterem Falle segelt die Yacht noch immer ausbalanciert, weil das Größenverhältnis von Sturmfock und Trysegel passend gewählt wurde. Für lange Seestrecken mit achterlichen Winden wurde außerdem ein Paar von sogenannten Zwillings-Spinnakern, auch einfach Passat-Segel genannt, mitgeführt. Diese waren dreieckig geschnitten und besaßen je 15 m² Fläche, wodurch die Yacht auch bei achterlichen Winden sich selbst steuern konnte. Vergleicht man den Segelriß der WANDERER III mit den drei vorhergehenden Weltumseglern, so fällt auf, daß die Besegelung hier zum erstenmal innerhalb der Schiffslänge untergebracht wurde, also keinerlei Klüverbaum mehr vorhanden war. Diese praktische Anordnung war nur möglich, weil Konstrukteur und Eigner den Mut aufbrachten, einen verhältnismäßig hohen Mast zu verwenden.

Über seine Erfahrungen mit dieser wohlgeformten Yacht schrieb der Eigner: „Niemals machte diese Hochseeyacht uns Schwierigkeiten, auch wenn wir in die ungünstigsten Wind- und Wetterverhältnisse gerieten. Stets führte sie aus, was wir von ihr verlangten. Immer erfüllte sie unsere Wünsche, und sie befand sich auch am Ende der Reise noch in seetüchtigem Zustande."

Alle bisher genannten Weltumsegler besaßen einen verhältnismäßig großen Tiefgang mit festem Kiel. So sei als Vergleich jetzt der Kielschwertkreuzer KAIROS gezeigt, dessen Weltumsegelung von dem sympathischen Eigner-Ehepaar Koch als erfolg- und erlebnisreich sehr bekannt wurde. Auch die KAIROS hat ganz ähnliche Hauptabmessungen wie die vorgenannten mit Ausnahme der größeren SPRAY. Immer wieder hat sich gezeigt, daß eine Länge über alles zwischen 9 und 10 m sich nicht nur gut zu Hochseefahrten eignet, sondern auch passende Bequemlichkeiten und allen so sehr benötigten Stauraum bietet.

Der Plan zeigt deutlich die Anordnung und Größe des Schwertes. Da es in der Kabine gleichzeitig als Unterstützung des Tisches dient, nimmt es keinen Nutzraum weg und wirkt nicht störend. Daß sich ein erheblich geringerer fester Tiefgang anwenden läßt, erkennt man im ebenfalls eingezeichneten Spantenriß. Da das aufrichtende Moment des weniger tief gelagerten Ballastkiels natürlich geringer ausfällt, wurde als Ausgleich eine um 30 cm größere Breite gewählt, als sie z. B. WANDERER III aufweist. Die ganze Yacht wurde nach einem Entwurf von Theodor Stölken, Hamburg, in Stahl gebaut, einschließlich Deck und Aufbauten, ein Baumaterial, das sich für solche Fahrten ausgezeichnet bewährte und auch erlaubt, einen zuverlässigen, stets wasserdichten Schwertkasten einzubauen. Nichts wäre lästiger, als wenn das Schwert im Schwertkasten entweder klemmt, weil das Holz quillt oder durch zu große Lose hin und her schlägt.

Die Weltumsegelung der Kochs fand zwischen 1964 und 1967 statt und umfaßte 33 300 Seemeilen. Auch die KAIROS benutzte noch keine Selbststeueranlage, doch die guten seglerischen Eigenschaften ermöglichten es, die Yacht auf fast allen Kursen selbststeuernd zu trimmen. Dies ist am Wind segelnd verhältnismäßig einfach, und für raume Strecken wurde es durch Setzen der Passatsegel ermöglicht. Bei starkem Unwetter wurde die KAIROS beigedreht, und Eigner Koch schrieb dazu: „Nach den gemachten Erfahrungen vertrauten wir vollkommen auf unser beigedreht treibendes Schiff." Die KAIROS blieb bis heute die einzige Stahl-Kielschwertyacht, die die Welt umsegelte.

Die Atlantiküberquerung der kleinen Yacht SOPRONINO erweckte in einem erfahrenen Seesegler namens John Guzzwell den Wunsch, die Welt in einer sehr kleinen, selbstgebauten Yacht zu umsegeln. Die Pläne dazu ließ er ebenfalls von Laurent Giles entwerfen, und den Bau der TREKKA vollführte er eigenhändig im Jahre 1955 in Britisch-Columbien, Kanada.

Kaum jemand hätte vorher eine Hochseeyacht in solchen Miniaturabmessungen überhaupt für möglich gehalten. Noch weniger hätte man einen so kurzen Lateralplan angewandt, und sicherlich hätte niemand an

Abb. 199: Dieser kleine Einhand-Weltumsegler zeigt den modernen Trend der Leichtbauweise. Auch dieses Boot, von John Guzzwell eigenhändig gebaut, bewährte sich vorbildlich.

Länge ü. alles	6,35 m	Verdrängung	1420 kg
Länge in der WL	5,65 m	Ballastgewicht	590 kg
Breite	2,02 m	Segelfläche	18,30 m²
Tiefgang	1,37 m		

eine ausgesprochene Leichtbauweise gedacht, um die Sieben Meere der Welt zu kreuzen. So stellt die TREKKA einen wahrhaft ungewöhnlichen Entwurf dar, doch die erfolgreiche Weltumsegelung erbrachte den Beweis für die Richtigkeit der zugrunde gelegten Idee.

Bei diesen kleinen Abmessungen pflegt die Geräumigkeit meist zu kurz zu kommen, da für derartige Langfahrten eine umfangreiche Ausrüstung mitgeführt werden muß. So wandte der Konstrukteur einen recht hohen Freibord an, dessen Eindruck aber durch ein Nach-Innen-Kippen des obersten Plankengangs abgeschwächt wurde. Der am Vordersteven erkennbare Knick reicht über die ganze Schiffslänge. Das Deck wurde in Sperrholz ausgeführt und mit Glasharz beschichtet. Auffallend ist die geringe Stärke der Holz-Außenhaut mit nur 14 mm, allerdings mit verleimten Nähten. Der jollenartige Rumpf wurde über einen mehrschichtig verleimten Kiel gebaut, unter welchen ein Flossenkiel aus 9,5 mm verzinktem Stahlblech gesetzt wurde.

Die gewählte Yawl-Takelung enthält zwar nur die bescheidene Fläche von 18,3 m². Da aber vom Besantopp aus ein Stagsegel gesetzt werden kann, da ferner eine große Genuafock für Flautentage vorgesehen wurde, läßt sich die Gesamtfläche bis auf 32 m² vergrößern. Für reine Vorwindstrecken wurde ein Satz Doppelfocks vorgesehen.

✳

EIN GFK-WELTUMSEGLER: Mit der 9,20 m Kunstharzyacht APOGEE vollbrachte ihr Eigner Alan Eddy eine fünfjährige Weltumsegelung zu vollster Zufriedenheit. Als Plattgat-Boot mit über dem Spiegel hängendem Ruder fährt die APOGEE eine Ketsch-Takelung. Die Reise begann im Juni 1963 und endete 39 000 Seemeilen später im Januar 1969, worüber der Eigner in einem kleinen Büchlein höchst lesenswert berichtete. Über die Bewährung des GFK-Baues sagte er: „Ich kann dieses Material bedingungslos für Langfahrtkreuzer empfehlen."

Wirkliche harte Stürme erlebte er nur viermal, und in jedem Fall, so sagt er, war das Leben an Bord *höchst ungemütlich*. Doch die abschließende Zusammenfassung ist wert, wörtlich zitiert zu werden: „Nach allen diesen Schilderungen über Sicherheit und Gefahren auf See möchte ich auf keinen Fall den Eindruck hinterlassen, daß Langfahrten auf See etwas Unerfreuliches seien. Im Gegenteil, während etwa 50 Prozent der Reise herrschte prächtiges Segelwetter, weitere 40 Prozent lassen sich immer noch als gutes Segeln bezeichnen, und weniger als 10 Prozent mögen als unerfreulich gelten. Während der Zeiten des prächtigen

Segelwetters kann man fabelhaft Etmale ablaufen, wie z. B. von den Galapagos Inseln zu den Marquesas, wo die APOGEE in 8 Tagen 1285 Seemeilen absegelte. Das sind Etmale von über 160 Seemeilen in sogenanntem „Fliegende Fische-Wetter". Wo möglich wurden Zonen der Passate gewählt. Wer jedoch mit kleiner Yacht die drei Kaps umrunden möchte, Kap der Guten Hoffnung, Kap Leeuwin und Kap Horn, verdient meine echte Bewunderung."

IM SELBSTGEBAUTEN TRIMARAN UM DIE WELT? Bernhard Rhodes, ein junger englischer Schiffszimmermann, hatte sich vorgenommen, mit eigenen Händen und wenig Geld den preiswertesten Hochseesegler zu bauen, mit dem man um die Welt segeln könnte. Er entwarf den Trimaran KLIS selbst und baute ihn in zwei Jahren Freizeit für ungefähr £ 400. — Die Außenhaut bestand einfach aus 6 mm Bootsbau-Sperrholz, das Deck aus 10 mm des gleichen Holzes, Spanten, Querträger und Spieren aus Columbia-Kiefer. Der Bootskörper wurde nur bis zur Wasserlinie mit Glasharz beschichtet, doch in St. Croix in den Westindischen Inseln überzog er das ganze Boot mit Nylon und Kunstharz.

Noch ein Beispiel, was ein fleißiger Selbstbauer alles kann: Er entwarf nicht nur den Segelriß selbst, sondern fertigte auch die Segel mit eigener Hand an, ebenso seine eigene Selbststeueranlage.

Jeder Segler eines Trimarans oder Katamarans macht sich gelegentlich Gedanken über das eventuelle Kentern und Wiederaufrichten eines solchen ballastlosen Bootes. In einer stillen Lagune von Tahiti machte Rhodes den aufschlußgebenden Versuch. Er nahm alles überflüssige von Bord und ersetzte das fehlende Gewicht durch Ballast. Mit Hilfe von 7 Mann brachte er den Trimaran zum Kentern, der Mast nach unten zeigend. Danach probierte er ganz allein das Wieder-Aufrichten, ließ einen Seitenschwimmer voll Wasser laufen, und mit Hilfe des Spinnakerbaumes schuf er auf demselben einen Hebelarm. Damit gelang es ihm tatsächlich, diesen Seitenschwimmer gänzlich zu tauchen, den anderen dabei aus dem Wasser hebend, so

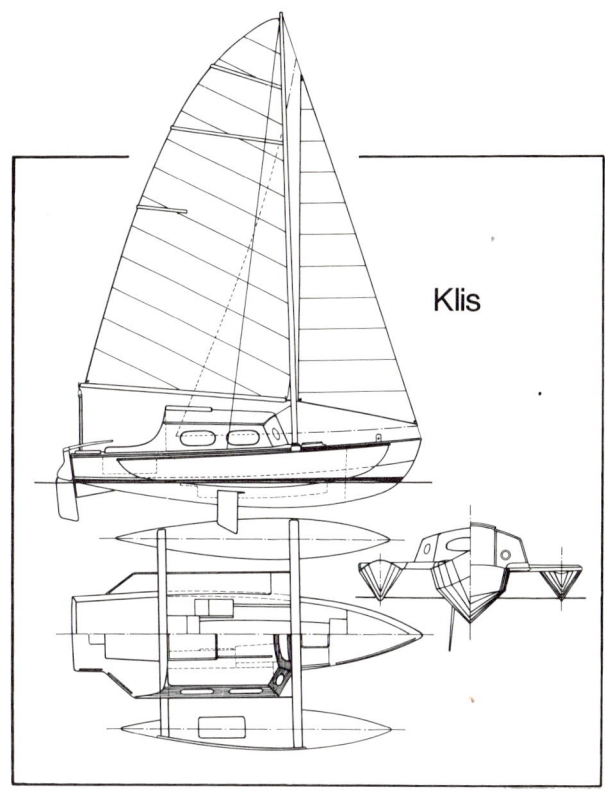

Abb. 200: Ein kleiner und erstaunlich leicht gebauter Trimaran, ebenfalls vom Eigner Bernard Rhodes eigenhändig gebaut, gelangte in spartanischer Fahrt von England nach Neuseeland, mit der Absicht, die zweite Hälfte der Umsegelung auch zu bezwingen.

Länge ü. alles .... 6,70 m
Länge in der WL 6,20 m
Breite ü. alles .... 4,25 m
Tiefgang Rumpf .. 0,52 m
Tiefgang mit Schwert ..... 0,92 m
Leergewicht ... 500 kg
mit Nutzlast komplett .... 1000 kg
Segelfläche .... 24,00 m²

daß die KLIS nach zwei Stunden Arbeit wieder leergeöst werden konnte. Ob das gleiche Manöver auch allein auf hoher See gelingen würde, blieb unbewiesen.

Der Verfasser traf die KLIS in Neuseeland, in der Tat ein winzig kleines Wasserfahrzeug, das abwechselnd allein oder zu zweit gesegelt bereits die halbe Welt hinter sich hatte. Ob das Projekt der Weltumseglung vollständig zu Ende geführt wurde, war bis zum Schreiben dieser Zeilen nicht zu erfahren. Die winzige Größe und die Leichtigkeit des Bootes zeigen jedenfalls an, daß nur ein sehr guter Seemann mit einer ganzen Menge Glück mit diesem Gefährt weite Strecken über See zurücklegen kann.

Trailer-Segler und Jollenkreuzer

Foto 51: Vier neuseeländische Trailer-Segler auf Vergleichsfahrt. Die vom Konstrukteur Richard Hartley entwickelte Serie wurde speziell für den Amateur-Bootsbauer gezeichnet, so daß die Boote gerade unter Liebhabern des Selbstbaues viele Anhänger fanden. Die beiden vornliegenden Boote sind 18 Fuß = 5,50 m lang. Ihnen folgt der größere mit 21 Fuß = 6,40 m Länge, und der kleinere von 16 Fuß = 4,90 m Länge. Es gibt erstaunlich große Flotten dieser Boote vor allem in Neuseeland und Australien, nicht wenige Anhänger aber auch in England, den USA und anderen Ländern. Es wird geschätzt, daß rund $3/4$ aller dieser Trailer-Segler im Eigenbau entstanden, worunter die 16-Fuß-Größe an Zahl die anderen weit übertrifft, siehe Zeichnung Abb. 201.

Foto: Richard Hartley

Es gibt zwei sehr verschiedene Gründe dafür, ein Segelboot oder auch ein Motorboot mit dem Anhänger oder Trailer zu befördern. Im allgemeinen unternimmt man in Europa mit dem Trailer-Segler Touren, um in den Ferien ferner liegende Gewässer seglerisch zu erkunden. Die zweite Triebfeder, ein Boot auf dem Trailer zu befördern, findet man vor allem in weiträumigen Ländern wie Australien und Neuseeland, in geringerem Grade auch in den Vereinigten Staaten. Dort lebt fast jedermann im eigenen Haus mit Garten und großer Garage. So werden die Boote überhaupt nicht in den stets zu kleinen Anlagen der Klubs aufbewahrt, sondern jeder Eigner nimmt sein Boot nach einer Ausfahrt wieder mit nach Hause, wo es im Garten, in der Garage oder unter einem schützenden Dach auf dem Anhänger gelagert bleibt.

So hatte ich Gelegenheit, einen ausgesprochenen Trailer-Bootsklub kennenzulernen, der zwar ein recht großes Gelände besaß, aber davor nur eine kleine Wasserfläche. An dieser befanden sich drei ins Wasser geneigte Startrampen, aber es gab keinerlei Boote im Klub. Am Sonnabendmorgen begann die Zufahrt der Boote, die in geradezu Sekundenschnelle zu Wasser gelassen wurden. Dann fährt der Eigner seinen Wagen nebst Anhänger auf das große Parkgelände, wo beide entweder tagsüber oder auch bis zum nächsten Tag stehen bleiben. Kehrt das Boot zurück, wird es ebenfalls mit erstaunlicher Schnelligkeit an Land geholt, natürlich mittels des ihm gehörenden Trailers. Gleich nebenan befindet sich die Waschanlage, wo Eigner und Mitsegler mittels Wasserschlauch eventuelles Salz und Salzwasserreste abspritzen, und dann fährt man mit Wagen und Boot auf dem Anhänger wieder nach Hause. Man braucht gewissermaßen nur die Zahl der Anhänger auf dem Klubgelände zu zählen, um zu wissen, wieviele Boote unterwegs sind. Durch eine solche Organisation fallen auch die Klubbeiträge sehr gering aus. Es sei erklärt, daß die kleine geschützte Klub-Wasserfläche Zugang zu einer großen Meeresbucht hat. Noch ein andersartiges Motiv kommt hier häufig zum Ausdruck: der Selbstbau. Leute, die in Haus oder Garten Platz haben, bauen ihre Boote gern selbst, ganz besonders in Australien und Neuseeland. So sei als erstes ein typischer neuseeländischer Trailer-Segler gezeigt, entworfen vom *Papst* der Selbstbauerpläne, Richard Hartley. Man erkennt ein stabiles solides Boot in doppelter Knickspantform, und zwar trägt es die Bezeichnung *Hartley Trailer Segler 16*, womit eine Länge von etwa 16 Fuß angezeigt wird. Gerade dieses Boot wurde gewählt, weil es in sehr großer Zahl gebaut wurde, wovon mehr als Dreiviertel Amateurbauten sind. Hunderte dieser 5 m langen Boote segeln in Neuseeland und Australien, aber auch in zahlreichen anderen Ländern. Wenn sie auch fern davon sind, besonders modern oder elegant zu wirken, so haben sie sich im praktischen Segeln sehr gut bewährt. Die einzelnen Größen dieser Serie, immer in Fußlängen bezeichnet, sind 12, 14, 16, 18 und 21.

Als nahezu ballastlose Boote können diese Trailer-Segler natürlich kentern, doch kommt es selten vor. Dann laufen sie jedoch nicht voll, weil Seitendeck und Cockpitbänke das gekenterte Boot reichlich tragen und kein Wasser ins Innere läuft. Sie sind dann auch leicht wieder aufrichtbar. Beim 16er Boot werden rund 45 kg Innenballast kurz vor dem Schwertkasten verstaut, der 18er bekommt 130 kg und der 21er sogar 225 kg Innenballast.

Es gibt natürlich zahlreiche andere Boote, die entweder direkt als Trailer-Segler entworfen wurden oder sich durch ihre Größe und Unterwasserform zum Trailern eignen. So wird als nächstes das Senkkielboot des fran-

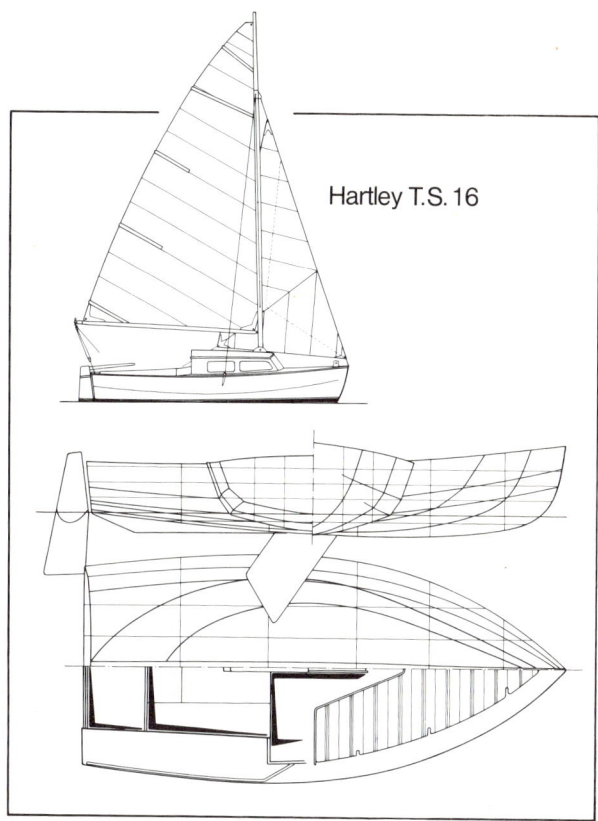

Abb. 201: Der Trailer-Segler kann als Nachfolger des Jollenkreuzers aufgefaßt werden. Besonders in weitläufigen Ländern wie Australien und Neuseeland werden diese Boote auf dem Anhänger mit nach Hause genommen, so daß kein Liegeplatz am Wasser benötigt wird; ein geschützter Platz in Garten oder Garage genügt.

Länge ü. alles .... 5,00 m
Länge in der WL 4,75 m
Breite .... 2,20 m
Tiefgang Rumpf . 0,20 m
Tiefgang mit Schwert ...... 1,10 m
Verdrängung .... 500 kg
Innenballast .... 45 kg
Segelfläche ..... 16,8 m²

zösischen Konstrukteurs Charles Chauveau gezeigt. Es ist bereits erheblich länger und hat dementsprechend auch ein erhebliches Plus an Einrichtung.

Was aber an dem französischen Entwurf auffällt, ist die Ausführungsart des Senkkiels. Dieser läuft zwischen zwei in Kurvenform angelegten kräftigen Führungen mit Rollenlagerung. Innerhalb der Hauptkabine ist der zugehörige Schwertkasten praktisch unbemerkbar, und in der Vorderkabine stört er auch nicht. Der Konstrukteur Chauveau hat sich seit Jahren auf diesen Typ konzentriert und alle Erfahrungen mit hineingeplant. Die Schwert- oder Senkkielplatte trägt am unteren

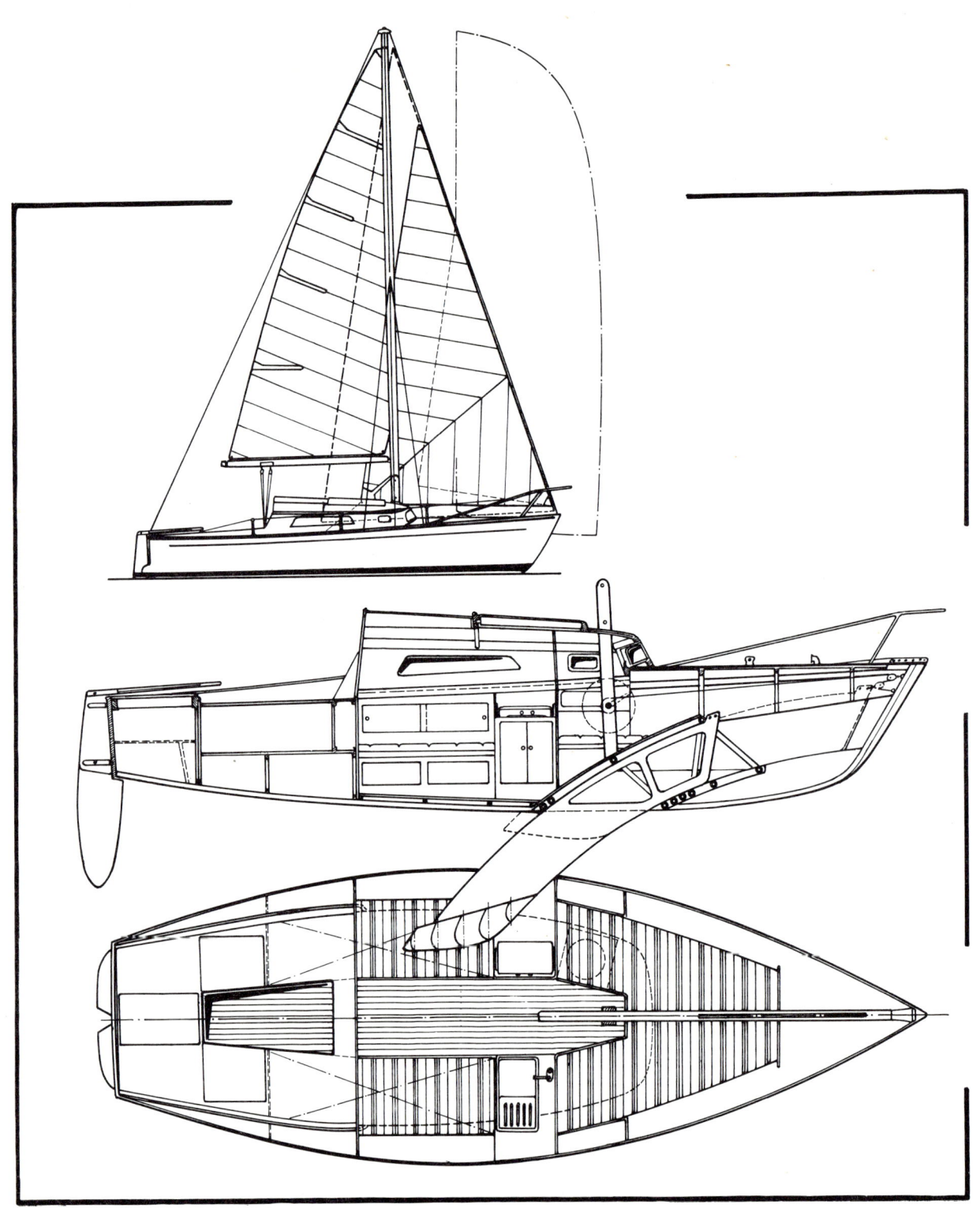

Abb. 202: Jollenkreuzer mit Senkkiel. Wenn geringer Tiefgang benötigt wird, bleibt nur noch der Bleiwulst unterhalb des Bootskörpers. Dadurch geht die Verladung auf einen Anhänger leicht vonstatten, ebenso das Anlegen an seichten Ufern.

Länge ü. alles	6,60 m
Länge in der WL	5,90 m
Breite	2,30 m
Tiefgang Rumpf	0,50 m
Tiefgang mit Senkkiel	1,40 m
Verdrängung	1100 kg
Ballast im Senkkiel	225 kg
Segelfläche	16,8 m²

Foto 52: In der Unterwasserform eines neuseeländischen 16 Fuß Trailer-Seglers erkennt man die typische Doppel-Knickspantform. Diese ist für den Selbstbauer leicht ausführbar und ergibt zugleich ein geräumiges Schiffsinneres. Wie jeder Jollenkreuzer ist auch dieses Boot kenterbar, doch wird es meistens rasch wieder aufgerichtet, fast ohne Wasser im Boot, denn die Bänke der Plicht geraten nicht unter Wasser. Es sei hinzugefügt, daß Kenterungen dieser Boote eine seltene Erscheinung sind, denn sie sind sehr stabil.
Foto: Richard Hartley

Ende einen stromlinienförmig ausgeführten Ballastkiel von 225 kg Gewicht. In weggefiertem Zustand liegt dieser Ballast in sehr günstiger Tiefe, hochgeholt aber bleibt er immer noch gerade unterhalb des Kiels im Wasser. Am Mastfuß innerhalb der Kabine erkennt man die Kurbel, mittels derer die Position des Senkkiels nach oben oder unten verändert wird. Mit dieser Art von Senkkiel erreicht man eine größere Stabilität als mit dem Innenballast des zuerst geschilderten Trailer-Seglers von Hartley. Auch dieses Boot dürfte praktisch kentersicher sein, bestimmt in etwas höherem Grade als der vorher gezeigte.

Daß auch die Takelage entsprechend höher geschnitten ist, darf als Folge der größeren Stabilität gewertet werden. Eine zwar sehr niedrige, aber trotzdem gut helfende Seereling reicht von der Plicht bis nach vorn. Daß das Boot häufig im Binnenlande segeln soll, erkennt man an der klappbaren Ausführung des Mastes.

*

Kommt man nun zu amerikanischen Booten, findet man auf der folgenden Darstellung einen wiederum etwas größeren Typ. Er ist deshalb auch als Trailer-Yacht bezeichnet und fährt auch nicht mehr ein

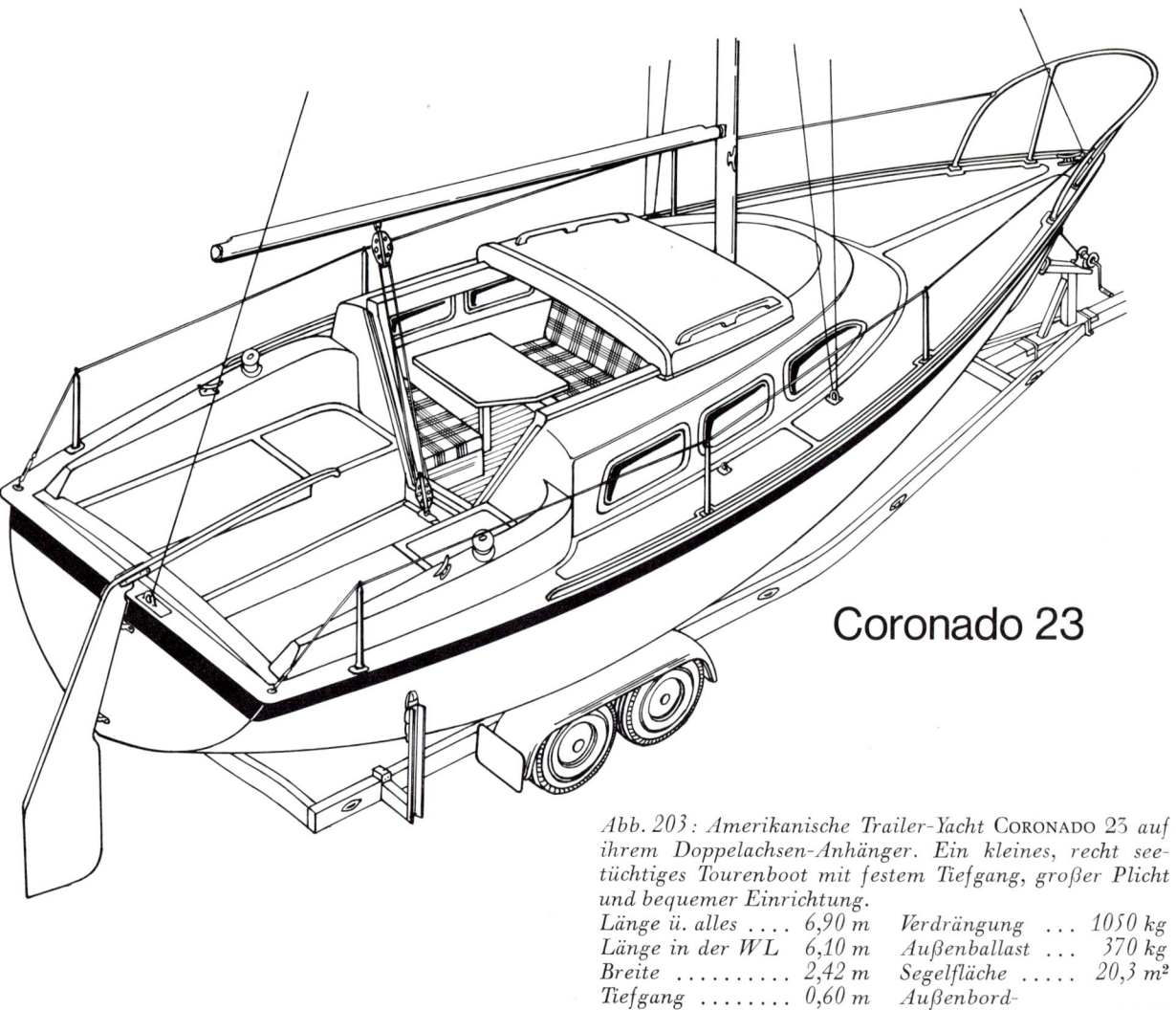

Abb. 203: Amerikanische Trailer-Yacht Coronado 23 *auf ihrem Doppelachsen-Anhänger. Ein kleines, recht seetüchtiges Tourenboot mit festem Tiefgang, großer Plicht und bequemer Einrichtung.*

Länge ü. alles	6,90 m	Verdrängung	1050 kg
Länge in der WL	6,10 m	Außenballast	370 kg
Breite	2,42 m	Segelfläche	20,3 m²
Tiefgang	0,60 m	Außenbord-Hilfsmotor	6,5 PS

Schwert, sondern einen zwar sehr geringen, aber festen Tiefgang. Dieses von der Firma Coronado Yachts, Californien, in GFK hergestellte Boot wurde vom australischen Konstrukteur Alan Paine entworfen, bekannt durch den Entwurf der America-Pokal-Herausforderer Gretel und Gretel II.

Das Boot selbst gilt vor allem als Familienboot für Wochenend- oder Ferienfahrten. Für die Größe des Rumpfes ist es deshalb auch ziemlich gering besegelt, womit gleichzeitig der für einen Ballastkiel recht geringe Tiefgang von 0,60 m berücksichtigt wird. Der langgestreckte Kiel selbst sorgt für ein Wieder-Aufrichten unter allen Krängungsbedingungen und macht damit das Boot unkenterbar. Das Segeln hoch am Wind wird natürlich etwas beeinträchtigt, denn 60 cm Tiefgang sind gerade für diesen Kurs ein wenig knapp. Andererseits gewinnt man gute Kursstabilität und hat auch ein leichtes Arbeiten beim Zuwasserbringen oder Wieder-Aufholen.

In der perspektivischen Darstellung auf dem Trailer erkennt man gut die Decksanordnung und die Plicht sowie einen Teil der Inneneinrichtung, nämlich die Dinette an Backbord. Gegenüber an Steuerbord liegt noch eine Einzelkoje, während weiter nach vorn eine kleine Küche folgt. Im Vorschiff sind weitere zwei Kojen vorhanden, und zwischen diesen kann ein WC eingebaut werden. Als Hilfsantrieb für windstille Zeiten wurde ein 6,5-PS-Außenbordmotor eingeplant, der unter der Backbordbank in der Plicht verstaut wird, wo auch Platz für dessen getrennten Benzintank eingerichtet wurde.

Die Glasharz-Bauweise zeigt einige Sonderheiten, indem nämlich die Längs- und Querversteifungen an der Außenseite der inneren Bootskörperschale angebracht wurden. Diese wird dann genau an die glatte äußere Bootskörperschale angepaßt und mit ihr verbunden, um einen zwar leichten, aber sehr formfesten Bootskörper zu erhalten. Der Mast steht an Deck, und zwar genau

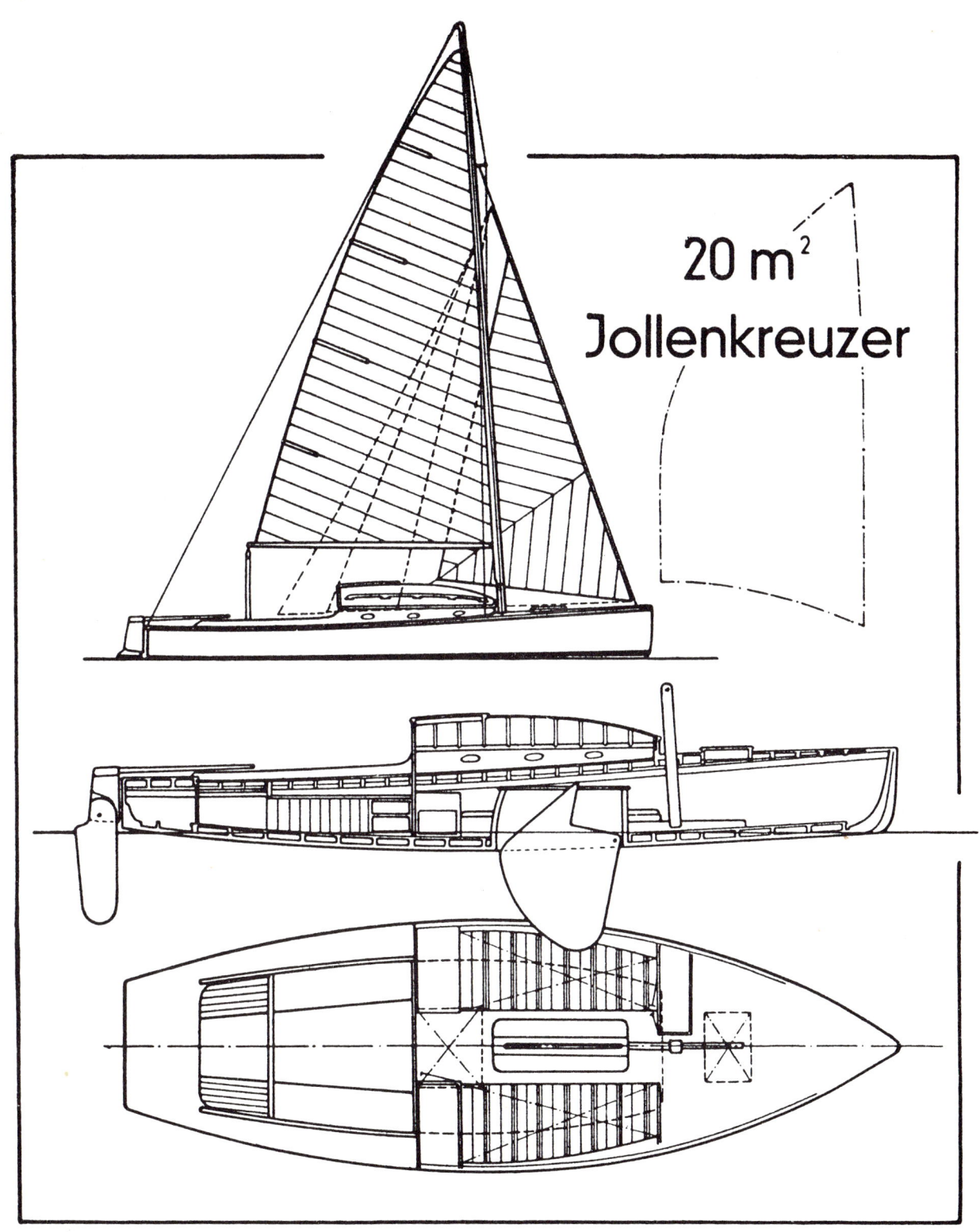

Abb. 204: Der echte deutsche Jollenkreuzer für Binnengewässer ist ein schneller Segler mit sehr geringem Rumpftiefgang.

Länge ü. alles	7,74 m	Tiefgang mit Schwert	1,16 m
Länge in der WL	7,50 m	Verdrängung	1000 kg
Breite	2,42 m	Segelfläche	20,00 m²
Tiefgang Rumpf	0,19 m		

über dem Hauptschott und dessen zwei Mittelstützen. Es sei hinzugefügt, daß der gleiche Bootskörper mit nur gering veränderter Inneneinrichtung auch von Columbia Yachts, Californien, hergestellt wird.

Der Typ des eigentlichen Jollenkreuzers entstand kurz nach dem ersten Weltkrieg in Deutschland, und zwar an der Unterelbe. Zunächst als Segeljolle mit Kabine gedacht, gewann er rasch an Ausbreitung und wurde besonders auf den Berliner Gewässern beliebt. Seine *große Zeit* scheint heute allerdings vorüber zu sein, doch werden immer noch die Klassen der 15-, 20- und 30-m²-Jollenkreuzer gepflegt. Alle normalen Jollenkreuzer, meist völlig ohne Ballast gebaut, sind kenterbar. Es hängt nur von der sorgfältigen Führung des Bootes ab, ob es im Laufe der Jahre doch einmal kentert, und dann bedeutet das Wieder-Aufrichten eine fast unlösbare Schwierigkeit, sofern nicht fremde Hilfe mitwirkt. Dagegen erlaubt nur der Jollenkreuzer, stille verträumte Winkel auf Flüssen und Seen aufzusuchen und sogar direkt mit dem Vorschiff aufs Ufer aufzulaufen. Selbstverständlich ist er auch trailerbar, doch wird von dieser Möglichkeit nur selten Gebrauch gemacht.

Die veröffentlichten Pläne zeigen einen der erfolgreichsten 20-m²-Jollenkreuzer namens BIELEKEN. Das Boot wurde mit etwa 20 cm vergrößerter Breite gegenüber den Klassenvorschriften gebaut, und die vielen Regattaerfolge bewiesen, daß eine solche Verbreiterung gerechtfertigt war. BIELEKEN wurde von G. Brandt konstruiert, der mit vergrößerter Breite von Anfang an als geschwindigkeitserhöhendem Faktor rechnete. Die Länge ist ungewöhnlich groß für ein Kabinenboot mit 20 m² Segelfläche, doch trägt auch dieser Punkt zur größeren Geschwindigkeit bei.

Der kleinere Jollenkreuzer von 15 m² Segelfläche hat Hauptabmessungen von 6,50 × 2,10 m, und der größte mit 30 m² Segelfläche erreicht solche von 9,00 × 2,80 m. Es ist ziemlich oft vorgekommen, daß mit solchen Jollenkreuzern größere Seestrecken überquert wurden. Ein solches Risiko gilt allerdings als zu groß für ein ballastloses Boot. Falls plötzliche Witterungsumschläge

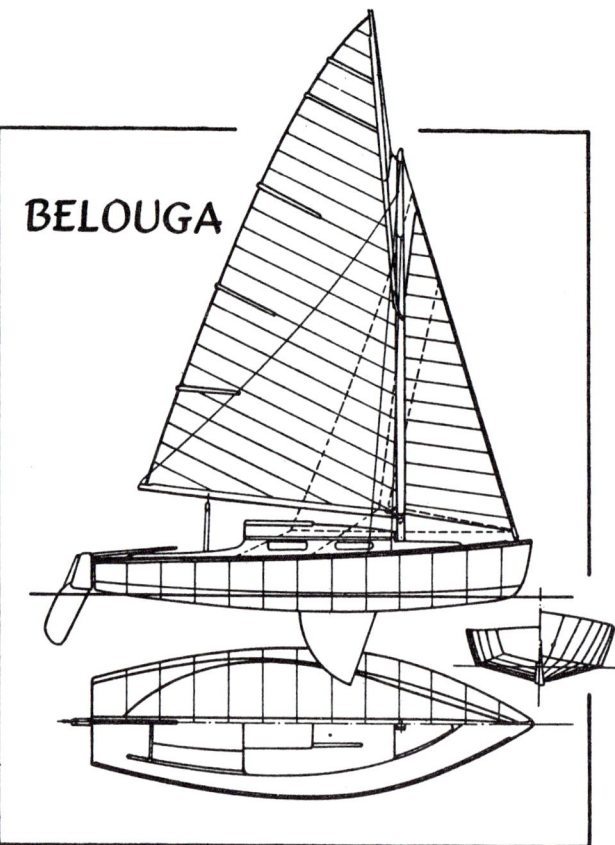

Abb. 205: Französische Version der gleichen Grundidee. Der langbewährte „Bélouga"-Jollenkreuzer ist trotz seiner vereinfachten Form ein flotter Segler auf Binnengewässern.

Länge ü. alles	6,50 m	Tiefgang	
Länge in der WL	5,90 m	mit Schwert ...	1,14 m
Breite	2,23 m	Verdrängung	700 kg
Tiefgang Rumpf ..	0,24 m	Segelfläche	19,8 m²

sich zum Sturm erhöhen sollten, gerät ein derartiges kenterbares Boot unmittelbar in die größte Gefahr, Fälle, die tatsächlich mehrfach vorgekommen sind.

Eine dem deutschen Jollenkreuzer nachempfundene Klasse erfreut sich unter dem Namen „Bélouga" großer Beliebtheit auf französischen Gewässern. Gerade diese Klasse erreichte dort eine ungewöhnlich große Verbreitung, denn auch dort fand ein leichtes, flachgehendes Kajütboot viele Freunde.

Der Typ „Bélouga" wurde im Jahre 1943 vom Konstrukteur E. Cornu entworfen, und zwar unter Mitwirkung des erfahrenen Rennseglers Jaques Lebrun. Um die Baukosten niedrig zu halten und auch den Amateurbau zu ermöglichen, wurde eine einfache Knickspantform gewählt, welche jedoch in normalem Massivholz, nicht in Sperrholz, beplankt wird.

Für die Klasse der „Bélougas" wurde eine Gaffeltakelung gewählt, wohl im Gedanken an den etwas niedriger liegenden Segelschwerpunkt. Aber auch bei Wanderfahrten auf Binnengewässern dürfte es leichter sein, den kürzeren Mast zu legen und mit gelegtem Mast zu manövrieren, als dies mit einem hochgetakelten Mast der Fall wäre. Solange die Boote einer Klasse untereinander gleich sind, bleibt es völlig unwichtig, ob mit einer Hochtakelung ein winzig kleiner Gewinn an Geschwindigkeit erzielt werden könnte. Die Inneneinrichtung der „Bélouga" enthält die in dieser Bootsgröße üblichen zwei Kojen, Kleiderschrank, Tisch und kleine Pantry. Der Transport auf dem Trailer ist einfach und unkompliziert. Das große Schwert sorgt für gute Am-Wind-Eigenschaften. Wird es aufgeholt, kann der Jollenkreuzer bei allergeringstem Tiefgang direkt an flachen Ufern anlegen.

Eine Bootsgattung für sich stellt im Gegensatz hierzu das „Amerikanische Katboot" dar, welches sich seit hundert Jahren einer erstaunlichen Beliebtheit in den Vereinigten Staaten erfreut. Eine der sowohl im Hinblick auf Größe und Takelung als auch auf die Einrichtung am häufigsten gebauten Typen findet sich in zugehörendem Riß dargestellt. Das Boot wurde von der Werft Crosby entwickelt und gebaut, wo solche Boote bereits seit 1860 entstanden waren. Bis in die letzte Zeit gibt es noch immer zahlreiche Erbauer von Katbooten, deren Schiffe sich durchaus beträchtlich unterscheiden. In allen Fällen findet man aber den kurzen breiten Bootskörper mit dem fast auf den Stevenkopf gesetzten Mast. Dank der ungewöhnlich großen Breite fahren diese kurzen Boote eine abnorm große Segelfläche in Form eines riesigen Großsegels. Dieses wurde früher stets als Gaffelsegel geschnitten, doch werden seit langer Zeit auch Bermudasegel auf Katbooten gefahren.

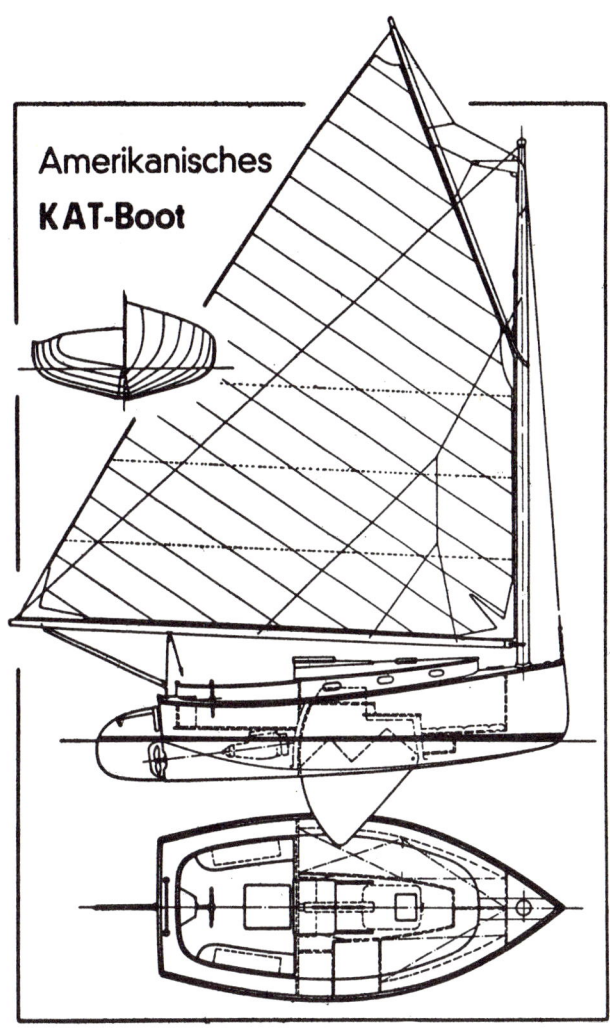

Abb. 206: Das bekannte amerikanische Kat-Boot ist auch ein Jollenkreuzer mit manchen seiner typischen Eigenschaften. Es hat eine traditionsreiche Entwicklung zu verzeichnen, und dank seines Ursprungs könnte es nicht nur der Vater, sondern der Großvater der Jollenkreuzer sein. Ein überaus bequemes Familienboot.

Länge ü. alles .... 7,30 m	Tiefgang mit
Länge in der WL 7,10 m	Schwert ..... 1,82 m
Breite .... 3,28 m	Verdrängung ... 2000 kg
Tiefgang Rumpf .. 0,71 m	Außenballast .. keiner
	Segelfläche .... 54,00 m²

Die Bootskörper werden heute kaum noch in Holz gebaut, doch sei erwähnt, daß sie stets in sehr kräftigen Materialstärken hergestellt wurden. Es gibt sie, fast kaum erkenntlich, heute ebenso gut in Glasharz wie früher in Holz. Bei der Mehrzahl dieser Boote wurde

Foto 53: Ein echter deutscher Trailer-Segler, das Kajütboot „Traveller", von Uwe Mares entworfen und serienmäßig von den Klepper-Werken in GFK erbaut. Die Backdeckkonstruktion sorgt in diesem nur 6 m langen Boot für eine beachtliche innere Geräumigkeit mit Kojen für vier Erwachsene. Das Boot ist 2,45 m breit und fährt eine Segelfläche von etwa 18 m². Es gelang, auch noch eine recht große Plicht mit viel Platz zu gewinnen. Ein Senkkiel oder Ballastschwert, durch Kurbel bedienbar, trägt zur Stabilität bei und erleichtert zugleich das bequeme Absetzen auf dem Anhänger. Foto: Klepper-Werke

kein Außenballast eingebaut. Alle Eigner solcher Katboote empfinden die Weiträumigkeit der offenen Plicht als besonders angenehm, und oft entwickeln diese Boote sogar eine durchaus annehmbare Geschwindigkeit, vor allem bei leichten Winden. Als Folge der großen Breite zeichnen sie sich durch eine große Anfangsstabilität aus, die ihnen gestattet, auch bei zunehmenden Windstärken recht lange ungerefft durchhalten zu können. Der langgestreckte Kiel sorgt für Kursstabilität, doch das große, mittschiffs angeordnete Schwert erlaubt Wendigkeit und gute Höhe beim Segeln am Wind.

Die Aufstellung des Mastes so kurz hinter dem Vorsteven bereitet natürlich dem kritischen Betrachter Sorgen, doch hat die Praxis längst die günstigsten Werte von Mastdurchmesser, Verstärkung der Decksverbände und Anordnung des Kielschweins herausgefunden. Wenn auch mancher Segler das Fehlen eines Vorsegels als Nachteil empfinden mag, wird dieser durch die unerhörte Geräumigkeit der Kajüte ausgeglichen, in welcher kein Mast mehr den Durchgang nach vorn stört. In vorliegendem Plan wurde der Mast nur durch ein einziges Vorstag gestützt, doch fahren viele andere Katboote auch ein Wantenpaar. Es dürfte lange Versuche benötigt haben, bis es gelang, die ungewöhnlichen Verhältnisse zwischen Segelgröße, kurzem, breitem Bootskörper und Lage des Schwertes auszubalancieren, so daß das Boot bei den verschiedensten Windstärken einigermaßen ausgeglichen auf dem Ruder liegt. Man beachte die Verwendung eines regelrechten Steuerrades auf diesem nur 7,30 m langen Boot, doch sei erwähnt, daß viele andere Katboote die normale Ruderpinne zum Steuern verwenden.

✳

Eine ganz andere Bootsgattung, die ebenfalls einige Züge mit dem Jollenkreuzer gemein hat, findet sich in dem „Walboot" des La-Plata-Stromes recht verbreitet. Es ist das absolute Gegenteil des amerikanischen Katbootes, nämlich lang und schmal anstelle von kurz und breit. Da es außerdem in einem spitzen Heck endet und rund 15 Prozent festen Außenballast fährt, besteht auch nur eine bedingte Ähnlichkeit zum Jollenkreuzer. Der hier wiedergegebene Plan eines solchen Walbootes

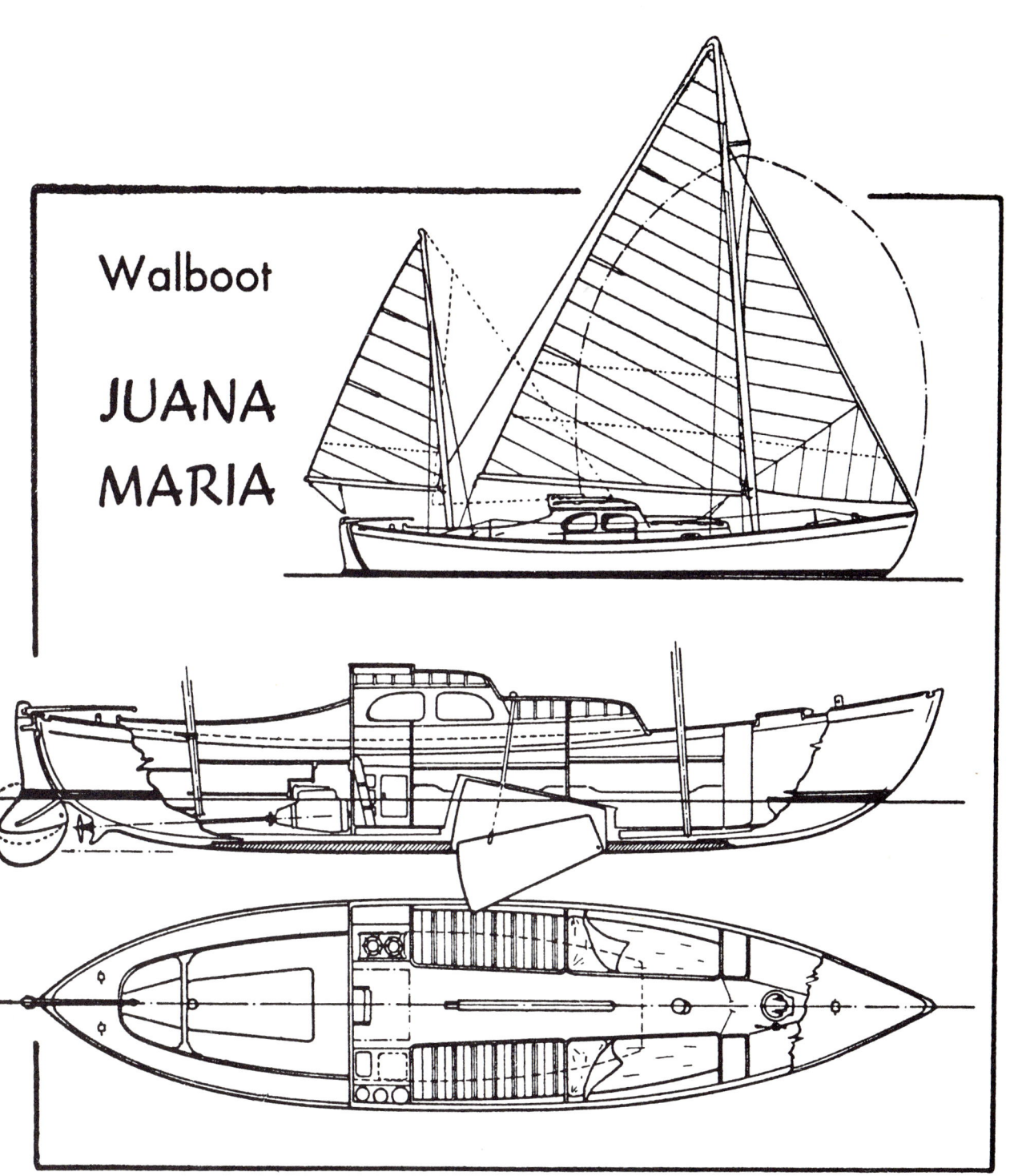

Abb. 207: Das argentinische Walboot als Kielschwert-Segelyacht. Es hat sich besonders in den flachen Flußmündungen des La-Plata-Gebietes einen guten Ruf erworben.

Länge ü. alles	10,40 m	Tiefgang mit Schwert	1,25 m
Länge in der WL	9,40 m	Verdrängung	4300 kg
Breite	2,40 m	Ballastkiel	660 kg
Tiefgang ohne Schwert	0,60 m	Segelfläche	32,60 m²

JUANA MARÍA stammt vom Reißbrett des in dieser Bootsgattung erfahrenen Konstrukteurs Manuel M. Campos und zeichnet sich durch eine besonders niedrig gehaltene Ketsch-Takelung aus.

Der sehr breite und sehr flache Rio de la Plata besitzt besonders auf der uruguayischen Seite eine Zahl überaus reizvoller Mündungen kleiner Flüsse, die sehr gern von argentinischen Seglern besucht werden. Der geringe Rumpftiefgang von nur 60 cm erlaubt, die gewöhnlich vor den Mündungen liegende Sandbank leicht zu überwinden und in das geradezu paradiesische Flüßchen hinein zu gelangen. Doch zum Segeln ist es unbedingt nötig, das Schwert wegzufieren. Dank der langen, schlanken Rumpfform mit ihren sehr feingezogenen Linien werden diese Yachten erstaunlich schnell, obwohl die Segelfläche ziemlich knapp bemessen ist. Die bedeutende Länge des Bootskörpers gestattet, der Plicht reichliche Abmessungen zu geben und die Kabine mit vier festen Schlafplätzen zu versehen. Der im achteren Bereich erhöhte Kajütaufbau schafft im Inneren eine lichte Höhe von 1,70 m, ohne daß die Außenansicht der Yacht darunter leidet.

Die gewählte Ketsch-Takelung ermöglicht, den gesamten Segelschwerpunkt besonders niedrig zu legen, wie es dieses flachgehende Boot erfordert. Mittels einer Anzahl von Beisegeln, darunter ein Stagsegel zwischen den Masten und ein großer Spinnaker, läßt sich die Segelfläche bei leichten Winden beträchtlich vergrößern.

Der Anteil des Ballastkiels am Gesamtgewicht liegt mit nur ganz wenig über 15 Prozent ungefähr an der Grenze, die ein Minimum an Sicherheit gegen Kentern gewährt. Doch hat sich die Stabilität in der Praxis eben als ausreichend gezeigt, obwohl sich das geringe Ballastgewicht in einer sehr mäßigen Tiefe befindet. So dürfte die Yacht gerade den nötigen Stabilitätsüberschuß aufweisen, um unkenterbar zu sein. Walboote ähnlichen Typs gibt es auch auf anderen Gewässern der Welt, insbesondere dort, wo die Mündungen der großen Flüsse ausgedehnte Segelreviere schaffen, in welchen sich an vielen Stellen Sandbänke bilden und die Einfahrten kleiner Häfen verflachen.

Foto 54: Jugendboot Optimist. Foto: YACHT-Archiv

Jugend-Klassen

Mit dem Ausdruck *Jugend-Klassen* werden vor allem Boote bezeichnet, die von einem geschätzten Alter ab etwa 14 Jahren gutes regattamäßiges Segeln erlauben. Kinder aber, die man noch nicht zu den Jugendlichen rechnet, können bereits in viel früherem Alter segeln lernen, und so soll dieses Kapitel mit einer Beschreibung der Kleinstjolle „Optimist" beginnen.

KLEINSTJOLLE „OPTIMIST": Der Gedanke, daß Kinder schon sehr leicht segeln lernen können, lange bevor sie ein Alter für die bekannten Jugendklassen erreichen, gab den Anstoß zur Schaffung dieser heute fast über die ganze Welt verbreiteten Optimist-Klasse.. Einst wurde der verständnisvolle Bootsbauer und Konstrukteur Clark Mills aus Florida, USA, in seinem Klub um einen Vorschlag gebeten, ein für Kinder ab acht Jahren geeignetes Boot zu entwickeln. Das Boot sollte in wasserfestem Sperrholz so einfach zusammengebaut werden können, daß die Kinder mit Hilfe älterer Segelfreunde oder der Eltern es auch selbst bauen könnten. So entstand dieses Bootchen im Jahre 1947, und es wurde in der Tat geradezu ein Traumboot für Kinder: Man konnte es mit sehr wenig Geld zusammenbauen, es segelte gut, und jeder Junge, jedes Mädchen fühlte sich wohl in diesem kleinen Wasserfahrzeug.

Wer da etwa glaubt, daß die sehr einfache Form des kastenartigen Bootskörpers nicht gerade gut segeln würde, wirft dieses Vorurteil sofort über Bord, wenn er einmal eine Kindergrppe voller Begeisterung beim Üben oder gar beim Wettsegeln beobachten kann. Diese Bootchen wurden genau das, was als Grundgedanke zum Entwurf diente: robust und stabil für schlechtes Wetter, schön breit zur Sicherheit, dazu adrett und flink für flottes Segeln. In vielen Ländern der Welt wurden sie begeistert aufgenommen, und man geht nicht fehl, wenn man ihre heutige Zahl auf etwa 30 000 Boote schätzt.

In Skandinavien kann man große Felder von Optimisten beobachten, bei denen die Segel auffallende Reklamezeichen tragen. In diesen Fällen waren mindestens die Segel selbst, oft aber auch der ganze Baukastensatz eine Spende der betreffenden Firma, und die Bootchen wurden fast ohne Geld von Jungens und Mädchen eigenhändig zusammengebaut und gemalt.

Abb. 208: Internationales Boot für die Kleinsten „Optimist", ein sicheres und trotz der simplen Form erstaunlich gut segelndes Boot, an dem Kinder ab 8 Jahren viel Freude haben.

Länge ü. alles	2,34 m	*Gewicht*	
Länge in der WL	2,10 m	*Bootskörper*	30 kg
Breite	1,12 m	*Gewicht*	
Tiefgang Rumpf	0,08 m	*ausgerüstet*	40 kg
Tiefgang mit Schwert	0,80 m	*Segelfläche*	3,30 m²

Als oberste Altersgrenze gilt im allgemeinen 15 Jahre für das Optimist-Boot, doch dann steigen die nun bereits erfahrenen Jungsegler um in größere und rennfähigere Boote.

Die Entwicklung blieb auch vor dem Optimisten nicht stehen, und so unterscheidet sich die moderne Version von der ursprünglichen in manchen Punkten: besseres leichteres Sperrholz, Segel aus Dacron, und auch Alu-

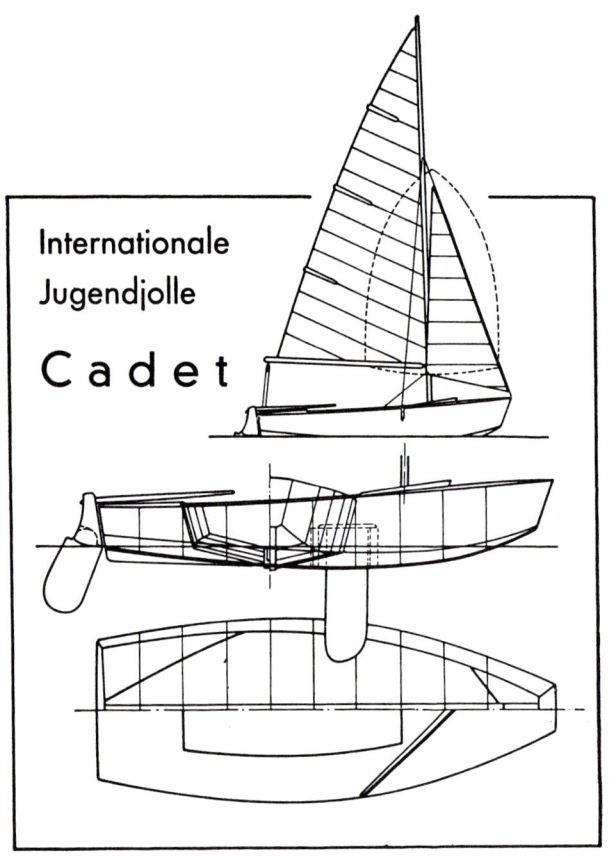

Abb. 209: Die Internationale Jugendjolle „Cadet" ist nicht so sehr für die Kleinsten bestimmt, sondern für diejenigen, die gerne regattamäßig segeln möchten und es auch können.

Länge ü. alles .... 3,22 m
Länge in der WL 2,82 m
Breite .... 1,27 m
Gewicht ohne Mannschaft .. 70 kg
Segelfläche .... 5,20 m²

miniummasten dürfen angewandt werden. Und der Gipfel der Entwicklung: Es werden sogar Weltmeisterschaften im Optimist gesegelt!

DER INTERNATIONALE „CADET": Sind segelnde Kinder erst mal der Optimist-Jolle oder einem segelnden Beiboot entwachsen, so bietet sich von selbst die „Cadet"-Jugendjolle an. Sie wurde in bedeutend stärkerem Maße für fachgerechtes Regattasegeln durchgebildet, und ihre etwas größeren Abmessungen machen sie vorzüglich geeignet, um als Jugend-Zweimannboot verwandt zu werden. Das Boot wurde auf Anregung der Zeitschrift „Yachting World" vom erfolgreichen Jollenkonstrukteur Jack Holt entworfen

und fand eine so günstige Aufnahme, daß es schon früh von der I.Y.R.U. zur Internationalen Jugendklasse erklärt wurde.

Die Takelung des „Cadet" muß die Ragattalust der Jugend geradezu herausfordern, enthält sie doch nicht nur eine Fock, sondern auch einen echten, kleinen Spinnaker. An der Form des Bootskörpers fällt auf, daß das Vorschiff nicht mit einem scharfen Steven beginnt, sondern statt dessen einen schmalen hohen Spiegel zeigt. Die Herstellung wird damit wesentlich vereinfacht, auch gewinnt das Boot ein wenig an Raumgröße. Der Boden ist in der Querschiffsrichtung nicht mehr gerade wie beim Optimisten, sondern geknickt. Das Boot wurde ziemlich weitgehend eingedeckt, so daß es auch hierin mehr einer Rennjolle als einem Beiboot ähnelt. Tausende dieser Boote finden sich in vielen Ländern in Gebrauch. In Regatten soll mit zwei Mann Besatzung gesegelt werden, doch darf keiner von diesen die Altersgrenze von 18 Jahren überschreiten.

*

Es muß immer bedacht werden, daß nahezu alle Kinder- und Jugendboote kenterbar sind, wobei diese Tatsache allerdings weder als Nachteil noch als alarmierende Gefahr angesehen wird. Hingegen wird gefordert, daß jeder angehende Jugendsegler richtig schwimmen kann (*jeder* Segler muß schwimmen können). Darüber hinaus wird verlangt, daß nur mit angelegter Schwimmweste gesegelt werden darf. Kentert dann gelegentlich das eine oder andere Boot, so gibt es gewöhnlich nichts weiter als ein Gelächter der anderen, und man steht den ins Wasser Gefallenen bei, damit das Boot rascher zum Ufer kommt und wieder ausgeöst wird. Bei kaltem Wasser soll man allerdings dieses Risiko lieber nicht eingehen.

Es wäre ein Ding der Unmöglichkeit, alle in Gebrauch befindlichen Jugendklassen aufzuführen. Ja, man kann sogar Jugendklassen fast unwillkürlich schaffen, indem man auf eine vorhandene erprobte Rennjolle eine kleinere Besegelung setzt. Dadurch allein wird schon eine flotte Rennjolle sowohl sicherer im Gebrauch als auch einfacher in der Bedienung. So besitzt z. B. die amerikanische Klasse „Penguin" eine zu geringe Stabilität,

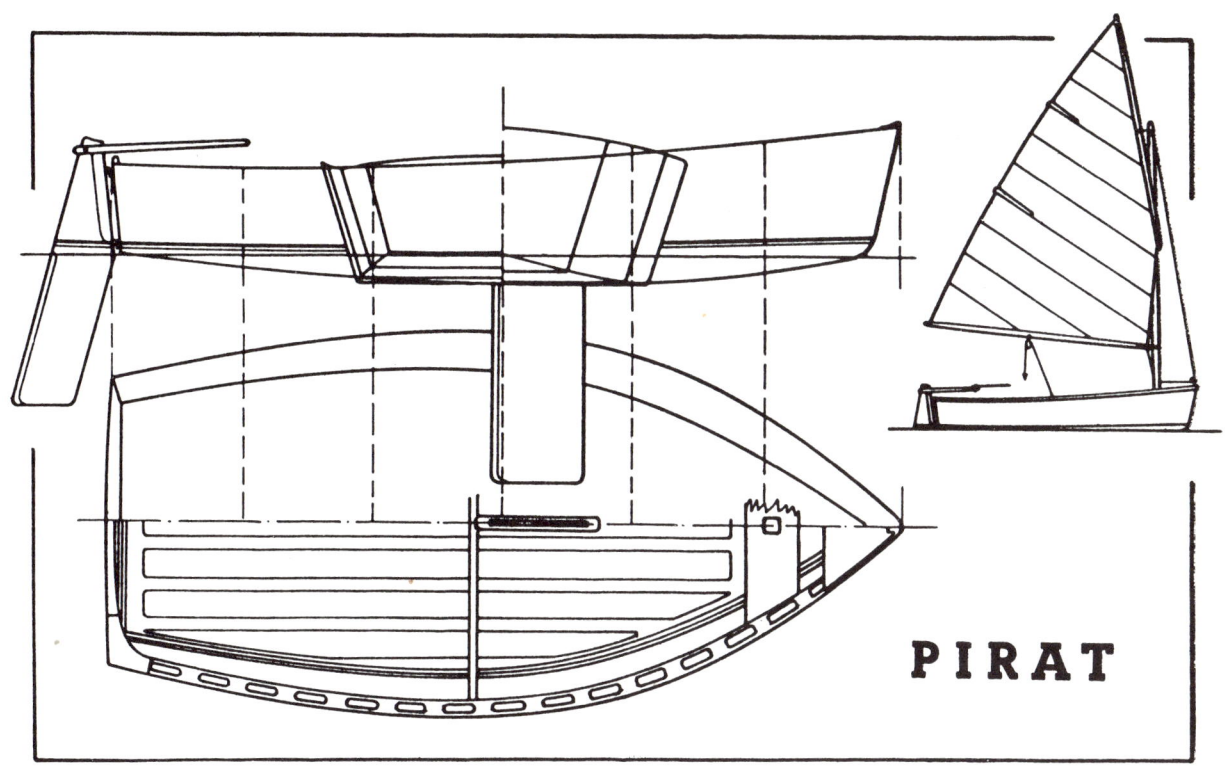

Abb. 210: Holländische Jugendjolle „Pirat" ist ebenso für die Kleinsten geeignet wie der internationale „Optimist". Seine Form ist zwar gefälliger, dafür aber der Selbstbau etwas weniger einfach.

Länge ü. alles .... 2,40 m	Gewicht ohne
Länge in der WL 2,25 m	Mannschaft .. 30 kg
Breite .... 1,15 m	Segelfläche .... 3,30 m²

um von den Kleinsten gehandhabt werden zu können. Ich veränderte darum für meine beiden damals kleinen Söhne die 7,20-m²-Bermudatakelung und ließ statt dessen ein Luggersegel von 3,60 m² mit bedeutend kürzerem Mast herrichten. In dieser Form eignete sich die schlanke Rennjolle vorzüglich auch für Jungsegler, deren Alter noch nicht einmal an die 10 Jahre heranreicht.

*

Daß man mit der Grundidee des „Optimist" auch ein Boot mit richtigem, scharfen Vorsteven bauen kann, wird in der Zeichnung des holländischen „Pirat"-Bootes erkennbar. Vergleicht man sowohl die Spantform als auch die Abmessungen, so findet man einer-

seits eine sehr deutliche Anlehnung an den „Optimist", andererseits aber auch eine wohlgelungene Weiterentwicklung desselben. Wie beim „Optimist" ist auch hier der Boden querschiffs schnurgerade, die Länge ist nur um wenige Zentimeter größer, die Breite ebenfalls, die Segelfläche ist völlig gleich. Und doch meint man, ein gänzlich anderes Boot vor sich zu haben. Es wurde von J. Kraaier entworfen, wobei die Abmessungen der Bauteile sehr geschickt den Normalmaßen der Bootsbau-Sperrholzplatten angepaßt wurden.

Das Boot fährt nur ein Großsegel, welches als Luggersegel gezeichnet wurde. Erstens benötigt man dafür keinen langen Mast, und zweitens ergibt sich eine sehr einfache Segelanfertigung. Schließlich werden in der Takelage alle Beschläge vermieden, ein einziges Fall genügt zum Setzen und Bergen des Segels. Der Boden des Bootes besitzt keinerlei Bodenwrangen, sondern wurde auf einfache Weise durch aufgeleimte Sperrholzleisten verstärkt, welche zugleich den Fußboden darstellen. Schwert und Ruderblatt werden ebenfalls aus Sperrholz gefertigt. Die vereinfachte spantenlose Bauweise des Rumpfes hat, ebenso wie beim „Optimist", zu zahlreichen Selbstbauten geführt, und sogar ganze Schulklassen haben solche Boote gebaut.

Die weltweite Verbreitung der „Lightning"-Klasse weckte die Idee, ein ähnliches Boot in kleineren Abmessungen für den Gebrauch der Jugend einzuführen. So entstand die amerikanische Jugendklasse „Blue Jay", wie erstere ebenfalls von Sparkman & Stephens entworfen. Mit einer Länge von 4,12 m hat dieses Boot eine recht ansehnliche Größe; die Breite beträgt 1,58 m und das segelklare Gewicht ohne Besatzung 125 kg. Das Boot besitzt eine normale Slup-Hochtakelung von 8,40 m² Segelfläche, zu welcher auch ein großer Spinnaker gehört.

Ganz anders sieht dagegen eine Australische Jugendklasse aus, die sich als Sonderheit durch einen langen Klüverbaum auszeichnet. Diese „Vee Jay" genannte Jolle besitzt eine Bootskörper-Länge von 3,50 m und eine Breite von 1,30 m. Sie ist fast völlig eingedeckt und läßt nur eine sehr kleine Plicht offen. Beim Kentern kommt es vor, daß nicht einmal ein Tropfen Wasser ins Bootsinnere gelangt, da der Bootskörper höher schwimmt, als das Maß der seitlichen Eindeckung ausmacht. Wie man aus der Erwähnung des Klüverbaumes bereits erraten kann, fährt das Boot die ungewöhnlich große Segelfläche von 11 m². Die australische Jugend pflegt die Boote an Land aufzutakeln, um sie dann mit stehenden Segeln zu Wasser zu tragen.

Die größte aller Jugendjollen dürfte im deutschen „Pirat" zu finden sein. Dieses ausgezeichnete Regattaboot wurde von Carl Martens entworfen und erfreut sich größter Beliebtheit nicht nur in Deutschland, sondern auch in vielen benachbarten Ländern. Seine Hauptabmessungen sind: Länge ü. alles 5,00 m, Breite 1,61 m, segelklares Gewicht 170 kg. Als Besegelung fährt es eine Sluptakelung mit 10 m² vermessener Segelfläche.

In jüngster Zeit bemächtigte die Jugend sich der internationalen 420er Jolle, die bereits vorher beschrieben wurde. Sie besitzt alle Eigenschaften einer modernen Rennjolle, ist aber in ihrer Größe hervorragend geeignet, der bereits segelerfahrenen Jugend den Anschluß an das Rennsystem der Klassenboote zu gewähren. Alles weitere findet man im Kapitel über Rennjollen.

Seit dem Jahre 1953 wird in den nordischen Ländern um einen sogenannten „Junior Gold Cup" gesegelt. Ursprünglich umkämpft von Jungseglern aus Dänemark, Norwegen, Irland, Finnland, Schweden und Frankreich, erschienen später auch England und Portugal. Und nun kommt das Eigenartige: Die Rennen werden *nicht* in einer Jollenklasse ausgetragen, sondern in einem richtigen Jugend-Kielboot, etwa einer Verkleinerung des „Nordischen Volksbootes". Dieses Jungseglerboot besitzt eine geklinkerte Außenhaut, wurde aber im Gegensatz zur größeren Schwester unsinkbar gemacht, indem an wenig zugänglichen Stellen Auftriebskörper eingebaut wurden. Der Entwurf stammt vom schwedischen Konstrukteur E. Salander, welcher dem kleinen Kielboot folgende Abmessungen gab: Länge ü. alles 5,70 m, Länge in der WL 4,50 m, Breite 1,75 m, Tiefgang 0,90 m, Segelfläche 15 m² und Ballastgewicht 275 kg. Die Beschreibung der Jugendboote könnte noch eine Reihe weiterer Buchseiten füllen, doch mit der kurzen Erwähnung des bisher einzigen Jugend-Kielbootes sei sie abgeschlossen.

Motorsegler

Das Thema des Motorseglers kann unter den verschiedensten Gesichtspunkten dargestellt werden. So behaupten z. B. die Anhänger dieser Bootsgattung, daß sie bedeutend seetüchtiger wäre als eine reine Motoryacht, zugleich aber eine erheblich wohnlichere Einrichtung aufwiese als eine reine Segelyacht. Ältere Segler wenden sich gern dem Motorsegler zu, weil sie zwar die Begeisterung fürs Segeln nicht verloren haben, jedoch größere Anforderungen an die Bequemlichkeit unter Deck stellen. Die geringer gehaltene Segelfläche vereinfacht die Bedienung, wogegen die stärkere Motorleistung bei ungünstigen Wetterverhältnissen oder beim Manövrieren sehr geschätzt wird. Dann hängt man bei schlechtem Wetter nicht mehr von der Besegelung ab, auch nicht bei Flaute.

Die heutigen Segelyachten mit ihren bedeutend geringeren Überhängen und recht starken Hilfsmotoren machen es immer schwieriger, eine echte Trennung zwischen Segelyacht mit Hilfsmotor einerseits und Motorsegler andererseits aufzustellen. Folgende Richtlinie kann durchaus als guter Maßstab gelten: Ist eine Yacht unter Segel schneller als unter Motor, gilt sie zweifellos als Segelyacht. Ist sie dagegen unter Motor schneller als unter Segel, so ist sie besser als Motorsegler zu bezeichnen. Doch das Argument der Geschwindigkeit allein kann auch irreführen, denn es wurde inzwischen möglich, immer höhere Motorleistungen aus immer kleineren und leichteren Antriebsmotoren zu erzielen. Man richte seine Wünsche daher besser nach der nun folgenden Unterteilung in drei Typen von Motorseglern:

1. Der Typ der reinen Segelyacht, jedoch mit starker Motorleistung ausgerüstet. Er bewahrt alle Eigenschaften sowie das Aussehen der reinen Segelyacht mit großer Segelfläche, mäßigem Freibord und vorzüglichen Am-Wind-Eigenschaften.
2. Der echte Motorsegler, gewöhnlich als „50-50" bezeichnet. Er besitzt eine geringere Segelfläche, kürzere Überhänge und einen höheren Freibord als die klassische Segelyacht. Seine Am-Wind-Eigenschaften sind zwar geringer, gelten aber noch immer als annehmbar.
3. Der Typ des Motorkreuzers mit Hilfsbesegelung.

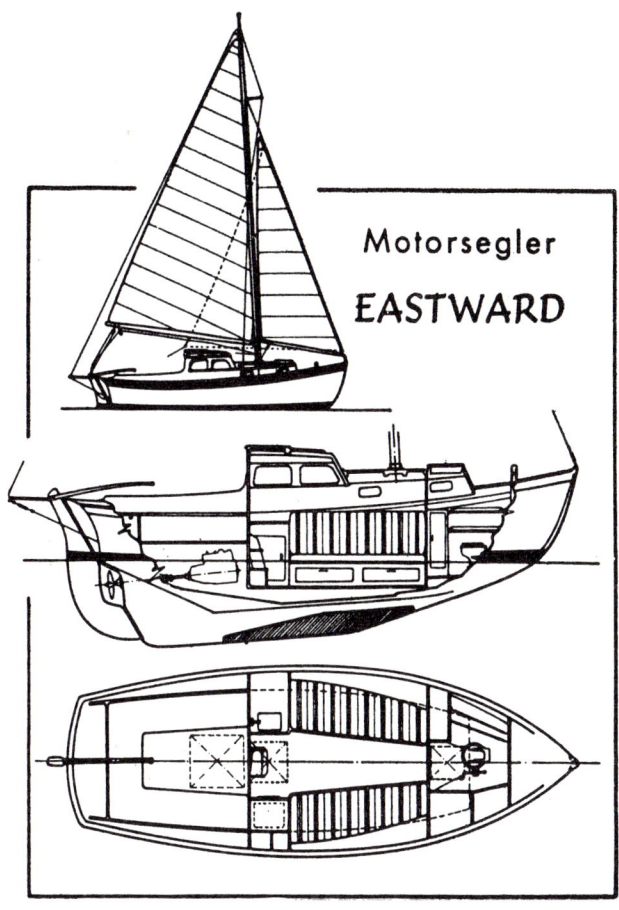

Abb. 211: Motorsegler „Eastward", ein stabiles Tourenboot mit vorzüglichen Segeleigenschaften und großer Plicht.
Länge ü. alles .... 7,10 m   Tiefgang ...... 1,16 m
Länge in der WL 6,10 m   Außenballast .. 1000 kg
Breite .... 2,64 m   Segelfläche .... 23,20 m²

Im äußeren Anblick ähnelt er sehr einer reinen Motoryacht; noch höherer Freibord und ein breites Spiegelheck pflegen vorzuherrschen. Die Segelfläche erlaubt noch, bei frischer Brise auf raumen Kursen zu segeln, doch erlaubt die Unterwasserform des Bootskörpers kein Am-Wind-Segeln mehr, es sei denn mit Unterstützung des Motors.

Man hat gesagt, daß der ideale Motorsegler durch die Zahlen „90-90" gekennzeichnet sein sollte, nämlich 90 Prozent der Eigenschaften einer Segelyacht und 90 Prozent der Geschwindigkeit und Einrichtung einer Motoryacht. Zweifellos kann man diesem Ideal nahekommen, doch müßte dieser Entwurf wirklich vom reinen Motorsegler ausgehen, ohne zu viele Konzessionen an die Segelyacht oder die Motoryacht einzugehen.

Der kleinste der veröffentlichten Pläne zeigt den Motorsegler „Eastward", welcher durch die harmonische Gestaltung von Besegelung und Schiffsform angenehm auffällt. In der Tat unterscheidet sich das Unterwasserschiff in nichts von der reinen Segelyacht, da sowohl ein großer Tiefgang als auch ein richtiger Ballastkiel vorgesehen wurden. Das Überwasserschiff hingegen zeigt den reinsten Motorsegler ohne irgendwelche Anlehnung an die klassische Segelyacht.

Die Pläne dieser kleinen Yacht stammen von den amerikanischen Konstrukteuren Eldredge-McInnis, welche es verstanden, ein handiges, kleines, wohnliches Boot zu schaffen. Die mit nur 25 PS vorgesehene Motorleistung ist wirklich gering, doch war eine höhere Fahrt unter Motor nicht gewünscht. Andernfalls hätte die Unterwasserform des Hecks mehr dem Motorboot angepaßt werden müssen, was nur zum Nachteil der Segeleigenschaften ausführbar ist.

Der Segelriß zeigt eine reichlich gewählte Fläche, welche jedoch sehr einfach zu bedienen ist. Man beachte das feste Achterstag sowie die Verwendung einer Baumfock, wodurch beim Kreuzen das ständige Wechseln von Schoten und Backstagen entfällt. Eine reichliche Besegelung erfordert einen Bootskörper mit reichlich bemessener Stabilität; demzufolge besitzt der Bleikiel das beachtliche Gewicht von 1000 kg. Die Inneneinrichtung wurde einfach und geräumig angelegt, doch fällt vor allem die ungewöhnliche Größe der Plicht auf. In der Kabine mit ihrer großen Höhe lassen sich zwei zusätzliche Kojen schaffen, indem man die Rückenlehnen der beiden Sofas nach oben aufklappt.

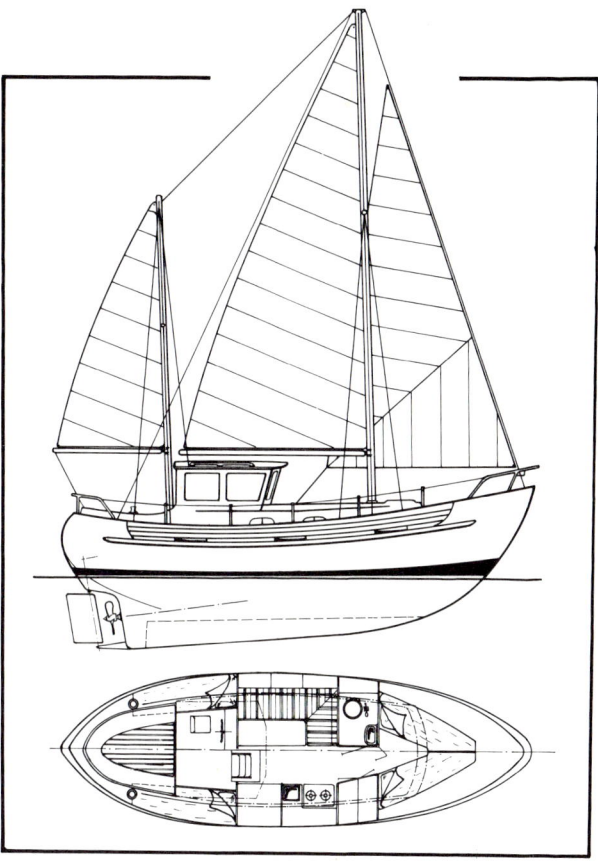

Abb. 212: Einen ganz anderen Charakter zeigt dieser in England gebaute Motorsegler „Fairways Fisher 30", in seiner Form den baltischen Fischkuttern nachempfunden.

Länge ü. alles	9,15 m	Verdrängung	6500 kg
Länge in der WL	7,65 m	Thames-	
Breite	2,90 m	Vermessung	9,50 to
Tiefgang	1,40 m	Segelfläche	30,70 m²

Foto 55: Ein sehr anziehendes lebensfrohes Lichtbild des gelungenen Motorseglers „Barbary". Diese Ketsch-getakelte, recht groß wirkende Yacht hat nur eine Länge von 9,90 m, dazu die gute Breite von 3,15 m sowie eine Am-Wind-Segelfläche von 44,6 m². Sie wurde vom englischen Konstrukteur Walter Rainer entworfen und wird serienmäßig in GFK auf der Werft von F. C. Mitchell & Sons, Parkstone, erbaut. Die Einrichtung ist wohldurchdacht und ansprechend. Zum Antrieb dient ein Vierzylinder Mercedes-Benz-Diesel von 42 PS Leistung.
Foto: Mitchell & Sons, England

Einen richtigen baltischen Fischkutter erkennt man im nachfolgenden Motorsegler „Fairways Fisher 30". Hier wurden vor allem Zuverlässigkeit und Seetüchtigkeit angestrebt. Wenn auch der Bootskörper geradezu nach Holz zu riechen scheint, wurde er doch, dem heutigen Trend folgend, in GFK ausgeführt. Alle Holzarbeiten wurden in Teakholz hergestellt oder in mit Teak-Furnier verleimtem Sperrholz in der Inneneinrichtung; sogar das äußere Schanzkleid und die Deckleisten wurden in Teakholz ausgeführt.

Der große Tiefgang des Bootes erlaubt, den inneren Fußboden sehr tief zu legen und dadurch mit geringer

Höhe der Aufbauten auszukommen. In der Hauptkabine findet man ein L-förmiges Sofa, das in ein Doppelbett umgewandelt werden kann; gegenüber befinden sich Küche und Kartentisch. Nach achtern zu folgen zwei bequeme Hundekojen. Nach vorn zu, getrennt durch zwei Kleiderschränke und einen Toilettenraum, findet man eine kleine Kabine mit zwei weiteren Kojen.

Als Motorantrieb wird in den meisten Fällen ein Volvo-Dieselmotor von 36 PS Leistung eingebaut, ausgerüstet mit einem Untersetzungsgetriebe im Verhältnis 2:1. Doch ist der Motorraum breit genug, um auf Wunsch auch eine Zweimotorenanlage einbauen zu können. Auch gibt es verschiedene weitere Diesel-Optionen auf Wunsch.

Im Gesamtbild fällt zunächst die umgekehrt geneigte Front des Steuerhauses auf, doch hat sich diese Art besonders in der Berufsschiffahrt recht gut bewährt. Die zweimastige Takelung als Ketsch eignet sich sehr gut, um die Größe der Segelfläche den Windverhältnissen anzupassen. Es ist möglich, unter Großsegel allein Kurs zu halten oder aber unter Vorsegel und Besan, sobald der Wind für die volle Besegelung zu stark wird. Vielen Seglern wird das spitze Kanuheck gut zusagen, auch wenn die Größe der Plicht dadurch etwas eingeschränkt wird.

*

Von gänzlich andersartiger Auffassung ist der Motorsegler „Joemarin - 34", mit beinahe echter Segelyachtform und ausgerüstet mit starker Motorenanlage. Dieses in Finnland gebaute Boot wurde vom Konstrukteur Hans Groop entworfen und ist ebenfalls ein GFK-Bau, wie es heute kaum noch anders möglich ist. Sieht man die Unterwasserform an, so besteht keinerlei Unterschied zwischen diesem Motorsegler und einer echten Segelyacht. Tiefliegender, mittschiffs konzentrierter Ballastkiel, verbunden mit einem weit achtern unabhängig von einer Ruderhacke gestützten Ruder kennzeichnen nur zu deutlich die Herkunft von der reinen Segelyacht. Das Boot wird auch von der Herstellerfirma Joemarin O.Y., Finnland, nicht eigentlich als Motorsegler propagiert, sondern als Segelyacht mit starkem

Foto 56: Auf der englischen Werft Fairways Marine, Southampton, werden mehrere Typen und Größen von Motorseglern in GFK hergestellt, von denen der sehr salzig und originell wirkende „Fisher 30" hier am Winde segelnd vorgestellt wird. Vor allem wurde Wert auf große Seetüchtigkeit gelegt. Außer der Ketsch-Takelung kann der Motorsegler auch als Slup getakelt werden; in jedem Fall erfolgt der motorische Antrieb durch Dieselmotoren zwischen 20 und 45 PS Leistung, je nach Wahl.
Foto: Eileen Ramsay

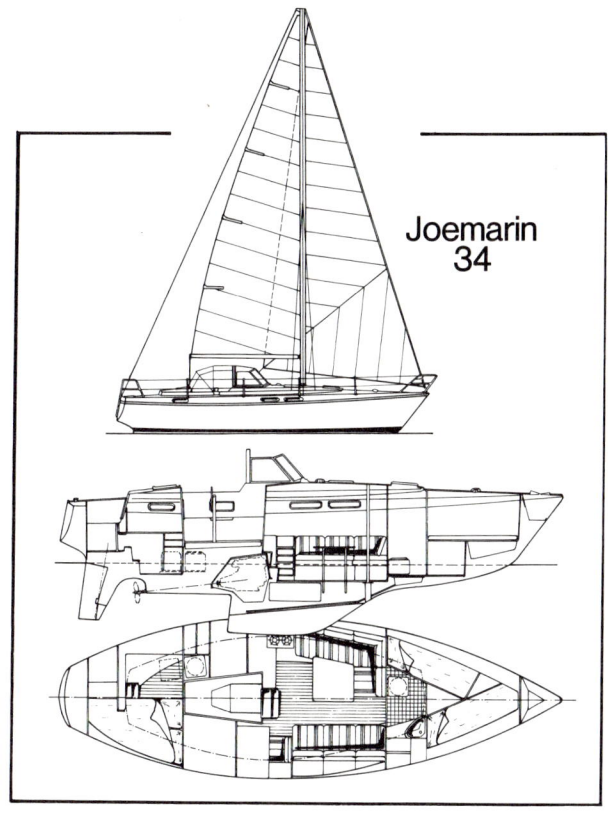

Abb. 213: Bei diesem Motorsegler „Joemarin 34" erkennt man die fast reine Segelyachtform im Bootskörper. Er wird serienmäßig in Finnland gebaut und hat sich als guter Segler bewährt.

Länge ü. alles ... 10,40 m *Tiefgang ...... 1,40 m*
Länge in der WL 8,75 m *Verdrängung ... 5000 kg*
Breite .... 3,15 m *Segelfläche ... 47,00 m²*

Hilfsmotor. Doch von dieser wiederum unterscheidet es sich durch die ziemlich weit mittschiffs angeordnete Plicht mit ungewöhnlich gut ausgearbeitetem vollen Wetterschutz, aber auch durch den etwas höheren Freibord und nicht zuletzt durch die Achterkabine.

Wie es einem wohldurchdachten Motorsegler entspricht, ist die Inneneinrichtung ungewöhnlich reichhaltig. Im Vorschiff findet man zwei Kojen, dazu Waschbecken und WC. Die Hauptkabine bietet an Backbord ein L-förmiges Sofa, das in ein Doppelbett umgewandelt werden kann, und ein einfaches Sofa an Steuerbord. Nach achtern findet man den recht großen Kartentisch und gegenüber die Küche. Unter der Mittelplicht fand sich reichlich Raum für den Dieselmotor, ein Perkins von 47 PS Leistung.

Die Achterkabine wurde in diesem Falle zur Eignerkabine. Ein großes Doppelbett füllt die ganze Steuerbordseite, der Schrankraum liegt gegenüber an Backbord, und ein sehr geschickt verschiebbar eingebautes WC verschwindet bei Nichtgebrauch unter dem Plichtboden. In die Achterkabine gelangt man über das kleine, achternliegende Cockpit. Eine umlaufende Seereling gibt auf dem ganzen Boot ein Gefühl der Sicherheit.

Die Takelung als moderne Slup mit großem Vorsegeldreieck läßt wiederum den Zuschnitt auf die Eigenschaften einer echten Segelyacht erkennen. Im Vorsegeldreieck lassen sich je nach den Windverhältnissen verschieden große Vorsegel setzen, von der größten Genuafock bis zur kleinen Sturmfock, wodurch man zunächst auf ein Reffen des Großsegels verzichten kann. Die „Joemarin - 34" paßt gut zur Vorstellung der grundsätzlich reinen Segelyacht mit reichlicher Inneneinrichtung und starkem Motorantrieb.

Mit dem bewährten Motorsegler „Banjer" wird ein geradezu auffallender Kontrast zur vorhergehenden Yacht gezeigt. Sah dort das Unterwasserschiff der echten Segelyacht zum Verwechseln ähnlich, so zeigt der „Banjer" mit seinem ungewöhnlich langgestreckten Kiel das echte Motorsegler-Profil unter der Wasserlinie. Man darf deshalb hier nicht entfernt so gute Segeleigenschaften erwarten und erhält zum Ausgleich eine bessere Ausnutzung der Motorleistung mittels Untersetzungsgetriebe und großem Propeller-Durchmesser. Und nicht zu vergessen: Die Geräumigkeit unter Deck hat ebenfalls gewonnen.

Bereits der hier gezeigte Plan läßt einige Alternativen in der Ausführung des „Banjer" erkennen: Während der Segelriß eine Achterkabine und davor ein kleines Steuerhaus zeigt, erkennt man im Grundriß eine achtere, offene Plicht und ein größeres Steuerhaus. Aber auch die Besegelung erlaubt mehrere Alternativen. Außer der hier gezeigten Hochtakelungs-Ketsch gibt es noch dieselbe mit Gaffeltakelung und entsprechend kürzerem Großmast, die zwar etwas *old-fashioned* wirkt, aber trotzdem manchen Liebhaber finden wird.

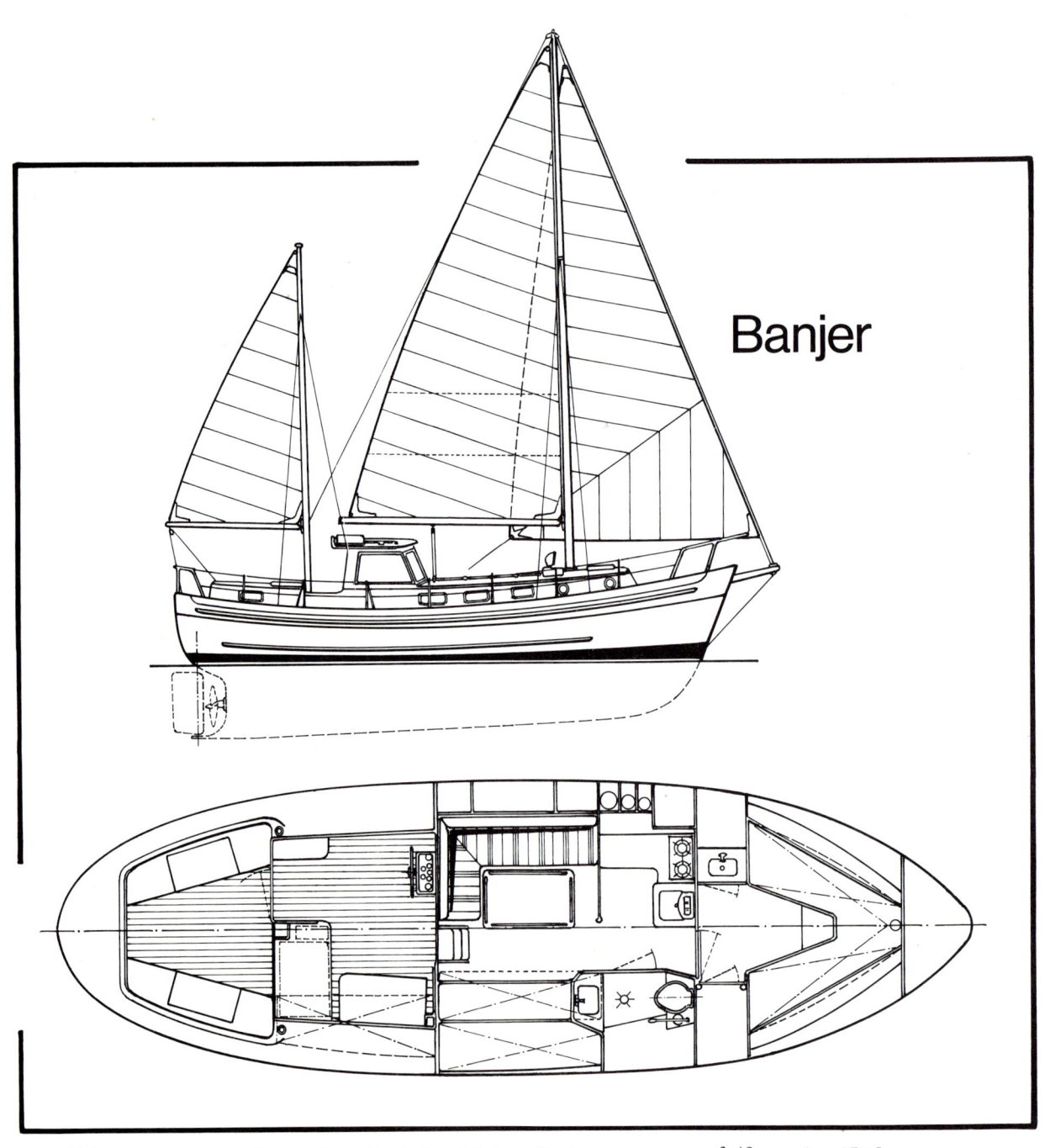

Abb. 214: Der bewährte Motorsegler „Banjer" wird in Holland gebaut und hat sich in großer Zahl als zuverlässiges, seetüchtiges Boot bewährt.

Länge ü. alles ... 11,13 m	Länge in der WL 10,20 m		
Breite .... 3,48 m		Segelfläche	
Tiefgang .... 1,40 m		Gaffel	28,00 m²
Verdrängung .. 12 000 kg		Segelfläche	
Ballast .... 4 000 kg		Hochtakelung	42,00 m²

In beiden Fällen erkennt man, daß die Betonung nicht auf der Seite der Segelyacht, sondern derjenigen des hochseetüchtigen Motorseglers liegt.

Gerade die Seetüchtigkeit ist es, die auch im Bootskörper selbst hervorsticht, sei es im langgestreckten Unterwasserprofil, im gut durchgebildeten Spitzgat-

Foto 57: Der in Europa gutbekannte Motorsegler „Banjer" hat sich auf See auch in schlechtem Wetter sehr gut bewährt. Das etwas über 11 m lange Boot, Breite 3,48 m, wird auf der Eista Werft in Holland in GFK serienmäßig erbaut und findet sich auch in der Zeichnung Abb. 214 dargestellt. Auf dem Foto wird das Modell mit großem Steuerhaus und kleiner Achterplicht gezeigt, doch gibt es noch zwei weitere Anordnungen mit Achterkabine.
Foto: Eista Werft, Holland

heck oder überhaupt in den Linien des Schiffskörpers. Bei der gewählten Länge über alles von etwas über 11 m entsteht so ein wirklich liebenswertes kleines

Seeschiff, das etwas an die Krabbenkutter der Nordseefischer erinnert. Überall wunderbarer Decksraum, überall gut an die Bedienung der Segel gedacht. Der kurze Klüverbaum dient nicht etwa der Romantik, sondern trägt recht bedeutend zur besseren Ruderlage unter Segel bei, indem der Segelflächendruck etwas mehr nach vorn gezogen wird, um die Luvgierigkeit herabzusetzen. Will man zum Beispiel im Seegang das nie aufhörende Rollen dämpfen, so wirkt die Teilbesegelung, bestehend aus Vorsegel und Besan, im besten Sinne als Stützung. Sie erfordert kaum irgendwelche Bedienung, solange nicht der Kurs geändert wird.

Die Inneneinrichtung spricht für sich selbst und erfordert keine besondere Erklärung. Sie enthält im vorderen Bereich insgesamt 5 Schlafplätze. Wählt man dazu die Ausführung mit Achterkabine, so gewinnt man dort zwei weitere sehr bequeme Schlafplätze. Schließlich kann man noch im Steuerhaus auf einer Bankkoje schlafen.

Als Normalantrieb ist ein Vierzylinder-Perkins-Dieselmotor vorgesehen, der bei 2250 n/min eine Leistung von 72 PS abgibt, aber den reichlich großen Propeller mit einer Untersetzung von 3:1 antreibt. Die Geschwindigkeit liegt bei etwas über 8 Knoten (15 km/h), die Kreuzfahrt-Geschwindigkeit bei rund 7 Knoten (13 km/h). Eine große Zahl bisher gebauter „Banjer" haben sich auf Ferienfahrten über See bestens bewährt.

Um die Reichhaltigkeit der Formgebung und Typen auf dem Gebiet der Motorsegler hervorzukehren, sei als letzter ein ganz „moderner" Entwurf gezeigt, der in seinen Linien denjenigen eines norwegischen Fischkutters folgt. Dieses große, fast 17 m lange Boot sieht wahrhaftig einem Holzboot täuschend ähnlich, obwohl es in GFK serienmäßig hergestellt wird. Man hat nämlich, wie es ja auch anderswo getan wird, hier die Plankengänge imitiert und durch vertiefte Rillen in der Außenhaut angedeutet. Dieses Detail in Verbindung mit dem starken Sprung und dem hohen Schanzkleid betont geradezu den Fischkutter-Typ, der sich ja auch mit vollem Recht auf See bewährt hat. Die herstellende Werft in Norwegen, Batservice Verft, baute vorher tatsächlich hölzerne Fischkutter und hat daher große Erfahrung in dieser Art Formgebung. Natürlich ist die moderne Technik vollkommen berücksichtigt worden, und so erhält dieser Motorsegler Masten aus Duraluminium, Nirosta-Rigg und alle modernen Beschläge. Die Yachten werden nach den Vorschriften 100 A 1 des britischen Lloyd gebaut und werden auf Wunsch auch mit Lloyd-Zertifikat geliefert.

Der Schiffskörper mit seiner guten Breite und dem passenden Tiefgang macht einen überzeugenden Eindruck von Seetüchtigkeit; dieser wird noch bestärkt durch die Angabe der Bauwerft, daß der Ballast im tiefsten Teil des Außenkiels liegt, während doch eigentliche Fischkutter keinen Außenballast fahren. Man beachte die ungewöhnlich große Schiffsschraube, die dank langsamer Drehzahl einen sehr guten Wirkungsgrad erreicht. Direkt hinter der Schraube liegt ein großflächiges Balanceruder, das auch notwendig ist, um einigermaßen gut zu manövrieren. Denn der langgestreckte Kiel ist speziell auf gutes Kurshalten im Seegang eingerichtet.

Gesteuert wird der große Motorsegler von einem freiliegenden Steuerstand achterlich des Besanmastes, wo auch das Steuerrad erkennbar ist. Ein zweiter Steuerstand befindet sich gut geschützt im Deckshaus. Die umlaufende Seereling und deren große Höhe über dem eigentlichen Deck geben ein köstliches Gefühl der Sicherheit, auch wenn starker Seegang herrscht.

Die Takelung wurde auch hier wieder als Ketsch ausgeführt, weil diese sich bei Yachten dieser Größe am besten bewährt. Man erkennt das modernen Tendenzen folgende, reichlich große Vorsegeldreieck, wie überhaupt im ganzen die Besegelung wohlbemessen wirkt. Das große Besan-Stagsegel wird auf allen Kursen von dwars bis Backstagsbrise hervorragend ziehen. Zum Glück wurde auch die Besanbesegelung wirksam und wohlproportioniert eingeplant. Mehrere Vorsegel wurden durch Strichelung angedeutet, doch ein Spinnaker wird auf dieser Art von Yachten kaum gefahren. Ein Motorsegler hat von vornherein so viel Maschinenleistung, daß man sich kaum jemals bemüht, den Feinheiten im Segeln nachzugehen.

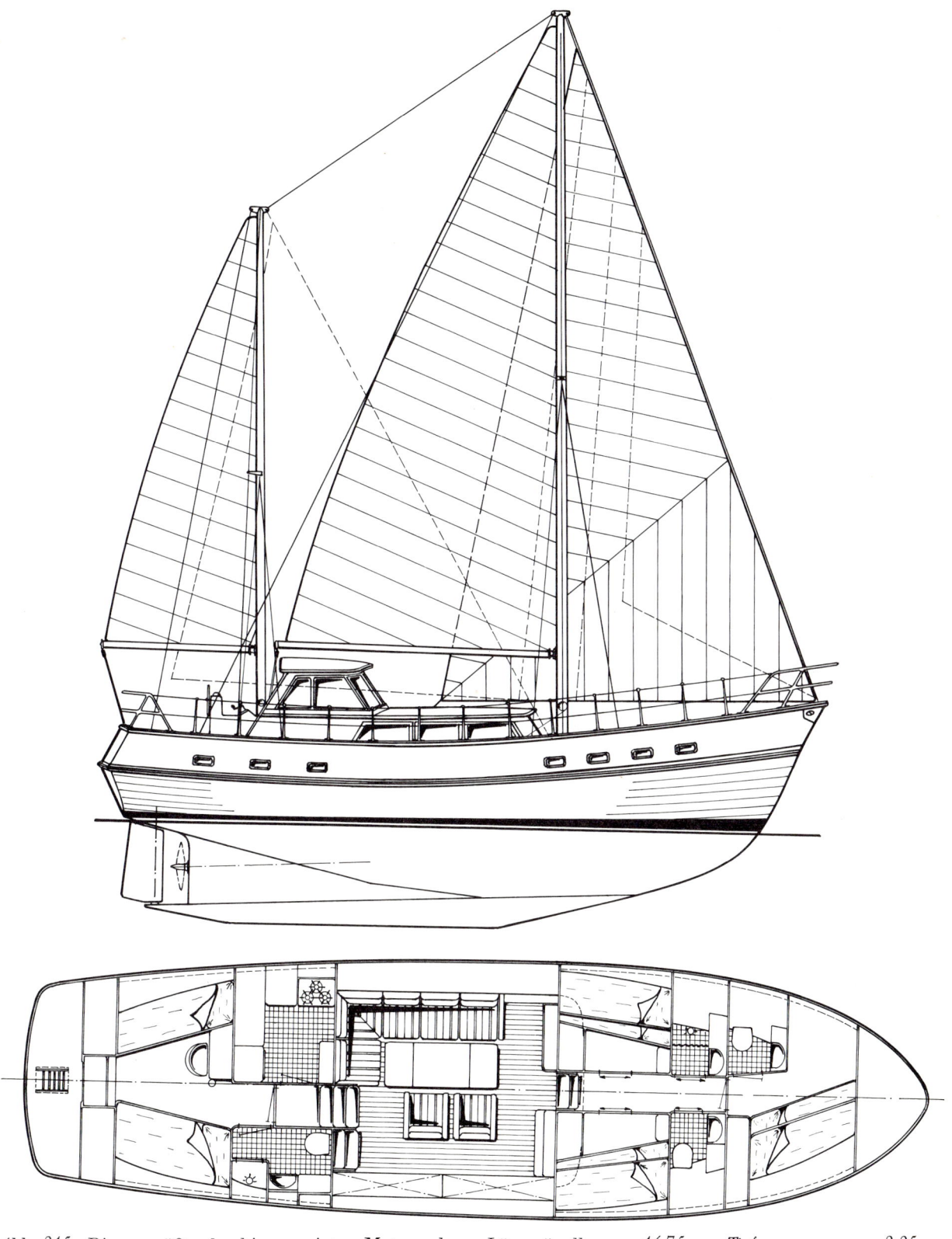

Abb. 215: Dieser größte der hier gezeigten Motorsegler stammt aus Norwegen, wo er in GFK serienmäßig gebaut wird. Die Form wurde direkt an den echten norwegischen Fischkutter angelehnt, ja sogar die Plankennähte wurden im Kunstharzkörper imitiert.

Länge ü. alles	16,75 m	Tiefgang	2,25 m
Länge in der WL	14,75 m	Verdrängung etwa	35 t
Breite	4,50 m	Segelfläche	110 m²

Foto 58: Ein Motorsegler in rein yachtmäßiger Gestalt: die „Columbia 41". Sowohl das Unterwasserschiff wie auch die Besegelung bieten echte Segeleigenschaften. Als Motorsegler gibt er sich vor allem durch die hochgelegene Mittelplicht zu erkennen, unter der sich viel nutzbarer Innenraum befindet, hier ausgenutzt zu Küche und geräumigem Toiletteraum mit Dusche und Frisiertisch. Das Boot ist 12,40 m lang, 3,40 m breit und fährt als Slup getakelt eine Am-Wind-Segelfläche von 60 m², ist aber auch als Ketsch erhältlich.

Foto: Columbia, Costa Mesa, Calif.

Zur Einrichtung sei nur kurz erklärt, daß der mittschiffs liegende Salon nicht nur Sofa und weitere Sitzmöglichkeiten aufweist, sondern auch zwei herausklappbare Kojen. Nach vorn zu schließen sich zwei Gästekabinen an, jede mit zwei Kojen, dazu an Backbord eine komplette Toilette, gegenüber eine Dusche mit zusätzlichem Waschbecken. Ganz vorn die Vorpiek für zwei Mann feste Besatzung. Im Achterschiff liegt die sehr geräumige Eignerkabine mit zugehörendem Baderaum und Toilette, gegenüber die Küche.

Wenn auch die fünf gezeigten Motorsegler jeweils einen gänzlich anderen Typ darstellen, sind die Möglichkeiten weiterer Variationen offengelassen. Und diese sind auf dem Gebiet der Motorsegler geradezu unbegrenzt.

Der offene Renn-Katamaran

Eine klassische Kielyacht muß um so mehr Gewicht an Ballast mit sich schleppen, je größer die Segelfläche ausgeführt wird. Sie ist also, streng genommen, nichts als ein paradoxer Kompromiß. Zwar soll die vergrößerte Segelfläche eine größere Geschwindigkeit erzeugen, doch der erhoffte Gewinn wird zum größten Teil durch die Vergrößerung des Ballastgewichtes aufgezehrt. Jeder mitgeführte Ballast erzeugt nämlich nicht nur einen stabilisierenden Effekt, sondern auch eine Bremswirkung. Im totalen Gegensatz hierzu beweist die moderne Jolle, daß man einen Schnellsegler auch ohne jeden eingebauten Ballast schaffen kann. In der Jolle findet man das auf Geschwindigkeit zielende Ideal, nämlich geringes Gewicht und trotzdem gutes Segeltragvermögen ohne toten Ballast.

Nun war es naheliegend, mit solchen Bootsformen zu experimentieren, die ohne Verwendung festen Ballasts eine gute Stabilität liefern würden. Diese durfte allerdings nicht mit vergrößerter Breite erkauft werden, denn auch die Breite würde letzten Endes wieder als Hindernis dem Erreichen höherer Geschwindigkeiten im Wege stehen.

Verbindet man aber zwei sehr schmale Bootskörper durch eine Art von Brücke zu einem Ganzen, erreicht man eine sehr große Anfangsstabilität, ohne die Geschwindigkeit zu benachteiligen. Ein solches Doppel- oder Zweikörper-Boot nennt man allgemein Katamaran, obwohl dieses polynesische Wort nicht etwa „Doppelboot" bedeutet, sondern „ein aus mehreren Baumstämmen zusammengefügtes Floß". Wenn auch die Idee des Doppelbootes aus der polynesischen Inselwelt stammt, ist sie in Europa doch bereits viel früher verwirklicht worden, als heute allgemein angenommen wird. Bereits zur Zeit König Charles II. von England wurden Versuche mit Segelschiffen angestellt, die aus zwei Körpern nach Art eines Katamarans bestanden. Der berühmte Nat Herreshoff war vielleicht der erste, der bereits um 1875 mit einem Leichtkatamaran eine hohe Geschwindigkeit erzielte. Doch keiner dieser und vieler anderer Vorläufer fand genügend Anklang, um

Foto 59: Internationaler Einmann-Katamaran „Australis", entworfen vom australischen Konstrukteur Kevin Johnston und in schärfster Konkurrenz als bester aller teilnehmenden Katamarane von der I.Y.R.U. in Vergleichsrennen 1967 auserwählt. Dieser sehr schnelle Einmann-Segler stellt wohl das Beste dar, was in der A-Klasse bisher erreicht wurde. In England wird er von Sail Craft Ltd., Brightlingsea, unter strenger Kontrolle auf Einheitlichkeit erbaut. Er ist 5,48 m lang, 2,28 m breit und führt eine Kattakelung von 14,0 m² Segelfläche.
Foto: Theo Kampa, Haarlem

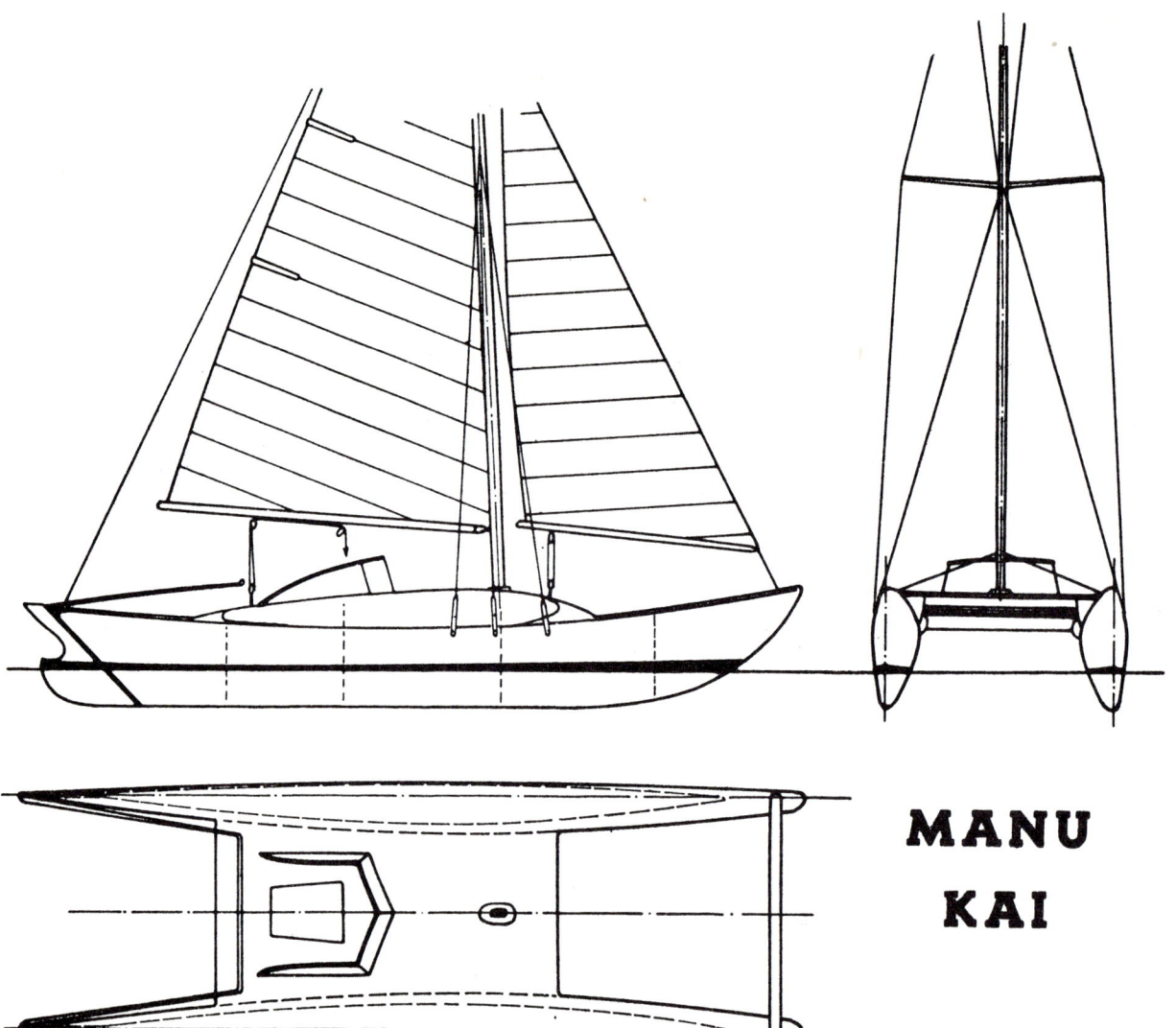

Abb. 216: Der auf Hawaii entstandene Katamaran Manu Kai *erregte Aufsehen, weil er dank modernster Leichtbauweise eine große Geschwindigkeit erzielte.*

Länge ü. alles	12,20 m	Breite in der WL	0,55 m
Länge in der WL	10,40 m	Tiefgang	0,55 m
Gesamtbreite	4,00 m	Verdrängung	1500 kg
Breite eines Schwimmers	0,80 m	Segelfläche	47,0 m²

dem Katamaran als Schiff oder Sportgerät auch nur einen einzigen Anhänger zuzuführen.

Zunächst scheiterten alle neueren Versuche mit Doppelbooten an der unerklärlichen (?) Feststellung, daß die erhofften wirklich hohen Geschwindigkeiten nie erreicht wurden, obwohl man sehr schmale, ja geradezu messerscharfe Bootskörper baute. In Wirklichkeit hatte man sogar noch bis etwa 1940 den übergroßen Einfluß des Reibungswiderstandes nicht erkannt.

Zum Durchbruch in die moderne Katamaran-Zeit gehörten zwei heute recht banal wirkende Gründe: gutes, zuverlässig wasserfestes Sperrholz und brauchbare wasserfeste Leime. Doch nach nur 20 Jahren Vorherrschaft sind diese Baumaterialien bereits durch die Bauweise in GFK und Kunststoff-Hartschaum an die zweite Stelle zurückgesetzt worden. Schließlich wurde der falsche messerscharfe und tiefgehende Bootskörper durch den flachgehenden mit mehr oder weniger kreisrundem Querschnitt ersetzt.

Das erste moderne, schnellsegelnde Doppelboot tauchte in Hawaii auf. Kurz nach dem letzten Kriege entwarf der talentvolle Katamaran-Liebhaber Woodridge

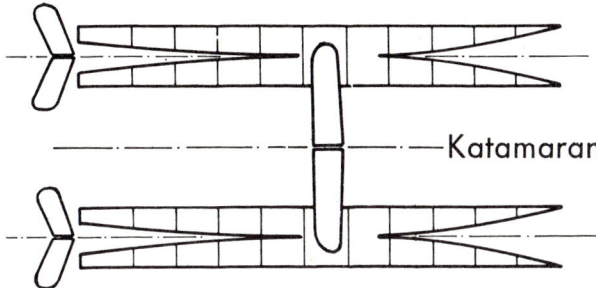

Abb. 217: Die frühen Katamarane enttäuschten, da man bei ihrem Entwurf die Größe des Reibungswiderstandes unterschätzte oder sogar übersah. In der Abbildung wird die benetzte Oberfläche eines modernen Rennkatamarans gezeigt, und zwar als sogenannte Abwicklung.

Brown seinen berühmt gewordenen großen Manu Kai. Brown war ein erfahrener Flugzeugpilot, welcher darüber hinaus auch ungewöhnliche Kenntnisse im Bau von Flugzeugen besaß. Er fand in dem eingeborenen hawaiischen Bootsbauer Alfred Kumalai einen fähigen Mitarbeiter, und gemeinsam bauten sie diesen großen Katamaran unter ausgesprochener Anlehnung an die im Flugzeugbau erprobte Leichtbauweise. Die Manu Kai wurde trotz ihrer 12,20 m Länge vollständig aus sehr leichtem, dünnem und wasserfestem Bootsbausperrholz erbaut.

In der beigefügten Zeichnung erkennt man die sogenannte *hawaiische Schule* der Doppelboote: zwei unsymmetrische Rümpfe mit der flacheren Seite nach außen gerichtet und den Verzicht auf jede Stützhilfe durch Schwerter. Unter günstigen Windverhältnissen sollen diese großen Doppelboote Geschwindigkeiten bis zu 20 Knoten erzielt haben. Sieht man sie dagegen vor den schönen hawaiischen Stränden mit Touristen spazierensegeln, erreichen sie keinen Deut mehr an Fahrt als andere Yachten auch. Nur bewährt sich trotzdem die Katamaranform, weil die Boote leicht und ohne Probleme einfach auf den Strand auflaufen.

Die langgestreckte Kielkontur erzeugt zwar eine große Kursstabilität; doch wird diese gegen eine erheblich verringerte Wendigkeit eingetauscht. Auf Langfahrt im Pazifischen Ozean ist Wendigkeit fast ohne Bedeutung, doch ihr Fehlen gilt auf der Dreiecks-Rennstrecke als wesentlicher Nachteil. So ist es auch auf Katamaranen dieser Art oft nötig, das Wenden durch Backsetzen des Vorsegels zu unterstützen.

*

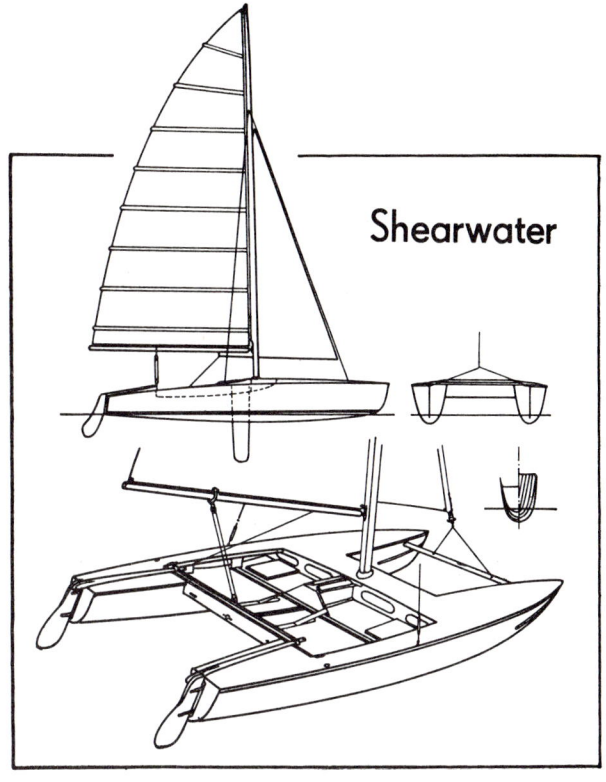

Abb. 218: Mit dem Katamaran Shearwater wird die erste moderne Form des offenen Renn-Katamarans gezeigt, entstanden im Jahre 1957.

Länge ü. alles	5,03 m	Tiefgang der Rümpfe	0,17 m
Länge in der WL	4,75 m	Tiefgang mit Schwert	0,80 m
Gesamtbreite	2,28 m	Gewicht ausgerüstet	140 kg
Breite eines Schwimmers	0,45 m	Segelfläche	14,9 m²
Breite in der WL	0,36 m		

Die eigentliche Einführung des Katamarans als vollwertiges Klassenboot fand wohl im Jahre 1957 statt, und zwar als Folge des von den Brüdern Prout in England geschaffenen Typs, welcher in wesentlichen Teilen vom hawaiischen Doppelboot abweicht. Zum ersten Mal segelten in jenem Jahr kleinere Katamaranflotten gleicher Boote gegeneinander in wohlorganisierten Regatten.

Der bahnbrechende Proutsche Katamaran wurde unter dem Namen Shearwater bekannt. In methodischen Versuchen waren zunächst zwei Paddelbootsrümpfe zu einem Katamaran zusammengebaut worden, doch der Mark-III-Typ besaß bereits die wichtigsten Merkmale des Rennkatamarans moderner Zeiten: halbkreisförmiger Querschnitt der symmetrisch gebauten Rümpfe

Foto 60: Im Typ durchaus vergleichbar, doch als Slup getakelt wird hier der bereits zur Olympia-Klasse erhobene Internationale Katamaran „Tornado" von nahem gezeigt. Entworfen und genau der B-Klasse angepaßt von Rodney March, wurde auch er in schärfster Konkurrenz ausgewählt. Er wird ebenfalls von Sail Craft Ltd., Brightlingsea, erbaut und ist 6,10 m lang, 3,05 m breit mit 21,84 m² Segelfläche. Weitere Details siehe Zeichnung in Abb. 219.   Foto: Evecom Multihulls, Amsterdam

und Anwendung eines Mittelschwertes, heute meist durch zwei Einzelschwerter ersetzt.

Bald nach dem erfolgreichen Debut des SHEARWATER erschienen weitere Katamaran-Typen, oft von fähigen Amateur-Konstrukteuren entworfen, um die Vielseitigkeit dieses Bootstyps auszuloten.

Unter Seglern und besonders unter Katamaran-Liebhabern wird vielfach diskutiert, ob solche leichten Doppelboote zum Gleiten kommen oder nicht. Manche Katamarankenner behaupten, daß diese Boote nicht gleiten, obwohl sie ungewöhnlich schnell segeln. Tatsächlich ist es durch Beobachtung allein kaum feststellbar, ob der echte Gleitzustand erreicht wird oder nicht. In Wirklichkeit kommt der Katamaran aber doch zum Gleiten! Er wäre gar nicht imstande, sehr schnell zu segeln, ohne zu gleiten. Nur wird der sonst spürbare Gleitbeginn durch den Druck auf den Leebootskörper und die Spritzwasserbildung verdeckt.

Größen und Vielseitigkeit in den Arten nahmen inzwischen so stark zu, daß für Rennkatamarane bestimmte Klassengrößen festgelegt wurden, und zwar sind es folgende:

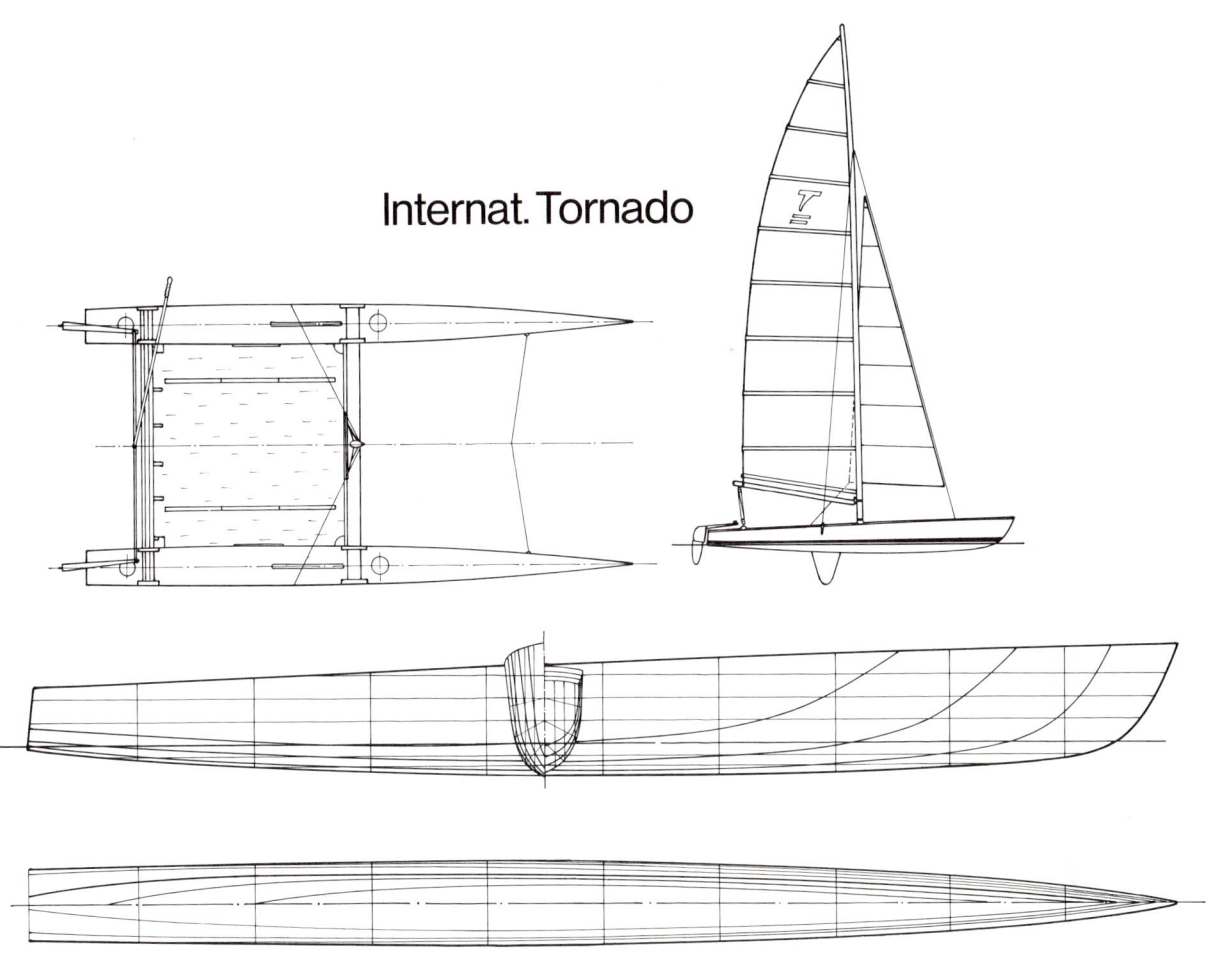

Abb. 219: Der neu als Olympiaklasse aufgenommene Renn-Katamaran „Tornado" besticht durch die rein auf Geschwindigkeit zielende elegante Rumpfform.

Länge ü. alles	6,10 m
Länge in der WL	5,78 m
Gesamtbreite	3,05 m
Tiefgang Rumpf	0,17 m
Tiefgang mit Schwert	0,76 m
Gewicht segelfertig	127 kg
Segelfläche	21,84 m²

	Klassen			
	A	B	C	D
Besatzung	1 Mann	2 Mann	2 Mann	3 Mann
Länge ü. alles	5,49 m	6,10 m	7,62 m	frei
Größte Breite	2,30 m	3,05 m	4,27 m	frei
Segelfläche	13,94 m²	21,84 m²	27,88 m²	46,46 m²
Spinnaker	—	—	—	74,32 m²
Trapez	für Steuermann	nur für Mannschaft		

Darüber hinaus gibt es noch einige wenige zusätzliche Bestimmungen, unter denen vor allem auffällt, daß in allen Klassen Tragflügel (Hydrofoils) erlaubt sind. Auch können statt der Trapeze verschiebbare oder herausklappbare Sitze benutzt werden. Klasse „C" gilt als *Internationale „C"-Klasse* für Katamarane. Es sei ausdrücklich hinzugefügt, daß Längen, Breiten und Segelflächen Höchstmaße darstellen, also beliebig kleiner ausgeführt werden dürfen. So darf auch ein B-Klassen-Katamaran ohne weiteres in der C-Klasse segeln.

Ein ganz spezieller, in die B-Klasse hinein entworfener Katamaran errang internationalen Status und wurde in die olympischen Segelklassen eingeschlossen. Es ist dies der „Tornado", dessen Länge, Breite und Segelfläche genau den Maximalabmessungen der B-Klasse entspricht. Wie auch in anderen Fällen hatte die I.Y.R.U. zu Auswahlrennen vor Sheppey eingeladen, bei denen der „Tornado" einstimmig als bestes Boot gewählt wurde. Der Entwurf stammt von dem Elektro-Ingenieur und Amateur-Konstrukteur Rodney March, und die erste Ausführung wurde von dem sehr erfolgreichen Segler und Bootsbauer Reginald White geplant.

Die geradezu wundervoll gelungene Form der beiden symmetrischen rundspantigen Schwimmer wurde in der beigefügten Zeichnung besonders groß wiedergegeben. Sie soll einfach durch Falten oder Hochbiegen von 4,5-mm-Sperrholz entstanden sein. Das Vorschiff ist ungewöhnlich scharf gehalten, und nur der verhältnismäßig hohe Freibord und die gewichtsmäßige Leichtigkeit beugen dem Unterschneiden vor. Die achtere Partie endet in einem verhältnismäßig flachen Boden von kreisförmigem Querschnitt. Jeder Bootskörper trägt sein eigenes Schwert, so daß im Rennen das Luvschwert rasch hochgeholt werden kann. Ein Deck als solches ist nicht vorhanden, sondern nur eine Konstruktion aus stramm gespanntem Segeltuch. Die Querverbindung der beiden Rümpfe wird durch zwei Alu-Profile besorgt, einem etwas kräftigeren kurz vor mittschiffs, auf dem auch der Mast steht, und einem etwas leichteren weit achtern. Im Gegensatz zu manchen anderen Katamaran-Konstruktionen wird kein vorderer Querbalken gefahren. Der Zug des Vorsegelfalls wird direkt auf die beiden Rümpfe übertragen, die sich also der nach innen gerichteten Spannung widersetzen müssen. Weiterhin wird der Mast von zwei Wanten getragen, die reichlich achtern auf die beiden Rümpfe geführt werden.

Die Tatsache, daß auch dieser schnellste aller B-Klas-

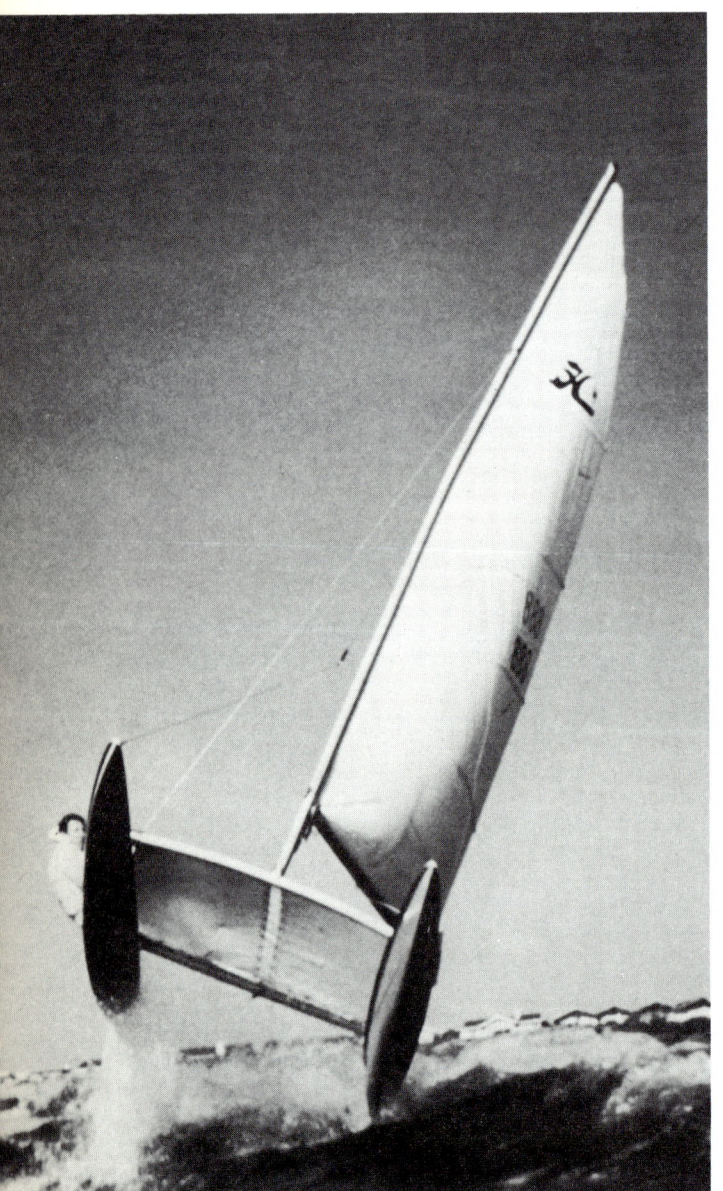

Foto 61: Der in der Zeichnung, Abb. 220, mit allen Details gezeigte „Hobie Cat 14" hat sich besonders beim Durchfahren der Brandung bewährt und bietet gerade an ungeschützten Küsten einen begeisternden Sport. Hier ein „Hobie 14" im Sprung beim Durchbrechen der Brandung.
Foto: Coast Catamaran, California

sen-Katamarane ein Vorsegel fährt, ist nur dadurch zu erklären, daß solche Doppelboote auf dem Wasser eben doch weit von den Geschwindigkeiten entfernt sind, die von Strand- oder gar Eisyachten erreicht werden. Das Vorsegel ist nur deshalb so auffallend klein, weil die Segelfläche selbst gemessen wird, nicht etwa ein Vorsegeldreieck. Im übrigen ist der „Tornado" ein absolutes Einheitsboot, bei dem sämtliche Maße vorgeschrieben sind.

Für den Erfolg dieser Internationalen Katamaran-Klasse spricht, daß bereits über 1500 Einheiten in über 20 Ländern segeln, eine Zahl, die beim Näherkommen der nächsten Olympiade noch stark zunehmen wird. Der Bau wird von rund 30 autorisierten Werften in GFK ausgeführt, aber auch der Bau in Holz und sogar durch Amateure ist erlaubt. Der „Tornado" brachte, wie man sagte, eine neue Dimension in den Yachtsport, das „Fliegen auf dem Wasser".

*

Durch die Brecher hinaus auf den Pazifischen Ozean zu segeln, das war die Voraussetzung für Hobie Alter's Schöpfung, nämlich den 14 Fuß „Hobie Cat". Als durchaus vergnüglicher und dazu schneller kleiner Segler, entstanden an der Pazifik-Küste Kaliforniens, hat sich der kleine „Hobie Cat" rasch ausgebreitet. Sein Konstrukteur war ursprünglich Hersteller von Wellengleitbrettern, Surf Boards, und dadurch bestens mit der auf den Strand rollenden, brechenden See vertraut. Wenn es gelingen würde, so überlegte er, ein flinkes kleines Boot zu bauen, das ohne Risiko und praktisch ohne Gefahr durch die Brecher hindurch aufs an sich ruhige offene Meer gelangen könnte, so gäbe es so zahlreiche Strände dafür, daß man es in großen Serien herstellen könnte. Der Konstrukteur hatte recht,

zahlreiche „Hobie Cats" gingen überall dorthin, wo ähnliche Segelbedingungen vorliegen.

Es war natürlich erste Voraussetzung, daß dieser kleine Katamaran kein Schwert fahren dürfte. Dieses würde vor allem bei der Rückkehr durch die Brecher hindurch auf den Strand unweigerlich in kürzester Zeit zerstört

Foto 62: Nach dem Sprung fällt der „Hobie 14" in die Tiefe des Wellentales, wobei die extra hoch gelegte Nylontuch-Plattform nicht einmal besonders naß wird. Man beachte das lange scharfe Vorschiff des Backbordschwimmers, wogegen die übrigen drei Rumpfenden vom Wasser bedeckt sind. Ein lockender Sport für junge Segler am Strande.   *Foto: Coast Catamaran, California*

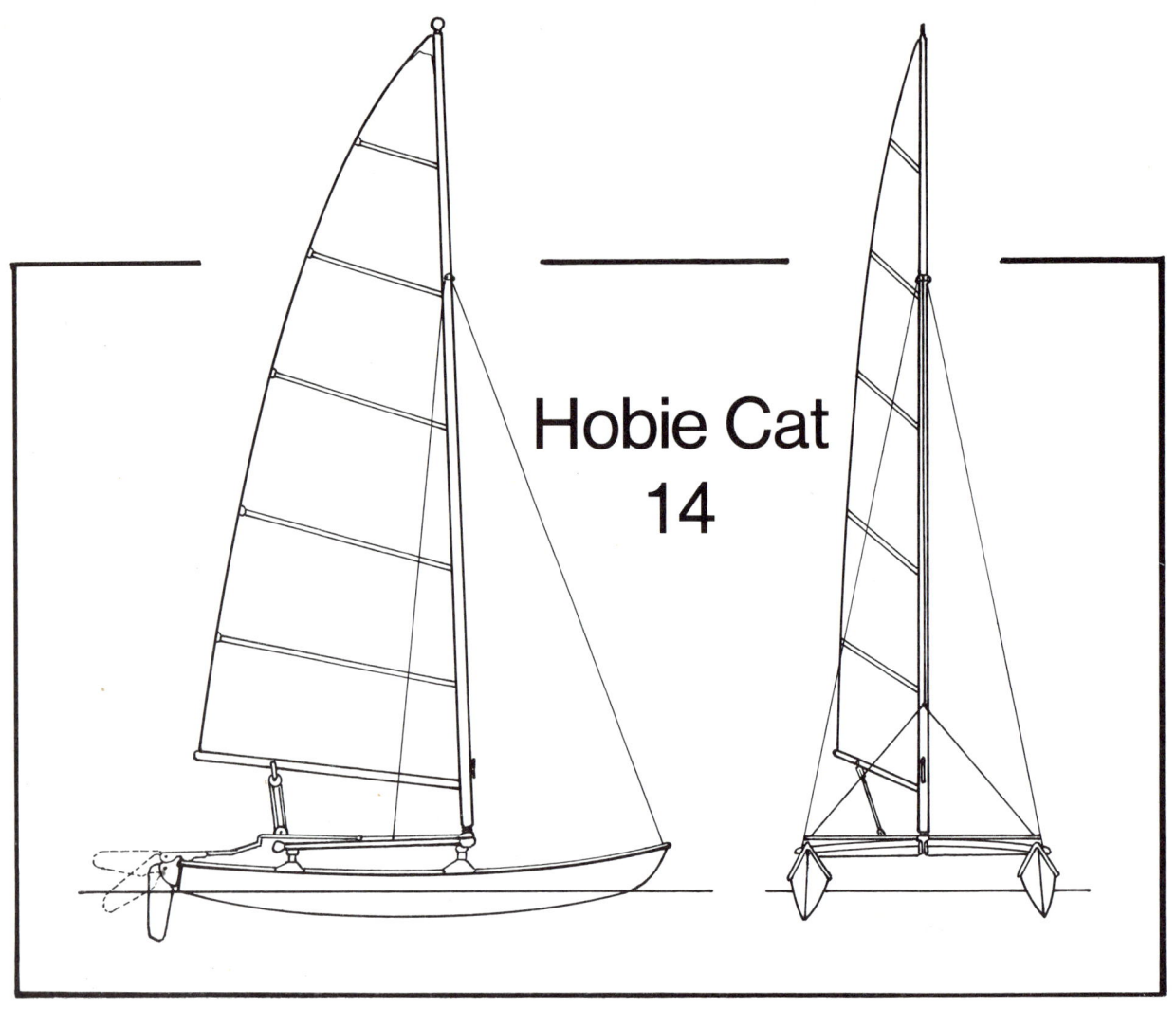

Abb. 220: Der kleine Surf-Katamaran „Hobie 14" hat sich an vielen Stränden als prächtiges Sportgerät bewährt, weil man ihn leicht durch die Brecher auf See und wieder zurück an den Strand bringen kann.

Länge ü. alles	4,28 m	Gewicht segelfertig	98 kg
Länge in der WL	4,00 m	Segelfläche	11,0 m²
Gesamtbreite	2,35 m		
Tiefgang	0,20 m		

werden. Um trotzdem gut am Wind segeln zu können, wurden die beiden Schwimmkörper jeweils unsymmetrisch ausgebildet, flache Seite nach außen, gerundete nach innen. Da normalerweise der Leeschwimmer tiefer ins Wasser reicht, wirkt dessen gerade Außenseite abdriftverhindernd, ähnlich einem Schwert. Die Schwimmkörper sind mit Kunststoffschaum gefüllt, haben keinerlei Öffnungen und können nicht vollaufen. Sogar der Aluminiummast ist wasserdicht versiegelt, damit er bei eventuellem Kentern nicht volläuft und damit das Aufrichten erschwert. Wer Gelegenheit hat, zum Beispiel auf Hawaii lange Reihen von Hobie Cats am Ufer stehen zu sehen, die dann schnellstens aufgetakelt werden und durch die Brecher hindurch auf See gelangen, um in Küstennähe Regatta zu segeln, wird unbedingt von dieser Idee begeistert sein.

Da man immer mit nassem Segeln rechnen muß, wurde die Brücke zwischen beiden Bootskörpern höher gelegt und nur mit wasserdicht beschichtetem Nylon bespannt. Im Prinzip ein Einmann-Boot, gibt es auch Platz für zwei oder drei Personen. Die Ruderblätter können vom Pinnengriff aus aufgeholt und wieder weggefiert werden, was nur beim Aussegeln und bei der Rückkehr nötig ist — die Boote laufen nämlich einfach auf den Strand auf — oder falls man in sehr flachem Wasser mit nur 20 cm Tiefe segeln will. Das Gesamtgewicht mit stehenden Segeln beträgt nur 98 kg. Zum Transport kann das Boot auf den Anhänger ver-

Foto 63: Hauptkabine eines modernen Kreuzer-Katamarans. Dieser sehr anheimelnde Raum befindet sich im Deckshaus eines „Cherokee"-Katamarans, der in England serienmäßig von Sail Craft, Brightlingsea, erbaut wird. Das Boot ist 10,70 m lang und 5,00 m breit.
Foto: Helen Simpson

laden werden. Es läßt sich aber auch rasch in wenige Einzelteile zerlegen und in dieser Form auf dem Wagendach transportieren. Kein Einzelteil wiegt mehr als 25 kg. Zwei Bootskörper, Tragfläche, Mast, Baum und beide Ruder lassen sich sehr einfach auf dem Wagendach festzurren.

Bereits bei mäßiger Brise sind diese kleinen Katamarane so flink, daß das Rennsegeln an warmen Küsten ein wirkliches Vergnügen ist. So dauerte es auch nicht lange, bis ein größerer Hobie Cat von 16 Fuß = 4,90 m Länge hinzukam, nach gleichen Prinzipien und ebenfalls als Einheitsboot erbaut. Auch gibt es einen kleineren von 12 Fuß = 3,66 m Länge, doch ist dieser nicht mehr auseinanderzunehmen. Deshalb wird er auch „Mono-Cat" genannt.

Kreuzer-Katamarane

Alle bisher gezeigten Katamarane waren jollenartige Schnellsegler. Daß es aber ebensogut auch Kreuzer-Katamarane mit reichlicher Inneneinrichtung gibt, wird in den nun folgenden Plänen gezeigt. Mit weniger als 7 m Länge kommt zunächst der Typ „Hirondelle", gebaut von der Firma BCA Marine Development, England, nach Plänen von Chris Hammond. Diese Art von kurzen Kreuzerkatamaranen mit viel Einrichtung fand besonders in England viel Anklang. In jedem Falle muß ein Kompromiß gefunden werden, d. h. ein Boot mit weniger Besegelung, geringer Fahrt, aber verhältnismäßig sicher gegen die Kentermöglichkeit. Oder ein größer besegeltes Boot mit mehr Fahrt, bei dem ein plötzlich auftretender Sturm nur durch größte Aufmerksamkeit der Besatzung nicht zum Kentern führt.

Die „Hirondelle" gehört zwar nicht ganz zur zweiten Gattung, nähert sich aber dieser. Man darf beim Segeln also nie aus dem Auge verlieren, daß das Boot eventuell auch kentern kann. Ein Aufrichten ist dann ohne umfangreiche fremde Hilfe nicht möglich, weil der Mast senkrecht nach unten zeigt und das umgekehrte Boot nun wieder eine große Stabilität besitzt. Mit anderen Worten: Es ist gekentert mindestens ebenso stabil wie aufrecht segelnd, so daß es nur unter großen Anstrengungen wieder aufgerichtet werden kann. Gegen derartige Risiken gibt es immerhin einige Vorsichtsmaßnahmen: Man fährt prinzipiell eine kleinere Segelfläche; man verwendet einen automatischen Großschot-Auslöser; oder man fährt im Masttopp einen Schwimmkörper, der dafür sorgt, daß das Boot auf der Seite liegen bleibt und nicht vollkommen durchkentert.

An Einrichtung wurde wahrhaftig viel in dieses kleine Boot eingeplant: zwei bequeme breite Kojen in den beiden Achterschiffen, eine weitere Koje vorn, dazu ein großes Doppelbett im Deckshaus mittschiffs. Dort befinden sich auch Eßtisch und Küche, wogegen die Toilette im vorderen Bereich des Backbordkörpers eingebaut wurde. Der perspektivisch gezeichnete Linienriß läßt sehr gut die rund gehaltene Spantform erkennen, auch die Spritzleisten im Vorschiff sowie das Brückendeck. Dagegen wurden die beiden Steckschwer-

Foto 64: Der Katamaran vom Typ „Iroquois" erfreut sich seit Jahren großer Beliebtheit im britischen Raum. Er wurde vom bewährten Katamaran-Konstrukteur J. R. MacAlpine-Downie entworfen und wird hier in seiner Mark II Version unter Segel gezeigt. Jeder der beiden Rümpfe enthält ein aufholbares Schwert. Die „Iroquois" wird ebenfalls von Sail Craft Ltd. Brightlingsea, England, serienmäßig in GFK gebaut und ist 9,15 m lang, 4,12 m breit. Vergleiche Zeichnung unter Abb. 222.
Foto: Fred & Joan Armes

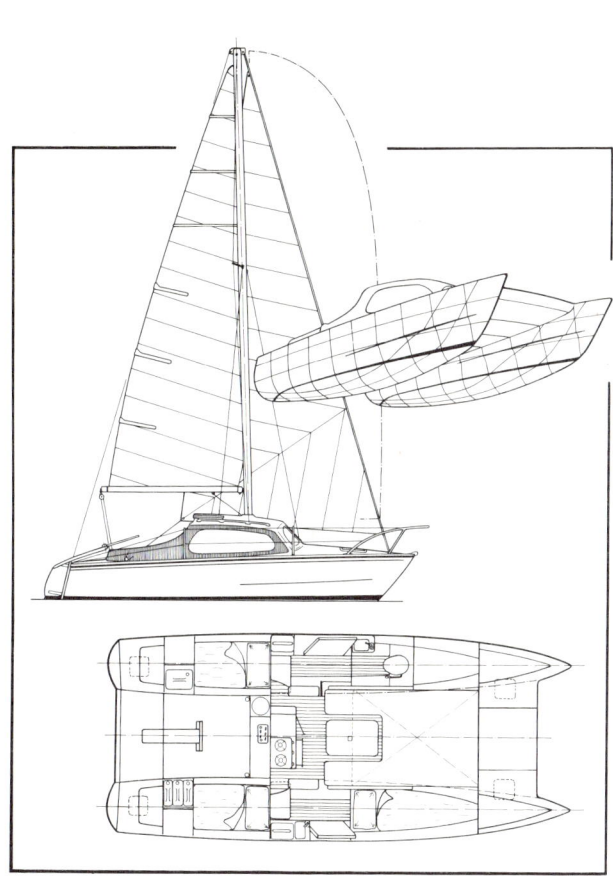

Abb. 221: Ein typischer englischer Kreuzer-Katamaran Typ „Hirondelle". Für die Länge von knapp 7 m hat er eine reichhaltige Einrichtung, und wie die Rumpfform perspektivisch erkennen läßt, sollte er auch ein guter Segler sein.

Länge ü. alles	6,92 m	Tiefgang	
Länge in der WL	6,10 m	mit Schwert	1,22 kg
Gesamtbreite	3,05 m	Verdrängung	1050 kg
Tiefgang Rumpf	0,38 m	Segelfläche	25,0 m²

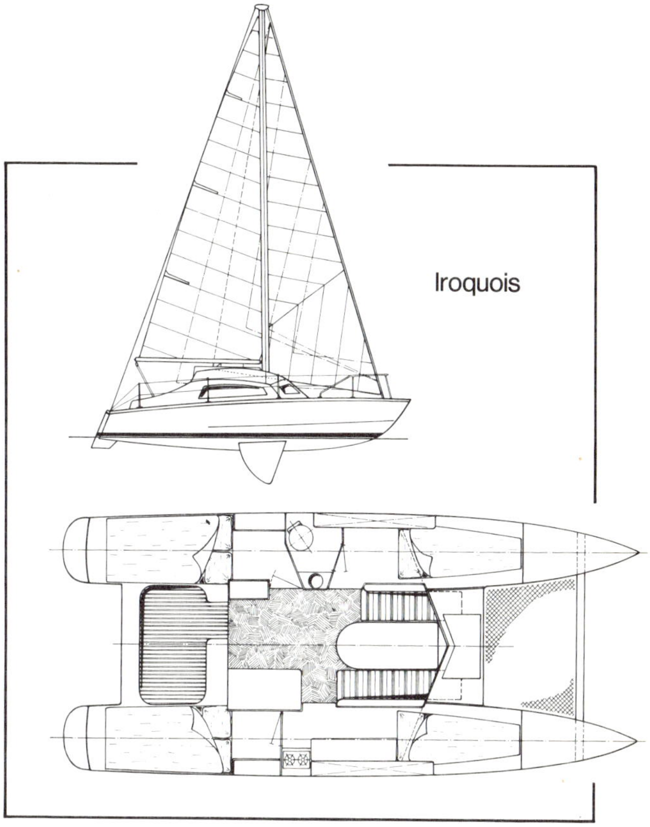

Abb. 222: Der vielfach gebaute und sehr bewährte Kreuzer-Katamaran „Iroquois", von dem es mehrere Abwandlungen gibt.

Länge ü. alles	9,15 m	Tiefgang	
Länge in der WL	8,15 m	mit Schwert	1,35 m
Gesamtbreite	4,12 m	Verdrängung	2500 kg
Tiefgang Rumpf	0,40 m	Segelfläche	38,0 m²

ter, eins in jedem Rumpf, nur unten im Einrichtungsplan angedeutet, genau mittschiffs an der Außenseite liegend. Wie üblich befindet sich ein Ruder hinter jedem Rumpf, die an einer gemeinsamen Stangenverbindung gesteuert werden. Im achterlichen Brückendeck erkennt man mittschiffs einen Einschnitt, der für einen Hilfs-Außenbordmotor bestimmt ist.

*

Durchaus ähnlich, aber bedeutend größer in den Abmessungen folgt ihm der bewährte „Iroquois"-Katamaran, entworfen vom erfolgreichen Konstrukteur J. R. Macalpine-Downie. Dieses Boot wird von der Firma Sail Craft, England, serienmäßig gebaut, und hat sich in großer Zahl als durchaus seetüchtig und schnell bewährt. Im übrigen gilt für alle Katamarane das vorher zur Kentermöglichkeit erklärte, die je nach Segelfläche und vorsichtigem Segeln geringer oder größer ausfällt.

Als Nachfolger des bereits vielfach in Holz-Leichtbauweise hergestellten „Iroquois" wird das hier gezeigte neuere Modell vollkommen in GFK angefertigt, und zwar die beiden Bootskörper mit dem unteren Teil der Brücke in einem Stück, und das obere Deck mit Plicht und Kajütaufbau in einem zweiten Stück, die in Scheuerleistenhöhe miteinander solide verbunden werden. Auch diese Bootskörper haben rundspantige Form mit eingebauten Spritzleisten vorn. Es wird genügend Auftrieb mit eingebaut, um nach eventuellem Kentern das Schiff schwimmfähig zu halten.

Der hier wiedergegebene Segelriß zeigt die Größe für Kreuzfahrten. Für Rennzwecke gibt es einen höheren Mast mit etwas mehr Besegelung, hat doch der „Iroquois" dreimal hintereinander das Crystal-Trophäe-Rennen gewonnen. Jeder der beiden Seitenkörper besitzt ein aufholbares Schwert an der Außenseite, dessen Schwertkasten im Grundriß erkennbar ist. Dank des guten Verhältnisses zwischen Schwimmkörperform, Breite der Einzelkörper und der Breite über alles, den Schwertern und der Besegelung, entstand mit dem „Iroquois" von Anfang an ein schnelles und wendiges Boot, das beim Kreuzen auch leicht über Stag geht.

Zur Einrichtung ist zu erwähnen, daß die in der Mitte angeordnete Hauptkabine keine volle Stehhöhe hat; dagegen herrscht volle Stehhöhe in den Seitenkabinen, Küche, Toilette und Schlafräumen. Der nicht zu hoch geführte Mittelaufbau hat den Vorteil, weniger Windwiderstand zu produzieren und dadurch zu besserem Segeln beizutragen. In den Seitenkörpern findet man achtern zwei Doppelkojen und vorn zwei Einzelkojen. Der Sitzraum mittschiffs läßt sich ebenfalls leicht in eine Doppelkoje umwandeln.

Ein fest eingebauter Hilfsmotor ist nicht eingeplant, doch läßt sich ein guter Hilfsantrieb mit einem 20 oder 30 PS leistenden Außenbordmotor mit verlängertem Schaft erzielen.

*

Mit dem Entwurf „Spindrift 45" wird nunmehr ein schon recht großer Katamaran gezeigt, entworfen von dem erfahrenen australischen Konstrukteur Lock Crowther. Das Boot wird als Ozean-Kreuzer bezeichnet, ist also vom Gesichtspunkt der verwegenen Australier her sehr seetüchtig. Bei einer Gesamtlänge von 13,75 m wurden die beiden Schwimmkörper sehr

Foto 65: An diesem englischen Katamaran vom Typ „Apache" fällt der Schwimmkörper am Masttopp auf. Er soll verhindern, daß das Boot ganz durchkentert, falls es wirklich einmal zur Kenterung kommen sollte. Es soll also auf der Seite liegen bleiben, um mit nicht zuviel Mühe wieder aufgerichtet zu werden. Die „Apache" wird serienmäßig von Sail Craft erbaut und kann als Slup, Kutter (siehe Foto) oder Ketsch getakelt werden, Länge = 12,50 m, Breite = 5,80 m, Segelfläche = 72,5 m².
Foto: Sail Craft Ltd., Brightlingsea

schmal ausgeführt, d. h., mit rund 1,00 m Breite. Mit dieser recht eleganten Form sollen Etmale bis zu 300 Meilen durchaus erreichbar sein.

Die beiden Schwimmkörper werden in GFK-Sandwich-Bauweise mit eingeformten Hartschaumstoff hergestellt, eine Bauart, die nach Angaben des Konstrukteurs auch gut von Amateur-Bootsbauern ausgeführt werden kann. Das Mitteldeck samt Aufbauten wird in wasserfestem Bootsbau-Sperrholz angefertigt. Dieselbe Bauweise wurde bereits erfolgreich bei den vorhergehenden Spindrift-Entwürfen von 11,25 m und 15,50 m Länge angewandt und ist in der Ausführung einfacher als z. B. die Mehrschicht-Holzverleimung, wie sie bisher im Leichtbau üblich war.

Wie geradezu überall zu beobachten, pflegen die Konstrukteure solcher Mehrrumpfboote die Größe und Anordnung der Schwerter und Ruderblätter geheim zu halten. Doch kann gesagt werden, daß zwei Seitenschwerter vorhanden sind, je eins an der Außenseite jedes Schwimmkörpers, und daß diese als Steckschwerter senkrecht heruntergelassen und heraufgeholt werden.

Die Inneneinrichtung wurde nur für den Mittelteil angedeutet mit einem großen Eßplatz, Küche, Kartentisch und einem L-förmigen Sofa. Doch in dieser Größe lassen sich leicht 8 Schlafplätze unterbringen, auch 10 wären möglich.

Beim Betrachten des Segelrisses fällt die Anordnung zweier Vorstage auf; das innere Vorstag ist wegnehmbar und wird nur auf langen Seestrecken verwandt, um ein zusätzliches Vorsegel zu setzen. Doch bereits ohne dieses ergibt sich ein sehr großes Vorsegeldreieck, dessen Fläche etwas größer ist als diejenige des Großsegels. Die Gesamtsegelfläche mit Vorsegeldreieck ergibt sich zu 86,6 m², mit großer Genuafock erreicht man effektiv sogar 121 m² an Fläche.

Sieht man sich die Breite des gesamten Bootes einmal näher an, so ergibt sich, daß diese mit 7,00 m ungewöhnlich groß ist. Katamarane dieser Art pflegen Breiten im Bereich um 5,80 m aufzuweisen. Dadurch gewinnt die Stabilität, also das Segeltragvermögen und letzten Endes auch die Zuverlässigkeit auf See.

*

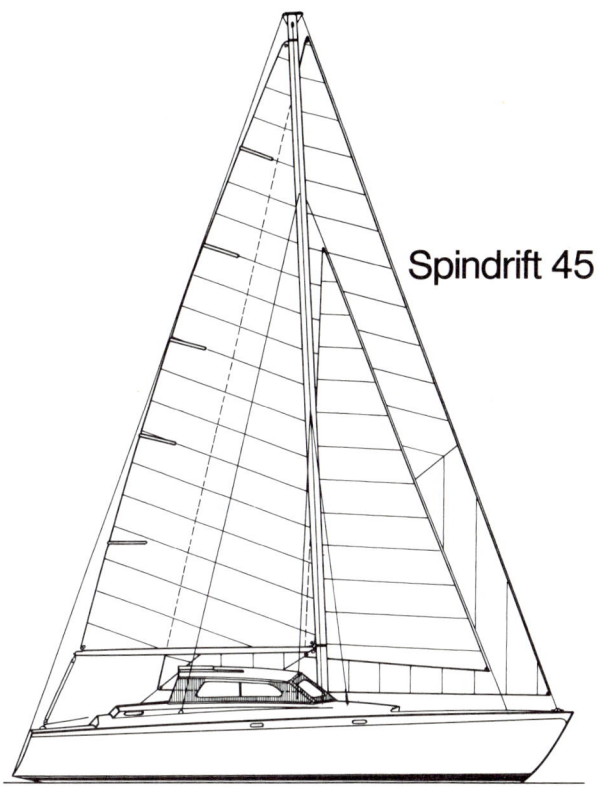

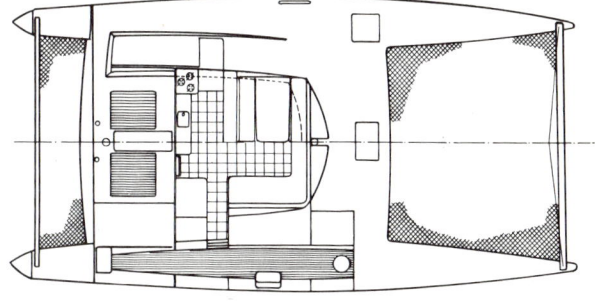

Abb. 223: In Australien wird besonders der schnelle Kreuzer-Katamaran gepflegt. Als Beispiel wird hier der 13,75 m lange Typ „Spindrift 45" gezeigt.
Länge ü. alles ... 13,75 m   Leergewicht .... 3600 kg
Länge in der WL 12,05 m   Zuladefähigkeit
Gesamtbreite ... 7,00 m   bis .... 2300 kg
Tiefgang Rumpf . 0,38 m   Segelfläche ..... 86,6 m²
Verdrängung ... 5200 kg

Über die Seetüchtigkeit dieser Art von Katamaranen und auch Trimaranen erklärt Lock Crowther: Die Sicherheit solcher Boote hängt von der guten Seemannschaft der Besatzung ab. Für den Fall einer durch Unvorsichtigkeit doch einmal hervorgerufenen Kenterung kann jedes Hochsee-Mehrkörperschiff so eingerichtet werden, daß es auch kopfstehend bewohnbar bleibt. Zu diesem Zweck werden wasserdicht ver-

Foto 66: In diesem Katamaran-Foto kann man besonders gut die Bodenform der Doppelrümpfe erkennen. Man beachte die vornliegende wellenabweisende Kimmkante, die man an vielen englischen Katamaranen findet. Ungewöhnlich ist das schwenkbar aufgehängte Mittelschwert, wogegen die Mehrzahl der Kreuzer-Katamarane in jedem Körper je ein Schwert fährt. Das Modell „Cherokee" wird von Sail Craft, Brightlingsea, England, serienmäßig in GFK gebaut und ist 10,70 m lang, 5,05 m breit und fährt eine Segelfläche von 57 m². Foto: Helen Simpson

schraubte Luken im Boden der Querdecks vorgesehen, die man im Notfall von innen her öffnen kann. Wenn jemand größere Fahrten über See ausführen will, muß reichlicher Reserve-Auftrieb vorgesehen werden, außerdem sind ein aufblasbares Rettungsfloß sowie eine Radio-Notboje mitzuführen.

Daß es trotz solcher Warnungen oft gut geht, bewies erst vor kurzem wieder die junge englische Familie Swale, die mit zwei kleinen Kindern an Bord sogar Kap Horn umrundete, und dieses bei hohem Seegang. Ihr Katamaran namens ANNELIESE war vom Typ „Ocea-nic" und nur 9,15 m lang und 4,50 m breit, ballastlos und kenterbar wie alle diese Mehrrumpfboote. Allerdings stammte der Entwurf vom erfahrenen Bill O'Brien, einem der bekanntesten britischen Katamaran-Konstrukteure. Daß auch noch ein Trimaran unter ähnlichen Bedingungen Kap Horn umrundete, darf keineswegs als Beweis für große Seetüchtigkeit ballastloser Mehrrumpfboote betrachtet werden. Eher schon darf man sagen: ja, möglich ist es, aber nur mit Einschluß eines sehr großen Risikos, das man einem normalen Segler nicht zumuten darf.

Der Trimaran

Bereits zweimal wurden Pläne von Trimaranen gezeigt, ohne daß dabei auf charakteristische Eigenschaften oder typische Formen eingegangen wurde. Da war einmal der Gewinner des Einhand-Transatlantikrennens von 1972, nämlich der sehr lange, leichte Alu-Trimaran PEN DUICK IV Abb. 191, und zum anderen der sehr kleine weltumsegelnde Sperrholz-Trimaran KLIS, Abb. 200. Dazwischen liegt die große Zahl der Kreuzer-Trimarane, wogegen es eigentlich nur sehr wenige Renn-Trimarane gibt.

Zunächst wird allgemein die Frage aufgeworfen: Welcher Bootstyp ist schneller, der Katamaran oder der Trimaran? An zweiter Stelle: Welcher Bootstyp ist sicherer auf See, und als letztes: Wie verhalten sich die bordbedingten Bequemlichkeiten zueinander?

Die Antwort auf alle drei Fragen hängt im wesentlichen davon ab, ob man im Mittelkörper wohnen will, wie es beim Trimaran selbstverständlich ist, oder ob man die beiden Seitenkörper zu Hilfe nimmt, die Hauptkabine aber *über Wasser* auf das Mitteldeck baut. Wäre diese Fragestellung nicht vorhanden, würde ohne jeden Zweifel der Katamaran der schnellere sein. Und er ist es auch, sofern es sich um Boote in Jollengröße und ohne Einrichtung handelt. Sobald es aber zu Vergleichen in Booten mit Wohneinrichtung kommt, hängt die Geschwindigkeit vom jeweiligen Entwurf ab. Eine reine Rennmaschine wie der von Eric Tabarly erdachte Trimaran PEN DUICK IV ist an Geschwindigkeit auch von einem Katamaran entweder gar nicht oder nur um Bruchteile zu übertreffen. Handelt es sich dagegen um reine Boote für Kreuzfahrten, läuft der Katamaran in den meisten Fällen dem ähnlich eingerichteten Trimaran davon. Das ist allein schon eine Folge der geringeren benetzten Oberfläche des Zweirumpfbootes im Vergleich zum Dreirumpfboot. Der Unterschied ist aber gerade für Kreuzfahrten nicht so groß, als daß man die Frage der Zuverlässigkeit auf See nicht voranstellen würde.

Es sind sehr viel mehr Kreuzfahrten auf See mit Trimaranen ausgeführt worden als mit Katamaranen, und zwar im moderneren Sinne seit 1960. Das soll heißen: mit möglichst leicht gebauten sogenannten Schnellseglern. Man kann sogar so weit gehen und behaupten,

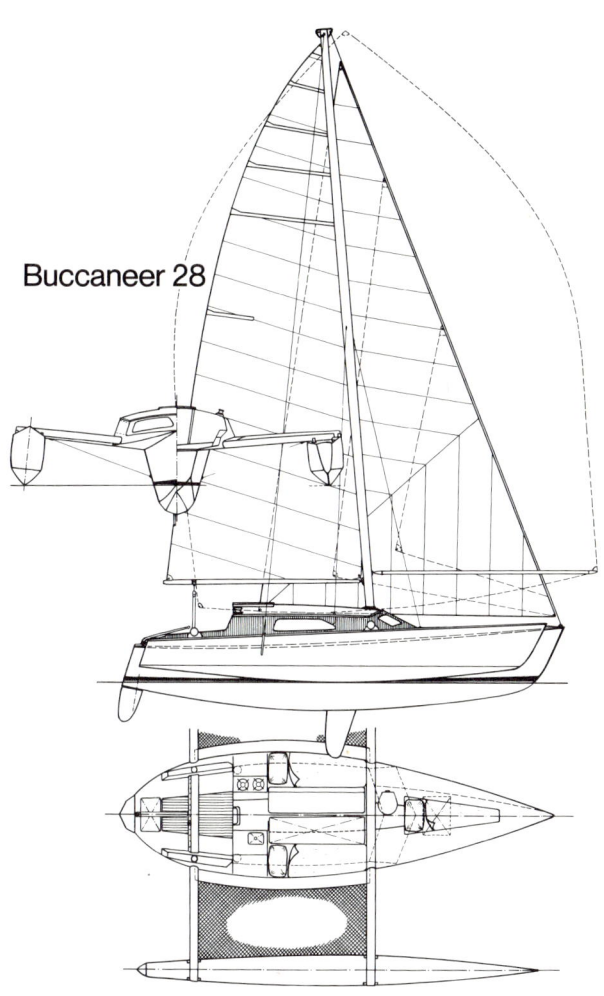

Abb. 224: Schneller Trimaran „Buccaneer 28", ebenfalls in Australien entstanden und bewährt. Man beachte im oben eingezeichneten Querschnitt, daß die Seitenschwimmer nur eben die Wasseroberfläche berühren.

Länge ü. alles	8,60 m	Tiefgang	
Länge in der WL	8,00 m	mit Schwert	1,50 m
Gesamtbreite	6,55 m	Leergewicht	900 kg
Mittelrumpfbreite	1,27 m	Gesamt-	
Kabinenbreite	2,45 m	verdrängung	1800 kg
Tiefgang Rumpf	0,65 m	Segelfläche	57,0 m²

daß die Trimaranform speziell für Kreuzfahrten entwickelt wurde, weil die in der Mitte tiefliegend angeordnete Einrichtung sich auf Kreuzfahrten sehr gut bewährt. Der Unterschied ist jedoch so gering, daß ebenfalls eine große Zahl von Kreuzer-Katamaranen auf den Meeren segeln, siehe die vorher genannte Swale-Familie, die Kap Horn umrundete. Doch die Sicherheit, deren Zweifel ja bereits am Schluß des Katamaran-Kapitels ausgedrückt wurden, ist auch in dieser Bootsform nicht von selbst gegeben und hängt nur von der Erfahrung und Vorsicht der Mannschaft ab.

Zwei sehr bekannte Trimaran-Konstrukteure sind auf See an Bord ihrer Trimarane verschollen: Der Kalifornier Arthur Piver, wohl der erste Pionier der Seefahrt mit ballastlosen Trimaranen und der australische Konstrukteur Hedley Nicol, dessen Entwürfe besonders auf Schnelligkeit ausgerichtet waren. Kenterungen sind recht häufig vorgekommen, und zwar bei Dreirumpfbooten ebenso wie bei Zweirumpfbooten. Nur sehr kleine Boote lassen sich dann wieder aufrichten, bei größeren geht es nicht ohne bedeutende fremde Hilfe.

Besonders Selbstbauer fühlen sich oft zu den Mehrrumpfbooten hingezogen, einerseits, weil es sehr genaue Selbstbauerpläne gibt, anderseits, weil nicht wenige dem Irrglauben huldigen, diese Boote seien zugleich sehr schnell und sehr stabil. Es ist wahr, die Schnelligkeit übertrifft *um ein geringes* diejenige normaler Kreuzeryachten. Die wirklich eindrucksvolle Stabilität dagegen gilt nur für die fast ungekrängte, aufrechte Lage. Diese kann sogar äußerst irreführend sein, denn auch bei zunehmender Windstärke bleibt die Krängung zunächst ganz unbedeutend, so daß man den Grad der Windstärke nicht an der Krängung abschätzen kann. Kommt dann plötzlich ein harter Puff, ohne daß jemand zum raschen Wegfieren der Schoten bereitsteht, kann ein solches Boot mit überraschender Plötzlichkeit kentern.

Der andere Punkt, vereinfachte Bauweise für die geringere Handfertigkeit von Amateur-Bootsbauern muß

Foto 67: Eine ungewöhnlich lebendige und aufschlußreiche Aufnahme eines schnellen seegehenden Kreuzer-Trimarans in flotter Fahrt. An der geringen Tauchung des Leeschwimmers erkennt man, daß die schnelle Fahrt bei nur mäßiger Brise erreicht wird, unterstützt von der großen Genuafock. Daß der Luvschwimmer so hoch und frei über Wasser schwebt, zeigt das leichte Gewicht des ganzen Baues an, aber auch die Konstruktionsidee, in Ruhelage beide Schwimmer etwas oberhalb der WL anzuordnen. Mit der MANTA II *handelt es sich um einen Vertreter des Typs „Kraken 33" des australischen Konstrukteurs Lock Crowther, mit einer Länge von 10,00 m, einer Breite von 7,00 m und 55,0 m² Segelfläche. Vergleiche die perspektivische Darstellung in Abb. 225.*
Foto: Courier-Mail Printing Services

mit großer Vorsicht aufgefaßt werden. In der Tat haben viele Amateure bewiesen, daß sie solche Boote in zuverlässiger Bauweise fertigstellen konnten. Es gibt aber nicht wenige Fälle von geradezu erschreckendem Dilettantentum, und oft kam es vor, daß unzuverlässig hergestellte Mehrkörperboote im Seegang Havarie erlitten oder gar auseinanderfielen. Daß diese Fälle bei Trimaranen häufiger vorkamen als bei Katamaranen, liegt wohl nur an der Präferenz der Selbstbauer, nicht aber am Typ der Boote.

Schließlich muß ein ebenfalls sehr ausschlaggebendes Detail erwähnt werden: Die sehr große Decksfläche, die außerdem ständig nahezu eben über der Wasserfläche liegend dahinsegelt. Diese, verbunden mit der Abwesenheit des Rollens trägt bestimmt dazu bei, diesen breiten und leichten Booten Freunde zu gewinnen. Allerdings darf man nicht in den anfänglich häufig gemachten Fehler verfallen, den Bau „*aus ein paar Sperrholzplatten*" für sehr billig zu halten. Ein wohlgeplantes, richtig gebautes, gut eingerichtetes und komplett ausgerüstetes Mehrrumpfboot liegt innerhalb der gleichen Kostengröße wie ein entsprechendes normales Einrumpfboot.

Der kleine Trimaran KLIS ist bereits beschrieben worden. Bei seiner Länge von 6,70 m und der Breite von 4,25 m zeichnete er sich durch eine ungewöhnlich große Decksfläche aus, die vor allem aus der flügelartigen Verbindung zwischen Mittelkörper und den beiden Seitenschwimmern bestand. Anders dagegen wurde das Prinzip des etwas größeren BUCCANEER 28 gehalten. Anstelle der festen, flügelartigen Verbindung zwischen Hauptrumpf und seitlichen Schwimmern findet man hier nur auf jeder Seite ein straff gespanntes Nylon-Netz. Dadurch kann der Trimaran leicht auseinandergenommen werden, um auf dem Anhänger transportiert zu werden oder an enger Stelle zu überwintern. Hinzu kommt, daß der Selbstbauer nicht so viel Raum benötigt, um ein Boot von 6,55 m Breite bauen zu können, denn der Mittelkörper für sich allein kommt mit allem, was dazu gehört, nur auf eine Breite von 2,80 m. Die seitlichen Schwimmer werden durch Querträger aus kräftigem Aluminiumrohr in ihrer Position gehalten. Auch beachte man das Schwert, mitt-

Kraken 33 Mk IV

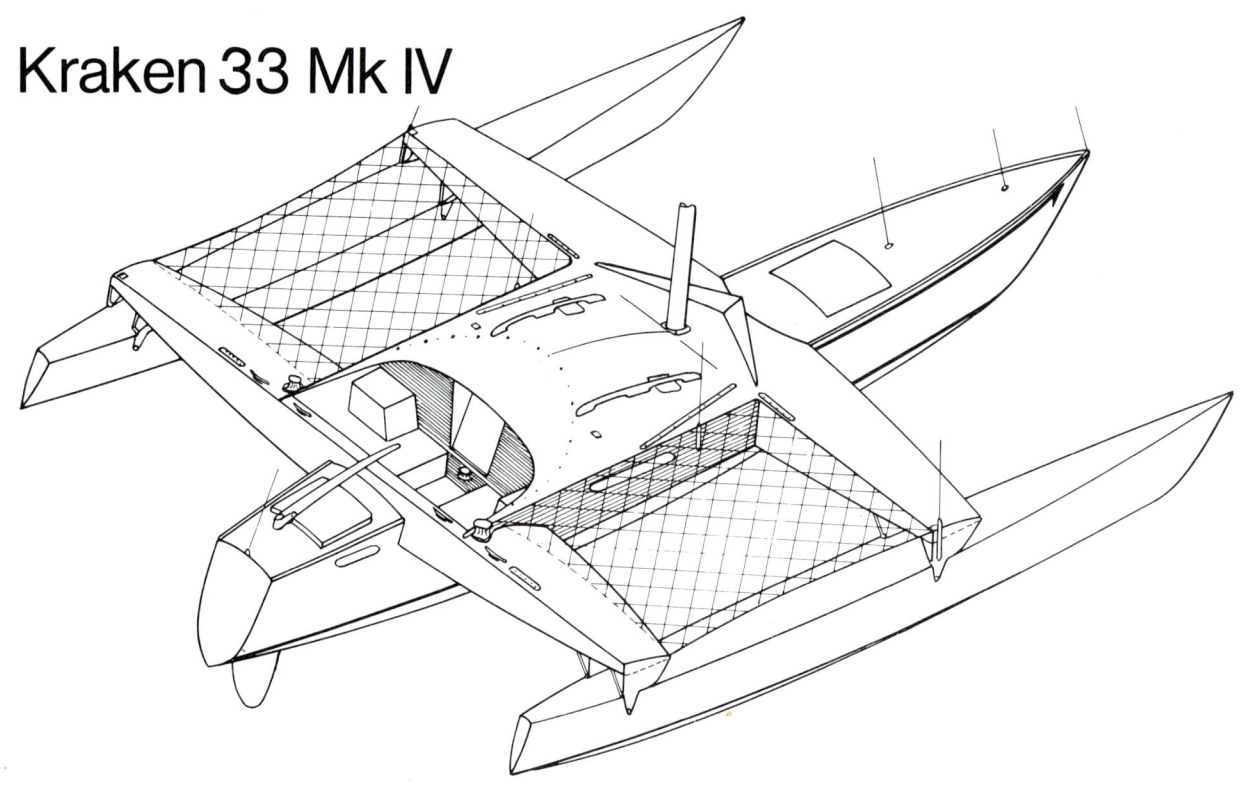

Abb. 225: Perspektivische Darstellung eines in Australien mit Ocean Racer bezeichneten schnellen Trimarans Typ „Kraken 33". Er zeigt das heute erreichte Stadium einer konsequent durchgeführten Entwicklungsreihe.

Länge ü. alles	10,00 m	Tiefgang mit Schwert	1,28 m
Länge in der WL	9,15 m	Verdrängung	1820 kg
Gesamtbreite	7,00 m	Innere Raumhöhe	1,82 m
Tiefgang Rumpf	0,48 m	Segelfläche	55,0 m²

schiffs gelagert und normal aufholbar. Der Schwertkasten selbst bildet ein Stück mit der Vorderfront der gepolsterten Sitzbank. Es sei erwähnt, daß viele Trimarane kein Schwert fahren, sondern meistens an jedem Seitenschwimmer eine kleine fest angebrachte hölzerne Kielführungs- oder Abdriftverminderungs-Platte benutzen.

Trotz des sehr niedrig wirkenden Aufbaues gewinnt man im Mittelkörper eine Stehhöhe von 1,70 m, und zwar von der achteren Küche bis nach vorn zum WC. Fest eingebaut findet man vier Schlafplätze, wozu drei feste Kojen und die Sitzbank dienen. Wie man im Querschnitt sieht, wurde der Mittelkörper wahrhaftig aufs höchste ausgenutzt. Er wirkt unglaublich schmal und niedrig und trägt trotzdem ein gutes Maß an Wohnlichkeit. Man merkt dem ganzen Entwurf förmlich an, daß viele Jahre von Erfahrungen hineingebaut wurden. Vor allem wurde er, wie es vor den weiten Küsten Australiens nicht anders sein konnte, auf Geschwindigkeit ausgerichtet. Man beachte dazu, daß die seitlichen Schwimmer bei Normalverdrängung gerade eben die Wasserfläche berühren. In Fahrt taucht der Leeschwimmer nur soviel, wie es der Winddruck verlangt, wogegen der Luvschwimmer frei über der Wasserfläche schwebend dahinzieht.

Der Segelriß gibt eine reichlich große Segelfläche zu erkennen, die natürlich den jeweiligen Windverhältnissen anzupassen ist. Wie bei dieser Art von Schnellseglern üblich, wurde das Achterliek oben stark gerundet, doch vier durchgehende Latten stützen die

Foto 68: Einer der eigenartigsten Trimarane ist hier im Typ „Ocean Bird" erkennbar. Der Mittelkörper zeigt ein fast normales schlankes Boot, doch sind die beiden Seitenschwimmer verstellbar, d. h., sie werden unter Segel weit nach außen gebracht, am Liegeplatz aber wieder gegen den Hauptrumpf geklappt. Es wurden bereits über 25 Einheiten dieses nicht einfachen und doch geglückten Entwurfs von John Westell gebaut, von denen einer von England aus sogar die westindischen Inseln besuchte. Das Boot ist 9,14 m lang, hat eine geschlossene Mindestbreite von 4 m und eine geöffnete von 7 m und fährt dazu 43 m² Segelfläche. Foto: Honnor Marine Ltd., England

Rundung, damit sie nicht zurücksackt. Bei dem an sich schon großen Vorsegeldreieck fällt auf, daß der Spinnakerbaum länger ist als die Vorsegelbasis, ein Detail, das in Europa auch dann nicht üblich ist, wenn ein Boot keinerlei Klassenvorschriften zu folgen braucht.

Ein noch schnelleres Boot, ein sogenannter *Ocean Racer*, ist in der nun folgenden perspektivischen Zeichnung zu erkennen. Das Boot KRAKEN 33 Mark IV wurde ebenfalls von Lock Crowther entworfen. Mit seiner Länge über alles von 10 m und der gewaltigen Breite von 7 m besitzt es die nötige Stabilität, eine ungewöhnlich große Segelfläche zu tragen. Im Entwurf wurde alles darauf angelegt, die Reibung des Wassers zu reduzieren, indem die benetzte Oberfläche so klein wie möglich gehalten wurde. So fährt dieser Trimaran kein hochklappbares Schwert wie der BUCCANEER, sondern ein schräg laufendes Steckschwert. Insgesamt soll die Reibungsfläche des Unterwasserschiffes gegenüber früheren Typen um 30 Prozent verringert worden sein. Man beachte, daß bei diesem Trimaran die Querverbindung zu den Schwimmern als eine zum Bootskörper selbst gehörende Sperrholz-Profilkonstruktion ausgebildet wurde, das Boot also normalerweise nicht zerlegt werden kann. An den Schwimmern enden die Querträger jedoch erhöht, damit sie selbst dann nicht durchs Wasser schleifen, wenn die Schwimmer fast vollständig getaucht werden. Eine Reihe weiterer Details wie z. B. die kleine, aber sehr

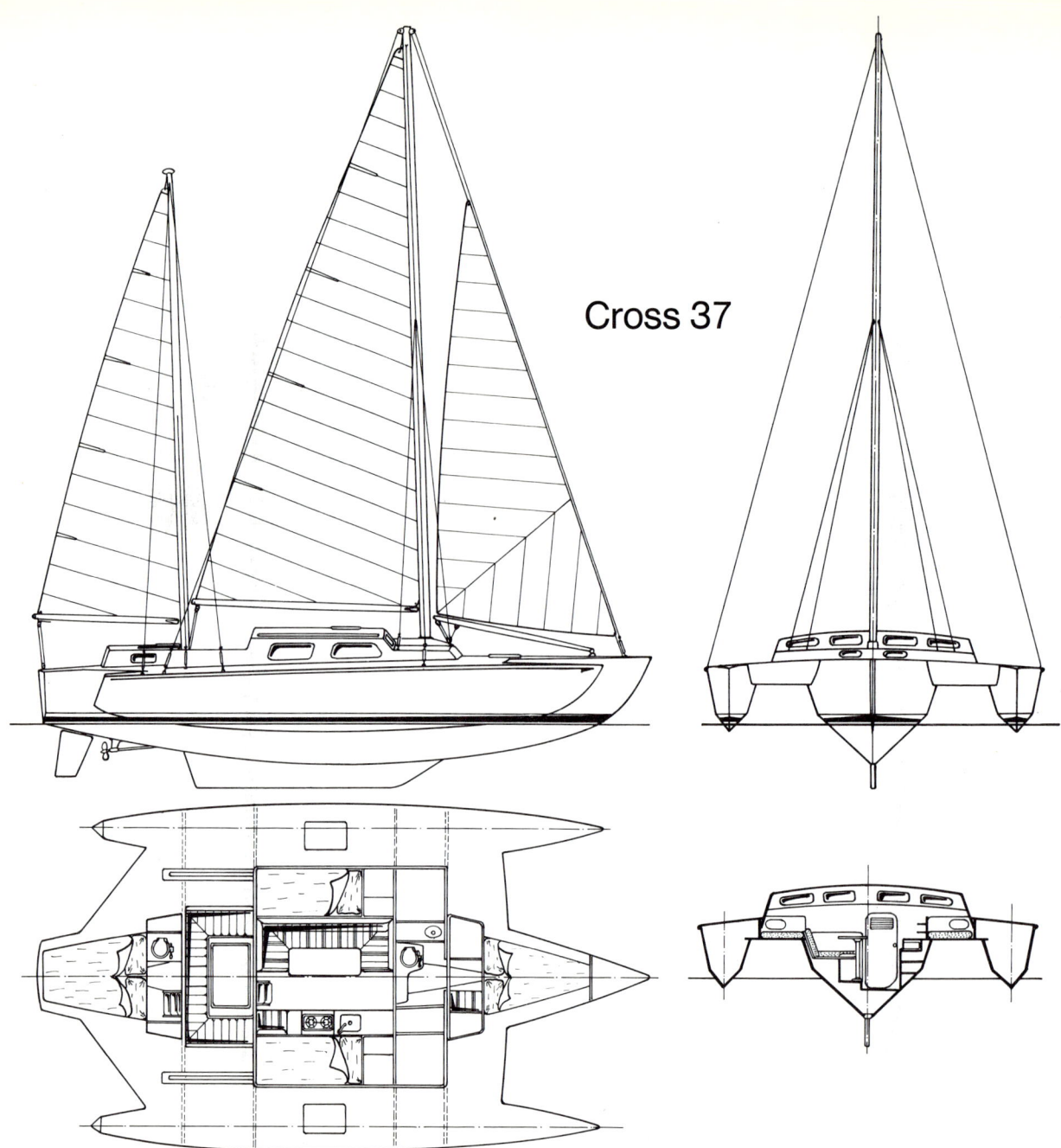

Abb. 226: Kalifornischer Kreuzer-Trimaran, eine Fortentwicklung des von Arthur Piver eingeführten Typs. Das Modell „Cross 37" wurde für den Amateur-Selbstbau entworfen und zeichnet sich durch einfache, aber bewährte Rumpfform aus, verbunden mit den festen seitlichen Verbindungsdecks.

Länge ü. alles	11,35 m	Verdrängung	4100 kg
Länge in der WL	10,40 m	Ballast	keinen
Gesamtbreite	6,30 m	Segelfläche	46,0 m²
Tiefgang		Hilfsmotor	15—20 PS
mit Flosse	0,95 m		

geschützte Plicht und das unter dem Mittelrumpf herausragende Ruderblatt sind in der Wiedergabe gut erkennbar. Auch sieht man, daß die Netzbespannung bis Höhe Kajütdeck geführt wurde, die schmalen Seitenfenster also unterhalb dieses Netzes liegen.

*

Als Abschluß dieses Kapitels sei noch ein sogenannter klassischer Trimaran mit festen, flügelartigen Seitendecks gezeigt, ähnlich der Art, wie sie von Arthur Piver eingeführt wurden. Es sei gesagt, daß Arthur Piver zu Beginn der Trimaran-Geschichte wohl derjenige Konstrukteur war, der am meisten dazu beitrug, diesen Bootskörper populär zu machen. Und zwar waren es insbesondere seine auf den Selbstbauer ausgerichteten Pläne in einfacher Bauweise, die sehr zur Verbreitung des Trimarans beitrugen. Hinzu kamen dann seine erste Transatlantikfahrt des Jahres 1960 nach England und eine Transpazifikfahrt 1961 nach Neuseeland.

Der hier gezeigte Cross 37 stellt eine Weiterentwicklung der Piverschen Art dar und gehört damit zum Normaltyp des mittelschnellen Kreuzer-Trimarans. Im Querschnitt erkennt man gut, wie das dicke Profil der Querflügel für die Inneneinrichtung ausgenutzt wird. Die zwei seitlichen Kojen liegen nämlich außerhalb des Mittelrumpfes, nur zwischen Flügelunterseite und Kajütaufbau. Daß hier mehr auf Stabilität als auf Geschwindigkeit hingearbeitet wurde, erkennt man an der größeren Breite des Mittelkörpers und der seitlichen Schwimmer, aber auch daran, daß in Ruhelage bereits beide Schwimmer eine gewisse Tauchung einnehmen. Um die Abdrift beim Segeln am Wind zu verringern, bekam der Mittelkörper einen hölzernen Kiel untergesetzt, der fast die Hälfte der Bootslänge ausmacht. Bei den Entwürfen Arthur Pivers wurden statt dessen zwei kleine Leitflossen angewandt, je eine unter jedem der beiden Schwimmer.

Die Takelung wurde hier als Ketsch ausgeführt, kann aber auch als Slup gewählt werden. Bei den großen Breiten dieser Boote macht die Verstagung keinerlei Schwierigkeiten. Am Fuß des Vorsegels erkennt man eine Art des Fockbaumes, die mancherlei Gutes aufzuweisen hat. Wird die Fock beim Segeln am Wind dichtgeholt, so wird vom Baume her das Unterliek der Fock stark gespannt. Geht der Trimaran dann auf raumeren Kurs, so gibt der etwas kürzere Baum dank seiner Befestigung an Deck dem Unterliek der Fock mehr Lose, so daß diese bauchiger stehen muß. Im übrigen gehen die Details der Ausführung gut aus der Darstellung hervor.

Ein gewöhnlich nicht sehr beachtetes Problem wird in jüngster Zeit häufig diskutiert: Sollen die seitlichen Schwimmer tauchen oder nicht. Mit anderen Worten: Sollen sie das Gesamtgewicht des Bootes bei starker Krängung tragen, oder sollen sie vorher tauchen. Gerade Lock Crowther, australischer Konstrukteur, ist ein überzeugter Verfechter der tauchenden Seitenschwimmer. Dazu erklärt er, daß die kleineren Seitenschwimmer nicht die Stabilität verringern, denn die Gesamtbreite wurde dazu proportional vergrößert. An der Tauchung des Leeschwimmers erkennt der Steuermann sofort, welche Stabilitätsreserve noch vorhanden ist. Ist der Schwimmer tauchbar, so muß er auch tauchen, bevor der Hauptkörper vom Sturm angehoben werden kann, und bei genügender Vorsicht kehrt der Trimaran dann wieder in seine stabile Lage zurück. Ist der Schwimmer dagegen voll tragend, wird im Ernstfall der Hauptkörper angehoben, und es kann sofort zur vollen 180-Grad-Kenterung kommen. Unter diesen Voraussetzungen kommt der Konstrukteur zu dem Schluß, daß solche Boote *jedes Wetter* auf See überstehen können und dabei stets unter voller Kontrolle bleiben.

Dazu gehört aber ungewöhnliche Seemannschaft und ununterbrochene Aufmerksamkeit, wie die vielen Kenterungen von Kreuzer-Katamaranen und Kreuzer-Trimaranen immer wieder gezeigt haben. Und wirkliche Seemannschaft kann durch keinerlei Technik im Entwurf ersetzt werden!

Schneller als der Wind

Viele Katamaran-Segler sind davon überzeugt, schneller zu segeln als die herrschende Windgeschwindigkeit, und sie haben durchaus recht! Doch gehört dazu erstens ein leichter schneller Rennkatamaran, zweitens, daß der scheinbare Wind nur wenig vorlicher als dwars einfällt und drittens eine stetige Mittelbrise auf eine möglichst glatte Wasserfläche. Es ist ein Irrtum zu glauben, daß man bei starkem Wind, also über 30 km/h Windgeschwindigkeit, relativ schneller ist als bei einer guten Dauerbrise von 15 km/h. Die Betonung liegt hier auf *relativ*, und zwar relativ zur Windgeschwindigkeit. Absolut segelt man natürlich schneller, aber nicht in dem gesteigerten Verhältnis, wie die Windgeschwindigkeit zunimmt. Bei 30 km/h Windgeschwindigkeit wird man nur äußerst selten eine Fahrt von 30 km/h erreichen, aber bei 15 km/h Wind ist es durchaus nicht zu schwierig, eine Bootsgeschwindigkeit von 15 km/h zu erreichen und zu übertreffen.

Der leichte Renn-Katamaran wird also *ausnahmsweise* schneller segeln als der Wind. Es gibt jedoch segelnde Fahrzeuge, die *regelmäßig* schneller segeln als der Wind, nämlich der Strandsegler und die Eisyacht. Beiden ist eine Sonderbedingung gemein: Sie segeln nicht auf dem Wasser. Vor hundert Jahren, aber auch vor zweihundert Jahren stellten die auf dem Eis segelnden, mit langen Kufen versehenen Boote die schnellsten Fahrzeuge dar, welche überhaupt existierten. Auf dem Hudson-Fluß in der Nähe von New York pflegten die damaligen Eisyachten mit den schnellsten Dampfzügen um die Wette zu laufen, da die Schienen parallel zum Fluß verlegt waren. Bei geeigneten Winden erwiesen sich die Eisyachten stets als schneller.

Kann erst einmal der Wasserwiderstand ausgeschaltet werden, so sind ungewöhnlich hohe Geschwindigkeiten durch Windantrieb möglich. Wie hoch, das hängt von der geschickten Art ab, wie die Energie des Windes in Vortrieb umgesetzt wird. Der Verfasser selbst hat mehrere Strandsegler entworfen, gebaut und gesegelt, mit welchen Geschwindigkeiten von 60 km/h ohne weiteres erreicht werden konnten, wobei der wahre Wind nur knapp die Hälfte dieser Bootsgeschwindigkeit betrug. Auf dem Eis erzielt man noch weit höhere Geschwindigkeiten, bis zur 100-km-Grenze mit normalen kleinen Eisyachten, und sogar 100 Knoten = 185 km/h sollen schon gemessen worden sein, wobei der wahre Wind kaum mit einem Viertel dieser tollen Fahrt blies. Die Entwicklung der Eisyacht hat bereits eine ungeahnt lange Geschichte aufzuweisen, besonders in den nordischen Ländern. In Admiral Chapmans interessantem Werk „Architectura Navalis Mercatori", welches im Jahre 1768 erschien, findet sich bereits ein Eisschlitten wiedergegeben, welcher eine den modernen Eisyachten gleichartige Anordnung aufweist.

Nebenstehende Abbildung zeigt eine von Erik von Holst entworfene 12 m²-Eisyacht. Es handelt sich um einen sehr bewährten Einheitstyp, der dank seiner ausgezeichneten Eigenschaften und zugleich unkomplizierten Bauweise eine große Verbreitung erreichte. Seine Anordnung entspricht dem europäischen Normaltyp. Der eigentliche Körper besteht aus zwei aus Sperrholz gefertigten Längsträgern, welche mittels Boden und Deck zu einer Kastenkonstruktion ausgebildet wurden. Dieser ruht vorn auf dem hohl und elastisch gebauten Querträger, an dessen Außenenden die beiden vorderen Kufen sitzen. Die dritte Kufe befindet sich im Heck und ist drehbar gelagert, um der Steuerung zu dienen. Zur Betätigung werden oft Steuerräder mit Seilübertragung verwandt, doch findet man auch die gewöhnliche, einfache Ruderpinne. Im achteren Teil des Bootskörpers erkennt man die Steuerplicht, etwas weiter voraus liegt eine zweite Plicht für den Mitsegler.

Der amerikanische Typ sieht auf den ersten Blick dem europäischen durchaus ähnlich, wird jedoch in umgekehrter Form aufgebaut. Dabei steht der Mast am entgegengesetzten Ende und der Schlitten fährt mit der Steuerkufe voraus; der Stabilität erzeugende Querträger liegt dann achteraus.

Die meisten Eisyachten fahren eine moderne Kat-Takelung, verzichten also auf Vor- oder Beisegel. Das Großsegel wird mittels durchgehender Latten zu einem fast starren Gebilde geformt. Im vorliegenden Entwurf wurde der Mast drehbar gelagert und hohl ausgeführt, und zwar mit einem langgestreckten birnenförmigen Querschnitt. Da die sehr hohen Geschwindigkeiten eine äußerst schnelle und präzise Bedienung der Segel er-

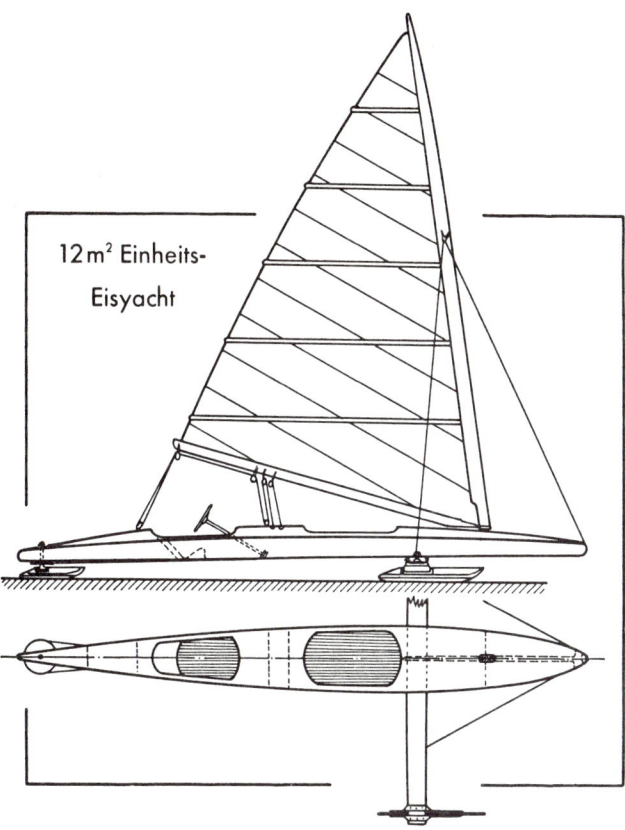

Abb. 227: Jede Eisyacht findet sich in ihrem Element, sobald sie die Windgeschwindigkeit bedeutend übertrifft. Dazu gehört nichts weiter als eine glatte Eisfläche.
Länge ü. alles .. 7,16 m   Segelfläche ..... 12,0 m²
Gesamtbreite .. 2,30 m

fordern, wurde je eine holende Part der Großschot in jede Plicht geführt, damit sowohl der Steuermann als auch der Mitsegler gleichzeitig das Großsegel fieren oder dichtholen können.

Das sportliche Segeln mit diesen eigenartigen Fahrzeugen verläuft ganz anders als das klassische Yachtsegeln. Eine Eisyacht wird niemals so hoch wie möglich am Wind zu segeln versuchen, weil sie auf solchen Kursen keine große Geschwindigkeit erreichen könnte. Erst beim Abfallen auf anscheinend raumere Kurse kommen ihre Möglichkeiten als unerhörter Schnellsegler voll zur Geltung. An letzter Stelle steht die Vor-Wind-Strecke, welche den langsamsten aller Kurse darstellt. Mit Dwarswind dagegen erzielt eine Eisyacht Geschwindigkeiten, welche um ein Mehrfaches die Windgeschwindigkeit übertreffen. Allerdings geht die Eisyacht dabei mit dichtgeholten Schoten wiederum sehr hoch an den nun stark von vorn einfallenden scheinbaren Wind. Dieser Kurs wirkt für hohe Fahrt gerade ebenso wie für normale langsame Segelyachten das Am-Wind-Segeln. Deshalb sollen Regattakurse für Eisyachten quer zur Windrichtung ausgelegt werden, denn nur dwars zum wahren Wind können diese ausgezeichneten Schnellsegler ihre Eigenschaften voll zur Geltung bringen.

Will man mit einer Eis- oder Strandyacht gute Höhe heraussegeln, um ein in Windrichtung gelegenes Ziel zu erreichen, so darf man auf keinen Fall so hoch wie möglich an den Wind gehen. Die erreichte Geschwindigkeit würde dabei nur enttäuschen. Eine normale Yacht segelt auf der Kreuz im Durchschnitt 4 Strich zum wahren Wind = 45 Grad. Bereits ein schnellsegelnder Katamaran kann, eben wegen seiner Geschwindigkeit, nicht diese gleiche Höhe laufen, sondern kommt rascher voran, wenn er etwa 5 Strich zum wahren Wind segelt = 56 Grad. Eine Eisyacht dagegen sollte nicht höher als 6 Strich zum Wind laufen = 67 Grad, weil sie mit dieser geringeren Höhe eine ganz bedeutend größere Fahrt erzielt.

Am deutlichsten aber zeigt sich der Unterschied zwischen normaler Yacht und Schnellsegler auf achterlichem Kurs. So darf eine Eisyacht niemals platt vor dem Wind gesegelt werden, denn ihre Fahrtgeschwindigkeit wäre dann notgedrungen geringer als die herrschende Windgeschwindigkeit. Stattdessen wird man einen etwas raumeren Kurs wählen und tatsächlich *vor dem Wind kreuzen*. Dieser Vorgang ist dem normalen Kreuzen am Wind durchaus ähnlich, doch da der Wind von achtern kommt, wird beim jedesmaligen Kurswechsel nicht über Stag gegangen sondern gehalst. Würde man auf einer Eisyacht einen Spinnaker zu setzen versuchen, würde dieser ein Schnellsegeln glatt unmöglich machen! Eine unter Spinnaker segelnde Eisyacht wäre bedeutend *langsamer* als eine vor dem Wind kreuzende.

Die sogenannten Strandsegler können nach denselben Prinzipien der Eisyacht gebaut werden, nur werden anstelle der Kufen richtige pneumatisch bereifte Räder verwandt. Für Sportflugzeuge gibt es Reifen kleinen Durchmessers, aber mit breiter Lauffläche, welche sich damit besonders gut für das Segeln auf sandiger

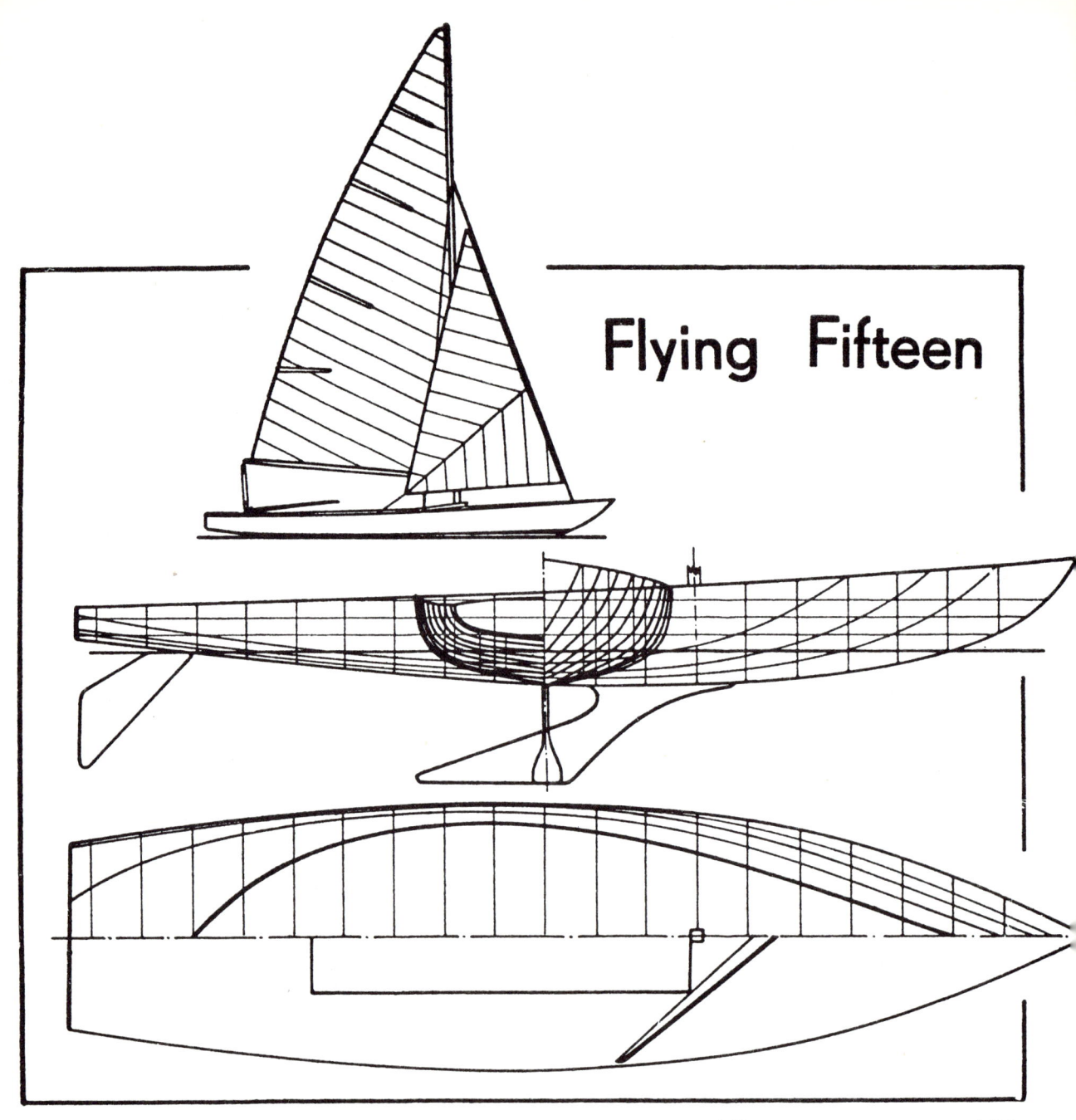

Abb. 228: Dieser flotte Segler, von Uffa Fox mit dem Namen „Flying Fifteen" entworfen, erfreut sich in England größerer Beliebtheit, erreicht aber nur selten oder kaum die Windgeschwindigkeit.

Länge ü. alles	6,09 m	Verdrängung	454 kg
Länge in der WL	4,57 m	Ballastgewicht	181 kg
Breite	1,52 m	Segelfläche	13,9 m²
Tiefgang	0,76 m		

Bahn eignen. Wie zu erwarten, erzielen Sandyachten nicht ganz so außergewöhnliche Geschwindigkeiten wie Eisyachten. Trotzdem erreicht man auch beim Landsegeln das köstliche Erlebnis einer hohen Geschwindigkeit unter rein natürlichem Windantrieb. Günstige Strandverhältnisse findet man gewöhnlich nur an Meeresküsten mit regelmäßigem, nicht zu kleinem Tidenhub. Bei Niedrigwasser steht dann für einige Stunden eine ausgezeichnete, glatte und feste Bahn zur Verfügung.

Sowohl an den Küsten Flanderns und Frieslands als auch in manchen Gegenden Englands wird das Strandsegeln eifrig betrieben. Die Bootskörper weisen sehr unterschiedliche Bauarten auf, wobei einesteils Sperrholzkonstruktionen ausgeführt werden, zum anderen aber auch Gebilde aus Metallrohren. Die Beanspru-

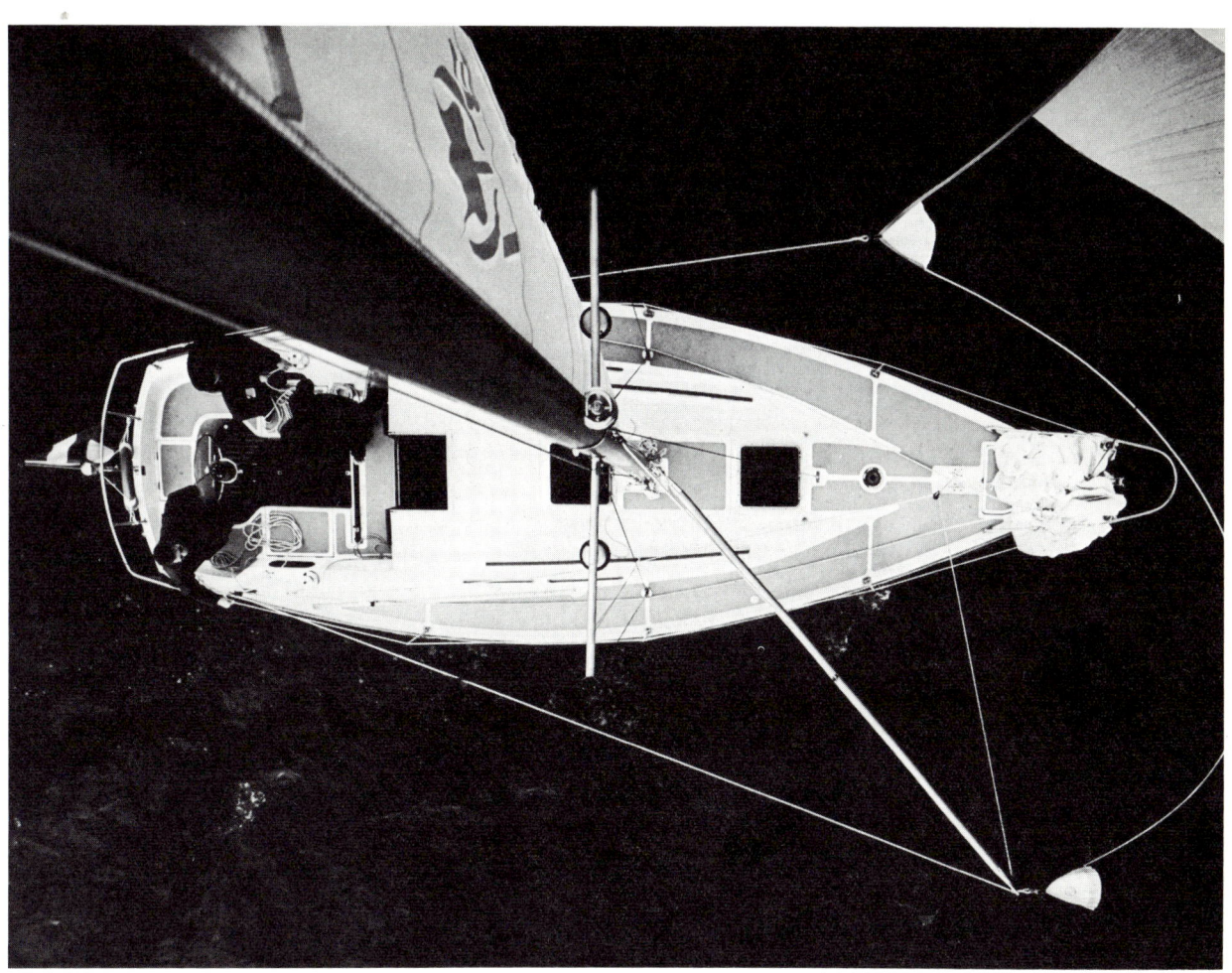

Foto 69: Decksansicht einer modernen schnellen Seekreuzeryacht. Die hier gezeigte „Contest 31 HT" von Conyplex, Holland, hat die Größe eines Halbtonners nach I.O.R. Man beachte die sehr ansprechende Schiffsform sowie die geräumige Plicht, mit Radsteuerung ausgerüstet. Länge ü. A. = 9,50 m, LWL = 7,50 m, Breite = 3,15 m, Tiefgang = 1,45 oder 1,75 m, je nach geplanter Verwendung.
Foto: Theo Kampa

chungen auf Rumpf und Takelage sind hier höher als beim Segeln auf dem Wasser, was der voreilige Erbauer eines solchen Fahrzeuges nur zu rasch erfahren wird.

Dem Eissegeln gegenüber hat das Strandsegeln den Reiz, daß es in der warmen Jahreszeit ausgeübt werden kann. Ferner ermöglicht es das Schnellsegeln an Gestaden, deren Gewässer niemals zum Gefrieren kommen. An der Atlantikküste Südamerikas gibt es weit ausgedehnte Strecken geeigneten festen Sandes, so daß man bei Niedrigwasser hunderte von Kilometern absegeln könnte. Hinzu kommt, daß die meist quer einfallenden Winde das Strandsegeln besonders begünstigen.

Bootsformen und Segel der Zukunft

Kann man die Geschwindigkeit segelnder Boote durch eine radikale Veränderung der Bootskörperformen erheblich vergrößern? Bis heute wurden die meisten Fortschritte nicht durch andere Formen der Bootskörper erzielt, sondern durch sehr leichte Bauweise. Die meisten Jollen sowie einige Kielboote kommen ins Gleiten dank der Leichtbauweise. Doch auch radikal geänderte Formen konnten sich bewähren, und zwar im modernen Katamaran und Trimaran. Sollte es noch radikalere Formen geben, die eine weitere Zunahme der Geschwindigkeit unter Segel ermöglichen?

Man kann getrost behaupten, daß die weitaus größte Zahl aller Verbesserungsversuche an der Unkenntnis der dynamischen Vorgänge in der Luft und mehr noch im Wasser scheiterten. Wieviele sogenannte Profilsegel wurden sogar auf geradezu lächerlichen Ruder- oder Yachtbeibooten versucht, womit sie von vornherein zum Scheitern verurteilt waren. Wieviel läßt sich überhaupt mit einem Profilsegel gewinnen, oder mit Tragflügeln unter dem Bootskörper? Diese Dinge sind der Rechnung ohne weiteres zugänglich, doch überall in der Welt versuchen Bastelpraktiker mit Erfindungsgeist, etwas ganz Neues, etwas Sensationelles vorzuführen.

Das schnellste im Wasser sich fortbewegende Segelboot der Gegenwart ist kein Katamaran, auch kein Trimaran, sondern ein Einrumpfboot, das nicht einmal als Gleitboot entworfen wurde. Auch wird es nicht von einem Profilsegel angetrieben, sondern von einer ganz normalen Slup-Takelung, bestehend aus Großsegel und Vorsegel. Das bereits genannte Boot CROSSBOW erreichte seine unerhörte Segelgeschwindigkeit erstens durch einen sehr, sehr schmalen Bootskörper von großer Länge und sehr geringem Gewicht, nämlich 18 m Länge und nur 56 cm Breite, und zweitens durch einen stabilisierenden Ausleger für Steuermann und Besatzung, der aber nicht das Wasser berühren durfte. Über die ausgelegte Strecke von 500 m Länge erreichte CROSSBOW nach mehreren Versuchen und bei günstigen Wind- und Wasserverhältnissen die großartige Geschwindigkeit von 54,0 km/h. An zweiter Stelle rangierte ein internationaler „Tornado"-Katamaran, der mit Tragflügeln unter dem Rumpf ausgerüstet war und auf eine Fahrt von genau 40,0 km/h kam. Beide Boote sind im normalen Sportsegeln nicht brauchbar. So wirken bei nachlassender Windstärke oder vergrößertem Bootsgewicht die Tragflügel nur als Bremse. Die CROSSBOW wurde noch viel extremer rein für die 500 m-Rennstrecke ersonnen. Sie ist für normales Segeln völlig unbrauchbar, gehorcht fast nicht dem Ruder und kann auch nur auf einem Bug, dem Backbordbug segeln, kann also nicht wenden und nicht vor dem Wind segeln. Während der Meßfahrten wurde die CROSSBOW ständig von einem Motorboot begleitet, das sie wieder zur Rennstrecke zurückschleppte, denn selbständig war sie dazu einfach nicht imstande.

Der britische Aerodynamiker Hugh Barkla ist schon häufig durch geistreiche Ideen hervorgetreten. Eine von diesen, an sich reizvoll und verlockend, wurde so gut wie möglich in zugehörender Zeichnung anhand von Barklas Skizzen dargestellt. Bei diesem geradezu revolutionären Entwurf eines segelnden Wasserfahrzeuges weichen sowohl der Bootskörper als auch die Takelung radikal von allem Hergebrachten ab. Eine extrem leichte Bauweise soll das Herausheben des Bootskörpers derart ermöglichen, daß er ausschließlich von seinen Schwimmern oder Gleitkörpern getragen wird. Auch der Formgebung über Wasser wurde die nötige Beachtung geschenkt, um den Luftwiderstand so niedrig wie möglich zu halten.

Weit auffallender dagegen ist die starre Mehrflügel-Besegelung des Zukunftsbootes von Barkla. In ihrer Grundidee sowie in ihrer Darstellung wirkt sie geradezu verlockend. Doch die praktische Seite ist sehr viel schwieriger zu lösen ... wenn überhaupt. Angenommen es gelänge, die ganze Struktur sehr leicht und doch aerodynamisch wirksam und technisch zuverlässig aufzubauen, wie sollte man dann im Sturm die Fläche verkleinern? Oder wie sollte man sie auf Vor-Wind-Kursen vergrößern, da sie dann doch auf jeden Fall zu klein ausfällt? Bis heute bleibt es deshalb nichts weiter als eine reizvolle Idee. Zwar wurde auch versucht, die Takelage in die Wirklichkeit zu bringen, doch war niemand daran interessiert, mit einer solchen Takelage ernstlich überhaupt zu segeln, und so wurden die Versuche schleunigst wieder abgebrochen.

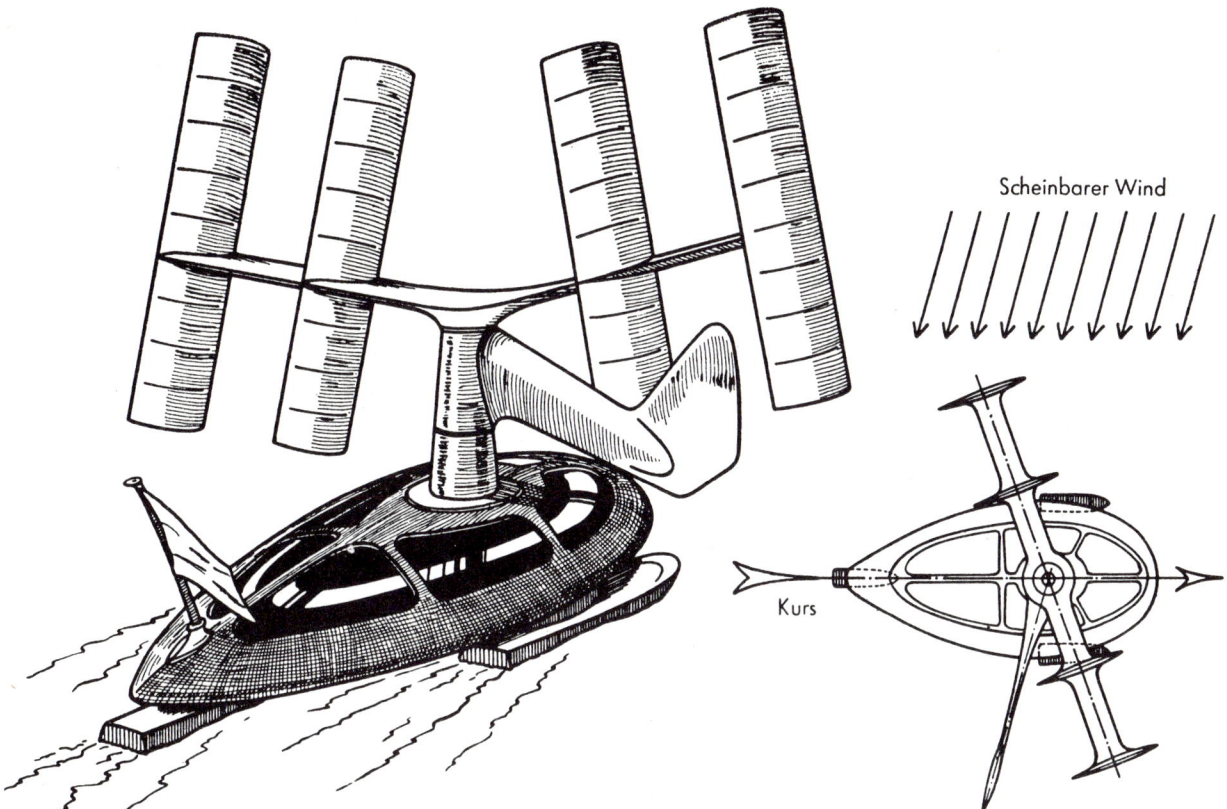

Abb. 229: Projekt eines Schnellseglers nach Ideen des Aerodynamikers Hugh Barkla. Aerodynamisch ist dieses Projekt höchst interessant, doch der Bootskörper müßte wohl mit Tragflächen unter Wasser ausgerüstet werden, um wirklich zu laufen.

Etwas mehr kann man sich dagegen von Tragflügeln unter dem Rumpf versprechen. Aber auch deren praktische Anwendung ist nur innerhalb eines viel zu engen Rahmens möglich, als daß der Normalsegler sich dafür interessieren könnte. Hier kurz die geschichtliche Entwicklung. In den fünfziger Jahren unternahm die Werft von Gordon Baker eine Reihe von Versuchen, eine normale Rennjolle mittels untergesetzter Tragflügel auf große Geschwindigkeit zu bringen. Auf Wunsch der Marineleitung der USA sollte festgestellt werden, ob Windantrieb allein genügen würde, den erforderlichen dynamischen Auftrieb zu erzielen. Wie in der zugehörenden Abbildung zu erkennen ist, gelangen die Versuche, und das Boot segelte bei passender Windstärke und Windrichtung mit sogenanntem totalen dynamischen Auftrieb. Ohne jede wirkliche Verdrängung sollen unter besonders günstigen Windverhältnissen angeblich bis zu 23 Knoten = 43 km/h Geschwindigkeit erreicht worden sein.

Dieses Hydrofoil-Segeln wurde später häufig wiederholt, und zwar vor allem mit Katamaranen statt Jollen. So gelang es bei den bereits genannten Höchstgeschwindigkeits-Segelversuchen einem mit solchen Tragflügeln ausgerüsteten Tornado-Katamaran, mit 21,6 Knoten = 40 km/h zweitschnellstes Boot über die ganze 500-m-Strecke zu werden. Woraus zu schließen ist, daß Bakers Boot die 23 Knoten nur für kurze Momente und wahrscheinlich auch nur mit unzuverlässigem Speedometer erreichte. Das Tragflächensegeln ist heute nicht mehr schwierig, doch die Grundbedingungen blieben unverändert: nur bei geeigneten Windstärken, auf raumen Kursen und bei annähernd glattem Wasser. Ein Kreuzen wie überhaupt ein längeres Segeln auf Tragflächen ist aber noch niemandem gelungen. Daher sind auch bei den 4 Katamaran-Klassen solche Tragflügel absolut erlaubt, werden aber nicht angewandt, weil ihr bremsendes Hindernis auf ungünstigen Kursen das Boot viel stärker belastet, als der Ge-

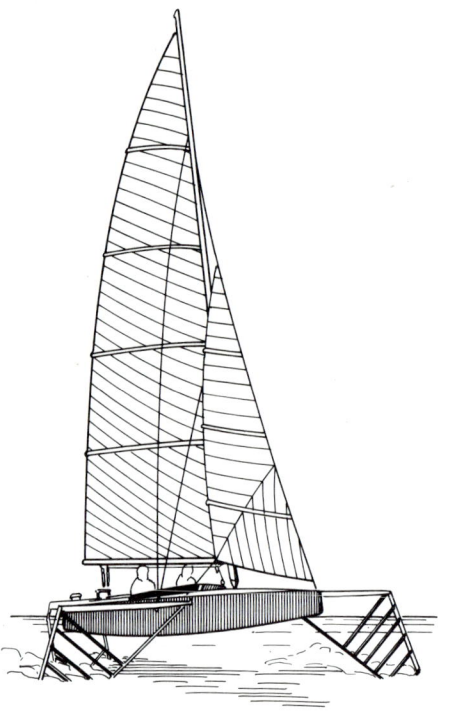

Abb. 230: Dem Bootsbauer Gordon Baker, USA, gelang es bereits vor vielen Jahren, mit großer Geschwindigkeit auf Tragflügeln zu segeln. Inzwischen wurden zahlreiche Versuche unternommen, die auch Erfolg hatten, sofern Wind und Kurs günstig standen. Doch der Segel-Geschwindigkeitsrekord wurde von einem sehr langen, schlanken Verdrängungsboot erzielt.

winn auf günstigen Kursen einbringt. Ein „Tornado" ohne Tragflächen erzielte auf der Meßstrecke gerade 2 Knoten weniger als derjenige mit Tragflächen; das ist viel zuwenig, um auf anderen Kursen den starken Verlust aufzuwiegen. Nur der Kurs zwischen Dwarswind und Backstagsbrise eignet sich heute zum Segeln auf solchen verbesserten und verfeinerten Tragflächen. Auch in der Besegelung ist nichts grundlegend anderes und besseres erschienen, als die normale Yachtbesegelung mit normalem Großsegel und zahlreichen Vorsegeln. Denn gerade die Verschiedenartigkeit der Vorsegel macht diese Besegelung unerhört anpassungsfähig an Windstärken und Kurse. Daß ein sogenanntes *starres Segel* bei Kursen am Wind ein kleines Plus an Vortrieb erzielen könnte, wird wohl von niemandem bestritten. Doch der Schwierigkeiten sind viel zu viele: Wie soll das Profil für jeden Bug unsymmetrisch verändert werden, wie soll es gesetzt, gerefft, geborgen, wie den verschiedenen Kursrichtungen angepaßt werden? Selbst symmetrische Profile können solche Anpassungen nicht hergeben, wieviel weniger erst die dynamisch besseren unsymmetrischen. Das gewöhnliche Yachtsegel paßt sich von selbst immer dem unsymmetrischen Profil an und hat auch sonst alle, aber auch alle gewünschten Eigenschaften, außer dem wirklich minimalen Plus an größerem Vortrieb, den es bei Fahrt am Wind erzielen könnte.

Eine weitere häufig versuchte, aber nie gelungene Verbesserung bezieht sich auf die Absicht, einen Windantrieb herauszufinden, der zwar Vortrieb, aber keinerlei Krängung erzeugt. Mancher Erfinder glaubte schon, einen Vortrieb unter Ausschaltung der Krängung erzielt zu haben, bis eine plötzliche Bö sein Boot zum Kentern brachte und ihm in anschaulicher Form bewies, daß er sich auf dem falschen Wege befand.

Gelänge es tatsächlich, vom Wind einen Vortrieb zu erreichen, ohne eine krängende Wirkung zu erleiden, so würde ein geradezu umwälzender Fortschritt das gesamte Segeln revolutionieren. Gelänge es, jeden krängenden Einfluß auszuschalten, so würde diese bis jetzt noch nicht erfundene Besegelung in der Lage sein, mit jeder beliebigen Flächengröße jedem Boot riesig große Vortriebskräfte zu erteilen. Gewaltige Geschwindigkeiten könnten erzielt werden, und jedes Reffen wäre überflüssig.

Trotz allem, eine vertiefende Überlegung führt zu dem Schluß, daß eine derartige krängungsfreie Besegelung eine Utopie darstellt. Damit der Wind in die Lage versetzt wird, überhaupt irgendeinen Vortrieb auszuüben, muß er aus seiner Bahn abgelenkt werden. Stellt man ihm eine Fläche in den Weg, z. B. ein Segel, so übt er auf diese Fläche eine Kraft als Folge der Ablenkung aus. Gleichgültig, welche Form oder Anordnung man für eine solche Fläche finden könnte, sie müßte notgedrungen über Wasser liegen. Jede vom Wind erzeugte Kraft müßte also notgedrungen über Wasser aufgefangen werden. Das fahrende Boot hingegen erzeugt ebenfalls notgedrungen seinen Fahrtwiderstand unter Wasser. Folglich muß jede Kraft, welche in irgendeiner Höhe über dem Wasser angreift, auf den Bootskörper eine krängende Wirkung ausüben, welche je nach Kurs entweder quer zum Boot wirkt oder auch längs, aber stets krängend.

Viele aerodynamische Versuchsanstalten haben Flü-

Foto 70: Diese auf eine Jolle gesetzte Versuchsbesegelung wurde erdacht, um außer dem Vortrieb eine nach oben gerichtete Komponente zu erzielen, um den krängenden Effekt des Windes zu verringern oder gar auszuschalten. Diese sogenannte Drachenbesegelung wurde von S. Neppert, Bremen, konstruiert und erbaut. Foto: Schröder

gelprofile im Windkanal untersucht, und zwar meistens für die im Flugzeugbau erforderlichen kleinen Anstellwinkel. Mancher Erfinder hat sich dadurch auf Abwege leiten lassen, zahlreiche Profilsegel wurden versuchsweise hergestellt, aber ein patentes brauchbares Segel ist bis heute nicht daraus entstanden. Ja, es sieht geradezu so aus, als ob die meisten Segler einschließlich des Verfassers keinerlei kompliziertere, wenn auch aerodynamisch vielleicht günstigere Vortriebsmittel wünschen, um dem Segelsport seinen aufs wunderbarste verfeinerten Reiz zu erhalten.

Daß aber an der heute als normal geltenden klassischen Besegelung langsam aber stetig Verbesserungen auftreten werden, sei es durch Änderung der Form, Verringerung des Gewichts der gesamten Takelage oder Vereinfachung der Bedienung, ist wohl als absolut sicher anzunehmen. Dadurch wird auch ein nach und nach sich steigernder Vortrieb auf die ebenfalls verbesserten Bootskörper der Yachten ausgeübt werden.

Anfänge der Hochseerennen

Bis gegen Ende des vorigen Jahrhunderts wurden von Sportseglern nur selten Fahrten außerhalb der Sicht von Küsten ausgeführt. Das Hochseesegeln, so glaubte man, wäre nur mit großen Yachten ohne zuviel Risiko möglich, wobei man an Längen von mindestens 30 m dachte.

So wie Kolumbus als der Urvater der Schiffahrt auf hoher See betrachtet wird, wird der kleinen Yacht SPRAY das Verdienst zuerkannt, der Welt die Augen über die Möglichkeiten des sportlichen Hochseesegelns geöffnet zu haben. Bevor ihr entschlossener Kapitän Joshua Slocum in den Jahren 1895 bis 1898 die kleine SRPAY über die Sieben Meere der Welt führte, hatten nur drei rein durch Zufall entstandene Ozean-Rennen stattgefunden. Die an ihnen beteiligten Yachten wiesen beachtliche Größen auf und wurden von einer vielköpfigen Berufsmannschaft bedient. Die kleinste dieser Yachten, der Schuner VESTA, besaß eine Länge über alles von 32 m, in der WL von 30,20 m und eine Breite von 7,60 m.

Der Eigner einer solchen großen Yacht muß sich ähnlich einem Rennstallbesitzer gefühlt haben. Dieser führte ja niemals als Jockei ein Pferd zum Siege, und so wurden auch viele große Yachten unter dem Kommando eines bezahlten Kapitäns gesegelt, ohne daß der Eigner überhaupt an Bord sein mußte.

Das erste richtige Hochseerennen aller Zeiten wurde im Jahre 1866 ausgetragen, und zwar als Folge einer Wette um 90 000 Dollar. Als besondere Erschwerung wurde bestimmt, daß es in der ungünstigsten Zeit des Jahres gesegelt werden sollte, nämlich im Dezember über den Nordatlantik. Start: 11. Dezember 1866, Ziel: Insel Wight, England. Drei große Yachten nahmen an diesem Rennen teil, doch nur einer der Eigner befand sich an Bord seiner Yacht. Er war mit 25 Jahren der jüngste der drei. Sein Mut wurde damals viel bewundert, und so wurde er auch beim Start durch reichlichen Beifall geehrt. Allerdings sei ausdrücklich darauf hingewiesen, daß die Yachten damaliger Zeiten keinen festen Ballastkiel besaßen, also durchaus nicht als besonders seetüchtig zu bezeichnen wären.

Alle drei Yachten namens HENRIETTA, FLEETWING und VESTA erreichten das Ziel am gleichen Weihnachtstage 1866 mit nur 9 Stunden Zeitunterschied. Ein tragischer Unglücksfall beschattete diese wahrhaft großartige sportliche Leistung der Anfangszeiten. In einer stürmischen Nacht brach eine hohe See über das Deck der FLEETWING hinweg und spülte zwei Bootsleute und vier Matrosen über Bord. Fünf Stunden lang kreuzte die Yacht in der Nähe herum, um nach den vermißten Leuten zu suchen. Sie manövrierte mit stark gerefftem Tuch unter erschwerten Wetterverhältnissen, doch konnte keiner der Leute wiedergefunden und gerettet werden.

Foto 71: Diese Aufnahme aus der Möwen-Perspektive zeigt den gleichen „Columbia 41" Motorsegler des Fotos Nr. 24. Man erkennt die elegante yachtmäßige Rumpfform und den vorzüglichen Sitz der Am-Wind-Besegelung. Als Motorsegler zeigt er ungewöhnlich gute Segeleigenschaften.   Foto: Columbia Yachts, California

Abb. 231: Die als Vollschiff getakelte große Yacht VALHALLA nahm ebenfalls am Transatlantik-Rennen des Jahres 1905 teil, wo sie die größte, aber keineswegs schnellste aller Yachten war. Doch ihre Besegelung begeisterte das Auge der Sportler, war sie doch die einzige jemals als Vollschiff getakelte Yacht. Länge ü. alles: 74,70 m, Breite: 11,20 m.

Vier Jahre später wurde ein zweites Transatlantik-Rennen veranstaltet, und zwar in umgekehrter Richtung. Im Juli des Jahres 1870 starteten in Irland die britische Yacht CAMBRIA und die amerikanische DAUNTLESS zum Rennen nach Sandy Hook in der Nähe von New York. Beide Yachten waren etwa 36 m lang, eine Größe, die damals als durchaus normal galt. Sie trugen somit das erste *internationale Hochseerennen* aus, das schließlich von der britischen Yacht CAMBRIA gewonnen wurde. Diese versuchte kurz danach, den America-Pokal für England zurückzugewinnen, doch war ihr bei dieser ersten Herausforderung ebensowenig Erfolg beschieden wie bei allen nachfolgenden Herausforderungen Englands, Kanadas, Australiens und Frankreichs, bis auf den heutigen Tag.

Gewichtsmäßig betrachtet war die Takelage damaliger Yachten unvorstellbar schwer. Hohle Masten waren ebenso unbekannt wie Winden zur Bedienung der Fallen oder Schoten. Kein Fall wurde aus biegsamem, leicht bedienbaren Stahldraht angefertigt. Statt dessen wurde Hanftauwerk durch zahlreiche, auch nicht gerade leichtgehende Blöcke geschoren, um mit Hilfe zahlreicher Hände ein Großsegel zu setzen, und zwar stets ein Gaffel-Großsegel. Die Masten waren nur 18 bis 20 m lang, doch fuhren sie im Topp noch eine Stenge von etwa 10 m zusätzlicher Länge. Die Stenge wurde bei schlechtem Wetter weggefiert und an Deck festgezurrt.

Nach dem dritten, durchaus ähnlichen Hochseerennen von 1887 fand das vierte im Jahre 1905 statt. Es wurde von der ersten *modernen* Yacht gewonnen, dem berühmten Dreimastschuner ATLANTIC. Sie stand unter der Führung des verwegensten, erfahrensten und bewunderungswürdigsten Berufs-Yachtkapitäns aller Zeiten, dem unvergeßlichen Charley Barr. Wie gesagt, war die ATLANTIC die erste sehr moderne Hochsee-Rennyacht, deren wohlgelungene Form das Auge der Beschauer begeisterte. Zwar war auch sie noch nur mit Innenballast entworfen und gebaut worden, doch wurde sie kurz vor dem großen Rennen umgeändert und mit Außenballast versehen. Sie trug eine Am-Wind-Segelfläche von 1720 m² auf einem Schiffskör-

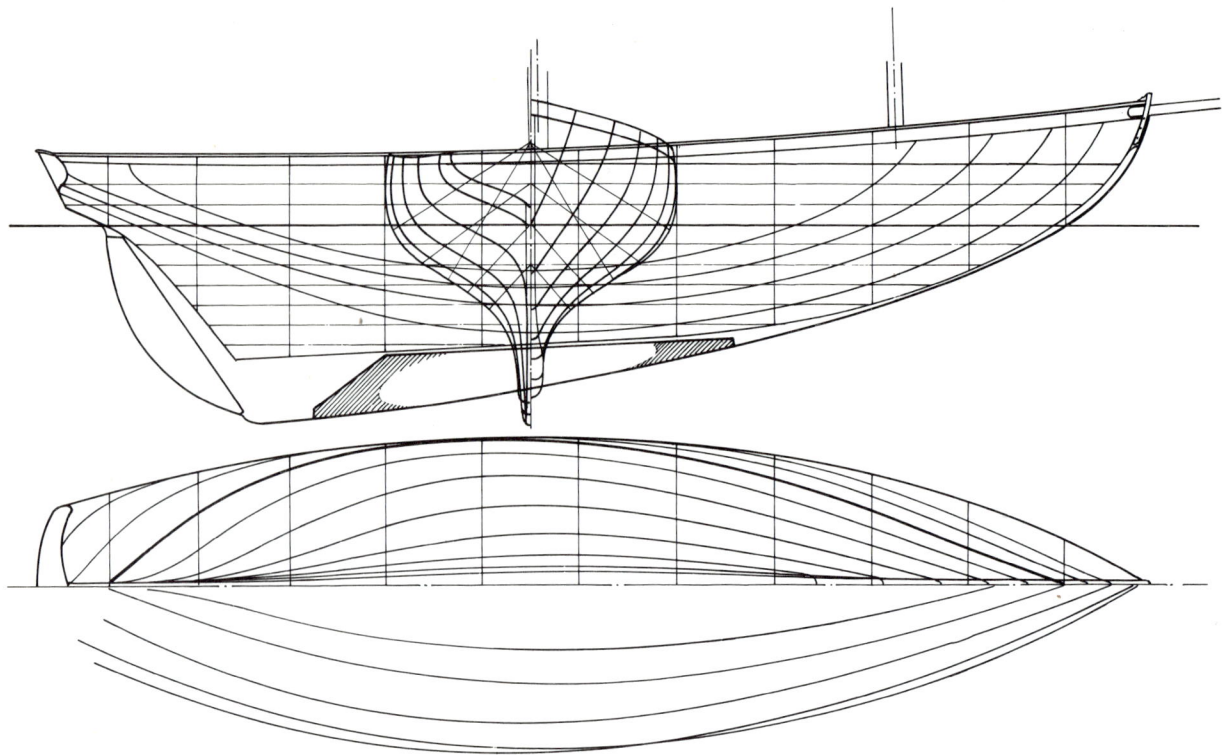

Abb. 232: Linienriß des berühmten Stagsegel-Schuners Niña *entworfen im Jahre 1928 von W. Starling Burgess und Henry Gruber. Die* Niña *gilt als die erste Ozean-Rennkreuzeryacht, welche ausdrücklich für ein Transatlantikrennen in die damals geltende Ausgleichsformel hinein entworfen wurde. Sie gewann mit großer Überlegenheit das erste Transatlantikrennen moderner Auffassung. Segelriß siehe Abb. 117.*

per von den respaktablen Abmessungen von 57,00 m Länge über alles, 41,80 m WL-Länge, 8,85 m Breite und 4,57 m Tiefgang.

Charley Barr, ihr unermüdlicher Kapitän und Steuermann, erlaubte in keinem Moment ein Nachlassen oder gar Beidrehen. Obwohl der Wind unaufhörlich zunahm und sich zum Sturm auswuchs, folgte er nicht dem Wunsche des an Bord befindlichen Eigners und seiner sechs Gäste, einige Segel zu bergen oder beizudrehen. Zu keiner Tag- oder Nachtstunde hatte er auch nur einen einzigen Quadratmeter Tuch zu wenig stehen; niemals verlor er eine Sekunde, um einen Entschluß zu fassen oder ein Segelmanöver anzuordnen. So erzielte die ATLANTIC ein größtes Etmal von 341 Seemeilen. Aber auch das kleinste an einem Flautentage gesegelte Etmal von 112 Seemeilen stellt immer noch einen beachtlichen Gewinn in Richtung des Ziels das. Stets zur Höchstleistung gezwungen, stellte diese große Yacht einen Rekord für die Atlantik-Überquerung unter Segel auf, welcher bis auf den heutigen Tag, Anfang 1974, nicht unterboten wurde:

12 Tage, 4 Stunden, 1 Minute, 19 Sekunden

für die 3014 Seemeilen lange Strecke von Sandy Hook zum Cap Lizard an der Südwestspitze Englands.

Als unmittelbare Folge dieses Atlantikrennens entstand ein reges Interesse am Hochseesegeln. Thomas Fleming Day, Herausgeber der Zeitschrift „The Rudder" und erfahrener Seesegler, organisierte für das darauffolgende Jahr ein Hochseerennen nach den Bermuda-Inseln, das er auch mit seiner TAMERLANE gewann. Damit legte er den Grundstein für das älteste, stets wiederholte traditionelle Hochseerennen, das unter dem Namen „Bermuda-Rennen" für viele nachfolgende Rennen in manchen Teilen der Welt als Vorbild diente. Dieses mitzusegeln, gilt für viele Sportsegler als der Gipfel ihrer seglerischen Tätigkeit.

Erst viele Jahre später, nämlich im Jahre 1928, wurde das erste auch für kleinere Yachten bestimmte Transatlantik-Rennen organisiert. Die Größe der teilnehmenden Yachten wurde in zwei Gruppen aufgeteilt, deren größere alle Yachten mit mehr als 16,75 m WL-Länge umfaßte. In der kleineren Klasse waren Boote zwischen 10,65 und 16,75 m WL-Länge zugelassen. Daß man den *kleinen* Yachten überhaupt eine Teilnahme ermöglichte, galt damals als unerhörtes Risiko und große Neuerung für ein solches Rennen. Es war das letzte Hochseerennen, bei welchem die großen Klassen eine vielköpfige Berufsmannschaft und einen bezahlten Yachtkapitän mitführen durften. Es war aber auch das erste Hochseerennen, bei welchem die kleineren Yachten fast ausschließlich von Amateuren bemannt und vor allem geführt wurden. Schließlich war es auch das erste Rennen dieser Art, bei dem eine Ausgleichsformel für die Ergebnisse der kleineren Klasse angewandt wurde. Und noch eine Besonderheit: Zum ersten Mal wurde eine Seekreuzeryacht ausdrücklich für ein solches Rennen entworfen und gebaut, unter vollster Ausnutzung aller Faktoren, welche bei der Vermessung günstig abschneiden würden.

Einer Anregung König Alfons' XIII. von Spanien folgend, wurde das Rennen des Jahres 1928 zwischen New York und Santander gesegelt. Es wurde von der berühmten NIÑA gewonnen, die zur Gruppe der kleineren Yachten gehörte, aber auch sämtliche Yachten der größeren Klasse übertraf, und zwar auch an gesegelter Zeit. Sie war eigens für die Teilnahme an diesem Rennen entworfen und erbaut worden. Auch wurde in diesem Rennen zum ersten Mal der Amateur-Hochseesegler entdeckt und für fähig befunden, kleine Yachten im Rennen mit erstaunlicher Sicherheit über die unendliche Weite des Ozeans zum Ziel zu segeln.

Rasch wuchs nunmehr das Interesse an Hochseerennen mit kleinen Yachten. Als im Jahre 1931 ein solches zwischen Newport, USA, und Plymouth, England, ausgeschrieben wurde, meldeten sich nicht weniger als zehn Teilnehmer. Von diesen wurden acht Yachten eigens für dieses Rennen konstruiert und gebaut. Eine der kleinsten teilnehmenden Yachten namens DORADE erzielte einen eindrucksvollen Überraschungssieg. Übertraf sie doch in großartiger Form die größeren Favoriten HIGHLAND LIGHT und LANDFALL, ebenfalls Boote, die für dieses Rennen entworfen und gebaut worden waren. Der aufsehenerregende Sieg der DORADE lag teils an dem von ihr gesegelten, stark nach

Foto 72: Die argentinische Yacht GAUCHO stellt einen Vertreter der Art der norwegischen Doppelender nach Colin Archer dar. Mit ihrer lebensfrohen argentinischen Besatzung kreuzte sie jahrelang die Meere der Welt, vor allem den Nordatlantik, wofür ihr auch das ‚Blaue Band der Ozeansegler' verliehen wurde. Entworfen von Manuel M. Campos, Buenos Aires, ähnelt sie sehr der in Abb. 196 dargestellten LEHG II des Weltumseglers Vito Dumas, aber auch der britischen Yacht SUHAILI, die das erste ‚Einhandrennen um die Welt' gewann.
Foto: Roberto Uriburu

Norden orientierten Kurs, aber zu ebenso großem Teil auch an dem unermüdlichen Eifer, mit dem die kleine Yacht Tag und Nacht gesegelt wurde. An Bord befanden sich, als 23jähriger, ihr heute berühmter Konstrukteur Olin Stephens, sein jüngerer Bruder Rodrick, der Vater der beiden, und drei weitere Amateure.

Moderne Hochseerennen

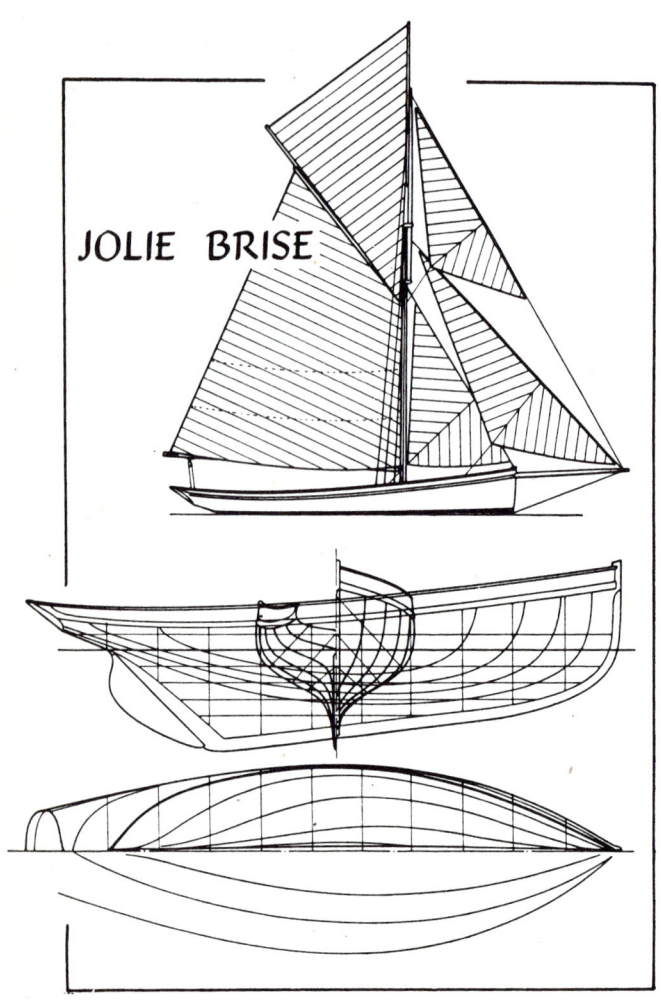

Abb. 233: Die kuttergetakelte Hochseeyacht JOLIE BRISE begann ihre Existenz als Lotsenkutter von Le Havre. Sie konnte als Yacht eine ungewöhnlich erfolgreiche Laufbahn zurücklegen, nahm sie doch an zahlreichen Hochseerennen teil und gewann insgesamt dreimal das Fastnet-Rennen, nämlich 1925, 1929 und 1930.

Als im Jahre 1925 das erste Rennen zum Fastnet-Felsen vor der Südspitze Irlands organisiert wurde, fehlte es nicht an Stimmen, die vor dieser *unerhört gefahrvollen* Strecke warnten. Es wäre eine „unverzeihliche Verrücktheit", kleine Yachten mit Amateurbesatzung ein solches Risiko laufen zu lassen, so hieß es. Man weissagte Massen-Schiffbruch an Englands steiniger Südküste oder den Felsen der Scilly-Inseln. Mindestens wären schwere Schäden durch Havarie an Booten und Takelagen zu erwarten. Trotzdem setzte sich die sportliche Einstellung der Organisatoren durch, und damit wurde eine Rennserie geboren, deren Ausweitung zu den Admirals-Pokal-Rennen heute geradezu als die Weltmeisterschaft der Hochseesegler gewertet wird.

Man glaubt allgemein, daß der Anfang zu den regelmäßigen Hochseerennen im Jahre 1906 mit dem Bermuda-Rennen gemacht wurde. Doch im gleichen Jahre begann auch das sehr wichtige Hochseerennen im Pazifik, das von einem amerikanischen Hafen in Kalifornien, meist San Francisco oder Los Angeles, ausgeht und nach Hawaii führt, und zwar zum Hafen von Honolulu. Und schließlich könnte man noch weiter zurückgreifen, denn auf den Großen Seen der Vereinigten Staaten wird das Chicago-Mackinnac-Rennen schon seit 1898 regelmäßig in jedem Jahr gesegelt. Zwar wird es nur auf dem Süßwasser-Michigansee ausgesegelt, doch ist dieser fast ebenso groß wie der Hauptteil der Ostsee, zwischen Bornholm im Süden und den Aalands-Inseln im Norden. So wird dieses Rennen mit Recht zu den Seerennen gerechnet.

Als das Fastnet-Rennen im Jahre 1925 eingeführt wurde, war es nur als rein britische Angelegenheit geplant, d. h., es fand jedes Jahr statt, ohne Rücksicht auf andere wichtige Hochseerennen. Doch es dauerte nicht allzu lange, bis die gegenseitigen Interessen erwachten. Amerikanische Hochseesegler wollten es gern einmal in Europa „versuchen" und britische in Amerika, und so wurde das Fastnet-Rennen nach 1931 auf jedes zweite Jahr festgelegt, das mit ungerader Zahl endet. Umgekehrt wurde das Bermudarennen in den geradzahligen Jahren ausgesegelt. Wie schon früher erklärt wurde, ergab sich aus dieser gegenseitigen regattamäßigen Übereinkunft ein reger Austausch von Erfahrungen und Beobachtungen, die schließlich und endlich zur Einführung der international fast auf der ganzen Welt anerkannten I.O.R.-Bewertung von Hochseekreuzeryachten führte.

Doch auch auf der südlichen Erdhalbkugel war allmählich ein reges Interesse am Hochseesegeln erwacht, angeregt durch die stark zunehmende internationale Beteiligung *dort im fernen Norden*. So begründeten die australischen Segler im Jahre 1945 das jedes Jahr wiederholte Rennen von Sydney auf dem Festland nach Hobart auf der im Süden vorgelagerten Insel Tasmanien. Dieses große Südpazifikrennen kann regelmäßig mit ausländischen Teilnehmern rechnen, nicht nur aus dem nicht sehr fernen Neuseeland, sondern auch aus England und den Vereinigten Staaten.

Ein weiteres regelmäßiges Ereignis der südlichen Erdhälfte kam 1947 mit dem Rennen von Buenos Aires nach Rio de Janeiro hinzu. Auch dieses wurde zu einem großen Erfolg, denn sowohl Argentinien als auch Brasilien sind zwei segelsportlich sehr aktive Länder. So gibt es auch jedesmal wieder Teilnehmer aus dem *fernen Norden*, vor allem aus England, Deutschland und den Vereinigten Staaten.

Die Ankunft in Rio de Janeiro wird stets so gelegt, daß das Rennen vor dem Beginn des großartigen *Carnavals von Rio* zu Ende geht. So genießen die rauhen Seeleute nach 1200 Seemeilen Seefahrt im Südatlantik ein in der Welt einmaliges Schauspiel, den brasilianischen Karneval. Sein Anzugsmoment ist so groß, daß in jüngster Zeit sogar die Segler Südafrikas ein Hochseerennen nach Rio de Janeiro veranstalteten. Es wurde im Jahre 1971 mit dem Namen *Kapstadt-Rio de Janeiro-Rennen* eingeführt und im Jahre 1973 wiederholt, so groß war der Anklang des Kurses über den Südatlantik. Die internationale Beteiligung war auf Anhieb unerwartet groß, niemand ließ sich von der großen Distanz von 3800 Seemeilen abschrecken. Sowohl die Südafrikanische Republik mit Kapstadt als Start als auch das malerische Rio de Janeiro mit seinem berühmten Februar-Karneval und der höchst attraktiven Bucht von Guanabara lockten die Hochseesegler aus den entferntesten Winkeln der Welt heran.

Lassen sich diese großen Entfernungen für Yachtrennen überhaupt noch überbieten? Das in Zukunft regelmäßig zu wiederholende Kapstadt-Rio-Rennen führt bereits über eine größere Distanz als das ohne Regelmäßigkeit stattfindende Transatlantik-Rennen im Norden. Und doch fand die Einladung zum ersten Yachtrennen „Um die Welt" ein geradezu unglaubliches Echo. Hierbei geht es über 26 700 Seemeilen, beginnend in Portsmouth, England, zunächst nach

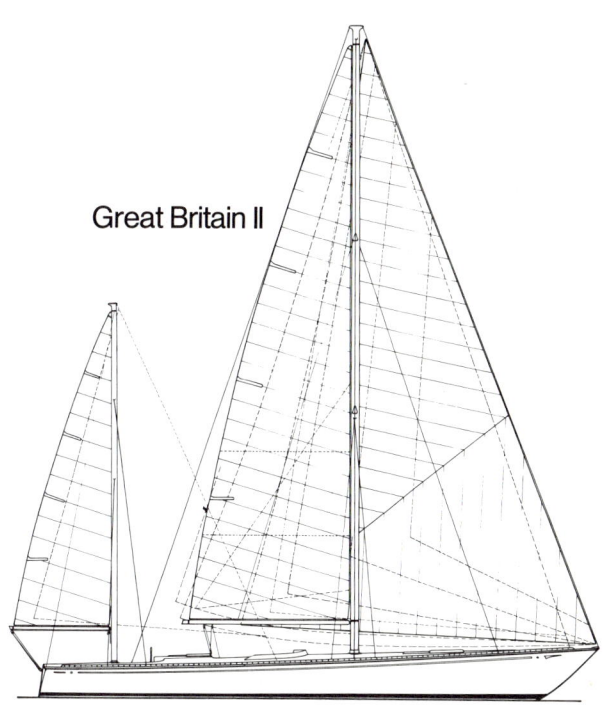

Abb. 234: Segelt man im Wettrennen um die Welt, und sei es dazu auch um Kap Horn herum, so hat der frühere, schwere Hochseekreuzer ausgespielt. Hier wird der Segelriß der Great Britain II *gezeigt, ein sehr leicht gebauter, ozeanischer Schnellsegler mit vielen Beisegeln für leichtes Wetter. Die Yacht wurde von Alan Gurney entworfen und sehr stark an die bewährte* Windward Passage *des gleichen Konstrukteurs angelehnt, vergleiche Abb. 184 und 185. Die Hauptabmessungen der* Great Britain II, *Rennwert 69,2 Fuß, sind:*

Länge ü. alles ... 23,55 m   Verdrängung .. 33 200 kg
Länge in der W L 20,80 m   Ballast .... 15 600 kg
Breite .... 5,62 m   Ballastanteil .. 47,0 %
Tiefgang .... 2,98 m   Segelfläche ... 235 m²

Die Yacht wurde in GFK-Sandwichbauweise erstellt und mit einem 72-PS-Ford-Dieselmotor ausgerüstet. Ihr Steuermann Chay Blyth hatte bereits vorher die gleiche Strecke mit der Yacht British Steel *einhand gesegelt, wenn auch in umgekehrter Richtung. Seine Mannschaft bestand aus disziplingewohnten, aber seglerisch unerfahrenen britischen Fallschirmjägern. Die Inneneinrichtung unterscheidet sich nur unwesentlich von derjenigen der* Windward Passage *Abb. 185.*

Kapstadt, Südafrika. Nach erneutem Start dort geht es weiter nach Sydney, Australien. Die dritte Teilstrecke geht von dort auf sehr langem Kurs bis Rio de Janeiro und weiter zum Endspurt nach Portsmouth, den Startpunkt als Ziel anlaufend.

Während diese Zeilen niedergeschrieben werden, befindet sich dieses *Whitbread Round the World Race* in vollem Gang. Nicht weniger als 18 Hochseeyachten starteten am 8. September 1973 in Portsmouth, alle in

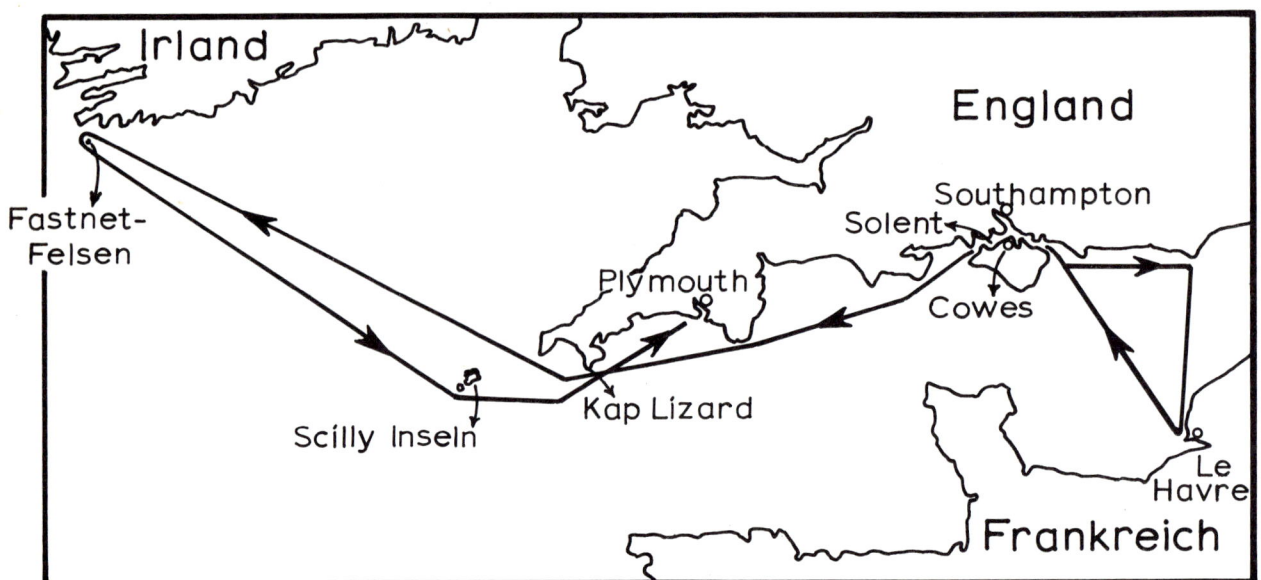

Abb. 235: Die Rennen um den berühmten „Admirals-Pokal" beginnen mit dem Channel-Race, dessen dreieckig ausgelegter Kurs von 220 sm rechts erkennbar ist. Danach folgen zwei 30-sm-Rennen vor Cowes, und als Abschluß wird der 605-Seemeilen-Kurs zum Fastnet-Felsen gesegelt, mit Ziel in Plymouth.

Klasse I mit einem I.O.R.-Meßwert zwischen 33 und 70 Fuß. Die drei größten Yachten, zugleich Favoriten in der Vorausschau, wurde nach I.O.R. zu 69,2 Fuß, 64,4 Fuß und 61,9 Fuß vermessen. In Länge über alles gemessen reicht das Band der Teilnehmer von der größten fast 25 m langen BURTON CUTTER mit dem erfolgreichen Atlantik-Segler Leslie Williams bis zu den drei kleinsten mit je 13,70 m Länge. Die teilnehmenden Boote verteilen sich auf folgende Nationen: Großbritannien 5, Frankreich 4, Italien 3, Westdeutschland 2, Polen 2, Mexico 1 und Südafrika 1. Zehn Yachten waren als Ketsch getakelt, vier als Yawl, drei als Slup und eine einzige als Schuner.

Die Baumaterialien verteilten sich praktisch auf alles, was heute ausführbar und bewährt ist: sechs Yachten in GFK, vier in Stahl, drei in Aluminium, zwei in Glasharz-Sandwich, zwei in klassischer Holzbauweise und eine in formverleimtem Sperrholz. Die bei den verschiedenen Yachtgrößen notwendige Zeitvergütung wurde nach dem System Zeit über Distanz errechnet. Als Nullboot oder Scratch ergab sich die große GREAT BRITAIN II, entworfen von Alan Gurney und gesegelt vom bewährten Chay Blyth mit seiner Fallschirmjäger-Mannschaft, zugleich heißer Favorit. Allein auf der ersten Teilstrecke gab sie den kleinsten, 13,70 m langen Yachten eine Zeitvergütung von fast genau 10 Tagen. Hätte Eric Tabarly nicht gleich zu Anfang Mastbruch erlitten, wären seine Aussichten mit der neuen PEN DUICK VI bestimmt die gleichen gewesen. Da seine von André Mauric entworfene Aluminiumyacht nach I.O.R. über 7 Fuß weniger vermaß, bekam er für die erste Teilstrecke eine Vergütung gegenüber

Foto 73: Eine erfolgreiche Admirals-Pokal-Yacht, in Argentinien vom jungen German Frers entworfen und in Mehrschicht-Holzverleimung auch dort in Rekordzeit erbaut. Die RECLUTA III ist 14,75 m lang, 4,25 m breit und trägt 98,6 m² Am-Wind-Segelfläche. Sie erhielt vor der breiten Achterplicht für Steuermann und Navigator eine schmale, aber lang nach vorn gestreckte zweite Plicht für die Mannschaft, wie gut im Bild erkennbar ist; vergleiche Zeichnung in Abb. 236.   *Foto: Beken, Cowes*

dem Nullboot von rund 1,3 Tagen. Doch diesem wohl erfahrensten und energischsten aller Hochsee-Rennsegler verdarb ein Mastbruch alle Hoffnungen für die erste Teilstrecke. Er mußte Rio de Janeiro unter Hilfsmotor anlaufen, um einen neuen, per Flugzeug nachgeschickten Mast zu setzen. Erst am Ende der Gesamtstrecke, geschätzt für April 1974, wird man erfahren, wie viele der gestarteten 18 Yachten das Ziel im Rennen liegend erreichten und vielleicht auch herausfinden, welche der verschiedenen Komponenten den größten Einfluß hatte: Entwurf des Schiffskörpers, Güte der Besegelung, Energie und Können der Führung, Vermessungssystem und schließlich auch die Art der Zeitvergütung. Siehe Nachschrift Seite 370.

Im Jahre 1957 wurde in England zum ersten Mal ein damals neuartiges Regattaprogramm für Hochseeyachten eingeführt: eine Vier-Rennen-Serie, zugleich als Team-Regatta zwischen den Nationen organisiert. Der zögernde Beginn der Rennen um den eigens hierfür ausgesetzten *Admiralspokal* setzte sich bald in ein weltweites Echo um, und heute gibt es die Vier-Rennen-Serie für Ocean Racers in den bedeutendsten Segelzentren der Welt, mit oder ohne Drei-Boot-Wettstreit der Nationen.

Die Rennen um den Admiralspokal werden wie folgt organisiert: zwei sogenannte *Inshore-* oder Küstenrennen auf dem Solent vor Cowes, Insel Wight, von je etwa 30 Seemeilen im Dreieck ausgelegt, mit einfacher Punktbewertung. Dazu kommt das sogenannte Kanal-Rennen, *Channel Race*, über 220 Seemeilen, das im großen Dreieckskurs über den Ärmelkanal zum Le Havre-Feuerschiff und zurück nach Cowes führt. Hier gilt schon doppelte Punktwertung. Doch als Abschluß folgt nunmehr das 605-Seemeilen-Fastnet-Rennen, dessen dreifache Punktbewertung den Ausschlag zu geben pflegt, so wie sich das für wirkliche Hochsee-Rennyachten auch gehört.

Um den Admiralspokal für sein Land zu gewinnen, muß der Yachtschipper völlig auf persönliche Ambitionen verzichten und nur zugunsten der Gesamtleistung des Teams, d. h. drei Yachten je Land, arbeiten. Alle Yachten werden nach I.O.R. vermessen und müssen zwischen den Grenzwerten von 29 Fuß Minimum und 45 Fuß Maximum liegen. Die Rennen um den Admiralspokal von 1973 brachten 16 vollständige Drei-Yacht-Teams von 16 Nationen zusammen, von denen also 48 Yachten nach oft mühevoller Landesauswahl zu den Rennen auf dem Solent geschickt wurden. Alphabetisch geordnet schickten folgende Länder je drei Yachten: Argentinien, Australien, Belgien, Bermuda, Brasilien, Dänemark, Finnland, Frankreich, Großbritannien, Holland, Irland, Italien, Portugal, Südafrika, Vereinigte Staaten und Westdeutschland. Als Favoriten galten Australien, dicht gefolgt von den Vereinigten Staaten und Großbritannien.

Es würde zu weit führen, die Yachten einzeln zu besprechen. Mit dem höchstzugelassenen Meßwert von 45 I.O.R.-Fuß trat die finnische Yacht SAFARI auf und als kleinste der bewährte amerikanische Eintonner LIGHTNIN. Da Eintoneryachten aber nicht zu 29,0 Fuß vermessen, sondern nur zu 27,5 Fuß, mußte die LIGHTNIN *vergrößert* werden. Dies geschah jedoch nicht durch physische Änderung ihrer Hauptabmessungen, ja nicht einmal die Segelfläche als solche wurde verändert. Es wurden nur Propeller nebst Welle und Wellenbock ausgebaut, außerdem die Spinnakerbäume verlängert, womit dieser amerikanische Eintonner um anderthalb Vermessungsfuß zunahm und das Minimum zur Teilnahme erreichte.

Seit Einführung dieser Admiralspokal-Rennen 1957 wurde er von Großbritannien insgesamt fünfmal gewonnen, von den USA zweimal, von Australien einmal und zu großer Verwunderung der Seglerwelt, einschließlich der deutschen, in der sehr scharf umkämpften letzten Serie von 1973 von Deutschland, wobei die Aluminiumyacht SAUDADE am besten abschnitt. Deutschland hatte seit 1963 teilgenommen, war aber nie ernstlich in Konkurrenz getreten.

Nach Abschluß der letzten Serie wurde beschlossen, das Spektrum der Admiralspokal-Rennen etwas einzuschränken. So sollen die Grenzwerte für das Rennen 1975 auf 30 zu 44 Fuß reduziert werden, und für 1977 ist geplant, die Grenzen sogar auf 32 bis 42 Fuß I.O.R.-Wert einzuschränken.

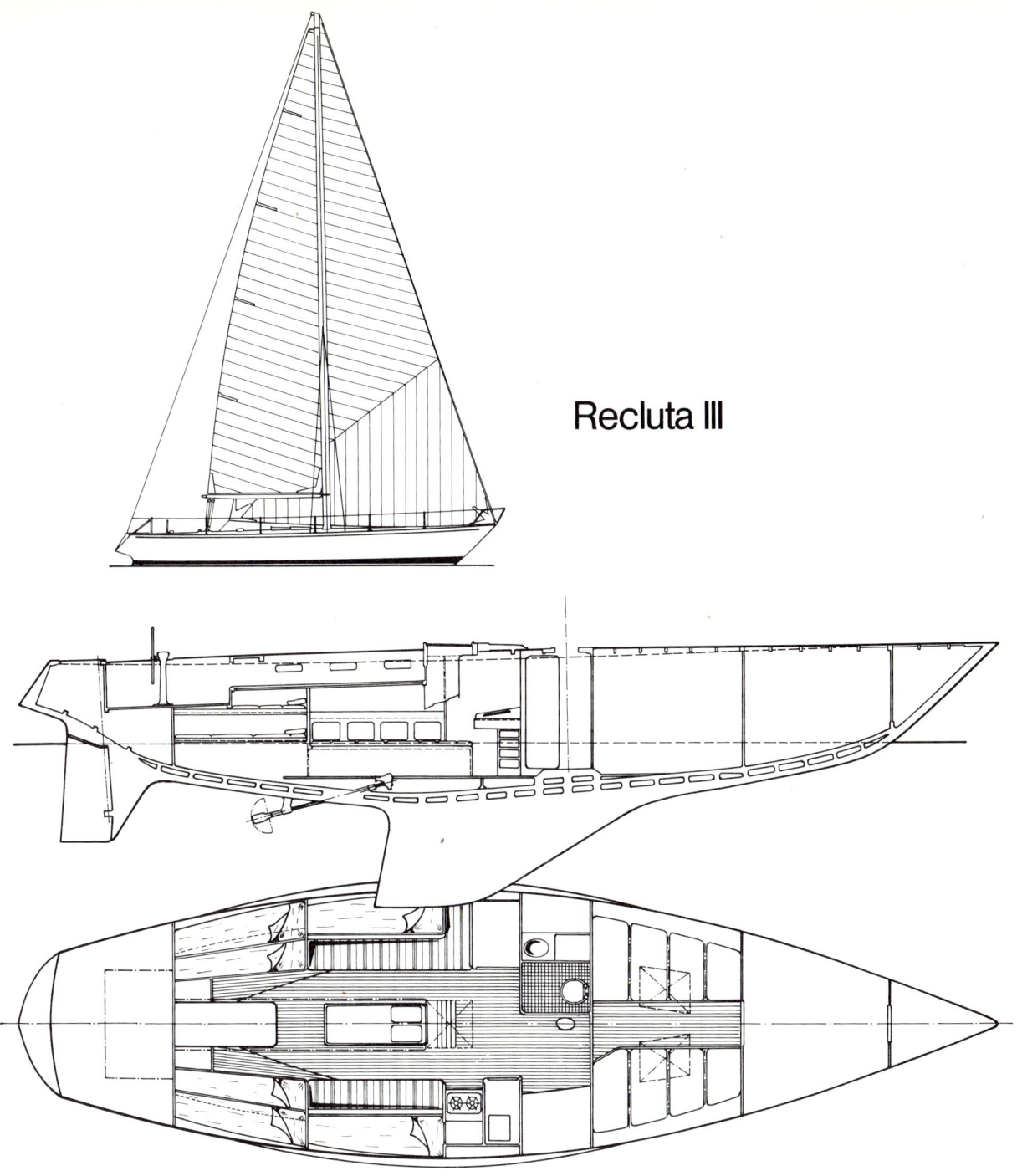

Recluta III

Abb. 236: Die große I.O.R.-Yacht Recluta III *wurde eigens für die Rennen um den Admirals-Pokal 1973 von dem jungen argentinischen Konstrukteur German Frers entworfen. Sie wurde zweite der Serie nach Punkten und zweite im Fastnet-Rennen unter mehr als 200 Teilnehmern.*

Länge ü. alles	14,75 m	Ballast	7,4 t
Länge in der WL	12,00 m	Ballastanteil	52 %
Breite	4,25 m	Segelfläche	98,6 m²
Tiefgang	2,40 m	IOR-Rating	37,0 Fuß
Verdrängung	14,2 t		

Das Vorbild dieser Rennen führte dazu, daß die Serienform für Ocean Racer in einer Reihe weiterer Länder eingeführt wurde, mit oder ohne Team-Länder-Wettbewerbe. Dazu wären vor allem die *Onion-Patch-Trophäe* zu nennen, deren abschließendes Langstreckenrennen durch das zweijährlich stattfindende Bermuda-Rennen gebildet wird. Der Ausdruck „Onion Patch" bedeutet Zwiebel-Flecken und bezieht sich auf das typische Landleben auf den Bermuda-Inseln. Ebenfalls im Bereich der Vereinigten Staaten wird die S.O.R.C.-Serie umstritten, die im Langstreckenrennen um Florida herum endet, zwischen Fort Lauderdale und St. Petersbourg. Die Abkürzung bedeutet *Southern Ocean Racing Conference*.

Australien hat das langbewährte Sydney-Hobart-Rennen benutzt, um darauf die *Southern-Cross-Serie* aufzubauen. Da auf der südlichen Erdhälfte Sommer ist, wenn Europa im tiefsten Winterschlaf ruht, finden die zur Weihnachtszeit gesegelten Rennen der „Kreuz-des-Südens-Serie" stets eine lebhafte internationale Beteiligung. Auch diese finden zweijährig statt und enthalten zwei Kurzstrecken-Rennen von je 30 Seemeilen, ein Mittelstreckenrennen von 180 Seemeilen und enden im 680-Seemeilen-Sydney-Hobart-Rennen. Es wurde zuletzt Ende 1973 gesegelt und findet wieder Ende 1975 statt.

Einmal mit Erfolg die Admiralspokal-Serie gesegelt zu haben, gilt heute als Krönung aller Erfolge des Hochsee-Rennseglers. Ob es wohl bald das Rennen-Um-die-Welt sein wird?

In nachfolgender Tafel finden sich die wichtigsten Angaben über die bedeutendsten Hochseerennen:

BERÜHMTE HOCHSEERENNEN

Gebiet	*Bezeichnung*	*Länge Seemeilen*	*Erstes Rennen*	*Anmerkungen*
Nordatlantik USA	Bermuda-Rennen	635	1906	Alle zwei Jahre, in gerader Zahl endend. Wichtiges Ereignis im Hochseesport.
Nordatlantik England	Fastnet-Rennen	615	1925	Alle zwei Jahre (ungerade endend) mit Bermuda-Rennen abwechselnd. Europas wichtigstes Hochseerennen.
Südatlantik	Buenos Aires—Rio de Janeiro	1 200	1947	Alle drei Jahre. Bedeutendstes Ereignis des südamerikanischen Hochseesports.
Südatlantik	Kapstadt-Rio-Rennen	3 800	1971	Längstes der regelmäßigen Hochseerennen, mit großer internationaler Beteiligung.
Pazifik	Kalifornien—Honolulu	2 225	1906	Alle zwei Jahre, gradzahlig. Schnellstes Hochseerennen mit großen Etmalen.
Australien	Sydney—Hobart	680	1945	Jedes Jahr, international, und von großer Bedeutung für Australien und Neuseeland.
Karibisches Meer	St. Petersbourg—Ft. Lauderdale	284	1930	Jährlich, ursprünglich nach Havana; das am häufigsten veranstaltete Salzwasserrennen.
Große Seen USA	Chicago—Mackinnac	333	1898	Jährliches Seerennen in Süßwasser, ältestes aller regelmäßigen Langstreckenrennen.
Nordatlantik	Transatlantik-Rennen	3 000	1866	Ohne Regelmäßigkeit, doch von bedeutendem Einfluß auf den Hochseesport der Welt.
Alle Sieben-Meere-Rennen um die Welt		26 700	1973—1974	Weitaus längstes aller Hochseerennen, in dem nur drei Zwischenhäfen angelaufen werden. Regelmäßigkeit noch unbestimmt.

Serien-Rennen für Hochseeyachten
Admiralspokal .... England
Southern Cross-Pokal .... Australien
Onion Patch-Trophäe .... USA
S.O.R.C. .... USA
P.O.R.C. .... USA

Der America-Pokal

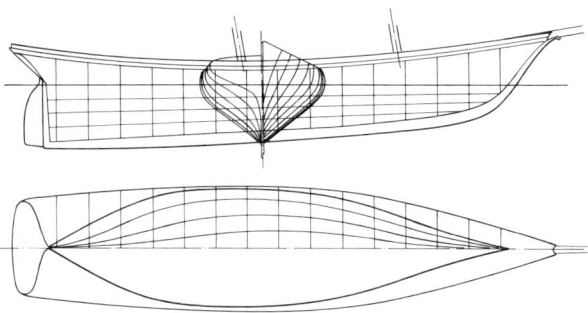

Abb. 237: Linienriß der Schuneryacht AMERICA, an der besonders die ungewohnt scharfen Wasserlinien auffallen. Der Hauptspant wurde sehr tief herabgezogen, um den losen Innenballast so tief wie möglich unterbringen zu können.

Seit über 120 Jahren wird ein Regattapreis heiß umkämpft, welcher nicht einmal aus Gold besteht. Er wurde im Jahre 1851 von einer Gruppe britischer Yachtsmen gestiftet und im gleichen Jahre in einer berühmt gewordenen Regatta vom amerikanischen Schuner AMERICA gewonnen. Bei diesem Rennen rings um die Insel Wight war die Überlegenheit der amerikanischen Yacht durchaus nicht so bedeutend, wie es neuerdings oft dargestellt wird. Was jedoch an diesem Schuner auffiel, waren gewisse Einzelheiten in der Form des Schiffskörpers und in der Besegelung, wodurch sich diese Yacht in markanter Form von den damaligen britischen Yachten unterschied.

Der Schuner AMERICA war von einem jungen Konstrukteur namens George Steers entworfen und auf der Werft von William H. Brown erbaut worden. Im Bauvertrag war eine Summe von 30 000 Dollar ausgemacht worden. Da der Schiffbaumeister Brown diese 31 m lange Yacht aber nicht zum vereinbarten Termin fertigstellen konnte, einigte man sich schließlich auf den herabgesetzten Preis von 20 000 Dollar. Der America-Pokal besaß einen Wert von 100 Guineen, etwa 300 Dollar. Um diesen Pokal nach England zurückzuholen oder den Amerikanern zu entreißen, wurden bis heute schätzungsweise 50 Millionen Dollar für den Bau von äußerst kostspieligen Yachten ausgegeben.

Die Größe der AMERICA entsprach den damals üblichen Abmessungen von Yachten. Sie besaß eine Länge ü. a. von 31,00 m, eine WL-Länge von 27,50 m, eine Breite von 6,70 m und einen Tiefgang von 3,35 m. Am Bootskörper fielen die besonders scharfen Vorschiffslinien auf, und an den Segeln wurde bewundert, daß sie aus Baumwolltuch gefertigt waren und einen besonders flachen Schnitt aufwiesen. Die britischen Yachten der damaligen Zeit verwandten ausschließlich die kräftigeren, schwereren Tuche aus Hanf und gaben den Segeln einen sehr bauchigen Schnitt.

Nur eine schottische Yacht namens TIARA besaß ähnliche scharfe Vorschiffsformen. Leider wurde sie auf der Überfahrt durch schlechtes Wetter verzögert und gelangte nicht mehr rechtzeitig an den Start, um an dieser denkwürdigen Regatta teilzunehmen. In späteren Rennen konnte sie jedoch sämtliche Yachten schlagen, die ihrerseits vom Schuner AMERICA besiegt worden waren. Wäre die TIARA rechtzeitig eingetroffen, wäre der damals „100-Guineen-Preis" genannte Pokal vielleicht in England verblieben und hätte einen anderen statt des gegenwärtigen Namen bekommen.

Der Sieg der scharfen Linien des Jahres 1851 beendete für alle Zeiten die Theorie der völligen Vorschiffslinien, genannt „cod's head and mackerel tail", Dorschkopf und Makrelenschwanz. Man sagte damals: *Durchs Wasser müssen sie doch, doch kommt es darauf an, wie es achtern abläuft.* So wurden nun also die Linien der Yachten vor allem vorn immer feiner. Im Jahre 1876 nahmen zum letzten Male große Yachten mit Schunertakelung an den Wettfahrten um den America-Pokal teil. Sämtliche Nachfolger bis auf den heutigen Tag waren einmastig getakelt, teils als Kutter, teils als Slup. Die Sieger der Rennen von 1885, PURITAN, und 1887, VOLUNTEER, besaßen flache jollenartige Bootskörper von großer Breite, ausgerüstet mit riesengroßen Schwertern und reinem Innenballast.

In den folgenden Jahren wurde der Entwurf der America-Pokal-Yachten vom genialen Konstrukteur Nathaniel G. Herreshoff beherrscht. Seine oft kühnen und der Zeit vorauseilenden Entwürfe wurden auf eigener Werft stets mit wunderbarer Vollkommenheit ausgeführt. Der größte aller Pokalverteidiger namens RELIANCE besaß eine Länge ü. a. von 43,80 m, eine WL-Länge von 27,35 m, eine Breite von 7,85 m und den unerhörten Tiefgang von 6,10 m. Die Besegelung hatte eine Fläche von 1500 m² und blieb bis heute die größte

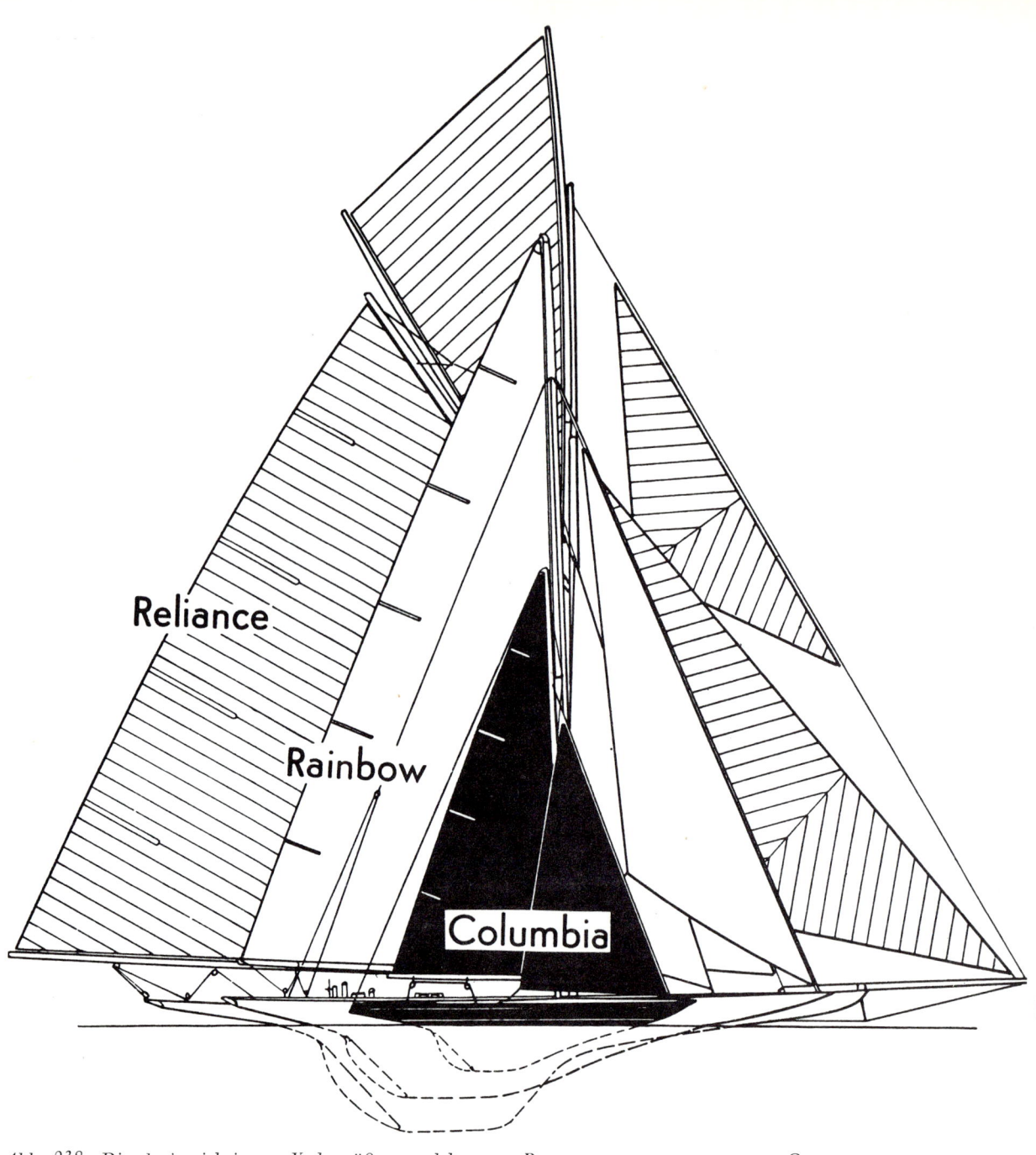

Abb. 238: Die drei wichtigsten Yachtgrößen, welche an den Rennen um den America-Pokal teilnahmen. Im Hintergrund der größte aller Pokalverteidiger namens Reliance, in der Mitte die Rainbow aus der Zeit der „J"-Klasse, und im Vordergrund die Columbia als Vertreter der heute noch geltenden 12-m-R-Klasse.

Reliance
Länge ü. alles .. 44,00 m
Länge in der WL 27,30 m
Breite .... 7,85 m
Tiefgang ...... 6,10 m
Segelfläche .... 1500 m²

Rainbow
Länge ü. alles .. 39,00 m
Länge in der WL 25,00 m
Breite .... 6,40 m
Tiefgang ...... 4,45 m
Segelfläche .... 702 m²

Columbia
Länge ü. alles .. 21,15 m
Länge in der WL 14,10 m
Breite .... 3,60 m
Tiefgang ...... 2,75 m
Segelfläche .... 169 m²

jemals an einem einzigen Mast gefahrene Segelfläche. Er war als Gaffelkutter mit Toppsegel, Fock, Klüver und Flieger getakelt. Die Außenhaut des Schiffskörpers bestand aus einer seefesten Bronze-Legierung, Tobin-Bronze, in einer Stärke von 6,3 mm auf Spanten aus Nickelstahl. Für das Deck verwandte man Aluminiumplatten von ebenfalls 6,3 mm Stärke, mit einer Korkmasse beschichtet, um besser begehbar zu sein.

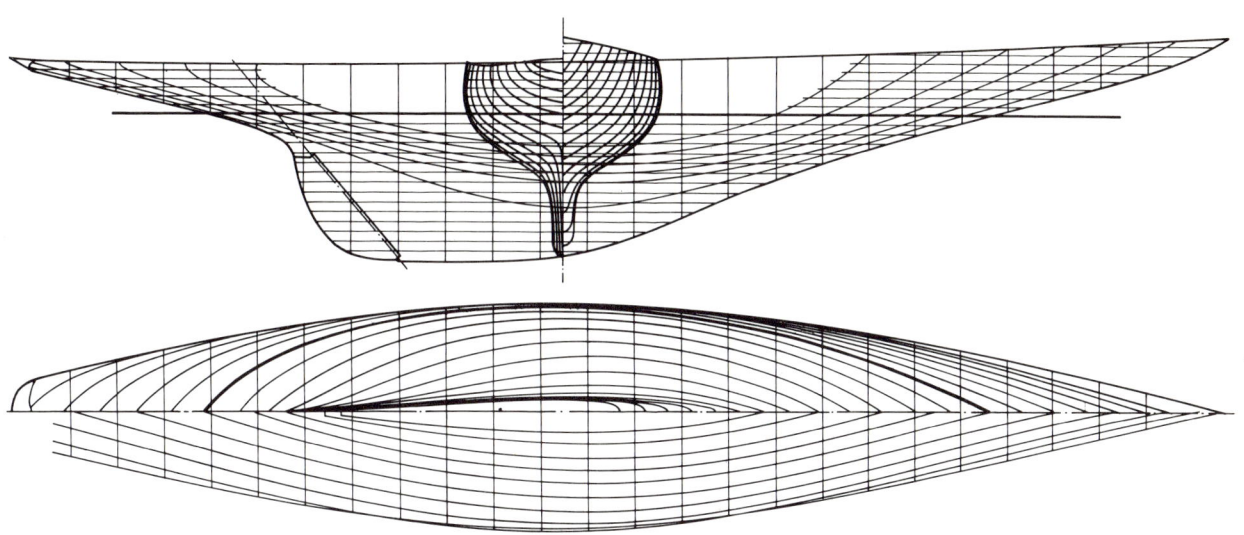

Abb. 239: Bei den Wettkämpfen um den America-Pokal des Jahres 1934 beteiligte sich zum letzten Mal eine Yacht — die ENDEAVOUR I, *deren Linienriß hier gezeigt wird —, zu deren Formgebung keine Modellversuche herangezogen wurden. Sie gelang vorzüglich und übertraf an Geschwindigkeit ihren Gegner* RAINBOW *ohne aber den Pokal zu gewinnen. Der von Charles E. Nicholson meisterhaft entworfene Linienriß muß als ungewöhnlich gelungene Yachtform gelten. Er besticht den fachkundigen Beschauer durch seine klassische Schönheit.*
Abmessungen der ENDEAVOUR
Länge ü. alles ... 39,60 m   Tiefgang .... 4,58 m
Länge in der WL 25,60 m   Verdrängung .... 143 t
Breite .... 6,70 m   Segelfläche ..... 692 m²
Breite in der WL 6,42 m

Die Yacht RELIANCE des Jahres 1903 ist als *erste Rennmaschine* des Segelsports in die Geschichte eingegangen. Jede Einzelheit von Schiffskörper und Takelage wurde einem einzigen Zweck untergeordnet: Geschwindigkeit. Sie benutzte Fallen aus Stahldraht, die mittels unter Deck angesetzten Winden betätigt wurden. Ebenso befanden sich unter Deck die Schotwinden für Groß- und Vorsegel.

Die seit dem Jahre 1883 angewandte Vermessungsformel ermöglichte zwar den Bau sehr schneller Yachten, doch gelangte man allmählich zu der Überzeugung, daß ein gesünderer und weniger kostspieliger Typ von Segelyacht wünschenswert wäre. Aus der im Jahre 1903 eingeführten „Universal-Formel" wählte man die Klasse „J" für die Rennen der Jahre 1930, 1934 und 1937 heraus. Die WL-Längen schwankten zwischen 22,90 und 26,60 m, wobei die Verdrängungen zwischen 105 und 162 Tonnen liegen mußten, doch blieb die Segelfläche fast unverändert um rund 705 m². Die Yacht ENTERPRISE, Gewinner des Jahres 1930, war die kürzeste und leichteste aller jemals erbauten „J"-Klassenyachten. Im Jahre 1934 erschienen die britischen Herausforderer mit der hervorragenden ENDEAVOUR I, welche sie näher denn je dem lange erhofften Siege brachte. Ihr meisterhafter Entwurf stammte von Charles E. Nicholson, welcher die wundervollen Schiffslinien rein intuitiv zeichnete, ohne vorher Modellversuche zu unternehmen. Weil er wohl die höchste Vollendung an Linien vor der Ära der Tankversuche darstellt, wurde der Linienriß hier mit aufgenommen. Im Jahre 1937 aber brachten die Amerikaner mit dem Verteidiger RANGER eine *unschlagbare Superyacht* heraus, deren Schnelligkeit alle Beobachter in Erstaunen versetzte. Ihre Pläne waren aus der Zusammenarbeit des erfahrenen W. Starling Burgess mit dem jungen Olin Stephens entstanden. Hinzu kam die wertvolle Mitarbeit des anerkannten Modellversuchs-Fachmannes K. S. M. Davidson.

Angesichts der gewaltigen Kosten einer bis ins kleinste Detail verfeinerten *Rennmaschine* von fast 40 m Länge, welche nach Abschluß der Rennen keinem eigentlichen Zweck mehr diente, wurde nach dem Kriege die kleinere 12-m-R-Klasse auserwählt. Doch zuvor mußte vor Gericht die Stiftungsurkunde abgeändert werden, da diese eine Mindest-WL-Länge von 19,80 m vorgeschrieben hatte. Diese wurde auf ein Mindestmaß von 13,40 m herabgesetzt, zugleich wurde die Vorschrift aufgehoben, nach welcher die herausfordernden Yachten auf eigenem Kiel und unter Segel von ihrem Land zu den Wettkämpfen erscheinen mußten.

Vor 1920 wurde fast die gesamte Bedienung einschließlich des Steuermanns von bezahlter Mannschaft vorgenommen. So wurde die RELIANCE im Jahre 1903 vom berühmten Yachtkapitän Charley Barr zum Siege geführt, demselben, der im Jahre 1905 die Dreimast-Schuneryacht ATLANTIC in nie unterbotener Rekordzeit über den Nordatlantik führte und damit den Kaiser-Pokal gewann. Ab 1920 übernahmen Amateur-Steuerleute die Führung der Yachten, und ein wichtiger Teil der Deckarbeit wurde bereits von Amateuren übernommen. Seit den Rennen des Jahres 1930 zwischen SHAMROCK V und ENTERPRISE wurde auch das Rennsegeln unter Großyachten zum reinen Amateursport, wobei nur noch wenige bezahlte Bootsleute untergeordnete Hilfsarbeit leisteten.

Seit dem Jahre 1851 wurden insgesamt 21 Serien von Rennen um den America-Pokal ausgetragen. Alle ohne Ausnahme wurden von den amerikanischen Verteidigern gewonnen, auch wenn sie nicht jedesmal die schnellere Yacht zur Verfügung hatten. So hatte die großartige britische ENDEAVOUR I mehr Chancen denn je, den ersehnten Pokal endlich in die Heimat zurückzuführen, doch es gelang nicht ganz. Auch erwies sich Australiens GRETEL II in neuerer Zeit dem Verteidiger INTREPID an Geschwindigkeit überlegen, doch auch diesmal gewannen die Amerikaner dank überlegener Segeltechnik und -taktik.

Die 12-m-R-Yachten segeln ebenso wie die größeren früheren J-Klassen-Boote ohne Zeitvergütung, also Boot gegen Boot. Die Abmessungen sind untereinander etwas verschieden, wie es eine solche Meßformel ausdrücklich zuläßt. Im Durchschnitt entstanden folgende Hauptabmessungen der Zwölfer:

Länge ü. a. ... 21,00 m   Tiefgang ..... 2,75 m
Länge in der WL 14,20 m   Verdrängung .. 29 t
Breite .... 3,50 m   Segelfläche .... 170 m²

Nachstehend eine kurzgefaßte Zusammenstellung der bisherigen Herausforderungen in der 12-m-R-Klasse, die sämtlich ohne Ausnahme von den amerikanischen Verteidigern gewonnen wurden:

Sept. 1958: COLUMBIA besiegt SCEPTRE, britisch
Sept. 1962: WEATHERLY besiegt GRETEL I, Australien
Sept. 1964: CONSTELLATION besiegt SOUVEREIGN, britisch
Sept. 1967: INTREPID besiegt DAME PATTIE, Australien, erste 12-m-R-Yacht mit Trimmklappe am Kiel und dem Ruder getrennt achtern an Ruderhacke aufgehängt
Sept. 1970: INTREPID besiegt GRETEL II, Australien. Vorher gab es eine Ausscheidungsserie zwischen dem französischen Zwölfer FRANCE des Baron Marcel Bich und der australischen Yacht GRETEL II, da gleichzeitig zwei Nationen als Herausforderer angenommen worden waren. Die australische Yacht siegte über die französische mit großer Überlegenheit. Die INTREPID, von Olin Stephens für die Rennen von 1967 entworfen, war vom jungen Britton Chance vor 1970 an Bootskörper und Takelage umgeändert worden.

Die Eroberung der Meere

Es ist noch nicht viele Jahrhunderte her, daß die Mehrzahl der Erdbewohner glaubte, auf einer flachen Insel zu leben, welche von einem ebenfalls flachen Meer umgeben wäre. Vor 500 Jahren hatte sich die Vorstellung der Kugelgestalt der Erde durchaus noch nicht durchgesetzt. Als die ersten portugiesischen Seeleute entlang der Küste Afrikas nach Süden segelten, beobachteten sie mit Erstaunen, daß die Sonne zur Mittagsstunde schließlich im Zenit stand. Auf der Weiterfahrt ergab sich dann die unglaubliche Beobachtung, daß die Sonne mittags sogar nach Norden geriet. Seit den Urzeiten der Geschichte hatte niemals zuvor ein Europäer die Sonne mittags anders als im Süden stehend beobachtet. Der erste Europäer, der *vielleicht* amerikanischen Boden betrat, mag der irische Mönch St. Brendan gewesen sein, dessen nie bewiesene Fahrt im 4. Jahrhundert stattgefunden haben soll. Einige Jahrhunderte später gelangten die Wikinger tatsächlich zum amerikanischen Festland. Diese blonden, seebefahrenen Nordländer hatten ein unerhört seetüchtiges und relativ sogar sehr leichtes und elastisches Fahrzeug entwickelt, einen sogenannten Doppelender, bei dem Vorschiff und Achterschiff einander glichen. Der Bootsbau der Wikinger hatte isoliert und in ungeahnter Weise einen mächtigen Vorsprung vor der übrigen Welt erreicht.

Doch die wirkliche Seefahrt über den Atlantischen Ozean, also das echte Segeln auf hoher See ohne den Ufern zu folgen, begann erst mit dem kühnsten der damaligen Seefahrer, Christoph Kolumbus. Er war bereits von der Kugelgestalt der Erde überzeugt, unterschätzte allerdings deren wirklichen Durchmesser. Er hatte nämlich von Studien der Araber Kenntnis erhalten, welche den Erddurchmesser mit unerhörter Genauigkeit errechnet hatten, ihr Ergebnis jedoch in arabischen Meilen ausdrückten. Als Kolumbus statt deren die viel kürzere italienische Meile für seine Berechnungen verwandte, kam er zu einer viel geringeren Entfernung nach Indien, als es den Tatsachen entsprach. Dieser sein Irrtum verursachte eine nur knapp beherrschte Meuterei der Mannschaft sowie die Verwechslung des schließlich entdeckten amerikanischen Kontinents mit dem sagenhaften Indien. Aus allein diesem Grunde heißen auch heute noch die im Karibischen Meere liegenden Inseln die „Westindischen", und aus dem gleichen Grunde werden die Ureinwohner Amerikas als „Indianer" bezeichnet.

Prinz Heinrich von Portugal, heute *Heinrich der Seefahrer* genannt, gründete damals die erste Seefahrtschule. Sein Lieblingsschüler, Kapitän Gil Enneas, hatte auf kühnen Fahrten bereits einen großen Teil der afrikanischen Küste erforscht, ohne allerdings Afrikas Südspitze zu erreichen. Erst nach Heinrichs Tod wurde der Tafelberg, das Kap der Guten Hoffnung, von einem fähigen portugiesischen Seefahrer namens Bartholomé Diaz entdeckt und umfahren. Er bereitete damit den Weg für den kühnsten aller damaligen Seefahrer, Ferdinand de Magellan, welcher als erster die Umsegelung der Welt in Angriff nahm. Leider gelang es ihm nicht, sie zu vollenden, denn nachdem er bereits den größten Teil der Weltumsegelung zurückgelegt hatte, wurde er von den Eingeborenen einer Insel umgebracht. Seine kühne Route führte ihn über unbekannte Meere, auf welchen er sich ohne Karten, ohne Seehandbücher und ohne sonstige Angaben, nur seinem seemännischen Instinkt folgend, zurechtfinden mußte. Ja, es gab nicht einmal eine Möglichkeit, den Längengrad zu bestimmen, auf welchem er sich jeweils befand.

Vasco da Gama, Nachfolger von Bartholomé Diaz, war der erste Kapitän, welcher seine Schiffe wirklich nach dem sagenhaften Indien brachte, einem Ziel, welches bisher nur auf dem Landwege erreicht worden war. Er langte dort bereits im Jahre 1498 an, nur sechs Jahre, nachdem Kolumbus die Karibischen Inseln mit einem Teil Indiens verwechselt hatte. Wie weit es von dort noch bis zum wirklichen Wunderlande Indien war, konnte Kolumbus niemals feststellen, weil damals eben noch keine Möglichkeit für eine wirkliche Längenbestimmung existierte. Vasco da Gama führte seine Reise ohne die Begleitung des bereits erfahrenen Bartholomé Diaz aus, doch hatte letzterer Entwurf und Bau der Schiffe überwacht. Es waren keine Caravellen mehr, wie sie Kolumbus benutzte, sondern man hatte einen größeren seefähigeren Schiffstyp entwickelt, in der portugiesischen Sprache „Nao" genannt. Diese hatten nicht nur alle Unwetter beim Umsegeln Afrikas durch-

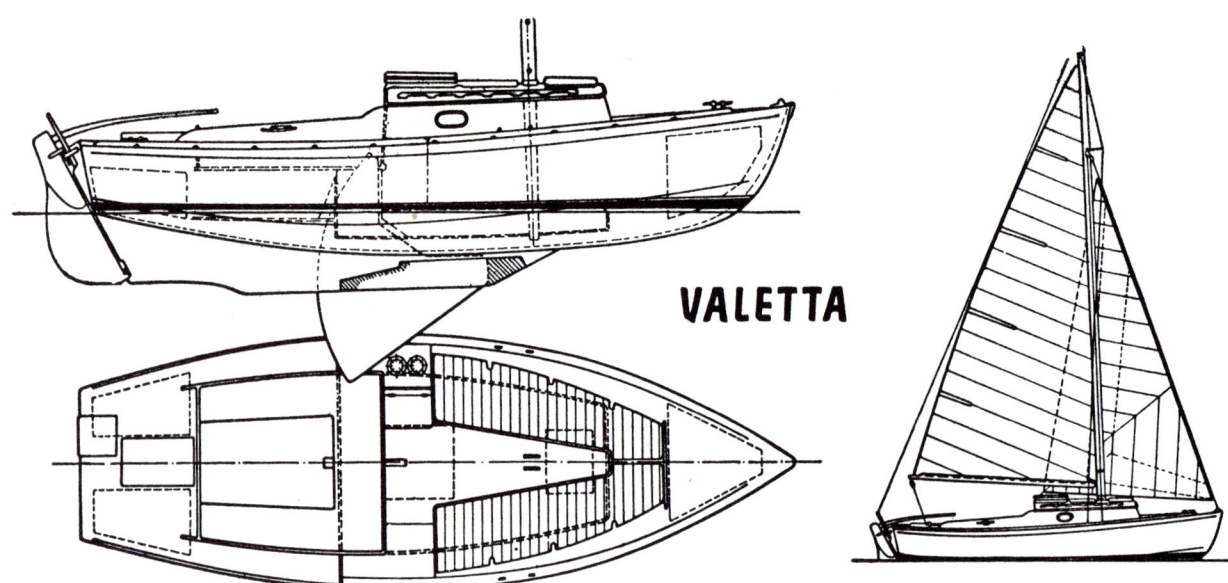

Abb. 240: Auch eine kleine, anspruchslose Kielyacht wie die hier gezeigte VALETTA dürfte zahlreiche Liebhaber in Seglerkreisen finden. Sie wurde von A. Chiggiato entworfen und besitzt nachstehende Abmessungen:

Länge ü. alles	5,80 m
Länge in der WL	5,35 m
Breite	2,05 m
Tiefgang Rumpf	0,66 m
Tiefgang mit Schwert	1,30 m
Verdrängung	680 kg
Ballastgewicht	220 kg
Segelfläche	18,5 m²

zustehen, sondern sie sollten zugleich auch noch eine nicht geringe nutzbringende Fracht transportieren.

Kolumbus war der erste der Kapitäne, welche furchtlos aufs offene Meer hinaussegelten, ohne den Küsten zu folgen. Vasco da Gama eignete sich ebenfalls diese Erfahrung an, indem er vom vorspringenden Kap Verde Afrikas aus in großem Bogen und über offene See direkt auf Afrikas Südspitze zuhielt, deren Breite nun ja leicht bestimmbar war. Langsam, aber stetig breitete sich die Erkenntnis aus, daß gut gebaute Schiffe das offene Meer nicht zu fürchten hätten, sondern daß Gefahren viel eher von den Küsten drohten. Nicht das Meer, so hatte man entdeckt, sondern die Küsten verursachten die meisten Schiffbrüche.

Alan Villiers nennt Kolumbus, da Gama, Magellan und Cook die Größten der Entdecker, welche mit kleinen Schiffen aufs offene Meer hinaussegelten und das Antlitz der Welt veränderten.

Magellan startete im Jahre 1519 mit einer Flotte von fünf kleinen Schiffen. Er fand die südliche Durchfahrt Südamerikas, die heute seinen Namen trägt und auch heute schwierig zu durchsegeln ist. Magellan fühlte sich mühsam seinen Weg durch die Enge der gefährlichen Magellanstraße, zwischen drohenden Felsenufern und unbekannten Riffen. Es war ein schwieriges Unternehmen mit Schiffen, die bei weitem nicht so manövrierfähig waren, wie es eine moderne Yacht ist. Hinzu kamen die unsteten und oft gegenan gerichteten Winde, so daß nicht zu verwundern ist, daß die Besatzung eines seiner Schiffe dort meuterte und umkehrte. Bedauerlicherweise war es gerade das beste der Schiffe, welches auch den Reservevorrat von Lebensmitteln an Bord führte. Trotzdem gab dieser unerschrockene Mann nicht auf und folgte seiner Route, die ihn und seine Schiffe über die unendliche Weite des größten aller Ozeane führte. Er ließ sich weder durch den mitgenommenen Zustand seiner Schiffe beeinflussen, noch schreckte ihn der kaum unterdrückte Widerstand seiner Leute. Mit noch vier Schiffen segelte er 98 Tage lang, ohne irgendwelche Spuren von Land zu entdecken. Die Besatzung litt unsagbare Qualen, da das Trinkwasser in einen so abscheulichen Zustand geraten war, daß man sich die Nase zuhalten mußte, um überhaupt einen Schluck nehmen zu können. Auch die Nahrung war so knapp geworden, daß man die Schweinslederbekleidung der Takelage abtrennte und durch tagelanges Aufweichen in Seewasser, über Bord hängend, einigermaßen genießbar machte. Auf der philippinischen Insel Mactan verlor Magellan schließlich das Leben, als er versuchte, einen zufälligen Streit zwischen Eingeborenen zu schlichten. Ein ähnliches Schicksal wurde später auch einem weiteren höchst verdienten Weltumsegler zuteil, nämlich Kapitän Cook.

Schließlich gelang es einem Unterführer, Sebastian el Cano, mit dem einzigen übriggebliebenen Schiff die spanische Heimat zu erreichen. Als die VICTORIA in ihren spanischen Heimathafen einlief, hatte sie als erstes Schiff wirklich die Welt umsegelt. Diese abenteuerliche Fahrt voller schwerster Entbehrungen fand zwischen 1519 und 1522 statt. Hundertsiebzig Menschenleben und drei Schiffe gingen dabei verloren. Nur 31 Mann der Besatzung der ursprünglichen Magellanschen Flotte kehrten in die Heimat zurück.

Bereits 60 Jahre später wurde die zweite Weltumsegelung ausgeführt, und zwar von einem wundervollen kleinen Schiff des Namens GOLDEN HIND, dessen Kiellänge nur 18 m betrug. Es stand unter dem Kommando eines jungen hervorragenden Kapitäns, Francis Drake, welcher mehr als Pirat denn als Seemann bekannt geworden ist. Besaß er doch das Patent eines Korsen, das ihm von Englands Königin Elisabeth ausgestellt worden war. Auch ihn trafen ähnliche Schwierigkeiten wie Magellan, denn auch von seiner ursprünglich fünf Schiffe umfassenden Flotte kehrte nur eins zurück. Seine Weltumsegelung fand zwischen 1577 und 1580 statt.

Erst zwei Jahrhunderte später wurde die Welt zu Forschungszwecken, also mit wissenschaftlicher Orientierung umsegelt. Der ausgezeichnete englische Seemann und menschenfreundliche Kapitän James Cook vollführte zwei Weltumsegelungen. Er war sowohl Entdecker wie Seemann, und in besonderem Maße lag ihm das Wohl seiner Mannschaft am Herzen. Sagt man doch, daß seine Leute freiwillig bei ihm anmusterten, im Gegensatz zum durchschnittlichen Seemann, welcher als Strafe oder durch List und Zwang an Bord gebracht wurde.

Die erste Cooksche Weltumsegelung fand zwischen 1768 und 1771 statt, und zwar mit einem für den Kohlentransport gebauten Segler namens ENDEAVOUR aus Whitby, England. Seine zweite Weltumsegelung fiel zwischen 1772 und 1775, wozu ihm diesmal zwei

Abb. 241: Die Caravelle SANTA MARIA, *mit der Christoph Kolumbus den Seeweg nach Indien zu finden hoffte. Dieser furchtlose Seemann wagte als erster, eine ununterbrochene, langdauernde Fahrt auf hoher See und fern von allen Küsten zu unternehmen. In der bescheidenen Länge von nur 26 m fuhr die* SANTA MARIA *eine Besatzung von 45 Mann!*

Schiffe zur Verfügung standen, nämlich ADVENTURE und RESOLUTION. Doch wieder hatte Cook sie unter den solide erbauten Kohlenschiffen von Whitby ausgesucht.

Cooks zweite Reise muß besonders hervorgehoben werden, denn auf ihr umsegelte er den Polarkreis der Antarktis und bewies, daß keine Landverbindung über das südliche Eismeer zur Antarktis bestand. Man glaubt, daß er zum erstenmal eines dieser wundervollen Instrumente mit sich führte, welches eine Längenbestimmung möglich machen sollte. Es handelte sich um den kurz zuvor von Harrison erfundenen und auch hergestellten Schiffs-Chronometer. Es sei hinzugefügt, daß Cook wohl als erster wirksame Maßnahmen traf, um seine Mannschaft bei guter Gesundheit zu erhalten. Dank seiner Bemühungen und Umsicht ergab sich die erstaunliche Tatsache, daß keiner seiner Leute auf der Weltumsegelung an Skorbut starb.

Auf der dritten Weltumsegelung, nachdem dieser tüchtige Seemann und präzise Erforscher ferner Küsten endlich sein Kapitänspatent erhalten hatte, verlor Cook das Leben auf einer der hawaiischen Inseln.

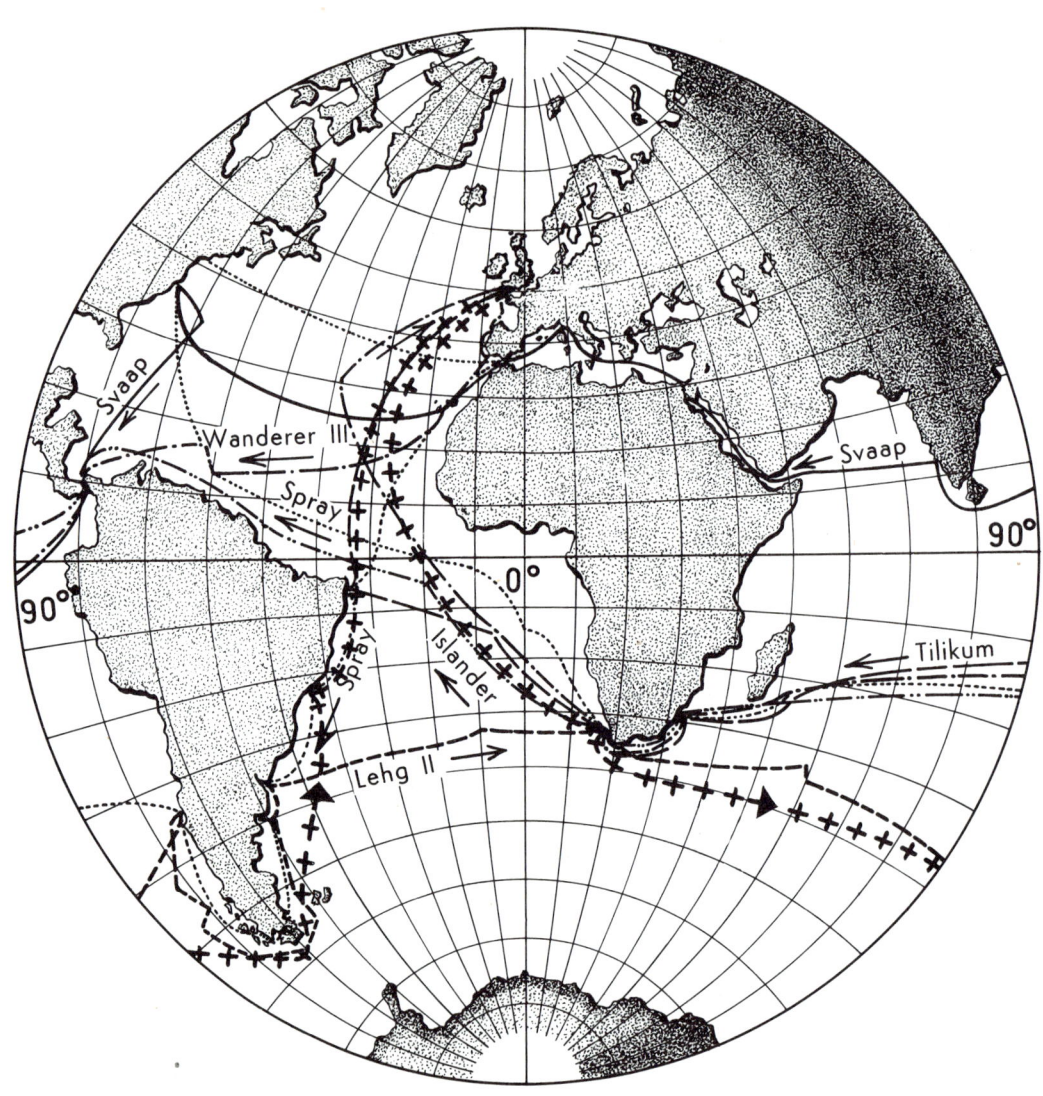

ATLANTISCHE HALBKUGEL
Die Mehrzahl der heutigen sportlichen Weltumsegler beginnt ihre Reise in irgendeiner Hafenstadt Europas und richtet den Kurs an den Azoren vorbei direkt zum Panamakanal. Die Routen verschiedener bekannter Weltumsegler wurden eingetragen, unter welchen die Erstumsegelung der SPRAY durch die Magellan-Straße ging. Die Fahrt des Kolumbus, punktiert eingetragen, wirkt geradezu unbedeutend im Vergleich zu den Reisen modernerer, viel kleinerer Yachten. Auf seiner Route werden seit 1960 alle vier Jahre „Einhand-Transatlantik-Rennen" veranstaltet, von England nach Amerika gehend. Von nur einem einzigen Mann bedient, sind einige dieser Yachten länger als die SANTA MARIA des Kolumbus.

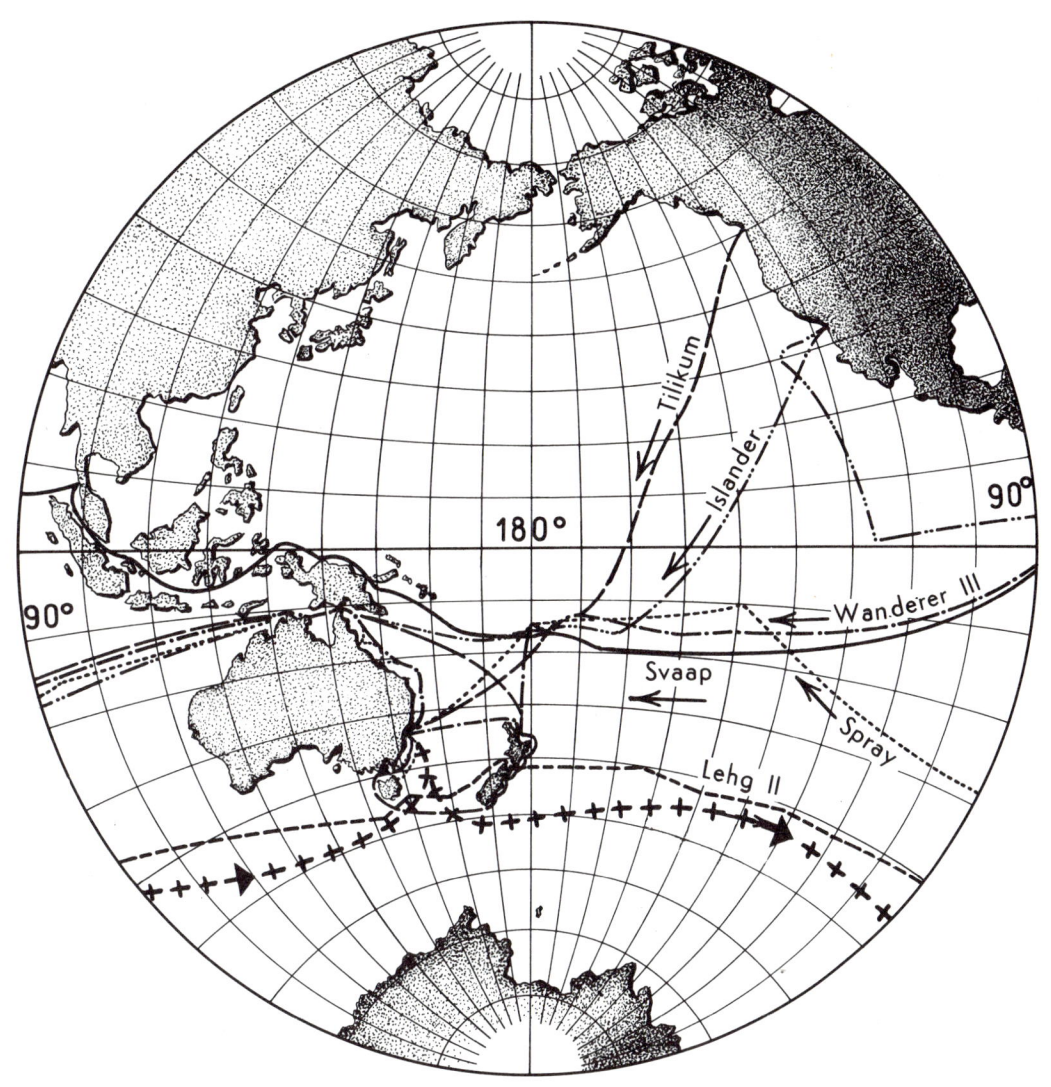

PAZIFISCHE HALBKUGEL

Dieses Gebiet wird von den unendlichen Weiten der Meere beherrscht. Alle eingetragenen Reiserouten führen über die reizvolle Inselwelt Polynesiens südlich des Äquators. Selbst die beiden einzigen Yachten, deren Fahrten im nördlichen Pazifik begannen, wandten sich unmittelbar zum verlockenden südlichen Inselgebiet.

Dieses Gebiet wurde allein gemieden von der einsamen Fahrt der LEHG II *und vom „Rennen um die Welt", das zum ersten Mal mit voll bemannschafteten Yachten in den Jahren 1973—1974 bestritten wurde. Letzteres wählte die härteste aller Routen, nämlich um die drei Kaps.*

++++ = Rennen um die Welt 1973—1974.

Sportliche Weltumsegelungen

Der erste sportliche Umsegler der Welt, zugleich ein souveräner Beherrscher der Meere, war in Wirklichkeit Kapitän und Reeder von kleineren Handelsseglern. Joshua Slocum wurde im Jahre 1844 in Kanada geboren. Er vollführte seine Weltumsegelung in einer kleinen Yacht als Einhandsegler in den Jahren 1895 bis 1898. Die Zeichnung seiner SPRAY wurde bereits im Kapitel der kleinen Weltumsegler gebracht, während nebenstehend eine perspektivische Darstellung einen Eindruck vermittelt. Dieses Schiffchen begann seine große Fahrt mit einer Sluptakelung, doch fügte Slocum später einen Besan hinzu, wodurch es sich in eine Yawl verwandelte.

Slocum vollendete seine einsame Weltumsegelung in drei Jahren, etwa derselben Zeit, die auch Magellan, Drake und Cook jeweils gebrauchten. Seine mustergültig durchgeführte Reise setzte die Welt in Erstaunen und verursachte einen mächtigen Eindruck vor allem in Seemannskreisen, wo man dieser unerhörten Leistung ein besonderes Verständnis entgegenbrachte. Die am Hochseesegeln interessierten Yachtsegler betrachteten deshalb auch Slocum als ihren Vorläufer, ungeachtet der Tatsache, daß er eigentlich berufsmäßiger Seemann war.

Die nächste sportliche Weltumsegelung wurde von Harry Pidgeon ausgeführt, dessen Yacht ISLANDER ebenfalls bereits wiedergegeben wurde. Er fand an seiner einsamen Hochseefahrt ein solches Gefallen, daß er mit derselben Yacht noch eine zweite Weltumsegelung vollführte. Seine erste Reise fand zwischen 1921 und 1925 statt, die zweite zwischen 1932 und 1937. Während Pidgeon sich auf seiner ersten Reise befand, startete ein ebenfalls außergewöhnlicher Hochseesegler zu einer ähnlichen Alleinfahrt. Der französische Yachtsegler Alain Gerbault startete mit seiner FIRECREST im Jahre 1923 und vollendete die Weltumsegelung im Jahre 1929.

Vor dem Jahre 1930, so erstaunlich das auch heute klingen mag, sind überhaupt nur drei sportliche Weltumsegelungen in kleinen Yachten vollbracht worden. Die von den Yachten SPRAY, ISLANDER und FIRECREST ausgeführten Reisen lösten eine große Begeisterung für das Hochseesegeln aus. Jeder der Kapitäne der vorgenannten drei Yachten hatte seine Erlebnisse und Erfahrungen in Buchform der Öffentlichkeit zugänglich gemacht, aus welchen zahlreiche Freunde des Hochseesegelns Anregung und wichtige Unterlagen entnahmen. So trugen diese drei kühnen Segler zu einer ungeahnten Verbreitung des Hochseesegelns bei. Die Zahl der bis heute vollbrachten Weltumsegelungen dürfte ungefähr das erste Hundert erreicht haben, wobei nur kleine Yachten mit Besatzungen von höchstens zwei Personen gezählt wurden. Doch nur drei von diesen fanden vor dem Jahre 1930 statt, alle übrigen, angeregt von diesen Vorläufern, sind neueren Datums.

Abb. 242: Die Yawl SPRAY *von 12,50 m Länge und 4,28 m Breite vollbrachte unter Führung ihres erfahrenen Kapitäns Joshua Slocum die erste Weltumsegelung einer kleinen Yacht, 1895—1898. Zeichnung: O. Mikhno*

Foto 74: Ein moderner großer Ocean Racer vom Typ „Columbia 52", entworfen für den Serienbau von William Tripp und sowohl im Rennen wie auf Langfahrt bestens bewährt. Die Yacht ist 15,85 m lang, 3,98 m breit und fährt eine Slup-Besegelung von 112 m² Fläche. Selbstverständlich ist die Einrichtung sehr reichhaltig, dazu besitzt sie als Hilfsantrieb einen Vierzylinder-Bootsdieselmotor. Der Vorsteven wurde spitz nach vorn gezogen, allein um die geplante Größe des Vorsegeldreiecks zu erreichen.   *Foto: Columbia Yachts, California*

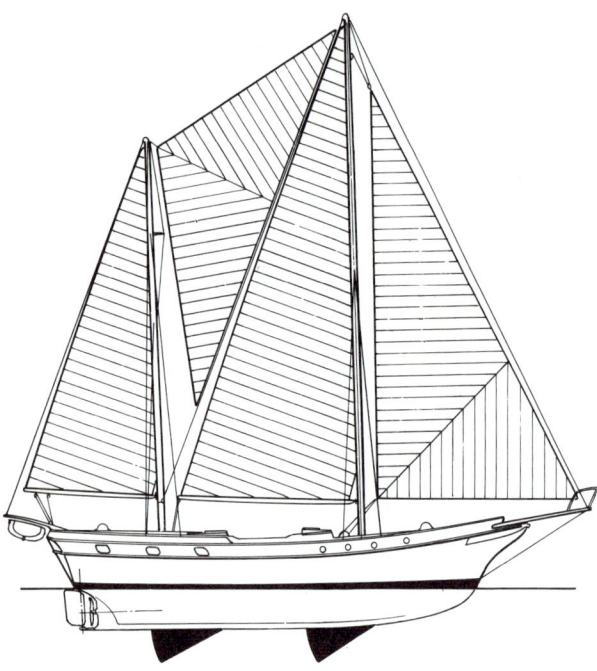

Abb. 243: Nachdem der erfahrene amerikanische Segler Irving Johnson viermal die Welt mit seiner 1912 in Deutschland erbauten, 29 m langen YANKEE I *umsegelt hatte, ließ er sich für geruhsame Fahrten die Ketsch* YANKEE II *bauen. Sie wurde von Sparkman & Stephens ausdrücklich ohne Rücksicht auf irgendwelche Klassenvorschriften entworfen. Ihr geringer Tiefgang sollte Fahrten durch die europäischen Binnenkanäle erlauben, doch die tandemartig angeordneten zwei Schwerter sorgten für den nötigen Lateralplan in tieferen Gewässern. An ihrer Takelung fällt das umgekehrt gesetzte Stagsegel zwischen den Masten auf.*

Die große Mehrzahl dieser Weltumsegelungen wurde mit Yachten ausgeführt, deren größte Länge über 9 m betrug. Als besonders kleiner Weltumsegler zeichnet sich die Yacht TREKKA aus, betrug doch die Länge über alles nur 6,35 m. Die Mehrzahl der Weltumsegler benutzte eine einmastige Takelung, nämlich Slup oder Kutter. Die übrigen Yachten waren meist als Ketsch getakelt, doch gab es auch Yawls und ganz vereinzelt Schuner. Die Mehrzahl der Yachten war mit Hilfsmotor ausgerüstet, doch vor allem unter den früheren gab es nicht wenige, die ausschließlich den Segeln vertrauten, selbst an den gefährlichsten Stellen oder in engen Gewässern.

Irving Johnson, ausgezeichneter Segler und Kapitän seines 1912 in Deutschland erbauten großen Schuners YANKEE, umsegelte die Welt insgesamt siebenmal mit einer so erstaunlichen Sicherheit, daß sich das seemännische Abenteuer geradezu in Tourismus verwandelte.

Schließlich aber verkaufte er die große YANKEE, um in alten Tagen mit einem kleineren und weniger tiefgehenden Schiff europäische Binnenwasserstraßen und das Mittelmeer zu befahren.

Unter den zahlreichen Weltumsegelungen hat sich geradezu eine klassische Route herauskristallisiert. Sie beginnt in irgendeinem Ursprungslande, und zwar zumeist an einer nördlichen Atlantikküste und führt von dort zunächst zum Panamakanal. Dadurch wird die mühsame und auch gefährliche Umsegelung des stürmischen Kap Horns oder das Befahren der unwirtlichen und einsamen Magellanstraße umgangen. Nach Verlassen des Panamakanals trifft man auf die längste der offenen Seestrecken, nämlich die 3000-Seemeilenfahrt zu den Marquesas. Weiter geht es über den Pazifischen Ozean in Richtung der Polynesischen Inselwelt, um schließlich entlang des Nordrandes Australiens zum Indischen Ozean zu gelangen. Die klassische Rückfahrt führt um das Kap der Guten Hoffnung wieder zum Atlantischen Ozean, welcher in seiner ganzen, gewaltigen Ausdehnung von Süden bis zum nördlichen Ursprungsland befahren wird.

Mit welcher Selbstverständlichkeit solche Weltumsegelungen heute ausgeführt werden, erkennt man daran, daß bereits eine *Einhand-Regatta um die Welt* organisiert wurde. Neun Yachten starteten zu diesem Rennen, fünf gaben bald wieder auf, zwei gingen unter, und der von den beiden übriggebliebenen Aussichtsreichste entschloß sich plötzlich, das Rennen nicht zu beenden, sondern in sein pazifisches Inselparadies zurückzukehren. So blieb als Sieger schließlich die langsamste aller gestarteten Yachten übrig, vorzüglich vorbereitet und geführt von ihrem Eigner Robin Knox-Johnston. Bis dahin wäre es heute nicht einmal mehr etwas ungewöhnliches, doch man höre: die Umsegelung mußte ohne irgendeinen Hafen anzulaufen ausgeführt werden, und alle drei Kaps mußten umsegelt werden. Bei etwas über 30 000 gesegelten Seemeilen brauchte die SUHAILI weit weniger als 1 Jahr, nämlich 313 Tage. Es ging also weder durch den Panama-Kanal, noch nördlich Australiens vorbei, sondern südlich um das Kap der Guten Hoffnung, südlich unterhalb Australiens und Neuseelands und dann noch rund Kap Horn, was auch von dem teilnehmenden Trimaran VICTRESS in sehr viel kürzerer Zeit geschafft wurde. Wäre dieser etwas zu leicht gebaute Mehrrumpfkörper nicht noch zuletzt auf dem Nordatlantik auseinandergefallen und gesunken, hätte Nigel Tetley, sein einsamer Steuermann, das Rennen in rund 260 Tagen gewinnen können. Er hatte bereits 28 000 Seemeilen hinter sich gebracht, alle drei Kaps umrundet, und es fehlten ihm nur noch wenig über 1000 Seemeilen bis zum Ziel.

Der Trimaran VICTRESS war das erste Mehrrumpfboot ohne Ballastkiel, das Kap Horn umrundete. Lieutenant Commander Tetley äußerte sich über die Kap-Horn-Umrundung in überzeugender, aufschlußreicher Form: Das Kap selbst sei gar nicht so schrecklich, man solle dieses nicht übertreiben. Doch das Schreckliche seien die 12 000 Seemeilen in den „Brüllenden Vierzigern", den stürmischen 40 Grad südlicher Breite, die dazu gehören. Dieses erste Einhand-Nonstop-Weltrennen wurde im Jahre 1968 gestartet und endete mit dem Sieg des schweren Doppelenders SUHAILI im April 1969. Das Umsegeln der Welt wird heute nur noch zu einem, vielleicht soll man es so nennen, „zivilisierten Abenteuer des Einzelnen", denn es erzeugt weder Sensationen noch eigentlich Bewunderung. Wer es ausführen will und genügend seemännische Kenntnisse besitzt, kann es fast ohne Risiko auch vollbringen. Immer größer wird die Schar der Segelyachten, die fast wie eine nicht endende Gruppe entlang der klassischen Route um die Welt segeln. Man trifft sich in der karibischen Inselwelt, man trifft sich wieder auf den Galapagos, auf Tahiti, in Australien oder Neuseeland, und schließlich auch noch einmal in Durban oder Kapstadt. Am Ende ist man froh, sich nach meistens drei Jahren und dem abschließenden ermüdenden Törn vom Kap der Guten Hoffnung zur europäischen Heimat mit seinem gefährlichen Schiffsverkehr zurückzufinden. Will man wirklich noch etwas besonderes leisten, wird man außer Chay Blyth kaum noch eine Lücke finden, doch dessen Weltumsegelung sei noch kurz erwähnt:

Als junger Fallschirmjäger war Chay Blyth schon einmal aufgefallen, nämlich als er mit einem Offizier seines Regiments, John Ridgway, im offenen Ruderboot den Nordatlantik überquerte. Wie üblich, wenn erst einmal eine packende Idee geboren wurde, wird alles Weitere in größter Eile ausgeführt. Die British Steel Corporation war bereit, den Bau einer großen Stahlyacht zu finanzieren, die im März 1970 in Auftrag gegeben wurde. Bereits im Oktober 1970 startete Chay Blyth zur ungewöhnlichsten aller bisherigen Weltumsegelungen: allein, nonstop und entgegen der üblichen Richtung, d. h., von Ost nach West segelnd. Die Yacht wurde logischerweise BRITISH STEEL genannt und hatte folgende großzügigen Hauptabmessungen: Länge ü. alles = 18,00 m, Breite = 3,90 m, Tiefgang = 2,45 m und Verdrängung = 17 t, dazu rund 140 m² Am-Wind-Besegelung. Der Entwurf stammt von dem sehr erfahrenen Konstrukteur Robert Clark, siehe Abb. 193.

Die große Fahrt begann am 18. Oktober 1970 vor Southampton und führte direkt durch die Tropen hinunter zum Kap Horn. Genau am 24. Dezember 1970 rundete Blyth Kap Horn, wo er teilweise ruhiges Wetter antraf, dann aber auch zunehmenden Wind und Seegang. Wenn es dort auch südlicher Sommer ist, so war es grimmig kalt. In den *Brüllenden Vierzigern* herrschen Westwinde vor, so daß die Fahrt nach Westen *gegen* Wind und Strom verläuft. Es war ein mühsames, anstrengendes Abenteuer, doch bewährte sich die ganz modern entworfene und sehr solide gebaute BRITISH STEEL in diesen Gewässern ganz vorzüglich. Am 21. Mai rundete die Yacht das Kap der Guten Hoffnung, und die ganze „auf unmöglichem Kurs" geführte Weltumsegelung endete wieder am Startpunkt nach 292 Tagen, nämlich am 6. August 1971. Schiff und Skipper, in ausgezeichnetem Zustand, bewiesen, daß es kaum noch etwas ganz Ungewöhnliches auf See zu vollbringen gibt, soweit es Segelyachten betrifft.

Es sei denn, daß man an sehr junge Weltumsegler denkt! So startete der erst 16jährige Robin Lee Graham im Juli 1965 ganz allein zu einer Weltumsegelung in der 7,35 m langen Slup DOVE. Sein Vater hatte ihm schon früh das Segeln beigebracht, und er beherrschte auch die Astronavigation. Fünf Jahre und 33 000 Seemeilen später, auch verheiratet, langte er wieder in seiner kalifornischen Heimat an, nachdem er viel Zeit in der pazifischen Inselwelt, Australien und Südafrika verbracht hatte. Die Rückreise ging über den Südatlantik, den Panamakanal und die Galapagos-Inseln. Dieses Kapitel sei nicht abgeschlossen, ohne noch einen Klassiker der Abenteuer auf See zu nennen, den unvergessenen Meister der Sieben Meere, Kapitän Voss. Er bewies schon sehr früh, daß man auch mit unglaublich primitiven Booten große Seefahrt betreiben kann, doch sei hinzugefügt, daß Voss ein ganz hervorragender Seemann war. Im Jahre 1901 erwarb er von einem Indianer British Kolumbiens ein Einbaum-Kanu von 11,60 m Länge und nur 1,68 m Breite. Er baute dieses nach seinen Ideen etwas um, indem er einen Kajütaufbau darauf setzte und ihm eine dreimastige Takelage gab. Dieses Boot ohne eigentlichen Kiel, die berühmte TILIKUM, kann heute noch in Vancouver besichtigt werden. Kapitän Voss, gebürtig in Elmshorn bei Hamburg, segelte mit seiner merkwürdigen TILIKUM während dreier Jahre auf fast allen Meeren der Welt und hätte nahezu eine Weltumsegelung vollendet. Er war ein besonders begabter Seemann, und seine Anweisungen über Art und Verwendung von Seeankern gelten auch heute noch als wichtiger Beitrag zur Erhöhung von Sicherheit und Komfort beim Hochseesegeln. Doch nicht allein Männer bezwangen den Nordatlantik allein in kleinen Booten. Bereits im Jahre 1952 startete von England aus die kleine Yacht FELICITY ANN von 7,00 m Länge und 2,25 m Breite. Aber nicht etwa ihre geringen Abmessungen erregten Aufsehen, sondern die Tatsache, daß die Yacht einhand von einer mutigen Frau gesegelt wurde namens Ann Davison.

ERGEBNISSE DES ERSTEN YACHTRENNENS „UM DIE WELT" 1973—1974
Nachschrift zu Seite 354

	Name	Takelung	Material	Länge ü. A.	Land	Entwurf	Schipper	Bemerkungen
1.	Sayula	Ketsch	GFK	19,50 m	Mexiko	Sp. & Stephens	Ramōn Carlin	Standard Swan-65 einmal überrollt
2.	Adventure	Kutter	GFK	16,65 m	England	C. & Nicholson	Pat Bryans	Stand. Nicholson-55 Ruderschaden
3.	Grand Louis	Schuner	GFK	18,60 m	Frankreich	D. Presles	André Viant	einziger Schuner
4.	Kriter	Ketsch	formverl. Sperrholz	20,80 m	Frankreich	Auzepy Breneur	Alain Glicksman	einmal überrollt
5.	Guia	Slup	Holz	13,75 m	Italien	Sp. & Stephens	Giorgio Falck	normaler Holzbau
6.	Great Britain	Ketsch	GFK Sandwich	22,00 m	England	Alan Gurney	Chay Blyth	Größte = Nullboot 1 Mann verloren
7.	Second Life	Ketsch	GFK	21,70 m	England	v. d. Stadt	Roddy Anislie	Standard Ocean-71
8.	CSeRB Koala	Ketsch	GFK	15,30 m	Italien	Rob. Clark	Doi Malingri	
9.	Tauranga	Yawl	GFK	16,80 m	Italien	Sp. & Stephens	Eric Pascoli	Standard Swan-55 1 Mann verloren
10.	Brit. Soldier	Ketsch	Stahl	18,00 m	England	Rob. Clark	John Day	vorher Einhand-Weltumsegelung Chay Blyth
11.	P. von Danzig	Yawl	Stahl	18,00 m	B.R.D.	Henry Gruber	Meyer-Laucht	1936 in Danzig erbaut
12.	Otago	Ketsch	Stahl	16,80 m	Polen	H. Kujawa	Z. Pienkawa	1960 in Danzig erbaut
13.	Copernicus	Ketsch	Holz	13,75 m	Polen	L. & Rejewski	Z. Perlicki	normaler Holzbau
14.	33 Export	Yawl	Alumin.	17,50 m	Frankreich	André Mauric	Jean-P. Millet	1 Mann verloren
Aufgegeben								
	Burton Cutter	Ketsch	Alumin.	24,80 m	England	John Sharp	Leslie Williams	Strukturschäden
	Pen Duick VI	Ketsch	Alumin.	22,60 m	Frankreich	André Mauric	Eric Tabarly	zweimal Mastbruch 1. Etappe aufgegeben
	Jakaranda	Slup	GFK Sandwich	17,40 m	S.-Afrika	Sp. & Stephens	Rich. Bongert	

Die schnellste „gesegelte Zeit" betrug 144 Tage = 4/10 eines Jahres.

Passatsegel für Langfahrt auf See

Seitdem sich zwischen 1955 und 1960 die neue Polyesterfaser allgemein für die Herstellung von Segeln einführte, wurden auch auf Langfahrt kaum noch Baumwollsegel verwandt. Ja, es dürfte bald keinen Segelmacher mehr geben, der gerade eben noch über die Kenntnisse des andersartigen Zuschneidens von Baumwollsegeln verfügt, bei denen vor allem das Recken des Tuches zehnmal so stark ist wie bei Kunststoffsegeln. Auch sprechen das Einlaufen bei Nässe, die Bildung von Stockflecken und die größere Anfälligkeit gegen Schamfielen ein gewichtiges Wort gegen die Verwendung von Baumwollsegeln bei Langfahrten auf See. Ein einziger Satz von Segeln aus Polyesterfaser hält mindestens ebensolange wie zwei Satz Segel aus Baumwollstoff.

Aber auch in anderer Beziehung kann der Langfahrtsegler die Haltbarkeit der Segel fördern. So wird bei reinen Touren-Segeln häufig auf die Anwendung von Segellatten gänzlich verzichtet, ebenso wie auf Holz- oder Metallverstärkungen der Kopfbretter. Mitunter werden sogar die Segelbahnen nicht senkrecht zum Achterliek ausgelegt sondern parallel, d. h., sie laufen von oben nach unten parallel zum Achterliek. Dadurch wird vermieden, daß bei Sturm plötzlich ein Riß quer durch das ganze Segel entsteht. Auch werden normale Vorsegel ohne Überlappung zugeschnitten, um dem Schamfielen an den Wanten auszuweichen. Allerdings nimmt man gerne große Leichtwetter-Vorsegel mit, um bei flauer Brise noch eine möglichst gute Fahrt zu erzielen. Bei einer zweimastigen Takelage gilt dasselbe für die Vorsegel, doch darüber hinaus leistet ein großes Besan-Stagsegel prächtige Dienste bei leichtem Wetter. Man hat es überhaupt längst als Irrtum erkannt, Langfahrtkreuzer mit zu geringer Besegelung auszurüsten. Natürlich muß für Schlechtwetter eine Sturmbesegelung vorhanden sein, bestehend aus Sturmfock und Trysegel, letzteres als Großsegelersatz am Mast zu setzen. Aber die Grundbesegelung darf immer normale Kreuzeryacht-Größe besitzen, wozu möglichst noch mehrere Leichtwetter-Beisegel mitgeführt werden. Die Tage echter Schlechtwetterfahrt sind im Durchschnitt viel geringer an Zahl als Schönwetter- oder Flautentage. Gerade das Herumdümpeln in den Flautenzonen der äquatorialen Gewässer geht mehr auf die Nerven als eine vergleichbare Schlechtwetterperiode.

Eine Langfahrt auf See wird oft so eingerichtet, daß man für größere Strecken die stetigen Passatwinde ausnutzt. Doch bei solchen langen Seetörns mit achterlichen Winden macht sich ein Nachteil der modernen Schratbesegelung bemerkbar, welcher die Besatzung zu andauernder gespannter Aufmerksamkeit zwingt. Seegang einerseits und das unaufhörliche Schlingern des Schiffes andererseits bringen nämlich das Großsegel fortlaufend an die Grenze des unerwünschten Halsens. Damit verbunden besteht dann die Gefahr des Bruches des Großbaums oder des Backstags, außerdem werden noch für Schiff und Mannschaft kritische Momente eiligen Handelns heraufbeschworen.

Allen diesen Sorgen kann man vorbeugen, wenn man auf Kursen mit achterlichen Winden die Am-Wind-Besegelung birgt und statt dessen die sogenannten *Passat-Segel* setzt. Man nennt diese auch „Doppelfock- bzw. Doppelspinnaker-Besegelung". Hierbei werden gleich zwei Vorteile eingetauscht: Die Gefahr des plötzlichen unerwünschten Halsens wird völlig ausgeschaltet, und darüber hinaus wird die Kursstabilität auf dieser sonst so unruhigen Strecke bedeutend vergrößert. Die Ausdrücke „Doppelfock" bzw. „Doppelspinnaker" sind nicht gleichbedeutend, obwohl der Unterschied zwischen beiden Takelungsarten nur gering ist. Der beobachtende Segler wird sofort erkennen, daß die Benennung nicht so sehr vom Schnitt der Segel abhängt als von der Art des Setzens. Wird das Vorliek der beiden dreieckigen Passatsegel mittels Stagreitern an je einem Vorstag gefahren, so handelt es sich um Doppelfocks. Werden die Lieken dagegen frei zwischen Masttopp und Mastfuß an Deck auf Zug gesetzt, so spricht man von Doppel-Spinnakern.

Früher war es üblich, für Langfahrt mit achterlichen Winden eine sogenannte Breitfock zu fahren. Diese ähnelte stark einem normalen Rahsegel, und so mußte auch an der Vorderseite des Mastes eine Rah gefahren werden, an der die Breitfock angereiht wurde, natürlich vor dem Heißen der Rah. Nach Einführung der modernen Passatsegel wird niemand mehr eine solche recht unglückliche Breitfock fahren.

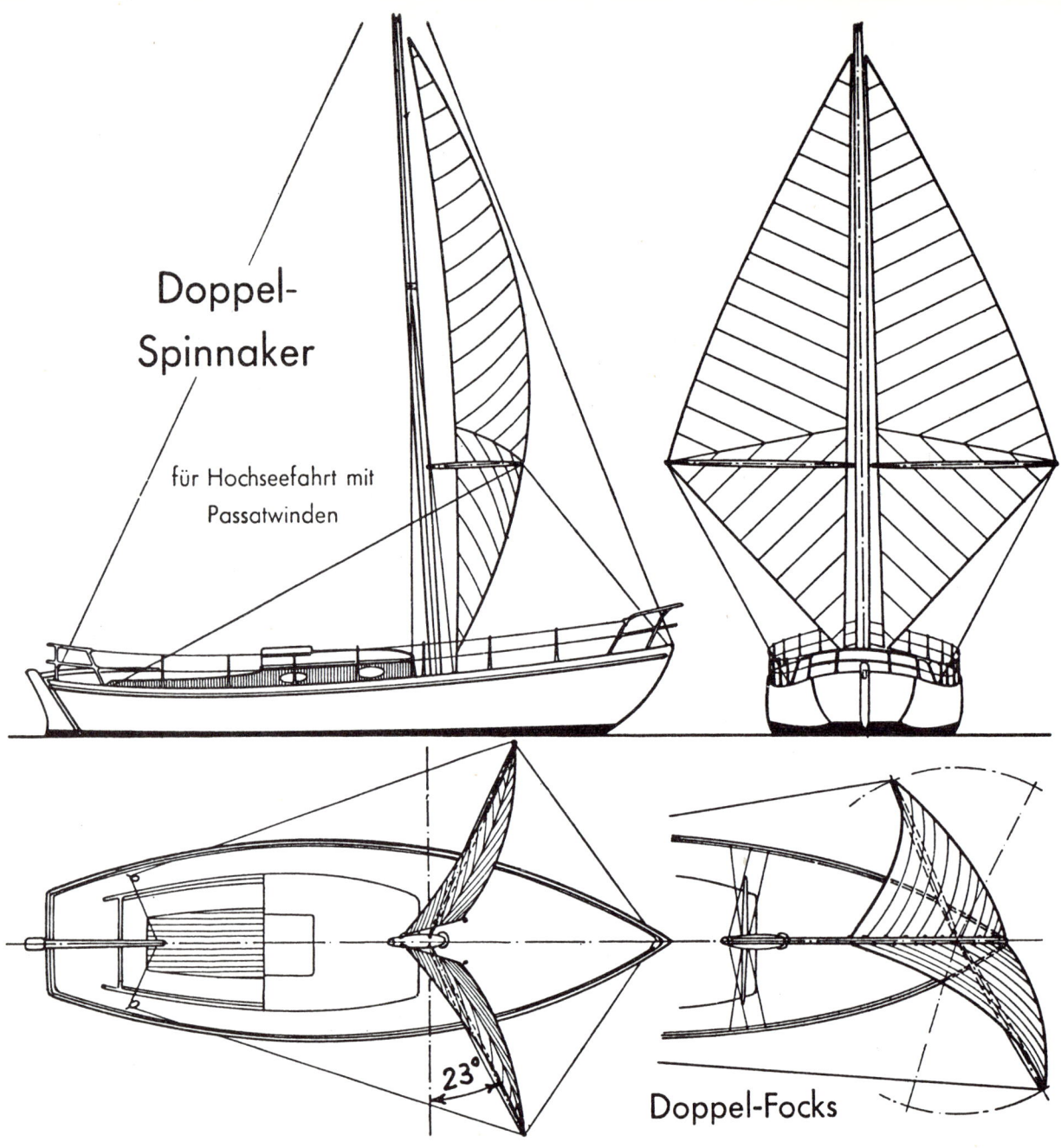

Abb. 244: Die ozeanische Langfahrt mit Passatwinden ist erst seit Einführung der doppelten Vorsegel zu wirklicher Vollkommenheit gelangt. Oben links erkennt man die sogenannten „Doppel-Spinnaker", welche frei gefahren werden. Unten und rechts sieht man die „Doppel-Focks", die an den Vorstagen aufgereiht werden. Diese Passatbesegelung erzeugt den sehr geschätzten kursstabilisierenden Effekt; außerdem ist es einfach, jede Hochseeyacht auf Vorwindkurs zum Selbststeuern zu bringen.

Die erste Ausführung von Zwillings-Vorsegeln für die Fahrt auf See vor dem Wind stammt aus dem Jahre 1930. Damals unternahm der irische Segler Otway Waller eine Alleinfahrt nach den Kanarischen Inseln. Auf seiner 8 m langen Yawl setzte er zum ersten Mal zwei gleiche Vorsegel auf eine von ihm erdachte Art, und zwar wurden beide Focks durch kurze Spinnakerbäume ausgebaumt. Die Segelfläche beider Focks konnte gerefft werden, da sie an einer Einrollvorrichtung nach Wykeham-Martin gesetzt wurden.

Auf den ersten Blick scheint die Verwendung von Zwillings-Vorsegeln eine sehr simple Angelegenheit zu sein. In der Praxis entstehen jedoch eine unerwartete Anzahl von Schwierigkeiten, bis man sich mit Fallen,

Schotführungen und Bäumen vertraut gemacht hat. Als der französische Segler Marin-Marie solche Zwillings-Vorsegel an Bord der neuen WINNIBELLE zum ersten Mal setzen wollte, erlebte er so viele problematische Schwierigkeiten, daß seine Schilderung hier kurz erwähnt werden soll. Er befand sich auf einer Einhandüberquerung des Atlantiks und hatte seine Yacht gerade in letzter Minute frisch von der Werft empfangen. Als dann die erwarteten achterlichen Winde auftraten, versuchte er zunächst in zweistündiger mühevoller Arbeit, die beiden neuen Passatsegel zu setzen. Nachdem er sie endlich zum Stehen bekommen hatte, befand sich die ganze dazugehörende Takelage in heilloser Unordnung, die geradezu fürchterlich aussah. Mit Geduld und Abänderungen gelang es ihm schließlich, seine Vorwindbesegelung in einen wirksamen und ordnungsgemäß bedienbaren Zustand zu bringen. Dann allerdings stellte sich heraus, wie so oft, daß die Fläche beider Segel viel zu gering war, um der Yacht bei normalen Winden einen ausreichenden Vortrieb zu erteilen, so daß er sich entschloß, zusätzlich noch den gewöhnlichen Spinnaker zu setzen. Die stabilisierende Wirkung der Passatsegel dagegen war einfach hervorragend, besonders nachdem er die Vorsegelschoten über Leitblöcke mit der Ruderpinne verbunden hatte. So konnte MARIN MARIE schließlich die WINNIBELLE auch vor dem Wind segelnd sich selbst überlassen. Selbststeuernd segelte sie gut und sicher eine Strecke von 2600 Seemeilen in 26 Tagen.

Die Erstausführung Wallers erregte die Aufmerksamkeit des amerikanischen Konstrukteurs Frederick A. Fenger. Dieser verwandte um 1932 viel Zeit und Experimentierarbeit auf die Verbesserung der Zwillings-Vorsegel. Ein anderer erfahrener Hochseesegler namens Gill erkannte den Vorteil hochgeschnittener Schothörner an den Vorsegeln. Mit diesen war es nämlich möglich, beide Segel auf besonders leichte und mühelose Art zu setzen. Die Fockbäume konnten nun frei nach Deck herunterschwingen, ohne mit der Seereling in Konflikt zu geraten. Nebenstehende Abbildung zeigt die Summe aller bisherigen Verbesserungen an Doppel-Spinnakern, und zwar unter besonderer Berücksichtigung der Arbeiten Fengers. Im rechten unteren Winkel wurde auch die Doppelfock-Besegelung wiedergegeben.

Fenger empfiehlt, die Passatsegel senkrecht nahe dem Mast zu setzen, nicht an den Vorstagen. Dann sollen beide Vorlieken nicht an den Mast anschließen, sondern einen guten Spalt zum Entweichen der angestauten Luft freilassen. Zu diesem Zweck sollen die Augbolzen an Deck um 3 bis 4 Prozent der Vorlieklänge von der Schiffsmitte aus seitlich versetzt werden. Auch wird ein gleiches Maß nach vorn vor den Mast empfohlen. Obwohl man durch Ausbaumen genau querschiffs den größten Vortrieb erhalten würde, wird die abgewinkelte Anordnung, siehe Zeichnung, empfohlen. Diese Stellung beider Bäume trägt in bedeutendem Maße zur Stabilisierung des Kurses bei, und zwar wurde als bester Anstellwinkel ein Wert von 23 Grad von querschiffs nach vorn festgestellt.

Man übersehe nicht, daß der Hals der Passatsegel nicht direkt in den Augbolzen an Deck eingeschäkelt wird, sondern durch Zwischenfügen eines Stropps erst etwa 50 cm über Deck beginnt. Dieses höhere Ansetzen erleichtert die Beobachtung voraus und verhindert zugleich, daß gelegentlich überkommende Wassermassen sich in den Doppelspinnakern fangen.

Die hier gezeigten Passatsegel besitzen eine noch immer verhältnismäßig bescheidene Oberfläche. Um die in der Praxis am besten nutzbaren Abmessungen herauszufinden, empfiehlt es sich, zunächst die größte schwingbare Länge der Bäume auszuprobieren. Diese dürfen beim Setzen und Bergen nicht mit der Seereling in Berührung kommen. Verlegt man den Ansatzpunkt der Spinnakerbäume auf 30 Prozent der Höhe dieser Segel, so wird zugleich auch eine ansehnliche Länge der Bäume erreicht. Die Segel selbst werden fliegend gesetzt, d. h., ihre Vorlieken werden frei gefahren, ohne an besonderen Stagen aufgereiht zu werden. Deswegen müssen diese dreieckig zugeschnittenen Spinnaker mit je einem Liek aus Stahldraht versehen werden. Die beiden Bäume werden steifstehend festgelegt, indem man die Länge der nach achtern laufenden Schoten sowie der Vorholer entsprechend reguliert.

Auf manchen Yachten konnte die Verbindung zur Ruderpinne, welche in der Zeichnung erkennbar ist, ein-

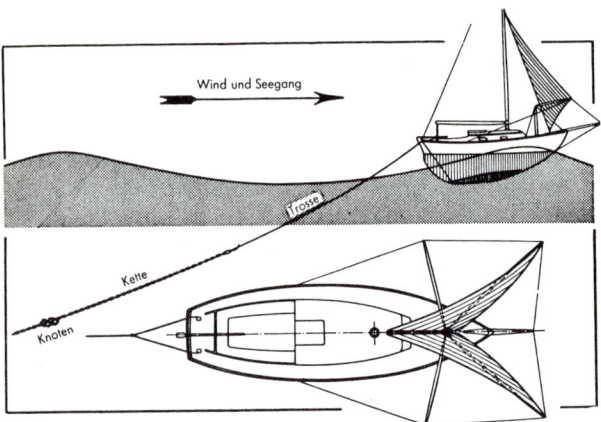

Abb. 245: Der Weltumsegler Marcel Bardiaux setzte seine Doppel-Focks mittels Verwendung eines kurzen Maststumpfes auf dem Vordeck. Auf diesen pflanzte er nicht weniger als vier Fockbäume, wodurch auch bei den sonst weniger empfehlenswerten Doppelfocks eine gute Einstellbarkeit erreicht wurde. Man beachte den ebenfalls kursstabilisierenden Schlepp, bestehend aus Kunstfasertrosse mit Kette und Kettenknoten.

fach weggelassen werden, weil sich von selbst eine erstaunlich große Kurstabilität ergab. Es entstand ein regelrechtes automatisches Selbststeuern auf solchen Vorwindkursen. Diese wundervollen Eigenschaften sind leicht zu verstehen, wenn man den Vorgängen einmal nachgeht. Würde die Yacht nämlich aus dem Kurs laufen wollen, so käme das jetzt luvseitig liegende Vorsegel etwa rechtwinklig zur Windrichtung zu stehen; das leeseitige dagegen würde dem Winde kaum noch irgendwelche Angriffsfläche bieten. Der nunmehr erhöhte Winddruck auf das Luvsegel bringt die Yacht sofort wieder zum Abfallen und auf Kurs. Der gewählte Winkel von 23 Grad hat sich als besonders günstig bewährt, um das Spiel von Überdruck auf das Luvsegel und zu wenig Druck auf das Leesegel in engsten Grenzen zu halten. Dadurch kann eine Yacht eigentlich gar nicht mehr aus dem Kurs laufen, sofern nicht gerade besonders unglückliche Seegangsverhältnisse mit einem sehr kurzen Lateralplan zusammentreffen.

Werden zwei ganz normale Focks mit ihren Stagreitern an zwei nebeneinanderliegenden Vorstagen gesetzt, so entsteht die Doppelfock-Anordnung. Mancher Segler wird als Vorteil schätzen, daß beide Segel auch als gewöhnliche Am-Wind-Focks gefahren werden können. Dagegen beginnt eine neue und unerwartete Schwierigkeit, nämlich einen geeigneten Ansatzpunkt für die beiden Fockbäume zu finden. Werden diese in Beschlägen am Mast gefahren, kann der Anstellwinkel der beiden Vorsegel nicht mehr beliebig verändert werden. Da sich beide Vorsegel um das Vorstag drehen, müßten auch die Bäume auf dem Vorstag selbst sitzen, um die gleiche Anpassungsfreiheit zu erreichen wie bei den Zwillings-Spinnakern.

Man kann aber künstlich einen Ansatzpunkt in der Nähe der Vorstage an Deck schaffen, wie es auf der letzten hierher gehörenden Abbildung angedeutet wurde. Der Weltumsegler Marcel Bardiaux setzte auf das Vordeck seiner Yacht LES 4 VENTS einen solide befestigten Maststumpf von etwa Mannshöhe mit dem einzigen Zweck, auf demselben die Augen zum Ansetzen der Fockbäume anbringen zu können. Dort mußte er allerdings *vier* Fockbäume setzen, weil es nur mit dieser Anordnung möglich war, einen genügend großen Winkel zwischen Schiffsachse und Vorsegeln einzustellen. Doch mit der gezeigten Ausführung konnte Bardiaux seine Zwillingsfocks ganz nach Belieben einstellen, womit er auch die gewünschte ausgezeichnete Kursstabilität erzielte. Leider bedeutet jedoch die Notwendigkeit des zusätzlichen Maststumpfes sowie der zugehörenden vier Fockbäume nebst Vorholern, Toppnants und Schoten eine störende Verunklarung des Vordecks, welche die Bewegungsfreiheit der Mannschaft an dieser wichtigen Stelle erheblich herabsetzt.

Die Verwendung von vier Fockbäumen hat schließlich doch einen kleinen Vorteil. Man kann mit diesen nämlich die Abwinkelung der Passatsegel ganz beliebig einstellen, also auch weit nach vorn wegfieren, ohne zuviel Zug auf die Schoten zu bekommen.

Die Vorzüge einer Passatbesegelung haben die normale Am-Wind-Takelung gerade an ihrem einzigen schwachen Punkt fundamental verbessert, nämlich ihrem unstabilen Betragen auf dem Vorwindkurs. Damit sind auch die früher auf langen Törns gesetzten Breitfocks ausgestorben. Man braucht ihnen keine Träne nachzuweinen.

Selbststeuer-Anlagen für Segelyachten

Jedes Kielboot, ja sogar viele Jollen können unter Umständen längere Strecken selbststeuernd zurücklegen, nämlich am Wind segelnd und mit festgelegtem Ruder. Je kürzer der Lateralplan ist, desto schwieriger findet man das nötige Gleichgewicht zwischen luv- und leegierigen Kräften. Meistens muß die Fock sehr dichtgeholt werden, das Großsegel dagegen wird etwas weggefiert und das Ruder derart festgelegt, daß das Boot etwas nach Lee hin abfallen muß. Das Gleichgewicht ist also fragwürdig oder prekär. Ein Segeln auf raumen Kursen oder gar vor dem Wind ist mit Segel- und Ruderstellung allein nicht zu erreichen, solange man nicht zur Anwendung symmetrischer Passatsegel greift. Slocum war von seiner SPRAY begeistert, denn es gelang ihm tatsächlich, auch raumschots lange Seestrecken selbststeuernd zurückzulegen. Doch auch bei diesem guten ehemaligen Fischerboot mußte dazu auf einen Teil des Vortriebs verzichtet werden, nur um den Kurs auszubalancieren. Auch auf der SPRAY wurde das Großsegel weit weggefiert, die Fock absolut dichtgeholt und das Ruder wahrscheinlich auf leichtes Abfallen festgelegt. Aber raumschots gelingt diese Art des Selbststeuerns nur auf Yachten mit ausgesprochen langgestrecktem Kiel.

Dieses sogenannte *natürliche Selbststeuern* gelingt fast immer auf Am-Wind-Kursen mit dem normalen Am-Wind-Rigg und auf Vor-Wind-Kursen mit den Passat-Segeln. Verbindet man die Schoten mit dem Ruder bzw. der Ruderpinne, so läßt sich die *Reichweite* dieses natürlichen Selbststeuerns etwas weiter ausdehnen. Zu diesem Zweck wird bei den Passatsegeln die Anordnung gewählt, wie sie im Grundriß zum Spinnaker-Doppelvorsegel erkennbar ist. Auf Kursen höher am Wind wird die Großschot über einen Schotblock an der Luv-Deckseite zum Griff der Ruderpinne geführt. Von der Ruderpinne zur Leeseite wird ein Festmacher ausgelegt, der entweder ganz elastisch ist oder einen elastischen Teil zwischengesetzt erhält. Nimmt der Großsegeldruck zu, so wird die Ruderpinne nach Luv gezogen und das Boot zum Abfallen gezwungen. Bei Nachlassen des Winddruckes kann es nicht zuviel aufschießen, weil leeseitiger Festmacher und elastisches Band die Pinne zurückhalten.

Die eigentlichen Selbststeuer-Anlagen sind erst in jüngster Zeit entwickelt und eingeführt worden. Einige Versuche waren schon vor 1960 bekannt, vor allem auf der englischen Yacht BUTTERCUP und der Ausführung von 1955 auf MICK THE MILLER. Als aber im Jahre 1960

Foto 75: Im Laufe der Jahre wurden fast 300 Yachten vom Typ „Nicholson 32" gebaut, doch zeigt das Lichtbild den neuesten Typ mit allen seinen Verbesserungen. Der Eigner ließ eine Hasler-Gibb Selbststeueranlage anbauen, die gut am Heck erkennbar ist. Deren Windfahne steht genau in Windrichtung, auch wenn es auf den ersten Blick täuscht. Eine hochseebewährte Kreuzeryacht von 10,05 m Länge, 2,80 m Breite und 55,7 m² Segelfläche, serienmäßig gebaut von Camper & Nicholson, Gosport.
Foto: John Etches, Bournemouth

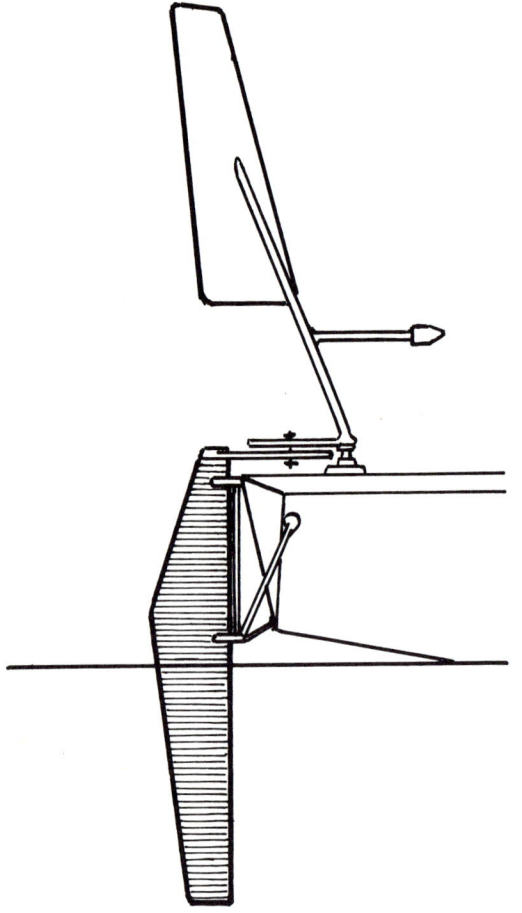 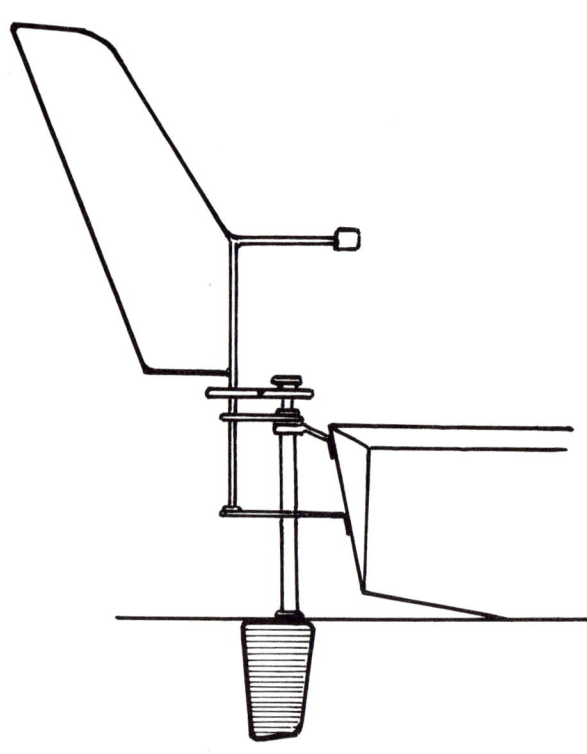

Abb. 246: Die hier gezeigte Art der Windfahnen-Selbststeuerung wurde von den Modellsegelyachten übernommen. Links eine Frühausführung von Michael Henderson aus dem Jahre 1955, rechts eine moderne Ausführung von John Adam. Die Yacht wird von einem zum Selbststeuerer gehörenden eigenen Ruder gesteuert. In jedem Fall muß ein Umkehrmechanismus zwischengeschaltet werden (links Doppelhebel, rechts Zahnradsatz), weil Windfahne und Ruderblatt sich in entgegengesetzten Richtungen bewegen müssen.

die erste Einhand-Transatlantikregatta gesegelt wurde, waren alle fünf teilnehmenden Yachten mit irgendeiner Art von Selbststeueranlage ausgerüstet worden. Sir Francis Chichester, der mit 40 Tagen die damals schnellste Überfahrt machte, hatte seiner Selbststeueranlage den Namen „Miranda" gegeben und trug damit nicht wenig dazu bei, solche Vorrichtungen bekanntzumachen. Da diese Amateurkonstruktion auf das normale Yachtruder wirken mußte, war die „Segelfläche" der Anlage recht groß und sogar reffbar ausgeführt worden.

Zunächst wird vorausgesetzt, daß die normale Art von Selbststeueranlagen direkt vom Wind betätigt wird. Dadurch wird ständig ein gewisser *Kurs relativ zum Wind* eingestellt. Ändert sich die Windrichtung, so folgt das Boot ganz von selbst und oft unbemerkt dieser Änderung. Es ist also eine häufige Kontrolle durch den Kompaß erforderlich, auch wenn man nicht mit der Hand zu steuern braucht. Daß es darüber hinaus vom Wind unabhängige Selbststeueranlagen gibt, die sogar auf Segelyachten anwendbar sind, wird weiter unten erklärt werden.

Eine gewisse Zahl der Selbststeuerer arbeitet nicht auf das Hauptruder der Yacht, sondern auf eine kleine Hilfs-Ruderfläche. Diese kann entweder völlig frei am Heck ins Wasser gehängt oder als Steuerklappe an das Hauptruder angesetzt werden. In jedem Falle befindet sich genügend hoch über Deck die Windfahne, die über irgendeinen Mechanismus das kleine Hilfsruder betätigt. Da ein allgemein bekannter Nachteil der Windfahnen darin besteht, bei leichten Winden nur eine ungenügende Steuerkraft zu entwickeln, ist die Windfahne bei manchen Geräten auswechselbar, und zwar gegen verschiedene Größen. Auch der Vor-Wind-Kurs verlangt eine größere Fläche, eben weil der scheinbare Wind auch hier geringer ausfällt. Segelt man außer-

dem unter Groß- und Vorsegel, so sind die Kräfte, die das Ausscheren hervorrufen, besonders groß.
Um eine Anlage von sehr guter Wirksamkeit zu erhalten, muß der Segler verstehen, Besegelung und Selbststeueranlage aufeinander abzustimmen. Ist eine Yacht sehr luvgierig, muß dieses durch Änderung der Segel oder gar durch Vorausversetzen des Mastes erst auf normales Verhalten reduziert werden. Auch muß nicht selten die Größe der Windfahne den herrschenden Windstärken und Kursen angepaßt werden. Manche modernen Yachten laufen auch ohne Selbststeuerung auf allen Kursen stetig und mit geringem Ruderdruck. Sie eignen sich dann besonders gut zur Anwendung eines vom Wind kontrollierten Selbststeuerers. Um irgendeines der verschiedenen Selbststeuersysteme in Gang zu bringen, wird zunächst die Windfahne ausgekuppelt, so daß sie frei im Wind schwingt. Dann bringt man die Yacht auf den gewünschten Kurs und bemüht sich, durch Anpassung der Schoten einen möglichst geringen Ruderdruck zu erzielen. Nun kann die Windfahne eingekuppelt werden. Übernimmt sie die Selbststeuerung richtig, ist keinerlei Nachstellen nötig, andernfalls wird die Stellung der Fahne noch ein- oder zweimal korrigiert, bis das harmonische Zusammenspiel erreicht ist.

Gelingt es, einen solchen Zustand zu erreichen, kann die Windfahne eine Yacht sogar besser steuern als ein aufmerksamer Steuermann. Meßfahrten mit genauer Aufschreibung von Kurs, scheinbarem Wind und Ausschlägen haben dies bestätigt. Um wieviel vorteilhafter ist dann wohl eine Windsteueranlage auf Langfahrt, wenn die Mannschaft durch lange Tagesstrecken und nicht endende Nachtfahrten übermüdet ist.

Es liegt in der Natur der Wind- und Wasserströmungen, daß Windfahnen am Heck aufgebaut werden, annähernd senkrechte Drehachsen haben und auf ein Haupt- oder ein Hilfsruder wirken. In Abb. 246 erkennt man zwei solche Anlagen mit Hilfsruder, links eine Frühausführung von Michael Henderson aus dem Jahre 1955, rechts eine modernere von John Adam. Beiden ist gemeinsam, daß nur das Hilfsruder allein zum Steuern verwandt wird. Die Steuerfahne, hier mittschiffs gezeichnet, steht natürlich genau im Wind,

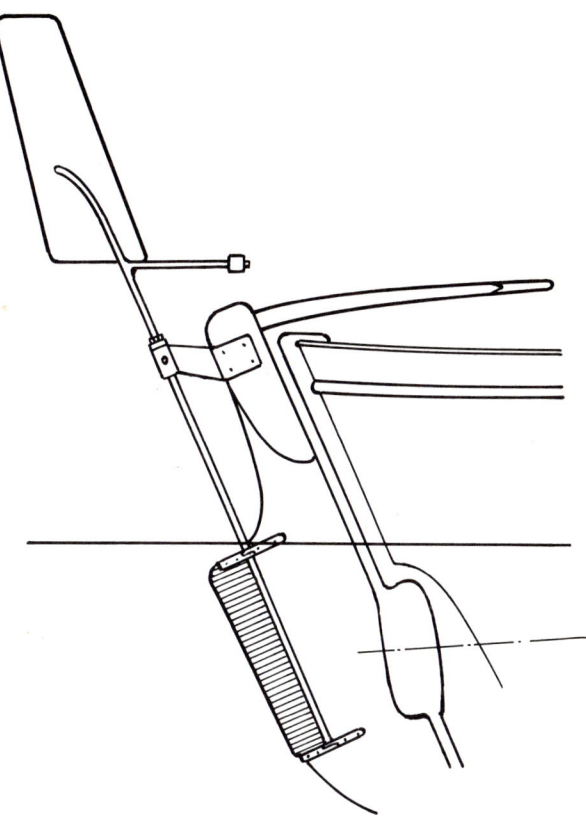

Abb. 247: Fährt die Yacht das Ruder über Heck, so läßt sich eine besonders einfache Windsteuerung anwenden, nämlich mittels Hilfssteuerklappe auf dem Ruder. Letztere Einrichtung war bereits in den zwanziger Jahren als Flettner-Ruder bekannt. Wird die Hilfssteuerklappe nach der einen Seite bewegt, wandert das Hauptruder von selbst ohne Kraftaufwand zur entgegengesetzten Seite und steuert die Yacht. Ein Umkehrmechanismus ist deshalb hier nicht erforderlich, doch muß die Windfahne einstellbar und auskuppelbar angeschlossen werden.

also auf Backbordbug segelnd und mit leicht von Steuerbord einfallendem Wind zeigt sie achtern nach Backbord. Strebt die Yacht bei einfallender Bö zu hoch in den Wind, trifft dieser die Windfahne jetzt auf die Backbordseite, der Hinterrand der Fahne strebt also etwas nach Steuerbord. Damit die Yacht abfällt, muß die Hinterkante des Ruderblatts aber nach Backbord versetzt werden, und dies ist der Grund, warum bei diesen Anlagen zwischen Ruder- und Windfahnenachse eine Umkehrvorrichtung eingeschaltet wird. Man erkennt links ein Doppelhebelsystem, rechts einen Satz von Zahnrädern.

Fährt eine Yacht in Plattgat- oder Spitzgatform das Ruder über Heck, so bietet sich die wohl einfachste Art aller Windsteuerungen an, siehe Abb. 247. An die Achterkante des Ruders wird eine Steuerklappe angesetzt und das Ruder damit in ein Flettner-Ruder ver-

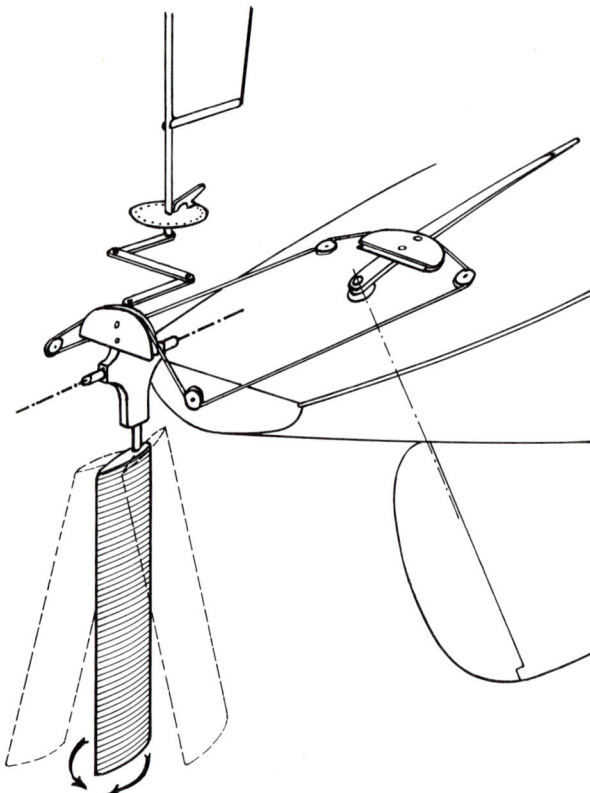

Abb. 248: Weite Verbreitung fand die von Oberst Hasler erdachte Pendel-Servo-Selbststeuerung unter dem Namen „Hasler-Gibb". Die Windfahne verdreht das nach unten hängende Ruderblatt, wodurch es vom Fahrtstrom, also nicht vom Wind, zum Ausschlagen gebracht wird. Es erzielt damit eine erhöhte Kraftwirkung, der Wasserdruck wirkt als Servomotor und betätigt das Hauptruder direkt.

verwendet, das Steuern aber durch Wasserkräfte bewirkt. Daher die Bezeichnung: Pendel-Servo-Steueranlage. Wie stets wirkt auch hier die Windfahne auf das ins Wasser reichende Hilfsruder. Dieses wird von der Windfahne je nach Kursänderung gedreht, so wie es die beiden am Fuß eingetragenen Pfeile andeuten. Sobald das schmale Ruderblatt einen Anstellwinkel zur Wasserströmung einnimmt, beginnt es mit einer Steuerwirkung. Da das Blatt schwingbar aufgehängt ist — die von vorn nach achtern laufende Schwingachse ist deutlich in Abb. 248 markiert —, schwingt das Blatt seitlich aus, wie gestrichelt erkennbar ist. Allerdings geht das Ausschwingen nicht einfach frei vonstatten, denn oben auf dem Kopf des Ruders sitzt ein halbes Kreissegment mit einem Seilzug, der zur Ruderpinne läuft. Jedes Ausschwingen nach der einen oder anderen Seite legt dadurch das Hauptruder der Yacht ebenfalls nach der einen oder anderen Seite. Es ist also das *ausschwingende* Ruderblatt, welches das Hauptruder zur Kurskorrektur zwingt, und zwar mittels der vom Fahrtdruck des Wassers erheblich vergrößerten Kraft im Vergleich zum viel bescheideneren Winddruck. Daher die Servomotor-Wirkung.

Wenn auch diese Anlage mit allem ihren Zubehör am Heck der Yacht umfangreich und kompliziert wirkt, hat sie doch ihre Bewährungsprobe auf zahlreichen Hochseefahrten bestanden. Beim Einhand-Transatlantik-Rennen 1972 wurden 10 verschiedene Anlagen auf 40 teilnehmenden Yachten gezählt. Mit kleinem Vorsprung stand der Hasler-Gill-Selbststeuerer dabei zahlenmäßig an der Spitze.

Alle bisherigen Anlagen hatten die Windfahne um eine senkrechte Achse angeordnet. Wie sollte es auch anders sein! Doch es geht anders, wie es die letzte Skizze zeigt, Abb. 249. Am Heck der Yacht sitzt eine Windfahne auf *horizontaler* Achse, durch ein Ausgleichsgewicht senkrecht gehalten. Sobald der Wind von einer Seite auf die Windfahne trifft, neigt sich diese nach der entgegengesetzten Seite. Läßt der Winddruck nach, stellt sie sich von selbst wieder auf die Senkrechte.

Allerdings kann sich die Windfahne nicht frei seitlich neigen, denn am unteren Rand der Fahne sitzt eine

wandelt, wie man es versuchsweise in den zwanziger Jahren an Frachtdampfern verwandte. Soll nun ebenso wie vorher das Hauptruder an seiner Achterkante nach Backbord versetzt werden, so muß die Hilfsklappe umgekehrt nach Steuerbord gebracht werden. Dazu genügt eine geringe Kraft, die aber ausreicht, damit sich das gesamte Hauptruder auf richtige Wirkung einstellt. Die Steuerklappe macht hier also den umgekehrten Weg im Vergleich zu den Hilfsrudern der vorhergehenden Zeichnungen. Dadurch wird eine Umkehrvorrichtung hinfällig, nur eine Kupplung sowie eine gezahnte Fahnenverstellung sind nötig.

Die sogenannte Hasler-Gibb-Selbststeueranlage wird besonders im britischen Yachtbereich sehr viel angewandt. Sie wurde im Lauf der Jahre vom begeisterten Förderer des Einhand-Atlantiksegelns Oberst H. G. Hasler entwickelt. Ihre Wirkungsweise ist absolut originell, indem sie die Windkräfte nur zum Heranfühlen

Seiltrommel mit Nylonseil, das beim Neigen mitgehen muß. Dieses Seil geht zuerst senkrecht nach unten zu einem Block und von dort zur Ruderpinne, wie in einem gesonderten Schema darüberliegend angezeigt wurde. Jeder seitliche Windeinfall wirkt also direkt auf das Hauptruder. Ein zweites Seilrad erkennt man an der untersten Stelle des Windfahnenträgers. An dem dort angreifenden Seil, strichpunktiert gezeichnet, wird die Windfahne auf den gewünschten Anstellwinkel eingestellt. Auch dieser eigenartig ausgelegte Selbststeuerer hat sich gut bewährt. Er führt den Namen Q. M. E. und wird in England hergestellt.

Für Motorkreuzer gibt es schon seit langem sogenannte automatische Piloten, das sind Selbststeueranlagen, die den Kurs elektronisch vom Kompaß angezeigt bekommen und dann ihr Kommando elektrisch oder elektrohydraulisch auf das Ruder weitergeben. Diese Anlagen sind also nicht windabhängig, sondern rein kursabhängig. Trotzdem haben auch sie sich an Bord von Segelyachten bewährt, vor allem auf langen Strecken im Gebiet der Passatwinde. Jürgen Wagner fuhr eine solche Anlage auf seinem Katamaran WORLD CAT, mit dem er praktisch die Welt umsegelte. Ändert der Wind seine Richtung, so folgt die Yacht *nicht* dieser Änderung, sondern hält ihren vorbestimmten Kurs weiter durch. Doch dann muß entweder die Segelstellung neu angepaßt oder der Kompaßkurs verändert werden. Fast immer spürt der Skipper eine solche Windänderung, sogar nachts im Schlaf. Voraussetzung allerdings ist, daß die Yacht über reichlichen Strom verfügt, also ein Ladeaggregat besitzt, um die Baterien gebrauchsfähig zu halten.

Schließlich besteht auch die Möglichkeit, statt die Steuerimpulse vom Kompaß zu erhalten, sie von der Windfahne aufzunehmen. In diesem Falle genügt eine sehr kleine Windfahne, und es fehlt jeder umfangreiche Mechanismus, wie man ihn immer wieder an den Windsteueranlagen sieht.

Beim letzten Transatlantik-Einhandrennen 1972 wurde eine Änderung in den Vorschriften über Selbststeueranlagen eingeführt. Während in vorhergehenden Rennen nur das Windfahnensystem ohne jede elektrische Unterstützung erlaubt war, durfte nunmehr

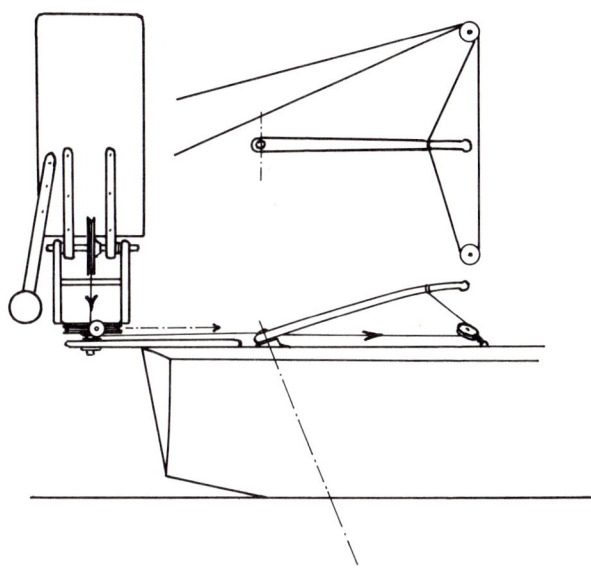

Abb. 249: Alle bisherigen Windfahnen drehten sich um eine senkrechte Achse, doch die hier gezeigte Q.M.E.-Anlage verwendet sehr geschickt das Prinzip der horizontalen Achse. Fällt das Boot zu sehr ab, trifft der Wind die Fahne von der Luvseite und bringt sie zum Wegklappen, wobei über einen Seilzug das Hauptruder betätigt wird, siehe oberes Detail. Eine weitere Seiltrommel unten am Fuß dient zur Regulierung der Windfahnenstellung, was auch durch Zahnrad- oder Lochkreis-Arretierung geschehen könnte.

ausdrücklich eine elektronische Anlage verwandt werden. Allerdings kam eine beschränkende Ergänzung hinzu, nämlich daß der benötigte elektrische Strom auf *natürlichem Wege* erzeugt werden müsse, ohne ein motorisches Ladeaggregat oder ein chemisches Ladesystem anzuwenden. Zehn Yachten machten von dieser neuen Freizügigkeit Gebrauch, doch keine einzige war imstande, auf *natürlichem Wege* genügend Strom zu erzeugen, um die Anlage während des ganzen Verlaufs des Rennens zu betreiben. Als natürlicher Stromerzeuger wurde teilweise ein mitlaufender Wasserpropeller verwandt oder ein Windrad-Generator.

Man hat die Windfahnen-Selbststeuerung als den stets *willigen und bescheidenen Mitsegler* bezeichnet oder auch als den *dritten Mann an Bord*, der keine Lebensmittel verbraucht und keine Koje benötigt. Die Vorteile dieses bedürfnislosen Mitseglers sind so unerhört groß, daß heute keine Yacht mehr auf ozeanische Langfahrt geht, ohne eine Selbststeueranlage mitzuführen. Doch muß man sehr auf eine *solide* Ausführung achten, um die immer drohenden Havarien zu vermeiden.

Vier Arten, einen Sturm abzuwettern

Wenn die Gewalt des Windes und die Macht des Seeganges die üblichen Grenzen normaler Seefahrt überschreiten, kann eine kleine Yacht zwar das Weitersegeln aufgeben, doch braucht sie deswegen bei weitem nicht in eine gefahrvolle Lage zu geraten. Im Gegenteil, es gibt mehrere Möglichkeiten, der Yacht ein relativ ruhiges Liegen sogar in aufgewühlter See zu schaffen, so daß die Mannschaft ausruhen und mit einiger Bequemlichkeit auf Besserung des Wetters warten kann. Je nach den herrschenden Umständen wird man eine der vier nachgenannten Techniken anwenden:

Vor Topp und Takel laufen lassen,
  mit Nachschleppen langer Trossen.
Beidrehen unter kleiner Besegelung.
Mit geborgenen Segeln die Yacht sich selbst überlassen.
Seeanker und Ölbeutel auslegen.

Das jeweils günstigste Verfahren hängt durchaus nicht von der Vorliebe der Mannschaft oder gar von Größe und Form der Yacht ab. Vor allem kann man nur dann das bequeme Laufen vor Topp und Takel anwenden, wenn reichlicher und gefahrenfreier Seeraum nach Lee vorhanden ist. Bei ausreichend großem Lateralplan wird man die Yacht mit Vorliebe *beidrehen*, da man hierbei die Lage gut unter Kontrolle hält und die Geschwindigkeit der Abdrift gering bleibt. Die relative Lage von Schiff und Seegang ist sogar in gewissen Grenzen einstellbar und wird dann stetig beibehalten. Befindet sich jedoch in Lee eine gefahrdrohende Küste, so muß um jeden Preis versucht werden, freien Seeraum nach Luv zu gewinnen. Sollte dies mit stark gerefften Segeln nicht mehr gelingen, wird man den Hilfsmotor in Gang setzen, um von Land freizukommen. Den nächsten Hafen nach Lee hin aufzusuchen, ist ein äußerst gefährliches Unterfangen, besonders wenn Sturm und Gischt die Sicht erschweren, und hat häufig zum Totalverlust der Yacht geführt. *Am sichersten ist man auf hoher See!*

Eine Yacht mit kleiner Besatzung und reichlich Seeraum wird oft das einfachste aller Verfahren anwenden, nämlich mit geborgenen Segeln die Yacht sich selbst zu überlassen. Der Schiffskörper kann sich frei zwischen Wind und Wellen einpendeln und wird dabei sogar am wenigsten beansprucht.

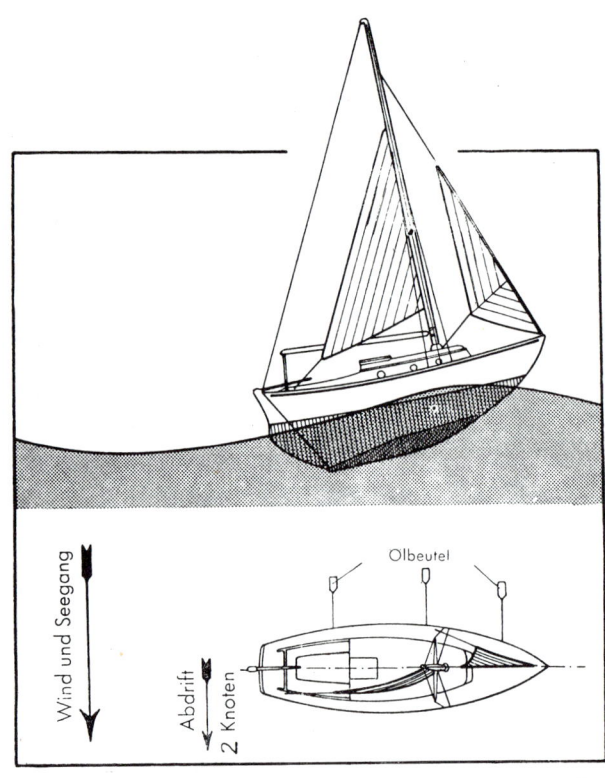

Abb. 250: Zum Beidrehen werden anstelle der normalen Segel ein Trysegel und eine Sturmfock gesetzt. Letztere wird backgesetzt, also die Luvschot (!) dichtgeholt, so daß die Yacht fast keine Fahrt voraus mehr aufnimmt. Sie liegt dann mit geringer Abdrift quer zum Seegang, wobei ihr Schlingern durch den Winddruck auf die Segel gedämpft wird. Man beachte die Anordnung der Ölbeutel.

BEILIEGEN

Jede Yacht mit ausreichendem Lateralplan kann zum Beiliegen gebracht werden. Am besten wird anstelle des Großsegels ein Trysegel gesetzt, ferner fährt man eine Sturmfock, wie auf der zugehörenden Abbildung erkennbar ist. Mit geringer Fahrt wird die Yacht dann quer zu Wind und Seegang gelegt, während gleichzeitig die Sturmfock backgesetzt wird. Das Backsetzen der Fock, gleichbedeutend mit *Luvschot dichtholen*, hat einen doppelten Zweck. Einmal wird dadurch einem Aufschießen in den Wind vorgebeugt, und zum anderen wirkt das Segel als Fahrtbremse, da es ja statt Vorschub einen Rückschub erzeugt. Das Trysegel bzw. das gereffte Großsegel wird dann je nach dem Verhalten des Schiffes mehr oder weniger dichtgeholt.

In gut ausbalanciertem Zustand wird die Yacht keinerlei Fahrt voraus aufnehmen, sondern sich in einer sta-

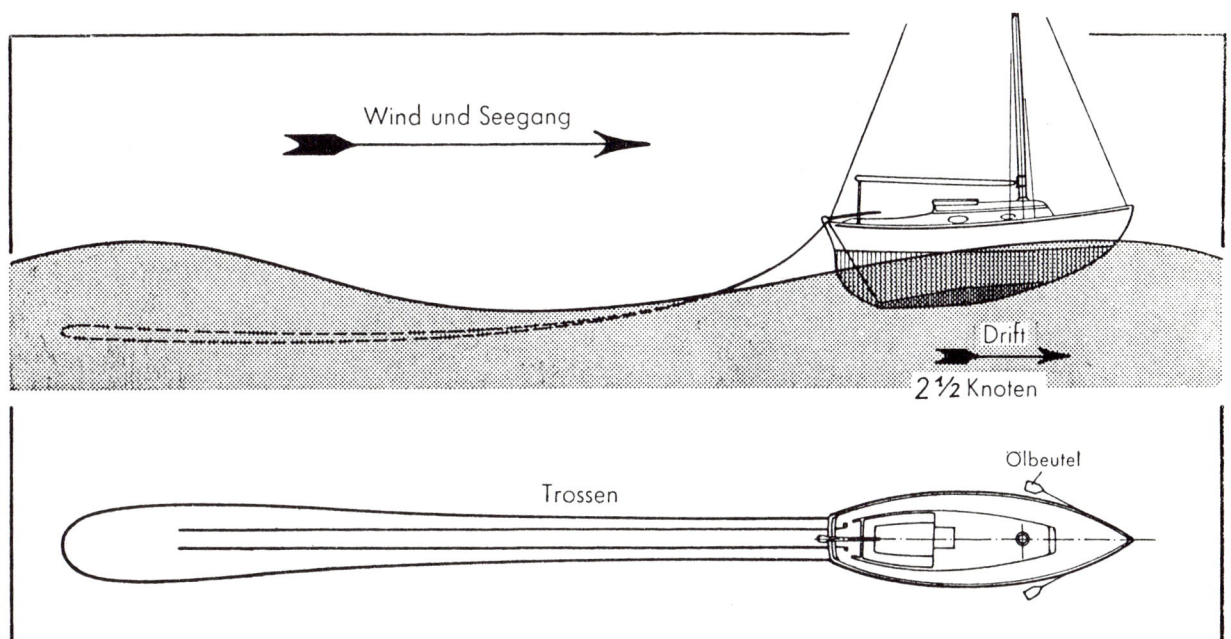

Abb. 251: Beim Lenzen vor dem Sturm läuft die Yacht ohne jedes Segel in Richtung des Windes. Zur Verminderung der Fahrt, auch zwecks Stabilisierung des Kurses, werden mehrere lange Trossen nachgeschleppt.

bilen Lage verhalten, bei welcher der Wind 6 bis 7 Strich von vorn einfällt, also etwas vorlicher als dwars. Die Stetigkeit der Lage wird durch Festlegen der Ruderpinne noch unterstützt.

Die beiliegende Yacht wird langsam nach Lee hin abtreiben. Zwar erzeugt das Trysegel ein wenig Vortrieb, doch die backgesetzte Sturmfock verhindert die Fahrt voraus und das Aufschießen. Die Ruderpinne wird meist etwas leewärts festgezurrt, um der anluvenden Tendenz vorzubeugen. Das so erzielte Gleichgewicht der Kräfte läßt nur noch eine nach Lee gerichtete Resultierende zurück, welche die bereits genannte geringe Abdrift erzeugt.

Natürlich wird der Seegang quer auf die Yacht anrollen, was zunächst wirklich unerwünscht ist. Doch hinterläßt die beginnende Abdrift eine Wirbelstrecke, welche die Wasserfläche zu Luv der Yacht glättet. Auf dieser laufen sich die heranrollenden Brecher aus, treffen die Yacht also mit stark verminderter Gewalt. Aber auch die Besegelung wirkt als Dämpfung und verhindert ein zu starkes Schlingern des Schiffes. Es summieren sich also die dämpfenden Wirkungen des hinterlassenen Totwassers und der Besegelung, so daß die Yacht trotz ihrer Position quer zu Wind und Seegang einigermaßen ruhig liegt.

Die wellendämpfende Wirkung des Abdrift-Totwassers läßt sich noch durch zusätzliche Ölbeutel verstärken, deren Lage ebenfalls in der Zeichnung angedeutet wurde.

LENZEN VOR TOPP UND TAKEL

Herrscht eine so schwere See, daß ein Beidrehen quer zu Wind und Wellen nicht mehr ratsam erscheint, oder wünscht man möglichst bequem in Windrichtung zu laufen, hält man die Yacht auf Kurs vor Topp und Takel. Dieser Ausdruck bedeutet, daß keinerlei Segel mehr stehen, der Wind also nur noch auf die nackten Spieren treibend wirkt. Den Umständen entsprechend wird sich die Yacht auf diesem Kurs verhältnismäßig sehr ruhig benehmen. Auch kommt jedes Reffen oder Auswechseln von Segeln in Fortfall. Der besondere Nachteil liegt jedoch in der Notwendigkeit, ständig und mit großer Aufmerksamkeit zu steuern, da die Yacht andernfalls sofort aus dem Kurs laufen und querschlagen würde. Letzteres ergäbe bei von achtern anrollender schwerer See eine gefährliche Situation, bei welcher das ganze Schiff überspült werden könnte, mit der zusätzlichen Gefahr, daß auch Luken oder gar Aufbauten eingedrückt werden.

Lenzt ein Schiff vor Topp und Takel, läuft es in Richtung der Wellen, allerdings mit geringerer Geschwindigkeit. In dem Augenblick, da ein Wellenberg die Yacht einholt, erfährt sie eine plötzliche und recht heftige Beschleunigung, welche nur durch ständige Aufmerksamkeit am Ruder beherrscht werden kann. Berührt jetzt das Vorschiff das Wellental, trifft es dort auf gegenläufiges Wasser, das vorn eine starke Abbremsung erzeugt. Der heftige Impuls im Heck und das gleichzeitige Abbremsen im Vorschriff zerrütten das sowieso schon bedenkliche Gleichgewicht, und die Yacht kommt nur zu leicht zum gefürchteten Querschlagen, falls die Aufmerksamkeit am Ruder nachläßt.

Um die Fahrt vor der See zu verringern und zugleich eine gewisse Kursstabilität zu erzielen, bringt man Leinen über Heck aus, wie in der Abbildung gut erkennbar ist. Je länger und dicker die nachgeschleppten Trossen sind, desto größer ist ihre Bremswirkung. Marcel Bardiaux verwandte auf langen Passatstrecken eine Trosse aus Kunstfaser von 20 bis 30 m Länge, an deren freiem Ende er eine 10 bis 30 m lange Kette befestigte, welche als Abschluß einen dicken Knoten bekam, vergleiche Abb. 245. Zugleich setzte er die bereits beschriebenen, weit vorn gesetzten Doppelfocks, die ihm eine ausgezeichnete Kursstabilität einbrachten. Da er sie weit nach vorn fierte, bewirkten sie im Sturm eine nur geringe Fahrt voraus.

Auch andere Dinge können zur Verringerung der Fahrt angewandt werden, wie z. B. ein kleiner See- oder Treibanker über Heck oder sonstige Gegenstände oder Spieren von Bord. Welches Verfahren man auch anwendet, es muß stets ein sehr kritischer Punkt beachtet werden, nämlich der Bruch der Leinen durch Schamfielen! Noch ging bei länger dauerndem Sturm fast jeder Treibanker, fast jede Spiere über Heck durch Schamfielen verloren. Gerade dort, wo die Leinen über Klüsen oder Lippklampen das Deck verlassen, müssen sie mit Segeltuchresten extra bekleidet werden, um dem Schamfielen vorzubeugen.

Alle Arten des Lenzens vor dem Wind erfordern eine unermüdliche Aufmerksamkeit am Ruder, mit Ausnahme des von Bardiaux angewandten Systems, welches eine gute Kursstabilität mit sich bringt.

SICH SELBST ÜBERLASSEN

Als kurz vor dem Kriege die kleine deutsche Spitzgat-Slup ZUGVOGEL nach glücklicher Atlantikfahrt in Buenos Aires eintraf, erregte der dürftige Zustand ihrer Takelung die Verwunderung der erfahrenen Segler. Zwar hatte die Yacht auf hoher See nur wenig wirklich schweres Wetter angetroffen, doch erklärte ihr Steuermann, daß er in schlechtem Wetter die Yacht sich selbst zu überlassen pflegte. Wurden bei zunehmendem Wind und Seegang die Beanspruchungen der Takelage und des alten Schiffsrumpfes zu groß, barg er einfach die Segel. Er verwandte weder Treibanker noch Sturmsegel, weder lenzte er vor dem Winde noch brachte er Leinen über Heck aus. Die Yacht suchte sich selbst die Lage der geringsten Beanspruchung im Seegang. In der Zwischenzeit wartete die zweiköpfige Besatzung in der Kabine auf besseres Wetter.

Das Prinzip, eine Yacht sich selbst zu überlassen, hat zweifellos etwas Verlockendes an sich. Ohne Winddruck auf irgendwelche Segel, ohne Bremswirkung von Seeanker oder nachgeschleppten Trossen wird sie den denkbar geringsten Beanspruchungen ausgesetzt. In der Mehrzahl der Fälle allerdings muß man sich mit den willkürlichen und unregelmäßigen Bewegungen abfinden, welche die Erholung an Bord bei schlechtem Wetter doch sehr in Frage stellen. Nimmt die Gewalt des Unwetters zu, werden sich oft Brecher über Deck ergießen. Überhaupt, diese passive Strategie wird manchem Hochseesegler nicht zusagen. Trotzdem sollte man mit jeder Seekreuzeryacht einmal den Versuch machen, sie sich selbst zu überlassen und ihr Betragen zu beobachten. Es können immer Sonderfälle auftreten, welche keine aktive Maßnahme mehr erlauben, wie z. B. Krankheit, Verletzung, Überraschung oder Erschöpfung.

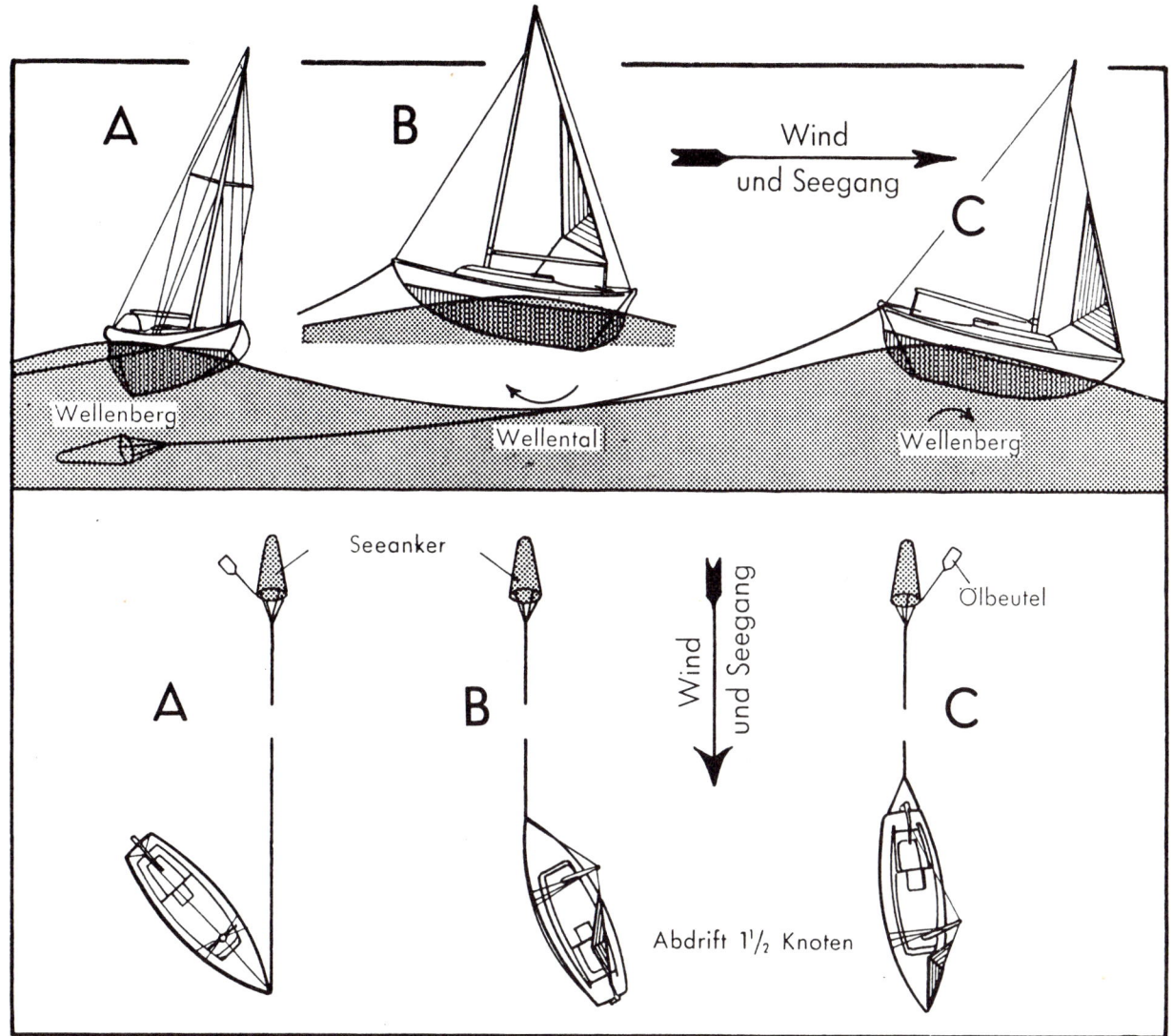

Abb. 252: Vor Seeanker nehmen Yachten oft die am wenigsten erwartete Lage relativ zum Winde an, denn nur selten bleiben sie wirklich im Winde liegen. Durch Setzen eines kleinen achteren Stützsegels erzielt man eine Verbesserung, Bild „B", oder auch durch Ausbringen des Seeankers über Heck, Bild „C". Durch Auslegen eines Seeankers erzielt man eine geringere Abdrift als mit den vorher beschriebenen Systemen.

Die lästige und heftige Unregelmäßigkeit der Bewegungen kann gemindert werden, indem man den Buganker nebst Ankerkette fallen läßt. Deren Bremswirkung trägt dazu bei, daß die Yacht etwas ruhiger liegt und vielleicht sogar die Tendenz annimmt, mit dem Vorschiff im Wind zu bleiben. Zumindest erreicht man aber, daß die See nicht mehr häufig vom Heck her die Yacht überläuft.

VOR SEEANKER

Das Auslegen eines Seeankers im Sturm hat sich keineswegs sehr verbreitet, obwohl es einen speziellen Vorzug zu bieten hat: Von allen Verfahren ergibt sich mit dem Seeanker die geringste Abdrift nach Lee. Man sollte deswegen gerade dann zum See- oder Treibanker greifen, wenn nur ungenügender Seeraum nach Lee vorhanden ist. Eine vor Seeanker liegende Yacht wird an einem ziemlich feststehenden Punkte gehalten. Jedenfalls gibt der Seeanker das meiste an Widerstand her, was man vom Meer überhaupt erwarten kann. Deswegen wäre eigentlich anzunehmen, daß eine vor Treibanker liegende Yacht brav in Windrichtung verharren müßte. Merkwürdigerweise ist dem aber nicht so. Die Mehrzahl der Yachten pendelt sich auf eine geradezu unbegreifliche Lage ein, nämlich mehr oder weniger quer zu See und Trosse. Der meist auf $1/3$ von vorn stehende Mast mit seiner Verstagung dürfte an diesem unerwünschten Verhalten schuld sein.

Unter mehreren verschiedenen Anordnungen kann man gewöhnlich eine günstige Lage im Seegang herausfinden. Ist eine Yacht zweimastig getakelt, wird am Besan ein Trysegel gesetzt und mittschiffs dichtgeholt, wodurch normalerweise ein Querliegen verhindert wird. Auch eine einmastige Takelung gibt dieselbe Möglichkeit, indem eine kleine Fock *umgekehrt*, also Vorliek nach achtern, am festen Achterstag, an der Baumnock oder sogar ganz frei gesetzt wird. Verwendet man die Baumnock, muß der Großbaum selbstverständlich hart nach mittschiffs dichtgeholt werden. Die Schot des verkehrtherum gesetzten Stützsegels muß nach vorn ebenfalls stramm dichtgeholt werden. Damit kann auch ein Einmaster einigermaßen gut im Wind liegen.

Viele Yachten nehmen eine ruhigere Lage ein, wenn der Treibanker über Heck ausgebracht wird. Dann befindet sich der Mast nicht mehr im ersten, sondern im letzten Drittel des Schiffes und wirkt stabilisierend. Zwar rollt jetzt die See gegen das Heck, doch sofern dieses nicht besonders breit und niedrig ausgebildet ist, werden sich nur selten Brecher über Deck ergießen.

Die Trosse des Seeankers soll ungefähr die gleiche Länge haben wie die vorherrschende Wellenlänge oder ein Vielfaches davon. Nur bei einer solchen Übereinstimmung befinden sich Seeanker und Yacht gleichzeitig im Wellenberg oder im Wellental und führen auch dieselben Schwingbewegungen aus.

Besonders kleinere Yachten könnten mit Vorteil einen Seeanker verwenden, da dessen Abmessungen dann noch nicht zu unhandlich werden. Überschreitet die Wasserlinienlänge ein Maß von etwa 10 m, müßte ein reichlich großer Seeanker mitgeführt werden. Im Sturm könnte er kaum noch sicher gehandhabt werden, und dies ist wohl der wichtigste Grund dafür, daß sich seine Verwendung selbst auf kleineren Yachten nicht allgemein eingeführt hat.

ÖLVERWENDUNG AUF SEE

Jede Art von Öl besitzt zwei wertvolle Eigenschaften zur Verwendung auf See: Auf einer freien Wasserfläche breitet es sich rasch aus, und es verändert die natürliche Oberflächenspannung des Wassers.

Selbst eine geringe Menge dünnflüssigen Öls bedeckt in kurzer Zeit eine ausgedehnte Wasserfläche und bewirkt zugleich eine starke Dämpfung des Seeganges. Gelingt es, eine gewisse Ölmenge in Luv zu verteilen, so beobachtet man sofort eine auffallende Beruhigung der Wasseroberfläche. Auch die von weitem anrollende See findet plötzlich vor sich eine beruhigte Zone, wo sie im ursprünglichen Rhythmus nicht mehr weiterschwingen kann. Daher werden auch große heranrollende Wellenzüge durch indirekte Wirkung des Öls zum Brechen gebracht, und zwar weit vor der Yacht.

Die beste Art, das Öl nach und nach über die Wasserfläche zu verteilen, besteht in der Verwendung der sogenannten Ölbeutel. Es sind dieses kleine, aus gewöhnlichem Segeltuch genähte Säckchen mit einem Fassungsvermögen von etwa 2 Litern. Sie werden gewöhnlich mit Werg angefüllt und im Moment des Ausbringens durch zahlreiche Stiche mit der Taklernadel etwas durchlässiger gemacht.

Führt man gesondertes Öl zur Wellenberuhigung mit, wählt man am besten rohes Leinöl. Steht dieses nicht zur Verfügung, eignet sich auch nicht zu dünnflüssiges Mineralöl. Dieses kann auch ohne Ölbeutel ausgebracht werden, nur soll man damit sparsam umgehen, um möglichst lange von der beruhigenden Wirkung zehren zu können. Man hat das Öl auch schon langsam durch das WC nach außenbords gepumpt.

Die zu diesem Kapitel gehörenden drei Abbildungen zeigen, in welcher Form die Ölbeutel jeweils auszubringen sind. Beim Beidrehen werden sie querschiffs angebracht, vor Topp und Takel lenzend beiderseits im Vorschiff, und liegt man vor Seeanker, so werden sie direkt an diesem befestigt.

Schlechtwetter-Erfahrungen

In der umfangreichen segelsportlichen Weltliteratur findet man eine große Zahl von Schilderungen über das Betragen kleiner Yachten unter erschwerten Umständen. Wer sich selbst und sein Schiff für Langfahrten auf See vorbereitet, wird dort mancherlei Beobachtung und Anregung finden.

Besonders wertvolle Unterlagen sind in den sogenannten „Pilot charts", Seekarten für die Segelschiffahrt, enthalten. Auch das großangelegte Werk „Ocean Passages for the World" enthält eine Fülle höchst nützlicher Angaben. Man kann den Kurs für eine Weltumsegelung derart zusammenbauen, daß man dem Risiko starker Stürme fast vollständig aus dem Wege geht. Doch in jedem Falle müssen Schiff und Mannschaft vorbereitet sein, um jedem zu erwartenden Unwetter standzuhalten. Nicht selten macht man dann die Beobachtung, daß viele Menschen angesichts der Gefahr mit größerer Tatkraft zugreifen, als sie es selbst vorher von sich erwartet hätten. Eine Yacht wird um so zuverlässiger jedem Unwetter standhalten, je sicherer ihre Bauweise das Eindringen von Wasser nach innenbords verhindert.

Unter außergewöhnlichen Umständen kommt es vor, daß eine Yacht vollständig überrollt wird, also ein Kentern über 360 Grad vollführt. Eine ganze Reihe solcher Fälle sind bekannt geworden, doch gilt das Erlebnis der Ketsch TZU HANG, welche *zweimal* vollständig überrollt wurde, als außergewöhnlich und einmalig. Es sollen deswegen diesem Vorgang einige Zeilen gewidmet werden, da die Yacht trotz bedeutender Schäden beide Male von ihrer mutigen und unerschrockenen Besatzung unter Notbesegelung einen Hafen erreichte.

Die TZU HANG hatte eine Länge über alles von 13,60 m, eine Breite von 3,15 m und einen Tiefgang von 2,15 m. Im Februar 1957 befand sie sich auf der Fahrt von Australien über den Pazifischen Ozean in Richtung Kap Horn, um England über den Atlantischen Ozean als Ziel zu erreichen. Die Besatzung bestand aus drei Mann: dem Eigner Miles Smeeton, seiner Frau Beryl und dem sehr erfahrenen Mitsegler John Guzzwell, den der Schreiber dieser Zeilen später persönlich kennenlernte, und der inzwischen eine damals unterbrochene Einhand-Weltumsegelung mit seiner kleinen TREKKA beendete. Nachdem die TZU HANG bereits 5000 Meilen über die Weiten des Pazifischen Ozeans zurückgelegt hatte, ereignete sich ihr erstes gefährliches Abenteuer etwa 900 Meilen vor der Magellan-Straße. Die „Brüllenden Vierziger", wie der Bereich um 40 Grad südlicher Breite benannt wird, hatten nach langanhalten-

Foto 76: Eine ganz neuartige ideenreiche Hochseeyacht, entworfen als Doppeltunnel-Ketschgetakelter Motorsegler von Colin Mudie und erbaut von W. A. Souter & Son, England. Diese große Yacht GREEN LADY *zeichnete sich durch eine ausgeprägte Stabilität aus, praktisch ohne zu rollen und erwies sich als hervorragend geeignet zu ozeanischer Langfahrt. Sie ist 24,40 m lang, 10 m breit und fährt eine Am-Wind-Segelfläche von 150 m², die aber bis auf eine Fläche von 274 m² vergrößert werden kann.*
Foto: Roger M. Smith, Cowes

Foto 77: Auf diesem Bild ist die Doppeltunnel-Rumpfform des von Colin Mudie entworfenen Motorseglers Green lady, *Foto 58, besonders gut zu erkennen. Man beobachte, daß die lichte innere Tunnelhöhe weit über die Schwimmwasserlinie hinaufreicht. Der größte Teil der Verdrängung wird vom Mittelkörper getragen, die Seitenkörper dienen wohl nur der Stabilität. Im Vorschiff erkennt man die Ankerklüse mit leichtem Danforth-Anker.*   *Foto: Brian Manby, Lymington*

den Stürmen eine gewaltige See erzeugt. Die Yacht lenzte vor Topp und Takel und wurde pausenlos von den sehr langen Wellen überholt, deren kolossale Höhe beängstigend wirkte.

Besatzung und Schiff waren den Wetterverhältnissen angepaßt, alle Luken waren fest verschlossen und gesichert, alle beweglichen Teile festgezurrt. Im Grunde genommen herrschte unter der seegewohnten Besatzung nicht einmal das Gefühl unmittelbarer Gefahr. Im Gegenteil, Guzzwell war gerade im Begriff, die gewaltige See in ihrer unheimlichen Schönheit zu filmen. Frau Beryl befand sich am Ruder, mit Sorgleine gesichert, als von achtern her eine gewaltige, fast senkrechte Wasserwand auf die kleine Yacht zurollte und sie unter sich begrub. Die rudergehende Frau des Eigners wurde aus der Plicht gerissen und ins Meer geschleudert, da die Sorgleine dieser Überbelastung nicht standhielt. Beide Männer befanden sich in der Kabine, ohne genaue Vorstellung von dem Vorgefallenen. Nur auf Grund der hinterlassenen Spuren und Indizien konnten sie ahnen, warum die Yacht mit Heftigkeit herumgeworfen worden war und aus welchem Grunde eine gewaltige Wassermenge ins Schiffsinnere gelangte. Die TZU HANG richtete sich langsam wieder auf, war noch schwimmfähig, aber hatte beide Masten gebrochen. Die tapfere Eignerin fand sich in der Nähe schwimmend inmitten eines Gewirrs von Takelungsteilen und nicht weit entfernt von der traurig zugerichteten mastlosen Yacht.

Sie konnten nach und nach feststellen, daß die Yacht von der See vollkommen überrollt worden war, wobei nur fraglich blieb, ob sie tatsächlich um 360 Grad durchkenterte oder ob sie sich nach derselben Seite hin wieder aufrichtete. Eine gewaltige See hatte das Heck angehoben und das Vorschiff nahezu senkrecht in die Tiefe gedrückt. Die Yacht befand sich für Momente vollständig unter Wasser, doch gelangte sie, sich schräg aufrichtend, wieder an die Oberfläche.

Trotz Zerstörung der Takelage und schwerer Schäden an Deck gelang es der Mannschaft, mit einer Notbesegelung die chilenische Küste zu erreichen. Dort wurden die Takelung erneuert und alle übrigen Schäden sachgemäß behoben, so daß die TZU HANG schließlich wieder ihren seefähigen Zustand erreichte. Nachdem man dem Eigner warm empfohlen hatte, Chile nicht über den Panamakanal zu verlassen, sondern die herrlichen Gebiete der südlichen schneebedeckten Bergkette der Anden zu sehen, wurde erneut Kurs auf Kap Horn genommen.

Der eben geschilderte Unfall war eingetreten, als die Ketsch vor Topp und Takel lenzte. Deswegen entschloß sich Miles Smeeton, in zukünftigen Fällen eine andere Schwerwettertechnik anzuwenden. Er war überzeugt, daß die Yacht geringeren Kräften ausgesetzt sein würde, wenn man, statt zu lenzen, sie einfach vor nackten Spieren sich selbst überließe. Tatsächlich entschloß er sich auch dazu, als man auf der Weiterreise erneut in ein schweres Unwetter geriet. Man ließ die Yacht ohne Segel steuerlos treiben, wobei sie meistens quer zur an-

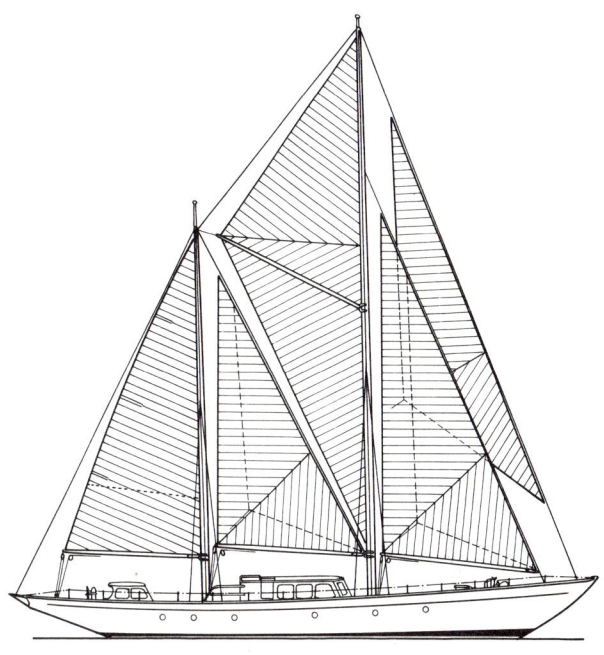

Abb. 253: Eine Hochsee-Kreuzeryacht wie die hier gezeigte sollte sich auf allen Meeren der Welt und in jedem Sturm wohlfühlen. Sie wurde im Jahre 1959 als „Wishbone-Ketsch" von Abeking & Rasmussen entworfen und gebaut. Man beachte die vorteilhafte Ausnutzung des freien Raumes zwischen den Masten.
Länge ü. alles ... 28,80 m   Tiefgang .... 2,95 m
Länge in der WL 19,85 m   Segelfläche ..... 281 m²
Breite .... 6,30 m

rollenden See lag. Schließlich geschah das Unglaubliche: Erneut schoß eine gewaltige See auf die Ketsch zu, deren riesige Wassermassen das kleine Schiff völlig unter sich begruben und es zum zweiten Mal gänzlich überrollten. Abermals erlitt die Yacht die totale Zerstörung ihrer Takelage sowie bedeutende Schäden an Deck.

Dank der bewunderungswürdigen Entschlossenheit des Ehepaares Smeeton konnte zum zweiten Mal eine Notbesegelung errichtet werden, unter der die TZU HANG den chilenischen Hafen Valparaiso erreichte.

Was hätte man unternehmen können, um diesen außergewöhnlich schweren Unwettern im Südpazifik standzuhalten? Diese Frage drängt sich gerade im Moment der Niederschrift dieser Zeilen besonders auf, da zahlreiche Segelyachten die gleiche Strecke in der gleichen Richtung segeln, nämlich im ersten „Rennen um die Welt". Smeeton hatte in keinem der beiden Fälle Öl zum Glätten der wilden See verwandt. Vielleicht wäre das Schlimmste vermieden worden, doch bleibt sehr fraglich, ob der Ölvorrat den 16 Stunden andauernden

Sturm überdauert hätte. Auf jeden Fall leiten sich folgende Schlüsse aus den Erfahrungen der TZU HANG ab:

1. Eine widerstandsfähig gebaute Yacht kann die schwersten auf See vorkommenden Unwetter überstehen einschließlich das völlige Überrollen.
2. Derartig stürmische Meeresgebiete werden am besten von kleinen Yachten gemieden. Langanhaltende Stürme über weit ausgedehnte Wasserflächen erzeugen einen Seegang, dessen Wellenabmessungen unaufhörlich zunehmen, solange der Sturm anhält.
3. Obwohl die meisten Hochseesegler keine Ölbeutel mehr anwenden, wird doch eine bedeutende Beruhigung der See erzielt, wenn der Ölvorrat für die Dauer des Sturmes ausreicht.

Viele Segelyachten, ja sogar neuerdings auch Mehrrumpfboote ohne tiefliegenden Ballast, kreuzten die weiten Flächen der Ozeane ohne besondere Gefahren. Der Steuermann der kleinen Yacht SOPRANINO, der ersten Transatlantik-Leichtbauyacht kleinster Abmessungen, berichtete folgendes über seine Fahrt: „Niemals kamen wir dazu, das Trysegel zu setzen, doch es an Bord zu wissen, gibt ein angenehmes Gefühl der Sicherheit. Auch führten wir sowohl Ölbeutel wie Seeanker mit, doch fanden wir keine Notwendigkeit, sie in Gebrauch zu nehmen."

Foto 78: Kreuzeryacht HUSAR *der Vertue-Klasse. Bisher wurden über 100 Boote nach diesen im Jahre 1936 von Laurent Giles entworfenen Rissen erbaut. Hervorragende See-Eigenschaften verschafften diesem nur 7,70 m langen Seekreuzer viele Freunde. Foto: Beken & Son*

Sicherheitsvorrichtungen für Langfahrt

SEERELING

Leben und Wohlbefinden der Besatzung stellen das kostbarste Gut dar, welches sich an Bord einer Yacht befinden kann. Ihnen ist *alles* unterzuordnen. Man kann sich kaum vorstellen, daß Seekreuzeryachten vor 1930 nur in Ausnahmefällen eine Seereling bekamen; die Mehrzahl ging ohne einen so wichtigen Schutz auf Langfahrt. Bug- und Heckkorb waren sowieso noch nicht erfunden.

Heute besitzen alle auf See segelnden Yachten eine Seereling, vervollständigt durch die erst nach dem Kriege eingeführte Bugkanzel und den Heckkorb noch neueren Datums. Eine vollständig umlaufende Seereling erhöht die Sicherheit der Mannschaft an Bord und vergrößert zugleich bedeutend den freien Bewegungsraum an Deck. Die obere Stahldrahtführung sollte bei kleineren Yachten mindestens 50 cm über Deck liegen, besser noch 60 cm, um bei größeren Yachten auf 75 cm zu kommen. Bei 50 cm Höhe ist ein Zwischenkabel erforderlich, bei größerer Höhe am besten zwei.

Von der Kreuzer-Abteilung des Deutschen Seglerverbandes wurde ein Heft herausgegeben: „Richtlinien für Ausrüstung und Sicherheit seegehender Kreuzeryachten". Dieses berücksichtigt die *Special Regulations* des *Offshore Rating Council* vom November 1971 sowie überarbeitete Richtlinien der Kreuzer-Abteilung von 1968. Jeder Schiffer einer Yacht sollte diese Richtlinien kennen und einhalten. Über Seereling, Bug- und Heckkörbe wird für kleinere Yachten unter 6,30 m WL-Länge eine Mindesthöhe von 45 cm gefordert, für größere eine solche von 60 cm, in letzterem Falle mit einem Zwischenkabel. Körbe und Relingsstützen müssen durchgebolzt oder durch Schweißung befestigt sein. Der untere Durchzug sollte wegnehmbar sein, um gegebenenfalls eine über Bord gefallene Person leichter an Deck holen zu können.

SEEANKER

Die erforderlichen Abmessungen eines Seeankers hängen streng genommen vom Windwiderstand der Yacht ab. Nach praktischen Erfahrungen, von Kapitän Voss besonders gefördert, wird die größte Öffnung gewöhnlich zu $1/10$ der WL-Länge der Yacht gewählt oder auch zu etwa $1/3$ ihrer Breite. Der kegelförmige Teil soll eine Länge von $1 1/2$ bis 2 Durchmesser erhalten und aus sehr kräftigem Polyester-Segeltuch ausgeführt werden. Um dem Wasser ein langsames Durchströmen zu gestatten, wird am spitzen Ende eine Öffnung von $1/10$ der großen Öffnung vorgesehen. Damit der Seeanker eine passende Tiefenlage annimmt, wird häufig eine kleine Boje oder ein Schwimmkörper mit einer 5 m langen Leine am großen Ring befestigt.

Die Länge der Trosse soll mindestens gleich der zu erwartenden Wellenlänge des Seeganges gewählt werden, im Durchschnitt 50 bis 60 m. Viel zu häufig wird der Seeanker im Sturm durch Bruch der Trosse verloren, woran einzig und allein das Schamfielen schuld ist. Deshalb soll die Trosse in Lippklampen oder Klüsen durch Bekleiden mit Segeltuchresten zusätzlich geschützt werden. Anstelle der klassischen Form des Seeankers wird auch ein ringloser Seeanker im Handel angeboten, der genau die Form eines Fallschirmes imitiert. Er ist leichter zu verstauen und gibt zugleich auch einen größeren Halte-Durchmesser im Meer.

Ist kein Seeanker an Bord vorhanden, kann man mit Bordmitteln einen Behelf zusammenbauen. Mit zwei Spieren und einem dazwischengespannten Segeltuch wird eine Unterwasser-Breitfock gebildet, die eine recht gute Bremswirkung erreichen sollte. Im Notfalle wird man alles über Bord hängen, was in irgendeiner Form die Fahrt der Yacht zu hemmen vermag: die Anker samt ihren Ketten, alle verfügbaren Trossen, möglichst mit einer Pütz am Tampen, ja sogar eine Tür oder was sonst die Eingebung vorschlagen sollte.

SCHLAUCHBOOT UND RETTUNGSINSEL

Das pneumatische Gummiboot war ursprünglich zur Verwendung auf Flugzeugen entwickelt worden, erzielte man mit ihm doch größten Auftrieb bei geringstem Gewicht und Stauraum. Jedes starr aus Glasharz, Holz oder Metall hergestellte Beiboot würde wohl viel zuviel Wasser übernehmen und dadurch Stabilität verlieren. Ein aufgeblasenes Schlauchboot besitzt auch dann noch ein großes Tragvermögen, wenn der sogenannte Innenraum mit Wasser angefüllt sein sollte. Ein Gummiboot mit Tragfähigkeit für 4 Personen

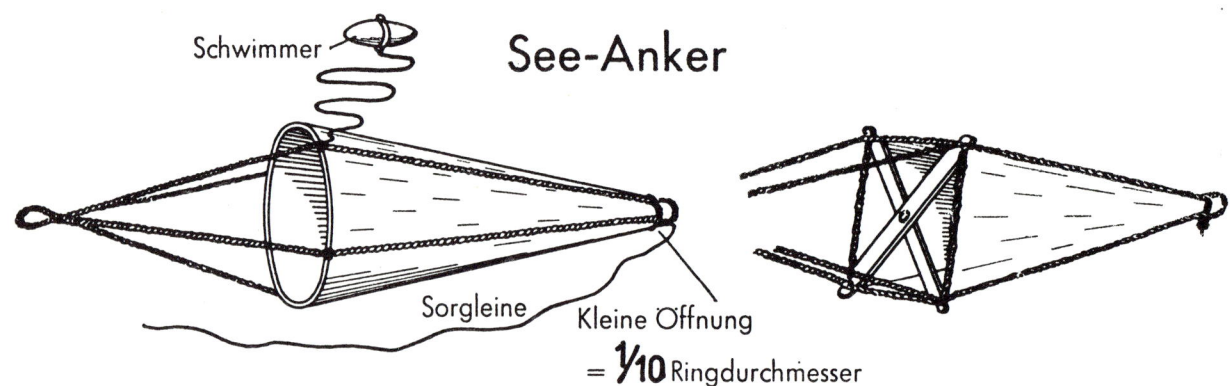

Abb. 254: Klassischer See- oder Treibanker mit allen seinen Details, wie er von Kapitän Voss erprobt und beschrieben wurde, links die Normalausführung, rechts eine behelfsmäßige Anfertigung.

kann so klein zusammengelegt werden, daß es nur noch einen Raum von 38 cm Durchmesser und 75 cm Länge einnimmt. Wird dieses Paket ins Wasser geworfen, nachdem man vorher eine dünne Nylonleine an Deck befestigte, so wird sofort eine Kapsel mit komprimierter Kohlensäure angerissen, und das Boot bläst sich innerhalb von 10 bis 12 Sekunden automatisch auf.

Eine aus Sperrholz gebaute kleine neuseeländische Segelyacht hatte an einer australischen Regattaserie teilgenommen und schickte sich gerade an, die 1500 Seemeilen freier Seestrecke zur Heimkehr anzutreten, als ein befreundeter Segler der dreiköpfigen Besatzung riet, doch ein Schlauchboot mitzunehmen. Sie lehnten zunächst ab, weil sie auf der Hinfahrt keinerlei Probleme gehabt hatten und von der Seetüchtigkeit ihrer Yacht überzeugt waren. Schließlich nahmen sie die Leihgabe des Gummibootes aber an, und siehe da, mitten in der Tasman-See wurde die Yacht von einem Wal gerammt und sank innerhalb weniger Minuten in die Tiefe. Die drei Mann verbrachten mehrere Tage im Schlauchboot, bis sie schließlich von einem vorbeikommenden Frachter aufgenommen wurden. Hätten sie das ihnen aufgedrängte Schlauchboot nicht mitgenommen ...

Seit einigen Jahren haben sich die aufblasbaren Rettungsinseln mit wachsendem Erfolg eingeführt. Im Gegensatz zum Schlauchboot sind sie ungefähr rund gebaut und besitzen ein Dach, um die Insassen vor intensiven Sonnenstrahlen und Unwetter zu schützen. In den bereits genannten *Richtlinien der Kreuzer-Abteilung* sind sie für seegehende Yachten vorgeschrieben, und zwar groß genug, um die gesamte Besatzung aufzunehmen. Kleinere Rettungsinseln gibt es für 4, 6 und 8 Personen. In 30 bis 40 Sekunden blasen sie sich durch einen Kohlensäurezylinder von selbst auf, wobei auch der Bügel des Daches mit errichtet wird.

Jede Rettungsinsel muß Notproviant und Wasser mit sich führen, außerdem Treibanker, Luftpumpe, Handfackeln, Signallampe, Reparaturbeutel, Messer, Ölfaß und 2 Paddel. Man beachte die Vorschrift des Treibankers, denn eine solche Rettungsinsel soll im Prinzip an der Unglückstelle verbleiben. Die Ankerleine wird auf der entgegengesetzten Seite der Einstiegöffnung befestigt, so daß die Öffnung auf der Leeseite des Windes liegt und gute Ventilation erlaubt. Das Dach ist in leuchtendem Orangegelb gehalten, um bei Suchaktionen auf See leichter entdeckt zu werden.

SCHWIMMWESTEN UND RETTUNGSRINGE

Keine Yacht darf ihren Ankerplatz verlassen, ohne mindestens ebensoviele Schwimmwesten mitzuführen, wie sich Personen an Bord befinden. Nach den *Richtlinien* müssen sie derart beschaffen sein, daß bei Bewußtlosigkeit des Trägers Mund und Nase über Wasser bleiben. Voll- und halbautomatische Schwimmwesten dürfen nicht unter Kojen oder in geschlossenen Schapps aufbewahrt werden, weil durch die Feuchtigkeit die Aufblasautomatik ausgelöst werden könnte. Jede Schwimmweste soll mit einer Doppelton-Pfeife versehen sein.

Jede seegehende Yacht muß zwei Rettungsringe in Hufeisenform innerhalb der Reichweite des Ruder-

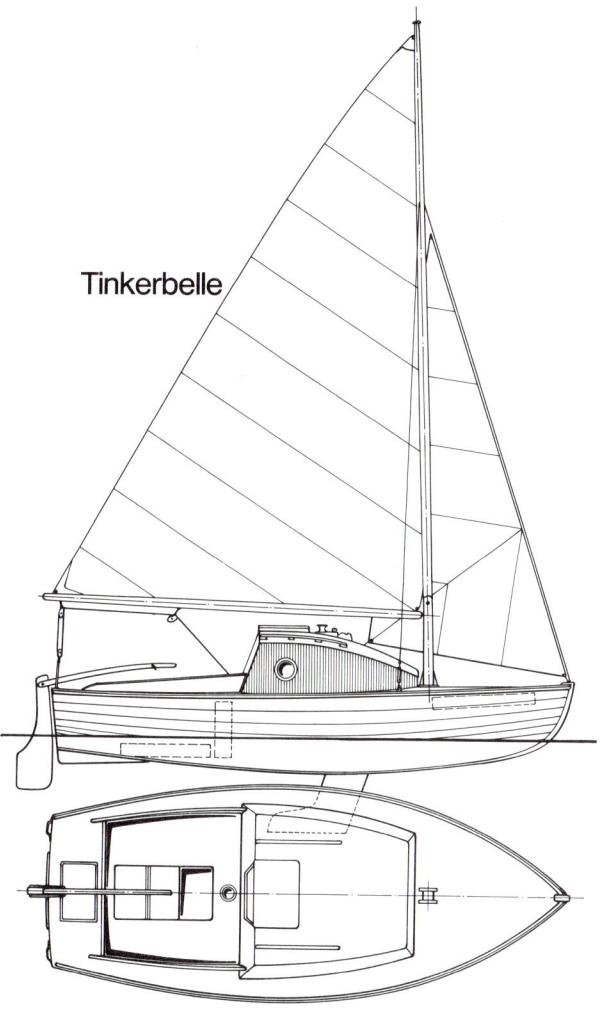

Abb. 255: TINKERBELLE, der kleinste der neuzeitlichen Transatlantik-Segler mit folgenden Hauptabmessungen:
Länge ü. alles .... 4,15 m   Breite .... 1,60 m
Länge in der WL . 3,90 m   Segelfläche ..... 9,50 m²
Robert Manry kaufte die TINKERBELLE als kleines offenes Segel- und Ruderboot für seine Familie, als es bereits 30 Jahre alt war. Erst später baute er eine kleine Kabine auf, dazu eine wasserdichte Plicht und ein neues Schwert, das nunmehr als Ballastschwert ganze 45 kg wog. Mehrere Hartschaumblöcke, im Plan erkennbar, sorgten für Unsinkbarkeit. Seine Alleinfahrt von Falmouth, Massachusetts, USA, nach Falmouth in Südengland vollbrachte er in 78 Tagen, Juni bis August 1965, als das kleine, hölzerne Bootchen bereits 37 Jahre alt war und der Eigner 47.
Um genügend Wasser, Lebensmittel und Ausrüstung unterbringen zu können, verzichtete Manry auf eine Koje und schlief nur hingekauert auf seinen Vorräten. In 25 Plastikflaschen führte er insgesamt 110 Liter Trinkwasser mit, verbrauchte aber nur die Hälfte davon, also knapp $1/2$ Liter pro Tag. Er betrieb richtige astronomische Navigation, war aber vor Antritt der Fahrt in keiner Weise see-erfahren. Zum Glück wurde er niemals seekrank, gab aber zu, daß seine größten Probleme sinkende Moral und häufig auftretende Halluzinationen waren, wie bei fast allen Einhandseglern. Er fand eine solche Fahrt ideal, um Gewicht abzunehmen (er verlor 18 kg). Selten segelte er nachts, sondern legte die TINKERBELLE vor Seeanker, barg die Segel und setzte am Heck ein kleines Stützsegel. Im Sturm lag er meist beigedreht und fühlte sich auch relativ sicher. Doch einmal wurde er über Bord geschleudert und gelangte nur mit unsäglicher Anstrengung wieder ins Boot; das Ganze bei einem Beinahe-Kentern.
Die TINKERBELLE fuhr tatsächlich ohne den Schutz einer Seereling. In seinem sehr lesenwerten Buch „Tinkerbelle", Verlag Collins, London, gibt Robert Manry eine fast unendlich erscheinende Liste aller Dinge, die er in diesem winzig kleinen Bootchen mit auf die Reise nahm, darunter allein 20 Bücher (die Hälfte für Navigation und Seemannschaft), viel Werkzeug, Ersatzteile, einen umfangreichen Medizinkasten, einen Notkasten zum Überleben im Falle eines Unterganges sowie ein aufblasbares Rettungsfloß mit Gaszylinder und Signalsender, 2 Kameras und viele weitere Ausrüstung, Lebensmittel und Getränke. Das Ganze in einem alten hölzernen, geklinkerten, früher offenen Ruder- und Segelboot von knapp 4,15 m Länge.

gängers und klar zu sofortigem Gebrauch mitführen. Einer muß ein hoch-intensives Wasserlicht, einen Lenzsack, eine Doppelton-Pfeife und eine 20-m-Wurfleine besitzen. Der andere darüber hinaus eine Stange mit gelber oder orangefarbener Flagge, die auch bei starkem Wind wenigstens 2,50 m über der Wasserfläche ausweht. Beide Rettungsringe sollen zusätzlich mit Farbbeuteln zur Sichtbarmachung der Unglücksstelle ausgerüstet sein; Farbe der Rettungringe: gelb oder orange. Anstelle des hufeisenförmigen Rettungsringes wird ein als Rettungsgerät geeigneter ohnmachtssicherer Feststoff-Rettungsschwimmkörper empfohlen.

DIE LENZPUMPE

Stets galt es als eines der schwierigsten Probleme, eine wirklich zuverlässig arbeitende Lenzpumpe herzustellen. Jedes Metallteil muß als Folge des Salzwassers notgedrungen korrodieren. Hinzu kommen Unzulänglichkeiten bei den beweglichen Teilen, und in sehr vielen Fällen wird das schlechte Funktionieren einfach vom Verstopfen der Ansaugsiebe oder Rohrleitungen verursacht. In den *Richtlinien* werden für Fahrtenyachten grundsätzlich zwei voneinander unabhängige Bilgelenzpumpen empfohlen, *die nicht verstopfen können*

Foto 79: Die deutsche GFK-Kielyacht Typ „Delanta" wird von Dehler Bootsbau in großen Serien nach Plänen von E. G. van de Stadt erbaut. Es gibt sowohl die Kielschwertausführung wie auch diejenige mit schmalem, tiefreichendem Kiel. Man beachte den kleinen achteren Unterschlupf, der Platz für zwei bequeme Kojen bietet; weitere zwei befinden sich im Vorschiff. Der gesamte Kajütaufbau reicht überall fast über die ganze Bootsbreite und sorgt für große Geräumigkeit im Inneren. Die „Delanta" ist 7,60 m lang, 2,48 m breit und trägt 30 m² Besegelung.
Foto: Dehler Bootsbau

und deren Saugkörbe auch bei schlechtem Wetter zugänglich sein müssen. Eine der Pumpen sollte eine Membranpumpe sein.

Gerade auf gut gebauten Yachten, welche praktisch niemals Wasser ins Innere dringen lassen, versagen die Lenzpumpen oft im Notfall. Deshalb sollte jede Art eingebauter Lenzpumpe in regelmäßigen Abständen probiert und ihr Mechanismus gängig gehalten werden. Selbst auf einer vorzüglich gebauten Yacht kann es einmal geschehen, daß eine große Wassermenge ins Innere des Schiffes gelangt. Im Notfall und bei großen Wassermengen wird man auch heute noch zur Kunststoffpütz greifen.

FEUERLÖSCHER

Feuer an Bord stellt eine größere Gefahr dar als das schlimmste Unwetter auf See. Jeder Führer einer Yacht muß dafür sorgen, daß keinerlei entflammbare Gase ins Schiffsinnere gelangen können, also weder Benzingase noch Flaschengas der Kochstelle. Es gibt viele vernünftige Eigner, die das Kochen mit Propan- oder Butangas an Bord grundsätzlich nicht zulassen.

In Argentinien wird das Flaschengas mit einem stinkenden Zusatzgeruch versehen, so daß die Nase einen Gasverlust sofort spürt. Einmal hatten wir es übernommen, eine aus Deutschland angekommene Yacht, die am Rennen Buenos Aires—Rio de Janeiro teilnehmen wollte, mit neuem Flaschengas zu versehen, da einige Flaschen vor dem Start bereits leer waren. Kaum war das argentinische Gas an Bord, als wir Klagen hörten: *Es stinkt ja!* Wir machten die Mannschaft darauf aufmerksam, daß nur ein Gasverlust diesen störenden Geruch verursachen könne, doch man zog vor, das argentinische Gas so bald wie möglich zu verbrauchen, um danach das *saubere* deutsche Gas zu verwenden, das noch vorhanden war. Zum Glück geschah nichts besonderes während des Rennens, doch im Hafen von Rio de Janeiro angekommen, gab es an Bord eine zum Glück leichte Gas-Explosion. Erst jetzt wurde den Leuten klar, warum das argentinische Gas stank.

Auf die ständig drohende Gefahr des Gaskochers kann nicht dringend genug hingewiesen werden. Auch wenn die Gasbehälter nach allen Vorschriften sorgfältig eingebaut und die Leitungen zuverlässig verlegt wurden, genügt mitunter ein mäßiger Windstoß durch den Niedergang, um die Kochflamme auszublasen. Das Gas selbst strömt natürlich weiter, und auf diese Gefahr muß jedes einzelne Mitglied der Besatzung dringendst aufmerksam gemacht werden. Auf keinen Fall darf der

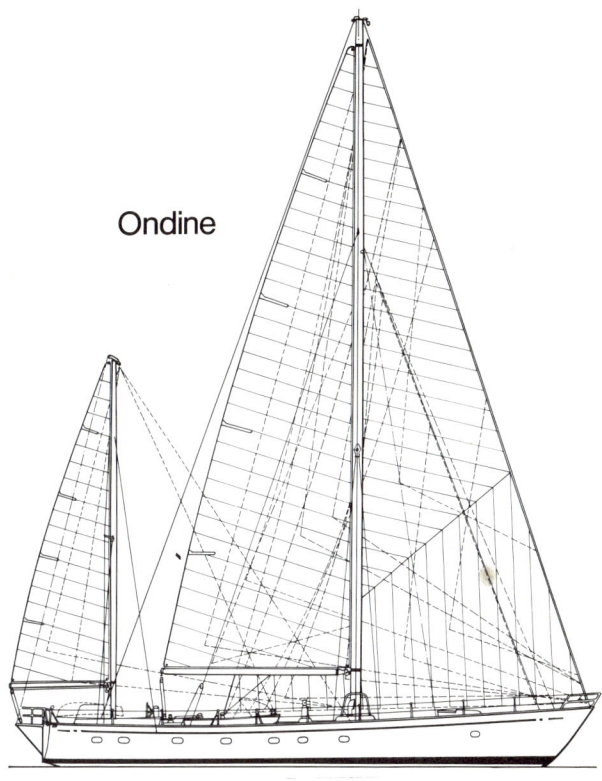

Abb. 256: Segelriß der Ketsch ONDINE, erfolgreicher Aluminium-Schnellsegler aller Meere, erbaut 1967 von Abeking & Rasmussen für den amerikanischen Hochsee-Rennsegler Sumner Long nach Plänen des leider zu früh verstorbenen William H. Tripp.
Länge ü. alles ... 22,30 m   Tiefgang
Länge in der WL 19,80 m   mit Schwert .. 4,50 m
Breite .... 5,00 m   Verdrängung .... 55 t
Tiefgang Rumpf 3,25 m   Ballast .... 25 t
                            Segelfläche   250 m²
Man beachte die vielen eingezeichneten Beisegel im Vorsegeldreieck und zwischen den Masten. Dazu gehören noch 4 Spinnaker. Diese Yacht ist die dritte ihres Namens.

Kocher wieder angezündet werden, bevor nicht eine intensive Lüftungsaktion stattfand.

Die deutschen *Richtlinien* verlangen zwei amtlich geprüfte Handfeuerlöscher, von denen einer von außen her zugänglich sein muß. In den meisten Fällen müssen sie den Brandklassen A, B, C und E entsprechen, die folgende Bedeutung haben:

A: brennbare feste Stoffe (flammen- und glutbildend)
B: brennbare flüssige Stoffe (flammenbildend)
C: brennbare unter Deck austretende Gase (flammenbildend)
E: wie A und B in Gegenwart elektrischer Spannung (bis 1000 Volt)

Mit Feuerlöschern ist es ähnlich wie mit den Lenzpumpen: Werden sie nie gebraucht, versagen sie im Notfall. Doch dieser Notfall mit Feuer ist unendlich schwerwiegender als der mit Wasser. Deshalb nehme man es wirklich ernst mit der Vorschrift, die Feuerlöscher *jedes Jahr* durch die Herstellerfirma warten zu lassen.

EMPFÄNGER, SENDER, RADARREFLEKTOR

Einführung und Verbreitung der Radiotelefonie brachten der Seefahrt einige wesentliche Vorteile. Befand sich früher ein Schiff auf See fast völlig von seiner Umwelt isoliert, steht es heute in ständigem Kontakt mit der fernen Küste wie auch mit anderen Schiffen. Als wichtigste Beiträge zur Sicherheit gelten das Abhören der Wetterberichte und das Auffangen der Zeitzeichen. Letztere sind besonders zur astronomischen Ortsbestimmung wichtig und machen die Verwendung von Schiffschronometern auf Yachten überflüssig.

Seitdem die geheizte und viel Strom verbrauchende Elektronenröhre durch den kalten und sparsamen Transistor ersetzt wurde, hat sich das gesamte Sende- und Empfangssystem wesentlich vereinfacht. Kleine autonome Empfänger arbeiten monatelang unabhängig von Netzstrom oder Akkumulatoren, nur von kleinen eingebauten Batterien gespeist. Solche handlichen und zuverlässigen Transistoren-Empfänger sollten auf keiner Yacht fehlen und sei es nur zum Abhören der Wetterberichte. In den *Richtlinien* werden derartige Empfänger für alle Kreuzeryachten vorgeschrieben, die sich nicht allzu weit von der Küste entfernen.

Für Langstreckenfahrt fern von den Küsten, während derer eine Yacht für längere Zeiträume völlig auf sich allein gestellt ist, wird ein Seefunksender und -empfänger mit einer Mindestleistung von 25 Watt im Sendebereich verlangt.

Jedes Fahrzeug der Berufsschiffahrt, vom Überseeschiff bis hinunter zum Kümo und den nicht zu kleinen Fischereifahrzeugen, besitzt heute ein Radargerät. Dadurch sind diese Schiffe fähig, auch bei Nacht und Nebel ihren vollen Verkehr aufrecht zu erhalten. Sie alle fürchten kleine Yachten, denn oft können diese auf dem Radar-Bildschirm nicht deutlich genug ausgemacht werden. Umgekehrt aber fürchten kleine Yachten auch den Schiffsverkehr.

Diese gefährliche Situation wird in den *Richtlinien* besonders geklärt: „Bei Nebel, dickem Wetter, Schneefall oder heftigen Regengüssen hat die Besatzung Schwimmwesten anzulegen. Nebel-Signale sind zu geben. Die Schiffahrtswege sind zu verlassen und möglichst Flachwassergebiete aufzusuchen, soweit die Umstände und der eigene Tiefgang es gestatten." Die Gefahr, von einem Schiff bei unsichtigem Wetter überrannt zu werden, ist auf den sogenannten Kollisionsschutzwegen in der Nord- und Ostsee und vor den Ansteuerungen zu Seehäfen mit ihrem Lotsenversetzverkehr besonders groß.

Was kann der Führer einer Segelyacht unternehmen, um die Gefahr zu verringern und mitzuhelfen, daß seine Yacht auf dem Radarschirm erkannt wird? Alle Gegenstände und Hindernisse, auf die ein Radarstrahl fällt, werden mehr oder weniger stark reflektiert und erscheinen als heller Punkt auf dem Schirmbild. Nicht nur Schiffe, Bojen, Küstenlinien und treibende Gegenstände werden erfaßt, der eine Yacht umgebende Seegang wird ebenfalls angezeigt. Es ist deshalb wichtig, daß ein kleines Fahrzeug schon außerhalb dieser Seegangsreflexe erfaßt und erkannt wird. Mit einem geprüften *Radar-Reflektor, in fester Yachtstellung* angebracht, dürfte die Aussicht bestehen, daß auch eine kleinere Yacht auf eine Entfernung von 4 bis 6 Seemeilen geortet wird. Auf jeden Fall vermeide man das Ankern in unmittelbarer Nähe von Seezeichen, um eine Verwechslung mit diesen durch ein Radarschiff unmöglich zu machen. Im übrigen gebe man Nebelsignale wie vorgeschrieben.

Die *Richtlinien* enthalten einen Anhang mit den Empfehlungen des Deutschen Hydrographischen Instituts über die richtige Anordnung und Befestigung des Radarreflektors. Darin ist erklärt, wie ein solcher Reflektor wirkt, ferner ist die richtige Reflektorstellung sowohl für Segelyachten wie für Motoryachten genau beschrieben. Eine *starre Befestigung an höchster Stelle des Bootes* gewährleistet das größte Maß an Sicherheit. Ein weiterer Anhang des gleichen Heftes befaßt sich mit dem Blitzschutz auf Segelyachten, die durchaus der Beachtung wert sind. Zum Glück sind Blitzeinschläge ein seltenes Ereignis, und noch seltener wurde Personen- und Sachschaden angerichtet. Die Ausführung einer Blitzschutzanlage wird genau erklärt, und zwar unter Berücksichtigung vier verschiedener Bauweisen, nämlich Segelyachten mit metallener Außenhaut, hölzerne Segelyachten (auch solche mit metallenem Schwert), Kunststoffboote mit außenliegendem Metallkiel, und schließlich solche mit in den Kunststoff eingebetteten Ballast.

*

Zur Sicherheit auf See gehört ferner jede Maßnahme, die der Besatzung Gesundheit und Wohlbefinden garantiert. Vor allem muß Trinkwasser sicher und in ausreichender Menge mitgeführt werden, am besten in einer größeren Zahl von kleineren Behältern. Außer den erforderlichen kräftigen Lebensmitteln soll viel frisches Gemüse und Obst mitgeführt werden, vielleicht auch zusätzliche Vitaminprodukte. Eine kleine, gut versehene Bordapotheke soll alle Elemente für Erste Hilfe enthalten sowie die verschiedenen Mittel zur Erleichterung unvermeidlicher kleiner Störungen.

Foto 80: Prächtige Spinnakerfahrt einer recht großen Segelyacht. Würde diese Yacht im Rennen liegen, so ließe sich der freie Raum unter dem Spinnaker, aber auch seitlich von ihm, durch eines der modernen Spinnaker-Beisegel noch vorteilhaft nutzen lassen. Die moderne I.O.R.-Yacht „Nicholson 55" ist zwar ‚nur' 16,60 m lang, dürfte aber in den meisten Seglerträumen bereits als große Yacht gelten. Sie wird serienmäßig von Camper & Nicholson, Gosport, in GFK erbaut, und zwar sowohl als Ocean Racer wie im Foto als auch als Kreuzeryacht mit Mittelplicht und Achterkabine.   Foto: Eileen Ramsay

Das Meer und die Winde

In den lang zurückliegenden Anfangszeiten der Segelschiffahrt schienen die Abmessungen der Erde um so mehr zuzunehmen, je weiter abenteuerfreudige Forscher über die bekannten Gebiete hinaus vordrangen. Doch eine auf die freien Meere hinausgehende Seefahrt existiert erst seit weniger als 500 Jahren.

Die Mehrzahl der Menschen ist an das Leben an Land gewöhnt. So ist es nicht zu verwundern, daß der Mensch gerade dann dem Landleben zu entfliehen sucht, wenn die täglichen Sorgen ihm Ruhe anempfehlen, wenn er Einsamkeit, geistige Erholung und völlige Entspannung erstrebt. Allein das Meer bietet dem Menschen die einzigartige Möglichkeit, alle fünf Erdteile mit eigener Kraft zu erreichen. Dabei verwandelt sich sein Transportmittel in seine Wohnung, die ihm Sicherheit und Schutz gewährt. Weit liegt die Zeit zurück, wo eine Seereise große Beschwerden mit sich brachte, nicht so sehr als Folge der Naturgewalten, sondern aus Unkenntnis einer gesunden Ernährung. Die schreckliche Skorbut-Krankheit verursachte nicht selten das Sterben von 50 Prozent einer Schiffsbesatzung. Hätte man nur die Ursache dieses Leidens gekannt, wäre es ein leichtes gewesen, sie zu vermeiden. Es wurde einmal geschätzt, daß in den ersten 20 Jahren des 17. Jahrhunderts über 10 000 europäische Seeleute durch Skorbut ihr Leben verloren.

Vielleicht zum letzenmal wurde Skorbut im Jahre 1915 auf dem schnellen deutschen Kreuzer KRONPRINZ WILHELM hervorgerufen. Mit seiner hohen Fahrt von 26 Knoten konnte er ein Handelsschiff nach dem andern kapern und versenken, nachdem die besten Lebensmittel übernommen worden waren. Die Vorratsräume waren überfüllt mit gefrorenem Fleisch und Wild, konserviertem Fleisch, Eiern, Schinken, Wurst, Käse, Weißmehl, Keks, Zucker, Kaffee, Schokolade sowie großen Mengen Gemüse- und Fleischkonserven. Trotz dieser „prächtigen Ernährungsfülle" konnten bald 50 Matrosen nicht mehr auf den Füßen stehen, zwei Wochen später waren es bereits 110. Wäre es so weitergegangen, dann wäre die KRONPRINZ WILHELM ein Gespensterschiff geworden. So wurde das Schiff nicht vom Feind sondern vom Skorbut besiegt, als es sich im April 1915 im amerikanischen Hafen Newport News internieren ließ. Weder der Schiffsarzt noch die an Bord gesandte amerikanische Ärztekommission konnten die inzwischen vergessene Krankheit diagnostizieren oder heilen. Doch ein amerikanischer Ernährungsphysiologe besiegte die Krankheit mit einfachen Gemüsüppchen und Weizenkleie, so daß nach nur drei Wochen kein einziger Kranker mehr da war.

Die Erdkugel besitzt eine Oberfläche von 510 Millionen Quadratkilometern. Von diesen sind nur 149 Millionen Festland, der Rest, also 361 Millionen Quadratkilometer, bildet die Sieben Meere der Welt. Diese stellen in Wirklichkeit ein einziges Meer dar, in welchem die Kontinente wie Inseln verteilt sind. Wenn man annimmt, daß zwei Segelyachten auf See einander nicht mehr sehen, sofern sie sich in 10 Meilen Abstand befinden, könnten eine Million Segelyachten gleichzeitig auf den Meeren der Welt segeln, ohne daß eine Yacht die andere zu sehen bekäme, falls man sie entsprechend anordnen könnte.

Im Meerwasser sind im Durchschnitt 35 pro Tausend an Gewicht in Salzen enthalten, zumeist Chlor und Natrium. Der Salzgehalt macht das Meerwasser schwerer als Süßwasser. Im Durchschnitt wiegt ein Kubikmeter Meerwasser 1028 kg, im Vergleich mit 1000 kg des reinen Süßwassers. Ein in Seewasser liegendes Drachenboot verdrängt innerhalb seiner Wassermenge nicht weniger als 60 kg reinen Salzes, ein moderner Eintonner sogar beinahe 200 kg!

Segelt man mit einer kleinen Yacht auf offener See, spielt sich das Leben in gänzlich anderer Form ab, als man von Land her gewöhnt ist. Die in Richtung und Stärke wechselnden Winde beeinflussen den zu segelnden Kurs, außerdem erzeugen sie Seegang, Krängung, Rollen, Stampfen, Abdrift. Meeresströmungen begleiten ein Schiff auf seinem Kurs oder stehen ihm gegenan, Kälte und Hitze üben ihren Einfluß aus, Bewölkung nimmt die Sicht der Gestirne und verhindert, daß der Seemann nach ihnen seinen Schiffsort bestimmen kann. In der Nähe der Küsten bilden sich Gezeiten heraus, welche wechselnde Wasserstände und Strömungen verursachen und ebenfalls den Verlauf der Fahrt beeinflussen.

Dieser ständige Wechsel aller Umweltbedingungen

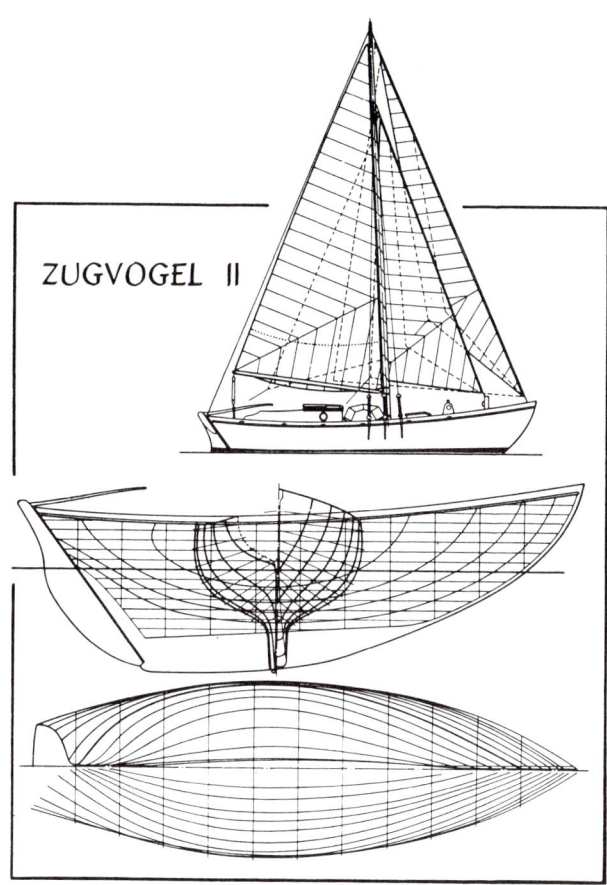

Abb. 257: Die Yacht ZUGVOGEL II *hat sich als überaus seetüchtig und für kleine Besatzung vorzüglich geeignet bewährt. Sie wurde nach Plänen des Verfassers vom Eigner am Rande des brasilianischen Urwaldes gebaut.*

Länge ü. alles	*9,25 m*	*Verdrängung*	*8,60 t*
Länge in der WL	*7,50 m*	*Ballastgewicht*	*2,50 t*
Breite	*2,85 m*	*Segelfläche*	*38,5 m²*
Tiefgang	*1,68 m*		

sorgt dafür, daß ein langer Seetörn nie als eintönig empfunden wird. Im Gegenteil, oft verwandelt sich eine Seefahrt in erlebnisreiche Abenteuer, welche Mut, Entschlossenheit und See-Erfahrung von Schiffer und Mannschaft auf die Probe stellen. Die Winde liefern eine billige und niemals endende Vortriebskraft. Wollte man lange Seereisen mit kleinen Motorkreuzern ausführen, würde die Größe des Bootes meistens nicht ausreichen, um den nötigen Brennstoff zu fassen.

Obwohl die Winde im großen und ganzen unregelmäßig aufzutreten scheinen, läßt sich doch eine gewisse Regelmäßigkeit beobachten. Die sogenannten „Pilot Charts" wurden anhand dieser Beobachtungen angefertigt und enthalten speziell alle diejenigen Angaben, welche für die Segelschiffahrt wertvoll sind.

In der Äquatorialzone herrschen Kalmen oder Windstillen vor. Zu beiden Seiten bilden sich die Gürtel der regelmäßigen Passatwinde. Diejenigen der nördlichen Erdhälfte sind nordöstlich orientiert, die Passate der südlichen Erdhälfte dagegen sind vornehmlich von südöstlicher Richtung. Die breiten Streifen der regelmäßigen Passatwinde liefern die wichtigste Grundlage für die Segelschiffahrt auf See. Selten werden höhere Windstärken erreicht. So weisen die Passate im Nordatlantik eine häufigste Geschwindigkeit von 9 bis 20 km/h auf ($2^{1}/_{2}$ bis $5^{1}/_{2}$ m/sek = Windstärke 2 bis 4). Die Passsate des Südatlantik haben Mittelwerte von 20 bis 24 km/h ($5^{1}/_{2}$ bis 7 m/sek = Windstärke 4). Im Indischen und Pazifischen Ozean werden etwas geringere durchschnittliche Passatwinde erreicht.

Weiter nach den Polen zu, und zwar zwischen 40 und 65 Grad Breite findet man auf beiden Erdhälften regelmäßige Winde mit vorherrschend *westlicher* Richtung. Zu ihnen gehören auch die „Brüllenden Vierziger", welche den 40. Breitengrad im Süden so berüchtigt machen.

Die Stärken der Winde werden auch heute noch nach einer im Jahre 1806 aufgestellten Tabelle bezeichnet. Sie wurde vom englischen Hydrografen Beaufort eingeführt und trägt deshalb seinen Namen. Im Jahre 1874 wurde sie international anerkannt, und während des letzten Krieges wurde die Höchstgrenze 12 von der amerikanischen Marine bis auf Windstärke 17 ausgedehnt. Diese erweiterte Skala wurde im Jahre 1946 vom Internationalen Meteorologischen Komitee anerkannt und ist heute allgemein gültig.

Die auf den einzelnen Seegebieten vorkommende Häufigkeit von Windstärken und Windrichtungen kann den entsprechenden Seehandbüchern entnommen werden. Eine Sturmhäufigkeit von 10 Prozent würde bedeuten, daß bei 10 Prozent aller Windbeobachtungen eine Windstärke von über 8 Beaufort gemessen wurde. Eine solche Sturmhäufigkeit kommt aber auf den vom sportlichen Hochseesegler am meisten befahrenen Gewässern nicht vor.

Die mögliche Stärke der Winde interessiert den Seesegler in zweierlei Beziehung. Einmal zur Beurteilung der zu erwartenden Windkräfte und zum anderen zur

Schätzung des entstehenden Seegangs. Der Winddruck hängt vor allem von der herrschenden Windstärke ab, aber auch von der Form des vom Wind getroffenen Körpers. Wie bereits erwähnt wurde, besitzt eine ebene Platte einen Widerstandsbeiwert von 1,15, ein Zylinder einen solchen von 1,2, und nur eine offene Halbkugel erreicht den sehr hohen Wert von 1,42. In nachfolgender Tafel wurden die Drücke angegeben, welche vom Winde auf einen m² Fläche mit einem Beiwert von 1,2 erzeugt werden. Dieser Beiwert stellt ein gutes Mittel für die Mehrzahl aller vorkommenden Flächen dar.

WINDDRÜCKE BEI VERSCHIEDENEN WINDSTÄRKEN:

	Windgeschwindigkeit		*Winddruck mit Beiwert = 1,2*
Angenehme Segelbrise	Wind = 5 m/sek	= 18 km/h	1,9 kg/m²
Grenze ungerefften Segelns	Wind = 10 m/sek	= 36 km/h	7,6 kg/m²
Sturm	Wind von 30 m/sek	= 108 km/h	68 kg/m²
Orkan	Wind von 50 m/sek	= 180 km/h	190 kg/m²

Wie zu ersehen ist, kommen beim normalen ungerefften Segeln Winddrücke von 10 kg/m² kaum jemals vor. Bei außergewöhnlichem Orkan können dagegen Winddrücke von 190 kg/m² und darüber auftreten.

WINDSTÄRKEN NACH BEAUFORT
Offizielle Werte des Internationalen Meteorologischen Komitees Paris 1946
Mittlere Geschwindigkeiten in 10 m Höhe

Beaufort Stärke	Mittlere Geschwindigkeit km/h	Knoten	Geschwindigkeitsbereich km/h	Knoten	m/sek
0	0	0	0— 1	0— 1	0 — 0,2
1	3	2	1— 5	1— 3	0,3— 1,5
2	9	5	6— 11	4— 6	1,6— 3,3
3	16	9	12— 19	7— 10	3,4— 5,4
4	24	13	20— 28	11— 16	5,5— 7,9
5	34	18	29— 38	17— 21	8,0—10,7
6	44	24	39— 49	22— 27	10,8—13,8
7	55	30	50— 61	28— 33	13,9—17,1
8	68	37	62— 74	34— 40	17,2—20,7
9	82	44	75— 88	41— 47	20,8—24,4
10	96	52	89—102	48— 55	24,5—28,4
11	110	60	103—117	56— 63	28,5—32,6
12	125	68	118—133	64— 71	32,7—36,9
13	141	76	134—149	72— 80	37,0—41,4
14	158	85	150—166	81— 89	41,5—46,1
15	175	94	167—183	90— 99	46,2—50,9
16	193	104	184—201	100—108	51,0—56,0
17	211	114	202—220	109—118	56,1—61,2

Die Größe der Meereswellen

Jeder Wind, selbst der leiseste Hauch, erzeugt auf einem Wasserspiegel eine Wellenbewegung, auch wenn es sich nur um einen kleinen See oder gar einen Tümpel handelt. Aber nur auf dem Meer können die Wellen große Abmessungen erreichen, denn dazu gehört erstens eine große Ausdehnung der Wasseroberfläche und zweitens eine ausreichende Wassertiefe. Unter diesen Bedingungen hängen Wellenhöhe und -länge nur von der Windstärke und der Zeitdauer ab, mit welcher der Wind auf die Wasserfläche wirkt.

Jeder Beobachter des Meeres kennt die Schwierigkeiten, die Abmessungen der Wellen im Seegang zu schätzen oder gar zu messen. Jeder stärkere Seegang zeigt eine verwirrende Unregelmäßigkeit. Es erweckt den Anschein, als existiere keinerlei gut erfaßbare Wellenform; keine Welle scheint der ihr folgenden auch nur ähnlich zu sein. Auch die Höhe der Wellen wechselt ständig. Verfolgt man mit dem Blick die Querausdehnung einer Welle, entdeckt man mit Überraschung, daß dieselbe in Wirklichkeit sehr kurz ist. Treffen zwei oder gar mehrere Wellensysteme aus verschiedenen Richtungen aufeinander, überlagern sie sich und machen das Wellenbild noch unübersichtlicher.

Nie zuvor hat man dem Studium der Meereswellen größere Aufmerksamkeit gewidmet, als während und nach dem letzten Weltkriege. Unendlich viele Meßergebnisse wurden zusammengetragen, um ein genaueres Bild von der scheinbar völligen Unregelmäßigkeit der Wellengrößen entwerfen zu können. Ein norwegischer Ozeanograph namens Sverdrup hat in mühevoller Arbeit zahlreiche Meßwerte analysiert und die Summe der Ergebnisse in zwei Diagrammen zusammengefaßt. Sie enthielten Kurven für Wellenhöhe und Wellenperiode in Abhängigkeit von Windstärke und Ausdehnung der freien Meeresfläche. Unter Wellenperiode versteht man die Zeit, welche zwischen dem Passieren zweier Wellenkämme an einem festen Punkt vergeht.

Die zugehörenden beiden Diagramme wurden unter Benutzung der Arbeiten Sverdrups ausgearbeitet, doch ersetzte der Verfasser die Wellenperiode durch das praktischere Maß der Wellenlänge. Man erkennt links, in welchem Maße die Höhe der Wellen wächst, wenn Stärke und Dauer der herrschenden Winde zunehmen. Unter Wellenhöhe versteht man den senkrechten Abstand von Wellental zu Wellenkamm. Die gesetzmäßige Beziehung von Wellenperiode zu Wellenlänge und -geschwindigkeit ist wie folgt mathematisch gegeben:

Wellengeschwindigkeit .... $V = 1{,}25 \sqrt{\text{Wellenlänge}}$

Wellenperiode .... $t = 0{,}8 \sqrt{\text{Wellenlänge}}$

worin Wellenlänge in m, Wellenperiode in sek und Geschwindigkeit in m/sek zu setzen sind.

Die Anwendung der beiden Kurvenblätter sei an Hand eines Beispiels erklärt. Angenommen sei ein Sturm mit einer Windstärke von etwas über 8, nämlich 75 km/h, welcher eine Meeresfläche von mehr als 100 km Ausdehnung bestreiche. Nach 5 Stunden Dauer kann mit einer mittleren Wellenhöhe von 4,40 m gerechnet werden. Die Wellenlänge erreicht dabei etwa 49 m, wie man aus den Kurvenblättern direkt entnehmen kann. Zu der genannten Wellenlänge gehört folgende Fortpflanzungsgeschwindigkeit:

$$V = 1{,}25\sqrt{49} = 8{,}75 \text{ m/sek} = 31{,}5 \text{ km/h} = 17 \text{ Knoten}$$

Jedes Passieren eines Wellenbergs durch einen festen Punkt ergibt sich zu einer Wellenperiode von:

$$t = 0{,}8 \sqrt{49} = 5{,}6 \text{ sek.}$$

Eine vor Anker liegende Yacht, die in diesem Seegang stark dümpeln würde, müßte also alle 5,6 Sekunden von einem Wellenberg getroffen werden. Dies stimmt in der Tat mit praktischen Beobachtungen überein.

Mit ziemlicher Häufigkeit findet man auf Küstenfahrt einen Seegang, bei welchem die Wellenhöhe etwa 2 m beträgt und eine Länge von 24 m zeigt. Bei diesem mäßigen Seegang bleibt das Segeln auf einer kleinen Yacht noch ein wirklicher Genuß, sofern die Besatzung nicht gerade für Seekrankheit anfällig ist. Wenn doch, so würde man diesen Seegang bereits als unangenehm empfinden, ja, ein Neuling würde ihn sogar für unerträglich halten. Aus den Kurvenblättern läßt sich entnehmen, daß vorgenannte Wellenabmessungen zu einer Windstärke von etwas unter 6 gehören und daß

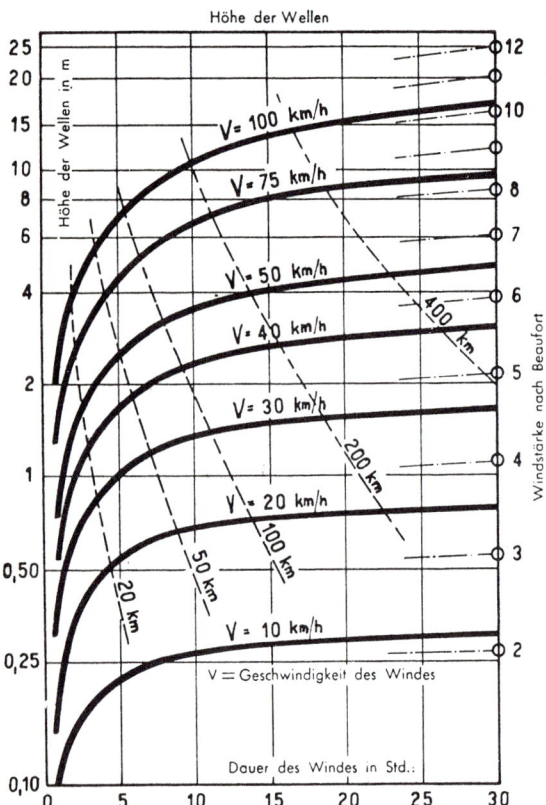

Abb. 258: Höhe der Meereswellen. In diesem Diagramm kann man ablesen, welche Wellenhöhe abhängig von Stärke und Dauer des herrschenden Windes zu erwarten ist. Die Windstärken wurden in km/h angegeben, können am rechten Rand aber auch in Beaufort abgelesen werden.

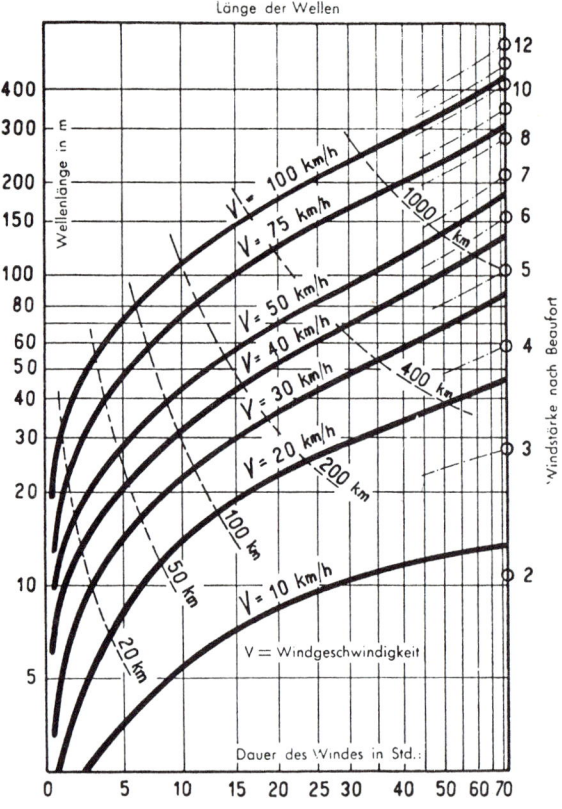

Abb. 259: Länge der wahrscheinlichen Meereswellen, ebenfalls von Stärke und Zeitdauer des Windes abhängig. In beiden Kurvenblättern findet man Querkurven, welche die die Wellenbildung begrenzende Größe des freien Seeraumes anzeigen.

dieser Wind von 40 km/h ungefähr 7 Stunden lang auf die Meeresfläche gewirkt haben müßte.

Schwere Stürme von mehrstündiger Dauer können Wellen bis zu 8 m Höhe erzeugen. Nur selten wurden größere Wellenhöhen festgestellt, es sei denn auf den unendlichen Ausdehnungen des Meeres im Bereich der südlichen *Brüllenden Vierziger*. Wellen von 16 m Höhe erscheinen dort als möglich, allerdings nur bei einem langdauernden Orkan. Die Wellenlänge wächst dabei auf über 200 m an.

Die Kenntnis der zu erwartenden Wellenlänge sollte vor allem zur Wahl der richtigen Trossenlänge von Seeankern angewandt werden. Liegt die Yacht im Wellental, der Seeanker dagegen auf dem Wellenberg, so erleiden sie entgegengesetzte Orbitalbewegungen. Damit die Gesamtanordnung, bestehend aus Schiff und Seeanker, sich möglichst friedlich verhält, sollten beide gleichzeitig im Wellenberg wie im Wellental liegen, also Trossenlänge gleich Wellenlänge. Die meisten Menschen glauben, daß jeder Seegang ein unerfreuliches Erlebnis ist, und daß das Segeln auf See ständige Lebensgefahr einschließt. Doch in dieser ewig ruhelosen See kann eine kleine Yacht eine wahrhaft reizvolle und glückliche Seefahrt betreiben. Wurde die Yacht mit Sorgfalt gebaut und ausgerüstet und wird sie von einem erfahrenen Yachtsegler geführt, kann sie sämtliche Meere kreuzen, ohne jemals in eine gefährliche Lage zu geraten.

Gefahren auf hoher See

Ozeanische Langfahrt wurde von zahlreichen zum Teil sogar sehr kleinen Booten ausgeführt. Darunter befanden sich nicht wenige, die als absolut ungeeignet zu bezeichnen sind, wie z. B. ein als Amphibienfahrzeug hergerichteter Jeep. Um echte Seefahrt zu betreiben, muß man über ein wirklich seetüchtiges Boot verfügen. Die Mehrzahl der Seekreuzeryachten wird sowohl unkenterbar als auch unsinkbar gebaut, wobei allerdings die zweite Bedingung nur selten bis zur äußersten Konsequenz geführt wird. Die heute übliche Seekreuzeryacht ist nur so lange unsinkbar, wie ihr Schiffskörper intakt bleibt und keine größere Wassermenge ins Innere gelangt. Man könnte aber bereits die absolut unsinkbare Yacht bauen, welche selbst gänzlich voll Wasser schwimmfähig bleibt.

Es gibt eine ganze Reihe von Fällen, in denen seetüchtige Kreuzeryachten zwischen 9 und 14 m Länge auf hoher See zum völligen Kentern über 180 Grad kamen, wobei der Ballastkiel senkrecht nach oben zeigte, der Mast senkrecht nach unten. Keiner der bekannten Fälle führte zum Untergang der Yacht. Doch das geheimnisvolle Verschwinden der modernen Seekreuzeryacht REVONOC gibt zu denken. Man fürchtet, daß sie auf ähnliche Art um 180 Grad kenterte, aber wohl wegen Havarie von Deck oder Schiffskörper volllief und unterging, wobei die gesamte erfahrene Besatzung den Tod fand. Völliges Durchkentern erlitten unter anderen die Yachten TYPHOON, LEHG II, SILVER QUEEN und TZU HANG, doch alle richteten sich von selbst wieder auf und blieben schwimmfähig.

Der außergewöhnliche Fall der TZU HANG, die sogar zweimal völlig durchkenterte, verdient eine technische Betrachtung. Beide Male befand sie sich im Südpazifik auf der Fahrt nach Kap Horn. Nach den Erklärungen des Eigners kann man annehmen, daß der Orkan jeweils mit Stärke 8 bis 9 etwa 16 Stunden lang über die unendliche Weite des Pazifischen Ozeans dahinfegte, bevor die beiden Unfälle geschahen. Zu einer mittleren Windgeschwindigkeit von 75 km/h kann man aus den Kurvenblättern folgende Wellenabmessungen ablesen: mittlere Höhe etwas über 8 m, Wellenlänge etwas über 100 m und eine dazugehörende Fortpflanzungsgeschwindigkeit von 24,3 Knoten.

Derartige Größenverhältnisse wurden in der zugehörenden Darstellung wiedergegeben, wo man eine

Foto 81: Auch in Asien werden moderne Segelyachten gebaut, wie z. B. auf der Werft von Cheoy Lee in Hongkong. Früher baute man dort in Teak, neuerdings aber in Glasharz. Das hier gezeigte Modell „Clipper 33" ist ein sogenanntes Charakter-Boot, ein Ketsch-getakelter Tourenkreuzer. Die Länge ü. a. beträgt 10 m (ohne Klüverbaum), die Breite 3,10 m, die Besegelung 48,5 m² und der geringe Tiefgang nur 1,12 m. Zahlreiche andere Typen und Größen werden dort ebenfalls erbaut, meist nach amerikanischen Plänen und für amerikanische Rechnung.
Foto: Cheoy Lee, Hongkong

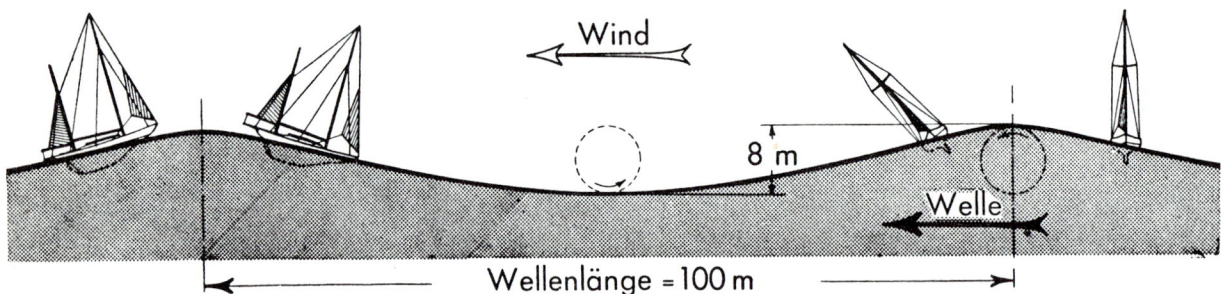

Abb. 260. *Maßstabsgetreue Wiedergabe einer Yacht in starkem Seegang und schwerem Sturm, und zwar mit einer mittleren Wellenhöhe von 8 m und einer Wellenlänge von 100 m. Im Wellenberg wie im Wellental zeigen kleine Kreise und Pfeile die Richtung der Orbitalbewegung des Wassers an.*

Ketsch mittlerer Größe unter Sturmsegeln im Wellenbild erkennt. Man beachte die eingezeichneten Kreise der Orbitalbewegung der Wasserteilchen, nämlich auf dem Wellenberg vorausgerichtet und im Wellental rückläufig. Eine solche lokale Wasserströmung bedeutet eine niemals endende Störung der normalen Fahrt, abgesehen vom Seegang selbst. Das Segeln an sich ist keineswegs übermäßig gefährlich, obwohl die Yacht unaufhörlich beschleunigt und verzögert wird, unaufhörlich rollt und stampft.

Die geschilderten, an sich „ideal" zu nennenden Schwerwetterbedingungen pflegen aber nicht während langer Zeit gleichmäßig anzuhalten. Die Wellenbildung geht nicht in geordneter Reihenform vor sich. Von Zeit zu Zeit treffen verschiedene Wellenzüge aufeinander, wobei sich die Wassermengen im Wellenberg summieren. Die bisher normale und stabile Welle gerät dadurch in den unstabilen Bereich und kommt zum Brechen. Dabei eilt eine unerhörte Wassermenge mit großer Geschwindigkeit der eigentlichen Welle voraus und ergießt sich in einem wilden Durcheinander über eine vielleicht gerade in der Nähe befindliche Yacht.

Eine für transatlantische Fahrt bestimmte Yacht muß solchen Umständen in Bau, Ausrüstung und Führung mit Sicherheit gewachsen sein, denn „eines Tages wird die Yacht von der See vollkommen zugedeckt werden", wie Edward Allcard sich ausdrückte.

Jeder Eigner mit großen Fahrtenplänen muß seine Yacht ständig in tadellosem Zustand erhalten und jede zweifelhafte Stelle an Rumpf, Deck und Takelage sorgfältig untersuchen und in Ordnung bringen. Der Wantenzug nach oben und der Mastdruck nach unten erzeugen gerade in diesem Bereich kaum errechenbare harte Beanspruchungen. Auch der Schutz der Metallteile gegen Korrosion muß ständig beachtet werden, besonders dort, wo sich Beschläge aus Kupfer und Bronze in der Nähe von Eisen- und Stahlteilen befinden. Man findet sie oft an Wassereintrittsstutzen, Kielbolzen, Sternlager, Propeller, Teilen des Ruders usw.

Alle Decksöffnungen müssen gut und sicher verschlossen werden können. Alle Lukendeckel müssen Sicherungen besitzen, die einwandfrei von innen zu betätigen sind. Alle Speigatten sowie die Lenzrohre der Plicht müssen reichliche Querschnitte aufweisen, um einen schnellen Wasserablauf zu sichern. In den mehrfach genannten *Richtlinien der Kreuzer-Abteilung* sind genaue Angaben über die größten zulässigen Maße der Plicht zu finden, ebenso über die Querschnitte der Lenzrohre. Außerdem sind Schwerwetterblenden für alle Fenster von mehr als 0,18 m² Größe vorgeschrieben und die korrekte Ausführung der Seeventile beschrieben.

Jeder Segler weiß ein wasserdichtes Deck zu schätzen, besonders wenn er vorher undichte Decks mit ihren jammervollen Tropfstellen kennenlernte. Bevor man Yachten aus GFK baute, war es fast unmöglich, ein Holzdeck so dicht herzustellen, daß es bei Hitze und Kälte, langanhaltender Trockenheit und plötzlichen Regenfällen nicht tropfte.

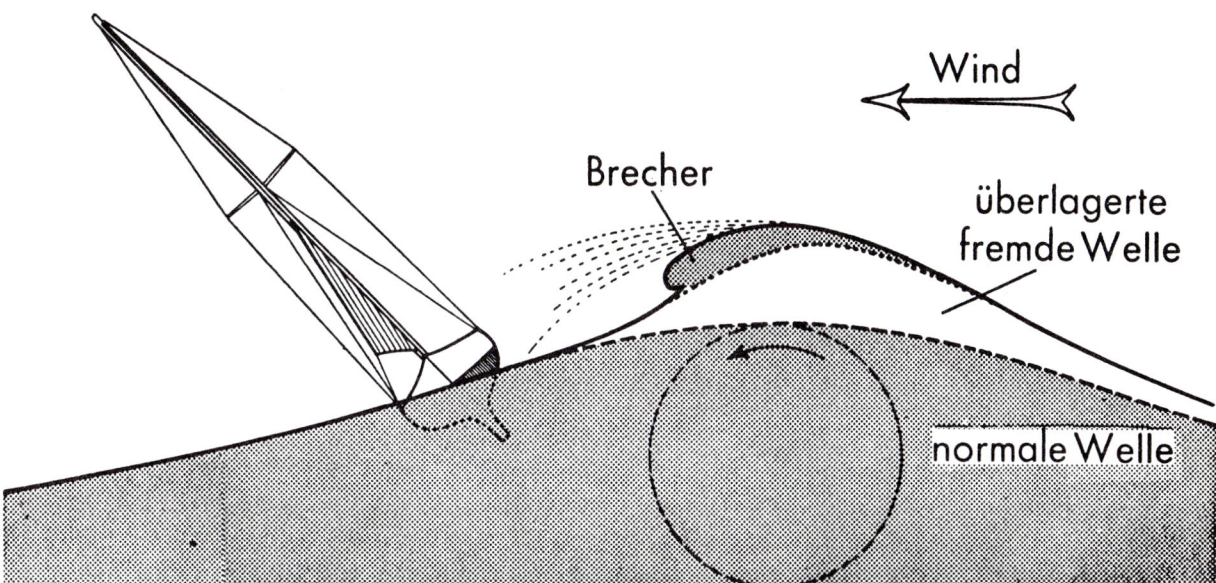

Abb. 261: Ein besonders hoher Wellenberg entsteht dann, wenn sich zwei verschiedene Wellensysteme treffen, also zwei Wellenberge sich überlagern. Oft verliert dabei der überhöhte Wellenberg seine Eigenstabilität und verwandelt sich in einen bedrohlichen Brecher, der eine kleine Yacht mit aller Macht überrollen kann.

Eine umlaufende Seereling gehört heute zu den Selbstverständlichkeiten jeder Seekreuzeryacht. Manch kleine Yacht vollbrachte großartige Leistungen auf See, ohne den Schutz einer Seereling zu bieten. Die Yacht ISLANDER segelte zweimal einhand um die Welt, ohne eine Seereling zu besitzen. Die Bugkanzel tauchte wohl zum ersten Mal im Jahre 1937 auf, führte sich aber erst nach dem letzten Kriege allgemein ein. Die Heckkanzel kam noch viel später hinzu.

Die absolute Größe einer Yacht ist dagegen nicht von maßgeblicher Bedeutung bei der Beurteilung ihrer Seefähigkeit. Sowohl Slocum wie Voss erklärten, daß nach ihren Erfahrungen ein kleines, solides Boot mit größerer Sicherheit auf offener See segeln könnte als ein großes Schiff. Ein anderer erfahrener Seemann, Kapitän Carl Kircheis, erklärte: „Mit dem kleinsten Schiff kann man den schlimmsten Sturm auf See abwettern." Der Eigner der kleinen SOPRANINO, Patrick Ellam, nannte seine Yacht „eines der sichersten Boote, welches jemals die Meere befuhr", obwohl sie nur 6 m lang und 1,63 m breit war und in Leichtbauweise ausgeführt nur 0,65 t wog.

Es kommt allerdings ein anderer Umstand hinzu: Je kleiner eine Yacht bemessen wird, desto schwieriger wird es, die umfangreiche Ausrüstung unterzubringen, welche zu Langfahrten auf See gehört. Auch muß genügend Lebensraum für die Besatzung übrig bleiben. So wird der Vorrat an Trinkwasser und Proviant nur von der Zahl der Besatzung und der Dauer der Reise diktiert, nicht aber von der Größe der Yacht. Auch wird eine kleinere Yacht mehr Zeit für eine bestimmte Seestrecke brauchen als eine größere, erfordert also pro Kopf ein größere Menge an Wasser und Proviant.

Vor einigen Jahren wurde eine Regatta im Ärmelkanal von einem schweren Sturm überrascht. Nur wenige Yachten erreichten ihr Ziel, die Mehrzahl der Steuerleute entschloß sich zum Aufgeben, um das Unwetter entweder durch Beidrehen oder vor Topp und Takel abzuwettern. Keine der Yachten erlitt ernstliche Havarien am Schiffskörper, aber auf manchen gab es erhebliche Wassereinbrüche in die Innenräume, sei es durch ungenügend verschlossene Luken, Skylights, Niedergangstüren oder Windhutzen. Yachten mit geringem Freibord fanden ihre Plichten fast ständig voll Wasser,

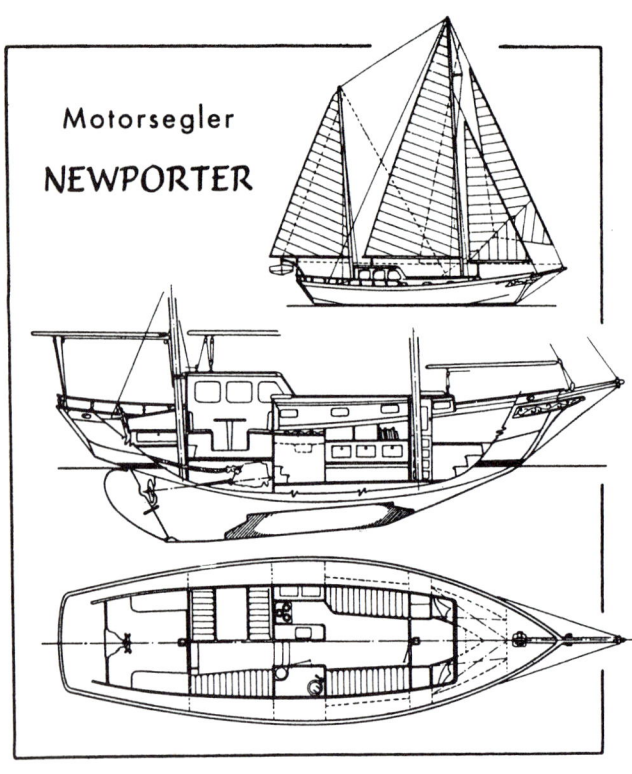

Abb. 262: Mit dieser Ketsch wird ein Traumschiff für Fahrten in die Pazifische Inselwelt gezeigt, das geräumig, seetüchtig und stabil ist. Solche Art von Yachten, solide erbaut, eignet sich vortrefflich zu Fahrten auf hoher See. Der Entwurf von C. E. Ackerman hat folgende Abmessungen:

Länge ü. alles	*12,20 m*	*Tiefgang*	*1,83 m*
Länge in der WL	*9,75 m*	*Verdrängung*	*11,4 t*
Breite	*3,97 m*	*Segelfläche*	*71 m²*

da die Lenzrohre nicht ausreichten, alles abzuleiten, was über Deck nachgespült kam. Immer wieder wurde die bekannte Erfahrung gemacht, daß gerade im Notfall die Lenzpumpen nicht funktionierten. So griff man meistens zur Pütz oder gar zu Kochtöpfen.

An Bord befanden sich durchwegs seegewohnte, tatkräftige Segler, die den plötzlichen, aber nicht ganz unerwarteten Gefahren gewachsen waren.

Erstaunlicherweise traten nur wenig Havarien an Masten und Takelage auf, da die Segler gerade hierauf stets ihre besondere Aufmerksamkeit gerichtet hatten. Dagegen brach eine ganze Anzahl Relingsstützen an den Schweißstellen ihrer Füße, oder deren Schrauben wurden aus dem Deck gerissen. Eine der Yachten wurde mit solcher Gewalt gekrängt, daß ihr Mast geradezu horizontal auf die Wasserfläche gedrückt wurde und zwei Mann über Bord fielen. Doch beide gelangten in kurzer Zeit wieder an Bord. Eine andere Yacht mußte das Rennen aufgeben, weil der Stevenbeschlag brach und die Abstagung des Mastes dadurch in Gefahr geriet.

Bei eintretendem Unwetter fühlt sich der erfahrene Segler auf hoher See sicherer als in der Nähe der Küste. Nur auf hoher See kann er den Sturm auf verschiedene Weise und fast ohne jede Gefahr abwettern, sei es daß er beidreht, Seeanker auslegt oder die Yacht vor Topp und Takel laufen läßt, wobei er am besten Leinen zur Fahrtverminderung ausbringt. Nur auf hoher See wird die größte aller Gefahren ausgeschaltet, nämlich vom Sturm auf Legerwall getrieben zu werden.

Nicht selten wurde der Totalverlust gerade dadurch hervorgerufen, daß man versuchte, einen schützenden Hafen anzulaufen. Da es im Sturm kaum möglich ist, die Seekarte gewissenhaft zu studieren, wird leicht ein Fahrwasserzeichen oder eine Warnung falsch aufgefaßt oder nicht beachtet. Oft bringt die in Küstennähe brodelnde See ein Wendemanöver oder ein Halsen zum Scheitern, weil Fahrt und Ruderwirkung erschwert werden. Manche Yacht geriet durch solche Umstände nur wenige Meter vor dem sicheren Schutz auf die Steine einer Hafeneinfahrt und ging dadurch verloren. Es ist durchaus kein Ausnahmefall, daß ein Hilfsmotor gerade im kritischen Moment stehenbleibt, und zwar als direkte Folge des Unwetters. Die heftigen Bewegungen im Schiff lösen Rost und Schmutz von den Tankwänden und verstopfen Filter oder Rohrleitungen. Oder es gerät Seewasser durch die Auspuffleitungen zum Inneren des Motors. Ein gut durchdachter Motoreneinbau, handwerklich mit größter Sorgfalt ausgeführt, hilft manchen Unfall zu vermeiden. Eine kaum beachtete Kleinigkeit, ein loser Bolzen, eine undichte Rohrleitung, ein Fehler an nur einem einzigen der vielen zum Antrieb gehörenden Teile können unter Umständen den Totalverlust einer Yacht herbeiführen und damit das Leben der Mannschaft in größte Gefahr bringen.

Schiffskompaß und Sextant

Die nautischen Instrumente eines Schiffes dienen vor allem dem Zweck, zwei Hauptaufgaben zu lösen: Wo befindet sich das Schiff, und wohin führt sein Kurs. Der genaue Schiffsort wird am besten durch die astronomische Ortsbestimmung ermittelt, wozu ein Sextant zu verwenden ist. Der Kurs dagegen wird auf Yachten wohl stets mit dem magnetischen Schiffskompaß festgelegt.

Ohne Zweifel ist der klassische magnetische Schiffskompaß das wichtigste Instrument an Bord einer Yacht. Kein anderes Instrument kann ihn ersetzen. Aber nicht jeder Segler weiß, daß die Kompaßnadel keineswegs direkt zum magnetischen Pol zeigt. Die unter der Kompaßrose angebrachten Magnetstäbchen stellen sich nur parallel zu den lokalen magnetischen Strömen, auch *magnetische Meridiane* genannt. Da die Magnetlinien die Erdoberfläche in willkürlich erscheinenden Wellenlinien bedecken, wechselt die sogenannte Mißweisung von Ort zu Ort. Sie wird jeweils der Seekarte der zu befahrenden Zone entnommen. Auf dem Rio de la Plata sind wir in der glücklichen Lage, die Mißweisung ganz nahe bei Null zu haben. Dagegen findet man z. B. vor der schwedischen Ostküste ein Gebiet, das besonders unter „unsicherer Mißweisung" leidet. Man sollte es deshalb am besten meiden oder nur bei klarer Sicht rasch kreuzen. Zu jeder Mißweisung in der Seekarte gehört die Angabe der jährlichen Abweichung, da der magnetische Pol samt allen magnetischen Strömen langsam um den geographischen Pol zu kreisen scheint. Ein Kompaß reagiert nicht nur auf das magnetische Feld der Erde, sondern auch auf alle magnetischen Einflüsse, welche vom Schiff selbst herrühren. Nahezu jedes Schiff besitzt eine gewisse magnetische Richtkraft, sei es als Folge eines stählernen Schiffskörpers, magnetisch wirksamer Eisenteile in der Takelage, eines Motors und seiner Installationsteile oder gar durch elektrische Einflüsse von in der Nähe befindlichen elektrischen Apparaten, Instrumenten oder Kabeln. Deshalb soll ein Kompaß so weit wie möglich von solchen lokalen Einflüssen entfernt aufgestellt werden. Auch ist zu beachten, daß eine Krängung beim Segeln das Magnetfeld der Yacht seitlich verschiebt, wodurch sich die aufrecht gemessene Deviation (Ablenkung) verändert.

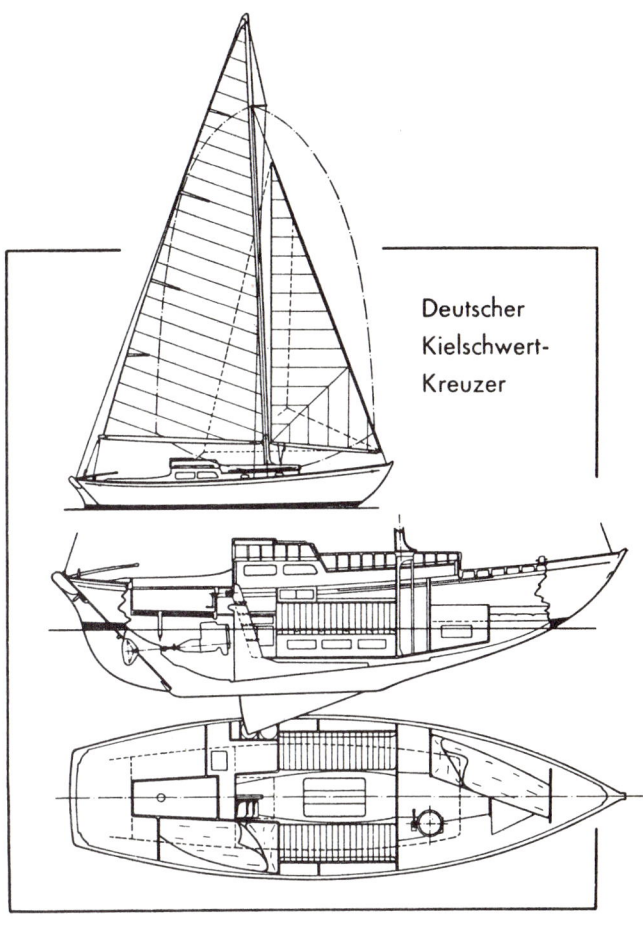

Abb. 263: Eine kleine bewährte Kielschwertyacht mit Plattgatheck, besonders für Küstenfahrt auf Tidengewässern geeignet. Man beachte, daß einerseits das Schwert den Kompaß beeinflussen kann, daß andererseits ein Unterschied zwischen weggefiertem und aufgeholtem Schwert möglich ist. Entworfen und gebaut von Abeking & Rasmussen mit folgenden Abmessungen:
Länge ü. alles . . . . 8,52 m   Tiefgang
Länge in der WL . 6,70 m   mit Schwert . . 1,68 m
Breite . . . . 2,50 m   Segelfläche . . . . . 36,1 m²
Tiefgang Kiel . . . 0,97 m

Werden senkrecht unterhalb des Kompasses angeordnete Eisenteile, wie z. B. der Hilfsmotor, bei Krängung seitlich versetzt, verändert sich das auf den Kompaß wirkende magnetische Feld als Summe von Erdmagnetismus und Schiffseinflüssen.

Die vom Schiff hervorgerufene Beeinflussung des Kompasses kann durch Kompensierung größtenteils ausgeglichen werden. Auf Yachten wird häufig anstelle dessen die Ablenkung gemessen und danach eine Deviationstabelle angefertigt, die vom Schiffsführer jederzeit zu Rate gezogen werden kann. Als wir vor einigen Jahren unseren Kreuzer von Argentinien nach Rotterdam

Foto 82: Nachdem der schwedische Konstrukteur Peter Norlin mit seinem Halbtonner „Scampi" viele Erfolge erzielt hatte, zeigt er uns hier nun als Weiterentwicklung den Eintonner „Norlin 37". Man erkennt, daß die I.O.R.- Vermessung harmonisch entworfene Yachten nicht nur zuläßt, sondern sogar begünstigt. Die „Norlin 37" ist 11,03 m lang, 3,60 m breit und fährt am Wind rund 60 m² Segelfläche. Foto: Solna Marin A. B., Schweden

verluden, um von dort aus auf eigenem Kiel bis Finnland zu gelangen, entdeckten wir auf der im Kieler Kanal eingebauten Kontrollstrecke eine erschreckend große Veränderung der in der Nähe von Buenos Aires genau kontrollierten Ablenkung. Der Unterschied zwischen rund 35 Grad südlicher und 54 Grad nördlicher Breite kennzeichnet sich durch eine bedeutend verringerte horizontale Richtkraft des Erdmagnetismus, wobei sich gleichzeitig die vertikale Richtkraft verstärkt. Letztere wurde durch ein Motorengestänge in die Nähe des Kompasses geleitet und verstärkte dadurch mächtig die schiffsbedingte Ablenkung. Gleichzeitig hatten die Kompaßnadeln einen Teil ihrer Richtkraft verloren, da die irdischen Magnetlinien viel steiler nach unten zeigten, während sie bei 35 Grad Breite noch annähernd parallel zur Erdoberfläche verlaufen. Bei Reisen über weite Seestrecken empfehlen sich also gelegentliche Kompaßkontrollen, die entweder durch Sichtpeilung oder besser noch durch Gestirnsbeobachtung leicht ausführbar sind.

Diesen Problemen kann man ausweichen, wenn man zur Kursbestimmung einen Handkompaß verwendet, als „hand bearing compass" zuerst bekannt geworden. Benutzt man einen solchen Kompaß in erhöhter Position und weit entfernt von allen schiffsmagnetischen Einflüssen, kommt nur noch die Mißweisung, aber kaum noch die Deviation zur Geltung. Man kann also nach dem *Handkompaß* auf Kurs gehen und den gleichzeitig abgelesenen Kurs des *Hauptkompasses* einfach beibehalten. Auch eignet sich ein derartiger Hand-

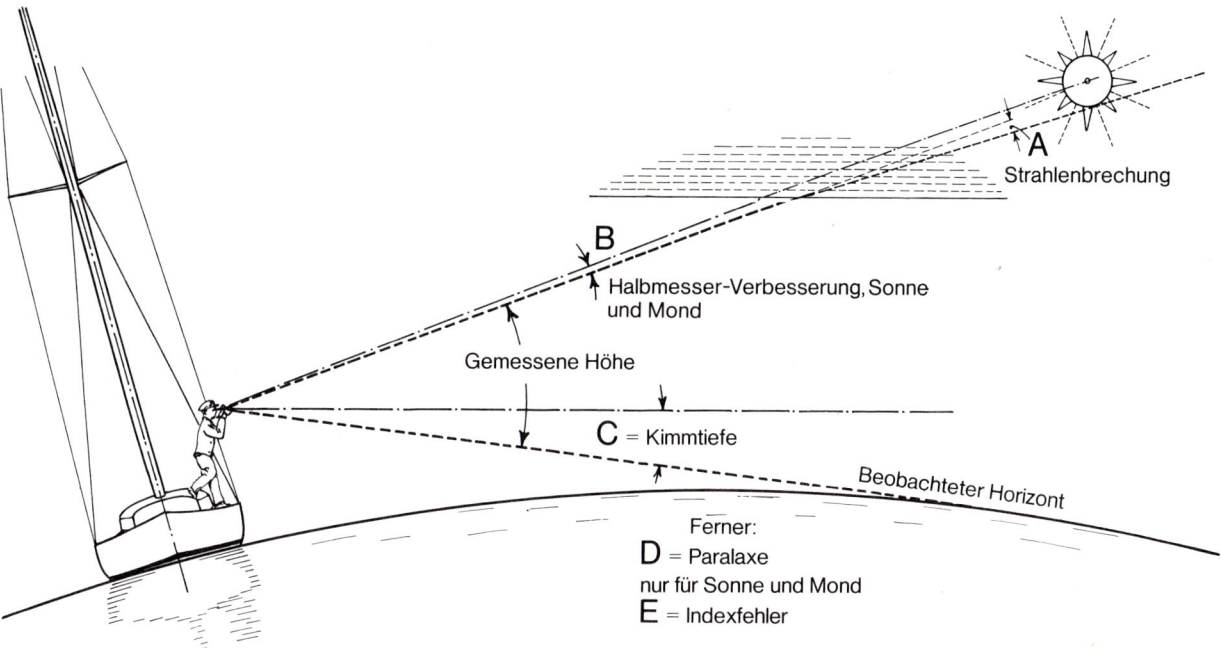

Abb. 264: Mit dem Sextanten wird der Winkel zwischen einem Gestirn und dem Horizont mit möglichst großer Genauigkeit gemessen. Das Meßergebnis muß jedoch nachträglich berichtigt werden, um verfälschende Einflüsse auszuschalten, wie in der Abbildung erkennbar ist. Als Endergebnis erhält man den wahren Winkel zwischen Erdmittelpunkt, Gestirnsmittelpunkt und wahrem Horizont.

kompaß vorzüglich zu Peilungen, um durch Küstenbeobachtung den Schiffsort zu bestimmen.

Ist aber keine Küste in der Nähe, so muß der Schiffsort auf andere Weise bestimmt werden. Bevor der Schiffschronometer die Längenbestimmung möglich machte, richteten sich die europäischen Seeleute auf See nach den „drei L", nämlich *Latitude, Lead* und *Lookout*, auf deutsch: Breite, Lot und Ausguck. Dank der günstigen Lage des nördlichen Polarsternes konnte schon in frühester Seefahrt die Breite recht genau bestimmt werden. Die Länge dagegen wurde nur nach der gesegelten Zeit geschätzt. Sie wurde dadurch um so ungewisser, je weiter sich ein Schiff vom Heimathafen entfernte.

Nicht wenige Seesegler träumen heute von dem Moment, da man nur einen gewissen und möglichst kleinen Empfänger an Bord zu haben braucht, um eine genaue Ortsbestimmung aufstellen zu können. Das ist die sogenannte elektronische Navigation. Damit braucht man, so argumentieren sie, nicht mehr die komplizierte Fülle mathematischer Formeln und astronavigatorischer Ausdrücke zu erlernen. Doch auch heute noch benutzen Schiffskapitäne auf See *jeden Tag* den Sextanten zu einer astronomischen Ortsbestimmung, einfach deshalb, weil es die zuverlässigste aller Methoden ist.

Wer sich ein einziges Mal ein wenig Mühe gibt und die Ortsbestimmung nach der astronomischen Navigation erlernt, wird geradezu überrascht sein, wie einfach der Vorgang ist und welch stolzes Gefühl der präzisen Ortskenntnis auf See erreicht wird. Der schwierigste Anteil der Ortsbestimmung, nämlich die sogenannte sphärische Trigonometrie, wird heute fix und fertig vorgerechnet in Tafelwerken geliefert. Jeder interessierte Junge von 15 Jahren, ebenso jedes Mädchen im gleichen Alter, kann in höchstens 20 Stunden den Vorgang der Ortsbestimmung nach der Sonne erlernen. Nach kurzer Übung einer routinemäßigen Sicherheit genügen dann wenige zusätzliche Stunden, um auch Mond, Planeten und Gestirne zur Ortsbestimmung hinzuziehen zu können.

Die zugehörenden Tafelwerke bestehen aus zwei verschiedenen Gruppen, nämlich erstens das jedes Jahr neu zu beschaffende Nautische Jahrbuch und zweitens die Tafeln der berechneten Höhen und Azimute. Aus dem Nautischen Jahrbuch kann man für jede der 24 vollen Stunden des Tages die Position von Sonne, Mond, Planeten und Frühlingspunkt direkt ablesen und sehr leicht auf jede Minute und Sekunde umrechnen. Die Position ist in reiner Erdgeographie mit Länge und Breite angegeben, doch wird statt Länge der Winkel ab Greenwich-Nullgrad nach Westen bis 360 Grad genannt. Bornholm mit 15 Grad Ost würde dort mit Grw. Stw. 345 Grad genannt werden, nämlich 345 Grad West. Die Breitenlage der Gestirne wird mit Abw. Nord und Abw. Süd genau wie auf der Erde bezeichnet. Daß die Uhrzeiten nicht örtliche, sondern Greenwich-Zeiten sein müssen, versteht sich wohl von selbst. Alle 15 Grad östlich zeigt die Uhr eine Stunde früher und westlich eine Stunde später als Greenwich. Kennt man nun die Position des Gestirnes, dessen Höhe mit dem Sextanten gemessen wurde, kennt man dazu die eigene *ungefähre* Schiffsposition, so geht man in eines der Höhen- und Azimuttafelwerke über, wo die Sollhöhe des Gestirns direkt ablesbar ist. Der Unterschied zwischen gemessener Höhe und Sollhöhe ist dann der Unterschied zwischen angenommenem und wirklichem Schiffsort. Dabei bedeutet jede Gradminute Höhenunterschied = 1 Seemeile Ortsunterschied, der in Richtung des ebenfalls angegebenen Azimuts abgesetzt wird. Man gewinnt allerdings nicht den genauen Schiffsort, sondern nur eine Ortslinie, navigatorisch „Standlinie" genannt, auf welcher der Schiffsort liegen muß.

Unter folgenden Tafelwerken kann man wählen: H. O. 249 (englisch A. P. 3270), das in zwei Bänden die wichtigsten Breitengrade und die Deklinationen bis 29 Grad umfaßt, dazu in einem dritten Band die fertig errechneten Daten aller gerade passenden Fixsterne zur Beobachtung in der Morgen- und Abenddämmerung. Diese Tafeln, für *Air Navigation* bestimmt, werden wegen ihrer Handlichkeit viel auf Yachten benutzt. An zweiter Stelle sei das umfangreichere und etwas genauere Werk H. O. 214 genannt, das auch alle praktisch anwendbaren Deklinationen enthält. Jeder Band umfaßt 10 Breitengrade, so daß der wirkliche Langfahrtsegler 6 Bände benötigen würde. Schließlich sei das neueste und wohl endgültige Werk genannt, das unter der Bezeichnung H. O. 229 läuft. Jeder Band hier umfaßt 15 Breitengrade und sämtliche Deklinationen. Man würde für Große Fahrt hier 4 Bände statt der vorgenannten 6 benötigen, die gleichzeitig auf höchste Genauigkeit berechnet wurden, viel weitergehend, als der Genauigkeit einer Sextantenhöhe zukommt. Die Bezeichnung H. O. bedeutet *Hydrographic Office*, also Hydrographisches Büro der amerikanischen Marineleitung.

Als wir einmal Eric Hiscock im Südpazifik auf seiner dritten Weltumsegelung an Bord der WANDERER IV trafen, erklärte er uns, daß er mit einem sehr alten kleinen englischen Tafelwerk vollkommen ausreichend versorgt sei und keines dieser modernen großformatigen Tafelwerke verwende.

Der Sextant ist dazu bestimmt, den Winkel zwischen dem Meereshorizont und einem Gestirn zu messen. Auch der Umgang mit einem Sextanten wäre überaus einfach, wenn nicht das dauernde Schlingern und Stampfen der Yacht die Beobachtung stark stören würde. Auch muß man sorgfältig beachten, den Horizont selbst zu finden und sich nicht durch einen davor liegenden höheren Wellenzug täuschen zu lassen. Der Höhenmeßbereich des Sextanten reicht bis auf 120 Grad. Nach der Beobachtung werden die Grade direkt abgelesen, die Gradminuten aber an der Minutentrommel. Ältere, aber nach wie vor gut brauchbare Sextanten besitzen statt dessen einen Nonius, der mittels schwenkbarer Lupe abgelesen wird.

Man braucht keineswegs einen teuren großartigen Sextanten zu erwerben, sondern kann sich vor allem während der Lernzeit einen der vielen auf dem Markt befindlichen Plastik-Sextanten oder Oktanten anschaffen. Der Oktant reicht bis zu 90 Grad und ist damit absolut ausreichend. Beim Segeln auf hoher See sollten stets zwei Sextanten an Bord mitgeführt werden. Sollte der wertvolle größere Sextant einmal zu Boden fallen und Schaden erleiden oder gar über Bord gehen, so kann man mit einem billigen Plastiksextanten noch fast genauso gut arbeiten. Fred Rebell, dieser erstaunliche und anonym gebliebene Segler der Weltmeere, verwandte für seine Höhenmessungen sogar einen mit den wirklich einfachsten Mitteln selbst angefertigten Sextanten. Bei diesem bestand das Zahnkreissegment einfach aus dem Blatt einer Metallsäge, an dem die Spiegeleinstellung herauf- und heruntergeschraubt wurde.

Zu jeder Höhenmessung eines Gestirns gehört die *gleichzeitige* Bestimmung der streng genauen Zeit. Anstatt einen kostspieligen und empfindlichen Schiffschronometer zu verwenden, genügt heute eine gute Bord- oder gar Armbanduhr, deren Anzeige vor und nach der Ortsbestimmung durch Radio-Zeitzeichen kontrolliert bzw. korrigiert wird.

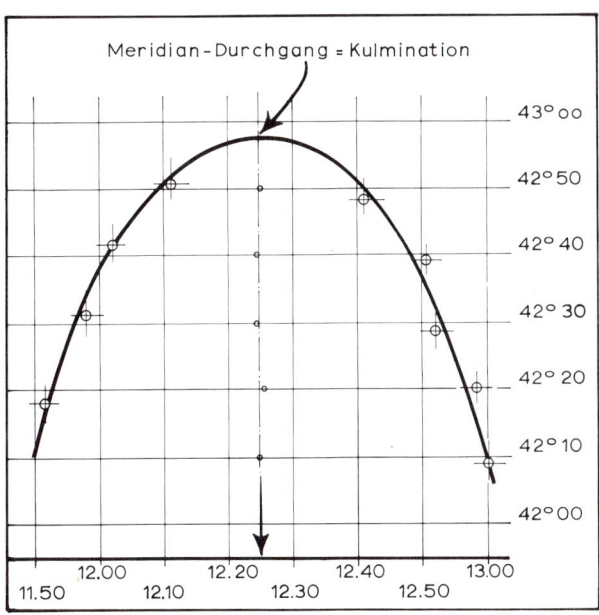

Abb. 265: Eine recht brauchbare Ortsbestimmung, wohl die einfachste aller astronomischen, erhält man durch graphisches Auftragen des Meridiandurchganges der Mittagssonne. Bei genügender Sorgfalt gelingt es, den Moment der Kulmination fast auf die Sekunde genau festzustellen. Dann braucht man nur mit Hilfe des Nautischen Jahrbuches die genaue geographische Position der Sonne für die gleiche Sekunde zu bestimmen, um die Länge des Schiffsortes zu erhalten. Die Breite errechnet sich leicht aus der Sonnenhöhe. Mancher Weltumsegler ist allein mit dieser vereinfachten Methode ausgekommen. Allerdings erzielt man nur bei ruhigem Wetter eine ausreichende Genauigkeit der Höhenmessungen.

Foto 83: Ein kleiner Kimmkieler mit Achterkabine namens „Westerly Chieftain". In 8,00 m Länge und 2,60 m Breite wurde eine bequeme Einrichtung vorgesehen, ohne die Größe der Mittelplicht zu sehr zu beengen. Niemand scheint zu steuern, doch das Steuerrad wurde am Achterschott angebracht. Der Entwurf stammt von Laurent Giles, der auch in Kimmkielern über reiche Erfahrungen verfügte. Mit etwa 32 m² Segelfläche erreicht dieses leichtläufige Boot eine gute Mittelfahrt. Erbauer: Westerly Marine, Portsmouth.   Foto: J. A. Hewes, Portsmouth

Foto 84: Man erkennt hier gut den ausgezeichneten Schutz, den eine auch achtern umlaufende Seereling der Besatzung bietet. Das Foto zeigt die Plicht einer „Contest 31 HT". Die klare Anordnung der geräumigen Plicht mit Radsteuerung, Schotwinden und Großschot-Traveller wirkt überaus ansprechend. Foto: Theo Kampa

Abschließend einige Worte zur elektronischen Navigation.

Radio-Peilgerät: Dieses einfache Gerät ist vor allem bei Nacht und Nebel nützlich, sofern man sich nicht weit von einem Sender befindet und sofern sich keine größere Landmasse zwischen Sender und Yacht befindet. Über größere Distanzen ist die Anzeige zu ungenau.

Ein Radio-Peilgerät muß in der gleichen Weise kompensiert werden wie ein Kompaß. Jedes metallische Objekt, eine Antenne, der Mast und seine Verstagung können die Anzeige verfälschen.

Loran: Dieser Ausdruck bedeutet „long range navigation". Hierzu wird ein spezieller Loran-Empfänger benötigt. Die zugehörenden Sendestationen sind stets mit einer sogenannten Sklavenstation gekuppelt (besonders an amerikanischen Küsten). Nachdem hintereinander beide Stationen eingestellt waren, kann man den genauen Schiffsort auf einer Loran-Karte mit hyperbolischen Linien direkt suchen.

Decca: Ein ganz ähnliches System britischen Ursprungs, das ebenfalls spezielle Empfänger und Karten benötigt. Es ist in vielen Gebieten der Welt zu finden.

Consolan: Hierbei ist kein Spezialempfänger erforderlich, doch wird auch nicht der genaue *Ort* festgestellt, sondern nur eine Standlinie. Kreuzt man diese mit derjenigen einer Sonnenbeobachtung, so findet man den richtigen Schiffsort.

Wenn man schon etwas ganz erstaunlich Einfaches sucht, so kann man allein mit der Sonnenbeobachtung beim mittäglichen Meridiandurchgang einen recht genauen Schiffsort nach Länge und Breite feststellen. Man beginnt eine halbe Stunde vor dem Meridiandurchgang und mißt etwa alle 5 Minuten eine Sonnenhöhe (Unterrand). Konstruiert man daraus eine Kurve, so läßt sich der Moment der Kulmination fast auf die Sekunde genau feststellen. Aus korrigierter Sonnenhöhe und Zeitpunkt der Kulmination ergeben sich Breite und Länge für den Schiffsort, nur unter Verwendung des Nautischen Jahrbuches. Mehr als ein Segler ist mit dieser einfachen Methode um die Welt gesegelt.

Instrumente für besseres Segeln

Im vorigen Kapitel wurden die eigentlichen *nautischen* Instrumente einer Betrachtung unterworfen, vor allem Kompaß und Sextant. Sie dienen dazu, dem Hochseesegler den Kurs anzuweisen sowie den Schiffsort auf hoher See zu bestimmen. In nachfolgenden Zeilen werden kurz die *elektronischen* Instrumente geschildert, die dem besseren und sicheren Segeln dienen. Sie interessieren den Rennsegler ebenso wie den Fahrtensegler.

Einige dieser Instrumente vermögen die Präzision der Segeltechnik in erstaunlichem Grade zu erhöhen, andere tasten den Meeresboden ab und zeigen dem Steuermann, wieviel Wasser er noch unter dem Kiel hat. Alle zusammen geben dem Rennsteuermann eine Art sechsten Sinnes, um sein rein individuelles Einfühlvermögen durch das Ablesen wertvoller Information auf den Instrumenten zu ergänzen.

Das klassische Schiffslog mit Holzscheit und das verbesserte sogenannte „Patentlog" mit sich drehendem Propeller werden kaum noch verwandt. Erstens gibt es wirkliche elektronische Geschwindigkeitsmesser, auch *Speedometer* genannt, ohne daß man eine lange Leine nachschleppen müßte. Zweitens gibt es erweiterte Ausführungen, bei denen gleichzeitig die gesegelte Distanz errechnet und angezeigt wird. Als Meßfühler wird gewöhnlich ein kleiner Fuß durch den Boden der Yacht außen angesetzt, der ein kleines sich mitdrehendes Propellerchen trägt und dadurch die Geschwindigkeitsanzeige einleitet. Man kann direkt am Meßinstrument beobachten, welche Wirkung auf die Fahrt eine geringfügige Kursänderung oder eine dichter geholte oder etwas weggefierte Genuaschot einbringt. Die gleichzeitige Registrierung der gesegelten Distanz wird besonders vom Fahrtensegler sehr geschätzt, der nach dieser Angabe das vielleicht durch Astronavigation ermittelte Etmal kontrollieren kann.

In durchaus vergleichbarer Weise gibt es zweierlei Ausführungen für das *Tiefenlot*, auch *Echolot* genannt. Auf Yachten wird gern ein Instrument mit zweierlei Tiefenskalen angewandt. Reicht die Hauptskala z. B. bis auf 30 m Wassertiefe, kann man sehr knappe Wassertiefen nicht mehr sicher ablesen. Dafür wird eine zweite Skala eingesetzt, die ein Maximum von nur 3 m Tiefe besitzt. Mit dieser kann man fast zentimeterweise beobachten, wieviel freies Wasser noch unter dem Kiel vorhanden ist. Etwas größere Echolote werden außerdem mit einem Schreibgerät verbunden, so daß man noch nachträglich die jeweils herrschenden Wassertiefen an einer aufgezeichneten Tiefenlinie ablesen kann. Auf Yachten werden aufschreibende Instrumente selten eingebaut, aber auf größeren Fischereifahrzeugen, auf Kümos etc. sind sie stets zu finden.

Ein weiteres, ebenfalls für die gute Schiffsführung nützliches Gerät ist die *vergrößerte Kompaßkurs-Anzeige*. Bekanntlich ist es sehr ermüdend, ständig den Kurs auf dem Kompaß selbst zu verfolgen. Deshalb wurde ein Zusatz geschaffen, der mit einem einfachen Zeigerinstrument wie folgt zusammenarbeitet: auf dem Hauptkompaß wird der zu steuernde Kurs eingestellt, der seinerseits einen „repeater" betreibt, ein Wiederholgerät mit einem einfachen Zifferblatt und großem Zeiger. Liegt die Yacht auf dem vorbestimmten Kurs, steht der Zeiger in der Mitte auf Nullstellung. Jede Abweichung nach Backbord oder Steuerbord wird vom Zeiger groß und gut erkennbar angezeigt. Für gutes Segelwetter wird eine Ableseskala benutzt, die je 20 Grad nach Backbord und Steuerbord umfaßt, also einen Meßbereich von 20° — 0° — 20° besitzt. Bei starkem Seegang wählt man eine Schlechtwetter-Skala, deren Meßbereich sich mit 40° — 0° — 40° am besten beschreibt. Eine solche Kurskontrolle kann an jeder beliebigen Stelle der Yacht eingebaut werden, auch kann man mehr als nur ein Instrument vom Hauptkompaß her betätigen lassen.

Nunmehr werden kurz die drei *Windanzeiger* mit ihren wesentlichen Eigenschaften erläutert. Alle drei messen selbstverständlich nur den scheinbaren Wind, wenn die Yacht in Fahrt ist. Als Hauptdaten interessieren Windstärke und Windrichtung relativ zum Schiff, und als drittes die vergrößerte Anzeige der Windrichtung für das Segeln hoch am Wind.

Das *Anemometer* wird von einem auf dem Masttopp angebrachten Schalenkreuz betätigt, welches sich um so rascher dreht, je größer die Windgeschwindigkeit ist. Das Anzeigeinstrument besitzt entweder eine einfache, oft aber eine doppelte Skala, die erste für geringere

Abb. 266: Ein Anemometer zeigt die Geschwindigkeit des scheinbaren Windes an. Das wiedergegebene Instrument hat eine äußere Einteilung für normale Windstärken und eine innere für starke Stürme.

Abb. 267: Der Windrichtungsanzeiger bezieht sich direkt auf die segelnde Yacht und den auf diese treffenden scheinbaren Wind, dessen Einfallswinkel angezeigt wird.

Windgeschwindigkeiten, die zweite für Sturm. Die kleinere reicht z. B. für Windstärken bis zu 25 m/sek oder 45 Knoten, und die größere bis zu 50 m/sek oder 90 Knoten. Für den Yachtführer wird es damit ein leichtes, seine Erfahrungen in bezug auf die wirklichen Windgeschwindigkeiten aufzuschreiben. So kann er bestimmen, bei welcher Windstärke die große Genua gegen die nächst kleinere ausgewechselt werden soll, oder letztere gegen die einfache Fock, wobei gewöhnlich auch das Großsegel gerefft wird. Auf Vorwindkurs läßt sich dasselbe für den Gebrauch der Spinnaker festlegen. Man hat also im Anemometer ein wirklich nützliches Segel-Hilfsinstrument.

Nicht minder nützlich ist der *Windrichtungs-Anzeiger*, aus welchem der Winkel zwischen scheinbarem Wind und Vorschiff entnommen wird. Die Angabe dazu stammt von einer kleinen Windfahne, die auf dem Masttopp oberhalb des Schalenkreuzes für das Anemometer gefahren wird. Nur wenn die Yacht vor Anker liegt oder unter Motor fährt, ist eine Nullanzeige möglich, also Wind genau von vorn. Beim Segeln hoch am Wind ergibt sich eine Windrichtungsanzeige im Bereich von etwa 30 Grad, und zwar von Backbord wie von Steuerbord einfallend. Die Skala reicht auf beiden Seiten bis zu 180 Grad, das ist Wind genau von achtern.

Da der Bereich insgesamt 360 Grad umfassen muß, ist die Ablesung genauso ermüdend wie das Beobachten des Kompasses.

Das gilt besonders für den Am-Wind-Kurs, bei dem genauestes Einhalten der günstigsten Anstellung zum scheinbaren Wind von fundamentaler Wichtigkeit ist. Hat man nämlich erst einmal die Instrumente eingebaut, wird tatsächlich das feinfühlige Am-Wind-Se-

Abb. 268: Der sogenannte Am-Wind-Anzeiger ist ein ergänzendes Instrument, das niemand mehr missen möchte, der einmal mit ihm segelte. Es vergrößert einfach den Einfallswinkel beim Segeln hart am Wind, so daß man in ihm eine vorzügliche Hilfe für den Rudergänger erhält. Manche dieser Instrumente sind umstellbar, um auch den Vor-Wind-Einfallswinkel anzuzeigen, wobei die Nullmarkierung dann „genau über Heck" bedeutet.

Abb. 269: Die Anzeige der Fahrtgeschwindigkeit ist von großem Wert für jede größere Yacht. Dieses Instrument, auch Speedometer genannt, wird meist von einem kleinen, aus dem Bootsboden herausragenden Propeller betätigt. Als Varianten gibt es Instrumente, die auch die gesegelten Distanzen summieren, und — besonders wertvoll für den Rennsegler — solche, die in stark vergrößerter Skala genauestens momentane Änderungen in der Geschwindigkeit erkennen lassen.

geln durch das Instrumentsegeln ersetzt. Man braucht deshalb eine Feinablesung für den Bereich zwischen 20 und 30 Grad Einfallswinkel des scheinbaren Windes. Dazu wurde ein Gerät geschaffen, das die Ablesung um das Zweieinhalb- bis Dreifache vergrößert. Es reicht deshalb statt bis 180 Grad nach jeder Seite nur bis 40 oder 45 Grad auf jeder Seite. Es handelt sich also um einen *Am-Wind-Richtungsanzeiger,* der vom Hauptanzeiger aus betätigt wird.

War man bisher gewohnt, stets auf das beginnende Killen des Groß- oder Vorsegels zu achten, wobei immer Zweifel über die beste Schotstellung bestanden, wird man sich heute nur nach der Anzeige der Instrumente richten. Damit wird die Schotenstellung schrittweise so lange verändert, bis man am Geschwindigkeitsanzeiger die höchste Fahrt erreicht hat, natürlich ohne vom Wind abzufallen. Der dann erreichte Windeinfallswinkel wird nunmehr auch in Zukunft bei ähnlichen Windstärken beibehalten, doch wendet man nunmehr alle Energie auf das Herausfinden der vorteilhaftesten Schotstellung. Dies geschieht wiederum nicht nach Gefühl, sondern nach der Anzeige des *Speedometers.*

So braucht man sich nicht zu sehr zu wundern, daß selbst für dieses Instrument, d. h., für den Geschwindigkeitsanzeiger eine *vergrößerte Anzeigevorrichtung* geschaffen wurde. Eine solche Vergrößerung geht bis auf das Fünffache, so daß selbst minimalste Änderungen in der Fahrt gut abgelesen werden können.

Größere Rennyachten, vor allem die Ocean Racer nach der I.O.R.-Bewertung, werden wohl ausnahmslos mit den wichtigsten dieser Instrumente ausgerüstet. Als die COLUMBIA im Jahre 1958 die Rennen um den Amerika-Pokal erfolgreich bestritt, horchte die Seglerwelt

Foto 85: Kleine englische Backdeck-Segelyacht „Vivacity 650". In einem kleineren Bootskörper wurde hier eine ähnliche Einrichtung wie in der „Delanta" untergebracht, wobei die Plicht aber bis ganz an den Spiegel heranreicht. Der Bootskörper wird sowohl mit zwei Kimmkielen ausgerüstet, die bevorzugte Bauweise, auf Wunsch aber auch mit tiefergehendem Flossenkiel. Das besonders große breite Deck ergibt eine gute Arbeitsfläche. Es ist ringsum mit einer Seereling geschützt. Ein bequemes Boot für die kleine Familie, besonders dem britischen Geschmack angepaßt. Es ist 6,47 m lang, 2,18 m breit und mit rund 20 m² Fläche besegelt. Erbauer: Russel Marine Ltd. Southend-on-Sea.

auf. Denn diese Yacht war wohl die erste, die derartige Instrumente an Bord führte. Später kam dann noch die sogenannte *black box*, der schwarze Kasten, dazu, nämlich eine elektronische Rechenanlage, welche die gesegelte Fahrt am Wind gleich in Fahrtgewinn nach Luv umrechnete. Dadurch konnte man blitzschnell entscheiden, ob das „Kneifen" lohnte oder ob man besser ein wenig abfiel, um dadurch erheblich mehr Fahrt zu laufen. Solche Art von Klein-Computern wurden dann allerdings für die Mehrzahl der Rennen verboten, weil sie erstens teuer sind und zweitens auch noch den letzten Rest seglerischen Gefühls abzutöten drohten. Immerhin haben sich nicht wenige Rennschipper eine regelrechte *Betriebsanleitung* erarbeitet, die mit Hilfe der erlaubten Instrumente ohne weiteres aufgestellt werden kann. Eine solche Anleitung enthält etwa folgende Angaben:

a) die Skala der Am-Wind-Stärken
b) die jeweils günstigste Zusammenstellung der Segel
c) die zu jedem Segel gehörende beste Schotführung
d) die sich von Kurs zu Kurs ergebenden Veränderungen.

Da Yachten auf den wichtigen Am-Wind-Kursen stets mit Krängung segeln, werden statt eines Satzes von Instrumenten gern zwei Satz eingebaut, besonders auf größeren, kostspieligeren Ocean Racern. Dabei kommt ein Satz auf eine meist senkrecht angeordnete Instrumenttafel an Backbord, der andere ebenso an Steuerbord. Damit kann der Steuermann, gleich auf welcher Seite er sitzt, die Instrumente jederzeit gut überblicken. Fährt man nur einen Satz von Instrumenten, wird er in vielen Fällen zu einem waagerechten Instrumentenbrett zusammengefaßt, das mittschiffs eingebaut wird. Man findet es häufig auf dem Kajütdach über dem Niedergang.

Es ist eigentlich verwunderlich, daß so selten kleine Tochterkompasse vom Hauptkompaß her betrieben werden. Erstens könnte man diese überall und in jeder Form aufbauen, z. B. auch über der Koje des Schiffsführers. Zweitens könnte der Hauptkompaß fern von störenden Einflüssen des Schiffes eingebaut werden. Drittens läßt sich eine Kontrollstelle zwischenschalten, die sowohl die magnetische Mißweisung wie auch die schiffseigene Ablenkung korrigiert. Dadurch würden die Anzeigeinstrumente oder Tochterkompasse direkt den wahren Kurs anzeigen.

Das gesamte Gebiet der elektronischen Instrumente ist so faszinierend, daß manche weitere Verbesserungen oder Erweiterungen zu erwarten sind, die rasch Eingang in den Segelsport finden werden.

Segeltuche aus synthetischen Fasern

Als vor hundertzwanzig Jahren zum erstenmal große Yachten mit Segeln aus Baumwollstoffen ausgerüstet wurden, bewunderten die Segler den errungenen Fortschritt. Verglichen mit den bisher üblichen schweren und steifen Segeln aus Flachs waren die neuen Tuche viel geschmeidiger, leichter im Gewicht und zugleich von glatterer Oberfläche. Es genügte ein Jahrhundert, um den Siegeszug der Baumwoll-Segeltuche zu erleben, aber auch ihre totale Dekadenz zugunsten der modernen synthetischen Segel. Ja, es kam inzwischen bereits soweit, daß die jüngere Seglergeneration überhaupt keine Baumwollsegel mehr zu sehen bekommt.

Als man die Segel noch aus Baumwolltuchen fertigte, konnten die Bahnen ohne weiteres parallel vernäht werden. Es genügte die kurvenartige Zugabe an Vor- und Unterliek, um die gewünschte Wölbung zu erzielen, denn das Baumwolltuch war dehnbar. Dacrontuch dagegen ist entweder überhaupt nicht dehnbar oder nur in sehr engen Grenzen, weshalb die Wölbung bereits in den Schnitt der einzelnen Bahnen hineingearbeitet werden muß. Die Wölbung wird also nicht durch Verschieben der Fäden vom Liek zum Bauch hin gewonnen, sondern wird hineinkonstruiert, so, als bestände das Segel aus dünnem Blech.

Werden neue Dacronsegel zum erstenmal angeschlagen, könnte man sie sofort voll in Gebrauch nehmen; das mühevolle und zeitraubende Einsegeln und Eintrimmen fällt weg. Trotzdem sollen auch diese nicht sofort hart beansprucht werden, nicht etwa wegen des Tuches an sich, sondern wegen der Fäden in den Nähten. Diese liegen nämlich nur an der Oberfläche, nicht eingebettet wie früher beim Baumwolltuch, und deshalb sollen sie sich erst nach und nach bei leichter Brise „setzen".

Die Vorzüge der Dacron-Segel haben längst jeden Segler überzeugt. Viele sommerliche Segelstunden wurden allein dadurch gewonnen, daß man nicht mehr wie bei Baumwollsegeln gezwungen war, frühzeitig an den Liegeplatz zurückzukehren, bevor die Abendfeuchtigkeit in die Baumvollsegel eindringt. Viele früher dem Trocknen gewidmete Stunden werden heute für das Segeln selbst benutzt. Ein Baumwollsegel darf auf keinen Fall feucht in den Segelsack verstaut werden, weil

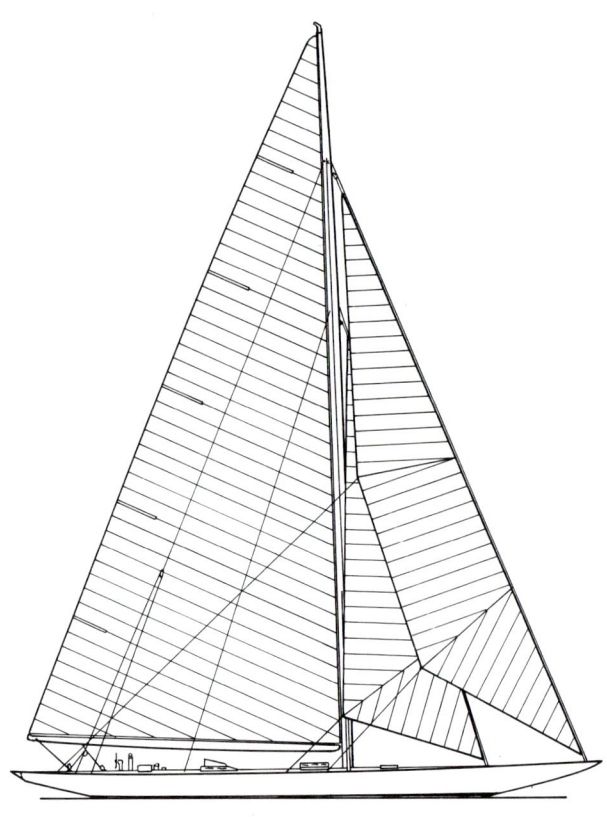

Abb. 270: Segelriß der America-Pokalyacht Rainbow *der amerikanischen „J"-Klasse. Diese Yachten waren fast 40 m lang und fuhren etwas über 700 m² an Segelfläche. Der vorliegende Entwurf von W. Starling Burgess, 1934, zeigt den vierseitigen Schnitt des Klüvers mit seinen doppelten Schoten und der recht zaghaften Überlappung. Zwei Paare von Backstagen sollen das fehlende Achterstag ersetzen, das man heute ohne Zweifel anwenden würde.*

es rasch häßliche Stockflecken bekommen würde. Außerdem läuft das feuchte Baumwollsegel Gefahr, seine Form für immer zu verlieren. Baumwollsegel können über 50 Prozent ihres Eigengewichts an Feuchtigkeit aufnehmen, Polyester-Segeltuche nur 2 Prozent.

Auch Dacronsegel sollen nicht in feuchtem Zustand in die Segelsäcke gestopft werden. Man sollte sie, solange sie feucht sind, in der Kabine oder im Vorschiff ausbreiten, wobei sie im allgemeinen keine Stockflecken bekommen. Doch Stockflecken können überall entstehen, sogar auf einer Glasplatte, und so sorge man auch bei diesem an sich wasser-unempfindlichen Tuch für ausreichendes Trocknen.

Allein schon der Vorzug, daß Polyestersegel durch Nässe kaum Schaden erleiden, auch nicht die Form verlieren, war Grund genug für seine allgemeine Einführung. Besonders bei mehrtägigen Hochseerennen und auf ozeanischer Langfahrt wird diese höchst wertvolle

Eigenschaft sehr geschätzt. Aber Yachten mit Dacronsegeln ausgerüstet sind auch *schneller*, und zwar in einem so deutlich feststellbaren Grade, daß Yachten mit Baumwollsegeln während der Übergangszeit erheblich benachteiligt waren. So wurde bei der Aufstellung der Portsmouth-Nummern durch Beobachtung herausgefunden, daß man mit Polyester-Segeln durchschnittlich 3 bis 4 Prozent mehr Geschwindigkeit erzielte als mit Baumwollsegeln. Dieser Gewinn würde bedeuten, daß der Vortrieb um 7 bis 10 Prozent größer wird, was vor allem auf die verminderte Reibung der Luft an der Oberfläche des Segeltuches zurückzuführen ist.

Die Festigkeit der Faser wirkt bestimmend auf die Lebensdauer des Segeltuches. Makkotuch aus ägyptischer Baumwolle galt während rund 50 Jahren als das beste Material für Yachtsegel, obwohl die Baumwolle selbst ja nur kurze Einzelfasern liefert. Die Polyesterfaser wird in endloser Länge hergestellt, außerdem ist das Kunststoffmaterial selbst erheblich fester. Man kann die Festigkeit durch die sogenannte *Reißlänge* kennzeichnen. Damit wird ausgedrückt, wieviel Meter Faden angehäuft werden müssen, bis derselbe durch sein eigenes Gewicht zum Reißen kommt. Die wichtigsten Fasern für Segeltuche zeigen etwa folgende Reißlängen:

Ägyptische Baumwolle . . . . 20 km Reißlänge
Polyester-Faser . . . . 45 km Reißlänge
Nylon-Faser . . . . 50 km Reißlänge

Ein aus Polyesterfaser bestehender Faden kann also eine Spule tragen, welche bis zu 45 000 m von demselben Faden enthält, bevor er durch sein Eigengewicht zum Reißen kommt.

Leider hat die Nylonfaser einige Nachteile, so daß keine Am-Wind-Segel aus dieser festen Faser hergestellt werden. Erstens ist die Nylonfaser etwas zu elastisch, und zweitens leidet sie beträchtlich unter dem ultravioletten Anteil des Sonnenlichtes. Dadurch verliert Nylontuch um so rascher seine Festigkeit, je häufiger es starken Sonnenstrahlen ausgesetzt wird. Doch Elastizität und höhere Festigkeit machen Nylontuch speziell für das bauchigste aller Segel geeignet, den Spinnaker. Es gelang, im Laufe der Jahre immer leich-

Foto 86.: Motorsegler Tahitian *mit Ferro-Cement Bootskörper, entworfen vom neuseeländischen Konstrukteur Richard Hartley. Auch wenn der Bootskörper Motorbootsformen zu haben scheint, so besitzt er doch ein echtes Segelyacht-Unterwasserschiff. Das Boot ist 13,80 m lang, 4,10 m breit und fährt eine Ketsch-Besegelung von 98 m² Fläche.* *Foto: Richard Hartley, N. Z.*

tere, dünnere und trotzdem genügend feste Spinnakertuche aus Nylon herzustellen, bis zu 20 Gramm/m² und sogar darunter. So wird ein extrem leichter Spinnaker „floater" genannt, d. h., „Schwebender", da er vom leisesten Windhauch angehoben und entfaltet wird. Größeren Windstärken sind diese extrem leichten Spinnakertuche natürlich nicht gewachsen.

Ein immer wieder diskutierter und nie endgültig entschiedener Punkt der Polyester-Segeltuche bezieht sich auf die Appretur, die Füllstoffe. Diese sorgen einerseits für eine glatte und glänzende sowie besonders wasserabweisende Oberfläche. Außerdem geben sie minderwertigem Polyestertuch ein besseres Aussehen. Gerade letztere Eigenschaft hat die Anwendung der Füllstoffe etwas in Mißkredit gebracht.

Ohne Zweifel sind die sehr eng gewebten und ohne Appretur fertiggestellten Dacron-Segeltuche wohl das Beste, was es jemals auf dem Gebiet der Segeltuche gab. Weil die Herstellung aber sehr teuer ist und erst nach besonderen Forschungsarbeiten überhaupt gelang, waren es intelligente Segelmacher, die sich diesem schwierigen Webvorgang widmeten, an erster Stelle der Amerikaner Ted Hood. Als es ihm endlich nach langwierigen, mühevollen Versuchen gelang, sein besonders eng gewebtes Polyestertuch, noch dazu in schmalen Bahnen, auf den Markt zu bringen, da war es allen vorhergehenden Segeltuchen bedeutend überlegen. Inzwischen gingen auch andere Firmen dazu über, wie überhaupt die Herstellung der Segeltuche genauso ständigen Verbesserungen unterliegt wie der gesamte Yachtbau. So wird auch hochwertiges Dacron-Segeltuch hergestellt, das mit geringem Zusatz von Harzfüllstoffen versehen wird. Es kommt dabei nur darauf an, daß die Harzung nur dünnschichtig ist und sehr fest ins Gewebe eingewalzt wird.

Um das Benehmen leichter Harzung erproben zu können, empfiehlt Howard-Williams in seinem Buch „Segel für Jollen" aus der Serie der „Kleinen Yacht-Bücherei" folgende Probe: Man zerknittere ein Probestück des Segeltuches in den Händen und reibe es vor- und rückwärts, so, als wolle man es waschen. Man wird sehr bald erkennen, ob irgendwelche Harzung lose kommt, denn das Tuch wird nicht nur Risse bekommen, sondern bei sehr minderwertiger Qualität wird die Füllmasse sogar regelrecht abblättern.

Schließlich sei noch ausdrücklich auf das Zusammenpassen von Großsegel und Mast hingewiesen, was in geringerem Maße auch für die Vorsegel gilt. Da die Anwendung kontrollierter Biegsamkeit der Masten immer mehr zugenommen hat und sogar schon auf 12-m-R-Yachten beobachtet wurde, muß jedes Großsegel so zugeschnitten werden, daß es genau zu dieser eingeplanten Biegsamkeit paßt. Man muß diese also genau aufmessen und dem Segelmacher bei der Bestellung mit aufgeben, wenn man ein wirklich gut stehendes Großsegel erhalten will. Auch müssen Art und Raummaße des Halsbeschlages und Lage der Mastnut erklärt werden, damit das Segel auch an diesen kritischen Stellen richtig anschließt. Auch heute noch kann man oft genug beobachten, daß Großsegel an dieser Stelle nicht sorgfältig zugepaßt wurden.

Jeder Segelmacher rechnet beim Zuschnitt der Vorsegel mit einem gewissen Durchhängen des Vorstags bzw. des Vorlieks des Segels. Sollte jemand eine besonders steife Verstagung des Mastes fahren, so daß keinerlei Durchhängen entsteht, muß dies dem Segelmacher zugleich mit der Bestellung mitgeteilt werden. Fährt man im Gegenteil die Takelage sehr lose, so daß mit starkem Durchhängen zu rechnen ist, kann der Segelmacher auch hierauf Rücksicht nehmen, wenn ihm dieser Umstand frühzeitig mitgeteilt wird.

Die Erfindung der Kunstfaser zur Segelherstellung wurde zu einem wahren Segen für den Yachtsport. Wer ozeanische Langfahrt plant und sein Schiff schon mit Proviant, Trinkwasser und Ausrüstung überlädt, findet kaum noch Platz, um Reservesegel unterzubringen. Doch die Lebensdauer der Polyestersegel beträgt schätzungsweise das Drei- bis Vierfache der Baumwollsegel, so daß die Notwendigkeit zum Mitführen von Reservesegeln nur noch für Ausnahmefälle besteht. Daß sie durch ihre längere Lebensdauer auch noch wirtschaftlicher sind, sei als erfreulicher Abschluß dieses Kapitels erwähnt.

Klassische und moderne Baustoffe

Die Industrie im allgemeinen und der Yachtbau im besonderen befinden sich zur Zeit in einem Stadium, bei dem die Verwendung künstlich erzeugter Baustoffe diejenige natürlicher Herkunft bereits erheblich übertrifft. Naturholz wird nur noch seiner angenehmen Wärme in Aussehen und Gefühl wegen verwandt. Auch die Stoffe für Segel, Polster und Fußbodenbelag sind künstlicher Herkunft, und doch sollte den natürlichen Baustoffen, vor allem dem Holz, ein Denkmal gesetzt werden, bevor es zu spät ist. Zwar wurde das erste Eisenschiff bereits vor rund 165 Jahren gebaut, doch noch in den Jahren 1940—1945 entstanden zahlreiche Marine-Hilfsschiffe erstaunlicher Größe aus Holz, ohne die besonders leichten Torpedoschnellboote mit einzurechnen. Das größte jemals aus Holz gebaute Schiff gehörte zur britischen Kriegsflotte. Es trug den Namen VICTORIA und wurde im Jahre 1859 fertiggestellt. Seine Wasserverdrängung, man höre, betrug 6000 Tonnen. Holz als Schiffbaumaterial besitzt eine Reihe vorzüglicher Eigenschaften, ebenso wie es auch Nachteile aufweist. Wird es gut gepflegt, erreicht es eine erstaunlich lange Lebensdauer. Überall in der Welt findet man auch heute noch Segelyachten in gutem Zustand, deren Bau aus der Zeit vor der Jahrhundertwende stammt. Eine größere, sorgfältig in Holz gebaute Yacht, welche normaler Pflege und Instandhaltung unterzogen wird, sollte eine nützliche Lebensdauer von nicht unter 40 Jahren erreichen. Eine so lange Nutzzeit bedeutet eine jährliche Abschreibung von nur 2½ Prozent. Die ersten größeren Bauten meiner eigenen Werft, Yachten von 15,50 bis 18 m Länge, haben z. Z. ein Alter von über 30 Jahren und befinden sich in so gutem Zustand, daß sie die vierzigjährige Normaldauer weit überschreiten werden.

Nachstehend sollen fünf sehr unterschiedliche Baumaterialien für Yachten kurz besprochen werden, die in der Zukunft wohl immer eine Rolle spielen werden:

Naturholz im Yacht- und Bootsbau.
Zusammengesetzte Hölzer wie Sperrholz und formverleimtes Schichtholz.
Metalle, vor allem Stahl und Alu-Legierungen.
Kunstharze, d. h., Polyester mit Glasfaserverstärkung.

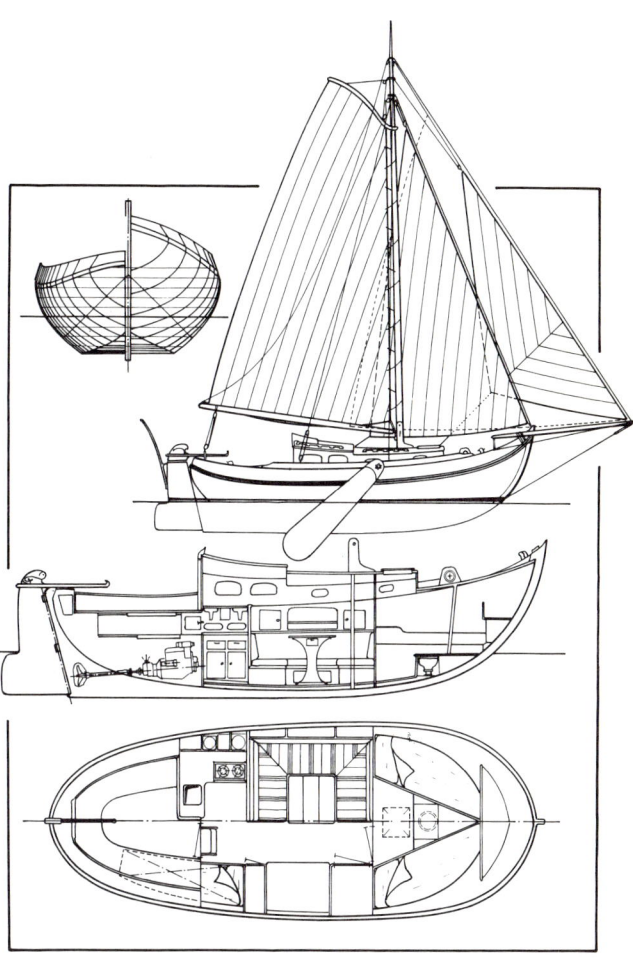

Abb. 271: Wie alle holländischen Yachtformen wurde auch der „Botter" ursprünglich aus Holz und verhältnismäßig frühzeitig aus Stahl erbaut. Zum Trockenfallen in der Wattenfahrt haben sie alle flache Böden, zum Segeln am Wind die bekannten Seitenschwerter, von denen jeweils nur das Leeschwert weggefiert wird.

Länge ü. alles . . . . 8,10 m   Tiefgang
Länge in der WL . 7,00 m   mit Schwert . . 1,25 m
Breite . . . . 3,06 m   Verdrängung etwa 4,8 t
Tiefgang Rumpf . 0,68 m   Segelfläche . . . . . 42 m²

Dünnwand-Stahlbeton, vielfach Ferro-Cement genannt.

NATURHOLZ

So wie die Natur diesen wundervollen Baustoff schuf, so gab sie ihm auch Nachteile mit auf den Weg. Zahllose verschiedene Baumarten liefern eine großartige Vielfalt von Hölzern, doch wird vor allem in exotischen Ländern bei weitem nicht soviel nachgepflanzt, wie abgeholzt wird. Unter den Holzarten gibt es alle denkbaren Unterschiede in Struktur, Gewicht, Farbe, Festigkeit, Dauerhaftigkeit, Biegemöglichkeit, Widerstand gegen Fäulnis, Schwinden, Schwellen und Werfen. Aber auch innerhalb ein und derselben Holzsorte finden sich bedeutende Unterschiede, ja sogar innerhalb desselben Stammes.

Foto 87: Kleiner Ferro-Cement-Motorsegler „Tasman", ebenfalls nach Plänen von Richard Hartley mit nur 8,30 m Länge erbaut. Das Boot ist 2,75 m breit und geht 1,15 m tief. Wenn auch gewöhnlich im Selbstbau hergestellt, so werden doch immer erfahrene Fachleute gerufen, um das Feinbetonieren mit an Booten geübter Hand auszuführen.
Foto: Richard Hartley, N. Z.

Holz ist der einzige der vorgenannten Werkstoffe, der von sich aus schwimmfähig ist. Leider aber auch der einzige, der Wasser aufsaugt und dadurch störende Formänderungen zwischen Trockenheit und Feuchtigkeit erleidet.

Bevor Naturholz auf der Werft verarbeitet werden kann, muß es durch längeres, mehrjähriges Lagern und Trocknen erst heranreifen, gewissermaßen stabilisiert werden. Außerdem muß es Stück für Stück sorgfältig ausgesucht werden, um minderwertige Stellen zu meiden und den Verlauf der Holzfaser dem herzustellenden Stück anzupassen. Holz kann in vollendeter Form nur von wirklichen handwerklich ausgebildeten Fachleuten verarbeitet werden. Doch gibt es vereinfachte Bauweisen, die ohne weiteres auch vom Selbstbauer mit etwas Geschick ausführbar sind.

ZUSAMMENGESETZTE HÖLZER

Schwinden und Quellen des Holzes lassen sich überlisten, wenn man dieses in mehreren quer zueinander liegenden Schichten verleimt. Die kurz vor dem Kriege gelungene Herstellung synthetischer Leimharze hat dem Sperrholz Eingang in den Yacht- und Bootsbau verschafft, zugleich aber auch die Möglichkeit aufgezeigt, wie rundspantige Bootskörper aus mehreren verleimten Schichten dünner Hölzer hergestellt werden können.

Ein mit Kunstleimen, gewöhnlich Phenol-Formaldehyd, hergestelltes Bootsbau-Sperrholz besitzt eine Reihe höchst wertvoller Eigenschaften. Seine Festigkeit übertrifft bei weitem die des natürlichen Holzes, zugleich bleibt jedes Quellen und Schwinden aus. Erstklassiges Bootsbau-Sperrholz darf keinerlei Unregelmäßigkeiten oder Fehlerstellen aufweisen. Da es einwandfrei und sauber in Normalgrößen hergestellt wird, kann es fast ohne jeden Verschnitt verarbeitet werden. Die Einfachheit in der Herstellung großer Flächen wie Decks, Fußböden, Schotten, sorgt für eine wesentliche Herabsetzung der Lohnkosten im Bootsbau.

Der Bootsbau in Sperrholz wurde mit der Zeit immer mehr verfeinert. Wurden ursprünglich Sperrholzboote nur mit flachem oder einfach gekieltem Boden und geraden Seiten entworfen, so hat man gelernt, mittels der sogenannten *konischen Abwicklung* Formen von erstaunlicher Vollendung zu schaffen, ohne die Grundbedingung des ebenen, unstreckbaren Ausgangsmaterials zu verlassen. Aber auch beliebig runde Bootsformen sind in diesem Material ausführbar geworden, seitdem die Formverleimung angewandt wird. Hierbei werden schmale Sperrholzplanken entweder längs- oder querlaufend nebeneinander verlegt und um eine halbe Plankenbreite versetzt eine zweite Schicht darüber verleimt. Auch der einfache Sperrholzklinkerbau wird vielfach ausgeführt.

Das geringe Gewicht des Sperrholzes verleitet geradezu dazu, gleitende Jollen aus diesem Material zu bauen, ebenso wie gleitende schnelle Motor-Sportboote. Selbst Segelyachten von bedeutender Größe wurden in Sperrholz gebaut.

Eine andere Bauweise erlaubt eine fast völlige Freiheit in der Formgebung, ohne eigentliches Sperrholz zu verwenden: die Schichtholzbauweise. Über einen ganz oder teilweise massiven Block oder auch über ein Leistengestell wird eine diagonal verlaufende Schicht von 3 mm starkem Massivholz verlegt. Darüber wird, in entgegengesetztem Diagonal eine zweite Schicht verleimt, schließlich noch eine dritte oder auch vierte, je nach Größe des Bootskörpers. Häufig werden größere Bootskörper danach mit GFK überzogen. Leider wird diese Bauweise oft *formverleimtes Sperrholz* genannt, wobei dann nicht zu unterscheiden ist, ob tatsächlich Sperrholz formverleimt wurde, oder ob man dazu dünnes Massivholz nahm.

METALLE IM YACHTBAU

In einigen Ländern, vor allem in Holland und in Deutschland, wurde die Herstellung selbst kleiner Yachten in Stahl zu hoher Vollkommenheit entwickelt. Auch dieses Baumaterial besitzt Vor- und Nachteile, doch hat die Praxis bewiesen, daß man sogar unwahrscheinlich kleine Boote etwa ab 6 m Länge in Stahl bauen kann, und wenn es sein muß, auch herunter bis zu 3,50 oder 4 m Länge. Allerdings gehört zum Stahlbau kleinerer Boote bis zur Yacht von 20 m Länge und mehr eine sehr sorgfältige Hand, die nicht mit dem Beruf des Eisenschiffbauers vergleichbar ist.

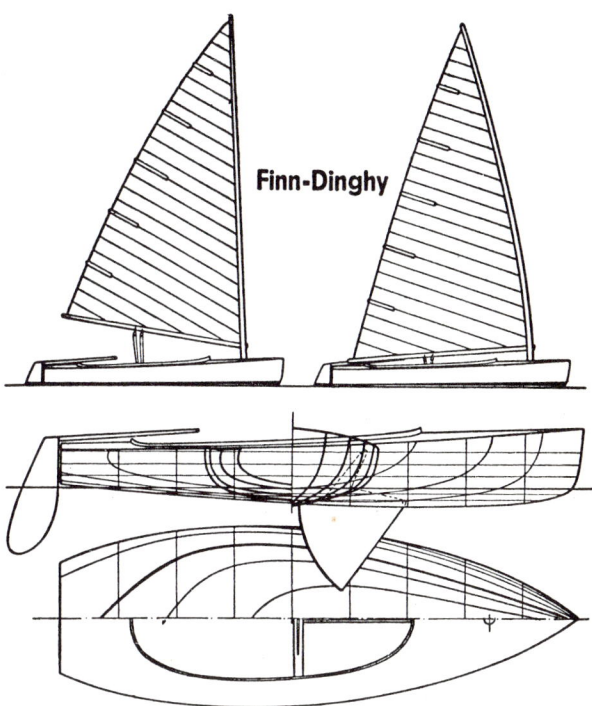

Abb. 272: Als das Finn-Dinghy im Jahre 1952 zur olympischen Einmannjolle bestimmt wurde, gab es noch keine Glasharz-Bauweise. Wie bereits die 1948er Einmannjolle „Firefly", wurde auch das Finn-Dinghy in sehr leichtem Schichtholzverfahren unter Hitze und etwas Druck verleimt. So gut dieses Verfahren auch ist, seine Lebensdauer reicht bei dünnen Wandstärken nicht an diejenige der GFK-Bauweise heran.

Länge ü. alles .... 4,50 m Tiefgang
Länge in der WL . 4,05 m   mit Schwert .. 0,85 m
Breite .... 1,51 m Segelfläche ..... 10,0 m²
Tiefgang Rumpf . 0,18 m

Die Neigung des Stahls zum Rosten kann durch zweierlei Maßnahmen bekämpft werden. Erstens gibt es neuerdings Schiffbaustähle mit sehr geringer Rostneigung, und zweitens gibt es Farbanstriche, besonders die Grundierung mit Epoxi-Teerfarben, die außerordentlich fest haften. Dazu sollte der Stahlkörper zuvor mit dem Sandstrahl vollkommen gereinigt werden. Der Überzug mit Spritzverzinkung hat sich nicht ganz so gut bewährt wie die Epoxi-Grundierung. Selbst als alle diese Schutzmittel noch nicht existierten, konnten Bootskörper in 2 bis 3 mm-Stahlblech eine Lebensdauer von 30 und mehr Jahren erreichen, je nach Pflege.

Kleinere in Stahl gebaute Boote fallen im Gewicht schwerer aus als Holzboote. In seewasserbeständigem Aluminium dagegen gewinnt man die große Leichtig-

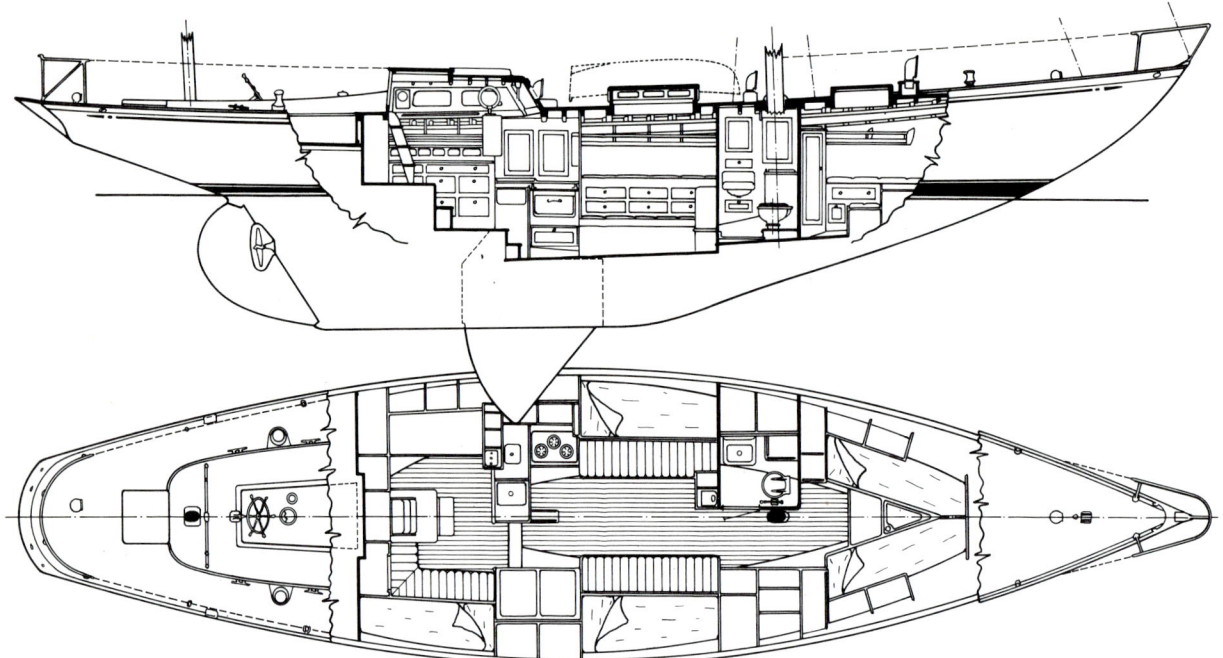

Abb. 273: Einrichtungsplan der bewährten Hochsee-Rennyacht CARINA, deren Segelriß unter Abb. 76 gezeigt wurde. Große Ocean Racer werden noch in allerneuester Zeit in den verschiedensten Materialien gebaut: Massivholz, Schichtholzverleimung, selten in Stahl, oft aber in Aluminium, ferner in GFK-Massivbauweise oder auch GFK-Sandwichbauweise. Ferro-Cement ist zwar ebenfalls zum Bau von Yachten bis zu 20 m Länge und sogar darüber angewandt worden, eignet sich aber nur für Tourenboote und Charter-Yachten, da solche Yachten wegen des hohen Gewichtes keine schnellen Segler sind.

keit etwa des Sperrholzbaues, ohne die Vorteile des Metalls zu verlieren: kein Quellen durch Feuchtigkeit, kein Schrumpfen durch Trocknen, und selbst in großer Hitze an Land lagernd stets wasserdicht bleibend. Der größte Nachteil des Yachtbaues in Alu-Legierungen liegt im Hang zur galvanischen Korrosion, aber auch in den erheblich höheren Kosten, die gegenüber dem Stahlbau um 25 bis 30 Prozent einzuschätzen sind.

G. F. K. = GLASFASERVERSTÄRKTES KUNSTHARZ

Mitten im letzten Kriege wurde in den Vereinigten Staaten ein Kunstharz auf Bestellung erfunden, welches den gesamten Yacht- und Bootsbau grundlegend beeinflußte. Dieses unter dem Namen Polyester bekannte Kunstharz wurde geschaffen, um Radarhauben von Bombenflugzeugen daraus herzustellen, nachdem Metallhauben eine zu starke Störung verursachten. Polyesterharz hat die besonders wertvolle Eigenschaft, ohne Anwendung von Druck oder Hitze von selbst zu erhärten, wobei die chemisch bedingte Wärme so gering ausfällt, daß sie meistens kaum bemerkt wird.

Das erhärtete Kunstharz besitzt jedoch nur sehr geringe Zugfestigkeit, ja, es ist richtiggehend brüchig. So fand man in der Verbindung mit der Glasfaser ein geradezu ideales Mittel, die vorzüglichsten Eigenschaften in bezug auf Festigkeit, Elastizität, Verformung und Lebensdauer zu erzielen.

Boote aus Kunstharz können nicht „gebaut" werden, sondern werden in ein Hohlmodell hineingeformt. Aus diesem Grunde kann Kunstharz erst dann mit den klassischen Werkstoffen konkurrieren, wenn die Modellkosten von einer größeren Zahl gleicher Boote getragen werden. Andererseits vereinigt das G.F.K. eine ganze Anzahl hervorragender Eigenschaften in sich, welche ihm in kurzer Zeit zu weltweiter Verbreitung verhalfen. Es nimmt jede beliebige Form an, wie sie z. B. in Holz, Sperrholz, Schichtholz oder Metall kaum ausgeführt werden könnte. Es schafft Bootskörper „aus einem Stück", also ohne Nähte und ohne Leckstellen. Hitze und Trockenheit, Kälte und Feuchtigkeit bringen es nicht zum Quellen oder Schrumpfen. Es ist vollkommen wasserbeständig, erleidet keinerlei Korrosion im Seewasser und wird nicht vom Bohrwurm angegrif-

Foto 88: Auf einer Spezialwerft für Ferro-Cement-Bootsbau entstehen zwei Körper für Segelyachten. Von Laury Davidson entworfen, werden sie folgende Abmessungen erreichen: Länge 12,40 m, Breite 4,00 m, Tiefgang 1,98 m. Das Stahlskelett der Bootskörper wird kieloben hergestellt, dann gewendet, um feinbetoniert zu werden. Rechts erkennt man die bereits aufgetragene äußere Betonschicht, aufgenommen bei Ferro Craft Marine, Greenhithe.
Foto: National Publicity Studios, N.Z.

fen. Deck und Kajütaufbauten werden fugenlos und für immer wasserdicht aus einem Stück hergestellt.

Der Werkstoff G.F.K. hat sich als ungewöhnlich widerstandsfähig erwiesen. Wenn bei Unglücksfällen Holzboote schwere Beschädigungen erlitten, zeigten in den gleichen Unfall verwickelte G.F.K.-Boote stets bedeutend geringere Havarien. Es muß aber darauf aufmerksam gemacht werden, daß nicht leichtsinnigerweise zu dünne Baustärken genommen werden und daß der Glasgehalt auf jeden Fall *so groß wie überhaupt möglich* auszuführen ist. Das Harz soll gewissermaßen nur zum Zusammenhalt dienen, die Beanspruchungen dagegen werden von der Glasfaser übernommen. Man richte sich mit den Materialstärken nach den Vorschriften des Germanischen Lloyd, die auf Grund der bereits weitreichenden Erfahrungen mit großer Sorgfalt aufgestellt wurden.

Es sei erwähnt, daß sich auch Einzelbauten in Glasharz ausführen lassen, ohne die kostspielige vorherige Anfertigung eines positiven und darauffolgend eines negativen Modells. Man fertigt z. B. ein Lattengerüst an, das über Mallen in der Bootsform hergestellt wurde. Dieses wird fast immer kieloben aufgestellt. Dann werden Hartschaumstoffplatten darauf befestigt, und über

Foto 89: Über das sorgfältig vorbereitete Stahlgerüst, bestehend aus Querspanten, Längsstringern und einem inneren und äußeren mehrfachen Drahtnetzbezug wird zunächst eine äußere Schicht von Spezial-Feinbeton aufgetragen, zwei Wochen später die innere. Bei mittelgroßen Booten entsteht dabei eine Gesamtstärke von etwa 20 mm.

Andere Hersteller bevorzugen das Feinbetonieren in einem einzigen Arbeitsgang, wobei gleichzeitig mehrere Leute innen und ebensoviele außen arbeiten. Nur erfahrene Fachleute erreichen eine glatte beulenfreie Außenhaut.   Foto: N. Z. Ferro Cement Marine Ass'n

diese wird dann als Außenhaut eine G.F.K.-Schicht von rund 60 Prozent der geplanten Gesamtstärke aufgetragen. Nach Erhärten wird der bereits formbeständige Bootskörper abgehoben und die restlichen 40 Prozent der Stärke innen aufgelegt. Wir selbst bauten solche Bootskörper nicht über einen Hartschaumstoffkern, sondern über einen dünnen, formverleimten Sperrholz-Bootskörper, der danach mit dem 60- bis 40-Prozentverfahren beschichtet wurde. Auch diese Bauweise hat sich bisher über Erwarten gut bewährt. Ebenso fand man inzwischen heraus, daß sich in GFK eingebettetes gesundes Holz sehr lange gesund erhält.

DÜNNWAND-STAHLBETON oder FERRO-CEMENT

Vom Standpunkt des Bootsbaues betrachtet ist Dünnwand-Stahlbeton ein eigenartiges Material. In seiner heutigen Bauweise wurde es vom italienischen Fachmann Professor Luigi Nervi um 1940 herum entwickelt, wobei die Betonung auf *Dünnwand* zu legen ist. Man darf diese auf keinen Fall mit dem Beton-Schiffbau aus der Zeit des ersten Weltkrieges verwechseln. Nervis Beweis für die praktische Ausführbarkeit fand zunächst keine Gegenliebe, bis die Idee um 1960 herum aus merkwürdigen Gründen ausgerechnet in

Neuseeland aufgegriffen wurde, nämlich wegen des damaligen Mangels an gutem Bootsbauholz. Die Forstverwaltung hatte seinerzeit das Fällen der knapp gewordenen, vorzüglichen Kauri-Stämme untersagt, um den geringer werdenden Bestand an diesem berühmten Baum mit dem unvergleichlichen Bootsbauholz aufrechtzuerhalten. Da besann man sich auf Nervis Arbeiten und begann, Segelyachten für Tourenzwecke nach diesem Ferro-Cement genannten Verfahren zu bauen. Neuseeland ist das Land der *Do-it-Yourself-Leute*, und gerade diese fühlten sich von dieser Bauart angezogen. Hier wird grundsätzlich eine Schiffsform in Rohrspanten oder Rundstahlspanten aufgestellt und mit einem dichten Netz von hartgezogenen Rundstahlstringern bedeckt. Darauf kommen von innen und von außen meistens je 4 Schichten sogenannten Kückendrahtes, die sorgfältig geformt und untereinander verbunden werden müssen. Dieses mit sehr viel Mühe und Arbeit hergestellte Skelett wird dann gewöhnlich von eigens gerufenen Fachleuten von beiden Seiten mit der Betonmischung bedeckt, wobei sich meistens eine Stärke von 18 bis 20 mm ergibt. Es ist leicht, größere Stärken zu entwerfen, aber fast unmöglich, in weniger als 18 mm gesunde Bootskörper herzustellen. Zwar gelingt es australischen Bootsbauern, sogar Jollen in nur 6,5 mm Stärke aus diesem Material zu bauen, doch haben diese Bootskörper eine sehr zweifelhafte Festigkeit und Lebensdauer. Es kam sogar vor, daß derartige *Eierschalen-Bootskörper* in starkem Seegang von selbst zerbrachen.

Überall dort, wo es kein Holz gibt und auch andere Materialien nicht greifbar sind, bedeutet Ferro-Cement eine brauchbare Lösung, sofern das höhere Gewicht nicht stört. Es muß jedoch davor gewarnt werden, es als eine *billige* oder *sehr einfache* Arbeit zu betrachten, und nicht wenige Amateur-Bauversuche scheiterten an den großen Mühen und großen Kosten, eine komplette Yacht fertigzubekommen. Der Bootskörper selbst stellt nur etwa 20 Prozent des Gesamtwertes dar, und sehr, sehr wenig von diesen 20 Prozent wird eingespart. Wenn von bezahltem Werftpersonal gebaut, wird überhaupt *nichts* eingespart, weil sehr viel Handarbeit aufgewandt werden muß.

Die guten Seiten sind: Feuersicherheit und das Fehlen von Korrosion und Fäulnis. Als Nachteil gilt neben dem größeren Gewicht die Unmöglichkeit, die Qualität der Bauweise nachträglich zu beurteilen und festzustellen, ob die Mischung einwandfrei war, keine Hohlstellen vorhanden sind, der Sand salzfrei und von guter Qualität war etc. Hat man später die Absicht, das Boot wieder zu verkaufen, wird man erschrocken feststellen, daß der Wiederverkaufswert unerwartet gering ist und in keinem Verhältnis zu den wahren Kosten steht. Wer aus bestimmten Gründen trotzdem diese Bauweise anwenden will, mache keine Eigenversuche, sondern beschaffe sich einen guten Plan von wirklichen Fachleuten, die es besonders in Neuseeland gibt.

Nachstehend findet man eine Tabelle, in der die verschiedenen im Yachtbau üblichen Werkstoffe miteinander verglichen werden. Die angegebenen Materialstärken gelten als Durchschnitt, und Ferro-Cement wurde nur zum Gewichtsvergleich hinzugefügt, obwohl die dort angegebene Baustärke eigentlich nicht ausführbar ist und nur akademisches Interesse verdient.

	Spez. Gewicht	*Vergleichs- Stärke*	*Gewicht pro m²*
Massiv-Holz	0,7	12 mm	8,4 kg
Sperrholz	0,6	8 mm	4,8 kg
Glasharz	1,6	4 mm	6,4 kg
Alu-Legierung ...	2,7	2,25 mm	6,1 kg
Stahl	7,8	1,5 mm	11,7 kg
Ferro-Cement ...	2,6	10,0 mm	26,0 kg

Hilfsmotoren auf Segelyachten

Die Verwendung eines Hilfsmotors trennt die Gruppe der reinen Rennyachten und Rennjollen von der großen Zahl der Tourenkreuzeryachten. Auch wenn verständlich ist, daß mancher Segler dem maschinellen Antrieb eine echte Abneigung engegenbringt, überwiegen doch für jedermann die Vorteile des Hilfsmotors gegenüber seinen Nachteilen. Man kann bei Flaute sicher an den Liegeplatz zurückkehren, man kann Batterien aufladen, und nicht selten schützt der rechtzeitige Einsatz eines Hilfsmotors vor einer Kollision oder gar vor einem Totalverlust durch Strandung, wenn im Sturm eine gefährliche Küste in Legerwall droht.

Der moderne Bootsmotor, sachgemäß eingebaut, erfordert nur eine geringe Pflege und Wartung, bietet aber dafür eine ausgezeichnete Dienstleistung. Beide Arbeitsweisen, Benzin- oder Dieselmotor, funktionieren mit der gleichen Sicherheit und Zuverlässigkeit. Der Dieselmotor besitzt den unschätzbaren Vorzug seines nicht explosiven Brennstoffes. Sein Nachteile wurden Jahr für Jahr geringer, sind aber immer noch zu erkennen: größeres Gewicht, größere räumliche Abmessungen, mehr Geräusch und stärkere Vibrationen.

Der Benzinmotor leidet in Wirklichkeit nur unter einem einzigen Nachteil: die Explosionsmöglichkeit seines Brennstoffes. Entscheidet man sich für einen Benzinmotor, muß beim Einbau um jeden Preis verhütet werden, daß loser Brennstoff ins Schiffsinnere gelangen kann. Leider existiert auch heute noch kein echter Marine-Vergaser, und so kann die Gefahr des tropfenden Vergasers nur durch einen brandsicheren Auffangbehälter darunter gemindert werden. Wo angängig, sollte deshalb ein moderner kleiner Dieselmotor gewählt werden.

Bei Yachtgrößen unter 7 m Länge ü. a. erzielt man auch mit einem Außenbordmotor einen brauchbaren Hilfsantrieb. Auch auf größeren Yachten ist seine Anwendung möglich, doch der höhere Freibord der Yacht und das höhere Gewicht des stärkeren Motors stören die Handhabung erheblich.

In den meisten Fällen liegt der fest eingebaute Hilfsmotor einer Segelyacht unterhalb der Wasserlinie. Deshalb muß die Auspuffleitung mit Überlegung und Sorgfalt eingebaut werden, damit kein Seewasser von achtern her in den Motor gelangen kann. Ein geschickt angeordneter hochliegender Auspufftopf eignet sich in diesen Fällen vorzüglich als Wasserfalle. Man beachte, daß auch Kondensationswasser nach Abstellen des Motors zurücklaufen und durch ein offenstehendes Auspuffventil ins Motorinnere gelangen kann. Schließlich muß der Austritt der Auspuffgase so verlegt werden, daß diese, da giftig, nicht in die Kabine zurückströmen können. Es gab auf diesem Gebiet schon manche tragisch verlaufene Unglücksfälle. Spritzt man Kühlwasser in den Auspufftopf ein, erreicht man gleichzeitig eine Abkühlung der Gase und eine Dämpfung des Auspuffgeräusches. Die Rohrleitung zwischen Motor und Auspufftopf soll immer durch einen Wassermantel gekühlt werden.

Mit besonderer Sorgfalt muß der Brennstofftank ausgeführt und eingebaut werden, vor allem, wenn er zur Aufnahme von Benzin bestimmt ist. Die Einfüllöffnung muß gasdicht mit dem Deck verbunden werden, am besten durch ein kurzes Kunstgummi-Rohrstück, damit gelegentlich überfließender Brennstoff auf keinen Fall ins Bootsinnere gelangen kann. Ein Entlüftungsröhrchen muß vorgesehen werden, denn ohne dieses könnte der Brennstoff bei laufendem Motor nicht aus dem Tank fließen. Es soll über Deck an eine erhöhte Stelle geführt werden, damit selbst bei starker Krängung weder Wasser hinein- noch Brennstoff herausfließen kann.

Salzwasser greift nicht nur die Metallteile des Motors an, sondern zerstört auch die Isolierung an elektrischen Motorteilen und den verschiedenen elektrischen Anlagen an Bord. Starke Luftfeuchtigkeit mit Salzgehalt bewirkt nicht selten, daß die Batterie durch Kriechströme vorzeitig entladen wird.

Die Propellerwelle sollte nur aus hochwertigem Werkstoff ausgeführt werden. Sie ist auf Segelyachten fast immer sehr kurz und bedeutet deswegen keine preisliche Belastung. Am besten eignen sich nichtrostender Stahl und Monel-Metall. Sogenannte seewasserbeständige Bronzelegierungen werden trotz ihres Namens häufig durch galvanische Korrosion stark angegriffen, auch werden sie im Sternlager rasch abgenutzt.

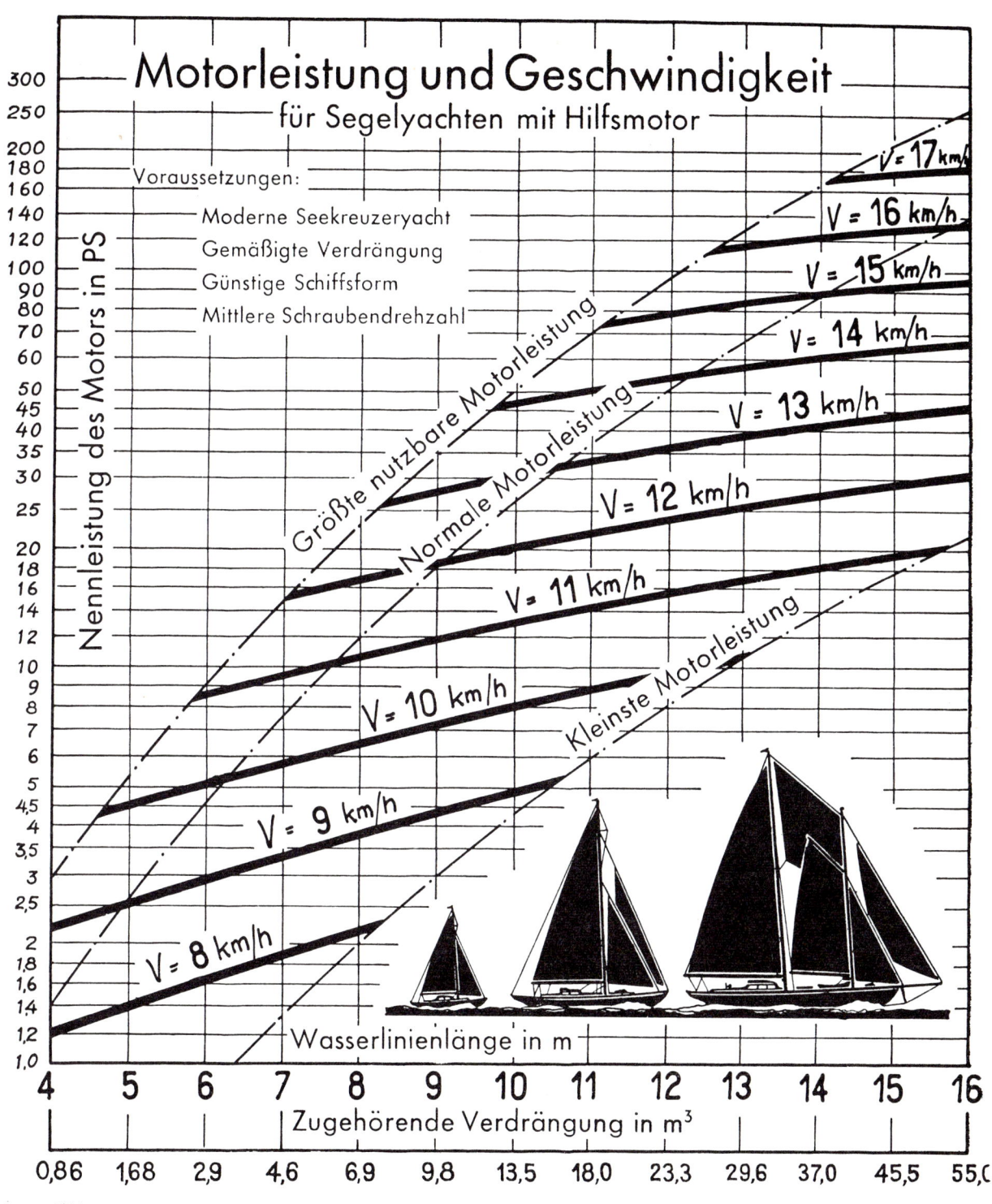

Abb. 274: Kurvenblatt zur Leistungsbestimmung eines Hilfsmotors, gültig für Seekreuzeryachten mittlerer Verdrängung. Man lese die Motorleistung, linker Rand, und die Geschwindigkeit, mittlere Kurvenschar, jeweils zur Wasserlinienlänge der untersuchten Yacht ab. Voraussetzung ist eine nicht zu hohe Schraubendrehzahl, Motor eventuell untersetzt, um einen passenden Propeller-Wirkungsgrad zu erreichen.

Wie soll man die erforderliche Leistung eines Hilfsmotors bestimmen? Nur selten wird eine ausführliche Berechnung von Widerstand und Antrieb durchgeführt, denn die Voraussetzungen stehen auf recht schwachen Füßen. Um dem Segler in diesem Problem beizustehen, wurden sowohl das große Kurvenblatt als auch die simple Tabelle angefertigt, die am Ende dieses Absatzes steht.

In vielen Fällen begnügt man sich bei der Fahrt unter Motor mit einer geringeren Geschwindigkeit als derjenigen, welche normalerweise unter Segel bei guter Brise erreicht wird. Dann aber darf man nicht übersehen, daß diese kleinste Motorleistung nicht ausreicht, um irgendwelche Fahrt voraus bei starkem Sturm und Seegang zu erzielen. Ein Drachenboot würde eine Motorleistung von 10 bis 12 PS benötigen, um die gleiche Fahrt zu erreichen, die es im Durchschnitt im Rennen unter Segel erzielt. Aber bereits mit der sehr geringen Motorleistung von nur 2 PS erreicht es bei ruhigem Wetter die beachtliche Geschwindigkeit von 5 km/h.

Bei jeder vereinfachten Art der Leistungsberechnung wird nicht auf den Propellerwirkungsgrad Rücksicht genommen. Läuft die Propellerwelle einer Segelyacht mit viel zu hoher Drehzahl, so erreicht selbst der beste Propeller nur einen sehr schlechten Wirkungsgrad. Leider ist es nicht möglich, Richtlinien für die zu wählenden Drehzahlen anzugeben, ohne das etwas komplizierte Steckenpferd des Verfassers, die Propellerberechnung, bis ins Detail mit einzubeziehen. Deshalb steht als Voraussetzung auf dem Kurvenblatt: Mittlere Schraubendrehzahl.

Dieses Kurvenblatt gibt einen ganz ausgezeichneten Anhalt für die zu wählende Leistung, nach drei Graden abgestuft: rechte Grenzkurve für *kleinste Motorleistung*, linke Grenzkurve für *größte nutzbare Motorleistung*, und dazwischen die Mittelkurve für die *normale Motorleistung*. Der Ausdruck: größte nutzbare Motorleistung soll darauf hinweisen, daß eine normale Yacht damit ihre Grenzgeschwindigkeit erreicht, die auch mit höherer Leistung nicht mehr überschritten werden kann und den Leistungsüberschuß nur in verstärkte Wellenbildung umsetzt.

Sollten die zu den WL-Längen genannten Verdrängungen mit derjenigen der zu untersuchenden Yacht nicht übereinstimmen, muß man unverändert bei der echten WL-Länge verbleiben. Doch die zu wählende Motorleistung wird dann im direkten Verhältnis zur wahren Verdrängung größer oder kleiner gewählt. Eine Yacht von 9 m WL-Länge erfordert eine normale Motorleistung von 18,5 PS, sofern die Verdrängung 9,8 m³ beträgt. Eine besonders leicht gebaute Yacht der gleichen WL-Länge, aber mit nur 7,4 m³ Verdrängung braucht demnach 18,5 · 7,4/9,8 = 14,0 PS und wird damit die gleiche Geschwindigkeit von 12 km/h laufen. Nach einem ganz anderen Gesichtspunkt wurde die abschließende Tabelle errechnet. Da jeder Quadratmeter Segelfläche einen von der Windstärke abhängigen, aber durchaus errechenbaren Vortrieb erzeugt, wurde die Motorleistung im Verhältnis zur Segelfläche bestimmt. Die Tabelle ist dadurch für jede Art von Yacht gültig, sei es ein Ocean Racer, ein Jollenkreuzer oder ein Tourenboot.

Ein Hilfsmotor an Bord einer Yacht verlangt genau die gleiche liebende Pflege, die man auch dem Boot und den Segeln entgegenbringt. Äußerlich soll er sauber gehalten werden, Roststellen müssen ausgebessert und für gute Lüftung muß gesorgt werden. Beim Einbau ist sehr darauf zu achten, daß der Ölstand im Motor leicht kontrolliert werden und daß das Öl ohne Schwierigkeiten gewechselt werden kann. Auch muß die Stopfbuchse der Propellerwelle einigermaßen zugänglich sein, um eine abgenutzte Packung erneuern zu können. Ein Nachstellen des Wendegetriebes, wo nötig, muß ohne akrobatische Verrenkungen vorgenommen werden können. Liegt jeder wichtige Teil des Motors ausreichend gut zugänglich, so wird die Wartung fühlbar erleichtert, der Motor besser gepflegt. Brennstofffilter müssen ab und zu gereinigt werden, der Säurestand der Batterie gemessen und destilliertes Wasser nachgefüllt werden. Als Gegenleistung für eine vernünftige Pflege liefert der Hilfsmotor zahlreiche nützliche Haupt- und Nebenleistungen, von welchen ein nicht geringer Teil dazu beiträgt, das Segeln sicherer und das Leben an Bord angenehmer zu gestalten. Es gibt kaum noch Tourenyachten ohne Hilfsmotor.

LEISTUNG EINES HILFSMOTORS
in Abhängigkeit von der Am-Wind-Segelfläche

Um die Hälfte der normalen gesegelten Geschwindigkeit zu erreichen	1 PS je 10 m² Segelfläche
Um ³/₄ der normalen Segelgeschwindigkeit zu erreichen	1 PS je 5 m² Segelfläche
Um unter Motor die gleiche mittlere Fahrt wie unter Segel zu erreichen	1 PS je 2,5 m² Segelfläche
Für reichliche Kraftreserve und für Motorsegler bis zu	1 PS je 1 m² Segelfläche

Foto 90: Eine reine Fahrtenyacht hoch am Winde segelnd. Die Besegelung ist technisch als Ketsch zu bezeichnen, doch ist die Fläche des Besans kaum größer als diejenige einer Yawl. Die Fock fährt ohne jede Überlappung an einem Fockbaum, wodurch beim Wenden keine Bedienung erforderlich ist. Die SYLTU *wurde von John Atkin, Darien, als Spitzgatter entworfen, das Ruder über Heck, und hat folgende Hauptabmessungen: L. ü. A. = 10,80 m, LWL = 9,50 m, Breite = 3,20 m, Tiefgang = 1,40 m, Segelfläche = 45 m². Foto: Morris Rosenfeld*

Propeller für Segelyachten

Eine Segelyacht macht von ihrem Hilfsmotor im allgemeinen nur dann Gebrauch, wenn Wind und Segel keinen zweckentsprechenden Antrieb liefern: bei der Ein- und Ausfahrt aus engen Häfen, beim Manövrieren an schwierigen Stellen des Fahrwassers oder bei völliger Flaute. So wirkt der unvermeidliche Propeller während der gesamten Zeit unter Segel nur als störender Erzeuger von Widerstand, und unter diesem Gesichtspunkt sollen die nachstehenden Arten des Einbaues erklärt werden.

BEWEGLICHE ODER FESTE SCHRAUBENFLÜGEL: Eine normale Schiffsschraube mit festen Flügeln erzeugt unter Segel immer einen größeren Widerstand, als eine Schraube mit verstellbaren Flügeln in geeigneter Position. Es gibt Propeller, deren Flügel nach Wahl in jede beliebige Stellung gebracht werden können, d. h. in Vorwärtsfahrt, in schublose Querstellung, in Rückwärtsfahrt und in die ebenfalls schublose Segelstellung.

Diese sogenannten Verstellpropeller können derart eingestellt werden, daß sie unter Segel den geringsten Fahrtwiderstand erzeugen. Sie machen u. a. ein Wendegetriebe am Motor überflüssig, da sie auf Vorwärts- und Rückfahrtsfahrt einstellbar sind. Im Wirkungsgrad sind sie dem Normalpropeller mit festen Flügeln unterlegen. Zum Einbau wird meist eine Hohlwelle mit innenliegender Zugstange zur Einstellung der Flügel verlangt, außerdem ist dem Propeller eine sehr dicke Nabe eigen mit innenliegendem Blattbewegungs-Mechanismus. In manchen sehr sandhaltigen Flüssen wird dieser Mechanismus sogar mitunter blockiert.

Am besten bewähren sich auf schnellen Kreuzeryachten die sogenannten Faltpropeller. Bei diesen klappen die Flügel fast von selbst, nur durch den Fahrtstrom unterstützt, in die Segelstellung zurück, oder öffnen sich, sobald der Motor die Welle in Drehung versetzt.

MITTELLAGE ODER SEITLICHER EINBAU: Wird von Anfang an der Einbau eines Hilfsmotors vorgesehen, ist ein in Schiffsmitte liegender Propeller dem seitlich angeordneten unbedingt vorzuziehen. Der zentrale Propeller liegt stets im größten Nachstrombereich, wo er den geringsten Widerstand erzeugt, wogegen der seitliche in stärkerer Wasserströmung liegt.

Nur dann empfiehlt sich ein seitlicher Einbau, wenn der Achtersteven einer vorhandenen Yacht nicht durchbohrt werden kann, um der Propellerwelle einen Durchgang zu verschaffen. Propellergröße, Wellendurchmesser und Wellenbock müssen wegen der starken Strömung so klein wie möglich gewählt werden. Der Effekt einer seitlichen Schubrichtung kann allerdings durch geschickte Berücksichtigung des Propellerdrehsinnes ausgeglichen werden. Ein linksdrehender Propeller wird dazu auf Steuerbord angeordnet, ein rechtsdrehender auf Backbord.

Falls die Yacht das Ruder direkt hinter dem Totholz des Kiels fährt, soll man danach trachten, so wenig wie möglich aus dem Ruderblatt auszuschneiden, indem die Propelleröffnung soweit wie möglich ins achtere Totholz verlegt wird.

ZWEI- ODER DREIFLÜGELIGE PROPELLER: Nahezu alle auf Segelyachten üblichen Verstellpropeller werden zweiflügelig angefertigt. Daß Motorboote meistens mit dreiflügeligen festen Propellern ausgerüstet werden, liegt an deren besserem Vortriebs-Wirkungsgrad. Bei einer Segelyacht dagegen wird meistens geringster Widerstand unter Segel angestrebt. Leider erzeugt ein zweiflügeliger Propeller, gleich ob fest oder verstellbar, in Betrieb eine oft störende Vibration, die vom gleichzeitigen Durchgang beider Schraubenflügel durch das Totwasser hinter dem Achtersteven herrührt. Deshalb wird in allen jenen Fällen ein dreiflügeliger Propeller vorgezogen, wo die Fahrt unter Motor für wichtiger angesehen wird als die unter Segel; oder auch dann, wenn höchste Vortriebsleistung in der Nähe gefährlicher Küsten gefordert wird. Man nimmt dann den etwas höheren Fahrtwiderstand unter Segel mit in Kauf.

FESTSTEHENDE ODER MITDREHENDE SCHRAUBE: Würde ein Propeller mit genau derjenigen Drehzahl mitlaufen, welche bei der herrschenden Fahrt unter Segel zu seiner Steigung paßte, könnte eigentlich keinerlei Widerstand entstehen. Um sich diesem Idealzustand zu nähern, muß sich ein Propeller samt seiner Welle mit allergrößter Leichtigkeit drehen. Dies wird allein schon durch die Reibung in der Stopfbuchse erschwert. Hinzu kommt ferner jede Lager-

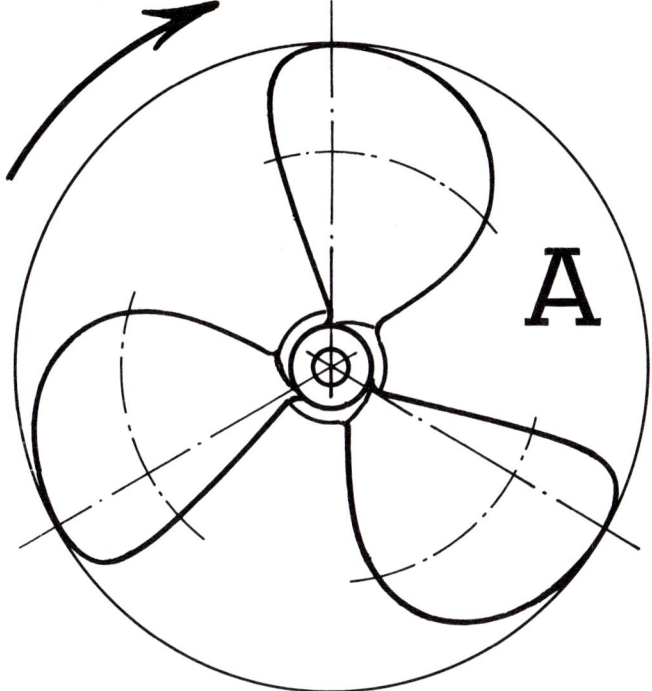 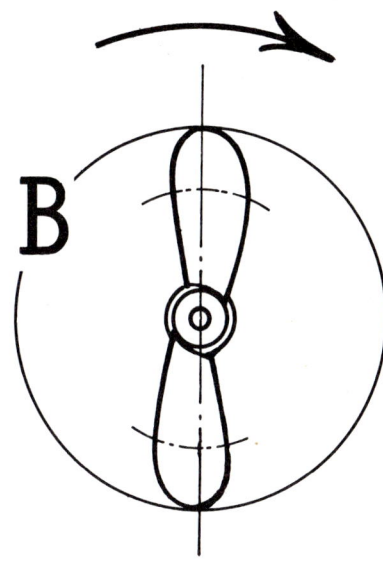

Abb. 275: Beide hier abgebildeten Propeller nehmen die gleiche Motorleistung auf, erzielen aber nicht die gleiche Fahrt unter Motor. Der dreiflügelige Propeller „A" muß mit 1000 n/min laufen, erreicht höhere Fahrt, erzeugt aber bedeutend mehr Widerstand unter Segel. Der zweiflügelige Propeller „B" läuft mit 2500 n/min, hat einen bedeutend geringeren Wirkungsgrad, stört aber die Fahrt unter Segel fast überhaupt nicht.

reibung einschließlich derjenigen am Drucklager nahe beim Motor und oft noch die Mitnahme eines Teils der Kupplungsscheibe im Innern des Wendegetriebes. Ist sogar ein Untersetzungsgetriebe vorhanden, das sich beim Antrieb vom Propeller her in eine Übersetzung verwandelt, so wird der Antrieb allein vom Propeller her zu einem Ding der Unmöglichkeit. Dann muß entweder der Propeller in seiner günstigsten Position festgehalten werden, oder die Propellerwelle muß eine eigene Kupplung erhalten, um das Mitdrehen des Getriebes zu vermeiden.

Da die leichte Drehbarkeit fast stets fraglich bleibt, wird ein Propeller langsamer als erwünscht mitlaufen. Dabei könnte er einen ebenso großen Fahrtwiderstand erzeugen wie ein feststehender Propeller. Aus dem Vergleich der verschiedenen Möglichkeiten läßt sich nachstehende Empfehlung ableiten:

zweiflügeliger Propeller, mittschiffs . . . . fest
dreiflügeliger Propeller, mittschiffs . . . . mitlaufend
zweiflügeliger Propeller, seitlich . . . . . . mitlaufend
dreiflügeliger Propeller, seitlich . . . . mitlaufend

Dreht sich allerdings ein mitlaufender Propeller zu schwer, wird das Mitlaufenlassen zwecklos. Um den Propeller, zwei- oder dreiflügelig, in der besten Lage von innen her blockieren zu können, soll mindestens eine Farbmarke auf der Propellerwelle angebracht werden. Besser wäre allerdings eine Einklinkvorrichtung, welche vor dem Start des Motors aber wieder gelöst werden muß.

KLEINERER WIRKUNGSGRAD, GERINGERER FAHRTWIDERSTAND: Bei einer Segelyacht ist es oft nicht wichtig, daß ein Propeller mit optimalem Wirkungsgrad eingebaut wird. Der Motor wird ja nur aushilfsweise und für kurze Zeit in Gang gesetzt. Deshalb kommt es der Fahrt unter Segel zugute, einen Propeller mit geringerem Wirkungsgrad auszuwählen, sofern nur der Fahrtwiderstand unter Segel vermindert wird.

Beide in vorstehender Abbildung wiedergegebenen Propeller sind imstande, die gleiche volle Motorleistung aufzunehmen, wenn auch bei verschiedener Drehzahl. Während der größere Propeller für 1000 n/min bestimmt ist, muß der kleinere mit 2500 n/min laufen, um dieselbe Leistung aufzunehmen. In derartig extremen Fällen muß der Eigner entscheiden, ob er den Fahrtgewinn unter Segel vorzieht, obwohl er unter

Motor mit etwa 10 Prozent Verlust an Geschwindigkeit rechnen muß, wenn er den hochtourigen kleinen Propeller verwendet.

Aber auch ohne diese hohen Drehzahlen zu wählen, kann man am Propeller auf bessere Fahrt unter Segel wirken. Wählt man statt des optimalen Durchmessers einen um 15 Prozent verkleinerten, muß man eine um 20 Prozent größere Steigung anwenden, damit die gleiche Motorleistung aufgenommen wird. Man verliert damit etwa 2 Prozent an Fahrt unter Motor, aber sowohl der verkleinerte Durchmesser als auch die vergrößerte Steigung verbessern die Fahrt unter Segel.

Foto 91: Genußreiches Segeln bei ruhiger See und angenehmer Brise auf einer modernen Hochsee-Kreuzeryacht. Die Yacht D'ARTAGNAN wurde in Frankreich von Michel Dufour als Typ „Dufour 35" erbaut. Sie ist 10,75 m lang, 3,50 m breit und fährt am Wind eine Besegelung von 57 m² Fläche.   Foto: Erwan Quemere — Marina

Normales Grundgeschirr für durchschnittliche Kreuzer- und Rennyachten

Nachstehende Werte für das Grundgeschirr sind für diejenigen Fälle als Vorschlag ausgearbeitet worden, bei welchen keinerlei Klassenvorschriften oder lokale Erfahrungen andere Größen erforderlich machen.

LÄNGE IN DER WASSERLINIE								
Schwere Yacht	5	6	7	8	9	10	11	12 m
Leichte Yacht	6	7	8	9	$10^{1}/_{2}$	12	13	14 m
ANKER UND KETTE								
Stockanker	12	15	18	21	25	30	38	48 kg
Danforthanker	5	6	7	$8^{1}/_{2}$	10	13	16	20 kg
Kettenlänge	20	25	30	36	42	48	54	60 m
Glieddurchmesser	6	7	8	9	10	11	12	13 mm

Leichte Anker für kurze Liegedauer bei Schönwetter: 50 % obiger Gewichte.
Schwere Anker für schlechtes Wetter: 50 % schwerer als oben genannt.
Wenn mit Ankertrossen oder Stahldraht-Tauwerk geankert wird, so wird ein um 25 % größeres Ankergewicht empfohlen.

ANKERTROSSEN								
Synthetische Faser	12	13	14	16	18	20	22	24 mm ⌀
Länge	26	32	38	45	52	60	70	80 m

Das gleiche Ankertau soll auch für ein eventuelles Abschleppen mitgeführt werden.

FESTMACHER

2 Festmacher, deren Länge gleich der Länge ü. a. der Yacht ist, deren Durchmesser aber um 25 % geringer ist als die Ankertrosse.

2 weitere Festmacher von ³/₄ der Gesamtlänge, deren Durchmesser um 40 % geringer ist als die vorgenannte Ankertrosse.

STAHLKABEL FÜR RESERVEANKER

Länge: gleich der vorgenannten Ankertrossenlänge.
Durchmesser: gleich dem vorgenannten Kettenglied-Durchmesser.
Werkstoff: wenn möglich, nichtrostender Stahl.

Umrechnungswesen für das englische Maß-System

GESCHWINDIGKEITEN
1 Fuß pro Sek.	1,097	km/h
1 Statute Mile/h	1,609	km/h
1 Knoten = 1 Seemeile/h	1,852	km/h

RAUM-MASSE
1 Kubik-Zoll	16,387	cm^3
1 Kubik-Fuß	28,316	dm^3
1 Imperial-Gallon	4,546	dm^3
1 Gallon USA	3,785	dm^3
1 Pint = $^1/_8$ Gall. USA	0,473	dm^3
1 Register-Tonne	2,832	m^3

FLÄCHENMASSE
1 Quadrat-Zoll	6,452	cm^2
1 Quadrat-Fuß	0,093	m^2
1 Quadrat-Yard	0,836	m^2

GEWICHTE
1 Unze (Ounce)	28,35	g
1 Pound	453,60	g
1 Short Ton = 2000 lbs = ...	907,20	kg
1 Long Ton = 2240 lbs = ...	1016,00	kg

LÄNGENMASSE
1 Zoll	25,4	mm
1 Fuß	304,8	mm
1 Yard	914,4	mm
1 Fathom	1,829	m
1 Statute Mile	1609,3	m
1 Seemeile	1852,0	m

ZUSAMMENGESETZTE
1 Unze/Yard^2	33,907	g/m^2
1 Unze/Fuß^2	305	g/m^2
1 Pound/Zoll^2	0,0703	kg/cm^2

LEISTUNG
1 kW	= 1,36	PS
1 PS = 75,0 kp m/s	= 0,735	kW
1 HP engl./USA = 76,04 kp m/s		
	= 1,4 % größer als 1 PS	

TEMPERATUR
0° Celsius	32°	Fahrenheit
10° Celsius	50°	Fahrenheit
20° Celsius	68°	Fahrenheit
50° Celsius	122°	Fahrenheit
100° Celsius	212°	Fahrenheit

PHYSIKALISCHE WERTE DES WASSERS UND DER LUFT
Dichte ϱ des Wassers, normal	102	kg · sek^2/m^4
Dichte ϱ der Luft, normal	0,126	kg · sek^2/m^4
Kinematische Viskosität ν des Wassers, normal	0,0000013	m^2/sek
Kinematische Viskosität ν der Luft, normal	0,000015	m^2/sek
Spezifisches Gewicht von Meerwasser	1010—1040	kg/m^3
Spezifisches Gewicht dto. im Mittel	1025	kg/m^3
35 Kubik-Fuß Meereswasser wiegen = 1 Long Ton = 2240 pounds = 1016 kg		
36 Kubik-Fuß Süßwasser wiegen = 1 Long Ton = 2240 pounds = 1016 kg		

VERSCHIEDENE ZAHLENWERTE

1 Seemeile ist gleich einer Bogenminute, gemessen entlang eines Meridians = 1852 m.

Die Drehbewegung der Erde durchschreitet einen Längengrad alle 4 Zeitminuten oder auch eine Bogenminute alle 4 Sekunden.

Die Erdachse ist 43,7 km kürzer als der Erddurchmesser am Äquator.

Die Abstände der Knoten auf der Logleine werden wie folgt gewählt:

Sanduhr für 30 Sekunden .... 14,62 m   Sanduhr für 14 Sekunden .... 7,20 m

Stichwörter-Verzeichnis

Abdrift, echte, falsche 51
Abdriftswinkel 49, 71, 135
Admiralspokal-Rennen 352
Admiralspokal-Yachten 258, 353
Admiralssegeln 15
Aerodynamik 64
Aerodynamischer Schwerpunkt 61
Aluminium, Baumaterial 421
Alumin-Masten 110, 113
Amateur Research Society 90
America-Pokal 15, 357
Amerikanisches Katboot 299
Am-Wind-Anzeiger 413
Am-Wind-Segeln 47, 50
Anemometer 411
Anfangsstabilität 94
Anfangsstab., negative 99
Anhänge, bewegliche 210
Anker, Kette, Trosse 433
Anluvendes Moment 58
Anstellwinkel, Segel 75
Apogee, Weltumsegler 290
Astro-Navigation 407
Atlantic, großer Schuner 273, 347
Atlantische Halbkugel 364
Auslegerboote 10
Auspuffanlage 426
Australis, Rennkatamaran 317
Australisches Skiff 105

Backsetzen, Fock 380
Ballast-Anteil 24
Ballast-Schwerpunkt 92
Banjer, Motorsegler 311
Barbary, Motorsegler 308
Barber-Holepunkte 192
Barkla, Hugh, Aerodynamiker 343
Baumwoll-Segeltuch 176
Baustoffe 419
Beaufort-Skala 398
Beiliegen, Beidrehen 380
Beisegel für Kreuzfahrt 168
Beisegel für Regatten 167
Bélouga, Jollenkreuzer 298
Bembridge Redwing 37
Benetzte Fläche 137
Bermuda-Formel 199
Bermudarennen, erstes 348
Bermuda-Takelung 35
Besan-Mast 39, 171
Beschränkte Klassen 220
Biegsamer Mast 110, 113, 189
Bieleken, Jollenkreuzer 298
Big Boy (Spi-Beisegel) 167, 186
Birnenförm. Mastquerschnitt 114
Bö 195
Bonaventure, U.W.-Profil 60

Bootskörper, allgemein 41
Brennstofftank 426
Brigg, hanseatische 10
British Steel, Hochseeyacht 282
Brüllende Vierziger 400

Cadet, internationaler 304
Carina, Ocean Racer 109
Carita, 52 m Großyacht ... 175, 272
Carter, Dick 208
Cascade, Formelyacht 211
C.C.A.-Formel 204
C & C - 27 .... 263, 267
CGF-Faktor 209
Chance - 37 156
Charakter-Boot 34, 221
Charles II von England 14
Chemikalien 194
Cherub-Jolle 223, 231
Chesapeake Log Canoe 91
Colin Archer-Boot 214
Columbia-41, Motorsegler 316
Columbia-52 28
Contender, Einmannjolle ... 226, 230
Cook, James, Kapitän 363
Coronado Trailer-Yacht 296
Croseck-Modellversuche .. 68, 77, 89
Crossbow, schnellste 130, 342
Curry, Manfred 89, 197

Dacron-Segeltuche 416
Deplacements-Formel 211
Deviationstabelle 405
Dhow, arabische 51
Dichte, Luft, Wasser 66
Doppel-Focks, -Spinnaker 371
Doppeltunnel-Yachtform 386
Drachenboot 243
Druckmittelpunkte 52
Druckseite, Segel 48, 65
Dschunke 9
Dumas, Vito 286
Dünnwand-Stahlbeton 424
Düsenwirkung 37
Dynamischer Auftrieb 128

Eastward, Motorsegler 307
Echolot 411
Einhandrennen 1972 ... 154, 278, 368
Einheits-Klassen 220
Einheits-Zehner (Jolle) 225
Einmann-Jolle 226
Einmann-Katamaran 317
Einmast-Takelungen 161
Eintonner-Linienriß 214
Eintonnerpokal, geschichtl. 216
Eintonneryachten 156, 216, 251

Eintrimmen 187
Eisyachten 338
Elektronische Instrumente 411
Elektronische Navigation 410
Elektron. Selbststeuerung 379
Endeavour I 85, 359
Englisches Maßsystem 434
Enterprise 110
EPF-Faktor 209
Ernährung auf See 396
Erzwungenes Gleichgewicht 57

Fahrtgeschwindigkeit 55
Fahrtwiderstand 54
Fairways Fisher 30 309
Faltpropeller 430
Fastnet-Rennen 350
Ferro-Cement-Bootsbau 424
Feuerlöscher 393
Finisterre 263, 266
Fischkutter-Motorsegler 314
Five-0-Five, 5-0-5 225
Floater 183
Flossenkiel 25
Flügelprofil 65
Flügelprofil-Mast 114
Flying Dutchman 225
Formschwerpunkt 92
Formverleimung 421
Formwiderstand 88, 132
Frachtsegler-Yachten 15
Französische Formel 216
Froude, William 138
Funk-Empfänger 394

Gaffelsegel 35
Gaffel-Kutter 166
Gaffel-Takelung 170
Gefahren auf See 401, 404
Gefährliches Schiff 100
GFK als Baustoff 422
Genuafock 37, 177
Gerbault, Alain 366
Gesamt-Kraft, Wind 73, 80
Gesamt-Schwerpunkt 92
Gesamt-Widerstand 55, 150
Geschwindigkeit, Drachen ... 81, 118
Geschwindigkeit, Kielboote 120
Geschwindigkeit nach Luv 47, 53, 71
Geschwindigkeitsgrad 120
Geschwindigkeitsmesser 411
Gewichtsschwerpunkt 92
Gewichtsvergleich, Material 425
Gimcrack 15, 53, 89
Glätte des Bodens 140, 193
Gleichgewicht (Ruderdruck) ... 57, 63
Gleitfahrt 125, 149

Gleit-Kielboot 244	Korsarenklasse 71, 235	Mohawk, amerik. Schuner 100
Gleitsitz 238	KR-Yacht, 6,5 m 263	Moth-Klasse 236
Gloriana 20, 166	Krängendes Moment 96	Motorleistung 427, 429
Greenwich 14	Krängung 49, 134	Motorsegler 307
Greenwich-Stundenwinkel 408	Krängungsversuch 94	Myth of Malham 262
Grenzschicht 137	Kreuzen vor dem Wind 196, 340	
Großschot-Auslöser 326	Kreuzerklassen 221	Nasses Boot 193
Großsegel 164, 190	Kreuzer-Katamarane 326	Naturholz 419
Großsegel-Profil 75	Kreuzer Kronprinz Wilhelm 396	Natürliches Gleichgewicht 57
Guzzwell, John 289	Kreuzkurs 16, 42, 48	Nautisches Jahrbuch 408
	Kulminations-Ortsbestimmung ... 409	Neptun-22 75
Halbtonner-Yacht 253	Kursrichtungen 42	Newtonsche Formulierung 72, 142
Halsen 16	Kutter 38, 165	Nicol, Hedley 333
Handicap-System 116	Kuttertakelung, historische 64	Nina, Stagsegelschuner 174, 348
Handkompaß 406		Nordisches Volksboot 260
Hartley TS-16 293	Laminare Strömung 89, 137, 194	Normalgeschwindigkeit 121, 202
Harvey, John 19	Langfahrt-Geschwindigkeit .. 123, 152	Nylonfaser, Nylontuch 417
Harzfüllung, Segeltuch 418	Langstone-Handicapsystem ..,... 116	
Hasler-Gibb-Selbststeuerer 578	Längstrimm des Bootes 192	Ocean Passages (Buch) 385
Hebelarme, Stabilität 92, 95	Laser-Jolle 140, 233	Ocean Racer, Profile 29
Hebelarmkurven 101	Lateinersegel 9, 33	Offshore 219
Heinrich der Seefahrer 361	Lateralplan 30, 159	O.K.-Jolle 227
Herreshof, Nat 19	Lateral-Schwerpunkt 58, 61	Ölbeutel 384
Hilfsmotoren 426	Lebender Ballast 96	Olympiade 1924 223
Hiscock, Eric 286	Leegieriges Moment 58, 63	Olympiajolle 1936 107
Hobie Cat 14 322	Leesegel 167, 169	One-Rater 1892 84
Hochseerennen, berühmte 356	Lehg II, Weltumsegler 285	Onion Patch Trophäe 355
Hochseerennen, erstes 346	Lenzen vor dem Sturm 381	Optimist, Kleinstjolle 303
Höchstgeschwindigkeiten 125, 130	Lenzpumpe 391	Ostar-Rennen 1972 281
Hochtakelung 35	Lineal, englisches 17	
Hoffnungslose Stellung 196	Linienriß 158, 214, 215	Passatsegel 371
Höhenverhältnis, Segel 71	Lotsenkutter 30	Passatwinde 397
Holepunkte, Vorsegel 191	LP-Vorsegelmaß I.O.R. 206	Pastime 1887 (Foto) 18
Holz als Baustoff 419	Luggersegel 33	Pazifische Halbkugel 365
Huari-Segel 35	Luftwiderstand 142	Pen Duick IV, Trimaran 278, 280
Hussar, größte Yacht 276	Luft, Dichte der 66	Performance-Faktor 202
	Luvgierigkeit 59, 63	Perspektiv-Yachtform 29, 52, 160
Induzierter Widerstand ... 52, 69, 134	L-Wert in I.O.R.-Vermessung 205	Pidgeon, Harry 285, 366
Innenballast, loser 104		Pilot Charts 385, 397
Internat. R-Klassen 248	MAF-Faktor (Vermessung) 210	Pirat, Jugendjolle 305
I.O.R.-Abmessungen 219	Magellan, Ferdinand 361	Piver, Arthur 333, 336
I.O.R.-Formel 200, 204	Mayflower (Stabilität) 101	Polardiagramm 66
I.O.R.-Klassen 213	Manu Kai, Katamaran 318	Polyster-Faser, Segel 416
I.O.R.-Linienriß 215	Massiv-Holzbau 419	Polymer, reibungsmindernd 194
I.O.R.-Yachten 218, 250	Mast als Profilsegel 69	Prahm, Segeljolle 162
	Mastbiegung 110, 113, 189	Preußen, Vollschiff 276
Jaght, historisch 14	Mastdurchmesser 111	Profilmessungen 65
Jangada 8	Mastprobleme 110, 188	Propeller f. Segelyachten 430
Joemarin - 34 310	Masttopp-Schwimmkörper 328	
Jolie Brise 350	Meereswellen 123, 399	Querkraft, Wind .. 44, 58, 73, 96, 106
Jollenklassen 24, 223	Meerwasser, Salzgehalt 396	Querstabilität 91
Jollenkreuzer 102, 292	Metazentrische Höhe 94, 103	
Jugendklassen 303	Meteor, Kaiseryacht 275	Radar-Reflektor 394
Jullanar 19	Mirror-Dinghy 11 230	Radio-Empfänger, -Sender 394
Junior Gold Cup 306	Modell-Familie 87	Radio-Peilgerät 410
	Modellmaßstab 84	Rahsegel 34
Konstruktions-Klassen 220	Modellversuche 83	Rainbow 85, 358

436

Ranger 88, 358	Segel für Langfahrt 371	Tall Boy (Spi-Beisegel) 167, 185
Rauhigkeitsknöpfe 89	Segelflächen-Bestimmung 105, 108	Tauchende Seitenschwimmer 337
Raumballon 37	Segelflächen-Vermessung 207	Team-Segeln 198
Raumschotskurs 42, 47, 77	Segelkanu, 10 m² 238	Technik des Segelns 193
Reacher 183	Segelschiffs-Entwicklung 22	Tempest, Gleitkielboot 244
Redwing (Bembridge) 37	Segelschwerpunkt 61	Tinkerbelle, Mini-Seekreuzer 391
Regattataktik 197	Segeltuche 416	Titicaca-See 8
Regattatechnik 195	Segelwölbung 176	Tochter-Kompaß 415
Reibungswiderstand 54, 137, 194	Segelzeiten 46	Tonnage (Vermessungsgröße) 199
Relative Geschwindigkeit 120, 153	Selbststeuerung, Wind 373, 375	Tonnerklassen I.O.R. 217
Reliance, größte Rennyacht 358	Selbststeuerung, elektronisch 379	Tonner-Yachten 216
Rennjolle, perspektivisch 220	Sender 394	Tornado, Rennkatamaran 98, 320
Rennjollenklassen 223	Sextant 407	Tragflügel unter Bootskörper 343
Renn-Katamarane 317	Shearwater-Katamaran 319	Trailer-Segler 292
Rennkreuzerklassen I.O.R. 250	Sichere Leestellung 197	Trainer-Jolle, Gleitfahrt 96
Rennwert R 209	Sicherheit, Stabilität 100	Trapez 95
Reservedeplacement 159	Skorbut, letztes Auftreten 396	Trekka, Mini-Weltumsegler 289
Resultierende (Windkraft) 48, 73	Slocum, Joshua 283, 366	Trimaran 26, 331
Rettungsinsel 389	Slup-Takelung 38, 162	Trimaran „Klis" 291
Rettungsringe 390	Snipe, Rennjolle 224	Trimmen 187, 195
Reynolds, Reibungsgesetz 138	Soling-Kielboot 244, 246	Trimmklappen am Kiel 62, 210
Roland, Wishbone-Ketsch 36	Soling-Linienriß 215	Trockenes Boot 193
R.O.R.C.-Vermessung 204	Sopranino, Kleinst-Seekreuzer 260	Turbulente Strömung 89, 137
Rundspantform 27	Spaltwirkung 37	Turbulenzknöpfe 83
R-Yacht 5,5 m 249	Spantenriß 158	Tzu Hang, Hochseeyacht 385, 401
	Sperrholz im Yachtbau 420	
Sandbagger, historisch 16, 91	Spezifische Segelfläche 108	Überhangs-Komponente 206
Sandwich-GFK-Bauweise 423	Spinnaker 38, 164, 178, 183	Überlappung, Vorsegel 37
Santa Maria, Kolumbus 11	Spinnaker, australischer 182	Überrollen, auf See 385, 401
Saugseite des Segels 48, 65	Spinnakerbaumlänge 207	Um-die-Welt-Yachtrennen ... 351, 370
Scandicap-Formel 201	Spinnaker-Beisegel 165	Umrechnungstabellen............ 434
Schärenkreuzer 21, 118, 167, 242	Spinnaker-Stagsegel 185	Unerreichbarer Kurs 42
Scheinbarer Wind 23, 53, 74	Spitzgatboot Colin Archer 214	Universal-Formel 200, 248
Scheinbarer Kurs 49	Spray, Weltumsegler 283, 366	Unkenterbar 100, 103
Schichtholz-Bauweise 421	Spreizgaffel, Weltumsegler ... 36, 170, 172	Unsinkbar 100, 103
Schilfboote 8	Stabilität 91	
Schiffahrts-Entwicklung 13	Stagsegelschuner 39, 174	Valhalla, Vollschiff 276, 347
Schiffskompaß 405	Stahl als Baustoff 421	Vendredi Treize 154, 280
Schlauchboot 389	Stahldraht-Tauwerk 110	Verdrängungsformel 211
Schleppen, Gefahr auf See 122	Standlinie, Astro-Navigation 408	Vergütung (Zeit) 201
Schleppversuche, Modell 83	Starboot 241	Vermessungsbreite B 206
Schotenzug 191	Starttechnik 194	Vermessungsformeln 199
Schulschiffs-Stabilität 101	Statische Stabilität 95	Vermessungslänge L 205
Schunerbrigg 34, 39	Staudruck, Luft 65	Vertue, kleine Hochseeyacht 278
Schunertakelung 39, 170, 173	Stephens, Olin 204, 208, 210	Vier-Zwanziger 420er 232
Schwerpunktsabstände 61	Stevens Institute, Versuche 85	Vier-Siebziger 470er 233
Schwert 25	Stockflecken im Segel 416	Viertel-Tonner 250, 252
Schwertboote 52	Stolperdraht, Modellversuche 89	Volksboot, Nordisches 260
Schwert-Zugvogel 240	Strandyachten 338	Vollaufen und Sinken 100
Schwimmwesten 390	Stricheinteilung, Kurse 42	Vor dem Winde 47, 50
Sea Cloud, größte Yacht 276	Strömungsabriß, Luft 77	Vorsegel 190
Seawanhaka-Formel 200	Sturmsegel 168	Vorsegel-Dreieck 37, 163
Sechs-Breiter 17	Swan-65 268	Vortrieb 49, 58, 68, 80, 145
Seeanker 383, 389, 400		Vortriebsbeiwerte 78
Seegangseinfluß 123	Tafelwerke, Astro-Navigation 408	Vortriebskraft je m² 79, 106
Seereling 389	Taktik, Regattasegeln 193	Voss, Kapitän 370
Segel, allgemein 41	Takelungs-Vergütungen 39	

Wahrer Kurs 49	Wikingerschiff 10	Wölbung im Segel 68, 76
Wahrer Wind 23, 45, 53, 74	William Froude 138	Wulstkiel 25
Walboot 32, 62, 300	Willing Griffin 154	
Wanderer III 286	Wind, allgemein 41	Yardstickzahlen 116
Wasser, seine Dichte 66	Wind, Höheneinfluß 42	Yawltakelung 39, 170
Wellenanlage (Propeller) 426	Windanzeiger, elektronisch 411	
Wellenbildung 122, 399	Windbilanz 146	Zähigkeit, Wasser 84
Wellenlänge u. Höhe 399, 402	Winddruck 66, 398	Zehn-m²-Segelkanu 238
Weltumsegelungen 363, 368	Windfahnen-Steuerung 376	Zeitvergütung (Handicap) 201
Weltumsegler, kleine 283	Windkanal, -Tunnel 89	Zeitzeichen (Radio) 409
Wenden (Kurswechsel) 50	Windstärken, Beaufort 398	Zonen im Segel, wirksame 63
Weg nach Luv 47, 53, 71	Windward Passage 269, 271	Zusammengesetztes Gleichgew. 57, 63
Widerstand, Segel 48, 67, 73	Windwiderstand 142	Zweimast-Takelungen 170
Widerstand, Wasser . 54, 87, 132, 148	Wishbone-Takelung :........ 36, 170	Zwillings-Vorsegel 372
Widerstandsformel 72, 142		

Gute Bücher für Segler

C. A. Marchaj
SEGELTHEORIE UND -PRAXIS

Der international bekannte Autor behandelt in seinem Buch alle Fragen des Segelns, der Segel, des Riggs und des Bootskörpers, des Windes und — soweit es das Segeln betrifft — des Wassers. Er vereint theoretische Untersuchungen mit Hinweisen und Ratschlägen für die Praxis und vermittelt dem Leser so wertvolle Kenntnisse und Erkenntnisse.
496 Seiten mit 63 Fotos und 282 Zeichnungen, Format 20,5 × 27,5 cm, Ganzleinen DM 78,—

Peter Heaton
YACHTSPORT IN BILDERN

Ein Bild-Text-Band, der die Geschichte des Yachtsports unter Segel und Motor von Anfang an bis in unsere Zeit zeigt und erzählt. Herrliche Bilder von wichtigen Ereignissen und bedeutungsvollen Yachten sowie interessante Texte kennzeichnen das großformatige Werk.
160 Seiten mit 55 farbigen und 155 einfarbigen Abbildungen, z. T. großformatig und herausklappbar, Format 24 × 31,5 cm, Ganzleinen DM 48,—

Carlo Sciarrelli
DIE YACHT · Ihre Herkunft und ihre Entwicklung

An Hand von Rissen von über 130 wegweisenden Booten verfolgt dieses Buch die Entwicklung der Segelyacht, wie sie sich unter dem Einfluß von Zeitgeschmack, Möglichkeiten der Eigner und Vermessungsformeln und -arten seit Beginn des Segelns als Sport und Vergnügen vollzog. Das Buch ist sehr informativ und gibt dem Leser nebenbei ein gutes Gefühl für die Formen von Segelyachten.
412 Seiten mit 57 Fotos, davon 16 farbig, und 210 Zeichnungen mit 570 Einzelzeichnungen, Format 20,5 × 27,5 cm, Ganzleinen DM 58,—

Verlag Delius Klasing + Co Bielefeld

Wolfram Claviez
SEEMÄNNISCHES WÖRTERBUCH

Das Leben auf dem Wasser hat seine eigene Sprache. Wer sie kennen und sich ihrer richtig bedienen möchte, findet in diesem Wörterbuch eine maßgebliche Hilfe. Es legt den Begriff „seemännisch" weit aus und umfaßt auch die Navigation, die Schiffsführung, den Segelsport und die Technik an Bord.
408 Seiten mit 153 Zeichnungen, Anhang mit 11 Tabellen und 2 farbigen Tafeln, Ganzleinen DM 44,—

Herausgegeben von Joseph Jobé
DER SEGELSCHIFFE GROSSE ZEIT

Die Segelschiffe im Zeitalter der Entdeckungen, die Klipper, Schoner und die großen Vollschiffe, die Bewaffnung und die künstlerische Ausschmückung der Schiffe, das Leben der Seeleute an Bord und in den Häfen, das Manövrieren unter Segel — dieses und viele andere interessante Dinge aus der großen Zeit der Segelschiffe bilden den Inhalt dieses Buches. Es ist in der vorliegenden Sonderausgabe als besonders preiswert zu bezeichnen.
276 Seiten mit 64 vierfarbigen Abbildungen sowie 280 Zeichnungen, Rissen, Reproduktionen und Fotos in ein- und zweifarbiger Wiedergabe, Format 25 × 29 cm, Ganzleinen DM 58,—

David R. MacGregor
SCHNELLSEGLER 1775—1875
Konstruktion und Geschichte

Die Entwicklung schneller Segelschiffe in der Zeit zwischen 1775 und 1875, die in den berühmten Klippern ihren Höhepunkt fand, bildet das Thema dieses Werkes. Viele konstruktive und bauliche Einzelheiten geben dem Leser einen großen Einblick in eine bedeutende Epoche der Segelschiffahrt.
316 Seiten mit 281 Reproduktionen, Fotos und Zeichnungen, davon 7 farbig, Format 26 × 30,5 cm, Ganzleinen DM 98,—
Verlag Delius, Klasing + Co, Bielefeld